Le point de départ de la prescription

RECHERCHES JURIDIQUES
collection dirigée par Nicolas MOLFESSIS

Julie KLEIN

Le point de départ de la prescription

Préface de Nicolas MOLFESSIS

ECONOMICA
49 rue Héricart, 75015 Paris

Préface

Le point de départ de la prescription ? Assurément pas de quoi séduire le candidat à la thèse. Rien qui ne touche aux mutations du contrat, à l'évolution de la responsabilité ou aux mouvements des sources. La prescription, en soi, ressemble à un territoire aride. Carbonnier l'avait souligné de son verbe inimitable : « amalgamée à l'usucapion, comme pour y perdre son essence - reléguée au bout du Code, comme pour défier les grands commentateurs d'y parvenir autrement qu'essouflés ou morts, - il y a[vait], de surcroît, en elle quelque chose de numérique, de mathématique, d'automatique ». Alors que dire du point de départ ! Un rouage austère pour mécanicien du droit, c'est évident. Pourtant, dès l'introduction, on est tenu de se défaire du préjugé. Si c'est un rouage, c'est une pièce à combustion. Julie Klein le dit d'excellente façon : « le point de départ est l'éminence grise de la prescription. Il peut décider de tout, discrètement. Le délai en effet n'est rien sans son point de départ ». Il est le « starter » qui vient donner le départ de la course, celui sans lequel aucun délai ne saurait s'écouler. Qu'il tarde à se déclencher et d'un bref délai ou d'une prescription raccourcie, il fera une période indéfinie. C'est à lui que certaines actions en justice doivent leur traversée des siècles. C'est ainsi que, dans l'affaire dite *des Salines de Dax*, une société qui avait cessé son exploitation en 1886 put être assignée 71 ans plus tard pour des affaissements de sols survenus entre 1924 et 1956, et se trouver condamnée par la Cour de cassation en 1966, au motif que « le point de départ de la prescription d'une action en dommages-intérêts est le jour où le dommage s'est réalisé et non celui où la faute a été commise ». Le point de départ n'est d'ailleurs pas seulement l'ancrage technique de la prescription : il est aussi, expose Julie Klein, « un instrument de politique juridique » : « la détermination du point de départ de la prescription repose sur un arbitrage entre la sécurité juridique du débiteur et l'effectivité du droit d'agir du créancier. Ce faisant, elle s'insère dans un débat portant sur deux exigences qui ont connu un développement spectaculaire ces dernières années ».

La thèse en fournit la meilleure des illustrations. Technique et politique juridiques sont les deux facettes de la thèse, sans cesse alternées et sans cesse travaillées. Pas une question n'échappe à ces deux manières d'orienter la pensée qui font le juriste complet, celui qui peut expliquer aussi bien que proposer, parce que chez lui la connaissance et les idées sont continûment en interaction. Dans les deux domaines, Julie Klein excelle et voilà pourquoi elle réussit parfaitement les exercices imposés comme le programme libre, l'analyse du droit positif comme la mise au jour d'un droit prospectif apte à remédier aux imperfections du premier. Là est d'ailleurs le cheminement suivi, qui la conduit à dresser en première partie le constat du désordre avant de proposer une mise en ordre.

Le constat fait dans la première partie, en soi, ne surprendra pas. Le désordre, l'incohérence, la complexité de la matière même de la prescription sont depuis longtemps dénoncés, au point que l'on put parler de « chaos » (A. Bénabent). N'était-il dès lors pas attendu que le point de départ en fût l'exact témoin ? Toutefois, pour le montrer, l'auteur n'a pas choisi de procéder par tests, en sélectionnant quelques points de départ spéciaux ; différemment, elle a décidé de tout étudier, pour aller dans les moindres recoins du droit privé. Sans jamais être fastidieuse – car son classement est déjà une synthèse –, l'auteur inculque alors à son lecteur toutes sortes de solutions de droit positif, qui font son sujet. Une multitude d'approches, de notions, de modes de raisonnement apparaissent au fil de pages qui constituent, c'est évident, une aubaine pour les praticiens, et une somme inégalée pour la doctrine française. Des points de départ, on n'aurait jamais pu imaginer que le droit positif en abritait autant ! Nous voici alors en prise avec toutes sortes d'actions, en responsabilité, en nullité ou en exécution. Pas la peine de tenter l'inventaire, l'auteur le fait à la fin de sa thèse dans une annexe où elle récapitule les centaines de points de départ étudiés selon les domaines du droit (droit commun, contrats spéciaux, droit des personnes, de la famille, des régimes matrimoniaux, des successions, droit de l'indivision, des sociétés, des baux commerciaux, droit de la construction, droit social, droit de la santé, des assurances, de la propriété intellectuelle, de la presse, de l'environnement, du transport…) Où l'on voit également que nombre d'hypothèses connaissent des déclinaisons multiples – il faut lire les développements édifiants concernant l'action en nullité de la stipulation d'intérêts en matière de prêt, dont il est montré que son point de départ varie selon les différents types de contrats de crédit aussi bien que selon la cause de nullité (omission de la stipulation ou erreur dans le calcul) ou les chambres qui jugent –, ou encore qu'un même critère peut en réalité recéler une multitude de points de départ – c'est le cas de celui renvoyant à l'exigibilité de la créance. La labilité du droit positif se manifeste encore dans le caractère changeant de notions qui sont ici pourtant déterminantes car elles influent sur le point de départ, celles de dissimulation, de révélation, de découverte (du vice) ou de certitude (de la créance). Bref, tout est casuistique. Le droit positif hésite ainsi, expose l'auteur, entre trois façons différentes d'appréhender la question du point de départ : « retenir la date du fait générateur de l'action – fait générateur ou réalisation du dommage, conclusion de l'acte annulable, naissance, exigibilité ou violation du droit subjectif –, retenir la date de la connaissance des éléments permettant d'agir – connaissance du dommage, de la cause de nullité, de l'existence du droit – ou leur préférer une date distincte, pertinente au regard de l'action intentée, mais étrangère aux événements plus classiquement retenus ». Nous voici désormais éduqués car personne, jusqu'à présent, n'avait même esquissé une telle analyse.

Mais l'on n'est jamais là qu'à la fin de la première sous-partie… De ce quarteron, Julie Klein aurait sans doute pu faire sa thèse et le tour de force aurait déjà été remarquable. Que peut-donc encore trouver à dire l'auteur ? Le second titre répond d'emblée : la diversité ne signifie pas l'incohérence. Les situations juridiques étant diverses, les points de départ pourraient l'être tout autant. Bref, « il ne peut y avoir incohérence que si les solutions sont distinctes alors que les situations sont comparables ». Et autant dire que c'est précisément le cas. Dans l'univers du point de départ, rien n'est logique, tout est disparate. Regroupons les actions en justice, pour mieux les comparer, et l'on trouvera des points de départ distincts, sans justification. Comparons l'application faite d'un même critère, et l'on trouvera, derrière une même appellation, des réalités différentes. La démonstration est éloquente et, pour qui s'intéresse à la cohérence de la jurisprudence, au dialogue des juges, à leur démarche argumentative, pour ne pas dire davantage, il y a ici du grain à moudre sans restriction de quota. À ce titre, les développements sur les fameux adages relatifs à la prescription (*Actioni non natae non praescribitur, Contra non valentem agere non currit praescriptio*) permettent de réaliser que tant leur signification que leur application sont parfaitement dévoyées – et aléatoires – en législation comme en jurisprudence. Dominée par le fait, la matière est peuplée de solutions et de critères autant imprévisibles que le sont les situations qui viennent leur faire courber l'échine. Elle ne répond pas davantage à une quelconque politique juridique. Le désordre, vous dit-on.

Il faut donc reprendre l'ouvrage. Remettre en ordre. Pour ce faire, Julie Klein procède d'abord par interpolation, comparant les modèles, tirant les enseignements des systèmes qui ont échoué, pour s'en défaire. À ce titre, elle revient sur la réforme de 2008, critiquant le point de départ flottant retenu par l'article 2224 du Code civil, dénonçant les incohérences du délai butoir de l'article 2232 : « le droit français se présente alors comme un contre-modèle, qui oblige à aller chercher hors de nos frontières de véritables modèles de détermination du point de départ de la prescription ». Le propos est souvent vif et radical, mais on sait que chez l'auteur la flamme n'est jamais mesquine. Ni cynisme ni résignation, l'auteur a pris en main le point de départ de la prescription et la voilà donc qui voyage pour voir comment on le pratique, au Chili ou au Royaume-Uni, en Allemagne ou au Québec, chez les Argentins ou les Américains. L'analyse comparative l'est vraiment, ce qui est rare dans la doctrine française, férue de l'étude empilée des droits étrangers, comme d'ailleurs chez la plupart des thésards, qui concèdent au droit comparé quelques lignes obligées, parce qu'il le faut bien. Puis vient le développement qui illustre le mieux la démarche méthodique de l'auteur, qui consiste dans l'étude des logiques qui guident le choix du point de départ. L'auteur montre quelles sont les diverses composantes du choix qu'il faudra effectuer et comment elles sont reliées entre elles pour se tenir logiquement. Faut-il un point de départ unique, le faut-il objectif ou subjectif, quelles finalités entend-on poursuivre ? L'auteur élargit alors sa réflexion pour faire l'étude des enjeux de politique juridique à l'œuvre et des manières de les satisfaire. Elle construit son système.

Dès lors tout est en place pour que l'auteur puisse formuler sa proposition. Celle-ci repose sur une approche (multi)fonctionnelle du point de départ de la prescription, une mise à mal de la distinction des délais de prescription et des délais préfix, une prise en compte des fonctions spéciales de certaines prescriptions qui justifient des points de départ spéciaux aux côtés d'un point de départ de droit commun, lequel doit satisfaire une visée sécuritaire. Sur ces bases, l'auteur prône une fixation du point de départ de droit commun au jour de la naissance du droit d'agir, tempérée dans des cas limités et encadrés par un report du point de départ. Il faut lire attentivement ces pages, qui ont pour soubassement une approche renouvelée de la prescription elle-même, une mise au jour de ses fonctions spéciales, distinctes de celles qu'on lui prête habituellement – sécuritaires, probatoires, morales –, une rationalisation des causes de report et spécialement une maîtrise du rôle perturbateur de l'ignorance, par le titulaire du droit, des faits lui permettant d'agir, une fonction nouvelle et limitée assignée au délai butoir.

Pragmatique par nombre d'aspects – notamment dans son approche des relations entre la théorie de l'action en justice et les droits subjectifs, ou encore dans le traitement du temps par le droit de la prescription –, systématique dans d'autres, Julie Klein avance riche de cette conviction que son travail doit servir à guider, orienter, configurer une matière qui ne mérite pas plus le désordre du droit que le désintérêt des juristes. Elle sera lue et suivie, car la conviction ne peut rester solitaire lorsqu'elle est porteuse d'un message aussi puissant.

On l'aura compris, la présente thèse est celle d'une intelligence hors du commun. Julie Klein ? Une « extra-terrestre » a-t-on pu dire lors de la soutenance, tant il est vrai que l'ampleur de l'étude comme la justesse et la profondeur de la pensée impressionnent. La présente thèse est de celles dont il n'est pas difficile de dire qu'elles traverseront les âges. Alain Bénabent, qui n'a pas l'emphase chevillée au verbe, a refermé son intervention en confiant que c'était là la meilleure thèse qu'il ait jamais lue. Alors…

Julie Klein, quant à elle, ouvre sa thèse en rendant hommage à Deslauriers, l'ami de Frédéric Moreau dont Flaubert explique qu'il succomba à l'agrégation, victime d'un sujet sur la prescription. Julie Klein l'a vengé, radicalement. Sa thèse est un chef d'œuvre et en matière d'agrégation, elle a fini à un rang qui lui évite d'avoir à se demander si elle aurait pu être mieux classée.

Nicolas Molfessis
Professeur à l'Université Panthéon-Assas

Sommaire

Liste des principales abréviations

Adde	:	Ajouter.
Al.	:	Alinéa.
AJDI	:	*Actualité juridique Droit immobilier.*
AJ fam.	:	*Actualité juridique Famille.*
APD	:	*Archives de philosophie du droit.*
Banque	:	*Revue Banque.*
BGB	:	*Bürgerliches Gesetzbuch* (Code civil allemand).
BICC	:	*Bulletin d'information de la Cour de cassation.*
BOCCRF	:	*Bulletin officiel de la concurrence, de la consommation, et de la répression des fraudes*
BRDA	:	*Bulletin rapide de droit des affaires.*
Bull. civ.	:	*Bulletin des arrêts de la Cour de cassation, chambres civiles.*
Bull. crim.	:	*Bulletin des arrêts de la Cour de cassation, chambre criminelle.*
C. ass.	:	Code des assurances.
C. civ.	:	Code civil.
C. com.	:	Code de commerce.
C. conso.	:	Code de la consommation.
Cah. dr. entr.	:	*Cahiers du droit de l'entreprise.*
Chr.	:	Chronique.
CJCE	:	Cour de justice des Communautés européennes.
CJUE	:	Cour de justice de l'Union européenne.
Com.	:	Arrêt de la chambre commerciale de la Cour de cassation.
Com. com. électr.	:	*Communication – Commerce électronique.*
Cont. conc. cons.	:	*Contrats, concurrence et consommation.*
Contra	:	Solution ou opinion contraire.
D.	:	*Recueil Dalloz.*
D. aff.	:	*Dalloz Affaires.*
Defrénois	:	*Répertoire du Notariat Defrénois.*
DC	:	*Dalloz critique.*
DP	:	*Dalloz périodique.*
DH	:	*Recueil hebdomadaire de jurisprudence Dalloz.*
Dr. et patr.	:	*Revue Droit et patrimoine.*
Dr. et proc.	:	*Revue Droit et procédures.*
Dr. fam.	:	*Revue Droit de la famille.*
Dr. pén.	:	*Droit pénal.*
Dr. soc.	:	*Revue Droit des sociétés.*
Gaz. Pal.	:	*Gazette du Palais.*
Ibid.	:	*Ibidem.*
In	:	Dans.
Infra	:	Ci-dessous.
IR	:	Informations rapides.
J.-Cl.	:	*Juris-Classeur.*
J.-Cl. civ.	:	*Juris-Classeur Code civil.*
JCP E	:	*Semaine juridique*, édition entreprises et affaires.
JCP G	:	*Semaine juridique*, édition générale.
JCP N	:	*Semaine juridique*, édition notariale et immobilière.
JDI	:	*Journal du droit international (Clunet).*

JO	:	*Journal officiel.*
JOAN	:	*Journal officiel de l'Assemblée Nationale.*
JO Sénat	:	*Journal officiel du Sénat.*
Journ. soc.	:	*Journal des sociétés.*
LPA	:	*Les petites affiches.*
N°	:	Numéro.
Not.	:	Notamment.
Obs.	:	Observations.
Op. cit.	:	*Opere citato.*
Préc.	:	Précité.
Préf.	:	Préface.
Rapp.	:	Rapport.
RCA	:	*Responsabilité civile et assurances.*
RDBB	:	*Revue de droit bancaire et de la bourse.*
RDBF	:	*Revue de droit bancaire et financier.*
RDC	:	*Revue des contrats.*
RDI	:	*Revue de droit immobilier.*
Rev. crit. DIP	:	*Revue critique de droit international privé.*
Rev. soc.	:	*Revue des sociétés.*
RFDA	:	*Revue française de droit administratif.*
RGAT	:	*Revue générale des assurances terrestres.*
RGDA	:	*Revue générale de droit des assurances.*
RIDC	:	*Revue internationale de droit comparé.*
RJ com.	:	*Revue de jurisprudence commerciale.*
RJDA	:	*Revue de jurisprudence de droit des affaires.*
RLDA	:	*Revue Lamy de droit des affaires.*
RLDC	:	*Revue Lamy de droit civil.*
RRJ	:	*Revue de recherche juridique.*
RTD civ.	:	*Revue trimestrielle de droit civil.*
RTD com.	:	*Revue trimestrielle de droit commercial.*
S.	:	*Sirey.*
Supra	:	Ci-dessus.
T.	:	Tome.
TGI	:	Tribunal de grande instance.
V°	:	*Verbo*

Introduction

1. Pauvre Deslauriers ! « Le hasard avait voulu qu'il tirât au sort, pour sujet de leçon, la prescription ». Frédéric Moreau, son ami, dut bien le reconnaître : « Deslauriers s'était livré à des théories déplorables ; les veilles contestations devaient se produire comme les nouvelles (...). Toutes les injustices étaient consacrées par une extension de ce droit qui était la tyrannie, l'abus de la force ! (...) Ce malheureux titre XX du IIIe livre du Code civil était devenu pour lui une montagne d'achoppement »[1].

Mais Deslauriers y pouvait-il quelque chose ? La prescription est-elle autre chose qu'un nid à controverses ? Éteint-elle le droit ou l'action[2] ; faut-il dissocier prescription acquisitive et extinctive[3] ; comment distinguer les délais de prescription des délais préfix[4] ; les règles de prescription sont-elles d'ordre public[5] ? Questions toutes fondamentales que le Code civil de 1804 soulève plutôt que de régler. Du Code civil ressort alors un modèle de prescription « pluriel »[6] et « inachevé »[7], face auquel la doctrine va se diviser souvent et se perdre parfois.

La suite ne contribuera pas à dissiper le brouillard. La matière s'est obscurcie à mesure de son évolution, souvent sectorielle et éclatée, jusqu'à, selon certains, devenir illisible[8]. Au point d'ailleurs de faire rejaillir d'anciennes controverses sur la légitimité même de l'institution. L'incertitude alimente l'hostilité. N'a-t-on encore récemment écrit que « notre époque n'aime guère les prescriptions »[9] ?

---

1. G. Flaubert, *L'éducation sentimentale*, Ed. Seuil, Coll. École des Lettres, spéc. p. 171-172.

2. V. not. F. Hage-Chahine, *Les conflits de lois dans l'espace et dans le temps en matière de prescription*, préf. H. Batiffol, Dalloz, Bibl. dr. int. pr., 1977, T. XXI ; M. Bandrac, *La nature juridique de la prescription extinctive*, préf. P. Raynaud, Economica, 1986.

3. V. not. S. Fournier, *Essai sur la notion de prescription en matière civile*, Thèse Grenoble, 1992 ; F. Zenati et S. Fournier, « Essai d'une théorie unitaire de la prescription », *RTD civ.*, 1996, p. 339 s. ; A. Collin, *Pour une conception renouvelée de la prescription*, Préf. D. Fenouillet, thèse Defrénois, 2010 ; V. Durand-Girard, *La prescription en droit civil, Essai d'une théorie unitaire*, Thèse Université Versailles-St-Quentin, 2008.

4. V. not. P. Voirin, note sous Nancy, 17 février 1934, *DP*, 1934, 2, 33 ; M. Vasseur, « Délais préfix, délais de prescription, délais de procédure », *RTD civ.*, 1950, p. 439 s ; M. Bruschi, *La prescription en droit de la responsabilité civile*, préf. A. Sériaux, Economica, 1997.

5. D. Landreau, *La prescription extinctive et l'ordre public*, Thèse Lyon II, 1971 ; A. Bénabent, « Sept clés pour une réforme de la prescription extinctive », *D.*, 2007, p. 1800 s., spéc. n° 7 s.

6. S. Amrani-Mekki, « Le modèle de la prescription extinctive dans le Code civil », in *Code civil et modèles, Des modèles du Code ou du Code comme modèle*, dir. T. Revet, Bibl. A. Tunc, LGDJ, 2005, p. 75 s., spec. p. 77, n° 4.

7. S. Amrani-Mekki, *ibidem*.

8. Le constat avait été dressé par le Garde des Sceaux à l'occasion de l'examen de la proposition de réforme de la prescription civile : « La prescription répond à un souci de sécurité juridique. Elle garantit qu'aucune action en justice n'est plus possible après un certain laps de temps (...) Or, actuellement, ce principe a perdu toute lisibilité. Les réformes ses sont succédées et la pertinence du système a quasiment disparue », *JO Sénat*, Séance du 21 novembre 2007, p. 5028.

9. J. Hauser, obs. sous Cass. civ. 1re, 1er juillet 2009, *RTD. civ.*, 2009, p. 507 s., spéc. p. 508.

2. Une telle méfiance contraste pourtant avec le rôle fondamental de l'institution. La prescription, qui a pu être présentée comme « la réparation que le temps nous doit pour le mal qu'il nous fait »[1], tisse le lien entre le droit et le temps[2]. Mieux, la matière des délais est même l'un « des points où l'homme est, avec le plus de force, sous l'emprise du temps »[3]. Le temps participe en effet de la substance de la prescription dont il modèle les contours. L'institution porte témoignage de cette force du temps, qui oblige le droit à s'incliner et céder parfois, ou à s'adapter le plus souvent[4]. Facteur d'innovation et de conservation, de création et de destruction[5], le temps crée autant qu'il détruit. Derrière le rôle qui lui est assigné sourd alors un choix politique. Longtemps dénoncée comme une institution spoliatrice, notamment par la doctrine canonique[6], la prescription sera finalement consacrée par les rédacteurs du Code civil comme étant, de toutes les institutions du droit civil, « la plus nécessaire à l'ordre social »[7]. Elle participe ainsi de l'organisation sociale. Le temps est l'allié d'une politique de stabilisation ou l'adversaire du dynamisme économique. Il est « l'un de ces éléments qui permettent au législateur d'arbitrer entre ces deux préoccupations contradictoires »[8].

3. Le temps juridique, on le sait, est un temps construit[9]. Le temps des juristes, comme le temps des physiciens d'ailleurs[10], n'est pas celui des horloges. Le

---

1. H. De Page, *Traité élémentaire de droit civil belge*, T. VII, Bruylant, 1957, p. 1026, nº 1132, cité *in* P. Jadoul, « L'évolution de la prescription en droit civil », in *L'accélération du temps juridique*, dir. P. Gérard, F. Ost et M. Van de Kerchove, Bruxelles, Publications des Facultés universitaires Saint-Louis, 2000, p. 749 s., spéc. p. 751.

2. À tel enseigne d'ailleurs que le temps a pu être présenté comme l'un des « enjeux majeurs de la capacité instituante du droit » (F. Ost, *Le temps du droit*, Ed. Odile Jacob, 1999, p. 13). Sous cet aspect, les mouvements d'interactions du temps et du droit sont bien connus : « le droit affecte directement la temporalisation du temps, tandis que, en retour, le temps détermine la force instituante du droit ». En d'autres termes, « le droit temporalise tandis que le temps institue » (F. Ost, *ibid.*).

3. P. Hébraud, « Observations sur la notion de temps dans le droit civil », *Mélanges Kayser*, T. II, Aix-Marseille, PUF, 1979, p. 1 s., spéc. p. 15.

4. La prescription s'apparente en effet moins à une démission du droit qu'à un réflexe de survie de ce dernier, comme l'avait démontré M. Bandrac. Le droit assure sa suprématie en réintégrant dans l'ordre juridique la résistance même que les faits opposent à celui-ci. La prescription était ainsi présentée par l'auteur comme un « mécanisme objectif, établi pour restaurer, dans l'intérêt de l'autorité de la règle, l'adéquation nécessaire du fait et du droit, en modifiant celui-ci lorsqu'une telle adéquation se trouve irrémédiablement compromise par la résistance du fait. Élément de ce mécanisme, la prescription extinctive efface, en effaçant le droit lui-même, l'échec du droit impuissant à se réaliser » (M. Bandrac, thèse préc., spéc. p. 223, nº 240).

5. P. Hébraud, « Observations sur la notion de temps dans le droit civil », art. préc., spéc. p. 50.

6. V. par ex. A. Outin-Adam, *Essai d'une théorie générale des délais en droit privé, Contribution à l'étude de la mesure du temps par le droit*, Thèse Paris II, 1986, spéc. p. 85, nº 81. L'hostilité avait été rappelée par Bigot de Préameneu dans l'exposé des motifs du titre XX, Livre III du Code civil en ces termes : « À la seule idée de la prescription il semble que l'équité doive s'alarmer » (F. Bigot de Préameneu, *Exposé des motifs*, *in* F.-A. Fenet, *Recueil complet des travaux du Code civil*, T. XV, Paris, 1827, Réimp. Otto Zeller Osnabrück, 1968, T. XV, spéc. p. 573).

7. F. Bigot de Préameneu, *ibidem.*

8. A. Cabanis, « L'utilisation du temps par les rédacteurs du Code civil », *Mélanges Hébraud*, Toulouse, Univ. Sc. sociales, 1981, p. 171 s., spéc. p. 183.

9. P. Hébraud, « Observations sur la notion de temps dans le droit civil », art. préc., spéc. p. 15.

10. La fameuse théorie scientifique de la relativité, développée notamment par Einstein (A. Einstein, *La relativité, La théorie de la relativité restreinte et générale. La relativité et le problème de l'espace* (1956), réed. Payot 1990) conforte en effet les théories juridiques du temps, en démontrant que le temps n'est pas absolu, mais peut être resserré ou dilaté. Les juristes la convoquent en conséquence fréquemment au soutien de leur argumentation. Ainsi Carbonnier pouvait-il rappeler que « le temps des juristes n'échappe pas plus que celui des physiciens au grand principe de la relativité » (J. Carbonnier, « Notes sur la prescription extinctive », *RTD civ.*, 1952, p. 171 s., spéc. p. 171).

« sentiment de la continuité du temps juridique »[1], saisi comme « une route parcourue à sens unique et irréversiblement par les événements »[2] doit être combattu. Dans le sillage des analyses philosophiques de Bergson[3], les juristes ont montré sa spécificité. Hauriou[4] et Gény[5], mais surtout Gurvitch[6] y ont trouvé « l'amorce de la reconnaissance de la multiplicité des temps sociaux »[7].

Le temps de la prescription illustre peut-être mieux que tout autre le phénomène. Loin du mythe d'un temps juridique continu et uniforme, il est discontinu et variable : entre le point de départ et le point d'arrivée de la prescription, le temps pourra être suspendu, interrompu. Mieux, il n'est pas même irréversible : l'*in integrum restitutio* du droit romain permettait hier de faire renaître le passé[8] ; le relevé de prescription ou l'exception de nullité permettent aujourd'hui de revenir sur une prescription acquise. Le temps de la prescription est également relatif. Il ne court pas au même rythme selon les situations, selon les groupes sociaux ou les individus[9] : le temps des familles – orienté vers la pacification – n'est pas le temps des affaires – empreint de célérité –, celui des professionnels n'est pas celui des particuliers, celui des personnes isolées n'est pas celui des personnes averties… La prescription ne saurait alors rester insensible à la « variabilité du temps et [à] sa liaison intime aux phénomènes qu'il supporte »[10].

4. Dans le temps, la prescription est un espace, dont le trajet n'est ni continu ni toujours stable. Le temps de la prescription, classiquement envisagé sous l'angle de la durée de son délai, s'apparente en effet au *Chronos*, ce temps programmé, mathématique, répétitif. Mais cet espace est toujours accroché à deux rives, points d'ancrage qui en sont les pôles indispensables : le point de départ et le point d'arrivée. Le point de départ se présente ainsi comme le repère qui « marque le cours du temps »[11], l'instant où le droit saisit le temps, pour qu'il déploie, en retour, ses effets sur le droit. Le temps n'emprunte plus ici à la durée, mais à l'instantanéité, au *Kairos*, ce temps de l'occasion, de l'événement, de l'instant, qui bouleverse le cours des choses. La notion de prescription et celle de point de départ renvoient ainsi à deux conceptions du temps aux antipodes l'une de l'autre. Rencontre de l'instant et de la durée, du *Kairos* et du *Chronos*, le point de départ de la prescription invite donc, dans ce domaine de la prescription traditionnellement dominé par le *Chronos*, à faire sa place au *Kairos*[12].

---

1. F. Terré, « Temps sociologiques et temps juridiques », *Annales de la Faculté de droit d'Istanbul*, XXX nº 40, 1996, p. 160 s., spéc. p. 161.

2. P. Hébraud, « Observations sur la notion de temps dans le droit civil », art. préc., spéc. p. 3.

3.H. Bergson, *Essai sur les données immédiates de la conscience* (1889), rééd. PUF, Quadrige, 2007 : l'auteur souligne l'irréductibilité des divers temps psychiques au temps physique et distingue en conséquence le temps quantitatif du temps qualitatif.

4. V. P. Hébraud, « La notion de temps dans l'œuvre du doyen Maurice Hauriou », in *Annales de la faculté de droit et des sciences économiques de Toulouse*, T. XVI, fasc. 2, Toulouse, 1968, p. 179 s.

5. Rapp. *in* F. Terré, art. préc., spéc. p. 161.

6. G. Gurvitch, « La multiplicité des temps sociaux », in *La vocation actuelle de la sociologie*, PUF, T. 2, 2e éd., 1963, spéc. p. 325 s.

7. F. Terré, art. préc., spéc. p. 161.

8. E. Chevreau, *Le temps et le droit : la réponse de Rome, L'approche du droit privé*, De Boccard, 2006, p. 271 s., présentant l'artifice comme une opération chirurgicale qui a le pouvoir de reconstituer le temps passé en amputant le temps d'une partie viciée. La technique bouleverse alors l'écoulement naturel du *tempus*.

9. F. Terré, art. préc., spéc. p. 169-170.

10. P. Hébraud, « Observations sur la notion de temps dans le droit civil », art. préc., spéc. p. 3.

11. E. Putman, « Le temps et le droit », in *Le droit face au temps, Dr. et patr.*, nº 78, janvier 2000, p. 43 s., spéc. p. 44.

12. F. Ost, *op. cit.*, p. 27.

Un point donc, où s'arrime la prescription. Il permet l'identification du *dies a quo* du délai, qui seul conduira à l'application des règles de computation de la prescription. Sous cet aspect, les articles 2228 et 2229 du Code civil, décalques des anciens articles 2260 et 2261, précisent que « la prescription se compte par jour et non par heure » et qu'« elle est acquise lorsque le dernier jour du terme est accompli ». La notion de *dies a quo* est alors indissociable de celle de *dies a quem* : si le *dies a quo*, jour où se produit l'événement qui marque le cours de la prescription, n'est pas compris dans le délai car ce jour n'est pas entier, le *dies a quem* devra en revanche être pris en compte, quand bien même il tomberait un dimanche ou un jour férié[1].

Il reste qu'il est d'usage de réserver l'appellation de *dies a quo* à la seule question de la computation du délai. Changeant de vocabulaire, on s'est habitué à parler de point de départ quand il s'agit de déterminer l'événement de nature à jouer les « *starter* ». « Point de départ », à partir duquel le temps s'écoule. L'expression est d'ailleurs usuelle : le point de départ du délai de recours[2], du délai de rétractation, du délai de déchéance, du délai de dénonciation... Ou encore le point de départ des intérêts moratoires voire le point de départ d'un droit[3], d'une période de commercialisation[4], de la personnalité morale. Le point de départ évoque le début du voyage. Moins romantiques, certains préfèrent parler de « *commencement of prescription* »[5].

Perelman adoptera l'expression en consacrant toute la deuxième partie de son célèbre traité à la question du « point de départ de l'argumentation ». L'auteur y définit le point de départ par référence à son antériorité à l'égard du raisonnement, dont il constitue les prémices, c'est-à-dire, les points d'accord[6]. Mais si la notion de point de départ trouve son soubassement dans le concept d'accord, il existe sans doute peu de questions qui soulèvent autant de difficultés et donc de désaccords que celle du point de départ de la prescription. Là où le point de départ devrait être l'instant indiscutable à compter duquel le temps de la prescription peut déployer ses effets, il est lui-même incertain et contesté.

5. L'état du droit positif en témoigne. Le « chaos »[7], le « désordre »[8] de la prescription dans son ensemble, n'épargnent évidemment pas le point de départ, point vacillant et instable.

---

1. Aussi, si l'événement faisant courir la prescription prend place un 1er janvier à 15 heures, la prescription ne commencera véritablement à courir que du 2 janvier à zéro heure, et s'achèvera un 1er janvier à minuit. V. T. Le Bars, « La computation des délais de prescription et de procédure, Quiproquo sur le *dies a quo* et le *dies ad quem* », *JCP* G, 2000, I, 258.

2. V. par ex. art. R. 134-11 du Code de l'action sociale et des familles : « Le délai des recours que peut engager le ministre en application de l'article L. 134-5 est fixé à deux mois ; il a pour point de départ la notification de la décision ».

3. art. 2517 C. civ. , selon lequel le titre de propriété « constitue devant les juridictions le point de départ des droits sur l'immeuble au moment de l'immatriculation ».

4. art. L 441-7 C. com. : « La convention unique ou le contrat-cadre annuel est conclu avant le 1er mars ou dans les deux mois suivant le point de départ de la période de commercialisation des produits ou des services soumis à un cycle de commercialisation particulier ».

5. R. Zimmermann, *Comparative foundations of a European law of set-off and prescription*, Cambridge University Press, 2002, p. 105.

6. C. Perelman et L. Olbrechts-Tyteca, *Traité de l'argumentation*, Ed. Univ. Bruxelles, 6e éd., 2008, spéc. p. 87-89.

7. A. Bénabent, « Le chaos du droit de la prescription extinctive », *Mélanges dédiés à L. Boyer*, Presses de l'Université des sciences sociales de Toulouse, 1996, p. 123 s.

8. *Les désordres de la prescription*, textes réunis par P. Courbe, Publication de l'Université de Rouen, 2000.

Aux quelques deux cents délais de prescription répertoriés par le groupe de travail de la Cour de cassation présidés par J.-F. Weber en 2004[1] correspondent autant de points de départ distincts. Le législateur a multiplié, à mesure de ses interventions ponctuelles, les points de départ de la prescription. « À chaque action son point de départ »[2] a-t-on même pu affirmer devant l'éparpillement des règles. À quoi s'est agrégée une production jurisprudentielle massive. Ainsi, pour la seule entrée « point de départ de la prescription », la base *Légifrance* renvoie à plus de 1800 arrêts de la Cour de cassation[3]. Près de 3000 pour la base de données *Juris-Data* qui intègre certaines décisions des juges du fond[4]. Encore faut-il préciser que ces chiffres ne tiennent pas compte des décisions qui se contentent de préciser l'événement « à compter duquel court » la prescription, ou encore que la prescription « court depuis » ou « ne court pas avant » un tel événement. Le magma jurisprudentiel dans lequel semble se perdre le point de départ de la prescription témoigne assurément de l'importance du problème. Il atteste aussi de la difficulté à le traiter.

Mouvante et instable, la matière l'est assurément. Sur une période comprise entre 1958 et 2004, le taux de cassations prononcées sur la question de la prescription s'élève ainsi à 37 %, et atteint même 46 %, là où le taux de cassation moyen sur cette même période est de 10 %. Or, 35 % des moyens fondés sur la prescription ayant abouti à une cassation portaient précisément sur la question du point de départ de la prescription, qui constitue dès lors assurément, avec l'interruption, la principale cause de cassation, signe de la complexité et de l'incertitude qui entoure sa détermination[5].

6. Voudrait-on objecter que la loi du 17 juin 2008 portant réforme de la prescription extinctive, en introduisant une règle de principe relative à la détermination du point de départ de la prescription[6], a rendu obsolète un tel constat, au point même de faire douter de l'utilité d'une réflexion d'ensemble sur la question ? Assurément non. En se contentant de prévoir un point de départ de droit commun, sans aucunement modifier les règles de détermination du point de départ de la prescription existantes[7], le législateur a soigneusement évité de s'attaquer à la véritable difficulté : l'hétérogénéité des points de départ de la prescription. Par suite, loin d'épuiser le débat, la loi soulève à l'inverse de nouvelles incertitudes,

---

1. Le tableau des différents délais recensés est annexé au rapport présenté par la mission d'information sur le régime des prescriptions civiles et pénales, « Pour un droit de la prescription moderne et cohérent », J.-J. Hyest (président), H. Portelli et R. Yung, rapporteurs, sénateurs, Commission des lois, « Mission d'information sur le régime des prescriptions civiles et pénales », *Les rapports du Sénat*, nº 333, 2006-2007, Annexe 1.

2. V. Lasserre-Kiesow, « La prescription, les lois et la faux du temps », *JCP* N, 2004, 1225, spéc. nº 13.

3. Données recensées au 20 mai 2013.

4. *Ibidem.*

5. Les chiffres sont issus d'une enquête ayant pour source la base d'arrêts de la Cour de cassation publiés au Bulletin entre 1958 et 2004, dont les résultats ont été repris dans le rapport présenté par la mission d'information sur le régime des prescriptions civiles et pénales, « Pour un droit de la prescription moderne et cohérent », J.-J. Hyest (président), H. Portelli et R. Yung, rapporteurs, sénateurs, Commission des lois, « Mission d'information sur le régime des prescriptions civiles et pénales », *Les rapports du Sénat*, nº 333, 2006-2007, p. 40, spéc. p. 32-33.

6. L'article 2224 du Code civil dispose ainsi désormais que « les actions personnelles ou mobilières se prescrivent par cinq ans à compter du jour où le titulaire d'un droit a connu ou aurait dû connaître les faits lui permettant de l'exercer ».

7. L'article 2223 du Code civil dispose en effet que « les dispositions du présent titre ne font pas obstacle à l'application des règles spéciales prévues par d'autres lois ». Ce faisant, la réforme laisse intacte l'hétérogénéité des points de départ de la prescription.

qui s'ajoutent à celles qui préexistaient. N'en doutons pas : la détermination du point de départ demeure, après la réforme, « le talon d'Achille de notre droit » de la prescription[1].

Aussi l'incertitude ne s'est-elle pas tarie. Mieux, le contentieux s'est encore accru. Alors que l'on pouvait compter une soixantaine d'arrêts de la Cour de cassation par an consacrés au point de départ de la prescription avant la réforme, on en dénombre désormais chaque année plus d'une centaine[2].

7. Ces données expriment le caractère extrêmement litigieux du point de départ. La Cour de cassation n'a en effet jamais posé de solution susceptible de s'appliquer à la diversité des hypothèses soumises à son contrôle. Plus encore, la multiplication des revirements de jurisprudence[3] en la matière entraîne une instabilité du droit positif. L'impression dominante est alors celle d'un droit confus, échappant aux anticipations des justiciables, incapable de satisfaire l'impératif de sécurité juridique précisément assigné à la prescription, ni d'ailleurs celui d'intelligibilité du droit, pourtant au cœur du droit d'accès à un tribunal[4].

La prescription, pourtant destinée à prévenir les litiges, apparaît ainsi, en raison de l'indétermination de son point de départ, une source majeure de conflits, au point d'être devenue « autolitigieuse »[5]. Comment admettre que le régime de la prescription – cet instrument destiné à pacifier les situations – soit en lui-même source de contestations[6] ? Là où le point de départ de la prescription devrait être la prémisse indiscutable du décompte de la prescription, il est devenu l'objet de tous les débats.

8. Le paradoxe est d'autant plus sensible que le rôle du point de départ dans l'élaboration du régime de la prescription est essentiel. Les enjeux de sa détermination ne sont d'ailleurs pas seulement techniques. Le point de départ n'est pas simplement une manière de faire fonctionner la prescription. Il est aussi un instrument de politique juridique. La détermination du point de départ de la prescription repose sur un arbitrage entre la sécurité juridique du débiteur et

---

1. M. Mignot, « Réforme de la prescription : le point de départ du délai », *Defrénois*, 2009, p. 393 s., spéc. n° 1.

2. Les données disponibles sur le site *Légifrance* soulignent le phénomène avec netteté : l'entrée « point de départ de la prescription » renvoie à 66 arrêts de la Cour de cassation pour l'année 2005, 77 pour l'année 2006, 68 pour l'année 2007, 62 pour l'année 2008, tandis qu'elle renvoie à 107 arrêts pour l'année 2009, 112 pour l'année 2010, 106 pour l'année 2011 et 95 pour l'année 2012, étant précisé que pendant ces huit années, le nombre d'arrêts rendus par la Cour de cassation est demeuré constant, oscillant entre 10 000 et 12 000 par an.

3. Parmi les exemples topiques de ces revirements à répétition, on peut citer la détermination du point de départ de la prescription de l'action en fixation du prix du bail commercial renouvelé, qui a donné lieu à d'innombrables changements de jurisprudence au cours de ces quinze dernières années. De même la jurisprudence relative au point de départ de la prescription en matière d'assurance de groupe a fait l'objet de cinq revirements entre 1978 et 2001.

4. L'accès au tribunal implique l'accès au délai de prescription, ce qui suppose l'intelligibilité de son régime. La Cour européenne des droits de l'homme, dans son arrêt *De Geouffre de la Pradelle c/ France* du 16 décembre 1992, Req. n° 12964/87, avait ainsi précisément conclu à la violation de l'article 6 § 1 de la Convention en raison des difficultés d'intelligibilité de la règle relative au point de départ du délai de recours contre une décision administrative, au motif que le requérant « était en droit de compter sur un système cohérent » et devait « jouir d'une possibilité claire, concrète et effective de contester un acte administratif » (Cons. 32).

5. L'expression est empruntée à P. Malaurie, « La réforme de la prescription civile, Commentaire de la loi n° 2008-561 du 17 juin 2008 », Defrénois, 2008, p. 2029 s., spéc. 5.

6. G. Rouhette, I. de Lamberterie, D. Tallon et C. Witz, *Principes du droit européen du contrat*, coll. Droit privé comparé et européen, Société de législation comparée, 2003, p. 521.

l'effectivité du droit d'agir du créancier. Ce faisant, elle s'insère dans un débat portant sur deux exigences qui ont connu un développement spectaculaire ces dernières années[1].

Les enjeux sont parfois symboliques. Saisi d'une action en responsabilité dirigée à l'encontre de la SNCF par des familles de déportés du fait du transport de leur parents en vue de leur déportation, le Tribunal administratif de Toulouse n'a ainsi pas hésité à accueillir une telle action plus de soixante ans après les faits, au motif que la prescription ne pouvait avoir couru avant la reconnaissance par l'État français, puis par les juridictions françaises, du rôle de Vichy et de la SNCF dans les déportations intervenues pendant la seconde guerre mondiale[2].

La détermination du point de départ se révèle ainsi comme une manière de « jouer » sur le temps de la prescription. Qu'importe une durée, dès lors qu'on a le choix de sa mise en marche. Le point de départ est l'éminence grise de la prescription. Il peut décider de tout, discrètement. Le délai en effet n'est rien sans son point de départ. L'un sait tendre et détendre l'autre, au point d'être le « meilleur moyen de [le] rendre [...] élastique »[3]. De sa fixation dépend « l'efficacité de la prescription »[4] : un même délai peut devenir extrêmement long ou à l'inverse extrêmement court, voire illusoire selon le moment auquel il commence à courir. Ainsi, en dépit de la durée quinquennale de la prescription prévue par l'article 1304 du Code civil, le report du point de départ au jour de la découverte du vice a permis l'exercice d'une action en nullité d'un acte de renonciation à succession pour dol près de quarante ans après sa conclusion[5]. Déjà, le report du point de départ de la prescription au jour de la manifestation du dommage avait permis l'exercice d'une action en responsabilité près de soixante-dix ans après le fait générateur qui en était à l'origine[6]. L'effectivité du délai est ainsi sous la dépendance de son point de départ. « Rien ne sert de courir, il faut partir à point ». La Fontaine est le meilleur théoricien du point de départ.

9. Partons donc. Mais avec quel attelage ? Faut-il s'en tenir aux délais de prescription ou intégrer les délais préfix dans la présente étude ? La seconde branche de l'alternative doit nécessairement être privilégiée tant les deux notions apparaissent difficiles à distinguer[7]. Sans préjuger du point de savoir si la qualification du délai pour agir est susceptible d'avoir une influence sur

---

1. V. notamment, Conseil d'État, *Rapport public annuel 1991, De la sécurité juridique*, La Documentation française ; *Rapport public annuel 2006, Sécurité juridique et complexité du droit*, La Documentation française ; C. E. Ass. 24 mars 2006, *Société K.P.M.G. et autres*, *Rec. Lebon*, req. nº 288460, 288465, 288474 et 288485, *D.*, 2006, p. 1224 ; *AJDA*, 2006, p. 1028, obs. Landais et Lenica ; *Europe*, 2006, nº 142, obs. Simon ; *JCP* G, 2006, II, 10113, note Belorgey et Cassia.

2. TA Toulouse, 6 juin 2006, *Guidéon S. et Cts L. c/ Préfet Haute-Garonne et SNCF*, *AJDA*, 2006, p. 2292, obs. P. Chrestia. Le jugement sera postérieurement annulé par la Cour d'appel de Bordeaux, considérant le juge administratif incompétent pour connaître du litige (CAA Bordeaux, 27 mars 2007, *JCP* A, 2007, 248, note A. Rouyère). V. pour une démarche jurisprudentielle comparable, Versailles, 18 mars 2004, *JCP*, 2004, IV, 3428, considérant que la prescription de l'action en délivrance d'un legs de sommes devant être versées au titre de l'indemnisation des investisseurs français spoliés par la Russie en 1917 ne pouvait courir avant la reconnaissance par l'État russe de la spoliation intervenue et donc de la créance du défunt.

3. A. Bénabent, « Sept clés pour une réforme de la prescription extinctive », *D.*, 2007, p. 1800 s., spéc. nº 18.

4. C. Ouerdane-Aubert de Vincelles, *Altération du consentement et efficacité des sanctions contractuelles*, préf. Y. Lequette, Nouv. Bibl. thèses Dalloz, 2002, spéc. p. 459, nº 617.

5. Cass. civ. 1re, 24 janvier 2006, *RDC*, 2006, p. 708 s., obs. D. Mazeaud, *D.*, 2006, p. 2643, obs. S. Amrani-Mekki, *JCP* G, 2006, II, 10036, note M. Mekki, *D.*, 2006, p. 626, note R. Wintgen, *LPA*, 11 août 2006, p. 9, note Y. Dagorne-Labbé.

6. Cass. civ. 2e, 13 juillet 1966, *Bull. civ.* II, nº 791.

7. V. réf. citées *supra*, et *infra*, nº 560 s.

son point de départ, il convient, en l'absence de critère pertinent de distinction, de ne pas exclure de la présente étude les délais préfix afin de ne pas éluder une part importante des difficultés qui obscurcissent la matière. Aussi faut-il ici entendre la prescription *lato sensu*, comme englobant à la fois les délais de prescription *stricto sensu*, et les autres délais pour agir, préfix ou de forclusion.

10. De l'analyse du point de départ de la prescription en droit privé[1], convient-il d'écarter le droit pénal ? La matière s'offre à l'évidence comme un terrain d'expérience pour la prescription. Les difficultés les plus topiques soulevées par la détermination du point de départ de la prescription ne se retrouvent-elles pas d'ailleurs en matière pénale ? Nul n'ignore en effet les controverses suscitées par la détermination du point de départ de la prescription de l'abus de biens sociaux[2].

Mais le temps du droit pénal n'est pas celui du droit civil. L'évolution divergente des prescriptions civile et pénale en atteste : à la tendance au raccourcissement des délais et à l'assouplissement du point de départ de la prescription en matière civile[3], répond une tendance inverse en droit pénal : accroissement des délais[4], réflexions sur le principe même de la prescriptibilité de certains crimes[5] et rigidité du point de départ[6], font la tendance actuelle. Le constat de leurs dissemblances n'est d'ailleurs pas nouveau. Il y a plus de cinquante ans, un auteur avait déjà fait remarqué qu'une « évolution aux tendances contraires [animait] les théories civile et pénale de la prescription »[7].

Au demeurant, cette opposition s'explique aisément. La prescription en droit pénal, comme le soulignait Carbonnier, est par son fondement comme par

1. S'agissant du droit public, on relèvera que la réforme du 17 juin 2008 soulève une difficulté particulière. Elle a en effet abrogé l'article 2227 du Code civil qui soumettait l'État, les établissements publics et les communes aux mêmes règles de prescription que les particuliers. Or, seule la volonté du législateur exprimée à cette article liait les juridictions administratives. Il semble bien que l'autonomie du droit administratif commande désormais en principe l'inapplicabilité des règles du Code civil aux personnes publiques par suite de la suppression de cette « norme d'assimilation » (G. Eckert et J.-P. Kovar, « La réforme du droit de la prescription : aspect de droit public », in *La réforme du droit de la prescription*, Actes de Colloque, Strasbourg, 7 novembre 2008, *LPA*, 2 avril 2009, p. 25 s., spéc. p. 25). En revanche, sans être partie intégrante de l'étude, la prescription quadriennale des dettes de l'État et des collectivités publiques sera évoquée.

2. V., parmi une littérature abondante, J.-F. Renucci, *Infractions d'affaires et prescription de l'action publique*, *D.*, 1997, p. 23 s. ; Y. Mayaud, « Appel à la raison ou pour une approche cohérente de la prescription de l'abus de biens sociaux », *D.*, 2004, p. 194 s. ; C. Freyria, « Imprescriptibilité du délit en droit pénal des affaires ? », *JCP* E, 1996, chron. p. 241.

3. Tel sont assurément les deux tendances lourdes consacrées par la loi du 17 juin 2008 portant réforme de la prescription extinctive en matière civile.

4. *Rapport sur la dépénalisation de la vie de affaires*, Groupe de travail présidé par J.-M. Coulon, janvier 2008, La Documentation Française, p. 100 ; « Pour un droit de la prescription moderne et cohérent », préc., p. 40.

5. Table ronde sur la Prescription in « Prescription et imprescriptibilité », *Droits*, 1999, nº 31, spéc. p. 41 s. ; « Pour un droit de la prescription moderne et cohérent », préc., p. 37

6. *Rapport sur la dépénalisation de la vie des affaires*, *ibid.* De même, l'*Avant-projet du futur Code de procédure pénale*, dans sa version en date du 1er mars 2010, proposait, tout en portant à six ans le délai de prescription (proj. art. 121-6), de faire courir la prescription à compter du jour où l'infraction a été commise « quelle que soit la date à laquelle elle a été constatée » (proj. art. 121-7) afin, notamment, de clore les controverses relatives à la détermination du point de départ de la prescription en matière d'abus de biens sociaux et plus largement en matière d'infractions clandestines. La proposition avait toutefois fait l'objet d'un avis négatif de la Cour de cassation réunie en Assemblée générale vendredi 16 avril 2010, considérant que la modification « serait contraire aux impératifs de lutte contre la grande délinquance ».

7. B. Gavalda, « La théorie de la prescription des actions en procédure pénale », in *Quelques aspects de l'autonomie du droit pénal*, dir. G. Stefani, Paris, 1956, p. 77 s. , p. 78, nº 1.

son fonctionnement, une institution très différente de la prescription du droit civil[1]. Là où cette dernière repose sur des « considérations d'essence individualiste, subjective, propres aux parties en conflit »[2], la première incarne un « oubli de l'infraction »[3]. L'intérêt protégé n'est donc plus individuel mais collectif : « c'est l'ordre public, la paix sociale et finalement le crédit de l'institution judiciaire qui est en cause »[4]. De même, le temps de la prescription pénale ne vise pas à la libération du délinquant mais à l'élimination de l'infraction[5]. Son mécanisme est « consubstantiel à la matière dans laquelle elle opère »[6]. Là où « le temps du droit civil signifie irréversibilité, le temps du droit pénal signifie oubli »[7]. Leur régime diffère en conséquence, et en premier lieu le mode de détermination du point de départ de chacune des prescriptions[8].

Dès lors, il faut reconnaître que « l'indépendance, sinon l'autonomie de la prescription pénale, est fondamentale, au sens propre du terme »[9]. Par suite, les prescriptions pénale et civile participent de deux logiques autonomes, voire divergentes. Leurs points de départ respectifs ne sauraient alors être traités conjointement.

11. Faut-il traiter de concert prescription acquisitive et prescription extinctive ? Seraient-elles les deux facettes, inséparables donc, d'une même institution[10] ? Ne sont-elles pas plutôt deux institutions distinctes, maladroitement confondues[11] ?

Leur histoire, assurément, marque leur séparation. La prescription extinctive en effet, n'est pas héritière de l'*usucapio* romaine[12], mais de la *longi temporis praescriptio*, qui puise d'ailleurs ses racines non plus dans le droit romain, mais dans les droits égyptien, hellénistique et attique[13]. Apparue plus tardivement, elle demeura longtemps une simple restriction inscrite en tête de la formule que

---

1. J. Carbonnier, « La règle *Contra non valentem agere non currit praescriptio* », *Rev. crit.*, 1937, p. 155 s., spéc. p. 155, note 1.

2. B. Gavalda, préc., p. 81, nº 3.

3. C. Hardouin-Le Goff, *L'oubli de l'infraction*, Préf. A. Decocq, LGDJ, 2008, p. 90, nº 162.

4. E. Emile-Zola-Place, *La prescription extinctive en droit d'auteur*, Thèse Paris II, 2005, p. 314, nº 398.

5. C. Hardouin-Le Goff, thèse préc., p. 95, nº 170 et 171: « Le temps de la prescription pénale ne s'emploie pas vraiment à faire sortir d'une impunité de fait qui a duré, la libération du délinquant. Le temps de la prescription pénale pose en réalité davantage son dévolu sur le fait générateur de la situation contraire au droit, par hypothèse l'infraction. Et plutôt que de consolider la situation de fait, il préfère largement en éliminer la cause (l'infraction) qu'il efface et veut rendre inexistante ».

6. S. Fournier, *Essai sur la notion de prescription en matière civile*, Thèse Grenoble, 1992, p. 4, nº 2.

7. C. Hardouin-Le Goff, thèse préc., p. 95, nº 170 et 171.

8. E. Emile-Zola-Place, thèse préc., p. 313, nº 396 : « plus qu'une différence de délai pour agir, ce sont toutes les règles de computation qui diffèrent d'un ordre juridique à l'autre : point de départ, suspension et interruption ».

9. B. Gavalda, art. préc., p. 82, nº 3.

10. F. Zenati et S. Fournier, « Essai d'une théorie unitaire de la prescription », *RTD civ.*, 1996, p. 339 s. ; P. Malaurie, « Avant-projet de réforme de la prescription en droit civil », *Defrénois*, 2006, p. 230 s., spéc. p. 231.

11. A. Bénabent, « Sept clés pour une réforme de la prescription extinctive », *D.*, 2007, p. 1800 s., spéc. nº 4 s.

12. La prescription acquisitive a en effet une origine très lointaine. On en trouve notamment trace, sous une forme différente, dans les XII Tables : G. Baudry-Lacantinerie et A. Tissier, *Traité théorique et pratique de droit civil, De la prescription*, Paris, 3e éd., 1905, spéc. p. 3, nº 3. Mais à l'époque, le droit romain classique n'admettait que la dimension créatrice du temps. Son effet destructeur ne pouvait être qu'accessoire et demeurait sous la dépendance de l'aspect créateur (E. Chevreau, *ibid.*, p. 109).

13. E. Chevreau, *ibid.*, p. 109. Elle reposait alors sur un schéma inverse de celui classiquement retenu : ce n'était plus l'usure du temps qui périmait l'action, mais l'extinction de l'action qui entraînait la désuétude du droit (E. Chevreau, *ibid.*, p. 147).

le prêteur adressait au juge : *Ea res agatur, cujus non est possessio longi temporis*[1], avant de devenir un véritable moyen de se libérer. La réception romaine de l'institution sera toutefois longtemps limitée aux seules actions réelles[2], entretenant ainsi la confusion avec la future prescription acquisitive[3]. Mais la loi de Théodose II du 14 novembre 424 généralisera finalement une telle prescription à l'ensemble des actions[4], et la distinction des deux prescriptions sera consacrée sous Justinien, par une « dissociation entre l'effet créateur du temps qui joue sur le droit substantiel et l'effet destructeur qui agit au niveau de l'action »[5].

Alors, les chemins des deux prescriptions se sont irréversiblement séparés[6]. Une telle évolution s'explique aisément tant les deux institutions sont construites sur des conceptions différentes du rôle du temps[7]. Tout les oppose : l'une crée, l'autre détruit ; l'une est fondée sur une présomption d'existence du titre de propriété, l'autre sur une présomption d'inexistence de la créance. Si la systématisation de ces différences n'était sans doute pas suffisamment aboutie encore sous l'ancien droit pour permettre aux rédacteurs du Code civil de séparer les deux prescriptions[8], l'irrésistible mouvement d'émancipation de la prescription extinctive était déjà engagé. La loi du 17 juin 2008 portant réforme de la prescription en matière civile les a définitivement coupées l'une de l'autre, comme l'on séparerait deux sœurs siamoises accidentellement liées entre elles à leur naissance[9].

Au reste, ces considérations théoriques se doublent assurément de considérations pragmatiques : la prescription extinctive concentre l'essentiel des difficultés en la matière. La question du point de départ de la prescription acquisitive ne soulève guère d'hésitations : reposant sur la possession, elle court logiquement du jour où les qualités d'une possession continue et non interrompue, paisible, publique, non équivoque, et à titre de propriétaire sont réunies[10].

---

1. « En cas de revendication, vous jugerez l'affaire, à moins qu'il n'y ait possession de long temps » (*Dictionnaire Littré, V° Prescription*). *Praescriptio* signifie littéralement « écrire en tête ». V. V. Marcadé, *Explication théorique et pratique du Code Napoléon*, T. XII, *Prescription*, Paris, 1867, spéc. p. 218, n° 191 ; G. Baudry-Lacantinerie et A. Tissier, *Traité théorique et pratique de droit civil, De la prescription*, Paris, 3e éd., 1905, spéc. p. 6, n° 9 ; E. Chevreau, thèse préc., p. 105.

2. E. Chevreau, *ibid.*, p. 120.

3. L'autonomie d'une telle prescription était pourtant certaine, v. E. Chevreau, *ibid.*, p. 147, évoquant notamment les règles particulières d'interruption de la prescription.

4. E. Chevreau, *ibid.*, p. 134 ; G. Baudry-Lacantinerie et A. Tissier, *Traité théorique et pratique de droit civil, De la prescription*, Paris, 3e éd., 1905, spéc. p. 3, n° 3.

5. E. Chevreau, *ibid.*, p. 143.

6. Comp. cependant, la tendance d'une partie de la doctrine contemporaine à vouloir réunir les deux prescriptions : S. Fournier, thèse préc. ; M. Bandrac, thèse préc. ; A. Collin, thèse préc. ; V. Durand-Girard, thèse préc.

7. E. Chevreau, thèse préc., p. 7: « l'*usucapio* œuvre à la valorisation de la possession continue, la *longi tempori praescriptio* insiste sur la sanction qui frappe le long silence du détenteur de l'action ».

8. L'ancien article 2219 du Code civil traitait conjointement les deux prescriptions, présentées comme « un moyen d'acquérir ou de se libérer par un certain laps de temps, et sous les conditions déterminées par la loi ».

9. L'article 2219 du Code civil définit désormais la prescription extinctive comme un « mode d'extinction d'un droit résultant de l'inaction de son titulaire pendant un certain laps de temps », tandis que son article 2228 voit désormais dans la prescription acquisitive un « moyen d'acquérir un bien ou un droit par l'effet de la possession sans que celui qui l'allègue soit obligé d'en rapporter un titre ou qu'on puisse lui opposer l'exception déduite de la mauvaise foi ». La seule hypothèse dans laquelle les deux prescriptions continuent d'être inéluctablement liées est celle de la prescription des hypothèques prévue par l'article 2488 du Code civil, dont la nature est hybride : acquisitive dans ses conditions, mais extinctive dans ses effets.

10. Art. 2261 C. civ. : « Pour pouvoir prescrire, il faut une possession continue et non interrompue, paisible, publique, non équivoque, et à titre de propriétaire ».

Aussi, la présente étude portera sur le point de départ de la prescription extinctive et autres délais pour agir en matière civile. Mais celle-ci doit alors être largement entendue : elle doit englober aussi bien la prescription civile que commerciale, et plus généralement l'ensemble des disciplines affectées par la prescription, et non le seul droit commun.

12. Il faut encore préciser. Le point de départ qui nous retient est le point de départ originel. On ne s'intéresse pas aux faux départs, qui appellent une seconde course de la prescription.

Il en est ainsi lorsque le point de départ de la prescription résulte de l'intervention d'une loi nouvelle, qui vient réduire la durée de la prescription. Dans une telle hypothèse en effet, la prescription, qui a déjà commencé à courir sous l'ancienne loi, recommencera à courir du jour de l'entrée en vigueur de la loi nouvelle. La jurisprudence est constante en ce sens[1], et le principe récemment consacré par la loi[2].

De même, le point de départ de la prescription peut résulter de l'interruption d'une prescription déjà commencée. Une telle interruption, du fait de la reconnaissance par le débiteur du droit de celui contre lequel il prescrivait (art. 2240 C. civ.), d'un acte d'exécution forcée (art. 2244 C. civ.), ou encore d'une demande en justice, même en référé (art. 2241 C. civ.), fait en effet « courir un nouveau délai de même durée que l'ancien » (art. 2231 C. civ.)[3]. Elle appelle alors logiquement la fixation d'un nouveau point de départ, au jour de la cessation de l'effet interruptif de la prescription. L'événement faisant courir de nouveau la prescription se confondra dès lors parfois avec l'événement même ayant interrompu la prescription – la reconnaissance par le débiteur du droit de celui contre lequel il prescrivait ou l'acte d'exécution forcée feront immédiatement courir de nouveau la prescription – ou pourra lui être postérieur – seule l'extinction de l'instance consécutive à une demande en justice constituera le point de départ du nouveau délai.

Mais ces deux points de départ n'appellent pas davantage de développements. Aussi la présente étude portera sur le point de départ originel de la prescription extinctive et autres délais pour agir en matière civile.

13. Dans cette perspective, il faut partir de l'extrême diversité des situations rencontrées : du droit des sociétés au droit de la famille en passant par le droit des assurances ou celui du travail, les points de départ sont multiples.

Au reste, à la « déconsidération doctrinale »[4] dont souffre la prescription dans son ensemble s'ajoute ici la segmentation de la pensée : le point de départ de la prescription est rarement appréhendé de manière globale[5], mais le plus souvent

---

1. V. par ex. Cass. civ. 3e, 21 janvier 2009, *Bull. civ.* III, n° 14.

2. Art. 2222 al. 2 C. civ. : « En cas de réduction de la durée du délai de prescription ou du délai de forclusion, ce nouveau délai court à compter du jour de l'entrée en vigueur de la loi nouvelle, sans que la durée totale puisse excéder la durée prévue par la loi antérieure ».

3. Le nouvel article semble ce faisant supprimer les problèmes liés à l'interversion de la prescription (l'interruption pouvait faire courir un nouveau délai différent du précédent, en substituant aux courtes prescriptions la prescription de droit commun), qui soulevait de nombreuses difficultés, v. A. Viandier, « Les modes d'interversion des prescriptions libératoires, *JCP* G, 1978, I, 2885 ; R. Libchaber, « Le point sur l'interversion des prescriptions en cas de condamnation en justice », *D.*, 2006, chron. p. 254. Sur ce point, v. E. Agostini, « Interversion des prescriptions et réforme de la prescription », *D.*, 2010, p. 2465.

4. A. Bénabent, « Le chaos du droit de la prescription extinctive », art. préc., spéc. p. 123.

5. V. cependant, A. Ballot-Léna, « Les multiples points de départ de la prescription extinctive », *LPA*, 7 décembre 2007, p. 5. ; P. Sargos, « Les points de départ de la prescription dans la jurisprudence de la Cour de cassation », in *Les désordres de la prescription*, Textes réunis par P. Courbe, Publication de l'Université de Rouen, 2000, p. 23 s., spéc. n° 5.

de façon catégorielle, discipline par discipline[1]. La multiplication des lois spéciales alimente d'ailleurs le phénomène. La réforme de la prescription, loin de l'avoir tari, semble au contraire l'avoir accentué. En renonçant à s'emparer des droits spéciaux, le législateur a laissé libre court au cloisonnement. Il suffit d'ailleurs, pour s'en rendre compte, d'observer la manière dont la doctrine a étudié la loi nouvelle. Si elle a évidemment fait l'objet de commentaires d'ensemble[2], elle a souvent été envisagée par appartements, au risque d'une découpe de la prescription. Ce n'est plus la réforme, mais son impact sur le droit de la famille[3], des assurances[4], de la construction[5], du travail[6], de l'environnement[7], du transport[7 bis], qui retient l'at-

1. V. par ex. P. Sargos, « La fixation du point de départ de la prescription en matière d'assurances », *JCP*, 1998, I, 130 ; O. Rault, « Le point de départ de la prescription de l'action en responsabilité de l'article 247 de la loi du 24 juillet 1966 », *JCP* E, 2000, p. 1462 s.

2. P. Malaurie, « La réforme de la prescription civile (Commentaire de la loi n° 2008-561 du 17 juin 2008) », art. préc., spéc. n° 9 ; S. Amrani-Mekki, « Liberté, simplicité, efficacité, la nouvelle devise de la prescription ?, À propos de la loi du 17 juin 2008 », *JCP* G, 2006, I, 160 ; B. Fauvarque-Cosson et J. François, « Commentaire de la loi du 17 juin 2008 portant réforme de la prescription en matière civile », in *Réforme de la prescription, D.*, 2008, p. 2512 s. ; A.-M. Leroyer, *Chronique de législation française*, « Prescription, Loi n° 2008-561 du 17 juin 2008 portant réforme de la prescription en matière civile », *RTD civ.*, 2008, p. 563 s. ; F.-X. Licari, « Aspect fondamentaux du nouveau droit de la prescription : réflexions théoriques et pratiques sur les choix opérés par la loi du 17 juin 2008 », in *La réforme du droit de la prescription extinctive : perspectives nationales et transfrontalières*, Acte de Colloque, Metz, 7 mai 2009, *RDLA*, octobre 2009, n° 42, p. 84 s. ; L. Leveneur, « Réforme de la prescription : trois petits tours au Parlement et quelques questions », *Cont. conc. cons.*, 2008, n° 8, comm. 195 ; X. Lagarde, « Réforme de la prescription en matière civile : entre simplifications et incertitudes », *Gaz. Pal.*, 11 avril 2009, p. 2 s. ; C. Brenner et H. Lecuyer, « La réforme de la prescription », *JCP* N, 2009, 1118 ; V. Lasserre-Kiesow, « Commentaire de la loi du 17 juin 2008 portant réforme de la prescription en matière civile », *RDC*, 2009, p. 1149 s., spéc. p. 1452 ; C. Charbonneau, « La prescription d'hier et d'aujourd'hui : commentaire de la loi du 17 juin 2008 », *Dr. et patr.*, sept. 2008, p. 42 ; N. Fricero, « La nouvelle prescription : entre sécurité et modernité », *RLDC*, 2008, n° 52, n° 3093 ; F. Ancel, « La loi n° 2008-561 du 17 juin 2008 portant réforme de la prescription en matière civile », *Gaz. Pal.*, 12 juillet 2008, p. 2 s.

3. J.-C. Bardout, « Les conséquences de la réforme de la prescription civile en matière familiale », *AJ fam.*, 2008, p. 291 s. ; I. Corpart, « Les retombées en droit de la famille de la loi n° 2008-561 du 17 juin 2008 portant réforme de la prescription en matière civile », *RJPF*, sept. 2009, p. 8 s.

4. A. Astegiano-La Rizza, « L'assurance et la réforme de la prescription en matière civile », *RFDA*, 2008, p. 833 s.

5. J.-P. Storck, « Réforme du droit de la prescription et responsabilité des constructeurs », in *La réforme du droit de la prescription*, Actes de Colloque, Strasbourg, 7 novembre 2008, *LPA*, 2 avril 2009, p. 42 s. ; G. Durand-Pasquier, « La responsabilité des constructeurs à l'aune de la réforme du droit de la prescription : consécrations et interrogations », *Const. Urb.*, 2008, alerte 36 ; J.-P. Tricoire, « La réforme de la prescription en droit des biens et en droit de la construction », *LPA*, 24 juillet 2009, p. 7 s ; C. Charbonneau, « Incidence de la réforme de la prescription civile en matière de construction », *Const. Urb.*, 2008, étude 13 ; P. Malinvaud, « Prescription et responsabilité des constructeurs après la réforme du 17 juin 2008 », *RDI*, 2008, p. 368 s. ; M. Burgard, « Les implication de la loi du 17 juin 2008 sur la prescription des actions ne responsabilité des constructeurs », *LPA*, 10 avril 2009, p. 6 s. ; N. Fricero, « La prescription après la loi du 17 juin 2008 en droit de la construction », *RDI*, 2011, p. 435 s.

6. R. de Quenaudon, « La réforme de la prescription : aspects de droit du travail », in *La réforme du droit de la prescription*, Actes de Colloque, Strasbourg, 7 novembre 2008, *LPA*, 2 avril 2009, p. 53 s. ; F. Chatard, L. Le Berre, A.-S. Maigret-Mathiot, « Principales incidences de la réforme de la prescription en droit du travail, notamment au niveau de la relation individuelle de travail », *Procédures*, 2009, Prat. 1 ; E. Boussard-Verrecchia, « L'abréviation de la prescription en matière de discrimination compensée par l'exigence d'une révélation informée », *Rev. de droit du travail*, 2008, p. 677 s.

7. M.-P. Camproux-Suffrène, « Réforme de la prescription civile : les aspects environnementaux », in *La réforme du droit de la prescription*, Actes de Colloque, Strasbourg, 7 novembre 2008, *LPA*, 2 avril 2009, p. 45 s. ; M. Boutonnet, « Réforme de la prescription civile et responsabilité civile environnementale », *Environnement*, 2008, étude 14 ; Ph. Billet, « Prescription des obligations financières liées à la réparation des atteintes à l'environnement : les affres du temps », *JCP* A, 2008, act. 697 ; G. J. Martin, « Prescription et droit de l'environnement », *RDC*, 2008, p. 1468 s. ; C. Huglo, « La prévention et la réparation des dommages de l'environnement après la loi du 1er août 2008, *LPA*, 2008, p. 6 s.

tention, manière de témoigner de l'échec de la loi à imposer une pensée globale. Rattachée à une matière précise, la question du point de départ de la prescription n'est dès lors plus abordée à partir des grands principes régissant la prescription mais au regard des intérêts propres aux droits substantiels qu'elle affecte. Peut-on d'ailleurs agencer le puzzle pour construire une pièce unique ? Comment faire désormais la théorie d'une notion au traitement devenu aussi hétéroclite ? Il le faut pourtant assurément : la recherche d'un traitement cohérent de la question impose de dépasser la pensée catégorielle, pour embrasser la question de la détermination du point de départ de la prescription dans son ensemble. La restauration éventuelle – et à tout le moins espérée – de la matière est à ce prix. Sous cet aspect, la construction d'une théorie générale du point de départ de la prescription est indispensable à la compréhension même de l'institution de la prescription.

14. Aussi, un premier temps devra être consacré, *de lege lata*, à la compréhension du droit positif. Posant les pièces à terre, il faut repérer, comprendre, analyser la diversité des solutions légales comme jurisprudentielles relatives au point de départ de la prescription. Pour espérer interrompre cette « marche constante vers l'hétérogénéité »[1], selon la juste expression de Carbonnier, il faut d'abord la retracer.

Dès lors, le constat d'une matière souvent désordonnée, incohérente et inutilement complexe invitera à se demander si la question de la détermination du point de départ de la prescription a fatalement vocation à rester sous l'emprise de la casuistique, ou si l'on peut dégager des principes généraux pour aboutir à un véritable droit commun de la fixation du point de départ de la prescription. Aussi, le second temps de l'analyse devra alors être consacré, *de lege ferenda*, à la reconstruction de la matière autour de critères cohérents, ce qui obligera à cerner le rôle de la prescription et plus généralement la fonction assignée au temps derrière l'institution de la prescription.

15. De la démarche ainsi précisée peut se déduire le chemin à emprunter. Il faudra dans un premier temps comprendre le désordre du point de départ de la prescription (Partie I) avant de proposer une mise en ordre (Partie II).

---

7 *bis*. O. Staes, « La loi n° 2008-561 et le régime des prescriptions applicables aux transports terrestres de marchandises », *Rev. de droit des transports*, mars 2009, étude 5.

1. J. Carbonnier, « Notes sur la prescription extinctive », art. préc., spéc. p. 180.

Partie I

Le constat du désordre

16. Il y a plus d'une décennie déjà, « les désordres »[1] de la prescription avaient été dénoncés. Le point de départ n'avait d'ailleurs pas été ignoré dans la description de ce capharnaüm puisqu'une contribution avait été à l'époque consacrée à la question *des* points de départ de prescription dans la jurisprudence de la Cour de cassation[2]. Le désordre ne s'est pas résorbé. Plus récemment, les *multiples* points de départ de la prescription ont encore pu retenir l'attention[3]. Il faut dire qu'en la matière, l'intempérance dispute à la confusion.

Le droit positif se caractérise ainsi par une extraordinaire diversité des points de départ de la prescription[4]. Cette diversité devient incohérence dès lors qu'elle n'apparaît pas justifiée par la différence de situations et de domaines.

Le désordre se constate ainsi en deux temps : il convient d'observer la diversité (Titre I), avant de démontrer l'incohérence (Titre II) des points de départ de la prescription.

---

1. *Les désordres de la prescription*, Textes réunis par P. Courbe, Publication de l'Université de Rouen, 2000.

2. P. Sargos, « Les points de départ de la prescription dans la jurisprudence de la Cour de cassation », in *Les désordres de la prescription*, préc., p. 23 s.

3. A. Ballot-Léna, « Les multiples points de départ de la prescription extinctive », *LPA*, 7 décembre 2007, p. 5 s.

4. Il sera rendu compte de cette diversité dans un tableau exposant les principaux points de départ étudiés (Annexe 2).

Titre I

La diversité des points de départ de la prescription

17. La diversité des points de départ de la prescription est sans nul doute le trait saillant qui se dégage de l'observation du droit positif. Sous cet aspect, bien qu'elle ait consacré un point de départ de la prescription de droit commun à l'article 2224 du Code civil, la loi du 17 juin 2008 portant réforme de la prescription extinctive en matière civile n'a pas mis fin à l'hétérogénéité des solutions. Faute de s'emparer des droits spéciaux, elle est en effet loin d'avoir unifié les divers points de départ de la prescription.

Une telle diversité se manifeste quel que soit l'angle à partir duquel on observe le panorama. Pour le saisir, il est judicieux de constater la diversité des solutions en procédant par type d'actions. Parce que « l'action est le passage obligé par où passe la réalisation du droit »[1], c'est la question du point de départ de la prescription de l'action en justice qui est en cause. Une telle action peut alors être personnelle ou réelle, mobilière, immobilière ou encore mixte, il demeure qu'elle vise systématiquement soit à engager la responsabilité de l'auteur d'un dommage, soit à faire constater la nullité d'un acte juridique, soit à faire reconnaître, exécuter ou protéger un droit d'origine conventionnelle ou légale.

Or, la diversité des points de départ de la prescription se manifeste aussi bien au sein des actions en responsabilité (Chapitre I), des actions en nullité (Chapitre II), que des actions en exécution comme des actions voisines (Chapitre III).

1. D. Wiederkehr, « La notion d'action en justice selon l'article 30 du NCPC », *Mélanges offerts à P. Hébraud*, Université des sciences sociales de Toulouse, 1981, p. 949 s., spéc. p. 955.

Chapitre I

Les actions en responsabilité

18. L'analyse du droit positif révèle que, loin d'adopter une vision unitaire, le législateur a multiplié les approches de la question du point de départ de la prescription des actions en responsabilité. Certes, la responsabilité civile ayant pour fonction de réparer le dommage subi[1], la notion de dommage, centrale[2], a pu sembler s'imposer comme clef de voûte de la détermination du point de départ de la prescription des actions en ce domaine. Cependant, la notion même de dommage a été diversement appréhendée. Tantôt, c'est le fait générateur du dommage qui est retenu comme point de départ de la prescription (Section I), tantôt, c'est la découverte du dommage qui est prise en considération (Section II). Surtout, en dépit de son importance en ce domaine, la notion de dommage a parfois été purement et simplement abandonnée par le législateur, au profit d'un événement étranger à sa réalisation (Section III).

Section I : La prise en considération du fait générateur du dommage

19. L'existence d'un fait générateur du dommage est à l'origine de l'obligation de réparation pesant sur son auteur et par conséquence de l'action en responsabilité intentée par la victime. Un tel événement peut dès lors légitimement paraître pertinent pour constituer le point de départ de la prescription de l'action en responsabilité civile. Le fait générateur du dommage n'est toutefois pas retenu comme point de départ de la prescription pour toutes les actions en responsabilité civile. Mieux, seuls des textes régissant des actions spéciales s'y réfèrent. C'est ainsi que la date du fait générateur du dommage est depuis longtemps retenue pour fixer le point de départ de la prescription de l'action en responsabilité en droit des sociétés (§ 1). Plus récemment, le législateur l'a choisie pour constituer le point de départ de la prescription des actions tendant à la réparation des dommages causés à l'environnement (§ 2).

1. G. Viney, P. Jourdain, *Traité de droit civil, Les conditions de la responsabilité*, LGDJ, 3e éd., 2006, n° 247, p. 5.

2. G. Viney, P. Jourdain, *ibid.*, n° 247, p. 10, soulignant « l'importance primordiale de la notion de dommage dans le droit de la responsabilité civile » ou encore « sa place prééminente au sein du droit de la responsabilité civile ».

§ 1 – Les responsabilités en droit des sociétés

20. En droit des sociétés, l'article L. 225-254 du Code de commerce, qui déroge au droit commun en faisant courir la prescription du jour du « fait dommageable », constitue sans nul doute le texte de référence lorsqu'il s'agit de déterminer le point de départ de la prescription de l'action en responsabilité intentée à l'encontre des différents acteurs de la société. En effet, non seulement il fixe le point de départ de la prescription de l'action à l'encontre des dirigeants sociaux, mais plus encore les articles L. 822-17 et L. 237-12 du même code y renvoient expressément pour déterminer le point de départ de la prescription des actions intentées respectivement à l'encontre des commissaires aux comptes et des liquidateurs.

L'unité de fondement aurait alors logiquement dû permettre d'éviter une diversité de solutions. Il n'en est cependant rien : l'interprétation jurisprudentielle de la directive contenue dans l'article L. 225-254 diffère selon l'auteur du dommage. Aussi convient-il de distinguer le point de départ de la prescription de l'action dirigée contre les dirigeants sociaux (A), les commissaires aux comptes (B), et les liquidateurs (C).

A. La responsabilité des dirigeants sociaux

21. On sait que les dirigeants sociaux des sociétés commerciales sont soumis à un régime spécial de responsabilité prévu, pour les sociétés anonymes, à l'article L. 225-251 du Code de commerce selon lequel « les administrateurs et le directeur général sont responsables, individuellement ou solidairement selon le cas, envers la société ou envers les tiers, soit des infractions aux dispositions législatives et réglementaires applicables aux sociétés anonymes, soit des violations des statuts, soit des fautes commises dans leur gestion »[1]. La prescription de l'action qui pourrait dans ce contexte particulier être intentée à leur encontre est également dérogatoire du droit commun. L'article L. 225-254 du Code de commerce[2] prévoit en effet que « l'action en responsabilité contre les administrateurs ou le directeur général, tant sociale qu'individuelle, se prescrit par trois ans, *à compter du fait dommageable ou s'il a été dissimulé, de sa révélation* ». Ainsi, outre la durée de la prescription, réduite à trois ans, son point de départ est déplacé : par principe, le point de départ de la prescription est fixé au jour du fait dommageable ; par exception, il est reporté au jour de sa révélation, s'il a été dissimulé.

Reposant sur un système à double détente, le point de départ de la prescription de l'action en responsabilité intentée contre des dirigeants sociaux soulève alors deux séries de difficultés : la première a trait à la notion de fait domma-

---

1. V., pour la responsabilité des gérants d'une société à responsabilité limité, art. L. 223-22 C. com. : « Les gérants sont responsables, individuellement ou solidairement, selon le cas, envers la société ou envers les tiers, soit des infractions aux dispositions législatives ou réglementaires applicables aux sociétés à responsabilité limitée, soit des violations des statuts, soit des fautes commises dans leur gestion ».

2. V., pour la prescription de l'action en responsabilité contre les gérants d'une S.A.R.L., art. L. 223-23 C. com. : « Les actions en responsabilité prévues aux articles L. 223-19 et L. 223-22 se prescrivent par trois ans à compter du fait dommageable ou, s'il a été dissimulé, de sa révélation. Toutefois, lorsque le fait est qualifié crime, l'action se prescrit par dix ans ». Sont également visés les dirigeants des sociétés en commandite par actions (art. L. 226-1 C. com.) et des sociétés anonymes simplifiées (art. L. 227-8 C. com.). En revanche, rien n'est prévu pour les gérants de sociétés en nom collectif ou de sociétés en commandite simple, qui sont en conséquence soumis au régime de prescription de droit commun, le point de départ de la prescription de l'action en responsabilité dirigée contre les organes du groupement demeurant la manifestation du dommage (J.-C. Pagnucco, *L'action sociale* ut singuli *et* ut universi *en droit des groupements*, Préf. F. Deboissy, LGDJ, Coll. Thèses Fondation Varenne, 2006, spéc. p. 340, n° 611).

geable, à laquelle l'article L. 225-254 du Code de commerce renvoie par principe (1) ; la seconde concerne l'hypothèse d'un report du point de départ de la prescription au jour de la révélation, auquel ledit article renvoie à titre exceptionnel en cas de dissimulation (2).

1. *La fixation du point de départ de la prescription au jour du fait dommageable*

22. La notion de fait dommageable à laquelle renvoie l'article L. 225-254 du Code de commerce est source d'incertitudes toutes les fois que la réalisation du préjudice n'est pas concomitante à la commission du fait générateur. L'expression même de « fait dommageable », particulièrement obscure, semble en effet pouvoir renvoyer aussi bien au jour du fait générateur qu'au jour de la réalisation du dommage.

L'hésitation n'est d'ailleurs pas inédite. On la retrouve notamment en droit international privé. En effet, l'article 5-3 du *Règlement « Bruxelles I »* du 22 décembre 2000 sur la compétence judiciaire, la reconnaissance et l'exécution des décisions en matière civile permet au demandeur, en matière d'action en responsabilité extra-contractuelle, de saisir « le Tribunal du lieu où le fait dommageable s'est produit ou risque de se produire ».

En la matière, elle a soulevé des difficultés identiques d'identification du « fait dommageable » en présence de ce qu'il est convenu d'appeler des « délits complexes »[1]. Dans ce contexte, on s'est en effet également demandé, lorsque le fait générateur et le dommage ne se localisaient pas sur le même territoire, si l'expression de « fait dommageable » devait être interprétée comme visant le fait générateur ou le préjudice subi. Confrontées à ce problème, la Cour de justice des Communautés européennes comme la Cour de cassation n'ont pas tranché entre ces deux interprétations, considérant que l'expression de fait dommageable pouvait renvoyer alternativement à ces deux événements. Ainsi, selon la Cour de justice, « l'expression "lieu où le fait dommageable s'est produit" doit être entendue en ce qu'elle vise à la fois le lieu où le dommage est survenu et le lieu de l'événement causal »[2]. De même, mais en matière de loi applicable cette fois, la Cour de cassation a considéré que « la loi applicable à la responsabilité extra-contractuelle est celle de l'État du lieu où le fait dommageable s'est produit ; que ce lieu s'entend aussi bien de celui du fait générateur du dommage que du lieu de réalisation de ce dernier »[3].

---

1. L'expression renvoie à toutes les hypothèses dans lesquelles le lieu où le dommage se réalise est distinct de celui du fait générateur. Il est va souvent ainsi par exemple en matière de délit de presse, de responsabilité des produits défectueux, ou encore de délits financiers.

2. CJCE, 30 novembre 1976, *Mines de Potasses d'Alsace*, aff. 21/76, *Rev. crit. DIP*, 1977, p. 568, note P. Bourel, *D.*, 1977, p. 614, note G. Droz, *JDI*, 1977, p. 728, note A. Huet, *Rev. jur. de l'environnement*, 1977, p. 323, note A.-C. Kiss ; v. aussi, CJCE, 7 mars 1995, *Fiona Shevill*, aff. C-68/93, *JDI* 1995, p. 543, obs. A. Huet, *Rev. crit. DIP*, 1996, p. 487, note P. Lagarde, *Europe*, juin 1995, chron. nº 7, L. Idot, *D.*, 1996, p. 61, note G. Parléani. Il en résulte qu'en matière de conflit de juridiction, le demandeur bénéficie d'un choix entre le tribunal du lieu du fait générateur et de réalisation du dommage.

3. Cass. civ. 1re, 14 janvier 1997, *Soc. Gordon and Breach*, *Bull. civ.* I, nº 14, *D.*, 1997, p. 177, note M. Santa-Croce, *JCP* G, 1997, II, 22903, note H. Muir Watt, *Rev. crit. DIP*, 1997, p. 504, note J.-M. Bischoff. Dans un précédent arrêt du 8 février 1983, elle avait cependant semblé trancher en faveur du « lieu où le dommage a été réalisé » ; v. aussi, civ. 1re, 28 octobre 2003, *Pays-Fourvel c/ Axa*, *Rev. crit. DIP*, 2004, p. 83, note D. Bureau, *LPA*, 23 décembre 2003, nº 255, p. 11, note P. Ancel, *JCP* G, 2004, II, 10006, note G. Lardeaux, *D.*, 2004, p. 233, note P. Delebecque, *JDI*, 2004, p. 499, note G. Légier, *Defrénois*, 2004, art. 37894, p. 383, obs. R. Libchaber. Jusque récemment, la Cour de cassation admettait en conséquence

23. C'est pourtant une autre approche qu'adopte la Cour de cassation lorsqu'il s'agit d'interpréter la notion de fait dommageable dans le contexte de l'article L. 225-254 du Code de commerce. En effet, par un arrêt du 2 mai 1983[1], la Cour de cassation a nettement pris position en faveur de l'assimilation du fait dommageable au fait *générateur* du dommage. Au cas d'espèce, une cour d'appel avait déclaré prescrite l'action en responsabilité dirigée contre les administrateurs d'une société anonyme au motif que le fait dommageable faisant courir la prescription consistait dans la perception de rémunérations indues, qui remontait à plus de trois ans. Le pourvoi critiquait le raisonnement tenu par la cour d'appel en faisant valoir que le point de départ de la prescription se situait « au jour où le dommage s'est réalisé et non à celui où la faute à été commise », et qu'en conséquence « la cour d'appel ne pouvait donc faire courir la prescription de l'action en réparation du dommage constitué par le redressement fiscal opéré en 1974 avant cette date ».

En portant le débat sur la question de l'interprétation de la notion de fait dommageable, le pourvoi obligeait la Cour de cassation à prendre une position de principe sur l'identification du fait dommageable. Ce qu'elle fit en affirmant que « c'est à bon droit que la cour d'appel, hors toute dissimulation, a déclaré que la prescription triennale prévue par l'article 247 de la loi du 24 juillet 1966 courait à compter du fait dommageable que constituait pour la société la privation des sommes litigieuses à l'époque où elles avaient été décidées et perçues ».

24. Une telle assimilation du fait dommageable au fait générateur du dommage, c'est-à-dire au jour où la faute a été commise, s'explique sans doute par la volonté d'aligner le régime de la prescription de l'action civile sur celui de l'action publique, au moyen d'une « unification de leur point de départ respectif »[2].

---

que les deux lois avaient en principe une égale vocation à pouvoir régir la situation litigieuse, mais se référait à une approche « proximiste » à titre complémentaire pour faire application de la loi présentant les liens les plus étroits avec la situation litigieuse. L'article 4-1 du règlement n° 864/2007 du 11 juillet 2007 sur la loi applicable aux obligations non contractuelles (« Rome II »), entré en vigueur en janvier 2009 modifie le droit positif sur ce point et tranche clairement en faveur de la loi du lieu où le dommage est subi en précisant que « la loi applicable à une obligation non contractuelle résultant d'un fait dommageable est celle du pays où le dommage survient, quel que soit le pays où le fait générateur du dommage se produit et quels que soient le ou les pays dans lesquels des conséquences indirectes de ce fait surviennent », sous réserve du jeu de la clause d'exception. Sur l'ensemble de ces questions, v. D. Bureau et H. Muir Watt, *Droit international privé*, T. II, *Partie spéciale*, PUF, Thémis, 2e éd., 2010, spéc. p. 378-399, n° 960-987.

1. Cass. com., 2 mai 1983, *Bull. civ.* IV, n° 128, *Rev. soc.*, 1984, p. 775, note P. Didier. V. déjà en ce sens, mais sous l'empire de la loi de 1867 qui ne visait pas le « fait dommageable » mais « les faits pouvant donner ouverture » aux actions en responsabilité : Cass. com., 20 janvier 1948, *JCP*, 1848, II, 4510, note H. Solus ; 20 février 1957, *JCP*, 1957, II, 10320, note D. Bastian. V. encore, dans le même sens, Paris, 24 janvier 1989, *Juris-Data* n° 1989-020047, *BRDA*, 1989, 11/13 : « la notion de fait dommageable se distingue de la constatation du dommage au cours de la procédure collective » ; Paris, 29 novembre 1994, *RJDA* 2/95 n° 163, *JCP* E, 1995, 447, n° 5, chron. A. Viandier et J.-J. Caussain, *Bull. Joly*, 1995, p. 177: « l'action tant sociale que personnelle se prescrit à compter du jour où l'autorisation de vendre les actions a été donnée dans des conditions exemptes de dissimulation et non à compter du jour où le dommage a été connu » ; Paris, 9 décembre 1994, *Rev. soc.*, 1995, p. 369, *BRDA* 5/1995, p. 154, *JCP* E, 1995, pan. 108, fixant le point de départ de la prescription au jour de la signature non autorisée par le conseil d'administration d'une garantie à première demande : « c'est la date du fait dommageable au sens de l'article 247 qui doit être recherchée et non celle de la manifestation du dommage ou de son aggravation comme le prévoit l'article 2270-1 du Code civil pour les actions en responsabilité extracontractuelles de droit commun » ; Cass. com., 20 février 2007, *Bull. Joly*, 2007, p. 755, note L. Godon : « le fait dommageable résidait dans la cession par les consorts Y. de la branche d'activité "cuisine" de la société à une société qu'ils avaient constituée, cession dont il n'est pas allégué par M. B. Y. qu'elle lui aurait été dissimulée, et non dans la détermination du montant du préjudice ».

2. J.-C. Pagnucco, thèse préc., spéc. p. 344, n° 622 ; C. Hannoun, note sous Paris, 25 juin 1991, *Bull. Joly*, 1991, p. 929.

On sait en effet qu'en matière pénale, ce n'est pas la réalisation du dommage mais la commission de l'infraction qui marque en principe le point de départ de la prescription.

L'ironie des interventions jurisprudentielles veut pourtant que ce soit précisément en matière pénale que les juges aient eu tendance à se détacher d'une conception trop stricte du point de départ de la prescription, en exigeant la connaissance des faits par la victime pour faire courir la prescription. Nul n'ignore en effet les péripéties jurisprudentielles relatives à la détermination du point de départ de la prescription en matière d'abus de biens sociaux[1], qui ont un temps conduit la Cour de cassation à considérer que la prescription devait courir, non du jour de la commission de l'infraction, mais du jour où « le délit est apparu et a pu être constaté dans des conditions permettant l'exercice de l'action publique ». Et ce n'est pas au moindre des paradoxes que devait aboutir cette orientation, très critiquée par ailleurs[2], de la jurisprudence : alors que le point de départ de la prescrip-

1. L'évolution mérite néanmoins d'être succinctement retracée. Dans un premier temps, la chambre criminelle étendant la position déjà arrêtée en matière d'abus de confiance (Cass. crim., 13 janvier 1934, *Gaz. Pal.*, 1934, 1, p. 447 ; 4 janvier 1935, *Gaz. Pal.*, 1935, 1, p. 353, *Rev. sc. crim.*, 1936, p. 86, obs. Carrive) à l'abus de biens sociaux, avait énoncé que la prescription ne pouvait courir que du jour où le délit était apparu et avait pu être constaté (Cass. crim., 7 décembre 1967, *Bull. crim.*, n° 321, *D.*, 1968, jur. p. 617, note JMR). Elle avait par la suite précisé que ce jour devait s'entendre du jour où le délit était apparu et avait pu être constaté « dans les conditions permettant l'exercice de l'action publique », c'est-à-dire par les autorités ou les personnes habilités à engager ou à faire engager les poursuites, soit le ministère public et les parties civiles (Cass. crim., 10 août 1981, *Bull. crim.*, n° 244, *Rev. soc.*, 1982, p. 368, note B. Bouloc). Dans un second temps, la chambre criminelle était revenue partiellement sur cette jurisprudence dénoncée par certains comme ayant rendu le délit d'abus de biens sociaux « quasi-imprescriptible » (J.-F. Renucci, « Infractions d'affaires et prescription de l'action publique », *D.*, 1997, p. 23 s.) en posant en principe que le délai ne commence à courir, sauf dissimulation, qu'à compter de la présentation des comptes annuels par lesquels les dépenses litigieuses étaient mises indûment à la charge de la société (Cass. crim., 5 août 1997, *Bull. crim.*, n° 159, *Rev. soc.*, 1997, p. 127, note B. Bouloc), puis en précisant que, pour pouvoir reporter le point de départ de la prescription à une date autre que celle de la présentation des comptes annuels, les juges du fond devaient caractériser l'existence d'une dissimulation (Cass. crim., 27 juin 2001, *Bull. crim.*, n° 164, *Dr. pén.*, 2001, comm. 129, obs. J.-H. Robert, *Bull. Joly*, 2001, p. 1117, note J.-F. Barbièri). L'existence d'une dissimulation avait alors semblé devenir incompatible avec la retranscription de l'opération litigieuse dans les comptes sociaux. La chambre criminelle a cependant par la suite assoupli sa conception de la dissimulation en approuvant une cour d'appel d'avoir reconnu la dissimulation dans une espèce où « des commissions figuraient sous des rubriques comptables d'apparence régulière et où ce n'est qu'après les investigations entreprises que sont apparues l'importance des sommes versées à la société et l'absence de tout contenu technique des factures correspondantes » (Cass. crim., 22 septembre 2004, pourvoi n° 03-81282), ouvrant alors la voie à une palette de comportements susceptibles d'être qualifiés de dissimulation. Sur ces différents comportements, v. *infra* n° 28 s.

2. Les auteurs, majoritairement opposés à cette jurisprudence *contra legem* (l'article 7 du Code de procédure pénale dispose expressément que « l'action publique se prescrit (...) à compter du jour où le crime a été commis ») se sont montrés très critiques, exigeant l'abandon pur et simple de cette jurisprudence (v., parmi une littérature abondante, J.-F. Renucci, art. préc., *D.*, 1997, p. 23 s. ; Y. Mayaud, « Appel à la raison ou pour une approche cohérente de la prescription de l'abus de biens sociaux », *D.*, 2004, p. 194 s. ; C. Freyria, « Imprescriptibilité du délit en droit pénal des affaires ? », *JCP* E, 1996, chron. p. 241 s. ; v. cependant, *contra*, C. Ducouloux-Favard, *Lamy Droit pénal des affaires*, 2008, n° 1909). En dernier lieu, un rapport remis au garde des sceaux en janvier 2008 préconise de « modifier les règles de la prescription de l'action publique en posant comme point de départ intangible la date des faits et en allongeant les délais de prescription », portés à 7 ans en matière d'abus de biens sociaux (*Rapport sur la dépénalisation de la vie de affaires*, Groupe de travail présidé par J.-M. Coulon, janvier 2008, La Documentation Française, p. 107, proposition n° 25). Comp., pour l'instauration d'un délai butoir visant à limiter dans le temps les effets de la prolongation de la durée de la prescription en raison du report de son point de départ (CCIP, *Pour un politique pénale adaptée à la vie des affaires*, Rapport de D. Norguet, 10 janvier 2008, spéc. p. 20-21 ; dans le même sens, R. Cario, « La prescription de l'action publique », *D.*, 2007, p. 1798 s., spéc. p. 1799, et, déjà en ce sens, *Proposition de loi AN n° 2335* déposée par P. Mazeaud en 1995 ; J.-F. Renucci, art. préc., *D.*, 1997, p. 23 s., spéc. p. 30, n° 17). L'*Avant-projet du futur Code de procédure pénale*, dans sa version en date du 1er mars 2010, proposait également, tout en portant à six ans le délai de prescription (proj. art. 121-6),

tion de l'action civile, normalement fixé au jour de la manifestation du dommage, avait été avancé par la loi du 24 juillet 1966 au jour de la commission du fait dommageable pour être aligné sur celui de l'action publique, ce dernier était reporté par la jurisprudence, à front renversé, au jour où le dommage s'était manifesté dans des conditions rendant possible l'action[1] !

D'ailleurs, aujourd'hui encore, si la Cour de cassation est revenue à plus de rigueur, exigeant désormais que soit caractérisée une dissimulation pour reporter le point de départ de la prescription de l'action publique[2], il n'en demeure pas moins que, même en l'absence de dissimulation, la prescription court non du jour de la commission de l'infraction, mais du jour de la présentation des comptes annuels susceptible de la faire apparaître[3], jour par hypothèse postérieur à celui du fait dommageable[4].

25. Au-delà de ce paradoxe, si la détermination du fait dommageable - ainsi entendu comme fait générateur du dommage - est relativement aisée lorsque la faute reprochée au dirigeant peut être nettement identifiée (non paiement d'une taxe[5], conclusion d'une convention non autorisée[6], décision préjudiciable à l'entreprise, violation des dispositions statutaires, absence de déclaration de la cessation des paiements[7]...), qu'en est-il lorsque le fait générateur du dommage se produit de manière continue sur une période relativement longue, comme c'est généralement le cas lorsque le fait reproché au dirigeant consiste dans une abstention, tel

---

de faire courir la prescription à compter du jour où l'infraction a été commise « quelle que soit la date à laquelle elle a été constatée » (proj. art. 121-7). En dépit de ces critiques et propositions, la Cour de cassation, saisie d'une question prioritaire de constitutionnalité sur ce point, a considéré que la jurisprudence relative au point de départ de la prescription en matière d'abus de biens sociaux ne soulevait aucune difficulté sérieuse (Cass. ass. plén., 20 mai 2011, *Rev. dr. pu. et. sc. Po*, 2011, p. 1446, note Y. Mayaud, *Dr. pén.*, 2011, comm. 95, note J.-H. Robert, *Rev. sc. crim.*, 2011, p. 611, obs. H. Matsopoulou).

1. Ainsi a-t-on pu souligner qu'en matière pénale « le principe - la prescription court à compter de la présentation des comptes annuels - devient l'exception et que l'exception - le retard du point de départ de la prescription, notamment en cas de dissimulation - va devenir le principe » (C. de Leiris, « Le report du point de départ de la prescription de l'action publique », *LPA*, 10 janvier 2008, p. 3 s., p. 5). V. pour une illustration de ce paradoxe, que la suppression de la solidarité des prescriptions civile et pénale rend plus visible encore : Paris, 25 juin 1991, *Bull. Joly*, 1991, p. 929, note C. Hannoun. En l'espèce, la cour d'appel, après avoir rappelé que « les points de départ respectifs des délais de prescription de l'action publique et de l'action en responsabilité contre les gérants ne se confondent pas », avait déclaré prescrite l'action civile au motif qu'il s'était écoulé plus de trois ans depuis la commission du fait dommageable, alors même que l'action publique avait été accueillie, le juge pénal ayant retenu la date de la révélation des comportements délictueux pour faire courir la prescription.

2. Cass. crim., 27 juin 2001, *Bull. crim.*, nº 164, *Dr. pén.*, 2001, comm. 129, obs. J.-H. Robert, *Bull. Joly*, 2001, p. 1117, note J.-F. Barbièri.

3. Cass. crim., 5 mai 1997, *Bull. crim.*, nº 321 : « La prescription de l'action publique du chef d'abus de biens sociaux court, sauf dissimulation, à compter de la présentation des comptes annuels par lesquels les dépenses litigieuses sont mises à la charge de la société ».

4. V. en ce sens, C. Hardouin-Le Goff, *L'oubli de l'infraction*, préf. A. Decocq, LGDJ, 2008, spéc. p. 239, nº 511 : « Lorsqu'il n'y a pas dissimulation, la Cour de cassation, en fixant le point de départ de la prescription au jour de la présentation des comptes annuels n'est certainement pas revenue à l'orthodoxie juridique, ce jour ne coïncidant pas en effet avec la consommation du délit. La présentation des comptes annuels marque bien davantage le moment où d'ordinaire et au plus tard, les associés, les actionnaires, la société elle-même, sont en mesure de connaître le délit ».

5. V. par ex. Cass. com., 17 octobre 1977, *Bull. civ.* IV, nº 231.

6. Cass. com., 21 janvier 1997, *Bull. civ.* IV, nº 26, *JCP* G, 1997, II, 22960, note F.-X. Lucas, *RJ com.*, 1998, nº 1495, p. 23, note E. Putman, *D.*, 1998, p. 64, note I. Krimmer, *Rev. soc.*, 1997, p. 528, note B. Saintourens, *Bull. Joly*, 1997, p. 312, note P. Le Cannu. Précisons néanmoins que, dans une telle hypothèse, c'est le jour de la conclusion de la convention et non celui du refus de ratification qui marque le point de départ de la prescription.

7. Paris 24 janvier 1989, *Juris-Data* nº 1989-020047, *BRDA*, 1989, 11/13.

un défaut de surveillance ? Faut-il alors retenir comme point de départ de la prescription le jour du premier acte dommageable ou le jour de la cessation du fait dommageable ? La Cour de cassation semble se prononcer en faveur de la seconde branche de l'alternative[1]. En effet, pour censurer une cour d'appel qui avait déclaré prescrite l'action exercée à l'encontre du gérant d'une S.A.R.L. au motif que « le dommage invoqué repose sur une situation créée et maintenue depuis seize ans », la Cour de cassation lui a reproché de ne pas avoir « recherché si les défaillances reprochées à Mme Smadja dans l'exercice de ses fonctions de gérante ne s'étaient pas prolongées après le 1er juin 1985, et si Mme Smadja n'avait pas, en négligeant après cette date de porter remède à la situation antérieure incriminée par M. Zarka, contribué à créer ou à augmenter le préjudice allégué par celui-ci »[2]. En reprochant ainsi à la Cour d'appel de ne pas avoir recherché si les défaillances de la gérante s'étaient prolongées dans le temps, la Cour de cassation semble bien faire de la cessation du fait illicite une condition du décompte de la prescription. Mais il faut rester prudent : certains arrêts apparaissent avoir une approche différente de la question, en faisant courir la prescription du jour où le dirigeant a été mis en demeure d'agir[3].

26. Finalement, on considère tout de même que le point de départ de la prescription de l'action en responsabilité intentée à l'encontre des dirigeants sociaux est en principe fixé au jour du fait dommageable. Ce dernier doit être entendu comme le jour du fait générateur du dommage, c'est-à-dire le jour où la faute à l'origine du dommage a été commise ou, lorsqu'une inaction est à l'origine du dommage, lorsque celle-ci a cessé ou est apparue suffisamment caractérisée par l'effet d'une mise en demeure d'agir. Si la détermination du point de départ de la prescription demeure relativement prévisible dans ces hypothèses, elle soulève bien davantage de difficultés lorsque le fait dommageable a été dissimulé.

2. *Le report du point de départ de la prescription au jour de sa révélation en cas de dissimulation du fait dommageable*

27. On sait que l'article L. 225-254 du Code de commerce précise que l'action en responsabilité contre les administrateurs ou le directeur général, se prescrit par trois ans « à compter du fait dommageable ou s'il a été dissimulé, de sa révélation ». Il prévoit ainsi, en cas de dissimulation (a), un report du point de départ de la prescription au jour de la révélation (b).

---

1. V. également en ce sens, P. Le Cannu et B. Dondero, *Droit des sociétés*, Montchrestien, 3e éd., p. 321, n° 485 : « certains dommages peuvent se réaliser d'une manière successive ; il est donc concevable de ne faire partir la prescription que du dernier événement ; mais cette idée ne peut convenir qu'à un fait continu, et non à des faits identiques répétés dans le temps (par exemple, à chaque établissement de comptes) ».

2. Cass. civ. 1re, 15 juillet 1993, pourvoi n° 91-19860, *BRDA* 18/1993, p. 8.

3. Paris, 19 septembre 1995, *Dr. soc.*, 1996, n° 19. En l'espèce, il était reproché au président d'une société anonyme de ne pas avoir sollicité l'acquisition de la clause résolutoire à l'encontre d'un locataire gérant qui ne payait plus les redevances dues à la société, laissant ainsi s'aggraver la dette de redevance. La Cour d'appel de Paris a retenu que l'inaction du président était devenue incontestablement caractérisée à la suite de la mise en demeure explicite d'un actionnaire lui ayant enjoint de notifier au locataire gérant la clause résolutoire visée au contrat de location, cette date devant alors constituer le point de départ de la prescription.

a. *La dissimulation*

28. On comprend aisément les raisons pour lesquelles le législateur a eu recours à la notion de dissimulation. Outre que la réserve de l'hypothèse d'une dissimulation a pu participer de la volonté d'aligner les solutions en matière civile sur celles déjà retenues par les juridictions pénales[1], il est surtout évident que le recours à la notion de dissimulation a été motivé par la volonté d'éviter que l'habileté de certains dirigeants ne les mette à l'abri d'une action en responsabilité[2].

Si les raisons en sont évidentes, le recours du législateur à la notion de dissimulation comme condition du report du point de départ de la prescription a néanmoins suscité de multiples interrogations, qui portent tant sur l'objet (i) que sur l'appréciation (ii) de la dissimulation.

i. L'objet de la dissimulation

29. La dissimulation doit-elle porter sur le fait lui-même, ou sur le préjudice en résultant ? La question a soulevé une difficulté d'interprétation. La première interprétation a pour elle la lettre du texte : en disposant que l'action se prescrit « à compter du fait dommageable ou s'il a été dissimulé, de sa révélation », l'article L. 225-254 du Code de commerce vise assurément la dissimulation du seul fait qui a provoqué le dommage.

La seconde pouvait se prévaloir d'une certaine logique, teintée d'équité. Admettons de s'en tenir à la lettre de la loi, et de ne prendre en considération que la dissimulation du fait lui-même ; imaginons alors qu'un dirigeant ait masqué dans les comptes sociaux les conséquences dommageables de l'erreur – cette dernière étant connue – qu'il aurait pu commettre. Les associés n'agiraient pas à son encontre, faute de préjudice réparable apparent. *Quid* si, plus de trois ans après, à l'occasion d'un changement de direction, le préjudice réellement subi devait être révélé aux associés ? Ces derniers ne pourraient alors plus agir, le fait marquant le point de départ de la prescription ne leur ayant pas été dissimulé. On perçoit à l'évidence ici les effets pervers d'une lecture trop littérale de l'article L. 225-254 du Code de commerce. Le cas n'est pas d'école. Il n'a pourtant pas convaincu la Cour

---

1. Il faut rappeler en effet que la chambre criminelle admettait déjà un report de la prescription pour cause de dissimulation. Or, en raison du principe de solidarité des prescriptions civiles et pénales existant à l'époque, il était apparu nécessaire que la prescription de l'action civile soit alignée sur celle de l'action publique, pour éviter que les victimes puissent se prévaloir de la non prescription de l'action publique pour obtenir devant les juridictions pénales ce qu'elles n'auraient pas pu obtenir devant les juridictions civiles (v. pour une illustration des conséquences de ce principe de solidarité sur la détermination du point de départ de la prescription, Cass. com., 15 juin 1973, *D.*, 1974, p. 646 s., note B. Bouloc). On soulignera d'ailleurs qu'il ne s'agit pas d'une force d'attraction à sens unique du droit pénal, mais d'un mouvement d'influences réciproques. En effet, pour justifier sa jurisprudence relative au report du point de départ de la prescription en cas de dissimulation, la chambre criminelle se prévaudra à son tour de l'article 247 de la loi du 24 juillet 1966 (V., par ex., le sommaire nº 159 du *Bulletin de la chambre criminelle* précédant l'exposé de l'arrêt du 5 mai 1997 précisant que la solution inaugurée par cet arrêt est fondée sur l'article 247 de la loi de 1966 ou encore l'arrêt du 27 juin 2001, *Bull. crim.*, nº 164, rendu au visa des article L. 223-23 et L. 225-254 du Code de commerce). Où l'on observe un mouvement de flux et de reflux : la jurisprudence de la chambre criminelle a été à l'origine d'une réforme justifiant en retour la jurisprudence de la chambre criminelle de la Cour de cassation. Ainsi, le droit pénal influe sur le droit civil *lato sensu* qui influe en retour sur le droit pénal. Comp., O. Rault, « Le point de départ de la prescription de l'action en responsabilité de l'article 247 de la loi du 24 juillet 1966 », *JCP* E, 2000, p. 1462 s, spéc. p. 1465, considérant que le législateur de 1966 avait voulu uniformiser les délais, mais non les points de départ des actions pénale et civile, adoptant pour ces derniers une « solution moyenne ».

2. J. Hémard, F. Terré, P. Mabillat, *Sociétés commerciales*, Dalloz, T. II, p. 969, nº 1220.

d'appel de Paris qui, dans un arrêt du 5 juillet 2001, a nettement pris parti en faveur de la première de ces interprétations, en affirmant que « cette dissimulation ne peut s'entendre que du fait lui-même et non de ses conséquences préjudiciables, qu'elles fussent comptables, financières, économiques ou morales »[1].

Une telle solution a suscité un certain nombre de critiques, qui ont notamment porté sur la pertinence de la distinction ainsi opérée entre la dissimulation de la décision fautive et celle de sa traduction comptable au motif qu'« un fait fautif ne peut être qualifié de dommageable qu'au vu des conséquences nocives qu'il produit » pour en déduire que « si effectivement les participations officiellement acquises ont été surévaluées à l'actif du bilan dans le but d'occulter des pertes, il y a bien une dissimulation du fait dommageable »[2]. À l'évidence, la critique touche juste : par hypothèse, dès lors que le préjudice en résultant est dissimulé aux victimes, le fait fautif ne peut apparaître à leurs yeux comme dommageable. Faute de dissimulation du fait lui-même, son caractère dommageable l'est bel et bien, ce qui devrait suffire à justifier un report du point de départ de la prescription au jour de la révélation d'un tel caractère.

Différemment, parce qu'elle aboutit à un résultat inique, on a également proposé de contourner les conséquences d'une telle solution en assimilant la traduction comptable des fautes commises à une « faute continuée »[3], ce qui reviendrait à considérer qu'« à chaque présentation des comptes traduisant les errements reprochés (notamment, sous forme de surévaluation systématique d'actif) (...), les administrateurs réitéraient les fautes qui leurs étaient imputées »[4], cette réitération ne prenant fin qu'au jour du retour à la réalité comptable, marquant alors le point de départ de la prescription. Pour séduisante qu'elle soit, une telle proposition, qui repose indirectement sur l'assimilation de la traduction comptable inexacte à un fait continué, ne saurait convaincre. En effet, la traduction comptable erronée des conséquences préjudiciables d'une faute du dirigeant n'est pas à l'origine des pertes subies par la société ou plus largement par les actionnaires ; elle ne fait qu'en masquer l'existence. Faute de lien de causalité entre les écritures comptables et le préjudice subi, celles-ci ne sauraient constituer le fait dommageable.

Par suite, à s'en tenir à l'approche adoptée par la Cour d'appel de Paris dans l'arrêt précité, l'action des victimes en réparation du préjudice subi du fait de

---

1. Paris, 5 juillet 2001, *JCP*, 2001, I, 372, nº 4, chron. A. Viandier et J.-J. Caussain, *Bull. Joly*, 2001, p. 1290, note J.-F. Barbièri, *RTD com.*, 2001, p. 923, obs. J.-P. Chazal et Y. Reinhard, *Rev. soc.*, 2001, p. 881, obs. Y. Guyon. L'espèce ayant donné lieu à l'arrêt n'était d'ailleurs pas éloignée de l'hypothèse envisagée. En effet, c'est bien ici la manipulation des comptes sociaux que la Cour d'appel refuse de prendre en considération dans la détermination du point de départ de la prescription : « Qu'il n'est pas déniable que ces faits résultent de décisions et délibérations dûment publiées et présentées à l'approbation des actionnaires de la société Novalliance, au plus tard, et pour les derniers, avant le 30 juin 1996 ; Que la traduction comptable de leurs conséquences, en l'occurrence, selon l'appelante, des surévaluations d'actifs (poste : immobilisations financières) pour masquer des pertes comptables, ne peut équivaloir à leur dissimulation, le fait dommageable ne pouvant être confondu avec le préjudice pouvant en résulter ». Le pourvoi formé à l'encontre de cet arrêt a été rejeté par la Cour de cassation (Cass. com., 28 avril 2004, pourvoi nº 01-15375). *Contra*, prenant en considération l'existence de conséquences dommageables, mais sans égard pour leur étendue : Bordeaux, 15 novembre 1990, *Juris-Data* nº 1990-047400 : « Il est ainsi établi qu'en avril 1984 la Société Vernières était parfaitement au courant des fautes commises par Surgot, et de leur conséquences dommageables même si elle n'était pas encore en mesure d'en chiffrer exactement l'étendue ».

2. J.-P. Chazal et Y. Reinhard, obs. sous Paris, 5 juillet 2001, préc., spéc. p. 925.

3. J.-F. Barbièri, note sous Paris, 5 juillet 2001, préc., spéc. nº 3.

4. J.-F. Barbièri, *ibidem*.

fautes de gestion qui n'ont pas été dissimulées devrait être déclarée prescrite[1]. Le débat se déplace alors sur l'appréciation de la dissimulation.

ii. L'appréciation de la dissimulation

30. En l'absence de définition légale, il y a sans doute autant de définitions de la notion de dissimulation que d'auteurs s'étant proposés pour l'exercice[2]. Si l'on cherche cependant à systématiser, l'on constate que deux conceptions de la notion de dissimulation s'opposent en doctrine : pour un premier courant d'auteurs, partisans d'une conception large de la dissimulation, le fait dommageable devrait être considéré comme dissimulé chaque fois qu'il apparaît que la victime pouvait légitimement l'ignorer, indépendamment de toute appréciation du comportement du dirigeant. Une telle conception de la dissimulation, très favorable aux victimes puisqu'elle permet de reporter le point de départ de la prescription au jour de la révélation du fait dommageable du seul fait qu'elles n'en avaient pas connaissance antérieurement, a pu notamment être défendue par Y. Guyon, selon lequel « la dissimulation n'est pas nécessairement volontaire mais peut être la conséquence du caractère occulte du fait dommageable. Tel est le cas chaque fois que celui-ci n'apparaît pas dans les comptes soumis à l'assemblée des actionnaires »[3]. À l'inverse, pour un second courant d'auteurs, il ne

1. Le caractère inique d'une telle solution doit cependant être tempéré : les victimes ne se trouvent pas privées de tout recours. La dissimulation comptable des conséquences dommageables des fautes des dirigeants a certainement causé aux victimes un préjudice nouveau, distinct de celui résultant des fautes de gestion commises. En effet, en dissimulant le préjudice subi, les manipulations comptables ont empêché les victimes d'agir en temps utile. Aussi, sans doute pourraient-elles faire valoir que la dissimulation comptable des conséquences dommageables des fautes des dirigeants leur a causé un autre préjudice réparable : celui résultant de la perte d'une chance d'avoir pu obtenir réparation du préjudice causé par les fautes de gestion commises par les dirigeants sociaux.

2. Dans le langage commun, la dissimulation s'entend comme le « comportement d'une personne qui dissimule ses pensées, ses sentiments » (Dictionnaire *Le Petit Robert*) ; dans le langage juridique, elle vise le « fait de cacher ce que l'on doit révéler, comportement qui peut être constitutif de dol (v. *silence, réticence*), de fraude, de recel, de complicité, etc. » (*Vocabulaire juridique G. Cornu,* Association Henri Capitant, PUF). V aussi, parmi les multiples définitions proposées, J.-F. Renucci, note sous Cass. crim. 14 mai 2003, *Dr. et patr.*, janvier 2004, p. 92 s., spéc. p. 93 : « la dissimulation suppose une véritable volonté de dissimuler, c'est-à-dire de déguiser l'opération à l'aide de divers artifices destinés à tromper les lecteurs des documents comptables ». ; D.-N. Commaret, « Point de départ de la prescription : des palliatifs jurisprudentiels, faute de réforme législative d'ensemble », *Rev. sc. crim.*, 2004, p. 897 : « La dissimulation consiste à masquer la réalité de l'infraction par des manœuvres d'occultation, à cacher ce qui est par des artifices, par un montage, le délit ne pouvant être décelé par ceux qui vont en subir les conséquences dommageables. Autrement dit, la dissimulation n'est pas réductible à l'état d'ignorance de la victime, car elle implique un acte intentionnel d'occultation de la part de son auteur » ; C. de Leiris, art. préc., *LPA*, 10 janvier 2008, p. 3 s., spéc. p. 5 : « La dissimulation doit être plus largement entendue, comme recouvrant l'ensemble des fraudes dont l'existence ne peut être présumée par la seule connaissance des documents et rapports soumis ou communicables aux actionnaires ou associés » ; L. Saenko, « La notion de dissimulation en matière d'abus de biens sociaux », *RTD com.*, 2005, p. 671 s., spéc. n° 31 : « La dissimulation ne peut se réduire à la prise en compte du seul comportement de l'auteur. Le comportement de la victime en est également une qualité essentielle. Selon nous, la dissimulation nécessite l'ignorance voire l'insouciance de la victime jusqu'à la découverte, par elle ou par autrui, du procédé destiné à lui cacher l'infraction pénale contraire à ses intérêts directs ou indirects. Si cette insouciance n'est pas entretenue jusqu'au terme du processus délictueux – concrétisé par la découverte – il ne peut y avoir *dissimulation* ».

3. Y. Guyon, obs. sous Paris, 5 juillet 2001, préc., spéc. p. 882. V. également en ce sens, C. Hannoun, note sous Paris, 25 juin 1991, préc., qui propose de recourir à l'adage *Contra non valentem agere non currit praescriptio* pour atténuer les rigueurs de l'interprétation stricte de la dissimulation ; en faveur également de cet adage, O. Rault, art. préc., spéc. p. 1466 ; J.-F. Barbièri, note sous Paris, 14 décembre 2001, *Bull. Joly*, 2002, p. 495 s., spéc. n° 4.

saurait y avoir de dissimulation sans volonté de l'auteur du dommage d'occulter le fait qui en est à l'origine. Une telle conception est bien plus favorable aux dirigeants sociaux puisqu'elle leur permet d'échapper à toute action en responsabilité à l'expiration d'un délai de trois ans chaque fois qu'ils n'auront pas cherché à masquer la vérité. Elle est notamment défendue par P. Le Cannu, selon lequel « la dissimulation suppose un comportement particulier du prétendu responsable. Elle constitue une exigence plus forte que le caractère inconnu des faits dommageables pour la ou les victimes »[1]. Dissimuler, en effet, n'est pas ignorer.

Les juges du fond ont longtemps semblé alterner entre ces deux approches, au terme de décisions souvent contradictoires, se contentant parfois de la seule ignorance de la victime[2], exigeant plus souvent l'existence de manœuvres des dirigeants en vue de dissimuler leurs agissements[3].

La Cour de cassation elle-même a paru un temps hésiter entre ces deux conceptions de la dissimulation. Ainsi, alors qu'elle avait écarté, dans un arrêt du 2 mai 1983[4], tout report du point de départ de la prescription en raison de l'ignorance de la victime, faute de dissimulation du fait dommageable, laissant ainsi entendre que la dissimulation ne pouvait se concevoir sans fraude du dirigeant, elle a ensuite assoupli sa position dans un arrêt du 3 juillet 1984[5], en déduisant l'existence d'une dissimulation de la seule ignorance par la société de l'absence d'affiliation de son président à une caisse de retraite.

31. Sans doute pouvait-on faire valoir, en faveur d'une approche élargie de la dissimulation, la *ratio legis* de la loi du 24 juillet 1966. Il faut en effet rappeler que l'ajout d'une incise au terme de laquelle le point de départ de la prescription devait être reporté au jour de la révélation du fait dommageable en cas de dissimulation de ce dernier avait pour finalité d'aligner le point de départ de la prescription de l'action civile sur celui de l'action publique, que la chambre criminelle avait fixé au jour où le délit était apparu et avait pu être constaté. Or, la chambre criminelle a toujours retenu une conception très souple de la dissimulation, se contentant du seul fait que la connaissance de l'infraction ne soit pas accessible aux personnes susceptibles d'agir pour reporter le point de départ de la prescription[6]. Par suite,

---

1. P. Le Cannu et B. Dondero, *op. cit.*, p. 321, n° 485. V. aussi, en ce sens, M. Jeantin qui considère que la dissimulation suppose « une fraude, soit à la loi, soit aux droits légitimes des créanciers sociaux » (note sous Cass. com., 23 octobre 1990, *Bull. Joly*, 1990, p. 1036 s., spéc. p. 1041) ; J.-C. Pagnucco, thèse préc., spéc. p. 348, n° 631, qui a souligné que « la dissimulation ne saurait caractériser un simple état de fait, mais décrit bien plus significativement une action, un comportement positif. Il convient alors nécessairement de l'utiliser pour désigner une action imputable à l'auteur des faits répréhensibles, et pour mesurer ses répercussions sur les victimes présumées ».

2. Bordeaux, 15 novembre 1990, *Juris-Data* n° 1990-047400, dans lequel la Cour d'appel a recherché directement le jour où les faits ont été révélés aux victimes, sans prendre soin de caractériser préalablement l'existence d'une dissimulation ; Paris, 14 décembre 2001, *JCP* E, 2002, pan. 299, *D.*, 2002, *AJ*, p. 726, obs. A. Lienhard, *Bull. Joly*, 2002, p. 495, note J.-F. Barbièri.

3. Reims, 10 novembre 1975, *JCP*, 1976, IV, 338, *Rev. soc.*, 1976, p. 307, note J. G., *RTD com.*, 1976, p. 142, note R. Houin (réfutant l'existence d'une dissimulation en cas de comptabilisation régulière des sommes versées par la suite de la faute du P.D.G) ; Paris, 25 juin 1991, *Bull. Joly*, 1991, p. 929, note C. Hannoun (dissociant le point de départ de la prescription de l'action publique et de l'action civile, et s'écartant en conséquence implicitement de la conception large de la dissimulation retenue par le juge pénal) ; Paris, 29 novembre 1994, *RJDA* 2/95 n° 163, *JCP* E, 1995, 447, n° 5, chron. A. Viandier et J.-J. Caussain *Bull. Joly*, 1995, p. 177 ; Paris, 9 décembre 1994, *Rev. soc.*, 1995, p. 369, *BRDA* 5/1995, p. 154, *JCP* E, 1995, pan. 108

4. Cass. com., 2 mai 1983, *Rev. soc.*, 1984, note P. Didier.

5. Cass. com., 3 juillet 1984, *D.*, 1985, p. 323, note J. H., *Rev. soc.*, 1985, p. 422, note B. Bouloc.

6. Ainsi, la dissimulation a été reconnue lorsque, bien qu'inscrits en comptabilité, les faits litigieux n'apparaissaient pas de façon suffisamment claire dans les comptes annuels pour permettre

cette volonté d'alignement des prescriptions civile et pénale pouvait inciter à retenir une conception relativement souple de la dissimulation[1].

Cette approche n'est toutefois pas satisfaisante. Pour appréhender la notion de dissimulation, il faut se reporter à la lettre de l'article L. 225-254 du Code de commerce, et constater que la notion de dissimulation est indissociable de celle de révélation. Le report du point de départ de la prescription au jour de la révélation du fait dommageable apparaît clairement comme une situation exceptionnelle. Or, si l'on adoptait une conception large de la dissimulation, le point de départ de la prescription serait reporté au jour de la révélation du fait dommageable à la victime chaque fois qu'il n'apparaîtrait pas de façon ostensible lors de sa commission. Autrement dit, la date de commission du fait dommageable ne serait prise en compte que dans les seules hypothèses où elle correspondrait également au jour de la connaissance par la victime dudit fait. Bref, la date de la connaissance du fait dommageable par la victime, quelle soit ou non concomitante à sa commission, serait toujours retenue ! Le report du point de départ de la prescription au jour de la révélation du dommage à la victime constituerait alors le principe, et non plus l'exception[2]. Une telle conception de la dissimulation priverait l'article L. 225-254 du Code de commerce de toute portée.

La Cour de cassation y a sans nul doute été sensible, puisqu'elle a finalement pris position en faveur d'une conception stricte de la dissimulation dans un arrêt du 23 octobre 1990[3], en approuvant une cour d'appel d'avoir refusé de reporter le point de départ de la prescription au seul motif que le fait dommageable n'était pas immédiatement apparu aux victimes. La Cour de cassation a par la suite semblé réitérer son attachement à une conception restrictive de la dissimulation[4].

32. Bien évidemment, une fois la notion de dissimulation circonscrite dans son principe, « ce sont ses déclinaisons pratiques qui sont plus difficiles à cerner, tant elles peuvent être diverses et sont toujours factuelles »[5]. La notion de

---

aux actionnaires de déceler les irrégularités (Cass. crim., 28 janvier 2004, *Dr. pén.*, 2004, comm. 65, note J.-H. Robert). À l'analyse des décisions rendues par les juridictions civiles et pénales, il semble que la divergence d'appréciation réside dans le point de savoir si le caractère opaque des comptes sociaux doit trouver sa source dans une manipulation pour constituer une dissimulation. C'est là sans doute que les jurisprudences pénale et civile divergent, les juridictions civiles prenant en considération les seules dissimulations volontaires, alors que les juridictions pénales admettent que le point de départ de la prescription puisse être reporté même en cas de dissimulation involontaire (v. en ce sens, L. Saenko, art. préc., spéc. n° 49).

1. En ce sens, J. Monnet, obs. sous Toulouse, 2 décembre 2004, *Dr. soc.*, 2005, comm. 70 : « pour aligner le régime des prescriptions, encore faut-il définir largement les critères de la dissimulation ».

2. V. en ce sens, J.-C. Pagnucco, thèse préc., spéc. p. 347, n° 631. On a aussi fait valoir qu'une telle interprétation ferait, *contra legem*, de la révélation « un critère autonome pour le report du point de départ de la prescription » (O. Rault, art. préc., spéc. p. 1465).

3. Cass. com., 23 octobre 1990, *Rev. soc.*, 1991, p. 538, note Y. Chaput, *Bull. Joly*, 1990, p. 1036, note M. Jeantin, *RJDA* 1/91 n° 30.

4. Ainsi, dans un arrêt du 25 mars 2003 (*RJDA*, 8-9/2003, n° 843, p. 747), elle a approuvé une cour d'appel d'avoir refusé de reporter le point de départ de la prescription en l'absence de dissimulation : « l'arrêt relève que la preuve n'est pas rapportée que les actes de gestion reprochés à M. Dionnet aient été dissimulés par celui-ci au cours de sa gestion ». De même, dans un arrêt du 28 avril 2004 (pourvoi n° 01-15375). Ou encore, approuvant une cour d'appel d'avoir refusé de faire courir la prescription de l'action dirigée contre le gérant d'une S.A.R.L. du jour de la révélation au motif qu'« aucune manipulation comptable destinée à dissimuler les détournements n'avait eu lieu » : Cass. com., 10 juillet 2012, pourvoi n° 11-22146. Comp., de manière plus claire encore, en matière de responsabilité des commissaires aux comptes, *infra* n° 40 s.

5. D.-N. Commaret, art. préc.

dissimulation entraîne alors de délicats problèmes de preuve et surtout, elle apparaît « source d'un contentieux insusceptible de se tarir »[1]. Sous cet aspect, l'incertitude relative à la portée du contrôle opéré par la Cour de cassation obscurcit encore la situation. En effet, après avoir longtemps concédé aux juges du fond le pouvoir souverain d'apprécier l'existence d'une dissimulation[2], elle a semblé amorcer une reprise de son pouvoir de contrôle[3], confirmée d'ailleurs par deux arrêts des 14 et 28 juin 2006 dans lesquels elle a censuré les juges du fond qui n'avaient pas suffisamment « caractérisé la dissimulation des opérations litigieuses »[4], même si le pouvoir résiduel des juges du fond resurgit parfois au détour de certaines décisions[5].

En dépit de ces incertitudes, l'analyse des décisions rendues par les juridictions civiles comme pénales permet toutefois d'éclairer l'analyse. Il en ressort qu'ont pu, parmi d'autres, être considérés comme constitutifs d'une dissimulation l'absence de présentation des comptes aux associés[6], le défaut d'enregistrement des dépenses litigieuses en comptabilité[7], la tenue d'une comptabilité négligée de nature à occulter le fait dommageable[8], l'imputation de dépenses sur la base de factures comportant de fausses indications sur l'objet de la dépense[9] ou le redevable des sommes[10], ou sous de mauvaises rubriques comptables ne permettant ni aux actionnaires, ni aux membres de percevoir la fraude poursuivie[11], le paiement de dépenses par interposition de personne[12], ou encore l'établissement de fausses factures non causées destinées à justifier dans les comptes sociaux d'opérations fictives[13]. Dans toutes ces hypothèses, la dissimulation a partie liée avec les écritures comptables. C'est l'apparence comptable qui est prise en considération pour déterminer si elle permet ou non aux

---

1. *Rapport sur la dépénalisation de la vie de affaires*, Groupe de travail présidé par J.-M. Coulon, janvier 2008, La Documentation Française, p. 100.

2. Cass. crim., 27 octobre 1999, *Bull.* Crim., nº 236 ; 28 janvier 2004, *Dr. pén.*, 2004, comm. 65, obs. J.-H. Robert ; 25 février 2004, *Dr. pén.*, 2004, comm. 115, obs. J.-H. Robert ; 4 novembre 2004, *Rev. pénit.*, 2005, p. 437, obs. P. Conte, *JCP* G, 2005, II, 10051, note J.-H. Robert.

3. Cass. crim. 16 novembre 2005, *JCP* G, 2006, II, 10110, note P. Conte, *Dr. pén.*, 2006, comm. 42, note J.-H. Robert : « en l'état de ces motifs, exempts d'insuffisance, procédant de son appréciation souveraine, et dès lors que l'établissement de fausses factures non causées destinées à justifier dans les comptes sociaux d'opérations fictives constitue une dissimulation de nature à retarder le point de départ de la prescription, la cour d'appel a justifié sa décision ». Dans cet arrêt, si la référence au pouvoir souverain des juges du fond demeure, il est clairement encadré par un contrôle très strict des motifs. Comme l'a souligné P. Conte (note précitée), « c'est l'adéquation entre les faits relevés comme constitutifs d'une dissimulation et cette même qualification de dissimulation qui semble vérifiée ».

4. Cass. crim, 14 juin 2006 et 28 juin 2006, *JCP* E, 2006, 2727, note J.-H. Robert.

5. Cass. crim., 25 octobre 2006, *Dr. pén.*, 2006, comm. 161, obs. J.-H. Robert, *Dr. soc.*, février 2007, comm. 36, note R. Salomon.

6. Paris, 26 février 2009, *Bull. Joly*, 2009, p. 766, note D. Poracchia.

7. Cass. crim., 14 mai 2003, *Bull. crim.*, nº 97 ; 28 mai 2003, *Bull. crim.*, nº 108 ; Cass. crim., 25 octobre 2006, *Dr. pén.*, 2006, comm. 161, obs. J.-H. Robert, *Dr. soc.*, février 2007, comm. 36, note R. Salomon, *JCP* E, 2006, 2729.

8. Cass. crim., 19 février 2003, pourvoi nº 02-83824. V. déjà dans le même sens, en matière civile, com., 22 septembre 1982, *BRDA*, 15 décembre 1982, nº 23, p. 12.

9. Cass. Crim., 23 mai 2002, pourvoi nº 01-83983 (facturation d'honoraires dépourvus de contrepartie sous l'apparence trompeuse d'une dépense habituelle de l'entreprise).

10. Cass. crim., 14 mai 2004, *Bull. crim.*, nº 97.

11. Cass. crim., 29 janvier 2004, pourvoi nº 02-88111 ; 25 février 2004, pourvoi nº 03-81673.

12. Cass. crim., 28 mai 2003, *Bull. crim.*, nº 108 (dépense de deux sociétés pour le compte d'un élu par interposition de personne) ; 25 février 2004, pourvoi nº 03-82048 (remplacement du nom du vendeur par celui du notaire sur le registre de marchand de biens).

13. Cass. crim., 16 novembre 2005, *JCP* G, 2006, II, 10110, note P. Conte, *Dr. pén.*, 2006, comm. 42, note J.-H. Robert.

actionnaires de déceler les irrégularités. Les comptes sociaux apparaissent alors comme « le film contenant l'image - même subliminale - de l'abus »[1].

Mais si l'apparence comptable est le critère principalement utilisé par les juges pour déceler une dissimulation, elle n'en est pas l'unique indice. En effet, ce sont parfois des éléments extérieurs aux écritures comptables qui vont permettre de caractériser l'existence d'une dissimulation. Ainsi, celle-ci a-t-elle pu être déduite de la composition du capital et de la structure des deux sociétés en cause révélant la collusion entre leurs associés et dirigeants communs[2], ou plus simplement encore, pour des motifs d'opportunité, de la clandestinité de l'opération, les associés - seuls susceptibles de dénoncer les faits - étant complices de l'infraction et n'ayant donc pas intérêt à le faire[3]. La « palette des comportements »[4] participant d'une volonté de dissimuler le fait dommageable demeure donc relativement étendue, et l'intensité de la dissimulation variable.

33. L'appréciation de la dissimulation soulève également une difficulté particulière lorsque le fait dissimulé est imputable, non à un dirigeant déterminé, mais à un organe social. La « dissimulation » de la faute collective imputable au conseil d'administration devra-t-elle ainsi s'apprécier au regard de l'organe social dans son ensemble ou du comportement de chacun de ses membres ? Si l'on peut présumer l'imputabilité du fait dommageable à l'ensemble des membres[5], peut-on pour autant présumer de la même manière l'imputabilité de la dissimulation ? À l'inverse, le fait dommageable peut-il être considéré comme dissimulé à l'égard de l'un des membres, mais comme ostensible à l'égard des autres ? Bref, la qualité de co-auteur implique-t-elle celle de co-dissimulant ? La Cour de cassation, confrontée à la difficulté, semble avoir déduit la dissimulation de la seule absence d'opposition des membres du conseil[6]. La solution peut surprendre : pour échapper au report du point de départ de la prescription, les administrateurs devront désormais apporter la preuve de leur opposition, c'est-à-dire, au fond, de leur absence de faute. Outre qu'elle revient à présumer une dissimu-

---

1. L. Saenko, art. préc., spéc. nº 20. L'auteur va plus loin encore puisqu'il considère que la dissimulation ne doit s'entendre qu'à travers la comptabilité sociale, le devoir de contrôle du commissaire aux comptes prenant, une fois cette formalité accomplie, le relais (*ibid.*, spéc. nº 54).

2. Cass. crim., 24 mars 2004, pourvoi nº 03-83938.

3. Cass. crim., 23 mai 2002, pourvoi nº 01-83983 : « l'inscription en comptabilité ne peut marquer le point de départ du délai de prescription de l'abus de bien social qu'en l'absence de toute clandestinité, qu'en l'espèce, l'auteur et le complice du délit étant les deux seuls associés de la société victime, aucun tiers ne pouvait être alerté sur l'irrégularité des opérations » ; 8 mars 2006, *JCP* G, 2006, II, 10112 : « pour écarter le moyen tiré de la prescription des abus de biens sociaux commis par Argentine Z..., présidente de la société Arsol, au cours des années 1992 et 1993, résultant du versement à sa mère, Argentine Y..., de salaires rémunérant un emploi fictif et de l'attribution à celle-ci d'avantages en nature non causés, l'arrêt, après avoir constaté qu'à partir du 31 décembre 1991, le capital de la société était détenu par les membres de la famille Y..., énonce qu'aucun des actionnaires connaissant l'usage abusif des biens sociaux n'avaient intérêt à en faire la révélation à l'autorité judiciaire ou policière ».

4. J.-C. Pagnucco, thèse préc., spéc. p. 348, nº 632.

5. On sait en effet que tous les membres du conseil sont présumés avoir concouru à la réalisation du fait dommageable. Ils peuvent cependant se dégager de cette responsabilité en prouvant qu'ils y sont étrangers. On peut alors être en présence d'une faute individuelle si elle est imputable à l'un des membres de l'organe, ou solidaire - sans être collective - si plusieurs membres y ont concouru, par exemple parce que l'un a commis un fait coupable tandis que d'autres pourraient se voir reprocher un défaut de surveillance.

6. Cass. com., 30 mars 2010, *Bull. civ.* IV, nº 69 ; *Dr. soc.*, 2010, comm. 117, note M. Roussille, *JCP* E, 2010, 1416, note A. Couret, *Rev. proc. coll.*, 2010, comm. 136, note T. Bonneau ; *D.*, 2010, p. 1678, note B. Dondero et p. 1118 obs. R. Salomon ; *Rev. soc.*, 2010, p. 304, note P. Le Cannu, *RDBF*, 2010, comm. 166, note F.-J. Crédot et T. Samin.

lation, ce qui est en soi discutable, la solution apparaît en porte-à-faux avec la conception stricte de la dissimulation, assimilée à la volonté de cacher les faits litigieux, retenue par ailleurs par la Cour de cassation.

34. Enfin, si l'existence d'une dissimulation s'apprécie essentiellement du côté de l'auteur du dommage, le comportement de la victime ne saurait cependant être totalement ignoré. En effet, quelles que soient les manœuvres imputables à l'auteur du dommage, elles ne pourront être invoquées par la victime que si elle est apparue diligente. La Cour de cassation a eu l'occasion de rappeler l'évidence : en dépit de l'absence de retranscription comptable des versements effectués au profit du gérant, elle a approuvé une cour d'appel d'avoir refusé de reporter le point de départ de la prescription au motif que l'associé aurait dû procéder à « des vérifications élémentaires qu'aucune manipulation comptable ne pouvait entraver et qui lui aurait permis de constater les détournements incriminés »[1]. Ce faisant, la Cour de cassation met à la charge des victimes une obligation de s'informer[2].

On pourra toutefois se demander si la question des diligences de la victime est réellement liée à la notion de dissimulation. Dès lors que l'on retient une conception purement intentionnelle de cette notion, celle-ci devrait être appréciée du seul côté de son auteur, sans égard pour l'attitude de la victime. En réalité, l'absence de diligence de la victime, parce qu'elle rend compte d'une situation dans laquelle la connaissance du fait dommageable était à sa portée, semble bien davantage renvoyer à la question du moment de la révélation.

b. *La révélation*

35. À l'évidence, la notion de révélation, que l'on a pu qualifier de « notion plus fonctionnelle que précise »[3], n'est pas moins floue que celle de dissimulation[4]. Les incertitudes portent à la fois sur le contenu (i), et l'appréciation (ii) de la révélation.

i. Le contenu de la révélation

36. La révélation va en règle générale prendre place à l'occasion d'événements rythmant la vie sociale, que ces derniers soient prévisibles ou fortuits. Ainsi, les juges ont pu considérer la révélation acquise à l'occasion d'un contrôle fiscal[5],

---

1. Cass. crim., 9 janvier 2008, *Dr. pén.*, 2008, comm. 53, obs. J.-H. Robert. V. égal., en ce sens, relevant que les comptes avaient été soumis aux actionnaires, qui « avaient les moyens de les apprécier, de les contrôler, de les censurer » : Cass. com., 28 avril 2004, pourvoi nº 01-15374.

2. Comp., O. Rault, art. préc., spéc. p. 1464 et 1466, envisageant également l'existence d'une telle obligation, mais pour analyser son respect comme une cause autonome de report du point de départ de la prescription ou plus exactement de relevé de prescription en dehors de toute dissimulation, sur le fondement de l'adage *Contra non valentem agere non currit praescriptio*.

3. A. Lienhard, note sous Paris, 14 décembre 2001, *D.*, 2002, p. 726 s., spéc. p. 728.

4. Définie dans le langage courant comme « le fait de découvrir ce qui était caché » (Dictionnaire *Le Petit Robert*), elle vise d'un point de vue juridique à la fois l'« action de révéler, de faire connaître à autrui une chose qui était cachée, ignorée » et « le résultat de cette action » (*Vocabulaire juridique G. Cornu*, Association Henri Capitant, PUF). Un auteur a pu la définir de façon plus précise comme le « moment où les victimes et l'ensemble des agents potentiels sont en mesure de prendre connaissance des faits générateurs de responsabilité » (J.-C. Pagnucco, thèse préc., spéc. p. 349, nº 633).

5. Cass. com., 20 mars 1984, *Bull. civ.* IV, nº 280, *BRDA*, 1984/11, p. 10 (révélation résultant de la notification de redressement émanant de l'administration).

de la présentation d'une réclamation par un tiers[1], d'un changement de direction[2] ou encore de la déclaration de la cessation des paiements et du prononcé de la liquidation judiciaire en résultant[3]. Mais, les informations révélées à ces occasions ne rendent que rarement compte de l'intégralité du fait dommageable et de ses conséquences, qui apparaîtront le plus souvent progressivement à la conscience des victimes.

Une première interrogation porte alors sur l'objet de la révélation : est-ce le fait lui-même ou ses conséquences préjudiciables qui doivent être révélés à la victime ? Sur ce point, la jurisprudence apparaît clairement fixée : seule la révélation du fait dommageable – entendu comme fait générateur du dommage – doit être prise en considération[4]. La solution est logique : dès lors que la dissimulation porte sur le fait dommageable, c'est ce même fait qui doit être révélé, dissimulation et révélation étant nécessairement liées.

Une deuxième interrogation porte sur le degré de connaissance exigé par les juges pour faire courir la prescription ? Réservons d'emblée l'hypothèse d'un fait dommageable complexe. En la matière, la Cour de cassation a affirmé que la révélation suppose que tous les associés aient eu connaissance de la totalité des opérations[5]. En dehors de cette hypothèse, la jurisprudence apparaît incertaine voire contradictoire. En effet, alors que les juges ont parfois pu admettre que la connaissance de certains éléments seulement suffisait[6], ils ont à d'autres occasions fait preuve de plus de rigueur, exigeant la révélation des « détails de la convention » et du « prix de cession » pour faire courir la prescription[7], ce qui a fait dire à J.-H. Robert que la dissimulation dure « aussi longtemps que les actionnaires ne reçoivent pas d'informations sinon complètes, du moins suffisantes pour se faire une opinion sur la lésion des intérêts sociaux et sur l'intérêt

1. Cass. com., 3 juillet 1984, *D.*, 1985, p. 323, note J. H., *Rev. soc.*, 1985, p. 422, note B. Bouloc (réclamation par la caisse des retraites des sommes dues par la société).

2. Paris, 15 février 1990, *D.*, 1990, p. 80.

3. Paris, 24 janvier 1984, *Juris-Data* n° 1989-020047.

4. Ainsi, pour rejeter un pourvoi qui faisait valoir que si la lettre reçue de la banque avait informé les victimes du transfert des titres au gérant de la société, elle n'avait pas révélé à ces derniers que le gérant refusait de les rapporter à la société, la Cour de cassation a retenu que « l'arrêt qui a constaté que la lettre de banque contenait des informations suffisantes pour permettre aux consorts Akriche de connaître l'existence et le contenu du transfert d'action effectué par M. Levy du compte de la société à son compte personnel a fait ressortir que ceux-ci étaient dès cette date informés du fait dommageable dont ils ont demandé par la suite réparation » (Cass. com., 31 janvier 1989, pourvoi n° 87-15945). On avait d'ailleurs déjà affirmé que la révélation du seul fait dommageable suffisait à faire courir la prescription, « même si l'étendu du préjudice n'apparaît pas clairement à ce moment » (J. Hémard, F. Terré, P. Mabillat, *Sociétés commerciales*, Dalloz, T. II, 1974, p. 969, n° 1220).

5. Cass. 21 octobre 1974, *Rev. soc.*, 1975, p. 113, note B. Bouloc : alors que le pourvoi faisait grief à la cour d'appel d'avoir fait courir la prescription non de la révélation d'un fait mais de celle d'une « chaîne d'opération prises dans leur ensemble », la Cour de cassation a clairement affirmé que « le point de départ de la prescription de l'action en responsabilité engagée par Canthelou ne pourra être fixé avec certitude que connaissance prise de la totalité des opérations du groupe Frydman qui se commandent, et qui, dans la thèse de Canthelou, ont été conçues et menées dans un but unique ».

6. Toulouse, 2 décembre 2004, *Dr. soc.*, 2005, comm. 70, obs. J. Monnet. En l'espèce, la victime prétendait que le point de départ de la prescription devait être fixé au jour du rapport d'audit ayant révélé les dysfonctionnements dans la gestion de la société. La cour d'appel refuse de suivre un tel raisonnement et considère que « les associés (…) ne peuvent prétendre ne pas avoir eu connaissance de certains des éléments qu'ils invoquent aujourd'hui au soutien de leur action en responsabilité bien avant que le rapport d'audit dont il s'agit ait été établi » (précisons qu'en l'espèce le critère de la connaissance n'était pas utilisé pour fixer la date de la révélation mais pour démontrer l'absence de dissimulation afin de fixer le point de départ de la prescription au jour du fait dommageable).

7. Cass. crim., 28 juin 2006, *JCP* E, 2006, 2727, note J.-H. Robert.

personnel poursuivi par le mandataire social »[1]. D'une façon générale, on peut penser qu'à défaut d'une révélation complète, les juges devraient exiger à tout le moins un faisceau d'indices significatifs pour faire courir la prescription. La révélation pourra alors notamment résulter du contenu d'un rapport d'expertise[2], à condition que ce dernier révèle bien le fait dommageable lui-même et non ses seules conséquences financières[3], d'un article de presse[4], ou bien d'une lettre émanant d'un tiers, anonyme ou connu[5]. Le débat se déplace alors sur le rôle que doit jouer la victime dans la découverte du fait dommageable.

ii. L'appréciation de la révélation

37. La victime peut-elle se contenter d'un rôle passif, et attendre que le fait dommageable soit porté à sa connaissance, ou doit-elle jouer un rôle actif d'investigation chaque fois qu'elle dispose objectivement d'éléments suffisants pour en révéler l'existence ?

À l'évidence, et sauf à laisser la détermination du point de départ de la prescription sous la dépendance de la diligence de la victime[6], on doit exiger de cette dernière qu'elle recherche la vérité. L'ensemble des auteurs abondent en ce sens. Ainsi a-t-on affirmé que « la révélation du fait dommageable n'implique pas la passivité de la victime et n'est pas incompatible avec l'existence d'un devoir de s'informer sur certaines opérations ou décisions suspectes »[7], ou encore que « le terme "révélation" employé par le Code de commerce semble indiquer que la prescription commencerait à courir non pas du jour où le fait dommageable a été effectivement constaté, mais du jour où il aurait pu l'être parce qu'il a perdu son caractère occulte »[8].

Surtout, la Cour de cassation s'est expressément prononcée en ce sens, en rappelant fermement que « le délai de trois ans commence à courir du jour où la victime, normalement diligente, a eu la possibilité de découvrir l'infraction ; que décider, au contraire, que ce délai partirait du jour où le délit a été effectivement découvert, serait en faire varier la durée avec la perspicacité de la victime ou avec la diligence qu'elle a apportée à la recherche du préjudice (…), ce serait, le plus sou-

1. J.-H. Robert, note sous Cass. crim. 28 juin 2006, *JCP* E, 2006, 2727.

2. Cass. com, 15 mai 1990, *RTD com.*, 1992, p. 195, obs. C. Champaud et D. Danet, *Dr. soc.*, 1990, n° 200 (révélation à la suite d'une plainte et de l'expertise alors ordonnée) ; Paris, 14 décembre 2001, *JCP* E, pan. 299, *D.*, 2002, *AJ*, p. 726, obs. A. Lienhard, *Bull. Joly*, 2002, p. 495, note J.-F. Barbièri. Il faut par ailleurs souligner qu'en l'espèce, bien que le fait dommageable fut constitutif d'une fraude, la cour d'appel a déclaré l'action prescrite au motif qu'aucune distinction ne devait être faite en cas de fraude, la prescription courant même dans cette hypothèse de la révélation du fait dommageable, la fraude ne faisant pas obstacle à l'accomplissement de la prescription.

3. Bordeaux, 15 novembre 1990, *Juris-Data* n° 1990-047400.

4. Paris 24 janvier 1984, *Juris-Data* n° 1989-020047, *BRDA*, 1989, 11/13.

5. Cass. com., 31 janvier 1989, pourvoi n° 87-15954 (révélation du fait dommageable par une lettre adressée par la banque aux demandeurs, associés de la société).

6. V., dénonçant une telle attitude Trib. com. Paris, 27 juin 2000, *CDR et Novalliance c/ Aulagnon et autres*, inédit, RG n° 99095812 : « Qu'on ne peut admettre que la durée de la prescription varie avec la perspicacité et les diligences de la victime, ce qui reviendrait à vider de son sens le délai de prescription ».

7. J.-P. Chazal et Y. Reinhard, obs. sous Paris, 5 juillet 2001, *RTD com.*, 2001, p. 923 s., spéc. p. 925.

8. Y. Guyon actualisé par B. Le Bars, *J.-Cl. Soc. traité*, Fasc. 132-10, *Administration, Responsabilité civile des administrateurs*, n° 136. V. aussi, J.-H. Robert, obs. sous Cass. crim., 9 janvier 2008, *Dr. pén.*, 2008, comm. 53 : « le point de départ de la prescription [de l'abus de biens sociaux] n'est pas la date à laquelle les faits sont effectivement révélés et découverts, mais le jour où la partie civile normalement prudente et avisée aurait dû les découvrir », et encore, en faveur d'une distinction entre l'absence de révélation et la seule ignorance de la victime : C. Hannoun, note sous Paris, 25 juin 1991, préc.

vent, allonger, non sans incertitude, le délai de prescription, et en laisser le point de départ, dans bien des cas, à la discrétion de la victime »[1]. Elle a récemment rappelé l'évidence, en refusant de retarder le point de départ de la prescription dans une hypothèse où la victime n'avait pas opéré les vérifications élémentaires qui lui eussent permis de s'apercevoir des fautes commises par le gérant de la société[2], ou en déduisant la révélation de la publication du fait dommageable[3].

38. Toutefois, il ne faudrait pas en déduire un peu vite que la jurisprudence adopte par principe une appréciation *in abstracto* de la révélation. Certains juges n'hésitent pas en effet à prendre en considération la possibilité concrète pour la victime de découvrir le fait dommageable. Ainsi, dans un arrêt du 15 février 1990[4], la Cour d'appel de Paris, pour juger prescrite l'action exercée par un associé majoritaire à l'encontre des anciens dirigeants de la société, a relevé que « dès la prise de contrôle de la société, il a eu accès à l'ensemble des documents sociaux, notamment aux procès-verbaux du conseil d'administration et a pu ainsi avoir exactement connaissance des difficultés rencontrées par cette société dont, en sa qualité de repreneur avisé, il n'avait pas manqué de mesurer l'importance avant la cession des actions ». En prenant ainsi en considération la qualité propre du demandeur, la Cour d'appel laisse entendre que devront être traités différemment les actionnaires majoritaires, les administrateurs, les professionnels, les profanes… L'obligation de diligence de la victime semble ainsi adaptée aux moyens dont elle dispose. Mais le risque est important, alors, d'admettre autant de points de départ de la prescription qu'il y a de victimes potentielles[5]. La prise en considération de la qualité de la victime oblige en effet à se demander non pas si le fait dommageable était devenu suffisamment ostensible pour que l'action puisse objectivement être exercée par l'un de ses co-titulaires, mais si celui qui entendait l'exercer pouvait le découvrir. Pour le dire autrement, il ne s'agit pas là de savoir si l'action pouvait être exercée, mais si *cette* victime pouvait l'exercer[6].

---

1. Lyon 11 février 1966, *RTD com.*, 1966, p. 85, obs. R. Houin.

2. Cass. crim., 9 janvier 2008, *Dr. pén.*, 2008, comm. 53, obs. J.-H. Robert. V. encore, Paris, 26 février 2009, *Bull. Joly*, 2009, p. 766, note D. Poracchia, considérant que le délai recommencera à courir du jour de la remise à l'associé des documents comptables révélant les faits dommageables, peu important que l'expert-comptable saisi en conséquence n'ait remis que postérieurement son analyse des comptes.

3. Cass. crim., 26 février 2007, *Rev. soc.*, 2008, p. 887, obs. B. Bouloc, *Dr. pén.*, 2007, comm. n° 83, obs. J.-H. Robert, *D.*, 2008, p. 1575, chron. C. Mascala (point de départ de la prescription constitué par la publication à la conservation des hypothèques du cautionnement litigieux).

4. Paris, 15 février 1990, *D.*, 1990, p. 80.

5. Pour une dénonciation de ce risque, v. C. Freyria, « Imprescriptibilité du délit en droit pénal des affaires ? », *JCP* E, 1996, 563, spéc. n° 12 : « La date précise de l'apparition dépendrait de la qualité de la personne informée, associé, actionnaire, administration fiscale, administrateur judiciaire ; et l'on pourrait tout aussi bien, dans un désir de suprême complication, mesurer le degré de connaissance de chacun pour déterminer si pour les uns la prescription a commencé à courir, cependant que pour les autres le délai n'aurait même point débuté » ; L. Saenko, art. préc., spéc. n° 20 : « En présence de dissimulation, la jurisprudence se caractérise ainsi par l'incertitude engendrée par la subjectivité de l'apparition (…), les faits délictueux ne sont pas tous révélés au même moment à tous les intéressés, et le point de départ de l'action éclate alors à des moments différents ».

6. Même si la Cour de cassation ne s'est jamais expressément prononcée sur ce point (la Cour de cassation a seulement précisé que, lorsque c'est un représentant légal de la société qui est à l'origine du dommage, seule la révélation à la société elle-même fait courir la prescription : Cass. com., 3 juillet 1984, *D.*, 1985, p. 323, note J. H., *Rev. soc.*, 1985, p. 422, note B. Bouloc), une telle approche pourrait conduire à reporter le point de départ de la prescription à une date très éloignée de celle où l'action aurait en pratique pu être exercée, par exemple lorsque des dirigeants nouvellement nommés expliqueraient avoir découvert le fait dommageable lors de leur arrivée, alors que les actionnaires auraient antérieurement été informés des fautes de gestion de leurs anciens dirigeants.

39. Il ressort des développements qui précèdent que le régime de prescription de l'action en responsabilité à l'encontre des dirigeants sociaux repose sur un système à double détente. Par faveur pour les dirigeants sociaux qui pourraient craindre que leur responsabilité soit recherchée de nombreuses années après les faits, le fait dommageable – entendu comme le fait générateur du dommage –, constitue le point de départ de la prescription de l'action qui pourrait être exercée à leur encontre. Par conséquent, leur responsabilité ne peut plus en principe être recherchée plus de trois ans après les faits qui leur sont reprochés. Ce principe cède cependant en cas de dissimulation du fait dommageable, c'est-à-dire en cas de manœuvres des dirigeants visant à occulter leurs fautes, notamment en les masquant dans la comptabilité sociale. Dans cette hypothèse, la prescription ne court à l'encontre des victimes qu'au jour où le fait dommageable leur a été révélé, c'est-à-dire au jour où elles disposaient, eu égard à leurs qualités propres, d'éléments suffisants pour prendre conscience de l'existence d'une faute des dirigeants, et procéder éventuellement aux recherches complémentaires qui s'imposaient pour mettre en cause leur responsabilité.

Un même système à double détente sous-tend la fixation du point de départ de la prescription de l'action en responsabilité intentée à l'encontre des commissaires aux comptes.

B. La responsabilité des commissaires aux comptes

40. La prescription de l'action en responsabilité intentée à l'encontre des commissaires aux comptes est prévue par l'article L. 822-18 du Code de commerce[1] qui se contente de renvoyer au régime mis en place par l'article L. 225-254 du Code de commerce concernant les dirigeants.

Les conditions de la prescription des deux actions étant identiques, la détermination du point de départ de la prescription de l'action en responsabilité contre les commissaires aux comptes soulève évidemment en partie des problèmes similaires. Mais elle soulève également des interrogations propres à cette action, dues à la fois à la spécificité de la mission du commissaire aux comptes et aux conséquences malheureuses de la technique de renvoi d'un texte à l'autre utilisée par le législateur. Il faut, là encore, distinguer les difficultés liées à la détermination du fait dommageable, qui constitue en principe le point de départ de la prescription (1), de celles tenant au report du point de départ de la prescription au jour de la révélation du fait dommageable en cas de dissimulation (2).

1. *La fixation du point de départ de la prescription au jour du fait dommageable*

41. En dépit de la lettre de l'article 225-254 du Code de commerce à laquelle il est ici renvoyé, s'est très tôt développée une jurisprudence *contra legem* des juges du fond consistant à retenir comme point de départ de la prescription de l'action

1. Art. L. 822-18 C. com. [anc. art. L. 225-242 C. com.] : « Les actions en responsabilité contre les commissaires aux comptes se prescrivent dans les conditions prévues à l'article L. 225-254 ». Précisons que si cet article régit les actions engagées à l'encontre des commissaires aux comptes à l'occasion de toutes leurs missions légales de contrôle (Cass. com., 15 mai 2007, *D.*, 2007, p. 1435, obs. A. Lienhard), il ne régit en revanche pas les actions engagées à l'encontre des commissaires aux comptes à l'occasion de missions contractuelles (Paris, 30 juin 2006, *Bull. Joly*, 2006, p. 1364, note J.-F. Barbièri, *JCP* E, 2007, 1239, comm. Y. Paclot), ces dernières demeurant soumises au droit commun. Un tel principe explique

en responsabilité intentée à l'encontre des commissaires aux comptes, non pas la date du fait dommageable, mais celle de sa découverte par les victimes.

En effet, nombreuses sont les décisions qui, sans prendre la peine d'évoquer une quelconque dissimulation de nature à justifier un tel report, fixent directement le point de départ de la prescription au jour où les victimes ont pris connaissance du fait dommageable, en général à l'occasion de la remise d'un rapport d'expert ou d'audit[1].

Ces décisions s'expliquent sans doute par la nature spécifique des fautes commises par le commissaire aux comptes. En effet, à l'inverse de celles commises par les dirigeants, qui sont souvent apparentes, les fautes des commissaires aux comptes, comme leurs conséquences préjudiciables, sont par nature occultes[2]. La négligence dans l'accomplissement de sa mission, la certification erronée des comptes ou pire encore la non révélation d'irrégularités ne peuvent apparaître naturellement aux yeux des tiers. C'est donc à l'occasion d'une analyse comptable ultérieure par un expert que les victimes prendront conscience des fautes du commissaire aux comptes. Le report du point de départ apparaît alors comme une faveur faite à la victime[3].

Cette tendance jurisprudentielle s'expose pourtant à la critique tant elle revient à vider le texte de sa substance même, en gommant la distinction voulue par le législateur entre les hypothèses où le fait dommageable n'était pas dissimulé et celles où il l'était, ôtant toute utilité à la référence faite par l'article L. 225-254 du Code de commerce à la dissimulation[4]. Certaines juridictions ont d'ailleurs clairement écarté un tel report du point de départ de la prescription, considérant qu'« il n'appartient pas à la victime de fixer elle-même le point de départ de la prescription en alléguant qu'il doit être fixé au jour où elle a découvert le fait dommageable alors que le texte légal qui énonce "à compter du fait

---

également que les experts-comptables, dont la mission est purement contractuelle, soient exclus du bénéfice de la prescription abrégée (Cass. com., 28 mars 2006, *Bull. Joly*, 2006, p. 901, note T. Granier).

1. Paris, 14 mai 1982, *Bull. CNCC*, 1982, p. 179 : « les agissements fautifs dommageables reprochés au commissaire aux comptes X... et consistant en particulier si l'on se reporte à l'assignation, à avoir certifié exacts des comptes afférents aux exercices 1972-1973 dissimulant en réalité des pertes considérables, n'ont été révélés que par le rapport dressé le 23 février 1977 par M. Y... commis en qualité d'expert par la décision du juge commissaire en date du 16 mars 1976 dans le cadre de la procédure de liquidation des biens de la société J... » ; Paris, 26 janvier 1989, *Bull. CNCC*, 1989 n° 75, note E. du Pontavice : « le point de départ de la prescription triennale de l'action en responsabilité prévue par les articles 235 et 247 de la loi du 24 juillet 1966 se situe au jour où a été découverte l'inexactitude du bilan, soit au 10 mars 1981, date de la remise du rapport de la société Y. ».

2. Comp. D. Langé, *J.-Cl. Soc. traité*, Fasc. 134-25 : *Commissaires aux comptes*, spéc. n° 157 : « Qu'il s'agisse de la certification erronée ou de la non révélation d'irrégularités, il consiste déjà en une dissimulation (...). Le fait est dommageable parce qu'il engendre une erreur chez ceux qui étaient en droit d'être informé. Mais il n'apparaîtra comme tel qu'avec la révélation du caractère erroné de la certification jusqu'alors dissimulé ».

3. Une telle justification revient en dernière analyse à faire jouer l'adage *Contra non valentem agere non currit praescriptio* pour reporter le point de départ de la prescription au jour où les victimes pouvaient agir. Une telle application de l'adage apparaît pourtant *contra legem*, la rédaction de l'article L. 225-254 du Code de commerce, qui appréhende le fait dommageable exclusivement du coté de son auteur, ayant précisément pour objet d'écarter le jeu de la connaissance, et donc de la possibilité d'agir, dans la détermination du point de départ de la prescription.

4. *Le commissariat aux comptes : renforcement ou dérive ?*, étude du CREDA, sous la direction de A.Sayag , Litec 1989, vol. 1, spéc. p. 441, n° 497 : « si la prescription court toujours à compter de la révélation du fait dommageable, la dissimulation n'a plus aucune conséquence sur le point de départ de la prescription. Or, il semble que le législateur, en distinguant les deux hypothèses, ait entendu sanctionner le commissaire aux comptes qui, ayant commis une négligence dans l'exercice de sa mission, de façon - par hypothèse - intentionnelle, l'aurait cachée ». V. également, E. du Pontavice, note sous TGI, Bordeaux, 3 décembre 1984, *Bull. CNCC*, 1985, p. 207 s.

dommageable" ne présente aucune ambiguïté et n'impose aucune interprétation plus favorable à la victime »[1].

Aussi, s'opposant frontalement à la volonté du législateur de ne pas exposer les commissaires aux comptes simplement négligents à des actions tardives[2], les juges du fond devaient être rappelés à l'ordre par la Cour de cassation. Ce qu'elle fit en rappelant que « le point de départ de la prescription de l'action en responsabilité contre les commissaires aux comptes n'est reporté au jour de la révélation du fait dommageable que dans le cas où celui-ci a été dissimulé »[3].

42. Le point de départ ainsi précisé, la détermination du fait dommageable commis par le commissaire aux comptes n'est pas pour autant évidente. Certes, la jurisprudence de la Cour de cassation rejoint celle développée sur le fondement de l'article L. 225-254 pour entendre ici aussi le fait dommageable comme le fait générateur et non la réalisation du dommage[4]. Mais, si le fait dommageable commis par le dirigeant doit être l'un des faits susceptibles d'engager sa responsabilité au sens de l'article L. 225-251 du Code de commerce, c'est-à-dire une infraction aux dispositions législatives, une violation des statuts ou encore une faute de gestion, le fait dommageable commis par le commissaire aux comptes n'est pas aussi aisément identifiable. Sous cet aspect, deux conceptions distinctes du fait dommageable ont pu être proposées.

Une première, majoritaire, fait de la non-révélation des irrégularités comptables[5], ou plus précisément de la certification erronée des comptes sociaux[6], le fait

1. T.G.I., Aix-en-Provence, 10 avril 1997, *Bull. CNCC*, 1997, n° 81, note P. Merle.

2. J. Moneger et T. Granier, *Encyclopédie Dalloz sociétés*, V. *Commissaires aux comptes*, spéc. n° 619.

3. Cass. com., 23 avril 2003, pourvoi n° 00-2198.

4. V. égal. en ce sens, Rouen, 27 avril 1982, *Bull. CNCC*, 1982, p. 288 ; Paris, 12 février 1999, *Rev. soc.*, 1999, p. 413, *Dr. soc.*, 1999, n° 79, note D. Vidal, *D. aff.*, 1999, p. 765, obs. M. B., *Bull. Joly*, 1999, p. 619, note J.-F. Barbièri : « L'adjectif "dommageable" qualifie la conséquence du fait dont le commissaire aux comptes doit répondre ; que le fait lui-même ne peut être qu'une faute et non sa conséquence » ; Paris, 21 janvier 2002, *Dr. soc.*, 2002, n° 95, note D. Vidal, *Bull. Joly*, 2002, p. 673, note J.-F. Barbièri. V. également, pour une jurisprudence identique en matière de responsabilité des dirigeants, *supra* n° 22 s. V. cependant, en faveur d'un report du point de départ de la prescription au jour de la réalisation du préjudice, F.-X. Lucas, note sous Cass. com., 13 février 2007, *Bull. Joly*, 2007, p. 811, qui considère qu'il faudrait tenir compte du principe selon lequel le point de départ de la prescription ne court pas avant la manifestation du dommage en matière de responsabilité délictuelle pour en déduire que la prescription ne pourrait courir avant la révélation des difficultés de la société – préjudice subi – aux créanciers. Mais une telle analyse reviendrait à considérer qu'il existe deux causes de report du point de départ de la prescription : la dissimulation du fait dommageable, et la non apparition de ses conséquences préjudiciables, ce qui est contraire à la lettre de l'article L. 225-254 du Code de commerce qui a expressément écarté les principes généraux régissant la fixation du point de départ de la prescription pour retenir un point de départ de la prescription insusceptible de report en l'absence de dissimulation.

5. En ce sens, D. Langé, *op. cit.*, spéc. n° 153, qui propose en conséquence de fixer le point de départ de la prescription à la date du rapport général ou spécial qui aurait dû contenir la révélation des irrégularités ou des informations légalement dues.

6. En ce sens, P. Merle, note sous Cass. civ. 1re, 3 mars 1993, *Bull. CNCC*, 1994, p. 98, selon lequel le fait dommageable est « le fait pour le commissaire aux comptes de certifier, par négligence, que les comptes annuels sont réguliers et sincères et donnent une image fidèle alors que les contrôles plus approfondis auraient permis de découvrir des irrégularités ou des inexactitudes » ; E. du Pontavice, note sous TGI, Bordeaux, 3 décembre 1984, *Bull. CNCC*, 1985, p. 207 s., spéc. p. 212, considérant le fait dommageable commis par le commissaire aux comptes comme « le fait pour ce dernier, par négligence, d'avoir certifié la fidélité de l'image, alors que des contrôles plus approfondis lui auraient permis de découvrir des irrégularités ou des inexactitudes qu'il aurait exposées dans son rapport général et qui l'auraient amené à faire à tout le moins des réserves. C'est donc le fait de la certification connue, en tout cas, au plus tard lors de l'assemblée générale ordinaire destinée à approuver les comptes, qui est générateur du dommage et qui à la fois entraîne la responsabilité du commissaire aux comptes et fait

dommageable susceptible de faire courir la prescription. Une telle approche, qui a au demeurant le mérite de faire courir la prescription d'une date objectivement déterminable, et donc peu sujette à discussion, n'est pas dépourvue de pertinence : la certification erronée, en proposant une vision déformée de l'activité sociale, est seule susceptible d'induire les actionnaires en erreur. Ce n'est donc qu'à ce moment seulement que les éventuelles négligences du commissaire aux comptes peuvent devenir dommageables.

On a cependant pu faire valoir qu'elle était incompatible avec la lettre de l'article L. 225-254 auquel renvoie l'article L. 822-17 du Code de commerce. Il ressort en effet du premier de ces textes que le fait dommageable doit pouvoir être dissimulé. Or, la certification, qui communique aux actionnaires une information sur l'état des comptes, est un fait ostensible par nature[1]. Par suite, si la certification peut dissimuler des irrégularités, elle ne saurait être dissimulée[2]. Une seconde conception du fait dommageable a en conséquence été proposée, consistant cette fois dans la faute ou la négligence du commissaire aux comptes[3]. La critique n'a cependant pas convaincu la Cour de cassation, qui a posé en principe, dans un arrêt du 17 décembre 2002, que « le fait dommageable ne peut résulter que de la certification des comptes »[4].

Ce n'est qu'en cas de dissimulation que cette date pourra être abandonnée au profit de celle de la révélation du fait dommageable. Mais encore faut-il alors préciser ce qu'il convient d'entendre par dissimulation du fait dommageable par le commissaire aux comptes.

---

courir le délai de prescription ». V. aussi J.-F. Barbièri, note sous Paris, 12 février 1999, *Bull. Joly*, 1999, p. 619, spéc. n° 2 ; J. Moneger et T. Granier, *op. cit.*, spéc. n° 617.

1. J.-L. Navarro, obs. sous Cass. com., 13 février 2007, *JCP* E, 2007, 2279 ; B. Le Bars, note sous Cass. com., 17 décembre 2002, *Rev. soc.*, 2003, p. 297, spéc. p. 303, n° 7: « si le fait dommageable est la certification des comptes, il ne peut pas être dissimulé, la certification étant un fait objectif non dissimulable par nature. Ce qui peut être dissimulé, grâce à la certification, c'est la faute commise par le commissaire aux comptes dans l'exécution de sa mission de contrôle des comptes ou la connaissance de la faute commise par un tiers non révélée aux commissaires aux comptes ».

2. En outre, une certification erronée n'étant pas suffisante pour engager la responsabilité des commissaires aux comptes en l'absence de négligences prouvées (l'article L. 822-17 du Code de commerce rend en effet les commissaires aux comptes responsables uniquement des « conséquences dommageables des fautes et négligences par eux commises dans l'exercice de leurs fonctions »), il a également été avancé qu'elle ne pourrait constituer le fait dommageable susceptible de lui être reproché (v. J.-L. Navarro, obs. sous Cass. com., 13 février 2007, *JCP* E, 2007, 2279).

3. J.-L. Navarro, obs. sous Cass. com., 13 février 2007, *JCP* E, 2007, 2279 ; B. Le Bars, note sous Cass. com., 17 décembre 2002, *Rev. soc.*, 2003, p. 297, spéc. p. 303, n° 7 ; J.-P. Chazal et Y. Reinhard, obs. sous Cass. com., 17 décembre 2002, *RTD com.*, 2003, p. 330. V. en ce sens, Rouen, 27 avril 1982, *Bull. CNCC*, 1982, p. 288.

4. Cass. com., 17 décembre 2002, *Rev. soc.*, 2003, p. 297, note B. Le Bars, *RTD com.*, 2003, p. 330, note J.-P. Chazal et Y. Reinhard., *D.*, 2003, p. 279, obs. A. Lienhard, *Bull. Joly*, 2003, p. 268, note J.-F. Barbièri, *Bull. CNCC*, 2003, p. 135, note P. Merle. V. également : Cass. com., 3 mars 1993, *LPA*, 3 juin 1994, p. 27, note M.-J. Coffy de Boisdeffre, *Bull. CNCC*, 1994, p. 98, note P. Merle ; 28 juin 2005, pourvoi n° 03-11207 : « le fait dommageable au sens de l'article L. 225-254 du Code de commerce doit s'entendre comme étant la certification fautive qui clôt les investigations du commissaire aux comptes » ; 28 mars 2006, *Bull. Joly*, 2006, p. 901, note T. Granier : « l'action, engagée plus de trois ans après la certification des comptes de l'exercice 1994, était prescrite en ce qu'elle était fondée sur le fait dommageable que constituait la certification ». Et, pour les juridiction du fond : Paris, 16 décembre 1994, *Bull. CNCC*, 1994, p. 716, note P. Merle ; Orléans, 21 mars 2002, *Juris-Data* n° 2002-176579 ; Grenoble, 19 janvier 2005, *Juris-Data* n° 2005-270579 ; Paris, 9 novembre 2007, *Bull. Joly*, 2008, p. 304, note T. Granier, *RTD. com.*, 2008, p. 138, obs. P. Le Cannu et B. Dondero ; TGI Créteil, 27 octobre 1999, *Gaz. Pal.*, 20-22 février 2000, p. 6.

2. *Le report du point de départ de la prescription au jour de sa révélation en cas de dissimulation du fait dommageable*

43. On retrouve, au sujet du report du point de départ prévu par la loi en cas de dissimulation du fait dommageable un débat familier, déjà évoqué à propos de la responsabilité des dirigeants sociaux. Il oppose les partisans d'une conception large à ceux d'une conception stricte de la dissimulation. Toutefois, il a pris sur le terrain de la responsabilité des commissaires aux comptes une ampleur ignorée en matière de responsabilité des dirigeants sociaux.

Sur le principe, les termes du débat ne sont guère différents[1]. La controverse oppose les tenants d'une conception stricte de la dissimulation et ceux d'une conception souple de cette notion.

Pour les premiers, la dissimulation doit s'entendre du « fait pour le commissaire qui a eu connaissance des irrégularités ou des anomalies de ne pas les porter à la connaissance des organes sociaux ou, le cas échéant, du procureur de la République »[2]. La dissimulation devrait ainsi s'apprécier du côté du commissaire aux comptes, elle serait « intentionnelle par nécessité »[3].

Pour les autres, la dissimulation « peut être présentée, au regard de la victime, comme l'occultation d'une information dont la découverte suppose une recherche particulière ; de ce second point de vue, il importe peu que l'information

---

1. V., pour un exposé des différentes positions doctrinales, I. Krimmer, note sous Cass. com., 28 juin 2005, *LPA*, 9 juin 2006, p. 9 s., spéc. p. 16 : « Un premier courant doctrinal, suivi par certaines juridictions du fond envisage le problème du côté de la victime. Il y aura alors dissimulation lorsque la victime est dans l'ignorance du fait dommageable. (...). Un deuxième courant doctrinal considère que la dissimulation ne peut être invoquée que lorsqu'elle est l'œuvre du commissaire aux comptes (...). Ce courant se subdivise. Certains auteurs considèrent que la volonté n'est pas requise du commissaire aux comptes pour qu'il y ait dissimulation, il y aura dissimulation en cas de manque de diligence du commissaire aux comptes, de négligences commises, d'abstentions dans l'obligation de contrôle, à condition toutefois que ces manquements revêtent un caractère gravement fautif. D'autres auteurs développent un raisonnement plus subtile : ils considèrent que la volonté du commissaire aux comptes peut se manifester dans une absence ou une insuffisance de contrôle. (...). La Cour de cassation ne suit ni l'une ni l'autre de ces subdivisons doctrinales. Elle considère que la dissimulation "implique la volonté du commissaire aux comptes de cacher les faits dont il avait connaissance" » et A. Lienhard, obs. sous Cass. com., 17 décembre 2002, *D.*, 2003, p. 279 : « Deux approches étant concevables selon, pour schématiser, que l'on privilégie le regard de la victime ou de l'auteur. Si, pour la première, seule compte la possibilité d'agir en justice qui n'existe que du jour de la découverte du fait générateur de son dommage, pour le second, en revanche, l'incertitude liée à l'ajournement de la prescription ne saurait, on le comprend bien, dépendre du comportement du dirigeant de la société ».

2. J. Moneger et T. Granier, *op. cit.*, spéc. nº 616. V. aussi, J. Sentex, note sous TGI Paris, 18 décembre 1984, *RJ com.*, 1985, p. 143 s., spéc. p. 147 : « La dissimulation seule susceptible de prolonger le délai de prescription s'entend exclusivement d'un fait volontaire et personnel du commissaire aux comptes lui-même visant à cacher des faits connus de lui, ce qui implique en quelque sorte que les demandeurs démontrent que le commissaire aux comptes avait la connaissance des irrégularités des comptes au moment où il a certifié ceux-ci » ; D. Vidal, note sous Paris, 21 janvier 2002, *Dr. soc.*, 2002, nº 95 : « la dissimulation qui est l'action de dissimuler, consiste à ne pas laisser paraître ce que l'on sait, à chercher à en donner une idée fausse, ou à empêcher de voir, cacher ou tenir secret quelque chose », l'auteur en déduisant que la dissimulation suppose la réunion de trois éléments : le caractère erroné de la certification, le caractère fautif de la certification erronée, et des circonstances particulières, distinctes, caractérisant la volonté du commissaire aux comptes de dissimuler le fait dommageable.

3. F. Pasqualini et V. Pasqualini-Salerno, note sous Cass. com., 18 février 1997, *Bull. Joly*, 1997, p. 441 s., spéc. nº 5. V. par ex., TGI Paris, 18 décembre 1984, *RJ com.*, 1985, p. 143, note J. Sentex, *Bull. CNCC*, 1985, p. 218, note E. du Pontavice. : « En l'état de ces dispositions claires et d'interprétation stricte, les demandeurs ne sauraient prétendre que, la prescription n'a commencé à courir à leur égard, qu'à compter du jour où ils ont eu connaissance des fautes de la société X, c'est-à-dire de la révélation du fait dommageable ; Que le dommage cause des réclamations sus-visé ne peut résulter exclusivement que de la certification (...) dont il n'est pas soutenu qu'elle ait été dissimulée ».

ait été ou non volontairement cachée, l'important étant la connaissance que l'on en a eu ou que l'on peut en avoir »[1]. La dissimulation s'apprécierait alors uniquement du côté de la victime car, « si la dissimulation peut être une action, elle est aussi un état »[2]. Ce serait alors rajouter à la loi que d'imposer que la dissimulation soit intentionnelle. Il a en conséquence été proposé de faire de la certification des comptes d'une société « une espèce de dissimulation objective à cause de la présomption de régularité et de sincérité qu'elle implique »[3].

44. Certaines juridictions du fond ont été sensibles à une telle approche[4]. Plus encore, elles sont allées jusqu'à renverser la charge de la preuve, en exigeant du commissaire aux comptes qu'il prouve que les victimes avaient connaissance des faits dommageables depuis plus de trois ans pour accueillir l'exception de prescription[5].

La Cour de cassation a également paru tacitement adhérer à une telle approche, d'abord dans un arrêt du 3 mars 1993[6] dans lequel, tout en fixant le point de départ de la prescription de l'action intentée à l'encontre du commissaire aux comptes au jour de la certification avec réserves des comptes, elle a considéré comme surabondant mais erroné le motif par lequel la Cour d'appel avait exigé la preuve d'un

---

1. J.-F. Barbièri, note sous Paris, 7 novembre 1995, *Bull. Joly*, 1996, p. 125 s., spéc. n° 3 ; 12 février 1999, *Bull. Joly*, 1999, p. 619, spéc. n° 4. L'auteur propose par ailleurs de s'inspirer du régime existant en matière d'abus de biens sociaux qui repose sur une distinction selon que le fait générateur est ostensible dans les comptes ou caché, volontairement ou non, pour en déduire que le point de départ doit être situé au jour de la révélation du fait dommageable lorsque sa découverte a nécessité des investigations particulières (v. notes sous Paris, 7 novembre 1995, *Bull. Joly*, 1996, p. 125 s., spéc. n° 6 et Paris, 21 janvier 2002, *Bull. Joly*, 2002, p. 673, spéc. n° 4) ; J.-L. Navarro, obs. sous Cass. com., 13 février 2007, *JCP* E, 2007, 2279.

2. D. Langé, *op. cit.*, spéc. n° 157. V. aussi, J.-F. Barbièri, Commissariat aux comptes, Joly éd., *Pratique des affaires*, spéc. p. 84, n° 129.

3. J.-P. Chazal et Y. Reinhard, obs. sous Cass. com., 17 décembre 2002, *RTD com.*, 2003, p. 330. Ces auteurs proposent en outre, afin de limiter l'insécurité dans laquelle se retrouveraient les commissaires aux comptes si une telle conception de la dissimulation devait être retenue, de fixer un délai butoir en cas de faute dissimulée dix ans après les faits ou cinq ans après la cessation de la mission au delà duquel plus aucune action ne pourrait être exercée. Un tel délai aurait selon ces auteurs pour objectif de concilier la limitation dans le temps de la responsabilité des commissaires aux comptes et la possibilité de sanctionner des faits peu facilement décelables.

4. V. parmi d'autres, Rouen, 27 avril 1982, *Bull. CNCC*, 1982, p. 288 : « lorsque la défaillance du commissaire aux comptes n'a pas permis de déceler des irrégularités graves que les dirigeants de la société ont dissimulé par la mise en œuvre des importants moyens de technique comptable dont ils disposaient, le point de départ de l'action en responsabilité ne doit être fixé qu'au jour où les créanciers en ont eu la "révélation", visée à l'article 247 » ; Paris, 1er décembre 1995, *JCP* E, 1996, pan. 300 : « l'article 247 de la loi du 24 juillet 1966 conditionne certes le report du point de départ de la prescription à la dissimulation du fait dommageable ; qu'il n'exige pas pour autant que cette dissimulation soit l'œuvre du commissaire aux comptes ; que le report a été institué au profit de la victime du fait dommageable, que c'est à son égard seulement que la dissimulation doit être appréciée » ; Douai, 16 mars 2006, *Juris-Data* n° 2006-304677 : « il existe une difficulté sur la notion de dissimulation en ce que celle-ci peut résulter de l'action volontaire du commissaire aux comptes mais aussi du simple fait que, les irrégularités n'ayant pas été découvertes et la certification réalisée, tout se passe comme s'il y avait eu dissimulation jusqu'à la découverte de celles-ci suite à une expertise, par exemple. Une interprétation adaptée permettant de respecter à la fois l'esprit de la prescription qui est de limiter les actions dans le temps dans un but d'ordre public économique, et l'intérêt des victimes directes ou indirectes de la faute du professionnel, voudrait que l'on puisse retarder le point de départ de la prescription au moment où l'inexactitude des bilans et des comptes d'exploitation ont été découverts et que l'on a donc pu en avoir connaissance, cette situation mettent alors en lumière l'éventuelle erreur ou négligence du commissaire aux comptes ».

5. TGI Nice, 19 avril 1978, *Bull. CNCC*, 1978, p. 341 ; Bourges, 21 août 2001, *BRDA* 2/02, p. 4, *Dr. soc.*, 2002, n° 11, note D. Vidal, *RJDA* 3/02, n° 264, p. 225.

6. Cass. civ. 1re, 3 mars 1993, *LPA*, 3 juin 1994, p. 27, note M.-J. Coffy de Boisdeffre, *Bull. CNCC*, 1994, p. 98, note P. Merle.

élément intentionnel pour caractériser la dissimulation. Surtout, dans un arrêt du 18 février 1997[1], elle a assimilé négligence et dissimulation en approuvant une cour d'appel d'avoir jugé que « les irrégularités alléguées "semblaient" provenir d'une négligence du commissaire aux comptes » et que « les manquements professionnels de la S[té] Fiduciaire de la Seine (...), "s'apparentent" à une dissimulation ».

Il est vrai qu'il est pour le moins paradoxal d'admettre d'un côté que la publication des comptes est de nature à permettre aux associés de découvrir les éventuelles irrégularités[2], tout en affirmant de l'autre que la certification erronée des comptes ne fait peser sur les commissaires aux comptes aucune présomption de connaissance de telles irrégularités. La nature spécifique du rôle du commissaire aux comptes, dont la certification des comptes entraîne chez les victimes une croyance légitime en la sincérité de ces derniers, pourrait ainsi justifier que soit retenue ici une conception souple de la dissimulation, résultant de la seule certification sans réserves.

45. Toutefois, une telle conception de la dissimulation a là encore pour effet d'« abolir, à l'aide d'une confusion injustifiée, la distinction légale qui est fonction de l'attitude du professionnel »[3]. On comprend dès lors que la Cour de cassation soit revenue à plus de rigueur dans un arrêt du 17 décembre 2002, en refusant d'assimiler les négligences du commissaire aux comptes invoquées par le pourvoi à une dissimulation, pour poser en principe que la dissimulation « implique la volonté du commissaire aux comptes de cacher des faits dont il a connaissance par la certification des comptes »[4], la charge de la preuve d'une telle volonté incombant aux demandeurs[5]. Une telle conception est sans conteste davantage

1. Cass. com., 18 février 1997, *D. aff.*, 1997, p. 511, *Bull. Joly*, 1997, p. 441, note F. Pasqualini et V. Pasqualini-Salerno.

2. V. notamment la jurisprudence en matière d'abus de biens sociaux faisant courir la prescription de la publication des comptes annuels : Cass. crim., 27 juin 2001, *Bull. crim.*, nº 164, *Dr. pén.*, 2001, comm. 129, obs. J.-H. Robert, *Bull. Joly*, 2001, p. 1117, note J.-F. Barbièri.

3. 1. F. Pasqualini et V. Pasqualini-Salerno, note sous Cass. com., 18 février 1997, préc.

4. Cass. com., 17 décembre 2002, *Rev. soc.*, 2003, p. 297, note B. Le Bars, *RTD com.*, 2003, p. 330, note J.-P. Chazal et Y. Reinhard, *D.*, 2003, p. 279, obs. A. Lienhard, *Bull. CNCC*, 2003, p. 135, note P. Merle. V. pour la reprise à l'identique de cette définition de la dissimulation : Cass. com., 11 octobre 2005, *Dr. soc.*, 2006, comm. 59, obs. H. Hovasse ; 14 février 2006, *Dr. soc.*, 2006, comm. 59, obs. H. Hovasse, *Dr. et patr.*, juin 2006, p.111 s., note D. Porrachia, *Bull. Joly*, 2006, p. 897, note J.-F. Barbièri ; 13 février 2007, *LPA*, 20 avril 2007, p. 8, note J.-F. Barbièri, *D.*, 2007, *AJ*, p. 736, obs. A. Lienhard, *Dr. soc.*, 2007, comm. 116, obs. H. Hovasse, *Bull. Joly*, 2007, p. 811, note F.-X. Lucas, *JCP* E, 2007, 2279, chron. J.-L. Navarro, *RTD com.*, 2007, p. 571, note T. Granier ; 1er juillet 2008, *Bull. Joly*, 2008, p. 982, note D. Vidal ; 15 septembre 2009, *Rev. soc.*, 2010, p. 109 s., obs. T. Granier ; Paris, 6 octobre 1999, *Bull. CNCC*, 2000, p. 668, note P. Merle, *RJDA* 1/10, nº 37, *Bull. Joly*, 2000, p. 34, note F. Pasqualini et V. Pasqualini-Salerno ; Toulouse, 20 mars 2007, *Juris-Data* nº 2007-336658 ; Paris, 9 novembre 2007, *Bull. Joly*, 2008, p. 304, note T. Granier, *RTD com.*, 2008, p. 138, obs. P. Le Cannu et B. Dondero ; Rouen, 28 février 2008, *Juris-Data* nº 2008-359856. V. aussi, pour des formulations comparables : Cass. com., 28 juin 2005, pourvoi nº 03-11207 : « la dissimulation susceptible de lui être imputable, pour retarder le point de départ du délai de prescription, implique de sa part la volonté d'éviter que ses clients ou des tiers prennent connaissance du fait » ; Nîmes, 9 janvier 2007, *Juris-Data* nº 2007-340963 : « la notion de dissimulation suppose la connaissance du fait et l'abstention volontaire de le révéler ». Une telle approche a cependant pu être critiquée en ce qu'elle allait à contre-courant de la tendance actuelle au renforcement des principes de gouvernement d'entreprise (J.-L. Navarro, note obs. sous Cass. com., 13 février 2007, *JCP* E, 2007, 2279).

5. Cass. com., 26 février 2006, pourvoi nº 03-14410, et déjà Versailles, 10 mai 1994, *Bull. CNCC*, 1994, p. 710, note P. Merle, Paris, 21 janvier 2002, *Dr. soc.*, 2002, nº 95, note D. Vidal, *Bull. Joly*, 2002, p. 673, note J.-F. Barbièri. V. toutefois, sur les modes de preuve, H. Hovasse, notes sous Cass. com., 11 octobre 2005, *Dr. soc.*, 2006, comm. 59 : « La preuve de cette dissimulation sera suffisamment rapportée, s'agissant d'un professionnel, en confrontant la connaissance des faits au silence du rapport du commissaire aux comptes ».

conforme à la volonté du législateur, comme l'a d'ailleurs souligné une récente réponse ministérielle[1].

46. Si une conception stricte de la dissimulation prédomine ainsi, une certaine résistance se fait cependant jour pour assimiler à la dissimulation les négligences d'une gravité telle qu'elles démontrent une incapacité du commissaire aux comptes à remplir sa mission. Ainsi a-t-on pu suggérer d'étendre la notion de dissimulation à l'hypothèse dans laquelle les irrégularités non découvertes étaient graves et manifestes[2].

L'argument repose sur une logique qui n'est pas sans rappeler celle qui justifie la mise à l'écart des clauses limitatives de responsabilité en cas de faute lourde sur le fondement de l'article 1150 du Code civil. Sans opérer un tel détour, on a avancé que la gravité des manquements du commissaire aux comptes devrait faire présumer une dissimulation[3]. La proposition n'a cependant pas semblé recevoir l'écho escompté en jurisprudence. Les juges apprécient en effet avec rigueur les éléments susceptibles de caractériser une dissimulation. Ils exigent une rétention volontaire d'information, c'est-à-dire la conscience par le commissaire aux comptes du caractère erroné de la certification[4], et refusent de déduire cette dernière de l'importance des négligences du commissaire aux comptes, ou encore du fait que le commissaire aux comptes avait dans un premier temps opposé le secret professionnel[5], ou même de la consécration de l'existence d'une fausse certification par le juge pénal[6].

47. La consécration d'une conception stricte de la dissimulation n'épuise pas pour autant les incertitudes inhérentes à la rédaction de l'article L. 822-18 du Code de commerce. En effet, la technique de renvoi d'un texte à l'autre ici utilisée par le législateur soulève encore des difficultés d'interprétation[7]. Si le fait dommageable litigieux auquel il est fait référence par renvoi a toujours été entendu comme celui « imputable au commissaire aux comptes et non celui des dirigeants contrôlés »[8], un débat a en revanche été soulevé sur le point de savoir si la dissimulation à laquelle il était fait référence était celle du dirigeant ou du commissaire aux comptes. La première branche de l'alternative, défendue par une partie

---

1. Interrogé sur la pertinence de l'interprétation retenue par la Cour de cassation, le Ministre de l'Économie a indiqué que « cette interprétation apparaît conforme à la volonté du législateur, l'emploi du terme "dissimulation" traduisant le souci de sanctionner le professionnel de mauvaise foi en ne permettant de différer le point de départ de la prescription qu'en cas de volonté avérée de cacher le fait dommageable – la simple négligence étant insuffisante à justifier un régime de prescription dérogatoire » (Rép. Min. à QE n° 33317, *JOAN* Q., 3 mars 2009, p. 2133).

2. J.-F. Barbièri, note sous Cass. com., 13 février 2007, préc., spéc. n° 6 ; H. Hovasse, note sous Cass. com. 13 février 2007, préc.

3. B. Le Bars, note sous Cass. com., 17 décembre 2002, préc. : « la Cour de cassation ne ferme pas totalement la porte à la preuve de la dissimulation sur le fondement du manque de diligence du commissaire aux comptes. Elle semble plutôt instituer une gradation dans le régime de la preuve en fonction de la gravité des manquements commis par le commissaire aux comptes ».

4. Orléans, 21 mars 2002, *Juris-Data* n° 2002-176579.

5. Limoges, 7 juillet 2006, *Juris-Data* n° 2006-308738.

6. Cass. com., 13 février 2007, *LPA*, 20 avril 2007, p. 8, note J.-F. Barbièri, *D.*, 2007, *AJ*, p. 736, obs. A. Lienhard, *Dr. soc.*, 2007, comm. 116, obs. H. Hovasse, *Bull. Joly*, 2007, p. 811, note F.-X. Lucas, *JCP* E, 2007, 2279, chron. J.-L. Navarro, *RTD com.*, 2007, p. 571, note T. Granier.

7. Sur les difficultés d'interprétation soulevées par la technique du renvoi, v. N. Molfessis, « Le renvoi d'un texte à l'autre », in *Les mots de la loi*, dir. N. Molfessis, Economica, Coll. Études juridiques, 1999, p. 57 s., spéc. p. 71 s., n° 25 s.

8. Douai, 16 mars 2006, *Juris-Data* n° 2006-304677.

minoritaire de la doctrine[1], a paru un temps avoir les faveurs de la jurisprudence[2]. Une telle interprétation méconnaissait cependant la portée de la technique de renvoi utilisée : en précisant que l'action intentée à l'encontre des commissaires aux comptes se prescrit « dans les conditions prévues à l'article L. 225-254 », l'article L. 822-18 du Code de commerce conduit nécessairement à lire l'article L. 225-254 du même code comme disposant que « l'action en responsabilité contre [les commissaires aux comptes] se prescrit par trois ans, à compter du fait dommageable ou s'il a été dissimulé, de sa révélation ». Dès lors, de même que seule la dissimulation imputable au dirigeant doit être prise en considération lorsque c'est sa responsabilité qui est recherchée, seule la dissimulation commise par le commissaire aux comptes est pertinente pour reporter le point de départ de la prescription de l'action intentée à son encontre, celle opérée par le dirigeant demeurant indifférente[3]. Toute solution inverse serait d'ailleurs inique : comment admettre que les commissaires aux comptes, dont la responsabilité est supposée être limitée par la loi, puissent être tributaires de la dissimulation par un tiers de ses propres turpitudes ? Inversement, en l'absence de dissimulation imputable à un tiers, comment admettre que le commissaire aux comptes malveillant puisse échapper au report du point de départ de la prescription de l'action exercée à son encontre ? La Cour de cassation a logiquement écarté un tel risque, jugeant que la dissimulation par le préposé de ses détournements[4] ou par le dirigeant d'une surévaluation des stocks[5], n'a pas à être prise en compte dans la détermination du point de départ de la prescription de l'action intentée à l'encontre du commissaire aux comptes, la dissimulation s'appréciant uniquement par rapport à ce dernier. Dès lors, le renvoi opéré par l'article L. 822-18 du Code de commerce conduit à adopter la lecture suivante de l'article L. 225-254 : l'action en responsabilité intentée contre le commissaire aux comptes se prescrit par trois ans à compter du fait dommageable commis par ce dernier ou, s'il l'a dissimulé, à compter de sa révélation.

Mais il faudrait logiquement aussi déduire de cette lecture que la dissimulation commise par le commissaire aux comptes doit porter sur son propre fait dommageable. Autrement dit, à suivre une lecture littérale, la dissimulation par le commissaire aux comptes des faits dommageables du dirigeant ne suffirait pas à reporter le point de départ de la prescription, seule la dissimulation par le commissaire aux comptes de ses propres fautes étant de nature à permettre un tel report. Fidèles à la lettre du texte, certains auteurs et juridictions ont adhéré à une telle interprétation[6]. Elle appelle cependant deux sérieuses réserves.

---

1. V. J.-F. Barbièri, note sous Cass. com., 14 février 2006, *Bull. Joly*, 2006, p. 897, spéc. nº 3, suggérant qu'une appréciation globale de la dissimulation des faits dommageables pourrait être adoptée, qui conduirait à prendre en considération les dissimulations opérées par les dirigeants chaque fois que le contrôle du commissaire aux comptes n'aurait pas permis de les faire apparaître.

2. Ainsi certaines juridictions ont pu stigmatiser la dissimulation opérée par les dirigeants d'une société pour reporter le point de départ de la prescription de l'action intentée à l'encontre du commissaire aux comptes au jour de la révélation des faits dommageables : TGI Lorient, 22 février 1983, *Bull. CNCC*, 1983, p. 92. D'autres ont expressément affirmé que le texte n'exigeait pas que la dissimulation soit l'œuvre du commissaire aux comptes : Paris, 13 novembre 1998, *Bull. CNCC*, 1999, nº 133, p. 455 s., note P. Merle, *RJDA*, 3/99, nº 300, *D. aff.*, 1999, p. 136, obs. M. B., *Bull. Joly*, 1999, p. 347, note J.-F. Barbièri.

3. P. Merle, note sous Paris, 13 novembre 1998, *Bull. CNCC*, 1999, nº 133, spéc. p. 462.

4. Cass. com., 28 juin 2005, pourvoi nº 03-11207.

5. Cass. com., 14 février 2006, *Dr. soc.*, 2006, comm. 59, obs. H. Hovasse, *Dr. et patr.*, juin 2006, p.111 s., note D. Porrachia, *Bull. Joly*, 2006, p. 897, note J.-F. Barbièri.

6. V. en doctrine, E. du Pontavice, note sous TGI Bordeaux, 3 décembre 1984, *Bull. CNCC*, 1985, spéc. p. 216 et en jurisprudence, Paris, 21 janvier 2002, *Dr. soc.*, 2002, nº 95, note D. Vidal, *Bull. Joly*, 2002, p. 673, note J.-F. Barbièri : « la dissimulation, justifiant le report du point de départ du délai de prescription, doit s'appliquer au fait dommageable commis par la personne qui doit en répondre, c'est à dire en l'espèce le commissaire aux comptes ».

La première est d'ordre purement technique. Dès lors que le fait dommageable réside dans la certification des comptes, on voit mal comment cette dernière pourrait être dissimulée, sauf à admettre que ce ne soit pas la certification mais son caractère erroné qui le soit. La seconde est plus fondamentale : comment admettre que le commissaire aux comptes qui se rendrait complice du dirigeant en dissimulant dans les comptes les fautes commises par ce dernier puisse continuer à opposer aux victimes la prescription abrégée, au seul motif que la dissimulation portait non sur son propre fait dommageable, mais sur celui commis par les dirigeants sociaux ? À l'évidence, la technique du renvoi et la lecture littérale de la combinaison des articles L. 822-18 et L. 225-254 du Code de commerce atteignent ici leurs limites. C'est d'ailleurs ce que semble admettre la Cour de cassation lorsqu'elle définit la dissimulation comme impliquant la volonté du commissaire aux comptes de cacher « des faits dont il a connaissance par la certification des comptes ». En réalité, dès lors qu'elle émane du commissaire aux comptes, la dissimulation peut sans doute porter aussi bien sur les manquements commis par le commissaire aux comptes – c'est-à-dire les insuffisances du contrôle – que sur les faits fautifs originaires émanant des dirigeants[1].

48. Si une telle dissimulation est établie, le point de départ de la prescription de l'action intentée à l'encontre du commissaire aux comptes sera reporté au jour de la révélation du fait dommageable. Sous cet aspect, dès lors que le fait dommageable consiste dans la certification erronée des comptes sociaux, c'est nécessairement la révélation de son caractère inexact qui fera courir la prescription. Là encore, cette révélation ne doit pas dépendre de la diligence de la victime. C'est pourquoi les juges retiennent ici aussi une conception objective de la révélation, résidant dans le moment où la victime pouvait découvrir le caractère inexact de la certification[2]. La révélation suppose alors la possibilité de connaître le fait dommageable et non « son exploitation complète par les autorités de poursuite et de jugement »[3]. On ne saurait dès lors faire dépendre la date de révélation de l'existence d'une décision de justice. Il suffit que les éléments que la victime a en sa possession lui permettent de « s'interroger sur une négligence du commissaire aux comptes »[4]. La décision de justice n'aura alors d'autre fonction que de statuer sur le bien-fondé d'une telle interrogation.

Concrètement, la révélation exigée par l'article L. 225-254 du Code de commerce pourra notamment résulter d'un procès-verbal du conseil d'administration faisant apparaître la nécessité de dotations en provisions complémentaires, de nature à créer des doutes sérieux sur la qualité de la certification des comptes sociaux effectuée[5], ou encore d'un rapport d'audit révélant l'état financier déficitaire des filiales en l'absence de toute alerte antérieure[6].

---

1. V. en ce sens, J.-F. Barbièri, note sous Cass. com., 17 décembre 2002, *Bull. Joly*, 2003, p. 268, spéc. nº 2. Ce sont d'ailleurs en général les faits fautifs reprochés aux tiers qui sont visés par les arrêts rendus comme constitutifs de l'objet d'une éventuelle dissimulation.

2. M.-J. Coffy de Boisdeffre, note sous Cass. civ. 1re, 3 mars 1993, *LPA*, 3 juin 1994, p. 27 s., spéc. p. 29.

3. Paris, 7 novembre 1995, *Bull. Joly*, 1996, p. 125, note J.-F. Barbièri; *RJDA* 2/96, nº 237, *Dr. soc.*, 1996, com. nº 84.

4. E. du Pontavice, note sous Paris, 26 janvier 1989, *Bull. CNCC*, 1989, nº 75. On ajoutera que selon cet auteur, la révélation au seul organe de la société compétent pour agir suffit à faire courir la prescription, sans qu'il soit besoin que les tiers créanciers ou l'assemblée générale des actionnaires aient connaissance des faits litigieux.

5. Cass. com., 28 juin 2005, *Dr. soc.*, 2005, comm. 179, note H. Hovasse. L'arrêt mérite également d'être signalé en ce qu'il réserve l'éventuelle application de l'adage *Contra non valentem agere non currit praescriptio* en cas de force majeure distincte de la seule ignorance du dommage.

6. Paris, 1er décembre 1995, *JCP* E, 1996, pan. 300.

49. En conclusion, en mettant un terme à une tendance jurisprudentielle critiquable qui consistait à fixer le point de départ de la prescription au jour de la révélation du fait dommageable en dépit de la lettre de l'article L. 225-254 du Code de commerce, la Cour de cassation a rappelé que la prescription triennale de l'action en responsabilité intentée à l'encontre des commissaires aux comptes courait à compter du fait dommageable entendu comme la certification erronée des comptes sociaux. Il ne peut en être autrement qu'en cas de dissimulation par le commissaire aux comptes du fait dommageable. Entendue strictement, cette dissimulation implique une volonté de cacher les irrégularités dont l'organe en cause a eu connaissance par la certification des comptes. Pour le dire autrement, seule une dissimulation intentionnelle par le commissaire aux comptes de ses propres fautes ou des fautes commises par les dirigeants sociaux, et non une quelconque négligence, aussi grave soit elle, permet de reporter le point de départ de la prescription de l'action intentée à son encontre au jour de la révélation du fait dommageable. Cette révélation s'entend de la possibilité pour la victime d'avoir connaissance du caractère inexact de la certification.

C'est une analyse singulièrement différente que mène la Cour de cassation lorsqu'une action en responsabilité est exercée à l'encontre d'un liquidateur.

C. La responsabilité du liquidateur

50. En application de l'article L. 225-254 du Code de commerce auquel renvoie également l'article L. 237-12[1] qui prévoit les hypothèses dans lesquelles la responsabilité du liquidateur peut être engagée, la prescription de l'action contre le liquidateur court à son tour à compter du fait dommageable commis par ce dernier. Là encore, le point de départ de la prescription peut être reporté en cas de dissimulation. Mais, en ce domaine, la notion de dissimulation n'a pas soulevé de difficulté significative. La jurisprudence reflète ici les principes dégagés à l'occasion de l'analyse des actions en responsabilités engagées à l'encontre des dirigeants sociaux ou des commissaires aux comptes[2]. C'est différemment autour de la notion de fait dommageable que se sont concentrées l'essentiel des difficultés.

51. Sous cet aspect, le liquidateur ayant pour mission de « vérifier les créances afin que soit déterminé le passif du débiteur, et [de] procéder aux opérations de liquidation des biens figurant à l'actif pour en répartir le produit entre les créanciers »[3], il engage sa responsabilité chaque fois qu'il manque à ses obligations, par

---

1. Art. L. 237-12 C. com. : « Le liquidateur est responsable, à l'égard tant de la société que des tiers, des conséquences dommageables des fautes par lui commises dans l'exercice de ses fonctions. L'action en responsabilité contre les liquidateurs se prescrit dans les conditions prévues à l'article L. 225-254 ».

2. Ainsi, dans une hypothèse où le liquidateur avait dissimulé avoir investi à titre personnel et sans autorisation une partie des sommes provenant de la réalisation d'actif, la Cour de cassation a fixé le point de départ de la prescription au jour du rapport d'expertise révélant ces investissements (Cass. com., 1er mars 1983, *Bull. Joly*, 1983, p. 617). De même, dans une hypothèse où le liquidateur avait dissimulé la situation de la société dans une procédure l'opposant à un de ses créanciers, la Cour de cassation a reporté le point de départ de la prescription au jour où cette dissimulation a été révélée par un jugement de sursis à statuer (Cass. com., 30 juin 1992, pourvoi nº 90-20071). V., à l'inverse, refusant d'assimiler une signature contrefaite d'un procès-verbal de dissolution à une dissimulation : Paris, 4 décembre 2007, *RTD com.*, 2008, p. 357, obs. C. Champaud et D. Danet. Ces arrêts, d'espèce, tout en offrant un exemple d'application fidèle de l'article L. 225-254 du Code de commerce, n'apportent pas d'éclaircissement significatif sur les notions de dissimulation et de révélation.

3. F. Pérochon et R. Bonhomme, *Entreprises en difficultés, Instruments de crédit et de paiement*, LGDJ, 8e éd., nº 150.

exemple en omettant volontairement de payer une créance dont il avait connaissance[1] ou encore en ne constituant pas de provisions pour faire face à une dette à laquelle la société se trouve exposée[2]. Ces fautes - qui constituent ainsi le fait causal à l'origine du dommage subi par les créanciers de la société - devraient logiquement être considérées comme le « fait dommageable » de l'article L. 225-254 du Code de commerce.

Le droit positif ne reflète cependant pas une telle logique. On observe différemment une nette tendance à faire dépendre le point de départ de la prescription d'événements ultérieurs, eux-mêmes distincts selon que le créancier qui agit à l'encontre du liquidateur est ou non titulaire d'un titre constatant sa créance.

52. Lorsque le créancier est titulaire d'un titre à l'encontre de la société, le point de départ de la prescription devrait logiquement être fixé au jour de l'omission du créancier sur l'état liquidatif établi par le liquidateur[3]. C'est bien cette omission qui matérialise le fait dommageable. Il en va pourtant différemment : le point de départ est généralement reporté au jour de la clôture de la liquidation[4]. Une telle solution, qui revient à fixer le point de départ de la prescription au jour où l'étendue du préjudice est définitivement connue, n'est pas satisfaisante[5]. Outre qu'elle va à l'encontre de la lettre de l'article L. 225-254 qui érige le fait dommageable en point de départ intangible en l'absence de dissimulation, elle n'est guère justifiable. Ainsi, elle ne s'explique pas par l'éventuelle impossibilité d'agir des créanciers avant cette date. En effet, l'action contre le liquidateur peut être engagée avant la clôture de la liquidation, tandis que celle exercée contre la société est le plus souvent illusoire[6].

53. Lorsque le créancier n'est pas titulaire d'un titre à l'encontre de la société avant la clôture de la liquidation, le point de départ de la prescription devrait logiquement être fixé au jour où le liquidateur a omis de constituer les provisions nécessaires pour face faire à la dette dont la société est susceptible de devenir débitrice ou, au plus tard, au jour où le liquidateur a clôturé la liquidation sans avoir constitué les provisions nécessaires. Mais là encore, l'approche jurisprudentielle ne répond pas à une telle logique. Différemment, les juges font dans une telle hypothèse courir la prescription du jour où « les droits de la victime du fait dommageable imputé à ce liquidateur ont été définitivement reconnus par une décision de justice »[7]. Autrement dit, le point de départ de la prescrip-

4. Cass. com., 2 février 1988, *Bull. Joly*, 1988, p. 273.

5. Cass. com., 23 mars 2003, *Dr. soc.*, 1993, n° 134, obs. T. Bonneau.

6. J.-F. Barbièri, note sous Paris, 28 mai 1993, *Bull. Joly*, 1993, p. 1115, spéc. n° 8.

7. Paris, 9 avril 1992, *Rev. soc.*, 1992, p. 557, obs. Y. Guyon ; ou plus précisément, au jour de la publication de l'avis de clôture : Paris, 28 mai 1993, *Bull. Joly*, 1993, p. 1115, note J.-F. Barbièri ; Cass. com., 11 juillet 2000, *Bull. civ.* IV, n° 145 ; 29 septembre 2009, *Rev. soc.*, 2010, p. 92, note J.-F. Barbièri.

1. V. notes critiques Y. Guyon, obs. sous Paris, 9 avril 1992, *Rev. soc.*, 1992, p. 557 ; J.-F. Barbièri, note sous Paris, 28 mai 1993, préc., spéc. n° 7.

2. Cass. com., 28 juin 1983, *Rev. soc.*, 1984, p. 757, note D. Randoux.

3. Cass. com., 23 mars 1993, *Dr. soc.*, 1993, n° 134, obs. T. Bonneau ; 7 décembre 1993, *Bull. civ.* IV, n° 464, *Bull. Joly*, 1994, p. 280, note C. Hannoun (précisant que lorsque les droits de la victime ont été reconnus par une juridiction étrangère, c'est le jugement d'*exequatur* qui doit être pris en considération pour faire courir la prescription) ; 11 octobre 2005, *Bull. civ.* IV, n° 209, *Bull. Joly*, 2006, p. 491, note C. Regnaut-Moutier (précisant que seule la reconnaissance des droits de la victime par une décision définitive et irrévocable (la décision rendue par la cour d'appel et non par le tribunal de première instance) devait être prise en considération pour faire courir la prescription). V. aussi, Paris, 2 juin 1988, *D.*,1988, IR, p. 220 ; Pau, 31 mai 1994, *Juris-Data* n° 1994-044262. V. cependant, *contra* : Cass. com., 21 septembre 2004, pourvoi n° 01-01263 : « la date du fait dommageable ne saurait être confondue avec celle à laquelle le dommage a été connu ou celle à laquelle la créance est devenue certaine ».

tion est reporté au jour où le préjudice de la victime est définitivement fixé dans son montant, ce qui peut prolonger de manière significative le risque pesant sur le liquidateur en cas de litige.

En faisant ainsi application de l'adage *Actioni non natae non praescribitur*[1] selon lequel une action ne saurait se prescrire avant d'être née, c'est-à-dire avant que tous les éléments de nature à justifier l'introduction d'une action en responsabilité (existence d'une faute, d'un préjudice et d'un lien de causalité) soient réunis, la Cour de cassation s'écarte de la lettre de l'article L. 225-254 du Code de commerce qui, précisément, reste sans égard pour la réunion des conditions permettant d'agir. Elle le fait d'ailleurs sans ambages, au point que pour justifier « l'application de l'adage dans un cas non prévu par le texte »[2], certains arrêts, invoquant une « impossibilité d'agir »[3], se sont fondés expressément sur l'ancien article 2257 du Code civil[4] selon lequel la prescription ne court pas à l'encontre des créances conditionnelles. La référence procède cependant d'une confusion sémantique : la créance conditionnelle visée par l'ancien article 2257 du Code civil est celle dont les parties auraient fait dépendre la naissance d'un événement extérieur à leur volonté[5]. L'article ne saurait alors viser l'hypothèse distincte dans laquelle une créance, déjà née, serait seulement contestée. On ne saurait dire ici que la naissance de la créance dépend de sa reconnaissance par une décision de justice, laquelle, faut-il le rappeler, est seulement déclarative de droit. C'est, au mieux, la certitude de la créance qui est en cause. Aussi, on ne saurait soutenir que l'existence d'un litige sur le bien fondé d'une créance non provisionnée par le liquidateur aurait rendu sa dette de responsabilité conditionnelle, subordonnée à la constatation du bien-fondé de la créance.

54. Au-delà même de cette confusion, les règles d'interprétation s'opposent par principe à la prise en considération de l'ancien article 2257 devenu 2233 du Code civil : en effet, comment admettre qu'un texte général (art. 2233 C. civ.) déroge à un texte spécial (art. L. 225-254 C. com.) ? On ne saurait davantage avancer qu'il ne s'agit pas de déroger à l'article L. 225-254 du Code civil, mais de l'interpréter à la lumière du droit commun, ou encore d'appliquer le droit commun en raison des lacunes du droit spécial. Car, loin d'être lacunaire, l'article L. 225-254 règle au contraire clairement la question qu'il traite : en fixant le point de départ de la prescription au jour du seul fait dommageable, le législateur a nécessairement écarté l'application des adages *Actioni non natae non praescribitur* et *Contra non valentem agere non currit praescriptio* en son domaine pour n'apprécier le point de départ de la prescription que du côté de l'auteur du dommage.

---

1. T. Bonneau, obs. sous Cass. com., 23 mars 1993, préc. ; C. Hannoun, note sous Cass. com., 7 décembre 1993, préc. ; C. Regnaut-Moutier, note sous Cass. com., 11 octobre 2005, *Bull. Joly*, 2006, p. 491.

2. T. Bonneau, obs. sous Cass. com., 23 mars 1993, préc.

3. Pau, 31 mai 1994, *Juris-Data* nº 1994-044262 : « Conformément aux dispositions de l'article 2257 du Code civil, cette prescription ne peut courir à l'encontre du créancier tant que celui-ci a été dans l'impossibilité d'agir en dommages-intérêts contre le liquidateur faute d'avoir préalablement obtenu de façon définitive sa qualité de créancier ». Pour une formulation identique : Paris, 2 juin 1988, *D.*,1988, IR, p. 220.

4. Art. 2233 du Code civil [anc. 2257 C. civ.] : « La prescription ne court point :
À l'égard d'une créance qui dépend d'une condition, jusqu'à ce que la condition arrive ;
À l'égard d'une action en garantie, jusqu'à ce que l'éviction ait lieu ;
À l'égard d'une créance à terme [anc. «à jour fixe»], jusqu'à ce que ce terme [anc. «ce jour»] soit arrivé ».

5. Rappelons en effet que la condition est un événement futur et incertain auquel est subordonnée la formation d'une obligation. Comme il a été souligné, « la formation même de l'obligation est suspendue jusqu'à sa réalisation » (F. Terré, P. Simler, Y. Lequette, *Les obligations*, Précis Dalloz, 10e éd., 2009, p. 1203, nº 1218).

Admettre alors la prise en considération d'une impossibilité - d'ailleurs très relative[1] - d'agir en ce domaine[2] revient à vider l'article L. 225-254 du Code de commerce de sa substance, celui-ci n'envisageant un report du point de départ de la prescription qu'en cas de dissimulation.

55. Au total, l'action intentée à l'encontre du liquidateur se prescrit à compter de la clôture de la liquidation lorsque le créancier dispose d'un titre permettant l'admission de sa créance au passif de la société ou en cas contraire à compter du jugement définitif constatant l'existence de sa créance par application de l'adage *Actioni non natae non praescribitur.* Sous cet aspect, la jurisprudence déroge à la lettre de l'article L. 225-254 du Code de commerce qui n'envisage en principe le report du point de départ de la prescription au jour de la révélation du fait dommageable qu'en cas de dissimulation de ce dernier.

56. En conclusion, la détermination du point de départ de la prescription des actions en responsabilité contre les différents acteurs de la société repose sur une volonté commune de limiter dans le temps une responsabilité sévère dans son principe. C'est pourquoi l'article L. 225-254 du Code de commerce, auquel renvoient les articles L. 822-18 pour les commissaires aux comptes et L. 237-12 pour les liquidateurs, prévoit que l'action en responsabilité contre les dirigeants sociaux se prescrit en principe à compter du fait dommageable. L'interprétation de ce point de départ légal n'est pas pour autant unitaire. La Cour de cassation le fixe au jour des fautes de gestion du dirigeant ou de la certification erronée des comptes par le commissaire aux comptes, sans égard pour la possibilité d'agir de la victime à cette date. En revanche, elle le reporte au jour où les droits de la victime ont été définitivement reconnus par une décision de justice lorsque l'action est intentée contre le liquidateur, faisant ici une application *contra legem* de l'adage *Actioni non natae non praescribitur* selon lequel l'action ne saurait se prescrire avant d'être née.

Les solutions jurisprudentielles se rejoignent, en revanche, lorsqu'il s'agit de faire application de l'exception prévue par l'article L. 225-254 du Code de commerce en cas de dissimulation du fait dommageable, entendue de façon uniforme comme supposant une volonté d'occulter les faits à l'origine du dommage. Dans une telle hypothèse, parce que les auteurs de ces faits ne méritent plus le bénéfice d'une prescription abrégée, l'article L. 225-254 du Code de commerce prévoit le report du point de départ de la prescription au jour de la révélation du fait dommageable, interprétée en jurisprudence comme le jour où la victime pouvait connaître les faits à l'origine du dommage subi. Cette fixation dérogatoire du point de départ de la prescription de l'action intentée à l'encontre des acteurs de la société ne constitue cependant pas un véritable retour au droit commun, la révélation du seul fait dommageable demeurant distincte de la manifestation du dommage lui-même.

---

1. Rien n'empêche en réalité la victime d'agir à l'encontre du liquidateur dès la clôture de la procédure, voire dès l'omission des provisions nécessaires. Le juge devra simplement surseoir à statuer dans l'attente de la décision de justice définitive qui, en fixant le montant de la créance, déterminera le montant du préjudice subi.

2. Une telle admission est souhaitée par certains auteurs. Ainsi, selon C. Hannoun (note sous Cass. com., 7 décembre 1993, préc.), les décisions précitées s'inscrivent « dans le mouvement prétorien d'extension des possibilités de paralyser le jeu des prescriptions lorsque le titulaire du droit est mis dans l'impossibilité d'agir », mouvement qui devrait conduire à admettre de façon générale le jeu de l'adage *Contra non valentem agere non currit praescriptio* en droit des sociétés, la dissimulation ne devenant qu'un cas parmi d'autres d'impossibilité d'agir.

Une même volonté de prendre en considération le fait générateur du dommage pour fixer le point de départ de la prescription se retrouve aussi, pour des raisons différentes, en matière de réparation des dommages causés à l'environnement.

§ 2 - LA RÉPARATION DES DOMMAGES CAUSÉS À L'ENVIRONNEMENT

57. La prescription des dommages causés à l'environnement obéit à des règles spécifiques. L'existence d'un régime de prescription propre à la matière s'explique aisément : les dommages causés à l'environnement se révèlent très souvent de nombreuses années après les faits qui en sont à l'origine. On songe notamment à la pollution des sols, ou encore aux dommages causés par l'enfouissement de déchets. Aussi, « le temps des hommes n'[étant] pas celui de l'environnement »[1], ce décalage entre la commission du fait générateur et la révélation du dommage causé rend plus sensible encore le conflit entre les impératifs de sécurité juridique et de justice qui sous-tend toujours la détermination du point de départ de la prescription. En effet, si l'on choisit de fixer le point de départ de la prescription au jour du fait générateur du dommage, le risque est grand de voir l'action en responsabilité prescrite avant même que les victimes aient pu agir, faute d'avoir eu connaissance du dommage subi. Inversement, si l'on devait fixer le point de départ de la prescription au jour de la manifestation du dommage environnemental, l'auteur du dommage se retrouverait dans une situation d'extrême insécurité, sa responsabilité pouvant être mise en cause de nombreuses années après les faits.

Curieusement, jusque très récemment, la question de la prescription des dommages causés à l'environnement n'avait pas fait l'objet d'une attention spécifique du législateur. Exception faite de certaines dispositions spéciales, quasi anecdotiques[2], la question de la prescription des actions en réparation des dommages causés à l'environnement était donc régie par le droit commun de la prescription des actions en responsabilité délictuelle, tel que prévu par l'ancien article 2270-1 du Code civil.

58. L'adaptation des règles du droit commun à la matière environnementale n'est évidemment pas allée sans difficultés. Sous cet aspect, une illustration intéressante de l'application du droit commun de la prescription à la question environnementale peut être trouvée en droit public dans un arrêt du 5 juillet 2005 relatif à la prescription de l'action en remise en état des installations classées. Le Conseil d'État y affirmait que « les principes dont s'inspire l'article 2262 du Code civil font obstacle à ce que le préfet impose à l'exploitant, à son ayant-droit ou à la personne qui s'est substituée à lui la charge financière des mesures à prendre au titre de la remise en état d'un site lorsque plus de trente ans se sont écoulés depuis la date à laquelle la cessation d'activité a été portée à la connaissance de l'Administration, sauf dans le cas où les dangers ou inconvénients présentés par le site auraient été dissimulés »[3].

---

1. P. Billet, « Prescription des obligations financières liées à la réparation des atteintes à l'environnement : les affres du temps », *JCP* A, 2008, act. 697, spéc. n° 7.

2. On songe notamment à l'article L. 426-7 du Code de l'environnement qui prévoit que « les actions en réparation du dommage causé aux cultures et aux récoltes par le gibier se prescrivent par six mois à partir du jour où les dégâts ont été commis », entendu comme le jour du fait générateur du dommage, sans égard pour l'évaluation définitive des dégâts causés qui ne pouvait se faire qu'au moment de la récolte (Cass. civ. 2e, 13 décembre 2001, *Bull. civ.* II, n° 187).

3. CE, 8 juillet 2005, *JCP* G, 2006, II, 1001, note F.-G. Trébulle, *RFDA*, 2006, p. 375, note B. Plessix, *JCP* A, 2006, p. 1014, note D. Kokoroko, *Env.*, 2005, comm. 67, note P. Trouilly, *D.*, 2005, p. 3075, note

Le Conseil d'État fait ainsi courir la prescription du jour où la cessation d'activité – fait générateur de l'obligation de remise en état du site – a été portée à la connaissance de l'Administration. Le choix d'un tel point de départ est inédit. Il n'est fixé ni au jour de la commission du fait dommageable, ni au jour de la connaissance du dommage lui-même, mais à la date distincte de la connaissance du fait générateur du dommage, qui coïncidera avec le jour où l'exploitant aura porté à la connaissance de l'administration la cessation de son activité. La démarche est pour le moins atypique : le Conseil d'État s'écarte ici du droit commun en ne prêtant aucune attention à la date de réalisation du dommage, si bien que la possibilité d'agir de l'administration pourra se révéler purement théorique lorsque le dommage ne se réalisera que de nombreuses années plus tard.

Le Conseil d'État réserve cependant l'hypothèse d'une dissimulation du dommage par l'exploitant. Là encore, l'interrogation porte naturellement sur le point de savoir ce qu'il faut entendre par dissimulation. Au cas d'espèce, la cessation d'activité avait eu lieu moins de trente ans avant l'action intentée par l'administration, si bien que l'arrêt ne permet pas d'éclaircir la notion. Les auteurs se divisent en conséquence sur la façon d'interpréter la réserve de la dissimulation. Certains ont pu sembler assimiler ignorance du dommage et dissimulation, pour en déduire que « le point de départ du délai doit, plus généralement, être la date à laquelle l'administration a été en mesure d'exercer ses pouvoirs de police »[1], ou admettre que la dissimulation puisse résulter de la seule absence de travaux de reconnaissance de pollution à l'issue de l'exploitation[2]. D'autres, à l'inverse, considérant que l'action n'est plus possible après trente ans d'inaction, « que cette inaction corresponde à une carence ou à l'apparition tardive de risques non décelables lors de l'arrêt de l'exploitation »[3], ont refusé de confondre la dissimulation de nature à reporter le point de départ de la prescription avec le seul caractère indécelable des risques, pour faire de la dissimulation un acte intentionnel visant à masquer les pollutions subies[4].

59. Ces débats semblent cependant aujourd'hui en partie dépassés. En effet, l'article 14 de la loi du 17 juin 2008 portant réforme de la prescription en matière civile a inséré un nouvel article L. 152-1 dans le Code de l'environnement au terme duquel « les obligations financières liées à la réparation des dommages

---

B. Quiriny, *LPA*, 23 septembre 2005, p. 5 s., note F. Braud et A. Moustardier. L'arrêt est également fondamental en ce que le Conseil d'État y fait référence aux « principes dont s'inspire l'article 2262 du Code civil », pour en déduire l'applicabilité de la prescription trentenaire, en matière administrative, à l'obligation de remise en état pesant sur la personne de l'exploitant.

1. F.-G. Trébulle, note sous CE, 8 juillet 2005, préc. Et l'auteur de poursuivre : « Le plus souvent, il s'agira de la déclaration, mais il peut s'agir également de la connaissance des inconvénients ou dangers en cause, notamment par une inspection ou l'intervention d'un tiers. Il est d'ailleurs possible de voir dans la réserve de dissimulation une illustration de cette analyse plutôt qu'un retour à l'exigence canoniste de bonne foi du bénéficiaire de la prescription. Si la dissimulation interdit au délai de courir c'est tout simplement qu'elle implique que l'administration n'était pas en mesure d'agir ».

2. F. Braud et A. Moustardier, note sous CE, 8 juillet 2005, préc. : « Dans la plupart des cas, et particulièrement pour les sites dont les pollutions sont importantes, l'ancien exploitant ne pouvait pas ne pas avoir connaissance des pollutions engendrées par son activité et le simple fait de s'être abstenu, notamment lors de la cessation d'activité, de rechercher ces pollutions, pourrait être considéré comme une forme de réticence dolosive destinée à dissimuler les atteintes à l'environnement ».

3. P. Trouilly, note sous CE, 8 juillet 2005, préc.

4. P. Billet, art. préc., spéc. nº 6 : « Il s'agit bien d'un acte conscient auquel le Conseil d'État fait référence : c'est sciemment que l'exploitant cache la cessation d'activité et/ou ses dangers et inconvénients (...). Il s'agit donc bien, pour la cessation d'activité comme pour les dangers et inconvénients, de sanctionner un défaut d'information ».

causés à l'environnement par les installations, travaux, ouvrages et activités régis par le présent code se prescrivent par trente ans à compter du *fait générateur du dommage* »[1].

Le choix d'un tel point de départ est sans doute techniquement discutable. En effet, en matière environnementale, le choix du fait générateur comme point de départ de la prescription n'épuise assurément pas les difficultés. Les atteintes à l'environnement se présentent souvent comme l'aboutissement de phénomènes complexes. Elles peuvent ainsi résulter d'un processus continu : ce n'est pas tant l'émission de produits potentiellement toxiques que la continuité de cette émission dans le temps qui affecte l'environnement, en rendant progressivement la zone sinistrée. Elles peuvent également être la conséquence d'actes successifs qui, pris isolément, n'auraient pas entraîné le dommage constaté. Tel est le cas lorsque la succession sur un même site de produits chimiques forme un composé dangereux. Dans une telle hypothèse, quelle date retenir alors même que le déversement du deuxième produit aurait été sans incidence environnementale sans la présence du premier sur le site[2] ?

Surtout, si le délai de prescription trentenaire est ici consacré, alors même que la loi du 17 juin 2008 entendait raccourcir les délais de prescription, il est en revanche contrebalancé par le choix d'un point de départ fixe au jour du fait générateur du dommage, sans égard ni pour l'ignorance éventuelle du dommage, ni même pour une éventuelle dissimulation volontaire des atteintes à l'environnement. Il est d'ailleurs pour le moins paradoxal de constater que le législateur pose ici une telle solution au moment même où il consacre un point de départ glissant en faisant par principe de la connaissance par la victime de son droit d'agir une condition du décompte de la prescription[3]. Mais plus encore, en ignorant même, au-delà de sa connaissance, la simple réalisation du dommage dans la détermination du point de départ de la prescription, la loi nouvelle limite le droit à réparation des atteintes à l'environnement. En effet, l'action en réparation ne peut être exercée avant la réalisation du dommage, faute avant cette date de préjudice certain dont il pourrait être demandé réparation. Dès lors, dans cette matière où les dommages, souvent latents, se réalisent souvent bien après la commission du fait générateur, le droit d'agir en réparation risque d'être déjà prescrit avant même d'avoir pu être exercé[4].

---

1. Sur les difficultés soulevées par le champ d'application de l'article L. 152-1, v. M.-P. Camproux-Duffrène, « Réforme de la prescription civile : les aspects environnementaux », *LPA*, 2 avril 2009, p. 45 s., spéc. p. 47 ; M. Boutonnet, « Réforme de la prescription civile et responsabilité civile environnementale », *Environnement*, 2008, étude 14, considérant que l'article vise les seules actions en responsabilité conduisant à la compensation pécuniaire du préjudice écologique pur. Dès lors, tant les actions visant la réparation en nature du préjudice écologique pur que celles visant la réparation pécuniaire des atteintes matérielles, morales ou corporelles aux personnes qui peut en résulter devraient en revanche continuer à relever du droit commun de la responsabilité civile. Par ailleurs, le nouveau dispositif de l'article L. 152-1, limité aux actions juridictionnelles, est complété par l'article L. 161-4 du Code de l'environnement issu de la Loi relative à la responsabilité environnementale (LRE) du 1er août 2008 qui prescrit par trente ans à compter du fait générateur du dommage l'intervention de l'autorité administrative compétente aux fins notamment de recouvrement des frais de dépollution. Sur la genèse de la loi, v. *infra*, n° 432 s.

2. P. Billet, art. préc., spéc. n° 3.

3. G. J. Martin, « Prescription et droit de l'environnement », *RDC*, 2008, p. 1468 s., spéc. 1469.

4. M. Boutonnet, art. préc., spéc. n° 8 ; M.-P. Camproux-Duffrène, art. préc., spéc. p. 46 ; C. Brenner et H. Lécuyer, « La réforme de la prescription », *JCP* N, 2009, 118, spéc. n° 33 ; M. Mignot, « La proposition de loi portant réforme de la prescription en matière civile : une nouvelle application du droit de ne pas payer ses dettes ? », *LPA*, 26 fév. 2008, p. 6 s., spéc. n° 26 ; S. Hocquet-Berg, « La réparation des dommages dans le nouveau droit de la prescription », in *La réforme du droit de la prescription extinctive : perspectives nationales et transfrontalières*, Acte de Colloque, Metz, 7 mai 2009, *RDLA*, oct. 2009, n° 42, p. 110 s., spéc. p. 112.

60. **Conclusion de la Section I.** Parmi les différents événements que le législateur peut prendre en considération pour fixer le point de départ de la prescription, le fait générateur du dommage a eu plusieurs fois sa faveur lorsqu'il s'est agi de définir des régimes spéciaux de responsabilité. Le choix d'un tel point de départ, qui se justifie par des raisons variables – volonté de limiter dans le temps la responsabilité d'une profession particulièrement exposée ou d'assurer une certaine sécurité juridique – se décline de diverses façons : le point de départ de la prescription peut être fixé de manière intangible au jour du fait générateur du dommage, ou au contraire être fixé à une telle date tout en pouvant être reporté, en cas de dissimulation, au jour de sa révélation. Ces différentes illustrations du rôle du fait générateur dans la détermination du point de départ de la prescription de l'action en responsabilité ne doivent cependant pas occulter qu'il n'est pas l'événement de référence en ce domaine où la découverte du dommage joue un rôle primordial.

Section II : La prise en considération de la connaissance du dommage

61. Aucune victime ne peut logiquement agir avant d'avoir conscience de subir un dommage, ce qui suppose évidemment qu'elle en ait connaissance. Aussi, un tel événement, qui marque le jour où il devient possible pour la victime d'agir, peut sans nul doute constituer un critère pertinent de détermination du point de départ de la prescription. À tel enseigne qu'il a été repris à titre de principe par la loi du 17 juin 2008 à l'article 2224 du Code civil. Mais son emprise, qui précédait l'adoption de ladite loi, en dépasse également le domaine : la connaissance du dommage se retrouve non seulement à travers la notion de manifestation du dommage en matière de responsabilité civile de droit commun (§ 1), mais aussi à travers celle de découverte du vice en matière de garantie des vices cachés (§ 2), ou encore de connaissance du dommage en matière de responsabilité du fait des produits défectueux (§ 3).

§ 1 – LA RESPONSABILITÉ DE DROIT COMMUN

62. L'ancien article 2270-1 du Code civil disposait que « les actions en responsabilité civile extra-contractuelle se prescrivent par dix ans à compter de la manifestation du dommage ou de son aggravation ». La loi du 17 juin 2008 portant réforme de la prescription en matière civile l'a abrogé en même temps qu'elle précisait à l'article 2224 du Code civil le point de départ de principe de la prescription. En apparence, quelques subtiles distinctions opposent les deux articles[1]. Toutefois, il n'est guère douteux que le législateur n'entendait pas déroger aux solutions existantes, mais consacrer la jurisprudence relative au point de départ de la prescription[2], lorsqu'il a posé en principe que la prescription cou-

---

1. L'article 2224 fait ainsi référence à la connaissance de l'ensemble des éléments permettant d'agir là où l'article 2270-1 ne visait que le dommage. Il fait également de la légitimité de l'ignorance une condition de sa prise en considération (« aurait dû connaître ») là où la jurisprudence appréhendait la difficulté sous l'angle probatoire (« si la victime établit qu'elle n'en avait pas eu précédemment connaissance »). Enfin, l'article 2224 ne fait pas référence à la réalisation du dommage, là où la manifestation du dommage avait toujours été entendue comme présupposant sa réalisation. Mais, on verra que sur ces trois points, on ne devrait en réalité pas observer de changement significatif.

2. V. par ex., les propos du rapporteur L. Béteille en première lecture devant le Sénat, *JO Sénat*, séance du 21 novembre 2007, p. 5027 : « Il nous a paru nécessaire de sécuriser les règles relatives au

rait à compter du jour où le titulaire d'un droit a connu ou aurait dû connaître les faits lui permettant de l'exercer. La référence dans la loi du 17 juin 2008 à des notions empruntées à l'ancien article 2270-1 du Code civil telle que l'aggravation (art. 2226 C. civ.) en atteste d'ailleurs. Dès lors, si le fondement textuel de l'article 2270-1 du Code civil a disparu, l'abondante jurisprudence à laquelle il avait donné naissance devrait demeurer pertinente pour déterminer le point de départ de la prescription de l'action en responsabilité. Pour le dire autrement, la date à laquelle « le titulaire d'un droit a connu ou aurait dû connaître les faits lui permettant de l'exercer » n'est autre que la date de « la manifestation du dommage ou de son aggravation » telle qu'interprétée par la jurisprudence sous l'empire de la loi ancienne[1].

Précisons alors que l'ancien article 2270-1 du Code civil ne visait que la prescription des seules actions en responsabilité civile extra-contractuelle à l'exclusion des actions en responsabilité civile contractuelle, qui relevaient en conséquence de l'ancien article 2262 du Code civil, muet sur le point de départ de la prescription trentenaire qu'il instaurait. La jurisprudence n'avait cependant pas hésité à étendre aux actions en responsabilité contractuelle les interprétations dégagées en matière de responsabilité délictuelle[2], si bien que la distinction entre ces deux types de responsabilité n'apparaît pas pertinente lorsqu'il s'agit d'évoquer la question de la détermination du point de départ de la prescription[3].

Il ressort alors de l'interprétation jurisprudentielle de l'article 2270-1 qu'en matière contractuelle comme extra-contractuelle, si la prescription ne peut courir avant la réalisation du dommage, qui se présente comme un préalable nécessaire au décompte de la prescription (A), un tel événement n'en constitue cependant pas le point de départ, puisque ce dernier a été fixé au jour de la connaissance du dommage par les victimes (B).

---

cours de la prescription. La commission propose donc de *consacrer* dans la loi la jurisprudence relative au point de départ de la prescription extinctive, en retenant non le fait générateur, qui est parfois inconnu du créancier, mais le jour où le créancier a connu l'existence de sa créance ou aurait dû la connaître » (souligné par nous).

1. En ce sens, G. Viney, « Les modifications apportées par la loi du 17 juin 2008 à la prescription extinctive des actions en responsabilité civile », *RDC*, 2009, p. 493 s.

2. Cass. soc., 1er avril 1997, *Bull. civ.* V, nº 130 : « La prescription d'une action en responsabilité résultant d'un manquement aux obligations nées du contrat de travail ne court qu'à compter de la réalisation du dommage ou de la date à laquelle il est révélé à la victime si celle-ci établit qu'elle n'en avait pas eu précédemment connaissance ». V. aussi, parmi de nombreux autres, écartant la date d'exigibilité de l'obligation ou de l'engagement contractuel au profit de celle de la manifestation du dommage : Cass. civ. 1re, 23 novembre 2004, pourvoi nº 01-03510, rendu au visa des articles 2270-1 du Code civil et L. 110-4 du Code de commerce ; 26 mars 2006, pourvoi nº 04-15506.

3. Cette extension de règles à l'origine propres à la responsabilité extra-contractuelle en matière contractuelle éclaire d'ailleurs le débat relatif à l'existence d'une responsabilité contractuelle. En effet, en dissociant l'action en réparation du préjudice résultant de l'inexécution même du contrat, dont le point de départ de la prescription est fixé au jour de l'exigibilité de l'obligation et l'action en réparation du préjudice indirectement causé par la mauvaise exécution ou l'inexécution du contrat, dont le point de départ est fixé, comme en matière délictuelle, au jour de la manifestation du dommage, la jurisprudence propre au point de départ de la prescription démontre que le concept de responsabilité contractuelle n'est pas usurpé, et ne saurait se confondre avec une simple action en exécution par équivalent, dont le point de départ aurait dû logiquement être fixé, non pas au jour de la manifestation du dommage, mais au jour de l'exigibilité de l'obligation. Comme l'a souligné P. Jourdain, « en s'attachant au dommage et non à l'exigibilité de la créance contractuelle, pour faire courir la prescription, l'arrêt exprime l'autonomie de la responsabilité contractuelle par rapport à l'exécution du contrat » (P. Jourdain, obs. sous Cass. soc., 1er avril 1997, *RTD civ.*, 1997, p. 957).V. égal. J.-S. Borghetti, obs. sous Cass. soc., 26 avril 2006 et civ. 3e, 24 mai 2006, *RDC*, 2006, p. 1217 s., spéc. p. 1219.

A. La réalisation du dommage, préalable nécessaire au décompte de la prescription

63. Si la réalisation du dommage ne saurait suffire à faire courir la prescription, il n'en demeure pas moins que celle-ci ne peut courir avant que le dommage soit réalisé. Évidence, sans nul doute, qu'il convient toutefois de rappeler. En effet, si l'affirmation ne soulève en principe aucune difficulté particulière (1), il en va différemment lorsque certaines circonstances entravent l'identification du dommage (2).

1. *Le principe*

64. L'impossibilité de faire courir la prescription de l'action en responsabilité avant la réalisation du dommage s'est très tôt imposée en jurisprudence, à l'occasion de la célèbre affaire dite *des Salines de Dax*. Au cas d'espèce, alors que la société exploitante avait arrêté l'exploitation d'une mine de sel en 1886 sans effectuer les travaux nécessaires à la remise en état du site, des affaissements du sol s'étaient produits en 1924, 1928, 1950 et 1956, conduisant le maire à assigner la société en réparation du préjudice subi en 1957. En dépit de l'ancienneté des faits reprochés à la société, la Cour de cassation avait approuvé la cour d'appel d'avoir rejeté l'exception de prescription en posant en principe que « le point de départ de la prescription d'une action en dommages-intérêts est le jour où le dommage s'est réalisé et non celui où la faute a été commise »[1]. En écartant ainsi la date du fait générateur, la Cour de cassation admettait qu'une action puisse être exercée plus de 71 ans après les faits qui en étaient à l'origine !

Aussi excessives que puissent en paraître les conséquences, l'impossibilité pour la prescription de courir avant la réalisation du dommage n'est qu'une conséquence logique de l'adage *Actioni non natae non praescribitur*, selon lequel la prescription ne saurait courir avant la naissance de l'action. En effet, tant que le dommage ne s'est pas réalisé, la victime ne souffre d'aucun préjudice, elle n'est titulaire d'aucune créance de réparation et ne dispose en conséquence d'aucun intérêt à agir. On ne saurait alors lui faire grief de ne pas avoir agi à une époque où la loi ne le lui permettait pas encore[2]. L'action en justice ne peut naître

---

1. Cass. civ. 2e, 13 juillet 1966, *Bull. civ.* II, n° 791. L'impossibilité de faire courir la prescription avant la réalisation du dommage a été rappelée à de nombreuses reprises par la Cour de cassation, et ce dans les domaines les plus divers. V. par ex., retenant que l'action en responsabilité intentée par un salarié à l'encontre de son employeur pour défaut de cotisation ne court que du jour de la liquidation de la retraite du salarié : Cass. soc., 18 décembre 1991, *Bull. civ.* V, n° 698 ; retenant la mise à exécution de l'engagement de la caution pour faire courir le point de départ de la prescription de son action à l'encontre du notaire dont les fautes l'avaient empêché d'être libérée de son engagement : Cass. civ. 1re, 23 novembre 2004, pourvoi n° 01-15506 ; refusant de prendre en considération, pour faire courir la prescription de l'action en responsabilité exercée contre un notaire, la date d'expiration du délai imparti pour inscrire le privilège du vendeur au motif que le dommage du vendeur n'était pas encore réalisé à cette date : Cass. civ. 1re, 8 octobre 2009, pourvoi n° 08-18288 ; retenant que l'action en responsabilité intentée contre un mandataire en raison de la nullité des notifications réalisées court à compter de la constatation judiciaire de leur nullité qui seule produit des effets dommageables et non à compter des notifications elles-mêmes : Cass. com., 27 septembre 2005, *RTD com.*, 2005, p. 473, obs. B. Bouloc ; retenant que l'action pour trouble anormaux de voisinages ne pouvait courir avant l'achèvement de la construction : Paris, 24 janvier 2005, *Juris-Data* n° 2005-286810.

2. H. Roland et L. Boyer, *Adages du droit français*, Litec, 3e éd., V. *Actioni non natae non praescribitur* ; M. Bruschi, *La prescription en droit de la responsabilité civile*, Préf. A. Sériaux, Economica, 1997, spéc. p. 286, n° 227.

que le jour où les éléments nécessaires à son succès sont réunis, c'est-à-dire au jour où la victime a subi un dommage en relation causale avec le fait dénoncé. La date de réalisation du dommage apparaît alors comme le pivot du système : la créance de réparation naît du jour de la réalisation du dommage, qui marque la naissance du rapport d'obligation entre le responsable et la victime[1] et, partant, la naissance de l'action en justice.

65. Le rôle fondamental de l'existence d'un dommage dans la naissance de la créance de réparation et donc dans la possibilité d'agir en justice justifie d'ailleurs que la prescription ne puisse courir avant sa réalisation, quand bien même la victime aurait connaissance du dommage à venir[2].

La Cour de cassation a eu l'occasion de le rappeler à de nombreuses reprises, en matière de responsabilité contractuelle comme délictuelle. Ainsi, a-t-elle affirmé que l'action intentée par des salariés à l'encontre de leur employeur qui avait omis de cotiser pour leur compte ne pouvait courir avant que le préjudice subi – consistant dans la perte des droits correspondant aux cotisations non versées – ne se réalise. Elle a en conséquence fixé le point de départ de la prescription au moment où le salarié s'est trouvé en droit de prétendre à la liquidation de ses droits de retraite, refusant de prendre en considération la possibilité pour la victime d'avoir eu antérieurement connaissance de la réalisation assurée d'un tel préjudice[3].

---

1. Y. Lambert-Faivre, « La durée de la garantie dans les assurances de responsabilité : fondement et portée de la nullité des clauses "réclamation de la victime" », *D.*, 1992, chron. p. 13 s. ; P. Jourdain, « La date de naissance de la créance d'indemnisation », *LPA*, 9 novembre 2004, p. 49 s.

2. Comp. art. 1386 C. civ. proposé par l'*Avant-projet de réforme du droit des obligations et de la prescription* : « La créance de réparation naît du jour de la réalisation du dommage ou, en cas de dommage futur, du jour où sa certitude est acquise ».

3. Cass. soc., 26 avril 2006, *JCP* S, 2006, p. 1501, note D. Asquinazi-Bailleux : dans cet arrêt, la Cour de cassation casse l'arrêt rendu par une cour d'appel qui avait déclaré prescrite l'action intentée par la salariée parce qu'elle avait eu connaissance du préjudice résultant de la perte de droits correspondant aux cotisations non versées depuis plus de trente ans au motif que « le préjudice né de la perte des droits correspondant aux cotisations non versées n'était devenu certain qu'au moment où la salariée s'était trouvée en droit de prétendre à la liquidation de ses droits à pension » ; dans le même sens : 14 mai 2008, pourvoi nº 07-40255. L'impossibilité de faire courir la prescription avant que la victime ne puisse se prévaloir d'un préjudice explique également, dans un registre différent, que l'on ait pu juger que la prescription de l'action en responsabilité de l'emprunteur à l'encontre de la banque pour crédit disproportionné ne court que du jour des premières difficultés de remboursement, jour de réalisation du dommage, bien que l'emprunteur dispose dès l'octroi du crédit d'éléments lui permettant de déceler son inadéquation à ses facultés financières : Paris, 24 juin 2005, *Juris-Data* nº 2005-279778 ; Cass. civ. 2e, 13 mars 2008, *RCA*, 2008, comm. 160 : en l'espèce la Cour de cassation censure une cour d'appel qui avait fixé le point de départ de la prescription de l'action en responsabilité contre une banque fondée sur l'octroi de concours financiers dispropotionnés au jour de l'octroi des concours au prétexte que « la banque savait que le crédit qu'elle accordait entraînerait l'aggravation du passif exigible dans des proportions telles que M. V. se trouverait nécessairement en état de cessation des paiements ». V. cependant, raisonnant en termes de perte de chance de contracter pour faire courir la prescription du jour de l'octroi du crédit : Cass. com., 26 janvier 2010, *D.*, 2010, p. 578, obs. V. Avena-Robardet, *JCP* E, 2010, 1153, note D. Legeais, *JCP* G, 2010, note 354, A. Gourio. Dans un autre registre encore, une même logique justifie la solution retenue dans un arrêt rendu par la première chambre civile le 16 janvier 2007. En l'espèce, l'acquisition d'un immeuble en état futur d'achèvement avait été financée par un prêt consenti par une banque, qui devait payer le solde du prix par l'intermédiaire de la comptabilité du notaire. La banque avait cependant payé directement le promoteur et les acquéreurs n'avaient en conséquence pu revendre le bien qui demeurait grevé d'une hypothèque au profit d'un tiers créancier du promoteur. Devant la Cour de cassation, la banque tentait de faire valoir que le point de départ de la prescription devait être fixé au moment où les acquéreurs avaient eu connaissance de la faute de la banque, acquise sans discussion possible depuis plus de dix ans. La Cour de cassation a rejeté une telle analyse en approuvant la Cour d'appel d'avoir constaté que « le préjudice qu'elle a réparé ne s'était trouvé réalisé que lorsque les époux X..., qui avaient payé l'intégralité du prix de

Sans doute peut-on s'interroger sur la pérennité de cette jurisprudence. En effet, en se contentant désormais de fixer le point de départ de la prescription au jour où la victime « a connu ou aurait dû connaître les faits lui permettant de l'exercer », la loi semble faire de la connaissance le seul pivot du système, sans égard pour la réalisation effective du dommage. Faut-il en déduire que la connaissance du risque de réalisation d'un dommage pourrait désormais être de nature à faire courir la prescription ? On peut en douter. En effet, raisonner de la sorte reviendrait à omettre que l'article 2224 du Code civil vise l'exercice de l'action par le « titulaire d'un droit ». En matière de responsabilité civile, c'est donc le titulaire d'une créance de réparation qui est ainsi visé. Or, on l'a vu, une telle créance suppose la réalisation du dommage, le seul fait générateur étant insuffisant à créer un droit à réparation au profit de la victime.

2. *Les hypothèses complexes*

66. Les spécificités inhérentes à certains types de dommages rendent délicat le moment de leur appréciation. Il en va notamment ainsi lorsque ce dernier apparaît incertain (a), se prolonge dans le temps (b), ou encore résulte d'une aggravation d'un dommage initial (c).

a. *Le traitement du dommage incertain*

67. Le droit à réparation, on le sait, est conditionné à la certitude du dommage[1]. Tant que le dommage n'est pas certain, aucune action en justice ne peut être valablement engagée[2]. Faut-il alors en déduire que la prescription ne peut davantage courir avant que la certitude du préjudice soit acquise ? La jurisprudence ne semble pas avoir adopté sur ce point de solution de principe.

68. Sans doute faut-il d'emblée distinguer l'incertitude portant sur l'existence du dommage de celle tenant à son étendue. En effet, si certains arrêts font directement référence au caractère certain du dommage subi pour faire courir la prescription[3], l'impossibilité d'évaluer le *quantum* du préjudice n'a jamais justifié le report du point de départ au jour de la détermination effective du montant du dommage. Bien au contraire, la Cour de cassation se contente de la connaissance du principe du dommage, sans égard pour son étendue. Les arrêts sont nombreux qui témoignent de cette indifférence à l'égard de la possibilité d'évaluer le préjudice[4].

---

leur villa, ont voulu vendre celle-ci et qu'ils ont appris qu'elle ne pouvait pas l'être en raison du maintien d'une hypothèque sur cet immeuble », et que c'est une telle date qui devait être retenue comme point de départ de la prescription (Cass. civ. 1re, 16 juin 2007, *RCA*, 2007, comm. 113).

1. F. Terré, P. Simler, Y. Lequette, *Les obligations*, Précis Dalloz, 10e éd., 2009, p. 714, n° 700 ; G. Viney, P. Jourdain, *Traité de droit civil, Les conditions de la responsabilité*, LGDJ, 3e éd., 2006, p. 82, n° 275 ; A. Bénabent, *Les obligations*, Montchrestien, 12e éd., 2010, p. 484, n° 678.

2. Paris, 24 juin 2005, *Juris-Data* n° 2005-279778.

3. Cass. soc., 26 avril 2006, *JCP S*, 2006, p. 1501, note D. Asquinazi-Bailleux : « le préjudice né de la perte des droits correspondant aux cotisations non versées n'était devenu certain qu'au moment où la salariée s'était trouvée en droit de prétendre à la liquidation de ses droits à pension ». On relèvera cependant que c'est sans doute moins de certitude du préjudice que de réalisation du dommage qu'il est ici question.

4. Ainsi la Cour de cassation a-t-elle rejeté un pourvoi qui faisait valoir que la prescription ne pouvait courir que du jour « où le préjudice est certain et susceptible d'évaluation », approuvant une cour d'appel d'avoir estimé la manifestation du dommage suffisamment caractérisée avant cette date (Cass.

69. En revanche, lorsque l'incertitude porte sur l'existence même d'un dommage, la jurisprudence devient plus obscure, en particulier dans l'hypothèse dans laquelle il est demandé à un tiers réparation du préjudice résultant du prononcé d'une décision administrative ou de justice sujette à recours[1]. Concrètement, la question s'est posée à l'occasion d'actions en responsabilité ayant pour origine un préjudice fiscal, et notamment lors de l'affaire dite *des Fonds Turbo*. Les faits, à l'origine d'une série d'arrêts remarquée, peuvent être résumés ainsi : à la fin des années 1980, des gestionnaires et dépositaires de fonds communs de placement avaient imaginé un montage, reposant sur une interprétation pour le moins audacieuse d'une instruction fiscale, permettant à leurs souscripteurs de bénéficier de crédits d'impôts considérables. Mettant fin à cette pratique quelques années plus tard, l'administration fiscale avait procédé à une série de redressements contre les souscripteurs fondés sur l'abus de droit, fondement postérieurement invalidé par le Conseil d'État qui, tout en reconnaissant la pertinence des redressements, suggéra de les motiver au regard du fonctionnement irrégulier des fonds communs de placement. Les souscripteurs des fonds avaient en conséquence agi en responsabilité à l'encontre des gérants et dépositaires des fonds en réparation du préjudice subi en raison des gains fiscaux manqués.

Le débat portait alors sur le point de savoir quelle date retenir pour faire courir le point de départ de la prescription d'une telle action. L'alternative se présentait en ces termes : fallait-il retenir la date de notification du redressement par l'administration fiscale, date à laquelle le principe du dommage était affirmé, mais demeurait contesté, ou la date de la décision de justice définitive, seule susceptible d'attester du caractère certain du dommage subi tant dans son principe que dans son *quantum* ?

La première branche de l'alternative a eu les faveurs des juges du fond, la Cour d'appel de Paris, parmi d'autres, considérant que le préjudice invoqué « trouve son origine dans le redressement fiscal dont elle a fait l'objet », notification « de nature à convaincre cette société de son erreur sur le gain fiscal escompté qu'elle avait attendu de l'application des dispositions relatives aux fonds communs de placement ». L'arrêt ajoutait que « l'évaluation ultérieure du *quantum* définitif de la créance de l'administration ne remet pas en cause le principe de cette créance »[2].

---

com., 14 janvier 2004, pourvoi n° 02-13924). De même a-t-elle estimé que « le dommage constitué par l'insuffisance d'actif dont le liquidateur réclamait le paiement s'était manifesté au plus tard au jour du jugement de liquidation judiciaire de M. Louis, soit le 13 décembre 1990, même si, à cette date, il n'était pas encore chiffrable » (Cass. com., 9 mai 2007, *RCA*, 2007, comm. 240, *JCP* E, 2007, 2377, obs. J. Stoufflet et N. Mathey. V. également dans le même sens, Paris, 13 janvier 2005, *Juris-Data* n° 2005-264740 et 26 novembre 2004, *Juris-Data* n° 2004-264271, la cour d'appel de Paris affirmant dans ces deux arrêts que « le point de départ de la prescription court à compter du jour de la connaissance par les créanciers du principe du dommage »). Dans le même sens, Paris, 9 février 2012, *Juris-Data* n° 09-01174. De même, elle a refusé de reporter le point de départ de la prescription de l'action en responsabilité intentée contre une société tierce s'étant dessaisie d'un gage au jour où la clôture de la liquidation du débiteur qui avait rendu certaine l'impossibilité pour le créancier de recouvrer la totalité de sa créance, au motif qu'il avait dès le jour où la société tierce s'était dessaisie du gage, perdu « la possibilité d'en obtenir judiciairement l'attribution, ce qui l'autorisait, dès cet instant, à agir en responsabilité contre le débiteur du gage pour obtenir réparation de son préjudice, sans attendre le règlement éventuel, dans le cadre de la procédure collective en cours, de la créance bénéficiant de la garantie » (Cass. com., 12 mai 2009, pourvoi n° 07-20641).

1. Il est en revanche certain que la simple résistance du défendeur à reconnaître le bien-fondé de la demande ne peut retarder le point de départ de la prescription : Paris, 24 février 2010, *Loyers et Copropriétés*, 2010, comm. 173, note G. Vigneron.

2. Paris, 16 novembre 2006, *D.*, 2006, *AJ*, p. 16, obs. X. Delpech, *RGDA*, 2007, p. 166, note J. Bigot. L'arrêt propose encore une sorte de "guide pratique" en précisant que la société « pouvait donc agir valablement à compter du jour où elle a reçu la notification de redressement ; son action n'aurait pas dû être déclarée irrecevable, mais aurait donné lieu à un jugement de sursis à statuer, dans l'attente de la déci-

En d'autres termes, le fait que le litige fiscal ne soit pas arrivé à son terme ne pouvait constituer une impossibilité d'agir de nature à retarder le point de départ de la prescription[1].

La solution s'est inscrite dans un courant jurisprudentiel dépassant largement le cadre de cette affaire emblématique[2], au point que, par principe, la notification de redressement est longtemps apparue comme le point de départ de la prescription de toute action en responsabilité ayant pour origine un préjudice fiscal[3]. Mais la Cour de cassation a mis fin à cette tendance, estimant que « la notification de redressement est le point de départ d'une procédure contradictoire, à l'issue de laquelle l'administration fiscale peut ne mettre en recouvrement aucune imposition, de sorte qu'à la date de cette notification, le dommage de la société, consistant dans les impositions supplémentaires mises à sa charge à raison des manquements des banques à leurs obligations, n'était pas réalisé »[4]. Si l'arrêt désavoue certainement les juges du fond qui avaient fait courir la prescription du jour de la notification de redressement, il ne définit pas pour autant positivement l'événement susceptible de faire courir la prescription. Faut-il alors en déduire que seule l'existence d'une décision de justice définitive ayant reconnu l'existence de la créance marquera le point de départ ? On a pu l'affirmer[5], au prix cependant d'une sollicitation peut-être excessive de l'arrêt : la Cour de cassation semble se contenter d'exiger une véritable décision de l'administration fiscale, témoignant de sa volonté de mettre l'impôt en recouvrement. Elle ne semble en revanche aucunement subordonner la fixation du point de départ de la prescription à la reconnaissance judiciaire de la créance de l'administration fiscale[6].

---

sion irrévocable des juridictions administratives fixant le montant définitif de la créance de l'Administration ou rejetant celle-ci ». V. également, déjà, Paris, 9 novembre 2004, *Juris-Data* n° 2004-281865 ; Trib. com. Paris, 2 décembre 2003, RG n° 2001063053, V. aussi, Cass. com. 24 septembre 2002, pourvoi n° 00-16243 : « le préjudice trouve son origine dans le redressement qui, quel que soit son fondement, lui a été notifié par l'administration fiscale » ; Paris, 9 novembre 2004, *Juris-Data* n° 2004-281865.

1. On pouvait cependant objecter que, même si le principe du dommage était connu à cette date, la faute des dépositaires qui en étaient à l'origine n'avait été révélée aux souscripteurs qu'à l'occasion de l'arrêt du Conseil d'État substituant le fondement du fonctionnement irrégulier des Fonds commun de placement à celui de l'abus de droit. En effet, jusqu'à ce jour, les souscripteurs pouvaient légitimement estimer être seuls responsables du préjudice subi. Sur le rôle de la connaissance de l'imputabilité du dommage à son auteur dans la détermination du point de départ de la prescription, v. *infra* n° 80 s.

2. V. par ex., sur le point de départ de la prescription d'une action en nullité d'une vente fondée sur l'erreur sur un motif fiscal, Colmar, 6 juin 2002, *Juris-Data* n° 2002-183192 : « S'agissant du bénéfice d'un avantage fiscal, l'erreur ou le dol apparaissent à la date où cet avantage a été refusé c'est-à-dire le 18 décembre 1992, date de notification du redressement » ; sur le point de départ de la prescription de l'action en responsabilité dirigée contre un expert-comptable à la suite d'un redressement fiscal, Bordeaux, 8 janvier 1996, *Juris-Data* n° 1996-040090 : « la contestation personnelle élevée par Geneste sur la validité du redressement fiscal face à l'administration des impôts est étrangère aux rapports contractuels fixant le point de départ du délai au jour où l'obligation du débiteur a été mise à exécution, et n'a pu avoir aucun effet interruptif de ce délai » ; sur le point de départ de la prescription de l'action en responsabilité contre un notaire consécutive à un redressement fiscal, Cass. civ. 1re, 12 juillet 2007, *RCA* 2007, comm. 306 : « le dommage dont la société SAVPI demandait réparation était constitué par le redressement fiscal et que, lors de sa révélation par la notification qui lui en avait été faite le 19 mars 2002 par l'administration fiscale, l'action n'était pas prescrite ».

3. C. Belloc, « Sur la prescription des actions en responsabilité ayant pour origine un préjudice fiscal », *JCP* E, 2004, 1637.

4. Cass. com., 23 septembre 2008, *Bull. civ.* IV, n° 157, *D.*, 2008, p. 2427, obs X. Delpech.

5. X. Delpech, obs. sous Cass. com., 23 septembre 2008, *D.*, 2008, p. 2427.

6. La Cour de cassation a d'ailleurs depuis eu l'occasion de préciser que le point de départ ne devait pas être reporté au jour de la décision de justice. Elle a différemment affirmé que c'est à l'issue des discussions entre l'administration et le contribuable que la prescription devait courir, suggérant ainsi que la date des avis de mise en recouvrement pourrait parfaitement constituer le point de départ de la prescription (Cass. com. 28 septembre 2010, *JCP* E, 2010, 2122, note J.-P. Maublanc).

Dès lors, rien ne permet de considérer que la jurisprudence ne continue à opérer une dissociation entre la « certitude du dommage » et « l'établissement de son principe ». La manifestation du principe du dommage ne doit donc pas être comprise en termes de certitude, mais d'origine. Le raisonnement est le suivant : si l'existence du dommage devait être postérieurement avérée, c'est à cette date qu'il se serait rétrospectivement réalisé. Simplement, la victime l'ignore encore et l'ignorera jusqu'au prononcé d'une décision de justice définitive. Mais elle ne peut se prévaloir de cette ignorance du caractère certain du préjudice car, ayant néanmoins connaissance de son principe, elle dispose d'un intérêt procédural et des éléments lui permettant d'agir. Aussi, le jour où le principe du dommage est établi, parce qu'il porte à la connaissance de la victime l'existence d'un dommage possible, voire probable, marque le point de départ de la prescription. La solution souligne la déconnexion entre les conditions du succès au fond de l'action, qui réclament l'existence d'un dommage certain, et le point de départ de la prescription[1].

Un tel raisonnement dépasse d'ailleurs le cadre des seules actions en responsabilité ayant pour origine un préjudice fiscal. En effet, il a pu notamment être retenu dans des espèces où était recherchée la responsabilité d'un notaire ou d'un mandataire pour manquement à son devoir de conseil[2]. Mais, à l'inverse, la Cour de cassation a considéré que le point de départ de la prescription de l'action en responsabilité dirigée par une société à l'encontre de son conseil en publicité et création graphique qu'elle avait mandaté aux fins de s'assurer de la possibilité d'exploiter une croissanterie sous la marque « Marie Brioche », ne courait qu'à compter de la « date à laquelle la radiation de la marque est devenue définitive »[3]. Dès lors, la prescription devait courir à compter de l'arrêt de la Cour de cassation qui avait rejeté le pourvoi formé contre l'arrêt de la Cour d'appel jugeant la marque contrefaisante et ordonnant sa radiation, et non à compter du jour où la demande de radiation avait été communiquée à la société.

70. Sous réserve de ces fluctuations jurisprudentielles, le fait que l'évaluation du dommage ne soit pas encore possible, ou que son étendue, voire son existence même soit contestée ne paraît pas empêcher la prescription de courir dès lors que le dommage est établi dans son principe.

---

1. Concrètement, la déconnexion devrait se traduire procéduralement par un sursis à statuer de la juridiction saisie.

2. Cass. civ. 2e, 5 juin 2008, pourvoi nº 07-10858, écartant la date à laquelle l'époux demandeur avait été définitivement condamné à payer à la banque le solde des intérêts d'un emprunt commun dont la charge était supposée revenir à son épouse, pour retenir la date à laquelle la banque avait prononcé la déchéance du terme et mis en demeure l'ancien mari comme point de départ de la prescription de l'action exercée contre le notaire ayant procédé à la liquidation de la communauté matrimoniale ; 2 avril 2009, pourvoi nº 08-10032, faisant courir la prescription à compter du jour où l'acquéreur d'un terrain avait eu connaissance du jugement du tribunal administratif annulant les dispositions du POS relatives à la constructibilité du terrain, et non du jour où l'inconstructibilité avait définitivement été établie par un arrêt du Conseil d'État ; 23 juin 2011, pourvoi nº 10-30805, faisant courir la prescription du jour du dépôt des conclusions critiquant le projet d'état liquidatif dressé par le notaire et non du jour de son refus d'homologation par la cour d'appel ; 5 avril 2012, pourvoi nº 11-10967, faisant courir la prescription de l'action en responsabilité contre un notaire rédacteur d'un règlement de copropriété du jour où la clause litigieuse avait été critiquée en assemblée et non du jour de la décision de justice la réputant contraire à la loi. V. égal. 2 février 2008, *Bull. civ.* II, nº 28, *LPA*, 20 mai 2009, p. 16, note J.-V. Borel, retenant l'assignation délivrée par une ancienne salariée estimant avoir été injustement licenciée, et non la décision de condamnation définitive de la société pour faire courir la prescription de l'action exercée par cette dernière à l'encontre de son mandataire *ad hoc*.

3. Cass. com., 1er juillet 2008, pourvoi nº 07-14632.

b. *Le traitement du dommage continu*

71. Un dommage pouvant se prolonger dans le temps, on peut se demander si le point de départ de la prescription de l'action civile doit dans une telle hypothèse être reporté au jour de sa cessation. En d'autres termes, le dommage doit-il être considéré comme « réalisé » dès que l'on peut en ressentir les premiers effets, ou uniquement lorsque ces effets cessent ? Le débat a pu être posé en ces termes par M. Le Tourneau : « le dommage se manifeste-il *ab initio* ou se répète-t-il sans arrêt jusqu'à ce que le fait dommageable cesse, de sorte que le point de départ de la prescription glisse en permanence ? »[1].

Le débat renvoie en réalité à deux hypothèses distinctes, qu'il faut sans doute soigneusement distinguer. La première est celle dans laquelle le dommage se prolonge parce que son fait générateur perdure. La seconde est celle dans laquelle le dommage se prolonge alors même que le fait générateur qui en est à l'origine a cessé.

La précision n'est pas sans enjeux. On sait en effet que la doctrine pénaliste a construit une distinction, reprise par la jurisprudence, entre les infractions instantanées, pour lesquelles le point de départ de la prescription se situe au jour de la commission de l'infraction, et les infractions continues, pour lesquelles la prescription ne court qu'à partir du jour où l'activité délictueuse a pris fin[2]. Or, c'est spécifiquement dans les hypothèses où le fait générateur à l'origine du dommage consiste également en une infraction que la question s'est posée avec le plus d'acuité. S'inspirant de cette distinction, ne devrait-on pas considérer que le report du point de départ de la prescription doit être réservé à la seule hypothèse dans laquelle le dommage se prolonge parce que le fait générateur perdure ? À l'analyse, la jurisprudence semble effectivement rendre compte d'une telle adaptation de la distinction en matière civile.

72. On sait ainsi qu'au terme de l'article 65 de la loi du 29 juillet 1881 sur la liberté de la presse, l'action publique et l'action civile[3] résultant des crimes, délits et contraventions prévus par ladite loi se prescrivent par trois mois à compter du jour où ils ont été commis, fixé au jour de la publication. L'avènement de technologies nouvelles, et notamment de l'internet, a profondément renouvelé le débat : en effet, à rebours de ce qui se passe usuellement dans le monde physique, le fait dommageable – un propos diffamatoire par exemple – peut demeurer accessible dans le monde virtuel pendant un temps relativement long, au point que l'oubli semble devenir impossible. Fallait-il alors négliger cette différence de situation et continuer à faire courir la prescription du jour de la mise en ligne – équivalent technique de la publication – ou prendre en considération cette situation pour reporter le point de départ de la prescription au jour où le propos diffamatoire aura été retiré, faisant cesser ses effets dommageables ? Sensible à l'iniquité de la situation dans laquelle se retrouve la victime découvrant sur la toile des propos diffamatoires à son encontre plus de trois mois après leur mise en ligne, certains juges du fonds ont tenté de faire valoir que l'acte de publication devenait dans une telle hypothèse continu pour reporter le point de départ de la prescription au

1. P. Le Tourneau, *Droit de la responsabilité et des contrats*, Dalloz action, 2008/2009, n° 2266.

2. F. Desportes et F. Le Gunehec, *Droit pénal général*, Economica, 16e éd., 2009, p. 404, n° 443.

3. La spécificité de l'action civile en matière d'infraction de presse, greffée à l'action publique et s'éteignant en même temps qu'elle par l'effet de la solidarité des prescriptions, a rendu plus légitime encore le parallèle avec la matière pénale.

jour du retrait du message litigieux[1]. Une telle approche a cependant été censurée par la Cour de cassation, qui a rappelé que la prescription courait à compter du premier acte de publication, c'est-à-dire de la « date à laquelle le message a été mis pour la première fois à la disposition des utilisateurs »[2]. Plus encore, elle a même été déclarée inconstitutionnelle par le Conseil constitutionnel qui a censuré une disposition faisant courir le point de départ de la prescription « à compter de la date à laquelle cesse la mise à disposition du public du message susceptible de déclencher » l'action civile au motif que « la différence de régime instaurée (...) dépasse manifestement ce qui serait nécessaire pour prendre en compte la situation particulière des messages exclusivement disponibles sur un support informatique »[3]. Aussi, en matière d'infractions de presse, qualifiées d'infractions instantanées, le caractère continu du dommage n'entraîne aucun report du point de départ de la prescription.

Un même débat a pu être soulevé en matière d'action en contrefaçon. La contrefaçon étant un délit continu se réalisant tant que les actes litigieux existent, la prescription ne court pas avant la date de cessation du dommage. Un tel point de départ a été retenu par la Cour d'appel de Paris dans deux arrêts du 15 décembre 1999 et du 18 février 2000[4], et par la Cour de cassation en matière de droit des marques[5]. Mais la jurisprudence ne se contente pas du fait que le dommage ait cessé. Elle exige encore que la victime en ait eu connaissance[6].

---

1. V. par ex. Paris, 11 décembre 1999, *JCP* G, 2000, II, 10281 : « la publication résulte de la volonté renouvelée de l'émetteur qui place le message sur un site, choisit de l'y maintenir ou de l'en retirer quand bon lui semble ». Comp., considérant que la question ne se pose pas différemment dans le monde physique et sur Internet, le délit devant être identiquement considéré comme continu dans les deux situations et la prescription courir du jour du retrait du message : P.-Y. Gautier, « De la prescription des infractions commises sur l'internet... et dans le monde physique », *D.*, 2002, p. 1852.

2. Cass. crim, 27 novembre 2001, *Bull. crim.*, n° 246. V. aussi, Cass. crim., 30 janvier 2001, *D.*, 2001, p. 1833, note E. Dreyer qui maintient le caractère instantané du délit tout en admettant qu'il incombe au défendeur qui excipe de la prescription de démontrer que la publication était antérieure au délai de 3 mois, procédant ainsi à un renversement de la charge de la preuve ; 19 septembre 2006, *Com. com. électr.* 2006, comm. 162, obs. A. Lepage, cassant un arrêt de la Cour d'appel de Nancy qui avait considéré que « chaque mise à jour d'un site internet constitue une réédition, en ce qu'elle participe d'un nouveau choix rédactionnel, et caractérise donc un nouvel acte de publication fixant en conséquence un nouveau point de départ de la prescription » ; 6 janvier 2009, *D.*, 2009, p. 432, et p. 1260, note C. Courtin, *JCP* G, 2009, I, 441, obs. E. Tricoire, *Com. com. électr.*, 2009, comm. 28, note A. Lepage, et 2010, chron. 3, n° 16, obs. J. Bigot, précisant que « la simple adjonction d'une seconde adresse pour accéder à un site existant ne saurait caractériser un nouvel acte de publication de textes figurant déjà à l'identique sur ce site ». V. également, se prononçant expressément sur le point de départ de l'action en responsabilité civile résultant de la diffusion d'un message sur le réseau internet : Cass. civ. 2e, 12 avril 2012, *Com. com. électr.*, 2012, comm. 82, note A. Lepage. La solution a pu être critiquée en ce qu'elle serait incompatible avec le principe selon lequel, en matière d'édition littéraire, la simple réimpression est susceptible de caractériser un nouvel acte de publication faisant de nouveau courir la prescription (C. Bigot, obs. sous Cass. crim., 6 janvier 2009, *Com. com. électr.*, 2010, chron. 3, n° 16). Comp. en cas de modification substantielle : Paris, 7 mai 2009, *Juris-Data* n° 2009-005027.

3. Cons. const., 10 juin 2004, *JCP* G, 2004, II, 10116, comm. J.-C. Zarka, en examen de la LCEN. Pour une proposition d'allongement de trois mois à un an du délai de prescription lorsque les infractions ont été commises en ligne : Sénat, *Proposition de loi*, TA n °10, 4 novembre 2008.

4. Paris, 15 décembre 1999 et 18 février 2000, *RTD com.*, 2000, p. 365, obs. A. Françon.

5. Cass. com., 29 mars 2002, *Bull. civ.* IV, n° 63 : « la prescription de l'action en contrefaçon fondée sur le dépôt d'une marque n'ayant fait l'objet d'aucun usage ultérieur ne court pas tant que la dénomination litigieuse demeure inscrite au registre national des marques ».

6. La Cour d'appel de Paris, dans un arrêt du 4 février 2006 a ainsi fait courir la prescription d'une action en contrefaçon intentée par un photographe renommé à l'encontre de l'Opéra de Paris du jour où la publication de programmes reproduisant certaines de ses photographies sans son consentement lui avait été révélée. La solution a pu être critiquée au motif que le choix d'un tel point de départ n'était pas adapté au droit d'auteur : il conviendrait de prendre en considération comme point de départ de

Finalement, l'influence de la persistance dans le temps des effets dommageables d'une infraction sur la détermination du point de départ de la prescription de l'action civile en réparation du préjudice qui en résulte est très différente selon le type d'infraction en cause. Transposant implicitement en matière civile la distinction d'origine pénaliste entre les infractions instantanées d'une part, et continues de l'autre, la jurisprudence opère une distinction entre les faits dommageables instantanés et continus : lorsque l'infraction à l'origine du dommage est continue, le cours de la prescription de l'action civile sera neutralisé jusqu'à la cessation de l'activité litigieuse. À l'inverse, lorsque l'infraction est instantanée, la permanence dans le temps de ses effets dommageables ne saurait être prise en compte pour reporter le point de départ[1].

73. Faut-il alors pousser l'analogie plus loin encore, pour étendre la portée de la distinction à des hypothèses dans lesquelles le fait générateur du dommage n'est pas de nature pénale ? La Cour de cassation a semblé l'admettre, jugeant dans une espèce où des faits de concurrence déloyale s'étaient prolongés durant plus de cinquante ans, que le délai de prescription n'avait commencé à courir que du jour où ils avaient pris fin[2]. La solution, qui se concilie mal avec celles retenues en d'autres domaines[3], peut surprendre en ce qu'elle déplace le centre de gravité de la détermination du point de départ de la prescription vers le fait générateur du dommage[4]. Mais il semble bien que pour la Cour de cassation, le dommage est réputé réalisé dès ses premières manifestations lorsqu'un fait dommageable instantané en est à l'origine, alors qu'il est réputé n'être réalisé qu'au jour de la cessation de l'activité litigieuse lorsque le fait dommageable qui en est à l'origine est continu : la persistance du fait générateur du dommage, qu'il soit ou non de nature pénale, semble donc empêcher la prescription de courir[5].

c. *Le traitement du dommage aggravé*

74. L'ancien article 2270-1 du Code civil réservait un traitement spécifique à la question du préjudice aggravé, en précisant que la prescription courait à

---

la prescription la seule date de cessation du dommage (C. Caron, note sous Paris, 4 février 2006, *Comm. com. élect.*, 2006, comm. 141. V. égal. P.-Y. Gautier, *Propriété littéraire et artistique*, PUF, 7e éd. refondue, p. 830, n° 779. Comp., F. Pollaud-Dulian, *De la prescription* en droit d'auteur, *RTD civ.*, 1999, p. 585, qui milite pour l'imprescriptibilité de l'action en contrefaçon à l'image de l'action en revendication). On pourra cependant objecter qu'il ne faut pas confondre la question de la réalisation et celle de la connaissance du dommage. Ce que les arrêts de 1999 et 2000 nous enseignent, c'est qu'en matière de contrefaçon, le dommage ne peut être considéré comme réalisé qu'au jour de la cessation de l'activité délictuelle puisqu'il se renouvelle constamment jusqu'à cette date. Mais ce que l'arrêt de 2006 nous rappelle, c'est que la réalisation du dommage ne saurait suffire à elle seule à faire courir la prescription de l'action en responsabilité en l'absence de texte spécial, la connaissance du dommage demeurant une condition supplémentaire du décompte de la prescription.

1. V. également, dans un domaine différent, la prise en considération du caractère instantané ou continu du fait d'ingratitude pour fixer le point de départ de la prescription de l'action en révocation d'une donation pour cause d'ingratitude : Cass. civ. 1re, 20 mai 2009, *Bull. civ.* I, n° 97, *RTD civ.*, 2009, p. 565, obs. M. Grimaldi.

2. Cass. com., 2 novembre 1966, *Bull. civ.* IV, n° 411.

3. V. notamment en matière d'obligation de ne pas faire, *infra*, n° 278 s.

4. Pour une critique, v. *infra*, n° 278 s.

5. V. égal. en ce sens, raisonnant en droit belge, I. Durant, « Le point de départ des délais de prescription » (Rapport Belge), in *La prescription extinctive, Études de droit comparé*, dir. P. Jourdain et P. Wéry, Bibl. de la Faculté de droit de l'université catholique de Louvain, Schulthess et Bruylant, 2010, p. 264 s., spéc. p. 284, n° 18.

compter de la manifestation du dommage « ou de son aggravation ». Si l'article a été abrogé par la loi du 17 juin 2008, il semble cependant que le législateur ait implicitement continué à réserver un traitement particulier à la question de l'aggravation du dommage. En effet, l'article 2226 du Code civil vise désormais comme point de départ de la prescription des actions nées à raison d'un événement ayant entraîné un dommage corporel, « la date de la consolidation du dommage initial ou aggravé », témoignant du rôle que l'aggravation du dommage conserve dans la détermination du point de départ de la prescription.

Sous cet aspect, la prise en considération de l'aggravation du dommage dans la fixation du point de départ de la prescription n'est pas neutre. En effet, admettre que la prescription ne court que du jour de l'aggravation du dommage et non de sa réalisation initiale conduit nécessairement à reporter dans le temps le point de départ de la prescription à une date parfois très éloignée de la réalisation du dommage initial. La Cour de cassation a ainsi pu reporter le point de départ de la prescription au jour de l'aggravation de l'état de santé de la victime pour déclarer l'action intentée recevable, alors même que le dommage initial était apparu plus de trente ans auparavant[2]. De même, elle a censuré une cour d'appel qui avait déclaré prescrite l'action intentée contre le propriétaire d'un fond voisin près de trente ans après que ce dernier y eut fait construire un hangar inesthétique en relevant que « la décision rendant le terrain constructible affectait la valeur vénale de celui-ci et constituait une aggravation du dommage initial ouvrant un nouveau délai de prescription »[3].

En ouvrant ainsi un nouveau délai pour agir, la survenance d'une aggravation peut avoir pour effet de remettre en cause une prescription qui paraissait acquise depuis de nombreuses années, ce qui n'a pas manqué de soulever de vives critiques. On a notamment reproché à cette solution d'apparaître « d'une structure plutôt élastique »[4], ou encore de marquer « le triomphe du droit des victimes sur la sécurité juridique »[5].

75. Pour comprendre le rôle ainsi imparti à l'aggravation du dommage, il faut revenir à la façon dont elle est appréhendée en droit positif. En effet, contrairement à ce que son nom semble indiquer, l'aggravation du dommage est traitée comme un nouveau préjudice, distinct du préjudice initial, et non comme la pro-

---

1. Cass. civ. 2e, 15 novembre 2001, *Bull. civ.* II, nº 167, *D.*, 2001, IR, p. 3493.

2. Cass. civ. 2e, 11 décembre 2003, *Bull. civ.* II, nº 380, *D.*, 2004, p. 1341, obs. P. Delebecque. En l'espèce, la cour d'appel avait déclaré l'action prescrite en relevant que le dommage résultant de la seule présence du hangar s'était nécessairement réalisé et manifesté concomitamment à sa construction sans que le fait que le terrain soit devenu constructible ne constitue une aggravation du dommage permettant de faire courir un nouveau délai de prescription. Comp. com., 26 février 2008, *Bull. civ.* IV, nº 46, refusant de reporter le point de départ de la prescription de l'action en responsabilité consécutive à des désordres d'infiltrations au jour où la Commission de sécurité avait refusé l'ouverture d'une des salles exploitées par une boite de nuit.

3. M. Bruschi, *La prescription en droit de la responsabilité civile*, Préf. A. Sériaux, Economica, 1997, spéc. p. 289, nº 228.

4. *D.*, 2001, IR, p. 3493.

5. P. Delebecque, obs. sous Cass. civ. 2e, 11 décembre 2003, préc. : « Le dommage aggravé n'est pas un préjudice évolutif qui s'inscrit dans le prolongement du préjudice initial, mais bien un nouveau préjudice "ouvrant un nouveau délai de prescription" et libérant ainsi, croit-on pouvoir ajouter, une nouvelle créance de réparation » ; M. Bruschi, thèse préc., spéc. p. 288, nº 228. Une des conséquences de ce principe est d'ailleurs que la transaction conclue en contemplation du seul préjudice initial n'a pas autorité de la chose jugée à l'égard du nouveau préjudice, rendant recevable l'action en réparation de ce dernier (Cass. civ. 2e, 15 novembre 2001, *op. cit.*).

longation du préjudice existant[1]. Elle fait donc naître une nouvelle créance de réparation, et ouvre en conséquence un nouveau délai de prescription.

Mais logiquement, le fondement ainsi exposé du report de la prescription devrait également limiter sa portée. En effet, dès lors que l'on admet que l'aggravation est un préjudice distinct, donnant naissance à une créance nouvelle, qui ouvre en cette qualité un nouveau délai de prescription, il faudrait que l'action en réparation ne puisse alors porter que sur ce seul préjudice nouveau. La demande ne devrait pas pouvoir être étendue à la réparation du préjudice subi antérieurement, qui avait donné naissance à une action autonome, déjà prescrite.

Cependant, même si la Cour de cassation ne semble pas s'être explicitement prononcée sur ce point, certaines décisions des juges du fond laissent à penser qu'ils ne font pas une distinction aussi nette entre l'action en réparation du préjudice initial et du préjudice aggravé. Ce faisant, ils perçoivent la survenance d'une aggravation moins comme marquant le point de départ de la prescription d'une nouvelle action, que comme permettant d'ouvrir à nouveau une action déjà éteinte. Un arrêt rendu par la Cour d'appel de Grenoble offre une illustration de cette confusion, en accueillant l'action intentée par un enfant né d'un inceste à l'encontre de son géniteur[1] au motif que « les aggravations psychologiques et morales du préjudice sont intervenues avant l'expiration du délai de prescription[2], l'empêchant de produire ses effets extinctifs. Le préjudice est établi, et l'action est donc recevable du fait de l'aggravation de ce dommage ». La Cour d'appel fait ainsi produire un effet interruptif de prescription de l'action en réparation du préjudice initialement subi à la survenance d'une aggravation de ce préjudice, faisant ainsi de cet événement le point de départ de la prescription de l'action en réparation de l'intégralité du préjudice subi, initial comme aggravé. La solution laisse songeur. Outre qu'elle fait produire un effet interruptif à un événement auquel la loi n'attache pas un tel effet[3], la Cour d'appel de Grenoble semble ici confondre les préjudices, admettant que la survenance d'un nouveau préjudice permette d'obtenir réparation d'un préjudice distinct qui avait fait naître une action prescrite au jour de l'assignation.

76. En toute hypothèse, cet arrêt témoigne d'une certaine incohérence dans la manière dont la jurisprudence traite des conséquences de l'aggravation du dommage sur le point de départ de la prescription. Alors que le report du point de départ de la prescription trouve son fondement dans le caractère autonome du préjudice nouveau, les juges n'en tirent pas les conséquences qui s'imposent, en refusant de circonscrire l'action nouvelle à la seule réparation des préjudices nouveaux. L'aggravation du dommage devient ainsi une cause de report du point de départ de la prescription d'une action juridiquement distincte.

---

1. En l'espèce, après avoir été violée par son père, la fille de ce dernier avait accouché d'un enfant en 1956. Il était reproché au père présumé de l'enfant d'avoir par ses actes incestueux rendu vraisemblable une filiation dont l'établissement est interdit juridiquement, causant ainsi un préjudice moral à la mère et à l'enfant, et faisant perdre à ce dernier une chance de pouvoir hériter. Le préjudice moral subi par l'enfant s'était par la suite trouvé aggravé par sa connaissance de l'héritage reçu par son présumé père des biens d'une cousine en 1994.

2. Précisons que l'absence de prescription de l'action au jour de l'aggravation du dommage s'explique par la succession d'une multitude de facteurs : report du point de départ de la prescription au jour de la majorité de l'enfant, entrée en vigueur de la loi du 5 juil. 1985 faisant courir un nouveau délai de dix ans.

3. À suivre ainsi la cour d'appel, on pourrait également s'interroger sur le sort qu'il faudrait réserver à l'action intentée en réparation d'un préjudice aggravé né postérieurement à la prescription de l'action en réparation du préjudice initial, action dont la prescription ne pourrait dans cette hypothèse être « interrompue ».

77. Finalement, il apparaît que la prescription ne peut courir avant la réalisation du dommage, qui marque la naissance du droit à réparation. Si l'ignorance de l'étendue, voire les doutes existants sur la réalité du dommage, ne sauraient suffire à reporter le point de départ de la prescription, il en va différemment lorsque le dommage trouve son origine dans un fait générateur continu, ou encore lorsqu'il s'aggrave au fil du temps. Dans de telles hypothèses, le point de départ de la prescription peut parfois être reporté à une date ultérieure à celle de la connaissance du dommage, qui fixe en principe le point de départ de la prescription.

B. La connaissance du dommage, point de départ de la prescription

78. La révélation à la victime de son dommage constitue le point de départ de la prescription de son action en responsabilité chaque fois qu'elle peut établir ne pas en avoir eu connaissance antérieurement. Si le principe semble clair (1), la jurisprudence témoigne de la variété des solutions à laquelle son application a donné lieu (2).

1. *Le principe*

79. En faisant courir l'action en responsabilité à compter de la manifestation du dommage, notion jusqu'alors absente du droit de la prescription, la loi du 5 juillet 1985 avait soulevé un débat[1] sur le point de savoir s'il fallait s'en tenir à une interprétation restrictive de la notion, reposant sur une assimilation de la manifestation à l'apparition objective du dommage, ou adopter une interprétation large au terme de laquelle la manifestation se confondrait avec la connaissance du dommage par la victime.

Sous réserve d'un renversement de la charge de la preuve[2], c'est assurément la seconde interprétation qui a eu les faveurs de la jurisprudence. En effet, dans une formule devenue récurrente, la Cour de cassation a posé en principe que « la prescription d'une action en responsabilité ne court qu'à compter de la réalisation du dommage ou de la date à laquelle il est révélé à la victime si celle-ci établit qu'elle n'en avait pas eu précédemment connaissance »[3]. La manifestation du dommage, notion contrôlée par la Cour de cassation[4], doit dès lors être comprise

---

1. Sur les termes du débat, v. M. Bruschi, thèse préc., p. 285 s., n° 225 s.

2. On soulignera cependant que, si la formule selon laquelle le point de départ de la prescription est situé au jour où le dommage est révélé à la victime « si celle-ci établit qu'elle n'en a pas eu précédemment connaissance » fait clairement peser sur la victime la preuve de son ignorance, la Cour de cassation, sans doute sensible aux difficultés inhérentes à l'objet de la preuve, semble en pratique moins catégorique, imposant aux juges du fond de caractériser la connaissance du dommage par la victime pour faire courir la prescription (v. par ex., Cass. civ. 2e, 5 avril 2007, pourvoi n° 06-12935). Ce faisant, à rebours de ce que la formule de principe pourrait laissait entendre, la Cour de cassation semble faire peser sur les juges du fond une véritable obligation de caractériser la connaissance du dommage par la victime, obligation dont elle se réserve par ailleurs contrôle.

3. Cass. soc., 18 décembre 1991, *Bull. civ.* V, n° 598. Pour une formulation identique : Cass. soc., 1er avril 1997, *Bull. civ.* V, n° 130, *RTD civ.*, 1997, p. 957, obs. P. Jourdain ; civ. 1re, 23 novembre 2004, pourvoi n° 01-03510 ; com., 28 mars 2006, pourvoi n° 04-15506 ; soc., 26 avril 2006, *JCP S*, 2006, p. 1501, obs. D. Asquinazi-Bailleux ; civ. 1re, 16 janvier 2007, *RCA*, 2007, comm. 113 ; civ. 2e, 5 avril 2007, *RCA*, 2007, comm. 209 ; civ. 1re, 12 juillet 2007, pourvoi n° 05-20091 ; civ. 2e, 13 mars 2008, pourvoi n° 07-12962 ; com., 1er juillet 2008, pourvoi n° 07-14632.

4. V. par ex., censurant pour violation de la loi un arrêt qui avait fixé le point de départ de la prescription de l'action en responsabilité contre un mandataire liquidateur au jour de la restitution des

comme « la manifestation à la conscience de la victime de la connaissance d'un préjudice qui n'existait jusque là que dans un état latent »[1].

80. À l'évidence, la connaissance de la victime doit d'abord porter sur l'existence du dommage lui-même[2]. Le point de départ de la prescription doit être retardé chaque fois que la victime ignore l'existence du dommage dont elle demande réparation[3]. Il faut cependant constater que la jurisprudence ne se contente pas de la révélation de l'existence même du préjudice pour faire courir le délai de prescription. Elle impose également que les victimes aient été en mesure d'agir valablement à l'encontre de l'auteur du dommage. Aussi exige-t-elle que la victime ait connaissance de la faute à l'origine du dommage, ainsi que du lien de causalité l'unissant à ce dernier pour faire courir la prescription. La Cour de cassation se réfère à cette exigence de multiples façons. Ainsi vise-t-elle indifféremment l'ignorance de la faute à l'origine du dommage[4], du lien de causalité entre le préjudice subi et son fait générateur[5], de l'imputabilité du dommage subi à son auteur[6],

---

clefs aux bailleurs, date qui, selon la Cour de cassation « n'était ni celle de la manifestation du dommage allégué [par le débiteur objet de la procédure collective] ni celle de son aggravation » (Cass. com., 3 juillet 2007, *Bull. civ.* IV, n° 183).

1. M. Bruschi, thèse préc., p. 287, n° 227.

2. Les illustrations de ce principe sont nombreuses. V. notamment, Cass. soc., 15 octobre 1988, *Bull. civ.* V, n° 426, fixant le point de départ de la prescription de l'action en responsabilité intentée à l'encontre de l'hôpital au jour où sa séropositivité avait été révélée à la victime, salarié de l'hôpital.

3. Sous cet aspect, seule l'ignorance du dommage initial doit permettre de retarder le point de départ de la prescription. La victime ne saurait en revanche prendre prétexte de l'ignorance d'un dommage collatéral pour reporter la prescription : Cass. civ. 1re, 9 juillet 2009, *Bull. civ.* I, n° 172, *Gaz. Pal.*, 2009, p. 12, *JCP* G, 2009, n° 31-35, p. 12, n° 154, obs. L. Dumoulin, *RTD civ.*, 2009, p. 728, obs. P. Jourdain. En l'espèce, un crédit hypothécaire avait été accordé à un emprunteur, qui se retrouva dans l'impossibilité d'assumer les échéances du prêt, ce qui conduisit à la vente du bien hypothéqué. Pour échapper à la prescription de l'action en responsabilité qu'il intentait à l'encontre de la banque, l'emprunteur faisait valoir que le préjudice résidait dans la moins-value affectant le prix de vente du bien. La Cour de cassation rejeta un tel argument, considérant que l'emprunteur avait pu avoir pris conscience du préjudice subi dès les premières difficultés de remboursement rencontrées. Comp., en matière d'aggravation, *supra*, n° 74.

4. Cass. soc., 1er avril 1997, *Bull. civ.* V, n° 130, à propos de l'action en responsabilité dirigée par un salarié à l'encontre de son employeur qui n'avait pas versé les cotisations dues aux caisses de retraite : « cette faute n'avait été connue du salarié qu'au moment où il avait voulu valider ses droits, la cour d'appel a violé le texte susvisé ». De la même manière, l'action en responsabilité intentée par l'assuré à l'encontre de l'assureur ne court qu'à compter du jour où l'assuré a eu « connaissance du manquement de l'assureur à ses obligations et du préjudice en résultant pour lui » (Cass. civ. 1re, 6 décembre 1989, *Bull. civ.* I, n° 375 ; 13 novembre 1991, *Bull. civ.* I, n° 307 ; 6 décembre 1994, *Bull. civ.* I, n° 358 ; civ. 2e, 7 octobre 2004, *RCA*, 2004, comm. 390, obs. H. Groutel, *Gaz. Pal.*, 21 septembre 2005, p. 12, note M. Périer ; 11 octobre 2007, pourvoi n° 06-17822).

5. Cass. civ. 2e, 22 mars 2005, *D.*, 2005, p. 2053, à propos de l'action en reconnaissance du caractère professionnel de la maladie : « L'arrêt retient que l'existence du lien de causalité entre la pathologie et la vaccination réalisée fin 1992 et début 1993 n'a été révélée à M. X… que par un certificat médical établi le 14 mai 2001 ; qu'ayant ainsi fait ressortir que, jusqu'à cette date, celui-ci avait été dans l'impossibilité d'agir pour avoir de manière légitime et raisonnable, ignoré la naissance de son droit, la cour d'appel en a exactement déduit que, jusqu'à cet événement, le délai de prescription n'avait pas couru ». Voir aussi, dans le même sens, Cass. civ. 2e, 12 juillet 2006, *D.*, 2006, p. 2727, note Y. Saint-Jours : « la prescription n'avait commencé à courir que du jour où Jeanine X… avait eu connaissance du rapport possible entre sa maladie et la vaccination ».

6. Cass. soc., 10 mars 1992, pourvoi n° 90-14663, à propos d'une action en responsabilité civile intentée par des sous-traitants : « après avoir énoncé que le point de départ de la prescription de l'action des sous-traitants correspondait au jour où ceux-ci avaient eu connaissance tout à la fois de leur dommage et de l'imputabilité de ce dommage à la faute des établissements financiers, la cour d'appel a estimé qu'aucun élément ne permettait de fixer ce point de départ avant le 19 octobre 1976 ». V. aussi, en matière de soutien abusif, Paris, 24 juin 2005, *Juris-Data* n° 2005-279778 : « S'agissant d'une action en responsabilité pour crédit inapproprié, le point de départ de la prescription court à compter du jour

ou encore de la cause du dommage[1] pour reporter le point de départ de la prescription. Mais, en dépit de ces divergences sémantiques, les concepts employés renvoient toujours à la même idée : la prescription ne peut courir avant que le demandeur ait pu agir, c'est-à-dire avant qu'il ait été mis en mesure de savoir que les conditions de son action étaient réunies, qu'il ait connu « les éléments lui permettant de l'exercer » au sens du nouvel article 2224 du Code civil. En pratique, ce sera souvent à l'occasion d'une expertise que l'existence d'une faute en relation causale avec le dommage dont il est demandé réparation sera acquise par la victime[2].

La solution est logique. Que la victime connaisse son dommage est une chose, qu'elle n'en connaisse pas la cause en est une autre, tout aussi déterminante : avant cette date, la victime se trouve en effet dans l'impossibilité d'agir puisqu'elle ignore l'existence de son droit. Seule importe la connaissance du droit d'action et non le seul fait de subir un dommage ou encore d'avoir conscience dudit dommage. Au fond, il ne s'agit là que d'une application implicite de l'adage *Contra non valentem agere non currit praescriptio* selon lequel la prescription ne peut courir contre celui qui ne peut agir.

La simplicité apparente de la solution de principe ainsi dégagée par la jurisprudence masque cependant une variété non négligeable d'applications.

2. *La variété des applications*

81. Le principe selon lequel la prescription de l'action en responsabilité ne court que du jour où la victime a connaissance de l'ensemble des éléments lui permettant d'agir a sans doute donné naissance à autant de solutions spéci-

---

où M. Chhay a eu connaissance du dommage et de son imputabilité au crédit consenti par la banque et où il a pu agir valablement » ; pour une formulation identique, v. Paris, 13, janvier 2005, *Juris-Data* nº 2005-264740 ; 26 novembre 2004, *Juris-Data* nº 2004-264271. La référence à la notion d'imputabilité se retrouve également en matière de prescription quadriennale des créances contre l'État, v. en ce sens CE, 11 juillet 2008, *JCP* A, 2008, act. 660 : « le point de départ de la prescription quadriennale est la date à laquelle la victime est en mesure de connaître l'origine du dommage ou du moins de disposer d'indications suffisantes selon lesquelles ce dommage pourrait être imputable au fait de l'administration ».

1. Cass. civ. 1re, 22 octobre 1982, *Bull. civ.* I, nº 308, à propos de l'action exercée par un entrepreneur : « qu'elle a souverainement estimé que cette société n'avait pu avoir la révélation de la cause du désordre, en ce qu'elle était imputable au matériau et à la technique de pose recommandés par Dow Chemical, que par le premier rapport d'expertise du 25 juillet 1972 » ; Cass. civ. 3e, 24 mai 2006, *Loyers et Copropriété*, 2006, comm. 189, obs. G. Vigneron, à propos du l'action en responsabilité intentée par le copropriétaire victime de dommages imputables à l'état de l'immeuble à l'encontre du syndicat : « qu'en statuant ainsi, sans rechercher, comme il le lui était demandé, si M. Amrein n'avait pas en réalité connu la cause des désordres qu'au moment de la réalisation des opérations d'expertises ». V. égal. Cass. civ. 1re, 11 mars 2010, *Bull. civ.* II, nº 62, *D.*, 2010, p. 827, obs. I. Gallmeister, *RCA*, 2010, comm. 147, note H. Groutel, reprochant à une cour d'appel d'avoir fait courir la prescription de l'action en responsabilité exercée contre le notaire qui avait reçu l'acte de vente sans procéder à des recherches suffisantes sur l'origine du bien vendu du jour de la publication de la vente à la conservation des hypothèques, alors que la victime faisait valoir que « l'exacte situation du bien litigieux lui avait été révélée par un rapport d'expertise » déposé postérieurement.

2. Une des difficultés porte évidemment sur le point de savoir comment apprécier la connaissance de l'imputabilité du dommage : faut-il rechercher le jour où la victime a réellement su ou celui auquel elle aurait dû légitimement savoir ? La Cour de cassation semble opter pour cette seconde approche, approuvant une cour d'appel d'avoir considéré la connaissance de l'imputabilité par le demandeur comme acquise par référence aux comportements d'autres créanciers normalement diligents placés dans la même situation (Cass. com., 24 janvier 1995, pourvoi nº 93-12124). Le Conseil d'État juge également en ce sens, exigeant que l'ignorance de l'imputabilité du dommage à l'administration soit « légitime » pour reporter le point de départ (CE, 11 juillet 2008, *JCP* A, 2008, act. 660).

fiques qu'il y a de situations distinctes. Certaines solutions ne sont en réalité que des adaptations du principe à la particularité des situations rencontrées. L'on songe notamment au point de départ de la prescription de l'action de la caution à l'encontre du prêteur (a). D'autres en revanche apparaissent moins comme de simples adaptations que comme de véritables dérogations à la règle générale, au point que l'on peut se demander si cette règle fait réellement figure de principe. Tel est notamment le cas du point de départ de la prescription de l'action du salarié fondée sur l'existence d'une discrimination (b) ou encore de celui de l'action née à raison d'un événement ayant entraîné un préjudice corporel (c).

a. *L'action de la caution à l'encontre du prêteur*

82. Il est sans doute inutile de rappeler ici l'émergence, au cours de ces dernières années, d'un véritable principe de proportionnalité en droit positif, dont l'une des manifestations les plus topiques demeure la sanction de l'engagement disproportionné de la caution[1]. On sait qu'en dehors des cas spécifiquement prévus par la loi[2], la jurisprudence a étendu l'exigence de proportionnalité à tout type de cautionnement, retenant la responsabilité civile du créancier qui a fait souscrire à la caution un engagement d'un montant manifestement disproportionné à ses ressources[3]. La question du point de départ de la prescription de l'action engagée par la caution dans une telle hypothèse s'est naturellement posée. S'agissant d'une action en responsabilité, c'est évidemment la manifestation du dommage qui doit être prise en considération. Mais encore faut-il déterminer quel est exactement le dommage dont il est ici demandé réparation. Sous cet aspect, trois manières d'aborder la question peuvent être envisagées. En premier lieu, l'on pourrait considérer que le dommage consiste dans le fait d'être débiteur d'une dette excessive. Un tel dommage existerait alors dès la conclusion du contrat de cautionnement[4]. On objectera cependant que le dommage ne résulte pas du fait d'avoir contracté le cautionnement excessif, mais seulement du fait de devoir payer une telle dette. En effet, la caution ne sera peut-être jamais appelée à exécution, et le dommage ne se réalisera peut-être jamais. Pour reprendre une distinction chère à la matière, le dommage ne résulte pas du fait de devoir couvrir, mais seulement du fait de devoir régler la dette contractée. On

1. M. Cabrillac, C. Mouly, S. Cabrillac, P. Pétel, *Droit des sûretés*, Litec, 9e éd., p. 238, nº 333 ; M. Saint-Cène et S. Crillot, « L'engagement de caution disproportionné », *RDBF*, 2000, p. 190 ; Y. Picod, « Proportionnalité et cautionnement. Le mythe de Sisyphe », *Mélanges J. Calais*, Dalloz, 2003, p. 843 s. ; O. Cupertier et A. Gorny, « L'engagement disproportionné de la caution, après la loi sur l'initiative économique », *JCP* G, 2004, p. 1975.

2. Le droit de la consommation prévoyait l'inopposabilité de tout engagement manifestement disproportionné à ses biens et revenus à la caution personne physique garantissant un crédit à la consommation ou un crédit immobilier (art. L. 313-10 C. cons.). La loi Dutreil du 1er août 2003 a étendu cette règle aux cautionnements fournis par des personnes physiques à l'égard des créanciers professionnels (art. L. 241-6 C. cons.).

3. Cass. com., 17 juin 1997, Macron, *D.*, 1998, p. 208, note J. Casey, *Defrénois*, 1997, art. 36703, p. 1424, obs. Aynès, *JCP* G, 2008, I, 108, obs. Simler, *RTD civ.*, 1998, p. 100, obs. J. Mestre, et p. 157, obs. Crocq ; 8 octobre 2002, *JCP* G, 2003, II, 10017, note Picod, *JCP* E, 2002, 1730, note D. Legeais, *D.*, 2003, p. 414, note C. Koering, *JCP* E, 2003, 852, nº 6, obs. Simler, *RTD civ.*, 2003, p. 125, obs. Crocq ; 11 juin 2003, *D.*, 2003, *AJ*, p. 2434 ; 9 juillet 2003, *JCP* E, 2003, 1590, note J. Casey, *D.*, 2004, p. 204, note Y. Picod ; 17 décembre 2003, *JCP* E, 2004, pan. 257 et 258 ; 3 mai 2006, *JCP* G, 2006, II, 10121, note A. Gourio, *RDBF*, 2006, nº 128, obs. Legeais ; 6 février 2007, *D.*, *AJ*, p. 575, obs. V. Avena-Robardet.

4. V. cependant, l'analyse de la Cour de cassation en termes de « perte de chance de ne pas contracter » (Cass. com., 20 octobre 2009, pourvoi nº 08-20274 ; 1er décembre 2009, pourvoi nº 08-17675), et l'analyse critique de D. Houtcieff, *D.*, 2009, p. 2971.

pourrait alors, en deuxième lieu, être tenté de reporter la manifestation du dommage au jour de la condamnation de la caution. Mais, parce que le principe du dommage existe avant toute condamnation[1], cette date doit également être écartée. On pourrait en conséquence considérer, en troisième lieu, que le dommage dont il est demandé réparation apparaît à la conscience de la victime lorsque son engagement est mis à exécution par le créancier. C'est une telle démarche qu'adopte pertinemment la Cour de cassation en fixant le point de départ de la prescription au jour où « les obligations résultant de son engagement de caution étaient mises à exécution par le créancier du fait de la défaillance du débiteur principal »[2]. La solution est identique lorsque l'action n'est pas fondée sur la disproportion de l'engagement de la caution, mais sur le soutien abusif du débiteur par l'établissement de crédit[3].

La solution doit être approuvée : au fond, il ne s'agit que d'une adaptation à la spécificité de la relation tripartite nouée entre la caution, le créancier et le débiteur principal, du principe déjà exposé selon lequel, si la prescription ne peut courir avant que le dommage se réalise, l'existence d'une contestation et donc d'une incertitude sur l'existence du dommage n'empêche pas la prescription de l'action en responsabilité de courir quand le principe du dommage est établi, c'est-à-dire chaque fois qu'à été porté à la connaissance de la victime l'existence d'un risque de subir un préjudice[4].

83. Finalement, le préjudice subi par la caution résultant de la mise à exécution de son engagement de payer la dette du débiteur principal en cas de défaillance de ce dernier, l'action en responsabilité intentée par la caution à l'encontre du banquier sur le fondement de la disproportion de son engagement ou pour soutien abusif se prescrit logiquement à compter du jour où la caution a su que son engagement était mis à exécution. Une telle date n'est autre que celle de la manifestation de son dommage. La solution ici retenue n'est donc qu'une application du principe dégagé par la jurisprudence à la situation particulière de la caution.

Il en va en revanche différemment du point de départ de la prescription de l'action intentée par le salarié à l'encontre de son employeur en matière de discrimination.

---

1. V., sur le traitement du dommage incertain *supra* n° 67 s.

2. Cass. com., 12 mai 2004, *D.*, 2004, p. 2708, obs. L. Aynès, *Defrénois*, 2005, p. 892, obs. J. Honorat. V. également, pour une application de ce principe au délai de forclusion de l'ancien article L. 311-37 du Code de la consommation, qui enferme dans un délai de deux ans le droit prévu à l'article L. 313-10 du même code d'opposer à la demande en paiement le caractère disproportionné du cautionnement au regard du patrimoine existant à ce moment là : Cass. civ. 1re, 23 mai 2000, *RTD com.*, 2000, p. 998, obs. B. Bouloc, jugeant que l'événement qui fait courir le délai avant l'expiration duquel la caution peut se prévaloir de cette garantie est la demande d'exécution du cautionnement faite par le créancier.

3. Cass. com. 24 juin 2003, *Bull. civ.* IV, n° 103, *Bull. Joly*, 2004, p. 35, note R. Routier. La solution peut surprendre puisque le banquier, qui pourra opposer à son débiteur l'exception de prescription (la prescription de l'action en responsabilité intentée par le débiteur à l'encontre de sa banque pour soutien abusif court en effet à compter de jour du prononcé de la liquidation judiciaire : Cass. com., 24 janvier 1995, pourvoi n° 93-12124) pourrait en revanche voir sa responsabilité engagée par la caution pour les mêmes faits. Elle s'impose pourtant logiquement : parce que le débiteur principal et la caution subissent des préjudices distincts, les points de départ de la prescription de leurs actions respectives en soutien abusif sont logiquement distincts.

4. V. en ce sens, J. Honorat, obs. sous Cass. com., 12 mai 2004, préc. : « En ce domaine des actions en responsabilité, où l'hésitation est toujours permise entre une prescription débutant soit lors de la réalisation du dommage, soit lors de la prise de conscience de son existence par la victime, la Cour retient donc une solution intermédiaire. Il faut que le risque auquel la caution est exposée ait, par son interpellation, pris une certaine consistance. Il n'est pas nécessaire qu'il se soit transformé en certitude à la suite d'une condamnation ».

b. *L'action du salarié fondée sur l'existence d'une discrimination*

84. En matière de discrimination, le législateur a multiplié les règles de faveur, dérogatoires au droit commun. Nul n'ignore que le Code du travail s'est ainsi écarté de la règle posée par l'article 1315 du Code civil pour opérer un quasi-renversement de la charge de la preuve, ou à tout le moins un déplacement de l'objet de la preuve à la charge du salarié[1]. Mais le caractère dérogatoire des règles en la matière ne se limite pas à la seule charge de la preuve de la discrimination. Le point de départ de la prescription de l'action en réparation du préjudice en résultant fait également figure d'exception.

En effet, après avoir posé en principe qu'une telle action était soumise à la prescription trentenaire prévue par l'ancien article 2262 du Code civil[2], la Cour de cassation avait adopté une analyse singulière du point de départ de la prescription, jugeant dans un arrêt du 22 mars 2007 que « le préjudice lié à une discrimination syndicale n'avait été exactement connu des salariés qu'à la suite de la communication par l'employeur, après achèvement de la précédente procédure [en paiement de rappels de salaires], des éléments de comparaison nécessaires »[3]. Aussi exigeait-elle une connaissance « exacte » du dommage subi, à contre-courant de la position de principe, selon laquelle la connaissance du seul principe du dommage suffit à faire courir la prescription, sans égard pour son étendue réelle.

Cet arrêt, qui n'avait pas eu les honneurs d'une publication au bulletin, aurait pu demeurer isolé. Mais c'était compter sans l'opiniâtreté de certains groupes de pression, relayés par les parlementaires[4]. Au prétexte que la disposition fixant le point de départ de la prescription au jour où le titulaire d'un droit a connu ou aurait dû connaître les éléments lui permettant d'agir risquait d'être interprétée par les juridictions d'une manière défavorable aux salariés[5], un amendement fut déposé et adopté, visant à faire courir la prescription de l'action en réparation du préjudice résultant d'une discrimination au jour de sa révélation à la victime[6]. La précision avait, de l'aveu même de ses auteurs, vocation à « fixer dans la loi » la jurisprudence précitée de la Cour de cassation.

---

1. En effet, il résulte désormais de l'article L. 1134-1 du Code de travail modifié par la loi du 27 mai 2008 (ancien art. L. 122-45 C. travail introduit par la loi du 16 novembre 2001) que « lorsque survient un litige en raison d'une méconnaissance des dispositions du Chapitre II, le candidat à un emploi, à un stage ou à une période de formation en entreprise ou le salarié présente des éléments de fait laissant supposer l'existence d'une discrimination directe ou indirecte, telle que définie à l'article 1er de la loi nº 2008-496 du 27 mai 2008 portant diverses dispositions d'adaptation au droit communautaire dans le domaine de la lutte contre les discriminations. Au vu de ces éléments, il incombe à la partie défenderesse de prouver que sa décision est justifiée par des éléments objectifs étrangers à toute discrimination. Le juge forme sa conviction après avoir ordonné, en cas de besoin, toutes les mesures d'instruction qu'il estime utiles ».

2. Cass. soc., 15 mars 2005, *Bull. civ.* V, nº 86.

3. Cass. soc., 22 mars 2007, pourvoi nº 05-45163.

4. Sur la genèse de l'article article L. 1134-5 du code du travail, v. *infra*, nº 436 s.

5. V. le rapport fait au nom de la Commission des lois par le député Blessig, enregistré à la Présidence de l'Assemblée nationale le 30 avril 2008, p. 19, visant l'hypothèse dans laquelle le salarié ayant eu connaissance de certains éléments laissant supposer l'existence d'une discrimination aurait temporairement renoncé à agir à ce stade, faute de preuves suffisantes.

6. La réduction à cinq ans du délai de prescription avait également fait naître dans l'esprit des parlementaires une incertitude sur le point de savoir si la réparation du préjudice pouvait couvrir une perte de salaire remontant à plus de cinq ans. Afin d'éviter toute ambiguïté, l'article L. 1134-5 du Code du travail dispose désormais que « les dommages et intérêts réparent l'entier préjudice résultant de la discrimination, pendant toute sa durée ». La précision est sans doute superflue. En effet, en matière de discrimination, il n'est aucunement demandé le paiement d'arriéré de salaires, ce qui pourrait justifier une

85. Sans doute pourrait-on d'emblée s'interroger sur la réalité de la spécificité du point de départ ainsi retenu. En effet, à première vue, la solution ne semble pas dérogatoire au droit commun. La Cour de cassation n'a-t-elle pas toujours considéré qu'en matière de responsabilité, la prescription courait du jour où le dommage avait été révélé à la victime[1], solution que la fixation du point de départ de la prescription par le législateur au jour où le titulaire du droit a connu ou aurait dû connaître les éléments lui permettant d'agir n'avait pas vocation à modifier[2] ? La controverse n'est-elle pas alors purement rhétorique ?

L'analyse des débats parlementaires démontre cependant qu'il n'en est rien. En effet, parce que l'amendement visait précisément à consacrer la solution retenue par la Cour de cassation, qui avait fait courir la prescription du jour où le salarié avait pris la mesure de la discrimination dont il avait été victime, les débats se sont concentrés sur ce qu'il fallait entendre au cas présent par « révélation ».

Pour pallier tout risque d'interprétation divergente, deux amendements furent d'ailleurs déposés en deuxième lecture au Sénat. Le premier visait à retenir comme point de départ « le moment où le salarié a pu avoir connaissance de l'ensemble des éléments lui permettant de s'estimer victime ». Le second visait, tout en conservant le terme de révélation, à l'expliciter en précisant que la révélation à la victime devait s'entendre « de la connaissance par celle-ci du manquement et du préjudice en résultant »[3]. Si ces amendements ont été rejetés pour ne pas retarder l'adoption définitive du texte, les débats qu'ils ont suscités éclairent cependant sur le sens à donner au nouvel article L. 1134-5 du code du travail.

Les propos échangés démontrent en effet que les parlementaires ont entendu faire prévaloir une conception bien particulière de la révélation. En effet, là où la révélation est classiquement entendue comme le jour où la victime a eu conscience de subir un préjudice imputable à un tiers identifié, elle devrait ici se comprendre comme « la prise de conscience de la vérité dans son intégralité, et non pas l'apparition d'un fait »[4]. En d'autres termes, la seule connaissance de l'existence d'une discrimination ne suffit pas, encore faut-il pouvoir en mesurer précisément l'étendue. Les propos du sénateur Béteille sont éloquents en ce

---

soumission au régime des créances périodiques, interdisant de faire remonter la demande en paiement au-delà du délai de prescription. En réalité, c'est une demande en réparation du préjudice subi, distincte d'une simple demande de paiement d'arriérés de salaires, qui est formulée. Cette distinction avait d'ailleurs justifié que la jurisprudence décide en son temps qu'une telle action relevait de la prescription trentenaire, et non de la prescription quinquennale à laquelle sont soumises les créances de salaire (Cass. soc., 11 octobre 2000, pourvoi n° 98-43472). Parce qu'elle vise ainsi la réparation d'un dommage, une telle action est par principe soumise au principe de réparation intégrale du préjudice chaque fois qu'elle est exercée avant l'expiration du délai de prescription, sans qu'aucun délai de prescription ou butoir ne puisse être invoqué pour réduire l'étendue de la réparation. Il s'agit là d'une question de *quantum* des dommages-intérêts et non de prescription de l'action.

1. Cass. soc., 1er avril 1997, *Bull. civ.* V, n° 120, *RTD civ.*, 1997, p. 957, obs. P. Jourdain.

2. V. *supra*, n° 62 s.

3. On ne peut au demeurant qu'être surpris de cette nouvelle référence à la « connaissance », que la fixation du point de départ de la prescription de l'action en réparation du préjudice né d'une discrimination au jour de la révélation visait précisément à exclure. Ce que n'a pas manqué de dénoncer le président de la Commission des lois, le sénateur J.-J. Hyest : « Je tiens à rappeler que nous avons dû préciser les choses en matière de discrimination puisque l'article du code civil relatif au point de départ du délai de droit commun de la prescription extinctive ne paraissait pas suffisamment clair à certains. Il renvoyait, vous vous en souvenez, chers collègues, au "jour où le titulaire d'un droit a connu ou aurait dû connaître les faits lui permettant de l'exercer" (...). Le mot "révélation" introduit pour la première fois dans ce domaine un terme juridique précis. Selon l'amendement n° 4, il faudrait expliciter ce terme en ajoutant "c'est à dire de la connaissance..." ? Ce n'est pas ainsi qu'on rédige un texte de loi ! » (*JO Sénat*, séance du 5 juin 2008, p. 2667)

4. *Propos du sénateur Young, JO Sénat*, séance du 5 juin 2008, p. 2668.

sens : « la Cour de cassation a indiqué que le point de départ du délai de prescription courait à compter de la "révélation" et non de la "connaissance" de la discrimination. Ce mot de "révélation", auquel sa connotation religieuse confère d'ailleurs une certaine force, n'a certainement pas été choisi au hasard. Il est précisé qu'il s'agissait du moment où le salarié a pu obtenir tous les éléments lui permettant d'apprécier la discrimination et le préjudice dont il a été victime »[1].

86. Sur le plan des principes, cette dérive n'est pas anodine. En effet, afin d'introduire valablement une action en réparation du préjudice subi du fait d'une discrimination, les salariés, faut-il le rappeler, n'ont pas à apporter la preuve de l'existence de celle-ci. La seule présentation d'éléments de fait laissant supposer l'existence d'une discrimination suffit à établir le bien-fondé de leur demande, obligeant alors l'employeur à justifier de la différence de traitement. Aussi, alors que le salarié doit être en possession de « l'ensemble des documents permettant d'établir qu'il a été victime de cette discrimination » pour que la prescription commence à courir, la seule possession d'« éléments de fait laissant supposer l'existence d'une discrimination » suffit à fonder sa demande. On se retrouve donc dans une situation où les éléments en la possession du salarié sont suffisants pour obtenir gain de cause, mais insuffisants pour faire courir la prescription ! La fixation du point de départ de la prescription repose alors sur une dissociation du moment où l'on peut agir et de celui où la prescription commence à courir, à rebours des principes fondamentaux en la matière.

Au-delà d'une telle déformation des principes, l'action en réparation du préjudice subi du fait d'une discrimination semble même pouvoir être imprescriptible : répondant à la sénatrice Mathon-Poinat qui faisait valoir que le salarié discriminé n'aurait jamais tous les éléments en sa possession, ces éléments probants étant en général possédés par l'employeur, sur qui pèse d'ailleurs la charge de la preuve, le président de la Commission des lois, le sénateur Hyest, a pu affirmer que « dans ces conditions, le délai de prescription ne court pas ! »[2].

---

1. *JO Sénat*, séance du 5 juin 2008, p. 2666. V. encore les propos de la sénatrice Mathon-Poinat : « Le préjudice lié à une discrimination n'est exactement connu qu'à compter de la révélation de la discrimination, c'est-à-dire lorsque la victime a pu en prendre la mesure, par exemple grâce à la communication par son employeur des éléments de comparaison nécessaire. Il ne s'agit d'ailleurs pas nécessairement d'éléments probants. Si cela était le cas, ce serait au salarié, et non à l'employeur, d'apporter la preuve qu'il y a discrimination ». (*JO Sénat*, séance du 5 juin 2008, p. 2665), ou du rapporteur devant l'Assemblée nationale, le député Bléssig : « la "révélation" n'est pas la simple connaissance de la discrimination par le salarié ; elle correspond au moment où il dispose des éléments de comparaison mettant en évidence la discrimination. Tant que le salarié ne dispose par d'éléments probants, la discrimination ne peut pas être considérée comme révélée et, donc, le délai de prescription de l'action du salarié ne peut pas courir ». (*Rapport fait au nom de la Commission des lois,* pas le député Bléssig, p. 21). V. encore, P. Sargos, « La détermination du point de départ de la prescription est essentielle », *Semaine sociale Lamy*, 2008, n° 1362 : « Le terme "révélation" renvoie en effet nécessairement au moment où le salarié a connaissance des faits de discrimination commis par son employeur et est en mesure d'estimer qu'il subit un préjudice ».

2. *JO Sénat*, séance du 5 juin 2008, p. 2666. Au reste, l'arrêt du 22 mars 2007 précité en constitue une illustration parfaite : en l'espèce, la révélation a été considérée comme acquise postérieurement à la communication des documents de comparaison nécessaires par l'employeur à l'occasion d'une autre procédure. D'où l'on déduira qu'à défaut, la prescription n'aurait pas pu courir. En pratique, il sera très difficile pour l'employeur d'apporter la preuve que le salarié a eu connaissance des éléments nécessaires pour faire courir la prescription plus de cinq ans auparavant, sauf à reconnaître ses propres fautes (*Rapport fait au nom de la Commission des lois,* par le député Bléssig, p. 19). V. égal. en ce sens, R. Quenaudon, « La réforme du droit de la prescription : aspect de droit du travail », *LPA*, 2 avril 2009, p. 53 s., spéc. p. 54. Au surplus, si la prescription en matière de discrimination n'échappe pas au délai butoir de l'article 2232 du Code civil (V. Delnaud, « Prescription et discrimination », *D.* , 2008, p. 2533 s., spéc. p. 2534), ce dernier ne trouvera pas à s'appliquer lorsque le salarié n'aura pas changé d'employeur pendant cette période, la dis-

87. Une même déformation des principes directeurs du droit de la prescription se retrouve lorsqu'il s'agit d'examiner le traitement jurisprudentiel de l'action en réparation née à l'occasion d'un événement ayant entraîné un préjudice corporel.

c. *L'action née à raison d'un événement ayant entraîné un préjudice corporel*

88. À l'origine, le législateur n'avait pas réservé de traitement particulier à l'action en réparation des préjudices corporels pour lesquels la fixation du point de départ relevait en conséquence de l'ancien article 2270-1 du Code civil. La spécificité de ce type de préjudice comme la sensibilité de l'impératif de protection des victimes en ce domaine ont cependant conduit la jurisprudence à dessiner progressivement un point de départ propre à ce type de dommages, fixé au jour de la consolidation[1].

Le choix de la consolidation comme point de départ de la prescription de l'action en réparation de préjudice corporel a fait l'objet de vives critiques, portant notamment sur l'absence de justification technique du choix d'une telle date. En effet, la notion de consolidation ne saurait se confondre avec celle de manifestation du dommage visée par l'article 2270-1 du Code civil[2]. Comme l'a souligné Jourdain, « bien avant la date de consolidation la victime connaît et ressent son dommage, même si elle ne peut encore en mesurer précisément l'étendue (...) Il y aurait donc un incontestable abus à identifier la "manifestation" du préjudice corporel à la consolidation de l'état de la victime »[3].

En réalité, en prenant en considération la date de la consolidation du dommage pour faire courir la prescription, la Cour de cassation fait de la connaissance par la victime de l'étendue de son dommage, c'est-à-dire du *quantum* de son préjudice, une condition du décompte de la prescription[4], à rebours de la solution traditionnellement admise[5]. Surtout, elle fait produire à la consolidation du dommage des effets identiques à ceux produits par son aggravation. Or, les raisons qui justifient que l'aggravation du dommage fasse courir un nouveau délai de prescription ne se retrouvent pas ici : l'aggravation est un préjudice distinct - du moins traité comme tel -, ouvrant une action nouvelle, alors que la consolidation n'est assurément que le prolongement, l'aboutissement du dommage initial[6].

---

crimination étant alors supposée n'avoir jamais cessé (V. Lasserre-Kiesow, « Commentaire de la loi du 17 juin 2008 portant réforme de la prescription en matière civile », *RDC*, 2008, p. 1449 s., spéc. p. 1457).

1. Cass. civ. 2e, 4 mai 2000, *Bull. civ.* II, n° 73, *RTD civ.*, 2000, p. 851 obs. P. Jourdain, *Dr. et patr.*, octobre 2000, p. 100, note F. Chabas, *RGAT*, 2000, p. 879, note J. Landel : « en cas de préjudice corporel, la date de consolidation fait courir le délai de la prescription prévue à l'article 2270-1 du Code civil ». V. dans le même sens, Cass. civ. 2e, 11 juillet 2002, *Bull. civ.* II, n° 177.

2. P. Jourdain, obs. sous Cass. civ. 2e, 4 mai 2000, préc. ; Y. Lambert-Faivre, « La loi n° 2002-303 du 4 mars 2002 relative aux droits des malades et à la qualité du système de santé », *D.*, 2002, p. 1367 s., spéc. p. 1370.

3. P. Jourdain, obs. sous Cass. civ. 2e, 4 mai 2000, préc. L'auteur proposait en conséquence, afin de ne pas « torturer les textes », de distinguer l'action visant à faire reconnaître le principe de la responsabilité, qui ne doit pas dépendre de la consolidation du dommage, de la demande de réparation des conséquences économiques et morales de l'atteinte à l'intégrité physique, dont l'évaluation est subordonnée à la consolidation, et dont le point de départ de la prescription pourrait en conséquence être reporté à cette date en application de l'adage *Contra non valentem agere non currit praescriptio.*

4. V. en ce sens, J. Landel, note sous Cass. civ. 2e, 4 mai 2000, *RGAT*, 2000, p. 879.

5. V. *supra* n° 67.

6. V. *supra* n° 88.

89. Malgré ces critiques, le législateur, à l'occasion de la loi du 4 mars 2002, a fait sienne cette solution en matière médicale. L'article L. 1142-28 du Code de la santé publique dispose désormais que « les actions tendant à mettre en cause la responsabilité des professionnels de santé ou des établissements de santé publics ou privés à l'occasion d'actes de prévention, de diagnostic ou de soins se prescrivent par dix ans à compter de la *consolidation du dommage* ».

L'adoption d'une telle disposition n'a pas pour autant faire taire les critiques, qui se sont déplacées sur l'incertitude inhérente à la notion de consolidation, notion plus médicale que juridique[1]. Le moment de consolidation du dommage est en effet très difficile à déterminer en l'absence de certification ou d'expertise médicale, sans même évoquer les préjudices qui, par hypothèse, ne se consolident jamais. Comme l'a souligné Mme Lambert-Faivre, « la consolidation ne peut être une date-repère parce qu'elle est inconnue, instable et fuyante : en effet, les suites pathologiques ou traumatiques d'un accident médical peuvent évoluer pendant des années, voire des décennies, sans "consolidation", c'est-à-dire sans "stabilisation" : sida ou hépatite C transfusionnels, maladie de Creutzfeldt-Jakob provoquée par une hormone de croissance, effets à retardement du Distilbène sur les filles de femmes utilisatrices du médicament... dans tous ces cas trop célèbres, on chercherait en vain une "consolidation". Un délai assorti d'un point de départ aussi fuyant ne peut plus jouer son rôle »[2].

90. Alors même que les rédacteurs de l'avant-projet de réforme du droit des obligations et de la prescription, sans doute sensibles à ces différentes critiques, envisageaient d'abandonner toute référence à la consolidation du dommage[3], le législateur a étendu encore son rôle, au nom de l'impératif de protection des victimes. Ainsi, à l'occasion de la loi du 17 juin 2008 portant réforme de la prescription en matière civile, il a non seulement consacré la jurisprudence existante, mais plus encore, fait de la consolidation le point de départ de la prescription de toutes les actions nées « à raison d'un événement ayant entraîné un dommage corporel »[4], que l'action soit engagée par la victime directe ou par ricochet, et que

1. En l'absence de définition « juridique » de la consolidation par le législateur, il faut s'en tenir à la définition médicale de la notion qui demeure relativement floue. Sous cet angle, la consolidation des dommages « est considérée comme l'état des blessures insusceptibles d'évolution, qu'il s'agisse d'aggravation ou d'amélioration » (J.-L. Thouroude, *Pratique de la responsabilité hospitalière publique, les responsabilités dans les établissements publics de santé*, L'Harmattan, coll. Logiques juridiques, 2000, p. 415), ou plus précisément comme le « moment où, à la suite de l'état transitoire que constitue la période de soin, la lésion se fixe et prend un caractère permanent, sinon définitif, tel qu'un traitement n'est plus, en principe, nécessaire, si ce n'est pour éviter une aggravation et qu'il est possible d'apprécier un certain degré d'incapacité permanente consécutive à l'accident, sous réserve de rechutes et de révisions possibles » (A. Rogier, *Dommage corporel, éléments médico-légaux à l'usage du juriste et du médecin*, éd. Eska, Paris, 2001, p. 194), cités *in* C.-M. Alves, « L'unification de la prescription médicale à l'épreuve de la prescription quadriennale », *LPA*, 14 septembre 2004, p. 3 s., spéc. note 34 et 36. C'est une définition similaire que retient le *Vocabulaire juridique G. Cornu* (Association Henri Capitant, PUF), en définissant la consolidation comme la « stabilisation d'une blessure et par ext. état qui ressort, après l'arrêt des soins, de la blessure stabilisée et qui permet de déterminer l'étendue de l'incapacité définitive résultant de cette blessure ».

2. Y. Lambert-Faivre, « La responsabilité médicale : la loi du 30 décembre modifiant la loi du 4 mars 2002 », *D.*, 2003, chron. p. 361, spéc. p. 362-363.

3. L'article 1384 de l'avant projet de réforme du droit des obligations et de la prescription était en effet rédigé en ces termes : « Les actions en responsabilité civile se prescrivent par dix ans à compter de la manifestation du dommage ou de son aggravation, sans égard, en cas de dommage corporel, à la date de la consolidation ».

4. Alors que la proposition de loi initiale prévoyait seulement de consacrer la jurisprudence de la Cour de cassation en disposant à l'article 2226 du Code civil que « les actions en responsabilité civile tendant à la réparation d'un dommage corporel se prescrivent par dix ans à compter de la consolida-

les préjudices dont il est demandé réparation soient purement corporels ou également financiers[1].

Pour justifier une telle extension du rôle de la consolidation, on a fait valoir la nécessité que « le contentieux du dommage corporel ne soit pas morcelé entre celui du dommage physiologique et celui des pertes matérielles, non plus qu'entre l'indemnisation de la victime directe et celle de ses proches »[2]. On peine cependant à se laisser convaincre par une telle analyse[3] : distinguer le point de départ de la prescription de l'action en réparation des préjudices corporel et financier ne conduit pas à « morceler » le contentieux et n'oblige pas à « saisir deux fois » le juge. Tout au plus une telle distinction peut-elle conduire le juge à constater que certains chefs de demande sont prescrits sans que les autres ne le soient. Cette différence de traitement peut éventuellement choquer, mais elle n'est que la conséquence logique de l'absence de pertinence de la date de consolidation dans la détermination du point de départ de la prescription, qui conduit à traiter la prescription des actions en réparation des préjudices corporels de manière spécifique, largement dérogatoire au droit commun de la responsabilité. Mais, en tout état de cause, cette distinction, fondée sur la nature du préjudice subi, demeure moins choquante que la discrimination créée par la loi nouvelle entre deux victimes d'un même préjudice matériel, selon que ce dernier sera ou non accompagné d'un préjudice corporel[4]. Ainsi, la victime d'un accident de la route qui ne souffrirait d'aucun préjudice corporel verrait son action en réparation des dommages matériels subis déclarée prescrite tandis que la victime ayant subi le même préjudice matériel mais ayant également été blessée pourra obtenir réparation de son préjudice matériel de nombreuses années après les faits ! Plus encore, la victime par ricochet, souffrant d'un préjudice purement économique ou moral se verrait offrir une prolongation de son droit d'agir dont la victime « directe » d'un préjudice économique ou moral aurait été privée !

Ainsi, là où l'on se trouvait jusqu'à présent confronté à une distinction claire, fondée sur la nature du dommage, entre la réparation des préjudices corporels

---

tion du dommage », un amendement a été adopté en première lecture au Sénat afin d'« étendre le délai de dix ans aux victimes indirectes, qui sont souvent les proches parents d'une victime d'un dommage corporel » afin d'éviter de « saisir deux fois le juge » (*Propos du Garde des sceaux*, *JO Sénat*, séance du 21 novembre 2007, p. 5037). Précisons encore que le délai butoir prévu par l'article 2232 du Code civil n'est pas applicable en la matière.

1. En effet, si l'article 2226 du Code civil dispose désormais que « l'action en responsabilité née à raison d'un événement ayant entraîné un dommage corporel, engagée par la victime directe ou indirecte des préjudices qui en résultent, se prescrit par dix ans à compter de la date de la consolidation du dommage initial ou aggravé », sa portée ne fait guère de doute. Comme le précise le texte de l'amendement présenté par le gouvernement, « la rédaction proposée ne vise plus seulement la réparation du dommage corporel mais, de manière plus large, toutes les actions nées à l'occasion d'un dommage corporel, en ce compris celles des victimes par ricochet et celles visant à réparer les atteintes aux biens consécutives à l'accident » (Amendement nº 1 présenté par le Gouvernement devant le Sénat en première lecture). Comp. P. Stoffel-Munck, *Chronique Responsabilité civile*, *JCP* G, 2008, I, 186, nº 11, se demandant si le législateur a réellement voulu aller aussi loin.

2. Amendement nº 1 présenté par le Gouvernement devant le Sénat en première lecture.

3. Au reste, on relèvera que la démarche est à l'exact opposé de celle adoptée par les juridictions administratives qui s'étaient attachées à distinguer les différents éléments du préjudice liés à une erreur médicale, considérant qu'ils ne pouvaient pas tous être atteints par la prescription de la même façon (v. sur cette distinction, C.-M. Alves, « L'unification de la prescription médicale à l'épreuve de la prescription quadriennale », *LPA*, 14 septembre 2004, p. 3 s., et les arrêts cités note 38, distinguant notamment les préjudices consistant dans la perte de revenus des préjudices physiques proprement dits).

4. En ce sens, mais sur le terrain de la distinction des délais de prescription, S. Amrani-Mekki, « Liberté, simplicité, efficacité, la nouvelle devise de la prescription ? À propos de la loi du 17 juin 2008 », *JCP* G, 2008, I, 160, spéc. nº 37.

et la réparation des autres types de préjudices, il faut désormais distinguer entre une multitude de situations, en fonction de critères alternatifs ou cumulatifs fondés aussi bien sur la nature de la créance, sur la qualité des victimes, sur l'objet de l'action, ou encore sur l'existence accessoire de préjudice corporels.

Ainsi peut-on répertorier pas moins de cinq types de victimes différentes : la victime directe d'un préjudice autre que corporel dont l'action se prescrira à compter de la manifestation du dommage, la victime directe d'un préjudice corporel dont l'action se prescrira à compter de la consolidation du dommage, la victime directe d'un double préjudice corporel et autre que corporel (matériel, moral, d'agrément...) dont l'action se prescrira à compter de la consolidation du dommage corporel, la victime par ricochet d'une victime directe ayant subi un préjudice au moins partiellement corporel, dont l'action se prescrira à compter de la consolidation du dommage corporel de la victime directe, la victime par ricochet d'une victime directe ayant subi un préjudice non corporel, dont l'action se prescrira à compter de la manifestation de son propre dommage.

Ainsi, imaginons qu'un accident de la circulation crée un préjudice distinct à deux individus. Le premier, chauffeur de taxi, voit son véhicule détruit sans subir de préjudice corporel, le second, simple automobiliste, voit son véhicule de tourisme détruit et est également légèrement blessé dans l'accident, son état de santé n'étant cependant réputé consolidé par une expertise médicale diligentée à la demande de ses assureurs que trois ans plus tard. Imaginons maintenant que six ans après l'accident, les deux victimes demandent réparation des préjudices subis, accompagnées par des victimes par ricochet. L'ex-femme du chauffeur de taxi se plaint de la baisse brutale de sa pension alimentaire à la suite de l'impossibilité dans laquelle se trouve son ex-mari de travailler en raison de la destruction de son outil de travail, et l'épouse de l'automobiliste se plaint d'un préjudice moral par ricochet. Confronté à ces demandes, le juge devrait déclarer la demande en réparation du préjudice matériel du chauffeur de taxi prescrite pour avoir été exercée plus de cinq ans après la manifestation du dommage, mais la demande en réparation du préjudice matériel de l'automobiliste recevable, pour avoir été exercée moins de dix ans après la consolidation du dommage. Il devra encore déclarer l'action de l'ex-femme du chauffeur de taxi prescrite, pour avoir été intentée plus de cinq ans après la manifestation de son propre dommage, mais l'action de l'épouse de l'automobiliste recevable, pour avoir été exercée moins de dix ans après la consolidation du préjudice subi par son mari !

Mais il faut également sans doute distinguer selon que la victime d'un double dommage matériel et corporel intenterait une seule action visant directement la réparation des deux dommages subis, de celle dans laquelle elle intenterait deux actions distinctes. Dans la seconde hypothèse, elle ne pourrait prétendre bénéficier du report de la prescription de son action en réparation d'un préjudice matériel au jour de la consolidation de son dommage corporel. Et elle priverait du même coup sa victime par ricochet du bénéfice de ce report...

91. Aussi, ce ne sont pas moins de sept situations qu'il faut distinguer ! Avant, bien sûr, de laisser auteurs et juges s'interroger sur le sens de la formule « née à raison d'un événement ayant entraîné un dommage corporel ». Quel lien, entre l'événement à l'origine du dommage corporel et le dommage matériel ou moral dont il est demandé réparation, faudra-t-il exiger ? Admettra-t-on un lien relativement distendu ou le préjudice matériel devra-t-il être la conséquence directe du dommage corporel subi ? Ce sont les méandres de la causalité qui sont ainsi réintroduits dans la détermination du point de départ de la prescription

qui ne brille déjà pas par sa simplicité. En termes de simplification du droit, on aurait espéré le législateur mieux inspiré[1] !

92. Au total, il apparaît qu'en matière de responsabilité de droit commun, le point de départ de la prescription, fixé par l'ancien article 2270-1 du Code civil au jour de la manifestation du dommage, est désormais régi par l'article 2224 du même Code, sans que cette modification textuelle n'affecte les solutions antérieures. Il en ressort que la prescription ne saurait, en toute hypothèse, courir avant que le dommage dont il est demandé réparation soit réalisé, ou à tout le moins, que le principe du dommage soit acquis. Une telle exigence peut conduire à reporter le point de départ de la prescription, notamment lorsque les effets dommageables se poursuivent ou s'aggravent dans le temps. Pour autant, si la réalisation du dommage est nécessaire, elle ne saurait suffire pour faire courir la prescription. Encore faut-il que la victime ait connaissance, non seulement du dommage dont elle demande réparation, mais encore de l'imputabilité d'un tel dommage à son auteur. Ce principe, bien établi, a cependant donné naissance à autant de solutions particulières qu'il y a de situations distinctes. Surtout, le législateur n'a pas hésité à y déroger dans certaines hypothèses, pour fixer, par exemple, le point de départ de la prescription de l'action née d'une discrimination au jour de sa révélation, ou encore celui de l'action en réparation née à raison d'un événement ayant entraîné un préjudice corporel au jour de sa consolidation. Au fond, en matière de responsabilité civile de droit commun, la simplicité n'est qu'apparente, et masque en réalité une diversité de solutions articulées autour de la découverte du dommage. Ce critère se retrouve lorsqu'il s'agit de mettre en œuvre la garantie des vices cachés.

§ 2 – LA GARANTIE DES VICES CACHÉS

93. L'évolution du régime de prescription de l'action en garantie des vices cachés est sans doute symptomatique de l'évolution de l'ensemble du droit de la prescription, au point que l'on a pu affirmer que l'« évolution profonde du bref délai de l'article 1648 est à mettre en relation avec la lente décadence du droit commun de la prescription »[2]. Précisément, si l'action en garantie des vices cachés illustre mieux qu'aucune autre la prise en considération de la connaissance dans la détermination du point de départ de la prescription, elle témoigne également avant l'heure des débats suscités par l'utilité d'un délai butoir. Ainsi, le régime de prescription de l'action en garantie des vices cachés repose sur le choix d'un point de départ subjectif de la prescription (A), ce choix étant cependant contrebalancé par le rôle de « butoir » ici offert à la prescription de droit commun (B).

---

1. En dépit de ces difficultés, la Cour de cassation n'a pas hésité à s'inspirer de la réforme pour appliquer par anticipation la règle nouvelle aux victimes par ricochet ne pouvant prétendre au bénéfice de la loi du 17 juin 2008 : Cass. civ. 2e, 3 novembre 2011, *LPA*, 26 janvier 2012, p. 10, note A. Thurillet-Bersolle, *RCA*, 2012, comm. 6, note S. Hoquet-Berg, *RTD civ.*, 2012, p. 122, obs. P. Jourdain : « Le préjudice par ricochet subi par les proches d'une victime ayant elle-même subi un dommage corporel ne se manifeste, dans toute son étendue, comme pour celle-ci, qu'à compter de la consolidation de l'état de la victime directe ». V. déjà en ce sens, CE, 1er juin 2011, nº 331225.

2. A. Hervio-Lelong, « Le bref délai de l'article 1648 : chronique d'une mort annoncée », *D.*, 2002, chron. p. 2069.

A. Le choix d'un point de départ subjectif de la prescription

94. Pendant longtemps, l'article 1648 du Code civil précisait seulement que l'action résultant des vices rédhibitoires devait être intentée par l'acquéreur « dans un bref délai ». L'article ne renfermant pas d'indication quant au point de départ de ce délai, trois points de départ possibles pouvaient alors être envisagés : le jour de la conclusion du contrat, le jour de la livraison de la chose, ou encore le jour de la découverte du vice rendant la chose impropre à l'usage auquel elle était destinée[1].

Si les auteurs classiques ont longtemps paru favorables aux deux premières approches[2], un consensus doctrinal et jurisprudentiel a depuis été trouvé autour de la troisième[3], au point que l'ordonnance du 17 février 2005 a consacré

1. V. B. Gross, *La notion d'obligation de garantie dans le droit des contrats*, Préf. D. Tallon, Paris, 1964, p. 284, nº 297 ; P. Malinvaud, note sous Cass. civ. 1re, 5 janvier 1972, *JCP*, 1973, II, 17340.

2. V. par exemple, C. Aubry et C. Rau, *Cours de droit civil français*, 4e éd., Paris, 1871, § 355 *bis*, p. 391 : « Le délai fixé par loi ou l'usage court, en général, et à moins d'indication d'un autre point de départ, du jour même de la vente. Cependant, si l'époque de la livraison a été différée par la convention, ou si le vendeur avait été mis en demeure de livrer, le délai ne courrait que du jour fixé pour la livraison, ou de celui de la tradition réelle. La seule circonstance que l'acheteur n'aurait découvert qu'après ces diverses époques, le vice rédhibitoire dont il allègue l'existence, ne suspend pas le cours du délai » ; C. Toullier continué par J.-B. Duvergier, *Le droit civil français suivant l'ordre du Code*, T. XVI, *De la vente*, Paris, 6e éd., 1843, p. 504, nº 405 : « La prescription commence à courir du jour de la vente. La faire partir du jour où le vice a été reconnu, c'est donner à l'acheteur le moyen de prolonger indéfiniment la durée de l'action » ; v. également, en faveur de la deuxième approche, G. Ripert et J. Boulanger, *Traité élémentaire de droit civil*, T. III, LGDJ, 1958, p. 509, nº 1526 : « Le point de départ du délai, qui n'est pas fixé par la loi, est le jour de la livraison ou mise en possession réelle » ; M. Troplong, *Le droit civil expliqué suivant l'ordre des articles du code, De la vente*, T. II, Paris, 1858, p. 54, nº 587-588 qui reproche par ailleurs à la troisième approche de faire « partir le commencement de la prescription d'un point inconnu, arbitraire, qu'il dépendra toujours de l'acheteur de dissimuler, afin de proroger le temps de la prescription ». V., cependant, déjà en faveur du jour de la découverte du vice, F. Laurent, *Principes de droit civil français*, T. XXIV, Paris, 1878, p. 296, nº 302 : « L'article 1648 veut que le délai soit bref ; il le sera si le juge, à défaut d'usage, décide que l'action a dû être intentée dans tel délai à partir du jour où l'acheteur a connu le vice ».

3. V. en doctrine, A. Bénabent, *Les contrats spéciaux civils et commerciaux*, Montchrestien, 9e éd., 2011, p. 166, nº 366 ; P. Malaurie, L. Aynès, P.-Y. Gautier, *Les contrats spéciaux*, Defrénois, 5e éd., p. 243, nº 400 ; F. Collart-Dutilleul, P. Delebecque, *Contrats civils et commerciaux*, Dalloz, 9e éd., 2011, p. 254, nº 284 ; J. Huet, G. Decocq, C. Grimaldi, H. Lécuyer, *Traité de droit civil, Les principaux contrats spéciaux*, LGDJ, 3e éd., 2012, p. 298, nº 11350 ; en jurisprudence, par ex. Cass. com., 22 novembre 1965, *Bull. civ.*, IV, nº 593. Il faut cependant souligner que la Cour de cassation a longtemps laissé aux juges du fond le soin de fixer le point de départ de la prescription (Cass. com., 24 octobre 1961, *D.*, 1962, p. 46, note J. Hémard ; Cass. com., 18 juillet 1966, *Bull. civ.* IV, nº 362 ; Civ. 1re, 11 mars 1986, *Bull. civ.* I, nº 66 ; Cass. com., 23 février 1982, pourvoi nº 78-12421 ; Cass. civ. 1re, 11 janvier 1989, *Bull. civ.* I, nº 12, *RTD com.*, 1989, p. 711, obs. B. Bouloc ; Cass. civ. 1re, 5 janvier 1972, *JCP*, 1973, II, 17340), suscitant la critique de certains auteurs. Ainsi, P. Malinvaud avait-il affirmé qu'« on peut se demander s'il ne serait pas opportun de considérer le point de départ du délai comme une question de droit. En effet, autant il est normal de laisser aux juges du fond une certaine latitude pour adapter la longueur du délai aux circonstances particulières des espèces, autant la même liberté s'explique mal lorsqu'il s'agit de définir le point de départ. Si la longueur d'un délai est toujours arbitraire (même et surtout lorsqu'elle est fixée par la loi), son point de départ peut être déterminé par des considérations générales propres à la matière de la prescription » (P. Malinvaud, note sous Cass. civ. 1re, 5 janvier 1972, *JCP*, 1973, II, 17340). De même, selon B. Starck, « cette question (…) pose un problème de droit ; l'abandonner, comme on paraît disposer à le faire, à la libre appréciation des juges du fait, n'est rien d'autre que d'esquiver son examen » (B. Starck, note sous Cass. civ. 1re, 4 janvier 1958 et civ. 2e, 19 mai 1958, *JCP*, 1958, II, 10808). La Cour de cassation n'est pas restée sourde aux critiques, et, après une période incertaine, a fait de la question du point de départ une question de droit (v. par ex. censurant une cour d'appel qui avait déclarée tardive l'action intentée plus de 9 mois après la vente « sans recherche la date à laquelle le vice s'était révélé à l'acquéreur » : Cass. civ. 3e, 2 février 1999, pourvoi nº 97-14906, *Cont. conc. cons.*, 1999, nº 71, obs. L. Leveneur). La détermination du moment auquel l'acquéreur a eu connaissance du vice demeure en revanche une question de fait, laissée à l'appréciation souveraine des juges du fond.

le choix du jour de la découverte du vice comme point de départ du délai, l'article 1648 du Code civil disposant désormais que « l'action résultant des vices rédhibitoires doit être intentée par l'acquéreur dans un délai de deux ans *à compter de la découverte du vice* »[1].

95. Que faut-il alors entendre par découverte du vice ? La question renvoie plus généralement aux interrogations sur la conception de la connaissance qu'il convient de retenir. En effet, dès lors que l'on admet que la découverte, c'est-à-dire qu'un événement subjectif, a vocation à marquer le point de départ de la prescription, le débat se déplace nécessairement sur le point de savoir quelle compréhension avoir de cet événement.

Sur cette question, la doctrine semble divisée. Certains considèrent qu'une appréciation *in abstracto* de la connaissance doit être adoptée. À ce titre, le point de départ du délai ne devrait pas être fixé au jour de la connaissance effective du vice, mais au jour où l'acquéreur aurait dû en avoir connaissance, par exemple à l'issue d'un examen approprié de la chose[2]. Un tel raisonnement peut d'ailleurs se prévaloir du régime mis en place par l'article 39 de la *Convention internationale sur la vente de marchandise* (*CIVM*) qui fait courir le délai de dénonciation du vice non pas du jour de la découverte du défaut, mais du jour où il aurait dû être constaté. D'autres, à l'inverse, contestent que le point de départ de la prescription puisse être fixé abstraitement[3]. Selon ces derniers, si l'obligation de vérification à la charge de l'acquéreur se justifie dans le cadre de la *CIVM* qui ne s'applique qu'aux ventes conclues entre professionnels, une telle obligation ne saurait être mise à la charge d'un simple consommateur. D'où la nécessité de prendre en considération les compétences de l'acquéreur ainsi que la complexité du bien en cause pour déterminer le moment de découverte du vice[4].

96. Cette différence de point de vue n'est pas anodine. Elle révèle au fond une différence de conception des causes du report du point de départ de la prescription au jour de la découverte du vice.

Pour les uns en effet, l'action en garantie des vices cachés doit se comprendre à l'aune de l'action en nullité pour erreur. Parce que le vice ne serait autre chose qu'une sorte particulière d'erreur, le point de départ de la prescription devrait être reporté au jour de sa découverte. Ainsi, selon Starck, « c'est bien avec la nullité pour erreur du consentement que l'action pour vices rédhibitoires paraît

---

1. V., déjà, pour une approche similaire en matière maritime, l'article 8 de la loi du 3 janvier 1967 qui dispose que : « L'action en garantie contre le constructeur se prescrit par un an. Ce délai ne commence à courir, en ce qui concerne le vice caché, que de sa découverte ».

2. B. Starck, note préc. : « ce n'est donc pas le moment de la connaissance effective du vice qui sera déterminant ; mais celui où normalement ce vice aurait dû être connu. S'il plait à un acquéreur ou au maître de l'ouvrage de ne pas se servir de la chose pendant plusieurs années, il devra être déclaré irrecevable à invoquer la garantie, alors même que s'étant décidé d'en user au bout d'un certain temps, il intenterait son action immédiatement après la révélation des vices » ; J. Ghestin, *Conformité et garanties dans la vente (Produits mobiliers)*, LGDJ, 1983, p. 34, nº 23 : « il ne suffit pas que l'acheteur ait ignoré le vice, il faut encore qu'il l'ait ignoré légitimement. Cette appréciation de l'attitude de l'acheteur se prolonge au-delà de l'acceptation et jusqu'au moment où l'action en garantie est exercée. Si l'acheteur pouvait vérifier le produit, il devait procéder à cette vérification. Il n'est donc pas possible de poser en principe que le délai commencera à courir à compter de la découverte du vice. Il faut seulement admettre pour point de départ du délai le moment où l'acquéreur aurait dû normalement avoir connaissance du vice ».

3. V. not. P. Jachmig-Joly, *La garantie des vices cachés, essai de théorie générale*, thèse Paris II, 1997, p. 370, nº 395 et p. 503, nº 554.

4. A. Hervio-Lelong, art. préc.

présenter la plus grande analogie »[1]. Le glissement sur le terrain des vices du consentement conduit alors à imposer à l'acquéreur une sorte d'obligation de s'informer : de même que l'ignorance de l'erreur ne peut être prise en considération que si elle est excusable, l'ignorance du vice n'est légitime que si l'acquéreur a fait preuve de diligence. C'est dans cette hypothèse seulement que le point de départ du délai pourra être reporté au jour de sa découverte[2].

Pour les autres, c'est différemment dans l'ancien article 2257 alinéa 3[3] qu'il faut découvrir le fondement du report du point de départ de la prescription. Dans cette perspective, celui-ci n'est autre que l'illustration du principe bien connu selon lequel la prescription ne peut courir contre celui qui ne peut utilement agir[4]. Dès lors, l'éviction ne se produit que lorsque l'acquéreur se rend compte que le bien acquis est impropre à l'usage auquel il le destine, peu important qu'il ait pu le découvrir antérieurement. Seule la connaissance effective du vice par l'acquéreur permet alors au délai de courir.

97. C'est cette deuxième analyse que semble faire sienne la jurisprudence, faisant régulièrement référence à la connaissance « effective » du vice par l'acquéreur[5] et adoptant une appréciation *in concreto* de la découverte du vice en prenant en considération le caractère profane ou professionnel de l'acquéreur pour déterminer le moment où le vice pouvait être découvert[6].

Sans doute faut-il encore souligner que la Cour de cassation exige non seulement que l'acquéreur ait eu effectivement connaissance du vice, mais encore qu'il en connaisse la cause, rejoignant sur ce point les solutions qui prévalent en droit commun. En effet, elle refuse de faire courir le délai de l'article 1648 du Code civil avant que les causes du dysfonctionnement aient été portées à la connaissance de l'acquéreur[7]. En conséquence, elle fait régulièrement du jour du dépôt du rapport de l'expert[8] le point de départ de la prescription du délai de l'article 1648 du Code civil. La solution est devenue d'usage, au point que les juges du fond sont sommés de se justifier lorsqu'ils s'en écartent[9].

98. Aussi, les premières manifestations de l'existence du vice ne suffisent pas à faire courir la prescription tant que l'étendue du vice n'est pas clairement établie par le rapport d'expertise. Sous cet aspect, l'action en garantie des vices cachés constitue sans doute l'un des exemples les plus nets de prise en consi-

---

1. B. Starck, note préc. V. aussi, J. Ghestin, *La notion d'erreur dans le droit positif actuel*, préf. J. Boulanger, LGDJ, 1961, p. 342, nº 294 : « Action en résolution pour inexécution, elle ne peut survivre à l'acceptation de la chose livrée qu'en raison et dans la mesure de l'erreur sur la substance qui paralyse les effets normaux de l'acceptation ».

2. V. J. Ghestin, thèse préc.

3. Devenu l'article 2233 du Code civil : « La prescription ne court point : À l'égard d'une créance qui dépend d'une condition, jusqu'à ce que la condition arrive ; À l'égard d'une action en garantie, jusqu'à ce que l'éviction ait lieu ; À l'égard d'une créance à terme [anc. "à jour fixe"], jusqu'à ce que ce terme [anc. "ce jour"] soit arrivé ».

4. B. Gross, thèse préc., p. 284, nº 297 ; P. Ancel, « La garantie conventionnelle des vices cachés dans les conditions générales de vente en matière mobilière », *RTD com.*, 1979, p. 203 s., spéc. nº 9.

5. V. par ex. imposant aux juges du fond de vérifier si l'acquéreur « avait effectivement eu connaissance des vices » : Cass. com., 29 novembre 1982, *Bull. civ.* IV, nº 381 ; 21 janvier 1992, *Bull. civ.* IV, nº 32 ; 17 novembre 1998, pourvoi nº 96-19640.

6. Cass. civ. 1re, 11 mars 1980, *Bull. civ.* I, nº 84.

7. Cass. civ. 3e, 5 juin 1968, *Bull. civ.* III, nº 259.

8. Cass. civ. 1re, 11 janvier 1989, *Bull. civ.* I, nº 12, *RTD com.*, 1989, p. 711, obs. B. Bouloc ; Cass. com., 20 février 1990, pourvoi nº 88-13090 ; Cass. com., 29 mars 1994, pourvoi nº 92-14410.

9. Cass. com.,18 octobre 1982, *Bull. civ.* IV, nº 317 ; Cass. civ. 1re, 19 mars 1991, *Bull. civ.* I, nº 101 ; Cass. com., 29 mars 1994, pourvoi nº 92-14410.

dération de la connaissance de l'existence de son action par celui qui agit dans la fixation du point de départ de la prescription. Une telle prise en considération est cependant ici contrebalancée par la prescription de droit commun, qui constitue une sorte de butoir à l'exercice de l'action.

B. Le rôle butoir joué par la prescription de droit commun

99. Si l'instauration par la loi du 17 juin 2008 d'un délai butoir à l'issue duquel plus aucune action ne peut être exercée a sans doute fait perdre à la question, au moins en apparence[1], une partie de son intérêt, le point de savoir si le délai de prescription de droit commun pouvait constituer un délai butoir au-delà duquel l'action en garantie des vices cachés ne pouvait plus être exercée a fait l'objet d'un vif débat doctrinal.

100. Dans leur ensemble, les auteurs ont longtemps semblé réfractaires à l'idée de considérer le délai de droit commun comme un délai butoir[2]. Outre un certain scepticisme sur la pertinence même d'un tel butoir à l'action, ils faisaient remarquer qu'il est difficile de concevoir comment ce délai, s'il devait être pris en compte, pourrait avoir un autre point de départ que le jour de la découverte du vice. Ainsi J. Huet a-t-il pu écrire qu'« il est vraisemblable qu'il faille retenir comme point de départ de cette prescription générale le même que celui qui s'applique à la garantie, c'est-à-dire le moment où l'acheteur a pu avoir connaissance de la cause d'insatisfaction qui est la sienne »[3], faute d'avoir pu agir auparavant. La jurisprudence est elle-même longtemps demeurée hostile à la mise en place d'un butoir à l'action, acceptant par exemple d'accueillir une action en garantie des vices cachés intentée plus de deux siècles après la mise en place d'une poutre viciée[4].

101. Cependant, par un arrêt du 27 novembre 2001, la chambre commerciale de la Cour de cassation a posé en principe, à propos de l'action en garantie des vices cachés intentée contre le constructeur d'un navire, que « les obligations nées à l'occasion de leur commerce entre commerçants et non-commerçants se

---

1. Sur le point de savoir si l'action en garantie des vices cachés demeure enfermée dans le délai de droit commun devenu quinquennal ou si elle est désormais enfermée dans le délai butoir de l'article 2232, v. *infra*, n° 589.

2. V. cependant, en faveur de l'application du délai de droit commun : M. Bruschi, *La prescription en droit de la responsabilité civile*, préf. A. Sériaux, Economica, 1997, spéc. n° 144 ; Y.-M. Serinet, *Les régimes comparés des sanctions de l'erreur, des vices cachés et de l'obligation de délivrance dans la vente*, thèse Paris I, 1996, spéc. n° 137.

3. J. Huet, *J.-Cl. civ.*, art. 1641 à 1649, n° 70 (dans sa dernière version, l'auteur est cependant en retrait puisqu'il se contente d'affirmer « qu'on pourrait être tenté de retenir comme point de départ de la prescription de droit commun le même que celui qui s'applique à la garantie », n° 95). Dans le même sens, P. Ancel, art. préc., spéc. n° 9. V. aussi P. Jourdain, note sous Cass. com., 27 novembre 2001, *JCP* G, 2002, II, 10021, spéc. n° 7 : « On sait que la prescription est soumise aux causes habituelle d'interruption et de suspension et qu'à ce titre elle ne court pas contre celui qui ne peut agir : *Contra non valentem agere non currit praescriptio.* (...) Or, on ne voit pas de motif d'écarter ces mêmes règles lorsque, malgré la bizarrerie de la solution, on veut soumettre à la prescription de droit commun l'action en garantie des vices cachés. C'est même, nous semble-t-il, de plus fort qu'elles devraient s'y appliquer. Mais on perçoit immédiatement que la conséquence logique de leur application serait de repousser le point de départ de la prescription au jour où le bref délai de l'article 1648 (ou celui d'un an de la loi du 3 janvier 1967) commence à courir, montrant ainsi l'inutilité d'une dualité de délais extinctifs ». V. également, mais sur la question plus spécifique des effets de l'interversion, P.-Y. Gautier, note sous Cass. civ. 1re, 19 octobre 1999, *RTD civ.*, 2000, p. 133.

4. Cass. civ. 1re, 24 mai 1967, *Bull. civ.* I, n° 183.

prescrivent par dix ans, si elles ne sont pas soumises à des prescriptions spéciales plus courtes et que le délai d'un an de l'action en garantie contre le constructeur d'un navire ne peut être utilement invoqué qu'à l'intérieur de cette prescription extinctive de dix ans »[1]. L'affirmation n'a pas manqué de susciter la critique. Parce qu'elle peut aboutir à priver l'acquéreur de son action en garantie des vices cachés avant qu'il n'ait pu découvrir le vice affectant la chose, on lui a évidemment reproché de faire bien peu de cas du principe fondamental selon lequel la prescription ne peut courir contre celui qui ne peut agir[2]. Elle a cependant été réitérée en matière de vente d'immeubles, domaine dans lequel l'acquéreur cherche pourtant à se procurer un usage durable du bien, par la troisième chambre civile, dans un arrêt du 16 novembre 2005 dont il résulte que « la garantie légale du vendeur initial [doit] être mise en œuvre à l'intérieur du délai de la prescription extinctive de droit commun fixé à trente ans par l'article 2262 du Code civil »[3].

La solution a généralement été expliquée par la mise en place, à l'instar de ce qui existe déjà dans certains domaines[4], de deux délais extinctifs distincts : le premier, délai spécial, éteindrait l'action, tandis que le second, délai de droit commun, éteindrait le droit lui-même.

102. Cette extension du champ d'application du système des doubles délais au-delà des hypothèses dans lesquelles ils ont spécifiquement été institués a été critiquée. On a notamment souligné que « seul un texte de loi ou une convention peut autoriser un double délai extinctif »[5]. L'absurdité à laquelle pourrait conduire une généralisation automatique de la solution dégagée dans toutes les hypothèses où la loi prévoit un délai spécial de prescription d'une action a également été montrée : la distinction systématique de la prescription de l'action et de la prescription du droit devrait en effet logiquement conduire à considérer que « la créance du prix d'un ouvrage serait prescrite dix ans après la conclusion du contrat même si la réception survient après cette date, nonobstant le délai d'un an à partir de la réception que prévoit la loi pour agir en paiement (al. II, 3°)… Solution invraisemblable ! »[6].

103. En réalité, si l'on cherche néanmoins à justifier la solution adoptée et à dépasser l'incohérence constatée, sans doute faut-il admettre la nature très spécifique « des » délais de prescription de l'action en garantie des vices cachés.

Sous cet aspect, le fondement du délai de l'article 1648 a suscité de nombreuses hésitations doctrinales[7]. S'appuyant sur un arrêt rendu par la Cour de

1. Cass. com., 27 novembre 2001, *JCP* G, 2002, II, 10021, note P. Jourdain, *Cont. conc. cons.*, 2002, comm. 43 par L. Leveneur.

2. V. P. Jourdain, note sous Cass. com., 27 novembre 2001, préc. et L. Leveneur, note sous Cass. com., 27 novembre 2001, préc.

3. Cass. civ. 3e, 16 novembre 2005, *JCP* G, 2006, II, 10069, comm. par F.-G. Trébulle, *D.*, 2006, p. 971, note R. Cabrillac.

4. V. par ex., en matière de responsabilité du fait des produits défectueux, les articles 1386-16 et 1386-17 du Code civil, *infra* n° 105.

5. P. Jourdain, note sous Cass. com., 27 novembre 2001, préc., spéc. n° 4.

6. L. Leveneur, note sous Cass. com., 27 novembre 2001, préc. Et l'auteur de poursuivre : « Devrait-on décider, dans cette même veine, que la banque ne peut réclamer en justice, plus de dix ans après la conclusion du prêt, les remboursements n'arrivant à échéance qu'après ? Ou que l'acheteur ne peut se plaindre d'une éviction que lui fait subir son vendeur commerçant plus de dix ans près le contrat parce que sa garantie serait prescrite ».

7. Traditionnellement, on a pu avancer que le bref délai se justifiait par des considérations de sécurité juridique, de preuve ou encore de sanction de l'acquéreur négligent. V. sur ces différentes justifications, Y.-M. Serinet, thèse préc., spéc. p. 129 s., n° 118 s.

cassation le 21 octobre 1997[1] qui a posé en principe que l'assignation en référé produisait non seulement un effet interruptif, mais également un effet d'interversion de la prescription, de nombreux auteurs[2] y ont vu une prescription présomptive, à l'instar de celles que l'on retrouvait aux anciens articles 2271 et suivants du Code civil. On sait en effet que, jusqu'à son abandon par la loi du 17 juin 2008, l'interversion était supposée se produire chaque fois que la prescription abrégée avait perdu sa raison d'être, comme c'était le cas lorsque la présomption de paiement des articles 2271 et suivants du Code civil était renversée par une action en justice. Il était alors avancé que l'article 1648 posait pareillement une présomption, non pas de paiement, mais de bon état du bien acquis. À ce titre, une fois l'action intentée, le délai de prescription de droit commun devait naturellement retrouver son empire. La nature présomptive de l'article 1648 du Code civil demeure cependant discutable. Sans doute ne faut-il voir dans le délai de l'article 1648 du Code civil ni un délai d'extinction de l'action, ni une présomption de conformité du bien, mais différemment un délai de dénonciation du vice[3].

Mais un tel délai de dénonciation ne peut alors constituer le véritable délai de prescription de l'action en garantie des vices cachés. Seul le délai de prescription de droit commun peut en conséquence remplir un tel rôle, ce qui justifie en même temps qu'une fois la dénonciation effectuée, l'acquéreur bénéficie du délai de droit commun pour assigner au fond son vendeur et qu'aucune action ne puisse être intentée au-delà de son terme.

104. Le mécanisme à l'œuvre devrait alors être observé différemment : un premier délai, de dénonciation, ayant pour unique objectif de sanctionner l'acquéreur négligent, devrait courir du jour de la découverte effective du vice par l'acquéreur. Un tel délai devrait cohabiter avec un second délai, de prescription, constituant un délai d'épreuve[4] courant à compter du jour de la conclusion du contrat[5] ou de la livraison du bien[6], et au-delà duquel plus aucune action ne peut être exercée[7].

---

1. Cass. civ. 1re, 21 octobre 1997, *JCP* G, 1998, II, 10063, note C. Mouloungui, *D.*, 1998, p. 409, note M. Bruschi, *D.*, 1999, p. 17, obs. O. Tournafond : « Qu'ayant constaté qu'en assignant la société Somaf en référé le 7 août 1991, M. Audebert avait agi dans le bref délai édicté par l'article 1648 du code civil, la cour d'appel en a justement déduit que ce texte, auquel il avait été satisfait, n'avais plus lieu désormais de trouver application et que c'était la prescription de droit commun qui avait commencé à courir à compter de l'ordonnance de référé ». La Cour de cassation précisera par la suite que la prescription de droit commun court, non pas à compter de l'ordonnance de référé, mais à compter de la conclusion de la vente (Cass. civ. 1re, 19 octobre 1999, *Bull. civ.* I, nº 288, *RTD civ.*, 2000, p. 133, obs. P.-Y. Gautier, *D.*, 2001, p. 413, note I. Bufflier ; Cass. civ. 1re, 12 décembre 2000, *Bull. civ.* I, nº 324), avant d'affiner encore sa position en faisant courir la prescription de droit commun du jour de la livraison (Cass. civ. 1re, 25 juin 2002, *Bull. civ.* I, nº 176, *Defrénois*, 2003, p. 406, note Y. Dagorne-Labbé ; P. Stoffel-Munck, *Chronique de contrats spéciaux*, *LPA*, 18 novembre 2002, p. 7 ; 5 juin 2008, pourvoi nº 06-21339), comme le suggérait déjà M. Bruschi dans sa note sous l'arrêt du 21 octobre 1997.

2. J. Huet, *J.-Cl.* préc., nº 83. M. Bruschi, note sous Cass. civ. 1re, 21 octobre 1997, préc., spéc. nº 4 ; P.-Y. Gautier, obs. sous Cass. civ. 1re, 19 octobre 1999, préc. V. aussi, en ce sens, Toulouse, 18 février 1991, *Juris-Data* nº 1991-040481.

3. V. en ce sens, A. Hervio-Lelong, art. préc. ; Y. Dagorne-Labbé, note sous Cass. civ. 1re, 25 juin 2002, préc.

4. V. *infra*, nº 579 s.

5. Cass. civ. 1re, 19 octobre 1999, *Bull. civ.* I, nº 288, *RTD civ.*, 2000, p. 133, obs. P.-Y. Gautier, *D.*, 2001, p. 413, note I. Bufflier ; Cass. civ. 1re, 12 décembre 2000, *Bull. civ.* I, nº 324.

6. Cass. civ. 1re, 25 juin 2002, *Bull. civ.* I, nº 176, *Defrénois*, 2003, p. 406, note Y. Dagorne-Labbé, P. Stoffel-Munck, *Chronique de contrats spéciaux*, *LPA*, 18 novembre 2002, p. 7.

7. Sur l'influence de cette qualification sur l'articulation du délai de prescription de l'action en garantie des vices cachés de l'article 1648 du Code civil, du délai de prescription de droit commun de l'article 2224 du Code civil, et du délai butoir de l'article 2232 du Code civil, v. *infra*, nº 589.

Un tel double délai a d'ailleurs été expressément consacré par le législateur en matière de responsabilité du fait des produits défectueux.

§ 3 - LA RESPONSABILITÉ DU FAIT DES PRODUITS DÉFECTUEUX

105. La loi du 19 mars 1998, transposant la directive du 25 juillet 1985 relative à la responsabilité du fait des produits défectueux, a imposé un double délai inspiré des droits de tradition germanique[1] à l'intérieur duquel l'action en réparation du préjudice subi doit être exercée. L'article 1386-17 du Code civil dispose ainsi que « l'action en réparation fondée sur les dispositions du présent titre se prescrit dans un délai de trois ans à compter de la *date à laquelle le demandeur a eu ou aurait dû avoir connaissance du dommage, du défaut et de l'identité du producteur* ». Il doit être lu conjointement avec l'article 1386-16 qui précise que « sauf faute du producteur[2], la responsabilité de celui-ci, fondée sur les dispositions du présent titre, est éteinte dix ans après la mise en circulation du produit même qui a causé le dommage, à moins que, durant cette période, la victime n'ait engagé une action en justice ». Aussi l'action doit-elle en principe être intentée dans les trois ans à compter du jour où le demandeur a eu ou aurait dû avoir connaissance du dommage, du défaut, et de l'identité du producteur, sans pouvoir être exercée plus de dix ans après la mise en circulation du produit[3].

Le premier délai, qui court à compter du jour où le demandeur a eu ou aurait dû avoir connaissance du dommage, du défaut et de l'identité du producteur doit être mis en perspective avec l'article 1386-9 du Code civil selon lequel « le demandeur doit prouver le dommage, le défaut et le lien de causalité entre le défaut et le dommage ». En effet, pour apporter une telle preuve, encore faut-il avoir connaissance des éléments auxquels l'article 1386-17 fait référence. Sous cet aspect, le point de départ de la prescription retenu par l'article 1386-17 n'est qu'une application de l'adage *Contra non valentem agere non currit praescriptio* selon lequel la prescription ne peut courir à l'encontre de celui qui ne peut agir[4]. Au fond, c'est la connaissance de l'imputabilité du dommage au producteur dont la responsabilité est engagée qui est ici recherchée. On rejoint alors la solution retenue par la jurisprudence en matière de responsabilité de droit commun.

---

1. G. Viney, « L'introduction en droit français de la directive européenne du 25 juillet 1985 relative à la responsabilité du fait des produits défectueux », *D.*, 1998, p. 291 s., spéc. n° 10 ; J.-S. Borghetti, *La responsabilité du fait des produits, Étude de droit comparé*, préf. G. Viney, LGDJ, 2004, p. 491, n° 512.

2. Cette réserve de l'hypothèse d'une faute du producteur n'était pas prévue par la directive. Elle semble cependant n'être qu'une application particulière du principe exposé à l'article 1386-18 al. 2 selon lequel « le producteur reste responsable des conséquences de sa faute et de celle des personnes dont il répond ». V. J. Ghestin, « Le nouveau Titre IV *bis* du Livre III du Code civil "De la responsabilité du fait des produits défectueux", L'application en France de la directive sur la responsabilité du fait des produits défectueux après l'adoption de la loi n° 98-389 du 19 mai 1998 », *JCP* G, 1998, I, 148, spéc. n° 49.

3. Cette notion de mise en circulation est définie à l'article 1386-5 du Code civil qui précise qu'« un produit est mis en circulation lorsque le producteur s'en est dessaisi volontairement ». La Cour de justice des Communautés européennes a par la suite précisé qu'un produit est mis en circulation lorsqu'il est sorti du processus de fabrication mis en œuvre par le producteur et qu'il est entré dans le processus de commercialisation dans lequel il se trouve dans l'état offert au public aux fins d'être utilisé ou consommé (CJCE, 9 février 2006, *JCP* G, 2006, I, 166, n° 13, obs. P. Stoffel-Munck, *D.*, 2006, p. 1937, obs. P. Brun et p. 1261, obs. C. Nourissat, *JCP* G, 2006, II, 10083, note J.-C. Zarka).

4. V. P. Jourdain, « Commentaire de la loi n° 98-389 du 19 mai 1998 sur la responsabilité du fait des produits défectueux », *JCP* E, 1998, 1204 s., spéc. n° 46 : « le texte retarde opportunément le point de départ du délai jusqu'au jour où la victime dispose de tous les éléments qui lui sont nécessaires pour exercer efficacement son action, faisant ainsi une pleine application de l'adage *actioni non natae non currit praescriptio* qui garantit convenablement les droits des victimes ».

Plus original est en revanche le second délai à prendre en considération, apprécié cette fois non plus du côté de la victime, mais du responsable du dommage. Il se présente comme un butoir à l'action pour la victime, justifié par le fait « qu'il serait inéquitable de rendre le producteur responsable des défauts du produit sans limitation de durée, compte tenu, entre autres, de l'usure du temps »[1].

Il reste que l'on peut s'inquiéter de la durée particulièrement courte de ce délai d'extinction du droit. En effet, si le délai décennal imparti permet en général au produit défectueux d'épuiser ses effets dommageables, il arrive malheureusement que ce délai s'avère insuffisant pour certains produits dont la dangerosité se révèle très longtemps après leur mise en circulation. On songe notamment à la célèbre affaire du *Distilbène*[2], qui peut mettre en lumière les carences de la législation issue de la Directive[3].

106. **Conclusion de la Section II**. Des développements qui précèdent, il ressort que la prise en considération de la connaissance de la victime dans la détermination du point de départ de la prescription masque, derrière l'unité apparente du critère, une multiplicité de situations distinctes. D'une part, la prise en considération de la connaissance n'est pas homogène : connaissance prouvée ou présumée, du seul principe du dommage ou de son étendue… les modalités d'appréciation de la connaissance sont nombreuses. D'autre part, si la prise en considération de la connaissance est en général contrebalancée par l'instauration d'un délai butoir, celui-ci peut prendre des formes distinctes. Ainsi, longtemps insusceptible d'être limitée dans le temps, l'action en responsabilité de droit commun est désormais, sauf exception telle que l'action en réparation des préjudices nés à l'occasion d'un événement ayant entraîné un dommage corporel, limitée par le délai butoir de l'article 2232 du Code civil, qui court à compter de la naissance du droit. Différemment, l'action en garantie des vices cachés est enfermée dans le délai de prescription de droit commun à compter de la vente ou de la livraison du bien. Différemment encore, l'action en garantie des produits défectueux est enfermée dans un délai de dix ans à compter de la mise en circulation du produit.

Mais, au-delà de la diversité inhérente à la prise en considération de la connaissance de la victime dans la fixation du point de départ de la prescription, il faut encore souligner qu'une telle prise en considération n'est elle-même qu'une variété parmi d'autres de critère de détermination du point de départ de la prescription. En effet, la connaissance du dommage et surtout le dommage lui-même peuvent parfois être totalement ignorés.

---

1. Y. Dagorne-Labbé, « La loi du 19 mai 1998 relative à la responsabilité des produits défectueux », *Defrénois*, 1998, p. 1265 s., spéc. n° 48, reprenant la motivation du 11e considérant de la directive. À l'évidence, un tel délai a également pour objectif d'aligner la durée pendant laquelle la responsabilité du producteur peut être recherchée sur celle pendant laquelle elle est couverte par l'assurance souscrite (v. L. Mayaux, « L'incidence de la loi du 19 mai 1998 sur la durée de la garantie d'assurance en matière de produits livrés », *RGDA*, 1999, p. 63 s., spéc. n° 4 s.).

2. Ce médicament, destiné aux femmes enceintes, avait provoqué cancers et problèmes de fertilité chez les filles, devenues adultes, des femmes qui l'avaient utilisé.

3. G. Viney, « La mise en place du système français de responsabilité des producteurs pour le défaut de sécurité de leurs produits », *Mélanges offerts à J.-L. Aubert*, Dalloz, 2005, p. 329 s., spéc. p. 337 ; J.-S. Borghetti, thèse préc., p. 492, n° 512. Ces carences doivent toutefois être relativisées : en effet, les actions du droit commun restent ouvertes.

Section III : La prise en considération d'une date étrangère au dommage

107. Dans les hypothèses jusqu'alors étudiées, que le point de départ de la prescription ait été fixé par référence au fait générateur du dommage ou à sa manifestation, le choix de l'événement faisant courir le délai présentait toujours un lien avec le dommage subi, c'est-à-dire avec le fait à l'origine de l'action de la victime. Plus encore, le point de départ de la prescription était le plus souvent subjectivement fixé, par référence à la situation de la victime : le lien entre la possibilité d'exercer l'action et le point de départ de la prescription apparaissait alors indéfectible. Mais, dans certaines hypothèses, ce lien ne guide plus la détermination du point de départ de la prescription. Tel est le cas lorsque le choix du législateur, conforté par l'interprétation jurisprudentielle des directives légales, se porte sur un événement étranger à la manifestation du dommage, et donc à la naissance de l'action, rompant par là même tout lien entre la possibilité d'exercer l'action et le point de départ de la prescription.

Les illustrations d'une telle démarche sont nombreuses. On la retrouve notamment en matière de garantie de conformité (§ 1), de responsabilité des constructeurs (§ 2), ou encore de responsabilité des personnes ayant assisté ou représenté une partie en justice (§ 3).

§ 1 - LA GARANTIE DE CONFORMITÉ

108. L'ordonnance du 17 février 2005 transposant, après une controverse doctrinale qu'il est ici inutile de retracer[1], la directive du 25 mai 1999 sur les garanties dans la vente de biens de consommation, a inséré dans le Code de la consommation un article L. 211-12 au terme duquel « l'action résultant du défaut de conformité se prescrit par deux ans à compter de la *délivrance du bien* ».

Même si le législateur français n'a pas adopté le plus strict des régimes envisageables, renonçant notamment à transposer le sévère délai de dénonciation de deux mois à compter de la date à laquelle le consommateur a constaté le défaut qui était prévu par l'article 5 point 2 de la directive, le choix - imposé par les termes de la directive - de la « délivrance » comme point de départ de la prescription a fait l'objet de vives critiques[2]. Outre son inadaptation à certains des contrats susceptibles d'être visés par le dispositif[3], on lui a reproché de rendre la garantie illusoire

1. V. parmi d'autres, O. Tournafond, « De la transposition de la directive du 25 mai 1999 à la réforme du code civil », *D.*, 2002, p. 2883 ; G. Viney, « Retour sur la transposition de la directive du 25 mai 1999 », *D.*, 2002, p. 3162 ; D. Mainguy, « Propos dissidents sur la transposition de la directive du 25 mai 1999 sur certains aspects de la vente et de garanties des biens de consommation », *JCP* G, 2002, I, 183 ; P. Brun, « Des vicissitudes de la transposition (réalisée ou à venir) de certaines directives et leur impact sur le droit de la vente », *RDC*, 2003, p. 107 ; P. Jourdain, « Ne pas manquer une occasion de progrès », *D.*, 2003, p. 4 ; D. Mazeaud, « La parole est à la défense… », *D.*, 2003, p. 6 ; B. Fages, « À propos du projet de loi de transposition de la directive nº 99/44/CE du 25 mai 1999, au retard s'ajoute le regret », *Rev. Lamy dr. civ.*, octobre 2004, p. 5.

2. V. notamment, G. Paisant, « La transposition de la directive du 25 mai 1999 sur les garanties dans la vente de biens de consommation, Ordonnance du 17 février 2005 », *JCP* G, 2005, I, 146, spéc. nº 32.

3. La garantie de conformité est en effet pensée sur le modèle du seul contrat de vente alors même qu'elle a vocation à s'appliquer à l'ensemble des contrats portant sur des biens meubles corporels et donc notamment aux contrats d'entreprise. Or le choix de la délivrance comme point de départ de la prescription est inadapté à ce dernier type de contrat. En effet, dans le contrat d'entreprise, ce n'est pas la délivrance, mais la réception qui joue un rôle pivot (transfert du risque, paiement du prix, et surtout vérification de conformité…), de sorte que si l'on suivait à la lettre l'article L. 211-12 du Code de la consommation, il faudrait en déduire que l'entrepreneur serait tenu à garantie et que le point de

dans toutes les hypothèses où le consommateur ne peut avoir connaissance du défaut de conformité moins de deux ans après la délivrance du bien[1].

En effet, la délivrance du bien ne préjuge en rien la découverte du défaut de conformité par l'acheteur. Par hypothèse, un tel défaut ne se découvre généralement qu'à l'usage, voire au fil du temps. Dès lors, en érigeant en point de départ de la prescription un événement étranger à la découverte du défaut, et donc à la prise de conscience par le consommateur de son intérêt à agir, l'article L. 211-12 du Code de la consommation ouvre sur la possibilité que l'action en garantie de conformité soit potentiellement prescrite avant d'avoir pu être exercée.

109. La critique est d'autant plus sensible que l'ordonnance du 17 février 2005 n'exclut aucun cumul d'action[2]. L'acquéreur lésé peut donc indifféremment agir sur le fondement de la garantie de conformité ou de la garantie des vices cachés pour obtenir satisfaction. Or, le point de départ de la prescription de l'action en garantie des vices cachés, on l'a vu, a été définitivement fixé par ladite ordonnance au jour de la découverte du vice. Dès lors, si ces actions sont toutes deux enfermées dans un délai de deux ans, ce délai, qui court dès le jour de la délivrance pour la première, est reporté au jour de la découverte du vice pour la seconde. La conséquence de cette diversité des points de départ est immédiatement perceptible : face à la possibilité laissée au consommateur d'opter pour l'action qui lui est la plus favorable, le point de départ de la prescription apparaît comme un critère de choix de l'action pertinente, un instrument de mise en place d'une sorte d'« *actioni shopping* » au profit de l'action en garantie des vices cachés.

110. Le choix d'un tel point de départ objectivement fixé en matière d'obligation de conformité n'est cependant pas inédit. Une logique similaire anime en effet la fixation du point de départ de la prescription de l'action fondée sur le non respect de l'obligation de délivrance conforme du Code civil. Ainsi, dans un arrêt du 26 juin 2002[3], la troisième chambre civile a précisé que l'action contractuelle directe dont le maître de l'ouvrage dispose contre le fabricant, fondée sur la non-conformité des matériaux que ce dernier a fournis à l'entrepreneur qui a exécuté les travaux, se prescrit à compter du jour de la livraison des matériaux à l'entrepreneur. Au-delà des difficultés propres au contexte des chaînes de contrats dans lequel l'arrêt a été rendu[4], sa portée est claire : la prescription de l'action en res-

---

départ de la prescription commencerait à courir avant même qu'une vérification de la conformité de la chose et donc des vices apparents soit intervenue entre les parties. Sur ces questions, v. F. Labarthe et C. Noblot, « Le contrat d'entreprise à l'épreuve des articles L. 211-1 et suivants du Code de la consommation, À propos de l'ordonnance du 17 février 2005 », *JCP* G, 2005, I, 168, spéc. nº 15.

1. J. Calais-Auloy, « Une nouvelle garantie pour l'acheteur : la garantie de conformité », *RTD civ.*, 2005, p. 701 s., spéc. p. 708 ; M. Roussille, « Regard sur le nouveau dispositif de garantie de conformité des biens », *Dr. et patr.*, juillet-août 2005, p. 38 s., spéc. p. 44. Comp., cependant, O. Tournafond, « La nouvelle "garantie de conformité" des consommateurs », *D.*, 2005, p. 1557 s., spéc. nº 18. V. également, mais raisonnant en considération de l'*Avant projet de loi de la Commission Viney* : P.-Y. Gautier, « Les délais », in *La transposition en droit français de la directive européenne du 25 mai 1999 relative à la vente*, Actes de Colloque, Paris 8 novembre 2002, *Cah. dr. entr.*, 2003, nº 1, p. 15 s., spéc. nº 18.

2. Art. L. 211-13 C. cons. : « Les dispositions de la présente section ne privent pas l'acheteur du droit d'exercer l'action résultant des vices rédhibitoires telle qu'elle résulte des articles 1641 à 1649 du code civil ou toute autre action de nature contractuelle ou extracontractuelle qui lui est reconnue par la loi ».

3. Cass. civ. 3e, 26 juin 2002, *RTD civ.*, 2003., p. 103, obs. Jourdain, *RDI*, 2002, p. 424, obs. P. Malinvaud.

4. Le pourvoi faisait en effet notamment valoir que, le maître de l'ouvrage exerçant *via* l'action directe l'action appartenant à l'entrepreneur, le point de départ de la prescription devait être celui qui pouvait être opposé à l'entrepreneur, soit le jour de l'assignation de ce dernier par le maître de l'ouvrage. La Cour de cassation rejette cet argument, qui aurait conduit à faire dépendre le point de départ

ponsabilité née du manquement à l'obligation de délivrance conforme ne court ni du jour de l'apparition du dommage, ni du jour de la conclusion du contrat, mais du jour de la livraison, qui n'est pas éloigné de celui de la délivrance[1].

C'est donc, dans les deux hypothèses, l'exécution du contrat qui fait courir la prescription. Un tel point de départ, vivement critiqué en ce qu'il fait courir la prescription sans égard pour la possibilité d'agir du demandeur[2], n'est guère éloigné de celui de la prescription de l'action en responsabilité dirigée contre les constructeurs.

§ 2 - LA RESPONSABILITÉ DES CONSTRUCTEURS

111. La spécificité de la situation des constructeurs, tenus à une garantie de plein-droit à l'égard du maître de l'ouvrage, a conduit le législateur à mettre en place un régime particulier, dont une des manifestations les plus intéressantes est le point de départ du délai pour agir. Il résulte en effet des termes de l'article 1792-4-1 du Code civil que les constructeurs sont déchargés de la responsabilité encourue sur le fondement des articles 1792 à 1792-4 dix ans après la *réception* des travaux. La notion de réception, définie à l'article 1792-6 du Code civil comme « l'acte par lequel le maître de l'ouvrage déclare accepter l'ouvrage avec ou sans réserves »[3], n'est cependant pas uniforme. Elle recouvre une multiplicité de situations : la réception peut en effet être expresse[4], tacite[5], ou encore

---

de la prescription d'un acte purement potestatif du maître de l'ouvrage. La solution doit sous cet aspect être approuvée. En effet, comme le souligne P. Malinvaud, « si le délai de prescription doit être le même pour l'entrepreneur et pour le maître de l'ouvrage qui vient de son chef, les causes de suspension de la prescription sont personnelles » (note sous Cass. civ. 3e, 26 juin 2002, *RDI*, 2002, p. 424).

1. Les deux notions ne sauraient cependant être confondues : alors que la délivrance implique uniquement la mise à la disposition du client de la chose, la livraison implique son acheminement. V. M. Roussille, art. préc., spéc. note 19, p. 41 : « Le Code civil emploie à l'article 1582 le mot "livrer" ("le vendeur est tenu de livrer") pour désigner l'"obligation de délivrance" à la charge du vendeur (C. civ., art. 1603 et s.). Ainsi, le vendeur a l'obligation de mettre la chose à disposition de l'acheteur, mais non de la lui livrer, c'est-à-dire de la lui acheminer. À défaut de dispositions contraires, c'est à l'acheteur de prendre livraison de la chose. Ceci n'est qu'une application du principe selon lequel les créances sont quérables et non portables (C. civ., art. 1247) ».

2. V. P. Jourdain, note sous Cass. com., 26 juin 2002, préc., spéc. p. 104 : « Si le contrat crée une obligation ayant pour objet une prestation (livraison d'une chose pour la vente), l'obligation de réparation n'est encore à ce stade que purement éventuelle ; elle n'existera qu'en cas d'inexécution dommageable. Or l'action qui sanctionne cette dernière - et qui n'est autre que l'action en responsabilité - ne peut elle-même naître que du jour de la naissance de l'obligation de réparation, c'est-à-dire du jour du dommage. Sauf, là encore, à être retardée en cas d'ignorance du dommage pour la même raison propre au point de départ du délai d'action ».

3. Cette définition, issue de la loi du 4 janvier 1998, a mis fin aux difficultés antérieurement liées à la différence de point de départ de la prescription selon que la réception était faite avec ou sans réserves, le point de départ de la prescription étant reporté au jour de la levée des réserves dans la première hypothèse. La réception a également pu être définie comme « vérification par le maître de l'ouvrage de l'exécution de la prestation qu'il a commandée » (M. Zavaro, *La responsabilité des constructeurs*, Préf. P. Malinvaud, Litec, p.45, n° 77).

4. La date de réception sera alors en principe fixée par le procès verbal contradictoirement dressé, peu important le nombre de réserves alors signalé (Cass. civ. 3e, 7 mars 1990, *Bull. civ.* III, n° 68). Il faut encore préciser que la date de la réception peut résulter d'une fiction conventionnelle, les parties au contrat de construction pouvant conventionnellement aménager la date de la réception (Cass. civ. 3e, 15 février 1989, *Bull. civ.* III, n° 36 ; 4 novembre 1992, *Bull. civ.* III, n° 284 ; 4 novembre 1993, pourvoi n° 91-18996 ; 7 avril 2004, *Const. Urb.*, 2004, comm. 120, note D. Sizaire ; 31 janvier 2007, *Defrénois*, 2008, p. 70, obs. H. Périnet-Marquet).

5. La Cour de cassation, tout en admettant la possibilité d'une réception tacite (Cass. civ. 3e, 12 octobre 1988, *Bull. civ.* III, n° 137), s'en remet sur ce point au pouvoir souverain des juges du fond (Cass. civ. 3e, 8 mars 1972, *Bull. civ.* III, n° 162 ; 14 mars 1990, pourvoi n° 88-16049). Il faut alors souligner que

judiciaire[1]. Le choix d'un tel point de départ, indépendant de la date de manifestation du dommage dont il est demandé réparation, et donc du moment de la naissance de l'action, s'explique par la nature du délai décennal. En effet, ce dernier demeure sans nul doute un délai préfix d'épreuve au delà duquel le constructeur peut légitimement s'estimer libéré de toute responsabilité[2]. Ainsi, parce que la réception se présente comme une date charnière marquant à la fois l'achèvement de l'exécution des travaux et le commencement de la garantie décennale, elle est logiquement apparue comme devant constituer le point de départ du délai pour agir sur le fondement de la garantie légale.

112. Mais, en dépit de la lettre en apparence restrictive de l'article 1792-4-1 du Code civil, le choix de la réception comme point de départ de la prescription n'est pas réservé à la seule hypothèse d'une mise en œuvre de la garantie légale des constructeurs. Bien au contraire, on a progressivement assisté à la « recherche d'une uniformisation des délais d'action en responsabilité et en garantie des dommages de construction »[3]. La jurisprudence a en effet calqué la mise en œuvre de la responsabilité contractuelle de droit commun sur la garantie légale en fixant le point de départ du délai de prescription, exceptionnellement ramené à dix ans en matière contractuelle, au jour de la réception avec ou sans réserve[4]. Plus encore, le législateur a aligné, par la voie d'une ordonnance du 8 juin 2005 portant modification de diverses dispositions relatives à l'obligation d'assurance

---

si l'achèvement des travaux n'est pas dans cette hypothèse une condition de la réception (Cass. civ. 3e, 12 juillet 1989, *Bull. civ.* III, n° 161, *Defrénois*, 1990, p. 376, obs. H. Souleau ; 15 janvier 1997, *Bull. civ.* III, n° 10 ; 11 février 1998, *Bull. civ.* III, n° 28), il est en revanche nécessaire que deux conditions soient réunies. D'une part, une volonté non équivoque doit être caractérisée (Cass. civ. 3e, 31 octobre 1989, pourvoi n° 88-16111 ; 18 novembre 1992, *Bull. civ.* III, n° 296 ; 22 juin 1994, *Bull. civ.* III, n° 126 ; 30 septembre 1998, *Bull. civ.* III, n° 175). À ce titre, si une telle volonté peut se déduire d'une prise de possession avec ou sans réserves (Cass. civ. 3e, 23 avril 1986, *Bull. civ.* III, n° 46, *JCP*, 1987, II, 20812, note D. Tomasin ; 5 juillet 1989, pourvoi n° 88-11062), la seule prise de possession ne peut suffire à caractériser une volonté non équivoque (Cass. civ. 3e, 4 octobre 1989, *Bull. civ.* III, n° 176 ; 3 mai 1990, *Bull. civ.* III, n° 104). D'autre part, la réception doit être contradictoire (Cass. civ. 3e, 4 avril 1991, *Bull. civ.* III, n° 63 ; 24 juin 1992, *Bull. civ.* III, n° 217 ; 16 février 1994, *Bull. civ.* III, n° 22 ; 18 juin 1997, *Bull. civ.* III, n° 142), un tel caractère pouvant résulter de l'acceptation, par l'entrepreneur qui retire son matériel du chantier, de la réception (Cass. civ. 3e, 23 avril 1986, *Bull. civ.* III, n° 46), ou de la connaissance par l'entrepreneur des réserves formulées (Cass. civ. 3e, 23 avril 1986, *Bull. civ.* III, n° 47). Il peut encore dans certaines hypothèses résulter du paiement intégral du prix (Cass. civ. 3e, 16 mars 1994, *Bull. civ.* III, n° 50), mais un tel paiement ne suffit cependant pas toujours à caractériser l'existence d'une réception contradictoire (Cass. civ. 3e, 22 juin 1994, *Bull. civ.* III, n° 126).

1. La réception judiciaire, qui ne peut être demandée que par les parties et non par l'assureur (Cass. civ. 3e, 23 avril 1997, *Bull. civ.* III, n° 84), suppose en revanche que les travaux soit achevés, c'est-à-dire en état d'être reçus (Cass. civ. 3e, 30 juin 1993, *Bull. civ.* III, n° 103 ; 4 avril 2001, *Gaz. Pal.*, 9 avril 2002, p. 11 ; 21 mai 2003, *Bull. civ.* III, n° 105).

2. Demeure cependant en suspend la question des dommages dits évolutifs à propos desquels la question s'est posée de savoir si l'aggravation devait apparaître pendant le délai décennal pour être couverte par la garantie, ou si le seul fait qu'une action primitive ait été engagée suffisait à étendre la garantie des constructeurs aux aggravations apparues postérieurement à l'échéance du délai décennal. Sur ce point, v. G. Liet-Veaux, « Aggravation des désordres et responsabilité décennale des constructeurs », *JCP* G, 2004, p. 1282.

3. P. Jourdain, note sous Cass. civ. 3e, 16 octobre 2002, *RTD civ.* 2003, p. 308.

4. Cass. civ. 3e, 16 octobre 2002, *D.*, 2003, p. 300, note P. Malinvaud ; *RTD civ.*, 2003, p. 308, obs. P. Jourdain ; 16 mars 2005, *D.*, 2005, p. 2198, note J.-P. Karila, étendant la règle à tous les manquements aux obligations contractuelles du constructeur dans leur mission, même non directement liés à des désordres à l'ouvrage ; 26 octobre 2005, *RCA*, 2006, comm. 28, *RDI*, 2006, p. 53, note P. Malinvaud ; 22 novembre 2006, *RCA* 2007, comm. 60 par H. Groutel, réservant cependant l'hypothèse, propre au droit commun, d'une « impossibilité absolue d'agir dans le délai de dix ans de la réception », laissant entendre que celle-ci pourrait résulter de l'ignorance du dommage.

dans le domaine de la construction et aux géomètres experts, la prescription des actions en responsabilité contre les sous-traitants sur celle de l'article 1792-4-1 pour les constructeurs[1]. Puis il a enfin consacré, à l'occasion de la loi du 17 juin 2008 portant réforme de la prescription en matière civile, la jurisprudence selon laquelle les actions en responsabilité contre les constructeurs d'ouvrage et leurs sous-traitants se prescrivent de manière identique qu'il s'agisse de leur responsabilité de plein-droit ou de leur responsabilité de droit commun[2].

113. Aussi, même si « une jurisprudence extraordinairement nuancée, a construit un système d'une complexité folle »[3], la réception fait aujourd'hui figure de point de départ de la prescription quasi-uniforme en matière de construction[4], au point qu'il apparaît que seule l'absence de réception est susceptible de remettre en cause la solution[5]. Le choix d'un tel point de départ répond là encore à des considérations de sécurité juridique et de prévisibilité que l'on retrouve, sous un autre aspect, lorsqu'il s'agit d'analyser le point de départ de la prescription de l'action en responsabilité intentée à l'encontre des personnes légalement habilitées à représenter ou à assister les parties en justice.

§ 3 - LA RESPONSABILITÉ DES PERSONNES AYANT REPRÉSENTÉ OU ASSISTÉ LES PARTIES EN JUSTICE

114. Afin d'éviter que leur responsabilité puisse être très longtemps recherchée, les personnes habilitées à représenter les parties en justice bénéficient d'un régime dérogatoire, prévu par l'article 2225 du Code civil au terme duquel « l'action en responsabilité dirigée contre les personnes ayant représenté ou assisté les parties en justice, y compris à raison de la perte ou de la destruction

---

1. Art. 1792-4-2 C. civ., anc. art. 2270-2 C. civ. Un doute persiste cependant sur le point de départ exact à retenir : s'agit-il de la réception des travaux exécutés par le sous-traitant ou de la réception de l'ensemble des travaux auxquels il a participé ? Sur le débat : P. Malinvaud, « La responsabilité en matière de construction après l'ordonnance n° 2005-658 du 8 juin 2005 », *RDI*, 2005, p. 357 s., spéc. n° 20 ; J. Bigot, « Responsabilité et assurance décennale : la clarification attendue - Ordonnance du 8 juin 2005 », *JCP* G, 2005, I, 148.

2. Art. 1792-4-3 C. civ. Un amendement présenté en deuxième lecture au Sénat visait à aller plus loin encore dans cette unification en précisant qu'un tel régime de prescription concernait non seulement les constructeurs, mais plus généralement « tous les personnes soumises aux obligations résultant des article 1792 et suivants », considérant que la rédaction adoptée par l'Assemblée nationale aboutissait à exclure toute une série de professionnels non visés par l'article 1792-1. L'amendement a été rejeté, mais le sénateur Béteille a rappelé, à l'occasion de son examen, que « c'est incontestablement les professionnels dans leur ensemble qui sont concernés et obéissent aux mêmes règles de responsabilité que les constructeurs "historiques" que sont l'entrepreneur et l'architecte » (*JO Sénat*, séance du 5 juin 2008, p. 2663).

3. M. Zavaro, *La responsabilité des constructeurs au gré de l'évolution des règles de prescription*, Edilaix, 2009, p. 15, n° 19.

4. Sur ce mouvement général d'uniformisation, v. C. Ponce, « Le délai décennal en droit de la construction à l'heure du bilan », *Const. Urb.*, 2008, étude 7.

5. En l'absence de réception, la garantie décennale ne peut trouver à s'appliquer et le point de départ est reporté au jour de la manifestation du dommage : Cass. civ. 3e, 12 janvier 2002, *Bull. civ.* III, n° 8 ; 24 mai 2006, *LPA*, 25 avril 2007, p. 10, note R. Raffi, *RCA*, 2006, comm. 265 par H. Groutel, *Const. Urb.*, 2006 ; comm. 189 par M.-L. Pagès de Varenne : « la responsabilité contractuelle de droit commun du constructeur quant aux désordres de construction révélés en l'absence de réception se prescrit par dix ans à compter de la manifestation du dommage ». V. toutefois, l'hypothèse particulière dans laquelle la construction a été réalisée par son propriétaire qui se trouve à la fois maître de l'ouvrage et constructeur. Dans cette hypothèse, c'est la date d'achèvement des travaux qui doit être prise en considération : Cass. civ. 3e, 7 septembre 2011, *RDI*, 2011, p. 573, obs. P. Malinvaud, *RTD civ.*, 2011, p. 778, obs. P.-Y. Gautier.

des pièces qui leur ont été confiées, se prescrit par cinq ans à compter de la *fin de leur mission* »[1].

Le choix d'un tel point de départ, là encore sans rapport direct avec l'éventuel dommage subi, répond à des impératifs essentiellement probatoires : il s'agit de permettre aux professionnels de s'estimer déchargés de toute responsabilité cinq ans après avoir achevé leur mission. Le choix d'un point de départ objectif aboutit nécessairement, au mépris des principes régissant la fixation du point de départ de la prescription, à considérer que la connaissance du dommage subi, qui conditionne la possibilité d'agir de la victime, est sans incidence sur le point de départ de la prescription. Plus encore, le rôle de la connaissance est réduit à néant puisque même l'ignorance de l'événement de nature à faire courir la prescription, à savoir l'achèvement de la mission, ne saurait être pris en considération. La Cour de cassation a en effet censuré une cour d'appel qui avait affirmé que la cessation de l'activité de l'avocat ne pouvait être retenue comme point de départ de la prescription de l'action en responsabilité intentée à son encontre, faute pour l'avocat d'en avoir informé son client. À cette occasion, la Cour de cassation a posé en principe que « la cessation définitive des fonctions de l'avocat met fin à la mission de celui-ci, sans notification préalable »[2].

115. **Conclusion de la Section III**. Au total, le choix du point de départ de la prescription dans des domaines aussi distincts que la garantie de conformité, la responsabilité des constructeurs ou encore la responsabilité des personnes ayant représenté ou assisté les parties en justice, participe d'une logique identique : il s'agit, au nom d'un légitime impératif de sécurité juridique, de choisir un point de départ objectivement fixé et invariable, marquant le commencement d'une période nettement déterminée au-delà de laquelle la responsabilité de certains intervenants ne pourra plus être recherchée, sans égard pour la possibilité réelle donnée à la victime d'exercer son action pendant une telle période. Dans ce système, le choix d'un point de départ se porte sur la date qui apparaît la plus pertinente au regard de l'action intentée, parce qu'elle en constitue le point cardinal : la délivrance en ce qui concerne la garantie de conformité, la réception en matière de responsabilité des constructeurs ou encore la fin de la mission des personnes ayant représenté ou assisté une partie en justice. Mais, même au sein

---

1. Créé par la loi du 17 juin 2008, cet article succède à l'ancien article 2277-1 du Code civil qui disposait que « l'action dirigée contre les personnes légalement habilitées à représenter ou à assister les parties en justice à raison de la responsabilité qu'elles encourent de ce fait se prescrit par dix ans à compter de la fin de leur mission ». Tout en ramenant à cinq ans le délai de prescription pour l'aligner sur le délai de droit commun, la nouvelle formulation du texte clarifie au passage la sanction qui s'attache à la méconnaissance de l'obligation de conservation en unifiant le point de départ de la prescription des actions en responsabilité consécutives au manquement à l'obligation de conservation des documents comme au comportement du représentant. On soulignera cependant qu'un délai exceptionnel de deux ans demeure applicable en ce qui concerne la responsabilité des huissiers liée à la possession d'actes (art. 1er de la loi du 24 décembre 1897), et que la règle formulée par l'article 2225 du Code civil n'est pas applicable aux actions dirigées contre des personnes habilitées à assister les parties en justice au titre de leur activités de conseil juridique, exercées en dehors de toute procédure judiciaire. Surtout, le délai dérogatoire de l'article 2225 du Code civil ne vaut qu'entre les parties, et ne saurait être opposé aux tiers. La Cour de cassation a ainsi récemment rappelé que l'action en responsabilité engagée par un tiers à l'encontre d'un mandataire judiciaire à la liquidation des entreprises est soumise à la prescription édictée par l'article 2270-1 du code civil (Cass. civ. 3e, 3 juillet 2007, *D.*, 2007, p. 2108, obs. X. Delpech, *Procédures*, 2007, comm. 253, note H. Croze).

2. Cass. civ. 1re, 30 janvier 2007, *JCP* G, 2007, IV, 1477. Comp., considérant que l'action en responsabilité intentée contre le notaire ne court pas du jour du dernier acte effectué mais de la reddition de compte : Cass. civ. 1re, 17 novembre 2011, pourvoi n° 09-16490.

de cette démarche d'inspiration commune, la diversité des situations se manifeste encore. Ainsi, alors que la connaissance de l'événement susceptible de faire courir la prescription apparaît fondamentale dans certaines hypothèses (réception contradictoire), elle semble indifférente au cours du délai dans d'autres (fin de la mission, même non notifiée). Surtout, une telle démarche porte en elle-même la promesse d'une diversité toujours plus forte : en condamnant le point de départ de la prescription à demeurer totalement contingent à l'action exercée, elle rend la fixation du point de départ de la prescription hermétique à toute forme de systématisation.

116. **Conclusion du Chapitre I.** En conclusion, la fixation du point de départ de la prescription de l'action en responsabilité est caractérisée par l'extrême diversité des situations rencontrées. Dans certaines hypothèses, le choix du législateur s'est porté sur un événement certain, insusceptible de variation. Tel est le cas lorsque le fait générateur du dommage est choisi comme point de départ de la prescription ou encore lorsqu'un événement, pertinent au regard de l'action en cause, mais arbitraire au regard des principes régissant la prescription est retenu. Une telle solution, qui présente les attraits de la sécurité juridique n'en est pas moins défavorable aux victimes, qui peuvent se voir privées du droit d'agir avant même d'avoir pu exercer leurs droits. Dans d'autres hypothèses, le point de départ de la prescription demeure sous la dépendance de la connaissance par la victime de son droit d'agir, c'est-à-dire de la manifestation du dommage. Une telle solution, plus favorable aux victimes, demeure en grande partie attentatoire à la sécurité juridique du débiteur.

117. Une même diversité se retrouve lorsque l'on examine les différents points de départ de la prescription des actions en nullité.

CHAPITRE II

Les actions en nullité

118. La nullité, on le sait, consiste en un anéantissement rétroactif du contrat irrégulièrement formé[1]. Seul le juge pouvant en droit français prononcer la nullité du contrat, l'action visant à la faire constater est logiquement soumise à prescription. La nullité peut alors prendre diverses formes. À la *summa divisio* des nullités absolues et nullités relatives, il faut encore ajouter la rescision. « Ancien terme désignant la nullité dans les cas où elle est fondée sur la lésion »[2], la rescision n'est rien d'autre en effet qu'une nullité.

Trilogie inconnue du Code civil, qui ne prévoit que des cas particuliers de nullité, une telle classification apparaît cependant pertinente pour présenter la question du point de départ de la prescription de l'action en nullité. En effet, la jurisprudence n'adopte pas la même démarche selon les types de nullité. La diversité des points de départ observée répond alors en partie à la diversité des formes de nullité rencontrées. Mais la diversité des points de départ dépasse assurément cette classification et se retrouve encore au sein même de chaque type de nullité, où la jurisprudence n'opère pas toujours le même arbitrage entre sécurité et justice.

Il faut en effet rappeler que la nullité et la prescription poursuivent des intérêts antagonistes. Alors que la nullité vise la protection du titulaire du droit de critique, la prescription a pour mission, par la consolidation des situations de fait, d'assurer la sécurité juridique. Aussi, la prescription de l'action en nullité laisse-t-elle par hypothèse insatisfait, puisqu'elle conduit nécessairement à privilégier l'un de ces objectifs au détriment de l'autre. Comme on l'a souligné, « tout ce qui est fait pour la sécurité va contre la protection, et réciproquement »[3]. Cette tension se cristallise alors sur la question du point de départ de la prescription, qui constitue l'instrument d'arbitrage par excellence entre ces deux intérêts.

Sous cet aspect, la difficulté à arbitrer entre ces deux impératifs d'égale importance explique sans doute les hésitations auxquelles a donné lieu la fixation du point de départ de la prescription en matière de nullité relative (Section I). Elle explique encore les difficultés rencontrées en matière de nullité absolue (Section II). Le choix de la sécurité semble en revanche l'avoir emporté en matière de rescision pour lésion (Section III).

---

1. A. Bénabent, *Droit civil, Les obligations*, Montchrestien, 12e éd., 2010, p. 153, n° 201.

2. A. Bénabent, *ibid.*, p. 155, n° 202.

3. J. Flour, J.-L. Aubert, E. Savaux, *Droit civil, Les obligations*, 1. *L'acte juridique*, Sirey, 14e éd., 2010, p. 333, n° 354, V. aussi, P. Malinvaud et D. Fenouillet, *Droit des obligations*, Litec, 12e éd., 2012, p. 301, n° 395.

SECTION I : LES ACTIONS EN NULLITÉ RELATIVE

119. L'action en nullité relative constitue l'un des rares domaines dans lesquels les rédacteurs du Code civil prirent soin de fixer le point de départ de la prescription. En effet, l'article 1304 du Code civil, qui enferme l'action en nullité d'une convention dans un délai de cinq ans[1], prévoit expressément le point de départ de ce délai à l'encontre des incapables et de leurs héritiers (alinéa 3), ou lorsque l'action est intentée sur le fondement d'un vice du consentement (alinéa 2). Dans toutes ces hypothèses, le point de départ de la prescription est reporté à une date ultérieure à celle de la conclusion de l'acte critiqué.

De telles précisions n'épuisent cependant pas la discussion sur la détermination du point de départ de la prescription de l'action en nullité relative. En effet, parallèlement au développement de la théorie moderne des nullités, l'interrogation a porté sur le point de savoir si le report du point de départ de la prescription opéré de manière ponctuelle par l'article 1304 du Code civil devait être étendu par analogie à l'ensemble des actions en nullité relative. Fallait-il généraliser ou au contraire interpréter restrictivement les dispositions particulières évoquées[2] ?

La doctrine demeure divisée. Si certains auteurs ont pu se prononcer en faveur d'une extension de l'article 1304 du Code civil[3], d'autres se montrent nettement favorables à une interprétation restrictive[4]. À l'analyse, cette division masque en réalité un désaccord plus profond sur le fondement même de la prescription de l'action en nullité relative[5]. En effet, les partisans de la théorie de l'autonomie de la volonté la fondent traditionnellement sur une présomption de confirmation tacite[6]. Ils en déduisent nécessairement que la prescription ne peut courir avant que la personne protégée soit en mesure de confirmer l'acte. À l'inverse, les partisans des doctrines modernes à tendance sociale rattachent la prescription de l'action en nullité à des considérations de sécurité juridique, supposées com-

---

1. Le délai a été ramené à cinq ans par la loi n° 68-5 du 3 janvier 1968. À l'origine, l'article 1304 prévoyait un délai décennal, hérité de la prescription de dix ans à laquelle l'ancien Droit soumettait les actions en rescision fondées sur le droit romain, par opposition aux actions en nullité fondées sur la violation de la coutume ou d'une ordonnance (G. Marty et P. Raynaud, *Droit civil, Les obligations*, T. 1, *Les sources*, Sirey, 2e éd., 1986, p. 235, n° 230).

2. J. Flour, J.-L. Aubert, E. Savaux, *Droit civil, Les obligations*, 1. *L'acte juridique*, 14e éd., 2010, p. 333, n° 354.

3. J. Flour, J.-L. Aubert, E. Savaux, Ibid., note 6.

4. V. E. Gaudemet, *Théorie générale des obligations*, Sirey, 1965, Rééd. Bibliothèque Dalloz, 2004, p. 183 ; C. Bufnoir, *Contrat et propriété*, 1924, Rééd. LGDJ, 2005, p. 730 ; F. Laurent, *Principes de droit civil français*, T. XIX, 3e éd., 1878, p. 40, n° 34 ; C. Demolombe, *Cours de Code Napoléon*, T. XXIX, 1876, p. 143, n° 142. Une telle position peut d'ailleurs se prévaloir de la lettre d'une ordonnance de juin 1510 dont l'article 46 disposait déjà que « toutes rescisions de contrats se prescriront… par le laps de dix ans à compter du jour que lesdits contrats, distracts, ou autres actes auront été faits ».

5. S'il est manifeste, le lien existant dans l'esprit des auteurs entre le fondement de la prescription de l'action en nullité et la détermination de son point de départ n'est cependant pas indéfectible. En effet, MM. Flour, Aubert et Savaux se prononcent en faveur d'une extension de la règle posée à l'article 1304 du Code civil, abstraction faite de toute considération liée au fondement de la prescription. Leur opinion repose uniquement sur un argument d'ordre pragmatique : il serait illogique que l'action en nullité risque de s'éteindre avant que son titulaire n'ait pu l'exercer (J. Flour, J.-L. Aubert, E. Savaux, *Droit civil, Les obligations*, 1. *L'acte juridique*, préc., p. 332, n° 354, note 5). Plus encore, Laurent, tout en faisant reposer la prescription de l'action en nullité sur l'idée de confirmation tacite, se prononçait en faveur d'un point de départ ramené au jour de l'acte (F. Laurent, *op. cit.*, T. XIX, p. 6 et 40, n° 1 et 34).

6. V. not. C. Bufnoir, *op. cit.*, p. 726 ; C. Aubry et C. Rau, *Cours de droit civil français*, T. IV, 4e éd., 1871, § 339, p. 270 ; F. Laurent, *op. cit.*, p. 6, n° 1 ; V. Marcadé (et Paul Pont), *Du code civil*, T. IV, 1873, p. 689, art. 1304, II, qui en déduit d'ailleurs que l'exception de nullité n'est pas invocable. V. aussi, C. Beudant, *Droit civil français*, T. VIII, *Les contrats et les obligations*, par G. Lagarde, 2e éd. 1936, n° 280.

munes à l'ensemble des prescriptions[1]. Le choix d'un tel fondement invite alors naturellement à faire courir la prescription du jour où l'acte a été passé[2].

120. À l'examen, aucune de ces deux analyses ne parvient véritablement à s'imposer. Certes, les partisans de l'idée de confirmation tacite peuvent se prévaloir d'une lecture conjuguée des articles 1304 et 1115 du Code civil[3] : alors que le premier fait courir la prescription du jour où la violence « a cessé », le second dispose qu'« un contrat ne peut plus être attaqué pour cause de violence, si, depuis que la violence *a cessé*, ce contrat a été approuvé, soit expressément, soit tacitement, soit en laissant passer le temps fixé par la loi ». La concomitance des points de départ invite assurément à lier les deux dispositions. À ce titre, la prescription, temps laissé par la loi à compter du jour où la violence a cessé, peut apparaître comme un mode de confirmation de l'acte litigieux. Mais l'analyse n'est pas exempte d'imperfections. D'une part, on pourra relever que, même à s'en tenir aux seules hypothèses visées par l'article 1304 du Code civil, il existe des situations dans lesquelles le délai court sans égard pour la connaissance du vice par le titulaire de l'action, et en conséquence sans considération de son aptitude à confirmer l'acte en cause. Tel est le cas par exemple lorsque l'action est exercée par l'héritier de l'incapable, la prescription courant alors à compter du décès de ce dernier. D'autre part, reposant sur une volonté présumée, l'analyse en termes de confirmation demeure largement artificielle[4]. Pour autant, les seules considérations de sécurité juridique ne parviennent pas davantage à justifier le régime particulier auquel les rédacteurs du Code ont soumis la prescription de l'action en nullité, et notamment les hypothèses de report du point de départ expressément envisagées. Certes, des impératifs d'équité[5] ou d'efficacité[6] ont pu être avancés, mais ils ne semblent pas propres aux hypothèses de report expressément prévues.

121. En réalité, si aucune de ces conceptions ne parvient à expliquer de manière satisfaisante le régime mis en place, c'est sans doute parce que ces deux

---

1. V. en ce sens E. Gaudemet, *op. cit.*, 2004, p. 178 ; M. Planiol et G. Ripert, *Traité pratique de droit civil français*, par P. Esmein, T. VI, *Obligations*, 1930, n° 313, p. 427 ; L. Larombière, *Théorie des obligations*, T. V, 1885, n° 18, p. 294. Comp. P. Malaurie, L. Aynès, P. Stoffel-Munck, *Les obligations*, Defrénois, 5e éd., 2011, p. 341, n° 705, selon lesquels cette prescription aurait pour fondement une « politique des nullités, qui, pour consolider un acte, fait disparaître une nullité relative par l'écoulement du temps ». Dans une telle perspective, le caractère abrégé du délai de prescription qui était retenu avant la réforme du 17 juin 2008 s'expliquait par la limitation du nombre de titulaires de l'action : le raccourcissement du délai se justifiait par le fait que le tiers et le contractant étaient sous la menace d'une nullité qu'ils ne pouvaient provoquer, légitimant un raccourcissement du délai afin que cette période d'insécurité ne s'éternise pas (F. Terré, P. Simler, Y. Lequette, *Droit civil, Les obligations*, Précis Dalloz, 10e éd., 2009, p. 423, n° 412 ; G. Marty et P. Raynaud, *Droit civil, Les obligations*, T. 1, *Les sources*, préc., p. 235, n° 230 ; J. Flour, J.-L. Aubert, E. Savaux, *Droit civil, Les obligations*, 1. *L'acte juridique*, préc., p. 330, n° 352 ; J. Ghestin, *Traité de droit civil, Les obligations, le contrat : formation*, LGDJ, 2e éd., n° 861 ; M. Fabre-Magnan, *Les obligations*, Thémis droit privé, PUF, 2004, n° 157).

2. V. E. Gaudemet, *op. cit.*, p. 183 : « L'article 1304 ne repose pas sur l'idée de confirmation tacite ; il édicte une prescription extinctive fondée sur des motifs généraux d'intérêt social. Donc, les principes généraux de la prescription extinctive s'appliqueront toutes les fois que l'article 1304 n'y aura pas dérogé. Dans les cas non prévu par ce texte, le délai courra du jour de l'acte conformément au droit commun ». V. aussi, C. Bufnoir, *op. cit.*, p. 730 ; F. Laurent (qui fonde pourtant la prescription sur une idée de confirmation), *op. cit.*, p. 40, n° 34 ; C. Demolombe, *op. cit.*, p. 143, n° 142.

3. V. en ce sens, J. Carbonnier, *Droit civil, Droit civil*, 2. *Les biens, Les obligations*, PUF, Quadrige, n° 1020 ; C. Demolombe, *op. cit.*, p. 144, n° 143.

4. J. Flour, J.-L. Aubert, E. Savaux, *Droit civil, Les obligations*, 1. *L'acte juridique*, préc., p. 330, n° 352.

5. M. Planiol et G. Ripert, *op. cit.*, n° 313, p. 427.

6. F. Terré, P. Simler, Y. Lequette, *op. cit.*, p. 423, n° 412.

fondements demeurent intimement liés, tous deux participant, chacun à leur manière, de la logique de l'article 1304 du Code civil. Les travaux préparatoires du Code civil témoignaient d'ailleurs déjà de cette dualité de fondement, en mettant indifféremment en avant les idées de sécurité comme de confirmation. Ainsi le Tribun Jaubert affirmait-il que « la nécessité d'un délai était commandée par l'*intérêt public* : c'est pour que les propriétés ne restent pas longtemps incertaines (...). Ne serait-il pas attentatoire au repos des familles qu'un particulier qui serait engagé par un contrat à payer une somme pût indistinctement dans le temps être admis à dire qu'il s'était trompé ou qu'il avait été forcé ou surpris ? Un laps de temps sans réclamation doit faire présumer la *ratification* »[1]. On a d'ailleurs parfaitement relevé cette dualité de fondement en soulignant que, si les hypothèses de report du point de départ de la prescription « s'expliquent par l'idée que la prescription de cinq ans repose sur une confirmation tacite, la difficulté de les généraliser souligne que ce fondement n'est pas le seul »[2].

Ces hésitations et incertitudes théoriques ne sont évidemment pas sans incidences pratiques, et se retrouvent logiquement en droit positif, où la jurisprudence, « peu homogène »[3], apparaît très pragmatique. À ce titre, si elle prend parfois en considération le jour de la conclusion de l'acte pour fixer le point de départ de la prescription de l'action en nullité relative (§ 1), elle lui préfère souvent le jour où le titulaire du droit de critique a eu connaissance de la cause de nullité (§ 2) ou encore la réalisation d'un événement ultérieur, étranger à ces considérations (§ 3).

§ 1 - LA PRISE EN CONSIDÉRATION DE LA CONCLUSION DE L'ACTE CRITIQUÉ

122. Il existe des hypothèses éparses, dans le Code civil ou en dehors, dans lesquelles le législateur fait expressément courir la prescription à compter du jour de la conclusion de l'acte critiqué. Il en va ainsi, après quelques hésitations, en matière d'action en nullité d'un mariage (A) ou encore, en principe, lorsque l'action en nullité vise une convention réglementée conclue sans autorisation préalable de l'organe sociétaire compétent (B). En dehors de toute disposition législative en ce sens, la jurisprudence a également pu faire courir la prescription à compter d'un tel événement. Tel est le cas lorsque l'action en nullité est fondée sur l'irrégularité d'une clause contractuelle (C) ou encore lorsqu'elle est fondée sur l'absence de cause (D). Dans toutes ces hypothèses cependant, le choix d'un tel point de départ n'est pas allé sans discussion, et suscite encore de nombreuses critiques.

A. L'action en nullité du mariage

123. Jusqu'à l'adoption de la loi du 4 avril 2006 renforçant la prévention et la répression des violences au sein du couple ou commises contre les mineurs, la prescription de l'action en nullité du mariage fondée sur l'existence d'un vice du consentement[4] relevait, en l'absence de disposition expresse divergente, du

---

1. Rapport fait par le tribun Jaubert sur le chapitre V, de l'extinction des obligations, F.-A. Fenet, *Recueil complet des travaux du Code civil*, T. XIII, Paris, 1827, Réimp. Otto Zeller Osnabrück, 1968, p. 370-371 (souligné par nous). V. aussi, H. L. J. Mazeaud et F. Chabas, *Leçons de droit civil, Obligations, Théorie générale*, Montchrestien, 8e éd., 1991, T. II, 1er vol., p. 300, no 320.

2. G. Marty et P. Raynaud, *Droit civil, Les obligations*, T. 1, *Les sources*, préc., p. 237, no 232.

3. J. Flour, J.-L. Aubert, E. Savaux, *Droit civil, Les obligations*, 1. *L'acte juridique*, préc., p. 332, no 354.

4. Les conditions de recevabilité de l'action en nullité relative du mariage fondée sur un vice du

droit commun de la prescription des actions en nullité relative, c'est-à-dire de l'article 1304 du Code civil. La prescription d'une telle action ne pouvait donc courir que du jour de la découverte de l'erreur ou du dol, ou de la cessation de la violence. L'ancien article 181 du Code civil réservait toutefois l'hypothèse d'une confirmation tacite du mariage vicié en cas de cohabitation des époux en précisant que « la demande en nullité n'est plus recevable, toutes les fois qu'il y a eu cohabitation continuée pendant six mois depuis que l'époux a acquis sa pleine liberté ou que l'erreur a été par lui reconnue ». En supprimant une telle dérogation, la loi du 4 avril 2006 avait mécaniquement modifié la rédaction de l'article 181 du Code civil, qui disposait en conséquence que « la demande en nullité n'est plus recevable à l'issue d'un délai de cinq ans à compter du mariage ou depuis que l'époux a acquis sa pleine liberté ou que l'erreur a été par lui reconnue ». Le point de départ de la prescription qui en résultait était donc directement inspiré de celui prévu par l'article 1304 du Code civil en matière de nullité des conventions pour vice du consentement, permettant de conclure à la cohérence des points de départ de la prescription en la matière.

124. La loi du 17 juin 2008 portant réforme de la prescription en matière civile est pourtant venue rompre cette harmonie, en supprimant dans l'article 181 du Code civil la référence au jour où « l'époux a acquis sa pleine liberté ou [à celui où] l'erreur a été par lui reconnue » pour ne conserver comme unique point de départ que le jour du mariage : l'action en nullité relative du mariage fondée sur l'existence d'un vice du consentement se prescrit donc désormais par cinq ans à compter de la *célébration du mariage*[1].

L'adoption d'un tel point de départ objectif a été dans l'ensemble mal accueillie par la doctrine, qui a dénoncé le risque de voir l'action en nullité être prescrite avant même que l'époux n'ait pu agir, faute d'avoir découvert son erreur ou d'avoir été délivré de la contrainte sous l'emprise de laquelle il s'était marié. La rigueur nouvelle ainsi imposée par le législateur au nom de la sécurité juridique a en conséquence fait l'objet de vives critiques. Ainsi a-t-on fait valoir que l'on faisait ici « le sacrifice de la liberté du consentement, et donc de la liberté du mariage au nom d'un ordre public qui prône la sécurité juridique et couvre ainsi des agissements qu'il condamne par ailleurs »[2].

---

consentement prévues par l'article 181 du Code civil doivent être distinguées des conditions de recevabilité de l'action en nullité fondée sur l'incapacité du mineur prévues par l'article 183 du Code civil qui fixe le point de départ du délai de cinq ans pour agir au jour où les parents ont eu connaissance du mariage pour lequel leur consentement était requis (point de départ étendu par la Cour de cassation à la prescription de l'action intentée par le curateur en nullité du mariage contracté par le majeur en curatelle sans son accord : Cass. civ. 1re, 17 mai 1988, *JCP*, 1989, II, 21197, note F. Boulanger). Elles doivent aussi évidemment être distinguées des conditions de recevabilité de l'action en nullité absolue du mariage pour cause d'impuberté, d'absence totale de consentement, de bigamie, d'inceste, de clandestinité ou d'incompétence, qui se prescrit par trente ans à compter de la célébration du mariage (art. 184 C. civ.). Pour une application : Nîmes, 30 novembre 2011, *Juris-Data* nº 2011-028609.

1. Sur les conséquences de cette rupture, v. *infra*, nº 339 s.

2. V. Larribau-Terneyre, « Du nouveau sur la prescription des actions en nullité du mariage », *Dr. fam.*, 2008, comm. 97. Dans le même sens, v. aussi : I. Corpart, « Les retombées en droit de la famille de la loi nº 2006-561 du 17 juin 2008 portant réforme de la prescription en matière civile », *RJPF*, septembre 2008, p. 8 s., spéc. p. 11 ; S. Amrani-Mekki, « Liberté, simplicité, efficacité, la nouvelle devise de la prescription ?, À propos de la loi du 17 juin 2008 », *JCP* G, 2006, I, 160, spéc. nº 44 ; A.-M. Leroyer, *Chronique de législation française*, « Prescription, Loi nº 2008-561 du 17 juin 2008 portant réforme de la prescription en matière civile », *RTD civ.*, 2008, p. 563 s., spéc. p. 566.

125. La démarche n'est cependant pas isolée. On la retrouve dans d'autres domaines, où le législateur a également entendu s'en tenir à un point de départ objectivement fixé, tout en tempérant dans certaines hypothèses la rigueur qui en découle. Tel est le cas notamment du point de départ de la prescription de l'action en nullité introduite à l'encontre des conventions soumises à la procédure d'approbation des conventions réglementées.

B. L'action en nullité d'une convention réglementée

126. Au cours de leur vie sociale, les sociétés sont parfois amenées à conclure des conventions avec leurs dirigeants ou avec certains de leurs actionnaires significatifs. De telles conventions ne sont pas anodines : elles créent nécessairement « un conflit d'intérêts entre l'intérêt personnel du cocontractant intéressé et celui des actionnaires de la société contractante en ce sens que le premier pourrait abuser de l'influence que lui procurent ses fonctions ou pouvoirs en vue d'obtenir des droits ou avantages au préjudice de la seconde »[1]. Aussi, afin de prévenir les conséquences dommageables qu'un tel conflit serait susceptible de causer à la société, le législateur a encadré la conclusion de ces conventions en imposant le respect d'une procédure particulière, dite d'approbation des conventions réglementées. L'article L. 225-38 du Code de commerce prévoit ainsi que « toute convention intervenant directement ou par personne interposée entre la société et son directeur général, l'un de ses directeurs généraux délégués, l'un de ses administrateurs, l'un de ses actionnaires disposant d'une fraction des droits de vote supérieure à 10 % ou, s'il s'agit d'une société actionnaire, la société la contrôlant au sens de l'article L. 233-3, doit être soumise à l'autorisation préalable du conseil d'administration »[2], l'article L. 225-42 du même code sanctionnant par la nullité[3] le non respect de cette procédure lorsqu'elle a des conséquences dommageables pour la société. L'article L. 225-42 alinéa 2 du Code de commerce précise alors que « l'action en nullité se prescrit par trois ans, à compter de la date de la convention. Toutefois, si la convention a été dissimulée, le point de départ du délai de la prescription est reporté au jour où elle a été révélée »[4].

Le législateur a donc ici aussi posé en principe que la prescription de l'action en nullité devait courir du jour de la *conclusion de la convention*. Encore faut-il évidement, pour apprécier la portée de cette affirmation, vérifier que le principe ainsi énoncé n'est pas vidé de toute substance par l'exception qui l'accompagne. La jurisprudence a en effet longtemps fait prévaloir une interprétation déformante du texte (1), au point de faire douter de sa pérennité. Elle semble toutefois désormais être revenue à une lecture plus orthodoxe de l'article L. 225-42 du Code de commerce (2).

---

1. D. Schmidt, *Les conflits d'intérêts dans la société anonyme*, Joly éditions, 2004, p. 110, nº 100.

2. L'article L. 225-38 du Code de commerce vise uniquement les conventions conclues par les sociétés anonymes à conseil d'administration. Une disposition comparable est toutefois prévue par l'article L. 225-86 pour les sociétés anonymes à directoire et conseil de surveillance, et par l'article L. 223-19 pour les sociétés à responsabilité limitée, l'absence d'approbation n'étant cependant pas, dans ce dernier cas, sanctionnée par la nullité de la convention irrégulièrement conclue.

3. La procédure d'approbation des conventions réglementées ayant pour finalité la protection du patrimoine social, la nullité qui en sanctionne la violation est relative (Cass. com., 15 mars 1994, *Dr. soc.*, 1994, comm. 98, obs. H. Le Nabasque, *LPA*, 1er février 1995, p. 15, note D. Giribila). L'action en nullité n'est donc ouverte qu'à la société (action *ut singuli* ou *ut universi*) et non à son cocontractant.

4. Le même point de départ de la prescription est prévu par l'article L. 225-90 du Code de commerce pour les sociétés anonymes à directoire et conseil de surveillance.

1. *L'adoption d'une lecture déformante de l'article L. 225-42 du Code de commerce*

127. En dépit de la lettre de l'article L. 225-42 du Code de commerce, la Cour de cassation a longtemps fait prévaloir une conception exagérément souple de la dissimulation (a) et extrêmement exigeante de la révélation (b).

a. *Une appréciation souple de la notion de dissimulation*

128. À s'en tenir à une conception rigoureuse de la notion de dissimulation, on devrait logiquement considérer que celle-ci suppose de la part du cocontractant de la société une volonté de cacher l'existence de la convention. Certains juges du fond avaient d'ailleurs dans un premier temps paru admettre une telle conception en assimilant dissimulation et recel[1] pour mieux faire peser sur les associés une obligation de se renseigner. Un tel raisonnement avait cependant été censuré par la Cour de cassation qui avait alors considéré que l'absence de soumission de la convention à la procédure d'approbation préalable suffisait à caractériser l'existence d'une dissimulation[2], sans qu'il soit besoin de rechercher l'intention de son auteur[3]. La Cour de cassation avait par la suite réitéré, à plusieurs reprises[4], sa volonté d'adopter une conception objective de la dissimulation[5], confondue avec la simple absence d'information du conseil d'administration[6].

En outre, la Cour de cassation se montrait très exigeante sur l'objet de l'information qui devait être fournie. Ainsi, le seul fait que l'existence de la convention ait été portée à la connaissance du conseil ne pouvait suffire à écarter le spectre de la dissimulation. Encore fallait-il que le conseil ait reçu, préalablement à la conclusion de la convention, une information complète sur son contenu[7]. Plus encore, même lorsque le contenu de la convention avait été communiqué au conseil, la dissimulation était néanmoins retenue chaque fois qu'il apparaissait que ce dernier n'avait pas eu pleinement conscience du conflit d'intérêts en jeu[8]. La dissimulation apparaissait ainsi caractérisée par le simple « défaut d'une décision éclairée par un organe collégial apte à statuer sur la convention concernée »[9].

On conçoit aisément les raisons qui avaient pu conduire la Cour de cassation à adopter une conception aussi large de la dissimulation. Comme on l'a très justement souligné, « la dissimulation la plus efficace résulte souvent d'une

---

1. Aix-en-Provence, 10 avril 1974, *JCP*, 1976, II, 18274, note C. Lucas de Leyssac.

2. Cass. com., 24 février 1976, *Bull.* IV, nº 69, *JCP*, 1976, II, 18506, note C. Lucas de Leyssac, *RTD com.*, 1976, p. 542, nº 12, obs. R. Houin, *Rev. soc.*, 1977, p. 88, note Y. Chartier.

3. C. Lucas de Leyssac, note sous Cass. com., 24 février 1976, préc.

4. Paris, 22 octobre 1987, *RD Banc.*, 1989, p. 31, obs. M. Jeantin et A. Viandier, *RJ com.*, 1988, p. 267, note P. De Fontbressin : « la dissimulation (…) s'entend d'une absence de révélation de la convention passée sans approbation préalable du Conseil d'administration » ; Cass. soc., 5 novembre 1982, *Bull. civ.* V, nº 602, *Rev. soc.*, 1983, p. 567, note J. Burgard ; com., 12 janvier 1999, *Bull. Joly*, 1999, p. 464, note B. Petit ; 2 mai 2007, *Bull. Joly*, 2007, p. 941, note M. Sénéchal, *Dr. soc.*, 2008, comm. 29, note J.-P. Legros.

5. Y. Chartier, note sous Cass. com., 24 février 1976, préc., spéc. p. 93.

6. Cass. com., 12 janvier 1999, *Bull. Joly*, 1999, p. 464, note B. Petit, cassant un arrêt qui avait fixé le point de départ du délai au jour de la signature de la convention « alors qu'il ne résult[ait] pas de ses constatations que les conventions litigieuses avaient avant leur conclusion été portées à la connaissance du conseil d'administration ».

7. Cass. soc., 12 février 1987, *Bull. civ.* V, nº 73, *Bull. Joly*, 1987, p. 387, note P. Le Cannu ; com., 7 juillet 2004, *Bull. Joly*, 2004, p. 1510, note J.-P. Dom.

8. Paris, 20 novembre 1998, *Bull. Joly*, 1999, p. 476, note P. Le Cannu. En l'espèce, seul le lien unissant le cocontractant de la société à des sociétés dans lesquelles son président était intéressé était ignoré.

9. J.-P. Dom, note sous com., 7 juillet 2004, *Bull. Joly*, 2004, p. 1510.

révélation partielle mieux que d'un recel total »[1]. Aussi, la volonté de protéger efficacement les actionnaires avait naturellement amené la haute juridiction à étendre l'obligation d'information pesant sur les cocontractants de la société au mépris, sans doute, d'une certaine sécurité juridique.

Il n'en reste pas moins que l'on pouvait émettre de sérieuses réserves sur la compatibilité de la conception de la dissimulation ainsi retenue avec la lettre de l'article L. 225-42 du Code de commerce. En effet, en assimilant la dissimulation à l'absence d'autorisation préalable requise par l'article L. 225-38 du même code, la jurisprudence privait de toute portée la règle de principe posée par l'article L. 225-42 alinéa 2. Il faut l'expliquer : par hypothèse, l'action en nullité de la convention ne peut être mise en œuvre qu'en l'absence d'autorisation préalable du conseil d'administration. C'est ce qui ressort directement de l'article L. 225-42 alinéa 1 du Code de commerce. Dès lors, si l'on admet que la seule absence d'autorisation préalable vaut dissimulation, comme semblait l'entendre la Cour de cassation, cela revient nécessairement à considérer que chaque fois que l'action en nullité pourrait être intentée – c'est-à-dire en l'absence d'autorisation préalable – la dissimulation serait nécessairement caractérisée – en raison, précisément, de cette absence d'autorisation préalable ! Finalement, on percevait difficilement dans quelle hypothèse la date de la convention aurait pu réellement constituer le point de départ de la prescription de l'action en nullité[2].

En adoptant une conception extrêmement large de la dissimulation, la Cour de cassation semblait ainsi avoir « dissout la règle dans l'exception »[3], au point qu'il fallait considérer, *contra legem*, que la prescription de l'action en nullité d'une convention réglementée courait, non pas du jour de la conclusion, mais du jour de la révélation de la convention.

Au reste, la conception exigeante de la révélation retenue par les juges éloignait encore davantage le point de départ de la prescription de l'action en nullité du jour de la conclusion de l'acte.

b. *Une appréciation exigeante de la notion de révélation*

129. Une fois la dissimulation de la convention caractérisée, le point de départ est reporté, en application de l'article L. 225-42 alinéa 2 du Code de commerce, au jour où elle a été révélée. Sous cet aspect, la Cour de cassation a longtemps retenu,

---

1. C. Lucas de Leyssac, note sous Aix-en-Provence, 10 avril 1974, *JCP*, 1976, II, 18274.

2. À ce titre, et à suivre les rares arrêts ayant retenu un tel point de départ, il semblait que la dissimulation pouvait être écartée dans la seule hypothèse où la nullité de la convention ne serait pas encourue pour cause d'absence d'autorisation préalable, mais en raison de l'irrégularité formelle de l'autorisation donnée par le conseil dûment informé du contenu de la convention litigieuse (Cass. com., 4 juillet 1995, *Bull. civ.* IV, nº 206, *D.*, 1996, p. 186, note J.-C. Hallouin, *LPA*, 26 janvier 1996, p. 18, note D. Gibirila, *JCP* N, 1996, p. 628, com. Y. Guyon). En l'espèce, l'autorisation donnée était entachée d'irrégularité au motif que le conseil d'administration s'était contenté d'annexer au procès-verbal une proposition du comité des rémunérations relative à un complément de retraite octroyé au dirigeant de la société sans délibérer formellement sur ce point. On pouvait envisager, dans cette perspective, que la dissimulation soit également écartée dans l'hypothèse où une convention aurait été approuvée par le conseil d'administration sans qu'il soit fait expressément référence dans l'ordre du jour figurant sur le procès-verbal à la procédure d'approbation des conventions réglementés, une telle carence étant susceptible d'entacher d'irrégularité l'approbation (Cass. com., 3 mai 2000, pourvoi nº 97-22510), ou encore dans l'hypothèse dans laquelle l'intéressé aurait pris part au vote en violation de l'article L. 225-40 du Code de commerce). Autant dire que le domaine d'application de la règle de principe dégagée par l'article L. 225-42 du Code de commerce se trouvait extrêmement réduit.

3. C. Lucas de Leyssac, note sous Cass. com., 24 février 1976, *JCP*, 1976, II, 18506. V. encore, dans le même sens, Y. Chartier, note sous Cass. com., 24 février 1976, *Rev. soc.*, 1977, p. 88 s., spéc. p. 94.

en miroir de l'appréciation souple de la notion de dissimulation, une appréciation exigeante de la révélation.

À l'évidence, une première interrogation portait sur la détermination du destinataire de la révélation. Sous cet aspect, une première approche aurait pu conduire à considérer la convention comme révélée chaque fois qu'un actionnaire ou dirigeant social en aurait eu connaissance postérieurement à sa conclusion. La révélation aurait alors été liée à la possibilité d'agir en justice, conformément à l'adage *Contra non valentem* : chaque actionnaire ou dirigeant ayant la possibilité d'agir en justice au nom de la société par la voie de l'action *ut singuli* pour le premier ou *ut universi* pour le second, la révélation à l'un d'eux de l'existence d'une convention non autorisée aurait suffi à considérer la convention comme « révélée » au sens de l'article L. 225-42[1]. Mais la Cour de cassation avait nettement écarté une telle approche, en considérant que l'information individuelle qu'auraient pu recevoir postérieurement à la conclusion de la convention les actionnaires ou les dirigeants ne pouvait valoir révélation[2].

On aurait alors pu envisager d'apprécier la révélation à l'égard du conseil d'administration. Une telle approche aurait logiquement reposé sur une exigence de parallélisme des formes : la nullité encourue résultant d'un défaut d'autorisation du conseil dont la compétence a été bafouée, la révélation aurait alors pu s'apprécier à son égard[3]. Une telle approche, qui avait séduit certains juges du fond[4], avait cependant été écartée à son tour par la Cour de cassation qui avait adopté un point de vue différent, considérant que la révélation s'appréciait à l'égard de l'assemblée générale des actionnaires au motif que l'assemblée générale avait seule le pouvoir de couvrir la nullité[5]. La haute juridiction faisait ainsi dépendre la caractérisation de la révélation de la possibilité de régularisation[6]. Elle semblait sous cet aspect témoigner d'une certaine adhésion au fondement traditionnel de la prescription de l'action en nullité relative, reposant sur l'idée de confirmation : ne s'agissait-il pas en effet de « faire coïncider (...) le point de départ de la prescription avec le jour où la confirmation devient possible »[7] ?

Mais une telle conception de la révélation, liée non à la possibilité d'agir en justice pour obtenir la nullité de la convention, mais à la possibilité de confirmer l'acte, entraînait nécessairement un report dans le temps non négligeable du

1. V., en faveur d'une telle approche, L. Grosclaude, note sous Paris, 29 juin 2000, *Bull. Joly*, 2000, p. 1156.

2. Versailles, 23 octobre 1997, *Bull. Joly*, 1998, p. 341, note P. Le Cannu ; Cass. com., 7 juillet 2004, *Bull. Joly*, 2004, p. 1510, note J.-P. Dom ; 2 mai 2007, *Bull. Joly*, 2007, p. 941 s., note M. Sénéchal, *Dr. soc.*, 2008, comm. 29, note J.-P. Legros.

3. F. Guerchoun, « Vers l'imprescriptibilité de l'action en nullité des conventions réglementées ? », *LPA*, 21 avril 2006, p. 5 s., spéc. p. 7 ; P. Le Cannu, note sous Cass. com., 28 novembre 1995, *Bull. Joly*, 1996, p. 204.

4. Paris, 29 juin 2000, *Bull. Joly*, 2000, p. 1156, note L. Grosclaude. Une telle solution permet d'ailleurs de faire courir la prescription d'une date où les administrateurs sont mis en position d'agir en justice, conformément à la règle *Contra non valentem*. V. en ce sens, L. Grosclaude, note sous Paris, 29 juin 2000, préc.

5. Cass. com., 24 février 1976, *Bull. civ.* IV, n° 69, *JCP*, 1976, II, 18506, note C. Lucas de Leyssac, *RTD com.*, 1976, p. 542, n° 12, obs. R. Houin, *Rev. soc.*, 1977, p. 88, note Y. Chartier : « en l'absence, constatée par l'arrêt, d'autorisation préalable de la convention litigieuse par le conseil d'administration, seule l'assemblée générale des actionnaires pouvait couvrir la nullité qui en résulte, et qu'ainsi c'est la date de la révélation de la convention qui fixe le point de départ de la prescription de l'action en nullité » ; Versailles, 15 mai 1985, *D.*, 1987, p. 404, note M. Boizard.

6. F. Guerchoun, *op. cit.*, spéc. p. 7. V., clairement en ce sens, Versailles, 23 octobre 1997, *Bull. Joly*, 1998, p. 341, note P. Le Cannu.

7. B. Petit, note sous Cass. com., 12 janvier 1999, *Bull. Joly*, 1999, p. 464, spéc. n° 1.

point de départ de la prescription. Le risque de voir le point de départ de la prescription reporté à une date très lointaine était d'ailleurs sociologiquement accentué par le fait qu'il demeurait plus facile pour l'administrateur fautif de révéler l'existence de la convention devant son conseil d'administration que devant l'assemblée générale des actionnaires, dont les réactions sont souvent imprévisibles. Dès lors, comme il avait été souligné, « en dissuadant les administrateurs de lever le secret sur leurs agissements, en les contraignant à ne déchirer ce voile que devant l'assemblée, la Haute juridiction a rendu improbable, sinon accidentelle, la révélation exigée par ce texte, et allongé ainsi une durée à l'origine triennale, et devenue dès lors indéfinie »[1].

La Cour de cassation avait certes pu paraître, dans un arrêt resté isolé, assouplir le principe exposé en admettant que la révélation de la convention puisse résulter, non pas de l'information de l'assemblée générale, mais de la publication du contrat de location gérance litigieux au registre du commerce et des sociétés[2]. Mais le jeu de la publicité légale, qui permet de donner date certaine à la révélation, semblait justifier spécifiquement la solution retenue[3].

Le lien ainsi créé par la Cour de cassation entre la caractérisation de la révélation et la possibilité de régulariser efficacement la procédure expliquait alors également la rigueur avec laquelle la Cour de cassation appréciait les critères de la révélation. En effet, pour que la révélation soit caractérisée, il ne suffisait pas que la convention ait été exécutée au su et au vu de tous[4], ou même que son existence ait été révélée à l'assemblée générale. Il fallait encore, selon la Cour de cassation, qu'elle l'ait été dans des conditions permettant à celle-ci de couvrir la nullité, ce qui suppose, selon l'article L. 255-42 alinéa 3 du Code de commerce un « rapport spécial des commissaires aux comptes exposant les circonstances en raison desquelles la procédure d'autorisation n'a pas été suivie ». La Cour de cassation exigeait ainsi que l'assemblée générale des actionnaires ait bénéficié d'une divulgation exhaustive et précise de la convention[5], par la voie d'un rap-

---

1. F. Guerchoun, *op. cit.*, p. 5 s., spéc. p. 7.

2. Cass. com., 26 mai 1999, *Bull. Joly*, 1999, p. 962, note M. Menjucq. V. également, dans le sens d'un certain assouplissement, Versailles, 16 février 2007, *Bull. Joly*, 2007, p. 848, note A. Couret, qui paraît assimiler la révélation à la preuve de la connaissance par la société de l'existence des conventions, preuve établie par la conclusion d'un protocole d'accord y faisant expressément référence.

3. Au reste, même lorsque la convention avait fait l'objet d'une mesure de publicité, certains juges demeuraient réfractaires à ce qu'une telle mesure puisse pallier l'absence de révélation en bonne et due forme à l'assemblée générale,(Lyon, 24 juin 2008, *Juris-Data* n° 2008-368534, excluant que la publication d'un bail emphytéotique à la conservation des hypothèques soit suffisante pour constituer une révélation au sens de l'article L. 225-42 alinéa 2 du Code de commerce).

4. Cass. com., 13 décembre 1976, *Bull. civ.* IV, n° 319, *D.*, 1977, p. 375, note M. Jeantin, *RTD com.*, 1977, p. 540, n° 27, chron. R. Houin. Il résulte de l'arrêt que l'exécution du contrat ne vaut révélation que si elle a été faite « avec l'intervention de l'organe social seul capable de confirmer » ; Cass. com., 7 juillet 2004, *Bull. Joly*, 2004, p. 1510, note J.-P. Dom.

5. Cass. com., 24 février 1976, *Bull. civ.* IV, n° 69, *JCP*, 1976, II, 18506, note C. Lucas de Leyssac, *RTD com.*, 1976, p. 542, n° 12, obs. R. Houin, *Rev. soc.*, 1977, p. 88, note Y. Chartier, considérant la révélation non caractérisée en raison de « l'imprécision des communications faites à cette assemblée » après avoir constaté que « le rapport spécial à elle soumis visait seulement les opérations conclues au cours de l'exercice 1965 et ne relatait ni le nom du bénéficiaire de la convention litigieuse, ni les avantages consentis, ni le vice la privant de l'autorisation préalable du conseil » ; 10 mai 1989, *Bull. civ.* IV, n° 149, relevant que n'avaient été indiqué « ni le nombre des brevets en cause, ni la date d'application, ni l'incidence de cette convention dans les comptes sociaux » ; 28 novembre 1995, *RJDA* 2/1996, n° 240, p. 173, *Bull. Joly*, 1996, p. 204, note P. Le Cannu, précisant que l'approbation des comptes faisant état du montant des loyers calculé conformément aux dispositions d'un avenant modifiant le loyer d'un bail ne caractérise pas la révélation de la convention dès lors que l'assemblée n'avait pas été expressément avisée qu'un avenant au bail augmentant les loyers avait été signé.

port de son commissaire aux comptes[1]. La politique de la Cour pouvait alors se résumer d'une phrase : la révélation de la convention devait avoir été suffisamment complète pour que l'inaction de l'assemblée générale soit révélatrice d'une volonté éclairée de confirmer tacitement la convention irrégulièrement conclue.

Mais sur cette voie, on en arrivait à douter de la possibilité même qu'une telle action puisse être déclarée prescrite par les juges. En effet, le degré de révélation imposé par la Cour de cassation, qui exigeait l'existence d'un rapport du commissaire aux comptes de la société offrant une information complète sur le contenu de la convention litigieuse et mentionnant la violation de la procédure d'approbation des conventions réglementées, impliquait nécessairement une réaction de l'assemblée : la nullité était soit couverte par un vote de l'assemblée, soit demandée en justice par des actionnaires mécontents. Sauf bouleversement de l'actionnariat entre temps, on ne pouvait concevoir que des actionnaires, demeurés inactifs face à la révélation de la convention litigieuse, viennent, plus de trois ans après, en demander subitement la nullité. Au regard de la jurisprudence de la Cour de cassation, l'hypothèse d'une prescription de l'action en nullité de la convention semblait donc devenue purement théorique, au point que l'on avait pu évoquer un risque d'« imprescriptibilité de l'action en nullité des conventions réglementées »[2].

2. *Le retour à une lecture orthodoxe de l'article L. 225-42 du Code de commerce*

130. Peut-être sensible à ces critiques, la Cour de cassation a amorcé – et assumé[3] – un revirement de jurisprudence dans un arrêt rendu le 8 février 2011[4].

La cour d'appel avait ici suivi le raisonnement classiquement tenu par la Cour de cassation, pour rejeter l'exception de prescription opposée par les bénéficiaires d'une convention qui aurait dû être soumise à la procédure d'approbation des conventions réglementées, en faisant valoir qu'en l'absence d'autorisation préalable du conseil d'administration, les conventions litigieuses devaient être considérées dissimulées, et le point de départ de la prescription en conséquence reporté. La Cour de cassation a censuré une telle démarche, en reprochant à la cour d'appel de ne pas avoir recherché « si les conventions litigieuses avaient été dissimulées », après avoir affirmé, dans un attendu dont chaque mot paraît

---

1. F. Guerchoun, *op. cit.*, p. 5 s., spéc. p. 7 ; Cass. soc., 12 février 1987, *Bull. civ.* V, nº 73, *Bull. Joly*, 1987, p. 387, note P. Le Cannu, ; v. Cass. com., 10 juillet 1978, *Rev. soc.*, 1979, p. 848, note I. Balensi ; Paris, 22 octobre 1987, *RD Banc.*, 1989, p. 31, obs. M. Jeantin et A. Viandier, *RJ com.*, 1988, p. 267, note P. De Fontbressin : « l'article 105 prescrit certes seulement un rapport spécial exposant les circonstances pour lesquelles la procédure d'autorisation n'a pas été suivie ; que toutefois l'intention du législateur étant que les actionnaires soient pleinement éclairés pour décider en connaissance de cause s'il convient de réparer le vice de nullité, il convient que le rapport contienne non seulement une explication sur les motifs pour lesquels la procédure régulière n'a pas été suivie mais encore des précisions suffisantes sur la convention litigieuse » ; Versailles, 19 décembre 2002, *BRDA* 3/2003, p. 2.

2. F. Guerchoun, *op. cit.*

3. La Cour de cassation prend en effet soin ici d'assumer son revirement de jurisprudence en affirmant que « les conséquences ainsi tirées du texte susvisé, qui s'écartent de celles retenues depuis un arrêt du 24 février 1976, sont conformes à l'exigence de sécurité juridique au regard de l'évolution du droit des sociétés ».

4. Cass. com., 8 février 2011, *Bull. Joly*, 2011, p. 297, note C.-N. Ohl et D. Schmidt, *JCP* E, 2011, 1151, note B. Dondero, *Dr. soc.*, 2011, comm. 70, note M. Roussille, *D.*, 2011, p. 1314, note N. Molfessis et J. Klein, *Rev. soc.*, 2011, p. 288, obs. P. Le Cannu.

pesé, que « l'action en nullité d'une convention visée à l'article L. 225-38 du même code et conclue sans autorisation du conseil d'administration se prescrit par trois ans à compter de la date de la convention ; que, toutefois, si elle a été dissimulée, le point de départ du délai de la prescription est reporté au jour où elle a été révélée ; que s'il y a eu volonté de dissimulation, la révélation de la convention s'apprécie à l'égard de la personne qui exerce l'action ».

131. Ce faisant, en reprochant à la cour d'appel de ne pas avoir « recherché si les conventions litigieuses avaient été dissimulées », puis en insistant sur la « volonté de dissimulation », la Cour de cassation renoue avec une approche subjective de la dissimulation, entendue comme la volonté d'occulter la convention. Elle abandonne ainsi la fiction consistant à assimiler l'absence d'autorisation préalable à une dissimulation de la convention, et restaure en conséquence la prescriptibilité de l'action en nullité en rétablissant le principe d'un point de départ fixé au jour de la conclusion de la convention. La dissimulation est bien redevenue exception, limitée aux seules hypothèses dans lesquelles le bénéficiaire aurait volontairement dissimulé la convention.

À ce titre, c'est désormais au cas par cas qu'il faudra s'accorder sur l'existence même d'une « volonté de dissimuler ». Sans doute faudra-il néanmoins éviter l'écueil consistant à exiger une dissimulation totale de la convention pour conserver la possibilité d'assimiler une révélation volontairement partielle de la convention à une dissimulation, cause de report du point de départ de la prescription.

132. L'adoption d'une conception subjective de la prescription impose alors mécaniquement à la Cour de cassation de modifier sa conception de la révélation. Dès lors que le report du point de départ ne vient plus sanctionner un manquement formel à l'exigence d'autorisation préalable, mais une dissimulation volontaire de la convention aux titulaires du droit d'agir, la révélation de nature à faire courir la prescription n'est plus liée à la possibilité de régulariser les formalités évincées, mais à la possibilité d'agir. La révélation ne s'apprécie alors plus abstraitement à l'égard de l'assemblée générale, seul auteur possible de la régularisation, mais à l'égard « de la personne qui exerce l'action ».

Si l'appréciation *in concreto* de la révélation, corollaire d'une conception subjective de la dissimulation, doit être approuvée, on pourrait toutefois émettre quelques réserves sur la formulation retenue. En affirmant que la révélation s'apprécie à l'égard « de la personne qui exerce l'action », la Cour de cassation laisse entendre que l'action appartient à autant d'individus qu'il y a de personnes agissant au nom de la société pour son exercice. Or, nul doute qu'il importe peu que l'action soit exercée *ut singuli* par des actionnaires ou *ut universi* par les dirigeants : elle n'appartient jamais qu'à la société, dont chacun n'est finalement que le représentant. Ne faudrait-il pas alors davantage apprécier la révélation à l'égard de la société, et considérer que la révélation à l'égard de l'un de ceux habilités à exercer l'action devrait valoir révélation à la société ?

133. Les hésitations de la jurisprudence dans le domaine des conventions réglementées illustrent ainsi la difficulté à adopter une appréciation susceptible de concilier sécurité juridique et protection du droit d'agir. La jurisprudence semble en revanche avoir eu beaucoup moins de scrupules à faire preuve de sévérité à l'égard du titulaire du droit d'agir dans d'autres hypothèses. Il en est notamment ainsi lorsque l'action en nullité est fondée sur l'irrégularité d'une clause contractuelle.

C. L'action en nullité fondée sur l'irrégularité d'une clause contractuelle

134. Dans les hypothèses précédemment envisagées, le rôle de la jurisprudence dans la fixation du point de départ de la prescription demeure strictement encadré par l'existence de dispositions législatives expresses. Dans ces hypothèses, le juge est dépossédé du pouvoir de déterminer le point de départ de la prescription, qui relève d'un choix de politique législative. Sa marge de manœuvre est réduite à l'interprétation - parfois audacieuse - des critères retenus par le législateur. La situation se présente en revanche sous un jour bien différent dans le silence des textes. Les juges vont alors se voir investis du pouvoir de fixer le point de départ de la prescription des actions qui leur sont présentées. Pour ce faire, ils vont devoir choisir entre étendre la règle du report du point de départ de la prescription qui innerve l'article 1304 alinéa 2 du Code civil, ou au contraire en restreindre la portée pour retenir à titre de principe le jour de la conclusion de l'acte comme point de départ de la prescription. C'est cette seconde option que la jurisprudence privilégie lorsqu'elle se trouve confrontée à une action en nullité fondée sur l'irrégularité d'une clause contractuelle. Tel est le cas lorsque l'action en nullité relative repose sur la présence d'une clause illicite (1) ou encore sur l'omission d'une mention obligatoire (2).

1. *L'action en nullité fondée sur l'existence d'une clause illicite*

135. L'insertion dans un contrat d'une clause contraire aux dispositions impératives régissant certains types de conventions peut entraîner la nullité de l'acte dans son ensemble. Tel est le cas lorsque la nullité d'un contrat de crédit-bail est demandée en raison de la non-conformité de la clause de résiliation aux dispositions de l'article L. 313-9 du Code monétaire et financier (a). Elle peut différemment entraîner la nullité de la seule clause illicite. Tel est le cas lorsqu'est demandée la nullité d'une clause d'un bail commercial contraire au statut impératif régissant la matière (b). Dans ces deux hypothèses, la jurisprudence fait courir la prescription de l'action en nullité du jour de l'acte[1], sans égard pour la connaissance que pouvait avoir le titulaire du droit de critique de l'illicéité de la stipulation conventionnelle.

a. *La nullité du contrat de crédit-bail pour non-conformité de la clause de résiliation aux dispositions de l'article L. 313-9 du Code monétaire et financier*

136. L'article L. 313-9 alinéa 2 du Code monétaire et financier (anciennement art. 1-2 al. 2 de la loi nº 66-455 du 2 juillet 1966 relative aux entreprises pratiquant le crédit-bail) exige que les contrats de crédit-bail immobiliers « prévoient, à peine de nullité, les conditions dans lesquelles leur résiliation pourra, le cas échéant, intervenir à la demande du preneur ». Le non-respect de la disposition permet alors au crédit-preneur privé par les termes du contrat de tout droit de résiliation anticipée d'agir en nullité du contrat de crédit-bail dans son ensemble.

L'article L. 313-9 alinéa 2 demeurant silencieux sur les conditions dans lesquelles se prescrit une telle action, la question a porté, une fois admis le caractère relatif de la nullité encourue, sur la détermination du point de départ de la pres-

1. Tel est également le cas lorsqu'est demandée la nullité d'un contrat d'édition en raison de la contrariété de la clause de rémunération à l'article L. 131-4 du Code de la propriété intellectuelle : Cass. civ. 1re, 28 février 2008, *Com. com. électr.*, 2008, comm. 52, note C. Caron.

cription. Sous cet aspect, un arrêt rendu par la troisième chambre civile le 15 mai 1996[1] apporte assurément une réponse tranchée. En l'espèce, alors que le pourvoi, s'appuyant sur l'article 1304 du Code civil, faisait valoir qu'il fallait, pour déterminer le point de départ de la prescription, se référer à « la date à laquelle le crédit-preneur avait pu connaître que le droit de résiliation anticipée, que doit lui reconnaître le contrat de crédit-bail immobilier, ne lui était pas accordé »[2], la Cour de cassation a approuvé les juges du fond d'avoir retenu que « le point de départ de la prescription quinquennale ne pouvait être fixé à une date différente de celle de la conclusion de l'acte ». La solution a par la suite été confirmée dans un arrêt du 4 octobre 2000[3].

137. Quels enseignements peut-on tirer de cette solution ? Deux interprétations peuvent sans doute être défendues. Dans une première approche, *a maxima*, on pourrait être tenté de déduire des termes employés par la Cour de cassation, selon lesquels le point de départ « ne pouvait être fixé à une date différente de celle de la conclusion de l'acte », qu'en dehors des hypothèses de report du point de départ expressément envisagées par l'article 1304 du Code civil ou par une disposition légale particulière, le point de départ de la prescription de l'action en nullité relative doit nécessairement être fixé au jour de la conclusion de l'acte. Ce faisant, la Cour viendrait clore le débat entre partisans d'une extension analogique et partisans d'une interprétation restrictive de l'article 1304 en consacrant la solution prônée par ces derniers[4].

Mais une telle interprétation serait sans nul doute trop absolutiste. Au point qu'il faille lui préférer une interprétation *a minima*. La solution retenue serait alors uniquement justifiée par la spécificité de la règle violée : l'irrégularité peut ici apparaître sans difficulté particulière à la seule lecture du contrat ; elle est ostensible. Aussi, parce que la clause non-conforme aux dispositions de l'article L. 313-9 alinéa 2 du Code monétaire et financier est présente dans l'acte dès sa conclusion, il est dès cet instant possible d'en apprécier les conséquences et de demander la nullité de l'acte dans son ensemble. Le crédit-preneur ne saurait alors, dans le dessein d'échapper à ses propres obligations[5], se prévaloir, plusieurs années après, de la présence d'une telle clause pour obtenir la nullité du contrat.

Une même logique justifie sans doute le traitement jurisprudentiel de l'action en nullité d'une clause d'un bail commercial contraire au statut impératif en la matière.

---

1. Cass. civ. 3e, 15 mai 1996, *Bull. civ.* III, n° 116.

2. On relèvera, au passage, la proximité de la formulation retenue par le pourvoi avec le nouvel article 2224 du Code civil.

3. Civ. 3e, 4 octobre 2000, *Dr. et patr.*, février 2001, p. 109, obs. P. Chauvel : en l'espèce la Cour de cassation a rejeté le pourvoi qui tentait de faire valoir que l'état d'infériorité économique du crédit-preneur devait entraîner le report du point de départ de la prescription sur le fondement de l'adage *Contra non valentem*. Sur cette question v. *infra*, n° 382 et 684 s.

4. Sur ce débat, v. *supra*, n° 119 s.

5. À ce titre, il n'est pas anodin de constater que dans l'affaire ayant donné lieu à l'arrêt du 4 octobre 2000, la demande de nullité intentée par le crédit-preneur faisait suite à des saisies-attributions pratiquées par le bailleur en raison du défaut de paiement de ses loyers par le crédit-preneur. L'action en nullité semblait donc intentée par le crédit-preneur dans le but d'échapper au versement d'arriérés de loyer. La situation n'est pas sans rappeler celle dont ont pu tirer profit certains distributeurs agissant en nullité de contrats-cadre pour indétermination du prix afin d'échapper à leurs obligations accessoires sous l'empire de la jurisprudence antérieure aux arrêts d'assemblée plénière du 1er décembre 1995 abandonnant l'exigence de détermination du prix en la matière. On peut alors être tenté de considérer que la volonté de la Cour de cassation de prévenir les effets pervers que porte en germe l'article L. 313-9 alinéa 2 du Code monétaire et financier n'est pas étrangère à la solution posée.

b. *La nullité d'une clause d'un bail commercial contraire au statut impératif*

138. Afin d'« éviter que des contentieux puissent se développer tardivement »[1], l'article L. 145-60 du Code de commerce (ancien article 33 du décret nº 53-960 du 30 septembre 1953) soumet toutes les actions exercées en vertu des dispositions du statut des baux commerciaux à une prescription de deux ans[2]. En première analyse, la soumission de l'action en nullité d'une clause illicite à cette courte prescription ne semble pas aller de soi : on pourrait en effet militer pour que la clause illicite soit simplement réputée non écrite[3], ce qui permettrait de faire échapper son éradication au délai couperet prévu par l'article L. 145-60 du Code de commerce. Mais telle n'est pas la position adoptée par la Cour de cassation, qui s'est au contraire prononcée en faveur de la soumission de l'action en nullité de la clause illicite à la prescription biennale[4].

139. La soumission de l'action en nullité d'une clause illicite à la prescription biennale laissait cependant en suspens la question de son point de départ. La Cour de cassation l'a alors fixé au jour de la signature du bail ou de l'acceptation de l'offre de renouvellement[5], jour à compter duquel l'action peut être exercée[6], l'illicéité de la clause étant dès cet instant ostensible.

La solution peut à l'évidence laisser insatisfait : c'est souvent à la fin du bail que le locataire prendra conscience de la portée de ces clauses, à une époque où la prescription de son action sera acquise. La critique doit toutefois être relativisée, la nullité de ces clauses pouvant toujours être soulevée par voie d'exception par le preneur à qui en serait demandé l'exécution[7].

140. Une même rigueur anime la jurisprudence lorsqu'elle se retrouve confrontée à l'omission par les parties d'une mention exigée à peine de validité.

2. *L'action en nullité fondée sur l'omission d'une mention obligatoire*

141. L'omission d'une exigence légale protectrice de l'une des parties se traduit souvent par la nullité relative du contrat. Ainsi, par exemple, en matière de sous-traitance, le défaut de cautionnement de l'entrepreneur principal, exigé

1. L. Ruet, *Les baux commerciaux*, Defrénois, 2e éd., 2006, spéc. p. 283, nº 434.

2. *A contrario*, ne sont donc pas soumises à cette courte prescription toutes les actions exercées sur le fondement du droit commun ou des stipulations du bail lui-même. V. en ce sens J.-D. Barbier, *J.-Cl. Bail à loyer*, fasc. 1304 : Bail commercial – Prescription et forclusion, spéc. nº 23. L'action en nullité d'une clause illicite n'est donc concernée par cette courte prescription qu'autant que la cause de nullité découle directement du statut impératif.

3. Sur l'utilisation du réputé non écrit, v. *infra*, nº 209 s.

4. Cass. civ. 3e, 1er février 1978, *Bull. civ.* III, nº 66 ; 23 janvier 2008, *JCP* E, 2008, II, 10089, note F. Auque.

5. Civ. 3e, 16 janvier 1991, pourvoi nº 89-14633 (l'action en nullité d'une clause prévoyant un loyer variable court à compter de l'acceptation de l'offre de renouvellement du bail par le preneur) ; 24 novembre 1999, *Bull. civ.* III, nº 223, *LPA*, 18 septembre 2000, p. 10, note M. Kéita (action en nullité de la clause d'un bail commercial prévoyant la faculté pour le bailleur de résilier sans indemnisation le contrat en cas d'expropriation du terrain). V. cependant *contra*, Paris, 13 mars 1958, *Rev. Loyers*, 1958, p. 542, selon lequel la prescription ne court pas tant que subsiste la clause nulle. Il faut également noter qu'un même point de départ est retenu lorsque c'est la nullité du contrat dans son ensemble qui est demandée : Civ. 3e, 9 juin 1993, *Bull. civ.* III, nº 82.

6. J.-D. Barbier, *op. cit.*, spéc. nº 59 ; D. Stapylton-Smith, « Date de prise d'effet d'un bail commercial : remise en cause de la date contractuelle ? », *JCP* N, 1998, p. 432.

7. Civ. 3e, 24 novembre 1999, *Bull. civ.* III, nº 223, *LPA*, 18 septembre 2000, p. 10, note M. Kéita (*a contrario*).

par l'article 14 de la loi du 31 décembre 1975 afin de protéger le sous-traitant des risques d'insolvabilité, est sanctionné par la nullité du sous-traité. En la matière, la Cour de cassation, adopte une interprétation restrictive des causes de report prévues par l'article 1304 du Code civil pour faire courir la prescription à compter de la « date de conclusion du sous-traité »[1]. La solution est logique : l'engagement de caution doit être concomitant à la signature du sous-traité et son absence ne peut par hypothèse être ignorée du sous-traitant. Là encore, le manquement à une formalité impérative étant en cause, le sous-traitant aurait pu dès la date de conclusion prendre conscience de l'existence d'une cause de nullité et agir en conséquence.

142. Mais toutes les actions en nullité fondées sur l'omission d'une formalité obligatoire ne sont malheureusement pas soumises à des règles aussi claires. Les difficultés relatives au point de départ de la prescription qui peuvent être rencontrées dans un tel contexte se révèlent ainsi avec acuité à l'examen de la question du point de départ de la prescription de l'action en nullité d'une stipulation d'intérêt fondée sur l'omission de la mention du taux effectif global applicable.

Il faut rappeler qu'afin de protéger les emprunteurs en leur permettant de prendre conscience du coût total du crédit convenu, l'article L. 313-2 du Code de la consommation[2] précise que « le taux effectif global déterminé comme il est dit à l'article L. 313-1 doit être mentionné dans tout écrit constatant un contrat de prêt régi par la présente section ». Cet article se conjugue avec l'article 1907 alinéa 2 du Code civil, selon lequel « le taux de l'intérêt conventionnel doit être fixé par écrit » pour faire peser sur les préteurs une obligation de mentionner le Taux effectif global (TEG), que l'on peut définir comme « le taux réellement pratiqué pour une opération de crédit »[3], dans tout écrit constatant une opération de crédit.

Les textes demeurant lacunaires sur la sanction du manquement à cette obligation, la Cour de cassation est venue préciser qu'un tel manquement était sanctionné par la nullité de la stipulation d'intérêt conventionnel, qui entraîne la substitution du taux d'intérêt légal au taux d'intérêt conventionnellement stipulé[4]. Une fois admis le caractère relatif d'une telle nullité[5], qui relève donc des dispositions de

---

1. Civ. 3e, 20 février 2002, *Bull. civ.* III, n° 43, *D.*, 2002, p. 1347, obs. E. Chevrier, *Gaz. Pal.*, 20 mai 2003, p. 30, note M. Peisse. La Cour de cassation rejette ici le pourvoi qui tentait de faire valoir que la prescription ne pouvait courir avant la date de complet paiement du marché au motif que l'engagement de caution pouvait être réclamé jusqu'à cette date.

2. L'article L. 313-4 du Code monétaire et financier renvoie aux dispositions de l'article L. 313-2 du Code de la consommation en matière de crédit consenti aux professionnels.

3. T. Bonneau, *Droit bancaire*, Montchrestien, 9e éd., 2011, p. 53, n° 69.

4. Cass. com., 9 février 1988, *JCP* E, 1988, II, 15204, note Gavalda et Stoufflet ; 4 mai 1993, *Bull. civ.* IV, n° 162. Il s'agit donc d'une nullité partielle, la nullité du contrat de prêt dans son ensemble étant subordonnée à la démonstration du caractère déterminant de l'irrégularité, c'est-à-dire à la preuve par les emprunteurs qu'ils n'auraient pas contracté s'ils avaient connu le taux effectif global réellement appliqué (Cass. com., 12 juillet 2005, pourvoi n° 03-20997).

5. V. par ex., Cass. civ. 1re, 21 janvier 1992, *Bull. civ.* I, n° 22. On ajoutera que, dès lors que « les restitutions consécutives à une annulation ne relèvent pas de la répétition de l'indu mais seulement des règles de la nullité » (Cass. civ. 1re, 24 septembre 2002, *D.*, 2003, p. 369, note J.-L. Aubert), les emprunteurs forclos ne devraient en principe pas pouvoir agir sur le fondement de la répétition de l'indu pour obtenir restitution du trop-perçu par la banque. Mais la Cour de cassation en a récemment décidé autrement, considérant que « l'action en restitution des intérêts perçus indûment par application de dates de valeurs dépourvues de cause peut être engagée dans un délai de cinq ans à partir de leur perception, peu important l'absence de demande en nullité de la stipulation d'intérêts conventionnels » (Cass. com., 16 mars 2010, *Bull. civ.* IV, n° 58, *D.*, 2010, p. 823, obs. V. Avena-Robardet, *Cont. conc. cons.*, 2010, comm. 150, note L. Leveneur).

l'article 1304 du Code civil, le débat s'est déplacé sur la détermination du point de départ de la prescription de l'action intentée par l'emprunteur.

Le droit positif apparaît alors marqué par une double divergence des chambres civile et commerciale portant d'une part sur la détermination de l'événement de nature à faire courir la prescription en cas d'omission du taux effectif global (a) et, d'autre part, sur le traitement qu'il convient de réserver à l'hypothèse particulière d'une erreur dans le calcul du taux effectif global (b).

a. *Le point de départ de la prescription de l'action en nullité de la stipulation d'intérêt en cas d'omission du taux effectif global*

143. En l'absence de détermination légale du point de départ de la prescription de l'action en nullité de la stipulation d'intérêt conventionnel, les interrogations ont logiquement porté sur le point de savoir quel événement devait faire courir la prescription de l'action. À ce titre, si après quelques hésitations[1], les deux chambres s'accordent aujourd'hui pour fixer le point de départ de la prescription au jour de la conclusion du contrat en matière de prêt[2], elles divergent en revanche sur l'événement à prendre en considération en matière d'ouverture de crédit en compte courant. En effet, alors que la première chambre civile de la Cour de cassation considère que l'action en nullité s'éteint si « elle n'a pas été exercée dans les cinq ans suivant la signature de l'acte quand celui-ci ne mentionne pas de TEG »[3], la chambre commerciale affirme différemment que l'action en nullité ne s'éteint que si elle n'a pas été exercée pendant 5 ans à compter de la « reconnaissance de l'obligation de payer des intérêts conventionnels »[4], cette reconnaissance pouvant « résulter de la réception sans protestation ni réserve des relevés de comptes par l'emprunteur »[5].

Sans doute cette divergence entre les chambres s'explique-t-elle d'abord par un désaccord de principe sur la façon dont le taux effectif global doit être porté à la connaissance de l'emprunteur : en effet, si les deux chambres considèrent que l'existence d'un écrit mentionnant, préalablement à la perception des intérêts[6], le taux effectif global est une condition de validité de la stipulation d'intérêt, elles diffèrent dans leur appréciation de la notion d'« écrit ». La première chambre civile fait en effet preuve de rigueur en exigeant à peine de nullité de la stipulation d'intérêt conventionnel que le taux effectif global soit mentionné dans la convention d'ouverture de compte courant[7]. En revanche, la chambre commerciale admet

1. V., fixant le point de départ de la prescription de l'action en nullité d'une stipulation conventionnelle d'intérêt d'un contrat de prêt au jour de la réception des relevés des comptes : Cass. com., 29 mars 1994, *Bull. civ.* IV, n° 134, *D.*, 1994, p. 611, note C. Gavalda.

2. Cass. civ. 1re, 21 janvier 1992, *Bull. civ.* I, n° 22, *JCP* G, 1992, I, 3591, n° 5, obs. M. Fabre-Magnan ; com., 12 mars 2002, pourvoi n° 99-17004.

3. Cass. civ. 1re, 14 juin 2007, pourvoi n° 05-22011. V. cependant *contra*, mais implicite, censurant une cour d'appel qui avait refusé de faire courir la prescription en l'absence de fixation écrite du TEG : Cass. civ. 1re, 15 juillet 1999, pourvoi n° 97-519.

4. Cass. com., 29 mars 1994, *Bull. civ.* IV, n° 134, *D.*, 1994, p. 611, note C. Gavalda ; 15 octobre 1996, pourvoi n° 94-16770 ; 28 février 2006, pourvoi n° 03-17375.

5. Cass. com., 15 octobre 1996, pourvoi n° 94-16770 ; 18 février 2004, *Bull. civ.* IV, n° 38, *LPA*, 27 juillet 2004, p. 5, note E. C. Il faut préciser que « l'envoi et la réception des relevés constituent de simples faits pouvant se prouver par tous moyens » de sorte que la seule preuve par la banque de l'existence de ces relevés suffit à faire courir la prescription dès lors que l'emprunteur ne rapporte la preuve d'aucun élément permettant de douter de leur réception (Cass. com., 14 décembre 2004, *Bull. civ.* IV, n° 228, *JCP* E, 2005, 317, note S. Raby, *Defrénois*, 2005, p. 601, note Y. Dagorne-Labbé).

6. Cass. civ. 1re, 8 juin 1994, *Bull. civ.* I, n° 205 ; 12 juillet 2005, pourvoi n° 03-20997.

7. Cass. civ. 1re, 17 janvier 1995, *Bull. civ.* I, n° 36, *D.*, 1995, p. 213, note D.-R. Martin, Defrénois,

qu'une simple mention du taux effectif global dans les relevés reçus postérieurement par l'emprunteur puisse suppléer le caractère lacunaire des termes de la convention[1].

Dès lors, logiquement, pour la première chambre civile, la cause de nullité existe dès le jour de la conclusion de l'acte ne mentionnant pas le taux effectif global et l'action en nullité peut dès cette date être exercée. Différemment, à suivre le raisonnement de la chambre commerciale, seule l'absence de « régularisation » du défaut de mention du taux effectif global dans les relevés postérieurs sera de nature à ouvrir l'action en nullité. Par suite, chaque chambre poursuivant à son terme sa propre logique, la première chambre civile retient le jour de l'acte comme point de départ de la prescription, tandis que la chambre commerciale retient celui de réception des relevés. Cette différence de logique n'est d'ailleurs pas anodine. Elle traduit sans doute une divergence de politique jurisprudentielle entre les deux chambres : alors que la première chambre civile poursuit un objectif de protection du consommateur, en encadrant rigoureusement la conclusion du contrat de prêt, la chambre commerciale œuvre avec plus de souplesse pour tenir compte des impératifs des relations commerciales[2].

144. Mais un autre facteur tend à obscurcir encore les solutions de droit positif. En effet, en matière d'ouverture de crédit en compte courant, le taux effectif global véritablement appliqué ne peut être connu à l'avance puisqu'il dépend de l'utilisation que le client fera du crédit en compte courant. Adaptant en conséquence les exigences des articles 1907 alinéa 2 du Code civil et L. 313-2 du Code de la consommation à cette hypothèse particulière, la chambre commerciale a imposé *ultra legem* aux prêteurs le respect d'une double exigence : le taux effectif global doit être porté à titre indicatif sur un document écrit préalable d'une part, et à titre effectif sur les relevés périodiques à la fin de chaque période de liquidation d'autre part[3].

Si l'omission du taux effectif global indicatif soulève peu de litiges, la chambre commerciale[4] ayant clairement précisé que l'omission d'un tel taux pouvait être régularisée, en considérant que la mention du taux effectif global appliqué pour une période donnée pouvait valoir mention du taux effectif global à titre indicatif pour la période de liquidation suivante[5], l'omission du taux effectif global

1995, p. 743, note D. Mazeaud ; 15 juillet 1999, pourvoi n° 97-519 (l'arrêt, non publié, semble toutefois de manière très surprenante déconnecter l'exigence d'un écrit préalable à peine de nullité de la fixation du point de départ de ladite action en nullité, qu'il situe différemment au jour de la reconnaissance de l'obligation de payer des intérêts résultant de la réception des relevés de comptes par l'emprunteur) ; 6 mai 2003, pourvoi n° 00-16304 ; 20 décembre 2007, *Bull. civ.* I, n° 396 (en matière de prêt classique).

1. Cass. com., 18 février 2004, *Bull. civ.* IV, n° 38 ; 14 décembre 2004, *Bull. civ.* IV, n° 228, *JCP* E, 2005, 317, note S. Raby, Defrénois, 2005, p. 601, note Y. Dagorne-Labbé ; 20 février 2007, *Banque et droit*, juillet-août 2007, obs. T. Bonneau, *RDBF*, 2007, 142, note F.-J. Crédot et T. Samin.

2. V. également sur cette question, *infra* n° 420 s.

3. V. en dernier lieu, Cass. com., 20 février 2007, *Banque et droit*, juillet-août 2007, obs. T. Bonneau, *RDBF*, 2007, 142, note F.-J. Crédot et T. Samin. Cette double exigence, un temps commune aux prêts classiques et aux ouvertures de crédit en compte courant (V., pour une application aux prêts à taux variables : Cass. civ. 1re, 19 octobre 2004, *JCP* G, 2004, II, 10194, note S. Raby) est désormais réservée au second type de crédit (v. Cass. civ. 1re, 20 décembre 2007, *Bull. civ.* I, n° 396).

4. La jurisprudence de la 1re chambre civile n'est en revanche clairement pas en ce sens. V. *supra* pour l'exigence d'une mention du TEG dans la convention de compte courant pour la première chambre civile, n° 143.

5. Dans une telle hypothèse, les intérêts ne seront dus qu'à compter de la réception par l'emprunteur de l'information relative au TEG, l'information valant seulement pour l'avenir (Cass. com., 20 février 2007, *Banque et droit*, juillet-août 2007, obs. T. Bonneau, *RDBF*, 2007, 142, note F.-J. Crédot et T. Samin). V. déjà en ce sens : Cass. com, 14 décembre 2004, *JCP* E, 2005, 317, note S. Raby.

réellement appliqué soulève en revanche plus de difficultés. Sous cet aspect, la chambre commerciale a pu affirmer, dans un arrêt rendu le 22 mai 2007, qu'en l'absence de mention du taux effectif global réellement appliqué sur les relevés périodiques, « la seule mention indicative de ce taux dans le document préalable ne vaut pas reconnaissance d'une stipulation d'agios conventionnels, de sorte que la prescription quinquennale de l'action en nullité de la stipulation de ce taux ne peut commencer à courir à partir de la date de la convention écrite préalable, mais seulement à compter de la réception des relevés périodiques mentionnant le taux effectif global appliqué »[1]. Les termes employés dans l'arrêt ont suscité perplexité et inquiétude. En effet, en faisant courir la prescription « à compter de la réception des relevés périodiques *mentionnant* le taux effectif global appliqué », la Cour de cassation empêchait la prescription de courir tant que le taux effectif global n'était pas expressément mentionné sur l'un de ces relevés, rendant de fait l'action en nullité fondée sur l'absence de mention du taux effectif global imprescriptible. La solution revenait alors en dernière analyse à faire courir la prescription du jour où les conditions de validité de la stipulation du taux effectif global étaient remplies[2], c'est-à-dire du jour où le vice avait disparu[3] !

Certains auteurs ont cependant tenté de la justifier. Ainsi a-t-on fait valoir que cet apparent paradoxe s'expliquerait par une confusion de la jurisprudence sur la nature même de la sanction encourue, au motif que « la question du défaut de mention du taux par écrit a été posée devant les juges en termes de nullité de la stipulation, alors qu'il s'agit d'un problème d'existence même de celle-ci »[4], l'obligation de payer des intérêts conventionnels ne pouvant naître avant la réception du relevé mentionnant le taux effectif global appliqué. On a encore pu soutenir que le défaut d'intérêt à agir de l'emprunteur avant d'être informé du taux effectif global appliqué, c'est-à-dire du coût effectif du crédit, expliquerait le report du point de départ de la prescription au jour de la réception de cette information : avant cette date, l'emprunteur n'aurait « aucune raison d'invoquer la nullité de la stipulation d'intérêt, d'autant qu'il ne sert à rien de contester des exemples théoriques »[5].

À dire vrai, les justifications avancées peinent à convaincre, au point d'ailleurs qu'on a pu se demander « si la Chambre commerciale a réellement voulu ce résultat »[6]. Et de fait, autant l'on comprend que la chambre commerciale reporte au jour de la réception des relevés de comptes le point de départ de la prescription dès lors qu'elle considère que la cause de nullité n'existe qu'à cette date, autant on peine à concevoir qu'elle reporte le point de départ au jour où l'emprunteur a été réellement informé du taux effectif global applicable : la réception d'un relevé sans mention du taux effectif global ne révèle-t-elle pas nécessairement à l'emprunteur l'omission de la banque, fondement de son action en justice ?

---

1. Cass. com., 22 mai 2007, *BICC*, 1er octobre 2007, n° 1908 et la note, *D.*, 2007, p. 1654, obs. V. Avena-Robardet, *JCP* G, 2007, act. 245, obs. P. Berlioz, *JCP* G, 2007, 2332 n° 15, obs. C. Lassalas-Langlais, *JCP* E, 2007, 2006, note P. Berlioz, *RTD. com.*, 2007, p. 574, obs. D. Legeais, *Banque et Droit*, septembre-octobre 2007, p. 27, obs. T. Bonneau. V. également les observations sur cet arrêt sous Cass. com., 8 septembre 2008, comm. 34, note F.-J. Crédot et T. Samin. Pour une réitération de la solution dans des termes identiques : Cass. com., 15 avril 2008, pourvoi n° 07-10474.
2. P. Berlioz, obs. sous Cass. com., 22 mai 2007, *JCP* G, 2007, act. 245.
3. F.-J. Crédot et T. Samin, note sous Cass. com., 8 janvier 2008, préc.
4. P. Berlioz, note sous Cass. com., 22 mai 2007, *JCP* E, 2007, 2006.
5. T. Bonneau, obs. sous Cass. com., 22 mai 2007, préc.
6. F.-J. Crédot et T. Samin, note sous Cass. com., 8 janvier 2008, préc.

145. D'ailleurs, par trois arrêts du 10 juin 2008[1], la chambre commerciale est revenue à une certaine orthodoxie en considérant que la réception de relevés de comptes ne mentionnant pas de taux effectif global faisait courir le délai de prescription de l'action en nullité de la stipulation d'intérêt. Précisément, dans trois arrêts rendus le même jour, au visa des articles 1304, 1906, 1907 du Code civil, et L. 312-2 du Code de la consommation, la Cour de cassation a posé en principe, dans des attendus rédigés en termes identiques, que « la prescription de l'action en nullité de la stipulation d'intérêt conventionnel engagée par un emprunteur qui a obtenu un concours financier pour les besoins de son activité professionnelle court à compter du jour où il a connu ou aurait dû connaître le vice affectant le Taux effectif global (TEG) ; que le point de départ de cette prescription est, s'agissant d'un prêt, la date de la convention et, dans les autres cas, la réception de chacun des écrits indiquant ou devant indiquer le TEG appliqué ».

L'arrêt est en tout point remarquable. Outre l'application anticipée que semble faire ici la Cour de cassation de l'article 2224 du Code civil qui n'a été introduit que par la loi du 17 juin 2008 en droit positif[2], la stratégie de diffusion adoptée par la chambre commerciale en rendant trois arrêts le même jour témoigne d'une volonté de conférer à la solution dégagée la portée la plus large possible.

Il faut d'emblée observer que la solution dégagée repose sur une distinction des contrats de prêts et des « autres cas », catégorie renvoyant *in fine* à l'hypothèse d'ouvertures de crédit en compte-courant[3]. On peut s'interroger sur la pertinence de la distinction adoptée : le fait que la détermination du point de départ de la prescription soit fonction de la qualification du crédit examiné n'a guère de sens[4]. Que l'on y voit les effets pervers d'un dispositif *contra legem* construit par la jurisprudence en matière de compte-courant en imposant, en sus de la mention du taux effectif global indicatif, celle du taux effectif global appliqué[5], ou les conséquences du choix d'un point de départ inapproprié et donc inapte à saisir l'ensemble des hypothèses envisageables, la situation n'est pas satisfaisante.

146. Sur le fond, si la chambre commerciale se contente, en matière de contrat de prêt, de clarifier une jurisprudence établie[6], elle innove en matière d'ouverture de crédit. Tout en restant fidèle à son approche classique – elle persiste à faire de la réception du relevé de compte l'élément marquant le point de départ de la prescription –, elle gomme une partie des interrogations soulevées par l'arrêt du 22 mai 2007 en supprimant toute référence à l'existence d'un relevé « mentionnant le TEG applicable » pour la remplacer par la réception d'écrits « indiquant

---

1. Cass. com., 10 juin 2008, *JCP* G, 2008, act. 448, obs. M. Roussille, *JCP* E, 2008, 2221, note A. Gourio et N. Aynès, et 2431, n° 3, obs. J. Stoufflet, *D.*, 2008, p. 1781, obs. V. Avena-Robardet, p. 2200, note Y. Gérard et P. Pinot, et p. 2202, note D.-R. Martin, et 2010, p. 1051, obs. D.-R. Martin, *RDBF*, 2008, comm. 103, note F.-J. Crédot et T. Samin, Rapport C. Cass., 2008, p. 290.

2. V., sur cette question, *infra* n° 449 s.

3. On pourrait également songer au crédit de campagne, pour lequel il faudra prendre en considération la réception de l'acte constatant le crédit de campagne, ou le crédit d'escompte, pour lequel il faudra prendre en considération la réception du bordereau des effets remis à l'escompte (v. Y. Gérard et P. Pinot, note sous Cass. com., 10 juin 2008, *D.*, 2008, p. 2200, spéc. p. 2202).

4. On retrouvera cette même tendance en droit de la consommation, à propos des actions intentées par les prêteurs cette fois, sur le fondement de l'article L. 311-52 du Code de la consommation : v., *infra* n° 264 s.

5. D.-R. Martin, note sous Cass. com., 10 juin 2008, *D.*, 2008, p. 2202, spéc. p. 2203. Selon cet auteur, l'indication du seul TEG indicatif devrait suffire à satisfaire aux exigences de l'article L. 313-2 du Code de la consommation.

6. V. *supra*, n° 143. V. aussi, pour une réitération de la solution postérieurement aux arrêts du 10 juin 2008 : Cass. com., 14 octobre 2008, pourvoi n° 07-15975.

ou devant indiquer le TEG appliqué »[1]. Aussi, la seule réception d'un relevé de compte par l'emprunteur, même dépourvu de toute référence au taux effectif global applicable, suffit désormais à faire courir la prescription. Tel est d'ailleurs, de l'aveu même des conseillers, l'apport principal de l'arrêt[2]. La solution est logique : dès cet instant, l'emprunteur est en mesure de prendre conscience du défaut d'information, fondement de son action en nullité. L'arrêt ne lève cependant pas toute incertitude sur le point de départ de la prescription. En effet, en précisant que la prescription court à compter de la réception de « chacun » des écrits indiquant ou devant indiquer le taux effectif global, la chambre commerciale semble entendre que la réception de chaque relevé ne mentionnant pas le taux effectif global fera renaître l'action en nullité et reportera sans cesse le point de départ à mesure que les relevés irréguliers parviendront à leurs destinataires, au risque que la prescription ne soit jamais acquise. À trop vouloir tirer les conséquences de l'exigence d'une mention du taux effectif global « appliqué » sur la détermination du point de départ de la prescription, la Cour de cassation semble ainsi inventer un « point de départ mobile, glissant, nomade, qui se reconstitue chaque fin de trimestre pour le bonheur inespéré de l'emprunteur »[3].

Plus encore, en faisant courir la prescription de chacun des relevés, la Cour de cassation semble permettre à l'emprunteur de prendre prétexte du moindre relevé omettant de mentionner le taux effectif global pour faire renaître l'action en nullité. En effet, en dépit de la mention régulière du taux effectif global indicatif dans la convention de compte, et du taux effectif global appliqué sur les relevés de compte pendant l'exécution du contrat, il suffira d'une erreur ou omission sur un unique relevé de compte pour ouvrir un délai de cinq ans afin d'exercer l'action en nullité de la stipulation d'intérêt, avec pour conséquence la substitution, depuis l'origine, du taux légal au taux conventionnel[4] !

147. À l'analyse, l'embarras dont fait preuve la chambre commerciale dans la fixation du point de départ de la prescription en matière de découvert en compte tient sans doute plus fondamentalement à l'inadaptation de la sanction retenue, à savoir la nullité de la stipulation d'intérêt. En effet, de deux choses l'une.

Soit l'on considère que la mention du taux effectif global appliqué dans les relevés est une condition de la reconnaissance par l'emprunteur de son obligation de payer des intérêts conventionnels. Il faudrait alors en déduire qu'en l'absence d'une telle mention, l'obligation de payer des intérêts conventionnels ne serait pas née pour la période de liquidation pour laquelle la mention du taux effectif global appliqué a été omise : la stipulation ne serait alors pas nulle, mais inexistante[5].

---

1. Pour une réitération de la solution : Cass. com., 17 février 2009, pourvoi nº 08 10491 ; 16 mars 2010, *Bull. civ.* IV, nº 58, *D.*, 2010, p. 823, obs. V. Avena-Robardet, *Gaz. Pal.*, 20 juillet 2010, p. 15, obs. J. Lasserre Capdeville.

2. Y. Gérard et P. Pinot, note sous Cass. com., 10 juin 2008, *D.*, 2008, p. 2200, spéc. p. 2202 : « Le mérite des arrêts rendus le 10 juin 2008 est de préciser, sans ambiguïté, que c'est à compter de la réception du relevé de compte sur lequel ne figure pas le taux effectif global ou sur lequel figure un taux effectif global erroné que court le délai ».

3. D.-R. Martin, note sous Cass. com., 10 juin 2008, *D.*, 2008, p. 2202, spéc. p. 2203 ; v. en ce sens, jugeant que le point de départ de la prescription est renouvelé lors de chaque ticket d'agios : Paris, 30 octobre 2008, *Juris-Data* nº 2008-371936. V. déjà implicitement Cass. com., 15 octobre 1996, pourvoi nº 94-16770. L'action en nullité deviendrait alors virtuellement imprescriptible, seule l'action concomitante en restitution pouvant, à rebours, être enfermée dans un délai de cinq ans.

4. L'action en répétition de l'indu sera toutefois enfermée dans le nouveau délai quinquennal de l'article 2224 du Code civil.

5. V. en ce sens, P. Berlioz, note sous Cass. com., 22 mai 2007, *JCP* E, 2007, 2006. V. égal., D.-R. Martin, note sous Cass. com., 10 juin 2008, préc., spéc. p. 2203. Un tel argument est d'ailleurs régulièrement sou-

Soit l'on considère, et là est sans doute l'interprétation la plus satisfaisante, que la reconnaissance de l'obligation de payer des intérêts conventionnels, qui résulte du seul accord des parties sur le taux du crédit, est indépendante de la mention du taux effectif global appliqué sur les relevés de comptes, « taux qui ne fait l'objet d'aucun accord en lui-même, et n'est que l'expression chiffrée de plusieurs éléments qui, eux seuls, sont l'objet du consentement des parties »[1]. La mention n'aurait alors d'autre vertu que celle d'un formalisme informatif au bénéfice de l'emprunteur, ce dont il faudrait dès lors déduire que l'absence de mention du taux effectif global ne menace pas l'existence du consentement de l'emprunteur à l'obligation de payer des intérêts conventionnels et ne devrait donc pas entraîner la nullité de la stipulation d'intérêt conventionnel[2]. Différemment, l'omission du taux effectif global appliqué sur l'un des relevés devrait être considérée comme la simple inexécution par le prêteur de son obligation d'information sur une période donnée. Elle devrait dès lors logiquement entraîner, non pas la nullité de la stipulation d'intérêt conventionnel, mais la seule déchéance du droit aux intérêts conventionnels pour la période concernée, sanction naturelle du manquement à une règle de forme protectrice. C'est d'ailleurs une telle solution qui prévaut en droit de la consommation en matière de crédit à la consommation et de crédit immobilier[3]. C'est donc davantage le point de départ de la prescription de « l'action tendant à faire constater la déchéance du droit auxdits intérêts pour les seules périodes non couvertes par la mention préalable et régulière du taux effectif global »[4] qui devrait être en cause. Mais, à défaut de disposition législative expresse en ce sens[5], on ne saurait faire grief aux juges de ne pas avoir adopté une telle approche. Peut-être auraient-ils pu néanmoins se tourner plus judicieusement vers la responsabilité civile plutôt que vers la nullité de la stipulation d'intérêt, sanction radicale s'il en est[6].

---

levé par les emprunteurs qui se voient opposer la prescription de l'action en nullité (v. les moyens du pourvoi sous Cass. com., 18 février 2004, *Bull. civ.* IV, n° 38 ; *LPA*, 27 juillet 2004, p. 5, note E. C.).

1. A. Gourio et N. Aynès, note sous Cass. com., 10 juin 2008, *JCP* E, 2008, 2221.

2. A. Gourio et N. Aynès, *Ibidem.*

3. Art. L. 312-33 C. cons. ; Cass. civ. 1re, 9 mars 1999, *Bull. civ.* I, n° 86 ; 5 décembre 2006, pourvoi n° 06-16157, *Cont. conc. cons.*, 2007, comm. 109, note G. Raymond. En la matière, si aucune décision de la Cour de cassation n'a, à notre connaissance, précisé le point de départ de la prescription de l'action en constatation de la déchéance du droit aux intérêts en raison d'une irrégularité portant précisément sur la mention du TEG, on relèvera qu'un certain nombre de décisions statuant sur les conséquences de l'irrégularité de l'offre de prêt ont fixé le point de départ de l'action en déchéance en matière de crédit immobilier au jour de la conclusion du contrat de prêt (Cass. civ. 1re, 18 novembre 2003, pourvoi n° 01-11858 ; 27 novembre 2008, pourvoi n° 06-16539) ou de la remise des fonds prêtés, vestige, sans doute, de la nature un temps réelle du contrat de prêt (Cass. civ. 1re, 16 octobre 2001, *Bull. civ.* I, n° 258). De même, la jurisprudence fait courir l'ancien délai de forclusion de L. 311-37 du Code de la consommation, applicable aux actions en contestation de la régularité des crédits à la consommation conclus avant la loi *Murceff* du 11 décembre 2001 qui soumet désormais l'action au droit commun, à compter du « jour où le contrat est définitivement formé » (Cass. avis, 9 octobre 1992, *JCP* G, 1993, II, 22024, note A.-M. Morgan de Rivery-Guillaud ; civ. 1re, 10 avril 1996, *Bull. civ.* I, n° 178, *D.*, 1996, p. 527, note T. Hassler ; 9 décembre 1997, *Bull. civ.* I, n° 364 ; 27 mai 2003, pourvoi n° 01-12489 ; 17 juin 2003, pourvoi n° 01-10866 ; 16 mars 2004, *Bull. civ.* I, n° 90, *RTD com.* 2004, p. 356, obs. D. Legeais, *D.*, 2004, *SC*, p. 947, obs. V. Avena-Robardet ; 22 janvier 2009, pourvoi n° 03-16718).

4. D.-R. Martin, note sous Cass. com., 10 juin 2008, préc., spéc. p. 2204, appelant à rompre la « liaison illégitime » entre l'irrégularité de la mention du TEG et la nullité de la stipulation d'intérêt (*D.*, 2009, p. 1051).

5. V. pour la censure par la Cour de cassation d'une cour d'appel qui avait cru pouvoir sanctionner l'irrégularité affectant le taux effectif global par la déchéance du droit aux intérêts conventionnels sans constater que les prêts litigieux entraient dans le champ d'application de l'article L. 312-33 du Code de la consommation : Cass. civ. 1re, 30 octobre 2007, pourvoi n° 05-16989.

6. A. Gourio et N. Aynès, note sous Cass. com., 10 juin 2008, préc.

148. Au-delà des incertitudes qui perdurent ainsi, en dépit de la volonté affichée de la chambre commerciale de simplifier et d'harmoniser les solutions[1] en faisant de l'écrit le point de départ de la prescription de l'action en nullité relative de la stipulation du taux effectif global, on peut surtout se demander si un tel objectif d'harmonisation pourra réellement être atteint ici.

En effet, si les deux chambres semblent s'accorder sur le point de départ de la prescription de l'action en nullité de la stipulation d'intérêt dans les contrats de prêt, et si rien ne semble farouchement s'opposer à ce que la première chambre civile aligne sa position sur celle de la chambre commerciale lorsqu'il sera reproché aux banques un manquement à leur obligation de mention du taux effectif global appliqué sur les relevés de comptes dans les conventions de compte-courant, on peut en revanche douter de l'alignement de la première chambre civile sur la chambre commerciale lorsque c'est l'absence de mention du taux effectif global indicatif qui sera cette fois reproché à l'emprunteur. Bien au contraire, on peut raisonnablement penser que la première chambre civile continuera à exiger qu'un tel taux soit indiqué dans un écrit distinct des simples relevés de compte et à faire en conséquence courir la prescription de l'action en nullité du jour de la conclusion de la convention d'ouverture de crédit omettant irrégulièrement de mentionner le taux effectif global, et non de la réception des relevés de comptes.

Le risque est grand, dès lors, d'assister à une multiplication des points de départ de la prescription en la matière en considération à la fois de la qualité de l'emprunteur et de la nature du contrat de crédit conclu. C'est d'ailleurs ce dont semble déjà témoigner un arrêt rendu par la première chambre civile le 20 septembre 2008 qui, en matière d'ouverture de crédit en compte-courant, fixe le point de départ de la prescription de l'action en nullité fondée sur le défaut de mention du taux effectif global dans l'acte d'ouverture de crédit au jour de la conclusion dudit acte[2].

L'éclatement des solutions est plus visible encore lorsque l'action en nullité de la stipulation d'intérêt conventionnel est fondée non plus sur l'omission, mais sur une erreur dans le calcul du taux effectif global.

b. *Le point de départ de la prescription de l'action en nullité de la stipulation d'intérêt en cas d'erreur dans le calcul du taux effectif global*

149. Jusqu'aux arrêts rendus le 10 juin 2008, seule la première chambre civile de la Cour de cassation avait eu à se prononcer sur le point de départ de la prescription de l'action en nullité de la stipulation d'intérêt fondée sur la mention d'un taux effectif global erroné. Par un arrêt du 7 mars 2006, elle avait nettement distingué une telle situation de celle où la nullité de la stipulation d'intérêt résultait de l'omission pure et simple du taux effectif global, en faisant courir la prescription du jour de la révélation de l'erreur à l'emprunteur[3]. En l'espèce, la première chambre civile avait approuvé une cour d'appel d'avoir accueilli l'action en nullité intentée plus de huit ans après la signature du contrat, mais moins

1. Cette volonté d'harmonisation se traduit également par l'extension de la solution adoptée à l'exception de nullité, à son tour enfermée dans un délai de cinq ans par un des arrêts rendus le 10 juin 2008.

2. Cass. civ. 1re, 30 septembre 2008, pourvoi n° 07-12292, *Cont. conc. cons.*, 2008, comm. 279, note G. Raymond. V. déjà Cass. civ. 1re, 19 juin 2008, pourvoi n° 07-14556.

3. Cass. civ. 1re, 7 mars 2006, *Bull. civ.* I, n° 135, *D.*, 2006, p. 913, obs. V. Avena-Robardet, *JCP* N, 2006, 1278, chron. S. Piedelièvre, *JCP* N, 7 avril 2007, act. 294, *Banque*, Septembre 2006, p. 97, note J.-L. Guillot et M. Boccara.

de cinq ans après la révélation de l'erreur à l'emprunteur. La première chambre a par la suite affiné sa position en précisant que l'action en nullité de la stipulation d'intérêt pouvait courir du jour de la signature de l'acte « lorsque les énonciations de cet acte révèlent en elles-mêmes le caractère erroné du TEG qui y figure »[1].

Cette jurisprudence de la première chambre civile a reçu un accueil majoritairement hostile de la doctrine[2]. Deux séries de critiques ont pu lui être adressées. D'un point de vue théorique d'une part, on a reproché à la première chambre civile de raisonner par analogie avec l'article 1304 alinéa 2 du Code civil qui reporte au jour de la découverte de l'erreur le point de départ de la prescription de l'action en nullité du contrat fondée sur l'existence d'un vice du consentement. Or, une telle analogie n'est pas ici pertinente. En effet, l'erreur relative au calcul du taux effectif global ne saurait vicier le consentement de l'emprunteur dès lors que le taux effectif global « n'est que l'expression chiffrée des coûts du crédit, lesquels ont fait, par ailleurs, l'objet d'un accord entre les parties »[3], accord qui n'est affecté d'aucun vice. D'un point de vue pratique d'autre part, on a reproché à cette jurisprudence d'être par trop favorable à l'emprunteur qui est en mesure de déceler l'erreur dans le calcul du taux effectif global dès la conclusion du contrat, au besoin à l'aide d'une expertise. Reporter le point de départ de la prescription au jour de la révélation de l'erreur conduirait ainsi à « retarder indéfiniment » le point de départ de la prescription et « à priver le délai de prescription de tout effet »[4], au point que l'on a pu affirmer que la Cour de cassation avait soumis une telle action à un « régime de prescription digne de l'abus de biens sociaux »[5]. On ajoutera qu'une telle jurisprudence soulève évidemment d'insolubles problèmes probatoires.

150. C'est une approche bien différente de la question qu'a choisie la chambre commerciale dans les arrêts précités rendus le 10 juin 2008. Loin de la distinction posée par la première chambre selon que le taux effectif global est omis ou erroné, la chambre commerciale a adopté une vision unitaire du point de départ de la prescription de l'action en nullité de la stipulation d'intérêt, indifférente à la nature du vice affectant le taux effectif global[6]. Le constat est d'autant plus clair que les faits ayant donné lieu à l'un des arrêts rendus le 10 juin 2008 ne sont guère éloignés de ceux de l'arrêt du 7 mars 2006 rendu par la première chambre civile. Là encore, la cour d'appel avait accueilli une demande en nullité exercée plus de 12 ans après la conclusion de la convention de crédit, mais dans l'année suivant la révélation des erreurs dans le calcul du taux effectif global à l'emprunteur. Mais cette fois, la chambre commerciale casse l'arrêt d'appel qui avait fait du jour de la révélation de l'erreur le point de départ de la prescription en posant en principe que la prescription courait du jour de la convention ou de la réception de chacun des écrits indiquant ou devant indiquer le taux effectif

---

1. Cass. civ. 1re, 14 juin 2007, pourvoi nº 05-22011. Précisons sous cet aspect que la première chambre civile refuse de considérer que le seul fait que l'emprunteur dispose de l'ensemble des éléments qui lui permettent de procéder à une vérification de l'exactitude du TEG mentionné suffise à caractériser la révélation à l'emprunteur du caractère erroné du TEG (Cass. civ. 1re, 21 novembre 2006, pourvoi nº 05-11987 ; 9 janvier 2009, pourvoi nº 07-12388 et 07-14003). En réalité, l'hypothèse où l'erreur ressort de l'acte litigieux renvoie davantage au cas où, par exemple, le taux apparaîtrait anormalement bas ou élevé (v. en ce sens, G. Raymond, note sous Cass. civ. 1re, 30 septembre 2008, *Cont. conc. cons.*, 2008, comm. 279, *in fine* ; B. Grimonprez, note sous Cass. civ. 1re, 11 juin 2009, *D.*, 2009, p. 2028 s., spéc. p. 2029, nº 7).

2. V. cependant l'approbation de S. Piedelièvre, obs. sous Cass. civ. 1re, 7 mars 2006, préc.

3. J.-L. Guillot et M. Boccara, note sous Cass. civ. 1re, 7 mars, 2006, préc., spéc. p. 98.

4. J.-L. Guillot et M. Boccara, *Ibidem*.

5. N. Mathey, obs. sous Cass. civ. 1re, 14 juin 2007, *JCP* E, 2007, 2377, nº 10.

6. F.-J. Crédot et T. Samin, note sous Cass. com., 10 juin 2008, *RDBF*, 2008, comm. 103.

global appliqué et ce, sans distinguer selon la nature du vice affectant le taux effectif global. Aussi, selon la chambre commerciale, seule la date de l'écrit mentionnant un taux effectif global erroné doit être prise en considération, la révélation de l'erreur le viciant étant considérée comme indifférente[1].

La démarche, on le voit, est à l'opposé de celle qui anime la première chambre civile. La divergence[2] de jurisprudence est ici manifeste. L'importante diffusion des arrêts du 10 juin 2008 posait alors évidemment la question de l'unification des solutions. En dépit de l'opinion de certains auteurs[3], la première chambre civile a très rapidement fait entendre sa volonté de maintenir sa position, censurant dans un arrêt du 3 juillet 2008 une cour d'appel qui avait cru pouvoir fixer le point de départ de la prescription de l'action en nullité de la stipulation d'intérêt conventionnel au jour de la signature du contrat de prêt sans rechercher « à quelle date l'erreur alléguée affectant le TEG mentionné à l'acte de prêt, dont elle n'avait pas relevé que les énonciations faisaient par elles-mêmes apparaître cette erreur, leur avait été révélée »[4].

---

1. Pour une extension de la solution dans l'hypothèse où est intentée une action en nullité du prêt lui-même pour vice du consentement : Cass. com., 17 mai 2011, *D.*, 2011, p. 1477, obs. V. Avena-Robardet, *JCP* G, 2011, 826, note J. Lasserre Capdeville, *JCP* G, 2011, 1141, nº 20, chron. Y.-M. Serinet : « l'action en nullité d'un prêt fondée sur une erreur ou un dol résultant de l'erreur affectant la stipulation du taux effectif global se prescrit, dans les relations entre professionnels, dans le délai de cinq ans à compter du jour où l'emprunteur a connu ou aurait dû connaître le vice affectant ce taux ; que s'agissant d'un prêt, le point de départ de cette prescription est la date de la convention ». V., toutefois, la formulation plus ambiguë, qui tend à se rapprocher sur la forme de celle de la première chambre civile, même si les deux chambres adoptent toujours sur le fond des attitudes opposées : Cass. com., 7 février 2012, *Cont. conc. cons.*, 2012, comm. 138, note G. Raymond : « Il résulte des dispositions des articles 1304, 1907 du code civil et L. 313-2 du code de la consommation qu'en cas d'octroi d'un crédit à un consommateur ou à un non-professionnel, la prescription de l'action en nullité de la stipulation de l'intérêt conventionnel engagée par celui-ci en raison d'une erreur affectant le taux effectif global, court, de même que l'exception de nullité d'une telle stipulation contenue dans un acte de prêt ayant reçu un commencement d'exécution, à compter du jour où l'emprunteur a connu ou aurait dû connaître cette erreur, qu'ainsi le point de départ de la prescription est la date de la convention lorsque l'examen de sa teneur permet de constater l'erreur ; qu'après avoir énoncé que la stipulation d'un TEG erroné correspond à une nullité relative et obéit à la prescription quinquennale de l'article 1304 du code civil qui ne court qu'à compter du jour de l'acte argué de nullité ou de la découverte de l'erreur affectant le TEG, l'arrêt retient que les libellés des conditions particulières de l'offre de prêt du 26 août 1994, faisaient apparaître par leur seule lecture que les souscriptions de parts sociales n'étaient pas intégrées dans le calcul du TEG, ni les autres éléments du TEG invoqués par les emprunteurs et qu'il en était de même pour les actes authentiques de prêt ; qu'ayant ainsi fait ressortir que l'examen de la teneur de la convention permettait de constater l'erreur, ce dont il résultait que le point de départ de la prescription était la date des contrats de prêts, la cour d'appel a, abstraction faite des motifs surabondants critiqués aux première et deuxième branches, légalement justifié sa décision ».

2. D.-R. Martin, note sous Cass. com., 10 juin 2008, *D.*, 2008, p. 2202, spéc. p. 2203.

3. A. Gourio et N. Aynès, note sous Cass. com., 10 juin 2008, *JCP* E, 2008, 2221.

4. Cass. civ. 1re, 3 juillet 2008, pourvoi nº 07-17269, *Cont. conc. cons.*, 2008, comm. 261, note G. Raymond. Voir aussi, 13 novembre 2008, pourvoi nº 06-20328 : « l'absence de mention de ce taux dans un contrat de prêt ou le caractère erroné du TEG qui y est mentionné est une cause de nullité de la stipulation d'intérêt, susceptible d'être soulevée dans les cinq ans suivant la signature du contrat ou la révélation de l'erreur affectant ce taux lorsque celle-ci n'est pas décelable à la lecture de l'acte » ; 9 janvier 2009, pourvoi nº 07-12388 et 07-14003. V. également, montrant que la première chambre civile, contrairement à la chambre commerciale, s'attache à vérifier que le consommateur a vraiment eu l'occasion de découvrir l'erreur dans l'acte, Cass. civ. 1re, 23 février 2012, pourvoi nº 10-27572 : « Attendu que pour fixer à la date de la convention le point de départ du délai de prescription de l'action et déclarer celle-ci prescrite, l'arrêt retient que les éléments qui ont été pris en compte dans le calcul du taux effectif global et qui permettaient ainsi de le vérifier ou de le faire vérifier, figurent dans l'acte authentique de prêt ; qu'en statuant ainsi sans constater que les emprunteurs étaient en mesure de déceler par eux-mêmes à la lecture de l'acte l'erreur affectant le taux effectif global, la cour d'appel a privé sa décision de base légale ».

La volonté de la première chambre civile de conserver une approche dualiste du point de départ de la prescription de l'action en nullité de la stipulation d'intérêt conventionnel selon que le taux effectif global est omis ou erroné est apparue avec plus de force encore dans un arrêt du 30 septembre 2008 dans lequel elle a semblé répondre directement à la chambre commerciale, au point d'emprunter la formulation adoptée par cette dernière pour mieux se détacher de la solution qu'elle avait posée. Dans l'espèce en cause, un emprunteur se prévalait à la fois de la nullité de la stipulation d'intérêt conventionnel d'une ouverture de crédit pour défaut de mention du taux effectif global et de la nullité de la stipulation d'intérêt conventionnel d'un prêt personnel pour erreur dans le calcul du taux effectif global. La première chambre civile, après avoir rappelé, à l'instar de la chambre commerciale que « la prescription de l'action en nullité de la stipulation de l'intérêt conventionnel court à dater du jour où l'emprunteur a connu ou aurait dû connaître le vice affectant le taux effectif global », a proposé une interprétation totalement différente de la formule en en déduisant que « si le défaut de mention du taux effectif global dans l'acte d'ouverture de crédit du 19 octobre 1993 rendait irrecevable la demande formée plus de cinq ans après la conclusion de cet acte, en revanche, s'agissant du prêt personnel du 22 juillet 1994, la prescription n'avait pu courir qu'à compter de la date à laquelle Mme X… avait connu ou aurait dû connaître l'erreur de la banque dans le calcul du taux pratiqué »[1]. La dualité de solutions est donc réaffirmée.

Surtout, la première chambre civile a pérennisé la divergence de solutions entre les différentes chambres de la Cour de cassation dans un arrêt du 11 juin 2009[2], qui présente toutes les caractéristiques de l'arrêt de principe. En effet, dans un attendu dense et précis dans lequel elle reprend là encore au mot près la formule de la chambre commerciale, elle affirme « qu'en cas d'octroi d'un crédit à un consommateur ou à un non professionnel, la prescription de l'action en nullité de la stipulation de l'intérêt conventionnel engagée par celui-ci en raison d'une erreur affectant le taux effectif global, court, de même que l'exception de nullité d'une telle stipulation contenue dans un acte de prêt ayant reçu un commencement d'exécution, à compter du jour où l'emprunteur a connu ou aurait dû connaître cette erreur ; qu'ainsi le point de départ de la prescription est la date de la convention lorsque l'examen de sa teneur permet de constater l'erreur, ou lorsque tel n'est pas le cas, la date de la révélation de celle-ci à l'emprunteur ».

La première chambre civile entend donc sciemment s'écarter de la solution posée par la chambre commerciale. Sous cet aspect, la volonté de chacune des deux chambres de cantonner le champ d'application de ses solutions au seul emprunteur professionnel pour l'une et au seul emprunteur consommateur pour l'autre ne doit pas faire illusion : il ne saurait ici s'agir de deux jurisprudences susceptibles de cohabiter en toute quiétude. En effet, la chambre commerciale et la première chambre civile n'ont pas la même conception de la qualité de professionnel : alors que la première s'intéresse à l'objet du prêt en visant « l'emprunteur qui a obtenu un concours financier pour les besoins de son activité professionnelle », la seconde s'attache à la qualité de la personne en visant l'« octroi d'un crédit à un consommateur ou à un non professionnel »[3]. Dès lors, cha-

1. Cass. civ. 1re, 30 septembre 2008, pourvoi n° 07-12292, *Cont. conc. cons.*, 2008, comm. 279, note G. Raymond.

2. Cass. civ. 1re, 11 juin 2009, *Bull. civ.* I, n° 125, *JCP* E, 2009, 1839, note A. Gourio, *D.*, 2009, p. 2728, note B. Grimonprez, Defrénois, 2009, p. 1929, note S. Piedelièvre, *RDC*, 2009, p. 1440, obs. D. Fenouillet.

3. V. toutefois, faisant référence à « l'octroi d'un crédit à un consommateur ou à un non-professionnel » : Cass. com., 7 février 2012, *Cont. conc. cons.*, 2012, comm. 138, note G. Raymond.

cune des deux chambres devrait estimer la solution qu'elle a dégagée applicable aux prêts consentis pour un besoin professionnel à un emprunteur non professionnel. Par suite, selon que l'affaire aboutira devant la chambre civile ou commerciale, la solution différera nécessairement. Aussi, plus qu'une simple dualité, c'est une véritable divergence de jurisprudences entre les deux chambres qui s'établit ici[1].

151. On le voit, sous couvert d'une volonté d'harmoniser les solutions autour de la date de l'écrit, on assiste en réalité à un éclatement des solutions en fonction à la fois de la chambre à l'origine de la décision, du type de crédit en cause, et de la nature du vice sanctionné : jour de la conclusion du contrat de prêt, jour de la conclusion de la convention d'ouverture de crédit, jour de la réception sans protestation ni réserve des relevés de compte, jour de la révélation du caractère erroné du taux effectif global… la diversité des points de départ, au sein d'une même action, est ici flagrante.

152. D'une façon générale, la volonté de la chambre commerciale de fixer le point de départ de la prescription au jour de l'écrit, comme la tendance de la première chambre à reporter ce point de départ lorsque le taux effectif global n'est pas simplement omis mais erroné, s'inscrivent dans le débat déjà évoqué portant sur le point de savoir si les hypothèses de report du point de départ prévues par l'article 1304 du Code civil doivent être traitées comme des exceptions ou comme la manifestation d'un principe plus général[2]. À l'évidence, la Cour de cassation se prononce ici plutôt en faveur de la première branche de l'alternative[3]. Mais l'incapacité de l'ensemble des chambres à aller jusqu'au bout de cette logique illustre également la tension entre plusieurs impératifs contradictoires qui guident ici les juges. D'un côté, l'exigence de sécurité juridique conduit logiquement à s'en tenir au jour de l'acte. De l'autre, la volonté de protéger le contractant visé par la règle de forme protectrice imposée par le législateur conduit parfois à reporter ce point de départ, afin de permettre à la loi de remplir l'objectif de protection qu'elle s'était fixée.

Mais il faut alors, là encore, anticiper les effets pervers d'une telle protection : le formalisme protecteur ne portant pas réellement sur un élément essentiel du contrat, et sa méconnaissance n'étant pas de nature à vicier le consentement de l'emprunteur, il faut prendre garde à éviter qu'il ne soit détourné de ses finalités par un emprunteur soucieux d'échapper à ses obligations. Or, l'analyse des arrêts rendus en la matière montre que, dans un nombre important d'hypothèses, l'irrégularité dans la mention du taux effectif global est invoquée par l'emprunteur, non pas à titre principal, mais pour justifier l'inexécution de sa propre obligation de payer des intérêts conventionnels. Le formalisme informatif est donc « détourné de sa fonction pour devenir un moyen de défense en cas d'inexécution du contrat »[4]. Sous cet aspect, seule la fixation du point de départ au jour de la formation du contrat lorsqu'est en cause un formalisme informatif peut permettre d'éviter cet effet pervers. La solution ne serait d'ailleurs pas inique : au jour de la conclusion du contrat entaché d'un vice de forme, qu'il s'agisse de l'omission ou du caractère erroné du taux effectif global, l'emprunteur peut déjà,

1. A. Gourio, note sous Cass. civ. 1re, 11 juin 2009, *JCP* E, 2009, 1839.
2. V. *supra* n° 119 s.
3. M. Fabre-Magnan, obs. sous Cass. civ. 1re, 21 janvier 1992, *JCP* G, 1992, 3591, n° 6.
4. A. Gourio et N. Aynès, note sous Cass. com., 10 juin 2008, *JCP* E, 2008, 2221.

si besoin à l'aide d'un tiers (expert, association de consommateurs...), déceler le vice. Son ignorance n'est donc pas invincible. S'il n'agit pas, c'est simplement parce qu'à ce stade, il estime ne pas subir de préjudice[1], ne pas avoir d'intérêt à agir. Cet intérêt se manifestera au jour où ses propres obligations seront mises à exécution. Mais les critères présidant à la fixation du point de départ de la prescription ne sauraient, pour être efficaces, avoir pour objectif de répondre à une préoccupation d'opportunité.

153. On le voit, le régime de prescription de l'action en nullité de la stipulation d'intérêt fondée sur l'omission du taux effectif global ou son calcul erroné illustre parfaitement les tensions qui président à la fixation du point de départ de la prescription, et qui conduisent parfois les juges à s'écarter du jour de l'acte, pourtant retenu à titre de principe, au prix d'une multiplication de solutions incertaines et contradictoires. Une même tension entre des impératifs contradictoires se retrouve sur le terrain de la nullité pour absence de cause.

D. L'action en nullité fondée sur l'absence de cause

154. Traditionnellement, l'absence de cause, parce qu'elle prive le contrat de l'un de ses éléments essentiels, était sanctionnée par la nullité absolue du contrat conclu. À ce titre, le point de départ de la prescription alors trentenaire ne soulevait pas de difficulté particulière : la prescription courait nécessairement du jour de l'acte[2]. L'influence de la théorie moderne des nullités, conjuguée à la mutation du rôle assigné à la cause, devenue un instrument de contrôle de l'utilité du contrat et de l'équilibre des obligations contractuelles[3], a cependant conduit la Cour de cassation à abandonner sa jurisprudence classique pour affirmer le caractère relatif de la nullité pour absence de cause[4].

La consécration du caractère relatif de la nullité ne va alors pas sans soulever de difficultés quant à la détermination du point de départ de la prescription de l'action. La nullité pour absence de cause protégeant désormais les intérêts particuliers des contractants, et la prescription de l'action relevant en conséquence de l'article 1304 du Code civil, faut-il considérer, par analogie avec la règle posée par l'article 1304 alinéa 2 en matière de vices du consentement, que la prescription pourrait ne courir qu'à partir du jour où le demandeur a pris conscience de l'absence de cause de son engagement[5], ou faut-il maintenir le point de départ de la prescription au jour de la conclusion du contrat[6] ?

À l'analyse du droit positif, il apparaît que le changement de logique entraîné par le passage d'une nullité absolue à une nullité relative n'a pas conduit à modifier le point de départ de la prescription, qui demeure le jour de la conclusion de l'acte. La Cour de cassation persiste en effet à faire courir la prescription de ce jour. Ainsi, après avoir déclaré prescrite l'action en nullité pour absence de

---

1. M. Fabre-Magnan, obs. sous Cass. civ. 1re, 21 janvier 1992, *JCP* G, 1992, 3591, n° 6.
2. V. *infra* n° 191 s.
3. F. Terré, P. Simler, Y. Lequette, *Droit civil, Les obligations*, Précis Dalloz, 10e éd., p. 363, n° 342.
4. Cass. civ. 1re, 9 novembre 1999, Defrénois, 2000, p. 250, obs. J.-L. Aubert ; 20 février 2001, *Bull. civ.* I, n° 39.
5. J. Flour, J.-L. Aubert, E. Savaux, *Droit civil, Les obligations*, 1. *L'acte juridique*, Sirey, 14e éd., 2010, p. 333, n° 354.
6. P. Jouary, *Contribution à l'étude de la valeur en droit privé des contrats*, thèse Paris I, 2002, spéc. p. 440, n° 383.

cause d'une donation-partage « intentée plus de cinq ans après la conclusion de l'acte »[1], elle a réaffirmé la solution avec netteté dans un arrêt du 29 mars 2006[2]. L'exploitation d'un hôtel acquis par les demandeurs s'étant avérée structurellement déficitaire, ils avaient agi en nullité de la vente pour défaut de cause tenant à l'impossibilité de réaliser le profit escompté. La Cour d'appel ayant déclaré leur action prescrite, les acquéreurs avaient formé un pourvoi en cassation, en portant précisément le débat sur le point de départ de la prescription, qu'ils entendaient voir reporté à la date à laquelle il leur avait été notifié que les pertes d'exploitation étaient mises à leur charge. La Cour de cassation a rejeté le pourvoi au motif que « la demande en nullité de contrat pour défaut de cause tenant à l'impossibilité de réaliser un profit ne visait que la protection des intérêts du demandeur et que ce défaut de cause existait dès la vente sans garantie ». En énonçant que le défaut de cause « existait », et non que l'acquéreur pouvait en avoir conscience dès ce moment, la Cour de cassation entend certainement affirmer que seule l'absence de cause, qui existe nécessairement dès la conclusion du contrat[3], doit être prise en considération pour déterminer le point de départ de la prescription, peu importante la possibilité pour la partie lésée de la découvrir.

155. Au fond, le choix du jour de conclusion de l'acte comme point de départ de la prescription, à rebours de la politique juridique de protection des intérêts individuels que porte nécessairement la nullité relative, marque aussi les limites de la théorie moderne des nullités. Le recours au délai de l'article 1304 du code civil « passe par une dénaturation »[4], le point de départ de la prescription de l'action en nullité absolue se trouvant associé au délai de l'action en nullité relative. Ainsi, alors que l'objectif poursuivi – la protection des intérêts du demandeur – guide désormais le choix de la nature de la nullité, le fondement retenu – l'absence d'un élément essentiel du contrat – continue d'influencer le choix du point de départ de la prescription, démontrant que la Cour de cassation hésite toujours à abandonner totalement la théorie classique de la nullité pour tirer toutes les conséquences d'une approche en fonction de la nature de l'intérêt protégé[5].

---

1. Cass. civ. 1re, 29 septembre 2004, *Bull. civ.* I, n° 216. Voir déjà en ce sens, Poitiers, 28 novembre 1990, *Juris-Data* n° 1990-052121, qui avait retenu le caractère relatif de la nullité tout en fixant le point de départ de la prescription au jour de la signature du contrat.

2. Cass. civ. 3e, 29 mars 2006, *D.*, 2007, p. 477, note J. Ghestin, *D.*, 2006, p. 2642, obs. S. Amrani-Mekki, *JCP* G, 2006, I, 153, n° 7 s. par A. Constantin, *RDC*, 2006, p. 1072, obs. D. Mazeaud.

3. Comp. S. Amrani-Mekki, *D.*, 2006, p. 2642, qui considère qu'en prenant soin de préciser qu'ici, l'absence de cause existait dès la vente, la Cour de cassation laisserait entendre qu'elle n'exclut pas de fixer le point de départ de la prescription en cours d'exécution, par exemple dans l'hypothèse d'une disparition de la cause. Il semble cependant que, dans l'hypothèse où la cause aurait existé à l'origine, puis disparu pendant l'exécution du contrat, la sanction devrait être non pas la nullité du contrat, mais la caducité, de sorte que la question du point de départ de la prescription ne se poserait pas (V., en faveur de la caducité : Cass. civ. 1re, 30 octobre 2008, *Bull. civ.* I, n° 241).

4. C. Atias, « La constitution des actes juridiques », *D.*, 2008, p. 743, spéc. n° 5.

5. V. également en ce sens, Cass. com., 23 octobre 2007, Defrénois, 2007, p. 1729, obs. R. Libchaber, *Dr. et patr.*, juin 2008, p. 36, obs. P. Chauvel, *D.*, 2008, p. 954, note G. Chantepie, *JCP* E, 2008, 1281, note H. Lecuyer, *Bull. Joly*, 2008, p. 90, note A. Couret, *RDC*, 2008, p. 234, obs. T. Genicon, *JCP* G, 2007, I, 104, n° 7, obs. R. Wintgen, *JCP* G, 2008, II, 10024, note N. Roget, *Cont. conc. cons.*, 2008, n° 65, obs. L. Leveneur : « la vente consentie sans prix sérieux est affectée d'une nullité qui, étant fondée sur l'absence d'un élément essentiel de ce contrat, est une nullité absolue soumise à la prescription trentenaire de droit commun ». Dans cet arrêt, la Cour de cassation, en évoquant l'absence d'un élément essentiel, semble se référer de nouveau à la théorie classique des nullités pour conclure au caractère absolu de la nullité pour vileté du prix. V. toutefois depuis, l'appréciation divergente de la première chambre civile : Cass. civ. 3e, 21 septembre 2011, *D.*, 2011, p. 2711, note D. Mazeaud, *JCP* G, 2011, 1276, n° 47, note J. Ghestin, *D.*, 2012, p. 459, chron. S. Amrani-Mekki et M. Mekki.

156. En définitive, il apparaît que, dans les hypothèses qui ne sont pas expressément envisagées par l'article 1304 alinéa 2, le législateur comme la jurisprudence ont tendance à fixer le point de départ de la prescription au jour de la conclusion de l'acte. Une telle solution ne va cependant pas sans difficulté. D'une part, elle apparaît souvent théoriquement contestable. Tel est le cas en matière de nullité du mariage pour vice du consentement ou de nullité des contrats pour absence de cause. D'autre part, elle est souvent mise en échec par une jurisprudence qui tend indirectement à reporter le point de départ de la prescription au jour où le titulaire du droit de critique peut agir. Tel est le cas lorsque les juges reportent le point de départ de la prescription au jour de la révélation de l'erreur sur le taux effectif global, ou de la révélation des conventions conclues sans autorisation préalable, au prix d'une déformation du concept de dissimulation.

Mais il existe d'autres hypothèses dans lesquelles le jour de la révélation, c'est-à-dire de la connaissance du vice, n'est pas retenu à titre de simple exception, mais bien à titre de principe.

§ 2 - LA PRISE EN CONSIDÉRATION DE LA CONNAISSANCE DE LA CAUSE DE NULLITÉ

157. L'article 1304 alinéa 2 envisage expressément le report du point de départ de la prescription de l'action en nullité relative au jour de la connaissance de la cause de nullité lorsque l'action est intentée sur le fondement des vices du consentement (A). Mais la jurisprudence a étendu l'esprit de cette disposition au-delà de la seule lettre de l'article, pour faire du jour de la connaissance de la cause de nullité le point de départ de la prescription de l'action dans d'autres hypothèses, et notamment dans certaines situations dans lesquelles l'action est intentée par un tiers à l'acte critiqué (B) ou encore lorsque l'interdiction faite au mandataire de se porter contrepartie a été transgressée (C).

A. L'action en nullité pour vice du consentement

158. L'action en nullité fondée sur l'existence d'un vice du consentement est l'une des rares actions dont les rédacteurs du Code civil avaient estimé nécessaire de préciser le point de départ de la prescription. L'article 1304 alinéa 2 du Code civil dispose en effet que le temps imparti pour exercer une telle action « ne court dans le cas de violence que du jour où elle a cessé ; dans le cas d'erreur ou de dol, du jour où ils ont été découverts ».

Les rédacteurs du Code n'avaient d'ailleurs pas fait mystère de leur intention : il s'agissait, en reportant le point de départ de la prescription au jour où l'action pouvait être exercée, de faire du délai pour agir un délai utile. Le Tribun Jaubert l'exprimait en ces termes : « les dix ans doivent être utiles : aussi ce temps ne court dans le cas de violence que du jour où elle a cessé ; dans le cas d'erreur ou de dol que du jour où ils ont été découverts (...) en principe la prescription ne peut courir contre celui qui ne peut agir »[1].

---

1. Rapport fait par le Tribun Jaubert sur le chapitre V, de l'extinction des obligations, in F.-A. Fenet, *Recueil complet des travaux du Code civil*, T. XIII, Paris, 1827, Réimp. Otto Zeller Osnabrück, 1968, spéc. p. 371. En faisant courir le délai pour agir en nullité d'un acte vicié par la violence à compter du jour où la violence a cessé, l'article 1304 établissait cependant un lien entre les conditions du décompte de la prescription et celles de la confirmation de l'acte vicié, ce qui avait conduit certains auteurs à y déceler la justification du fondement traditionnellement assigné à la nullité relative (v. *supra* n° 119 s.). Mais

Le point de départ de la prescription est en conséquence reporté au jour où le créancier peut agir, jour de la cessation de la violence ou de la découverte de l'erreur ou du dol. Si la notion de « cessation » de la violence prête peu à discussion[1], la notion de « découverte » de l'erreur ou du dol soulève nécessairement une difficulté d'interprétation, tant elle est subjective et dépend de la conscience de chacun.

Sans doute faut-il d'emblée écarter une difficulté propre au dol. En effet, à rebours de l'erreur spontanée, dont il semble possible de se rendre compte en un instant de raison, l'erreur provoquée par le dol se révèle rarement aussi subitement. La prise de conscience de l'existence du dol et de ses conséquences est souvent progressive. Ainsi en est-il par exemple de la découverte de la situation financière réelle d'une société. La découverte du vice ne saurait alors être précisément datée. Comme l'exprimait déjà Larombière, « on le sent avant même de l'entrevoir, et on l'entrevoit avant de pouvoir s'en rendre un compte précis et exact »[2].

La difficulté naît alors du fait que, bien souvent, la victime aura conscience d'avoir été induite en erreur avant de pouvoir démontrer l'existence du dol qui en est à l'origine. Faut-il dans ce cas se contenter du jour où l'erreur provoquée est apparue à la conscience de la victime, ou exiger que les manœuvres qui en sont à l'origine soient réellement connues et puissent être prouvées pour faire courir la prescription[3] ?

Les auteurs classiques ont très tôt pris le parti de considérer que la découverte des premiers indices de l'existence du dol suffisait à faire courir la prescription. Ainsi, selon Demolombe, « il n'est pas nécessaire que l'existence même du dol soit préalablement établie ; il suffit que des faits, déjà constants, permettent au juge de reconnaître et de constater l'époque à laquelle ces premiers indices révélateurs ont été connus de la partie qui forme l'action en nullité »[4]. C'est également une telle orientation qu'a retenue la Cour de cassation, en prenant soin

---

il est sans doute abusif de prétendre induire de cette règle le fondement de la prescription de l'action en nullité relative. En effet, un tel report du point de départ de la prescription au jour où la violence a cessé manifeste probablement là encore simplement la volonté du législateur, déjà évoquée, de faire du délai pour agir un délai utile. Présentant la disposition, F. Bigot de Préameneu n'avait ainsi pas manqué de souligner que « pendant tout le temps qu'elle dure elle renouvelle et confirme le droit de se pourvoir, et le délai ne serait plus de dix ans s'il commençait plus tôt. Il faut, pour que le délai dans lequel l'action doit être formée commence, qu'il ait été possible de l'intenter » (F. Bigot de Préameneu, exposé des motifs, *in* F.-A. Fenet, *op. cit.*, p. 237).

1. Elle correspondra en général à la sortie d'une situation de contrainte. Ainsi en est-il par exemple de la cessation de la cohabitation des contractants (Cass. civ. 1re, 19 avril 1961, *D.*, 1961, p. 418).

2. L. Larombière, *Théorie des obligations*, art. 1304, T. V, 1885, n° 21, p. 296.

3. Le problème avait déjà été soulevé par Demolombe dans les termes suivants : « Le dol, en effet, se compose le plus souvent d'une série d'intrigues frauduleuses, qui s'enchaînent les unes aux autres, et dont l'existence ne se révèle que successivement par des détails, dont l'ensemble seul constitue la démonstration. De sorte que la partie qui a été victime d'un dol, peut en avoir la connaissance, avant d'en avoir la preuve, et que l'on peut être autorisé à dire qu'elle l'a découvert, avant le jour où elle a recueilli tous les indices, qui doivent en fournir la preuve judiciaire » (C. Demolombe, *Cours de Code Napoléon*, T. XXIX, 1876, p. 148, n° 147).

4. C. Demolombe, *Ibidem*. V. égal. Dans le même sens, L. Larombière, *op. cit.*, n° 21, p. 296 : « C'est assez les connaître que de savoir en somme qu'ils ont existé et en quoi ils ont consisté, lorsque cette connaissance est fondée sur des présomptions puissantes, sur des faits déjà certains, en un mot, sur un de ces soupçons graves et sérieux qui font dire qu'on en a la certitude, sans en avoir encore la preuve ». L'auteur précise cependant que « comme le consentement est indivisible, le vice d'erreur ou de dol qui l'affecte ne peut être purgé que lorsque l'erreur et le dol ont été découverts tout entiers. Tant qu'il reste quelque chose à connaître de leur étendue et de leur intensité on ne peut dire qu'ils sont découverts. Mais ce reste d'ignorance doit porter lui-même sur des faits assez graves pour avoir exercé une influence déterminante sur le consentement de la personne. S'ils étaient insignifiants, ils devraient n'être pris en aucune considération ».

de distinguer la question de la découverte du dol de celle de sa preuve. Ainsi, dans un arrêt du 13 mars 1849, elle a pu affirmer que « l'article 1304 C. civ. (...) n'exige pas que la preuve du dol soit faite préalablement à toute détermination de l'époque à laquelle il aura été découvert, s'il a existé » pour en déduire que « l'époque de la connaissance des circonstances et indices, sur lesquels l'allégation du dol est appuyée, peut, en beaucoup de cas, être facilement distinguée de l'existence même du dol et de sa preuve »[1]. La fin de non recevoir tirée de la connaissance de l'erreur provoquée par le dol doit donc être nettement distinguée de la question de fond de la preuve de l'existence du dol.

159. Mais, une fois admis que seule la découverte de l'erreur, qu'elle soit spontanément commise ou provoquée par un dol, est pertinente pour déterminer le point de départ de la prescription, et ce sans égard pour la possibilité de prouver les manœuvres qui en sont éventuellement à l'origine, la notion de découverte ne perd pas pour autant tout son mystère.

Sous cet aspect, la conception retenue de la notion de découverte n'est pas neutre. Elle relève d'un véritable choix de politique juridique, qui a évidemment partie liée avec la place réservée en droit positif à l'obligation de se renseigner[2].

Une première approche pourrait alors consister à faire coïncider la découverte avec le moment où la partie lésée soupçonne l'existence d'une erreur au motif qu'un tel soupçon rendrait l'inaction consécutive de la victime fautive. Elle a cependant été nettement écartée par la Cour de cassation, qui a affirmé que « le délai d'action en nullité pour erreur ne court que du jour où cette erreur a été découverte et non simplement soupçonnée »[3]. Sur cette voie, la Cour de cassation refuse également de faire courir la prescription du jour où l'erreur aurait pu être découverte pour fixer différemment le point de départ de la prescription au jour où le demandeur en a eu une connaissance effective[4].

Logiquement, la découverte de l'erreur ne devrait pas davantage se confondre avec sa certitude. La probabilité de l'erreur suffit à permettre au contractant de prendre conscience de son droit d'agir. Il faut alors considérer que, si « découvrir l'erreur c'est acquérir une connaissance plus aiguë de son existence que le simple soupçon d'une erreur »[5], pour autant « la découverte de l'erreur n'implique pas une connaissance éclairée et indubitable du principe et de l'étendue de l'erreur »[6]. Tel semble d'ailleurs parfois être le raisonnement de la Cour de cassation. Ainsi

1. Cass. civ. 13 mars 1849, *DP*, 1849, I, 220.

2. On connaît les données du choix de politique juridique, dont la réticence dolosive a été le terrain d'élection : plus on privilégie la sécurité juridique, plus l'on fait peser sur le contractant une obligation de se renseigner, et moins ce dernier devrait pouvoir se prévaloir de son ignorance. Inversement, plus on privilégie la protection du contractant en imposant une obligation d'information de ce dernier, plus la partie lésée pourra aisément faire valoir son ignorance.

3. Cass. civ. 1re, 31 mai 1972, *Bull. civ.* I, n° 347. En l'espèce, la découverte de l'erreur est en conséquence fixée au jour où l'expertise d'une toile avait permis de découvrir l'erreur sur l'authenticité d'une œuvre attribuée à Cézanne et non au jour où l'acquéreur avait commencé à avoir des doutes sur son authenticité.

4. Cass. com., 10 décembre 2002, pourvoi n° 98-21174 : en l'espèce, le pourvoi tentait de faire valoir que les cautions pouvaient découvrir leur erreur sur la rentabilité du fonds de commerce du débiteur principal en consultant les documents comptables relatifs au fonds de commerce auprès du greffe. La Cour de cassation rejette le pourvoi en considérant que les cautions n'avaient pas intérêt à réclamer ces documents et fixe le point de départ de la prescription au jour où les cautions avaient eu une connaissance effective du caractère erroné de la situation financière. Dans le même sens, Colmar, 15 mai 2012, *Juris-Data* n° 2012-011977.

5. J.-P. Maublanc, note sous Cass. civ. 1re, 13 décembre 2005, *AJDI*, 2006, p. 842.

6. J.-P. Maublanc, *Ibidem.*

a-t-elle pu considérer que l'erreur sur l'exonération fiscale attendue avait été découverte à la date de la notification des redressements et non à la date du jugement du tribunal administratif confirmant les redressements[1]. La certitude résultant de l'autorité de la chose jugée n'est donc pas une condition de la découverte de l'erreur, pas plus d'ailleurs en principe que le résultat d'une expertise[2].

Cependant, de façon surprenante, les juges du fond, en particulier dans le domaine des ventes d'œuvres d'art, semblent souvent s'attacher à l'existence d'une véritable certitude. Les juges excluent ainsi souvent les simples doutes pour rechercher la « certitude » de l'erreur, ce qui les conduit le plus usuellement à fixer le point de départ de la prescription au jour du résultat d'une expertise. Ainsi, dans un jugement du 13 mai 1998[3], le Tribunal de grande instance de Paris a considéré que « le caractère apocryphe de l'œuvre litigieuse n'a été établi avec certitude que par l'analyse de la Fondation Fontana » et non le jour où la société Christie's avait refusé de mettre l'œuvre aux enchères, les doutes soulevés ne démontrant pas à l'époque l'absence d'authenticité.

La solution peut surprendre. On sait en effet que, « pour apprécier l'existence d'une erreur, il n'est nul besoin d'une certitude à laquelle confronter la croyance du cocontractant »[4]. Le simple doute sérieux sur l'authenticité de l'œuvre suffit, selon une jurisprudence classique[5], à caractériser l'erreur. N'y-a-t-il pas alors quelque incohérence à admettre que le simple doute suffise à caractériser l'erreur, tout en exigeant l'existence d'une certitude pour faire courir la prescription ? Ne serait-il pas plus logique d'admettre que l'existence d'un doute sérieux, c'est-à-dire d'une probabilité sérieuse d'erreur fasse courir la prescription, le titulaire du droit de critique devant dès cet instant être diligent et agir, à tout le moins en référé-expertise ? Admettre l'inverse revient d'ailleurs à favoriser l'acquéreur de mauvaise foi, qui pourra tout simplement empêcher la prescription de courir à son encontre en « omettant » de solliciter une expertise, pour mieux la demander au moment qu'il jugera opportun pour agir, reportant ainsi le moment de la « découverte » de l'erreur au jour du dépôt du rapport de l'expert.

---

1. Cass. civ. 1re, 13 décembre 2005, *AJDI*, 2006, p. 842, note J.-P. Maublanc. V. déjà en ce sens, Colmar, 14 novembre 2002, *Juris-Data* n° 2002-201356. On peut cependant douter de la pérennité de cette jurisprudence. En effet, par un arrêt du 23 septembre 2008, allant à l'encontre d'une jurisprudence établie, la Cour de cassation a procédé à un revirement de jurisprudence en affirmant que la notification de redressement ne constituait pas le point de départ de la prescription de l'action en responsabilité contractuelle des établissements financiers conseils, le dommage n'étant pas encore à cette date réalisé. On peut légitimement penser que la portée de ce revirement devrait dépasser le seul domaine des actions en responsabilité et que le point de départ de la prescription de l'action en nullité fondée sur un motif fiscal pourrait à son tour être reporté au jour de la mise en recouvrement. Sur cette question, v. *supra*, n° 69.

2. Cass. civ. 3e, 13 mai 1998, pourvoi n° 96-18571 : en l'espèce, la Cour de cassation a considéré que les effondrements constatés démontraient l'erreur sur la qualité du terrain sans qu'il soit besoin d'attendre les résultats de l'expertise sur les causes de l'effondrement.

3. TGI Paris, 13 mai 1998, *Juris-Data* n° 1998-044378. V. égal. Paris, 26 juin 2007, *Juris-Data* n° 2007-338308 (point de départ de la prescription fixé au jour où le comité Magritte avait rendu son avis sur l'authenticité de l'œuvre à l'occasion d'une opération de revente de l'œuvre), add., sur cet arrêt, F. Baillet Bouin, *Une vente d'œuvre d'art est-elle annulable* ad vitam aeternam *?*, *D.*, 2007, p. 2788 s. ; Besançon, 11 avril 2006, *Juris-Data* n° 2006-299544.

4. F. Terré, P. Simler, Y. Lequette, *op. cit.*, p. 229, n° 217, note 1.

5. On sait en effet, depuis le fameux arrêt *Poussin* (Cass. civ. 1re, 22 février 1978, *D.*, 1978, p. 601, note P. Malaurie, *RTD civ.*, 1979, p. 127, obs. Y. Loussouarn, G.A. n° 148) que l'aliénation d'une œuvre considérée comme modeste est entachée d'erreur lorsqu'elle est peut-être l'œuvre d'un auteur plus prestigieux. Inversement, l'acquisition d'un bien à l'attribution douteuse est également entachée d'erreur lorsque l'acquéreur avait la conviction de l'authenticité du bien (Cass. civ. 1re, 13 janvier 1998, *D.*, 2000, p. 54, note C. Laplanche ; Paris, 7 mai 2001, *D.* IR, p. 1852).

160. Un tel inconvénient pourrait bien sûr être tempéré si la jurisprudence adoptait une position relativement sévère à l'égard de l'acquéreur sur le terrain de la charge de la preuve de la découverte de l'erreur[1]. La Cour de cassation semble d'ailleurs parfois emprunter cette voie en considérant une telle preuve impossible à apporter lorsque l'erreur invoquée était ostensible[2] dès la signature de l'acte, ou encore lorsqu'elle apparaît inexcusable[3]. Sous cet aspect, la possibilité d'obtenir un report du point de départ de la prescription a partie liée avec l'obligation de s'informer : le point de départ ne peut être reporté que si la connaissance de l'erreur invoquée n'était pas aisément accessible et si la partie lésée pouvait légitimement avoir omis, jusqu'à cette date, de se renseigner. Cependant, le juge ne peut semble-t-il pas se contenter de renvoyer les parties dos-à-dos, et doit s'impliquer dans la recherche de cette date[4], ce qui atténue d'autant le fardeau de la preuve pesant sur le demandeur. Plus encore, la Cour de cassation a même pu faire peser l'intégralité du fardeau sur le défendeur. Elle a en effet pu considérer qu'il revenait à la partie qui contestait la recevabilité de l'action de démontrer que la victime avait découvert le dol plus de cinq ans avant d'intenter son action[5].

161. À travers la cessation de la violence ou la découverte de l'erreur et du dol, les rédacteurs du code ont fait de la connaissance de la cause de nullité une cause de report du point de départ de la prescription dans certaines hypothèses en apparence nettement circonscrites. Mais la prise en considération de la connaissance par le titulaire du droit de critique de la cause de nullité pour déterminer le point de départ de la prescription se retrouve également dans certaines situations dans lesquelles l'action est intentée par un tiers à l'acte critiqué.

---

1. V. en ce sens : Civ., 26 juillet 1825, *S.*, 1825, I, 370 ; Besançon, 1er mars 1827, *S.*, 1827, 2, 141, et, en matière dolosive, Paris, 22 juillet 1853, *DP*, 1855, 2, p. 155, *S.*, 1854, p. 49 : « c'est à la charge du demandeur de prouver qu'il ne connaissait pas (...) lors du premier procès qu'il a intenté, les faits constitutifs du dol qu'il allègue ». Comp., C. Ouerdane-Aubert de Vincelles, *Altération du consentement et efficacité des sanctions contractuelles*, Nouv. Bibl. thèses Dalloz, 2002, préf. Y. Lequette, spéc. p. 459, n° 617, considérant que « le point de départ peut être le moment où la victime avait la possibilité de déceler le vice ».

2. Cass. com, 3 mai 2006, *JCP* G, 2006, IV, 2181. En l'espèce, le point de départ de la prescription d'une action fondée sur une erreur sur les modalités de mise en œuvre d'une clause de résiliation anticipée dans un contrat de crédit-bail a été fixé au jour de la conclusion du contrat au motif que la clause était connue dès cette date et qu'aucune manœuvre dolosive ne permettait de reporter le point de départ de la prescription. D'où l'on déduit que tout ce qui peut apparaître à la lecture du contrat peut potentiellement être découvert, rendant inexcusable l'ignorance de la victime et interdisant en conséquence tout report du point de départ de la prescription. V., à l'inverse, pour un vice qui ne pouvait être décelé à la date de la conclusion du contrat : Cass. com., 12 novembre 2008, pourvoi n° 07-17746.

3. Cass. civ. 3e, 9 novembre 2005, *Bull. civ.* III, n° 219 : « l'erreur invoquée par les acquéreurs, à la supposée avérée, était inexcusable et que ces derniers n'étaient fondés à fixer le point de départ du délai de prescription au jour de l'expertise judiciaire ».

4. Civ. 3e, 18 février 1987, *JCP* G, 1987, IV, 144, censurant une cour d'appel qui avait déclaré l'action prescrite « sans préciser la date à laquelle l'erreur commise lors de la signature de l'acte notarié avait été découverte ». Dans le même sens, Cass. civ. 1re, 14 octobre 2010, pourvoi n° 09-13646, *RDC*, 2011, p. 415, obs. E. Savaux. L'appréciation des juges du fond sur ce point est souveraine en matière d'erreur (Cass. civ. 3e, 30 juin 1992, pourvoi n° 90-21157 ; 19 novembre 1991, pourvoi n° 90-10851) comme en matière de dol (Cass. civ. 1re, 22 octobre 1968, *Bull. civ.* I, n° 244), même si une tendance à un certain contrôle de la Cour de cassation semble se dessiner : Civ. 1re, 23 novembre 2004, pourvoi n° 02-18101, censurant une cour d'appel dont les motifs ne permettaient pas de démontrer la connaissance de la victime à la date retenue comme point de départ.

5. Cass. com., 23 mars 2010, *RTD civ.*, 2010, p. 320, obs. B. Fages.

B. L'action en nullité intentée par un tiers au contrat

162. Au-delà de celles prévues par l'article 1304 du Code civil, le droit positif recèle une multitude d'autres hypothèses dans lesquelles la connaissance de la cause de nullité est retenue comme point de départ de la prescription, parfois par le législateur lui-même, le plus souvent par la jurisprudence. Bien que ces hypothèses soient d'une extrême diversité, on peut remarquer, si l'on cherche à systématiser, une tendance nette à prendre en considération une telle date lorsque l'action est exercée par un tiers à l'acte critiqué.

163. Il en va notamment ainsi lorsque l'action est fondée sur un dépassement de pouvoir. Une telle action suppose par hypothèse que le contractant ait agi sans obtenir d'un tiers l'autorisation nécessaire et donc, en règle générale, sans que ce tiers ait eu connaissance de l'acte litigieux. Rares sont en effet les situations dans lesquelles le contractant agit de manière ostensible aux yeux du tiers lésé. Le titulaire du droit de critique est donc le plus souvent par hypothèse dans l'ignorance de la violation de son droit. Dès lors, admettre que la prescription de l'action en nullité coure à son encontre dès la conclusion de l'acte attaqué ne reviendrait ni plus ni moins qu'à nier l'étendue de son droit substantiel pour ne lui reconnaître qu'un droit virtuel de critique, prescrit avant même d'avoir pu être exercé. Comme on l'a souligné, « la protection serait illusoire si la prescription devait courir contre le demandeur dans l'ignorance de l'acte qui lui nuit »[1].

Un tel raisonnement explique sans doute que le législateur se soit parfois expressément prononcé en faveur du jour de la connaissance de l'acte critiqué par le tiers lésé. Tel est le cas lorsque la nullité d'un acte est recherchée en raison du dépassement par l'un des époux de ses pouvoirs sur les biens communs. Ainsi, l'article 1427 alinéa 2 du Code civil dispose-t-il que « l'action en nullité est ouverte au conjoint pendant deux années à partir du jour où il a eu connaissance de l'acte »[2].

Mais le lien existant entre le dépassement de pouvoir et la dissimulation de l'acte explique aussi que la jurisprudence se soit naturellement orientée à son tour vers un tel point de départ dans le silence de la loi. Ainsi, lorsqu'elle a eu à déterminer le point de départ de la prescription de l'action en nullité des baux consentis par un usufruitier sans l'accord du nu-propriétaire[3], le jour de la connaissance par ce dernier de l'existence du bail s'est logiquement imposé[4],

---

1. C. Larroumet, *Droit civil, Les obligations, Le contrat*, 1re partie : *Conditions de formation*, T. II, Economica, 6e éd., spéc. p. 578, no 568.

2. L'article enferme toutefois l'exercice de l'action dans un délai butoir de deux ans à compter de la dissolution de la communauté. Comp., dans le même esprit, art. 215 al. 3 C. civ. : « Les époux ne peuvent l'un sans l'autre disposer des droits par lesquels est assuré le logement de la famille, ni des meubles meublants dont il est garni. Celui des deux qui n'a pas donné son consentement à l'acte peut en demander l'annulation : l'action en nullité lui est ouverte dans l'année à partir du jour où il a eu connaissance de l'acte, sans pouvoir jamais être intentée plus d'un an après que le régime matrimonial s'est dissous ».

3. L'article 595 alinéa 4 du Code civil prévoit en effet que « l'usufruitier ne peut, sans le concours du nu-propriétaire, donner à bail un fonds rural ou un immeuble à usage commercial, industriel ou artisanal ».

4. Toulouse, 10 février 1986, *Juris-Data* no 1986-040500 ; Douai, 1er décembre 1989, *Juris-Data* no 1989-603840 ; Toulouse, 13 décembre 1990, *Juris-Data* no 1990-047558 ; Riom, 28 janvier 1991, *Juris-Data* no 1991-050379 ; Cass. civ. 3e, 22 novembre 1995, *JCP* N, 1997, p. 27, no 2 ; Douai, 10 mai 2007, *Juris-Data* no 2007-338865. Précisons que l'action est ouverte à chaque renouvellement du bail, peu important l'existence ou non de modifications : Cass. civ. 3e, 25 avril 1990, *Bull. civ.* III, no 100, *JCP* N, 1990, p. 249, obs. J.-P. Moreau ; Toulouse, 13 décembre 1990, *Juris-Data* no 1990-047558 ; Caen, 8 juin 1998 (l'arrêt est cependant critiquable car il fait courir la prescription du jour du renouvellement sans

étant précisé que la charge de la preuve de la connaissance pèse dans une telle hypothèse sur le preneur[1].

Un même raisonnement sous-tend sans doute encore la solution d'un arrêt rendu par la Cour de cassation le 30 janvier 2007. En l'espèce, un contrat d'édition avait été cédé sans l'accord de l'auteur concerné, en violation des dispositions de l'article L. 132-16 du Code de la propriété intellectuelle[2]. La Cour d'appel avait accueilli l'action en nullité exercée par l'auteur en retenant qu'une telle action en nullité était soumise à la prescription trentenaire. La Cour de cassation a cassé l'arrêt ainsi rendu en affirmant que « ces dispositions impératives ayant été prises dans le seul intérêt patrimonial des auteurs, leur violation ne donne lieu qu'à une nullité relative dont l'action se prescrit par cinq ans à compter de la découverte du vice ». Même si le débat portait ici avant tout sur le caractère relatif ou absolu de la nullité encourue, il faut constater que la Cour de cassation en a profité pour préciser le point de départ de la prescription de l'action. À l'évidence, la référence à la notion de « découverte du vice » est ici maladroite et inappropriée. La nullité n'était en effet pas encourue en raison d'un vice du consentement au sens de l'article 1304 alinéa 2 du Code civil, mais d'un dépassement par l'éditeur de ses pouvoirs. Ce n'est pas la connaissance du vice, mais de l'acte qui est en cause. La formule s'explique sans doute par un attachement excessif de la Cour de cassation à la lettre de l'article 1304 du Code civil dans lequel elle trouve une assise textuelle pour reporter ici le point de départ. Mais, et c'est là l'essentiel, en faisant référence à la découverte du vice, la Cour de cassation semble bien faire de la connaissance par l'auteur de la conclusion de l'acte en violation de ses droits le point de départ de la prescription de l'action.

Aussi, l'analyse des hypothèses dans lesquelles la nullité est encourue en raison du dépassement par l'un des contractants de ses pouvoirs tend à démontrer que la connaissance par le titulaire du droit de critique de la violation de son droit marque naturellement le point de départ de la prescription de son action. Que l'on songe à l'acte conclu par l'un des époux sans le consentement de l'autre, par l'usufruitier sans le consentement du nu-propriétaire, ou par l'éditeur sans le consentement de l'auteur, dans toutes ces hypothèses, le législateur comme la jurisprudence font courir le délai pour agir du jour de la connaissance de l'acte litigieux. Un tel événement s'impose sans difficulté tant il paraîtrait inique de permettre au contractant indélicat de tirer profit de l'ignorance du titulaire du droit qu'il a volontairement entretenue pour mieux lui opposer la prescription de son action le moment venu.

164. Mais une telle analyse dépasse la seule hypothèse des actions en nullité fondées sur un dépassement de pouvoir. On la retrouve aussi lorsque sont en jeu d'autres actions dont le point commun est d'être exercées par un tiers à l'acte

---

prendre en compte la connaissance effective du nu-propriétaire à la date du renouvellement ; Comp. : Paris, 20 octobre 2005, *Juris-Data* n° 2005-288718 où les juges recherchent bien la connaissance qu'a eu le nu-propriétaire du renouvellement).

1. Toulouse, 10 février 1986, *Juris-Data* n° 1986-040500 ; Cass. civ. 3e, 22 novembre 1995, *JCP* N, 1997, p. 27, n° 2. *Contra*, Caen, 8 novembre 1993, *Juris-Data* n° 1993-049674. La preuve de la connaissance peut résulter des indices les plus divers. Ainsi la qualité d'indivisaire du nu-propriétaire a pu être retenue pour démontrer sa connaissance du bail, le montant des fermages accroissant l'indivision (Paris, 20 octobre 2005, *Juris-Data* n° 2005-288718).

2. L'article L. 132-16 du Code de la propriété intellectuelle dispose en effet que « l'éditeur ne peut transmettre, à titre gratuit ou onéreux, ou par voie d'apport en société, le bénéfice du contrat d'édition à des tiers, indépendamment de son fonds de commerce, sans avoir préalablement obtenu l'autorisation de l'auteur ».

critiqué. Ainsi en est-il, par exemple, de l'action en nullité de la vente conclue en méconnaissance du droit de préemption ou de préférence du tiers. Se prononçant dans l'hypothèse particulière du droit de préemption prévu par les anciens articles 796 et 800 du Code rural, mais posant une solution dépassant à l'évidence ce cadre restreint[1], la Cour de cassation a pu affirmer que la prescription de l'action en nullité de la vente courait à compter du jour où le bénéficiaire du droit de préemption avait eu connaissance de la date de la vente, celle-ci pouvant notamment se déduire de la signification de l'acte[2].

Sans doute pourrait-on encore allonger la liste des illustrations d'un tel mouvement. Concrètement, tous ces exemples démontrent que la jurisprudence a pu, en dehors des hypothèses expressément prévues par l'article 1304 alinéa 2 du Code civil, faire de la connaissance de l'acte le point de départ de la prescription[3]. C'est une même logique qui justifie le report de la prescription en cas de violation par le mandataire de l'interdiction qui lui est faite de se porter contrepartie.

C. L'action en nullité fondée sur l'interdiction pour le mandataire de se porter contrepartie

165. On sait qu'afin d'éviter le conflit d'intérêts susceptible de naître de la conclusion d'un « contrat avec soi-même », il est fait interdiction au mandataire chargé de conclure un acte pour le compte du mandant, de devenir lui-même cocontractant, par exemple en se portant directement acquéreur du bien vendu par le mandant. Cette interdiction générale faite au mandataire de se porter contrepartie est spécifiquement prévue par l'article 1596 du code civil dans le cas particulier du mandat de vendre un bien aux enchères[4], mais dépasse assurément cette seule hypothèse[5].

166. Par hypothèse, seul le mandant[6] resté dans l'ignorance de la véritable identité de son cocontractant aura intérêt à agir en nullité. Dès lors, faire courir la prescription du jour de la conclusion de l'acte revient nécessairement à le priver d'un délai utile pour agir, faute pour le mandant de connaître et même de pouvoir connaître à cette date la cause de nullité entachant l'acte litigieux. Cependant, le législateur n'a pas expressément prévu de reporter le point de départ de la prescription de l'action en nullité fondée sur l'interdiction pour le mandataire de se porter contrepartie.

La Cour de cassation s'est donc très tôt retrouvée confrontée à ce dilemme et s'est prononcée sur ce point, dans un arrêt du 20 novembre 1877[7] au moins aussi intéressant par la solution qu'il propose que par le raisonnement suivi par les juges pour y parvenir. La Cour de cassation y affirme en effet que « si l'action

1. En réalité, toutes les hypothèses dans lesquelles la violation d'un droit de préférence ouvre une action en nullité devraient être soumises au même régime. La question dépasse évidemment le seul droit de préférence du locataire. On songe notamment au droit de préemption des indivisaires dont la méconnaissance est sanctionnée par la nullité de la cession de droits *indivis* (art. 815-16 C. civ.).

2. Cass. soc., 30 janvier 1963, *Bull. civ.* V, n° 101, civ. 3e, 23 avril 1971, *Bull. civ.* III, n° 256.

3. Sur l'explication d'un tel phénomène, v. *supra*, n° 119 s.

4. Art. 1596 C. civ. : « Ne peuvent se rendre adjudicataires, sous peine de nullité, ni par eux-mêmes, ni par personnes interposées (...) Les mandataires, des biens qu'ils sont chargés de vendre ».

5. A. Bénabent, *Droit civil, Les contrats spéciaux civils et commerciaux*, Montchrestien, 9e éd., 2011, p. 446, n° 933.

6. Le mandant est seul titulaire de l'action : Cass. civ. 1re, 29 novembre 1988, *Bull. civ.* I, n° 341.

7. Cass. civ., 20 novembre 1877, *DP*, 1877, 1, 63.

en nullité ouverte par l'art. 1596 C. civ. se prescrit par dix ans à compter du jour même de la passation de l'acte contre lequel elle est dirigée, quand le mandataire s'est directement et ouvertement rendu acquéreur des biens qu'il était chargé de vendre, il n'en saurait être ainsi, lorsque, dans le but de se soustraire à la prohibition édictée par ledit article, il a eu recours à l'intermédiaire d'une personne interposée ; que, par application des considérations qui ont dicté les dispositions du deuxième alinéa de l'art. 1304, on doit décider que, dans ce cas, la prescription de dix ans ne commence à courir que du jour où le mandant a découvert la simulation frauduleuse dont le mandataire s'est rendu coupable à son égard ».

La Cour de cassation affronte sans détour la question posée : tout en constatant que l'hypothèse envisagée n'est pas visée par l'article 1304 alinéa 2, ce qui devrait avoir pour conséquence de faire courir la prescription à compter du jour de conclusion du contrat, elle va raisonner par analogie pour affirmer que « les considérations qui ont dicté les dispositions du deuxième alinéa de l'article 1304 » se retrouvant ici à l'identique, le report de la prescription prévu par cet article doit trouver application au cas présent.

Commentant l'arrêt[1], on a souligné qu'une telle analogie s'imposerait ici tant au regard de l'adage *Contra non valentem* dont les dispositions de l'article 1304 alinéa 2 sont une application particulière, qu'au regard de l'idée de confirmation tacite à l'origine de la prescription de l'action en nullité.

Au fond, les mêmes raisons – l'ignorance légitime – doivent produire les mêmes effets – un report du point de départ de la prescription –, sauf à rendre la protection de l'article 1596 du Code civil toujours vaine, la contrepartie étant par hypothèse toujours occulte. La solution a depuis lors été réitérée, la Cour de cassation faisant de la « connaissance de la cause de nullité »[2] le point de départ de la prescription de l'action intentée par le mandataire à l'encontre de son mandant.

Par suite, la nécessité de faire du délai pour agir un délai utile dans les hypothèses où la cause de nullité ne peut apparaître directement au titulaire du droit de critique justifie que le point de départ de la prescription soit reporté au jour où ce dernier en prend connaissance. Tel est le cas lorsque l'acte attaqué est entaché d'un vice du consentement, lorsque l'action est exercée par un tiers ou encore lorsque la violation d'une règle impérative telle l'interdiction pour le mandataire de se porter contrepartie est par hypothèse dissimulée au contractant.

Pour autant, si de nombreuses solutions du droit positif convergent vers la prise en considération de la connaissance dans la détermination du point de départ de la prescription de l'action en nullité relative, le choix d'un tel événement est loin de refléter l'ensemble du droit positif. Le législateur comme la jurisprudence préfèrent en effet dans certaines hypothèses prendre en considération un événement ultérieur, détaché de la conclusion de l'acte ou de sa connaissance par le titulaire du droit de critique.

§ 3 – LA PRISE EN CONSIDÉRATION DE LA RÉALISATION D'UN ÉVÉNEMENT ULTÉRIEUR

167. Jusqu'à présent, les incertitudes relatives à la détermination du point de départ de la prescription de l'action en nullité relative ont semblé se réduire à une alternative entre deux dates ayant une égale vocation à jouer un rôle en la matière : le jour de la conclusion de l'acte et le jour de la connaissance de la cause

1. Commentateur anonyme, *DP*, 1877, 1, 63.
2. Cass. civ. 1re, 29 novembre 1988, *Bull. civ.* I, n° 341.

de nullité. Pourtant, l'analyse du droit positif montre que le choix du point de départ de la prescription en la matière peut également se porter sur une date sans lien avec la conclusion ou la connaissance de l'acte. L'article 1304 alinéa 3 du Code civil en fournit une première illustration en faisant courir la prescription à l'encontre de la personne protégée du jour où elle a pu refaire l'acte valablement (A). Mais ce sont également les dates du décès du contractant (B), de la réalisation de la condition suspensive (C) ou encore de l'annulation d'un contrat lié au contrat dont la nullité est demandée (D) qui peuvent constituer dans certaines hypothèses le point de départ de la prescription de l'action en nullité relative.

A. La disparition de l'inaptitude à contracter

168. L'article 1304 alinéa 3 du Code civil empêche la prescription de l'action en nullité de courir tant que dure l'inaptitude à contracter qui peut concerner aussi bien le mineur que le majeur protégé. Cette disposition n'est en réalité qu'une application particulière du principe plus général posé par l'article 2235 du Code civil (anc. 2252 C. civ.) selon lequel la prescription « ne court pas ou est suspendue contre les mineurs non émancipés et les majeurs en tutelle ».

Sans doute faut-il ici rappeler que la consécration d'un tel principe par les rédacteurs du Code civil n'est pas allée sans difficultés. En effet, sur ce point, l'ancien droit demeurait très incertain : alors que le droit romain semblait multiplier les distinctions en fonction du statut de chacun, le droit coutumier était marqué par de profondes divergences entre les différentes provinces[1]. Les rédacteurs du Code décidèrent cependant d'imposer une telle suspension de la prescription, justifiée selon Bigot-Préameneu par le fait que laisser s'écouler le délai de prescription revenait à consentir à une aliénation, ce que ni les mineurs, ni les incapables n'étaient en mesure de faire, faute de pouvoir aliéner[2]. L'argument n'a cependant pas convaincu, et le choix du législateur a longtemps divisé les auteurs[3].

Cette appréciation pour le moins prudente d'un tel privilège explique sans doute que la jurisprudence ait adopté une interprétation relativement restrictive de la cause de report du point de départ de la prescription prévue par l'article 1304 alinéa 3 au bénéfice du mineur (1).

Ce privilège soulève au demeurant bien davantage de difficultés lorsqu'il bénéficie au majeur protégé, faute d'être alors limité dans le temps[4]. La jurisprudence a donc apprécié plus restrictivement encore la cause de report du point de départ de la prescription prévue par l'article 1304 alinéa 3 au bénéfice du majeur protégé (2).

1. *Le mineur*

169. Au terme de l'article 1304 alinéa 3 du Code civil, « le temps ne court, à l'égard des actes faits par un mineur, que du jour de la majorité ou de l'émancipation ». En posant une telle règle, les rédacteurs du Code civil ont fait de la dis-

---

1. L. Guillouard, *Traité de la prescription*, T. I, Paris, 1900, p. 83, nº 94 ; M. Troplong, *Droit civil expliqué, Commentaire du Titre XX du Livre II du Code Napoléon, De la prescription*, T. 2, p. 303 s., nº 733.

2. F. Bigot de Préameneu, *Exposé des motifs*, in F.-A. Fenet, *Recueil complet des travaux du Code civil*, T. XV, Paris, 1827, Réimp. Otto Zeller Osnabrück, 1968, T. XV, spéc. p. 584-585.

3. V. *infra*, nº 681.

4. Précisons cependant que, l'article 2232 n'excluant de son champ d'application ni l'article 1304 ni l'article 2235, l'action est désormais enfermée dans un délai maximum de 20 ans à compter de la naissance du droit.

parition de l'incapacité de contracter qui touche le mineur le point de départ de la prescription de l'action en nullité que la loi lui reconnaît.

Si le principe ainsi exposé ne soulève guère de difficulté lorsque l'acte a été passé par le mineur lui-même[1], il en va autrement lorsque l'acte n'a pas été fait par le mineur mais au nom de ce dernier[2]. En effet, d'un point de vue technique, la fiction de la représentation devrait conduire à assimiler l'acte fait au nom du mineur à l'acte fait par le mineur lui-même. Mais, en pratique, les deux situations ne sont pas identiques : alors que le mineur a par hypothèse connaissance de l'acte qu'il conclut, l'acte fait au nom du mineur par un tiers le représentant peut rester inconnu du mineur devenu majeur. La question s'est alors posée de savoir si le mineur représenté pouvait se prévaloir de son ignorance pour reporter le point de départ de la prescription, par-delà le jour de sa majorité, au jour où il avait effectivement eu connaissance de l'existence de l'acte critiqué. Au fond, l'on revient naturellement au débat déjà évoqué à de nombreuses reprises : faut-il, au-delà de la seule lettre du texte, faire de la possibilité d'agir et donc de la connaissance, une condition du décompte du délai de prescription ?

Confrontée à cette interrogation à l'occasion d'une affaire dans laquelle la fille du célèbre auteur de bandes dessinées Goscinny demandait la nullité d'une transaction conclue 19 ans plus tôt en son nom par sa mère, la Cour de cassation a procédé à une assimilation totale de l'acte fait au nom du mineur à l'acte fait par le mineur, pour refuser de reporter le point de départ de la prescription au jour où ce dernier avait pu en avoir connaissance[3]. La solution a reçu un accueil globalement positif[4], la majorité des auteurs faisant valoir d'une part que la théorie de la représentation justifiait une application stricte de la lettre claire de l'article 1304 du Code civil et d'autre part qu'en l'absence de toute fraude, adopter une solution inverse soulèverait nécessairement d'insolubles problèmes de preuve. Au reste, la solution n'est pas nouvelle[5], et était déjà justifiée par Laurent en ces termes : « le seul motif pour lequel la loi ne fait pas courir les dix ans à partir de l'acte, c'est l'incapacité du mineur ; donc dès que cette incapacité cesse, on rentre dans le droit commun »[6].

170. L'analyse semble cependant contestable : si la loi fait de l'incapacité le seul motif de report du point de départ de la prescription, ce n'est pas parce que

1. Pour une illustration : Civ. 1re, 11 décembre 1985, *Bull. civ.* I, n° 350. Précisons toutefois que, si plusieurs mineurs se sont engagés conjointement envers un tiers, la prescription court contre chacun du jour de sa majorité et peut donc être acquise contre l'un d'eux seulement, qui sera alors engagé pour le tout (M. Vazeille, *Traité des prescriptions*, T. II, Bruxelles, 1832, p. 129, n° 557 ; L. Guillouard, *op. cit.*, p. 156, n° 173 ; V. Marcadé, *Explication théorique et pratique du Code Napoléon*, T. XII, *Prescription*, Paris, 1867, spéc. p. 218, n° 191).

2. Précisons que, dans une telle hypothèse, si l'action est introduite non par le mineur, mais par le représentant légal ayant passé l'acte sans autorisation du juge des tutelles, elle doit être exercée dans les cinq ans suivant la conclusion de l'acte litigieux (Cass. civ. 1re, 9 janvier 2008, *JCP* N, 2008, 1157).

3. Cass. civ. 1re, 5 mars 2002, *Defrénois*, 2002, art. 37600, p. 1168, obs. J. Massip, *D.*, 2002, p. 1513, note J.-P. Gridel, *RTD civ.*, 2002, p. 271, obs. J. Hauser, *JCP* N, 2003, 1199, note T. Fossier, *RJPF*, juin 2002, p. 10, note F.-J. Pansier : « La prescription de l'action en nullité ouverte à l'égard des actes faits par ou au nom du mineur court du jour de sa majorité ou émancipation ».

4. J.-P. Gridel, note sous Cass. civ. 1re, 5 mars 2002, préc. ; F.-J. Pansier, note sous Cass. civ. 1re, 5 mars 2002, préc. ; J. Massip, note sous Cass. civ. 1re, 5 mars 2002, préc. V. cependant, dénonçant le caractère trop général et donc dangereux de l'attendu, en ce qu'il interdit tout rôle à l'ignorance : J. Hauser, obs. sous Cass. civ. 1re, 5 mars 2002, préc.

5. V. déjà en ce sens, Cass., 30 mars 1830, *S.*, 1830, 1, 238, et aussi Cass. req., 7 mars 1876, *DP*, 1877, 1, 260 dans lequel la Cour de cassation se fonde expressément sur la technique de la représentation et la finalité de sécurité juridique poursuivie par le législateur pour justifier la solution retenue.

6. F. Laurent, *Principes de droit civil français*, T. XIX, 3e éd., 1878, p. 46, n° 44.

le législateur a voulu refuser tout effet à l'ignorance du mineur, mais tout simplement parce que le législateur, n'envisageant que le seul acte directement conclu par le mineur et donc par hypothèse connu de lui, a raisonné par référence à une situation exempte de risque d'ignorance. Or, c'est une situation bien différente qui est ici en cause, dans laquelle l'ignorance du mineur l'empêche assurément d'agir. La solution est d'ailleurs d'autant plus surprenante qu'elle semble aller à l'encontre de celle retenue lorsque le mineur ne demande pas la nullité, mais la reddition des comptes sur le fondement de l'article 475 du Code civil[1]. On a d'ailleurs pu s'interroger sur sa pérennité après l'adoption de la loi du 17 juin 2008[2]. Au surplus, elle va à rebours de la solution retenue par l'article 1304 du Code civil en présence non plus d'un mineur, mais d'un majeur protégé.

2. *Le majeur protégé*

171. Le point de départ de la prescription de l'action en nullité des actes passés par un majeur protégé prévue par l'article 465 du Code civil (anc. art. 502 C. civ.) est fixé par l'article 1304 alinéa 3 du Code civil qui précise que la prescription ne court « à l'égard des actes faits par un majeur protégé, que du jour où il en a eu connaissance, alors qu'il était en état de les refaire valablement ». Deux conditions cumulatives doivent donc être réunies pour que la prescription puisse commencer à courir : d'une part, la mesure de protection doit être levée, d'autre part, le majeur ayant retrouvé sa capacité de contracter doit avoir connaissance des actes qu'il a conclus à une époque où la lucidité de son consentement était altérée[3]. Cette double exigence conduit en pratique à reporter le point de départ de la prescription de l'action en nullité à une date souvent très éloignée de celle de la conclusion de l'acte litigieux.

172. L'article 1304 alinéa 3 ne visant que les actes passés par le majeur protégé, la question s'est posée de savoir si la solution prévue par cet article devait être étendue à l'action en nullité intentée à l'encontre des actes faits par un majeur

1. V. *infra*, n° 346 s.

2. A. Dumery, « La sanction des actes passés par le mineur non émancipé : bilan et perspectives », *Gaz. Pal.*, 8 janvier 2009, p. 4 s., spéc. note 10 : « Cette jurisprudence pourrait éprouver des difficultés à se maintenir, suite au nouvel article 2224 du Code civil, issu de la réforme de la prescription du 17 juin 2008, énonçant que les actions personnelles se prescrivent en cinq ans à compter du jour où le titulaire d'un droit a connu ou aurait dû connaître les faits lui permettant de l'exercer ». Il ne faut cependant pas perdre de vue que la loi du 17 juin 2008 a laissé intacte la rédaction de l'article 1304 alinéa 3 du Code civil. L'interprétation par la jurisprudence de l'exception prévue par cet article n'est donc pas directement remise en cause par la loi nouvelle. Tout au plus pourrait-on envisager que la généralisation de la prise en considération par la pratique judiciaire de la connaissance réelle ou supposée imposée par la loi du 17 juin 2008 en d'autres domaines puisse, par un phénomène d'influence et d'évolution des modes de raisonnement, conduire à terme la Cour de cassation à infléchir sa position en la matière.

3. Cette seconde exigence a été posée par la loi n° 68-5 du 3 janvier 1968 qui a amélioré le système antérieur en repoussant le point de départ de la prescription, antérieurement fixé au jour de mainlevée de la mesure de protection, au jour où le majeur protégé a eu connaissance des actes passés, c'est-à-dire en étendant à tous les aliénés le système retenu jusqu'alors pour les seuls internés (v. A. Weil et F. Terré, *Obligations*, Dalloz, 1980, 3e éd., n° 320). En effet, antérieurement, un régime beaucoup plus développé avait été mis en place pour les actes passés par des majeurs placés dans un établissement d'aliénés (L. 30 juin 1838, art. 39 al. 2). Il prévoyait que la prescription de l'article 1304 ne courait qu'à compter de la connaissance ou la signification de l'acte à son auteur : si l'on admettait que cette disposition ne s'appliquait pas aux majeurs protégés, cela posait alors une difficulté sérieuse puisqu'ils se trouvaient moins protégés que les majeurs placés (L. Larombière, *Théorie des obligations*, T. V, 1885, n° 18, p. 298, n° 24). C'est pour remédier à ce décalage que la loi du 3 janvier 1968 avait fait de la connaissance de l'acte par le majeur protégé une condition du décompte de la prescription.

non protégé pendant la « période suspecte ». On sait en effet que l'ancien article 503 du Code civil issu de la loi du 3 janvier 1968 prévoyait que « les actes antérieurs pourront être annulés si la cause qui a déterminé l'ouverture de la tutelle existait notoirement à l'époque où ils ont été faits », sans préciser le point de départ de la prescription d'une telle action. Dans le silence du texte, la Cour de cassation, adoptant en cela une solution déjà préconisée par la doctrine classique[1], a affirmé que la prescription ne pouvait courir avant la cessation de la mesure de protection au terme d'un raisonnement en deux temps. La Cour a en effet d'abord considéré que l'action en nullité prévue par l'article 502 du Code civil était une action en nullité spéciale qui « ne [prenait] naissance qu'à la date du jugement de mise sous tutelle d'où elle dérive et ne [pouvait] donc se prescrire avant que n'intervienne cette décision »[2] pour écarter le jour de la conclusion de l'acte. La solution est une application logique de l'adage *Actioni non natae non praescribitur* selon lequel l'action ne saurait se prescrire avant d'être née[3]. Une fois admis que le point du départ ne pouvait être antérieur à la date du jugement d'ouverture de la mesure de protection, elle a ensuite rappelé que « ce délai se trouve suspendu à l'égard du majeur en tutelle »[4], pour reporter le point de départ au jour de la mainlevée de la mesure de protection ou du décès de la personne sous tutelle, en application de l'article 2252 du Code civil (nouv. art. 2235 C. civ.).

Aussi, sans pour autant admettre d'étendre par analogie le report prévu par l'article 1304 du Code civil dans une hypothèse non expressément visée par cet article[5], la Cour de cassation, par une application conjuguée de l'adage *Actioni non natae non praescribitur* et de l'article 2235 du Code civil (anc. art. 2252 C. civ.), était parvenue à un résultat comparable, reportant le point de départ de la prescription de l'action en nullité intentée à l'encontre d'un acte conclu avant l'ouverture de la mesure de tutelle au jour de la levée de la mesure de protection.

173. Cette jurisprudence a cependant été mise à mal par la loi du 5 mars 2007 qui, en même temps qu'elle modifiait le régime de l'action en nullité des actes accomplis pendant la période suspecte[6], a ramené le point de départ de

---

1. C. Demolombe, *Cours de Code Napoléon*, T. XXIX, 1876, p. 156, n° 158, considérant que puisque la mesure de protection rétroagit dans une certaine mesure, les actes litigieux doivent être traités comme des actes passés par l'incapable ; C. Aubry et C. Rau, *Cours de droit civil français*, T. IV, 4e éd., 1871, § 339, p. 280 ; C. Baudry-Lacantinerie et A. Tissier, *Traité théorique et pratique de droit civil, De la prescription*, Paris, 3e éd., 1905, p. 332, n° 422 : « L'action ne naît qu'avec l'interdiction, et la prescription en est de suite suspendue jusqu'à la main-levée de l'interdiction ou le décès de l'interdit ». *Contra*, C. Toullier continué par J. Duvergier, *Le droit civil français suivant l'ordre du Code*, T. IV, 1re partie, 6e éd., p. 461, n° 616.

2. Cass. civ. 1re, 9 mai 1978, *D.*, 1978, p. 469, note J. Massip, rejetant, mais après substitution de motifs, le pourvoi formé à l'encontre de l'arrêt de la Cour d'appel de Pau, 28 avril 1976, *JCP*, 1978, II, 18812, note J. Viatte, laquelle fondait différemment son raisonnement sur l'assimilation du majeur non protégé au majeur protégé. V., déjà en ce sens : Chambéry, 19 janvier 1886, *DP*, 1887, 2, 161, note Flurer.

3. V. Flurer, note sous Chambéry, 19 janvier 1886, préc. : « Tant que le jugement d'interdiction n'est pas rendu, l'action en nullité de l'art. 503 n'existe pas, ou n'existe que conditionnellement (sous la condition de l'interdiction). Elle ne peut donc pas se prescrire (C. civ. 2257) (...). L'action n'a donc pas pu commencer à se prescrire avant le jugement d'interdiction ; elle ne peut même pas commencer à se prescrire à ce moment, car l'art. 1304 reporte à la mainlevée de l'interdiction le point de départ de la prescription des actions en nullité fondées sur l'interdiction ».

4. Cass. civ. 1re, 17 février 1987, *D.*, 1987, p. 417, note J. Massip. Voir déjà, Angers, 1er mars 1845, *DP*, 1845, 2, 61, et 23 février 1846, *DP*, 1846, 2, 74.

5. Dans l'arrêt précité du 9 mai 1978, elle condamne nettement l'assimilation du majeur non protégé au majeur protégé faite par la cour d'appel, qui n'échappe à la censure que par substitution de motifs.

6. L'article 464 du Code civil subordonne en effet le prononcé de la nullité à l'existence de conséquences préjudiciables et limite l'action aux actes accomplis par la personne protégée moins de deux ans avant la publicité du jugement d'ouverture de la mesure de protection.

la prescription de l'action en nullité au jour du jugement d'ouverture de la mesure de protection[1].

174. Les raisons de cette modification du point de départ de la prescription restent énigmatiques. En effet, le législateur ne semble pas avoir été animé par une volonté de renverser la jurisprudence antérieure. Plus encore, les travaux préparatoires précisent - de façon pour le moins surprenante - que l'action en réduction ou en annulation devait se prescrire, par dérogation à l'article 2252 du code civil, par cinq ans à compter du jour du jugement d'ouverture de la mesure de protection « conformément au droit en vigueur »[2] !

Certes, la nullité des actes passés pendant la période suspecte a été étendue par la loi du 5 mars 2007 aux majeurs simplement placés en curatelle, contrairement à ce que prévoyait la jurisprudence antérieure[3]. Or, l'ancien article 2252 ne visait que les majeurs en tutelle. Aussi pouvait-il paraître logique qu'à l'encontre des majeurs en curatelle, la prescription coure à compter du jour d'ouverture de la mesure de protection. En revanche, à l'égard des majeurs sous tutelle, l'exclusion de l'effet suspensif de l'article 2252 (dev. 2235) du Code civil apparaît être tout sauf une confirmation du droit antérieur.

175. Le choix d'un tel point de départ vient néanmoins mettre un terme à l'insécurité juridique qu'avait entraînée le report du point de départ de la prescription au jour de la levée de la mesure de protection, qui, conjugué à l'indétermination de la durée de la période suspecte, faisait peser sur le contractant de l'incapable une véritable « épée de Damoclès »[4]. Il s'explique sans doute par l'idée qu'à compter de cette date, le tuteur peut agir. Mais une telle explication s'accorde mal avec la raison d'être de l'article 2235 du Code civil qui a précisément pour but d'éviter de faire subir au majeur les conséquences de l'inaction du tuteur[5].

176. Une certaine sévérité peut également être constatée lorsque la nullité de l'acte est demandée en raison des troubles mentaux dont a pu souffrir un majeur ne bénéficiant pas d'une mesure de protection au moment de sa conclusion. Les articles 414-1 et 414-2 du Code civil prévoient en effet que la nullité relative de l'acte conclu sous l'empire d'un trouble mental peut être demandée par l'intéressé ou, après sa mort, par ses héritiers, sans qu'aucune disposition spécifique ne vienne préciser le point de départ d'une telle action.

177. L'article 414-2 du Code civil précisant que « l'action en nullité s'éteint par le délai de cinq ans prévu à l'article 1304 », renvoyant ainsi au délai prévu pour demander la nullité des actes passés par les incapables, on aurait pu logiquement s'attendre à ce que le point de départ spécifiquement prévu par l'alinéa 3 de cet

1. Art. 464 C. civ. : « Par dérogation à l'article 2252, l'action doit être introduite dans les cinq ans de la date du jugement d'ouverture de la mesure ». On remarquera que la rédaction de l'article n'a pas été modifiée consécutivement à l'entrée en vigueur de la loi du 17 juin 2008. Il faut évidemment y voir une lacune des dispositions de coordination et lire « par dérogation à l'article 2235 ». Il est cependant topique de remarquer que, lors de son entrée en vigueur le 1er janvier 2009, la rédaction de l'article 464 du Code civil était déjà obsolète !

2. *Rapport fait au nom de la Commission des lois sur le projet de loi portant réforme de la protection des majeurs* par le député E. Blessig, enregistré à la Présidence de l'Assemblée nationale le 10 janvier 2007, spéc. p. 181.

3. Paris, 30 juin 1972, *Gaz. Pal.*, 1972, 2, 875.

4. P. Malaurie, *Les personnes, La protection des mineurs et des majeurs*, Defrénois, 5e éd., p. 320, no 770.

5. V. L. Guillouard, *op. cit.*

article pour les actions en nullité des actes passés par les majeurs protégés soit par analogie étendu à l'hypothèse dans laquelle l'acte attaqué a été passé par un majeur atteint de troubles mentaux. Plus encore, une telle solution pouvait également se prévaloir d'une interprétation *a fortiori* de l'article 1304 alinéa 2 du Code civil. On sait en effet que l'action en nullité d'un acte pour insanité d'esprit a longtemps trouvé son fondement moins dans une forme d'incapacité affectant la victime de troubles mentaux que dans son absence supposée de consentement[1]. Or, on l'a vu, l'article 1304 alinéa 2 reporte au jour de la découverte ou de la cessation du vice du consentement le point de départ de la prescription de l'action en nullité fondée sur l'existence d'un tel vice. Dès lors, on pouvait logiquement considérer, avec Aubry et Rau, que « si un simple vice du consentement, tel que l'erreur ou le dol, forme, tant qu'il existe, obstacle au cours de la prescription, à plus forte raison doit-il en être de même de l'absence complète de consentement »[2].

Mais la Cour de cassation en a décidé autrement, considérant que la prescription courait en principe à compter de l'acte contesté, seule la preuve d'une impossibilité d'agir due à l'existence de troubles mentaux étant de nature à reporter le point de départ de la prescription[3]. Il ne faut cependant pas exagérer la sévérité dont fait preuve ici la Cour de cassation. En effet, elle laisse néanmoins ouverte l'application de l'adage *Contra non valentem* par les juges du fond[4], déplaçant en conséquence le débat sur le terrain probatoire, de sorte qu'en réalité, c'est davantage sur ce terrain là que les régimes de prescription des actes passés par un majeur protégé ou seulement victime de troubles mentaux divergent[5]. Il

---

1. V. sur ce point : O. Simon, « La nullité des actes juridiques pour trouble mental », *RTD civ.*, 1974, p. 707 s., spéc. p. 713-719.

2. C. Aubry et C. Rau, *op. cit.*, § 339, p. 280, note 35. Un tel raisonnement n'est cependant pas partagé par Demolombe, qui distingue deux hypothèses : soit il y a absence de consentement, et c'est alors une action en nullité absolue, dont la prescription court à compter de la conclusion de l'acte, qui est en cause ; soit il y a vice du consentement, et la prescription de l'article 1304 du Code civil doit alors courir du jour de la découverte ou de la cessation du vice (C. Demolombe, *op. cit.*, p. 158, n° 161). Comp. Larombière, qui considère que la question ne serait pas dissociable de la cause de nullité intentée, la démence se confondant avec le vice et ayant un impact sur sa découverte : « L'état mental de l'obligé devra être pris lui-même en considération, au point de vue de la découverte de l'erreur ou du dol, de telle sorte qu'elle pourra coïncider avec le temps où il aura définitivement recouvré la raison. Mais il devra aussi être tenu compte des intervalles lucides qui, suivant leurs caractères et leur intensité, auront pu le mettre à même de découvrir plus tôt les vices de son consentement » (L. Larombière, *op. cit.*, p. 302, n° 25).

3. Cass. civ. 1re, 19 novembre 1991, *Bull. civ.* I, n° 318, *D.*, 1993, p. 277, note J. Massip : « à l'égard du majeur non protégé, le délai de 5 ans, par lequel se prescrit l'action en nullité de l'article 489 du Code civil, court à partir du jour de l'acte contesté, l'auteur pouvant cependant prouver que la prescription a été suspendue en raison d'une impossibilité d'agir ». V. égal., pour une rédaction identique, l'arrêt précisant en outre expressément que « les articles 1304, alinéa 3, et 2252 du même Code ne sont pas applicables aux actes des majeurs qui, comme Mme Enard, n'ont pas fait l'objet d'une mesure de protection » : Cass. civ. 1re, 18 février 1992, *Bull. civ.* I, n° 54, *D.*, 1993, p. 277, note J. Massip. V. déjà, défavorable à un report du point de départ de la prescription en faveur des majeurs non protégés : C. Baudry-Lacantinerie et A. Tissier, *op. cit.*, spéc. p. 332, n° 422.

4. V. d'ailleurs, pour une reconnaissance récente d'une impossibilité d'agir en raison du trouble mental affectant le contractant : Cass. civ. 1er, 1er juillet 2009, *D.*, 2009, p. 1896, obs., V. Egéa, *Gaz. Pal.*, 17 septembre 2009, p. 5, note G. Raoul-Cormeil, *Dr. fam.*, 2009, comm. 116, note I. Maria, *RTD civ.*, 2009, p. 507, obs. J. Hauser, *LPA*, 17 février 2010, p. 13, note J. Massip. V. déjà, Cass. civ. 1re, 18 février 2003, *JCP* N, 2003, 1664, note T. Fossier.

5. Alors que l'existence d'un trouble empêchant la prescription de courir est en quelque sorte irréfragablement présumée lorsque l'acte est passé par un majeur protégé, elle doit être prouvée lorsque l'action repose simplement sur l'insanité d'esprit de l'auteur de l'acte. V. déjà en ce sens, M. Planiol et G. Ripert, *Traité pratique de droit civil français*, par A. Esmein, Paris, 1930, T. VI, *Les obligations*, p. 435, n° 417 : « On fera partir la prescription du jour où le dément a eu connaissance de l'acte avec capacité d'en comprendre la portée. C'est à lui d'ailleurs qu'il incombe de prouver que la démence a persisté et qu'il n'a pas eu connaissance de son acte ».

reste que la preuve de la permanence de l'impossibilité d'agir de nature à reporter le point de départ de la prescription demeurera très difficile à rapporter. La solution se justifie sans doute par un impératif de sécurité juridique : il peut en effet paraître inique de faire peser sur le cocontractant d'un majeur non protégé dont les proches n'avaient pas jugé utile de requérir une mesure de protection, les risques liés à une éventuelle insanité qu'il ne pouvait pas forcément déceler. Il n'en demeure pas moins qu'en excluant catégoriquement l'application de l'article 1304 alinéa 3 aux majeurs non protégés atteints de troubles mentaux, la Cour de cassation se prononce là encore en faveur du caractère limitatif des cas de report du point de départ de la prescription prévus par l'article 1304 du Code civil.

178. En reportant le point de départ de la prescription de l'action en nullité à l'égard des actes faits par un mineur, au « jour de la majorité ou de l'émancipation » et à l'égard des actes faits par un majeur protégé, « au jour où il en a eu connaissance, alors qu'il était en situation de les refaire valablement », l'article 1304 alinéa 3 du Code civil fait de la disparition de l'inaptitude à contracter le fait générateur du décompte de la prescription. Cette disparition de l'inaptitude à contracter suffit parfois à elle-seule pour faire courir le délai. Ainsi en va-t-il de l'action en nullité exercée par le mineur devenu majeur. Elle doit parfois s'accompagner de la connaissance par la personne protégée de l'existence de l'acte. Tel est le cas de l'action exercée par le majeur anciennement protégé. Mais la jurisprudence apprécie très strictement les exceptions posées par l'article 1304 alinéa 3 du Code civil, en refusant de reporter le point de départ de la prescription au jour où le mineur devenu majeur a eu connaissance de l'existence de l'acte passé en son nom, en faisant peser une lourde charge probatoire sur le majeur non protégé atteint de troubles mentaux, et en refusant de reporter au jour où la personne protégée a pu refaire valablement l'acte, le point de départ de la prescription de l'action en nullité intentée à l'encontre d'un acte conclu pendant la période suspecte.

179. Mais la date à laquelle le titulaire du droit de critique est en mesure de refaire l'acte valablement n'est pas la seule date étrangère à la fois à la conclusion de l'acte et à sa connaissance prise en considération. Parmi d'autres, le décès du contractant est parfois érigé en point de départ de la prescription.

B. Le décès du contractant

180. La date du décès du contractant est régulièrement prise en considération lorsque l'action en nullité du contrat est exercée par l'héritier du contractant. Mais, même si la jurisprudence ne semble pas toujours en rendre compte[1], toutes les hypothèses dans lesquelles un tel événement est retenu n'obéissent

---

1. V. par ex., Douai, 19 mai 2008, *Dr. fam.*, 2009, comm. 19, note T. Fossier, dans lequel les juges du fond fixent au jour du décès du donateur le point de départ de la prescription de l'action en nullité de la donation pour insanité d'esprit exercée par l'hériter au motif que ce dernier – qui exerçait pourtant en l'espèce l'action en nullité qui appartenait à son auteur – n'avait avant l'ouverture de la succession aucune qualité pour agir à l'encontre de la donation, ne disposant d'aucun droit sur le patrimoine de la défunte. Si le point de départ de la prescription est pertinent, le raisonnement mené par la cour d'appel est ici erroné : l'héritier exerçant l'action qui appartenait à son auteur, ce n'est pas parce qu'elle n'a acquis qualité pour agir qu'au décès du donateur, mais parce que la prescription ne pouvait courir de son vivant contre le donateur en raison de la mesure de curatelle que le point de départ de la prescription doit être fixé au jour du décès de ce dernier.

pas à la même logique. Il faut en effet distinguer selon que l'héritier exerce une action qui lui est propre (1) ou qui appartenait à son auteur (2).

1. *L'action en nullité propre à l'héritier*

181. Lorsque l'action en nullité de l'acte passé appartient uniquement à l'héritier, seul le décès de son auteur peut faire naître son droit d'agir ès-qualité. En retenant le jour du décès pour faire courir la prescription, la jurisprudence ne fait donc qu'appliquer l'adage *Actioni non natae non praescribitur* selon lequel l'action ne saurait se prescrire avant d'être née.

Il en va ainsi lorsque l'héritier exerce une action en réduction des libéralités excessives[1] ou une action en nullité d'un acte de donation-partage. Dans une telle hypothèse en effet, la prescription ne peut courir que du décès de l'auteur qui fait naître la qualité d'héritier ouvrant le droit d'agir. Les auteurs classiques le soulignaient déjà : « c'est seulement quand sera né son titre d'héritier, titre qui lui donnera droit à telle fraction du patrimoine, qu'on pourra parler de lésion »[2]. La Cour de cassation l'a expressément affirmé dans un arrêt du 20 octobre 1981 selon lequel « l'action en nullité dirigée contre [l'acte de partage], par Mme Perrier, en sa qualité d'héritière, ne pouvait, à l'égard de celle-ci, se prescrire qu'à partir du jour où cette action lui était ouverte, soit le 6 août 1969, date du décès de son père »[3].

Il en va de même lorsqu'est exercée par l'héritier une action en nullité pour vice de forme de la donation faite par la personne décédée. Il faut rappeler qu'une telle action présente un régime hybride original, variant selon que l'action est exercée du vivant du donateur ou après son décès. Du vivant du donateur, la donation viciée ne pouvant être confirmée, l'acte irrégulier en la forme est nul de nullité absolue. La prescription de l'action intentée par le donateur court alors du jour de l'acte[4]. Après le décès du donateur, la confirmation d'une telle donation par les héritiers devient possible. Une nouvelle action, en nullité relative cette fois, qui n'est ouverte qu'à l'héritier et qui lui est donc propre, naît alors, et s'éteint par la prescription quinquennale, qui court à compter de ce décès[5]. Une telle solution a été étendue par la Cour de cassation à la prescription de l'action en nullité du contrat de mariage pour vice de forme[6], dont le régime présente la même hybridité : absolue pendant la vie des époux, la nullité devient relative au décès de ces derniers et l'action propre de l'héritier court alors à compter du décès.

---

1. Art. 1077-2 al. 2 C. civ.: « L'action en réduction ne peut être introduite qu'après le décès du disposant qui a fait le partage. En cas de donation-partage faite conjointement par les deux époux, l'action en réduction ne peut être introduite qu'après le décès du survivant des disposants, sauf pour l'enfant non commun qui peut agir dès le décès de son auteur. L'action se prescrit par cinq ans à compter de ce décès »

2. V. Marcadé (et Paul Pont), *Du code civil*, T. IV, 1873, p. 689, art. 1304, II. Dans le même sens M. Vazeille, *Traité des prescriptions*, T. II, 1832, p. 110, n° 545 et p. 138, n° 563. *Contra*, L. Larombière, *op. cit.*, p. 324, n° 41, selon lequel la prescription devrait dans une telle hypothèse courir du jour de l'acte car il serait « du pouvoir de la partie lésée d'agir dès cette époque ».

3. Cass. civ. 1re, 20 octobre 1981, *Bull. civ.* I, n° 301, *D.*, 1983, p. 73, note C. Larroumet, *RTD civ.*, 1983, p. 171, obs. crit. J. Patarin., considérant que l'action ici intentée n'était pas une action propre à l'héritier, mais une action qui appartenait en réalité à son auteur.

4. Cass. civ. 1re, 26 janvier 1983, *D.*, 1983, p. 317, note A. Breton, *RTD civ.*, 1983, p. 749, obs. Chabas : en l'espèce, la Cour a rappelé que le point de départ de la prescription était le jour de l'acte, refusant toute prise en considération de l'intérêt légitime du donateur à agir qui n'a existé qu'au jour où le donataire a entendu céder le bien contrairement aux stipulations de la donation par ailleurs nulle pour vice de forme.

5. Cass. req., 5 mai 1862, *DP*, 1862, 1, 341.

6. Cass. civ., 26 avril 1869, *DP*, 1869, 1, 246.

182. Cependant, si la Cour de cassation refuse de faire courir la prescription avant le décès du donateur faisant naître l'action de l'héritier, elle semble en revanche plus hésitante sur le point de savoir si l'ignorance par l'héritier de l'existence de l'acte vicié est de nature à reporter le point de départ à une date encore ultérieure. Alors qu'elle avait expressément fait de la connaissance de l'existence de la donation par l'hériter au moment du décès du donateur une condition du cours de la prescription[1], elle a par la suite refusé de reporter le point de départ de la prescription de l'action en nullité du contrat du mariage au jour où l'héritier en avait eu connaissance, considérant que « la prescription décennale édictée par l'art. 1304 c. nap., applicable à l'action en nullité de tout contrat vicié en la forme, n'est pas soumise, comme la ratification, à la condition de la connaissance réelle du vice de l'acte »[2].

183. La date du décès, qui fait ainsi courir la prescription de l'action appartenant à l'héritier, peut aussi parfois constituer le point de départ de la prescription de l'action exercée par l'héritier pour le compte d'autrui.

2. *L'action exercée par l'héritier appartenant à son auteur*

184. Lorsque l'héritier ne fait qu'exercer une action qui appartenait à son auteur, la date de son décès ne devrait pas avoir d'influence sur le point de départ de la prescription. En effet, l'action appartenant à son auteur et faisant partie intégrante de son patrimoine, c'est à l'égard de ce dernier que l'écoulement du temps doit être apprécié. Comme on l'a souligné, « agissant en qualité d'ayant-cause universelle, continuateur de la personne du *de cujus*, l'hériti[ère] doit souffrir la prescription déjà courue contre son auteur »[3]. La jurisprudence le rappelle régulièrement, en précisant par exemple que les « héritiers du donateur, ne pouvaient plus faire revivre une action en nullité que le donateur avait, de son vivant, laissé éteindre par la prescription »[4]. Le point de départ qui pouvait être opposé au titulaire premier de l'action peut donc en principe également l'être à son héritier, sans que le décès intervenu soit de nature à interférer dans le décompte du délai de prescription.

L'article 1304 alinéa 3 du Code civil semble toutefois poser une limite à ce principe, en précisant que le temps « ne court contre les héritiers de la personne en tutelle ou en curatelle que du jour du décès, s'il n'a commencé à courir auparavant ».

Mais, à l'analyse, cette disposition constitue moins une exception à la règle précédemment exposée qu'une application du principe selon lequel l'action exercée par l'héritier étant soumise à la même prescription que celle directement exercée par son auteur, elle doit également être soumise aux mêmes causes de suspension[5]. On sait en effet que les articles 2235 et 1304 alinéa 3 du Code civil font de l'existence d'une mesure de protection une cause de suspension

---

1. Cass. req., 5 mai 1862, *DP*, 1862, 1, 341.
2. Cass. civ., 26 avril 1869, *DP*, 1869, 1, 246.
3. J. Patarin, obs. sous Cass. civ. 1re, 20 octobre 1981, *RTD civ.*, 1983, p. 171.
4. Cass. civ. 1re, 26 janvier 1983, *D.*, 1983, p. 317, note A. Breton, *RTD civ.*, 1983, p. 749, obs. Chabas.
5. V., par exemple, pour l'opposabilité par les héritiers de la suspension de la prescription entre époux, Cass., civ. 1re, 3 juin 1975, *Bull. civ.* I, nº 191 : « L'action intentée par l'administrateur de la succession et les héritiers de Pierre de Caters est celle qui existait dans le patrimoine du défunt et doit être soumise à la même prescription et aux même causes de suspension ; que la suspension entre époux de cette prescription jusqu'au 26 mars 1944 peut donc être opposée aux héritiers de dame de Caters, comme elle aurait pu l'être à celle-ci ».

de la prescription. La prescription ne saurait donc courir contre le majeur protégé, et ce jusqu'à son décès, si la mesure de protection n'est pas à ce moment levée. Dès lors, une telle mesure qui justifie la suspension de la prescription ne cessant qu'au jour du décès de l'incapable, ce n'est qu'à compter de ce jour que la prescription de l'action en nullité qui existait dans son patrimoine peut courir. Un tel raisonnement explique d'ailleurs pourquoi l'alinéa 3 de l'article 1304 réserve l'hypothèse dans laquelle la prescription aurait « commencé à courir auparavant ». En effet, si la mesure de protection du majeur protégé est levée avant sa mort, c'est nécessairement à compter de ce jour que la cause de suspension cessera, et que la prescription commencera à courir : c'est donc cette date qui pourra être opposée à l'héritier et non celle du décès de l'incapable, ce qui montre qu'il n'est pas ici réellement dérogé au principe selon lequel le point de départ opposable au titulaire principal de l'action peut être opposé à son héritier.

Un tel principe justifie encore que l'article 1304 alinéa 3 fasse courir la prescription à l'égard des héritiers du jour du décès même s'ils ignoraient à ce moment l'acte ou le vice l'affectant. La solution a souvent été utilisée comme argument pour critiquer la conception traditionnelle des nullités, selon laquelle la prescription de l'article 1304 aurait pour fondement une présomption de confirmation[1] ou encore pour exclure toute extension analogique des causes de report de la prescription prévues par l'article 1304 du Code civil. En réalité, on ne saurait en tirer argument sur ce point : il s'agit seulement d'une conséquence mécanique du principe selon lequel le cours de la prescription n'est apprécié qu'à l'égard de l'auteur de l'héritier, de sorte que seule l'ignorance du titulaire initial de l'action, et non celle de l'héritier, peut être prise en compte[2].

Mais un tel principe marque aussi les limites de la solution : elle ne peut valoir qu'autant qu'il était effectivement impossible au contractant ou au donateur d'agir de son vivant. Elle suppose donc que le contractant ou le donateur ait fait l'objet d'une mesure de protection. Dans l'hypothèse inverse, l'héritier ne saurait se prévaloir de sa qualité récemment acquise pour reporter la prescription.

185. Aussi, la date du décès du contractant est régulièrement retenue pour fixer le point de départ de la prescription de l'action en nullité exercée par l'héritier. Derrière le visa de l'article 1304 alinéa 3, la Cour de cassation fait application de l'adage *Actioni non natae non praescribitur*, lorsque l'action exercée est propre à l'héritier, ou de l'adage *Contra non valentem*, lorsque l'héritier se contente d'exercer une action qui appartenait déjà à son auteur si ce dernier faisait l'objet d'une mesure de protection. Dans ces deux hypothèses, le régime de la prescription est également marqué par l'indifférence de la connaissance par l'héritier de l'acte ou du vice l'affectant sur la détermination du point de départ de la prescription.

---

1. F. Terré, P. Simler, Y. Lequette, *Les obligations*, Précis Dalloz, 10e éd., p. 423, no 412 : « La doctrine dominante s'accorde aujourd'hui à écarter cette justification. De fait, à la supposer fondée, elle impliquerait que le délai ne puisse jamais courir contre une personne qui n'est pas en état de confirmer l'acte parce qu'elle ignore l'existence de celui-ci ou le vice qui l'affecte. Or, telle n'est pas la solution du droit positif : le délai court, on le verra, contre certaines personnes – les héritiers de l'auteur de l'acte annulable – sans qu'on s'inquiète de savoir si elles ont connu l'acte ou le vice » ; P. Malaurie, L. Aynès, P. Stoffel-Munck, *Les obligations*, Defrénois, 5e éd., 2011, p. 341, no 705 : « Cette volonté tacite est, ici comme ailleurs, artificielle ; il arrive que la prescription coure alors que le titulaire de l'action ignorait le vice, par exemple, l'héritier de l'incapable ».

2. En revanche, en cas d'ignorance de l'auteur, le point de départ est reporté à la découverte du dol par l'héritier. V. en matière de nullité d'un testament pour dol, Cass. civ. 1re, 6 octobre 2010, pourvoi no 09-67215, *RDC*, 2011, p. 415, obs. E. Savaux.

186. Le report du point de départ de la prescription à une date détachée de celle de la conclusion de l'acte se manifeste également lorsque l'acte attaqué avait été conclu sous condition suspensive.

C. La réalisation de l'événement érigé en condition

187. Les difficultés soulevées par l'existence d'une condition sur la détermination du point de départ de la prescription n'avaient pas échappé aux rédacteurs du Code civil. L'article 2233 (anc. art. 2257) prévoit ainsi que « la prescription ne court point à l'égard d'une créance qui dépend d'une condition, jusqu'à ce que la condition arrive ». Ils n'avaient cependant que partiellement résolu la difficulté. En effet, en précisant que la prescription ne court pas à l'égard d'une créance qui dépend d'une condition, l'article 2233 ne vise que la seule action en paiement de la créance. Le Code civil demeure en revanche silencieux sur le sort de la prescription de l'action en nullité d'un acte conditionnel, c'est-à-dire d'un acte dont la formation même est suspendue jusqu'à la réalisation de l'événement érigé en condition[1], pour laquelle l'article 2233 est inapplicable. Face à ce silence, deux dates peuvent raisonnablement être retenues : le jour de la conclusion de l'acte sous condition ou le jour de la réalisation de l'événement érigé en condition.

En faveur de la première, on pourra souligner que, dès ce jour, la cause de nullité est susceptible d'être connue du contractant, qui pourrait alors agir pour demander l'anéantissement du contrat. En ce sens, on a fait valoir que « la condition, pas plus que le terme, n'est finalement exclusive de la présomption d'une ratification tacite »[2]. On a également avancé que la prescription devait courir avant la réalisation de la condition parce que le débiteur a intérêt à demander au plus tôt l'annulation de l'engagement, fut-il conditionnel[3], ou encore parce que l'engagement existe d'ores et déjà en raison de l'effet rétroactif de la réalisation de la condition[4]. En faveur de la seconde, on objectera qu'il importe peu que la cause de nullité soit apparue antérieurement : tant que la condition suspensive ne s'est pas réalisée, l'engagement n'est qu'éventuel, et ne saurait être considéré comme né[5]. On l'a ré-

---

1. F. Terré, P. Simler, Y. Lequette, *op. cit.*, p. 1203, nº 1218.

2. C. Demolombe, *Cours de Code Napoléon*, T. XXIX, 1876, p. 161, nº 163.

3. A. Duranton, *Cours de droit civil français*, T. XII, 3e éd., 1834, p. 645, nº 534.

4. A. Duranton, *Ibidem*. Add. M. Latina, *Essai sur la condition en droit des contrats*, Préf. D. Mazeaud, LGDJ, spéc. p. 333, nº 436 : « on voit mal pourquoi le point de départ du délai pour agir en nullité devrait être reporté au jour de l'accomplissement de l'événement de la condition suspensive. En effet, le lien contractuel existant bel et bien dès la rencontre des consentements, il est possible de reprocher aux contractants leur négligence *pendente conditione* ». À l'appui de son argumentation, l'auteur évoque un arrêt rendu le 6 février 1996 par la chambre commerciale (*Bull. civ.* IV, nº 44, *RTD com.*, 1996, p. 514, obs. B. Bouloc, *RTD civ.*, 1996, p. 613, obs. J. mestre, *JCP* E, 1996, p. 175, obs. B. Petit) ayant fixé le point de départ de la prescription du délai d'un an prévu par l'article L. 141-1 du Code de commerce pour demander la nullité de la vente d'un fonds de commerce au jour de la conclusion de l'acte de vente sous condition suspensive. Il faut cependant observer que l'arrêt a été rendu dans une hypothèse particulière où la condition, loin de s'être réalisée postérieurement à la conclusion du contrat, avait défailli et que le pourvoi ne soutenait pas en l'espèce que l'existence d'une condition suspensive aurait dû entraîner un report du point de départ de la prescription au jour de sa réalisation ou de la renonciation à la condition, mais considérait différemment que la défaillance de la condition suspensive avait nécessairement rendu le premier contrat caduc, entraînant la conclusion d'un nouveau contrat et la fixation du point de départ de la prescription au jour de la signature de l'acte authentique. C'est uniquement ce raisonnement que rejette la Cour de cassation, sans se prononcer expressément sur l'effet de l'existence d'une condition suspensive sur le point de départ de la prescription.

5. C. Toullier, continué par J. Duvergier, *Le droit civil français*, T. IV, 1re partie, 6e éd., p. 457, nº 609. L'auteur oppose cette hypothèse à celle dans laquelle l'acte est affecté d'un terme, le point de départ de

sumé d'une phrase : « À quoi bon obliger de faire un procès qui peut n'avoir aucun objet ? »[1]. Au fond, la solution dépend à la fois de l'interprétation que l'on fait et de l'importance que l'on accorde à l'adage *Actioni non natae non praescribitur* selon lequel l'action ne saurait se prescrire avant d'être née.

Or, non seulement la doctrine apparaissait ainsi divisée, mais plus encore, la jurisprudence est longtemps restée incertaine sur la détermination du point de départ de la prescription de l'action en nullité lorsque l'acte était affecté d'une condition suspensive, obligeant à raisonner par analogie avec les solutions, plus claires, dégagées en matière de rescision pour lésion[2]. Mais, par un arrêt du 15 juillet 1993, la Cour de cassation a nettement pris position en faveur du jour de réalisation de la condition suspensive. En l'espèce, une épouse dont le mari avait souscrit seul un compromis de vente en outrepassant ses pouvoirs sur les biens communs avait agi en annulation dudit compromis, plus de deux ans après la signature de ce dernier. Pour échapper à la nullité, les acquéreurs avaient fait valoir que l'article 1427 alinéa 2 du Code civil enfermait une telle action dans un délai de deux ans « à partir du jour où il a eu connaissance de l'acte, sans pouvoir jamais être intentée plus de deux ans après la dissolution de la communauté », délai expiré au jour de l'assignation. La Cour de cassation rejeta l'argument en affirmant que, bien que l'époux ait effectivement dépassé ses pouvoirs, « le délai de prescription de 2 ans fixé par l'article 1427 du Code civil, n'ayant couru que du jour où la vente était devenue parfaite, soit le 15 juin 1981, date où la condition suspensive de versement des fonds prévue à l'acte a été réalisée, n'était pas expiré le 25 février 1983 »[3]. Si l'apport principal de la décision réside dans la réitération par la Cour de cassation de sa volonté de passer outre la lettre du texte pour offrir au demandeur un délai utile de deux ans pour agir à compter de la réalisation de l'acte[4], l'arrêt offre également à la Cour de cassation l'occasion de préciser que l'action en nullité d'un acte conclu sous condition suspensive ne saurait se prescrire avant la réalisation de cette dernière, tranchant définitivement en faveur de la seconde branche de l'alternative exposée.

188. Le point de départ de la prescription de l'action en nullité relative est également reporté à une date postérieure à celle de la conclusion de l'acte attaqué lorsque l'action en nullité trouve sa cause dans l'annulation d'un autre contrat uni au contrat attaqué par un lien d'indivisibilité.

D. L'annulation d'un contrat lié

189. L'action en nullité relative d'un contrat est en général consécutive à la découverte d'une cause de nullité inhérente au contrat dont l'annulation est demandée ou à la personne du contractant. Mais, parfois, le motif à l'origine de la demande en nullité est extérieur à la fois à la personne et à l'acte attaqué. Tel est le cas lorsque deux contrats sont indivisiblement liés, que cette indivisibilité résulte de la loi ou de la volonté des parties. On songe notamment au lien éta-

---

la prescription étant le jour de l'acte et non de son exécution (p. 458, n° 611). Dans le même sens, sur la question de l'effet de l'existence d'un terme, L. Larombière, *op. cit.*, p. 294, n° 19.

1. C. Delvincourt, *Cours de droit civil*, Bruxelles, 1819, T. II, p. 176. Dans le même sens, M. Vazeille, *op. cit.*, p. 153, n° 569.

2. V., *infra*, n° 224 s.

3. Cass. civ. 1re, 15 juillet 1993, *JCP* G, 1994, I, 3733, note P. Simler, *RTD civ.*, 1994, p. 929, obs. Vareille.

4. Sur cette question, *infra*, n° 550 s.

bli par l'article L. 312-12 du Code de la consommation entre un contrat de prêt et le contrat de vente en vue duquel il a été conclu[1]. En la matière, après avoir affirmé que l'annulation du contrat principal emportait résolution du contrat de crédit[2], la Cour de cassation a finalement considéré qu'elle devait emporter la nullité dudit contrat[3]. S'est alors naturellement posée la question du point de départ de la prescription de l'action en nullité du contrat de prêt.

Sur cette voie, deux façons d'appréhender la question peuvent être défendues, éminemment dépendantes de l'appréciation théorique portée sur le mécanisme contractuel justifiant le lien unissant les deux contrats[4]. Dans une première optique, on pourrait considérer que l'indivisibilité qui lie les deux contrats devrait conduire à admettre que les deux actions en nullité intentées, l'une à l'encontre du contrat principal, l'autre à l'encontre du contrat de crédit, se prescrivent de la même manière : la nullité des deux contrats trouve sa source dans un vice unique, à l'origine de l'annulation du premier contrat et dont la découverte doit constituer le point de départ de la prescription de l'action en annulation du second[5]. Dans une seconde optique, on pourrait différemment considérer que le contrat de crédit trouvant sa cause dans la conclusion du contrat principal, seule l'annulation de ce dernier, en faisant disparaître la cause du contrat de crédit, est de nature à constituer le point de départ de la prescription de l'action en nullité d'un tel contrat.

La Cour de cassation a eu à prendre position sur cette question dans une espèce où, après avoir obtenu l'annulation d'un contrat de vente immobilière pour dol, un acquéreur demandait la nullité du contrat de prêt souscrit pour en assurer le financement, sur le fondement de l'article L. 313-12 du Code de la consommation. Afin d'éviter le prononcé de la nullité du contrat de crédit retenue par la cour d'appel, les demandeurs au pourvoi faisaient valoir « qu'en vertu de l'article 1304 du Code civil, la prescription de l'action en nullité d'un contrat de prêt résultant de la nullité de la vente dont il assurait le financement court à compter de la connaissance du vice affectant cette dernière », dans la droite ligne de la première approche exposée. La Cour de cassation va cependant rejeter une telle approche pour privilégier nettement la seconde en affirmant que « dès lors que l'annulation du prêt avait pour cause non le vice affectant la vente, mais l'annulation de celle-ci, c'est à bon droit que la cour d'appel a décidé que la prescription de l'action en annulation du prêt ne commençait à courir que du jour de l'annulation de la vente »[6].

---

1. Art. L. 313-12 C. cons. : « L'offre est toujours acceptée sous la condition résolutoire de la non-conclusion, dans un délai de quatre mois à compter de son acceptation, du contrat pour lequel le prêt est demandé ». Voir également, en matière mobilière, art. L. 311-21 C. cons., selon lequel le contrat de crédit « est résolu ou annulé de plein droit lorsque le contrat en vue duquel il a été conclu est lui-même judiciairement résolu ou annulé ».

2. Cass. civ. 1re, 16 décembre 1992, *Bull. civ.* I, nº 306, *Defrénois*, 1993, art. 35622, obs. J. Honorat.

3. Cass. civ. 1re, 18 juin 1996, *Bull. civ.* I, nº 262 ; 7 juillet 1998, *Bull. civ.* I, nº 242.

4. D. Fenouillet, obs. sous Cass. civ. 1re, 10 mai 2005, *RDC*, 2006, p. 363.

5. Il faut préciser que rien n'interdirait d'ailleurs d'engager simultanément les deux actions, seul le prononcé de la nullité du contrat de prêt se trouvant subordonné au prononcé de la nullité du contrat principal. Plus encore, le principe de concentration des demandes (Cass., As. plen., 7 juin 2006, *JCP* G, 2007, II, 10070, note G. Wiederkehr, *D.*, 2006, p. 2135, note L. Weiller, *RTD civ.*, 2006, p. 825, obs. R. Perrot, *Dr. et proc.*, 2006, p. 384, note N. Fricero ; et civ. 1re, 28 mai 2008, *JCP* G, 2008, II, 10170, note G. Bolard : « Il incombe au demandeur de présenter dans la même instance toutes les demandes fondées sur la même cause, et qu'il ne peut invoquer dans une instance ultérieure un fondement juridique qu'il s'était abstenu de soulever en temps utile ») devrait, si l'on en retient une conception extensive, s'opposer à ce que l'action en annulation du contrat lié soit introduite postérieurement.

6. Cass. civ. 1re, 10 mai 2005, *Bull. civ.* I, nº 205, *RDC*, 2006, p. 363, obs. D. Fenouillet.

Si sa rédaction peut laisser insatisfait sous certains aspects[1], il n'en demeure pas moins que l'arrêt a le mérite de poser une solution claire relative à la détermination du point de départ de la prescription dans les ensembles contractuels. L'action en nullité du contrat secondaire trouvant sa cause, non dans le vice originel mais dans la disparition du contrat principal, seul le prononcé de la nullité de ce dernier peut constituer le point de départ de la prescription d'une telle action, sans égard pour l'effet rétroactif attaché à un tel prononcé. La solution, on le pressent, a vocation à dépasser la seule sphère du droit de la consommation[2] pour innerver toutes les hypothèses dans lesquelles les parties auront conventionnellement lié un ou plusieurs contrats entre eux[3].

190. **Conclusion de la Section I.** Au terme de l'analyse des différents points de départ de la prescription retenus par le législateur comme la jurisprudence en matière d'action en nullité relative, l'on observe une diversité importante de points de départ : jour de la conclusion de l'acte, à titre de principe plus ou moins bien suivi en pratique, jour de la connaissance du vice l'entachant, mais aussi disparition de l'inaptitude à contracter ou décès du contractant, ou encore réalisation d'événements postérieurs, constituent autant de points de départ rencontrés, chacun recelant encore en son sein une diversité de solutions. Cette diversité, source d'incertitude pour le justiciable, trouve sans aucun doute son origine dans la tension entre deux impératifs opposés inhérents à la nullité relative : la sécurité juridique et la protection du titulaire du droit de critique. C'est peut-être parce que cette seconde finalité est moins présente en matière d'action en nullité absolue que le point de départ de la prescription d'une telle action y semble plus certainement et intangiblement fixé.

Section II : Les actions en nullité absolue

191. À première vue, l'emprise du jour de la conclusion de l'acte sur la détermination du point de départ de la prescription des actions en nullité absolue est telle qu'elles se présentent comme un domaine imperméable à la multiplication des points de départ, sorte d'îlot d'homogénéité au sein d'un environnement marqué par la diversité des solutions. À l'analyse, cette uniformité n'est qu'apparente (§ 1) et masque le véritable éclatement de la matière (§ 2).

§ 1 – L'APPARENCE D'UNIFORMITÉ

192. Jusqu'à l'entrée en vigueur de la loi du 17 juin 2008, la détermination du point de départ de la prescription de l'action en nullité absolue n'avait pas

1. On peut en effet regretter que la Cour de cassation n'ait pas profité de l'occasion qui lui était donnée pour se prononcer sur le fondement théorique du lien unissant les deux contrats, se contentant d'évoquer la cause de « l'annulation du prêt » et non du contrat de prêt lui-même, et se gardant ainsi de dire si la nullité de la vente conduit à la nullité du prêt précisément parce qu'elle le prive de cause, v., D. Fenouillet, *op. cit.*

2. Comp. D. Fenouillet, *op. cit.* : « La Cour de cassation considère en quelque sorte que le prêt lié à un contrat de vente immobilière est soumis à une condition spéciale de validité, à savoir l'existence d'un contrat de vente valable. Bref, il n'y aurait là qu'une solution propre au droit de la consommation ».

3. La projection analogique de la solution ici rendue par la Cour de cassation ne peut bien sûr être envisagée que pour autant que l'on considère que l'annulation d'un contrat est sanctionnée par la nullité de l'autre, et non par la résolution ou encore par la caducité. On sait que la question demeure pour le moins incertaine (v., en dernier lieu, en faveur de la caducité : cass. civ. 1re, 30 octobre 2008, *Bull. civ.* I, n° 241).

soulevé de difficulté particulière. En dépit des hésitations doctrinales nouvelles, il semble que le choix d'un point de départ unique au jour de la conclusion de l'acte s'impose encore (A). Il ne saurait d'ailleurs y être dérogé, même en présence d'irrégularités continues (B).

A. L'adoption d'un point de départ de la prescription unique au jour de la conclusion de l'acte

193. S'il disposait que « toutes les actions, tant réelles que personnelles, sont prescrites par trente ans », l'ancien article 2262 du Code civil demeurait en revanche silencieux sur le point de départ de ce délai. Une telle lacune, propice aux interprétations divergentes, aurait pu conduire les auteurs comme les juges à multiplier les hésitations et partant les points de départ. Il n'en a cependant rien été. Les auteurs se sont en effet toujours accordés pour faire courir la prescription de l'action en nullité absolue du jour de l'acte[1]. La jurisprudence est également en ce sens, qui fait invariablement du jour de la conclusion du contrat le point de départ de la prescription d'une telle action[2].

194. La réforme du droit de la prescription opérée par la loi du 17 juin 2008 est-elle susceptible de remettre en cause la stabilité de cette solution ? À première vue, le régime de la prescription de l'action en nullité absolue semble totalement bouleversé. À défaut de disposition expresse contraire, la prescription de l'action en nullité absolue relève en effet désormais du nouvel article 2224 du Code civil selon lequel « les actions personnelles ou mobilières se prescrivent par cinq ans à compter du jour où le titulaire d'un droit a connu ou aurait dû connaître les faits lui permettant de l'exercer »[3]. Deux modifications en résultent nécessairement.

---

1. Ch. Larroumet, *Droit civil, Les obligations, Le Contrat*, 1re partie : *Conditions de formation*, T. III, Economica, 6e éd., p. 575, nº 565 ; J. Flour, J.-L. Aubert, E. Savaux, *Droit civil, Les obligations*, 1. *L'acte juridique*, Sirey, 12e éd., 2006, p. 286, nº 351 ; J. Ghestin, *Traité de droit civil, Les obligations, Le contrat : formation*, LGDJ, 2e éd., spéc. p. 997, nº 857 ; F. Terré, P. Simler, Y. Lequette, *Droit civil, Les obligations*, Précis Dalloz, 9e éd., 2005, p. 415, nº 414 ; P. Malaurie, L. Aynès, P. Stoffel-Munck, *Les obligations*, Defrénois, 3e éd., 2007, p. 351, nº 707 et 5e éd., 2011, p. 342, nº 706 ; F. Picod, *Rép. Dalloz Droit civil, Vº Nullité*, spéc. nº 64.

2. V., par ex., pour une action en nullité absolue fondée sur un vice de forme : Cass. civ. 1re, 26 janvier 1983, *D.*, 1983, p. 317, note A. Breton, *RTD civ.*, 1983, obs. Chabas ; pour l'action en nullité absolue intentée à l'encontre d'un bail perpétuel : Cass. civ. 3e, 15 décembre 1999, *JCP* G, 2000, II, 10236, concl. J.-F. Weber, *JCP* N, 2000, p. 559, étude par M. Billau (en l'espèce, le bail analysé comme perpétuel, est cependant laissé en vigueur au motif qu'il s'était écoulé plus de trente ans depuis le jour de l'acte) ; ou encore, pour l'action tendant à faire reconnaître le caractère fictif de l'acte simulé : Cass. civ. 1re, 3 juin 1975, *Bull. civ.* I, nº 191.

3. L'article 2224 étant l'article unique d'une section I du Chapitre II du Titre XX du Livre III du Code civil baptisée « Du délai de droit commun et de son point de départ », il faut admettre que l'article 2224 a vocation à régir toutes les hypothèses qui ne font pas l'objet d'une disposition spéciale, et ce en dépit de la lettre réductrice de cet article qui ne vise que les « actions personnelles et mobilières », ce qui pourrait rendre incertain le sort de certaines actions en nullité, par exemple lorsqu'un immeuble est en cause. On sait en effet que la nature de l'action en nullité est éminemment dépendante de l'objet sur lequel elle porte. C'est pourquoi la doctrine qualifie d'action mixte l'action qui tend à l'annulation d'un acte translatif ou créateur d'un droit réel immobilier, une telle action ayant à la fois pour objet le constat de la nullité et les restitutions qui en résulte (S. Guinchard, C. Chainais, F. Ferrand, *Procédure civile, Droit interne et droit communautaire*, Précis Dalloz, 30e éd., spéc. p. 304, nº 350). Or, à l'évidence, de telles actions ne sont pas expressément visées par l'article 2224 du Code civil. On pourrait alors légitimement s'interroger sur la pertinence de leur soumission à la prescription quinquennale nouvellement instituée (v. P. Malaurie, « La réforme de la prescription civile, Commentaire de la loi nº 208-561 du 17 juin 2008 », *Defrénois*, 2008, art. 38842, spéc. nº 9, add., C. Brenner et H. Lecuyer, « La réforme

D'une part, le délai d'exercice de l'action a été considérablement réduit, passant de trente à cinq ans[1]. D'autre part, le point de départ de la prescription est désormais fixé au « jour où le titulaire du droit a connu ou aurait dû connaître les faits lui permettant de l'exercer ». Faut-il alors en déduire que le point de départ de la prescription de l'action en nullité absolue s'en trouverait modifié et ne serait plus le jour de la conclusion de l'acte illicite, mais celui de la connaissance de cette illicéité par le contractant agissant en nullité[2] ?

N'ayant que l'apparence de la logique, une telle interprétation doit être écartée[3]. Tout d'abord, parce qu'elle induirait une modification sensible du point de départ de la prescription de l'action en nullité absolue, ce qui ne semble pas avoir été la volonté du législateur[4]. Ensuite et surtout, parce que la référence faite par l'article 2224 au jour où le demandeur « aurait dû connaître » les faits - c'est-à-dire, concrètement, la cause de nullité - lui permettant d'agir, devrait permettre de s'en tenir au jour de conclusion de l'acte[5]. En effet, la nullité absolue sanctionnant la « transgression d'une règle protectrice de l'intérêt général »[6], une telle règle ne saurait être légitimement ignorée[7] : le demandeur aura donc par principe *dû connaître* la cause de nullité affectant le contrat dès sa conclusion. Le jour de la conclusion du contrat devrait donc, en dépit de la modification rédactionnelle opérée par la loi du 17 juin 2008, demeurer le point de départ de la prescription de l'action en nullité absolue.

195. Au reste, la difficulté d'appliquer la règle dégagée par l'article 2224 en matière de nullité absolue et finalement, l'absence constatée d'influence pratique de la rédaction de cet article du Code civil sur le point de départ de la prescription de l'action en nullité absolue témoigne sans doute plus fondamentalement de l'inadaptation d'un tel point de départ de la prescription au particularisme de l'action en nullité absolue. En effet, le point de départ de la prescription de droit commun retenu par l'article 2224 du Code civil se place à l'évidence du côté du seul demandeur à l'action. Il s'agit, en optant pour un point de départ glissant, de protéger le demandeur des effets qu'une ignorance légitime pourrait avoir sur son droit d'agir en justice. Or, en matière de nullité absolue, il n'est nullement question de protéger le demandeur. Ce n'est pas le contractant mais la société que l'on défend.

---

de la prescription », *JCP* N, 2009, 1118, spéc. n° 21 ; P. Malinvaud, « Prescription et responsabilité des constructeurs après la réforme du 17 juin 2008 », *RDI*, 2008, p. 368 ; P. Simler, « La réforme du droit de la prescription : aspects de droit des biens », in *La réforme de la prescription*, Actes de colloque, *LPA*, 2 avril 2009, p. 34 s., spéc. p. 35). Néanmoins, en dépit des maladresses de rédaction du législateur, il semble bien que l'article 2224 ait une vocation à constituer la véritable règle de droit commun et en conséquence à saisir toutes les situations qui n'ont pas été expressément soustraites à son empire.

1. Le délai de prescription de l'action en nullité absolue du mariage a cependant été maintenu à trente ans (art. 184 C. civ.)

2. V. en ce sens, considérant que le point de départ de la prescription de l'action en nullité absolue devrait se rapprocher de celui de l'action en nullité relative : J. Flour, J.-L. Aubert, E. Savaux, *Droit civil, Les obligations*, 1. *L'acte juridique*, Sirey, 14e éd., 2010, p. 330, n° 351.

3. Comp. V. Lasserre-Kiesow, « Commentaire de la loi du 17 juin 2008 portant réforme de la prescription en matière civile », *RDC*, 2009, p. 1149 s., spéc. p. 1452.

4. V. par ex., les propos du rapporteur L. Béteille en première lecture devant le Sénat, *JO Sénat*, séance du 21 novembre 2007, p. 5027 : « Il nous a paru nécessaire de sécuriser les règles relatives au cours de la prescription. La commission propose donc de *consacrer* dans la loi la jurisprudence relative au point de départ de la prescription extinctive ».

5. V. plus généralement en ce sens : B. Fages, *Droit des obligations*, LGDJ, 3e éd., 2011, p. 203, n° 199, et p. 552, n° 586.

6. F. Terré, P. Simler, Y. Lequette, *Droit civil, Les obligations*, Précis Dalloz, 10e éd., p. 409, n° 393.

7. Sur ce point, v. *infra*, n° 697.

C'est alors uniquement l'intérêt général qui est en cause[1], dont la protection est évidement indifférente à la connaissance - réelle ou présumée - des parties[2]. Dès lors, un point de départ subjectif, dépendant de la connaissance des parties, ne saurait être ici pertinemment retenu. Un auteur l'a très clairement démontré : « la règle est difficilement applicable à l'action en nullité absolue, car il faudrait admettre que la prescription court non pas du jour de la conclusion du contrat, mais du jour où le contractant a connu le fait illicite ! (...) le point de départ du délai ne peut pas être le jour de la connaissance du fait illicite, car la prescription de l'action en nullité absolue ne repose pas sur l'idée de confirmation tacite, mais sur l'idée de sécurité juridique. Il faudra donc continuer d'admettre pour ces prescriptions qu'elles commencent à courir du jour où l'acte irrégulier a été passé, en dépit de la lettre de la loi, comme le prévoyait la jurisprudence antérieure »[3].

196. Le jour de la conclusion de l'acte devrait donc demeurer le point de départ de la prescription de l'action en nullité absolue. La solution ne saurait d'ailleurs pas même être écartée en présence d'une irrégularité continue.

B. Le rejet d'un traitement distinct des irrégularités continues

197. En matière de nullité absolue, la véritable controverse doctrinale s'est cristallisée autour du point de savoir si un contrat nul pouvait devenir valable du seul fait de l'écoulement du temps. Peut-on par exemple admettre qu'un bail entaché d'un vice de perpétuité devienne valable ou encore que la validité d'une société dont l'objet social est illicite ne puisse plus être contestée une fois le délai de prescription achevé ? Si l'on comprend aisément que la prescription interdise de remettre en cause les conséquences passées d'actes illicites, il apparaît moins légitime d'invoquer cette même prescription pour justifier cette fois les effets futurs de telles irrégularités.

Afin de pallier cette difficulté, certains auteurs classiques, s'inspirant sans doute d'une distinction bien connue du droit pénal[4], avaient proposé de traiter de façon distincte les irrégularités dites continues en considérant que « dans les contrats à exécution successive, dont l'inexécution constitue une activité illicite, ainsi que pour les sociétés à objet illicite, l'action en nullité dure aussi longtemps que l'exécution du contrat, qui la rouvre sans cesse »[5]. La proposition trouve

---

1. F. Terré, P. Simler, Y. Lequette, *op. cit.*, p. 411, n° 396 ; F. Picod, *Rép. Dalloz Droit civil, V° Nullité*, spéc. n° 64.

2. Ce qui explique, par exemple, que la connaissance par l'autre partie du mobile illicite ou immoral à l'origine de l'action en nullité absolue soit désormais indifférente (Cass. civ. 1re, 7 octobre 1998, *D.*, 1998, p. 563, concl. J. Sainte-Rose, *JCP* G, 1998,II,10202, note H.-M. Maleville, *Defrénois*, 1998, p. 1408, obs. D. Mazeaud, *Grands Arrêts*, n° 157).

3. A.-M. Leroyer, *Chronique de législation française, Prescription*, « Loi n° 2008-561 du 17 juin 2008 portant réforme de la prescription en matière civile », *RTD civ.*, 2008, p. 563 s., spéc. p. 567-568.

4. On sait que le droit pénal distingue classiquement les infractions instantanées, pour lesquelles le point de départ de la prescription est fixé au jour de l'acte délictueux et les infractions continues pour lesquelles la prescription ne commence à courir qu'à partir du jour où l'état délictueux a pris fin « dans ses actes constitutifs et dans ses effets » (Cass. crim., 19 février 1957, *Bull. crim.*, n° 166). Sur la notion d'infraction continue, v. P. Esmein, « Y-a-t-il des infractions continues ? », *RID Pén.* 1924, p. 111 ; M. Donnier, « Les infractions continues », *Rev. sc. crim.*, 1958.750 ; E. Garçon, « Étude sur les délits continus ou successifs », in *Journal du ministère public et du droit criminel*, Paris, 1914, p. 97 à 104, et 129 à 137 ; A. Legal, « Délits permanents et délits successifs », Chron., *Rev. sc. crim.*, 1956, n° 3, p. 103 ; J. Magnol, « Délits continus, permanents ou successifs », *Rev. sc. crim.*, 1939, n° 2, p. 284.

5. M. Planiol et G. Ripert, *Traité pratique de droit civil français*, par P. Esmein, Paris, 1930, T. VI, *Les obligations*, n° 310, p. 424.

d'ailleurs un certain écho dans la doctrine contemporaine, notamment en droit des sociétés, où l'on a pu proposer de « dissocier l'ouverture de l'action en nullité du point du délai de prescription »[1] lorsque l'irrégularité en cause était continue. À suivre une telle proposition, qui pourrait d'ailleurs se prévaloir d'une certaine parenté avec l'article 1304 alinéa 2 du Code civil, lequel repousse le point de départ de l'action en nullité relative au jour où le vice - continu - de violence a cessé, « le caractère continu de l'irrégularité influe sur le point de départ de la prescription en le retardant jusqu'à ce que le vice ait pris fin »[2]. Une telle solution, qui aurait inéluctablement pour effet de reporter à l'infini le point de départ de la prescription de l'action en nullité absolue des contrats à exécution successive au mépris de toute sécurité juridique, est cependant loin de faire l'unanimité. On a ainsi fait valoir que la transposition de la logique pénaliste en droit civil reviendrait à « nier l'idée même de prescription libératoire » au motif qu'il importe peu « qu'une irrégularité soit ou non continue, la prescription de l'action en nullité court du jour où l'action peut être intentée (...). À défaut, elle ne remplirait pas son office, celui de conforter, dans un souci de pacification, des situations existantes »[3].

La jurisprudence refuse d'ailleurs d'accorder un traitement particulier aux irrégularités continues sur le terrain du point de départ de la prescription. La Cour de cassation a ainsi pu faire courir la prescription de l'action en nullité d'un bail entaché d'un vice de perpétuité du jour de sa conclusion[4]. De même, la Cour d'appel de Paris a pu fixer le point de départ de la prescription de l'action en nullité d'une société[5] dont l'objet social était illicite au jour de sa constitution[6].

198. Aussi, le point de départ de la prescription de l'action en nullité absolue ne souffre aucune exception : la seule conclusion du contrat attaqué suffit à faire courir le délai de prescription. Mais cette apparente simplicité ne doit pas masquer le véritable éclatement de la matière.

---

1. C. Hannoun, « Remarques sur la prescription de l'action en nullité en droit des sociétés », *Rev. soc.*, 1991, p. 45 s., spéc. p. 55, n° 14.

2. C. Hannoun, *ibidem*. Dans le même sens, Y. Guyon, *Droit des affaires*, T. 1, *Droit commercial général et sociétés*, Economica, 12e éd., 2003, p. 163, n° 156.

3. S. Gaudemet, *La clause réputée non écrite*, préf. Y. Lequette, Economica, 2006, p. 135, n° 255. On ajoutera au reste qu'il n'est pas même certain que la comparaison avec le régime des infractions continues puisse être utilement soutenue. En effet, on est ici sans doute davantage en présence d'actions instantanées (conclusion d'un contrat ou constitution d'une société illicite) dont les effets se prolongent (v. H. Matsopoulou, note sous Cass. com., 20 novembre 2001, *JCP* G, 2002, II, 10148, spéc. p. 1738). Or, on sait que, même en droit pénal, la permanence des effets ne permet pas de retarder le point de départ de la prescription. Il faut, pour obtenir un tel effet, que la définition légale de l'infraction en cause inclue, comme un élément nécessaire, la persistance de son résultat.

4. Cass. civ. 3e, 15 décembre 1999, *JCP* G, 2000, II, 10236, concl. J.-F. Weber, *JCP* N, 2000, p. 559, étude par M. Billau.

5. Rappelons qu'il résulte des termes des articles 1844-4 du Code civil comme L. 235-9 du Code de commerce que la prescription de l'action en nullité d'une société se prescrit « par trois ans à compter du jour où la nullité est encourue ». La disposition transcende alors la distinction des nullités absolue et relative. Mais la question du traitement des irrégularités continues se pose cependant dans les mêmes termes.

6. Paris, 14 février 2006, *RTD com.*, 2006, p. 427, obs. P. Le Cannu. Dans le même sens, on peut encore évoquer un arrêt rendu par la chambre commerciale de la Cour de cassation le 20 novembre 2001 (Cass. com., 20 novembre 2001, *Bull.* IV, n° 286, *JCP* E, 2002, comm. 225 par A. Viandier, *D.*, 2002, *AJ*, p. 95, obs. A. Lienhard, *JCP* G, 2002, II, 10148, note H. Matsopoulou, *Rev. soc.*, 2002, p. 683, note N. Reboul-Maupin) qui précise que l'action en nullité de la société fondée sur le défaut d'*affectio societatis* court du jour de la perte de l'*affectio societatis* (jour où la nullité est encourue) et censure la cour d'appel qui avait considéré que, « s'agissant d'une nullité permanente, seule la disparition de la cause de celle-ci, c'est à dire la reconstitution d'un "*affectio societatis*" » pouvait faire courir la prescription (Paris, 28 janvier 1999, *Rev. soc.*, 1999, p. 660, obs. Y. Guyon ; v. déjà, dans le même sens, Paris, 5 juillet 1988, *Bull. Joly*, 1988, p. 674). On remarquera cependant que rien n'empêche de demander la dissolution de la société dépourvue d'*affectio societatis* (M. Cozian, A. Viandier, F. Deboissy, *Droit des sociétés*, Litec, 24e éd., p. 85, n° 152).

§ 2 - LA RÉALITÉ DE L'ÉCLATEMENT

199. Si la question de la détermination du point de départ de la prescription n'a pas soulevé d'importantes difficultés, le débat s'est en revanche déplacé sur les différents moyens d'éviter de subir le régime de prescription rigoureux des actions en nullité absolue. Sous cet aspect, nombreuses sont les échappatoires à la nullité absolue auxquelles il est régulièrement proposé de recourir (A). Le raccourcissement du délai de prescription de l'action en nullité absolue par la loi du 17 juin 2008 devrait également conduire les justiciables à tenter de détourner à leur profit la voie de la nullité relative (B).

A. Les échappatoires à la nullité absolue

200. La jurisprudence a multiplié les moyens permettant au demandeur d'échapper aux effets d'une prescription acquise. Sous cet aspect, sans doute faut-t-il distinguer les simples palliatifs à la prescription de l'action en nullité absolue (1) des véritables alternatives à la prescriptibilité d'une telle action (2).

1. *Les palliatifs à la prescription de l'action en nullité absolue*

201. Pour échapper aux conséquences d'une prescription acquise, les plaideurs peuvent utilement invoquer l'exception de nullité, qui constitue un palliatif très efficace à la prescription de l'action en nullité. L'exception de nullité, *Quae temporalia...*, est en effet perpétuelle et peut donc être invoquée bien après l'expiration du délai de prescription de l'action. Elle permet alors une conciliation des différents intérêts en présence en empêchant la remise en cause des situations acquises que l'exercice d'une action en nullité viendrait affecter, sans autoriser pour autant l'exécution d'un contrat nul[1].

Une telle exception trouve sa source dans le droit romain, à une époque où l'action de dol était considérée comme tellement infamante qu'elle ne pouvait être exercée qu'à la condition qu'il n'existe plus aucun moyen de prévenir ou de réparer le préjudice causé, ce qui interdisait d'exercer l'action avant que le contrat n'ait été exécuté. Un tel principe n'étant pas sans risque - l'action pouvait se retrouver prescrite avant même qu'elle n'ait pu être exercée -, il avait été admis que la nullité puisse être invoquée de manière perpétuelle par voie d'exception, afin d'éviter de laisser le débiteur trompé à la merci du créancier.

202. Mais l'origine de cette exception explique aussi ses limites : ayant pour objet d'éviter de laisser un débiteur à la merci d'un créancier de mauvaise foi qui attendrait l'expiration du délai de prescription de l'action en nullité pour demander l'exécution des obligations prévues par le contrat, elle « n'a vocation qu'à protéger le contractant qui, n'ayant jamais été troublé, s'est persuadé de ce que le contrat demeurerait dans les limbes, à moins qu'il n'en ait oublié jusqu'à l'existence »[2]. Dès lors, elle ne peut être invoquée ni à titre principal - elle est un bouclier, non une épée diraient les anglo-saxons -, ni être soulevée lorsque le contrat en cause a déjà reçu un commencement d'exécution[3].

---

1. J. Ghestin, *op. cit.*, spéc. p. 997, n° 857.
2. D. Houtcieff, note sous Cass. civ. 3e, 14 mai 2003, *Dr. et patr.*, Septembre 2003, p. 110. V. également, M. Bruschi, « L'exception de nullité du contrat », *Dr. et patr.*, Janvier 2000, p. 69 s., spéc. p. 72.
3. La règle ne vaut évidemment que si la prescription est par ailleurs acquise. V. Cass. civ. 1re, 4 mai

203. La doctrine est quasi-unanime en ce sens[1]. La solution a été posée en principe dans un arrêt de la Cour de cassation du 1er décembre 1998 au terme duquel « l'exception de nullité peut seulement jouer pour faire échec à la demande d'exécution d'un acte juridique qui n'a pas encore été exécuté »[2]. La solution, constante, a depuis été régulièrement réitérée, tant par les première[3] et troisième[4] chambres civiles que par les chambres sociale[5] et commerciale[6]. Elle a encore été confirmée et affinée dans deux arrêts de la Cour de cassation du 13 février 2007[7], même si un arrêt du 20 mai 2009 a pu semer la confusion en semblant écarter l'exigence en matière de nullité absolue[8].

204. La solution est logique : l'absence d'exécution du contrat constitue une situation de fait qu'une demande d'exécution viendrait bouleverser. C'est pourquoi le jeu de l'exception de nullité vient la préserver. Que le contrat ait reçu un commencement d'exécution, et le jeu de l'exception perd sa raison d'être. Plus, l'exception de nullité produisant des effets rétroactifs[9], sa mise en œuvre obligerait à revenir sur une situation de fait consolidée. En d'autres termes, l'exception de nullité ne survit à la prescription de l'action que pour stabiliser une inexécution acquise en fait : l'adage *Quae temporalia*... est indissociable de l'adage *quieta non movere*... qui vise précisément à garantir le *statu quo*, à « pérenniser la situation d'inexécution d'un contrat originellement vicié »[10], ou encore à éviter « la remise en cause d'une situation juridique qui a duré »[11].

2012, *JCP* G, 2012, 8821, note Y.-M. Serinet : « La règle selon laquelle l'exception de nullité peut seulement jouer pour faire échec à la demande d'exécution d'un acte qui n'a pas encore été exécuté ne s'applique qu'à compter de l'expiration du délai de prescription de l'action ».

1. M. Storck, « L'exception de nullité en droit privé », *D.*, 1987, p. 67 s., spéc. p. 69 ; A. Bénabent, *Les obligations*, Montchrestien, 12e éd., 2010, p. 163, nº 211 ; F. Terré, P. Simler, Y. Lequette, *op. cit.*, p. 428, nº 417 ; P. Malaurie, L. Aynès, P. Stoffel-Munck, *Les obligations*, Defrénois, 5e éd., 2011, p. 342, nº 707.

2. Cass. civ. 1re, 1er décembre 1998, *Bull.* I, nº 338, *Defrénois*, 1998, p. 364, obs. J.-L. Aubert.

3. Cass. civ. 1re, 9 novembre 1999, *Bull.* I, nº 298 ; Cass. civ. 1re, 7 novembre 2006, *JCP* G, 2006, IV, 3354.

4. Cass. civ. 3e, 10 mai 2001, *Bull.* III, nº 61.

5. Cass. soc., 29 novembre 1998, *Bull. Joly*, 2007, p. 496 s., note B. Saintourens.

6. Cass. com., 6 juin 2001, *Defrénois*, 2001, p. 1429 s., obs. R. Libchaber. V. encore, 17 janvier 2012, *Cont. conc. cons.*, 2012, comm. 124, note M. Malaurie-Vignal.

7. Cass. civ. 1re, 13 février 2007, *D.*, 2007, *AJ*, p. 726. Ces arrêts sont particulièrement intéressants en ce qu'ils précisent que « l'exception de nullité affecte seulement l'acte qui n'a reçu aucun commencement d'exécution ». Ce faisant, ils condamnent la thèse avancée par certains auteurs qui envisageaient de permettre de soulever l'exception de nullité malgré l'existence d'un commencement d'exécution dans les contrats à exécution successive prévoyant des prestations réciproques périodiques (voir, dans le sens d'un tel tempérament : J. Mestre, obs. sous Civ. 1re, 16 juillet 1998, *RTD civ.*, 1999, p. 620 ; J.-L Aubert, note sous Civ. 1re, 1er décembre 1998, *Defrénois*, 1998, p. 364, qui concluait néanmoins que si une telle distinction était possible, il était en définitive plus pertinent d'écarter le jeu de l'exception dès l'instant que le contrat a reçu un commencement d'exécution ; J. Flour, J.-L. Aubert, E. Savaux, *L'acte juridique*, Sirey, 14e éd., 2010, p. 335, nº 356). V. également, Cass. com., 3 avril 2007, *Bull. civ.* IV, nº 109 : « L'exception de nullité peut seulement être invoquée pour faire échec à la demande en exécution d'un acte juridique qui n'a pas encore été exécuté (...), peu important à cet égard que celui-ci ait fait naître des obligations à exécution successive ».

8. Cass. civ. 1re, 20 mai 2009, *D.*, 2010, p. 231, obs. S. Amrani-Mekki, *RDC*, 2009, p. 1348, obs. T. Génicon, qui montre qu'une interprétation moins audacieuse doit être préférée. En l'espèce en effet, la prescription de l'action en nullité absolue, alors trentenaire, n'était pas encore acquise.

9. Cass. civ. 1re, 16 juillet 1998, *Defrénois*, 1998, p. 1413, obs. J.-L. Aubert. Or, comme il a été souligné par R. Libchaber, la mise en œuvre de l'exception de nullité ne devrait pas entraîner de restitutions (note sous Cass. com., 6 juin 2001, Defrénois, 2001, p. 1429 s.).

10. J. Mestre, obs. sous Civ. 1re, 1er décembre 1998, *RTD civ.*, 1999, p. 621.

11. D. Vich-y-llado, « L'exception de nullité », *Defrénois*, 2000, p. 1265 s. Dans le même sens, P. Fronton, note sous Cass. civ. 1re, 16 juillet 1998, *D.*, 1999, p. 361 s. spéc. p. 363 ; J.-L. Aubert, note sous Cass. civ. 1re, 16 juillet 1998, *Defrénois*, 1998, p. 1413 : « de même que la prescription de l'action en nul-

205. Parce qu'elle ne peut être opposée aux contrats ayant fait l'objet d'un commencement d'exécution, l'exception de nullité ne permet donc pas toujours d'échapper à la prescription de l'action en nullité absolue. C'est pourquoi d'autres voies sont parfois empruntées pour la contourner. Il ne s'agit plus alors d'échapper aux effets d'une prescription acquise, mais de remettre en cause la prescriptibilité même de l'action intentée.

2. *Les alternatives à la prescriptibilité de l'action en nullité absolue*

206. La fixation du point de départ de la prescription de l'action en nullité absolue étant acquise, le débat s'est rapidement reporté sur le principe même de la prescriptibilité de l'action en nullité[1], et surtout, sur les moyens d'y échapper, en recherchant le plus souvent l'imprescriptibilité de l'action.

207. Sous cet aspect, le recours à la théorie de l'inexistence est sans doute l'illustration la plus classique de cette volonté d'échapper au régime de l'action en nullité absolue. Cette théorie, née du besoin de concilier la règle « pas de nullité sans texte » avec l'omission par le Code civil de cas évidents de nullité du mariage[2], a connu un succès impressionnant chez les auteurs classiques, au point que la notion d'inexistence a même un temps paru supplanter celle de nullité absolue. On sait que l'on doit principalement à Japiot[3] puis à Gaudemet[4] le retournement de tendance qui conduit aujourd'hui l'inexistence à ne plus jouer en droit positif qu'un rôle marginal.

Il n'en demeure pas moins qu'elle reste un moyen largement invoqué par les plaideurs qui cherchent à échapper à la prescription de leur action. On sait en effet que l'inexistence repose sur l'idée selon laquelle, dans certaines hypothèses, l'acte litigieux est entaché d'un vice tellement grave qu'il est dépourvu d'existence juridique, sans même que le juge ait besoin d'intervenir pour la constater[5].

---

lité d'un contrat qui a été exécuté stabilise définitivement l'exécution ainsi faite, de même l'exception de nullité opposée à l'action en exécution d'un contrat qui est resté inexécuté stabilise définitivement cette inexécution. Dans les deux cas le mécanisme juridique s'oppose à la remise en cause d'une situation - exécution ou inexécution, selon le cas - qui a duré un certain temps : *quieta non movere* » ; et, note sous Cass. civ. 1re, 1er décembre, *Defrénois*, 1999, p. 364 s., soulignant la « véritable incompatibilité de l'exception de nullité avec l'exécution du contrat ».

1. Ainsi, par exemple, selon B. Starck, ce serait moins l'action en nullité que l'action en restitution qui se prescrirait par trente ans, rendant alors l'action en nullité sans intérêt, d'où la tentation, par abus de langage, de considérer que l'action en nullité se prescrit par trente ans (B. Starck, H. Roland, L. Boyer, *Obligations*, T. I, 2e éd., Litec, 1986, n° 845). Dans le même sens, les auteurs dits classiques rattachaient généralement la nullité absolue à la théorie de l'inexistence pour en déduire que « la prescription n'a pas pour effet de donner à la convention prohibée une existence légale » mais d'anéantir toutes les actions tendant à en faire prononcer l'annulation (v. par ex., C. Beudant, *Droit civil français*, T. VIII, *Les contrats*, par G. Lagarde, 2e éd. 1936, n° 283). L'analyse est aujourd'hui clairement condamnée par la jurisprudence, qui place très différemment l'action en restitution sous la dépendance de la prescription de l'action en nullité en considérant que « les restitutions consécutives à une annulation ne relèvent pas de la répétition de l'indu mais seulement des règles de nullité », les répétitions n'étant « que la conséquence de l'action en nullité » (Cass. civ. 1re, 24 septembre 2002, *D.*, 2003, p. 369). Au reste, s'il devait en aller différemment, la notion d'action mixte au sens du Code de procédure civile n'aurait sans doute jamais vu le jour.

2. G. Durry, « Rapport sur l'inexistence, la nullité et l'annulabilité des actes juridiques en droit civil français », in *Travaux de l'association Henri Capitant*, 1965, T. XIV, p. 611 s., spéc. p. 615.

3. R. Japiot, *Des nullités en matière d'actes juridiques*, thèse Dijon, 1909.

4. E. Gaudemet, *Théorie générale des obligations*, Sirey, 1965, réimp. 1937, Rééd. Bibliothèque Dalloz, 2004, p. 183.

5. V. par ex. C. Aubry et C. Rau, *Cours de droit civil français*, T. I, Paris, 4e éd., 1869, § 37, p. 119 : « L'acte qui ne réunit pas les éléments de fait que suppose sa nature ou son objet et en l'absence desquels

Puisqu'on ne saurait « prescrire le néant »[1], l'action destinée à constater cette inexistence est imprescriptible[2], ce qui permet alors d'éviter les effets d'une prescription acquise.

D'essence doctrinale[3], cette théorie trouve néanmoins un certain écho en jurisprudence, de l'aveu même de l'avocat général J.-F. Weber qui a pu affirmer que « la Cour de cassation utilise cette notion [l'inexistence] dès lors qu'un élément essentiel du contrat fait défaut, privant l'accord de volonté de toute efficacité. Le constat de l'inexistence du contrat permet ainsi d'échapper à la prescription de l'action en nullité »[4]. Sans toujours s'y référer expressément[5], la Cour de cassation en fait alors épisodiquement application, afin de faire échapper l'action à la prescription. Ainsi a-t-elle pu affirmer que « il ne pouvait y avoir prescription de l'action en nullité d'un acte auquel faisait défaut l'un de ses éléments essentiels »[6], ou encore que « les actes dont la nullité est absolue étant dépourvue d'existence légale ne sont susceptibles ni de prescription ni de confirmation »[7].

La récente réforme de la prescription, en réduisant à cinq ans la durée de prescription de l'action en nullité absolue, pourrait d'ailleurs provoquer un renouveau de la théorie de l'inexistence. En effet, dès lors qu'« il ne s'agit pas d'une catégorie logique mais d'une catégorie pratique »[8], le recours à l'inexistence apparaît comme une alternative efficace dont l'intérêt ne fait que croître à mesure que les conditions exigées pour obtenir la nullité deviennent plus rigoureuses.

208. La théorie de l'inexistence n'est d'ailleurs pas le seul terrain sur lequel se placent les demandeurs pour échapper aux conséquences de l'éventuelle prescription de leur action en nullité. La notion d'inopposabilité présente à son tour un attrait certain pour les plaideurs. En effet, puisque l'inopposabilité d'un acte peut être invoquée à tout moment, même longtemps après la conclusion de l'acte irrégulier, elle constitue un palliatif à la prescriptibilité de l'action en nullité absolue[9]. La Cour de cassation a parfois paru sensible à une telle démarche. Ainsi, dans un arrêt d'assemblée plénière du 28 mai 1982, elle a fait de l'inopposabilité la sanction du défaut de pouvoir, pour mieux faire échapper l'action intentée à la prescription[10]. La sanction est aujourd'hui encore retenue en matière de cautionnement irrégulièrement consenti par le président du conseil d'adminis-

---

il est logiquement impossible d'en concevoir l'existence, doit être considéré comme non avenu (…). L'inefficacité de pareils actes est indépendante de toute déclaration judiciaire. Elle ne se couvre ni par la confirmation ni par la prescription. Il appartient à tout juge de la reconnaître, même d'office ».

1. P. Diener, note sous Cass. civ. 3e, 22 juin 1976, *D.*, 1977, p. 619, spéc. p. 625, n° 30.

2. V. cependant, *contra*, G. Durry, art. préc., spéc. p. 626, qui considère « qu'inexistence et imprescriptibilité ne sont pas liées ».

3. Sur la question, v., parmi une littérature abondante : G. Cohendy, « Des intérêts de la distinction entre inexistence et nullité d'ordre public », *RTD civ.*, 1914, p. 33 s. ; G. Durry, art. préc. ; V. Peltier, « Contribution à l'étude de la notion d'inexistence en droit privé », *RRJ*, 2000-3, p. 937 s.

4. J.-F. Weber, concl. sous Cass. civ. 3e, 15 décembre 1999, *JCP* G, 2000, II, 10236.

5. J. Mestre, obs. sous Cass. com., 28 avril 1987, *RTD civ.*, 1987, p. 748.

6. Cass. civ. 1re, 10 juin 1986, *Bull. civ.* I, n° 159. V. aussi, affirmant qu'une société « n'avait jamais eu d'existence » : Cass. civ. 3e, 22 juin 1976, *D.*, 1977, p. 619, note P. Diener.

7. Cass. com., 28 avril 1987, *RTD civ.*, 1987, p. 746, obs. J. Mestre.

8. G. Durry, art. préc., spéc. p. 628.

9. V., sur ce point, J.-F. Barbièri, note sous Cass. com., 8 novembre 1988, *JCP* G, 1989, II, 21230, spéc. I 1°.

10. Cass. ass. plen., 28 mai 1982, *D.*, 1983, p. 349, note E. Gaillard. Précisons cependant qu'en l'espèce, il s'agissait d'échapper à la prescription de l'action en nullité relative de l'article 1304 du Code civil. Le raisonnement est cependant aisément transposable aux hypothèses où la prescription de l'action en nullité absolue serait en cause.

tration d'une société anonyme sans autorisation préalable du conseil[1]. Une telle démarche a reçu un accueil généralement très critique de la doctrine[2]. Ainsi a-t-on pu dénoncer le recours à une « forme larvée d'inexistence »[3] ou encore à une « sanction bâtarde dont le régime est incertain et qui aggrave l'insécurité juridique »[4]. Le recours à une telle sanction n'est pourtant pas abandonné.

209. Mais c'est sans doute aujourd'hui l'émergence des clauses réputées non écrites, sorte d'« inexistence par détermination de la loi »[5], qui constitue le moyen le plus utilisé pour échapper à la prescription de l'action en nullité. On sait que le caractère non écrit de ces clauses est imperméable à l'écoulement du temps. Comme l'a souligné J. Mestre, « tout se passe bien dès l'origine : c'est au moment où la clause est écrite par les parties que le législateur prend sa gomme, réduisant par là même le rôle ultérieur du juge, à la différence du prononcé d'une annulation, au constat d'un effacement initial. Comment, dès lors, ne pas conclure à l'imprescriptibilité en ce domaine où, par la grâce mais aussi l'action matérielle du législateur, rien n'a jamais existé »[6]. La Cour de cassation a d'ailleurs implicitement consacré une telle imprescriptibilité en matière de copropriété en refusant de faire jouer la prescription décennale prévue par l'article 42 alinéa 1er de la loi du 10 juillet 1965 aux actions tendant, sur le fondement de l'article 43 de la même loi, au constat du caractère non écrit d'une clause du règlement de copropriété[7].

Il faut encore souligner que la technique du réputé non-écrit est de plus en plus usitée par le législateur. Au-delà du droit de la copropriété, on sait évidemment que le droit de la consommation renferme également des dispositions réputant non écrites les clauses abusives (art. L. 132-1 al. 6 C. cons.). Surtout, le recours à une telle technique est apparu particulièrement opportun au législateur en droit des sociétés, afin de contourner la rigueur du délai de prescription

---

1. Cass. com., 28 avril 1987, *D.*, 1988, p. 341, note D. Grillet-Ponton ; 8 novembre 1988, *JCP* G, 1989, II, 21230, note J.-F. Barbièri ; 8 décembre 1998, *Bull. Joly*, 1999, p. 535, note P. Le Cannu.

2. Pour une analyse complète, v. P. Simler, « Histoire d'une impasse : la sanction du défaut d'autorisation des cautions, avals ou garanties consentis pour le compte des sociétés par actions », in *Mélanges D. Schmidt*, Joly éd., 1990, p. 449 s.

3. E. Gaillard, note sous Cass. ass. plen., 28 mai 1982, *D.*, 1983, p. 349.

4. J.-F. Barbièri, note sous Cass. com., 8 novembre 1988, préc.

5. L'expression est empruntée à C. Hannoun, art. préc., spéc. p. 51, n° 8. Elle permet d'opposer la clause réputée non écrite, qui consiste à « nier fictivement l'existence de ce qui est écrit » à « l'inexistence en soi », seule envisagée par la théorie classique.

6. J. Mestre, *RTD civ.*, 1988, p. 736 s., spéc. p. 738. Sur l'imprescriptibilité du constat par le juge du réputé non écrit, v. aussi, S. Gaudemet, thèse préc., p. 122 s., n° 231 s., spéc. p. 130, n° 243 : « Parce que le réputé non écrit est indépendant de tout exercice, qu'il n'a pas besoin d'être effectivement exercé pour exister et que tout doit être mis en œuvre pour que cet état du droit soit reconnu, il s'impose aux parties pour la durée qu'elles-mêmes ont assignée au contrat. L'action en constatation du réputé non écrit devrait dès lors être soustraite à toute prescription extinctive » ; V. Cottereau, *La clause réputée non écrite*, *JCP* G, 1993, I, 3691, spéc. n° 23 ; J. Kullmann, *Remarques sur les clauses réputées non écrites*, *D.*, 1993, p. 59, spéc. p. 62.

7. Cass. civ. 3e, 11 janvier 1983, *Bull. civ.* III, n° 10 ; 1er avril 1987, *Bull. civ.* III, n° 69 : « Les clauses réputées non écrites par l'article 43 de la loi du 10 juillet 1965 étant non avenues par le seul effet de la loi, les copropriétaires demandeurs étaient en droit de faire établir l'assiette et le mode de répartition des charges selon les critères légaux » ; 9 mars 1988, *Bull. civ.* III, n° 54, *D.*, 1989, p. 143, note C. Atias : « une clause réputée non écrite étant censée n'avoir jamais existé, le syndicat des copropriétaires, comme tout propriétaire intéressé, peut, à tout moment, faire constater l'absence de conformité des clauses du règlement de copropriété aux dispositions légales et établir une répartition des charges conforme à ces dispositions » ; 26 avril 1989, *Bull. civ.* III, n° 93 : « Tout copropriétaire intéressé peut, à tout moment, faire constater l'absence de conformité des clauses du règlement de copropriété aux dispositions légales ». V. déjà en ce sens, Rép. Min : *JOAN* (CR), 23 juin 1977, p. 1649, *Defrénois*, 1977, art. 37532, p. 1351.

triennale de l'action en nullité prévue par l'article L. 235-9 du Code de commerce. C'est ainsi que, parmi de nombreuses autres[1], sont réputées non écrites, et donc soustraites à toute prescription, les clauses léonines (Art. 1844-1 C. civ.), les clauses attribuant aux administrateurs une rémunération non prévue par la loi (art. L. 225-44 C. com.) ou encore les clauses restreignant le libre droit de révocation du président du conseil d'administration (art. L. 225-47 al. 3 C. com.).

210. Il n'est d'ailleurs pas anodin de constater que c'est dans un domaine - le droit des sociétés - où le délai de prescription est particulièrement court - trois ans - que les techniques alternatives à la nullité se sont épanouies, pour pallier les conséquences d'une prescription trop vite acquise. Dès lors, on peut raisonnablement anticiper que la réduction à cinq ans du délai de prescription de l'action en nullité absolue, en généralisant en pratique des difficultés jusqu'à présent cantonnées à certains domaines dans lesquels le délai de prescription avait été abrégé, va sans doute appeler une extension du recours aux techniques alternatives à la nullité. Ainsi peut-on escompter une réactivation du concept d'inexistence par la jurisprudence et un recours accru au réputé non écrit par le législateur. Mais là n'est probablement pas la seule conséquence que devrait entraîner le raccourcissement du délai de prescription prévu par l'article 2224 du Code civil : on peut également légitimement s'attendre à un détournement de la nullité relative de sa finalité.

B. Le détournement de la nullité relative

211. On enseignait classiquement que l'un des intérêts majeurs de la distinction des nullités absolue et relative résidait dans le régime de prescription applicable : tandis que l'action en nullité relative se prescrivait par cinq ans, l'action en nullité absolue pouvait être intentée dans le délai beaucoup plus long de trente ans. La frontière entre ces deux types de nullité n'étant pas parfaitement étanche, les plaideurs avaient donc logiquement « instrumentalisé » les catégories de nullités en vue de leur faire produire l'effet recherché sur le terrain de la prescription[2] et les juges avaient parfois à leur tour opté pour une qualification opportuniste[3]. En alignant le délai de prescription de l'action en nullité absolue sur celui, déjà quinquennal, de l'action en nullité relative, la loi du 17 juin 2008 pourrait alors sembler avoir fait perdre à la distinction des nullités relative et absolue l'un de ses enjeux pratiques les plus importants.

Mais cette première impression n'est qu'apparente. À l'analyse, c'est à une situation bien plus paradoxale que devrait conduire la réforme de la prescription. En effet, si la loi du 17 juin 2008 a aligné les durées de prescription des deux actions, elle n'a pas, en dépit de ce que la lettre de l'article 2224 du Code civil pourrait laisser penser, unifié leurs points de départ respectifs. À ce titre,

1. Pour un panorama des clauses réputées non écrites en droit des sociétés, v. M. Cozian, A. Viandier, F. Deboissy, *op. cit.*, p. 92, n° 164 ; C. Hannoun, art. préc., spéc. p. 48 s., n° 4 à 9.

2. On songe notamment aux débats relatifs au caractère relatif ou absolu de la nullité pour absence de cause (v. *supra* n° 154 s.) ou vileté du prix.

3. V., par ex. les observations de T. Génicon sous l'arrêt du 23 octobre 2007 dans lequel la Cour de cassation avait reconnu le caractère absolu de la nullité pour vileté du prix : « Il n'est pas impossible qu'au-delà des critères, classique ou moderne, de répartition des nullités, la Chambre commerciale ait eu en vue, avant tout, le régime qui allait avec et que, prenant sans complexe les choses à l'envers, elle ait choisi la nullité absolue pour ce qu'elle apportait en pratique » (T. Génicon, obs. sous Cass. com., 23 octobre 2007, *RDC*, 2008, p. 234 s., spéc. p. 240).

la prescription de l'action en nullité relative continue d'être régie par l'article 1304 du Code civil. Or, l'alinéa 2 de cet article prévoit le report du point de départ des actions fondées sur l'existence d'un vice du consentement au jour de la découverte du vice, ce report ayant été étendu par analogie à de nombreuses autres causes de nullité, tel un dépassement de pouvoir[1]. Différemment, on l'a vu, le point de départ de la prescription de l'action en nullité absolue devrait demeurer, en dépit de la lettre de l'article 2224 du Code civil, le jour de la conclusion de l'acte litigieux[2].

Dès lors, une même action pourrait être soumise à un régime de prescription différent quant à son point de départ selon que la nullité sera qualifiée de relative ou absolue, ce qui devrait être de nature à faire varier considérablement la durée effective de la prescription. L'effet apparent de l'unification des délais de prescription se trouve alors anéanti par la persistance d'une diversité des points de départ. La distinction des nullités absolue et relative conserve donc en grande partie son utilité sur le terrain de la prescription. Simplement, et là n'est pas le moindre des paradoxes, la distinction risque d'être exploitée par les plaideurs comme par la jurisprudence dans un sens exactement inverse à celui qui était jusqu'alors recherché : là où les justiciables tentaient jusqu'à présent de faire valoir le caractère absolu de la nullité pour échapper à la prescription, ils risquent désormais de revendiquer le caractère relatif de la nullité pour parvenir au même résultat[3].

Sans doute l'hypothèse n'est-elle pas aussi inédite qu'il n'y parait. En effet, cette dualité de points de départ de la prescription existait déjà sous l'empire du droit antérieur. Elle avait d'ailleurs conduit à se demander si l'action en nullité relative pouvait survivre à l'acquisition de la prescription trentenaire lorsque le vice n'avait été découvert que très tardivement[4]. Dans un arrêt du 24 janvier 2006[5], la Cour de cassation y avait répondu positivement en affirmant que « la prescription extinctive trentenaire de l'article 2262 du Code civil n'est pas applicable à l'action en nullité pour dol régie par le seul article 1304 du même Code, sauf à priver d'effectivité l'exercice de l'action prévue par ce texte », offrant ainsi à la victime la possibilité de faire jouer la nullité relative plus de trente ans après la conclusion du contrat. Mais l'hypothèse dans laquelle le régime de prescription de l'action en nullité relative se révélait *in fine* plus favorable à la victime que celui de l'action en nullité absolue demeurait assurément marginale. On compte en effet seulement trois arrêts étalés sur trois siècles ayant été confrontés à une telle difficulté[6]. Elle va mécaniquement devenir de plus en plus fréquente. On

1. V. *supra*, nº 163.

2. On peut seulement admettre que, dans certaines hypothèses exceptionnelles, le tempérament issu de l'application de l'adage *Contra non valentem*, désormais consacré par le législateur à l'article 2234 du Code civil, puisse venir adoucir cette rigueur.

3. Comp. F. Terré, P. Simler, Y. Lequette, *op. cit.*, p. 425, nº 414 qui, raisonnant différemment sur le point de départ de la prescription prévu par l'article 2224, font remarquer que l'expression « aurait pu connaître » était moins exigeante que celle de « découverte du vice », pour en déduire que le délai effectif de prescription de l'action en nullité absolue pourrait être plus court que celui de l'action en nullité relative.

4. Sur l'analyse de cette question sous l'angle de la problématique du délai butoir, v. *infra*, nº 553.

5. Cass. civ. 1re, 24 janvier 2006, *RDC*, 2006, p. 708 s., obs. D. Mazeaud, *D.*, 2006, p. 2643, obs. S. Amrani-Mekki, *JCP* G, 2006, II, 10036, note M. Mekki, *D.*, 2006, p. 626, note R. Wintgen, *LPA*, 11 août 2006, p. 9, note Y. Dagorne-Labbé.

6. La Cour d'appel de Paris s'était prononcée en sens inverse par un arrêt du 22 juillet 1853 (*DP*, 1855, 2, p. 155, *S.*, 1854, p. 49). Il aura fallu attendre 153 ans pour que la Cour de cassation prenne enfin position dans l'arrêt précité du 24 janvier 2006. Elle a par la suite eu l'occasion de réitérer la solution adoptée dans un arrêt du 25 juin 2008 (Cass. civ. 1re, 25 juin 2008, *LPA*, 13 août 2008, p. 19, note M. Burgard, *D.*, 2008, p. 2971, obs. S. Amrani-Mekki).

risque alors de voir les demandeurs plaider non plus le caractère absolu mais relatif de la nullité encourue, voire, plus en amont encore, choisir le fondement de leur action en fonction de la qualification de la nullité qui lui est attachée : le demandeur intentant une action en nullité d'un contrat pour absence de consentement n'aura-t-il pas tout intérêt à placer son action, non sur le terrain de l'absence de consentement, sanctionné par la nullité absolue, mais sur celui des vices du consentement, sanctionnés par une nullité relative, pour obtenir le report du point de départ de la prescription de son action ?

Recours accru au concept d'inexistence, attractivité nouvelle de la nullité relative, c'est finalement sans doute une véritable redéfinition des sanctions du non respect des conditions de formation des actes juridiques qu'appellera indirectement la réforme du droit de la prescription[1].

212. **Conclusion de la Section II.** Le régime de prescription de l'action en nullité absolue montre que le choix, au nom de l'impératif de sécurité juridique, d'un point de départ objectif, totalement imperméable aux événements extérieurs à l'acte, même en présence d'irrégularités continues, soulève un certain nombre de difficultés que le législateur et la jurisprudence contournent en recourant à d'autres concepts, ou en instrumentalisant la nullité relative dont le point de départ est, on l'a vu, plus malléable. C'est un chemin encore différent que la jurisprudence emprunte en matière d'action en rescision pour lésion.

SECTION III : L'ACTION EN RESCISION POUR LÉSION

213. La rescision étant définie comme le « nom spécifique que prend, en demeurant soumise au régime des nullités relatives, l'annulation d'un acte pour cause de lésion »[2], lésion dont l'existence fait « présumer un vice du consentement »[3], on pourrait logiquement s'attendre à ce que la prescription de l'action en rescision pour lésion emprunte ses caractéristiques à la prescription de l'action en nullité relative pour vice du consentement. Pourtant, à rebours du régime de l'action en nullité relative, où l'article 1304 alinéa 2 du Code civil offre une large place à des considérations subjectives dans la détermination du point de départ de la prescription, le régime de l'action en rescision pour lésion se caractérise par une recherche accrue de sécurité juridique, qui a conduit le législateur à fixer objectivement le point de départ de la prescription au jour de l'acte (§ 1), cette date n'étant abandonnée que dans certaines hypothèses très particulières (§ 2).

§ 1 - LE CHOIX DU JOUR DE L'ACTE

214. Au nom de la sécurité juridique, le législateur a choisi de faire courir la prescription de l'action en rescision pour lésion du jour de l'acte (A). Ce choix de politique législative a été scrupuleusement respecté par la jurisprudence, qui a toujours refusé de prendre prétexte de circonstances particulières pour reporter le point de départ de la prescription (B).

---

1. T. Génicon, obs. sous Cass. com., 23 octobre 2007, *RDC*, 2008, p. 234 s., spéc. p. 243 *in fine*.
2. *Vocabulaire juridique G. Cornu*, Association Henri Capitant, PUF.
3. A. Bénabent, *Droit civil, Les obligations*, Montchrestien, 12e éd., 2010, p. 127, nº 167.

A. La fixation objective du point de départ de la prescription au jour de la conclusion de l'acte litigieux

215. L'admission de la lésion étant exceptionnelle en droit français, les rédacteurs du Code civil avaient veillé à ce que le régime de l'action en rescision pour lésion reflète un tel caractère, ce qui les a notamment conduits à fixer expressément le point de départ de la prescription de cette action au jour de l'acte litigieux (1), choix qui a soulevé une difficulté particulière en présence de promesses (2).

1. *Le principe*

216. En dehors des hypothèses où l'acte litigieux est conclu par un mineur[1], une personne placée sous sauvegarde de justice[2] ou sous mandat de protection future[3], l'action en rescision ne peut être exercée que de manière exceptionnelle, à l'encontre de certains actes seulement, dont les deux principaux sont la vente d'immeuble[4] et la cession de droits d'exploitation[5]. Jusque récemment[6], elle pouvait également être exercée à l'encontre d'un partage. Dans ces trois hypothèses, le point de départ de la prescription a été fixé au jour de la conclusion de l'acte attaqué, jour de la vente dans le premier cas, de la cession dans le deuxième, du partage dans le troisième.

217. En matière de vente, l'article 1676 du Code civil dispose ainsi que « la demande n'est plus recevable après l'expiration de deux années, à compter du jour de la vente »[7]. Il ajoute encore à la rigueur d'un tel point de départ en précisant que « ce délai court contre les femmes mariées et contre les absents, les majeurs en tutelle et les mineurs venant du chef d'un majeur qui a vendu ». La rédaction de cet article, résultat d'un consensus entre les partisans et les adversaires de la rescision pour lésion[8], témoigne évidemment d'un choix politique : celui d'enfermer l'exercice de l'action dans les limites les plus étroites possibles. C'est une même logique qui a conduit la Cour de cassation, en l'absence de disposition

1. Art. 1305 C. civ. : « La simple lésion donne lieu à la rescision en faveur du mineur non émancipé, contre toutes sortes de conventions ».

2. Art. 435 C. civ. : « Les actes qu'elle a passés et les engagements qu'elle a contractés pendant la durée de la mesure peuvent être rescindés pour simple lésion ou réduits en cas d'excès »

3. Art. 488 C. civ. : « Les actes passés et les engagements contractés par une personne faisant l'objet d'un mandat de protection future mis à exécution, pendant la durée du mandat, peuvent être rescindés pour simple lésion ou réduits en cas d'excès ».

4. Art. 1675 C. civ. : « Si le vendeur a été lésé de plus de sept douzièmes dans le prix d'un immeuble, il a le droit de demander la rescision de la vente, quand même il aurait expressément renoncé dans le contrat à la faculté de demander cette rescision, et qu'il aurait déclaré donner la plus-value ».

5. Art. L. 131-5 C. prop. int. : « En cas de cession du droit d'exploitation, lorsque l'auteur aura subi un préjudice de plus de sept douzièmes dû à une lésion ou à une prévision insuffisante des produits de l'œuvre, il pourra provoquer la révision des conditions de prix du contrat ».

6. La loi du 23 juin 2006 a supprimé l'action en rescision pour lésion du partage et l'a remplacé par une action en complément de part qui se prescrit par deux ans aux termes de l'article 889 du Code civil. La modification de la nature de l'action ne remet cependant pas en cause les solutions dégagées par la jurisprudence quant au point de départ de l'action, qui demeure fixé au jour du partage.

7. La Cour de cassation considère qu'il s'agit là, non pas d'un délai de prescription, mais d'un délai préfix : Cass. civ., 29 mars 1950, *D.*, 1950, p. 396. Sur ce point, v. *infra*, n° 560 s.

8. F. Laurent, *Principes de droit civil français*, T. XIX, Paris, 1878, p. 9, n° 4.

spécifique relative à la prescription de l'action en recision d'un partage[1], à fixer le point de départ du délai pour agir[2] au jour du partage[3].

218. Mais, au-delà même de ces évidentes considérations de sécurité juridique, des considérations plus techniques justifient également le choix d'un tel point de départ, à contre-courant de celui retenu en matière de nullité relative pour vice du consentement, alors même que les deux actions présentent pourtant une certaine parenté[4]. D'une part, la nature du vice de lésion guide sans nul doute la solution retenue : à la différence des vices du consentement, le vice de lésion se présente comme un vice objectif, justifiant que la prescription coure, non du jour de sa découverte, mais du jour de l'acte[5]. D'autre part, on a justement fait valoir que sociologiquement, la convention lésionnaire est souvent conclue « sous la pression d'un besoin d'argent et d'une détresse imminente »[6], qui conduit le vendeur à accepter un prix inférieur à la valeur réelle du bien cédé. Or, une telle situation, par nature transitoire, n'a pas vocation à perdurer. Plus encore, même si l'on entendait prendre en considération le retour à meilleure fortune du contractant, ses affaires « ne présenteraient jamais un caractère assez saillant, pour qu'il fût possible d'y trouver un point de départ de la prescription, comme en matière de violence, d'erreur, de dol »[7]. Dès lors, faute de pouvoir être nettement déterminée, la date du retour à meilleure fortune ne peut constituer un critère pertinent de détermination du point de départ de la prescription de l'action en rescision pour lésion.

219. Si le choix du jour de l'acte n'est donc pas discuté dans son principe, encore faut-il, dans certaines hypothèses, déterminer quelle est cette date. La question soulève alors une difficulté particulière en présence de simples promesses.

2. *L'hypothèse particulière de la promesse de vente ou de partage*

220. L'existence d'une promesse de vente vient en apparence perturber la règle fixée par l'article 1676 du Code civil : en présence d'un tel acte, quelle date doit être retenue pour faire courir le délai pour agir ? En d'autres termes,

---

1. L'ancien article 887 du Code civil prévoyait en effet simplement le principe d'une action en rescision pour lésion de plus d'un quart sans préciser le délai pour agir.

2. La prescription de l'action en rescision du partage était enfermée, par assimilation avec les règles propres à l'action en nullité relative prévues par l'article 1304 du Code civil, dans un délai de cinq ans.

3. V., par ex., Cass. civ. 1re, 22 février 2007, *JCP* G, 2007, IV, 1653 ; civ. 1re, 19 janvier 1970, *Bull. civ.*, I, n° 22 (indifférence du report du paiement du solde au jour du décès de l'usufruitier, la cessation de l'indivision suffisant à faire courir la prescription). Précisons qu'en cas de partage partiel, le délai courait de l'exécution de ce partage et non du partage global (P. Malaurie, *Les successions, Les libéralités*, Defrénois, 4e éd., p. 502, n° 1015).

4. On sait en effet qu'un débat a longtemps divisé la doctrine sur le point de savoir si la lésion n'était pas également un véritable vice du consentement à côté de l'erreur, de la violence ou du dol, ce qui aurait conduit à considérer que pour obtenir satisfaction le demandeur devait prouver non seulement le déséquilibre des prestations, mais également le vice qui en était à l'origine. L'inspiration initiale des rédacteurs du Code civil était en effet sans conteste subjectiviste, la lésion y étant traitée dans une section relative au « consentement ». La Cour de cassation a cependant consacré une conception objective de la lésion détachée de toute idée de vice du consentement (v. F. Terré, P. Simler, Y. Lequette, *op. cit.*, p. 327, n° 314).

5. P. Malaurie, *Les successions, Les libéralités*, Defrénois, 4e éd., p. 502, n° 1015 (sur l'action en rescision du partage).

6. C. Demolombe, *Cours de Code Napoléon*, T. XXIX, 1876, p. 150, n° 148

7. C. Demolombe, *Ibidem.*

quel événement constitue la vente visée par le premier alinéa de l'article précité ? À ce titre, trois événements sont potentiellement susceptibles d'être pris en considération : la conclusion de la promesse, la levée d'option, et la réitération par acte authentique. La date de réitération doit d'emblée être écartée : en effet, la vente étant formée par la seule levée de l'option, elle apparaît peu pertinente. Des arguments plus sérieux peuvent en revanche militer pour la date de la conclusion de la promesse de vente : en effet, à cette date, le prix de vente est d'ores et déjà définitivement fixé, permettant dès cet instant d'apprécier l'existence d'une lésion et donc de prendre conscience de l'existence d'une action en rescision. Mais la Cour de cassation rejette une telle analyse et ne considère la date de conclusion de la promesse comme une date pertinente ni pour apprécier l'existence d'une lésion[1], ni pour faire courir le point de départ du délai pour agir. En effet, elle considère que c'est le jour de la levée de l'option qui constitue le point de départ du délai[2]. La solution est parfaitement logique : elle n'est qu'une application du principe selon lequel l'action ne saurait se prescrire avant d'être née. Or, comment une action en rescision d'un contrat pourrait-elle naître avant que ce contrat ne soit formé, c'est-à-dire avant la levée de l'option ? L'action en rescision « ne peut se trouver prescrite avant la réalisation de l'opération qu'elle attaque »[3].

221. L'impossibilité de faire courir la prescription d'une action avant sa naissance justifie également la position retenue par la Cour de cassation dans l'hypothèse particulière de la licitation d'un bien *indivis*. Rappelons que, lorsque la licitation, c'est-à-dire la vente aux enchères au profit des copropriétaires d'un bien *indivis* ne pouvant être partagé, aboutit à une adjudication prononcée au profit d'un cohéritier, elle vaut en principe partage partiel. Il est en conséquence admis qu'une clause d'attribution dans le cahier des charges de la licitation puisse stipuler que si le dernier enchérisseur est un cohéritier, l'adjudication ne sera pas prononcée, mais l'immeuble lui sera attribué lors du partage, pour la valeur fixée par la dernière enchère. La question s'est alors posée de savoir si, en présence d'une telle clause, le point de départ de la prescription de l'action en rescision du partage devait être fixé au jour de la licitation – qui aurait dû normalement valoir partage partiel – ou au jour du partage réel. La Cour de cassation, analysant la clause d'attribution en une simple promesse synallagmatique n'emportant pas en elle-même partage, a considéré que seul le jour du partage réel pouvait faire courir la prescription[4]. Elle a toutefois postérieurement précisé

1. Cass. civ., 14 novembre 1916, *DP*, 1921, 1, 34 : « Une promesse unilatérale de vente ne constitue qu'un engagement personnel du promettant, qui conserve la propriété de son bien jusqu'à ce que l'acceptation du stipulant ait rendu la vente parfaite ; que dès lors, conformément à l'article 1675 C. civ., c'est à ce moment qu'il faut se placer pour évaluer l'immeuble », analyse consacrée par le législateur à l'occasion d'une loi du 28 novembre 1949 à l'article 1675 alinéa 2 du Code civil : « En cas de promesse de vente unilatérale, la lésion s'apprécie au jour de la réalisation ».

2. Cass. req., 1er août 1924, *D.*, 1925, 1, 23 ; civ. 3e, 7 octobre 1992, pourvoi no 90-18840 ; 29 mars 2000, *Bull. civ.*, III, no 79, *Gaz. Pal.*, 7 novembre 2000, p. 2 ; 2 octobre 2008, *AJDI*, 2009, p. 231.

3. H. Lalou, note sous Cass. req., 1er août 1924, *D.*, 1925, 1, 23, spéc. p. 24.

4. Cass. civ. 1re, 4 mai 1983, *Bull. civ.* III, no 139 : « La clause d'attribution s'analyse en une promesse synallagmatique obligeant seulement la colicitante adjudicataire à prendre l'immeuble dans son lot et les autres copartageants à lui en faire l'attribution dans le partage ; Qu'en déclarant Mme Veuve Porton de la Chapelle irrecevable en son action en rescision pour lésion au motif que la prescription extinctive de cette action avait commencé à courir le 25 septembre 1968 et était acquise, alors que la clause d'attribution n'emporte pas à elle seule partage et que la prescription ne commence à courir que du jour du partage total ou partiel, la cour d'appel a violé les textes susvisés ». C'est d'ailleurs également à ce jour que s'apprécie la valeur du bien.

que rien n'empêchait d'exercer préventivement l'action en rescision à l'encontre de la promesse d'attribution lorsqu'elle apparaissait d'évidence lésionnaire[1].

222. La jurisprudence s'en tient alors à la notion de vente ou de partage ainsi précisée, pour faire courir la prescription.

B. L'intangibilité du choix opéré

223. Le délai d'exercice de l'action en rescision pour lésion étant particulièrement court, notamment en matière immobilière, les demandeurs ont logiquement tenté de faire valoir l'existence de circonstances particulières de nature à faire échec à la fixation du point de départ de la prescription au jour de l'acte. Mais les juges refusent constamment la prise en considération de tels éléments.

Ainsi, ni l'impossibilité de calculer le prix définitif[2], ni la contestation de la vente[3] ne sont susceptibles de remettre en cause la fixation du point de départ du délai pour agir au jour de la conclusion de l'acte. La Cour de cassation a également refusé de reporter le point de départ de la prescription au jour de la ratification par le tiers de l'acte signé par le porte-fort, faisant jouer à la fiction rétroactive son plein effet pour considérer le tiers entré dans les liens du contrat dès la conclusion de la vente par le porte-fort, afin de faire courir le délai de ce jour[4].

Plus révélateur encore de la rigueur de la jurisprudence, la Cour de cassation a également refusé par principe de faire de l'ignorance de la lésion une cause de report du point de départ de la prescription dans un arrêt du 20 janvier 1982. En l'espèce, l'existence de la cause de lésion avait été découverte par le copartageant lésé plus de dix ans après l'acte de partage, au moment où, entendant faire construire sur son terrain, il avait découvert que la parcelle lui ayant été attribuée n'était pas constructible. En dépit de ces circonstances, la Cour de cassation a considéré que « la lésion s'appréciant à la date du partage, la cour d'appel a[vait] décidé, à bon droit, que le point de départ de la prescription de la rescision se situait à la date à laquelle avait été conclu l'acte de partage »[5]. La rigueur

1. Cass. civ. 1re, 3 juin 1997, *D.*, 1997, *SC* p. 369, obs. M. Grimaldi, *RTD civ.*, 1987, p. 979, obs. J. Patarin. L'arrêt rappelle également que, parce qu'elle ne vaut pas partage, l'adjudication ne peut constituer le point de départ de la prescription.

2. Cass. civ. 1re, 16 mai 1972, *Bull. civ.* I, n° 129, *D.*, 1972, p.636, note A. B.: « ni l'apposition d'un terme incertain au paiement du prix d'une vente équivalent à une licitation, ni l'indexation du montant de ce prix n'interdisent d'agir en rescision dans les termes des art. 887 et 888 C. civ. ; qu'elles ne peuvent donc retarder le point de départ de la prescription à laquelle est soumise l'action en rescision pour lésion ; que, par suite, à bon droit, la cour d'appel, qui ne s'est pas contredite, a donné "pour point de départ au délai la date de l'accord des volontés, et non celle de la réalisation d'une modalité de paiement" ». En l'espèce, il apparaissait pourtant que seule l'application postérieure d'un indice affectant le prix aurait permis de connaître le montant exact et définitif et donc de déterminer s'il existait réellement une lésion.

3. En cas de litige, la Cour de cassation refuse de reporter le point de départ du délai au jour de la décision de justice constatant l'existence de la vente (jugement valant vente) : Cass. civ. 1re, 19 juillet 1961, *Bull. civ.* I, n° 420 ; civ. 3e, 6 mai 1980, *Bull. civ.* III, n° 92 : « le délai prévu à l'article 1676 du Code civil court à compter du jour de la vente et non de la décision qui constate l'existence de celle-ci ».

4. Cass. civ. 1re, 8 juillet 1964, *D.*, 1964, p. 560 : « la ratification de l'acte passé par le porte-fort a un caractère rétroactif et remonte au jour de l'acte ratifié, l'obligation du tiers prenant naissance au jour de l'engagement du porte-fort ; qu'ainsi dame Baquis, par l'effet de sa ratification, s'est trouvée obligée en qualité de venderesse dès le 1er juill. 1954, date à laquelle a commencé à courir le délai de l'art. 1676 ».

5. Cass. civ. 1re, 20 janvier 1982, *Bull. civ.* I, n° 36, *RTD civ.*, 1983, p. 169, obs. J. Patarin. V. déjà en ce sens, Rouen, 30 octobre 1973, *D.*, 1974, somm. p. 15.

de cette solution, qui témoigne de la volonté de la Cour de cassation de ne pas faire application de l'adage *Contra non valentem* en matière de lésion, atténue largement la protection offerte à la victime, privée de toute possibilité d'agir en raison de son ignorance. Elle atteste cependant là encore du caractère objectif du vice de lésion, indifférent à la situation psychologique de la victime. Ce principe ne cède alors que dans des hypothèses bien déterminées.

§ 2 - UN REPORT EXCEPTIONNEL DU POINT DE DÉPART DE LA PRESCRIPTION

224. La Cour de cassation limite strictement les hypothèses dans lesquelles le point de départ du délai pour agir peut être reporté, n'admettant aucune cause subjective de report liée à la situation des parties, et très peu de causes objectives.

Au surplus, parmi ces causes objectives, sans doute faut-il d'emblée écarter une fausse exception au principe selon lequel le point de départ du délai pour agir en rescision court du jour de l'acte. En effet, la jurisprudence admet que le point de départ du délai pour agir soit reporté au jour de la réitération par acte authentique lorsque ce dernier modifie l'objet de l'acte sous seing privé, par exemple en modifiant le prix[1], les conditions de la vente[2] ou encore les qualités essentielles de la chose vendue[3]. Mais, en réalité, dans cette hypothèse, si la Cour de cassation fixe le point de départ au jour de l'acte authentique, c'est moins parce qu'elle entend retarder le décompte du délai jusqu'à ce jour, que parce que l'acte authentique, en modifiant substantiellement les termes de l'acte sous seing privé antérieurement conclu, emporte novation et se substitue à l'accord initialement prévu. Dans cette hypothèse, c'est alors parce que le jour de l'acte authentique constitue le véritable jour de la vente qu'il fait courir la prescription.

Dès lors, en réalité, la Cour de cassation n'admet de reporter le point de départ de la prescription que dans une seule hypothèse : lorsque l'acte est conclu sous condition suspensive[4]. En effet, dans cette hypothèse, mais dans cette hypothèse

---

1. Cass. civ. 1re, 18 novembre 1965, *JCP*, 1966, II, 14501 : l'acte conclu devant notaire portant vente du même immeuble, mais à des conditions plus onéreuses pour l'acquéreur, se substitue à l'accord primitif et constitue le point de départ de l'action en rescision.

2. Cass. civ. 3e, 25 janvier 1978, *Bull. civ.* III, n° 55 (existence de stipulations nouvelles affectant notablement les conditions imposées à l'acheteur : renonciation à une condition suspensive, modification du prix et réserve d'un droit d'usage et d'habitation).

3. Cass. civ. 3e, 9 juillet 1984, *Bull. civ.* III, n° 137, *RTD civ.*, 1985, p. 406, obs. P. Rémy : la modification d'une des qualités essentielles de la chose vendue, à savoir son caractère constructible ou non, entre la conclusion de l'acte sous seing privé et la passation de l'acte authentique fait courir le point de départ du délai du jour de l'acte authentique.

4. Il n'en va pas de même en matière de condition résolutoire, la stipulation d'une telle condition n'ayant pas pour effet de reporter le point de départ au jour de sa réalisation (v. en ce sens, R. Cavarroc, note sous Cass. civ., 14 novembre 1949, *JCP*, 1950, II, 5255. L'auteur déduit la solution d'une analogie avec le régime de la vente à réméré prévu par l'article 1676 al. 3 : « Ce délai court aussi et n'est pas suspendu pendant la durée du temps stipulé pour le pacte du rachat ».). La condition suspensive peut en revanche être implicite. Il en va ainsi, par exemple d'un contrat de location-accession à la propriété soumis aux articles L. 312-1 et suivants du Code de la consommation. Selon la Cour de cassation, la vente convenue en exécution d'un tel contrat est nécessairement conclue sous la condition suspensive de l'obtention des prêts indiqués, de sorte que le délai de prescription de l'action en rescision ne pouvait commencer à courir avant la réalisation de la condition (Cass. civ. 1re, 20 janvier 1998, *Bull. civ.* I, n° 24, *JCP* G, 1998, IV, 1558, *Defrénois*, 1998, p. 746, note J.-L. Aubert). En l'espèce, la Cour casse un arrêt d'une cour d'appel (Versailles, 12 octobre 1995, *D.*, 1995, IR, p. 270) qui avait écarté la date de réalisation de la condition pour retenir celle du dernier versement de la redevance au motif que celle-ci ne concernait que le transfert de propriété, et non la vente elle-même.

seulement, la Cour de cassation admet de reporter le point de départ du délai au jour de la réalisation de la condition[1] ou de la renonciation à son bénéfice[2].

Cette solution conduit également la jurisprudence à reporter le point de départ du délai pour agir au jour de la réitération de la vente par acte authentique lorsque les parties ont subordonné la perfection de la vente à la condition suspensive de sa réitération[3]. On sait en effet que, dans une telle hypothèse, la réitération n'est plus une simple modalité de la vente, hypothèse dans laquelle elle n'emporte aucun report du point de départ de la prescription[4], mais une véritable condition dont dépend la formation même de la vente.

225. L'attitude de la Cour de cassation trouve logiquement son fondement dans l'idée selon laquelle la prescription ne saurait courir à l'encontre d'un acte dont on ne sait pas encore s'il a fait naître des obligations dont l'exécution pourrait un jour être exigée, faute de savoir si la condition se réalisera. Comme on l'a souligné, « il est naturel que la suspension du droit de l'acquéreur jusqu'à l'arrivée de la condition, bien que celle-ci, par une fiction de la loi, rétroagisse au jour du contrat, entraîne la suspension, correspondante, de l'action du vendeur »[5]. Cette démarche, qui n'est, au fond, qu'une application de l'adage *Actioni non natae non praescribitur*, soulève cependant deux difficultés.

D'une part, une telle solution ignore la fiction de la rétroactivité attachée à la réalisation de la condition, qui devrait conduire à considérer l'acte valablement formé dès l'origine. Si la mise à l'écart de la rétroactivité n'est pas inédite pour déterminer le point de départ de la prescription, il demeure cependant surprenant qu'elle ait à l'inverse été prise en considération pour refuser de reporter la prescription de l'action en rescision pour lésion au jour de la ratification de la promesse de porte-fort[6]. Comment en effet justifier que les conséquences attachées à la rétroactivité soit écartées dans un cas et non pas dans l'autre[7] ?

D'autre part, et surtout, le refus de prendre en considération la rétroactivité de la réalisation de la condition crée un décalage entre la date d'appréciation de la lésion, qui demeure celle de la conclusion de l'acte, au nom, précisément, de la rétroactivité de la condition[8], et la date qui fait courir le délai pour agir. Cette

---

1. Cass. civ. 1re, 22 décembre 1954, *D.*, 1955, p. 713, note P. Malaurie : « Vu l'article 1676, Attendu qu'en cas de vente sous conditions suspensive, le délai de deux ans prévu par ce texte pour l'exercice de l'action en résolution de la vente pour cause de lésion de plus des 7/12 ne court que du jour où la condition est réalisée » (vente subordonnée à l'obtention d'une autorisation administrative) ; 24 mars 1965, *Bull. civ.* I, n° 220 (vente subordonnée à la production par le vendeur d'un titre de propriété régulier).

2. Civ. 3e, 1er octobre 1997, *Bull. civ.* III, n° 182, *JCP* G, 1997, IV, 2230 : « La prescription de l'article 1676 du Code civil ne commençait à courir en cas de vente sous conditions suspensives qu'à compter du jour de leur réalisation ou de la renonciation au bénéfice de ces conditions » (renonciation à l'obtention d'un certificat positif de constructibilité) ; 16 novembre 2005, *RDC*, 2006, p. 385, obs. P. Brun : « La prescription de l'action en rescision pour lésion ne commence à courir en cas de vente sous condition suspensive qu'à compter du jour de la réalisation de la condition ou de la renonciation à son bénéfice ».

3. Cass. civ. 3e, 11 décembre 1984, *Bull. civ.* III, n° 212.

4. Cass. civ. 3e, 29 janvier 1992, *Bull. civ.* III, n° 35, *Defrénois*, 1992, p. 840, *D.*, 1993, p. 236, note G. Paisant ; 29 mars 2000, *Bull. civ.* III, n° 90.

5. R. Cavarroc, note sous Cass. civ., 14 novembre 1949, *JCP*, 1950, II, 5255.

6. V. *supra*, n° 223.

7. On a cependant proposé de justifier cette différence de traitement en faisant valoir que dans la promesse de porte-fort, le tiers demeurerait libre de ne pas ratifier alors que la réalisation de la condition échappait par hypothèse totalement à la volonté des contractants (F. Terré, P. Simler, Y. Lequette, *Droit civil, Les obligations*, Précis Dalloz, 10e éd., 2010, p. 332, n° 317, note 1).

8. Cass. civ. 1re, 17 octobre 1967, *Bull. civ.* I, n° 304.

dissociation a pu être justifiée par « un souci d'équité qui n'est d'ailleurs pas évident : pour protéger la bonne foi, on consolide les contrats sans pour autant paralyser la rescision »[2]. On a surtout fait valoir que, derrière l'application de l'adage *Actioni non natae non praescribitur*, c'est finalement l'absence d'intérêt à agir, au sens du Code de procédure civile qui serait prise en considération. Le temps de la procédure apparaît alors « moins figé que celui du droit civil »[1]. Il n'en demeure pas moins qu'un alignement de la date d'appréciation de la lésion sur celle du point de départ de la prescription pourrait être souhaitable, au nom d'une exigence élémentaire de cohérence[3].

226. **Conclusion de la Section III**. Au total, il apparaît qu'en matière d'action en rescision pour lésion, la Cour de cassation procède à un arbitrage clair, guidée en cela par la lettre de la loi : le point de départ de la prescription demeure de façon intangible le jour de la conclusion de l'acte litigieux ou de la réalisation de la condition l'affectant, sans que l'ignorance de la personne contre laquelle elle court ne puisse jamais être prise en considération. Dans ce domaine, point de tension entre des impératifs contradictoires : la protection du titulaire de l'action est nettement sacrifiée au nom de la sécurité juridique.

227. **Conclusion du Chapitre II**. Au terme de ces développements, il faut constater que l'action en nullité constitue certainement l'un des domaines dans lesquels les difficultés inhérentes à la fixation du point de départ de la prescription s'expriment le plus clairement. En effet, la prescription de l'action en nullité laisse par nature toujours insatisfait puisqu'elle vise par hypothèse deux intérêts antagonistes : la sécurité juridique d'une part, la protection du titulaire du droit de critique de l'autre. Face à ce dilemme, le droit positif réagit de différentes façons. Sous cet aspect, la prescription de l'action en nullité relative cristallise sans doute à elle-seule l'ensemble des difficultés rencontrées : le législateur comme la jurisprudence ont ainsi parfois choisi, au nom d'un impératif de sécurité juridique, de faire du jour de l'acte le point de départ de la prescription. Mais un tel choix n'est cependant pas sans soulever d'importantes difficultés de mise en œuvre. Ils ont parfois préféré reporter le point de départ de la prescription au jour de la connaissance de la cause de nullité par le titulaire du droit de critique au risque d'une plus grande incertitude. Ils préfèrent parfois faire le choix d'un événement, pertinent au regard de la situation visée, mais souvent détaché des principes qui régissent la prescription. En la matière, la diversité règne en maître. Par contraste, les actions en nullité absolue et en rescision pour lésion semblent bénéficier d'un régime plus stable, le jour de la conclusion de l'acte attaqué ayant dans les deux hypothèses été privilégié par le législateur comme la jurisprudence pour faire courir la prescription. Mais, même dans ces hypothèses, l'unité apparente cache en réalité souvent une multitude de solutions. Les règles du décompte de la prescription des actions en exécution n'échappent pas davantage à cette emprise de la diversité.

---

1. P. Malaurie, note sous Cass. civ. 1re, 22 décembre 1954, *D.*, 1955, p. 713, spéc. p. 715.
2. P. Malaurie, *Ibidem*.
3. P. Brun, note sous Cass. civ. 3e, 16 novembre 2005, *RDC*, 2006, p. 385. Comp. M. Latina, *Essai sur la condition en droit des contrats*, Préf. D. Mazeaud, LGDJ, spéc. p. 335, nº 437, considérant qu'un tel alignement reviendrait à rapprocher indûment la vente sous condition suspensive de la promesse unilatérale de vente, et proposant à l'inverse un alignement du point de départ de la prescription sur le jour d'appréciation de la lésion, pour faire courir la prescription dès le jour de l'acte conclu sous condition suspensive.

Chapitre III

Les actions en exécution et actions voisines

228. Parmi les différentes actions qui peuvent être exercées en justice, certaines visent, on l'a vu, à engager la responsabilité d'une personne, ou à obtenir la nullité d'un acte. D'autres visent encore l'exécution d'une obligation. Mais ces trois séries d'hypothèses, si elles recouvrent sans doute l'essentiel des situations rencontrées, n'épuisent cependant pas l'ensemble des actions susceptibles d'être exercées.

En effet, que le droit en cause soit d'origine légale ou conventionnelle, l'action exercée peut aussi tendre non pas à son exécution mais différemment à sa reconnaissance. Carbonnier avait en ce sens déjà distingué la prescription de l'action aux fins de constatation des créances de l'action aux fins de paiement de celle-ci[1]. Différemment encore, l'action peut être exercée en réaction à la violation du droit litigieux. C'est la protection du droit contre les atteintes qu'un tiers pourrait y porter qui est alors recherchée. Ces actions pourraient paraître disparates. Elles ont cependant en commun de ne pas viser l'anéantissement d'un acte ou la mise en œuvre de la responsabilité d'une personne, mais de porter sur un droit dont on cherche soit la reconnaissance, soit l'exécution, soit la protection. Aussi ces différentes hypothèses méritent-elles d'être traitées ensemble.

229. Mais, là encore, dans toutes ces situations, une diversité de points de départ de la prescription peut être constatée. Ainsi, dans certaines hypothèses, c'est l'événement qui donne naissance à l'action qui sera pris en considération pour fixer le point de départ de la prescription de l'action visant la reconnaissance, l'exécution ou encore la protection d'un droit (Section I). Parfois, ce sera différemment la connaissance d'un tel événement qui sera retenue (Section II). D'autres fois encore, il faudra chercher ailleurs, dans un fait étranger à l'événement ayant donné naissance à l'action ou à la connaissance d'un tel événement le point de départ de la prescription (Section III).

---

1. J. Carbonnier, *Droit civil*, 2. *Les biens, Les obligations*, PUF, Quadrige, p. 2520, n° 1275.

SECTION I : LA PRISE EN CONSIDÉRATION DE L'ÉVÉNEMENT AYANT DONNÉ NAISSANCE À L'ACTION

230. L'événement ayant donné naissance à l'action apparaît comme le critère principal de détermination du point de départ de l'action en exécution et des actions voisines. L'événement en cause n'est cependant pas le même selon la finalité de l'action exercée. Lorsque l'action vise à établir l'existence ou les contours d'un droit ou d'une créance, c'est la naissance de ce droit qui est supposée donner naissance à l'action. À titre d'illustration, la détermination du point de départ de l'action en fixation du loyer du bail commercial renouvelé devrait obéir à ce principe (§ 1). Différemment, lorsque l'action vise l'exécution d'une obligation existante, c'est l'exigibilité de cette obligation qui devrait marquer la naissance de l'action. Tel est le cas lorsque c'est le paiement d'une créance qui est recherché (§ 2). Différemment encore, lorsque l'action vise la protection d'un droit menacé, c'est la violation de ce droit qui devrait faire naître l'action (§ 3). Les subtilités propres aux situations rencontrées ont cependant conduit la jurisprudence, confrontée à la difficulté d'appliquer strictement ces directives, à multiplier les interprétations de la notion d'événement donnant naissance à l'action.

§ 1 - L'ACTION TENDANT À ÉTABLIR L'EXISTENCE D'UNE CRÉANCE : L'EXEMPLE DE L'ACTION EN FIXATION DU LOYER DU BAIL COMMERCIAL RENOUVELÉ

231. Lorsque l'action vise à établir la réalité ou le contenu d'un droit, l'événement donnant naissance à l'action devrait logiquement consister en la naissance du droit que l'on cherche à établir. Si la proposition semble relever de l'évidence tant on perçoit mal comment l'on pourrait faire reconnaître ou établir dans ses contours un droit qui ne serait pas encore né, sa mise en œuvre soulève un certain nombre de difficultés, qui semblent liées d'une part, à la complexité de la détermination de la date de naissance du droit, et d'autre part, à l'inadéquation qui peut parfois exister entre le moment où le droit naît et le moment où l'action peut véritablement être exercée.

232. Bien que d'apparence marginale, la détermination du point de départ de la prescription des actions exercées en application du statut des baux commerciaux illustre assez bien ces difficultés.

En la matière, et afin d'éviter que les contentieux s'éternisent, le législateur a prévu une prescription dérogatoire au droit commun. L'article L. 145-60 du Code de commerce (D. 1953, art. 33 ancien) précise ainsi que « toutes les actions exercées en vertu du présent chapitre se prescrivent par deux ans ». Mais il reste totalement silencieux sur le point de départ de la prescription de ces actions, ce qui a conduit la Cour de cassation à construire « un système mouvant, réputé pour sa complexité »[1].

Sous cet aspect, nombreuses sont les actions découlant du statut particulier des baux commerciaux qui révèlent cette complexité : la détermination du point de départ de l'action en révision du loyer[2], en majoration du loyer pour sous-

1. L. Ruet, *Les baux commerciaux*, Defrénois, 2e éd., 2006, p. 284, nº 434. Cette complexité avait d'ailleurs été dénoncée par un rapport, le *Rapport Pelletier*, qui avait proposé de simplifier les règles relatives au point de départ de la prescription en faisant toujours courir le délai du jour du renouvellement du bail (*Loyers et Copropriété*, décembre 2004, Repère 12 par J. Moneger).

2. Fixé au jour où le bailleur a expédié la lettre contenant la demande de révision (Cass. civ. 3e,

location[1], en majoration du loyer pour déspécialisation[2], et surtout en fixation de l'indemnité d'éviction[3], ou de l'indemnité d'occupation[4], a donné lieu à une jurisprudence aussi dense que disparate, et à la reconnaissance d'autant de points de départ de la prescription qu'il y a d'actions.

233. Mais l'illustration la plus topique de la complexité de la jurisprudence en la matière réside assurément dans le régime de détermination du point de départ de l'action en fixation du loyer d'un bail commercial renouvelé[5]. En effet, en moins de 10 ans, la Cour de cassation a éprouvé le besoin de poser pas moins de quatre points de départ différents pour cette seule et même action : la date d'acceptation par le bailleur du principe du renouvellement, le jour d'expiration du délai de trois mois dont dispose le bailleur pour accepter ou refuser le renouvellement, la date d'acceptation du nouveau bail ou encore la date de sa prise d'effet, tous ces différents points de départ étant évidemment supposés représenter le jour de naissance du droit au loyer renouvelé.

Les hésitations auxquelles ont donné lieu la fixation de ces points de départ sont largement révélatrices de la difficulté à déterminer précisément le « jour où l'action peut être engagée »[6]. En effet, en toute logique, dès lors que l'action exercée vise à fixer le montant du nouveau loyer, il paraît nécessaire de faire de l'existence du droit à un nouveau loyer un préalable au décompte de la prescription. Une telle analyse devrait alors conduire à faire courir la prescription du jour de

---

13 février 2002, *Bull. civ.* III, nº 39) et non du jour où le preneur en a eu connaissance (Cass. civ. 3e, 7 novembre 1990, *Bull. civ.* III, nº 219).

1. Fixé au jour où le bailleur a eu connaissance du montant du sous-loyer (Cass. civ. 3e, 1er avril 1998, *Bull. civ.* III, nº 78, *Quot. Jur.*, 28 mai 1998, nº 43, *AJDI*, 1998, p. 1054).

2. Fixé au jour de l'acceptation, par le bailleur, de la déspécialisation (Paris, 18 novembre 1998, *Juris-Data* nº 1998-0023222)

3. En la matière, il faut encore distinguer deux situations : lorsque le droit à indemnité d'éviction n'est pas contesté, la prescription court du jour de la notification du congé avec offre de paiement d'une indemnité d'éviction (Cass. civ. 3e, 15 novembre 2005, *Bull. civ.* III, nº 220 ; 31 mai 2007, *JCP* G, 2007, IV, 2375, *Loyers et Copropriété*, 2007, comm. 153 par P.-H. Brault) ; lorsque le droit à indemnité d'éviction est contesté, la jurisprudence considère que la prescription de l'action en paiement de l'indemnité est suspendue jusqu'au jour du jugement tranchant la question de la pertinence de l'action en contestation du congé sans indemnité d'éviction (Paris, 24 octobre 1996, cité *in* J. Monéger, *Douze ans de baux commerciaux 1993-2005*, Litec, 2e éd., spéc. nº 439).

4. Le principe est ici que l'action en fixation et en paiement de l'indemnité d'occupation ne peut commercer à courir avant le jour où est définitivement consacré, dans son principe, le droit du locataire au bénéfice d'une indemnité d'éviction (Cass. civ. 3e, 2 juin 1993, *Bull. civ.* III, nº 76 ; 22 janvier 1997 pourvoi nº 95-14080 ; 2 décembre 1998, pourvoi nº 96-199917 ; 23 mars 2011, *JCP* E, 2012, 1094, obs. H. Kenfack). Mais, là encore, la jurisprudence a subdivisé la question en un certain nombre d'hypothèses. Ainsi, en cas de congé avec refus de renouvellement et offre d'indemnité d'éviction, la prescription coure de la date d'expiration du bail par l'effet du congé (Paris, 13 novembre 1996, *Juris-Data* nº 1996-023037 ; Cass. civ. 3e, 10 décembre 1997, *Bull. civ.* III, nº 219, *Quot. Jur.*, 12 février 1998, nº 13 ; 12 juin 2001, pourvoi nº 99-21821 ; Paris, 16 janvier 2002, *Juris-Data* nº 2002-182287 ; 18 janvier 2002, *Juris-Data* nº 2002-169931). Différemment, en cas d'exercice par le bailleur de son droit d'option (repentir), la prescription courra du jour de la notification de l'exercice du droit d'option qui a fait naître l'obligation de paiement d'une indemnité d'occupation (Paris, 21 janvier 1997, *Juris-Data* nº 1997-020092 ; 14 janvier 1998, *Juris-Data* nº 1998-020104). Différemment encore, en cas de contestation du droit à indemnité d'éviction, la prescription ne pourra commencer à courir que du jour de l'arrêt statuant sur la contestation du droit à indemnité d'éviction (Cass. civ. 3e, 4 mai 1982, *Bull. civ.* III, nº 109 ; 24 mars 1999, pourvoi nº 97-17011 ; 24 mars 2000, pourvoi nº 99-13404, 13 décembre 2000, *Loyers et Copropriété*, 2001, comm. nº 290).

5. En cas de renouvellement du bail commercial, le bailleur peut exiger une hausse plafonnée du loyer, ou déplafonnée en cas d'augmentation de la valeur locative du lieu.

6. J.-D. Barbier, *J.-Cl. Bail à loyer - Bail commercial - prescription et forclusion*, spéc. nº 31.

la prise d'effet du bail renouvelé, qui est « au contrat ce que l'entrée en vigueur est à la loi »[1].

234. La Cour de cassation n'a cependant pas toujours semblé suivre cette logique. Ainsi, dans un premier arrêt du 12 juin 1996[2] puis, plus clairement encore, dans un arrêt du 17 décembre 2002[3], elle a fait de la date d'acceptation par le bailleur du principe du renouvellement le point de départ de la prescription de l'action en fixation du prix du bail renouvelé.

Une telle approche, indifférente au lien existant entre la prise d'effet du nouveau bail et le droit à la fixation d'un nouveau loyer, a suscité de multiples critiques. Les auteurs ont, dans l'ensemble, dénoncé le fait que la prescription puisse commencer à courir avant même la naissance du droit auquel elle s'applique[4]. Plus pragmatiquement, on a également fait remarquer que retenir le jour de l'acceptation du renouvellement pouvait conduire à faire courir le délai de prescription avant la date du renouvellement alors même que la fixation du nouveau loyer était conditionnée par des circonstances (valeurs locatives, indice...) qui s'apprécient au jour du renouvellement[5].

Sans doute attentive à ces critiques, la Cour de cassation a procédé à un revirement de jurisprudence dans un arrêt du 30 juin 2004[6], en fixant le point de départ de la prescription à la date de prise d'effet du nouveau bail.

Mais là encore, bien que dans l'ensemble positivement accueillie en ce qu'elle faisait correspondre le point de départ de la prescription avec la naissance du droit[7], la solution n'apparaissait pas totalement satisfaisante dans l'hypothèse où l'acceptation du renouvellement par le bailleur était postérieure à la prise d'effet du nouveau bail. La difficulté provient en réalité du décalage susceptible d'exister entre la date de prise d'effet du nouveau bail et le jour où le principe du renouvellement peut être accepté. En effet, une telle acceptation peut intervenir antérieurement à la prise d'effet du nouveau bail, mais elle peut également intervenir postérieurement à celle-ci, l'acceptation opérant alors rétroactivement.

Ayant en vue cette hypothèse particulière, la Cour de cassation a affiné sa position, en précisant dans un arrêt du 29 novembre 2006[8] que le point de départ de la prescription devait être reporté à la date d'acceptation par le bailleur

1. T. Revet, « La prise d'effets du contrat », *RDC*, 2004, p. 29 s., spéc. p. 29.

2. Cass. civ. 3e, 12 juin 1996, *Bull. civ.* III, nº 141, *JCP* G, 1997, II, 22753, com. par F. Auque.

3. Cass. civ. 3e, 17 décembre 2002, pourvoi nº 01-1126, *Gaz. Pal.*, 14 juin 2003, note critique J.-D. Barbier.

4. Ainsi a-t-on fait valoir l'action en fixation du loyer renouvelé ne pouvait courir qu'avec la prise d'effet du nouveau bail au motif que la contrepartie du loyer résidant dans l'occupation de l'immeuble, c'est uniquement à ce jour que le droit pouvait naître (L. Ruet, *op. cit.*, p. 283 s., nº 434 s., spéc. p. 285, nº 438). On a encore relevé que « faire commencer à courir une prescription avant que le titre, qui fait l'objet de l'action que cette prescription sanctionne, ne soit lui-même entré en vigueur, n'est pas cohérant » et ce d'autant plus qu'en matière de bail commercial, l'action en fixation du loyer et l'acceptation du renouvellement ne sont pas liées (M.-P. Dumont-Lefrand, note sous Cass. civ. 3e, 30 juin 2004, *JCP* E, 2004, 1548).

5. J.-D. Barbier, note sous Cass. civ. 3e, 17 décembre 2002, *Gaz. Pal.*, 14 juin 2003.

6. Cass. civ. 3e, 30 juin 2004, *Bull. civ.* III, nº 136, *Gaz. Pal.*, 10 décembre 2005, p. 11, note J.-D. Barbier, *Loyers et Copropriété*, Octobre 2004, comm. 149 et 169 par P.-H. Brault, *Loyers et Copropriété*, décembre 2004, Repère 12 par J. Moneger, *D.*, 2004, *AJ*, p. 2302, obs. Y. Rouquet, *D.*, 2005, pan., p. 1098 par L. Rozès, *Rapport Cass.*, 2004, p. 234, *JCP* E, 2004, 1548, obs. M.-P. Dumont-Lefrand, *Defrénois*, 2005, p. 1160, obs. L. Ruet.

7. M.-P. Dumont-Lefrand, note sous Cass. civ. 3e, 30 juin 2004, *JCP* E, 2004, 1548 ; L. Ruet, obs. sous Cass. civ. 3e, 30 juin 2004, *Defrénois*, 2005, p. 1160 ; J. Moneger, obs. sous Cass. civ. 3e, 30 juin 2004, *Loyers et Copropriété*, décembre 2004, Repère 12.

8. Civ. 3e, 29 novembre 2006, *Bull. civ.* III, nº 238, *Loyers et Copropriété*, avril 2007, étude 5 par P.-H. Brault, *Defrénois*, 2007, art. 38560, note L. Ruet.

du principe du renouvellement lorsque celle-ci était intervenue postérieurement à la date d'effet du nouveau bail. L'arrêt témoigne de la volonté de la Cour de cassation d'écarter l'effet rétroactif de l'acceptation pour prendre en considération en toute hypothèse la dernière date pertinente[1] afin de reporter le point de départ au jour où le demandeur pouvait effectivement agir.

235. Il reste que l'adoption d'un tel raisonnement par la Cour de cassation, qui offre une large part à la manifestation de volonté des parties conduit à multiplier les solutions divergentes.

La Cour de cassation opère en effet une première distinction selon que la demande de renouvellement se fait à l'initiative du bailleur ou à l'initiative du preneur. Dans la première hypothèse, c'est-à-dire lorsque le bailleur a délivré un congé au preneur accompagné d'une offre de renouvellement moyennant modification du prix, elle fait incontestablement du jour de la prise d'effet du nouveau bail le point de départ de la prescription[2]. Dans la seconde hypothèse, c'est-à-dire en cas de demande de renouvellement du bail par le preneur, la Cour de cassation opère une sous-distinction selon que l'accord du bailleur a été obtenu à une date antérieure ou postérieure à la prise d'effet du renouvellement. Dans le premier cas, lorsque l'acceptation du renouvellement a eu lieu avant la prise d'effet du nouveau bail, elle considère désormais, après avoir jugé le contraire[3], que le point de départ se situe au jour de prise d'effet du nouveau bail[4]. Dans le second cas, lorsque l'acceptation du renouvellement a eu lieu postérieurement à la prise d'effet du nouveau bail, elle distingue encore selon que l'acceptation a été expresse, auquel cas elle fait de la date d'acceptation par le bailleur du principe du renouvellement le point de départ de la prescription[5], ou tacite, auquel cas elle fixe le point de départ de la prescription à la date d'expiration du délai de trois mois dont dispose le bailleur pour accepter ou refuser le renouvellement[6].

Aussi, si l'on s'en tient à l'observation du droit positif actuel, on peut relever pas moins de quatre cas de figure différents : l'action en fixation du prix du bail renouvelé consécutivement à un congé donné par le bailleur avec offre de renouvellement moyennant fixation d'un nouveau loyer (jour de la prise d'effet du nouveau bail) ; l'action en fixation du prix du bail renouvelé consécutive à une acceptation par le bailleur de la demande de renouvellement faite par le preneur antérieurement à la date de prise d'effet du nouveau bail (jour de la prise d'effet du nouveau bail) ; l'action en fixation du prix du bail renouvelé consécutive à une acceptation expresse par le bailleur de la demande de renouvellement faite par le preneur postérieurement à la date de prise d'effet du nouveau bail (date d'acceptation par le bailleur du principe du renouvellement) ; l'action en fixation du prix du bail renouvelé consécutive à une acceptation tacite par le bailleur de

1. L. Ruet, note sous Cass. civ. 3e, 29 novembre 2006, *Bull. civ.* III, n° 238, *Defrénois*, 2007, art. 38560.

2. Cass. civ. 3e, 28 février 1979, *Bull. civ.* III. n° 51 ; 2 octobre 1996, *Bull. civ.* III, n° 201 ; 8 janvier 1997, *Bull. civ.* II, n° 7 ; 1er juillet 1998, *Bull. civ.* III, n° 149 ; Aix-en-Provence, 13 juin 2002, *Juris-Data* n° 2002-185610 ; Paris, 13 décembre 2006, *Juris-Data* n° 2006-324730.

3. Cass. civ. 3e, 17 déc. 2002, pourvoi n° 01-1126, *Gaz. Pal.*, 14 juin 2003, note critique J.-D. Barbier.

4. Cass. civ. 3e, 30 juin 2004, préc. *Adde* Cass. civ. 3e, 29 juin 2005, *Bull. civ.* III, n° 145, *Loyers et Copropriété*, Novembre 2005, comm. 204 par P.-H. Brault, *Gaz. Pal.*, 10 décembre 2005, p. 19, note J.-D. Barbier, *D.*, 2005, *AJ*, p. 2000, obs. Y. Rouquet ; Montpellier, 4 juin 1997, *Juris-Data* n° 1997-034102 ; 1er mars 2006, *Juris-Data* n° 2006-309456 ; Paris, 26 octobre 2011, *Loyers et Copropriété*, février 2012, comm. 45, note E. Chavance.

5. Civ. 3e, 29 novembre 2006, préc. *Contra*, Paris, 11 juin 1999, *Juris-Data* n° 1999-023506

6. Aix-en-Provence, 29 mai 1997, *Juris-Data* n° 1997-043625 ; cass. civ. 3e, 2 juillet 1997, pourvoi n° 95-21060 ; Paris, 7 novembre 1997, *Juris-Data* n° 1997-023413.

la demande de renouvellement faite par le preneur postérieurement à la date de prise d'effet du nouveau bail (date d'expiration du délai de trois mois dont dispose le bailleur pour accepter ou refuser le renouvellement) ! En termes de sécurité juridique, l'existence de quatre points de départ différents pour une seule et même action selon l'origine de la demande de renouvellement ne saurait assurément être satisfaisante.

236. Cette série de solutions démontre à l'envie les difficultés de mise en œuvre des principes généraux régissant la détermination du point de départ de la prescription. Cette difficulté n'est d'ailleurs pas propre à la prescription de l'action visant à l'établissement d'un droit. Une même multiplicité de solutions se retrouve en effet lorsque c'est l'exécution d'une obligation qui est recherchée.

§ 2 - L'ACTION EN EXÉCUTION D'UNE OBLIGATION : L'EXEMPLE DE L'ACTION EN PAIEMENT D'UNE CRÉANCE CONTRACTUELLE

237. L'action en paiement d'une créance contractuelle constitue assurément l'archétype de l'action en exécution d'une obligation[1]. En la matière, la jurisprudence a très clairement érigé l'exigibilité de la créance en critère de détermination du point de départ de la prescription (A). Mais le choix d'un tel critère n'a fait que déplacer la difficulté, la détermination de la date d'exigibilité soulevant d'innombrables difficultés, comme le démontrent notamment les vicissitudes jurisprudentielles relatives à la fixation du point de départ de la prescription du délai pour agir en paiement à l'encontre de l'emprunteur prévu par l'article L. 311-52 du Code de la consommation (B).

A. La fixation du point de départ de la prescription à la date d'exigibilité de la créance

238. Il n'est aujourd'hui plus guère contesté que la prescription de l'action en paiement d'une créance contractuelle court non pas du jour de la naissance de la créance mais du jour où elle devient exigible. La Cour de cassation juge en effet de façon constante que « le point de départ du délai à l'expiration duquel une action ne peut plus s'exercer se situe à la date d'exigibilité de l'obligation qui lui a donné naissance »[2], au point d'ailleurs que cette dernière date était usuellement présentée jusqu'à la réforme du 17 juin 2008 comme le point de départ de principe de la prescription[3]. La solution s'explique logiquement par l'impossibi-

1. Elle sera en conséquence l'objet exclusif des développements qui suivent, mais les solutions qui en résultent peuvent aisément être transposées à l'ensemble des actions en exécution d'obligations contractuelles.

2. La formule jurisprudentielle est devenue classique, au point d'être qualifiée de « règle » par la Cour de cassation elle-même : civ. 1re, 9 décembre 1986, *Bull. civ.* I, n° 293 ; 16 juin 1987, *Bull. civ.* I, n° 200 ; 30 mars 1994, *Bull. civ.* I, n° 126 ; 4 juin 1996, *Bull. civ.* I, n° 238 ; 9 décembre 1997, *Bull. civ.* I, n° 366 ; 9 juin 1998, *Bull. civ.* I, n° 206 ; 9 mars 1999, *Bull. civ.* I, n° 85 ; 1er juin 1999, *Bull. civ.* I, n° 186 ; 27 juin 2000, pourvoi n° 98-14817 ; 14 novembre 2001, pourvoi n° 99-18053 ; 10 décembre 2002, *Bull. civ.* I, n° 305 ; 4 février 2003, *Bull. civ.* I, n° 41 ; 4 mars 2003, pourvoi n° 01-00011 ; 18 mars 2003, pourvoi n° 00-22200 et 01-00928 ; 1er avril 2003, pourvoi n° 00-20367 ; ass. plén., 6 juin 2003, *Bull.* ass. Plen., n° 6 ; civ. 1re, 4 mai 2004, pourvoi n° 02-19478 ; 4 janvier 2005, pourvoi n° 03-11843 ; 18 janvier 2005, *Bull. civ.* I, n° 30 ; 30 mars 2005, *Bull. civ.* I, n° 159 ; 24 janvier 2006, pourvoi n° 04-13458 ; 13 juin 2006, pourvoi n° 04-13784 ; civ. 3e, 14 juin 2006, *Bull. civ.* IV, n° 151.

3. B. Starck, H. Roland, L. Boyer, *Droit civil, Obligations*, 2. *Contrat et quasi-contrat - Régime géné-*

lité pour le créancier d'agir avant cette date, qui marque la naissance de l'action en justice.

Mais, le concept d'exigibilité doit encore être précisé. En effet, si la notion revêt « l'apparence de la simplicité »[1], elle n'a cependant que rarement été abordée de front par la jurisprudence[2] : seul un arrêt de la Cour d'appel de Dijon a tenté d'en poser une définition en analysant l'exigibilité comme « le droit de contraindre le débiteur au paiement sans qu'aucun obstacle, aussi bien temporaire que perpétuel, l'en empêche »[3]. L'exigibilité a ainsi partie liée avec la possibilité pour le créancier d'exiger, si besoin par la contrainte, l'accomplissement par le débiteur de la prestation due[4]. Elle « permet d'individualiser la prise d'effets des prescriptions et des obligations contractuelles »[5] et cristallise le moment où l'*haftung*, pouvoir de contrainte, se rajoute au *schuld*, devoir d'exécution, pour faire accéder le créancier à la plénitude de ses prérogatives juridiques.

Mais, si le couple exigibilité-contrainte semble se dessiner, il reste que la notion est rarement distinguée des notions voisines de certitude et liquidité[6], au point d'ailleurs qu'on peut se demander si ces deux qualités conditionnent à leur tour le décompte du délai pour agir.

239. Sous cet aspect, le point de savoir si la liquidité de la créance est une condition du décompte de la prescription divise la doctrine : bien qu'on ait pu faire valoir que « l'entrave au paiement tiré d'un défaut de liquidité n'empêche pas la prescription de courir »[7], la liquidité de la créance est parfois à l'inverse présentée comme une condition du décompte de la prescription[8]. Telle semble d'ailleurs également être la position de la Cour de cassation. Elle a en effet eu l'occasion de se prononcer sur la question, dans une hypothèse relative à la prescription de l'action en paiement d'une créance due en application d'une clause de participation aux bénéfices de l'assureur stipulée dans un contrat d'assurance. En l'espèce, alors que la créance de participation était exigible par l'assuré au terme d'un délai

---

ral, Litec, 2ᵉ éd., p. 791, nº 2211 ; G. Marty, P. Raynaud, P. Jestaz, *Droit civil, Les obligations*, Sirey, 2ᵉ éd., 1989, T. II, *Le régime*, p. 293, nº 334 ; H.L.J. Mazeaud, F. Chabas, *Leçons de droit civil, Obligations, Théorie générale*, Montchrestien, 8ᵉ éd., p. 1214, nº 1176 ; P. Malaurie, L. Aynès, P. Stoffel-Munck, *Les obligations*, Defrénois, 3ᵉ éd., p. 690, nº 1207 ; P. Malinvaud et D. Fenouillet, *Droit des obligations*, Litec, 12ᵉ éd., 2012, p. 698, nº 893 ; J. Flour, J.-L. Aubert, Y. Flour, E. Savaux, *Droit civil, Les obligations*, 3. *Le rapport d'obligations*, Sirey, 6ᵉ éd., 2009, p. 422, nº 488 ; J. François, *Droit civil*, T. IV, *Les obligations, Régime général*, Economica, 2ᵉ éd, p. 154, nº 158 ; F. Terré, P. Simler, Y. Lequette, *Droit civil, Les obligations*, Précis Dalloz, 9ᵉ éd., p. 1402, nº 1490 ; A. Bénabent, *Les obligations*, Montchrestien, 10ᵉ éd., p. 620, nº 899 ; J. Carbonnier, *Droit civil*, 2. *Les biens, Les obligations*, préc., p. 2515, nº 1271.

1. B. Grimonprez, *De l'exigibilité en droit des contrats*, préf. C. Ophèle, LGDJ, Coll. Faculté de droit de sciences sociales de Poitiers, 2006, p. 3, nº 2.

2. V. en revanche en doctrine, pour des études d'ensemble de la notion : E. Putman, *La formation des créances*, thèse Université Aix-Marseille, 1987, spéc. T. III ; J.-C. Boulay, « Réflexion sur la notion d'exigibilité de la créance », *RTD com.*, 1990, p. 339 s. ; B. Grimonprez, thèse préc.

3. Dijon, 21 avril 1910, *DP*, 1913, II, 76, rapp. *in* B. Grimonprez, thèse préc., p. 5, nº 3.

4. V., liant nettement exigibilité et pouvoir de contrainte : J.-C. Boulay, art. préc., spéc. p. 362 s., nº 70 s. L'exigibilité a cependant parfois pu être distinguée du pouvoir de contrainte. Ainsi, E. Putman distingue le droit du créancier de réclamer le paiement sans qu'un obstacle juridique ne s'y oppose, qui est l'exigibilité, et le droit d'obtenir le paiement par la contrainte qui est la conséquence du caractère exécutoire de la créance (p. 604, nº 503).

5. T. Revet, art. préc., spéc. p. 30.

6. E. Putman, thèse préc., T. III, spéc. p. 671, nº 571 : « les trois caractères de certitude, de liquidité et d'exigibilité sont associés de manière traditionnelle comme les trois conditions inséparables à la faveur desquelles la créance peut faire l'objet d'un paiement ».

7. B. Grimonprez, thèse préc., p. 94, nº 91.

8. A. Bénabent, *Les obligations*, Montchrestien, 12ᵉ éd., 2010, p. 642, nº 903.

de 40 jours après l'accord de règlement du dernier sinistre resté en suspens, elle n'était devenue liquide que quelques mois plus tard, suite à la signature d'un avenant ayant chiffré le montant de la créance en cause. Autrement dit, au jour où la créance était devenue exigible, son montant ne pouvait pas encore être déterminé. Elle n'était donc pas encore liquide. Dans ce contexte, l'assureur avait tenté de faire valoir que l'action en paiement dirigée à son encontre était atteinte par la prescription biennale prévue par l'article L. 114 du Code des assurances, plus de deux ans s'étant écoulés depuis que la créance était devenue exigible. Un tel raisonnement a cependant été explicitement rejeté par la Cour de cassation, qui a approuvé la cour d'appel d'avoir déclaré l'action non prescrite et accueilli la demande au motif que « la prescription n'avait pu commencer à courir, s'agissant d'une créance à recouvrer que du jour où celle-ci était devenue exigible et liquide », c'est-à-dire au « jour où l'ensemble des éléments nécessaires à son calcul avaient été déterminés »[1]. En se référant à un tel événement, la Cour de cassation semble faire de la liquidité de la créance une condition du cours de la prescription[2].

240. Un même principe semble d'ailleurs sous-tendre la manière dont la jurisprudence appréhende la délicate question de la prescription de la rémunération supplémentaire d'invention de salarié. Il faut rappeler que l'article L. 611-7 du Code de la propriété intellectuelle dispose que les inventions faites par des salariés dans le cadre d'une mission inventive qui leur a été confiée par leur employeur donnent lieu à une rémunération supplémentaire du salarié inventeur.

À défaut de précision légale, le débat s'est rapidement porté sur le point de départ de la prescription de l'action en paiement alors ouverte au salarié[3]. Il faut d'emblée relever qu'en la matière, la détermination de la date d'exigibilité ne soulève pas de réelle difficulté. En effet, les conventions collectives prévoient le plus souvent un délai minimum d'exploitation au-delà duquel le salarié est libre d'exiger le paiement de la rémunération supplémentaire qui lui revient. Mais ce droit d'exiger le paiement peut demeurer bien théorique si le salarié n'est pas en possession des éléments lui permettant de calculer le montant de sa rémunération. Dans cette hypothèse, la créance, bien qu'exigible, n'est pas liquide. La difficulté consiste alors à déterminer si ce défaut de liquidité, ou pour le dire autrement l'indétermination du montant de la créance, est de nature à avoir une influence sur le point de départ de la prescription.

Sous cet aspect, le moins que l'on puisse dire est que la jurisprudence ne brille pas par sa limpidité. Rarement une question aura suscité une telle instabilité jurisprudentielle. Ainsi qu'il a été relevé, « de 2002, à 2005, la jurisprudence fournit au choix cinq solutions différentes au problème du délai de prescription

---

1. Cass. civ. 1re, 9 décembre 1997, *Bull. civ.* I, n° 354. Dans le même sens, s'agissant d'une action en paiement de sommes dues au titre de la participation aux fruits de l'expansion de l'entreprise, Cass. soc., 26 octobre 2011, *Bull. civ.* V, n° 244 : « la prescription de cinq ans ne s'applique pas lorsque la créance, même périodique, dépend d'éléments qui, comme en l'espèce pour la participation aux fruits de l'expansion de l'entreprise, ne sont pas connus du bénéficiaire » ; dans le même sens, à propos de la subvention de fonctionnement due au comité d'entreprise : Cass. soc., 1er février 2011, *Bull. civ.* I, n° 44.

2. La créance liquide et celle « qui est déterminée avec certitude (claire) dans son montant, chiffrée, ce qui suppose qu'elle est d'abord certaine en son principe » (*Vocabulaire juridique G. Cornu*, Association Henri Capitant, PUF).

3. Il faut préciser qu'une incertitude sur le délai de prescription avait également pu être soulevée, la jurisprudence ayant opté pour la prescription quinquennale de l'ancien article 2277 du Code civil (Cass. soc, 5 mai 2004, pourvoi n° 02-13318) là où une réponse ministérielle semblait favorable à la prescription trentenaire (J.-P. Martin, « La prescription en matière de rémunération supplémentaire d'invention de salarié : à propos de la réponse ministérielle du 18 avril 2006 », *JCP* S, 2006, 1689).

et de son point de départ, dont deux arrêts diamétralement opposés de la Cour de cassation et des décisions contraires rendues à dix-huit mois d'intervalle par les mêmes magistrats de la même section de la même chambre du tribunal de grande instance de Paris »[1] !

En dépit de ces inconstances, il semble néanmoins que la jurisprudence s'oriente vers la prise en considération de l'impossibilité de déterminer le montant de la rémunération attendue dans la fixation du point de départ de la prescription[2]. En effet, après avoir dans un premier temps adopté une formulation bien énigmatique en faisant valoir que « le point de départ du délai de prescription correspondait au jour où le bénéficiaire avait connaissance de l'événement ouvrant droit aux gratification »[3], formule qui semblait faire référence au jour où l'employeur avait informé son salarié de son intention d'exploiter l'invention, la Cour de cassation a dans un second temps posé en principe que « la prescription quinquennale n'atteint les créances que si elles sont déterminées et qu'il n'en est pas ainsi lorsque leur fixation fait l'objet d'un litige entre les parties »[4]. Sans doute la Cour de cassation aurait-elle mieux fait d'affirmer, non pas que la prescription n'était pas applicable[5], mais que le point de départ du cours de celle-ci devait être retardé au jour où la détermination du montant de la créance de rémunération était devenu possible. C'est d'ailleurs ce que laissait entendre un arrêt rendu par la Cour d'appel de Paris le 28 avril 2004 en précisant que la prescription ne pouvait commencer à courir que lorsque tous les critères permettant l'évaluation de la rémunération supplémentaire avaient été communiqués au salarié[6].

Ainsi, en dépit de maladresses rédactionnelles, la jurisprudence fait assurément du caractère déterminable de la créance de rémunération une condition du décompte de la prescription[7], qui ne peut dès lors courir que de la « date à laquelle l'employeur a communiqué au salarié tous les éléments comptables nécessaires pour évaluer l'étendue de l'exploitation, ce qui suppose qu'il ait fourni au salarié inventeur les bases chiffrées nécessaires à la détermination de la rémunération supplémentaire qu'il revendique »[8]. Concrètement, cela impliquera que l'employeur « non seulement communique à l'inventeur les critères d'évaluation qu'il a employés mais qu'il indique également comment il les a employés »[9]. Une

---

1. J.-P. Martin, « Rémunération supplémentaire d'invention de salarié : vers un délai de prescription trentenaire ? », *Propr. Industr.* 2005, Étude 20. V. également, dénonçant une jurisprudence mouvante : M. Touroude et M. Cercle, « L'invention de mission ouvrant droit à une rémunération supplémentaire des inventeurs salariés », *Gaz. Pal.*, 31 mars 2009, p. 30 s.

2. V. également pour une hypothèse voisine : Cass. soc., 9 avril 2008, *JCP* S, 2008, 1478, note S. Brissy, dans lequel la Cour de cassation refuse de faire jouer la prescription quinquennale au motif que le montant de la créance de rappel de salaire dont le salarié demandait le paiement « dépend[ait] d'éléments qui ne sont pas connus de lui et qui en particulier d[evaient] résulter de déclarations que le débiteur est tenu de faire ». La possibilité de déterminer l'étendue de la créance est ainsi prise en considération pour fixer le point de départ de la prescription.

3. Cass. soc., 5 mai 2004, pourvoi n° 02-13318.

4. Cass. com., 22 février 2005, *Bull. civ.* IV, n° 35, *Propr. Indust.* 2005, comm. 53, note P. Vignand.

5. La formulation peut cependant s'expliquer par le fait que le caractère déterminable de la créance était également une condition d'application même de la prescription quinquennale de l'ancien article 2277 du Code civil (v. *infra*, n° 255 s).

6. Paris, 28 avril 2004, *Juris-Data* n° 2004-246450. V. égal., Paris, 13 mai 2005, cité, *in* J.-P. Martin, « Rémunération supplémentaire d'invention de salarié : vers un délai de prescription trentenaire ? », art. préc.).

7. J. Raynard, « Prescription de la rémunération supplémentaire : rien ne sert de courir… », *Propr. Indust.*, 2006, comm. 91.

8. J.-P. Martin, « La prescription en matière de rémunération supplémentaire d'invention de salarié : à 8 de la réponse ministérielle du 18 avril 2006 », *JCP* S, 2006, 1689.

9. P. Vignand, « Tsunami sur l'invention de mission, » note sous Cass. com., 22 février 2005, *Propr. Indust.* 2005, comm. 53. Add., J. Raynard, obs. sous Cass. soc. 5 mai 2004, *D.*, 2005, p. 962.

telle obligation pesant sur l'employeur risque d'ailleurs en pratique bien souvent d'aboutir à une imprescriptibilité de fait, l'employeur ignorant lui-même lesdits critères[1].

La solution semble cependant largement adoptée, le tribunal de grande instance de Paris ayant également eu l'occasion d'affirmer que « la prescription quinquennale ne saurait jouer que lorsque le salarié est en possession de tous les éléments lui permettant d'évaluer la rémunération qui lui reste due »[2]. La formule a depuis été reprise par la Cour de cassation[3]. Elle n'est d'ailleurs pas sans rappeler celle déjà utilisée à propos du point de départ de la prescription de l'action en paiement de la créance de participation pour laquelle la Cour avait évoqué le « jour où l'ensemble des éléments nécessaires à son calcul avaient été déterminés »[4]. La jurisprudence tend donc de façon générale à reporter le point de départ de la prescription de l'action en paiement au jour où la créance est devenue liquide, ou à tout le moins, liquidable.

Mais, sur cette voie, il faut alors s'interroger sur l'incidence du caractère incertain de la créance sur le décompte de la prescription. En effet, la certitude d'une créance est classiquement présentée comme une condition de sa liquidité[5]. Par suite, la créance devant, on vient de le voir, être liquide pour que la prescription puisse courir, faut-il en déduire qu'elle doit également être certaine ? Pour y répondre, il faut déjà préciser la notion de certitude, intrinsèquement ambiguë. Au fond, elle peut être employée pour désigner aussi bien une créance dont l'existence est objectivement incertaine qu'une créance dont la réalité serait simplement contestée par un débiteur qui estimerait ne rien devoir[6]. La première acception renvoie à l'hypothèse d'une créance éventuelle ou encore conditionnelle. Elle sera examinée sous cet angle. La seconde acception renvoie à l'hypothèse dans laquelle une contestation - plus ou moins sérieuse - se serait élevée sur le montant ou l'existence de la créance. Une telle incertitude serait-elle alors de nature à empêcher la prescription de courir en reportant son point de départ au jour où l'incertitude aura été levée ? Certes, on a pu avancer que la contestation ferait obstacle à l'exigibilité de la créance[7]. Mieux, la Cour de cassation elle-même a pu refuser de considérer comme exigible la créance contestée[8]. Il est d'ailleurs devenu d'usage

---

1. P. Vignand, note préc.

2. TGI Paris, 1er février 2006, *Propr. Indust.*, 2006, comm. 91, note J. Raynard. V. déjà TGI Paris, 5 avril 2006, *Propr. Indust.*, 2006, comm. 91, note J. Raynard.

3. Cass. soc., 26 janvier 2012, pourvoi nº 10-13825 : « le délai de prescription d'une créance de rémunération court à compter de la date à laquelle le salarié a connaissance des éléments ouvrant droit à une rémunération », 12 juin 2012, pourvoi nº 11-21990.

4. Cass. civ. 1re, 9 décembre 1997, *Bull. civ.* I, nº 354. V. *supra*, nº 239.

5. *Vocabulaire juridique G. Cornu*, Association Henri Capitant, PUF, *Vº liquidité* : La créance liquide et celle « qui est déterminée avec certitude (claire) dans son montant, chiffrée, ce qui suppose qu'elle est d'abord certaine en son principe ». V. également, J. Carbonnier, *Droit civil*, T. 2, *Les biens, les obligations*, préc., p. 2487, nº 1253 : « une dette n'est liquide qu'autant qu'elle est claire et certaine à la fois dans son existence (liquidité an : est-ce que [la dette existe] ?) et dans son montant (liquidité *quantum*) ».

6. Sur ce double sens de la notion, v. E. Putman, thèse préc., T. III, spéc. p. 611, nº 510 et 511.

7. E. Putman, Ibid., spéc. p. 615, nº 519 : « la certitude, ou pour mieux dire, le caractère non sérieusement contestable de la créance, est donc une condition de l'exigibilité, entendue comme le droit de réclamer le paiement sans qu'un obstacle juridique s'y oppose ». V., *contra*, B. Grimonprez, thèse préc., p. 91, nº 88 : « le litige portant sur la réalité de la dette n'empêche pas l'exigibilité de s'installer. Rien ne justifie que le droit du créancier, en raison d'une contestation du débiteur, change dans ses modalités ».

8. Cass. com., 22 février 1994, *JCP* G, 1994, I, 3799, nº 1, obs. P. Pétel. La portée de l'arrêt doit cependant être relativisée. En effet, rendu en matière de procédure collective, la détermination du caractère exigible ou non de la créance n'avait finalement comme utilité que de déterminer le montant du passif exigible, pour fixer la date de cessation des paiements. Or, on sait qu'en ce domaine, il n'est pas rare que la Cour de cassation adopte une attitude pragmatique, au détriment parfois des concepts juridiques.

de distinguer le point de départ de la prescription selon que l'action vise la reconnaissance de la créance ou le paiement d'une créance déjà établie[1]. Il reste qu'on ne perçoit pas réellement ce qui justifierait que l'existence d'une contestation – même sérieuse – permette de reporter le point de départ de la prescription de l'action en paiement. En effet, autant l'on conçoit que l'absence de liquidité puisse constituer un obstacle à l'exercice effectif de ses droits par le créancier, autant on peine à admettre que l'existence d'une contestation doive produire le même effet : bien au contraire, celle-ci devrait conduire le créancier à saisir au plus vite les tribunaux, afin de mettre fin à l'incertitude née de la contestation. D'ailleurs, même les auteurs liant indéfectiblement certitude et exigibilité refusent d'en déduire une quelconque conséquence sur le terrain de la prescription, considérant que la contestation portant sur la certitude de la créance n'empêche pas la prescription de courir[2]. Dès lors, si certitude et exigibilité sont intimement liées, certitude et point de départ de la prescription ne le sont pas, de sorte que c'est une exigibilité amputée de l'une de ses composantes qu'il faut prendre en considération pour faire courir la prescription.

241. Une fois les rapports qu'entretient l'exigibilité avec la certitude et la liquidité ainsi précisés, la détermination du point de départ de la prescription de l'action en paiement n'apparaît pas pour autant toujours avec évidence. À l'analyse, et à rebours de l'intuition commune, « la détermination de l'exigibilité regorge de subtilités »[3]. Aussi, les modalités de détermination de la date d'exigibilité des créances contractuelles, qui fait en principe courir la prescription de l'action en paiement, doivent être précisées (1). Il faudra alors constater la spécificité du point de départ de la prescription de l'action en paiement de créances successives (2), avant d'observer comment l'existence de sûretés grevant la créance peut venir perturber la détermination du point de départ de la prescription de l'action en paiement (3).

1. *La détermination de la date d'exigibilité de la créance*

242. La notion d'exigibilité renvoie à un ensemble de situations disparates. Dans cet ensemble, il faut alors distinguer selon que l'exigibilité résulte des stipulations contractuelles (a), découle de la nature de la prestation (b) ou se trouve sous la dépendance de l'un des contractants (c).

a. *L'exigibilité résultant des stipulations contractuelles*

243. La date d'exigibilité s'entend du jour où l'on peut demander paiement, ce qui suppose déjà, à tout le moins, que le droit soit né. Elle ne peut donc par

1. J. Flour, J.-L. Aubert, E. Savaux, *Droit civil, Les obligations*, 3. *Le Rapport d'obligation*, Sirey, 7e éd., 2011, p. 449, no 488 ; J. Carbonnier, *Droit civil*, T. 2, *Les biens, les obligations*, préc., p. 2520, no 1275 ; E. Putman, thèse préc., T. III, spéc. p. 661, no 561. Cette distinction ne semble cependant pas réellement adoptée par la jurisprudence.

2. E. Putman, thèse préc., T. III, spéc. p. 733, no 524.

3. B. Grimonprez, thèse préc., p. 164, no 161. V. également E. Putman, thèse préc., T. III, spéc. p. 603, no 502, qui souligne que, si la notion d'exigibilité apparaît comme « une notion évidente, qui se passe de définition ou ne peut recevoir qu'une définition tautologique, celle d'exiger le paiement, (...) le fait qu'un code moderne [*i. e.* le Code général des impôts] ait éprouvé le besoin de définir l'exigibilité, vient contredire cette impression ».

hypothèse jamais être antérieure au jour de conclusion du contrat[1]. Mais elle ne saurait pas davantage dépendre de l'exécution de la prestation qui sert de cause à l'obligation de payer[2]. En réalité, la détermination de la date d'exigibilité résulte directement des stipulations contractuelles[3], de ce que les parties ont prévu, bref, du terme contractuel qu'elles ont assigné à leurs obligations respectives. Un tel terme pourra toutefois être anticipé par l'effet d'une déchéance du terme[4] ou prorogé conventionnellement ou judiciairement, par l'effet d'un report du terme ou d'un délai de grâce par exemple[5]. Dans toutes ces hypothèses, le point de départ de la prescription sera avancé ou retardé d'autant[5 bis].

---

1. 1. Cass. civ. 3e, 14 juin 2006, *Bull. civ.* III, nº 151: cassation au motif que « la prescription ne pouvait avoir commencé à courir avant la date de la vente » de l'arrêt d'une cour d'appel qui avait cru pouvoir fixer le point de départ de la prescription de l'action intentée par des co-indivisaires en paiement d'une partie du prix de vente par l'un des indivisaire au jour de la reconnaissance par ce dernier de leur droit de propriété. Il faut alors préciser que, lorsque la vente est conclue pour un prix déterminable au sens de l'article 1592 du Code civil, c'est le dépôt du rapport d'expertise fixant le prix qui marquera le point de départ de la prescription de l'action en paiement du prix du vente (Cass. com., 24 mars 1998, pourvoi nº 96-12469, à propos d'une cession d'actions).

2. Cass. com., 26 septembre 2006, pourvoi nº 04-13389, reprochant à une cour d'appel d'avoir fait courir la prescription de l'action en paiement de la « date des prestations (…) dont le paiement est sollicité » sans avoir recherché « eu égard aux stipulations contractuelles, la date d'exigibilité de la créance (…) fixant le point de départ de la prescription applicable ». *Contra.* B. Grimonprez, thèse préc., p. 162 s., nº 156 s., considérant qu'il existerait un ordre naturel des prestations dans le contrat, et que seule l'exécution préalable de la première prestation serait de nature à déclencher l'exigibilité de la créance en sens inverse. L'auteur en déduit que l'arrivée du terme conventionnel de ladite créance ne suffit pas à rendre exigible la prestation en l'absence d'exécution de la prestation symétrique. Il en conclut que le point de départ de la prescription ne devrait pas être celui du terme contractuel, mais celui de l'exécution corrélative (spéc. p. 163, nº 159, note 1077).

3. À ce titre, les stipulations peuvent également renvoyer à des normes professionnelles. La Cour de cassation admet ainsi que la référence faite par les parties à une norme Afnor puisse aménager la date d'exigibilité de la créance et, partant, le point de départ de la prescription, Cass. civ. 3e, 29 mars 2011, *Const. Urb.*, 2011, comm. 91, note C. Sizaire, *RDI*, 2011, p. 444, obs. C. Charbonneau, *JCP* E, 2012, 1073, spéc. nº 7, obs. P. Casson : « pour déclarer irrecevable comme prescrite la demande en paiement formée par la société EJL, l'arrêt retient qu'il ne peut être considéré que la norme Afnor P 03001 constitue une dérogation aux dispositions de l'article L. 110-4 du code de commerce, que la société EJL ne peut valablement prétendre qu'une telle norme retarderait l'exigibilité du paiement de ses factures à la date de la réception des travaux et que les demandes tendant à la constatation de la réception des travaux sont inopérantes ; Qu'en statuant ainsi, alors que les parties peuvent librement décider de la date d'exigibilité du paiement des travaux exécutés en vertu d'un marché et qu'elle avait constaté que le marché passé entre la société EJL et la SNC faisait expressément référence à la norme Afnor P 03001 qui détermine les modalités de paiement des travaux après leur réception, la cour d'appel a violé les textes susvisés ». La liberté des parties en la matière peut cependant parfois être limitée par la loi. Ainsi, l'article L. 441-6 du Code de commerce issu de la loi de modernisation de l'économie du 4 août 2008 précise que « le délai convenu entre les parties pour régler les sommes dues ne peut dépasser quarante-cinq jours fin de mois ou soixante jours à compter de la date d'émission de la facture ». Dans le domaine des relations entre producteur, prestataire de services, grossiste ou importateur et acheteur de produits ou demandeur de prestation de services, le point de départ de la prescription sera donc nécessairement fixé au plus tard soixante jours après la date d'émission de la facture. La loi du 4 août 2008 précise également à l'article L. 443-1 que le délai de paiement de certains types de marchandise ne peut être supérieur à trente jours après la fin de la décade de livraison pour les achats de produits alimentaires périssables. Il faut alors remarquer que la loi, en multipliant les points de départ des délais de paiement (émission de la facture ou fin de mois pour le plafond conventionnel maximum de l'article L. 441-6 C. com., jour de réception ou d'exécution pour le délai supplétif de volonté de trente jours, jour de la réception de la livraison pour le délai prévu par l'article L. 443-1, tout en prévoyant que des accords interprofessionnels peuvent retenir comme point de départ la date de réception ou d'exécution de la prestation demandée… [sur ce point, v. M. Chagny, « Une (r)évolution du droit de la concurrence ?, À propos de la loi LME du 4 août 2008 », *JCP* G, 2008, I, 196, spéc. nº 22]) a nécessairement multiplié les dates d'exigibilité possibles, et donc les points de départ de la prescription, marqués par une profonde diversité.

4. Cass. civ. 3e, 1er juillet 1971, *Bull. civ.* III, nº 437.

5. La variété des hypothèses de déchéance ou de report du terme, témoignant de l'extrême mo-

244. De ce principe, découlent plusieurs solutions particulières prévues par le Code civil, qui ne sont en réalité que l'application de la règle énoncée. L'article 2233 (anc. art. 2257) prévoit ainsi que la prescription ne court pas à l'égard d'une créance qui dépend d'une condition, jusqu'à ce que la condition arrive, et à l'égard d'une créance à terme, jusqu'à ce que ce terme soit arrivé[1].

Les auteurs classiques se sont longuement interrogés sur le fondement de cette règle. Certains ont cru pouvoir la rattacher au jeu de l'adage *Contra non valentem*[2]. Une telle analyse a cependant été vivement critiquée par Baudry-Lacantinerie[3] qui a justement considéré que le principe « s'explique surtout en ce que l'inaction du créancier se justifie tout naturellement puisqu'il n'a pas à demander encore l'exécution de l'obligation et que le débiteur ne peut se tromper sur les causes de son inaction »[4]. L'impossibilité pour la prescription de courir à l'encontre d'une créance conditionnelle ou à terme découle ainsi de la nature même de l'événement qui sert de point de départ à la prescription de l'action : l'exigibilité étant classiquement définie comme « le caractère d'une dette dont le créancier est en droit de réclamer l'exécution immédiate, sans être tenu de respecter un terme, ni d'attendre l'accomplissement d'une condition suspensive »[5], faute d'arrivée du terme ou de la condition, la créance ne peut tout simplement être exigible, et la prescription ne peut donc pas courir. L'existence d'un terme ou d'une condition constituent ainsi par essence de véritables « causes d'empêchement »[6], des cas d'imprescriptibilité temporaire de la prescription qui reportent la fixation de son point de départ plus qu'elles n'en suspendent le cours.

---

bilité de l'échéance, a pu conduire à faire douter de l'opportunité de lier les notions d'exigibilité et d'échéance : J.-C. Boulay, « Réflexion sur la notion d'exigibilité de la créance », *RTD com.*, 1990, p. 339 s., spéc. p. 342 s., nº 9 s.

5 *bis*. V. par ex., pour le report du point de départ de la prescription de l'action en paiement au jour de la cessation des effets d'une ordonnance de référé ayant suspendu l'exécution des obligations du débiteur : cass. civ. 1re, 4 avril 1995, *Bull. civ.* I, nº 160.

1. Il faut préciser que l'exigence dépasse largement le seul droit civil. En effet, on la retrouve également en matière fiscale : en matière de droits d'enregistrement, lorsque l'exigibilité de l'impôt est affectée d'une condition suspensive, l'action de l'administration ne prend cours qu'au jour de réalisation de cette condition qui marque le point de départ de la prescription du délai de reprise (instr. 9 juillet 2008, *Dr. fisc.*, 2008, instr. 13941). La Cour de cassation en déduit par exemple que la prescription du droit de reprise de l'administration en cas de déchéance du régime de faveur des marchands de biens ne court que de l'expiration du délai imparti pour tenir l'engagement de revente (Cass. com., 31 octobre 2006, pourvoi nº 05-10396).

2. L. Guillouard, *Traité de la prescription*, Livre III, Titre XX du Code civil, Paris, 1900, T. I, p.115, nº 131 ; F. Laurent, *Principes de droit civil français*, Paris, 1878, 3e éd., T. XXXII, p. 33, nº 21 ; H. Gondard, *De la suspension de la prescription et de la règle «* Contra non valentem agere non currit praescriptio », Paris, 1904, spéc. p. 121.

3. C. Baudry-Lacantinerie et A. Tissier, *Traité théorique et pratique de droit civil, De la prescription*, Paris, 3e éd., 1905, p. 305, nº 390 qui critique la référence à *Contra non valentem* en ces termes : « Il nous paraît, dans tous les cas, bien certain que c'est à tort qu'on a prétendu que l'article 2257 est une application de l'ancienne règle *Contra non valentem non currit praescriptio*. C'est là une erreur. La règle *Contra non valentem* signifie que la prescription ne court pas contre celui qui est dans l'impossibilité de l'interrompre. Or, tel n'est pas la situation du créancier conditionnel ou à terme : (...) s'il ne peut pas, *pendente conditione aut die*, exercer contre le débiteur une action en justice tendant à obtenir une condamnation au paiement de la dette, il pourrait du moins obtenir de lui une reconnaissance volontaire ou forcée de son droit, et une semblable reconnaissance est interruptive de la prescription ».

4. C. Baudry-Lacantinerie et A. Tissier, *op. cit.*, p. 305, nº 390 ; v. égal. C. Villey, *De l'interruption et de la suspension de la prescription en matière civile*, Caen, 1876, spéc. p. 100.

5. *Vocabulaire juridique G. Cornu*, Association Henri Capitant, PUF.

6. M. Latina, *Essai sur la condition en droit des contrats*, préf. D. Mazeaud, LGDJ, 2009, p. 333, nº 435.

245. Sur cette voie, il faut également, *a fortiori*, admettre l'imprescriptibilité des créances, et plus généralement des droits éventuels. Certes, la question a pu être discutée. On a ainsi pu avancer que, les parties n'étant pas libres de créer des facultés imprescriptibles, le droit éventuel devait se trouver prescrit s'il ne s'était pas transformé en droit pur et simple à l'expiration du délai de prescription[1]. Mais le raisonnement ne résiste pas à l'analyse : la prescription ne saurait en effet courir contre un droit éventuel avant que l'événement en vue duquel la faculté a été établie se réalise, « parce que la prescription, par la nature même des choses, ne saurait exister là où aucun droit n'existe »[2]. L'essentiel des auteurs parvient à une conclusion identique[3]. La loi elle-même en dispose d'ailleurs ainsi dans une hypothèse particulière de droit éventuel, en prévoyant à l'article 2233 du Code civil que l'action en garantie ne saurait courir avant que l'éviction ait lieu[4]. La jurisprudence à son tour est venue reconnaître cette imprescriptibilité, aussi bien en présence d'une ouverture de crédit[5], qu'à propos d'un droit de préférence. Dans cette dernière hypothèse en effet, la Cour de cassation a censuré une cour d'appel qui avait fait courir la prescription du jour de la conclusion d'un pacte de préférence au motif que la bénéficiaire du pacte de préférence « avait été dans l'impossibilité absolue d'exercer les droits qu'elle tenait de cette convention tant que la promettante ne lui avait pas fait connaître sa décision de vendre »[6].

Il reste que la référence par la Cour de cassation à l'impossibilité d'agir, bien que suggérée par certains auteurs[7], demeure maladroite. En effet, ce n'est pas l'impossibilité d'agir, mais le caractère éventuel du droit qui guide la solution. Il n'est pas ici question de suspension - même *ab initio* - de la prescription, faute pour la prescription d'avoir pu commencer à courir avant la notification de la vente[8], mais de point de départ. En effet, comme le soulignait déjà Marcadé, « la suspension suppose une chose qui, en elle-même, est prescriptible, tandis qu'ici c'est précisément parce que la chose dont il s'agit, la simple espérance d'un droit futur, est forcément imprescriptible, que la prescription n'a pas lieu »[9].

246. Dès lors, l'imprescriptibilité des créances conditionnelles comme éventuelles participe d'une même logique : la prescription ne peut courir faute pour le droit d'exister et d'être exigible. Par suite, sous l'apparence d'une exception, l'article 2233 ne renferme en réalité qu'une application du principe dégagé :

---

1. R. Demogue, « De la nature et des effets du droit éventuel », *RTD civ.*, 1906, p. 231 s., spéc. p. 312.
2. V. Marcadé, *Explication du Code napoléon, De la prescription*, Paris, 6e éd., 1867, T. 12, art. 2257 III, spéc. p. 243, n° 221.
3. C. Baudry-Lacantinerie et A. Tissier, *op. cit.*, p. 140, n° 168 *bis* ; J.-M. Verdier, *Les droits éventuels, Contribution à l'étude de la formation successive des droits*, Préf. H. Mazeaud, Rousseau & Cie, 1953, spéc. p. 164, n° 195, réservant cependant l'hypothèse dans laquelle la survenance de l'événement dépend de la volonté du créancier éventuel ; M. Dagot, *Le pacte de préférence*, Litec, 1988, spéc. p. 122, n° 421 ; E. Putman, thèse préc., T. II, spéc. p. 510 n° 439.
4. Dans cette hypothèse, c'est le jugement ou l'arrêt qui condamne le détenteur à délaisser en tout ou partie ce qu'il a acquis qui marque le point de départ de la prescription (req., 18 juillet 1876, *S.*, 1877, 1, p. 313).
5. Cass. civ., 1er avril 1935, *Gaz. Pal.*, 1935, 1, 807.
6. Cass. civ. 1re, 22 décembre 1959, *JCP*, 1960, II, 11494, obs. P. Eismein, *RTD civ.*, 1960, p. 323, obs. J. Carbonnier.
7. M. Troplong, *Droit civil expliqué, Commentaire du Titre XX du Livre II du Code Napoléon, De la prescription*, T. 2, p. 371, n° 800.
8. P. Eismein, obs. sous Cass. civ. 1re, 22 décembre 1959, *JCP*, 1960, II, 11494 ; J. Carbonnier, note sous Cass. civ. 1re, 22 décembre 1959, préc., spéc. p. 325 ; M. Dagot, *Le pacte de préférence*, Litec, 1988, spéc. p. 123, n° 423.
9. V. Marcadé, *op. cit.*, spéc. p. 243, n° 221.

la prescription ne saurait courir contre une créance conditionnelle ou à terme, parce que la créance ne saurait être exigible avant la réalisation de la condition ou l'arrivée du terme.

Évidemment, la raison d'être de la règle marque aussi ses limites : dès lors que seule l'absence d'exigibilité de la créance conditionnelle justifie un report du point de départ de la prescription, l'article 2233 ne peut viser, bien qu'il ne le précise pas expressément, que l'hypothèse dans laquelle la créance est affectée d'une condition suspensive. L'existence d'une condition résolutoire ne saurait produire le même effet, faute de retarder l'exigibilité de la créance : dans cette hypothèse, la créance est née et l'action existe. L'ensemble des auteurs s'accordent d'ailleurs sur ce point[1]. Au surplus, ainsi qu'on l'a souligné, « il serait en effet pour le moins incohérent de considérer qu'une créance constituée sous condition résolutoire ne commence à se prescrire qu'à la date de l'arrivée de l'événement qui vient en supprimer l'existence… »[2] !

Si les directives posées par l'article 2233 permettent utilement de déterminer le point de départ de la prescription lorsque les parties ont fait dépendre leur créance d'une condition suspensive, ou lorsqu'elles ont stipulé un terme certain ou incertain, elles demeurent en revanche inaptes à permettre la détermination du point de départ de la prescription dans le silence des parties, obligeant à s'interroger sur la nature de la prestation.

b. *L'exigibilité résultant de la nature de la prestation*

247. En l'absence de stipulation contractuelle précise, l'exigibilité et, partant, le point de départ de la prescription, doivent-ils se confondre avec la date de naissance de l'obligation, faute de stipulation contraire ?

Bien qu'en théorie le paiement soit exigible dès la naissance de l'obligation, l'exigibilité de l'obligation ne se confond en pratique quasiment jamais avec sa naissance. Même en l'absence de stipulation contractuelle expresse, il résulte souvent de la nature des choses qu'un certain délai soit laissé au débiteur pour s'exécuter. Un contrat de prêt ou de dépôt par exemple, dont l'obligation de restitution serait immédiatement exigible n'aurait guère de sens[3]. D'ailleurs, dans de telles circonstances, l'octroi d'un délai est parfois légalement prévu. Ainsi l'article 1900 du Code civil, relatif aux obligations du prêteur, dispose-t-il que « s'il n'a pas été fixé de terme pour la restitution, le juge peut accorder à l'emprunteur un délai suivant les circonstances ». Comme l'a montré E. Putman, « la vision de l'exigibilité instantanée doit être tempérée par des considérations qui résultent de la nature des choses »[4]. Dès lors, « la concession d'un délai moral et normal au débiteur pourra résulter de la nature de la prestation promise, du lieu où doit se faire l'exécution, de la pratique habituelle des parties dans leurs relations d'affaires, ou des usages du commerce le cas échéant »[5].

---

1. C. Baudry-Lacantinerie et A. Tissier, *op. cit.*, p. 306, nº 391 ; L. Guillouard, *op. cit.*, p. 116, nº 132 ; J. Ghestin, M. Billau, G. Loiseau, *Traité de droit civil, Le régime des créances et des dettes*, LGDJ, 2006, p. 1147, nº 1123 ; F. Terré, P. Simler, Y. Lequette, *Droit civil, Les obligations*, Précis Dalloz, 10ᵉ éd., 2009, p. 1468, nº 1492.

2. M. Latina, thèse préc., p. 350, nº 464. V. cependant, l'article 2262 de l'*Avant projet de réforme du droit des obligations et de la prescription* proposait que la prescription ne coure pas à l'égard d'une créance conditionnelle « jusqu'à ce que la condition arrive ou défaille ».

3. B. Grimonprez, thèse préc., p. 33, nº 29.

4. E. Putman, thèse préc., T. III, spéc. p. 670, nº 670.

5. E. Putman, *Ibidem.*

La détermination de l'exigibilité en fonction de la nature de la prestation soulève cependant de délicats problèmes sur le terrain de la prescription : en effet si, lorsque les parties ont fixé un terme précis à leur obligations, que ce terme soit d'ailleurs certain ou incertain, la fixation du point de départ au jour de l'exigibilité, c'est-à-dire au jour de l'arrivée du terme, apparaît être un gage de sécurité juridique, il en va différemment lorsque le « délai de raison »[1] à l'issu duquel la créance pourra être considérée comme exigible et donc la prescription commencer à courir n'est pas déterminé. Dans cette hypothèse en effet, l'incertitude demeure, et la détermination du point de départ de la prescription sera subordonnée à l'établissement rétrospectif par le juge du temps qu'il était raisonnable de laisser au débiteur pour s'exécuter : le fond rejoint alors la procédure.

248. Le point de départ de la prescription doit-il alors, pour éviter ces difficultés, être reporté au jour de la mise en demeure du débiteur, manifestant la volonté du créancier d'obtenir paiement[2] ? Dit autrement, le fait que la créance soit exigible sans pouvoir être exigée jusqu'à la mise en demeure est-il de nature à faire obstacle au cours de la prescription ?

Il faut d'emblée réserver certaines hypothèses dans lesquelles le législateur, distinguant délai de reprise et délai de recouvrement, lie expressément le point de départ de la prescription de l'action en recouvrement à la mise en demeure[3], qui remplit alors une fonction bien spécifique[4]. Mais, en dehors de ces hypothèses, la mise en demeure ne saurait perturber la détermination du point de départ de la prescription de l'action en paiement. En effet, dès la survenance de l'événement de nature à emporter l'exigibilité, il ne dépend plus que du créancier de mettre en demeure son débiteur de remplir ses obligations, ce qu'il peut faire immédiatement : pourquoi alors reporter le point de départ de la prescription au jour de la mise en demeure effective qui ne dépendra que de la seule volonté du créancier[5] ? Préalable nécessaire à la sanction, la mise en demeure « n'est pas pour autant constitutive de l'inexécution »[6], qui ouvre seule l'action : l'exigible, qui suffit à faire courir la prescription, doit être distingué de l'exigé[7].

1. E. Putman, *Ibidem.*

2. La question n'a d'intérêt, évidemment, que dans les hypothèses dans lesquelles le créancier n'est pas dispensé de l'obligation de mettre en demeure son débiteur avant d'agir en justice pour obtenir paiement de ce qui lui est dû. À ce titre, on sait que l'obligation de mettre en demeure son débiteur est en plein déclin (Cass. ch. mixte, 6 juillet 2007, *LPA*, 25 janvier 2008, p. 15, note M. Latina, dispensant le créancier de mise en demeure dans une hypothèse où le contrat étant pourtant imprécis, le jour de livraison n'ayant pas été expressément prévu) au point qu'elle ne semble aujourd'hui plus s'imposer que dans les hypothèses où « l'exécution de l'obligation n'est pas inscrite dans un délai déterminé » On a ainsi pu affirmer que « l'absence d'incertitude sur l'exigibilité va de pair avec l'absence de mise en demeure » (X. Lagarde, « Remarques sur l'actualité de la mise en demeure », *JCP* G, 1996, I, 3974, spéc. nº 11 et 12).

3. Ainsi par ex., l'article L. 244-11 du Code de la sécurité sociale prévoit que l'action en recouvrement des créances dues par un employeur ou travailleur indépendant, qui doit être obligatoirement précédée d'une mise en demeure en application de l'article L. 244-2 du même code, ne peut courir qu'« à l'expiration du délai imparti pour la mise en demeure ». Pour des ex. d'application jurisprudentielle : Cass. soc., 7 décembre 1989, *Bull. civ.* V, nº 702 ; 3 juin 1999, *Bull. civ.* V, nº 258 ; 28 octobre 1999, *Bull. civ.* V, nº 426.

4. La mise en demeure remplit ici une double fonction : elle interrompt la prescription du délai de reprise, et marque le point de départ de la prescription de l'action en recouvrement. V. P. Morvan, « L'action en paiement de l'URSSAF », *Cahiers de droit de l'entreprise* nº 2, mars 2008, 12. V. également, reposant sur une logique similaire, l'article L. 1143-3 du Code rural.

5. V., soulignant que le report du point de départ de la prescription au jour de la mise en demeure laisserait le point de départ de la prescription sous la dépendance du bon vouloir du créancier, Colmar, 14 septembre 2006, *Juris-Data* nº 2006-131771.

6. X. Lagarde, « Remarques sur l'actualité de la mise en demeure », *JCP* G, 1996, I, 3974, spéc. nº 10.

7. V., cependant, pour une confusion des deux notions en jurisprudence pour apprécier l'existence

Il en va cependant autrement lorsque l'exigibilité ne peut être déterminée autrement que par référence à la volonté de l'une des parties de rendre la créance exigible.

c. *L'exigibilité provoquée par l'une des parties au contrat*

249. La détermination de la date d'exigibilité qui marque le point de départ de la prescription peut être compliquée par l'emprise que le débiteur (i) ou le créancier (ii) peut avoir sur sa fixation.

i. L'exigibilité sous la dépendance du débiteur de l'obligation

250. L'exigibilité peut être sous la dépendance du débiteur dont le comportement devra être pris en considération afin d'en déterminer la date[1]. Le contrat peut ainsi assigner à l'obligation un terme incertain et indéterminé, comme le jour où le débiteur « pourra » rembourser sa dette[2]. Dans une telle hypothèse en principe, la jurisprudence considère qu'« à défaut d'une date précise de remboursement stipulée dans la reconnaissance de dette, celle-ci devient exigible lorsque, par son comportement, le débiteur manifeste sa volonté de ne pas respecter ses engagements »[3], un tel événement marquant alors le point de départ de la prescription. Mais la détermination de l'exigibilité risque, sous cet aspect, de souvent se révéler litigieuse. À telle enseigne que seul le juge pourra alors y mettre un terme[4]. Le recours au juge est d'ailleurs parfois prévu par les textes eux-mêmes. Ainsi, l'article 1901 du Code civil permet au juge confronté au terme indéterminé d'un contrat de prêt de fixer un « terme de payement suivant les circonstances ». Mais le recours au juge afin qu'il impose un délai raisonnable au

---

de la cessation des paiements : Cass. com., 7 juillet 1992, *Rev. proc. coll.*, 1993, obs. Calendini : « le passif exigible comprend les seules dettes dont le paiement a été demandé par le créanciers » ; 28 avril 1998, *Defrénois* 1998, p. 948, obs. P. Le Cannu. Voir encore, pour cette référence au passif « exigible et exigé » : Paris, 11 octobre 2007, *Juris-Data* nº 2007-343961 ; 12 juin 2007, *Juris-Data* nº 2007-340886 ; Chambery, 2 décembre 2005, *Juris-Data* nº 2005-298956. Pour une critique doctrinale de cette confusion : Martineau-Bourgninaud, « La cessation des paiements notion fonctionnelle », *RTD com.*, 2002, p. 254 ; C. Delattre, « La notion de cessation des paiements : passif exigible ou exigé », *RJ com.*, 2001, p. 212 ; J. Besse, « Réflexions critiques sur la formule », *Rev. proc. coll.*, 2000, p. 39.

1. Il ne faut pas confondre l'hypothèse dans laquelle seule l'exigibilité de la créance est sous la dépendance du débiteur avec celle dans laquelle c'est l'existence même de la créance qui dépend de lui. Tel est notamment le cas de la créance de dividendes due par la société aux associés dont l'existence même dépend d'une manifestation de volonté de la société débitrice consistant dans la décision de l'assemblée générale de distribuer tout ou partie des bénéfices sous forme de dividendes. Dans ce cas, la prescription ne peut alors courir avant la décision de l'assemblée générale, qui marque à la fois la naissance et l'exigibilité de l'obligation de distribution : Cass. com., 19 septembre 2006, *Dr. soc.*, 2006, comm. 185, note J. Monnet.

2. On sait en effet que la jurisprudence admet la validité de ce type de stipulations : F. Terré, P. Simler, Y. Lequette, *op. cit.*, p. 1189, nº 1200.

3. Paris, 13 octobre 1966, *D.*, 1967, p. 618, note J. Moury. En l'espèce, le débiteur s'était obligé à rembourser la dette contractée « au fur et à mesure de ses entrées », avant de disparaître sans laisser d'adresse. C'est cette disparition qui déclenche selon la cour d'appel l'exigibilité de la créance.

4. B. Grimonprez, thèse préc., p. 127, nº 124. Il reste que, le plus souvent, lorsque le terme est incertain, l'action du créancier en vue de déterminer le moment de l'exigibilité vise déjà indirectement le paiement : de deux choses l'une en effet, soit le juge considère que la créance n'est pas exigible, et le créancier devrait effectivement réintroduire postérieurement une action en paiement, le date d'exigibilité fixée par le juge constituant alors le point de départ de la prescription d'une telle action, soit le juge se contentera de constater que la créance est déjà exigible, et d'accueillir en conséquence la demande en paiement simultanément formée par le créancier, si tant est que celle-ci ne s'avère pas alors prescrite.

débiteur pour exécuter ses engagements dépasse cette seule hypothèse[1]. L'expiration d'un tel délai marquera alors le point de départ de la prescription de l'action en paiement du créancier[2].

La situation est plus complexe lorsque l'exigibilité de l'obligation est sous la dépendance du créancier, qui dispose seul de la faculté de la provoquer.

ii. L'exigibilité sous la dépendance du créancier de l'obligation

251. Il n'est pas rare que les parties fassent dépendre le droit à l'exécution du créancier de la manifestation de sa volonté d'être payé, manifestation éventuellement enfermée dans un certain délai. En dehors de toute échéance impérative, l'exigibilité se présente alors comme « une qualité du rapport juridique qui dépend de l'initiative du créancier »[3]. L'obligation ne devient en conséquence exigible qu'une fois exigée. Seule l'interpellation du débiteur par l'intermédiaire d'une mise en demeure va alors permettre de « provoquer l'exigibilité des obligations dont la détermination n'a pas été complète dans la promesse »[4].

En principe, le rôle tenu par l'exigibilité dans la détermination du point de départ de la prescription devrait conduire à retarder sa fixation au jour de la mise en demeure, qui matérialise la volonté du créancier d'obtenir paiement, déclenchant l'exigibilité de la créance. Une telle solution a cependant pour effet pervers de rendre le créancier totalement maître du point de départ de la prescription. Faut-il alors détacher exceptionnellement le point de départ de la prescription de la date d'exigibilité pour le rattacher au jour de la naissance du droit ? La solution pourrait trouver une assise théorique solide dans le principe souvent évoqué selon lequel « le point de départ de la prescription se situe au jour où le créancier a la possibilité d'agir en exécution de l'obligation »[5]. Maître de l'exigibilité de l'obligation, le créancier peut à tout moment la déclencher. Aussi n'est-il pas empêché d'agir. Tout au plus ne le veut-il pas. Pourquoi, alors, retarder le point de départ de la prescription au jour de la mise en demeure ?

C'est une telle analyse que soutenaient dans leur ensemble les auteurs classiques, pour justifier que la prescription coure dès la naissance du droit de créance. Ainsi, selon Baudry-Lacantinerie, « il ne faut d'ailleurs confondre avec les créances à terme celles qui sont exigibles à la volonté du créancier ; pour celles-ci, la prescription court dès que le créancier peut réclamer sa créance »[6]. De même, selon Aubry et Rau, « une créance exigible à la volonté du créancier, sous la seule condition d'un avertissement préalable à donner au débiteur, n'est

---

1. Ainsi, après quelques turbulences jurisprudentielles, la Cour de cassation réaffirme que l'obligation de l'emprunteur de restituer le bien prêté doit être affectée d'un délai de préavis raisonnable : cass. civ. 1re, 10 mai 2005, *Bull. civ.* I, n° 204.

2. En effet, lorsque le débiteur dispose d'un délai pour s'exécuter, c'est uniquement à l'expiration de ce délai que la créance deviendra exigible et que la prescription pourra courir. La Cour de cassation l'a rappelé en censurant une cour d'appel qui avait déclaré prescrite l'action en paiement de l'indemnité compensatrice de la cessation des fonctions d'un agent d'assurance au motif qu'une telle indemnité était née au jour de la cessation des fonctions alors que « la société d'assurance disposait d'un délai de six mois à compter de la cessation des fonctions de l'agent général, pour s'acquitter de l'indemnité compensatrice, de sorte que la créance d'indemnité n'était exigible qu'à l'expiration dudit délai » (Cass. civ. 1re, 4 janvier 2005, pourvoi n° 03-11843).

3. B. Grimonprez, thèse préc., p. 129, n° 127.

4. B. Grimonprez, *ibid.*, p. 137, n° 134.

5. B. Grimonprez, *ibid.*, p. 244, n° 249.

6. C. Baudry-Lacantinerie et A. Tissier, *op. cit.*, p. 305, n° 390.

point une créance à terme [au sens de l'art. 2235]. Décider le contraire, ce serait laisser au créancier la faculté de rendre la créance absolument imprescriptible »[1].

252. Le droit positif ne semble cependant pas rendre compte d'une telle analyse. En effet, si l'on écarte un arrêt rendu le 7 juin 1990 dans lequel la Cour de cassation a refusé de reporter le point de départ de la prescription au jour de la réalisation de la condition stipulée à l'acte au motif qu'elle s'analysait en une condition potestative dépendant de la seule volonté du créancier[2], la jurisprudence semble refuser de faire courir la prescription avant que le créancier ait manifesté sa volonté d'obtenir paiement.

La question a précisément été soulevée à plusieurs reprises en droit des sociétés. On sait qu'en la matière, le législateur laisse souvent à la société et aux associés une marge de manœuvre en enfermant certaines obligations dans des délais suffisamment étendus. Ainsi, l'article L. 225-144 du Code de commerce, relatif aux obligations des associés dans le cadre d'une augmentation de capital, dispose que « les actions souscrites en numéraire sont obligatoirement libérées, lors de la souscription, d'un quart au moins de leur valeur nominale et, le cas échéant, de la totalité de la prime d'émission. La libération du surplus doit intervenir, en une ou plusieurs fois, dans le délai de cinq ans à compter du jour où l'augmentation de capital est devenu définitive ». L'article offre donc une totale liberté aux dirigeants, qui peuvent rendre la créance de libération du surplus exigible à tout moment pendant cinq ans, par simple appel de fond[3].

Fallait-il alors faire courir la prescription de l'action en paiement dirigée contre les associés du jour où la créance était rendue exigible par l'appel de fond – ou à défaut du jour d'expiration du délai de cinq ans laissé au créancier pour procéder à un tel appel –, ou détacher le point de départ de la prescription de l'exigibilité pour le rattacher au jour où le créancier pouvait rendre la créance exigible, ici confondu avec le jour de l'augmentation de capital ayant fait naître l'obligation de libération des fonds ?

Dans un arrêt du 17 janvier 2008[4], la Cour d'appel de Paris a refusé de dissocier le point de départ de la prescription du jour où la créance était devenue

---

1. C. Aubry et C. Rau, *Cours de droit civil français*, Paris, 1869, 4e éd., T. 2, p. 328 § 213, V. égal. dans le même sens, L. Guillouard, *op. cit.*, p. 64, n° 72 : « Cette nécessité d'un avertissement préalable ne change pas la nature de l'obligation et n'en fait pas une obligation à terme : admettre l'opinion contraire et décider que l'action du créancier ne se prescrira qu'à dater de l'avertissement par lui donné, ce serait lui laisser le moyen de rendre la prescription impossible, en différant de donner l'avertissement qui pourrait seul en faire commencer le cours ». Les auteurs classiques se divisaient en revanche sur le point de savoir si, dans l'hypothèse où les parties avaient laissé un délai au débiteur pour s'exécuter après avoir été mise en demeure, le délai de prescription devait être prorogé du temps écoulé entre l'avertissement et la poursuite. V. en faveur d'une prorogation, C. Aubry et C. Rau, *ibid.* ; opposés à une prorogation, C. Baudry-Lacantinerie et A. Tissier, *ibid.*

2. Cass. civ. 3e, 7 juin 1990, *Bull. civ.* III, n° 139 : en l'espèce, un acte de partage faisait dépendre l'obligation du débiteur de supprimer les ouvertures donnant sur le fond voisin de l'exercice par les propriétaires du fond voisin de leur droit de clôture, l'obligation de supprimer les vues ne prenant effet qu'à ce jour. La Cour a rejeté le pourvoi qui faisait valoir que la prescription de l'action tendant à la suppression des vues ne pouvait courir que du jour où le droit de clôture avait été exercé dans les termes suivants : « après avoir relevé, par motifs propres et adoptés, que la clause de partage faisant obligation à la dame Y... de supprimer les vues était liée à l'obligation de se clôturer incombant aux auteurs des consorts Z... et s'analysait en une condition potestative dépendant de la seule volonté de ces derniers, la cour d'appel a pu en déduire que cette clause ne pouvait faire obstacle à la prescription de l'action ayant pour objet l'exercice de droits établis par l'acte, et que les dames Gary ne pouvaient se prévaloir de l'inexécution de leurs obligations par leurs propres auteurs jusqu'en 1957 ».

3. Les dirigeants jouissent d'une totale liberté sur ce point. V. art. L. 225-3 C. com.

4. Paris, 17 janvier 2008, *JCP* E, 2008, note V. Thomas, *Rev. soc.*, 2008, p. 359, note F. Pasqualini,

exigible, comme l'y invitaient les demandeurs qui faisaient valoir que le point de départ de la prescription se situait à la date de l'assemblée générale ayant décidé l'augmentation de capital. Elle a au contraire souligné le lien indéfectible qui unissait le point de départ de la prescription et la date d'exigibilité. En effet, après avoir rappelé que « s'agissant de la part du capital dont la libération est différée, la créance envers le souscripteur ne devient exigible qu'à compter de l'appel de fonds décidé par les représentants légaux ; qu'à défaut d'appel de fonds, elle ne devient exigible qu'à l'arrivée du terme prévu par la loi », elle a affirmé qu'« en application de l'article 2257 [devenu 2233] du Code civil le délai de prescription de l'action en paiement du capital non libéré n'a pu courir tant que la créance n'était pas exigible », pour en déduire que l'action, intentée moins de dix ans après l'expiration du délai de cinq ans prévu par la loi, n'était pas prescrite[1].

Un tel raisonnement n'est d'ailleurs pas cantonné au seul droit des sociétés. On en retrouve encore des illustrations en d'autres domaines, tel le droit du travail[2]. L'emprise du créancier sur la détermination de la date d'exigibilité de la créance ne saurait donc affecter le rôle de ce critère dans la détermination du point de départ de la prescription.

Au fond, la solution mérite d'ailleurs d'être approuvée : faire courir la prescription du jour de la naissance de l'obligation sans prendre en considération la volonté du débiteur de rendre la dette exigible conduirait nécessairement les créanciers à exiger d'être payés au plus vite, ce qui méconnaîtrait la finalité poursuivie par les délais laissés aux créanciers pour demander le paiement de leur créance.

253. L'unité du concept d'exigibilité ne doit donc pas masquer la diversité des situations auxquelles il s'applique et partant la diversité des points de départ rencontrés. Cette diversité est encore renforcée par le traitement spécifique réservé aux créances successives.

2. *La spécificité du point de départ de la prescription de l'action en paiement de créances successives*

254. Jusqu'à la réforme de la prescription, la loi réservait une place particulière aux créances périodiques (a). La jurisprudence a également construit un régime propre aux créances fractionnées (b).

RTD com., 2008, p. 348, obs. C. Champaud et D. Danet. V. déjà en ce sens : Paris, 19 septembre 1991, *Bull. Joly*, 1991, p. 1124, note C. Hannoun.

1. Si le rôle que la cour d'appel fait ici jouer à l'expiration du délai de cinq ans prévu par l'article L. 225-144 du Code de commerce a pu être critiqué (v. F. Pasqualini, note sous Paris, 17 janvier 2008, *Rev. soc.*, 2008, p. 359, selon qui le non-versé ne devient pas exigible par la seule expiration du délai légal, le délai s'adressant aux dirigeant sociaux négligents et non pas aux associés débiteurs, et l'expiration du délai n'ayant pas d'autre effet que de permettre à tout intéressé de demander au président du tribunal d'enjoindre les administrateurs de procéder à un appel de fond (art. 1843-3 C. civ.). Comp. Versailles, 3 avril 1997, *Bull. Joly*, 1997, p. 861, note J.-P. Dom : « la dette de l'actionnaire au titre de la libération du capital souscrit ne devient exigible que sur décision du conseil d'administration ou du directoire ; que l'expiration du délai dans lequel la libération du capital aurait dû intervenir ne suffit pas à rendre cette créance exigible », et cass. com., 15 juillet 1992, *Bull. Joly*, 1992, p. 1183, *Rev. soc.*, 1993, p. 103, note J.-F. Barbièri), l'arrêt a en revanche été pleinement approuvé par ses commentateurs en ce qu'il refusait de faire courir la prescription à compter du jour de l'assemblée générale, pour reporter le point de départ au jour de l'appel de fonds, seul événement de nature à rendre la créance exigible.

2. V. par ex., Cass. soc., 12 mars 2002, pourvoi nº 99-42993 : le point de départ de l'action en paiement d'un rappel de congé payé « doit être fixé à l'expiration de la période légale ou conventionnelle au cours de laquelle les congés payés auraient pu être pris ».

a. *Les créances périodiques*

255. Dans sa rédaction antérieure à la loi du 17 juin 2008, l'article 2277 du Code civil disposait que « se prescrivent par cinq ans les actions en paiement : des salaires ; des arrérages des rentes perpétuelles et viagères et ceux des pensions alimentaires ; des loyers, des fermages et des charges locatives ; des intérêts des sommes prêtées, et généralement de tout ce qui est payable par année ou à des termes périodiques plus courts. Se prescrivent également par cinq ans les actions en répétition des loyers, des fermages et des charges locatives ».

Si la loi du 17 juin 2008 a naturellement abrogé cet article en alignant le droit commun sur le délai quinquennal qu'il prévoyait, le concept de créance périodique n'en garde pas moins son intérêt sur le terrain de la détermination du point de départ de la prescription. En effet, la loi n'a pas remis en cause la solution, qui n'est d'ailleurs qu'une application du principe plus général selon lequel la prescription de l'action en paiement court à compter de la date d'exigibilité de la créance, selon laquelle les créances périodiques se prescrivent échéance par échéance. Aussi, la prescription court séparément à compter de chaque échéance pour chaque paiement qui aurait dû être fait[1], de sorte qu'il y a « autant de points de départ qu'il y a de termes »[2].

Concrètement, en la matière, le décompte se fait davantage de manière inversée en partant du « point d'arrivée » de la prescription : le créancier qui viendra demander paiement d'un arriéré de salaires ou de loyers pourra obtenir paiement de toutes les dettes exigibles moins de cinq ans avant le jour où l'action est intentée[3]. En d'autres termes, toutes les dettes exigibles plus de cinq ans aupara-

---

1. J. François, *Droit civil*, T. IV, *Les obligations, Régime général*, Economica, 2e éd, 2011, p. 154, n° 158 ; J. Carbonnier, *Droit civil*, 2. *Les biens, Les obligations*, PUF, Quadrige, p. 2520, p. 2215, n° 1271 ; B. Starck, H. Roland, L. Boyer, *Droit civil, Obligations*, 2. *Contrat et quasi-contrat – Régime général*, Litec, 2e éd., p. 793, n° 2211 ; P. Malinvaud et D. Fenouillet, *Droit des obligations*, Litec, 12e éd., 2012, p. 698, n° 893. Et, pour des applications jurisprudentielles : Cass. soc., 13 décembre 1945, *D.*, 1946, p. 137 : « lorsqu'une dette est payable par termes successifs, la prescription se divise comme la dette elle-même et contre chacune de ses parties à compter de son échéance » ; 14 avril 1988, *Bull. civ.* V, n° 228 ; civ. 2e, 7 octobre 2010, *RCA*, 2010, comm. 335, *JCP* E, 2012, 1073, spéc. n° 5, obs. P. Casson.

2. B. Starck, H. Roland, L. Boyer, *op. cit.*, p. 793, n° 2211 ; Cass. soc., 13 décembre 1945, *D.*, 1946, p. 137 : « Vu l'article 2257, al. 4 C. civ. et l'art. 2274, al. 2, du même code ; Attendu qu'aux termes du premier de ces articles la prescription ne court pas, pour les créances à terme, jusqu'à ce que l'échéance soit arrivée ; qu'il s'ensuit que lorsqu'une dette est payable par termes successifs, la prescription se divise comme la dette elle-même et court contre chacune de ses parties à compter de son échéance ».

3. Pendant longtemps, la jurisprudence faisait une exception à ce principe lorsque la dette, née d'une façon périodique, avait été constatée dans un titre exécutoire. Elle considérait que la prescription trentenaire alors applicable remplaçait purement et simplement la prescription quinquennale. Une telle solution a cependant été abandonnée par la Cour de cassation dans un arrêt d'assemblée plénière du 10 juin 2005 au terme duquel elle a considéré que si le créancier pouvait poursuivre pendant trente ans (il faut désormais lire 10 ans depuis la réforme du 17 juin 2008) l'exécution d'un jugement condamnant au paiement d'une somme payable à termes périodiques, il ne pouvait, en vertu de l'article 2277 du Code civil, applicable en raison de la nature de la créance, obtenir le recouvrement des arriérés échus plus de cinq ans avant la date de sa demande (Cass. ass. plén., 10 juin 2005, *Defrénois*, 2005, p. 1607, note J. Massip, p. 1636, obs. E. Savaux, et p. 1642, obs. A. Bénabent). La solution aboutit à opérer les distinctions suivantes : si le jugement a mis à la charge du débiteur l'obligation de payer un certain nombre de créances périodiques déjà échues, le créancier pourra obtenir exécution de cette condamnation pendant dix ans. En revanche, pour les créances périodiques échues après le jugement, il est érigé un double délai : l'action en paiement de créances périodiques peut être exercée pendant cinq ans à compter de leurs exigibilités successives, sans pouvoir être intentée plus de dix ans après la reconnaissance de ces créances par jugement. L'entrée en vigueur de la loi du 17 juin 2008 ne devrait pas bouleverser la solution.

vant sont prescrites, mais la prescription de ces créances n'empêche pas d'obtenir paiement des créances échues les cinq dernières années[1].

256. Le lien entre échéance et point de départ de la prescription cède toutefois lorsque le créancier se trouve dans l'impossibilité d'exiger le paiement d'une créance périodique. Il en va notamment ainsi dans le cadre d'une indivision post-communautaire.

L'article 815-10 alinéa 3 du Code civil prévoit en principe qu'« aucune recherche relative aux fruits et revenus ne sera (...) recevable plus de cinq ans après la date à laquelle ils ont été perçus ou auraient pu l'être ». L'article fonctionne suivant une logique similaire à l'ancien article 2277 du Code civil[2] en interdisant de venir réclamer une indemnité d'occupation pour une période antérieure de cinq ans à la date de la réclamation[3] : seules les cinq dernières années d'occupation pourront ainsi faire l'objet d'une demande en paiement.

Cependant, une telle règle soulève une difficulté particulière lorsque l'action en paiement est exercée dans le cadre d'une indivision post-communautaire. En effet, pour que l'indivisaire puisse agir en paiement d'une indemnité d'occupation, il faut qu'il ait un titre lui permettant de la réclamer. Or, le plus souvent, un tel titre ressort d'un acte postérieur au commencement d'occupation : la décision prononçant le divorce[4]. En effet, tant que le divorce n'est pas prononcé, l'action n'est pas née, faute d'existence de l'indivision : *Actioni non natae non praescribitur.* C'est la décision de divorce qui transforme rétroactivement la communauté en indivision post-communautaire[5]. Dans ce cas, le prononcé du divorce va alors

---

1. Encore faut-il, évidemment, que le titre qui ouvre droit au paiement des créances périodiques ne se trouve pas lui-même prescrit. La jurisprudence distingue en effet la prescription du droit de percevoir des créances périodiques de la prescription des créances périodiques elles-mêmes. Ainsi, dans le cas particulier d'une rente viagère, la Cour de cassation distingue la prescription des arrérages de celle du droit à la rente, qui se prescrit à compter du jour de la constitution de la rente ou du dernier arrérage payé (Cass. civ. 1re, 3 mai 1983, *Bull. civ.* I, n° 137 : « les dispositions de l'article 2277 du Code civil relatives à la prescription s'appliquent aux actions en paiement des arrérages des rentes viagères, tandis que la prescription du droit à la rente est régie par l'article 2262 du même code » ; Montpellier, 13 novembre 2001, *Juris-Data* n° 2001-173493 : « Les dispositions de l'article 2277 du code civil s'appliquent aux actions en paiement des arrérages de la rente viagère, tandis que la prescription du droit à une rente viagère est régie par l'article 2262 du même code ; dès lors le droit au service d'une rente, dont le paiement des arrérages est interrompu depuis plus de trente ans, est prescrit. Le point de départ de ce délai trentenaire court du jour de la constitution de la rente ou du dernier arrérage payé ». Pour une critique de cette solution v. A. Colin et H. Capitant, *Cours élémentaire de droit civil français*, Paris, 10e éd. par L. Julliot de la Morandière, 1953, T. II, spéc. p. 417, n° 607.

2. Il faut remarquer que le délai prévu par l'article 815-10 du Code civil présente cependant une différence notable avec l'ancien article 2277 du Code civil : en effet, la prescription de l'indemnité d'occupation peut courir alors même que son montant n'est pas encore déterminable (Cass. civ. 1re, 5 février 1991, *Bull. civ.* I, n° 53, Defrénois, 1992, p. 391, obs. L. Aynès) là où le caractère déterminable de la créance était une condition du jeu de l'ancien article 2277.

3. Le délai de prescription prévu par l'article 815-10 du Code civil est toutefois susceptible d'interruption (Cass. civ. 1re, 26 juin 2001, *Bull. civ.* I, n° 190, *JCP* G, 2002, I, 178, spéc. n° 3). Il peut notamment être interrompu par un procès-verbal de difficulté établi par le notaire liquidateur (Cass. civ. 1re, 6 décembre 2005, *Dr. fam.*, 2006, comm. 33, obs. V. Larribau-Terneyre).

4. L'obstacle est comparable en matière d'indivision post-successorale. En effet, l'exigibilité de l'indemnité d'occupation est nécessairement reportée au jour du partage, qui seul donne aux autres co-indivisaires un titre pour demander le paiement de l'indemnité. En effet, jusqu'à cette date, il reste possible que le co-indivisaire occupant soit finalement pourvu de la saisine et en conséquence, en raison de l'effet rétroactif de la saisine, dispensé de toute indemnité. Dès lors, même si la Cour de cassation ne semble pas s'être prononcée sur ce point, il paraîtrait logique que le partage joue en la matière le même rôle que celui assigné au divorce.

5. Art. 262-1 alinéa 1er C. civ.: « le jugement de divorce prend effet dans les rapports entre les époux,

rétroactivement venir rendre l'indivisaire titulaire d'une indemnité d'occupation à compter de la date de l'ordonnance de non-conciliation, souvent largement antérieure de cinq ans à celle du prononcé du divorce. Dès lors, admettre le jeu mécanique de l'article 815-10 du Code civil reviendrait de fait à priver l'indivisaire lésé de la faculté d'obtenir paiement d'une indemnité pour l'intégralité de la durée de l'occupation, alors même qu'aucune négligence de sa part ne pourrait être stigmatisée, faute pour celui-ci d'avoir pu agir en l'absence de titre.

La jurisprudence prend en considération cette difficulté en aménageant la mise en œuvre de l'article 815-10 du code civil : si l'indivisaire forme une demande en paiement d'une indemnité d'occupation moins de cinq ans après le prononcé du divorce[1], il pourra exiger une indemnité portant sur la totalité des années d'occupation, la prescription de son action, qui aurait dû courir à compter du commencement de l'occupation, ayant été suspendue jusqu'au prononcé du divorce[2].

L'exigibilité de la créance se trouve ici suspendue jusqu'à la fin de l'indivision post-communautaire marquée par le passage en force de chose jugée du divorce, ce qui justifie le report du point de départ de la prescription à ce jour. L'existence d'une indivision perturbe ainsi le jeu du mécanisme d'exigibilité des créances périodiques. La situation doit être distinguée de l'hypothèse différente de créances simplement fractionnées.

b. *Les créances fractionnées*

257. Dans certaines hypothèses, malgré la répétition des échéances, les créances successives dont il est demandé paiement ne peuvent être qualifiées de créances périodiques. Faute de revêtir les deux qualités traditionnellement associées aux créances périodiques : la périodicité[3] et la fixité[4]. Si l'exigence de

---

en ce qui concerne leurs biens, lorsqu'il est prononcé par consentement mutuel, à la date de l'homologation de la convention réglant l'ensemble des conséquences du divorce à moins que celle-ci n'en dispose autrement, lorsqu'il est prononcé pour acceptation du principe de la rupture du mariage, pour altération définitive du lien conjugal ou pour faute, à la date de l'ordonnance de non-conciliation ».

1. En revanche, s'il forme sa demande plus de cinq ans après le prononcé du divorce, les termes de l'article 815-10 s'appliquent pleinement : il n'est en droit d'obtenir qu'une indemnité portant sur les cinq dernières années qui précèdent sa demande (Cass. civ. 1re, 15 mai 2008, *Bull. civ.* I, nº 132, *D.*, 2008, *AJ*, p. 153, *RJPF*, sept. 2008, p. 20, obs. T. Garré, *Defrénois*, 2009, p. 1619, obs. A. Chamoulaud-Trapiers).

2. Cass. civ. 1re, 18 février 1992, *Defrénois*, 1992, p. 1206, note M.-C. Forgeard ; 11 mars 2009, pourvoi nº 08-11732 ; 25 mars 2009, pourvoi nº 07-18958 (l'arrêt est rendu sur le fondement de l'article 2277 et non 815-10 du Code civil) ; 8 avril 2009, pourvoi nº 08-10724. Concrètement, si l'ordonnance de non conciliation date de 2000 et que le divorce est prononcé en 2006, deux situations sont envisageables : soit l'action est intentée moins de cinq ans après le prononcé du divorce, en 2009 par exemple, et l'ex-époux pourra obtenir une indemnité pour la durée totale (9 ans) d'occupation, la prescription, suspendue jusqu'en 2005, n'ayant commencé à courir qu'à cette date pour les années d'occupation antérieures, de sorte que l'action n'est pas prescrite ; soit l'action est intentée plus de cinq ans après le prononcé du divorce, en 2011 par exemple, l'ex-époux ne pourra alors réclamer qu'une indemnité portant sur les cinq dernières années d'occupation, la prescription, ayant commencé à courir en 2005, pour les années antérieures, s'est trouvée prescrite en 2010, le jeu normal de l'article 815-10 retrouvant alors son empire.

3. La périodicité s'entend du renouvellement de la dette à chaque échéance, sans que celle-ci soit diminuée pour l'avenir. La condition découle de l'ancien article 2277 lui-même qui visait les créances à « termes périodiques ».

4. Ignorée de l'ancien article 2277, la condition de fixité avait néanmoins été imposée par la Cour de cassation (Req. 11 juin 1877, *DP*, 1877, 1, p. 427, rapp. Cuniac) qui y avait finalement renoncé, jugeant que le caractère déterminable de la dette était suffisant (ass. plen., 7 juillet 1978, *JCP*, 1978, II, 18948, rapp. Ponsard, concl. Baudouin, note R.-D. M.).

fixité a été abandonnée, la périodicité demeure essentielle : malgré l'abrogation de l'ancien article 2277 du Code civil par la loi du 17 juin 2008, la règle selon laquelle la prescription de l'action en paiement court à compter de chacune des échéances pour chaque paiement qui aurait dû être fait ne saurait être purement et simplement transposée à l'action en paiement de créances successives qui ne revêtent pas la qualité de créances périodiques, faute de périodicité des échéances successives.

Dans cette hypothèse en effet, pour déterminer la date d'exigibilité de la créance, le recours à la nature de la créance ne suffit pas. Certes, le principe veut, en présence de relations suivies faisant naître des échéances multiples, que chaque fraction se prescrive à partir de sa propre échéance[1]. L'exigibilité est dans cette hypothèse échelonnée, et il y a autant de points de départ que d'échéances distinctes, ce qui rapproche les créances fractionnées des créances périodiques.

Mais, à rebours de la nature périodique, la nature fractionnée de la créance ne saurait imposer de façon intangible la date d'exigibilité, et partant le point de départ de la prescription de l'action en paiement de celle-ci. Il faut encore, pour déterminer une telle date, se référer à la volonté des parties[2], qui peuvent avoir voulu rendre l'ensemble des créances indivisibles. Une telle volonté aurait alors pour effet de reporter le point de départ de la prescription de l'action en paiement de la créance en même temps qu'elle en reporte l'exigibilité au jour de la dernière opération.

La solution est aisément applicable lorsque la volonté des parties est nettement exprimée[3]. À défaut, les juges pourront, selon les circonstances et les usages, inférer de l'absence de demande en paiement une volonté des parties d'établir une sorte d'indivisibilité conventionnelle entre les différentes créances, de nature à retarder le point de départ de la prescription[4]. L'hypothèse est classiquement illustrée par la jurisprudence relative à l'action en paiement de la créance que peut avoir un médecin à l'encontre de son patient : comme il est d'usage que le médecin ne demande pas à être payé après chaque visite lorsque plusieurs sont nécessaires à la mise en œuvre du traitement adéquat, les juges en ont déduit que les créances du médecin forment un tout indivisible qui n'est exigible qu'à la fin du traitement du patient, de sorte que la prescription ne peux courir avant cette date[5].

258. Mais l'exemple le plus abouti d'une indivisibilité conventionnellement voulue de créances à l'origine fractionnées réside assurément dans l'établisse-

---

1. C. Delvincourt, *Cours de code civil*, T. II, Bruxelles, 1819, p. 196 ; B. Grimonprez, *De l'exigibilité en droit des contrats*, préf. C. Ophèle, LGDJ, Coll. Faculté de droit de sciences sociales de Poitiers, 2006, p. 246, n° 250 ; A. Colin et H. Capitant, *Cours élémentaire de droit civil français*, Paris, 10e éd. par L. Julliot de la Morandière, 1953, T. II, spéc. p. 417, n° 607 ; G. Marty, P. Raynaud, P. Jestaz, *Droit civil, Les obligations*, Sirey, 2e éd., 1989, T. II, *Le régime*, p. 294, n° 334 ; P. Malinvaud et D. Fenouillet, *Droit des obligations*, Litec, 12e éd., 2012, p. 698, n° 893 ; J. François, *Droit civil*, T. IV, *Les obligations, Régime général*, Economica, 2e éd, 2011, p. 154, n° 158 ; B. Starck, H. Roland, L. Boyer, *op. cit.*, p. 793, n° 2211.

2. G. Marty, P. Raynaud, P. Jestaz, *Droit civil, Les obligations*, T. II, *Le régime*, préc., p. 294, n° 334 ; P. Malinvaud et D. Fenouillet, *Droit des obligations*, Litec, 12e éd., 2012, p. 699, n° 893. V. également, sur l'importance des stipulations contractuelles : Cass. com., 3 mars 1998, pourvoi n° 95-18641.

3. Il ne saurait en revanche se déduire de la seule tenue d'un compte par le commerçant sur ses livres, simple opération d'écriture qui ne peut suffire à révéler la volonté des parties de rendre les créances indivisibles : Cass. req., 4 mai 1898, *D.*, 1898, 1, 457.

4. V. A. Sériaux, *Droit des obligations*, PUF, 2e éd. m. à j., 1998, p. 720, n° 204, évoquant la place faite par la jurisprudence à une « unification objective du point de départ de la prescription ».

5. Cass. civ., 20 octobre 1936, *DH*, 1936, p. 538. Et déjà : Caen, 21 avril 1868, *D.*, 1871, 2, 180 et Chambéry, 28 février 1873, *DP*, 1873, p. 153, précisant qu'il en va autrement dans le cas d'une maladie chronique.

ment d'un compte entre les parties, destiné à opérer une compensation entre leurs dettes et créances réciproques. Dans cette hypothèse en effet, le point de départ de la prescription est logiquement reporté au jour de la clôture du compte, jour où le solde du compte devient exigible. La Cour de cassation l'a rappelé dans une espèce où un agriculteur avait tenté d'échapper à une action en paiement d'aliments en invoquant la prescription biennale de l'ancien article 2272 du Code civil[1]. Elle a en effet approuvé une cour d'appel d'avoir relevé que « figurent au compte de fournitures produit par la société les acomptes versés périodiquement par M. Y... et les montants des factures » pour retenir que « les parties étaient en compte d'une manière régulière » et décidé en conséquence que « la prescription biennale de l'article 2272 du Code civil ne pouvait courir qu'à la date des dernières opérations comprises dans le compte »[2].

La solution se justifie parfaitement, d'abord par des raisons techniques : outre que l'établissement d'un compte manifeste la volonté des parties de rendre les créances indivisibles, il créé une universalité : il n'y a, tant que le compte est ouvert, ni créance, ni dette, mais seulement des articles de crédit et de débit, les qualités de créancier et de débiteur ne naissant alors qu'au jour de la balance finale où se détermine le solde à la charge de l'un d'eux[3]. Mais elle se justifie également d'un point de vue de politique juridique. En effet, l'existence d'un compte entre les parties est « révélatrice d'une confiance réciproque, et donc exclusive de toute passivité de la part du créancier dans la sauvegarde de ses droits »[4]. En l'absence d'un des fondements de la prescription – la négligence du créancier – il est logique que la prescription ne court pas.

259. En pratique, l'établissement d'un compte est essentiellement conventionnel : il en est ainsi par exemple des comptes courants liant un client à un établissement bancaire, ou encore des comptes courants d'associés. Mais la loi peut également imposer l'existence d'un compte. L'ouverture de la succession fait ainsi naître un rapport de compte[5] entre les indivisaires qui entraîne la suspension de l'exigibilité de toutes les dettes et créances réciproques des cohéritiers jusqu'au partage de l'indivision successorale. La prescription de l'action en recouvrement d'une créance de conservation ou d'entretien d'un bien *indivis*[6], en paiement d'une récompense prévue par l'article 1468 du Code civil[7] ou en

---

1. Anc. art. 2272 al. 4 C. civ. : « L'action des marchands, pour les marchandises qu'ils vendent aux particuliers non marchands, se prescrit par deux ans ». L'article a été abrogé par la loi du 17 juin 2008 et remplacé par un nouvel article inséré dans le Code de la consommation (art. L. 137-2 C. cons.) selon lequel « l'action des professionnels, pour les biens ou les services qu'ils fournissent aux consommateurs, se prescrit par deux ans ».

2. Cass. civ. 1re, 24 juin 1986, *Bull. civ.* I, n° 181, *RTD civ.*, 1987, p. 763, obs. J. Mestre. V. déjà, dans l'hypothèse où une série d'opérations réciproques de même nature (vente de moutons et d'avoines) avait eu lieu entre les mêmes parties, relevant l'existence d'un « compte qui devait être apprécié dans son ensemble » pour faire courir la prescription à compter des dernières opérations comprises dans ce compte : Cass. req., 8 août 1860, *D.*, 1860, 1, 497.

3. Cass. civ., 24 juin 1903, *DP*, 1903, 1, p. 472. Jusqu'au jour de la clôture du compte, le droit n'est donc qu'éventuel : E. Putman, thèse précitée, p. 423, n° 444.

4. J. Mestre, note sous Cass. civ. 1re, 24 juin 1986, *Bull. civ.* I, n° 181, *RTD civ.*, 1987, p. 765.

5. J. Flour et G. Champenois, *Les régimes matrimoniaux*, Armand Colin, 2e éd., spéc. p. 566, n° 609.

6. Toulouse, 21 octobre 2008, *JCP* G, 2009, IV, 1531.

7. Cass. civ. 1re, 28 avril 1986, *JCP* N, II, 244, note P. Simler, *Defrénois*, 1987, art. 33917, p. 487, note G. Morin (3e espèce) : « est établi au nom de chaque époux un compte des récompenses qu'il doit à la communauté et celles que la communauté lui doit ; que si, balance faite, le solde existe en faveur de la communauté, l'époux en rapporte le montant à la masse commune et que, dans le cas inverse, il peut, à son choix, en exiger le paiement ou exercer sur les biens communs un prélèvement qui est une opéra-

rapport de dettes[1], qualifiés d'opération de partage, ne peut alors commencer à courir avant la demande de partage.

Volonté des parties, nature de la prestation, nature de la créance, nombreux sont les éléments de nature à infléchir la détermination de la date d'exigibilité, ce qui aboutit à multiplier les points de départ. Dans toutes ces hypothèses, exigibilité et point de départ de la prescription demeurent cependant liés. Tel n'est plus le cas lorsque la constitution de sûretés vient perturber la détermination du point de départ de la prescription, en détachant le point de départ de la prescription de la date d'exigibilité de la créance.

3. *Les difficultés soulevées par la détermination du point de départ de la prescription en présence de sûretés*

260. La constitution de sûretés personnelles (i) ou réelles (ii) sur la créance dont il est demandé paiement va venir perturber la fixation du point de départ de la prescription en le détachant de la date d'exigibilité.

a. *L'influence de la constitution d'une sûreté personnelle*

261. Lorsqu'il n'est pas demandé paiement de la créance à son débiteur principal, mais à la caution, en raison de la constitution d'une sûreté personnelle, le caractère accessoire du cautionnement devrait conduire – sous réserve des exceptions personnelles qui pourraient être opposées par le débiteur principal[2] – à faire de la date d'exigibilité de la créance à l'égard du débiteur principal le point de départ de la prescription de l'action en paiement exercée à l'encontre de la caution. C'est d'ailleurs ce que décide la Cour de cassation, qui considère que « le point de départ de la prescription de l'obligation de la caution est le même que celui de l'obligation principale »[3], c'est-à-dire le jour où la dette du débiteur principal envers le créancier est devenue exigible.

Un tel principe ne devrait cependant pas pouvoir résister au prononcé d'une déchéance du terme à l'encontre du débiteur principal. On sait en effet que la déchéance du terme du débiteur principal ne s'impose pas à la caution. Elle peut conserver le bénéfice du terme initial[4], qui devrait demeurer le point de départ de la prescription de l'action intentée à son encontre. Il reste qu'une telle inop-

---

tion de partage ; qu'il en résulte que le droit à récompense, qui s'exerce à l'occasion du partage, ne peut se prescrire tant que le partage peut être demandé ».

1. Cass. civ. 1re, 5 décembre 1978, *Bull. civ.* I, n° 377 ; 30 juin 1998, *Bull. civ.* I, n° 234 : « les sommes dues à la succession par un héritier étant sujettes à rapport lequel constitue une opération de partage, la dette n'est pas exigible pendant la durée de l'indivision et ne peut se prescrire avant la clôture des opérations de partage ; que la cour d'appel a constaté qu'au décès de Louis Z… la prescription n'était pas intervenue ».

2. La caution ne saurait en effet se prévaloir des exceptions purement personnelles au débiteur (Cass. ch. mixte, 8 juin 2007, *JCP* N, 2007, p. 1226, note S. Piedelièvre, à propos du dol entachant la conclusion du contrat principal). Dès lors, si les délais résultants d'un concordat, d'un règlement amiable ou de la mise en œuvre d'une procédure collective affectent l'exigibilité de la créance à l'égard du débiteur principal, ils ne sauraient en revanche affecter ni l'exigibilité, ni le point de départ de la prescription à l'égard de la caution.

3. Cass. com., 19 février 1979, *Bull. civ.* IV, n° 65, rejetant le pourvoi qui tentait de faire valoir que la prescription devait courir à l'encontre de la caution à compter de la date de signature de l'engagement de caution. Dans le même sens, Cass. civ. 1re, 20 juillet 1981, *Bull. civ.* I, n° 266.

4. Cass. req., 3 juillet 1890, *D.*, 1891, I, p. 5, note M. Planiol. Jurisprudence constante, v. parmi d'autres : Cass. com., 5 octobre 1983, *Bull. civ.* IV, n° 254 ; 8 mars 1994, *D.*, 1994, p. 557, note E. Bazin.

posabilité de la déchéance du terme à la caution apparaît souvent théorique, rien n'interdisant aux parties de stipuler que la déchéance du terme sera étendue au cautionnement. Une telle clause est d'ailleurs presque systématique dans les cautionnements bancaires[1], ce qui explique sans doute un arrêt rendu par la Cour de cassation le 9 décembre 1997[2] dans le cadre particulier de la forclusion prévue par l'ancien article L. 311-37 du Code de la consommation[3]. En effet, dans cet arrêt, la Cour de cassation a considéré que le point de départ de la prescription de l'action exercée à l'encontre de la caution se situait au jour de la première échéance impayée et non régularisée, date qui entraîne la déchéance du terme et donc l'exigibilité immédiate de la créance. Il existe donc, dans cette hypothèse encore, une exacte identité entre le point de départ de la prescription à l'égard du débiteur principal et à l'égard de la caution : l'exigibilité de la dette.

La situation s'avère en revanche plus délicate lorsque l'engagement de caution expire avant l'arrivée du terme de l'obligation. Tel est le cas, par exemple, lorsque la caution garantit pour une durée déterminée une ouverture de crédit en compte courant, qui ne sera exigible qu'à sa clôture : faut-il là encore faire courir la prescription du jour de l'exigibilité de l'obligation principale, alors même que la caution n'est plus tenue à cette date ? La Cour de cassation a précisément eu à se prononcer sur ce point dans un arrêt du 5 octobre 1982[4]. En l'espèce, une société s'était porté caution, pour une durée d'un an renouvelable, du remboursement d'une ouverture de crédit, engagement qui avait expiré deux ans plus tard. Près de quinze ans après l'expiration de l'engagement de caution, le compte courant avait été clôturé sur un solde débiteur, et la banque avait en conséquence assigné la caution en exécution de son engagement. La Cour d'appel avait cependant déclaré l'action prescrite en considérant que « le point de départ de la prescription devait être fixé à la date d'expiration de l'engagement de caution ». Pour rejeter le pourvoi formé à l'encontre de l'arrêt qui tentait alors de faire valoir que « le cautionnement étant un contrat accessoire, la prescription de l'obligation qui en découle ne commence à courir que du jour où l'obligation principale est exigible », la Cour de cassation a relevé que « l'engagement de la caution n'avait été souscrit que pour une durée déterminée dont la fin avait été fixée au 27 juillet 1964 et que la seule mise en demeure à laquelle avait procédé la banque se situait au 20 janvier 1978 ».

La solution peut surprendre : elle conduit à déclarer l'action en paiement prescrite avant même sa naissance, au jour où la dette principale était devenue exigible[5]. Elle peut cependant trouver une justification dans le fonctionnement du cautionnement. La prescription de l'action du créancier à l'encontre de la caution a ici un point de départ qui lui est propre : celui de l'extinction de l'obligation de couverture[6]. Elle n'en marque pas moins le divorce entre le point de départ de la prescription de l'action en paiement et l'exigibilité de la créance.

---

1. M. Cabrillac, C. Mouly, S. Cabrillac et P. Pétel, *Droit des sûretés*, Litec, 9e éd., p. 176, n° 246.

2. Cass. civ. 1re, 9 décembre 1997, *Bull. civ.* I, n° 365. V., pour une solution identique, hors du cadre du droit de la consommation : Poitiers, 22 novembre 2005, *Juris-Data* n° 2005-301669.

3. Sur cette question, v., *infra*, n° 264 s.

4. Cass. com., 5 octobre 1982, *Bull. civ.* IV, n° 294.

5. Cass. civ. 1re, 24 janvier 1990, *Bull. civ.* I, n° 20, *Defrénois* 1990, art. 34809, n° 72, note L. Aynès : cassation de l'arrêt qui avait refusé à la caution de se prévaloir du défaut de clôture du compte courant pour refuser de payer.

6. M. Cabrillac, C. Mouly, S. Cabrillac, P. Pétel, *Droit des sûretés*, Litec, 9e éd., p. 245, n° 347. *A contrario*, il faut en déduire que, si l'obligation de couverture n'est pas prescrite au jour de la clôture du compte, qui marque à la fois la naissance de l'obligation de règlement et l'exigibilité de l'obligation principale, cette date pourrait être à nouveau retenue pour faire courir la prescription.

Le point de départ de la prescription peut également se trouver perturbé en raison de la constitution d'une sûreté, non plus personnelle, mais réelle.

b. *L'influence de la constitution d'une sûreté réelle*

262. Lorsque le créancier cherche à sécuriser le paiement de sa créance par la constitution d'une sûreté réelle (gage, antichrèse, hypothèse...), l'existence d'une telle sûreté, sans affecter directement la date d'exigibilité de la créance, va en revanche influer indirectement sur le point de départ de la prescription en empêchant celle-ci de courir. En effet, le maintien d'une sûreté réelle entre les mains du créancier ou d'un tiers révèle la reconnaissance par le débiteur de l'existence de la dette. Or, une telle reconnaissance, qui vaut interruption permanente de la prescription pendant toute la durée de dessaisissement, abouti en pratique à un report *sine die* du point de départ de la prescription, empêchée de courir en raison de l'existence d'une telle sûreté. Guillouard l'avait déjà montré : « l'action en paiement du créancier ne se prescrira pas tant que le débiteur laisse aux mains de celui-ci le bien donné en gage ou en antichrèse. Il y a dans ce fait ou plutôt dans cette inaction du débiteur (...) une reconnaissance implicite et permanente de l'existence de la dette, reconnaissance qui fait obstacle au cours de la prescription »[1]. Un tel raisonnement a été repris par la Cour de cassation pour considérer que l'action en attribution du gage engagée en lieu et place d'une action en paiement ne pouvait être prescrite au motif que « le maintien du gage entre les mains du créancier ou du tiers convenu, en ce qu'il emporte reconnaissance tacite permanente du droit du créancier par le débiteur, interrompt la prescription »[2]. Concrètement, une telle solution aboutit à une imprescriptibilité de fait de l'action en paiement ou en attribution de la sûreté réelle, tant on voit mal pourquoi le créancier viendrait à se dessaisir avant d'être payé. Symétriquement d'ailleurs, l'action en restitution de la sûreté réelle ne saurait courir avant un tel paiement, le créancier n'étant pas tenu de se dessaisir avant d'être payé[3]. L'existence d'une sûreté réelle neutralise ainsi la prescription de l'action en paiement et l'absence de paiement neutralise en retour la prescription de l'action en restitution de la sûreté, perturbant la détermination du point de départ de la prescription.

263. Au terme de ces développements, il apparaît que, sous couvert d'un recours systématique à la notion d'exigibilité de la créance, la jurisprudence prend en réalité en considération des événements extrêmement divers pour faire courir la prescription. Terme conventionnel, déchéance du terme, report du terme, délai de grâce, délai de raison, mise en demeure... sont autant d'événements témoignant de la diversité des dates d'exigibilité. Mais c'est là cependant la situation la plus simple. Il faut encore rajouter les hypothèses dans lesquelles, loin d'être arrêtée d'un commun accord par les parties, l'exigibilité est laissée sous la dépendance du débiteur ou du créancier de l'obligation. Il faut encore, sur cette voie, réserver une place particulière à la détermination de l'exigibilité des créances successives, qu'elles soient périodiques ou fractionnées, la nature de la créance comme le rôle de la volonté des parties ne pouvant, dans cette hypothèse, être ignorées. La détermination du point de départ de la prescription peut

1. L. Guillouard, *Traité de la prescription*, Livre III, Titre XX du Code civil, Paris, 1900, T. I, p. 70, n° 79.

2. Cass. com., 31 octobre 2006, *D.*, 2006, *AJ*, p. 3052, obs. X. Delpech, *RTD com.*, 2007, p. 439, obs. B. Bouloc.

3. L. Guillouard, *op. cit.*, p. 70, n° 79.

encore être perturbée par des éléments étrangers à la détermination de l'exigibilité, telle l'existence de sûretés, qui viennent détacher la fixation du point de départ de la prescription de la date d'exigibilité.

Au fond, c'est sans doute l'incertitude inhérente à la notion d'exigibilité, et sa difficulté à embrasser des situations souvent extrêmement différentes les unes des autres, qui explique la multiplicité des solutions. S'il fallait encore s'en convaincre, il suffirait d'observer comment une seule et même action, l'action en paiement engagée à l'occasion de la défaillance de l'emprunteur d'un crédit à la consommation peut donner lieu, sous couvert du concept d'exigibilité, à la fixation d'une multiplicité de points de départ.

B. Une illustration des difficultés soulevées par la détermination de la date d'exigibilité : le point de départ du délai de forclusion de l'article L. 311-52 du Code de la consommation

264. Évoquant la fixation du point de départ de la forclusion biennale des actions en paiement engagées à l'occasion de la défaillance de l'emprunteur d'un crédit à la consommation, un observateur averti avait justement fait remarquer qu'« il est des questions dont on a le sentiment qu'elles ne seront jamais définitivement réglées, les prévisions de la loi, même relayées par la jurisprudence, semblant toujours plus ou moins déjouées par une pratique contractuelle imaginative »[1]. Le critère de détermination du point de départ de la prescription retenu à l'ancien article L. 311-37 du Code de la consommation et repris à titre de principe par l'article L. 311-52 du même code issu de la réforme du 1er juillet 2010, n'est sans doute pas étranger à ce constat.

En effet, le législateur a fixé le point de départ du délai en usant d'une formulation assez générale selon laquelle « les actions en paiement engagées devant [le tribunal d'instance] à l'occasion de la défaillance de l'emprunteur doivent être formées dans les deux ans de l'événement qui leur a donné naissance à peine de forclusion »[2]. À l'évidence, la formule adoptée, en forme de truisme, laisse insatisfait. Reprise du postulat selon lequel l'action ne saurait se prescrire avant d'être née (*Actioni non natae non praescribitur*), elle n'apporte aucun éclairage supplémentaire sur l'application de ce principe à la question de la défaillance de l'emprunteur. Précisément, la question n'est pas tant de savoir si le délai doit commencer à courir au jour de la naissance de l'action – principe si fondamental qu'une précision légale n'aurait d'autre utilité que d'en écarter l'application – mais de déterminer quel est l'événement qui donne naissance à l'action.

Or, sur ce point, jusqu'à la réforme du 1er juillet 2010, la loi demeurait silencieuse, laissant à la jurisprudence le soin de suppléer cette carence[3]. Par touches

---

1. E. Savaux, obs. sous Cass. civ. 1re, 22 janvier 2009, *Defrénois*, 2009, p. 667.

2. Rappelons qu'un tel délai ne concerne plus, depuis la loi *Murcef* du 11 décembre 2001, que les seuls litiges survenus à l'occasion d'une défaillance de l'emprunteur, et non plus les actions intentées par les emprunteurs. Cette modification visait à lutter contre la situation inique dans laquelle se trouvaient les emprunteurs déclarés forclos de leur action reconventionnelle en nullité du contrat intentée plus de deux ans après la formation de ce dernier, alors même que l'action principale en paiement intentée en application de ce contrat nul par les prêteurs n'était pas forclose, la Cour de cassation refusant en ce domaine le jeu de l'adage *Quae temporalia*...

3. C'est sur ce point du la loi du 1er juillet 2010 innove. En effet, contrairement à l'ancien article L. 311-37, l'article L. 311-52 du Code de la consommation, après avoir repris le principe selon lequel « les actions en paiement engagées devant lui à l'occasion de la défaillance de l'emprunteur doivent être formées dans les deux ans de l'événement qui leur a donné naissance à peine de forclusion », précise ensuite quel peut être cet « événement ». On apprend ainsi que « cet événement est caractérisé par :

successives, la Cour de cassation a alors tenté de pallier l'imprécision légale, en affirmant que « le point de départ à l'expiration duquel une action ne peut plus être exercée se situe nécessairement à la date d'exigibilité de l'obligation qui lui a donné naissance »[1]. Mais, là encore, la généralité du point de départ retenu s'adapte mal à la variété des situations rencontrées. Parce que « le crédit à la consommation se prête difficilement à des systématisations »[2], les solutions se multiplient. Plus encore, au sein même des différents types de prêt, la détermination de la date d'exigibilité de l'obligation ayant donné naissance à l'action s'avère souvent hasardeuse. L'analyse des quatre principales figures contractuelles en la matière que sont le crédit amortissable « classique » (1), le découvert en compte (2), le crédit « *revolving* » (3) et le prêt remboursable par prélèvement sur un compte fonctionnant à découvert (4) en témoigne.

1. *Le crédit amortissable « classique »*

265. *A priori*, l'exigibilité se conçoit parfaitement dans un crédit amortissable, fait de remboursements périodiques échelonnés. Le système devrait logiquement se rapprocher de celui que l'on retrouve en matière de créances périodiques[3]. Il faudrait alors en déduire que toute échéance non payée ne pourrait plus être réclamée plus de deux ans après sa date d'exigibilité. Ainsi, un établissement bancaire agissant en justice le 1er janvier 2008 pourrait demander paiement de toutes les échéances impayées d'un prêt échues depuis le 1er janvier 2006, mais non celles échues antérieurement.

Tel n'est pourtant pas la solution retenue par une jurisprudence constante de la Cour de cassation selon laquelle, dans une telle hypothèse, l'exigibilité réside dans le « premier incident de paiement non régularisé »[4], interdisant par

- le non-paiement des sommes dues à la suite de la résiliation du contrat ou de son terme ;
- ou le premier incident de paiement non régularisé ;
- ou le dépassement non régularisé du montant total du crédit consenti dans le cadre d'un contrat de crédit renouvelable ;
- ou le dépassement, au sens du 11° de l'article L. 311-1, non régularisé à l'issue du délai prévu à l'article L. 311-47 ».

Ce faisant, la loi valide les solutions progressivement et laborieusement dégagées par la jurisprudence en distinguant plusieurs situations et autant de points de départ.

1. Cass. civ. 1re, 9 décembre 1986, *Bull. civ.* I, nº 293, *D.*, 1987, somm. p. 455, obs. J.-L. Aubert, *D.*, 1988, p. 84, note Paire, *Gaz. Pal.*, 1987, I, p. 186, note Mayer et Pinon, *JCP* G, 1987, II, 20862, note E. N. Bey. Jurisprudence constante. V. par ex., dans le même sens, Cass., avis, 9 octobre 1992, *Bull.* Avis nº 1, *JCP* G, 1993, II, 22024, note A. M.. Morgan de Rivery Guillard, *D.*, 1993, somm. p. 188, obs. Julien ; ass. plén., 6 juin 2003, *JCP* E, 2004, 32, comm. I. Fadlallah, *LPA*, 3 octobre 2003, nº 198, p. 8, note L. Comangès, *D.*, 2003, *AJ*, p. 1692, obs. V. Avena-Robardet, *D.*, 2003, p. 1905, note X. Lagarde (*Forclusion biennale : à quand la fin des querelles d'interprétation ?*), *Gaz. Pal.*, 7 septembre 2004, nº 251, p. 16, note A. Bigot, *Defrénois*, 2003, p. 1179, obs. E. Savaux., *JCP* G, 2003, II, 10137, note G. François, *RTD com.*, 2004, p. 148, obs. B. Bouloc, p. 549 s., note M. Cabrillac et D. Legeais.

2. S. Piedelièvre, « Crédit à la consommation : le point de départ du délai de forclusion de l'article L. 311-37 », *Gaz. Pal.*, 13 décembre 2003, p. 2, spéc. nº 4.

3. V. *supra*, nº 255 s.

4. Cass. civ. 1re, 22 avril 1992, 4 arrêts, *Bull. civ.* I, nº 130, 131, 132 et 133 ; 20 janvier 1993, *Bull. civ.* I, nº 28 ; 23 juin 1993, *Bull. civ.* I, nº 231. Précisons que, selon l'article L. 311-52 alinéa 2 du Code de la consommation, « lorsque les modalités de règlement des échéances impayées ont fait l'objet d'un réaménagement ou d'un rééchelonnement, le point de départ du délai de forclusion est le premier incident non régularisé intervenu après le premier aménagement ou rééchelonnement conclu entre les intéressés ou après adoption du plan conventionnel de redressement prévu à l'article L. 331-6 ou après décision de la commission imposant les mesures prévues à l'article L. 331-7 ou la décision du juge de l'exécution homologuant les mesures prévues à l'article L. 331-7-1 ». Aussi, la régularisation, notamment par paiement

là-même à l'établissement bancaire de demander paiement des échéances postérieures dès lors que la première échéance impayée est prescrite.

La solution ressort très nettement d'un arrêt de la Cour de cassation du 23 juin 1993[1]. Après s'être acquittés irrégulièrement de leurs échéances, un couple d'emprunteurs avait été mis en demeure le 9 mars 1988 de payer l'arriéré des échéances impayées et celles à échoir, en raison de la déchéance du terme de leur engagement. Le prêteur avait ensuite assigné les débiteurs le 21 mars 1990, exigeant le paiement d'échéances postérieures au mois d'août 1988. Déclaré forclose devant la cour d'appel qui avait fixé le point de départ du délai pour agir au jour de la mise en demeure du 9 mars 1988, la société faisait valoir devant la Cour de cassation que le point de départ devait être « la date d'échéance du paiement réclamé ». L'analyse ainsi développée par le pourvoi a été nettement écartée par la Cour de cassation. En effet, elle a approuvé la cour d'appel d'avoir retenu la date de mise en demeure et écarté la date d'exigibilité de l'échéance réclamée aux motifs d'une part que la société « ne pouvait se prévaloir utilement d'exigibilités successives dès lors qu'elle avait elle-même et précédemment invoqué la déchéance du terme », et d'autre part « qu'admettre que le créancier puisse agir par une réduction de sa demande à des échéances postérieures conduirait à lui laisser la maîtrise arbitraire du délai de forclusion, alors que la loi et les textes subséquents visent la protection du consommateur et donc des débiteurs ».

266. Les deux arguments méritent analyse. Ainsi, selon la Cour de cassation, la solution se justifie par la déchéance du terme qui accompagne le non-paiement de l'échéance. Ce lien direct entre le mécanisme de déchéance du terme et la fixation du point de départ de la prescription résulte d'ailleurs expressément d'un arrêt du 20 janvier 1993, dans lequel la Cour de cassation avait reproché à une cour d'appel de ne pas avoir recherché « la date du premier incident de paiement non régularisé ayant entraîné la déchéance du terme »[2]. La solution se justifie parfaitement lorsque l'établissement bancaire s'est prévalu de la déchéance du terme. Dans cette hypothèse en effet, le premier incident rend exigible l'ensemble de la dette, faisant dès lors courir le délai pour agir pour le tout. Il n'en va pas de même en revanche lorsque l'établissement bancaire ne s'est pas expressément prévalu de la déchéance du terme. Dans cette hypothèse en effet, la déchéance n'est pas automatique, elle ne se produit pas de plein droit. Dès lors, pourquoi le premier incident de paiement aurait pour effet de faire courir le délai pour recouvrir, non pas les seules échéances impayées, mais l'ensemble de la dette, entraînant une sorte de déchéance forcée du terme ? Rien ne semble *a priori* justifier que la forclusion atteigne l'intégralité de la créance du fait d'un seul impayé.

---

de l'échéance litigieuse (Cass. civ. 1re, 22 avril 1992, *Bull. civ.* I, nº 132), a pour effet de reporter le point de départ du délai pour agir au jour du premier incident non régularisé intervenu après aménagement ou rééchelonnement conclu entre les intéressés (Cass. civ. 1re, 22 avril 1992, *Bull. civ.* I, nº 130), en raison de l'application des règles d'imputation prévues aux articles 1253 et suivants du Code civil (Cass. civ. 1re, 7 mars 1995, pourvoi nº 92-20974 ; 10 décembre 1996, *D.*, 1997, somm., p. 178, obs. L. Aynès). Un tel report ne peut toutefois être opposé à l'éventuel co-emprunteur solidaire qui n'aurait pas manifesté sa volonté de bénéficier du rééchelonnement (Cass. civ. 1re, 11 février 2010, *D.*, 2010, p. 498, obs. V. Avena-Robardet, et p. 531, obs. C. Creton, *RTD com.*, 2011, p. 769, obs. D. Legeais, *D.*, 2010, p. 994, note J. François). En revanche, la régularisation du premier incident ne peut provenir ni du paiement d'échéances ultérieures (Cass. civ. 1re, 22 avril 1992, *Bull. civ.* I, nº 131 et 133), ni d'un accroissement de l'ouverture de crédit (Cass. civ. 1re, 30 mars 2005, *Cont. conc. cons.*, 2005, comm. 141 par G. Raymond).

1. Cass. civ. 1re, 23 juin 1993, *Bull. civ.* I, nº 231. Elle est désormais expressément consacrée par l'article L. 311-52 du Code de la consommation.

2. Cass. civ. 1re, 20 janvier 1993, *Bull. civ.* I, nº 28.

267. Le second argument participe d'une préoccupation légitime[1], que l'on retrouve d'ailleurs dans d'autres décisions. Ainsi, un jugement du Tribunal d'instance d'Angoulême du 28 mars 2001 témoigne d'une même préoccupation, en affirmant que « le point de départ ne saurait être le jour, où, unilatéralement et à sa guise, le prêteur décide de se prévaloir du terme, de clore l'ouverture de crédit et de solliciter le solde du compte, ce point de départ, subjectif, étant laissé à la libre appréciation du prêteur »[2]. De ces arrêts ressort une position de principe, parfaitement justifiée : la détermination du point de départ du délai pour agir ne peut être laissée à l'arbitraire de l'une des parties, qui pourrait à sa guise reporter opportunément sa fixation pour échapper à toute prescription de son action. En d'autres termes, à l'instar d'une condition, le point de départ ne peut être « potestatif ». Malheureusement, la Cour de cassation n'a pas toujours semblé accorder à ce principe autant de considération et a même paru en faire bien peu de cas lorsqu'il s'est agi de s'intéresser au point de départ du délai prévu par l'ancien article L. 311-37 du Code de la consommation en matière de découvert en compte.

2. *Le découvert en compte*

268. L'adaptation de la solution dégagée en matière de prêt à la situation particulière du découvert en compte a suscité un certain nombre de difficultés. En effet, la prise en considération de la date du « premier incident de paiement non régularisé » n'a guère de sens en matière de découvert en compte. Lorsqu'un terme est expressément stipulé dans la convention de découvert, le solde débiteur doit logiquement être considéré comme exigible à l'arrivée du terme, qui constitue alors le point de départ du délai de forclusion. Mais qu'en est-il en l'absence de terme, c'est-à-dire lorsque l'exigibilité de la créance n'a pas été conventionnellement convenue[3] ? Saisie d'une demande d'avis sur le point de départ du délai pour agir dans une telle hypothèse par le Tribunal d'instance de Rennes, la Cour de cassation a répondu, par un avis du 9 octobre 1992, que le délai courait « dans le cas d'un crédit consenti sous forme de découvert en compte, à compter de la date à laquelle le solde débiteur devient exigible » avant de préciser qu'« en l'absence de terme, pour les découverts consentis tacitement avant l'entrée en vigueur de l'article 5, alinéa 2, de la loi du 10 janvier 1978 modifié par l'article 19-I de la loi du 31 décembre 1989, le délai court à compter de la résiliation de la convention d'ouverture de crédit à l'initiative de l'une des parties »[4].

---

1. Une telle préoccupation est également soulevée par un certain nombre d'auteurs. V., par ex., P. Flores, G. Biardeaud, « La protection de l'emprunteur : une notion menacée », *D.*, 2000, chron. p. 191.

2. T. inst. Angoulême, 28 mars 2001, *Juris-Data* nº 2001-145996. De même, la Cour d'appel de Rennes avait-elle affirmé que « la finalité de l'article L. 311-37 du Code de la consommation interdit de prélever fictivement les échéances d'un prêt remboursable par mensualités sur le solde débiteur du compte de l'emprunteur, qu'admettre une telle pratique permettrait au prêteur (...) de fixer à sa guise le point de départ du délai de forclusion dès lors que l'éventualité d'une résiliation unilatérale, par un emprunteur défaillant, de l'ouverture de crédit tacite dont celui-ci est censé bénéficier, est théorique » (Rennes, 15 février 1996, cassé par Cass. civ. 1re, 9 juin 1998, *Bull. civ.* I, nº 206).

3. Précisons que l'interrogation a vu son champ d'application réduit, la loi du 31 décembre 1989, applicable aux découverts en comptes consentis postérieurement à son entrée en vigueur, ayant modifié le régime juridique du découvert en compte en précisant que ceux-ci sont conclus pour une durée d'un an renouvelable. Si le terme n'est pas renouvelé, c'est donc à la fin de la période d'un an que le solde devient exigible. La question conserve cependant toute son acuité en matière de crédit tacitement consenti (v. Cass. civ. 1re, 1er juin 1999, *Bull. civ.* I, nº 186, fixant le point de départ du délai au jour de la résiliation du crédit tacitement consenti).

4. Cass., avis, 9 octobre 1992, *Bull.* Avis nº 1, *JCP* G, 1993, II, 22024, note A. M.. Morgan de Rivery-Guillard, *D.*, 1993, somm. p. 188, obs. Julien. On notera d'ailleurs que la Cour de cassation qualifie de

La solution n'est ici qu'une application du principe plus général selon lequel, en l'absence d'échéance impérative, le point de départ du délai pour agir est reporté au jour où l'exigibilité est provoquée par l'une des parties[1].

Mais, en faisant ainsi courir le point de départ du délai pour agir de la résiliation de l'ouverture de crédit, la Cour de cassation admet de laisser au créancier l'entière maîtrise de sa détermination[2]. La solution va donc à l'encontre de l'objectif que la Cour de cassation semblait s'être antérieurement fixé en refusant que le point de départ du délai puisse être laissé à l'arbitraire de l'une des parties. Il faut d'ailleurs souligner qu'au nom de cet impératif, la Cour de cassation avait précisément écarté que la résiliation du prêt puisse constituer le point de départ du délai pour agir en matière de prêt classique à la consommation[3] ! Sous cet aspect, on ne saurait être dupe de la référence faite par la Cour de cassation à l'« initiative de l'une des parties ». Si la formule tente de faire croire que l'initiative de la rupture et donc la détermination du point de départ du délai peut être aussi bien le fait du débiteur que du créancier, en pratique, il est bien évident que ce sera toujours le créancier qui mettra fin à l'autorisation de découvert[4].

La question s'obscurcit encore à mesure que les montages financiers en cause se complexifient. Ainsi, l'hypothèse des ouvertures de crédit consenties sous la forme de découverts en compte reconstituables - que la pratique a pris l'habitude de nommer « crédit *revolving* » - a suscité de nombreuses incertitudes.

3. *Le crédit* « revolving »

269. Rappelons que ce type d'ouverture de crédit permet au client, tant que le compte n'est pas résilié, d'utiliser à son gré le découvert mis à sa disposition, dont le montant se reconstitue au fur et à mesure des remboursements effectués[5].

« règle » la solution jurisprudentielle forgée, qui ne ressort aucunement des lois du 23 juin 1989 et du 31 décembre 1989 citées. La solution posée dans l'avis a ensuite été réitérée (v. par ex. Cass. civ. 1re, 30 mars 1994, *Bull. civ.* I, nº 126, *JCP* G, 1995, II, 22405 note P. Gramaize, *D.*, 1994, IR, p. 101 ; 23 mai 2000, *Bull. civ.* I, nº 156, *D.*, 2000, p. 306, obs. Rondey, *JCP* G, 2000, II, 10419, note J.-F. Clément, *Cont. conc. cons.*, 2000, nº 167, obs. G. Raymond, *D.*, 2000, p. 641, obs. D.-R. Martin, *JCP* G, 2000, II, 10492, note J. Monachon Duchêne, Defrénois, 2001, art. 37309, p. 245, note Libchaber, *RTD com.*, 2000, p. 999, note B. Bouloc, P. Flores et G. Biardeaud, « La forclusion en cas de prélèvements des échéances sur un compte ; les enseignements de l'arrêt *Delmotte* », *D.*, 2001, p. 1164) et affinée, la Cour de cassation considérant que le dépassement du montant du découvert autorisé ne rendait pas exigible le solde débiteur (Cass. civ. 1re, 4 juin 1996, *Bull. civ.* I, nº 238).

1. V. *supra*, nº 250 s.

2. A. Bigot, note sous Cass. ass. plén., 6 juin 2003, *Gaz. Pal.*, 7 septembre 2004, p. 16s., spéc. nº 9 : « L'application de cette jurisprudence offre au prêteur la maîtrise du point de départ du délai de forclusion. Ceci est d'autant plus choquant qu'il a tout avantage à laisser le compter fonctionner dans ces conditions de découvert tacite dans la mesure où il bénéficie des agios. Or, laisser au prêteur la maîtrise du délai de forclusion est en opposition totale avec l'esprit de la loi de 1978 qui est bien, rappelons-le, une loi de protection de l'emprunteur-consommateur ».

3. *Rapport annuel de la Cour de cassation* 1986 p. 71.

4. Précisons que la réception étant un acte réceptice, elle doit être portée à la connaissance de l'autre partie. Dès lors, le point de départ du délai est en réalité la date de réception par l'emprunteur de la lettre de résiliation, sauf préavis (A. M.. Morgan de Rivery-Guillard, note sous Cass., avis, 9 octobre 1992, *JCP* G, 1993, II, 22024, spéc. nº 21).

5. *Rapport annuel de la Cour de cassation* 1999, p. 388. Le mécanisme est décrit en ces termes par le conseiller rapporteur de l'arrêt d'assemblée plénière du 6 juin 2003 : « Une somme d'argent est mise à la disposition du client qui peut en user soit immédiatement soit au fur et à mesure de ses besoins, soit intégralement soit par prélèvements successifs, d'où l'expression de "crédit renouvelable". Le plus souvent, il peut à nouveau opérer des règlements ou effectuer des retraits dès lors que des remboursements ont reconstitué en tout ou partie le capital mis à sa disposition à l'origine ».

Le schéma est complexe : d'un côté, le crédit *revolving* s'apparente à un crédit à la consommation classique en ce que des échéances mensuelles de remboursements sont prévues dans le contrat ; mais de l'autre, il s'apparente à un découvert puisqu'il permet à l'emprunteur de bénéficier d'un encours de crédit global à l'intérieur duquel il peut puiser à sa convenance à condition de ne pas dépasser le montant maximal autorisé. D'où la question de savoir si l'on doit s'attacher aux modalités de remboursement pour qualifier l'opération de crédit à la consommation et faire en conséquence courir le délai du jour du premier incident de paiement non régularisé, ou aux modalités de mise à disposition des fonds, pour qualifier l'opération d'ouverture de crédit et faire courir le délai du jour où celle-ci prend fin. Le débat se place ainsi sur le terrain de la qualification et l'interrogation renvoie naturellement à la question de la détermination de l'élément essentiel du contrat.

Après avoir considéré que dans une telle hypothèse le délai devait courir, « à compter de la date à laquelle prend fin l'ouverture de crédit »[1], étendant ainsi la jurisprudence applicable au découvert en compte simple à l'ouverture de crédit consentie sous forme d'un découvert en compte reconstituable[2], puis opéré un revirement de jurisprudence en faveur de la date de la « première échéance impayée non régularisée »[3], la première chambre civile est encore revenue sur cette solution pour retenir à nouveau « la date à laquelle prend fin l'ouverture de crédit »[4].

L'hésitation résulte assurément du tiraillement entre plusieurs impératifs. Ainsi, la volonté de fixer le point de départ du délai au jour du premier incident de paiement non régularisé témoigne de la volonté de soustraire la détermination du point de départ du délai de forclusion à l'emprise du créancier[5]. Le retour vers la date à laquelle prend fin l'ouverture de crédit illustre à l'inverse les difficultés d'une telle entreprise. Surtout, ces incessants mouvements de flux et de reflux jurisprudentiels ne font que refléter la difficulté à déterminer la nature exacte de cet hybride, à mi-chemin du prêt à la consommation et du découvert en compte[6].

Face à une telle incertitude, et à la résistance des juges du fond[7], l'intervention de l'assemblée plénière de la Cour de cassation s'est avérée nécessaire. Par un arrêt du 6 juin 2003, elle a procédé à un nouveau revirement de jurisprudence, en affirmant que « le délai biennal prévu par l'article L. 311-37 du Code de la consommation court, dans le cas d'une ouverture de crédit reconstituable et assortie d'une

---

1. Cass. civ. 1re, 9 mars 1999, *Bull. civ.* I, n° 85.

2. *Rapport annuel de la Cour de cassation* 1999, p. 388.

3. Cass. civ. 1re, 4 octobre 2000, *Bull. civ.* I, n° 236, *Defrénois*, 2001, art. 37309, n° 10, p. 245, obs. R. Libchaber, *Cont. conc. cons.*, fev. 2001, p. 28, obs. G. Raymond, *D.*, 2001, p. 1167, note P. Flores et G. Biardeaud, *JCP* G, 2001, II, 10492, note N. Monachon-Duchêne, *D.*, 2002, somm., 641, obs. D.-R. Martin.

4. Cass. civ. 1re, 4 février 2003, *Bull. civ.* I, n° 11 ; 1er avril 2003, pourvoi n° 00-20367.

5. R. Libchaber, obs. sous Cass. civ. 1re, 4 octobre 2000, *Defrénois*, 2001, art. 37309, spéc. p. 246 : « l'effort constant de la jurisprudence a ainsi été de rendre ce point de départ le plus objectif possible, pour le soustraire à une fixation discrétionnaire de la part des établissements de crédit » ; P. Flores et G. Biardeaud, note sous T. inst. Paris, 8 mars 2001, *LPA*, 15 mars 2002, n° 54, p. 14, *in fine* : « la décision du Tribunal d'instance du XIIe arrondissement marque la volonté de fixer le point de départ du délai de forclusion de façon totalement objective, indépendamment de la volontés des parties, et restitue à ce délai sa finalité de diligence dès qu'apparaissent les impayés ».

6. R. Libchaber, obs. sous Cass. civ. 1re, 4 octobre 2000, *Defrénois*, 2001, art. 37309, spéc. p. 248 : « On connaissait jusqu'ici deux formes pures de crédit à la consommation : le prêt, qui procède d'une mise à disposition de fonds à l'emprunteur et l'ouverture de crédit, qui s'analyse en une sorte de droit de tirage sur l'établissement de crédit, utilisant nécessairement le procédé du découvert. La Cour estime ici que ces formes peuvent s'hybrider et qu'il est possible d'avoir des ouvertures de crédit par découvert, qui fonctionnent néanmoins comme des prêts du point de vue de leur remboursement ». Dans le même sens, v. G. François, note sous Cass. ass. plén., 6 juin 2003, *JCP* G, 2003, II, 10137, spéc. n° 7.

7. V. T. inst. Paris, 8 mars 2001, *LPA*, 15 mars 2002, n° 54, p. 14, note P. Flores et G. Biardeaud, sur renvoi de Cass. civ. 1re, 9 mars 1999, *Bull. civ.* I, n° 85.

obligation de remboursement à échéances convenues, à compter de la première échéance impayée non régularisée ; qu'ayant constaté que le premier impayé non régularisé remontait au mois de décembre 1991 et que l'assignation avait été délivrée le 15 février 1995, le Tribunal, après avoir exactement retenu que la convention litigieuse ne pouvait être qualifiée de compte courant, en a justement déduit que la société Cetelem était forclose en son action »[1].

Ainsi, la Cour de cassation pose ici en principe que le point de départ du délai de forclusion en matière d'ouverture de crédit reconstituable se situe à la date de la première échéance impayée non régularisée. Mais il faut immédiatement tempérer la portée d'une telle solution qui ne se veut pas générale. L'Assemblée plénière subordonne en effet le « bénéfice » d'un tel point de départ à la réunion de deux conditions : d'une part, l'ouverture de crédit reconstituable doit être assortie d'une obligation de remboursement à échéances convenues (sont donc exclues les ouvertures de crédits reconstituables fonctionnant par remises libres) ; d'autre part, les parties ne doivent pas être liées par une relation de compte courant (seuls les comptes de dépôts sont donc ici visés).

270. En segmentant ainsi son raisonnement en fonction des différents types de crédit, l'assemblée plénière ne favorise pas, c'est le moins que l'on puisse dire, une interprétation uniforme du point de départ du délai de forclusion. Il faut en effet remarquer que désormais, c'est « l'analyse du compte ouvert au client qui commande la solution relative au point de départ du délai de forclusion »[2]. La solution sera ainsi différente selon que le client est titulaire d'un compte courant ou d'un compte de dépôt[3]. Mais pour être acceptable, encore faudrait-il que la distinction du compte courant et du compte de dépôt réponde à des critères incontestables, ce qui n'est guère le cas[4].

En toute hypothèse, la solution oblige à rentrer dans une démarche casuistique fondée sur l'analyse des clauses du contrat pour déterminer le point de départ du délai, comme l'avait d'ailleurs fait le jugement du tribunal d'instance contre lequel le pourvoi avait été formé. En effet, pour justifier la fixation du point de départ du délai de forclusion au jour de la première échéance impayée non régularisée, le Tribunal avait pris soin de relever d'une part, que « les échéances impayées [pouvaient] faire l'objet d'une action en paiement indépendant du solde », de sorte « qu'il n'est pas possible de soutenir qu'il exist[ait] une fusion des éléments du compte » et d'autre part que « si les remboursements effectués par l'emprunteurs [étaient] affectés précisément au paiement d'une part des intérêts, d'autre part du capital, il ne [pouvait] exister d'indivisibilité des articles du

---

1. Cass., ass. plén., 6 juin 2003, *JCP* E, 2004, 32, comm. I. Fadlallah, *LPA*, 3 octobre 2003, nº 198, p. 8, note L. Comanges, *D.*, 2003, *AJ*, p. 1692, obs. V. Avena-Robardet, p. 1905, note X. Lagarde, *Gaz. Pal.*, 7 septembre 2004, nº 251, p. 16, note A. Bigot, Defrénois, 2003, p. 1179, obs. E. Savaux, *JCP* G, 2003, II, 10137, note G. François, *RTD com.*, 2004, p. 148, obs. B. Bouloc, p. 549 s., note M. Cabrillac et D. Legeais.

2. D. Legeais, obs. sous Cass. ass. plén., 6 juin 2003, *RTD com.*, 2003, p. 549 s ; E. Savaux, note sous Cass. ass. plén., 6 juin 2003, *Defrénois*, 2003, art. 37810, spéc. p. 1182 : « le rejet prononcé par l'assemblée plénière repos[ant] essentiellement sur la considération des modalités de fonctionnement du compte et, plus précisément, sur l'existence d'une obligation de remboursement à échéances convenues ».

3. La critique peut cependant être tempérée si l'on admet, avec certains auteurs, que la qualification de compte courant doit être réservée aux rapports entre professionnels. V. par ex. en ce sens, B. Bouloc, obs. sous Cass., Ass. plén., 6 juin 2003, *RTD com.*, 2004, p. 148.

4. V. sur ce point, A. Prüm, « De la distinction entre compte de dépôt et compte courant », *RDBF*, mai-juin 2003, p. 153 ; F. Pérochon, R. Bonhomme, *Entreprises en difficulté, Instruments de crédit et de paiement*, LGDJ, 8e éd., nº 882 s. C'est d'ailleurs la notion de compte courant qui a principalement retenu l'attention de l'avocat général, au détriment, sans doute, d'une réflexion plus générale sur la question du point de départ de la prescription.

compte » pour en déduire que le crédit litigieux ne pouvait être qualifié de compte courant et constituait seulement un « relevé comptable d'ouvertures de crédit successives faisant l'objet d'un paiement échelonné »[1].

D'où il faut déduire que si la convention avait renfermé des termes différents, laissant supposer l'absence d'échéances régulières ou encore la fongibilité des éléments de compte, la date du premier impayé non régularisé aurait sans doute été délaissée au profit de la date de clôture du compte pour fixer le point de départ du délai de forclusion. C'est d'ailleurs ce que retiendra un arrêt du 7 décembre 2004 dans une hypothèse où un contrat de « crédit *revolving* » ne prévoyait pas le remboursement du crédit par échéances prédéterminées. Dans cet arrêt, la Cour de cassation alignera eu égard aux circonstances ledit prêt sur le régime des découverts en compte pour fixer le point de départ du délai[2].

Une telle casuistique et une telle dépendance envers la qualification précise du prêt en cause, parce qu'elles rendent très délicate toute tentative d'anticipation des justiciables, sont évidement insatisfaisante.

La situation est plus complexe encore si l'on s'intéresse à un quatrième type de schéma contractuel mis en place en matière de crédit à la consommation, le prêt amortissable remboursable par prélèvement sur un compte fonctionnant à découvert.

4. *Le crédit amortissable remboursable par prélèvement sur un compte fonctionnant à découvert*

271. Les banques ont pris l'habitude d'associer à un prêt de consommation une ouverture de crédit. Dans une telle hypothèse, les échéances de remboursement du crédit accordé sont payées par prélèvement sur un compte bancaire fonctionnant à découvert.

Sans doute pourrait-on s'interroger sur la pertinence même de l'admission du procédé. Comme le souligne D.-R. Martin, « si les mots ont un sens, un prélèvement désigne une ponction sur une masse. De là que le prêteur ne saurait, sous couvert de prélèvement conventionnel, imputer une échéance au débit du compte courant, dépourvu de provision, de l'emprunteur »[3]. La Cour de cassation a cependant validé le procédé, en considérant que dans une telle hypothèse, le prélèvement sur le compte fonctionnant à découvert opérait paiement de l'échéance exigible par compensation avec la créance de découvert[4]. Plus encore, elle a admis qu'il en aille ainsi même dans l'hypothèse où le découvert n'aurait été que tacitement consenti[5].

---

1. T. inst. Paris, 8 mars 2001, *LPA*, 15 mars 2002, n° 54, p. 14, note P. Flores et G. Biardeaud. Une telle analyse a été vivement critiquée par M. I. Fadlallah, selon lequel « cette analyse est indéfendable. Il n'y a rien de commun entre les échéances d'un prêt et les mensualités du crédit reconstituable. Les premières diminuent la créance du prêteur ; les secondes, au contraire, augmentent ses engagements futurs puisque l'organisme de crédit est tenu de mettre à disposition un crédit reconstitué mesure de la mensualité payée. L'un éteint le crédit, l'autre le reconstitue. Dans le premier cas, il y a remboursement, dans le second, il y a remise en compte » (I. Fadlallah, note sous Cass. ass. plén. 6 juin 2003, *JCP* E, 2004, 32 s., spéc. n° 3).

2. Cass. civ. 1re, 7 décembre 2004, *Cont. conc. cons.*, 2005, comm. 54 par G. Raymond : en l'espèce, la Cour de cassation retiendra non la date de résiliation du compte, mais la date du dépassement de découvert, conformément à l'évolution postérieure de sa jurisprudence sur ce point (v. *infra*, n° 274 s).

3. D.-R. Martin, obs. sous Cass. civ. 1re, 4 octobre 2000, *D.*, 2002, somm., p. 641.

4. Cass., avis, 9 octobre 1992, *Bull.* Avis n° 1, *JCP* G, 1993, II, 22024, note A.- M. Morgan de Rivery-Guillard, *D.* 1993, somm. p. 188, obs. Julien.

5. Cass. civ. 1re, 30 mars 1994, *JCP* G, 1995, II, 22405, note P. Gramaize : « lorsque les parties sont convenues du remboursement d'un crédit à la consommation par prélèvements sur un compte bancaire

Par suite, en admettant que, même en l'absence de convention expresse d'ouverture de crédit, le prélèvement sur un compte alors réputé fonctionner tacitement à découvert opère paiement des échéances du crédit à la consommation, la Cour de cassation écartait *de facto* le risque d'impayé et donc la date du premier impayé comme point de départ du délai de forclusion, pour retenir en toute circonstance la date de résiliation de la convention de découvert comme point de départ du délai pour agir en remboursement. La solution était évidemment très favorable aux banques : non seulement les échéances que les emprunteurs ne parvenaient pas à honorer étaient fictivement réputées payées par prélèvement, ce qui avait pour conséquence de reporter d'autant la défaillance de l'emprunteur et donc le point de départ du délai pour agir en remboursement, mais encore, la maîtrise de ce point de départ était à nouveau confiée à l'arbitraire des créanciers puisqu'il résidait dans la date de résiliation de l'ouverture de crédit, à la discrétion du banquier.

272. La Cour de cassation a cependant par la suite tempéré une telle approche en considérant que le prélèvement n'opérait paiement que pour autant que le montant du découvert maximum stipulé par la convention de découvert ne fût pas dépassé. En effet, dans un arrêt du 23 mai 2000, qu'on a pu qualifier de « spectaculaire revirement de jurisprudence »[1], la Cour de cassation a précisé que le dépassement du découvert devait être tenu pour une échéance impayée, faisant courir le délai de forclusion de l'action introduite à raison de la défaillance de l'emprunteur[2].

Parce qu'elle limitait l'arbitraire du créancier dans la fixation du point de départ du délai, la solution a été généralement bien accueillie. Ainsi a-t-on souligné qu'« on peut comprendre aisément que le découvert "forcé", qui n'entre pas dans les prévisions contractuelles, soit contestable autant par le client, puisqu'il est source d'endettement incontrôlé, que par un banquier qui serait parfaitement en droit de le refuser et que les juges ne laissent pas ce dernier maître du point de départ du délai de forclusion »[3]. Où l'on discerne encore cette préoccupation majeure en la matière : éviter que le banquier, pourvoyeur d'un crédit forcé, puisse ensuite être laissé seul maître du point de départ du délai dans lequel est enfermée son action.

S'il limitait l'arbitraire en la matière, l'arrêt laissait toutefois en suspens un certain nombre de questions. *Quid* de l'hypothèse où les échéances du crédit auraient été payées par prélèvement sur un compte fonctionnant tacitement à découvert et donc par hypothèse, sans montant maximum de découvert autorisé ?

---

ou postal, ceux-ci opèrent paiement lorsque le compte fonctionne à découvert conformément à une convention distincte, expresse ou tacite, entre le prêteur et l'emprunteur ; qu'en l'absence de terme, (...) le délai de forclusion court à compter de la résiliation de la convention d'ouverture de crédit ». V. aussi, pour un exemple de découvert tacite : Cass. civ. 1re, 17 mars 1998, *Bull. civ.* I, nº 118.

1. J.-F. Clément, note sous Cass. civ. 1re, 23 mai 2000, *JCP*, 2000, II, 10419, spéc. nº 1.

2. Cass. civ. 1re, 23 mai 2000, *D.*, 2000, p. 306, obs. Rondey, *JCP* G, 2000, II, 10419, note J.-F. Clément, *Cont. conc. cons.*, 2000, nº 167, obs. G. Raymond, *D.*, 2000, p. 641, obs. D.-R. Martin, *JCP* G, 2000, II, 10492, note J. Monachon Duchêne, *Defrénois*, 2001, art. 37309, p. 245, note Libchaber, *RTD com.*, 2000, p. 999, note B. Bouloc : « en raison de la conclusion d'une convention de découvert, dont le montant était limité, le dépassement du découvert maximum convenu devait être tenu pour une échéance impayée, manifestant la défaillance de l'emprunteur, et constituait le point de départ du délai biennal de forclusion ». Add., P. Flores et G. Biardeaud, « La forclusion en cas de prélèvements des échéances sur un compte ; les enseignements de l'arrêt *Delmotte* », *D.*, 2001, J., 1164

3. R. Bonhomme, « Proposition d'analyse de l'effet de règlement des comptes bancaires (Pour une réconciliation du droit commun et des usages bancaires) », *LPA*, 21 juin 2001, p. 4 s., spéc. nº 7.

Plus encore, fallait-il limiter la portée de l'arrêt à la seule hypothèse où le dépassement du découvert autorisé était la conséquence d'un prélèvement en vue de payer une échéance d'un crédit à la consommation, ou l'étendre à toutes les hypothèses de dépassement du découvert autorisé[1] ? Bien que l'opinion inverse ait pu être soutenue[2], la solution semblait devoir être cantonnée à la première hypothèse[3]. L'arrêt ne devait pas revenir sur la jurisprudence selon laquelle le dépassement du montant du découvert autorisé ne rendait pas exigible le solde débiteur du compte[4], ce que soulignait d'ailleurs le Conseiller rapporteur de l'arrêt d'assemblée plénière du 6 juin 2003, qui n'avait pas manqué de distinguer les deux situations : « si dans l'arrêt du 7 mars 1995, le découvert avait été dépassé à raison du paiement des échéances, dans celui du 4 juin 1996 le découvert provenait de retraits ou de règlements effectués par le titulaire du compte »[5].

273. Aussi, à chaque type de prêt pouvait correspondre un point de départ distinct du délai pour agir : première échéance impayée non régularisée pour le contrat de prêt amortissable classique, clôture du compte pour les ouvertures de crédit, balancement entre les deux systèmes précédents en fonction de la physionomie du prêt en matière de crédit amortissable, dépassement de découvert pour les prêts remboursables par prélèvement sur un compte fonctionnant à découvert.

En termes de sécurité juridique et d'anticipation des justiciables, la situation n'était guère satisfaisante : quelles que soit les différences contractuelles qui distinguent ces différents types de prêts, on ne saurait admettre qu'elles justifient une telle multiplication des points de départ, qui témoigne d'ailleurs du peu d'utilité des formules législatives fixant de façon abstraite, tel l'ancien article L. 311-37 du Code de la consommation, le point de départ des délais pour agir.

274. Sans doute consciente des effets pervers d'une telle dispersion, la Cour de cassation a réduit ces distorsions en procédant à un alignement relatif des différents régimes dans plusieurs arrêts du 7 décembre 2004.

Ainsi, dans un premier arrêt[6], elle a aligné le point de départ du délai pour agir en remboursement du solde débiteur d'une ouverture de crédit sur celui déjà dégagé en matière de prêts remboursables par prélèvement sur un compte

1. Comp. X. Lagarde, « Mouvement sur la forclusion (À propos de l'article L. 311-37 du Code de la consommation) », *LPA*, 8 janvier 2003, p. 6 s., spéc. n° 13.

2. C. Rondey, obs. sous Cass. civ. 1re, 23 mai 2000, *D.*, 2000, *AJ*, p. 306.

3. En effet, c'était bien parce qu'elle avait assimilé le dépassement de découvert à une échéance impayée que la Cour de cassation en avait déduit que le dépassement de découvert manifestait la défaillance du débiteur dans le remboursement du crédit à la consommation qui lui avait été consenti. Ce ne donc pas tant sur la question du point de départ du délai pour agir en recouvrement du solde débiteur d'un compte que sur le point de départ du délai pour agir en remboursement du crédit octroyé que se prononçait l'arrêt.

4. Cass. civ. 1re, 4 juin 1996, *Bull. civ.* I, n° 238. Au reste, on relèvera que la solution posée par l'arrêt du 23 mai 2000 n'est pas nouvelle, et avait déjà été formulée dans un arrêt de la première chambre civile du 7 mars 1995 (pourvoi n° 93-11663), qui n'avait pas eu les honneurs d'une publication au bulletin.

5. Néanmoins, les motifs ainsi exposés par le conseiller rapporteur pouvaient laisser sceptique. On peine en effet à déceler ce qui pouvait justifier qu'un même événement, le dépassement du découvert autorisé, fut traité différemment quant à ses conséquences sur le cours du délai de forclusion selon que l'on était en présence d'une simple ouverture de crédit ou d'une ouverture de crédit sur laquelle étaient opérés des prélèvements servant à rembourser un crédit distinct.

6. Cass. civ. 1re, 7 décembre 2004, *Cont. conc. cons.*, 2005, comm. 55 par G. Raymond, *D.*, 2005, *AJ*, p. 141, obs. V. Avena-Robardet, *RTD com.*, 2005, p. 584, obs. B. Bouloc, *D.*, 2006, S.C. p. 165, obs. D. Martin et H. Synvet.

fonctionnant à découvert. En effet, la Cour de cassation, se fondant sur l'incompatibilité d'une convention tacite de découvert avec la conclusion préalable d'une convention exprès de découvert d'un montant déterminé[1], a considéré que le dépassement du découvert autorisé manifestait la défaillance de l'emprunteur et constituait le point de départ du délai de forclusion[2].

Dans un second arrêt, elle va encore retenir le dépassement de découvert comme point de départ du délai pour agir dans le cadre d'un crédit *revolving* ne répondant pas aux exigences posées par l'arrêt d'assemblée plénière du 6 juin 2003. Ainsi, dans une hypothèse où un crédit amortissable ne prévoyait pas le remboursement du crédit par échéances prédéterminées, elle a considéré que le dépassement du découvert maximum convenu manifestait la défaillance de l'emprunteur et constituait le point de départ du délai de forclusion[3].

275. La Cour de cassation a récemment été plus loin encore dans cette direction, dans un arrêt du 22 septembre 2009[4] qui confirme et prolonge l'évolution amorcée par les arrêts du 7 décembre 2004. En l'espèce, un établissement bancaire, après avoir accordé un prêt à la consommation amortissable classique, avait le même jour conclu avec les emprunteurs une convention de compte courant, compte sur lequel devaient être prélevées les mensualités de remboursement du prêt, avant de lui consentir quelques jours plus tard une autorisation de découvert sur ce compte courant. Les emprunteurs n'ayant pas honoré leurs obligations, l'établissement bancaire, après avoir clôturé le compte courant, les avait assignés en paiement des sommes restant dues. Pour rejeter la fin de non-recevoir tirée de la forclusion biennale, la cour d'appel avait mis en avant le particularisme du

---

1. V. déjà, pour une affirmation de ce principe : Cass. civ. 1re, 4 juin 2002, *Bull. civ.* I, nº 160. Et, depuis, pour une réitération de la solution, Cass. civ. 1re, 16 octobre 2008, *JCP* E, 2009, 1582, spéc. nº 12, obs. A. Salgueiro. Précisons que toute clause permettant de dépasser le montant du découvert initialement autorisé sans émission d'une nouvelle offre est abusive : Amiens, 20 septembre 2007, *JCP* G, 2008, IV, 1080.

2. Elle réserve cependant l'hypothèse d'une restauration du découvert autorisé, de nature à interrompre le délai de forclusion. V. pour un arrêt s'appuyant sur le constat de l'absence de restauration pour faire courir la forclusion à compter du dépassement du découvert : Cass. civ. 1re, 18 janvier 2005, *Cont. conc. cons.*, 2005, comm. 55 par G. Raymond. Lorsque le découvert a été tacitement consenti, et qu'en conséquence aucune clause ne prévoit de montant maximum de découvert autorisé, les juges ne reviennent pas pour autant à la date de clôture du compte comme point de départ du délai, mais recherche quel est le montant maximum que le prêteur a entendu accepté, celui-ci étant déterminé en recherchant à partir de quel moment les chèques émis ont été systématiquement rejetés : « À compter de février 2004, tous les chèques émis par Mlle N. ont été rejetés, ce qui signifie que la banque ne souhaitait pas accorder de crédit supplémentaire (...) qu'il en découle que le plafond de l'ouverture de crédit tacitement consentie a bien été atteint le 28 février 2004, date à laquelle le compte a été arrêté avec les premiers rejets de chèques bancaires et dépassé le 22 mars 2004, date à laquelle le solde a été arrêté à 2984,11 euros ; que l'assignation ayant été délivrée le 7 août 2006, et après expiration du délai biennal, l'action est atteinte par la forclusion » (T. inst. Saintes, 4 décembre 2006, *Cont. conc. cons.*, 2007, comm. 59 par G. Raymond). En revanche, en l'absence de dépassement du découvert autorisé, la Cour de cassation continue de retenir la date de résiliation de la convention (Cass. civ. 1re, 18 janvier 2005, *Bull. civ.* I, nº 30).

3. Cass. civ. 1re, 7 décembre 2004, *Cont. conc. cons.*, 2005, comm. 54 par G. Raymond. Encore doit-il s'agir du dépassement du crédit initialement proposé. L'établissement de crédit ne saurait en effet se prévaloir d'un avenant augmentant le montant du découvert autorisé ne prenant pas la forme d'une nouvelle offre de prêt, ou de la mention d'un découvert maximum autorisé (clause de découvert maximum autorisé dont la validité est d'ailleurs douteuse), pour reporter le point de départ de la prescription (Cass. civ. 1re, 22 mars 2012, *Cont. conc. cons.*, 2012, comm. 161, note G. Raymond ; 12 juillet 2012, pourvoi nº 11-17528). La solution ne paraît pas devoir être remise en cause en dépit de la lettre maladroite de l'article L. 311-52 qui vise désormais « le dépassement non régularisé du montant total du crédit consenti ».

4. Cass. civ. 1re, 22 janvier 2009, *D.*, 2009, p. 755, obs. P. Chauvin, *Cont. conc. cons.*, 2009, comm. 86 et comm. 115, note G. Raymond, *JCP* E, 2009, 1538, nº 17, obs. N. Mathey, *JCP* G, 2009, II, 10036, note N. Monachon Duchêne, *Gaz. Pal.*, 3 mars 2009, p. 18, note S. Piedelièvre, *Defrénois*, 2009, p. 667, obs. E. Savaux.

fonctionnement d'un compte courant en affirmant que « la convention de compte courant dont les mouvements se fondent, obéissant à des règles particulières de fonctionnement, la dette ne devient exigible qu'à la clôture, de sorte que le dépassement du découvert autorisé en compte courant ainsi que le prélèvement des échéances de remboursement d'un prêt sur ce compte courant, non immédiatement couvert par des remises de fonds, ne peut constituer le point de départ du délai biennal de forclusion ». Ce faisant, l'analyse rejoignait celle séculairement développée par la Cour de cassation selon laquelle « les opérations d'un compte courant, sauf les effets particuliers produits par une convention qui en aurait détaché certains articles, se succédant les unes aux autres jusqu'au règlement définitif, forment un tout indivisible qu'il n'est pas permis de décomposer, ni de scinder ; que tant que le compte reste ouvert, il n'y a ni créance, ni dette, mais seulement des articles de crédit et de débit, et que c'est par la balance finale que se détermine le solde à la charge de l'un ou de l'autre des contractants, et par conséquent, les qualités de créancier et de débiteur jusque-là en suspens »[1]. La Cour de cassation a cependant très clairement rejeté le raisonnement mené par la cour d'appel, en posant en principe qu'« il ne peut être fait échec aux règles d'ordre public relatives à la détermination du délai biennal de forclusion propre au crédit à la consommation par l'inscription en compte courant soit de l'échéance d'un prêt, soit, en cas d'octroi d'un découvert, d'une somme dépassant le montant de celui-ci ». La Cour de cassation refuse ainsi aux banques la possibilité d'utiliser le mécanisme du compte courant pour échapper à la forclusion normalement applicable à l'action en paiement des échéances d'un prêt classique.

Mais, au-delà de cette seule certitude, la rédaction de l'arrêt suscite de nombreuses interrogations et laisse la question du point de départ irrésolue. Faut-il en effet considérer que la Cour de cassation a entendu interdire toute modalité conventionnelle de nature à remettre en cause la fixation du point de départ du délai au jour de la première échéance impayée ou uniquement l'éviction des mécanismes classiques par le jeu des règles particulières de fonctionnement du compte courant ? S'il fallait retenir la première hypothèse, il faudrait en déduire qu'au-delà du seul compte courant, c'est la licéité même du paiement de l'échéance d'un prêt par prélèvement sur un compte fonctionnant à découvert qui serait remise en cause. Une telle interprétation rendrait de ce fait caduque la jurisprudence de la Cour de cassation fixant au jour du dépassement du découvert autorisé le point de départ de la forclusion de l'action en paiement des échéances d'un prêt prélevées sur une compte de dépôt ouvert simultanément. Mais, à s'en tenir à la présentation de l'arrêt proposée par un conseiller à la Cour de cassation[2], tel ne semble pas être l'objectif poursuivi par la Cour de cassation qui ne paraît viser ici que le seul compte courant.

Toutefois, même dans cette seule hypothèse, la question du point de départ du délai est ici laissée en suspens par la Cour de cassation qui ne fait qu'écarter le jour de la clôture du compte. Faut-il alors faire totalement abstraction de l'existence même du compte courant pour retenir la date de la première échéance impayée, ou simplement écarter la spécificité de ses règles de fonctionnement pour faire jouer au dépassement de découvert le rôle d'un incident de paiement de nature à faire courir le délai de forclusion ? La seconde solution présenterait sans doute le mérite d'éviter de créer une nouvelle distorsion entre les différents points de départ, selon que le montage contractuel repose sur l'ouverture d'un compte de

1. Cass. civ., 24 juin 1903, D.P., 1903, 1, 472.
2. P. Chauvin, obs. sous Cass. civ. 1re, 22 janvier 2009, *D.*, 2009, p. 755.

dépôt ou d'un compte courant. Elle semble d'ailleurs sous-jacente à l'arrêt qui ne stigmatise que « l'inscription en compte courant (...) d'une somme dépassant le montant [du découvert autorisé] ». Une telle lecture est confortée par la présentation de l'arrêt par les conseillers à la Cour de cassation, qui ont précisé que « la défaillance de l'emprunteur sera caractérisée dès lors que l'emprunteur ne dispose pas ou plus de réserve de crédit, marquant ainsi le point de départ du délai biennal »[1]. Ce sont donc les seules règles propres au compte-courant, c'est-à-dire l'effet de règlement qui lui est inhérent, et non le montage contractuel consistant à imputer sur un compte fonctionnant à découvert le montant des échéances d'un prêt, qui se trouvent ici écartées.

Par suite, le point de départ de délai de forclusion fait l'objet d'une très relative unification : première échéance impayée non régularisée en matière de crédit amortissable ou de crédit reconstituable fonctionnant dans les conditions prévues par l'arrêt d'assemblée plénière du 6 juin 2003, dépassement du découvert autorisé pour les autres crédits amortissable ainsi qu'en matière d'ouverture de crédit, qu'elle serve ou non à payer les échéances d'un crédit adossé[2].

Il n'en demeure pas moins que l'hétérogénéité persiste : première échéance impayée non régularisée pour les prêt classiques ou pour les crédits *revolving* fonctionnant dans les conditions prévues par l'arrêt d'assemblée plénière du 6 juin 2003 ; clôture du compte pour les comptes, courant ou de dépôt, fonctionnant à découvert sans limitation de montant ou lorsque le découvert autorisé n'a pas été dépassé, dépassement du découvert dans les autres hypothèses... on peut observer pas moins de trois points de départ distincts du délai de forclusion pour une seule et même action : l'action en paiement engagée à l'occasion de la défaillance de l'emprunteur d'un crédit à la consommation. Et il faut encore souligner que l'un de ces points de départ, le dépassement du découvert autorisé, ne correspond pas même à l'exigibilité de la créance, pourtant érigée à titre de principe par la jurisprudence comme point de départ du délai pour agir.

En multipliant les événements susceptibles de jouer les points de départ - non-paiement des sommes dues à la suite de la résiliation du contrat ou de son terme, premier incident de paiement non régularisé, dépassement non régularisé du montant total du crédit consenti dans le cadre d'un contrat de crédit renouvelable... - la loi du 1er juillet 2010 ne semble d'ailleurs pas avoir simplifié l'ensemble.

Si l'exemple du point de départ du délai de forclusion de l'article L. 311-52 du Code de la consommation est topique, c'est parce qu'il illustre toutes les difficultés relevées plus avant[3] relatives à la fixation du point de départ de la prescription de l'action en paiement : rôle de l'indivisibilité conventionnelle, de la provocation de l'exigibilité par l'une des parties, détachement du point de départ de la prescription de la date d'exigibilité. Surtout, il démontre bien comment l'incertitude inhérente à la notion d'exigibilité et sa sensibilité excessive aux spécificités des structures contractuelles en cause entraînent inéluctablement la fixation du point de départ des délais pour agir dans une casuistique sans fin.

Mais, même lorsque la notion d'exigibilité n'est pas utilisée, la fixation du point de départ de la prescription au jour de l'événement donnant naissance à l'action ne s'en trouve pas pour autant immédiatement simplifiée. C'est ce qu'illustre les difficultés relatives à la fixation du point de départ de la prescription

---

1. P. Chauvin, *ibidem*.
2. Ces deux dates sont expressément reprises par l'article L. 311-52 du Code de la consommation issu de la loi du 1er juillet 2010.
3. V. *supra*, n° 238 s.

de l'action intentée en vue de la protection d'un droit contre les attentes que les tiers pourraient lui porter.

§ 3 - L'ACTION TENDANT À LA PROTECTION D'UN DROIT CONTRE LES ATTEINTES D'UN TIERS

276. Certaines actions visent, non plus directement l'exécution d'une obligation, mais la protection d'un droit. Tel est le cas lorsque le comportement d'un contractant ou d'un tiers vient contredire le droit qu'un individu peut tenir de la loi ou d'un contrat. Là encore, il s'agit, pour fixer le point de départ de la prescription, de déterminer l'événement qui a donné naissance à l'action visant à faire respecter le droit menacé. Or, par hypothèse, pour que le titulaire d'un droit ou d'une qualité ait recours à la justice pour le faire respecter, il faut que cette situation juridique ait été contredite. Dès lors, le point de départ de la prescription de l'action visant à la protection d'un droit se situe nécessairement, non pas au jour de sa naissance, mais au jour où un tel droit a été violé ou menacé, c'est-à-dire au jour où le droit s'est retrouvé contredit. C'est ce que l'on observe, que l'on soit en présence d'une action réelle (A), personnelle (B) ou encore relative à l'état des personnes (C).

A. L'action réelle tendant à la protection d'un droit

277. Un droit réel peut se trouver contredit par le comportement d'un tiers. L'apparition d'une contradiction entre les faits et le droit marquera alors incontestablement le point de départ de la prescription de l'action tendant à sa protection.

Ainsi, l'article L. 611-8 du Code de la propriété intellectuelle précise que l'action en revendication d'un brevet obtenu en violation des droits du véritable inventeur ne peut courir que de la publication de la délivrance du titre[1]. De la même manière, c'est le jour où est contredit le droit du propriétaire du fond qu'a retenu la Cour de cassation pour faire courir la prescription de l'action en réduction des arbres à la hauteur prescrite par le Code civil en précisant que le point de départ d'une telle action se situait, non au jour de leur plantation, mais à la date à laquelle lesdits arbres avaient dépassé la hauteur maximum autorisée[2] : on ne saurait reprocher au titulaire du droit de ne pas avoir agi avant que son droit ait été contredit.

Un raisonnement identique innerve la fixation du point de départ de la prescription des actions personnelles tendant au respect d'obligations contractuelles.

B. L'action personnelle tendant au respect d'obligations contractuelles

278. L'archétype de l'action tendant à la protection d'un droit de créance consiste assurément dans l'action visant à faire cesser la violation d'une obligation de ne pas faire. Le point de départ de la prescription d'une telle action doit

1. La Cour de cassation a précisé que, lorsque l'obtention du brevet s'était faite par la voie judiciaire, la prescription ne pouvait courir à l'encontre du revendiquant qu'à compter de la date de notification du jugement ayant transféré à un tiers la propriété du brevet litigieux (Cass. com., 8 juillet 1997, *Bull. civ.* III, n° 219).

2. Cass. civ. 3e, 13 juin 2007, *JCP* G, 2007, I, 197, n° 13, obs. H. Périnet-Marquet. En revanche, si toute plantation est interdite, c'est le jour de la plantation qui constitue le point de départ de la prescription : Cass. civ. 3e, 5 avril 2012, pourvoi n° 11-12928.

logiquement être fixé au « jour où le débiteur a commis un acte contraire à l'abstention »[1] à laquelle il s'est engagé. En effet, si, dès sa naissance, l'obligation de ne pas faire est exigible, l'action visant à faire cesser sa violation ne peut naître que de celle-ci. La prescription ne saurait donc courir avant que l'obligation de ne pas faire ait été violée.

Mais une telle violation doit en revanche suffire à faire courir la prescription puisqu'elle contredit le droit protégé. Dès lors, lorsque la violation se perpétue dans le temps, on ne saurait retarder le point de départ de la prescription au jour où le comportement illicite a pris fin. La Cour de cassation a eu récemment l'occasion de le rappeler dans un arrêt du 13 janvier 2009[2] dans lequel elle a précisé que l'action tendant au rétablissement d'un droit de passage dans la partie commune d'un immeuble – qui s'analyse en une action personnelle tendant au respect d'un règlement de copropriété – se prescrivait à compter du jour où un copropriétaire avait contrevenu au règlement en fermant la porte d'accès au couloir, et non du jour où la situation contraire au règlement de copropriété avait pris fin.

Le raisonnement ainsi mené, faisant du jour de la contradiction du droit par le fait le point de départ de la prescription, dépasse assurément la division traditionnelle des actions réelles et personnelles. On le retrouve également lorsque la protection de l'état des personnes est en cause.

C. L'action tendant à la protection de l'état des personnes

279. Le principe même de la prescriptibilité des actions relatives à l'état des personnes, et plus précisément des actions ayant trait au lien de filiation est relativement récent : on sait que, l'état des personnes étant indisponible, il ne peut en principe ni s'acquérir ni se perdre par l'écoulement du temps. Il en a longtemps été déduit que les actions relatives à l'état des personnes devaient être imprescriptibles, et il a fallu attendre la loi du 3 janvier 1972 pour que le législateur dissocie l'indisponibilité de l'imprescriptibilité pour soumettre les actions relatives à la filiation au délai à l'époque trentenaire de droit commun[3]. Mais encore faut-il alors déterminer le point de départ d'une telle action. C'est, là aussi, la contradiction entre l'état que la personne entend protéger et la situation de fait dans laquelle elle se trouve qui va guider sa fixation. L'affirmation se vérifie d'abord lorsque la personne dont l'état est contesté va chercher à le revendiquer ou à en faire constater l'existence (1). Mais elle se vérifie également lorsque, pour protéger son propre état, une personne en vient à contester celui d'une autre (2).

1. *L'action en établissement de la filiation*

280. Lorsqu'une personne se voit privée de l'état qu'elle estime être le sien, elle va chercher à en faire établir l'existence. Cette action pourra notamment prendre la forme d'une action en recherche de paternité ou en constatation

1. A. Colin et H. Capitant, *Cours élémentaire de droit civil français*, Paris, 10e éd. par L. Julliot de la Morandière, 1953, T. II, spéc. p. 418, n° 607. V. égal., C. Baudry-Lacantinerie et A. Tissier, *Traité théorique et pratique de droit civil, De la prescription*, Paris, 3e éd., 1905, spéc. p. 300, n° 384 : « Si chaque personne a le droit absolu d'exiger de tous qu'ils ne lui causent aucun dommage illicite, la prescription ne peut courir que lorsqu'une action est née à la suite d'une atteinte commise par quelqu'un au droit de cette personne ».

2. Cass. civ. 3e, 13 janvier 2009, pourvoi n° 07-21105. V. déjà en ce sens, 22 octobre 2008, *AJDI*, 2009, p. 39.

3. Pour une étude d'ensemble, J. Hauser, « Filiation et prescription », *AJ fam.*, 2012, p. 29.

de possession d'état. Mais une telle action ne sera légitime que si son titulaire l'exerce suffisamment rapidement après avoir été privé de l'état qu'il revendique puisqu'il peut, dès ce jour, se rendre compte de la menace planant sur ses droits. L'article 321 du Code civil dispose en conséquence que les actions visant à la constatation du lien de filiation se prescrivent par dix ans « à compter du jour où la personne a été privée de l'état qu'elle réclame »[1]. C'est, là encore, la contradiction de l'état que l'on cherche à protéger qui fait courir la prescription.

Concrètement, même si la formule garde à bien des égards une « part de mystère »[2], le jour où la personne a été privée de l'état qu'elle réclame doit s'entendre du jour où la possession d'état a cessé ou, à défaut d'avoir jamais existé, du jour de la naissance de la personne qui intente l'action[3]. La loi du 16 janvier 2009, ratifiant l'ordonnance du 4 juillet 2005, a d'ailleurs précisé ce point de départ dans l'hypothèse particulière d'une action en constatation d'une possession d'état, en précisant qu'une telle action devait être intentée « dans le délai de dix ans à compter de sa cessation ou du décès du parent prétendu »[4] (art. 330 C. civ.).

2. *L'action en contestation de la filiation*

281. La protection d'une situation juridique peut aussi passer, non plus par l'établissement, mais par la contestation de l'état d'une personne. Tel est le cas par exemple lorsqu'un héritier conteste la reconnaissance ou la possession d'état d'un tiers. Ici aussi, la paix des familles suppose qu'une telle action ne puisse pas être intentée longtemps après que l'état litigieux ait été acquis par ce tiers. C'est pourquoi l'article 321 enferme également ce type d'action dans un délai décennal, courant cette fois à compter du jour où la personne « a commencé à jouir de l'état qui lui est contesté ».

Depuis la simplification opérée par l'ordonnance de 2005, il faut précisément distinguer trois hypothèses. Si d'abord la filiation est établie par la seule possession d'état, la prescription courra, en application de l'article 335 du Code civil, du jour de la délivrance de l'acte de notoriété. Si ensuite la filiation est établie par le seul titre, il faudra déduire de l'article 321 du Code civil que la prescription court du jour où l'état contesté a été créé, qui peut s'entendre aussi bien de l'acte de naissance ou de reconnaissance de l'enfant[5]. Si enfin l'enfant dispose en même temps d'un titre et de la possession d'état, l'article 333 du Code civil prévoit alors que l'action se prescrit « à compter du jour où la possession d'état

1. L'article 321 du Code civil réserve cependant l'hypothèse de la minorités de l'enfant, qui a pour effet de suspendre le cours de la prescription.

2. P. Malaurie, H. Fulchiron, *La famille*, Defrénois, 4e éd., 2011, p. 430, nº 1078.

3. A. Bénabent, *Droit civil, Droit de la famille*, Montchrestien, 2010, p. 348, nº 824.

4. Précisons que la constatation de la possession d'état par acte de notoriété est enfermée dans un délai plus court, mais au point de départ identique : « La délivrance de l'acte de notoriété ne peut être demandée que dans un délai de cinq ans à compter de la cessation de la possession d'état alléguée ou à compter du décès du parent prétendu » (art. 317 al. 3 C. civ.). La démarche se justifie essentiellement par des considérations de sécurité juridique, la possession d'état ne cessant pas forcément au décès du parent prétendu (G. Vial, « Réforme de la filiation : les surprises du projet de ratification de l'ordonnance du 4 juillet 2005 », *Dr. fam.*, 2008, étude 5, spéc. nº 22 ; T. Garé, « Réforme de la filiation – À propos de la loi du 16 janvier 2009 », *JCP* G, 2009, act. 59).

5. Cass. civ. 1re, 14 février 1990, *D.*, 1990, p. 464, note J. Massip. V. également, retenant le jour de la légitimation comme point de départ : Cass. civ. 1re, 13 novembre 1979, *Bull. civ.* I, nº 277.

a cessé ou du décès du parent dont le lien de filiation est contesté », faute pour l'action de pouvoir être exercée lorsque ces deux conditions sont réunies.

282. **Conclusion de la Section I.** En conclusion, il ressort des développements qui précèdent que la fixation du point de départ de la prescription au jour de l'événement ayant donné naissance à l'action ne va pas sans difficultés quel que soit le type d'action exercée. Lorsque l'action vise à établir l'existence ou les contours d'un droit, le point de départ de la prescription devrait logiquement être fixé au jour où a pu naître le droit que l'on cherche à établir. Mais l'inadéquation qui peut parfois exister entre le moment où le droit naît et celui où l'action peut véritablement être exercée perturbe la détermination du point de départ de la prescription. Lorsque l'action vise à obtenir l'exécution d'une obligation, la situation apparaît plus complexe encore. En effet, même lorsque le lien entre l'exigibilité et le point de départ ne se trouve pas perturbé, les incertitudes inhérentes à la notion d'exigibilité, qu'elle soit objectivement fixée ou sous la dépendance de l'une des parties, conduisent à multiplier les points de départ de la prescription en la matière. Le flou entourant la fixation du point de départ de la prescription de l'action en paiement, en général, et du délai pour agir sur le fondement de l'article L. 311-52 du Code de la consommation, en particulier, illustre parfaitement la difficulté d'appliquer le critère de l'exigibilité à l'ensemble des situations rencontrées, et plus encore aux nouveaux schémas contractuels imaginés par la pratique. Seule la fixation du point de départ de la prescription de l'action visant à la protection d'un droit, qu'il soit réel ou personnel, ou d'un état, semble relativement échapper à la confusion et à la multiplication des points de départ de la prescription. En la matière, le jour où le droit que l'on cherche à protéger a été contredit marque le point de départ de la prescription. Arrêter là cet inventaire des points de départ de la prescription des actions en exécution et des actions voisines conduirait déjà à constater la diversité des points de départ de la prescription. Mais la date de l'événement donnant naissance à l'action – naissance du droit lorsque l'action vise à établir son contenu, exigibilité de l'obligation lorsqu'elle vise son exécution, violation du droit lorsqu'elle vise sa protection – n'est pas le guide unique de détermination du point de départ de la prescription. D'autres critères peuvent être pris en considération, telle la connaissance d'un tel événement.

Section II : La prise en considération de la connaissance de l'événement ayant donné naissance à l'action

283. Il est jusqu'à présent apparu que la détermination du point de départ de la prescription de l'action en exécution et des actions voisines en paiement résultait essentiellement de considérations techniques, telles que la détermination de la date de naissance ou d'exigibilité de l'obligation dont l'exécution était recherchée. Dans ces différentes hypothèses, la connaissance ne jouait qu'un rôle marginal, voire inexistant. Mais il n'en va pas toujours ainsi. Il est au contraire des hypothèses dans lesquelles la connaissance de l'événement ayant donné naissance à l'action est au cœur de la détermination du point de départ de la prescription. Tel est notamment le cas lorsqu'est en cause l'action en garantie dirigée à l'encontre de l'assureur (§ 1), l'exercice de la faculté d'opter offerte aux successibles (§ 2) ou encore l'action en répétition de l'indu (§ 3).

§ 1 - L'ACTION EN GARANTIE DIRIGÉE À L'ENCONTRE DE L'ASSUREUR

284. Le droit des assurances est assurément l'un des domaines dans lesquels la fixation du point de départ de la prescription a suscité le plus de débats et de difficultés[1]. Ces difficultés trouvent sans doute en partie leur source dans la lettre de la loi. L'article L. 114-1 du Code des assurances, qui enferme toute action en la matière dans un délai biennal, prévoit en effet, au terme d'une incise qui confine à la formule de style que « toutes actions dérivant d'un contrat d'assurance sont prescrites par deux ans à compter de l'événement qui y donne naissance ».

La formule, sibylline, ne saurait en elle-même éclairer réellement le point de départ qu'il convient de retenir. L'abstraction de la formule est d'ailleurs volontaire, qui vise à embrasser l'ensemble des actions qui peuvent découler du contrat d'assurance : action en exécution de la garantie due par l'assureur, qu'il s'agisse d'une assurance de chose, de personne, de protection juridique, pour compte, de groupe ou encore de dommages-ouvrages ; action en paiement des primes d'assurance ; action en responsabilité à l'encontre de l'assureur pour manquement à ses obligations[2] ; action de l'assuré contre l'assureur suite au recours d'un tiers[3] ; action en nullité fondée sur l'existence d'une fausse déclaration[4], action en remboursement[5]... Mais, même à s'en tenir à l'action la plus courante découlant du contrat d'assurance, à savoir l'action en garantie dirigée par l'assuré à l'encontre de l'assureur, les principes directeurs n'apparaissent pas plus limpides pour autant.

Certes, il faut d'emblée constater que l'action ne saurait naître avant la réalisation du sinistre assuré. En effet, jusqu'à sa réalisation, la garantie n'est qu'éventuelle, dépendante de la réalisation de l'événement litigieux : le sinistre. Sous cet aspect, l'article L. 114-1 du Code des assurances s'inspire évidemment de l'article 2233 du Code civil selon lequel « la prescription ne court pas (...) à l'égard d'une action en garantie, jusqu'à ce que l'éviction ait lieu » (art. 2233 C. civ.). La solution s'explique aisément : dans un cas comme dans l'autre, c'est l'éviction, ou le sinistre, c'est-à-dire la réalisation de l'événement dont dépend la mise en œuvre de la garantie, qui « donne naissance à l'action en garantie dans la personne de l'acheteur »[6] ou de l'assuré.

---

1. Sur cette question, v. notamment B. Beignier, *Droit du contrat d'assurance*, PUF, 1999, n° 226 s. et *Code des assurances commenté*, Litec ; J. Bigot, P. Baillot, J. Kullmann, L. Mayaux, *Les assurances de personnes*, T. 4, LGDJ, 2007, spéc. n° 762, 902, et 1121 à 1134 ; Y. Lambert-Faivre, L. Leveneur, *Droit des assurances*, Précis Dalloz, 13e éd., 2011, spéc. n° 286 s. ; A. Favre-Rochex, *J.-Cl.*, fasc. 505-5, *Exécution du contrat*, n° 8 s. ; Trasbot, « Commentaire de la loi de 1930 », *DP*, 1931, 4, p. 20 ; A. Besson, « Déclaration du sinistre et prescription », *RGAT*, 1950, p. 143 ; P. Sargos, « La doctrine jurisprudentielle de la Cour de cassation relative à la prescription en droit des assurances », *RGAT*, 1996, n° 3, p. 545 ; du même auteur : « La fixation du point de départ de la prescription en matière d'assurances », *JCP* G, 2008, I, 130 ; J.-F. Haudebourg, « Quelques perspectives relatives à la computation du délai de prescription biennal en matière d'assurance », *LPA*, 18 décembre 1996, p. 13 ; R. Bout, « Supplique des assurés forclos au législateur endurci », *Mélanges Lambert*, Dalloz, 2002, p. 27 s. ; G. Durry, « Trente ans après ! (ou l'évolution d'une discipline à l'aune de celle d'un ouvrage) », *Mélanges Lambert*, Dalloz, 2002, p. 145 s.

2. Cass. civ. 2e, 1er juillet 2010, *RDBF*, 2010, comm. 181, note J. Djoudi.

3. V. *infra*, n° 328 s.

4. V. *infra*, n° 298.

5. Cass. civ. 2e, 7 juillet 2011, *RCA*, 2011, comm. 374 : « l'action engagée par le souscripteur d'un contrat d'assurance sur la vie ayant renoncé à ce contrat conformément à l'article L. 132-5-1 du code des assurances pour obtenir la restitution des sommes versées, qui dérive du contrat d'assurance, est soumise à la prescription biennale prévue par l'article L. 114-1, dont le point de départ est le refus de restitution des fonds opposé par l'assureur à l'assuré » ; 13 janvier 2012, pourvoi n° 11-10908 ; 29 mars 2012, pourvoi n° 11-13991.

6. A. Colin et H. Capitant, *Cours élémentaire de droit civil français*, Paris, 10e éd. par L. Julliot de la Morandière, 1953, T. II, spéc. p. 417, n° 607.

285. Parfois même, la réalisation du sinistre lui-même ne saurait suffire à faire naître l'action. Tel est le cas lorsque la mise en œuvre de la garantie est contractuellement subordonnée à la réalisation d'une condition supplémentaire, qui rend la créance de l'assuré conditionnelle : reconstruction de l'immeuble sinistré[1], condamnation pénale définitive du préposé[2], publication au journal officiel d'un arrêté de catastrophe naturelle[3], survenance de l'invalidité[4], connaissance du principe de la prise en charge du dommage par l'assureur principal[5], classement dans une catégorie d'invalidité par la sécurité sociale[6]...

286. Mais, au-delà de ce principe et de ses premières implications, l'article L. 114-1 du Code des assurances prévoit une série d'exceptions dont la jurisprudence a fini par induire un principe concurrent, si ce n'est pas même un principe se substituant au premier. En effet, l'article prévoit que le délai ne court, « en cas de réticence, omission, déclaration fausse ou inexacte sur le risque couru, que du jour où l'assureur en a eu connaissance » et « en cas de sinistre, que du jour où les intéressés en ont eu connaissance, s'ils prouvent qu'ils l'ont ignoré jusque-là ». De ces exceptions législatives ponctuelles, dont la preuve était strictement encadrée, la Cour de cassation a induit un principe général selon lequel la prescription de l'action en garantie ne court que du jour de la connaissance de la réalisation du sinistre assuré, au point que l'on a pu parler de la « théorie de la connaissance valant point de départ de la prescription »[7] ou encore affirmer que « le point de départ de la prescription peut aussi en dernière analyse se ramener au critère de la connaissance »[8]. L'ensemble des auteurs s'accordent alors pour rattacher cette solution à l'adage *Contra non valentem agere non currit prescriptio*[9].

L'unité apparente de la solution ne doit cependant pas occulter la diversité de ses applications. L'analyse de la matière révèle en effet un droit « aussi incohérent qu'ingérable »[10]. En effet, même en dépassant les questions probatoires soulevées par la détermination de la date de la connaissance du sinistre[11], la matière a été rendue complexe par une jurisprudence abondante faisant varier la fixa-

---

1. Cass. civ. 1re 4 avril 1995, *RGAT*, 1995, p. 52, note Kullman.

2. Lorsque l'assurance vise à couvrir les détournements d'un préposé, la prescription ne peut courir avant la reconnaissance par les juridictions pénales de cette qualification, condition de la mise en œuvre de la garantie (Cass. civ. 1re, 17 juillet 1962, *Bull. civ.* I, n° 375). En revanche, lorsque l'assurance en cause ne couvre que les sinistres non intentionnels, le point de départ de la prescription n'est pas pour autant reporté au jour de la décision d'acquittement en raison du jeu de la présomption d'innocence (Cass. civ. 3e, 3 juillet 1990, *Bull. civ.* I, n° 184).

3. Cass. civ. 1re, 15 décembre 1993, *Bull. civ.* I, n° 364.

4. Cass. civ. 1re, 12 décembre 1995, *Bull. civ.* I, n° 454.

5. Cass. com., 10 mars 2009, pourvoi n° 08-11192.

6. Cass. civ. 1re, 17 octobre 1995, *Bull. civ.* I, n° 363 ; 4 février 1997, *Bull. civ.* I, n° 39.

7. J.-F. Haudebourg, « Quelques perspectives relatives à la computation du délai de prescription biennal en matière d'assurance », *LPA*, 18 décembre 1996, p. 13.

8. P. Sargos, « La fixation du point de départ de la prescription en matière d'assurances », *JCP* G, 1998, I, 130, spéc. n° 23.

9. A. Besson, « Déclaration du sinistre et prescription », *RGAT*, 1950, p. 143 ; A. Favre-Rochex, *J.-Cl.*, fasc. 505-5, *Exécution du contrat*, n° 8 s ; Y. Lambert-Faivre, L. Leveneur, *Droit des assurances*, Précis Dalloz, 13e éd., 2011, spéc. n° 294 ; B. Beignier, *Droit du contrat d'assurance*, PUF, n° 241.

10 Y. Lambert-Faivre, L. Leveneur, *Droit des assurances*, Précis Dalloz, 13e éd., 2011, spéc. p. 498, n° 643-2.

11. Sur cette question, v. A. Besson, « Déclaration du sinistre et prescription », *RGAT*, 1950, p. 143 ; Trasbot, « Commentaire de la loi de 1930 », *DP*, 1931, 4, p. 20. La Cour de cassation rappelle qu'il appartient à la victime de prouver qu'elle n'avait pas connaissance du sinistre (Cass. civ. 1re, 26 juin 1968, *Bull. civ.* I, n° 185 ; Cass. civ. 1re, 14 novembre 2001, *RGAT*, 2002, p. 85, note J. Kullmann), la connaissance du fait générateur de l'action étant toujours présumée (Cass. soc., 6 novembre 1942, *RGAT*, 1943, p. 21).

tion du point de départ en considération des types d'actions et selon les circonstances entourant leur exercice. La notion de sinistre, fuyante, a participé à développer l'incertitude en la matière. Aussi faut-il notamment distinguer selon que l'action en garantie est exercée en matière d'assurance de sinistre ou d'assurance pour compte[1].

287. Si l'on s'intéresse aux assurances de sinistre, la question ne soulève pas de difficulté particulière lorsque la police d'assurance couvre un sinistre matériel (vol, incendie...) : dans une telle hypothèse, c'est le jour de la connaissance par l'assuré[2] du risque de nature à entraîner le jeu de la garantie, c'est-à-dire du sinistre, qui doit être pris en considération[3].

288. La détermination du point de départ de la prescription est en revanche plus complexe lorsque l'action est exercée en exécution d'une assurance de personnes. La difficulté principale tient alors à la définition du sinistre. En effet, si celui-ci se résume à un événement produisant instantanément tous ses effets, le débat se limite au point de savoir si l'assuré en a eu connaissance. Mais, lorsque les effets d'un événement initial se prolongent, la question devient délicate. Telle est précisément le cas en matière d'assurance de personne, où la date du sinistre n'est pas toujours aisément déterminable, tant le dommage causé aux personnes peut être évolutif. Que faut-il alors entendre par sinistre ? Le concept renvoie-t-il au fait générateur du dommage ou à ses conséquences ? L'ignorance, non de l'accident lui-même mais de ses conséquences dommageables doit-elle conduire à reporter le point de départ de la prescription ? Dans l'affirmative, comment appréhender la connaissance des conséquences préjudiciables ? Toutes ces questions ont évidemment suscité de nombreuses incertitudes jurisprudentielles auxquelles la Cour de cassation a cherché à mettre fin. Aussi, après avoir longtemps considéré que le sinistre assuré consistait en l'accident intervenu, tout en suspendant la prescription jusqu'à la connaissance de ses effets sur la mise en œuvre de la garantie[4], la Cour de cassation, pour éviter que l'incertitude persiste, a fait de la date de consolidation de l'état de la victime le point de départ de l'action en garantie à l'encontre de l'assureur[5]. Le choix d'une telle date, qui a l'avantage de permettre

---

1. La question se présente encore différemment en matière d'assurance de protection juridique. Dans une telle hypothèse en effet, la Cour de cassation a fait du jour où l'assureur a refusé la garantie ou fait connaître son intention d'en limiter le montant le point de départ de la prescription (Cass. civ. 1re, 10 mai 2000, *Bull. civ.* I, n° 132 ; civ. 2e, 3 juin 2004, *RCA*, 2004, comm. 278 par H. Groutel, *Gaz. Pal.*, 29 septembre 2005, note M. Perrier).

2. Cass. civ. 1re, 7 janvier 1969, *Bull. civ.* I, n° 9. La Cour de cassation refuse en revanche de reporter le point de départ de la prescription au jour du dépôt d'un rapport d'expert, la connaissance du sinistre étant estimée suffisante (Cass. civ. 1re, 25 février 1992, pourvoi n° 90-11472).

3. Étant précisé qu'elle doit s'entendre de la connaissance que l'assuré a eu personnellement du sinistre et non de celle qu'on lui aurait communiqué : Cass. civ. 1re, 3 mars 1982, *Bull. civ.* I, n° 96 ; pour un vol : Cass. civ. 1re, 6 décembre 1989, *Bull. civ.* I, n° 377 ; pour un déficit généré par les fautes de gestion d'un notaire : Cass. civ. 1re, 14 novembre 2001, *RGAT*, 2002, p. 85, note J. Kullmann. Ont en revanche été écartées la date du refus de garantie (Cass. civ. 1re, 7 juin 1988, *Bull. civ.* I, n° 172) et celle de l'arrêt ayant déclaré prescrite la garantie de l'auteur du dommage (Cass. civ. 1re, 26 octobre 2006, pourvoi n° 05-12318).

4. Cass. civ. 1re, 11 décembre 1979, *Bull. civ.* I, n° 314. V. également, dans le même sens, 25 janvier 1989, pourvoi n° 87-11544. Une telle date demeure évidemment pertinente lorsque réalisation du sinistre et consolidation se confondent, ce qui est notamment le cas dans l'hypothèse d'un décès de l'assuré (Cass. civ. 1re, 17 février 1981, *Bull. civ.* I, n° 55).

5. Cass. civ. 1re, 1er juin 1999, *RCA*, 1999, chron 21 par H. Groutel, *RGDA*, 1999, p. 1056, note L. Fonlladosa. V. également, Cass. civ. 2e, 8 mars 2006, pourvoi n° 04-18652 ; 26 octobre 2006, *RCA*, 2007, comm. 32 ; 16 novembre 2006, *RCA*, 2007, comm. 32 ; 11 octobre 2007, *RCA*, 2007, comm. 379 ; 2 avril 2009, pourvoi n° 08-11685.

de retenir une date objective, indépendante de facteurs d'appréciation psychologiques propres à chaque assuré[1], conduit cependant à exiger davantage que la réunion des éléments constitutifs du sinistre pour faire courir la prescription et à reculer ainsi le point de départ à une date correspondant *in fine* à celle de la connaissance de l'ampleur voire du *quantum* du dommage[2].

289. Mais c'est sans doute en matière d'assurance pour compte que la Cour de cassation a le plus nettement fait de la connaissance le critère de détermination du point de départ de la prescription en exigeant, outre la connaissance de la réalisation du risque assuré[3], la connaissance de « l'ensemble des éléments permettant de demander effectivement la garantie de l'assureur »[4], et notamment l'existence du contrat d'assurance lui-même. Précisément, la Cour de cassation a posé en principe que la prescription de l'action résultant d'une assurance contractée « pour le compte de qui il appartiendra » ne peut courir « que du jour où ledit bénéficiaire a été en mesure d'agir à l'encontre de l'assureur »[5], pour en déduire que le point de départ de la prescription se situait au jour où l'assuré avait obtenu les renseignements qui pouvaient le mettre en mesure de connaître et donc d'invoquer la garantie stipulée à son profit[6]. La Cour va d'ailleurs assez loin dans l'appréciation de cette connaissance puisqu'elle considère que, lorsque l'assurance a été souscrite au profit de plusieurs personnes, chacune d'entre elle peut se prévaloir de son ignorance pour reporter le point de départ de la prescription à son égard, même si l'existence de l'assurance était connue des autres[7]. Plus encore, elle retarde également le point de départ de la prescription au jour où le bénéficiaire a eu connaissance de l'identité de l'assureur[8].

290. En matière d'assurance donc, la connaissance apparaît comme le critère essentiel de la détermination du point de départ : connaissance du sinistre certes, mais également de l'existence de l'assurance et même de l'identité de l'assureur sont autant de conditions en l'absence desquelles la Cour de cassation refuse de faire courir la prescription et déroge au principe selon lequel le point de départ doit être fixé au jour de l'événement ayant donné naissance à l'action. De l'aveu même du Président de la chambre sociale de la Cour de cassation, toute la poli-

---

1. H. Groutel, note sous Cass. civ. 1re, 1er juin 1999, *RCA*, 1999, chron 21.

2. L. Fonlladosa, note sous Cass. civ. 1re, 1er juin 1999, *RGDA*, 1999, p. 1056.

3. V. par ex., pour un report du point de départ de la prescription en raison de l'ignorance du décès de l'assuré par son ayant droit : Cass. civ. 2e, 5 juin 2008, *JCP S*, 2008, act. 330.

4. P. Sargos, « La fixation du point de départ de la prescription en matière d'assurances », art. préc., spéc. nº 10.

5. Cass. civ. 1re, 11 octobre 1988, *Bull. civ.* I, nº 276. Dans le même sens : 22 novembre 1989, pourvoi nº 87-18119 ; 10 décembre 1991, *Bull. civ.* I, nº 344, 12 mars 1991, pourvoi nº 88-16403. Voir aussi, Civ. 1re, 2 février 1994, pourvoi nº 90-18796 (dans l'hypothèse d'une assurance de groupe).

6. Un auteur, M. Beignier, tend cependant à opérer une distinction selon que le contrat contient une assurance de choses ou de responsabilité : selon lui, si la date de la connaissance par le tiers assuré pour compte de la garantie à laquelle il prétend constitue bien le point de départ de la prescription dans la première hypothèse, il devrait en revanche être fixé au jour où est exercé le recours du tiers lésé dans la seconde (B. Beignier, *Code des assurances commenté*, Litec, obs. sous art. L. 114-1).

7. Cass. civ. 1re, 27 février 1996, pourvoi nº 94-11768, la Cour de cassation reprochant à une Cour d'appel d'avoir accueilli la fin de non recevoir tirée de la prescription « sans rechercher si chacune des sœurs Lamaison, dont il n'était pas établi qu'elles habitaient ensemble au domicile de leur mère, avait eu personnellement connaissance de l'existence de l'assurance et était ainsi en mesure d'agir contre l'assureur ».

8. Cass. civ. 2e, 15 mars 2007, *RCA*, juin 2007, comm. 204 ; com., 8 novembre 2011, *RGDA*, 2012, p. 442, note F. Turgné.

tique de la Cour de cassation relative à la fixation du point de départ de la prescription en matière d'assurance tient en une ligne directrice unique : le point de départ de la prescription est toujours fixé au jour où une personne connaît tous les éléments lui permettant d'agir contre celui à l'encontre duquel elle prétend avoir un droit[1].

C'est une logique comparable qui innerve la fixation du point de départ de la prescription de l'exercice de l'option successorale.

§ 2 - L'EXERCICE DE LA FACULTÉ D'OPTION SUCCESSORALE

291. Nul ne saurait hériter contre sa volonté : « il ne se porte héritier qui ne veut » exprimait déjà la coutume de Paris[2]. Ce principe explique la faculté d'option offerte par la loi aux successibles, lesquels ont le choix d'accepter purement et simplement, de répudier ou encore d'accepter à concurrence de l'actif net la succession ouverte.

Mais, afin d'éviter que l'incertitude sur le sort de la succession ne se prolonge indéfiniment, il est depuis longtemps admis qu'une telle faculté est prescriptible. Précisément, le législateur a enfermé l'exercice de cette faculté dans un délai au terme duquel l'héritier est réputé avoir renoncé à la succession[3], délai ramené de 30 à 10 ans par la loi du 23 mars 2006 portant réforme des successions et libéralités.

Les rédacteurs du Code civil n'avaient cependant pas expressément fixé le point de départ du délai[4], obligeant la doctrine et la jurisprudence à venir suppléer cette carence. La recherche de l'événement ayant donné naissance à la faculté d'option devait alors logiquement conduire à faire de l'ouverture de la succession[5] le point de départ du délai de prescription[6]. C'est d'ailleurs une telle date qu'a retenu le législateur lorsqu'il s'est agi de préciser dans le Code civil le *dies a quo* du délai. Le nouvel article 780 du Code civil issu de la loi du 23 mai 2006 dispose ainsi désormais que « la faculté d'option se prescrit par dix ans à compter de l'ouverture de la succession »[7]. Le choix d'un tel point de départ soulève toutefois un certain nombre de difficultés dans deux hypothèses particulières.

292. La première est celle dans laquelle le successible concerné par la faculté d'opter n'est pas un successible de premier rang. Dans une telle hypothèse en effet, son droit d'opter est conditionné à la renonciation à la succession par

---

1. P. Sargos, « La fixation du point de départ de la prescription en matière d'assurances », art. préc.
2. *Coutume de Paris*, art. 316.
3. P. Malaurie, *Les Successions, Les Libéralités*, Defrénois, 4e éd., spéc. p. 103, n° 187.
4. L'ancien article 789 du Code civil disposait ainsi uniquement que « la faculté d'accepter ou de répudier une succession se prescrit par le laps de temps requis pour la prescription la plus longue des droits immobiliers ».
5. Concrètement, cette date renvoie dans l'immense majorité des cas au jour du décès. Elle peut cependant parfois s'en écarter, la succession pouvant être à titre exceptionnelle ouverte sans décès, notamment en cas d'absence déclarée ou de disparition.
6. M. Planiol et G. Ripert, *Traité pratique de droit civil français*, avec le concours de J. Maury et H. Vialleton, Paris, 1928, T. IV, *Successions*, p. 345, n° 274 ; C. Aubry et C. Rau, *Cours de droit civil français*, T. VI, 4e éd., Paris, 1873, § 610, p. 372 ; F. Laurent, *Principes de droit civil français*, T. IX, Paris, 1878, § 491, p. 563 ; P. Malaurie, *Les Successions, Les Libéralités*, Defrénois, 4e éd., spéc. p. 103, n° 187 ; A. Sériaux, *J.-Cl. civ.*, art. 768 à 781, fasc. unique : *Successions - L'option de l'héritier*, spéc. n° 30.
7. Comp. le silence du législateur et les incertitudes relatives au point de départ de la prescription de la pétition d'hérédité : C. Pérès, « La prescription de la pétition d'hérédité : pour une intervention législative », *D.*, 2011, p. 2416.

les successibles de rang supérieur. La prescription peut-elle alors courir à son encontre dès l'ouverture de la succession ?

Une première analyse, qui pouvait se prévaloir de l'esprit de l'adage *Actioni non natae non praescribitur*, invitait à répondre par la négative : au jour de l'ouverture de la succession, l'héritier subséquent ne dispose que d'un droit conditionnel[1], subordonné à la renonciation des successibles de premier rang. La faculté d'opter ne devient donc parfaite qu'au jour de la réalisation de la condition, c'est-à-dire au jour de la renonciation. Sur cette voie, la prescription ne devrait pas pouvoir courir à l'encontre des héritiers subséquents avant la renonciation des successibles de rang supérieur[2].

Mais une telle analyse, techniquement incontestable, n'était pas sans danger : elle présentait l'inconvénient de laisser perdurer l'incertitude relative au sort de la succession pendant une durée extrêmement longue. Certains auteurs ont en conséquence milité en faveur d'une seconde option, consistant à opposer la date d'ouverture de la succession à l'ensemble des successibles[3]. La solution, il est vrai, n'apparaissait pas fondamentalement inique dès lors que la jurisprudence reconnaissait aux héritiers subséquents le droit d'accepter « par anticipation » la succession avant même la renonciation des successibles de rang supérieur[4]. Dès lors, les successibles n'étaient pas empêchés d'agir en l'absence de renonciation : ils pouvaient, dès l'ouverture de la succession, interrompre le cours de la prescription[5].

Ces arguments d'opportunité achevèrent sans doute de convaincre les juges puisque la cour d'appel de Paris affirma sans ambages que la prescription courait sans distinction à l'encontre de tous les successibles dès l'ouverture de la succession[6]. Il reste que la solution demeure techniquement surprenante et peu cohérente au regard du droit de la prescription dans son ensemble : il s'agit en effet d'une des seules hypothèses où l'existence d'une condition suspensive n'est pas prise en considération dans la fixation du point de départ de la prescription.

293. Mais la véritable interrogation soulevée par l'ancien article 789 du Code civil portait sur le point de savoir si l'ignorance par le successible concerné de l'ouverture de la succession et, plus généralement, de sa faculté d'opter, était de nature à reporter le point de départ de la prescription. Quel rôle, là encore, faire jouer à la connaissance ?

La question divisa la doctrine classique. À l'appui d'une réponse négative, Laurent fit valoir que la faculté d'accepter ou de répudier la succession existant dès l'ouverture de celle-ci, l'ignorance de l'ouverture de la succession ou de la renonciation du successible de rang supérieur ne devait pas empêcher la prescription de courir, au motif que « la volonté du successible n'est pour rien dans la prescription »[7]. On ajouta encore que les rédacteurs du Code civil ayant exclu l'application de l'adage *Contra non valentem*, l'ignorance ne devait pas être prise en

1. Analysant la situation, Capitant a pu qualifier le droit du successible de rang inférieur de « droit conditionnel » (H. Capitant, note sous Cass. civ., 20 juin 1898, *D.*, 1899, 1, 441).

2. En ce sens, C. Demolombe, *Cours de Code Napoléon*, T. 14, *Traité des successions*, T. 2, Paris, 1857, n° 305, p. 380 ; F. Laurent, *op. cit.*, § 492, p. 563.

3. C. Aubry et C. Rau, *op. cit.*, § 610, p. 377.

4. Cass. civ., 20 juin 1898, *D.*, 1899, 1, 441, note H. Capitant.

5. H. Capitant, note sous Cass. civ., 20 juin 1898, *D.* 1899, 1, 441.

6. Paris, 16 janvier 1913, *D.*, 1913, 2, 353, note M. Planiol. En dépit de l'absence de précision expresse sur ce point, la solution doit être considérée comme pérennisée par la loi du 23 juin 2006 (J.-R. Binet, « La sécurisation de l'option successorale, entre conservation dynamique et innovations prudentes, À propos de la loi du 23 juin 2006 », *Dr. fam.*, 2006, étude 55, spéc. n° 10).

7. F. Laurent, *op. cit.*, § 493, p. 565.

considération dans la détermination du point de départ de la prescription en l'absence de précision expresse en ce sens ; là où la loi ne distinguait pas, il ne fallait pas distinguer[1]. Une telle analyse n'a pas laissé insensible les juridictions. Ainsi, le Tribunal civil de Dijon n'hésita pas à écarter l'argument avancé par le demandeur selon lequel « si, aux termes de l'art. 789 C. civ., la faculté d'accepter ou de répudier une succession se prescrit par trente ans, cela n'est vrai qu'à la condition que le successible ait eu connaissance de son droit et qu'il ait été mis à même de l'exercer », en affirmant que « cette restriction ne se trouve pas dans la loi, que la disposition de l'art. 789 est générale et absolue (...), que le point de départ de cette prescription court du jour de l'ouverture de la succession, parce que les effets de l'acceptation remontent également à ce même jour, que, passé ce délai de 30 ans, l'héritier n'est plus recevable à réclamer la succession à laquelle il prétendait pouvoir être appelé »[2].

La solution était toutefois doublement critiquable. D'une part, on sait que la jurisprudence s'est très tôt affranchie de la volonté des rédacteurs du Code civil pour faire revivre l'adage *Contra non valentem* chaque fois qu'elle l'a estimé nécessaire[3]. Le silence de l'ancien article 789 du Code civil ne pouvait dès lors à lui-seul justifier la mise à l'écart de la connaissance de la vocation successorale dans la détermination du point de départ de la prescription. D'autre part, affirmer, comme le faisait Laurent, que la volonté était indifférente à l'accomplissement de la prescription de l'exercice d'une faculté, droit potestatif s'il en est, apparaissait pour le moins surprenant.

Cela explique d'ailleurs que de nombreux auteurs se soient à l'inverse prononcés pour une suspension du cours de la prescription jusqu'à ce qu'une telle connaissance soit acquise, elle-seule permettant au successible l'exercice effectif de la faculté qui lui est offerte. Ainsi, selon Demolombe, la faculté ne pouvant être exercée par l'héritier qu'en connaissance de cause, la prescription ne pouvait rationnellement courir avant que le successible ait acquis connaissance des éléments lui permettant de l'exercer[4]. Dans le même sens, Planiol et Ripert militaient en faveur d'un report du point de départ au profit des successibles ayant une « juste raison » d'ignorer la naissance de leur droit[5]. La volonté de faire jouer l'adage *Contra non valentem* en la matière était largement partagée[6].

La Cour de cassation a finalement suivi cette doctrine majoritaire. Elle a fait de l'ignorance de l'ouverture de la succession une cause de report du point de départ de la prescription en affirmant que « l'ignorance de l'ouverture d'une succession peut empêcher de courir la prescription extinctive de l'[ancien] art. 789 »[7], tout en précisant qu'un tel report n'était envisageable qu'« à la condition que le successible ait une juste raison d'ignorer la naissance de son droit »[8]. Tel est par exemple le cas, nous enseigne la jurisprudence, d'un héritier de nationalité étrangère qui, résidant hors de France, est resté, jusqu'à sa propre mort, dans l'ignorance de la dévolution d'une succession à son profit par suite de la méconnaissance du décès de son auteur[9].

1. F. Laurent, *ibid.*, § 491, p. 563 ; C. Aubry et C. Rau, *op. cit.*, § 610, p. 377, note 16.
2. Trib. civ. Dijon, 10 mars 1909, *D.*, 1912, 2, 300.
3. V. *infra*, n° 377 s.
4. C. Demolombe, *op. cit.*, n° 316, p. 399.
5. M. Planiol et G. Ripert, *op. cit.*, p. 346, n° 274.
6. V. par ex., C. Aubry et C. Rau, *op. cit.*, § 610.
7. Cass. req., 27 janvier 1941, *Gaz. Pal.*, 27 mars 1941, p. 238, *JCP*, 1941, II, 1635, note P. Voirin.
8. En l'espèce, la Cour de cassation avait relevé que le successible n'avait jamais indiqué le « motif légitime et raisonnable » justifiant son silence.
9. Versailles, 31 octobre 2002, RG n° 2001-1903. En l'espèce, les héritiers de ce dernier n'avaient

294. Afin de protéger l'héritier[1], la loi du 23 juin 2006 est venue consacrer la jurisprudence de la Cour de cassation2[7]. L'article 780 alinéa 5 dispose en effet désormais expressément que « la prescription ne court pas tant que le successible a des motifs légitimes d'ignorer la naissance de son droit, notamment l'ouverture de la succession ». La disposition légale nouvelle, résultant d'un amendement présenté en premier lecture à l'assemblée nationale[3], n'est cependant pas le décalque parfait de la jurisprudence existante. Deux nuances importantes méritent en effet d'être relevées.

D'une part, il faut observer que la notion de « juste raison d'ignorer » à laquelle se référait la jurisprudence a été remplacée par celle de « motifs légitimes d'ignorer ». La substitution est sans doute purement formelle et s'explique par la volonté de faire concorder les termes employés à l'article 780 avec ceux du nouvel article 786 alinéa 2 selon lequel l'hériter acceptant « peut demander à être déchargé en tout ou partie de son obligation à une dette successorale qu'il avait des motifs légitimes d'ignorer au moment de l'acceptation »[4].

D'autre part, et la divergence soulève ici davantage d'interrogations, alors que la Cour de cassation visait exclusivement l'ignorance de l'ouverture de la succession comme cause de report du point de départ de la prescription, l'article 780 alinéa 5 vise désormais « *notamment* l'ouverture de la succession ». On ne peut manquer de s'interroger sur la portée à accorder à l'insertion de l'adverbe notamment. À l'évidence, le législateur a entendu marquer ici le caractère non limitatif de l'ignorance de l'ouverture de la succession. Or, celle-ci semblait, au vue de la jurisprudence antérieure, la seule cause valable de report du point de départ de la prescription. La Cour de cassation adoptait en effet une conception très restrictive des justes raisons pour le successible d'ignorer la naissance de son droit, jugeant notamment que « l'ignorance légitime de l'ouverture d'une succession, à l'exclusion de celle de l'existence d'un successible, peut suspendre le délai de la prescription extinctive trentenaire prévu à l'article 789 du code civil »[5].

La formulation législative semble ainsi en rupture avec la jurisprudence antérieure. Une telle rupture est-elle volontaire ? On peut en douter[6]. Il reste que

---

eu révélation de la dévolution successorale qu'à la suite des investigations d'un généalogiste conduites plus de trente ans après l'ouverture de la succession.

1. S. Mazeaud-Leveneur, « La modernisation de l'option successorale », *JCP* N, 2008, 1247, spéc. n° 7.

2. Précisons que la loi a également consacré deux autres cas spécifiques de report du point de départ de la prescription. Le premier vise la situation où, au décès du premier conjoint, l'autre a été laissé en possession de biens héréditaires ; dans ce cas, la prescription ne court qu'à compter de l'ouverture de la succession de ce dernier (art. 780 al. 3). Le second vise la situation où l'acceptation de l'héritier de rang supérieur a été annulée ; la prescription ne courant qu'à compter de la décision définitive constatant cette nullité (art. 780 al. 4).

3. Amendement n° 35 présenté par M. Huyghe, rapporteur au nom de la Commission des lois, exposant que « la précision jurisprudentielle mérite, pour la clarté de la loi nouvelle applicable, d'être consacrée de manière expresse » (exposé sommaire de l'amendement). Le rapporteur a ajouté que « cet amendement était d'autant plus important que la prescription de l'option était ramenée par le projet de loi de trente à dix ans » (*Rapport n° 2850 du député S. Huyghe au nom de la Commission des lois sur le projet de loi (n° 2427) portant réforme des successions et des libéralités*, enregistré à la Présidence de l'Assemblée nationale le 8 février 2006, spéc. p. 81).

4. La rédaction adoptée en première lecture à l'assemblée nationale, visait en effet, à l'instar de la jurisprudence, l'existence d'une « juste raison d'ignorer la naissance de son droit » par l'héritier. La substitution de l'expression « motif légitime d'ignorer » résulte de l'adoption par les sénateurs d'un amendement présenté comme un « amendement de coordination avec la rédaction retenue à l'article 786-1 » (*Rapport n° 343 du sénateur H. de Richemont au nom de la Commission des lois sur le projet de loi portant réforme des successions et des libéralités*, Annexe au procès-verbal de la séance du 10 mai 2006, spéc. p. 66).

5. Cass. civ. 1re, 7 juin 2006, *Bull. civ.* I, n° 296, *JCP* G, 2006, IV, 2438.

6. Présentant l'amendement qui consacrait la jurisprudence de la Cour de cassation en la matière,

la nouvelle formulation ouvre la voie à une extension des causes de report du point de départ de la prescription. Mais précisément, mis à part l'ignorance de l'ouverture de la succession, quels motifs légitimes pourraient être invoqués ?

Les auteurs classiques envisageaient déjà, à côté de l'ignorance de l'ouverture de la succession, celle de la renonciation du parent saisi de l'hérédité[1]. On a aussi pu évoquer l'ignorance de l'indignité ou du décès de l'héritier de rang préférable[2].

S'agit-il là d'un motif légitime au sens de l'article 780 alinéa 5 du Code civil ? Le droit du successible de rang inférieur naissant de la renonciation du successible de rang supérieur, l'ignorance de la renonciation emporte bien ignorance de la naissance du droit. Faire de l'ignorance de la renonciation un motif légitime de nature à reporter le point de départ de la prescription paraît donc à première vue parfaitement logique. Mais, pour qu'il en soit réellement ainsi, il faudrait que la renonciation fasse courir la prescription à l'égard des héritiers subséquents : ignorant l'événement leur permettant d'agir, les héritiers devraient être relevés de la prescription acquise. Or il n'en est rien : on l'a vu, la prescription court contre les héritiers subséquents dès l'ouverture de la succession, sans égard pour la renonciation ultérieure des successibles de meilleur rang[3]. Dès lors, on perçoit mal comment la Cour de cassation pourrait accepter de prendre en considération l'ignorance de la renonciation là où elle a refusé de prendre en considération l'absence même de renonciation pour reporter le point de départ de la prescription. Elle ne devrait pas davantage accepter de prendre en considération l'ignorance d'un successible qu'elle a déjà expressément rejetée[4]. Dès lors, il semble qu'en dépit de la lettre de l'article 780 alinéa 5 du Code civil, seule l'ignorance de l'ouverture de la succession est de nature à constituer un motif légitime de nature.

295. Aussi, il faut constater en dernière analyse que la loi du 23 mai 2006, consacrant en cela la jurisprudence de la Cour de cassation, a fait de la connaissance de l'ouverture de la succession, événement permettant l'exercice de la faculté d'opter, le point de départ du délai de prescription décennale[5]. Dans cette matière encore, la connaissance de l'événement ayant donné naissance à l'action constitue la pierre angulaire de la détermination du point de départ de la prescription. Il en est de même lorsqu'est en cause une action en répétition de l'indu.

§ 3 - L'ACTION EN RÉPÉTITION DE L'INDU

296. Fondée sur les articles 1376 et 1377 du Code civil, l'action en répétition de l'indu permet à une personne qui a, par erreur, acquitté une dette qu'elle ne de-

---

le député Huyghe s'était contenté de préciser que « la jurisprudence a accepté que la prescription de la faculté d'opter ne coure pas dans le cas où le successible aurait une juste raison d'ignorer la naissance de son droit, y compris, sinon surtout, dans le cas de l'ignorance de l'ouverture de la succession (ou du décès du défunt) » (*Exposé sommaire de l'amendement n° 35* présenté par M. Huyghe, rapporteur au nom de la Commission des lois).

1. C. Aubry et C. Rau, *op. cit.*, § 610.

2. A. Sériaux, *J.-Cl. civ.*, art. 768 à 781, fasc. unique : *Successions - L'option de l'héritier*, spéc. n° 31.

3. V. *supra*, n° 291 s.

4. V. *supra*, n° 291 s.

5. Il faut cependant noter que, dans l'hypothèse où une telle ignorance se prolongerait longtemps, l'exercice de la faculté d'opter devrait rester enfermée dans le délai butoir de vingt ans prévu par l'article 2232 du Code civil à compter de l'ouverture de la succession. La précision n'est pas anodine, dès lors qu'elle vient indirectement remettre en cause une grande partie de la portée de la règle de principe. En effet, dans toutes les hypothèses où la loi a fait jouer la règle *Contra non valentem* alors que la prescription était trentenaire, la faculté d'opter devrait aujourd'hui être considérée prescrite.

vait pas, d'obtenir restitution de la somme acquittée. Elle trouve son explication dans l'article 1235 du Code civil selon lequel « tout paiement suppose une dette : ce qui a été payé sans être dû, est sujet à répétition ». Autrement dit, le paiement effectué en l'absence de dette étant dépourvu de cause, l'*accipiens* doit rembourser au *solvens* les sommes acquittées. Plongeant ses racines dans le droit romain, l'action en répétition de l'indu n'en demeure pas moins d'une formidable actualité. En effet, la banalisation des prélèvements automatiques afin de payer les factures courantes (loyer, électricité, etc.), comme le développement des organismes sociaux susceptibles d'être créanciers de cotisations ou débiteurs de prestations ont multiplié les hypothèses dans lesquelles une action en répétition de l'indu est susceptible d'être exercée[1].

Soumise alors par principe à la prescription de droit commun[2], l'action en répétition de l'indu n'échappe cependant pas toujours au jeu de prescriptions particulières dont l'applicabilité en la matière a soulevé de nombreux débats[3]. Sous cet aspect, si aucun texte de portée générale ne prévoit le point de départ de la prescription de l'action en répétition de l'indu[4], de nombreux textes spéciaux viennent pallier cette carence. Ainsi, parmi d'autres, l'article L. 243-6 du Code de la sécurité sociale précise-t-il que « la demande de remboursement des cotisations de sécurité sociale et d'allocations familiales indûment versées se prescrit par trois ans à compter de la date à laquelle lesdites cotisations ont été acquittées »[5].

---

1. F. Terré, P. Simler, Y. Lequette, *Les obligations*, Précis Dalloz, 10e éd., 2009, p. 1046, nº 1048.

2. Soumise à la prescription trentenaire jusqu'à l'entrée en vigueur de la loi du 17 juin 2008, l'action en répétition de l'indu est désormais soumise au délai quinquennal prévu par l'article 2224 du Code civil.

3. Le débat, qui a perdu une partie de son actualité depuis l'abaissement à cinq ans du délai de droit commun, a ainsi porté sur le point de savoir si l'ancien article 2277 relatif à la prescription des créances périodiques devait trouver application lorsqu'était en cause une action en répétition de l'indu portant par exemple sur des dettes de loyers. La jurisprudence a longtemps hésité sur ce point, avant de décider, en dépit de la résistance de la chambre sociale (Soc., 23 janvier 2004, *Bull. civ.* V, nº 182 pour une créance de salaires) que la prescription abrégée ne s'appliquait pas aux actions en répétition (Cass. ch. mixte, 12 avril 2002, *Bull. ch. mixte.*, nº 2, *D.*, 2002, p. 2433, note C. Aubert de Vincelles, *JCP* G, 2002, II, 10100, note M. Billau, *Defrénois*, 2002, p. 1265, obs. R. Libchaber ; civ. 2e, 16 décembre 2003, *Bull. civ.* II, nº 387, *D.*, 2004, p. 2686, note B. Bouloc). Un débat similaire a porté sur le point de savoir si la prescription biennale en matière d'assurances devait trouver à s'appliquer en présence d'une action en répétition de l'indu. Le débat peut être posé en ces termes : parce qu'elle trouve sa source dans les articles 1376 et 1377 du Code civil, l'action en répétition de l'indu devrait être soumise à la prescription de droit commun, mais l'indu ayant été payé au titre du contrat d'assurance, la prescription biennale pourrait trouver à s'appliquer. Classiquement, la Cour de cassation soumettait toutes les actions en répétition de l'indu à la prescription biennale. Elle adopte désormais en la matière une position nuancée, faisant dépendre le choix du délai applicable d'une distinction fondée sur la source du paiement indu. Lorsque le paiement est indu en raison d'une disposition légale, la prescription biennale ne trouve pas à s'appliquer, l'action en répétition de l'indu ne « découlant » pas du contrat d'assurance (Cass. civ. 2e, 18 mars 2004, *Bull. civ.* II, nº 131). En revanche, lorsque la source du paiement indu se trouve dans une stipulation du contrat d'assurance, la prescription reste biennale (Cass. civ. 1re, 15 mars 1988, *D.*, 1988, p. 486, note J.-L. Aubert).

4. Relevant désormais de l'article 2224 du Code civil, l'action en répétition de l'indu ne devrait plus échapper au principe selon lequel le point de départ du délai pour agir se situe au jour où le titulaire d'un droit « a connu ou aurait dû connaître les faits lui permettant de l'exercer ».

5. Dans le même sens, l'article 352 du Code des douanes énonce qu'« aucune personne n'est recevable à former, contre l'administration des douanes, des demandes en restitution de droits et de marchandises et paiements de loyers, trois ans après l'époque que les réclamateurs donnent aux paiements des droits, dépôts des marchandises et échéances des loyers, à l'exclusion des demandes formulées en application des articles 236 à 239 du code des douanes communautaire ». Les dispositions spéciales visent aussi très souvent à limiter dans le temps les effets d'une action en répétition de l'indu. Ainsi, l'article L. 243-6 du Code de la sécurité sociale prévoit que « lorsque l'obligation de remboursement desdites cotisations naît d'une décision juridictionnelle qui révèle la non-conformité de la règle de droit dont il a été fait application à une règle de droit supérieure, la demande de remboursement ne peut porter que sur la période postérieure au 1er janvier de la troisième année précédant celle où la décision

Au-delà de telles précisions légales disparates, la jurisprudence a érigé par touches successives un ensemble de règles régissant la fixation du point de départ de la prescription qui dépasse parfois la lettre du texte. Pour présenter pertinemment ces règles, il faut s'écarter de la distinction traditionnelle entre indu objectif et indu subjectif qui sous-tend le régime de l'action en répétition de l'indu. En effet, la détermination du point de départ de la prescription transcende cette *summa divisio* pour s'appuyer sur une autre distinction entre la situation dans laquelle le paiement est indu dès l'origine (A) et celle où il est devenu indu par la suite (B).

A. L'action en répétition d'un paiement indu dès l'origine

297. À n'en pas douter, lorsque l'action en répétition trouve sa raison d'être dans un paiement indu dès l'origine, car dépourvu de cause, le fait générateur de l'action en répétition de l'indu réside dans le paiement. La Cour de cassation le souligne d'ailleurs, « l'origine de la créance d'indu est le fait juridique du paiement »[1]. Aussi, à s'en tenir au seul événement ayant donné naissance à l'action, le jour du paiement devrait être retenu comme point de départ de la prescription de l'action en répétition de l'indu[2]. Telle est d'ailleurs l'orientation adoptée par la majorité des textes spéciaux ayant eu l'occasion de se prononcer sur ce point[3].

Mais, en dépit de ces apparences, la Cour de cassation a posé en principe que la prescription ne court en la matière que « du jour où celui contre lequel on l'invoque a pu valablement agir »[4], et n'a pas hésité à faire application de ce principe alors même que la loi fixait de manière intangible le point de départ de la prescription au jour du paiement. Ainsi, dans un arrêt du 20 juin 2007[5], la deuxième chambre civile, ignorant la lettre de l'article L. 243-6 du Code de la sécurité sociale qui fixe à la prescription un point de départ objectif au jour où les cotisations ont été acquittées, a fait du jour où l'employeur avait reçu de la caisse d'assurance maladie notification du taux annuel de cotisation et des modalités de recours le point de départ de la prescription. Ce faisant, elle a fait, non pas du paiement indu mais de la connaissance du caractère indu du paiement le point de départ de la prescription. L'adage *Contra non valentem*... ressurgit ici en dépit, voire à l'encontre de la lettre de la loi.

298. Une fois admis que seule la connaissance du caractère indu du paiement est de nature à faire courir la prescription, il faut encore s'interroger sur la façon

---

révélant la non-conformité est intervenue ». De même, l'article 352 ter du Code des douanes énonce-t-il que « lorsque le défaut de validité d'un texte fondant la perception d'une taxe recouvrée par les agents de la direction générale des douanes et des droits indirects a été révélé par une décision juridictionnelle, l'action en restitution mentionnée à l'article 352 ne peut porter, sans préjudice des dispositions de l'article 352 *bis*, que sur la période postérieure au 1er janvier de la troisième année précédant celle au cours de laquelle cette décision est intervenue ».

1. Cass. com., 24 novembre 1998, *Bull. civ.* IV, nº 281.

2. Et non le jour de conclusion du contrat. V., en matière de loyers : Cass. soc., 6 décembre 1961, *Bull. civ.* V, nº 997 ; 26 mars 1963, *Bull. civ.* V, nº 304 ; civ. 3e, 1er mars 1972, *Bull. civ.* III, nº 146. V. également, en matière de prestations sociales, Cass. soc., 6 mai 1999, *Bull. civ.* V, nº 195 : « le délai de prescription (...) court à compter de la date à laquelle chacun des versements indus a été effectué ».

3. V. les articles L. 243-6 du Code de la sécurité sociale et 352 du Code des douanes qui font respectivement de « la date à laquelle les cotisations ont été acquittées » et de « l'époque que les réclamateurs donnent aux paiements des droits, dépôts des marchandises et échéances des loyers » le point de départ de la prescription de l'action en répétition de l'indu.

4. Cass. civ. 2e, 20 juin 2007, *JCP* G, 2007, IV, 2575, *Gaz. Pal.*, 23 février 2008, p. 18, note R. Thiesset.

5. Cass. civ. 2e, 20 juin 2007, *ibidem*.

dont cette connaissance doit être appréciée. À l'analyse de la jurisprudence en la matière, deux manières distinctes de l'apprécier semblent, à gros traits, se dessiner, selon le comportement de l'*accipiens*.

Précisément, en l'absence de mauvaise foi de l'*accipiens*, c'est la connaissance *possible* du *solvens* qui sera prise en considération, c'est-à-dire le moment où le demandeur avait entre ses mains les éléments lui permettant de se rendre compte du caractère indu du paiement opéré et d'agir en conséquence. C'est ce que juge la Cour de cassation en matière de cotisations sociales lorsque le cotisant estime avoir indûment versé certaines sommes d'argent aux organismes sociaux. Dans une telle hypothèse, la Cour de cassation semble exiger que le demandeur « dispose des informations de fond mais également d'ordre procédural suffisantes »[1] pour agir à l'encontre de l'organisme. Mais, une fois cette information accessible, elle refuse de faire peser sur l'organisme en cause une quelconque obligation d'informer personnellement le cotisant de sa situation[2].

En revanche, lorsque la mauvaise foi de l'*accipiens* est avérée, celui-ci ayant par exemple dissimulé un élément factuel ayant entraîné un paiement indu, c'est la connaissance *effective et personnelle* par le *solvens* du caractère indu du paiement qui sera prise en considération pour faire courir la prescription. À dire vrai, la jurisprudence peut ici aisément s'appuyer sur des textes de loi en ce sens. L'article L. 114-1 alinéa 2 du Code des assurances dispose ainsi que le délai de prescription ne court « en cas de réticence, omission, déclaration fausse ou inexacte sur le risque couru, que du jour où l'assureur en a eu connaissance ». C'est la connaissance effective qui est ici visée, ce qui justifie que la Cour de cassation retarde le point de départ de la prescription au jour de la « connaissance personnelle »[3] par l'assureur de la fausse déclaration à l'origine du paiement indu[4], ou encore de la cause de déchéance de la garantie[5]. Une telle connaissance peut notamment résulter de la communication d'un procès-verbal de gendarmerie[6] ou encore de la constatation par l'expert de l'absence d'effraction, condition du jeu de la garantie[7]. Dans ce contexte, la preuve de la connaissance par l'assureur du carac-

1. R. Thiesset, note sous Cass. civ. 2e, 20 juin 2007, *Gaz. Pal.*, 23 février 2008, p.18. En l'espèce, la Cour de cassation, tout en rappelant que la prescription ne pouvait courir avant que le cotisant ne puisse agir, avait considérer que la notification des éléments de calcul permettait suffisamment au cotisant de se rendre compte de l'erreur commise.

2. Cass. civ. 2e, 6 mars 2008, *JCP S*, 2008, 1338, note D. Asquinazi-Bailleux. En l'espèce, afin de reporter le point de départ de la prescription, un cotisant invoquait le fait que la prescription n'avait pu courir en raison d'une faute de l'URSSAF, qui ne l'avait pas informé personnellement du fait qu'ayant en sa qualité d'artiste été rattaché au régime général, il n'avait plus à verser de cotisations à la caisse d'allocations familiales au titre d'une activité de travailleur indépendant. La Cour de cassation a rejeté un tel raisonnement, jugeant que le comportement de l'URSSAF était sans incidence sur la détermination du point de départ de la prescription, la caisse n'étant pas tenue d'une obligation d'information personnalisée à l'égard de ses cotisants. En sa qualité de destinataire d'une note générale d'information, le cotisant était en possession des éléments lui permettant de prendre conscience du caractère indu des versements, ce qui suffisait à faire courir la prescription à son encontre. V. égal., dans le même sens, en droit des assurances, en cas de découverte tardive de l'erreur par un assureur qui avait en main les éléments lui permettant de connaître l'origine de son erreur (Cass. civ. 1re, 15 mars 1988, *D.*, 1988, p. 485, note J.-L. Aubert).

3. Cass. civ. 1re, 26 janvier 1977, *Bull. civ.* I, n° 48

4. Cass. civ. 1re, 11 mars 1970, *Bull. civ.* I, n° 90 ; 6 mars 1973, *Bull. civ.* I, n° 81 ; 16 avril 1985, *Bull. civ.* I, n° 112 ; 28 octobre 1975, *Bull. civ.* I, n° 294 ; 4 janvier 1979, *Bull. civ.* I, n° 5.

5. Cass. civ. 1re, 27 février 1990, *Bull. civ.* I, n° 53.

6. Cass. civ. 1re, 27 février 1990, *Bull. civ.* I, n° 53

7. Cass. civ. 2e, 9 avril 2009, *RCA*, 2009, comm. 201, note H. Groutel : l'action en répétition intentée par l'assureur à l'encontre de l'assuré se prescrit à compter du jour où l'assureur a eu une connaissance effective de l'inexistence de la condition de garantie (absence d'effraction constatée par l'expert) et non du jour où le véhicule ayant été retrouvé, l'assureur était en mesure de la constater.

tère inexact des déclarations de l'assuré peut être apportée par tous moyens[1], et notamment par la production d'une lettre de l'assureur évoquant le fait litigieux[2].

Un tel raisonnement n'est cependant pas circonscrit aux hypothèses où un texte spécial le légitime. La Cour de cassation a en effet étendu la solution bien au-delà du seul domaine du droit des assurances. Elle considère ainsi, de la même manière, en dépit de l'absence de texte spécial en ce sens, que la prescription de l'action dirigée par la caisse d'assurance maladie ne court que du jour où elle a découvert la fraude commise par l'assuré afin de bénéficier, sur la base de fausses déclarations, d'un cumul de pension[3].

299. À ce stade, il faut observer que la Cour de cassation, au-delà de la lettre des textes spéciaux, fait revivre ici l'adage *Contra non valentem* pour poser en principe que la prescription ne court pas avant que le créancier ait eu connaissance – effective ou potentielle selon les situations – des éléments lui permettant d'agir, c'est-à-dire qu'il ait eu connaissance du caractère indu du paiement effectué. La situation se présente différemment lorsque le paiement effectué, dû à l'origine, devient indu par la suite en raison d'un événement subséquent. Dans cette hypothèse, la difficulté ne se concentre plus sur la détermination de la date de connaissance du caractère indu du paiement, mais sur la détermination de la date à laquelle est née la créance de remboursement.

B. L'action en répétition d'un paiement devenu indu

300. On pourrait s'interroger sur la pertinence de la distinction entre la situation dans laquelle un individu a payé une dette qu'il ne devait pas en raison d'une erreur de sa part sur l'exigibilité de la dette et celle dans laquelle il a payé une dette dont la réalité aurait par la suite été remise en cause, par exemple par une décision de justice. Dans les deux cas, ne devrait-on pas considérer la dette indue dès l'origine ? La décision de justice n'a-t-elle dans cette seconde hypothèse d'autre effet que de constater le caractère indu du paiement et éventuellement de le révéler au créancier intéressé ? Pour le dire autrement, un tel jugement a-t-il réellement une portée autre que celle d'informer sur le caractère indu d'une dette qui l'était dès l'origine ? Au fond, ne devrait-on pas considérer que les deux hypothèses se confondent, seule la recherche de la date de connaissance du caractère indu du paiement rendant nécessaire la prise en considération de la date de la décision de justice ?

En réalité, il n'en est rien. En effet, alors que le paiement fait par erreur est indu dès l'origine, celui fait par exemple en application d'un contrat qui serait

1. Cass. civ. 2e, 19 octobre 2006, pourvoi n° 03-10667. Concrètement, il appartiendra alors à l'assureur de rapporter la preuve qu'il n'a pas eu connaissance de la vérité avant cette date, ce qu'il pourra faire en démontrant qu'il n'avait pas les moyens de déceler les fausses informations communiquées par l'assuré. Un telle exigence justifie, *a contrario*, au regard du droit de vérification de la comptabilité de l'assuré offert à l'assureur, que ce dernier ne puisse se prévaloir du caractère erroné de la déclaration de l'assuré quant aux chiffres servant d'assiette au calcul des primes pour retarder le point de départ de la prescription de l'action en paiement des primes au-delà de leur date d'exigibilité (Cass. civ. 1re 13 novembre 1984, *Bull. civ.* I, n° 299 ; 17 février 1987, *Bull. civ.* I, n° 53 : « si, en cas de déclaration fausse ou inexacte, la prescription biennale ne court, aux termes de l'article L. 144-1, alinéa 2, 1° du Code des assurances, que du jour où l'assureur en a eu connaissance, encore faut-il, pour pouvoir invoquer cette règle lorsqu'il s'agit d'assurances où la prime a pour assiette les salaires déclarés, que l'assureur ait contrôlé la déclaration dans les deux années de sa souscription »).

2. Cass. civ. 1re, 25 mars 1991, pourvoi n° 89-21545.

3. Cass. soc., 18 mars 1999, pourvoi n° 97-15720 ; 13 juillet 2000, *JCP* G, 2000, IV, 2560.

par la suite annulé par une décision de justice est dû et valablement effectué à l'origine. Il ne deviendra indu que par l'effet de la décision ultérieure. Le fait générateur de la créance de restitution réside alors, non pas dans le paiement indu, mais dans le jugement qui prononce l'annulation.

Là gît la distinction : dans la première hypothèse, le fait qui marque l'indu et déclenche la créance de restitution est le paiement. Dans la seconde hypothèse, c'est la décision de justice. Un auteur l'a très clairement relevé, évoquant l'hypothèse d'une action en répétition de l'indu consécutive à l'annulation d'un contrat : « à la différence du cas général, le paiement n'était pas initialement indu mais l'est devenu ultérieurement, du fait de l'annulation [...]. Tant qu'il n'est pas annulé, un contrat doit être exécuté ; l'obligation existe, provisoirement certes, mais elle existe [...]. Ce n'est pas l'ignorance de la cause de nullité mais l'obligation d'exécuter une obligation d'un contrat qui n'est pas encore annulé qui constitue la cause du paiement non encore indu »[1].

Le raisonnement ne se limite d'ailleurs pas à la seule hypothèse où la décision de justice vient annuler un contrat en exécution duquel un paiement a été effectué. La jurisprudence rendue en matière de procédure collective est sous cet aspect éclairante[2] : il peut également être tenu dans l'hypothèse où une décision de retrait de subvention vient sanctionner l'absence de respect des conditions d'attribution d'une aide[3], ou encore dans celle où une créance de restitution d'une somme d'argent est versée en exécution d'une décision de justice qui infirme une décision précédente[4]. Le raisonnement peut encore recouvrir la situation dans laquelle le paiement avait été effectué en application d'un texte légal dont l'inconventionnalité a été constatée par la suite par une décision de justice. C'est ainsi qu'il faut lire les arrêts rendus par la Cour de cassation relatifs à l'action en répétition de l'indu intentée par un contribuable postérieurement à l'invalidation d'un texte. La Cour y affirme que « la prescription de l'action en restitution de l'indu, fondée sur la déclaration d'invalidité du texte servant de support aux perceptions litigieuses, ne pouvait courir avant la naissance de l'obligation de remboursement découlant de cette décision »[5]. Précisons que, dans une telle hypothèse, c'est la date de l'arrêt rendu en dernier ressort et non une décision de première instance qui marque le point de départ de la prescription[6].

---

1. C. Guelfucci-Thibierge, *Nullité, restitutions et responsabilité*, thèse LGDJ, 1992, préface J. Ghestin, spéc. p. 453, n° 786.

2. L'enjeu porte alors différemment sur le point de déterminer si la créance est antérieure ou postérieure à l'ouverture de la procédure collective. En effet, dès lors que l'on admet que la créance de restitution ne naît que de la décision de justice, il suffit que celle-ci soit prononcée postérieurement à l'ouverture de la procédure pour que la créance soit qualifiée de créance postérieure à l'ouverture de la procédure collective (Cass. com., 5 décembre 1995, *LPA*, 10 mars 1997, p. 13, *JCP* E, 1996, 554 n° 3 ; 20 mai 1997, *LPA*, 19 décembre 1997, p. 23 obs. Lebel ; 23 novembre 2004, pourvoi n° 02-20868).

3. Cass. com., 13 mai 2003, *RTD com.* 2003.821, obs. Martin-Serf.

4. Cass. com., 21 janvier 2003, *RJDA*, 2003, n° 617.

5. Cass. com., 24 avril 1985, *Bull. civ.* IV, n° 129 ; 7 novembre 1989, *Bull. civ.* IV, n° 278. Un même raisonnement a été tenu dans une espèce où une société avait agi en répétition de l'indu après qu'un arrêt du Conseil d'État ait rejeté le recours contre un jugement d'un tribunal administratif ayant annulé les décisions du président d'une Communauté urbaine relatives au versement de transport. Dans cette espèce en effet, la Cour de cassation a approuvé la cour d'appel d'avoir déclaré une telle action recevable « la prescription n'ayant pu courir avant la naissance de l'obligation de remboursement découlant de l'arrêt du Conseil d'État » (Cass. soc., 7 mars 1996, *Bull. civ.* V, n° 87).

6. V. par exemple, Cass. com., 12 juillet 2005, *JCP* G, 2005, IV, 3120, précisant que dans les matières soumises à la compétence de l'ordre judiciaire, la décision doit avoir été rendue par la CJUE, ou par la Cour de cassation, de sorte que la décision juridictionnelle constituant le point de départ de la prescription ne pouvait être l'arrêt d'appel. Précisons également que c'est la date de l'arrêt lui-même, et non celle de sa signification qui doit être prise en considération (Cass. soc., 23 mars 2000, *Bull. civ.* V, n° 124).

301. Au reste, la décision de justice n'est pas le seul événement de nature à faire naître une créance de restitution. On observe en jurisprudence d'autres hypothèses, plus ou moins marginales, dans lesquelles le paiement devient indu par la suite de la réalisation d'un autre type d'événement. C'est le cas d'une espèce ayant donné lieu à un arrêt rendu le 31 mai 2007[1] par la Cour de cassation. En l'espèce, un bailleur avait consenti une réduction de loyer étalée sur neuf ans en contrepartie de la réalisation de travaux d'amélioration par le preneur. Considérant la réduction excessive eu égard à la réalité des travaux engagés, le bailleur assigna le preneur en répétition de l'indu. La Cour de cassation, censurant une cour d'appel qui avait considéré que la date d'achèvement des travaux constituait le point de départ de la prescription au motif que le bailleur pouvait dès cette date confronter la réalité des travaux à sa propre contribution, a pu affirmer que « l'action en répétition de l'indu ne pouvait être utilement engagée qu'à compter de la date où le paiement était devenu indu, soit à compter du jour où les réductions de loyers consenties excédaient le coût des travaux d'améliorations engagés ».

Il reste que l'hypothèse la plus répandue demeure celle dans laquelle le paiement est devenu indu par l'effet d'une décision de justice. La prescription ne court alors pas avant le prononcé de la décision de justice, non parce que la décision révélerait le caractère indu du paiement[2] mais parce que le paiement n'étant pas indu jusqu'à son prononcé, la créance de restitution et l'action y afférente ne peuvent naître que d'une telle décision : *Actioni non natae non praescribitur*[3].

302. Il faut encore évidemment, pour aboutir à une telle conclusion, que l'on soit effectivement en présence d'une décision de justice ayant fait naître une créance de restitution. Tel ne sera pas le cas dans l'hypothèse par exemple où un organisme social qui, découvrant une faute professionnelle du médecin l'ayant conduit à verser à un certain nombre d'assurés des prestations trop importantes, intenterait une action à l'encontre de ce médecin devant les juridictions ordinales. Dans une telle hypothèse, l'action intentée et le prononcé d'éventuelles sanctions disciplinaires par la juridiction ordinale sont sans effet sur le caractère indu desdites prestations, caractère qui existait dès l'origine. C'est ce qui explique que, confrontée à une telle hypothèse, et censurant une cour d'appel qui avait cru pouvoir faire de la date de la décision des juridictions ordinales le point de départ de la prescription, la Cour de cassation ait rappelé que la prescription courait à compter de la « date à laquelle la caisse a saisi le conseil de l'ordre des médecins, ce dont il résultait qu'elle avait connaissance de l'indu »[4].

En revanche, la décision de justice fera bien naître une créance de restitution lorsqu'elle viendra invalider un texte en application duquel le paiement a été effectué, infirmer une décision de justice ayant rendu une personne redevable d'une certaine somme d'argent, ou encore annuler un contrat en exécution du-

1. Cass. civ. 3e, 31 mai 2007, *JCP* G, 2007, IV, 2376.

2. Nul doute cependant qu'une telle décision révèle le caractère désormais indu de la dette en même temps qu'elle fait naître la créance. V. par ex. Cass. soc., 23 mars 2000, *Bull. civ.* V, nº 124 : « ayant justement énoncé que l'arrêt de cassation du 25 novembre 1993 avait rendu M. X...débiteur des arrérages de rentes litigieux, les juges du fond, qui ont fait ressortir que cette décision avait révélé le caractère indu de ces versements, ont décidé à bon droit que le délai de deux ans (...) avait commencé à courir à la date de l'arrêt précité ».

3. V. déjà en ce sens, J. Carbonnier, « La règle *Contra non valentem agere non currit praescriptio* », *Rev. crit.*, 1937, p. 155 s., spéc. p. 167, montrant que, si l'action *de in rem verso* ne peut se prescrire avant l'annulation de l'engagement c'est parce que « jusque-là le créancier n'avait pas de droit, l'action *de in rem verso* fondée sur l'art. 1312 étant une action distincte, qui prend sa source dans l'annulation de l'acte ».

4. Cass. civ. 2e, 21 décembre 2006, pourvoi nº 05-14305.

quel le paiement a été fait. Logiquement, dans ces trois hypothèses, le prononcé de la décision de justice devrait marquer le point de départ de la prescription de l'action en répétition de l'indu.

303. Il reste qu'en matière de restitutions consécutives à l'annulation d'un contrat, la situation a été rendue plus complexe par la jurisprudence de la Cour de cassation selon laquelle « les restitutions consécutives à une annulation ne relèvent pas de la répétition de l'indu mais seulement des règles de nullité »[1]. En effet, de ce principe, il faudrait déduire que la prescription de l'action en répétition de l'indu a le même point de départ que la prescription de l'action en nullité, à savoir le jour où la cause de nullité a été connue. Or, en toute logique, seule la décision d'annulation du contrat fait naître la créance de restitution[2] et devrait en conséquence marquer le point de départ de la prescription. Mais l'incohérence peut sans doute être dépassée. En effet, la distinction des prescriptions ne doit pas masquer leur dépendance : l'écoulement du délai de prescription de l'action en nullité interdit l'exercice d'une action en restitution, faute de décision donnant naissance à l'obligation de remboursement[3]. Aussi, même si l'on considère que le point de départ « théorique » devrait bien être fixé au jour du prononcé de la nullité, c'est à dire au jour où prend naissance le droit à restitution de la prestation fournie qu'elle met en œuvre, en pratique, l'action en restitution sera impossible chaque fois que l'action en nullité sera prescrite, de sorte qu'*in fine*, seul compte en pratique le point de départ de la prescription de l'action en nullité[4]. Une telle conclusion est d'ailleurs renforcée par le principe de procédure civile de concentration des demandes[5].

304. En conclusion, il faut constater que l'action en répétition de l'indu peut recouvrir deux situations différentes. Dans la première situation, le paiement est indu dès l'origine. C'est alors la connaissance par le *solvens* du caractère indu du paiement qui marquera le point de départ de la prescription. Dans la seconde situation, le paiement n'est devenu indu que postérieurement. C'est alors la date où le paiement est devenu indu qui est prise en considération pour fixer le point de départ de la prescription : *Actioni non natae non praescribitur*. Une telle date correspond le plus souvent à celle du prononcé d'une décision de justice qui marque la naissance de la créance de restitution en même temps qu'elle révèle le caractère désormais indu de la dette. La recherche de la connaissance n'est pas ici écartée, mais différemment fondue dans la recherche de la date de naissance de la créance de restitution.

---

1. Cass. 1re civ., 24 septembre 2002, *D.*, 2003, p. 369, note J.-L. Aubert. Comp. jugeant que lorsque ce n'est pas l'annulation du contrat qui est demandée mais uniquement le remboursement des sommes indûment perçues par le dirigeant d'une société anonyme en application d'un contrat conclu sans autorisation préalable du conseil d'administration, seule la prescription de l'action en répétition de l'indu s'applique (Paris, 22 septembre 2000, *Bull. Joly*, 2001, p. 428, note P. Le Cannu).

2. Cass. com., 23 novembre 2004, pourvoi nº 02-20868 : « La créance de restitution du prix d'une vente dont l'annulation a été judiciairement prononcée naît du jugement qui la prononce ».

3. C. Guelfucci-Thibierge, thèse préc., spéc. p. 408, nº 708.

4. V. en ce sens, la formulation employée par la Cour de cassation, notamment lorsqu'est en cause la demande de restitution de sommes versées consécutive à l'annulation d'un contrat d'assurance : « l'action (...) tendait à faire prononcer la nullité du contrat d'assurance (...) et ordonner, par voie de conséquence, le remboursement des sommes versées à la victime » (Cass. civ. 1re, 6 mars 1973, *Bull. civ.* I, nº 81).

5. Cass. civ. 1re, 28 mai 2008, *JCP* G, 2008, II, 10170, note G. Bolard : « Il incombe au demandeur de présenter dans la même instance toutes les demandes fondées sur la même cause, et qu'il ne peut invoquer dans une instance ultérieure un fondement juridique qu'il s'était abstenu de soulever en temps utile ».

305. **Conclusion de la Section II.** À ce stade, il apparaît que, à côté des situations dans lesquelles l'événement ayant donné naissance à l'action sert, avec plus ou moins de réussite, à fixer le point de départ de la prescription, il existe certaines hypothèses dans lesquelles la connaissance d'un tel événement et, plus généralement, des éléments permettant au demandeur d'agir, marque le point de départ de la prescription. La jurisprudence n'hésite ainsi pas à faire revivre l'adage *Contra non valentem*. Pour ce faire, elle s'appuie parfois sur une interprétation extensive de la lettre du texte. C'est le cas lorsqu'elle fait de la connaissance des éléments permettant à l'assuré d'agir le point de départ de son action en garantie contre l'assureur. Mais elle dépasse le plus souvent la lettre du texte, pour faire de la connaissance de l'ouverture de la succession ou du caractère indu du paiement les points de départ respectifs de l'exercice de la faculté d'option successorale et de l'action en répétition de l'indu.

Mais les actions en exécution et les actions voisines n'échappent pas aux exceptions déjà observées en matière d'action en responsabilité ou en nullité : une date totalement étrangère à l'événement ayant donné naissance à l'action, ou à la connaissance des éléments permettant d'agir, est parfois choisie par la jurisprudence pour fixer le point de départ de la prescription.

Section III : La prise en considération d'une date détachée de l'événement ayant donné naissance à l'action

306. L'événement donnant naissance à l'action ou sa connaissance par le titulaire du droit d'action guide en principe la détermination du point de départ de la prescription, que l'action intentée vise la reconnaissance d'un droit ou l'exécution d'une obligation. Mais, à l'instar du point de départ de la prescription des actions en responsabilité ou en nullité, le point de départ de la prescription des actions en reconnaissance ou en exécution peut parfois être fixé par le législateur ou la jurisprudence à une date totalement distincte de celle de l'événement donnant naissance à l'action ou de la connaissance d'un tel événement. Parfois, c'est par faveur pour le demandeur que le point de départ de la prescription est ainsi détaché de l'événement donnant naissance à l'action. Tel est le cas du point de départ de la prescription de l'action en reconnaissance d'une faute inexcusable de l'employeur (§ 1). Parfois, c'est à l'inverse par faveur pour la personne poursuivie que le point de départ de la prescription est détaché de l'événement donnant naissance à l'action. Tel est le cas du point de départ de la prescription de l'action en paiement des dettes sociales intentée à l'encontre des associés non liquidateur d'une société dissoute (§ 2).

§ 1 - L'ACTION EN RECONNAISSANCE DE LA FAUTE INEXCUSABLE DE L'EMPLOYEUR

307. Le Code de la sécurité sociale renferme un certain nombre de dispositions propres aux modalités d'indemnisation des victimes d'accidents du travail ou de maladies professionnelles. Celles-ci peuvent bénéficier de prestations et obtenir une indemnisation, parfois mises *in fine* à la charge de l'employeur. Tel est notamment le cas lorsque ce dernier a commis une faute inexcusable à l'origine de l'accident subi ou de la maladie contractée. L'article L. 452-1 du Code de la sécurité sociale dispose en effet dans une telle hypothèse que « lorsque l'accident est dû à la faute inexcusable de l'employeur ou de ce ceux qu'il s'est substitués

dans la direction, la victime ou ses ayants droits ont droit à une indemnisation complémentaire »[1].

Afin d'obtenir une telle indemnisation, la victime doit alors engager une action hybride, qui vise à la fois à faire reconnaître l'existence d'une faute inexcusable de l'employeur et à obtenir en conséquence paiement de l'indemnité prévue par l'article L. 452-1 du Code de la sécurité sociale. Faute de disposition spécifique, la prescription d'une telle action relève, comme toutes les actions visant au versement de prestations consécutives à la survenue d'un accident du travail ou d'une maladie professionnelle, de l'article L. 431-2 du Code de la sécurité sociale. L'article, qui soumet de telles actions à un délai de prescription biennal, a pour particularité de prévoir une série de points de départ alternatifs, dont seul le plus récent dans le temps sera pris en considération : date de l'accident ou de la connaissance du lien de causalité entre la maladie et l'activité professionnelle[2], jour de la cessation du travail ou de la cessation du paiement de l'indemnité journalière.

L'application de cette règle, par principe favorable à la victime[3], devrait donc logiquement conduire à retenir la dernière de ces dates pour fixer le point de départ de la prescription de l'action en reconnaissance d'une faute inexcusable de l'employeur. Mais la mise en œuvre d'une action tendant à la reconnaissance d'une faute inexcusable n'a d'intérêt que si la maladie ou l'accident revêt un caractère professionnel. Or, une telle qualification peut faire l'objet de longs débats entre la victime, la caisse et l'employeur, de nature à retarder d'autant l'exercice par la victime d'une action en reconnaissance d'une faute inexcusable. Au point que celle-ci risque bien d'être prescrite avant même que la victime ait eu conscience de l'utilité d'une telle action. La difficulté résulte ici de la relation à trois personnes qui se noue dans une telle circonstance : le rôle de la caisse, maître de la reconnaissance du caractère professionnel de la maladie, influe nécessairement sur la relation entre la victime et l'employeur[4].

308. Pour contourner cette difficulté, la jurisprudence a dans un premier temps assimilé la saisine de la Caisse primaire d'assurance maladie d'une requête tendant à la reconnaissance du caractère inexcusable de la faute de l'employeur à une citation en justice au sens de l'ancien article 2244 du Code civil (nouv. art. 2241 C. civ.) pour lui reconnaître un effet interruptif de prescription[5]. Une telle assimilation demeurait techniquement fragile : la saisine de la caisse n'est ni contentieuse, ni dirigée contre l'employeur qui se trouve en situation d'opposer la prescription. De plus, la solution n'était pas pleinement satisfaisante : elle lais-

1. La rente majorée est versée par la caisse qui récupère le montant de la majoration sur l'entreprise par l'imposition d'une cotisation supplémentaire (J.-J. Dupeyroux, M. Borgetto, R. Lafore, *Droit de la sécurité sociale*, Précis Dalloz, 17e éd., 2011, spéc. p. 664, nº 908).

2. Une telle assimilation ressort de l'article L. 461-1 du Code de la sécurité sociale, selon lequel « en ce qui concerne les maladies professionnelles, la date à laquelle la victime est informée par un certificat médical du lien possible entre sa maladie et une activité professionnelle est assimilée à la date de l'accident ».

3. Sur ce point, v. *infra* nº 428 s.

4. V. X. Lagarde, « Indemnisation des maladies professionnelles et prescription », *JCP* G, 2003, I, 159, spéc. nº 2, percevant dans la différenciation du régime de la prescription selon les rapports de droit considérés (rapports caisse/victime et caisse/employeur) le fil conducteur en la matière.

5. Cass. soc., 13 mai 1993, *Bull. civ.* V, nº 142 ; 16 décembre 1993, *Bull. civ.* V, nº 316. Il en était de même de l'engagement par la Caisse primaire d'assurance maladie de la procédure de conciliation qui produisait un effet interruptif de prescription se prolongeant pendant tout le déroulement de la procédure (Cass. soc., 24 février 1972, *Bull. civ.* V, nº 157, *D.*, 1978 somm., p. 53 ; 7 octobre 1987, *Bull. civ.* V, nº 531 ; 15 novembre 1990, *Bull. civ.* V., nº 564). En revanche, la saisine irrégulière de la Caisse n'était pas interruptive de prescription (Cass. soc., 21 décembre 1988, *Bull. civ.* V, nº 684), et le rejet de la demande annulait le caractère interruptif de la saisine (Cass. soc., 10 novembre 1987, *Bull. civ.* V, nº 631).

sait la victime qui avait agi en reconnaissance du caractère professionnel de l'accident sans se prévaloir immédiatement de la faute inexcusable de l'employeur impuissante[1]. Aussi, le législateur est-il venu au secours des victimes en modifiant par une loi du 21 décembre 2001[2] l'article L. 431-2 du Code de la sécurité sociale afin de préciser que la prescription opposable aux demandes d'indemnisation complémentaire visée aux articles L. 452-1 et suivants en cas de faute inexcusable de l'employeur était interrompue par l'exercice d'une action en reconnaissance du caractère professionnel de l'accident ou de la maladie.

309. La Cour de cassation ne s'est cependant pas contentée d'appliquer à la lettre les directives législatives. Elle a différemment déplacé le débat de la question de l'interruption vers celle du point de départ de la prescription en affirmant, par delà la lettre du texte, que « le délai de prescription de l'action du salarié pour faute inexcusable de l'employeur ne peut commencer à courir qu'à compter de la reconnaissance du caractère professionnel de l'accident ou de la maladie »[3].

La divergence entre la formulation législative et l'affirmation jurisprudentielle n'est pas de pure forme. Législateur et jurisprudence ne s'opposent pas sur une simple question de vocabulaire, interruption pour l'un, point de départ pour l'autre. La démarche jurisprudentielle diverge bien plus fondamentalement : la Cour de cassation fait ici de la reconnaissance du caractère professionnel de la maladie ou de l'accident le point de départ de la prescription de l'action en reconnaissance de la faute inexcusable de l'employeur en toute hypothèse, même en l'absence d'action contentieuse de la victime en reconnaissance du caractère professionnel de la maladie. Elle reconnaît en conséquence à une éventuelle procédure amiable un effet là où la loi n'envisageait que l'action en justice[4].

310. À l'évidence, la date de reconnaissance du caractère professionnel de la maladie ne constitue ni la date de l'événement donnant naissance à l'action – l'accident ou la maladie –, ni celle de la connaissance d'un tel événement, c'est-à-dire du lien possible entre la maladie et l'activité exercée. Comment expliquer alors que la Cour de cassation semble ainsi se détacher des principes supposés fixer le point de départ de la prescription ?

Des explications techniques pourraient sans doute être proposées. La première d'entre elles reposerait sur le jeu de la condition : puisqu'on ne saurait concevoir une action en reconnaissance d'une faute inexcusable sans reconnaissance préalable du caractère professionnel de la maladie ou de l'accident, ne devrait-on pas considérer que la reconnaissance du caractère professionnel est une condition de l'exercice de l'action visant à obtenir paiement d'une indemnité complémentaire ?

---

1. Cass. soc., 20 avril 2000, pourvoi n° 98-18133, *JCP* E, 2001, 994, n° 11 : « l'introduction d'une action en reconnaissance du caractère professionnel d'une maladie ne suspend pas le délai de prescription de l'action en constatation de la faute inexcusable de l'employeur ».

2. Art. 49 III de la loi n° 2001-1246 du 21 décembre 2001. L'article a été modifié à trois reprises, par des lois des 23 janvier 1990 et 21 décembre 2001, ainsi que par une ordonnance du 15 avril 2004.

3. Cass. civ. 2e, 3 avril 2003, *Bull. civ.* II, n° 98, *D.*, 2004, p. 457, note Y. Saint-Jours. V. égal. Cass. civ. 2e, 20 septembre 2005, pourvoi n° 04-30055.

4. X. Lagarde, art. préc., spéc. n° 15. La solution est d'autant plus surprenante que la Cour de cassation ne reconnaît pas à ces mêmes instances non contentieuses d'effets en dehors de ce cadre. Ainsi, si elle fait produire à la saisine de la CPAM un effet interruptif du délai de deux ans de l'article L. 431-2 du Code de la sécurité sociale, elle refuse en revanche de lui faire produire un effet interruptif du délai de deux ans de l'article L. 114-1 du Code des assurances (Cass, civ. 2e, 24 juin 2004, *Resp. civ. as.*, 2004, comm. 312 par H. Groutel).

Une telle analyse justifierait alors, en application de l'article 2233 du Code civil, que la prescription ne court pas avant la réalisation de la condition, c'est-à-dire avant la reconnaissance du caractère professionnel de la maladie ou de l'accident par la Caisse d'assurance maladie. Mais, outre que ce n'est pas le raisonnement ici mené par la jurisprudence, un tel argument ne résiste pas à l'analyse. En effet l'existence d'une condition reporte le point de départ de la prescription uniquement parce qu'elle diffère la naissance du droit d'agir : la prescription ne court pas, faute d'action à exercer[1]. Or, au cas présent, l'absence de reconnaissance du caractère professionnel de la maladie n'interdit en aucune façon d'agir en reconnaissance de la faute inexcusable. L'exercice de la seconde n'est pas subordonné au résultat de la première. La Cour de cassation l'avait d'ailleurs justement relevé : « rien n'empêchait de conjuguer l'action tendant à la prise en charge de la maladie au titre de la législation sur les risques professionnels et celle visant à la reconnaissance de la faute inexcusable de l'employeur »[2]. Une telle explication doit donc être écartée.

Un auteur a pu avancer une seconde explication. À le suivre, si l'action en reconnaissance d'une faute inexcusable est bien née avant la reconnaissance du caractère professionnel de la maladie ou de l'accident, la victime n'a cependant aucun intérêt à l'exercer avant cette date. Faute d'intérêt à agir, la prescription ne pourrait alors courir[3]. Mais, là encore, le raisonnement demeure fragile : ce n'est pas l'utilité concrète de l'action mais la possibilité de l'exercer qui doit guider la fixation du point de départ de la prescription. Des considérations élémentaires de sécurité juridique l'imposent. Or, l'action est possible dès la connaissance de l'accident ou de la maladie. La possibilité d'agir devrait alors logiquement suffire à faire courir la prescription et obliger le créancier à faire preuve de diligence, au moins à titre conservatoire.

Aussi, il faut bien l'admettre : aucune justification technique ne peut être trouvée à la fixation du point de départ à une date étrangère à l'événement donnant naissance à l'action. D'ailleurs, la Cour de cassation ne semble guère s'embarrasser de ce type de considérations. Prenant appui sur la combinaison de l'article L. 431-2 avec les articles L. 461-1 et L. 461-5 du Code de la sécurité sociale relatifs à la procédure de reconnaissance du caractère professionnel de la maladie par la caisse, elle s'est contentée d'ajouter, *praeter legem*, un point de départ alternatif supplémentaire à la liste fournie par l'article L. 431-2 en affirmant que « les droits de la victime ou de ses ayants droit aux prestations et indemnités prévues par la législation sur les maladies professionnelles se prescrivent par deux ans à compter, soit de la date à laquelle la victime est informée par un certificat médical du lien possible entre la maladie et une activité professionnelle, soit de la cessation du travail en raison de la maladie constatée, soit de la cessation du paiement des indemnités journalières, soit encore de la reconnaissance du caractère professionnel de la maladie » pour en déduire que « le délai de prescription de l'action en reconnaissance de la faute inexcusable de l'employeur avait commencé à courir à compter de la dernière de ces dates »[4]. La prise en considération de la reconnaissance par

1. V. *supra*, n° 244 s.

2. Cass. soc., 20 avril 2000, pourvoi n° 98-18133, *JCP* E, 2001, 994, n° 11.

3. X. Lagarde, art. préc., spéc. n° 15 et n° 6, proposant de distinguer « une première phase, consistant dans la reconnaissance du caractère professionnel de la maladie, et dont le déclenchement se prescrit en application de l'article L. 431-2 » et « une seconde phase, qui ne débute utilement qu'avec l'achèvement de la seconde et ne se prescrit donc qu'à compter de cette dernière date, consistant dans l'action du salarié pour faute inexcusable ».

4. Cass. civ. 2e, 29 juin 2004, *Bull. civ.* II, n° 331, *Travail et Protection sociale*, août 2004, comm. 267,

la caisse d'assurance maladie du caractère professionnel de l'accident ou de la maladie ne s'explique donc que par des considérations d'indemnisation des victimes[1].

311. Mais une telle faveur n'est pas sans conséquence : en faisant dépendre la prescription de l'action de la victime à l'encontre de l'employeur de la reconnaissance par la caisse du caractère professionnel de la maladie, la jurisprudence met l'employeur dans une situation très incertaine puisqu'il se retrouve tributaire de la décision d'un tiers, la Caisse d'assurance maladie, et donc de ses éventuelles errances, pour pouvoir opposer la prescription de son action à la victime[2].

312. Aussi, le choix d'une date détachée de la naissance de l'action comme point de départ de la prescription se fait ici au détriment de la sécurité juridique. Mais la même exigence de sécurité juridique justifie aussi à l'inverse qu'ait été retenu un point de départ détaché de la date de l'événement donnant naissance à l'action lorsqu'une autre action en paiement est en cause : celle intentée à l'encontre des associés non liquidateurs d'une société dissoute.

§ 2 - L'ACTION CONTRE LES ASSOCIÉS EN PAIEMENT DE DETTES SOCIALES

313. Dans toutes les sociétés dans lesquelles leur engagement n'est pas limité par la loi, les associés répondent indéfiniment des dettes sociales à proportion de leur part dans le capital social[3]. Il en résulte qu'en cas d'insolvabilité de la société, les créanciers peuvent demander aux associés de la société le paiement des dettes sociales. Cette obligation, indéfinie dans son principe, est en revanche limitée dans le temps. L'article 1859 du Code civil précise en effet que « toutes les actions contre les associés non liquidateurs ou leurs héritiers et ayant cause se prescrivent par cinq ans à compter de la publication de la dissolution de la société »[4].

La publication de la dissolution de la société sert ainsi de point de départ à l'action en paiement des créanciers. Le choix d'une telle date pourrait paraître logique : en informant les tiers de la cessation de l'activité sociale, la publication de la dissolution de la société ne met-elle pas les créanciers en mesure d'agir en leur ouvrant l'exercice de l'action à l'encontre des associés ?

Gaz. Pal., 24 février 2005, p. 27, note E. Andréo. V. encore, 12 juillet 2012, pourvoi n° 11-17442, censurant la prise en considération de la date de consolidation.

1. Y. Saint-Jours, note sous Cass. civ. 2e, 3 avril 2003, *D.*, 2004, p. 457.

2. Le risque pour l'employeur est d'autant plus important que la Cour de cassation se montre extrêmement rigoureuse dans l'appréciation de la reconnaissance par la caisse du caractère professionnel de la maladie en refusant de prendre en considération une éventuelle reconnaissance implicite du caractère professionnel de la maladie ou de l'accident. En effet, l'article L. 441-10 du Code de la sécurité sociale prévoit qu'en l'absence de décision de la caisse dans un délai de trente jours à compter de la date à laquelle elle a eu connaissance de la déclaration d'accident ou de trois mois à compter de la date à laquelle elle a eu connaissance de la déclaration de maladie professionnelle, le caractère professionnel de l'accident ou de la maladie est reconnu. Pourtant, la Cour refuse de faire courir la prescription de l'échéance d'un tel délai, jugeant que « seul le salarié ou ses ayant-droits peuvent se prévaloir de la reconnaissance implicite résultant du retard de la Caisse » (Cass. civ. 2e, 11 octobre 2005, *Bull. civ.* II, n° 242, *RCA*, 2005, comm. 345, note H. Groutel, *RTD civ.*, 2006, p. 119, obs. P. Jourdain).

3. Art. 1857 C. civ.

4. V. également, pour les associés de sociétés commerciales, art. L. 237-13 C. com. : « Toutes actions contre les associés non liquidateurs ou leurs conjoint survivant, héritiers ou ayant cause, se prescrivent par cinq ans à compter de la publication de la dissolution de la société au registre du commerce et des sociétés ». Il faut préciser que la prescription prévue par cet article ne saurait être opposée aux associés d'une société non immatriculée (Cass. civ. 3e, 23 février 2000, *Bull. civ.* III, n° 42 ; 7 mai 2003, *Bull. civ.* III, n° 102). En revanche, elle vise également l'associé désigné comme liquidateur, dès lors qu'il est pris en sa seule qualité d'associé : Cass. com., 15 mars 2011, *Bull. Joly*, 2011, p. 548, note R. Mortier.

314. Cette apparente harmonie entre le point de départ retenu par le législateur et les principes régissant la prescription est cependant perturbée par le jeu du principe de subsidiarité des poursuites prévu par l'article 1859 du Code civil, qui interdit aux créanciers de poursuivre le paiement des dette sociales contre un associé avant d'« avoir préalablement et vainement poursuivi la personne morale ». La difficulté se présente alors en ces termes : la dissolution de la société, dont la publication marque le point de départ de la prescription de l'action des créanciers, ne préjuge en rien de la vanité des poursuites à l'encontre de la personne morale qui survit pour les besoins de la liquidation. Dès lors, à rebours des adages *Actioni non natae non praescribitur* et *Contra non valentem agere non currit praescriptio*, le point de départ de la prescription ne correspond pas au moment où le créancier est en droit d'agir, au jour où la vanité des poursuites est établie par la clôture de la procédure de liquidation judiciaire ou à tout le moins par la délivrance d'un certificat d'irrécouvrabilité par le liquidateur. Plus encore, la complexité du droit des procédures collectives aboutissant à allonger à l'extrême leur durée[1], le risque est bien réel, si l'on s'en tient à la lettre de l'article 1859 du Code civil, que l'action des créanciers soit prescrite avant d'avoir pu être exercée, faute pour ces derniers d'avoir pu établir la vanité des poursuites moins de cinq ans après la dissolution de la société.

315. Face à une telle iniquité, la question s'est posée de savoir si le point de départ objectivement fixé par la loi au jour de la dissolution de la société ne devrait pas néanmoins être susceptible d'aménagement en fonction de la possibilité réelle d'exercer l'action. Deux moyens de contourner la lettre de l'article 2259 du Code civil ont alors été proposés.

Le premier, au prétexte d'une analyse exégétique de la loi, consistait à distinguer la publication de la dissolution prévue par la loi de celle de la liquidation pour empêcher la prescription de courir dans la seconde hypothèse[2]. L'analyse était renforcée par un argument d'ordre historique : ce que la loi a prévu en considération d'une dissolution amiable de la société ne saurait s'appliquer en cas de liquidation judiciaire[3]. Sans doute aussi séduisante qu'artificielle, l'analyse devait cependant céder devant l'article 1844-7-7° du Code civil qui prévoit que « la société prend fin par l'effet d'un jugement ordonnant la liquidation judiciaire », un tel jugement emportant dissolution de la société[4].

Le second moyen proposé pour contourner la rigueur de l'article 2259 du Code civil consistait différemment à suspendre la prescription jusqu'à ce que les créanciers aient la faculté d'agir à l'encontre des associés, faculté qui sup-

1. V. en ce sens, F. Pérochon, note sous Cass. ch. mixte, 18 mai 2007, *Bull Joly*, 2007, p. 1174 s., spéc. n° 16.

2. V. en ce sens l'arrêt de la Cour d'appel d'Angers du 24 janvier 2000 cassé par l'arrêt de la troisième chambre civile de la Cour de cassation du 13 novembre 2003, *Bull. civ.* III, n° 198, *RTD com.*, 2004, p. 114, note M.-H. Monsérié-Bon et L. Grosclaude, *Defrénois*, 2005, art. 38088, p. 156, obs. J. Honorat, *Rev. soc.*, 2004, p. 149, note J.-F. Barbièri, *Bull. Joly*, 2004, p. 212, note P. Le Cannu.

3. V. A. Wahl, note sous Cass., req., 24 décembre 1894, *S.*, 1895, 1, 497, cité par J. Honorat, note sous Cass. civ. 3e, 13 novembre 2003, *op. cit.*, considérant qu'un article conçu comme un moyen de tempérer les conséquences, pour les associés en nom, de la solidarité existant entre eux devait être écarté en matière de faillite, le comportement des associés dans une telle hypothèse ne justifiant plus la faveur accordée par la loi.

4. Cass. civ. 3e, 13 novembre 2003, *op. cit.* ; confirmé par Cass. com., 8 mars 2005, *Bull. civ.* IV, n° 54, *Rev. soc.*, 2005, p. 892, note J.-F. Barbièri, *Dr. soc.*, 2005, comm. 192, note F.-X. Lucas, qui assimile au surplus une simple publication au Bodacc à la publication au RCS prévue par le texte ; et 19 janvier 2010, *Rev. soc.*, mars 2010, p. 45, obs. A. Lienhard.

pose au préalable que la vanité des poursuites soit établie. En dépit d'un sérieux soutien doctrinal[1], la Cour de cassation a refusé de faire d'une telle impossibilité d'agir à l'encontre des associés une cause de report du point de départ de la prescription. S'en tenant à une lecture stricte de l'article 2259, elle a rejeté le pourvoi qui faisait valoir que la prescription ne pouvait courir que du jour où « le créancier a pu établir la défaillance de la société », en affirmant que « la publication du jugement de la liquidation judiciaire au BODAC (...) constituait le point de départ de la prescription de l'action visée par l'article 1859 du code civil »[2].

316. À l'évidence, la portée de cette solution dépend de l'appréciation de la condition de vanité de poursuites : plus cette dernière est appréciée strictement, plus le risque est important que l'action du créancier soit prescrite avant d'avoir pu être exercée. Or, la jurisprudence a sous cet aspect fortement évolué. Il était en effet classiquement considéré que la preuve de l'insuffisance de l'actif social reposait sur les créanciers et ne pouvait résulter de la seule ouverture d'une procédure de liquidation judiciaire[3] au point qu'il était d'usage de déduire de l'article 1859 du Code civil l'existence « d'une sorte de bénéfice de discussion au profit des associés de la société civile »[4]. Mais la Cour de cassation, après avoir admis que l'action pouvait être intentée à l'encontre des associés avant la clôture de la procédure[5], puis affirmé que la déclaration de créance valait mise en demeure de la société[6], laissant ainsi entendre que l'action pourrait être exercée à l'encontre des créanciers dès la délivrance d'une attestation d'insolvabilité par le liquidateur[7], a posé en principe dans un arrêt du 18 mai 2007 que « dans le cas où la société est soumise à une procédure de liquidation judiciaire, la déclaration de la créance à la procédure dispense le créancier d'établir que le patrimoine social est insuffisant pour le désintéresser »[8]. Par suite, après avoir simplement déclaré leur créance – et sans doute même dès la publication de la dissolution de la société[9] – les créanciers peuvent agir directement contre les associés. En assimilant ainsi liquidation judiciaire et vanité des poursuites, la Cour de cassation rétablit par ricochet un lien entre le point de départ de la prescription et l'événement donnant naissance à l'action, faisant en conséquence du délai de prescription de cinq ans prévu par l'article 2259 du Code civil un délai utile pour agir.

---

1. P. Le Cannu, note sous Cass. civ. 3e, 13 novembre 2003, *Bull. Joly*, 2004, p. 212 ; J.-F. Barbièri, note sous Cass. com., 8 mars 2005, *Rev. soc.*, 2005, p. 892 s., spéc. nº 5 ; M. Storck, note sous Cass. com., 12 décembre 2006, *Banque et droit*, Janvier 2007, p. 52, spéc. p. 53.

2. Cass. com., 12 décembre 2006, *D.*, 2007, *AJ*, p. 93, obs. A. Lienhard, *Dr. soc.*, 2007, comm. 45 par F.-X. Lucas, *RTD com.*, 2007, p. 397, obs. M.-H. Monsérié Bon, *Rev. soc.*, 2007, p. 406, note J.-F. Barbièri, *Banque et droit*, Janvier 2007, p. 52, obs. M. Storck.

3. Cass. civ. 3e, 8 octobre 1997, *Rev. soc.*, 1998, p. 112, note J.-F. Barbièri ; 6 janvier 1999, *Rev. soc.*, 1999, p. 376, note J.-F. Barbièri, *Bull. Joly*, 1999, p. 455, note P. Le Cannu ; com. 20 novembre 2001, *Bull. Joly*, 2002, p. 527, note P. Scholer ; 6 décembre 2005, *Dr. soc.*, 2006, comm. 18, note F.-X. Lucas.

4. F.-X. Lucas, note sous Cass. com., 12 décembre 2006, *Dr. soc.*, 2007, comm. 45.

5. Cass. com., 18 janvier 1994, *JCP* E, 1994, I, 363, nº 10, obs. A. Viandier et J.-J. Caussain ; 6 décembre 2005, *Dr. soc.*, 2006, comm. 18, note F.-X. Lucas.

6. Cass. com., 19 décembre 2006, *D.*, 2007, p. 92, obs. A. Lienhard.

7. A. Lienhard, obs. sous Cass. com., 12 décembre 2006, *D.*, 2007, p. 93.

8. Cass. ch. mixte, 18 mai 2007, *JCP* G, 2007, II, 10128, note J.-P. Legros, *D.*, 2007, p. 1414, obs. A. Lienhard, *Bull. Joly*, 2007, p. 1174, note F. Pérochon, *Gaz. Pal.*, 21 juillet 2007, p. 18, note P.-M. Le Corre, *LPA*, 14 août 2007, p. 18, note F. Vinckel, *Defrénois*, 2007, p. 1571, note D. Gibirila

9. V. en ce sens, Cass. civ. 3e, 26 septembre 2007, *Bull. Joly*, 2008, p. 33, note F.-X. Lucas, *Dr. soc.*, 2008, comm. 48 par R. Mortier, *JCP* E, 2007, 2554, note A. Cerati-Gauthier, *Rev. soc.*, 2008, p. 137 s., note J.-F. Barbièri, *RTD com.*, 2008, p. 142, obs. M.-H. Monsérié-Bon : « le créancier peut poursuivre le paiement de la dette de la SCI contre les associés dès la publication de la dissolution de celle-ci ».

Pour autant, il importe de ne pas se méprendre : l'apparente conformité retrouvée du point de départ de la prescription de l'action des créanciers au principe selon lequel la prescription ne court pas contre celui qui ne peut agir (*Contra non valentem agere non currit praescriptio*) demeure dépendante d'une jurisprudence fragile et limitée à la seule hypothèse dans laquelle la société liquidée n'est pas *in bonis*[1]. Plus encore, l'évolution de la jurisprudence relative à la vanité des poursuites est étrangère à l'interprétation de l'article 2259 du Code civil, depuis longtemps retenue par la Cour de cassation sans égard pour la possibilité d'agir du demandeur. Autrement dit, la jurisprudence de la Cour de cassation relative au point de départ de la prescription n'est pas une conséquence de sa conception de la vanité des poursuites, pas plus d'ailleurs que l'évolution de sa jurisprudence relative à la vanité des poursuites n'est une conséquence des difficultés engendrées par le point de départ de la prescription retenu par l'article 2259 du Code civil. Au fond, si la conception nouvelle de la vanité des poursuites éclaire d'un nouveau jour le point de départ de la prescription de l'action des créanciers, la restauration d'un délai utile qu'elle induit n'en est qu'un effet, vertueux certes, mais accidentel.

317. Pourtant, c'est paradoxalement le moment même où la modification de la conception jurisprudentielle de la vanité des poursuites permet ainsi de rendre enfin acceptable l'interprétation de l'article 1859 du Code civil que la Cour de cassation a choisi pour venir rétrospectivement bouleverser une telle interprétation dans un arrêt du 26 octobre 2010 en affirmant que « la prescription de cinq ans à compter de la mise en liquidation d'une société civile pour agir contre les associés ne court pas lorsque ceux-ci se sont trouvés dans l'impossibilité d'agir contre la société avant d'engager les poursuites contre les associés »[2].

La façon dont la Cour de cassation amène un tel revirement suscite au reste plus encore la surprise : dans cet arrêt en effet, la Cour de cassation refuse, au nom des exigences posées par l'article 6 de la *Convention européenne des droits de l'homme*, d'appliquer dans l'instance le revirement de jurisprudence opéré le 18 mai 2007 qui dispense le créancier de la preuve de la vanité des poursuites, au motif que l'appliquer à l'instance en cause reviendrait à priver le créancier de la possibilité de se prévaloir de son impossibilité d'agir pour reporter le point de départ de la prescription de l'article 1859 Code civil…possibilité qu'elle avait pourtant, jusqu'alors, non seulement jamais reconnue mais plus encore expressément écartée[3] !

En fait de paradoxe, il faut sans doute plutôt déceler dans ce tempérament « rendu à titre posthume »[4] l'expression de la politique de la Cour de cassation qui ne tolère ici d'assouplir son interprétation de l'article 1859 du Code civil que parce qu'un tel assouplissement, à contretemps, est vidé de toute portée pratique. Comme on l'a justement souligné, « cet apparent revirement ne pouvait faire illusion sur les intentions de la Cour de cassation, qui, de toute évidence, n'y avait là consenti que parce que, par ailleurs, l'assouplissement de sa solution

---

1. Cass. civ. 3e, 10 février 2010, *D.*, 2010, p. 504. Lorsque la société est *in bonis*, seule la clôture de la liquidation peut dispenser les créanciers de démontrer la vanité des poursuites à l'encontre de la personne morale.

2. Cass. com., 26 octobre 2010, *Bull. civ.* IV, n° 159, *D.*, 2010, p. 2647, obs. A. Lienhard, *Rev. soc.*, 2011, p. 359, note N. Morelli, *Dr. soc.*, 2011, comm. 4, note H. Hovasse, *JCP* E, 1237, note A. Cayol, *LPA*, 8 mars 2011, p. 7, obs. D. Gibirila.

3. V. *supra*, n° 315.

4. N. Morelli, note sous Cass. com., 26 octobre 2010, *op. cit.*, spéc. n° 6.

quant à la notion de "vaines poursuites préalables" de la personne morale, exigée par l'article 1858, en cas de liquidation judiciaire frappant celle-ci, le lui permettait sans portée réelle sur sa jurisprudence »[1]. Au fond, l'arrêt révèle davantage une volonté de « purger les défauts de la jurisprudence même de la Cour de cassation »[2] relative à la vanité des poursuites que d'assouplir l'interprétation de l'article 1859 du Code civil.

Au demeurant, s'il fallait encore se convaincre du peu d'entrain de la Cour de cassation à faire réellement évoluer sa jurisprudence sur ce point, il suffit d'observer qu'elle a pu depuis confirmer qu'elle entendait s'en tenir à une approche rigoureuse de l'article 1859 du Code civil en refusant tout report du point de départ de la prescription dans une hypothèse dans laquelle l'exercice de poursuites vaines et préalables par le créancier n'était pas même possible, faute pour ce dernier d'avoir un titre exécutoire à l'encontre de la société au moment de la dissolution, ce titre n'ayant été obtenu que grâce à une condamnation postérieure de la société envers le créancier[3].

Aussi, la ligne de conduite de la Cour de cassation en la matière est de s'en tenir à une interprétation stricte du texte de l'article 2259 du Code civil, sans égard pour la possibilité d'agir du créancier[4]. Une même rigueur se retrouve d'ailleurs à l'inverse dans l'hypothèse où, en dépit de l'absence de publication de la dissolution, les créanciers en ont cependant eu connaissance. En effet, loin d'admettre que, la publication n'ayant d'autre objet que de porter à la connaissance des créanciers la dissolution de la société[5], leur connaissance avérée suffise à faire courir la prescription, les juges ont refusé de considérer l'action prescrite en l'absence de publication[6].

---

1. A. Lienhard, obs. sous Cass. com., 13 décembre 2011, *D.*, 2012, p. 91.

2. J.-F. Barbièri, obs. sous Cass. com., 13 décembre 2011, *Rev. soc.*, 2012, p. 304, spéc. nº 3.

3. Cass. com., 13 décembre 2011, *D.*, 2012, p. 91, obs. A. Lienhard, *Bull. Joly*, 2012, p. 216, note H. Camensuli-Feuillard, *Dr. soc.*, 2012, comm. 21, note H. Hovasse, *RTD com.*, 2012, p. 357, obs. M.-H. Camensuli-Feuillard, *Rev. soc.*, 2012, p. 304, note J.-F. Barbièri. V. déjà, dans le même sens : Cass. civ. 3e, 9 juin 1999, *Bull. civ.* III, nº 139, *Bull. Joly*, 1999, p. 1209, concl. O. Guérin, *RTD com.*, 1999, chron. p. 692, obs. M.-H. Monsérié-Bon : « aucune disposition légale ne prévoyant un point de départ du délai de prescription différent selon que le créancier a ou non un titre contre la société débitrice principale » ; confirmé par Cass. civ. 3e, 26 septembre 2007, *Bull. Joly*, 2008, p. 33, note F.-X. Lucas, *Dr. soc.*, 2008, comm. 48 par R. Mortier, *JCP* E, 2007, 2554, note A. Cerati-Gauthier, *Rev. soc.*, 2008, p. 137 s., note J.-F. Barbièri, *RTD com.*, 2008, p. 142, obs. M.-H. Monsérié-Bon, ajoutant que « le créancier peut poursuivre le paiement de la dette de la SCI contre les associés dès la publication de la dissolution de celle-ci ». Pour une application aux SCI non immatriculées : Cass. com., 7 octobre 2009, *Bull. civ.* IV, nº 217.

4. La sévérité de la solution a d'ailleurs conduit les créanciers à rechercher des voies alternatives, le plus souvent sans succès. V. par ex. le rejet par la Cour de cassation d'une demande portée sur le terrain de l'action oblique, au motif que les créanciers « poursuivaient la condamnation personnelle des associés en paiement de la dette de la société civile et non pas la condamnation des associés au paiement de leur dette envers la société civile » : Cass. civ. 3e, 27 février 2008, *Const. Urb.*, 2008, comm. 74, note C. Sizaire. V. en revanche, jugeant que l'action en responsabilité pour faute dirigée contre le gérant de la société liquidée était le jour de la manifestation du dommage, et non le jour de la publication de la dissolution de la société : Cass. com., 10 novembre 2009, *Bull. Joly*, 2010, p. 236, note H. Camensuli-Feuillard, *Rev. soc.*, 2010, p. 582, obs. V. Thomas.

5. V. pourtant, sur le rôle joué par la publication, Cass. com., 8 mars 2005, *Bull. civ.* IV, nº 54, *Rev. soc.*, 2005, p. 892, note J.-F. Barbièri, *Dr. soc.*, 2005, comm. 192, note F.-X. Lucas : « L'article 1859 du Code civil fixe comme point de départ de la prescription qu'il institue une mesure de publicité destinée à permettre à toutes les personnes détenant une créance à l'encontre des associés de déterminer la période au cours de laquelle ils seront recevables à mettre en œuvre leurs droits ».

6. Versailles, 28 janvier 1999, *Bull. Joly*, 1999, p. 800 s., note T. Massart, *RTD com.*, 1999, p. 454, obs. M.-H. Monsérié-Bon : « L'article 1859 du Code civil, applicable à tous les sociétés civiles, fait courir le délai de prescription de l'action exercée contre les associés liquidateurs ou leurs héritiers et ayants cause à partir de la seule publication de la dissolution de la société, c'est-à-dire de l'insertion d'un avis

318. **Conclusion de la Section III**. À ce stade, il apparaît que le législateur comme la jurisprudence n'hésitent pas à détacher parfois le point de départ de la prescription des actions en exécution et des actions voisines de la date de l'événement leur ayant donné naissance, ou de la date à laquelle la connaissance d'un tel événement est acquise. Faisant peu de cas de l'adage *Actioni non natae non praescribitur*, mais aussi et surtout de l'adage *Contra non valentem* selon lequel la prescription ne peut courir à l'encontre de celui qui ne peut agir, le législateur a fixé le point de départ de la prescription de l'action intentée contre les associés en paiement des dettes sociales au jour de la publication de la dissolution de la société, sans égard pour la possibilité d'agir des créanciers à cette date. À l'inverse, la jurisprudence n'a pas hésité à reporter *ultra legem* le point de départ de la prescription de l'action en reconnaissance d'une faute inexcusable de l'employeur à la date de la connaissance du caractère professionnel de la maladie ou de l'accident par la victime, alors même qu'elle pouvait déjà agir auparavant.

319. **Conclusion du Chapitre III**. En conclusion, l'étude du droit positif relatif à la fixation du point de départ de la prescription des actions en exécution et des actions voisines révèle le véritable chaos dans lequel est plongé la matière : choix de l'événement ayant donné naissance à l'action, de la connaissance d'un tel événement ou encore d'une date étrangère à cet événement : les divergences de solutions sont récurrentes et témoignent là encore de l'inaptitude du législateur comme de la jurisprudence à adopter une ligne directrice unique, hésitant à faire prévaloir les impératifs de sécurité juridique ou la protection des justiciables. Mais le chaos est en réalité bien plus profond. En effet, chacune de ces manières de fixer le point de départ de la prescription recèle en son sein une multitude d'incertitudes : flou entourant la notion d'exigibilité, inaptitude de la notion à saisir l'ensemble des situations, influence de la volonté des parties, sont autant d'éléments venant perturber la détermination du point de départ de la prescription. En définitive, c'est l'insécurité juridique qui domine ici, la prolifération de solutions peu lisibles ne permettant pas au justiciable d'anticiper les décisions de justice.

320. **Conclusion du Titre I**. Au terme de ces développements, c'est assurément le constat de la diversité des points de départ de la prescription qu'il faut dresser. Une telle diversité se retrouve à l'identique quelque soit le type d'action exercée. Au fond, que l'action vise à engager la responsabilité de l'auteur d'un dommage, à faire constater la nullité d'un acte juridique ou encore à faire reconnaître, exécuter ou protéger un droit subjectif, des traits communs apparaissent. Dans ces trois hypothèses, le législateur comme la jurisprudence semblent en substance hésiter entre trois façons bien différentes d'appréhender la question du point de départ de la prescription : retenir la date du fait générateur de l'action – fait générateur ou réalisation du dommage, conclusion de l'acte annulable, naissance, exigibilité ou violation du droit subjectif –, retenir la date de la connaissance des éléments permettant d'agir – connaissance du dommage, de la cause de nullité, de l'existence du droit – ou leur préférer une date distincte, pertinente au regard de l'action intentée, mais étrangère aux événements plus classiquement retenus. Mais la diversité des solutions ne s'arrête pas là : cette tentative de

dans un journal d'annonces légales, et non pas à compter de la connaissance qu'ont pu avoir les créanciers de la dissolution de la société, ou d'une formalité autre que la publication prévue par le texte ». V. déjà, en ce sens, Cass. civ. 3e, 28 octobre 1992, *RTD com.*, 1993, p. 537, obs. E. Alfandari et M. Jeantin.

systématisation des approches de la question masque une importante diversité au sein même de chaque approche. Ainsi, lorsque le fait générateur de l'action est retenu, un même critère, telle l'exigibilité, peut aboutir à une multiplicité de points de départ différents. De même, la connaissance des éléments permettant d'agir n'est pas appréhendée de façon unitaire : la connaissance peut être effective ou présumée, porter sur le seul événement donnant naissance à l'action ou sur l'ensemble des éléments permettant d'agir. Quant aux divers événements détachés de l'événement donnant naissance à l'action comme de sa connaissance qui sont pris en considération pour déterminer le point de départ de la prescription, ils demeurent par hypothèse rétifs à toute tentative de systématisation : il n'existe en effet aucun lien unissant la date de réception des travaux et la date de reconnaissance du caractère professionnel d'une maladie, la date du décès du contractant et celle de la publication de la dissolution de la société... Le désordre de la prescription semble ainsi plus sensible encore lorsque l'on s'intéresse à son - ou plutôt à ses - point(s) de départ. Mais, à dire vrai, le constat de la diversité des points de départ n'est que l'aspect le plus visible de la question. En effet, les points de départ de la prescription ne sont pas seulement divers. Plus encore, rien ne justifie leur diversité. La diversité des points de départ de la prescription se double alors de leur incohérence, ce qu'il nous faut maintenant constater.

Titre II

L'incohérence des points de départ de la prescription

321. Des développements qui précèdent, il ressort que le droit positif connaît une multitude de points de départ de la prescription. Pour autant, la diversité des solutions rencontrées n'est pas en elle-même synonyme d'incohérence : ne peut-on d'ailleurs pas penser que cette diversité pourrait être une réponse appropriée à l'hétérogénéité des situations juridiques rencontrées ?

L'incohérence se caractérise en effet par un manque de lien logique. La diversité ne se transformera en incohérence que si le lien logique qui devrait unir ces solutions distinctes fait défaut. Autrement dit, il ne peut y avoir incohérence que si les solutions sont distinctes alors que les situations sont comparables, si les points de départ de la prescription divergent *ceteris paribus sic stantibus*, toutes choses égales par ailleurs diraient les économistes. À situation égale, traitement égal, telle est la seule loi à l'aune de laquelle doit être appréciée la pertinence de la palette jurisprudentielle des solutions précédemment observée.

À cet égard, un triple test doit être effectué, qui permet d'éprouver les points de départ sous trois angles différents. Il faut dans un premier temps confronter les solutions retenues pour vérifier si, en présence de situations comparables, elles présentent ou non une forme d'unité. Dans un second temps, il convient d'analyser les critères qui sont retenus pour fixer le point de départ de la prescription afin de vérifier si l'on peut ou non y déceler une certaine constance. Il est également possible, dans un troisième temps, de s'intéresser aux finalités poursuivies à travers la détermination du point de départ de la prescription pour rechercher si la diversité des solutions ne s'expliquerait pas par la poursuite d'une même politique juridique.

Le test est négatif : à l'analyse, quel que soit le prisme à travers lequel la fixation du point de départ est observée, la multiplicité des solutions réapparaît. Aussi faut-il se résoudre à conclure à la disparité et donc à l'incohérence de la détermination du point de départ de la prescription.

Dès lors, c'est une triple disparité dans la détermination du point de départ de la prescription qu'il faut ici montrer : disparité des solutions observées d'abord (Chapitre I), disparités des critères mis en œuvre ensuite (Chapitre II), disparité des finalités poursuivies enfin (Chapitre III).

CHAPITRE I

La disparité des solutions

322. La variété des situations dans lesquelles la question du point de départ de la prescription se pose n'est plus à démontrer. En effet, les actions qui peuvent être exercées sont très différentes, tant par leur nature que par leur objet, au point que la diversité des solutions pourrait finalement n'être que le reflet de la diversité des situations. Ce n'est cependant pas le cas : ni la nature, ni l'objet de l'action ne permettent d'ordonner les solutions rencontrées. La diversité des solutions n'est pas le miroir de la diversité des situations. Et la logique fait bien défaut. Ainsi, l'analyse révèle un traitement disparate d'actions de nature identique (Section I). En outre, le législateur comme la jurisprudence traitent également de manière distincte des actions ayant des objets identiques (Section II).

SECTION I : LA DISPARITÉ DES POINTS DE DÉPART DE LA PRESCRIPTION D'ACTIONS DE MÊME NATURE

323. Une cohérence des solutions pourrait être recherchée au sein des actions de même nature, qui revêtent la même qualification juridique. Il faudrait alors que le point de départ de la prescription de telles actions soit identique, peu important l'objet de la demande. Or, il n'en est rien. Le droit positif regorge en effet d'exemples dans lesquels les points de départ de la prescription d'actions de même nature diffèrent selon l'objet sur lequel elles portent. Tel est par exemple le cas des actions récursoires (§ 1). Tel est également le cas des actions en nullité relative pour vice du consentement (§ 2).

§ 1 – LES POINTS DE DÉPART DE LA PRESCRIPTION DES ACTIONS RÉCURSOIRES

324. L'action récursoire peut être définie comme le « recours en justice de la personne, qui a dû exécuter une obligation dont une autre était tenue (indemniser la victime d'un dommage, par ex.), contre le véritable débiteur de l'obligation (l'auteur responsable du dommage dans l'exemple ci-dessus) pour obtenir sa condamnation »[1]. L'action récursoire suppose donc l'existence d'une action principale préalable au terme de laquelle une victime ou un créancier entend obtenir réparation ou exécution d'une obligation auprès d'une personne obligée à la dette, mais qui n'en est pas cependant le débiteur final, soit parce qu'elle

1. *Vocabulaire juridique G. Cornu*, Association Henri Capitant, PUF

ne joue qu'un rôle de garant, soit parce qu'elle est elle-même bénéficiaire d'une garantie. La personne sommée d'exécuter l'obligation va alors exercer une action récursoire à l'encontre d'un tiers, considéré comme le débiteur final, en tout ou partie, des dettes en cause.

Bien que reposant toujours sur un tel schéma, la notion d'action récursoire n'est cependant pas uniforme. En effet, on peut distinguer deux types d'action récursoire. L'action récursoire peut d'abord être exercée sur un fondement subrogatoire, lorsque le demandeur à l'action, ayant payé en lieu et place du débiteur final, se trouve subrogé dans les droits de la victime ou du créancier. Dans une telle hypothèse, le demandeur à l'action récursoire ne fait qu'exercer l'action qui appartenait déjà à la victime ou au créancier désintéressé. Mais l'action récursoire peut également être exercée sur un fondement personnel. Il en va ainsi par exemple lorsque le demandeur entend engager la responsabilité d'un tiers suite à l'action de la victime ou encore lorsqu'il entend appeler un tiers en garantie. À ce titre, cette différence observée entre l'action récursoire subrogatoire et l'action récursoire personnelle pourrait éventuellement justifier une différence de traitement. En revanche, rien ne devrait justifier qu'au sein même de ces types d'actions de même nature, la détermination du point de départ de la prescription ne soit pas uniforme. Or, on observe au contraire une multitude de solutions contradictoires, au sein tant des actions personnelles (A) que des actions subrogatoires (B).

A. Les actions personnelles

325. L'action récursoire exercée sur un fondement personnel prend généralement la forme soit d'une action en responsabilité intentée contre l'auteur réel du dommage, soit d'une action visant à faire consacrer le droit à garantie, d'origine légale ou conventionnelle, dont bénéficie le demandeur. Écartons ici la première de ces deux figures, qui obéit aux règles générales relatives à la détermination du point de départ de la prescription des actions en responsabilité et soulève des difficultés déjà rencontrées[1] pour mieux se concentrer sur les seules actions en garantie.

326. L'exercice d'une action récursoire en garantie présuppose l'existence d'une action principale en vertu de laquelle une victime ou un créancier entend obtenir réparation d'un dommage ou exécution d'une obligation : « il n'y a pas d'action récursoire sans action principale »[2] affirmait justement le doyen Rodière. Ce n'est donc qu'une fois assigné que celui dont la responsabilité est recherchée ou auquel l'exécution d'une obligation est demandée prend conscience de la nécessité de mettre en œuvre la garantie et peut utilement se retourner contre son

1. On sait que le point de départ de la prescription d'une action en responsabilité est fixé au jour de la manifestation du dommage. Lorsque l'action en responsabilité est exercée à titre récursoire, la manifestation du dommage résulte le plus souvent de l'assignation par un tiers car c'est à ce jour que le demandeur prend conscience de l'existence d'un dommage consistant dans le risque de voir sa responsabilité engagée (v. cependant, *supra*, n° 69, les difficultés soulevées par la détermination du point de départ de la prescription de l'action récursoire en responsabilité dans l'affaire des *fonds Turbo* en l'absence d'assignation). Mais il n'en est cependant pas forcément ainsi : le point de départ de la prescription peut également être reporté au jour où une expertise a permis de mettre en cause la contribution d'une tierce personne à la réalisation d'un dommage, permettant alors l'exercice de l'action en responsabilité. Sur ces questions, v. *supra*, n° 67 s. et *infra*, n° 651.

2. R. Rodière, *Droit des transports terrestres et aériens*, Sirey, 2e éd., 1977, n° 623. V. égal. B. Mercadal, *Droit des transports terrestres et aériens*, Précis Dalloz, 1996, n° 278 : « Il faut nécessairement une action principale pour la définition de l'action récursoire ».

garant. Bref, le recours récursoire trouve sa cause dans l'action principale intentée. Avant cette date, l'action en garantie ne saurait donc être exercée, faute tant d'intérêt à agir que de conscience de la nécessité d'agir. Le point de départ des actions récursoires en garantie devrait alors logiquement être fixé, au regard de l'adage *Actioni non natae non praescribitur, au jour où le demandeur a lui-même été assigné en justice.*

327. Le législateur s'en tient d'ailleurs souvent à une telle analyse. L'article 2233 2° du Code civil en fournit le cadre général en précisant que la prescription ne court pas « à l'égard d'une action en garantie, jusqu'à ce que l'éviction ait lieu ». Mais l'analyse innerve également largement le droit spécial. Ainsi, en droit des transports terrestres, l'article L. 133-6 alinéa 4 du Code de commerce prévoit que le délai d'un mois offert pour intenter une action récursoire à l'encontre du transporteur, responsable premier du dommage, « ne court que du *jour de l'exercice de l'action par le garanti* ». Une disposition analogue est prévue par l'article 32 alinéa 2 de la loi du 18 juin 1966 en matière de transport maritime, ledit article précisant que « les actions récursoires peuvent être intentées, même après les délais prévus à l'alinéa précédent, pendant trois mois à compter du *jour de l'exercice de l'action contre le garanti* ou du jour où celui-ci aura à l'amiable réglé la réclamation ».

328. Une logique identique sous-tend encore la prescription de l'action récursoire en droit des assurances. En effet, en la matière, le législateur a expressément prévu une règle propre à l'hypothèse dans laquelle l'action en garantie de l'assuré contre son assureur est consécutive à l'action d'un tiers. L'article L. 114-1 alinéa 3 du Code des assurances dispose ainsi que « quand l'action de l'assuré a pour cause le recours d'un tiers, le délai de la prescription ne court que du *jour où ce tiers a exercé une action en justice contre l'assuré ou a été indemnisé par ce dernier* »[1].

La formule légale soulève cependant d'emblée une difficulté. Elle propose en effet une alternative, le point de départ de la prescription pouvant être fixé soit au jour où le tiers a exercé une action en justice, soit au jour où il a été indemnisé. Deux interprétations en sont possibles. La première consiste à analyser l'alternative comme un choix offert à l'assuré, qui pourrait se prévaloir de la seconde de ces dates chaque fois qu'il a indemnisé la victime avant d'agir à l'encontre de l'assureur. Une telle interprétation reviendrait *in fine* à reporter le point de départ de la prescription au jour de l'indemnisation dans toutes les hypothèses où l'assuré ne s'est retourné contre son assureur qu'après avoir indemnisé le tiers. La seconde interprétation consiste différemment à considérer que la formule légale fait du jour du recours du tiers le point de départ de principe de la prescription, le jour de l'indemnisation n'ayant qu'un rôle subsidiaire, dans la seule hypothèse où aucune action en justice n'aurait été introduite. À suivre une telle interprétation, chaque fois qu'il aura été auparavant assigné par le tiers, l'assuré ne pourra pas se prévaloir de la date à laquelle il aurait indemnisé la victime pour retarder

1. Traditionnellement cantonné au domaine des assurances de responsabilité (Cass. civ. 1re, 18 janvier 1989, *Bull. civ.* I, n° 16), le champ d'application de cette disposition a été étendu au-delà par la jurisprudence qui a notamment pu l'appliquer à une hypothèse d'assurance de risque (Cass. civ. 1re, 21 novembre 2000, *Bull. civ.* I, n° 294, *RGDA*, 2000, p. 1058, note J. Kullmann). Elle trouve donc à s'appliquer, peu importe l'objet de l'assurance, chaque fois que le recours d'un tiers est en cause (ce qui exclut l'hypothèse dans laquelle l'assuré est mis en cause par l'un de ses cocontractants qui lui demande simplement d'exécuter l'obligation prévue par leur contrat) et que les conséquences du recours restent contractuellement garanties.

le décompte de la prescription. La difficulté se résume alors en une interrogation : existe-il une hiérarchie entre les deux points de départ prévus par l'article L. 114-1 alinéa 3 du Code des assurances ? La question a été soumise à la Cour de cassation qui y a répondu positivement en retenant la seconde interprétation possible de l'alinéa précité. En effet, palliant le caractère lacunaire de la formule légale, elle a posé en principe que « lorsque l'action de l'assuré contre l'assureur a pour cause le recours d'un tiers, le délai de prescription court du jour où ce tiers a exercé une action en justice contre l'assuré, ou, *si aucune instance n'a été introduite*, du jour où le tiers a été indemnisé par ce dernier »[1]. La Cour de cassation en déduit que, dès lors qu'une instance a été introduite par la victime contre l'assuré, seule la date de l'assignation est pertinente[2], la date de l'indemnisation n'ayant vocation à être prise en compte qu'en l'absence d'action en justice du tiers victime[3]. La date du recours du tiers constitue donc bien le point de départ de la prescription de l'action en garantie exercée par l'assuré contre son assureur chaque fois qu'une action en justice a effectivement été introduite[4].

Sous cet aspect, précisons que la Cour de cassation retient une interprétation très large de la notion d'action en justice. Outre qu'elle admet que celle-ci peut aussi bien être exercée devant une juridiction étatique que devant une juridiction arbitrale[5] ou étrangère[6], elle a pu considérer que le dépôt de conclusions reconventionnelles[7], une constitution de partie civile[8], un commandement de payer[9], ou même l'émission par l'administration d'un arrêté de débet notifiant un titre de perception à l'assuré[10] valaient action en justice au sens de l'article L. 114-1 alinéa 3 du Code des assurances[11]. Elle considère également que, bien

---

1. Cass. civ. 1re, 30 novembre 1976, *Bull. civ.* I, n° 371 ; 12 décembre 1995, *Bull. civ.* I, n° 455. (Nous soulignons).

2. Cass. civ. 1re, 7 janvier 1974, *Bull. civ.* I, n° 7 ; 30 novembre 1976, préc. ; 12 décembre 1995, préc. ; 11 juin 2003, *RGDA*, 2003, p. 699 note M. Bruschi. Précisons qu'en cas d'aggravation du dommage, le point de départ de la prescription se situe à la date de la nouvelle action exercée par la victime (Cass. civ. 1re, 21 mai 1990, *Bull. civ.* I, n° 112).

3. Dans cette hypothèse, le point de départ de la prescription est la date où l'assuré a indemnisé la victime, reconnaissant ainsi sa faute, peu important que le préjudice n'ait été définitivement arrêté que par la suite (Cass. civ. 1re, 21 octobre 2003, *Bull. civ.* I, n° 202, *RCA*, 2004, comm. 24). Précisons également qu'en cas de transaction entre l'assuré et le tiers victime, c'est la date de règlement de l'indemnité convenue, et non la date de la transaction elle-même, qui doit être prise en considération (Cass. civ. 1re, 2 décembre 1963, *Bull. civ.* I, n° 524).

4. Pour une critique de cette solution, v. M. Bruschi, note sous Cass. civ. 2e, 17 mars 2005, *RGDA*, 2005, p. 629, *in fine*, qui considère qu'en réservant l'hypothèse d'un point de départ plus tardif, l'article L. 114-1 suppose que l'assuré puisse indemniser le tiers à la suite d'une décision au fond sans que l'action en garantie contre l'assureur ne soit à cette date prescrite. Il suggère en conséquence une réforme du texte, qui poserait comme point de départ, dans l'hypothèse où l'action de l'assuré contre l'assureur a pour cause le recours d'un tiers, la date du jugement retenant avec force de la chose jugée la responsabilité de l'assuré ou, à défaut d'action en justice intentée par le tiers, la date du paiement de l'indemnité par l'assuré.

5. J. Bigot, P. Baillot, J. Kullmann, L. Mayaux, *Traité de droit des assurances, Les assurances de personnes* (Tome 4), LGDJ, 2007, spéc. n° 1943 ; M. Chagny, L. Perdrix, *Droit des assurances, Manuel*, LGDJ, 2009, spéc. p. 257, n° 460.

6. Cass. civ. 1re, 18 décembre 2002, *Bull. civ.* I, n° 310.

7. Cass. civ. 1re, 10 décembre 1985, *Bull. civ.* I, n° 338.

8. Cass. crim., 30 juin 1987, *Bull. crim.*, n° 278. La Cour de cassation exige toutefois que la constitution de partie civile vise l'indemnisation de la victime (Cass. civ. 2e, 7 avril 2005, *RCA*, 2005, comm. 203 par H. Groutel, *D.*, 2006, p. 1787, *Gaz. Pal.*, 4 septembre 2005, p. 11 -12, note M. Perier, *RGDA*, 2005, p. 625, note M. Bruschi).

9. Cass. civ. 1re, 24 janvier 1978, *Bull. civ.* I, n° 32.

10. Cass. civ. 1re, 14 janvier 2003, *Bull. civ.* I, n° 1, *Droit maritime français*, 2003, p. 297, note P. Bonassies.

11. En revanche, la saisine de la caisse primaire d'assurance maladie en vue de l'organisation d'une tentative de conciliation tendant à la reconnaissance de la faute inexcusable de l'employeur n'est pas une action en justice au sens de l'article L. 114-1 du Code des assurances (Cass. civ. 2e, 24 juin 2004, *Bull. civ.* II,

qu'elle ne tende pas directement à la reconnaissance d'un droit ou à l'obtention d'une indemnisation[1], l'assignation en référé en vue de la nomination d'un expert[2] constitue une action en justice faisant courir la prescription.

Comment expliquer alors le choix de la date de la demande en justice intentée par le tiers victime pour fixer le point de départ de la prescription de l'action en garantie de l'assuré à l'encontre de l'assureur ? On a pu justifier ce choix en avançant qu'une telle date marquerait la connaissance par l'assuré de la réalisation du sinistre garanti, grâce à la réclamation du tiers[3]. Mais, en réalité, si l'action ne se prescrit pas avant que le tiers ait exercé un recours, ce n'est pas parce qu'une telle date marque la connaissance du sinistre par l'assuré, mais différemment parce que celui-ci n'est pas « en mesure d'agir »[4] précédemment, faute d'action à exercer : avant la réclamation du tiers, les conditions de mise en œuvre de la garantie ne sont pas réunies. Ce n'est donc pas de connaissance, mais de naissance de l'action qu'il est ici question : *Actioni non natae non praescribitur.* D'ailleurs, si l'action en justice du tiers n'avait d'autre finalité que de permettre à l'assuré de prendre connaissance de la réalisation du sinistre, il faudrait nécessairement considérer qu'une assignation irrégulière portée à la connaissance de l'assuré ferait néanmoins courir la prescription. Or, la Cour de cassation considère à l'inverse qu'une assignation en référé dont la délivrance à l'assuré est affectée d'une irrégularité de fond (en l'espèce, la signification avait été faite à l'entreprise X et non à M. X) ne peut être retenue comme point de départ de la prescription, en dépit de la connaissance de l'assignation irrégulière par l'assuré[5]. Ce n'est donc pas parce qu'elle emporte connaissance du sinistre, mais bien parce qu'elle marque la naissance de l'action en garantie que la date du recours du tiers est ici retenue. L'article L. 114-1 alinéa 3 du Code des assurances ne dit d'ailleurs pas autre chose lorsqu'il évoque une action de l'assuré qui aurait pour « cause » le recours d'un tiers.

---

nº 312, *RCA*, 2004 comm. 312, note H. Groutel). Il faut noter qu'elle interrompt pourtant la prescription dont l'employeur assuré pourrait se prévaloir à l'encontre de la victime (v. *supra* nº 308 s.). La saisine de la juridiction de la sécurité sociale, non compétente, ne constitue pas davantage l'action en justice visée par l'article L. 114-1 du Code des assurances (Cass. civ. 2e, 17 mars 2011, *RCA*, 2011, comm. 236, note H. Groutel, *D.*, 2011, p. 1011, obs. T. de Ravel d'Esclapon).

1. En ce sens, la jurisprudence apparaît beaucoup moins stricte lorsqu'il s'agit d'apprécier l'effet d'une action en référé que lorsqu'il s'agit d'apprécier l'effet d'une constitution de partie civile, puisqu'elle exige dans cette dernière hypothèse que la constitution de partie civile soit accompagnée d'une demande indemnitaire pour lui reconnaître la qualité d'action en justice au sens de l'article L. 114-1 du Code de assurance (Cass. civ. 2e, 7 avril 2005, préc.).

2. Cass. civ. 1re, 18 juin 1996, *Bull. civ.* I, nº 254 ; 10 mai 2000, *Bull. civ.* I, nº 133, *D.*, 2001, p. 3326, obs. H. Groutel ; 31 mai 2007, *Bull. civ.* I, nº 210, *RCA*, 2007, comm. 262, *Gaz. Pal.*, 6 mai 2008, p. 14, note M. Périer ; civ. 2e, 3 septembre 2009, *Bull. civ.* II, nº 202 ; 1er juillet 2010, *RCA*, 2010, comm. 266, note H. Groutel. Dans cette hypothèse, lorsque l'action du tiers est une action en référé-expertise, le seul fait d'appeler en la cause l'assureur pour lui rendre l'expertise opposable suffit à interrompre la prescription, peu important que l'assureur soit finalement assigné au fond plus de deux ans après (Cass. civ. 1re, 10 janvier 2001, *Bull. civ.* I, nº 3, *D.*, 2001, p. 3326, obs. H. Groutel), l'assuré n'étant pas « en mesure d'agir » contre l'assureur avant d'avoir été lui-même assigné au fond (Cass. civ. 2e, 11 juin 2009, pourvoi nº 08-12130). V. également, qualifiant le référé-provision d'action en justice : Cass. civ. 1re, 20 mars 1990, pourvoi nº 88-10702.

3. Y. Lambert-Faivre et L. Leveneur, *Droit des assurances*, Précis Dalloz, 13e éd., 2011, p. 251, nº 297 ; P. Sargos, « La doctrine jurisprudentielle de la Cour de cassation relative à la prescription en droit des assurances », *RGAT*, 1996, p. 545 s. spéc. p. 559, nº 35.

4. Cass. civ. 2e, 11 juin 2009, pourvoi nº 08-12130.

5. Cass. civ. 1re, 4 novembre 2003, *Bull. civ.* I, nº 221, *RCA*, 2004, comm. 52, note H. Groutel. En revanche, même si elle ne le vise pas en la qualité pour laquelle il est couvert par l'assureur, l'assignation de l'assuré suffit à faire courir la prescription de son action à l'encontre de l'assureur, l'assuré devant dès cette date déclarer le sinistre à tous les assureurs susceptibles d'intervenir dans le cadre de la réparation du préjudice subi par le tiers (Cass. civ. 2e, 17 mars 2005, pourvoi nº 03-13720, *RGDA*, 2005, p. 629, note M. Bruschi).

329. La jurisprudence tient d'ailleurs parfois un raisonnement comparable dans le silence des textes légaux. Ainsi, la Cour de cassation n'a pas hésité à fixer le point de départ de la prescription de l'action en garantie exercée par un vendeur à l'encontre de son fournisseur au « jour où le vendeur, agissant en garantie, a été assigné par l'acheteur », soulignant que le délai de prescription n'avait pu courir avant cette date[4].

330. Ces exemples convergent pour retenir la date de l'assignation du garanti par le tiers comme point de départ de l'action récursoire exercée, chaque fois qu'une telle assignation existe. Que l'on n'en déduise pas que le droit positif est ici harmonieux. En effet, la fixation du point de départ de la prescription à une telle date est loin de refléter l'ensemble du droit positif.

331. La jurisprudence tient ainsi un raisonnement totalement différent lorsqu'est en cause l'action récursoire qui peut être intentée par un constructeur assigné par le maître de l'ouvrage à l'encontre d'un autre intervenant à la construction. Le schéma procédural est pourtant tout à fait comparable : suite à l'action intentée par le maître de l'ouvrage à l'encontre de l'entrepreneur principal en raison de dommages causés à l'ouvrage, ce dernier entend exercer une action récursoire en garantie[1] à l'encontre par exemple de l'architecte, soupçonné d'avoir manqué à son obligation de conseil, ou encore du sous-traitant, dont l'intervention semble être à l'origine des désordres constatés. Si l'on devait transposer en la matière le raisonnement adopté par le législateur ou la jurisprudence dans les hypothèses précédemment évoquées, il faudrait logiquement considérer que, l'entrepreneur principal ne pouvant agir en garantie à l'encontre des autres constructeurs ou sous-traitants avant d'avoir été lui-même assigné par le maître de l'ouvrage, le délai pour agir en garantie devrait courir à compter de l'introduction de l'action principale par le maître de l'ouvrage. Or, en matière de recours entre constructeurs, le législateur comme la jurisprudence ne raisonnent absolument pas en ce sens.

La question a précisément été soulevée devant la Cour de cassation à l'occasion d'un arrêt dit *Maison Bottemer* du 16 octobre 2002[2]. En l'espèce, en raison de l'apparition de désordres d'infiltration, le maître de l'ouvrage avait agi le 7 septembre 1994 à l'encontre du constructeur peu avant l'expiration du délai décennal courant à compter de la réception des travaux (intervenue le 22 janvier 1985), tel que prévu par l'article 1792-4-1 du Code civil (anc. art. 2270)[3]. Le constructeur avait alors appelé en garantie l'architecte, maître d'œuvre, le 2 février 1996, de sorte qu'il avait introduit son action moins de deux ans après avoir été assigné par le maître de l'ouvrage mais plus de dix ans après la réception des travaux. Formant un pourvoi contre l'arrêt rendu par une cour d'appel qui avait considéré une telle

1. Cass. com., 22 mai 2007, *RCA*, 2007, comm. 239. V. égal. dans le même sens, civ. 1re, 24 octobre 2000, pourvoi n° 99-19337 et aussi, mais rendu au visa de l'adage *Contra non valentem*, à propos d'une action en garantie intentée par un entrepreneur à l'encontre de son fournisseur suite à l'assignation du maître de l'ouvrage : Cass. com., 23 février 1970, *Bull. civ.* IV, n° 69.

2. Précisions que, dans une telle hypothèse, l'action récursoire est toujours une action personnelle, une jurisprudence constante refusant d'offrir aux constructeurs le bénéfice de la subrogation dans leurs rapports entre eux (Cass. civ. 3e, 3 juillet 1968, *JCP*, 1969, II, 15860, note B. Soinne ; 11 octobre 1989, *Bull. civ.* III, n° 190).

3. Cass. civ. 3e, 16 octobre 2002, *Bull. civ.* III, n° 205, *D.*, 2003, p. 300, note P. Malinvaud, *RTD civ.*, 2003, p. 308, obs. P. Jourdain.

4. Sans modifier sa rédaction, la loi du 17 juin 2008 a opéré un déplacement de l'article 2270 vers l'article 1792-4-1 du Code civil afin de rassembler toutes les dispositions relatives aux actions en responsabilité des constructeurs au même endroit.

action irrecevable, le constructeur faisait logiquement valoir que « le point de départ de la prescription en cas d'action en garantie de l'entrepreneur principal contre l'architecte est le jour où ledit entrepreneur a été assigné par le maître de l'ouvrage ». La Cour de cassation a pourtant rejeté un tel argument pour soumettre l'action à un délai de dix ans « à compter de la réception de l'ouvrage avec ou sans réserves », et en déduire que « l'action engagée [par le maître de l'ouvrage] avant l'expiration du délai de 10 ans n'avait pas eu pour effet de rendre recevable l'action récursoire exercée hors dudit délai par [l'entrepreneur principal] contre l'architecte ». La Cour de cassation fait ainsi de la réception des travaux par le maître de l'ouvrage le point de départ du délai offert à l'entrepreneur principal pour agir en garantie à l'encontre d'un autre constructeur, sans égard pour la date à laquelle il a été assigné et donc sans prendre en considération sa possibilité d'agir.

On soulignera que la solution, déjà retenue lorsque l'action récursoire était exercée à l'encontre d'un vendeur d'immeuble à construire sur le fondement de la garantie légale prévue par l'article 1792 du Code civil[1], est ici affirmée dans une hypothèse où l'action en garantie contre l'architecte est exercée sur le fondement de la responsabilité civile de droit commun, pour manquement à son obligation de conseil. Au reste, sans calquer purement et simplement cette solution lorsque l'action récursoire est exercée sur le fondement d'une responsabilité délictuelle, la Cour de cassation n'a cependant pas hésité à en transposer l'esprit dans une telle hypothèse. En la matière en effet, si elle ne peut évidemment faire du jour de la réception, étranger à la matière délictuelle, le point de départ de la prescription, la jurisprudence refuse cependant obstinément, au mépris de tous principes, de le fixer au jour où le demandeur a été assigné, bien que ce jour corresponde à la date de manifestation du dommage subi par ce dernier. En effet, dans un surprenant arrêt rendu le 13 septembre 2006[2], elle a affirmé que l'action en responsabilité quasi-délictuelle intentée par un architecte assigné par le maître de l'ouvrage à l'encontre d'un sous-traitant se prescrivait à compter de la manifestation du dommage causé non à l'architecte, demandeur à l'action, mais au maître de l'ouvrage. La solution n'est pas techniquement justifiable. Comme le soulignait le pourvoi, la manifestation du dommage subi par l'architecte qui exerce une action récursoire contre un sous-traitant résulte évidemment de l'assignation en justice dirigée contre lui : il ne subit aucun préjudice avant cette date. La solution ne peut donc s'expliquer autrement que par une volonté de la Cour de cassation, « contre toute logique »[3] et par delà toute prise en considération de l'intérêt à agir de l'entrepreneur assigné, « de ne pas allonger excessivement le délai de prescription de l'action récursoire des constructeurs au moment où elle cherche à unifier les délais de prescription en matière de responsabilité des constructeurs autour du délai décennal de la garantie courant à compter de la réception de l'ouvrage »[4].

Les solutions retenues par la Cour de cassation tant en matière contractuelle que délictuelle s'inscrivent d'ailleurs dans un courant toujours plus pressant,

---

1. La formule avait déjà été employée par la Cour de cassation à propos de l'action intentée sur le fondement de la garantie légale par le vendeur d'immeuble à construire assigné par l'acquéreur contre ses constructeurs (Cass. civ. 3e, 15 février 1989, *Bull. civ.* III, nº 36, *D.*, 1989, IR, p. 80).

2. Cass. civ. 3e, 13 septembre 2006, *Const. Urb.*, 2006, comm. 215, note M.-L. Pagès de Varenne, *RCA*, 2006, comm. 375, note H. Groutel, *RDI*, 2006, p. 506, note P. Malinvaud, *RTD civ.*, 2007, p. 358, obs P. Jourdain.

3. P. Jourdain, obs. sous Cass. civ. 3e, 13 septembre 2006, préc.

4. P. Jourdain, *ibidem.* Sur ce mouvement d'unification des délais, v. J.-P. Karila, « Vers l'uniformisation de tous les délais d'action de différentes responsabilités des constructeurs d'ouvrages immobiliers », *JCP* N, 2004, 1160, et, du même auteur, « Bilan des différentes prescriptions des actions en responsabilité dirigées contre les constructeurs d'ouvrages immobiliers », *RLDC*, avril 2007, p. 17 s.

relayé par le législateur lui-même. Ainsi, alors que la prescription de l'action récursoire intentée par un entrepreneur contre un sous-traitant avait pendant longtemps échappé au couperet de l'achèvement du délai de dix ans à compter de la réception des travaux[1], elle obéit désormais à cette règle. En effet, pour aligner la prescription des actions en responsabilité contre les sous-traitants sur celle courant à l'encontre des constructeurs[2], le législateur a, par une ordonnance du 8 juin 2005, inséré un article 2270-2 dans le Code civil, devenu l'article 1792-4-2 depuis la réforme du droit de la prescription extinctive opérée par la loi du 17 juin 2008, précisant que « les actions en responsabilité dirigées contre un sous-traitant en raison de dommages affectant un ouvrage ou des éléments d'équipement d'un ouvrage mentionnés aux articles 1792 et 1792-2 se prescrivent par dix ans à compter de la réception des travaux et, pour les dommages affectant ceux des éléments d'équipement de l'ouvrage mentionnés à l'article 1792-3, par deux ans à compter de cette même réception ». Désormais, l'action récursoire formée par l'entrepreneur principal à l'encontre d'un sous-traitant court donc également du jour de la réception des travaux, et non du jour de l'assignation en justice par le maître de l'ouvrage[3].

La loi du 17 juin 2008 portant réforme du droit de la prescription pourrait d'ailleurs avoir achevé le mouvement. En effet, afin de répondre aux demandes des praticiens et aux inquiétudes d'une partie de la doctrine[4], le législateur a introduit par voie d'amendement un article 1792-4-3 dans le Code civil supposé consacrer la jurisprudence de la Cour de cassation, faisant courir la prescription de l'action en responsabilité contractuelle intentée par le maître de l'ouvrage à l'encontre d'un constructeur à compter de la réception des travaux[5]. Mais la rédaction extrêmement large de l'article, selon lequel « en dehors des actions régies par les articles 1792-3, 1792-4-1 et 1792-4-2, les actions en responsabilité dirigées contre les constructeurs désignés aux articles 1792 et 1792-1 et leurs sous-traitants se prescrivent par dix ans à compter de la réception des travaux », pourrait conduire la jurisprudence à en étendre la portée au-delà de l'intention initiale du législateur. En effet, l'article ne semble s'intéresser ni au fondement contractuel ou délictuel de l'action exercée, ni au type de dommage susceptible de rendre la disposition applicable[6]. Aussi, dans l'attente de son interprétation jurisprudentielle, on ne peut que constater la vocation potentielle de l'article à s'appliquer à toutes les actions, y compris récursoires, intentées à l'encontre d'un constructeur ou d'un sous-traitant, sur le terrain de la responsabilité contractuelle comme délictuelle[7].

---

1. En effet, la Cour de cassation considérait que le délai de prescription de l'action récursoire en garantie intentée par l'entrepreneur principal à l'encontre du sous-traitant n'avait pu courir que « du jour où l'entrepreneur, agissant en garantie, a été assigné par le maître de l'ouvrage » (Cass. civ. 3e, 29 janvier 1992, *Bull. civ.* III, nº 32). V. égal., pour un arrêt rendu postérieurement à l'entrée en vigueur de l'ordonnance du 8 juin 2005, mais sous l'empire du droit antérieur, Cass. civ. 3e, 26 avril 2006, *Bull. civ.* III, nº 103, *Const. Urb.*, 2006, comm. 135, note M.-L. Pagès de Varenne : « l'action en garantie exercée par l'entrepreneur principal à l'encontre de son sous-traitant n'était pas enfermée dans le délai de dix ans à compter de la réception à laquelle il était étranger ».

2. P. Malinvaud, « La responsabilité en matière de construction après l'ordonnance nº 2005-658 du 8 juin 2005 », *RDI*, 2005, p. 237, spéc. nº 17 s.

3. V., pour une application de ce principe, Paris, 1er décembre 2006, *Juris-Data* nº 2006-318288.

4. P. Dessuet, « Responsabilité civile des constructeurs : vers une remise en cause du point de départ de la prescription ? », *RDI*, 2008, p. 53.

5. Sur cette jurisprudence, v. *supra*, nº 111 s.

6. M. Burgard, « Les implications de la loi du 17 juin 2008 sur la prescription des actions en responsabilité des constructeurs », *LPA*, 10 avril 2009, p. 6 s., spéc. p. 7.

7. V. en ce sens, P. Malinvaud, « Prescription et responsabilité des constructeurs après la réforme

À suivre une telle interprétation[1], il faut alors constater que l'action récursoire intentée par l'entrepreneur principal à l'encontre d'un de ses constructeurs ou sous-traitants suite à l'action du maître de l'ouvrage ne se prescrirait jamais à compter du jour de l'assignation par le maître de l'ouvrage mais toujours à compter de la réception des travaux par ce dernier, peu important que l'action soit exercée sur le fondement de la garantie légale, de la responsabilité contractuelle ou encore de la responsabilité délictuelle ou quasi-délictuelle. Si une telle solution a le mérite de l'uniformité, elle n'en va pas moins à l'encontre du principe selon lequel une action ne peut se prescrire avant que celui qui l'exerce n'ait pu agir. Surtout, elle serait totalement incohérente au regard des solutions observées jusque là, que ce soit en droit des assurances[2], des transports[3], ou encore de la vente[4]...

332. Voudrait-on alors considérer que le traitement spécifique de l'action récursoire intentée par le constructeur se justifierait par la nature particulière du délai prévu par l'article 1792-4-1 du Code civil, qui se présente davantage comme un « délai d'épreuve » au-delà duquel le constructeur est déchargé de toute responsabilité que comme un délai de prescription ? On a en effet pu avancer en ce sens que « l'éviction de ces deux derniers adages de l'ancien droit [*Actioni non natae non praescribitur* et *Contra non valentem*] dans le cadre de l'action récursoire (...) est justifiée par le fait que si le délai d'action au titre de la garantie décennale est un délai de prescription, c'est aussi et surtout un délai d'épreuve de la solidité de l'ouvrage et de la bonne exécution des travaux, délai au-delà duquel les constructeurs sont libérés de toute responsabilité »[5]. Mais l'argument ne peut justifier l'incohérence constatée.

---

du 17 juin 2008 », *RDI*, 2008, p. 368 ; J.-P. Tricoire, « La réforme de la prescription en droit des biens et en droit de la construction », *LPA*, 24 juillet 2009, p. 70s., spéc. n° 28 ; G. Durant-Pasquier, « La responsabilité des constructeurs à l'aune de la réforme du droit de la prescription : consécrations et interrogations », *Const. Urb.*, 2008, alerte 36 ; V. Zalewski, « Réforme de la prescription civile : impact sur le droit immobilier », *Defrénois*, 2008, p. 2461 s. ; M. Painchaux, « L'actualité des recours entre constructeurs », *Dr. et patr.*, juillet 2009, n° 183, p. 54 s., spéc. p. 59. V. cependant, *contra*, considérant que la loi du 17 juin 2008 ne fait que consacrer la jurisprudence selon laquelle le point de départ de la prescription de l'action en responsabilité contractuelle intentée à l'encontre d'un constructeur se prescrit à compter de la réception : C. Charbonneau, « Incidence de la réforme de la prescription civile en matière de construction », *Const. Urb.*, 2008, étude 13, spéc. n° 9. Les travaux parlementaires allaient d'ailleurs en ce sens, le sénateur rapporteur L. Béteille ayant précisé que « l'objet était seulement de valider la jurisprudence de la Cour de cassation, à savoir assimiler la responsabilité contractuelle de droit commun au régime spécifique de la garantie décennale » (*JO sénat*, séance du 5 juin 2008, p. 2663).

1. Une telle interprétation pourrait toutefois sembler discutable à l'analyse d'un arrêt rendu par la 3e chambre civile le 8 février 2012. La Cour de cassation y affirme en effet que « le recours d'un constructeur contre un autre constructeur ou son assureur n'est pas fondé sur la garantie décennale, mais est de nature contractuelle si ces constructeurs sont contractuellement liés, et de nature quasi délictuelle s'ils ne le sont pas, de sorte que le point de départ du délai de cette action n'est pas la date de réception des ouvrages » (Cass. civ. 2e, 8 février 2012, *RDI*, 2012, p. 229, obs. P. Malinvaud, *RTD civ.*, 2012, p. 326, obs. P. Jourdain). À défaut de définir positivement le point de départ de la prescription, elle exclut qu'il puisse ici être fixé au jour de la réception. Cet arrêt va nettement à rebours de la tendance jurisprudentielle décrite à unifier le point de départ de la prescription en matière de construction autour de la date de réception des travaux. Toutefois, la Cour de cassation statuant ici sur des faits antérieurs à l'entrée en vigueur de la loi du 17 juin 2008, il est délicat de savoir si cette décision aura un avenir en dépit de la lettre du nouvel article 1792-4-3 du Code civil (v., répondant de façon négative, P. Jourdain, *op. cit.*, P. Malinvaud, *op. cit.*).

2. V. *supra*, n° 328.

3. V. *supra*, n° 327.

4. V. *supra*, n° 330.

5. J.-P. Karila, « Vers l'uniformisation de tous délais d'action des différentes responsabilités des constructeurs d'ouvrages immobiliers », art. préc.

D'une part, parce qu'il ne prouve pas assez. En effet, si l'on peut admettre une telle justification lorsque l'action récursoire est exercée sur le fondement de la garantie légale, comment expliquer que la solution ait pu être étendue à des hypothèses où l'action est intentée sur un fondement contractuel ou délictuel, auquel le délai d'épreuve de l'article 1792-4-1 est étranger ?

D'autre part, parce qu'il prouve trop. En effet, si l'on devait admettre que la nature spécifique du délai d'épreuve pour agir à l'encontre des constructeurs justifie que la prescription de l'action récursoire ne court pas du jour de l'assignation du maître de l'ouvrage mais du jour de la réception des travaux afin d'éviter qu'un constructeur ou sous-traitant puisse voir sa responsabilité engagée après l'écoulement du délai décennal, une même solution devrait présider à la fixation du point de départ de la prescription des actions récursoires chaque fois qu'un délai d'« épreuve » est en cause.

Or, la logique jurisprudentielle, si logique il y a, n'est pas celle-ci. Prenons l'exemple de l'action récursoire intentée sur le fondement de la garantie des vices cachés. Lorsqu'elle est intentée à titre principal, l'exercice de l'action en garantie des vices cachés, qui doit être exercée à bref délai, est également enfermé dans le délai de prescription de droit commun à compter de la livraison de la chose. La soumission de l'action au délai de prescription de droit commun s'explique alors par le rôle de « délai d'épreuve » joué par ce dernier, destiné à permettre au vice de se manifester[1].

Le délai décennal de l'article 1792-4-1 du Code civil en matière de construction et le délai de prescription de droit commun en matière de garantie des vices cachés ont donc bien la même nature : ce sont deux délais d'épreuve destinés à permettre au désordre ou au vice de se manifester.

Sur cette voie, si l'on admet que la spécificité du délai d'épreuve justifie d'enfermer l'exercice par un constructeur d'une action récursoire à l'intérieur d'un tel délai, il faudrait logiquement étendre cette solution à l'exercice de l'action récursoire intentée dans le cadre de la garantie des vices cachés puisque le délai de prescription de droit commun y joue précisément le même rôle. En d'autres termes, la prescription de droit commun ayant également pour fonction d'éteindre la garantie due par le vendeur, elle devrait à son tour interdire l'exercice de tout recours au-delà de ce délai. Les deux actions devraient avoir le même point de départ objectif : réception dans un cas, livraison dans l'autre.

Or, au terme d'une jurisprudence constante, la Cour de cassation s'écarte nettement d'une telle solution pour retenir comme point de départ du délai de recours en garantie des vices cachés non pas le jour de la vente ou de la livraison du produit vicié, mais le jour de l'assignation délivrée à l'auteur du recours, quel que soit le temps écoulé depuis la livraison du bien[2].

Les arrêts en ce sens, parfois rendus au visa de l'adage *Contra non valentem*[3], se fondent expressément sur l'existence d'une impossibilité d'agir[4]. Ainsi, parce

---

1. V. *supra*, n° 579 s.

2. V. par ex. en ce sens : Cass. com., 17 décembre 1973, *JCP*, 1975, II, 17912, note R. Savatier : « pour rechercher si le recours en garantie exercé par Bonato contre la Société des établissements Zryd était ou non tardif, la Cour d'appel devait prendre pour point de départ du délai, non pas le jour de la livraison des dalles mais le jour de l'assignation délivrée à Bonato par Vialette » ; civ. 1re, 4 janvier 1979, *Bull. civ.* I, n° 8 ; com., 20 mars 1984, *Bull. civ.* IV, n° 111 ; 28 mai 1991, *Bull. civ.* IV, n° 184. Précisons que seule l'assignation au fond fait courir le délai de prescription, et non l'assignation en référé (Cass. civ. 1re, 24 janvier 2006, pourvoi n° 03-20972).

3. Cass. com., 19 mars 1974, *JCP*, 1975, II, 17941, note J. Ghestin, *D.*, 1975, p. 628, note P. Malinvaud.

4. Cass. com., 6 octobre 1975, *Bull. civ.* IV, n° 218.

que l'on ne saurait intenter une action récursoire avoir d'avoir été assigné[1], la Cour de cassation « admet une impossibilité absolue d'exercer l'action récursoire tant que l'action principale n'a pas elle-même été intentée »[2], pour reporter le point de départ de la prescription au jour de l'assignation.

Plus encore, la Cour de cassation a expressément affirmé que l'application de la prescription de droit commun ne saurait conduire à remettre en cause ce principe. En effet, dans un arrêt du 20 octobre 2004, elle a précisé « qu'en matière d'action récursoire en garantie des vices rédhibitoires affectant la chose vendue, le vendeur ne pouvait agir contre le fabricant avant d'avoir été lui-même assigné par son acquéreur, que le point de départ du bref délai qui lui était imparti par l'article 1648 du Code civil était constitué par la date de sa propre assignation et que le délai décennal de l'article L. 110-4 du Code de commerce était suspendu jusqu'à ce que sa responsabilité ait été engagée par le maître de l'ouvrage »[3].

Ainsi, si la Cour reconnaît que le délai de l'article 1648 doit se concilier avec l'application de la prescription de droit commun, elle refuse en revanche de faire courir cette prescription du jour de la vente, considérant le délai « suspendu » jusqu'à la date de l'assignation du vendeur par le maître de l'ouvrage. Pour le dire autrement, parce que le vendeur ne pouvait agir avant d'avoir été assigné par le maître de l'ouvrage, le point de départ de la prescription de droit commun ne pouvait se situer avant la date de cette assignation.

333. Si l'on raisonne en termes de cohérence du système juridique, cette solution est bien évidemment incompatible avec celle initiée par la jurisprudence puis consacrée par le législateur en matière de construction : alors que les délais reposent sur une logique strictement identique, dans un cas, la jurisprudence tire toutes les conséquences d'une telle logique en considérant que l'action récursoire est nécessairement enfermée dans le délai de dix ans à compter de la réception prévu par l'article 1792-4-1 du Code civil, peu important que l'entrepreneur ait été assigné bien après cette date[4], dans l'autre elle refuse d'en tirer une telle conséquence en considérant que le délai ne peut courir avant le jour où l'auteur du recours a lui-même été assigné.

Or de deux choses l'une : soit l'on considère que seule la nature récursoire de l'action exercée doit être prise en considération, et le point de départ du délai pour agir devrait être fixé au jour de l'assignation délivrée par l'auteur du recours aussi bien en matière de construction que de vices cachés ; soit l'on considère que la nature de délai d'épreuve, devrait, par delà le caractère récursoire de l'action exercée, guider la fixation du point de départ de la prescription, mais alors le délai pour agir devrait courir du jour de la réception ou de la livraison dans les deux hypothèses. Rien ne saurait justifier en revanche que les actions récursoires visant à mettre en œuvre d'une part la garantie des vices cachés et d'autre part la garantie des constructeurs ne se prescrivent pas dans les mêmes conditions. Une même confusion se retrouve lorsque l'action récursoire n'est pas exercée sur un fondement personnel, mais sur un fondement subrogatoire.

---

1. Cass. civ. 3e, 4 novembre 1971, *Bull. civ.* III, n° 535 ; 6 décembre 1972, *Bull. civ.* III, n° 667, *JCP*, 1974, II, 17621 *bis*.

2. J. Ghestin, note sous Cass. com., 19 mars 1974, préc. V. aussi, G. Bonet et B. Gross, « La réparation des dommages causés aux constructions par les vices des matériaux », *JCP*, 1974, I, 2602, spéc. n° 15.

3. Cass. civ. 3e, 20 octobre 2004, *RDC*, 2005, p. 345, obs. F. Collart-Dutilleul.

4. Cass. civ. 3e, 16 octobre 2002, *Bull. civ.* III, n° 205, *D.*, 2003, p. 300, note P. Malinvaud, *RTD civ.*, 2003, p. 308, obs. P. Jourdain.

B. Les actions subrogatoires

334. Il y a subrogation lorsque le paiement d'un créancier ou l'indemnisation d'une victime est faite par un autre que le véritable débiteur. La subrogation se présente alors comme un mode de transmission de la créance sur la tête du subrogé, qui ouvre à ce dernier une action contre le véritable créancier, en vue d'obtenir le paiement intégral de la créance. L'action subrogatoire est en conséquence celle par laquelle le *solvens*, après avoir désintéressé la victime ou le créancier, va exercer les droits et actions de ce dernier.

Trois manières de penser la détermination du point de départ de la prescription de l'action subrogatoire peuvent alors être envisagées. En premier lieu, il est possible de considérer que, le subrogé exerçant l'action qui appartenait déjà à la victime ou au créancier, l'exercice d'une telle action doit continuer à se prescrire dans les mêmes termes, sans égard pour la substitution de créancier opérée par la subrogation. Sous cet angle, le point de départ de la prescription de l'action subrogatoire serait le même que celui de l'action principale que pouvait exercer le créancier ou la victime. Le raisonnement, qui se place du côté du débiteur final, en considérant que celui-ci ne saurait être tenu plus longuement sous le seul prétexte du changement de créancier intervenu, est évidemment très favorable au débiteur poursuivi. En deuxième lieu, on pourrait différemment considérer que, bien que l'action exercée se trouve être l'action d'autrui, le subrogé ne peut agir avant d'avoir lui même été assigné et d'avoir ainsi pris conscience de la nécessité d'agir à l'encontre du débiteur. Le point de départ de la prescription devrait dans une telle hypothèse être fixé, à l'instar de certaines actions récursoires exercées sur un fondement personnel, au jour où le futur subrogé a été assigné par le créancier ou la victime. En troisième lieu, il est encore possible de considérer que l'action subrogatoire naissant en même temps que la qualité de subrogé, l'exercice d'une telle action ne devrait pas se prescrire avant que le *solvens* n'acquière, par le paiement pour autrui opéré, la qualité de subrogé. Le raisonnement, qui se place cette fois du côté du créancier, en considérant que ce dernier doit bénéficier d'un délai utile pour agir à l'encontre du débiteur, est très favorable au subrogé.

À l'analyse, si la Cour de cassation fait peu de cas de la possibilité effective d'exercer l'action en matière subrogatoire, excluant par là-même la prise en considération du jour où le subrogé a été assigné, elle ne semble en revanche pas avoir réussi à trancher nettement entre les deux autres manières possibles de penser la question.

335. La Cour de cassation semble parfois s'en tenir à la première façon de raisonner, insistant sur le fait que le subrogé n'exerce pas une action qui lui est propre. La Cour de cassation a ainsi pu déclarer irrecevable l'action exercée à l'encontre d'un transporteur aérien par un fonds de garantie subrogé dans les droits des victimes d'un accident d'avion au motif que « le débiteur, poursuivi par un créancier subrogé dans les droits du créancier originaire, peut opposer au subrogé les mêmes exceptions dont il aurait disposées contre ce créancier »[1].

---

1. Cass. civ. 1re, 17 nov. 1999, *RCA*, 2000, comm. 51, note H. Groutel. Précisons cependant que les causes personnelles de suspension propres au créancier initial ou à la victime ne peuvent être opposées au débiteur final par le créancier subrogé. En ce sens, Cass. civ. 2e, 4 juil. 2007, *Bull. civ.* II, nº 197, *Rev. dr. transports*, 2007, comm. 218, note P. Delebecque : « la suspension de la prescription dont bénéficie un mineur, qui lui est purement personnelle, cesse de produire effet à l'égard de la partie subrogée dans ses droits à partir du jour de la subrogation ». V. déjà en ce sens, civ. 2e, 31 janv. 1996, *Bull. civ.* II, nº 27.

Elle en a déduit que le régime de son recours était celui applicable aux victimes, rejetant le pourvoi qui tentait de faire valoir que « le Fonds de garantie, qui exerçait contre le transporteur une action récursoire, était dans l'impossibilité d'agir avant d'avoir lui-même payé la victime dans le délai imparti ».

De même, il est de jurisprudence constante que le point de départ de la prescription de l'action récursoire introduite par un assureur, subrogé dans les droits de son assuré, est celui qui pouvait déjà être opposé à l'assuré lui-même[1].

La Cour de cassation a encore étendu ce raisonnement dans une hypothèse où était en cause le recours subrogatoire exercé par un revendeur. En effet, dans un arrêt du 4 février 2003[2], la Cour de cassation, après avoir rappelé que « celui qui est subrogé dans les droits de la victime d'un dommage ne dispose que des actions bénéficiant à celle-ci, de sorte que son action contre l'assureur du responsable est soumise à la prescription applicable à l'action directe de la victime », a censuré le raisonnement d'une cour d'appel qui avait fait du jour où un revendeur avait été assigné par l'acquéreur[3] le point de départ de la prescription de son action subrogatoire à l'encontre du fournisseur et de son assureur. Ce faisant, la Cour de cassation semble implicitement faire du moment de la livraison le point de départ de la prescription de l'action récursoire puisque c'est un tel point de départ qui est retenu lorsque l'action est exercée directement par l'acquéreur ou le maître de l'ouvrage[4].

336. La solution retenue dans cet arrêt peut cependant susciter la critique. Outre qu'elle conduit à faire courir la prescription avant que le subrogé n'ait pu agir à l'encontre du fournisseur, la solution entraîne une distorsion des points de départ de la prescription des actions récursoires intentées par un revendeur contre son fournisseur selon qu'il exerce un recours personnel ou subrogatoire.

En effet, on ne peut manquer de mettre en perspective l'arrêt précité rendu par la Cour de cassation le 4 février 2003 avec un arrêt également déjà évoqué rendu le 22 mai 2007[5]. Les espèces sont parfaitement comparables. En effet, dans les deux cas, un vendeur exerce une action récursoire contre son fournisseur après avoir été assigné par l'acheteur. Dans l'arrêt du 4 février 2003, la Cour de cassation fait du jour de la livraison, c'est-à-dire du jour d'exécution de la prestation contractuelle attendue, le point de départ de la prescription de l'action récursoire exercée par le vendeur, après avoir censuré la cour d'appel qui avait reporté le point de départ de la prescription au jour de l'assignation du vendeur par l'acquéreur. Dans l'arrêt du 22 mai 2007 au contraire, la Cour de cassation affirme que « le délai de prescription n'a pu courir que du jour où le vendeur, agissant en garantie, a été assigné par l'acheteur », reprochant par là-même à la cour d'appel d'avoir fait de la date d'exécution des prestations contractuelles le point de départ de la prescription[6].

1. V. par ex. Cass. civ. 1re, 2 mars 2004, pourvoi n° 01-12091.

2. Cass. civ. 1re, 4 février 2003, *Bull. civ.* I, n° 30, *RD imm.*, 2003, p. 233, obs. L. Grynbaum, *RTD civ.*, 2003, p. 512, obs. P. Jourdain.

3. En l'espèce, en présence d'une chaîne hétérogène de contrats, l'acquéreur était aussi le maître de l'ouvrage.

4. Cass. civ. 3e, 26 juin 2002, *RTD civ.*, 2003, p. 103, obs. P. Jourdain.

5. Cass. com., 22 mai 2007, *RCA*, 2007, comm. 239.

6. V. déjà, Cass. com., 23 février 1970, *Bull. civ.* II, n° 69, ayant censuré une cour d'appel qui avait fixé le point de départ de la prescription de l'action récursoire en garantie au jour de la livraison des marchandises au motif que le vendeur ne pouvait agir contre son fournisseur avant d'avoir été lui-même assigné.

Les solutions sont antagonistes. Or, quelle est la seule différence entre ces deux actions ? Dans le premier arrêt, le vendeur exerce une action récursoire subrogatoire, dans le second il exerce une action récursoire en garantie : le seul fait que le vendeur choisisse d'agir en tant que subrogé après avoir désintéressé l'acheteur, ou en tant que garanti avant de l'avoir fait doit-il justifier deux approches aussi radicalement différentes[1] ?

Le « faux parallélisme »[2] entre la procédure intentée par le créancier initial et celle intentée par le créancier subrogé sur lequel se fonde la Cour de cassation pour rendre opposable au subrogé le point de départ de la prescription de l'action directe du créancier initial demeure discutable. En effet, une différence fondamentale sépare les deux intervenants : alors que le créancier initial est susceptible de maîtriser le délai pour agir à l'encontre du débiteur, le créancier subrogé est sous la dépendance de l'action qui pourrait être exercée à son encontre. Il y a alors plus de points communs entre les demandeurs à des actions récursoires personnelle et subrogatoire qu'il n'y en aura jamais entre le titulaire d'une action directe et celui d'une action récursoire. On a pu en conséquence proposer de leur réserver un traitement procédural comparable. Il a ainsi été souligné que, quelle que soit la nature – subrogatoire ou personnelle – du recours, « c'est toujours au jour de la connaissance du dommage par le fournisseur que le délai d'action doit courir : *Actioni non natae non praescribitur*. Pratiquement, il s'agit du jour où il avait été assigné par le maître »[3].

À s'en tenir au seul point de vue de l'auteur du recours, la date de l'assignation par le créancier constitue ainsi l'événement le plus pertinent : avant cette date, le subrogé ne peut pas agir, mais dès cette date, plus aucun obstacle ne l'empêche d'agir[4]. Sa prise en considération pourrait alors avoir le mérite de réconcilier le point de départ de la prescription des actions récursoires et subrogatoires autour d'un point de départ unique.

337. Au reste, la divergence de solution est d'autant plus regrettable que pour être acceptable, une telle distorsion entre les points de départ de la prescription des actions subrogatoire et personnelle doit être le sacrifice nécessaire pour une harmonie au sein des actions subrogatoires. Or, il n'en est rien. En effet, la Cour de cassation ne fait pas systématiquement du point de départ de la prescription de l'action du créancier originel celui de l'action du créancier subrogé. Elle semble parfois préférer faire courir la prescription du jour où le demandeur a acquis la qualité de subrogé, c'est-à-dire du jour du paiement. Tel est le cas lorsque l'action subrogatoire est exercée par la caution qui a désintéressé le créancier à l'encontre du débiteur principal. En effet, la Cour de cassation a pu décider, dans une telle hypothèse, que la prescription ne courait ni du jour où les obligations du débiteur principal étaient devenues exigibles – date que le débiteur principal aurait pu opposer au créancier –, ni du jour où le créancier s'était retourné contre

1. La différence de traitement apparaît d'ailleurs d'autant moins satisfaisante qu'il s'avère parfois délicat de déterminer quelle est la nature exacte – personnelle ou subrogatoire – de l'action exercée : L. Grynbaum, obs. sous Cass. civ. 1re, 4 février 2003, préc. ; P. Jourdain, obs. sous Cass. civ. 1re, 4 février 2003, préc.

2. L. Grynbaum, obs. sous Cass. civ. 1re, 4 février 2003, préc.

3. P. Jourdain, obs. sous Cass. civ. 1re, 4 février 2003, préc.

4. Selon la Cour de cassation, le demandeur n'a pas à justifier de sa qualité de subrogé et donc du paiement effectué et qui fonde sa demande à la date à laquelle il délivre une assignation du moment qu'il peut justifier d'une telle qualité à la date à laquelle le juge statue (Cass. civ. 3e, 29 mars 2000, *Bull. civ.* III, n° 67 ; 8 septembre 2009, *Bull. civ.* III, n° 180).

la caution – jour où celle-ci a pu agir à l'encontre du débiteur principal –, mais du jour où la caution avait payé le créancier et ainsi acquis la qualité de subrogé[1].

338. Les points de départ de la prescription des actions récursoires sont donc multiples : selon que l'action est exercée à titre principal ou subrogatoire, le point de départ de la prescription est parfois fixé en application de l'adage *Actioni non natae non praescribitur* au jour où le demandeur se trouve lui-même assigné (il en va ainsi en matière d'assurances, de transport, de vices cachés, de vente...). Il est parfois différemment fixé à une date objective, sans lien direct avec l'action récursoire intentée (ainsi en va-t-il par exemple du choix du jour de la réception des travaux par le maître de l'ouvrage en matière de construction). Il peut également être déterminé par référence au point de départ de la prescription de l'action directe que pouvait intenter le créancier originaire (ainsi en est-il de l'action subrogatoire du revendeur contre son fabricant), ou encore être fixé au jour de l'acquisition de la qualité de subrogé. La confusion règne : des solutions distinctes s'appliquent à des actions récursoires pourtant de même nature. L'impression est encore renforcée par le traitement disparate d'autres actions de même nature, telles les actions en nullité pour vice du consentement.

§ 2 – LES POINTS DE DÉPART DE LA PRESCRIPTION DES ACTIONS EN NULLITÉ POUR VICE DU CONSENTEMENT

339. Parmi les actions en nullité qui peuvent être intentées, on distingue classiquement les actions en nullité relative des actions en nullité absolue. La différence de nature entre ces deux types d'actions pourrait éventuellement justifier une différence de traitement. En revanche, au sein même de ces types d'actions, une uniformité devrait se retrouver. Par exemple, toutes les actions en nullité relative fondées sur un même vice du consentement devraient obéir aux mêmes directives de fixation du point de départ de la prescription. Or, même dans une telle hypothèse où l'identité de nature des actions intentée est parfaite, le droit positif ne témoigne pas d'une telle harmonie.

340. À ce titre, on sait que l'action en nullité relative pour vice du consentement d'une convention se prescrit, selon les termes même de l'article 1304 du Code civil, « dans le cas de violence que du jour où elle a cessé ; dans le cas d'erreur ou de dol, du jour où ils ont été découverts ». Le rayonnement de la solution devrait logiquement s'étendre à l'ensemble des actions en nullité relative fondée sur l'existence d'un vice du consentement, et notamment aux actions en nullité relative pour vice du consentement d'un mariage.

---

1. Cass. civ. 1re, 5 mai 2004, pourvoi nº 02-19478 : « la cour d'appel a, à juste titre, énoncé, en application de l'article L. 311-37 du Code de la consommation dans sa rédaction antérieure à la loi nº 2001-1168 du 11 décembre 2001, applicable en la cause, que la caution est soumise au délai de forclusion biennal lorsqu'après avoir réglé le créancier, elle se retourne contre le débiteur sur le fondement de l'article 2028 du Code civil ; que l'arrêt attaqué, rappelant que le point de départ du délai de forclusion à l'expiration duquel cette action ne peut plus être exercée se situe à la date d'exigibilité de l'obligation qui lui a donné naissance, c'est-à-dire au jour du paiement du créancier, tel qu'il était attesté par la quittance subrogative, en a exactement déduit que la forclusion était acquise ». V égal. implicite, mais dans le même sens, à propos de l'action subrogatoire exercée par un organisme social, Cass. civ. 2e, 4 juillet 2007, préc., censurant une cour d'appel pour n'avoir pas recherché « si les prestations dont la caisse demandait remboursement avaient été versées à la mineure moins de deux années avant la réclamation formulée par cette caisse devant le tribunal ».

Or, telle n'est pas en la matière la démarche adoptée par le législateur[1]. En effet, à l'occasion de l'adoption de la loi du 17 juin 2008 portant reforme de la prescription en matière civile, le législateur a fixé le point de départ de la prescription de l'action en nullité relative du mariage pour vice du consentement au jour de sa célébration, supprimant toute possibilité de report du point de départ au jour de la découverte de l'erreur ou de la cessation de la violence comme le prévoyait la rédaction antérieure de l'article 181 du Code civil. Ce faisant, il a rompu avec la rédaction directement inspirée de l'article 1304 du Code civil retenue par la loi du 4 avril 2006 qui avait déjà modifié le droit positif en la matière.

341. À suivre les explications données par les différents rapporteurs de la proposition de loi portant réforme de la prescription, la modification n'avait d'autre finalité que de « réparer une erreur »[2] ou encore « corriger une scorie »[3] qu'aurait introduite la loi du 4 avril 2006 en conservant au sein de l'article 181 du Code civil la référence au jour où « l'époux a acquis sa pleine liberté ou [celui où] l'erreur a été par lui reconnue » malgré la suppression du régime dérogatoire propre à l'hypothèse d'une cohabitation des époux[4]. Pour le dire autrement, le maintien en 2006 d'un point de départ flottant aurait été la conséquence d'une inadvertance du législateur qui, portant à cinq ans le délai de prescription prévu par l'article 181 du Code civil, aurait malencontreusement omis de modifier en conséquence son point de départ.

La justification ainsi avancée peine cependant à convaincre. Les travaux parlementaires ayant précédé l'adoption de la loi du 4 avril 2006 révèlent en effet une toute autre réalité. Ainsi, à la lecture du rapport du sénateur H. de Richemont, il apparaît clairement que le législateur était animé par la volonté de maintenir un report du point de départ au jour de la découverte du vice. Un tel report était d'ailleurs considéré comme la conséquence du caractère relatif de la nullité en cause, qui devait logiquement entraîner l'application des règles dégagées par l'article 1304 du Code civil en matière de vices du consentement : « votre commission vous propose dans un souci de cohérence et de simplification de prévoir un délai uniforme de cinq ans, afin de respecter le délai de droit commun, prévu à l'article 1304 du code civil pour les nullités relatives, et de supprimer l'exception prévue en cas de cohabitation continuée après que l'époux a acquis sa pleine liberté ou a reconnu son erreur. Par conséquent, elle vous propose d'abroger l'article 181 du code civil. En vertu du deuxième alinéa de l'article 1304 du code civil, le délai de cinq ans ne commencerait à courir que du jour où la violence a cessé ou l'erreur a été découverte »[5]. Une telle volonté de maintenir un point de départ flottant,

1. V. *supra*, n° 123 s.

2. *Rapport fait au nom de la Commission des lois sur la proposition de loi portant réforme de la prescription en matière civile par le sénateur L. Béteille*, spéc. p. 57.

3. Propos du rapporteur E. Blessig, *Compte rendu intégral des débats*, *JOAN*, séance du 6 mai 2008 (1re lecture), spéc. p. 1941 : « la disposition (...) corrige une scorie de la loi de 2006. La proposition de loi vise à simplifier et à rationaliser le régime de l'action en nullité du mariage pour vice de consentement prévu à l'article 181 du Code civil, pour ne retenir qu'un seul point de départ du délai de prescription, la date du mariage, en supprimant le second point de départ, l'acquisition de la pleine liberté ou la découverte de l'erreur ».

4. On rappellera que la loi du 4 avril 2006, qui était venue supprimer l'impossibilité de demander la nullité du mariage plus de six mois après que l'époux eut acquis sa pleine liberté ou que l'erreur eut été par lui reconnue en cas de cohabitation des époux, avait modifié l'article 181 du Code civil dans les termes suivants : « l'action en nullité n'est plus recevable, à l'issue d'un délai de cinq ans à compter du mariage ou depuis que l'époux a acquis sa pleine liberté ou que l'erreur a été par lui reconnue ».

5. *Rapport fait au nom de la Commission des lois sur la proposition de loi renforçant la prévention*

en harmonie avec le principe posé par l'article 1304 du Code civil, ressort encore nettement des débats parlementaires. Ainsi, lors de l'examen du texte en deuxième lecture au sénat, le sénateur J.-J. Hyest a pu affirmer que « si le deuxième alinéa de l'article 1304 du code civil prévoit déjà que le délai de cinq ans ne commence à courir qu'à partir du jour où la violence a cessé et où l'erreur a été découverte, il paraît nécessaire de rappeler à l'article 180 qu'il s'agit bien d'une nullité relative, malgré la présence du ministère public, afin d'éviter toute ambiguïté »[1].

Par suite, il apparaît que non seulement la référence dans l'article 181 du Code civil au jour où l'époux a acquis sa pleine liberté ou a découvert l'erreur, n'était pas un oubli du législateur de l'époque, mais plus encore qu'elle était la conséquence d'une volonté délibérée, « dans un souci de cohérence » rappelé par les travaux parlementaires, d'aligner le point de départ de la prescription de l'action en nullité du mariage pour vice du consentement visée par l'article 181 du Code civil sur le point de départ du délai de prescription de l'action en nullité des conventions pour vice du consentement prévue par l'article 1304 du Code civil[2]. Aucun argument convaincant, de ce point de vue là tout au moins, ne semble donc sous-tendre la modification opérée par la loi du 4 juin 2008.

342. Mais l'essentiel n'est pas dans les raisons douteuses ainsi évoquées à l'appui de la modification du point de départ de la prescription. En effet, et là est sans doute la critique la plus vive qui doit lui être adressée, en ramenant au jour de la célébration du mariage le point de départ de la prescription, le législateur, pourtant si prompt à rappeler que la loi du 17 juin 2008 visait à restaurer une certaine cohérence en matière de prescription, n'a fait rien moins que de créer une incohérence supplémentaire dans une matière déjà confuse. À l'harmonie des solutions prévues par la loi du 4 avril 2006 succède le désordre des solutions, puisque le point de départ de l'article 181 du Code civil est à présent conceptuellement détaché du point de départ prévu par l'article 1304 du même code. Or, comment justifier que l'action en nullité du mariage pour vice du consentement se prescrive à compter de la célébration de ce dernier quand l'action en nullité d'une convention fondée sur la même critique ne se prescrit qu'au jour où le vice a cessé ou a été découvert ? La divergence n'est pas seulement théorique. Concrètement, elle pourrait conduire à une situation absurde dans laquelle l'époux pourrait se voir opposer la prescription de sa demande en annulation du mariage alors même qu'il pourrait encore faire valoir la nullité de la convention matrimoniale conclue le même jour, celle-ci relevant de l'article 1304 du Code civil[3] !

La rupture avec l'article 1304 du Code civil n'avait d'ailleurs pas échappé à certains parlementaires qui, guidés par un souci affiché de cohérence[4], avaient

et la répression des violences au sein du couple ou commises contre les mineurs par le sénateur H. de Richemont, Annexe au procès-verbal de la séance du 18 janvier 2006.

1. *Compte rendu intégral des débats, JO Sénat*, séance du 24 janvier 2006, spéc. p. 169.

2. Au reste, s'il fallait émettre une critique sur la rédaction de l'article 181 du Code civil retenue par la loi du 4 avril 2006, elle devrait porter, non pas sur la référence au jour où l'époux a acquis sa pleine liberté ou à celui de la découverte de l'erreur, mais plutôt sur l'insertion d'une référence au jour « du mariage » que rien ne justifiait. En effet, dès lors que l'article 181 ne vise que l'action en nullité fondée sur un vice du consentement, on peine à concevoir quand le jour du mariage pouvait avoir vocation à jouer un rôle alors même que deux reports étaient expressément prévus pour l'erreur et la violence, seules causes de nullité ici envisageables. Est-ce parce que la loi du 4 avril 2006 ouvrait l'action au ministère public (art. 180 C. civ.) qu'un tel point de départ avait été envisagé, et *de facto* réservé à l'action intentée par ce dernier ?

3. A. Colomer, *Droit civil, régimes matrimoniaux*, Litec, 12e éd., 2005, no 304 s.

4. Propos du député J.-C. Clément, *Compte rendu intégral des débats, JOAN*, Séance du 6 mai 2008 (1re lecture), spéc. p. 1941.

déposé un amendement afin de rétablir l'ancienne rédaction de l'article 181 du Code civil. Ils avançaient que la modification opérée, qui risquait en outre de permettre la prescription de l'action avant que la victime n'ait pu agir, était « d'autant plus regrettable que la règle générale énoncée en matière de conventions, selon laquelle la prescription "ne court dans le cas de violence que du jour où elle a cessé ; dans le cas d'erreur ou de dol, du jour où ils ont été découverts" (article 1304 du code civil), n'a pas été modifiée »[1].

L'amendement ne fut cependant pas adopté, ce qui amène à constater que la modification de l'article 181 du Code civil « conduit à admettre plus facilement la prescription de la nullité relative du mariage que d'autres actes juridiques, pour lesquels l'action en nullité pour vice du consentement peut être intentée à compter du jour où le vice a été connu »[2]. La différence de nature entre l'institution du mariage et la convention ne saurait le justifier. On voit mal en effet au nom de quel impératif on pourrait estimer davantage nécessaire de protéger le contractant lésé que l'époux opprimé.

D'ailleurs, face à l'insatisfaction qu'emporte cette situation, la doctrine tente déjà de trouver la « parade » : invoquer non pas le vice, mais l'absence de consentement pour échapper à ce régime et bénéficier de la prescription trentenaire de l'action en nullité absolue du mariage prévue par l'article 184 du Code civil[3].

La logique juridique, là encore, n'en sort pas indemne : à situation comparable, traitement différent.

343. Au total, que l'on étudie les points de départ des actions récursoires ou des actions en nullité relative pour vice du consentement, une conclusion s'impose : en dépit de leur identité de nature, les points de départ de la prescription de ces actions diffèrent parfois simplement parce qu'elles ne portent pas sur le même objet. Il faut alors rechercher si la disparité subsiste lorsque l'on change d'angle pour regarder le droit positif à travers le prisme de l'objet sur lequel porte l'action.

SECTION II : LA DISPARITÉ DES POINTS DE DÉPART DE LA PRESCRIPTION D'ACTIONS AYANT LE MÊME OBJET

344. Quelle que soit la qualification dont le demandeur « habille juridiquement sa demande »[4], il recherche toujours un certain résultat. L'objet de l'action est ainsi classiquement défini comme « la fin vers laquelle tend la demande en justice, le résultat qui est recherché »[5]. Une cohérence des solutions pourrait alors encore être recherchée au sein des actions ayant le même objet. Il faudrait qu'à l'identité d'objet réponde une identité de point de départ de la prescription. Or, non seulement les points de départ peuvent diverger en présence d'actions de nature différente ayant le même objet (§ 1) mais plus encore, ils peuvent même différer en présence d'actions de même nature ayant le même objet (§ 2).

---

1. Amendement n° 32 présenté en première lecture à l'Assemblée nationale.
2. A.-M. Leroyer, *Chronique de législation française, Prescription*, « Loi n° 2008-561 du 17 juin 2008 portant réforme de la prescription en matière civile », *RTD civ.*, 2008, p. 563 s., spéc. p. 566.
3. V. Larribau-Terneyre, « Du nouveau sur la prescription des actions en nullité du mariage », *Dr. fam.*, 2008, comm. 97, *in fine*.
4. S. Guinchard, C. Chainais, F. Ferrand, *Procédure civile, Droit interne et droit communautaire*, Précis Dalloz, 28e éd., p. 543, n° 633.
5. S. Guinchard, C. Chainais, F. Ferrand, *ibidem*.

§ 1 - LA DISPARITÉ DES POINTS DE DÉPART DE LA PRESCRIPTION D'ACTIONS DE NATURE DIFFÉRENTE AYANT LE MÊME OBJET

345. Nombreuses sont les situations dans lesquelles, en dépit d'une identité d'objet, les actions intentées ne se prescrivent pas à compter de la même date. Il en va ainsi des actions visant la remise en cause des actes faits au nom d'un mineur (A) ou encore de celles visant l'indemnisation d'un dommage aggravé (B).

A. Les points de départ de la prescription des actions visant la remise en cause des actes faits au nom d'un mineur

346. Jusqu'à sa majorité, le mineur est privé de la pleine capacité d'agir. C'est pourquoi son tuteur, administrateur légal, va pendant toute sa minorité agir en son nom et pour son compte. Pendant cette période, il peut être amené à passer certains actes qui s'avéreront préjudiciables au mineur protégé. Une fois devenu majeur, le mineur dispose alors de deux types d'action pour remettre en cause ces actes afin d'obtenir réparation de leurs conséquences préjudiciables. Il peut, d'une part, agir directement en nullité de l'acte à l'encontre du tiers contractant. Il peut, d'autre part, agir en reddition de comptes à l'encontre de son tuteur ou de son administrateur légal qui doit lui rendre des comptes sur la gestion qu'il a opérée pendant sa minorité et l'informer des opérations effectuées.

Ces deux actions, différentes par leur nature, ont donc exactement le même objet : il s'agit, dans les deux cas, de permettre au mineur d'échapper aux conséquences préjudiciables d'un acte passé pour son compte. Elles devraient alors, si l'objet sur lequel porte l'action était un point susceptible d'ancrer le droit positif, avoir le même point de départ de la prescription. En toute hypothèse, on admettra que la question de savoir si l'ignorance par le mineur de l'existence de l'acte litigieux est susceptible de retarder le point de départ de la prescription de l'action au jour de la découverte de l'acte devrait recevoir la même réponse dans les deux hypothèses. Ce n'est pourtant pas dans cette direction que s'est orientée la jurisprudence.

347. La dualité de traitement ne peut en effet être imputée au législateur. L'article 1304 alinéa du Code civil relatif aux actions en nullité dirigées contre les actes faits par le mineur comme l'article 515 relatif à la prescription des actions en reddition de comptes se rejoignent pour faire du jour de la majorité de l'intéressé le point de départ de la prescription des actions en nullité et en reddition de comptes. Simplement, la jurisprudence a rompu ce synchronisme en interprétant différemment ces textes lorsqu'il s'est agi de savoir si l'ignorance par le mineur devenu majeur de l'existence de l'acte litigieux était susceptible de reporter le point de départ de la prescription à une date postérieure à celle de la majorité de l'intéressé.

En effet, en matière d'action en nullité d'un acte fait au nom et pour le compte du mineur, la Cour de cassation, assimilant l'acte fait au nom d'un mineur à l'acte fait par un mineur, s'en est tenue à une lecture stricte de l'article 1304 alinéa 3 au terme duquel « le temps ne court, à l'égard des actes faits par un mineur, que du jour de la majorité ou de l'émancipation ». Elle a en conséquence refusé de reporter le point de départ de la prescription au jour où le mineur a eu connaissance de l'existence du contrat passé en son nom, considérant que la prescription devait courir du jour de la majorité de celui-ci[1].

---

1. Cass. civ. 1re, 5 mars 2002, *Defrénois*, 2002, art. 37600, p. 1168, obs. J. Massip, *D.*, 2002, p. 1513,

C'est une démarche bien différente qu'elle a en revanche adoptée pour déterminer le point de départ de la prescription de l'action en reddition de comptes introduite par un mineur devenu majeur longtemps resté dans l'ignorance des actes litigieux. En effet, en dépit de la lettre relativement claire de l'ancien article 475 du Code civil qui disposait que « toute action du mineur contre le tuteur, les organes tutélaires ou l'État relativement aux faits de la tutelle se prescrit par cinq ans, à compter de la majorité, lors même qu'il y aurait eu émancipation », elle n'a pas hésité à poser deux tempéraments à la rigueur de l'article, qui conduisent *in fine* à reporter le point de départ de la prescription de l'action en reddition de compte au jour où le mineur devenu majeur a pu avoir connaissance des actes litigieux et de leurs conséquences sur son patrimoine.

Le premier de ces tempéraments ne présente plus qu'un intérêt historique, puisque la loi du 5 mars 2007 portant réforme de la protection juridique des majeurs l'a supprimé en brisant la jurisprudence qui avait fait de la continuation de l'administration des biens du mineur postérieurement à sa majorité une cause de report du point de départ de la prescription[1]. Le tempérament mérite cependant d'être rappelé, tant il témoigne de l'aptitude de la Cour de cassation à se départir d'une lecture trop littérale des textes quand elle en ressent le besoin. En effet, la Cour de cassation, tout en rappelant que le point de départ de la prescription courait en principe du jour où la tutelle a pris fin, c'est-à-dire du jour de la majorité, avait précisé que ce point de départ devait en revanche être reporté au jour où l'administration des biens a cessé lorsqu'elle s'est prolongée au-delà de cette date. La jurisprudence, séculaire[2] et constante[3] en ce sens, a encore été rappelée par la Cour de cassation postérieurement au vote de la loi du 5 mars 2007, témoignant du refus de la Cour de cassation d'anticiper l'application de la loi nouvelle, et par là, de son attachement à la solution qu'elle avait façonnée. En effet, par un arrêt du 16 avril 2008, elle a rappelé et précisé[4] le principe selon lequel « la prescription quinquennale de l'action en reddition de compte du mineur contre le tuteur a en principe pour point de départ la fin de la tutelle ; que toutefois, lorsque le tuteur a continué de gérer les biens de son pupille après la majorité de celui-ci, elle ne court qu'à partir du jour où cette administration a cessé »[5]. Justifié par l'impossibilité morale d'agir à l'encontre de celui qui s'occupe toujours de la gestion des biens

---

note J.-P. Gridel, *RTD civ.*, 2002, p. 271, obs. J. Hauser, *JCP* N, 2003, 1199, note T. Fossier, *RJPF*, juin 2002, p. 10, note F.-J. Pansier. Sur cette jurisprudence, v. *supra*, n° 169 s.

1. L'article 515 du Code civil dispose en effet désormais que « l'action en reddition de comptes, en revendication ou en paiement diligentée par la personne protégée ou ayant été protégée ou par ses héritiers relativement aux faits de la tutelle se prescrit par cinq ans à compter de la fin de la mesure, alors même que la gestion aurait continué au-delà ». La modification s'explique par la volonté du législateur d'harmoniser la solution avec celle retenue lorsque l'action en reddition de comptes est exercée par un majeur protégé.

1. V. déjà, Cass. civ., 15 février 1882, *D.*, 1883, 1, 111.

2. Cass. civ. 1re, 23 janvier 1962, *Bull. civ.* I, n° 48 ; 19 février 1991, *Bull. civ.* I, n° 66, Defrénois, 1991, p. 953, obs. J. Massip ; 7 octobre 1997, *Bull. civ.* I, n° 269, Defrénois, 1998, p. 729, obs. J. Massip.

3. Alors que la Cour de cassation avait jusque là constamment posé en principe que « la prescription quinquennale de l'action en reddition de compte du mineur contre le tuteur a en principe pour point de départ la fin de la tutelle ; que toutefois, lorsque le tuteur a continué de gérer, en cette qualité, les biens de son pupille après la majorité de celui-ci, elle ne court qu'à partir du jour où cette administration a cessé », elle a profité de cet arrêt pour supprimer l'assertion « en cette qualité » afin d'éviter tout débat sur le point de savoir si seule la continuation d'une tutelle de droit pouvait reporter le point de départ de la prescription ou si une tutelle de fait pouvait produire le même effet.

4. Cass. civ. 1re, 16 avril 2008, *Bull. civ.* I, n° 120, *D.*, 2008, p. 1411, *LPA*, 24 décembre 2008, p. 12, note V. Fraissinier-Amiot, *RLDC*, juin 2008, p. 43, obs. G. S., *AJ fam.*, 2008, p. 257, *Dr. fam.*, 2008, comm. 128, note T. Fossier.

du mineur[1], ce tempérament visait à éviter que ce dernier se trouve forclos avant d'avoir pu agir en reddition de comptes d'une gestion dont les comptes n'avaient pas été établis ni communiqués à la fin de la minorité. Pour le dire autrement, la prescription ne devait pas courir avant que l'établissement des comptes ait permis au mineur devenu majeur de se faire une idée précise sur la gestion opérée[2].

Mais la Cour de cassation fait également jouer un second tempérament au principe posé par l'article 515 du Code civil qui ne semble pas cette fois condamné par la loi du 5 mars 2007. Elle considère en effet qu'en cas de fraude ou de dol du tuteur, c'est à dire lorsque ce dernier ne met pas entre les mains du mineur devenu majeur les éléments lui permettant de se rendre compte des conséquences de la gestion opérée, le point de départ de la prescription doit être reporté au jour où ce dernier a eu connaissance des éléments lui permettant d'agir[3]. La solution a encore été réaffirmée par la Cour de cassation dans un arrêt du 24 septembre 2008 dans lequel elle a rappelé que « l'action du mineur contre le tuteur se prescrit par cinq ans à compter de la majorité ; que toutefois en cas de dissimulation frauduleuse des biens du mineur, le délai pour agir ne peut courir qu'à compter de la découverte de la fraude par ce dernier »[4]. La solution est on ne peut plus nette : le mineur ignorant légitimement l'existence d'un acte passé en son nom par son tuteur susceptible de lui causer préjudice ne saurait être empêché d'agir du fait de l'écoulement d'un délai de prescription courant à compter de sa majorité.

348. La disparité des solutions est ici évidente. Concrètement, lorsque le mineur n'est pas informé de l'existence de l'acte litigieux, soit que ce dernier lui ait été caché, soit qu'il n'ait pas été en mesure de se procurer l'information nécessaire, le point de départ de la prescription qui pourra lui être opposé dans l'exercice d'une action visant à remettre en cause les conséquences d'un tel acte ne sera pas le même selon qu'il intentera une action en nullité de l'acte ou en reddition de comptes. Dans le premier cas, la Cour de cassation refusera de prendre en considération l'ignorance du mineur pour reporter le point de départ de la prescription. Dans l'autre, elle la prendra en considération pour tempérer la rigueur de l'article 515 du Code civil.

Les solutions sont ici encore irréconciliables. Si l'on s'en tient à l'objet de l'action, rien ne justifie que le mineur puisse faire valoir son ignorance lorsqu'il exerce une action en reddition mais qu'il ne le puisse pas lorsqu'il exerce une action en nullité. Cette disparité discrédite l'idée qu'un lien logique entre les différentes solutions jurisprudentielles pourrait être trouvé dans l'objet de l'action exercée. Cette impression est d'ailleurs renforcée si l'on s'intéresse aux actions visant l'indemnisation d'un dommage aggravé.

B. Les points de départ de la prescription des actions visant l'indemnisation d'un dommage aggravé

349. Les solutions relatives à la fixation du point de départ de la prescription des actions visant l'indemnisation d'un dommage aggravé témoignent encore

1. J. Hauser, « Prescription de l'action en reddition de comptes de tutelle », *RTD civ.*, 1991, p. 707 s., spéc. p. 708.

2. V. déjà, en ce sens : L. Larombière, *Théorie et pratique des obligations*, T. V, Paris, 1885, n° 40.

3. Cass. civ. 1re, 30 janvier 1968, *Bull. civ.* I, n° 40 ; 19 décembre 1995, pourvoi n° 93-17682.

4. Cass. civ. 1re, 24 septembre 2008, *Gaz. Pal.*, 16 avril 2009, p. 23, *Defrénois*, 2009, p. 553, obs. J. Massip.

de l'inaptitude de l'objet sur lequel porte l'action à tisser un lien logique entre les différents points de départ rencontrés. Imaginons un malade victime d'une rechute, nouvel accès d'une maladie qui survient après le début de la convalescence, c'est-à-dire d'une aggravation de son état de santé[1]. Ce dernier, s'il connaît la cause de son affection, peut vouloir se retourner contre le responsable afin d'obtenir réparation du préjudice subi. Si la maladie trouve sa cause dans un trouble causé par un tiers (usine voisine émettant un certain nombre de vapeurs toxiques nuisibles à la santé par ex.), la victime va introduire une action en responsabilité civile délictuelle à l'encontre de l'auteur du dommage. Différemment, si la maladie trouve sa cause dans l'exercice par la victime de son activité salariée (hypothèse où la victime n'habiterait plus à proximité mais travaillerait cette fois dans une usine émettant un certain nombre de vapeurs toxiques nuisibles à la santé), elle va introduire une action en constatation du caractère professionnel de la maladie ou en reconnaissance d'une faute inexcusable à l'encontre de l'employeur afin d'obtenir la réparation de son préjudice sous forme de rentes ou de prestations auprès des caisses d'assurances de l'employeur. Dans les deux cas, il s'agit *in fine* d'obtenir réparation du dommage aggravé subi. Si le prisme de l'objet sur lequel porte l'action permettait d'ordonner les solutions, les deux actions devraient logiquement avoir le même point de départ de la prescription. Or, là encore, l'analyse de la jurisprudence démontre qu'il n'en est rien.

350. On l'a vu[2], l'ancien article 2270-1 du Code civil faisait expressément courir la prescription de l'action en responsabilité délictuelle du jour de l'aggravation du dommage subi. Si l'article a été abrogé, le rôle joué par l'aggravation du dommage dans la fixation du point de départ de la prescription n'a pas pour autant disparu puisque l'article 2226 du Code civil dispose désormais que « l'action en responsabilité née à raison d'un événement ayant entraîné un dommage corporel, engagée par la victime directe ou indirecte des préjudices qui en résultent, se prescrit par dix ans à compter de la date de la consolidation du dommage initial ou aggravé ». La date de l'aggravation du dommage, ou plus exactement de la consolidation de l'aggravation lorsqu'est subi un dommage corporel, demeure donc la date pertinente pour fixer le point de départ de la prescription de l'action en responsabilité.

Mais ce principe ne se retrouve pas lorsque l'action exercée prend la forme d'une action en constatation du caractère professionnel de la maladie ou en reconnaissance d'une faute inexcusable de l'employeur. Dans cette hypothèse en effet, la Cour de cassation refuse systématiquement de prendre en considération la rechute de la victime dans la fixation du point de départ de la prescription. Elle a ainsi nettement affirmé que « la survenance d'une rechute n'avait pas pour effet de faire courir à nouveau la prescription biennale prévue par l'article L. 431-2 du Code de la sécurité sociale »[3].

351. Les solutions sont donc opposées : alors que l'aggravation de l'état de santé du malade fait courir derechef la prescription de l'action en responsabilité, elle n'a aucun effet sur la prescription de l'action en reconnaissance du caractère professionnel de la maladie dont le point de départ demeure fixé au jour de

1. Les mots « rechute » et « aggravation » étant synonymes selon le *Grand Robert de la langue française*, les deux actions ont bien le même objet.

2. V. *supra*, n° 74 s.

3. Cass. soc., 12 octobre 1972, *Bull. civ.* V, n° 545 ; 15 juin 1988, *Bull. civ.* V, n° 359 ; 3 mars 1994, *Bull. civ.* V, n° 87 ; 5 mars 1998, pourvoi n° 96-17351.

la connaissance du lien possible entre le dommage et l'activité exercée. Deux actions ayant un objet identique, la réparation du dommage corporel aggravé, sont donc soumises à des prescriptions courant à compter de deux dates différentes.

352. Il faut en déduire que l'impression de solutions disparates se confirme : en présence de situations comparables, les solutions divergent et ce, quel que soit le lien qui unisse les situations. Les solutions ne sont pas davantage cohérentes en présence d'actions ayant le même objet qu'en présence d'actions de même nature. Plus encore, même à combiner ces deux angles, on échoue à restaurer un lien logique entre les différents points de départ. En effet, la disparité s'observe même dans des hypothèses où les actions exercées, de même nature, ont des objets identiques.

§ 2 - LA DISPARITÉ DES POINTS DE DÉPART DE LA PRESCRIPTION D'ACTIONS DE MÊME NATURE AYANT LE MÊME OBJET

353. S'il fallait encore se convaincre de la disparité des solutions relatives au point de départ de la prescription en présence de situations pourtant comparables, il suffirait d'observer que le droit positif recèle des hypothèses dans lesquelles des actions de même nature ayant le même objet ont néanmoins des points de départ de la prescription distincts. Tel est le cas d'actions en garantie visant à obtenir la réparation de dommages corporels (A), d'actions en nullité d'un contrat en raison d'une erreur sur la contrepartie attendue (B), ou encore d'actions en responsabilité visant à engager la responsabilité d'un établissement de crédit pour manquement à son obligation de mise en garde (C).

A. Les points de départ de la prescription d'actions en garantie visant la réparation de dommages corporels

354. La fixation jurisprudentielle des points de départ de la prescription des actions offertes à la victime d'un dommage corporel illustre encore l'incohérence du droit positif en la matière.

En effet, une exigence minimale de cohérence et de logique devrait conduire à adopter un point de départ unique opposable à la victime, que celle-ci cherche à engager la responsabilité de l'auteur du dommage, à mettre en œuvre la garantie due par son assureur, ou encore à réclamer indemnisation à un fonds de garantie. Précisément, si l'on s'en tient aux deux dernières hypothèses évoquées, les plus proches jusqu'à en devenir jumelles, le moins que l'on puisse dire est que les situations sont largement comparables. Les deux actions ont bien la même nature - d'action en garantie - et le même objet - obtenir l'indemnisation du préjudice subi.

355. Dans le premier cas, la victime agit en garantie à l'encontre de son assureur. Dans une telle hypothèse, les règles relatives à la prescription de son action sont prévues par l'article L. 114-1 du Code des assurances. Dans le second cas, elle demande indemnisation au Fonds de garantie des assurances obligatoires de dommages. Les règles relatives à la mise en œuvre d'une telle action relèvent différemment de l'article R. 421-12 du Code des assurances.

Ces deux articles renferment alors des dispositions très proches quant au point de départ du délai pour agir. En effet, l'article L. 114-1 du Code des assurances prévoit que l'assuré doit agir en garantie contre l'assureur dans les deux ans « à compter de l'événement qui y donne naissance ». L'article précise toutefois immédiatement que le délai ne court « en cas de sinistre, que du jour où les intéressés en ont eu connaissance, s'ils prouvent qu'ils l'ont ignoré jusque là ». De son côté, l'article R. 421-12 du Code des assurances prévoit que, pour obtenir indemnisation du Fonds de garantie des assurances obligatoires de dommages lorsque l'auteur du dommage est connu, « les victimes ou leurs ayants droit doivent, dans le délai de cinq ans à compter de l'accident (...) avoir conclu une transaction avec celui-ci ou intenté contre lui une action en justice ». Il est cependant immédiatement précisé qu'un tel délai ne court « que du jour où les intéressés ont eu connaissance du dommage, s'ils prouvent qu'ils l'ont ignoré jusque-là ».

Les deux articles présentent donc une structure comparable : l'événement ayant donné naissance à l'action est supposé marquer son point de départ, celui-ci pouvant cependant être reporté en cas d'ignorance de la victime. On peut donc légitimement s'attendre à ce que le délai pour agir de la victime placée dans une situation identique, subissant le même dommage, ait le même point de départ, que soit demandée la mise en œuvre de la garantie de l'assureur ou celle du Fonds de garantie.

Il n'en va cependant pas ainsi. En effet, ainsi qu'on l'a déjà relevé[1], au prix d'une interprétation pour le moins extensive de la lettre du texte, la Cour de cassation juge de manière constante en matière d'assurance de dommages corporels que « le sinistre (...) réside dans la survenance de l'état d'incapacité ou d'invalidité de l'assuré, et ne peut être constitué qu'au jour de la consolidation de cet état »[2].

La notion de consolidation devrait donc logiquement être également retenue lorsque l'action relève des règles de l'article R. 421-12 du Code des assurances, et ce d'autant plus que la notion de « connaissance du dommage » à laquelle renvoie cet article semble pouvoir être plus facilement malléable que celle de « connaissance du sinistre » à laquelle renvoie l'article L. 114-1 du Code des assurances[3].

C'est d'ailleurs l'approche que semblait vouloir adopter une cour d'appel confrontée à la détermination du point de départ du délai pour agir dans une telle hypothèse, en faisant valoir qu'« en opérant une distinction entre l'accident et le dommage, l'article R. 421-12 du Code des assurances (...) ne fait que reprendre une jurisprudence constante qui fait légitimement partir le point de départ du délai de prescription de l'action de la victime directe de la date de consolidation, seule date à partir de laquelle l'étendue du dommage est connue ». Un tel raisonnement a cependant été nettement censuré par la Cour de cassation qui a affirmé que la victime « aurait dû introduire son action contre l'auteur de l'accident dans les cinq ans de l'accident lui-même dont elle n'ignorait pas l'existence »[4].

1. V. *supra*, n° 88 s.

2. Cass. civ. 1re, 1er juin 1999, *RCA*, 1999, chron 21 par H. Groutel, *RGDA*, 1999, p. 1056, note L. Fonlladosa ; civ. 2e, 8 mars 2006, pourvoi n° 04-18652 ; 26 octobre et 16 novembre 2006, *RCA*, 2007, comm. 32 ; 11 octobre 2007, *RCA*, 2007, comm. 379.

3. On ajoutera d'ailleurs que la jurisprudence a pu considérer qu'un accident du travail a lieu le jour où le préjudice qui en résulte est révélé au salarié et non au jour du fait générateur de ce dernier, Rennes, 27 novembre 2002, 01/07039 : « l'on peut admettre dans l'intérêt du salarié victime d'un accident du travail, suivant le raisonnement de la Cour de cassation, que l'accident imputable au travail n'est pas la contamination par piqûre, mais la révélation de la séropositivité ».

4. Cass. civ. 2e, 25 janvier 2007, pourvoi n° 05-20841, *RCA*, 2007, comm. 144 par H. Groutel, *RGAT*, 2007, p. 342, note J. Landel.

356. Comment justifier une telle solution ? Certes, on peut concevoir que la victime ait conscience de subir un dommage dès la réalisation de l'accident. Mais un tel argument vaut tout autant lorsque la victime agit en responsabilité à l'encontre du responsable ou en garantie à l'encontre de l'assureur. Or, tant les notions de « manifestation du dommage » prévue par l'ancien article 2270-1 que celle de « connaissance du sinistre » prévue par l'article L. 114-1 du Code des assurances ont été interprétées comme renvoyant à la notion de consolidation.

La solution adoptée n'est donc ici guère compréhensible. Comment admettre que la connaissance par la victime de son état définitif soit une condition du décompte du délai pour agir dans un cas et non dans l'autre ? On ne peut d'ailleurs qu'être surpris qu'un auteur, qui avait approuvé la Cour de cassation d'avoir retenu la date de consolidation du dommage comme point de départ de la prescription de l'action dirigé contre l'assureur, considérant que le choix de la date de l'accident faisait dépendre le point de départ de la prescription d'un « facteur d'appréciation propre à chaque assuré »[1] et que « rien ne vaut un bon certificat médical indiquant une date de consolidation »[2], ait pu également approuvé la solution de l'arrêt du 25 janvier 2007 en affirmant que « la deuxième chambre civile a parfaitement raison. L'article R. 421-12 du Code des assurances retarde le point de départ jusqu'à la connaissance de l'existence du dommage, et non la connaissance de son étendue »[3].

La disparité apparaît ici d'ailleurs avec d'autant plus de force que la consolidation tend à s'imposer en droit positif comme le point de départ de principe du droit des dommages corporels. Outre le point de départ de l'action de l'assuré contre son assureur, la Cour de cassation en a en effet également fait le point de départ de la prescription quadriennale contre l'État ou une collectivité publique[4] ou celui de l'action en indemnisation adressée au FIVA par les victimes d'une exposition à l'amiante[5]. Mieux, le législateur à son tour, après avoir fait courir le délai décennal prévu en matière de responsabilité médicale du jour de la consolidation (art. 1142-28 C. santé publique), vient également de faire d'une telle date le point de départ de la prescription de l'action en responsabilité visant à la réparation de dommages corporels[6], consacrant là une jurisprudence constante de la Cour de cassation.

357. Aussi, deux actions de même nature ayant le même objet sont traitées de manière opposée, en dépit d'une orientation claire du droit positif en la matière. La même incohérence se retrouve si l'on s'intéresse aux points de départ

1. H. Groutel, note sous Cass. civ. 1re, 1er juin 1999, prec.

2. H. Groutel, *ibidem*.

3. H. Groutel, note sous Cass. civ. 2e, 25 janvier 2007, préc.

4. Cass. civ. 2e, 25 octobre 2001, *Bull. civ.* II, n° 161 : « le point de départ du délai de la prescription quadriennale des créances édictée par ce texte au profit de l'État, des départements et des communes est la date de la consolidation pour les préjudices résultant d'atteintes à la personne ».

5. Avis Cass. n° 0090004P du 18 janvier 2010 ; Cass. civ. 2e, 3 juin 2010, (4 arrêts), *JCP* S, 2010, 1338, note D. Asquinazi-Bailleux, *JCP* G, 2010, 926, note J. Colonna et V. Renaux-Personnic. L'article 92 de la loi n° 2010-1594 du 20 décembre 2010 est cependant venu depuis modifier ce point de départ pour le fixer à la date du premier certificat établissant le lien entre la maladie et l'exposition à l'amiante. Ces nouvelles règles sont d'application immédiate (Cass. civ. 2e, 16 juin 2011, *JCP* G, 2011, 991, note J. Colonna et V. Renaux-Personnic, *D.*, 2011, p. 1799, note H. Adida-Canac). Un tel point de départ rompt ici de nouveau avec l'unification réalisée autour de la notion de consolidation (v. en ce sens, P. Sargos, « Vers un retour aux désordres de la prescription ? À propos du PLFSS 2011 concernant le FIVA », *D.*, 2010, p. 2374 s.).

6. Depuis la réforme du 17 juin 2008, l'article 2226 dispose que « l'action en responsabilité née à raison d'un événement ayant entraîné un dommage corporel, engagée par la victime directe ou indirecte des préjudices qui en résultent, se prescrit par dix ans à compter de la date de la consolidation du dommage ».

de la prescription d'actions en nullité d'un contrat en raison d'une erreur sur la contrepartie attendue.

B. Les points de départ de la prescription d'actions en nullité d'un contrat en raison d'une erreur sur la contrepartie

358. Lorsqu'un contractant se méprend sur le contenu du contrat qu'il a conclu, il peut agir en nullité de ce dernier, afin d'obtenir son anéantissement. Cette action en nullité peut alors être introduite sur deux fondements distincts : d'une part, le contractant peut introduire une action en nullité pour erreur ; d'autre part, il peut introduire une action en nullité pour absence ou fausseté de la cause.

Dans les deux hypothèses, les actions ont la même nature - il s'agit d'actions en nullité relative, et le même objet - la remise en cause d'un contrat en raison d'une erreur sur la contrepartie attendue. L'identité conceptuelle des deux actions a d'ailleurs été mise en lumière. L'absence de cause résulte en effet le plus souvent d'une erreur sur la cause[1]. Mieux, l'absence de cause et la fausse cause, c'est-à-dire l'erreur sur l'existence de la cause, également visée par l'article 1131 du Code civil, ne sont que les deux facettes d'une même situation : le débiteur pensait que son obligation avait une contrepartie qui en réalité n'existait pas. Comme le soulignait Carbonnier, « l'obligation sur une fausse cause est encore l'obligation sans cause, mais considérée à travers la psychologie du débiteur »[2]. En d'autres termes, « l'absence de cause résulte souvent d'une erreur sous-jacente et les hypothèses où la fausse cause est une cause erronée correspondent également à une variété d'erreur »[3]. La jurisprudence considère d'ailleurs classiquement que « l'erreur sur l'existence de la cause, fût-elle inexcusable, justifie l'annulation de l'engagement pour défaut de cause »[4]. C'est donc bien l'erreur du débiteur sur la contrepartie attendue qui justifie l'introduction d'une action pour absence de cause.

Concrètement, une même erreur sur la contrepartie attendue peut donc justifier l'introduction d'une action en nullité pour erreur ou pour absence de cause. Logiquement, les situations étant analogues, les points de départ de la prescription de ces deux actions devraient être identiques.

359. Précisément, le point de départ de l'action en nullité pour erreur étant légalement fixé par l'article 1304 du Code civil au jour de la découverte de l'erreur, le point de départ de l'action en nullité introduite en raison d'une erreur sur la cause devrait à son tour être fixé au jour de la découverte d'une telle erreur. Delvincourt avançait déjà en ce sens qu'il fallait assimiler la fausseté de la cause à l'erreur pour faire courir le délai de prescription du jour où la fausseté de la cause avait été connue[5]. Ce n'est pourtant pas la démarche adoptée par la jurisprudence. En effet, ainsi qu'on l'a vu[6], en dépit du changement de logique entraîné par le passage d'une nullité absolue à une nullité relative, la Cour de cas-

---

1. A. Constantin, obs. sous Cass. civ. 3e, 29 mars 2006, *JCP* G, 2006, I, 153, nº 10. V. déjà P. Esmein, *S.*, 1934, 1, p. 3, 1re col. Sur cette identité conceptuelle, v. F. Chénedé, *Les commutations en droit privé, Contribution à la théorie générale des obligations*, Préf. A. Ghozi, Economica, spéc. p. 203 s., nº 219 s.
2. J. Carbonnier, *Droit civil*, Quadrige, PUF, T. II, p. 2018, nº 973.
3. P. Simler, *J.-Cl. civ.*, art. 1131 à 1133, nº 77.
4. Cass. civ. 1re, 10 mai 1995, *Bull. civ.* I, nº 194, *JCP* G, 1996, I, 3914, nº 1, obs. M. Fabre-Magnan.
5. C. Delvincourt, Cours de code civil, T. II, Bruxelles, 1819, p. 176.
6. V. *supra*, nº 154 s.

sation n'a pas modifié le point de départ de la prescription de l'action en nullité qui demeure le jour de la conclusion de l'acte[1].

Bien qu'elle ait fait l'objet d'un accueil doctrinal plutôt favorable[2], la solution n'est pas à l'abri de la critique. Elle conduit en effet à fixer deux points de départ différents pour des actions de même nature ayant toutes deux pour objet d'obtenir l'anéantissement d'un contrat en raison d'une erreur sur la contrepartie attendue. La solution est d'autant plus surprenante que l'admission du caractère relatif de la nullité pour absence de cause s'expliquait en partie par une volonté d'aligner le régime de l'absence de cause sur celui des vices du consentement et a en conséquence indéniablement rapproché ces deux concepts[3].

Le constat de l'incohérence des solutions n'amène d'ailleurs pas une critique d'ordre purement théorique. Ce n'est pas seulement la satisfaction intellectuelle d'un illusoire jardin à la française en lieu et place du chaos jurisprudentiel actuel qui est en jeu. En effet, au-delà de l'insécurité juridique qui lui est inhérente, l'incohérence des solutions emporte des conséquences pratiques non négligeables et des effets d'aubaine critiquables. La dissociation des points de départ de la prescription de l'action en nullité fondée sur l'erreur d'une part et l'absence de cause d'autre part emporte ainsi un véritable risque : celui de voir les plaideurs invoquer l'un ou l'autre fondement dans le seul but d'échapper à la prescription de leur action, instituant une logique de « *shopping* »[4] que l'uniformisation des délais de prescription des actions en nullité pour absence de cause et pour erreur avait précisément pour objectif d'écarter. Comme on l'a justement relevé, « même si les conditions de mise en œuvre sont différentes, les plaideurs peuvent, suivant les circonstances, se placer sur l'un ou l'autre terrain. Rien ne justifie que la sanction soit différente dans l'un et l'autre cas »[5].

L'incohérence se retrouve encore lorsqu'est en cause le manquement d'un établissement de crédit à son obligation de mise en garde.

C. Les points de départ de la prescription d'actions en responsabilité dirigées contre un établissement de crédit pour manquement à son obligation de mise en garde

360. Lorsqu'un établissement consent un crédit manifestement excessif, on sait que le débiteur ou la caution appelés à exécuter leurs engagements peuvent tenter d'en réduire indirectement l'importance en engageant la responsabilité de l'établissement qui ne les aura pas mis en garde contre le caractère excessif des engagements contractés.

---

1. Cass. civ. 1re, 29 septembre 2004, *Bull. civ.* I, no 216. Voir déjà en ce sens, Poitiers, 28 novembre 1990, *Juris-Data* no 1990-052121, qui avait retenu le caractère relatif de la nullité tout en fixant le point de départ de la prescription au jour de la signature du contrat ; Cass. civ. 3e, 29 mars 2006, *D.*, 2007, p. 477, note J. Ghestin, *D.*, 2006, p. 2642, obs. S. Amrani-Mekki, *JCP* G, 2006, I, 153, no 7 s. par A. Constantin.

2. V. J. Ghestin, note approbative sous Cass. civ. 3e, 29 mars 2006, préc., et aussi, du même auteur, *Cause de l'engagement et validité du contrat*, LGDJ, 2006, p. 644 s., no 991 s.

3. P. Simler, *op. cit.*

4. Il semble en effet se dégager ici, à l'instar de la problématique du « forum *shopping* » bien connue en droit international privé, qui consiste à choisir le tribunal compétent en fonction du droit applicable, une logique identique consistant à choisir le fondement de l'action engagée en fonction du point de départ de la prescription retenu.

5. P. Simler, *op. cit.*

Logiquement, que l'action soit intentée par le débiteur ou la caution, la fixation du point de départ de la prescription devrait obéir aux mêmes directives. Or, telle n'est pas l'attitude adoptée par la chambre commerciale de la Cour de cassation. En effet, tout en analysant dans les deux hypothèses le préjudice subi comme une « perte de chance de ne pas contracter »[1], elle n'en déduit pas les mêmes conséquences quant au point de départ de la prescription de l'action intentée à l'encontre du banquier. En effet, alors qu'elle considère fort logiquement que l'action exercée par la caution ne peut courir avant le jour où « les obligations résultant de son engagement de caution étaient mises à exécution par le créancier du fait de la défaillance du débiteur principal »[2], événement qui permet à la caution de prendre conscience du caractère excessif du crédit consenti[3], elle refuse en revanche de reporter le point de départ de la prescription de l'action exercée par le débiteur au jour des premiers impayés, seul événement susceptible de remplir le même rôle[4], considérant que le préjudice « se manifeste dès l'octroi des crédits »[5].

La divergence ne saurait se justifier. Même à raisonner – ce qui est sans doute critiquable[6] – en termes de perte de chance, la réalisation du dommage au jour de la conclusion du contrat de crédit ne devrait pas suffire à faire courir la prescription. Par hypothèse, le débiteur comme la caution ne pouvaient avoir conscience au moment de la conclusion du contrat du caractère excessif du crédit. Souvent, ils n'en prendront conscience que des années plus tard, notamment lorsque le crédit consenti est à taux variable ou encore *in fine*, de sorte que les échéances n'atteignent leur montant maximal que de nombreuses années après la conclusion du contrat. D'ailleurs, s'ils avaient eu connaissance du caractère du crédit dès la conclusion du contrat, non seulement ils n'y auraient sans doute pas consenti, mais plus encore, s'ils s'étaient néanmoins engagés, leur action devrait nécessairement échouer sur le fond : le manquement du banquier à son obligation de mettre en garde l'emprunteur ou la caution contre le caractère excessif de l'engagement ne peut leur avoir causé de préjudice s'ils en avaient déjà connaissance. Autrement dit, leur action ne peut prospérer que s'ils l'ignoraient effectivement. Comment dès lors admettre de considérer que le préjudice s'était manifesté dès la conclusion du contrat pour faire courir la prescription de cette date ? La solution ne semble d'ailleurs pas seulement en contradiction avec celle retenue lorsque l'action est exercée par la caution, elle semble également s'opposer à celle retenue dans une même situation par la première chambre civile, qui fixe dans une telle hypothèse le point de départ de la prescription de l'action engagée par le débiteur au jour des premières difficultés de remboursement[7].

---

1. Pour la caution : Cass. com., 20 octobre 2009, *Bull. civ.* IV, n° 127 ; 1er décembre 2009, pourvoi n° 08-17675, *D.*, 2009, p. 2971, note D. Houtcieff : « Le préjudice né du manquement par un établissement de crédit à son obligation de mise en garde s'analyse en la perte d'une chance de ne pas contracter » ; pour le débiteur : Cass. com., 26 janvier 2010, *D.*, 2010, p. 578, obs. V. Avena-Robardet, *JCP* E, 2010, 1153, note D. Legeais, *JCP* G, 2010, note 354, A. Gourio, *D.*, 2010, p. 934, note J. Lasserre Capdeville, *Gaz. Pal.*, 23 mars 2010, p. 19, note S. Piedelièvre, *RDC*, 2010, p. 843, note J.-S. Borghetti, *RTD com.*, 2011, p. 770, obs. D. Legeais : « le préjudice résultant d'un manquement à l'obligation de mise en garde consistant en une perte de chance de ne pas contracter se manifeste dès l'octroi des crédits ». V. égal. dans le même sens, Cass. com., 27 mars 2012, pourvoi n° 11-13719.

2. Cass. com., 12 mai 2004, *D.*, 2004, p. 2708, obs. L. Aynès, *Defrénois*, 2005, p. 892, obs. J. Honorat.

3. Sur cette question, v. *supra*, n° 82.

4. D. Legeais, note sous Cass. com., 26 janvier 2010, préc.

5. Cass. com., 26 janvier 2010, préc.

6. V. *supra*, n° 82.

7. Cass. civ. 1re, 9 juillet 2009, *Bull. civ.* I, n° 172, *Gaz. Pal.*, 2009, p. 12, *JCP* G, 2009, n° 31-35,

361. **Conclusion du Chapitre I**. À ce stade, il faut constater que l'impression initiale de confusion offerte par le droit positif, loin de disparaître, se renforce lorsque l'on observe la fixation législative ou jurisprudentielle du point de départ de la prescription dans des situations ordonnées entre elles de façon à pouvoir être pertinemment comparées. En effet, quel que soit le prisme retenu pour procéder à un tel ordonnancement, la diversité des solutions demeure. Ni la nature de l'action exercée, ni l'objet sur lequel elle porte ne sont de nature à éclairer la raison d'être de la multiplicité des points de départ de la prescription. En effet, des actions de même nature peuvent se prescrire à compter d'un *dies a quo* distinct. C'est le cas tant des actions récursoires personnelles et subrogatoires que des actions en nullité relative pour vice du consentement. De même, des actions ayant un objet identique peuvent avoir des points de départ de la prescription différents. C'est le cas des actions visant la remise en cause des actes faits au nom du mineur ou encore l'indemnisation d'un dommage aggravé. Plus encore, des actions de même nature ayant un objet identique, c'est-à-dire des situations parfaitement analogues, peuvent recevoir un traitement jurisprudentiel distinct. Tel est le cas de la prescription d'actions en garantie visant la réparation de dommages corporels, d'actions en nullité d'un contrat en raison d'une erreur sur la contrepartie attendue, ou encore d'actions visant à engager la responsabilité du banquier pour manquement à son obligation de mise en garde. Aussi, toutes choses égales par ailleurs, la multiplicité des points de départ ne disparaît pas. La diversité des solutions dégénère alors en disparité, obligeant à conclure à l'incohérence des solutions. Loin de s'estomper, l'impression d'incohérence s'amplifie encore lorsque l'on observe la manière dont le législateur et la jurisprudence appréhendent les critères susceptibles de guider la détermination du point de départ de la prescription.

---

p. 12, n° 154, obs. L. Dumoulin, *RTD civ.*, 2009, p. 728, obs. P. Jourdain. *Contra*, cependant A. Gourio, note sous Cass. com., 26 janvier 2010, préc., spéc. p. 657, considérant que l'on ne peut encore parler de divergence de jurisprudence car la première chambre civile n'a fait qu'exercer son contrôle sur le fait que la prescription était acquise sans rechercher directement la date de réalisation du dommage.

CHAPITRE II

La disparité des critères

362. La disparité des solutions relatives au point de départ de la prescription n'est pas un phénomène accidentel et isolé. Bien au contraire, il semble prendre sa source dans une confusion plus profonde. À observer en effet la manière dont raisonnent le législateur comme les juges, on remarque une disparité des critères employés pour parvenir à la fixation du point de départ de la prescription.

Un exemple l'illustre parfaitement. Pour parvenir à une même solution consistant à fixer au jour de la liquidation de ses droits de retraite le point de départ de la prescription de l'action en réparation du préjudice subi par un salarié du fait de l'insuffisance des déclarations de son ancien employeur, la Cour de cassation s'est fondée sur pas moins de trois critères différents. En 1991, elle justifiait la solution par le fait que le préjudice ne s'est « réalisé » qu'au moment de la liquidation des droits de retraites[1]. En 1997, elle considérait que le salarié n'avait eu « connaissance de la faute » de l'employeur qu'à ce moment[2]. En 2006, elle affirmait que la « certitude du dommage » n'était apparue qu'à cette date[3]. Réalisation, connaissance, certitude du dommage, la disparité des raisonnements apparaît ici nettement.

Aussi, la disparité des solutions observée précédemment apparaît, en partie du moins, résulter de l'incertitude des raisonnements employés tant par le législateur que par le juge pour déterminer le point de départ de la prescription. À ce titre, l'incertitude porte d'abord sur le choix du critère pertinent, ce qu'illustre parfaitement le traitement disparate réservé aux adages du droit, qui expriment les critères possibles de détermination du point de départ de la prescription. Mais elle porte également sur l'interprétation du critère retenu, qui peut fortement diverger.

---

1. Cass. soc., 18 décembre 1991, *Bull. civ.* V, nº 598 : « la cour d'appel a constaté que *le préjudice* qu'elle a *réparé ne s'était trouvé réalisé* que lors de la liquidation de la retraite de M. X... ».

2. Cass. soc., 1er avril 1997, *Bull. civ.* V, nº 130, *RTD civ.*, 1997 : « alors qu'elle était saisie d'une action en responsabilité contractuelle fondée sur la faute de l'employeur qui avait omis de cotiser pour la période 1954-1959 et alors que *cette faute n'avait été connue du salarié* qu'au moment où il avait voulu valider ses droits, la cour d'appel a violé le texte susvisé ».

3. Cass. soc., 26 avril 2006, *JCP S*, 2006, p. 1501, note D. Asquinazi-Bailleux : « *le préjudice* né de la perte des droits correspondant aux cotisations non versées *n'était devenu certain* qu'au moment où la salariée s'était trouvée en droit de prétendre à la liquidation de ses droits à pension ».

Il convient de l'observer à travers l'étude de l'application incertaine des adages relatifs à la prescription, d'une part (Section I) et de l'interprétation divergente des critères légaux de fixation du point de départ de la prescription d'autre part (Section II).

Section I : L'application incertaine des adages relatifs à la prescription

363. « Doctrine anonyme et immémoriale de la France »[1], les adages ou maximes juridiques se présentent comme des « formules imaginées par une doctrine ou une jurisprudence anciennes (...) pour condenser et rendre frappantes des règles de droit communément admises »[2]. À ce titre, au-delà des règles relatives au point de départ de la prescription prévues par le Code civil et par divers textes spéciaux, deux adages latins biens connus sont consacrés à la question du point de départ de la prescription : *Actioni non natae non praescribitur* (pas de prescription de l'action avant sa naissance) et *Contra non valentem agere non currit praescriptio* (la prescription ne court pas contre celui qui ne peut agir). La fixation législative ou jurisprudentielle du point de départ de la prescription obéit-elle alors fidèlement à ces maximes qui puisent leur légitimité dans l'histoire ? La réponse apparaît négative. Plus encore d'ailleurs, l'application disparate qui est faite de ces adages, appliqués dans certaines hypothèses, écartés dans d'autres sans véritables raisons, démontre au contraire la disparité des critères pris en considération pour déterminer le point de départ de la prescription. La prise en considération inconstante de l'adage *Actioni non natae non praescribitur* (§ 1) et évolutive de l'adage *Contra non valentem* (§ 2) en témoigne.

§ 1 - LA PRISE EN CONSIDÉRATION INCONSTANTE DE L'ADAGE *ACTIONI NON NATAE NON PRAESCRIBITUR*

364. Pas de prescription de l'action avant sa naissance. Tel est le sens de l'adage *Actioni non natae non praescribitur*. Le principe, ancien, avait déjà été consacré par la coutume de Paris, dont l'article 117 disposait qu'« en douaire et autres actions qui ne sont pas encore nées, le temps de la prescription ne commence à courir que du jour où l'action est ouverte ». La jurisprudence affirme également depuis longtemps que la prescription « ne court contre une action que du jour où celle-ci peut être légalement exercée »[3].

En dépit de son existence séculaire et de son importance fondamentale dans la fixation du point de départ de la prescription, la maxime souffre cependant d'un défaut de notoriété, et paraît condamnée à demeurer dans l'ombre du célèbre adage *Contra non valentem agere non currit praescriptio*, sur lequel les efforts doctrinaux semblent s'être concentrés. L'obscurité qui entoure ainsi l'adage *Actioni non natae non praescribitur* et l'indifférence quasi-générale de la doctrine à son égard explique sans doute l'analyse très confuse de celui-ci. Concrètement, la confusion se manifeste de deux manières.

D'une part, on observe chez les annotateurs des arrêts relatifs à la fixation du point de départ de la prescription une tendance manifeste à confondre les deux adages et à faire aléatoirement référence à l'un lorsque seule l'invocation de

1. J. Carbonnier, *Droit civil*, T. 1, *Quadrige*, PUF, p. 251, nº 137.
2. J. Carbonnier, *ibidem*.
3. Cass. civ., 11 décembre 1918, *DP*, 1923, 1, 96.

l'autre aurait été pertinente. Nombreuses sont ainsi les solutions jurisprudentielles que les auteurs croient pouvoir fonder sur une application de l'adage *Contra non valentem* là où c'est différemment l'adage *Actioni non natae non praescribitur* qui pourrait éclairer la solution retenue[1].

D'autre part, et la confusion est ici plus inquiétante puisqu'elle empêche la maxime de produire l'effet éclairant qui pourrait être le sien, les rares auteurs s'étant intéressés à l'adage créent une confusion sur le sens de celui-ci. Ainsi, tout en le traduisant par l'expression « pas de prescription de l'action avant sa naissance », Roland et Boyer affirment que « chaque fois que la naissance d'un droit est différée pour une cause quelconque, la maxime entre en mouvement »[2]. Les auteurs entretiennent ainsi une incertitude sur le point de savoir si l'adage fait de la naissance du droit ou de celle de l'action une cause de report du point de départ de la prescription, bref s'il vise la naissance du droit de créance ou celle du droit d'agir. Or, lorsque l'on s'attarde sur la raison d'être de la règle, cette incertitude s'évanouie immédiatement. Il est bien certain en effet que ce n'est pas la naissance du droit, mais celle de l'action qui est ici en cause. La genèse de l'adage, telle que présentée par ces mêmes auteurs, l'impose : « la raison en est qu'on ne saurait faire reproche à quelqu'un de n'avoir point agi à une époque où la loi ne lui permettait pas encore »[3]. Ce n'est donc pas la naissance du droit, mais la possibilité d'agir en justice pour le faire valoir qui fait courir la prescription. Baudry-Lacantinerie affirmait ainsi déjà que « pour qu'un droit se prescrive, il faut non seulement qu'il soit né, mais qu'il puisse être exercé, que le créancier ait un moyen d'agir »[4].

Certes, on pourrait objecter que la précision relève peut-être de la querelle de vocabulaire tant il est fréquent que le droit et l'action naissent concomitamment. Plus encore, l'affirmation selon laquelle l'adage *Actioni non natae non praescribitur* fait courir la prescription à partir du jour où ce droit est ouvert apparaît même exacte lorsque la prescription n'a d'autre effet que d'éteindre un droit. On songe ainsi à la prescription de l'option successorale : en la faisant courir du jour de l'ouverture de la succession, le législateur ne fait guère autre chose que reporter le point de départ au jour de la naissance d'un droit jusqu'alors éventuel.

Il n'en demeure pas moins qu'il existe nombre d'hypothèses dans lesquelles la naissance du droit subjectif et celle de l'action permettant son exercice ne sont pas concomitantes. Or, c'est précisément dans ce type de situations que l'adage

---

1. Carbonnier avait déjà mis en lumière cette confusion, soulignant que « si dans les prétendus cas d'obstacle légal la prescription ne court pas, c'est tout simplement parce qu'il n'y a rien qui puisse se prescrire, celui contre qui elle est alléguée n'ayant pas encore de droit, ou du moins pas encore d'action. Ce n'est plus la règle *Contra non valentem agere* qui est en cause, mais bien un autre adage : *Actioni non natae non praescribitur* » (J. Carbonnier, « La règle *Contra non valentem agere non currit praescriptio* », *Rev. crit.*, 1937, p. 155 s., spéc. p. 166). V. par ex., pour deux analyses opposées d'un même arrêt relatif au point de départ de la prescription de l'action récursoire en garantie des vices cachés, P. Malinvaud, note sous Cass. com., 19 mars 1974, *D.*, 1975, p. 628, justifiant le décompte de la prescription à compter du recours exercé à l'encontre du garanti par l'application de l'adage *Actioni non natae non praescribitur*, et J. Ghestin, note sous Cass. com., 19 mars 1974, *JCP*, 1975, II, 17941, voyant dans *Contra non valentem* le fondement de la solution. La confusion entre les deux adages atteint son point ultime chez les auteurs qui conçoivent la règle *Actioni non natae non praescribitur* comme un principe qui se rattache à *Contra non valentem* (J. Clément, De la règle *Contra non valentem agere non currit praescriptio* en matière civile, Grenoble, 1902, spéc. p. 77). Sur la distinction des deux adages, v. encore, T. Grétéré, L'adage *Contra non valentem agere non currit praescriptio*, thèse Paris I, 1981, spéc. p. 18 s.

2. H. Roland et L. Boyer, *Adages du droit français*, Litec, 4e éd., *V° 7 - Actioni non natae non praescribitur*.

3. H. Roland et L. Boyer, *idibem*.

4. C. Baudry-Lacantinerie et A. Tissier, *Traité théorique et pratique de droit civil, De la prescription*, Paris, 3e éd., 1905, spéc. p. 301, n° 384.

prend tout son sens en permettant d'expliquer le report du point de départ de la prescription au jour de la naissance de l'action. Prenons l'exemple de l'exercice d'une action récursoire en garantie à l'encontre d'un assureur. Le droit à garantie naît dès l'entrée en vigueur du contrat d'assurance. Si la naissance du droit suffisait à faire courir la prescription, elle pourrait courir dès ce jour. Pourtant la prescription ne court que du jour où l'action principale est introduite à l'encontre du garanti. Ce report s'explique par le fait que l'action en garantie ne naît que du recours du tiers qui permet au garanti d'exercer son droit : *Actioni non natae non praescribitur*[1].

365. Une fois le sens de l'adage ainsi précisé, il faut constater surtout qu'en dépit de sa vocation à régir l'ensemble des situations, la maxime n'est pas systématiquement prise en considération par le législateur dans la fixation du point de départ de la prescription.

Si elle trouve parfois une traduction nette dans la loi, elle est à d'autres occasions purement et simplement ignorée par le législateur. Confrontée à la mise à l'écart de l'adage par les textes, la jurisprudence semble alors hésiter sur l'attitude à adopter et sur la nécessité de tenir compte ou au contraire d'ignorer les implications de la maxime. L'inégale prise en considération de l'adage *Actioni non natae non praescribitur* se retrouve alors aussi bien dans la législation (A) qu'en jurisprudence (B).

A. Dans la législation

366. Bien qu'il constitue un principe général mis en forme par une doctrine fort ancienne, l'adage *Actioni non natae non praescribitur* n'a pas une portée absolue et fait assurément l'objet d'applications à éclipses, qui témoignent de son inégale et incertaine prise en considération dans la législation.

On trouve dans le Code civil ou dans les autres codes et lois en vigueur un certain nombre de règles relatives à la fixation du point de départ de la prescription qui en sont l'application pure et simple. À ce titre, s'il est un article qui illustre au-delà de tous les autres la prise en considération de l'adage par le législateur, c'est assurément l'article 2233 du Code civil. On sait que cette disposition fixe le point de départ de la prescription à l'égard des créances sous condition suspensive ou à terme au jour de la réalisation de la condition ou de l'arrivée du terme, et fait courir la prescription de l'action en garantie du jour où l'éviction a lieu[2]. La doctrine s'est longtemps interrogée sur la raison d'être d'une telle règle[3], anciennement prévue par l'article 2257 du Code civil et insérée à tort, jusqu'à la réforme opérée par la loi du 17 juin 2008, dans une section consacrée aux « causes qui suspendent le cours de la prescription »[4]. Divers auteurs ont cru pouvoir la ratta-

1. V. not en ce sens, P. Malinvaud, note sous Cass. com., 19 mars 1974, préc., spéc. p. 630.

2. Pour des ex. de prise en considération de l'adage *Actioni non natae non praescribitur* pour reporter le point de départ de la prescription en raison de l'existence d'une condition, v. par ex., Cass. civ. 1re, 4 avril 1995, *Bull. civ.* I, nº 154 : « le paiement de l'indemnité différée étant subordonnée à la condition de la reconstruction de l'immeuble et de la justification du coût de celle-ci, la prescription n'avait pu courir contre le syndicat des copropriétaires qu'à compter de la réalisation de ces conditions » ; 17 octobre 1995, *Bull. civ.* I, nº 363 : « il résultait des stipulations contractuelles que l'action en paiement d'une rente d'invalidité permanente ne pouvait être engagée qu'après l'attribution à l'assuré d'une pension de sécurité sociale au titre de l'assurance invalidité ».

3. V. *supra*, nº 244.

4. La loi du 17 juin 2008 n'a cependant que partiellement supprimé cette maladresse, l'article 2233

cher à l'adage *Contra non valentem*[1]. Or, il ne saurait ici s'agir d'une application de cet adage, pas plus d'ailleurs qu'il ne s'agit à proprement parler d'un cas de suspension de la prescription. En réalité, l'article 2233 ne fait que fixer le point de départ de la prescription au jour où naît l'action en paiement ou en garantie. Laurent avait déjà dénoncé le contresens : « quand la créance est conditionnelle ou à terme, il n'y a pas lieu à prescription parce qu'il n'y a pas d'action ; il ne faut donc pas dire que la prescription est suspendue, il faut dire que la prescription est impossible tant que la condition n'est pas accomplie ou que le terme n'est pas échu »[2]. Sous cet aspect, l'article n'est bien qu'une application de l'adage *Actioni non natae non praescribitur.*

Ledit adage sous-tend encore de nombreuses dispositions législatives en dehors du Code civil. Ainsi l'article L. 114-1 du Code des assurances selon lequel « toutes actions dérivant d'un contrat d'assurance sont prescrites par deux ans à compter de l'événement qui y donne naissance » comme l'article L. 311-52 du Code de la consommation qui prévoit que « les actions en paiement engagées (...) à l'occasion de la défaillance de l'emprunteur doivent être formées dans les deux ans de l'événement qui leur a donné naissance à peine de forclusion » ne sont que des applications du principe selon lequel il ne peut y avoir de prescription de l'action avant sa naissance. Il en va de même de l'article L. 235-9 du Code de commerce qui fixe le point de départ de la prescription de l'action en nullité en droit des sociétés « au jour où la nullité est encourue ». On en dira de même du traitement des actions récursoires par l'article L. 114-1 alinéa 3 du Code des assurances selon lequel « quand l'action de l'assuré contre l'assureur a pour cause le recours d'un tiers, le délai de la prescription ne court que du jour où ce tiers a exercé une action en justice contre l'assuré ou a été indemnisé par ce dernier » ou par l'article L. 133-6 alinéa 4 du Code de commerce qui prévoit que la prescription « ne court que du jour de l'exercice de l'action contre le garanti ».

367. Il reste que la prise en considération de l'adage *Actioni non natae non praescribitur* par le législateur n'est pas systématique. Bien au contraire, nombreuses sont les dispositions qui ne semblent pas s'inspirer de la maxime juridique, voire s'en éloignent nettement. Au premier rang de celles-ci, l'article 2224 du Code civil, selon lequel la prescription court « à compter du jour où le titulaire d'un droit a connu ou aurait dû connaître les faits lui permettant de l'exercer »[3], apparaît reposer sur une logique distincte de celle que sous-tend l'adage. Supposé fixer le point de départ « de principe » de la prescription, l'article s'éloigne de l'adage *Actioni non natae non praescribitur* en faisant non pas de la naissance de l'action mais de la connaissance des éléments permettant d'agir le critère de détermination du point de départ de la prescription. Ce faisant, le législateur

du Code civil étant désormais intégré dans une section consacrée aux « causes de report du point de départ ou de suspension de la prescription ». Or, l'article 2233 du Code civil n'est en réalité pas davantage une cause de report du point de départ de la prescription qu'un cas de suspension de la prescription. Il n'est que l'application de l'adage *Actioni non natae non praescribitur* aux créances à terme, par hypothèse réfractaires aux critères de l'article 2224. Comp. B. Fauvarque-Cosson et J. François, « Commentaire de la loi du 17 juin 2008 portant réforme de la prescription en matière civile », *D.*, 2008, p. 2512 s., spéc. p. 2517, n° 18 ; M. Mignot, « Réforme de la prescription : le point de départ du délai », *Defrénois*, 2009, p. 393 s., spéc n° 19.

1. V. les références citées *supra*, n° 244.

2. F. Laurent, *Principes de droit civil français*, Paris, 3e éd., 1878, T. XXXII, p. 32, n° 20. V. également, analysant le terme comme un obstacle au paiement : E. Putman, *La formation des créances*, thèse Université Aix-Marseille, 1987, T. III, spéc. p. 685 n° 583.

3. Sur le sens de l'article, v. *infra*, n° 448 s.

s'affranchit de l'adage pour retarder le point de départ de la prescription à une date ultérieure à la naissance de l'action. Il en va de même lorsqu'il fixe le point de départ de la prescription de l'action en nullité pour vice du consentement au jour de la découverte du vice entachant la convention (art. 1304 C. civ.) ou celui de l'action en responsabilité fondée sur l'existence d'une discrimination salariale au jour de la « révélation de la discrimination » (art. 1134-5 C. trav.).

Toutefois, dans ces hypothèses, l'adage n'est pas vraiment méconnu. En effet, il n'est pas dérogé au principe selon lequel la prescription ne peut courir avant la naissance de l'action : effectivement, elle ne court pas avant la naissance de l'action ; simplement, elle ne court pas à compter de cette date. Ainsi, le point de départ de la prescription est reporté à une date ultérieure pour prendre en considération les éléments permettant à son titulaire de l'exercer.

368. Il en va différemment lorsque la loi se départit de l'application de l'adage non plus cette fois pour retarder, mais pour avancer le point de départ de la prescription à une date où l'action n'est pas encore née. La démarche entre alors frontalement en conflit avec le principe selon lequel la prescription ne peut courir avant la naissance de l'action.

Le législateur fixe ainsi le point de départ de la prescription à une date qui peut se révéler antérieure à la naissance de l'action lorsqu'il érige le seul fait générateur du dommage en point de départ de l'action en responsabilité alors que l'action ne peut naître que de la réalisation du dommage. L'article L. 152-1 du Code de l'environnement fait ainsi courir la prescription des obligations financières liées à la réparation des dommages causés à l'environnement « à compter du fait générateur du dommage », lequel se situe par hypothèse avant la naissance de la créance, ce qui revient *in fine* à fixer le point de départ de la prescription à une date antérieure à celle de la naissance de l'action chaque fois que le fait générateur et la réalisation du dommage ne seront pas concomitants. De même, les articles L. 225-254, L. 822-18 et L. 237-12 du Code de commerce font du « fait dommageable » le point de départ de l'action en responsabilité à l'encontre des dirigeants sociaux, des commissaires aux comptes ou encore des liquidateurs d'une société.

Le législateur peut encore mettre à l'écart l'adage *Actioni non natae non praescribitur* pour fixer le point de départ à une date dépourvue de tout lien avec la naissance de l'action. Il en va ainsi lorsque l'article 1792-4-1 du Code civil fait du jour de la réception des travaux le point de départ du délai pour agir à l'encontre des constructeurs. Ou encore lorsque l'article 1859 du même Code fixe le point de départ de la prescription des actions exercées à l'encontre des associés non liquidateurs au jour de « la publication de la dissolution de la société ». Dans ces hypothèses, le législateur adopte un point de départ objectivement fixé à la date d'un événement sans lien direct avec les éléments de nature à faire naître l'action.

La démarche pourra paraître plus étrangère encore à l'esprit de l'adage *Actioni non natae non praescribitur* lorsque le législateur s'en écarte doublement pour retarder le point de départ de la prescription au jour de la connaissance des faits permettant d'agir tout en enfermant l'exercice de l'action dans un délai courant à compter d'une date dépourvue de tout lien avec la naissance de l'action. Tel est le cas lorsqu'il fixe à l'article 1427 alinéa 2 du Code civil le point de départ de l'action en nullité de l'acte passé par un époux en violation des règles relatives au régime matrimonial « au jour où il a eu connaissance de l'acte » tout en précisant que l'action ne peut « jamais être intentée plus de deux ans après la dissolution de la communauté ». Les deux points de départ, du délai de prescription comme du délai butoir, ignorent alors l'adage *Actioni non natae non praescribitur*.

Dans toutes ces hypothèses, l'adage *Actioni non natae non praescribitur* n'est pas pris en considération lorsque, plus nettement, il n'est pas purement et simplement volontairement écarté par le législateur. La tentation pourrait alors être grande de déduire du nombre d'hypothèses dans lesquelles le législateur ne tient pas compte de la maxime le rôle limité voire résiduel joué par celle-ci dans la fixation du point de départ de la prescription. Il importe cependant de ne pas conclure trop hâtivement. En effet, les constatations précédentes s'expliquent en grande partie par le fait que le législateur intervient généralement dans la fixation du point de départ de la prescription pour poser une solution particulière, dérogatoire de celle que la logique imposerait. Dit autrement, l'intervention du législateur vise *in fine* le plus souvent à écarter l'application de la maxime pour imposer une solution qui demeure dérogatoire aux grandes directives relatives à la fixation du point de départ de la prescription.

Mais, même dans cette hypothèse, l'adage n'est pas parfaitement neutralisé. La jurisprudence en effet le fait parfois revivre.

B. En jurisprudence

369. Confrontés au point de savoir si la naissance de l'action doit être prise en compte dans la détermination du point de départ de la prescription, les juges ont fréquemment à se prononcer sur la portée de l'adage *Actioni non natae non praescribitur*. Leur rôle dépend alors de l'attitude adoptée par le législateur. Celui-ci peut avoir consacré l'adage, être demeuré silencieux ou encore l'avoir expressément écarté, appelant trois réactions jurisprudentielles différentes des juges. Les deux premières hypothèses ne suscitent pas de difficultés particulières. Lorsque la loi a consacré l'adage, la jurisprudence s'y tient logiquement. Dans le silence du législateur, l'intérêt du débat demeure également limité : sauf exceptions notables[1], la jurisprudence fait en général une application disciplinée de l'adage, ne serait-ce que parce que « seule la loi peut assigner à la prescription un point de départ autre que la naissance de l'action »[2]. En réalité, la difficulté se manifeste lorsque le législateur a explicitement exclu l'adage ou a fixé à une action un point de départ de la prescription par hypothèse incompatible avec l'application de la maxime *Actioni non natae non praescribitur*. C'est là que se mesure la force de l'adage. Or, confrontée à cette mise à l'écart, la jurisprudence semble hésiter quant à l'attitude à adopter, entretenant encore davantage la confusion inhérente à la matière[3]. Alors qu'elle se contente parfois d'appliquer sagement la lettre de la loi, elle semble à l'inverse en d'autres occasions considérer qu'il existe en ce domaine des principes supérieurs qui dépassent la lettre du texte et que le législateur ne saurait avoir écartés. Ainsi, dans certaines hypothèses, au nom d'une interprétation stricte des textes, le juge va évincer l'adage en application de la lettre de la loi (1). Dans d'autres, au nom de principes supérieurs, le juge va faire réapparaître l'adage en dépit de la lettre de la loi (2).

1. On songe notamment à la fixation du point de départ de la prescription des actions récursoires entre constructeurs au jour de la réception des travaux par le maître de l'ouvrage en l'absence de tout support textuel (v. *supra*, n° 331).

2. P. Malinvaud, note sous Cass. com., 19 mars 1974, préc., spéc. p. 630.

3. G. Champenois, obs. sous Cass. civ. 1re, 2 juin 1981, *Defrénois*, 1981, p. 1320 s, spéc. p. 1323 : « la Cour de cassation n'explicite quasiment jamais les raisons profondes qui font que, tantôt elle s'estime prisonnière des textes (quitte à en appeler au législateur dans son Rapport annuel), tantôt elle s'en affranchit ».

1. *L'éviction de l'adage en application de la lettre de la loi*

370. On l'a vu[1], il existe deux manières pour le législateur d'évincer l'adage *Actioni non natae non praescribitur.* D'une part, il peut fixer le point de départ de la prescription à une date étrangère aux éléments faisant naître l'action en justice. D'autre part, il peut faire du fait générateur du dommage le point de départ de la prescription.

Le point de départ de la prescription de l'action en responsabilité contre les dirigeants sociaux retenu par le législateur est emblématique de cette seconde démarche. L'article L. 225-254 du Code de commerce dispose en effet que « l'action en responsabilité contre les administrateurs ou le directeur général, tant sociale qu'individuelle, se prescrit par trois ans, à compter du fait dommageable ou s'il a été dissimulé, de sa révélation ». L'article écarte ainsi l'application de l'adage *Actioni non natae non praescribitur* pour faire du fait dommageable le point de départ de la prescription. Cette mise à l'écart n'est pas sans danger : la loi faisant ainsi courir la prescription à compter d'une date étrangère à la réalisation du dommage et donc à la naissance de l'action, son application stricte emporte le risque de voir l'action prescrite avant même d'être née lorsque le dommage se réalise plus de trois ans après son fait générateur. Comme on l'a justement fait remarquer, « tant que seule la faute est connue, mais que le dommage ne s'est pas encore réalisé, les associés peuvent seulement révoquer le dirigeant et non lui demander réparation d'un préjudice qui n'existe pas. Déclarer prescrite une action en responsabilité civile en raison de la date de la faute alors que cette demande n'a pas pu être intentée plus tôt en raison de l'absence de dommage revient à déclarer prescrite une action qui n'est pas encore née au mépris de l'adage "*Actioni non natae non praescribitur*" »[2].

Les victimes éconduites n'ont d'ailleurs pas manqué de mettre en avant cet argument, incitant la Cour de cassation à réintroduire l'adage. Mais la Cour de cassation n'y a pas été sensible. Elle a nettement refusé de prendre en considération la maxime pour reporter le point de départ de la prescription au jour de la réalisation du dommage[3], alors même que l'ambiguïté de la notion de « fait dommageable » aurait pu lui offrir une certaine marge d'interprétation[4]. La Cour de cassation s'en tient ainsi à une application fidèle et docile de la lettre de la loi en évinçant l'adage.

371. La jurisprudence témoigne parfois d'une même rigueur lorsque sont en cause des actions dont le point de départ de la prescription a été objectivement fixé par le législateur à une date indépendante de la naissance de l'action. Ainsi en est-il de son interprétation de l'article 1859 du Code civil selon lequel « toutes les actions contre les associés non liquidateurs ou leurs héritiers et ayants cause se prescrivent par cinq ans à compter de la publication de la dissolution de la société ».

Le jour de la publication de la dissolution de la société, point de départ de la prescription prévu par l'article 1859 du Code civil, n'est pas le jour de la nais-

1. V. *supra*, n° 364 s.

2. Y. Guyon, obs. sous Paris, 5 juillet 2001, *Rev. soc.*, 2001, p. 881 s., spéc. p. 882.

3. Cass. com., 2 mai 1983, *Bull. civ.* IV, n° 128, *Rev. soc.*, 1984, p. 775, note P. Didier ; et les références citées *supra*, n° 20 s. V. également, considérant que la révélation, date à laquelle est fixé le point de départ de la prescription en cas de dissimulation, s'entend de la révélation du fait dommageable et non de celle du dommage : Cass. com., 31 janvier 1989, pourvoi n° 87-15945.

4. V. *supra*, n° 22 s.

sance de l'action[1]. En effet, le principe de subsidiarité des poursuites mentionné à l'article 1858 du Code civil interdit aux créanciers de poursuivre les associés avant d'avoir établi la vanité des poursuites à l'encontre de la société. C'est donc uniquement après l'avoir établi que naît l'action des créanciers. Le point de départ de la prescription ne correspond donc pas au moment où naît l'action en justice : l'article 1859 du Code civil ignore l'adage *Actioni non natae non praescribitur.*

Mais un tel décalage entre le point de départ de la prescription et le moment où l'action naît risque, là encore, de rendre le créancier forclos avant d'avoir pu agir lorsqu'en raison de la complexité de la procédure, il n'aura pu montrer que les poursuites contre la société étaient vaines que plus de cinq ans après la publication de la dissolution[2]. Les plaideurs ont donc, ici aussi, tenté de faire revivre l'adage *Actioni non natae non praescribitur* en faisant valoir que l'action ne pouvait se prescrire avant que le créancier ne puisse agir. Mais la Cour de cassation n'a pas été ici plus sensible à ces prétentions, s'en tenant à une lecture stricte de l'article 1859 du Code civil pour faire de la publication de la dissolution la seule date à prendre en considération[3].

Plus encore, à rebours de l'opinion doctrinale majoritaire qui entendait à tout le moins écarter la lettre de l'article 1859 lorsque la créance était née ou n'était devenue exigible qu'après la publication de la dissolution[4], un tel événement étant alors totalement discrédité pour tenir lieu de point de départ de la prescription, la Cour de cassation n'a pas hésité à s'en tenir à une lecture stricte de la loi dans une telle hypothèse. Elle a ainsi refusé de reporter le point de départ de la prescription au jour où le demandeur avait obtenu un titre exécutoire à l'encontre de la société tirant argument qu'« aucune disposition légale ne prévoy[ait] un point de départ du délai de prescription différent selon que le créancier a ou non un titre contre la société débitrice principale »[5]. Dans l'espèce en cause, le créancier ayant obtenu un titre exécutoire à l'encontre de la société plus de cinq ans après sa dissolution, il n'avait pu agir à l'encontre des associés non liquidateur avant l'expiration du délai prévu par l'article 1859 du Code civil. En l'espèce, le refus de prendre en considération l'adage *Actioni non natae non praescribitur* n'aboutissait pas simplement à réduire le délai utile pour agir, mais bien à supprimer toute possibilité d'agir en justice.

372. La jurisprudence refuse ainsi souvent de réintroduire la maxime *Actioni non natae non praescribitur* là où le législateur l'a écartée ou à tout le moins igno-

---

1. V. *supra*, n° 313 s.

2. V. cependant l'évolution de la jurisprudence sur ce point, *supra* n° 313 s.

3. Cass. com., 12 décembre 2006, *D.*, 2007, *AJ*, p. 93, obs. A. Lienhard, *Dr. soc.*, 2007, comm. 45 par F.-X. Lucas, *RTD com.*, 2007, p. 397, obs. M.-H. Monsérié-Bon, *Rev. soc.*, 2007, p. 406, note J.-F. Barbièri ; et les références citées *supra*, n° 313 s. V. toutefois, Cass. com., 26 octobre 2010, *Bull. civ.* IV, n° 159, *D.*, 2010, p. 2647, obs. A. Lienhard, *Rev. soc.*, 2011, p. 359, note N. Morelli, *Dr. soc.*, 2011, comm. 4, note H. Hovasse, *JCE* E, 1237, note A. Cayol, *LPA*, 8 mars 2011, p. 7, obs. D. Gibirila, et les explications *supra* n° 316.

4. En ce sens, J. Hémard, F. Terré, P. Mabilat, *Sociétés commerciales*, Dalloz, 1978, T. III, p. 925, n° 1337 ; F.-X. Lucas, note sous Cass. civ. 3e, 7 mai 2003, *Bull. Joly*, 2003, p. 956 s., spéc. note 10 : « La prescription de l'action en paiement d'une dette née au cours de la liquidation, c'est-à-dire à un moment où la société était déjà dissoute et sa dissolution publiée, ne commencera pas à courir à compter de la publicité de la dissolution mais au jour où cette créance est née. En vertu de l'adage *Actioni non natae non praescribitur*, il n'est en effet pas concevable de faire courir la prescription alors que l'action ne pouvait pas être exercée au jour de l'accomplissement des mesures de publicité puisque la créance n'était pas encore née ».

5. Cass. civ. 3e, 9 juin 1999, *Bull. civ.* III, n° 139, *Bull. Joly*, 1999, p. 1209, concl. O. Guérin, *RTD com.*, 1999, chron. p. 692, obs. M.-H. Monsérié-Bon ; 13 décembre 2011, *D.*, 2012, p. 91, obs. A. Lienhard, *Bull. Joly*, 2012, p. 216, note H. Camensuli-Feuillard, *Dr. soc.*, 2012, comm. 21, note H. Hovasse, *RTD com.*, 2012, p. 357, obs. M.-H. Camensuli-Feuillard, *Rev. soc.*, 2012, p. 304, note J.-F. Barbièri.

rée. Elle se contente alors d'une lecture stricte de la loi et refuse de distinguer là où la loi ne distingue pas. Une telle attitude pourrait au demeurant paraître fondée. Une maxime juridique n'a pas de valeur supra-législative. Elle n'a pas davantage de portée qu'un principe général du droit. Dès lors, rien n'empêche le législateur d'y déroger par une règle spéciale, que la jurisprudence a le devoir de respecter. Le rapport de norme n'est pas ici vertical mais horizontal. L'adage, règle générale, doit s'effacer devant la règle spéciale édictée par le législateur. Dit autrement, la jurisprudence n'a pas à réintroduire une règle que le législateur a sciemment écartée. La cohérence de la jurisprudence pourrait alors prendre la forme d'une dualité de comportement : dans le silence de la loi, elle ferait application de l'adage *Actioni non natae non praescribitur* pour déterminer le point de départ de la prescription ; en cas de disposition exprès contraire de la loi, elle se contenterait de l'appliquer et d'écarter en conséquence les incidences normales de l'adage. Mais, à l'analyse, le comportement de la jurisprudence est loin d'obéir à une démarche aussi rationnelle. En effet, la jurisprudence n'apparaît en réalité pas toujours aussi servile et n'hésite pas dans certaines circonstances à réintroduire l'adage en dépit de la lettre de la loi.

2. *La réapparition de l'adage en dépit de la lettre de la loi*

373. Confrontée à des textes légaux ayant écarté l'adage *Actioni non natae non praescribitur*, la jurisprudence n'adopte pas toujours une attitude aussi sévère à l'égard du demandeur que celle rencontrée précédemment. Et ce, même lorsque les situations qui lui sont présentées sont relativement semblables. À ce titre, de la même manière qu'il a évincé à l'article L. 225-254 du Code de commerce l'application de l'adage *Actioni non natae non praescribitur* dans la détermination du point de départ de la prescription des actions exercées à l'encontre des dirigeants sociaux, le législateur a également évincé l'application de l'adage dans la détermination du point de départ de la prescription des actions exercées à l'encontre d'un autre acteur de la société : le liquidateur. L'article L. 237-12 du Code de commerce renvoie en effet purement et simplement à l'article L. 225-224 en précisant que « l'action en responsabilité contre les liquidateurs se prescrit dans les conditions prévues à l'article L. 225-254 ». Les critères de détermination du point de départ de la prescription de l'action en responsabilité contre le liquidateur sont donc le parfait décalque des conditions de fixation du point de départ de la prescription de l'action en responsabilité contre les dirigeants sociaux. Une exigence minimale de cohérence impliquerait en conséquence que la jurisprudence adopte la même attitude dans l'interprétation de ces deux articles.

Or, telle n'a pas été la démarche de la Cour de cassation. En effet, là où elle n'avait pas hésité à écarter les incidences de l'adage *Actioni non natae non praescribitur* au terme d'une lecture stricte de l'article L. 225-254[1], elle a au contraire réintroduit l'adage dans son interprétation de l'article L. 237-12 du Code de commerce. Précisément, en la matière, au lieu de faire du fait dommageable – c'est-à-dire du jour où le liquidateur a clôturé la liquidation sans avoir constitué les provisions nécessaires pour face faire à la dette dont la société est susceptible de devenir débitrice – le point de départ de la prescription de l'action en responsabilité engagée par le créancier, victime de la clôture à contretemps, les juges reportent le point de départ d'une telle action pour faire courir la prescription du

1. V. *supra*, nº 20 s.

jour où « les droits de la victime du fait dommageable imputé à ce liquidateur ont été définitivement reconnus par une décision de justice »[1]. Autrement dit, ils font courir la prescription du jour de la reconnaissance judiciaire du dommage subi.

La solution parait techniquement critiquable[2]. En effet, l'article a expressément écarté l'adage pour n'apprécier le point de départ de la prescription que du côté de l'auteur du dommage. Reporter le point de départ de la prescription en s'attachant à la situation particulière de la victime, dans l'impossibilité d'agir à l'encontre du liquidateur jusqu'à ce que sa créance soit reconnue, ne revient-il pas à aller à l'encontre de l'esprit de la loi ?

Au-delà de ces réserves techniques, on ne peut manquer de remarquer l'incohérence qu'entraîne la solution. Elle est à l'opposée de celle retenue par la Cour de cassation lorsque c'est la responsabilité des dirigeants sociaux qui est en jeu. On l'a vu, en la matière, la Cour de cassation refuse de faire application de l'adage *Actioni non natae non praescribitur* au nom d'une interprétation stricte de la loi. Mais comment justifier que le même texte - l'article L. 225-254 du Code de commerce - fasse l'objet d'une interprétation stricte lorsque c'est la responsabilité des dirigeants qui est en cause, les juges évinçant dans cette hypothèse le jeu de l'adage *Actioni non natae non praescribitur*, et d'une interprétation extensive, nettement *ultra legem*, lorsque c'est la responsabilité des liquidateurs qui est en cause, les juges n'hésitant alors pas à faire renaître l'adage pourtant expressément écarté par le législateur ? Si l'incohérence naît de la disparité de traitement, *toutes choses égales par ailleurs*, elle est ici manifeste : face au même texte, la Cour de cassation adopte deux attitudes opposées.

374. Voudrait-on alors voir dans l'événement de nature à reporter le point de départ de la prescription - l'obtention d'un titre exécutoire - la raison d'être de la réapparition de l'adage *Actioni non natae non praescribitur* ? La solution n'apparaîtrait pas plus cohérente pour autant.

Selon la Cour de cassation, la reconnaissance des droits de la victime par une décision de justice, c'est-à-dire par un titre exécutoire obtenu postérieurement à la clôture de la liquidation judiciaire justifierait le report du point de départ de la prescription à une date ultérieure tant au fait dommageable qu'à la clôture de la liquidation. Mais la situation dans laquelle la victime cherche à engager la responsabilité du liquidateur après avoir obtenu un titre exécutoire à l'encontre de la société postérieurement à la date supposée servir de point de départ de la prescription à son action est parfaitement comparable à celle dans laquelle le créancier cherche à obtenir paiement de sa créance auprès des associés après avoir obtenu un titre exécutoire à l'encontre de la société postérieurement à la date supposée servir de point de départ de la prescription à son action. Pourtant, dans cette hypothèse, on l'a vu[3], la Cour de cassation refuse de reporter

1. Cass. com., 23 mars 1993, *Dr. soc.*, 1993, n° 134, obs. T. Bonneau ; 7 décembre 1993, *Bull. civ.* IV, n° 464, *Bull. Joly*, 1994, p. 280, note C. Hannoun (précisant que lorsque les droits de la victime ont été reconnus par une juridiction étrangère, c'est le jugement d'*exequatur* qui doit être pris en considération pour faire courir la prescription) ; 11 octobre 2005, *Bull. civ.* IV, n° 209, *Bull. Joly*, 2006, p. 491, note C. Regnaut-Moutier (précisant que seule la reconnaissance des droits de la victime par une décision définitive et irrévocable (la décision rendue par la Cour d'appel et non par le tribunal de première instance) devait être prise en considération pour faire courir la prescription). V. aussi, Paris, 2 juin 1988, *D.*, 1988, IR, p. 220 ; Pau, 31 mai 1994, *Juris-Data* n° 1994-044262. V. cependant, *contra* : Cass. com., 21 septembre 2004, pourvoi n° 01-01263 : « la date du fait dommageable ne saurait être confondue avec celle à laquelle le dommage a été connu ou celle à laquelle la créance est devenue certaine ».

2. V. *supra*, n° 53 s.

3. V. *supra*, n° 313 s. et 371.

le point de départ de la prescription à une date ultérieure à celle de la publication de la dissolution, motif pris qu'« aucune disposition légale ne prév[oie] un point de départ du délai de prescription différent selon que le créancier a ou non un titre contre la société débitrice principale »[1]. Mais les articles L. 225-254 et L. 237-12 du Code de commerce ne distinguent pas davantage que l'article 1859 du Code civil selon que la victime a ou non un titre exécutoire à l'encontre de la société ! L'incohérence est donc, ici encore, manifeste.

375. Au reste, les attitudes contradictoires de la jurisprudence ne sont pas propres au droit des sociétés. Ainsi, en matière de régimes matrimoniaux, la Cour de cassation n'a pas hésité à faire revivre la maxime *Actioni non natae non praescribitur*, non pas *ultra* mais bien *contra legem* !

On sait en effet que l'article 1427 du Code civil ouvre à l'époux lésé la possibilité d'agir en nullité à l'encontre de l'acte accompli par l'autre hors de la limite de ses pouvoirs sur les biens communs. Dans une optique de sécurité juridique, le législateur a cependant enfermé l'exercice de la demande en nullité dans un délai très strict, l'alinéa 2 de l'article 1427 du Code civil précisant que « l'action en nullité est ouverte au conjoint pendant deux années à partir du jour où il a eu connaissance de l'acte, sans pouvoir jamais être intentée plus de deux ans *après la dissolution de la communauté* ». En précisant ainsi que l'action ne peut jamais être intentée plus de deux ans après la dissolution de la communauté, la loi exclut expressément et radicalement qu'une action puisse être intentée au-delà de ce délai. L'exclusion de l'adage *Actioni non natae non praescribitur via* le recours à la technique du délai butoir est ici implacable. On pourrait donc légitimement s'attendre à ce que les juges, déjà peu enclins à réintroduire l'adage lorsque le législateur se contente de fixer un point de départ qui n'est pas une pure application de la maxime, refusent ici catégoriquement de le faire jouer.

Et pourtant, c'est dans cette hypothèse où la marge d'interprétation de la jurisprudence semblait la plus étroite que la Cour de cassation a le plus clairement affirmé son attachement à l'adage *Actioni non natae non praescribitur*, refusant de s'en tenir à la lettre de la loi. Un époux, marié sous le régime de la communauté réduite aux acquêts, avait consenti seul en 1967 à un tiers une promesse de vente d'un immeuble, étant précisé dans l'acte que le bénéficiaire de la promesse pouvait lever l'option entre le 1er octobre 1972 et le 30 septembre 1977. Après le décès de l'époux promettant le 31 mai 1972, le bénéficiaire de la promesse avait fait savoir à sa veuve et à ses fils en décembre 1975 qu'il levait l'option. La veuve avait alors tenté d'obtenir la nullité de la vente consentie sans son autorisation. La Cour d'appel, au terme d'une application mécanique de la lettre de l'article 1427 du Code civil, avait logiquement conclu que l'action, introduite plus de deux ans après la dissolution de la communauté du fait du décès de l'époux, était prescrite. Mais la Cour de cassation, par un arrêt rendu le 2 juin 1981[2], a censuré un tel raisonnement au terme d'un attendu de principe qui mérite d'être ici reproduit dans son intégralité tant il témoigne de la volonté assumée de la Cour de cassation de fait renaître l'adage *Actioni non natae non praescribitur* en dépit de la volonté contraire du législateur. Ainsi, après avoir au visa de l'article 1427 alinéa 2 du Code civil rappelé qu'« aux termes de ce texte, si l'un des époux a outrepassé ses pouvoirs sur les biens communs, l'action en nullité est ouverte du jour où il a eu

1. Cass. civ. 3e, 9 juin 1999, préc.

2. Cass. civ. 1re, 2 juin 1981, *Bull. civ.* I, no 187, *Defrénois*, 1981, p. 1320 s., obs. G. Champenois, *RTD civ.*, 1982, p. 414 s., obs. R. Nerson et J. Rubellin-Devichi.

connaissance de l'acte, sans pouvoir jamais être intentée plus de deux ans après la dissolution de la communauté », la Cour de cassation a posé en principe que « si générale que soit cette dernière formule, elle ne peut avoir pour effet de priver le conjoint du droit d'agir en nullité pendant les deux années qui suivent la réalisation de l'acte ». La formule, qui ne nie pas la lettre de la loi mais choisit de s'en affranchir, laisse entendre qu'il existe en matière de prescription des principes trop essentiels pour que le législateur puisse librement en disposer.

L'affirmation est sans appel. La Cour de cassation, s'affranchissant de la généralité de l'exclusion de l'adage par le législateur va ainsi le réintroduire pour considérer que la prescription ne pouvait courir avant la réalisation de l'acte, c'est-à-dire avant la naissance de l'action en nullité. La généralité de la formule législative semblait pourtant réfractaire à toute tentative d'interprétation créatrice. Comme a pu le souligner un auteur dont on peut dire qu'il manie habilement l'art de l'euphémisme, « la solution "cadre" mal avec la formule légale »[1]. Elle n'est pourtant pas isolée. La Cour de cassation a en effet à nouveau jugé, quelques années plus tard[2], que la prescription de l'action ne pouvait courir avant la réalisation de la condition suspensive de versement des fonds ayant rendu la vente parfaite, peu important que l'époux lésé ait pu antérieurement avoir connaissance de l'acte litigieux.

L'attitude de la Cour de cassation est ici dépourvue d'ambiguïté : quoi qu'en dise le législateur, l'action ne saurait se prescrire avant d'être née. Elle n'en demeure pas moins surprenante : il paraît en effet difficile de justifier ici la réintroduction *contra legem* de l'adage *Actioni non natae non praescribitur* alors même que la jurisprudence semble dans d'autres hypothèses si révérencieuse à l'égard de la loi.

376. À ce stade, on ne peut que constater la confusion qui entoure le recours à l'adage *Actioni non natae non praescribitur.* Au-delà même de l'inconstance législative, c'est l'attitude de la jurisprudence à l'égard de l'adage qui appelle l'attention. Fidèle aux choix du législateur, elle refuse parfois de faire renaître, *ultra legem*, l'adage *Actioni non natae non praescribitur* là où le législateur semblait avoir voulu l'évincer en fixant à la prescription un point de départ objectif, dont la détermination est indépendante de la réunion des éléments donnant naissance à l'action. Mais elle semble inversement réintroduire l'adage au-delà de la lettre de la loi dans des hypothèses qui frappent pourtant par leur similitude avec celles dans lesquelles l'application de l'adage avait été évincée.

Ainsi, face à un même fondement légal – l'article L. 225-254 du Code de commerce – ou à un même événement – l'obtention d'un titre exécutoire postérieurement à la date choisie par le législateur pour faire courir la prescription –, la Cour de cassation adopte des attitudes contradictoires. Plus encore, alors qu'elle refuse de faire jouer l'adage dans des circonstances où elle semblait pourtant disposer d'une certaine marge de manœuvre – la notion de fait dommageable par exemple, à laquelle se réfère l'article L. 225-254 du Code de commerce pourrait sans difficulté faire l'objet d'une interprétation extensive –, elle l'impose au contraire dans des hypothèses où la réintroduction de l'adage semblait beaucoup plus osée, le législateur ayant expressément exclu la possibilité d'y recourir – l'article 1427 alinéa 2 du Code civil exclut ainsi radicalement tout report du point de départ de la prescription –, obligeant la Cour de cassation à statuer *contra legem.*

---

1. G. Champenois, obs. sous Cass. civ. 1re, 2 juin 1981, préc., spéc. p. 1323.

2. Cass. civ. 1re, 15 juillet 1993, *Bull. civ.* I, n° 255, *JCP* G, 1994, I, 3733, n° 16, chron. P. Simler, *RTD civ.*, 1994, p. 929, obs. P. Vareille.

Le degré d'impérativité avec lequel le législateur écarte l'adage *Actioni non natae non praescribitur* ne semble donc pas même guider l'interprétation de la Cour de cassation. Réfractaires à toute tentative d'explication rationnelle, les solutions divergentes de la Cour de cassation semblent moins relever du mystère que de l'incohérence. La prise en considération de l'adage *Contra non valentem* conforte encore l'impression.

§ 2 - LA PRISE EN CONSIDÉRATION ÉVOLUTIVE DE L'ADAGE *CONTRA NON VALENTEM*

377. L'adage *Contra non valentem agere non currit praescriptio* enseigne que la prescription ne court pas contre celui qui ne peut agir. Plus connu sous sa forme elliptique *Contra non valentem*, il « fut peut-être, de tous ceux de notre ancien droit, celui qui obtint le plus de succès »[1]. Souvent classée parmi les causes de suspension de la prescription, la maxime influence également la fixation de son point de départ, puisqu'elle peut *de facto* aboutir à reporter le point de départ de la prescription au jour où l'impossibilité d'agir aura pris fin. L'adage recèle alors une part de mystère bien plus importante que la simplicité de la règle qu'il formule ne pourrait le laisser croire. Le mystère, que faut-il en penser ? D'un côté principe de bon sens et d'équité, la règle formulée par la maxime représente de l'autre une menace pour la sécurité juridique. Plus, une application extensive pourrait aller jusqu'à menacer l'institution même de la prescription : le plus souvent, c'est précisément celui qui ne peut agir qui laisse son droit se prescrire. Au demeurant, le droit n'a pas toujours su maîtriser la portée de cet adage, qui a donné lieu à des solutions fluctuantes et souvent imprécises. La loi, pourtant, lui marque son attachement, comme en témoigne la réforme du 17 juin 2008. Devenue maxime « légale », *Contra non valentem* est en quelque sorte réhabilité. Son histoire est chaotique, qui passe de l'hostilité (A), à la casuistique (B) et désormais à la consécration (C).

A. L'hostilité

378. À l'époque contemporaine, c'est à la plume du doyen Carbonnier que l'on doit d'avoir mis en lumière toute la subtilité de l'adage *Contra non valentem* dans un article demeuré fondateur[2]. Mais son origine est bien plus lointaine. Certes, on ne trouve aucune règle équivalente à la maxime *Contra non valentem* en droit romain, qui lui préférait le système de la *in integrum restitutio* permettant non pas de prévenir l'accomplissement de la prescription mais de revenir sur les effets d'une prescription acquise[3]. Le principe selon lequel la prescription ne court pas contre celui qui ne peut agir va toutefois rapidement prendre son essor avec le droit canonique, fondamentalement hostile à l'idée même de prescription. Mais il faudra encore attendre le célèbre glossateur Bartole pour voir la règle systématisée. C'est en effet sous sa plume, au XIVe siècle, que l'on retrouve pour la première fois nettement le principe sous la formule *Non valenti agere non currit praescriptio*[4].

1. J. Clément, *De la règle* Contra non valentem agere non currit praescriptio *en matière civile, Grenoble*, 1902, spéc. p. 1.
2. J. Carbonnier, « La règle *Contra non valentem agere non currit praescriptio* », *Rev. crit.*, 1937, p. 155 s.
3. Pour une étude de la *in integrum restitutio*, v. not. J. Clément, *op. cit.*, spéc. p. 20 s.
4. H. Gondard, *De la suspension de la prescription et de la règle* « Contra non valentem agere non currit praescriptio », Paris, 1904, spéc. p. 21.

Caractérisé par sa portée très large et son application très élastique[1], l'adage connut alors un grand succès sous l'ancien droit. Les juges en firent en effet une application étendue, qu'il s'agisse de protéger certaines catégories de personnes tels les incapables ou de tenir compte de cas divers d'impossibilité d'agir. En dépit de ce succès, l'adage n'en conservait pas moins une part importante de mystère. Les auteurs comme les Parlements de l'ancien régime hésitaient quant à l'effet qu'il fallait lui faire produire, présentant alternativement l'impossibilité d'agir comme une cause de suspension ou de restitution contre les effets de la prescription[2].

379. Cette bienveillance à l'égard de l'adage ne survit cependant pas à la disparition de l'ancien régime. En effet, les rédacteurs du Code civil se montrèrent profondément hostiles à la règle. Certes, ils consacrèrent ponctuellement quelques-unes des solutions acquises sous l'empire de la maxime. Ainsi par exemple, l'article 2252 du Code civil (devenu l'art. 2235 C. civ.) suspendait la prescription contre les mineurs non émancipés et les majeurs en tutelle. Mais, en posant en principe à l'article 2251 que « la prescription court contre toutes les personnes, à moins qu'elles ne soient dans quelque exception prévue par la loi », les rédacteurs du Code entendaient sans conteste « ensevelir »[3] la maxime sous cet article. Sa finalité ne faisait en effet guère de doute : il n'avait pas d'autre vocation que d'abolir l'adage, qui symbolisait à lui seul à la fois les privilèges de l'ancien régime et l'équité des parlements[4], tous deux honnis des rédacteurs du Code[5]. Présentée comme une « source inépuisable de procès (...) [ayant] exercé sa néfaste influence sur notre ancien droit »[6], la maxime devait être définitivement condamnée et la prescription désormais s'apprécier « *ex lege* et non plus *ex judicio* »[7].

Mais la Cour de cassation refusa de s'incliner devant le vœu du législateur. Sous l'impulsion de Merlin[8] et Troplong[9], elle usa très rapidement d'un « raffinement d'exégèse » selon l'élégante formule de Carbonnier[10], pour réintroduire de nouvelles hypothèses de neutralisation du cours de la prescription[11]. Le raisonnement jurisprudentiel peut ainsi se présenter : en précisant que la prescription courait contre « toutes les personnes » sauf disposition contraire de la loi, le législateur aurait simplement entendu interdire à la jurisprudence de créer de nouvelles causes personnelles de suspension de la prescription. Mais cette limitation n'aurait pas interdit de découvrir de nouvelles causes tenant non à la personne

---

1. H. Gondard, *ibid.*, spéc. p. 7.

2. H. Gondard, *ibid.*, spéc. p. 23. L'auteur précise que, sous l'ancien droit, la restitution émanait de « lettres royaux » délivrées en Chancellerie et déclarant non avenue la prescription accomplie.

3. J. Carbonnier, « Notes sur la prescription extinctive », *RTD civ.*, 1952, p. 171 s., spéc. p. 174.

4. En effet, les applications de l'adage étaient vécues comme des privilèges accordés à certaines personnes arbitrairement relevées d'une prescription acquise. Elles symbolisaient donc à la fois l'arbitraire de l'ancien régime et l'équité des parlements.

5. J. Carbonnier, « La règle *Contra non valentem agere non currit praescriptio* », art. préc., spéc. p. 158.

6. H. Gondard, *op. cit.*, spéc. p. 63.

7. H. Roland et L. Boyer, *Adages du droit français*, Litec, 4e éd., *V° 60 - Contra non valentem agere non currit praescriptio*, spéc. p. 110.

8. P.-A. Merlin, *Répertoire universel et raisonné de jurisprudence*, Paris, 5e éd., 1827, T. XII, *V° Prescription*, Section I, § VII, art. II, Question X, spéc. p. 757.

9. M. Troplong, *Le droit civil expliqué suivant l'ordre des articles du code, De la vente*, T. II, Paris, 1858, p. 54, n° 700-701, proposant de distinguer l'impossibilité d'agir inhérente à la personne du créancier des causes extrinsèques telles la force majeure, l'existence d'un obstacle conventionnel ou encore le défaut d'intérêt actuel.

10. J. Carbonnier, « La règle *Contra non valentem agere non currit praescriptio* », art. préc., spéc. p. 158.

11. Parmi les premiers arrêts en ce sens : Cass. req., 5 août 1817, *S.*, 1818, 1, 386 ; 9 avril 1818, *S.* 1819, 1, 189 ; civ. 29 juin 1818, *S.*, 1818, 1, 358.

mais aux circonstances de l'espèce[1]. Les travaux préparatoires du Code civil[2] attestent du caractère artificiel de la distinction, au point d'ailleurs que la Cour de cassation l'abandonna bien vite pour rattacher différemment le retour en grâce de l'adage *Contra non valentem* à la force majeure[3]. Le XIXe siècle demeurera néanmoins marqué par un vif débat doctrinal[4] entre les pourfendeurs d'une jurisprudence affranchie de la loi[5] et les défenseurs d'une renaissance de l'adage[6].

---

1. V. par ex. Agen, 23 février 1858, *D.*, 1858, 2, 139 : « le code Napoléon, dans les art. 2251 et suiv., s'occupe particulièrement des impossibilités d'agir provenant de l'état ou de la qualité des individus et se contente de définir quelques cas d'impossibilité dérivant de causes étrangères à la personne, comme, par exemple, dans l'art. 2257, mais qu'il n'a pu essayer d'en donner une énumération complète, car le nombre en est considérable ; qu'il tire seulement diverses conséquences de la règle *Contra non valentem* sans écrire nulle part cette règle elle-même, principe cependant de toutes les dispositions du code sur la suspension de la prescription, d'où il suit qu'en ce qui concerne les impossibilités prises en dehors de la personne il n'est pas nécessaire, pour les admettre comme cause de suspension, qu'elles soient expressément déclarées telles par une loi ».

2. Si les travaux préparatoires relatifs à la discussion de l'article 2251 ne sont guère éclairants, il faut remarquer que dans le premier projet de Code civil élaboré par Cambacérès, un article 128 précisait qu'il n'y avait pas « d'autre cause de suspension » que celles prévues par la loi (F.-A. Fenet, *Recueil complet des travaux du Code civil*, T. XV, Paris, 1827, Réimp. Otto Zeller Osnabrück, 1968, T. I, spéc. p. 63). C'est donc bien l'ensemble des causes de suspension, et non pas les seules causes de suspension relatives aux personnes, que le législateur avait entendu écarter en 1804. *Contra*, cependant, E. Boniffacy, *De la règle «* Contra non valentem agere non currit praescriptio *» et de ses applications en matière civile*, Paris, 1901, spéc. p. 66 : « en ce qui concerne la règle *Contra non valentem*, non seulement rien dans les travaux préparatoires du Code civil ne fait penser que ses auteurs eussent voulu bouleverser les principes reçus jusqu'alors, mais tout porte à croire qu'ils ont voulu réglementer seulement certains cas sujets à controverse ».

3. Cass. civ. 22 décembre 1959, *JCP*, 1960, II, 11494, note P. E., *RTD civ.*, 1960, p. 323, obs. J. Carbonnier : « La prescription ne court contre celui qui est dans l'impossibilité absolue d'agir par suite d'un empêchement quelconque résultant soit de la loi, soit de la convention ou de la force majeure ». Sur le rattachement de l'adage à la force majeure, v. T. Grétéré, *L'adage* Contra non valentem agere non currit praescriptio, thèse Paris I, 1981.

4. Le débat s'est tari au cours du XXe siècle. Sans forcement cautionner l'interprétation jurisprudentielle de l'article 2251, les auteurs se sont cependant montrés moins hostiles à la méthode, se contentant d'exposer le raisonnement suivi : M. Planiol, *Traité élémentaire de droit civil*, Paris, 1908, 5e éd., T. 1, p. 878, nº 2701 ; A. Colin et H. Capitant, *Cours élémentaire de droit civil français*, Paris, 1921, 3e éd., T. I, p. 898 s. ; M. Planiol et G. Ripert, *Traité pratique de droit civil français*, par P. Esmein, J. Radouant et G. Gabolde, Paris, 1931, T. VII, *Les obligations*, 2e partie, p. 711 s., nº 1379 ; B. Starck, H. Roland, L. Boyer, *Droit civil, Obligations*, 2. *Contrat et quasi-contrat - Régime général*, Litec, 2e éd., p. 795, nº 2216 ; G. Marty, P. Raynaud, P. Jestaz, *Droit civil, Les obligations*, Sirey, 2e éd., 1989, T. II, *Le régime*, p. 299, nº 338. F. Chabas, *Leçons de droit civil, Obligations, Théorie générale*, Montchrestien, 8e éd., p. 1218, nº 1183 ; P. Malaurie, L. Aynès, P. Stoffel-Munck, *Les obligations*, Defrénois, 3e éd., p. 696, nº 1215 ; P. Malinvaud, *Droit des obligations*, Litec, 9e éd., p. 541, nº 860 ; J. Flour, J.-L. Aubert, Y. Flour, E. Savaux, *Droit civil, Les obligations*, 3. *Le rapport d'obligations*, Sirey, 7e éd., 2011, p. 437, nº 406 ; J. François, *Droit civil*, T. IV, *Les obligations, Régime général*, Economica, 1re éd, p. 146, nº 159 ; F. Terré, P. Simler, Y. Lequette, *Droit civil, Les obligations*, Précis Dalloz, 9e éd., p. 1402, nº 1493 ; A. Bénabent, *Les obligations*, Montchrestien, 10e éd., p. 620, nº 899.

5. A. Duranton, *Cours de droit civil français*, Paris, 1837, T. XXI, spéc. p. 473, nº 285-286 ; V. Marcadé, *Explication théorique et pratique du Code Napoléon*, T. XII, *Prescription*, Paris, 1867, art. 2251, I, spéc. p. 214, nº 187 ; O. de Giraud d'Agay, *Des causes d'interruption et de suspension de la prescription en matière civile*, Aix-en-Provence, 1882, spéc. p. 180 ; C. Baudry-Lacantinerie et A. Tissier, *Traité théorique et pratique de droit civil, De la prescription*, Paris, 3e éd., 1905, spéc. p. 285, nº 369 ; F. Laurent, *Principes de droit civil français*, Paris, 1878, 3e éd., T. XXXII, p. 52, nº 39 : « Cette jurisprudence est en tout le contre-pied de la loi ; son point de départ est un principe que la loi n'a point consacré, et la conclusion à laquelle elle arrive est en opposition formelle avec l'article 2251. Le Code dit que c'est la loi qui détermine les cas dans lesquels la prescription est suspendue à l'égard de certaines personnes ; la cour de cassation dit que c'est le juge du fait qui décide souverainement s'il y a impossibilité d'agir et, par suite, suspension de la prescription. L'antinomie est complète ».

6. C. Villey, *De l'interruption et de la suspension de la prescription en matière civile*, Caen, 1876, spéc. p. 112 s. ; C. Aubry et C. Rau, *Cours de droit civil français*, 4e éd., Paris, 1869, T. II, § 214, p. 342-343. Les auteurs proposent cependant une subtile distinction entre les obstacles de droit, pour lesquels

Le débat sur la légitimité même de l'adage s'apaisa cependant progressivement, pour laisser place à une casuistique jurisprudentielle.

B. La casuistique

380. Après avoir réintégré par effraction l'adage *Contra non valentem* en droit français, la jurisprudence devait encore en expliciter la portée. Mais sous cet aspect, elle ne brille ni par la constance de ses solutions, ni par la lisibilité de sa politique. Le constat n'est pas nouveau et la confusion régnant dans l'application de l'adage fut déjà en son temps dénoncée par Dunod[1], qui relevait qu'il aurait sans doute fallu tout un volume pour exposer les errements de la jurisprudence dans l'application de la maxime au seul absent. Une telle confusion est loin d'avoir disparu.

L'instabilité de la jurisprudence s'exprime en effet d'abord, formellement, à travers la multiplicité des manières de mettre en œuvre l'adage. Ainsi, alors que la Cour de cassation vise parfois expressément la maxime à l'appui de ses décisions[2], elle préfère souvent se contenter d'évoquer l'existence d'une impossibilité d'agir, sur l'intensité de laquelle elle paraît encore hésiter : visant parfois la simple « impossibilité d'agir »[3], elle insiste, en d'autres circonstances, sur la nécessité d'une « impossibilité absolue d'agir »[4].

Ces hésitations purement formelles seraient évidemment de peu d'importance si elles ne masquaient en réalité une véritable ambiguïté de la jurisprudence sur le fond. En effet, l'application de l'adage *Contra non valentem* demeure délicate à systématiser. Carbonnier, pourtant fervent défenseur de l'utilité de la maxime, affirmait déjà qu'« on ne saurait s'empêcher d'y relever un certain manque de cohérence »[5]. L'incertitude porte sur la prise en considération de l'impossibilité matérielle (1), ou morale (2) d'agir, comme sur celle résultant de l'ignorance du droit d'agir (3).

1. *L'impossibilité matérielle d'agir*

381. L'impossibilité d'agir peut d'abord être matérielle. Telle était d'ailleurs l'hypothèse sur laquelle raisonnaient les auteurs classiques[6]. Mais elle n'est pas aujourd'hui le terrain d'élection de la maxime.

---

la maxime *Contra non valentem* pourraient trouver application et les obstacles de fait, qui ne justifieraient en aucun cas la suspension de la prescription : « la condition personnelle d'un individu et les circonstances particulières de fait dans lesquelles il se trouve placé, ne peuvent jamais autoriser à admettre une suspension de prescription qui ne serait pas établie par la loi. On forcerait le sens de cet article, si l'on voulait en conclure que la prescription court, en l'absence de disposition spéciale qui la suspende, malgré l'existence d'un obstacle légal qui s'opposerait à l'exercice de toute action, même simplement interruptive » (note 29) ; pour une adhésion à la proposition d'Aubry et Rau, v. L. Guillouard, *Traité de la prescription*, T. I, Paris, 1900, p. 147, n° 147 ; J. Clément, *op. cit.*, spéc. p. 156 s.

1. F. Dunod de Charnage, *Traité des prescriptions*, Paris, 1765, rapp. in V. Marcadé, *op. cit.*, spéc. p. 213, n° 186.

2. V. not. Cass. civ. 1re, 21 novembre 1972, *Bull. civ.* I, n° 251 ; com. 26 mai 1971, *Bull. civ.* IV, n° 149 ; 23 février 1970, *Bull. civ.* IV, n° 6 ; 19 mars 1974, *Bull. civ.* IV, n° 102, *D.*, 1975, p. 628.

3. Cass. civ. 1re, 4 février 1986, *JCP* G, 1987, II, 20818, note L. Boyer ; soc., 14 décembre 2006, pourvoi n° 05-40843.

4. Cass. civ., 28 juin 1870, *DP*, 1870, 1, 309 ; req., 21 mai 1900, *S.*, 1902, 1, 133 ; civ. 1re, 7 octobre 1992, *Cont. conc. cons.*, 1993, comm. 2, obs. L Leveneur.

5. J. Carbonnier, « La règle *Contra non valentem agere non currit praescriptio* », art. préc., spéc. p. 192-193.

6. V. références citées *supra*, n° 377.

À l'analyse en effet, la Cour de cassation refuse en général de prendre en considération l'impossibilité matérielle d'agir lorsqu'elle n'apparaît pas insurmontable. Ainsi par exemple, ni les difficultés d'une caisse primaire d'assurance maladie à procéder à des contrôles systématiques[1], ni l'absence de mention du délai accordé pour agir[2], ni la difficulté à se procurer ses fiches de paie auprès de son employeur[4], ni l'incarcération à l'étranger du demandeur[4], ni sa difficulté à agir seul[5] ou sa méconnaissance de la langue française[6] ne sont de nature à justifier l'application de l'adage *Contra non valentem*. L'existence d'une négociation préalable[7], d'un contentieux principal en cours[8] comme celle d'une instance pénale[9] ne donnent pas davantage lieu à l'application de la maxime. Plus encore, ni l'existence d'une position administrative erronée[10] ni la survenue tardive d'un

1. Cass. civ. 2e, 29 avril 1966, *Bull. civ.* II, n° 515 (difficultés de la Caisse primaire de sécurité sociale à procéder à des contrôles systématiques auprès de l'organisme départemental qui emploie l'assuré non immatriculé).

2. Cass. soc., 7 juin 1968, *Bull. civ.* V, n° 279 (absence de mention du délai accordé pour agir dans une notification).

3. Cass. civ. 2e, 3 novembre 1965, *Bull. civ.* II, n° 835.

4. Aix-en-Provence, 26 mars 2003, *Juris-Data* n° 2003-218438.

5. Cass. civ. 2e, 10 juillet 2008, pourvoi n° 07-13925 (impossibilité alléguée d'agir de l'assuré souffrant d'un grave handicap avant d'avoir accepté l'aide de sa fille suite au décès de son époux).

6. Cass. soc., 17 avril 1985, *Bull. civ.* V, n° 239.

7. V. par ex., en matière d'assurances : Cass. civ. 1re, 14 février 1989, *Bull. civ.* I, n° 76 ; 24 janvier 1995, pourvoi n° 92-15887, 13 novembre 1996, *RGDA*, 1997, p. 140, note F. Vincent, *JCP* G, 1997, II, 22917 note B. Beignier (plaidant pour l'application de la règle *Contra non valentem*). Voir aussi H. Groutel, *Pitié pour la prescription biennale*, *RCA*, 1991, chron 25, considérant que la cause de la suspension n'est pas étrangère à celui qui l'invoque, celui-ci pouvant largement influer sur la configuration de cette cause. La solution est identique en cas de désignation d'un expert amiable (Cass. civ. 1re, 28 octobre 1997, pourvoi n° 95-19538). Précisons toutefois que l'article 2238 du Code civil issue de la réforme du 17 juin 2008 dispose désormais que « la prescription est suspendue à compter du jour où, après la survenance d'un litige, les parties conviennent de recourir à la médiation ou à la conciliation ou, à défaut d'écrit, à compter du jour de la première réunion de médiation ou de conciliation ». La loi nouvelle n'englobe cependant pas l'hypothèse de négociations amiables.

8. Cass. civ. 2e, 24 février 1966, *Bull. civ.* II, n° 265 ; soc., 5 novembre 1992, pourvoi n° 90-20634 ; 16 novembre 1995, pourvoi n° 93-21707 ; soc., 20 avril 2000, pourvoi n° 98-18133 (l'existence d'une action en cours visant la reconnaissance du caractère professionnel de la maladie n'est pas incompatible avec l'introduction d'une action en reconnaissance de la faute inexcusable de l'employeur ; civ. 1re, 21 octobre 2003, pourvoi n° 00-18829 : l'existence d'un contentieux relatif à la propriété de l'immeuble (action en annulation de la vente pour dol) et donc à l'indétermination de la qualité de propriétaire de l'immeuble n'est pas un obstacle insurmontable à l'exercice d'une action à l'encontre de la compagnie d'assurance suite à la réalisation d'un sinistre ; civ. 2e, 12 juillet 2007, *D.*, 2007, p. 2304 (le débat existant sur la validité de clauses réglementaires limitant dans le temps la durée de la garantie aurait dû conduire les intéressés à agir pour préserver leurs droits de sorte qu'ils n'ont pas été dans l'impossibilité d'agir jusqu'au jour d'invalidation des clauses par le Conseil d'État).

9. Cass. soc., 17 mars 1976, *Bull. civ.* V, n° 177 ; civ. 1re, 3 juillet 1990, *Bull. civ.* I, n° 184, *RTD civ.*, 1991, p. 536 (l'exclusion par une police d'assurance des délits intentionnels ne saurait justifier le report du point de départ de la prescription au jour de l'acquittement de l'assuré en raison du principe de présomption d'innocence) ; 9 février 1999, *Gaz. Pal.*, 30 septembre 1999, p. 691 (la victime ne peut prétendre avoir été dans l'impossibilité d'agir du fait de l'existence d'une action pénale, la règle selon laquelle le criminel tient le civil en l'état ne faisant pas obstacle à ce que l'action civile soit intentée mais n'ayant pour effet que d'en suspendre le jugement) ; 12 mars 2002, *D.*, 2002, p. 3182, note H. Groutel, *RGDA*, 2003, p. 389, note F. Vincent (l'information judiciaire n'empêche pas la victime d'interrompre la prescription par l'envoi d'une lettre recommandée) ; civ. 2e, 28 février 2006, pourvoi n° 04-14454 : « l'instruction en cours ne dispensait pas M. Y... d'agir devant le juge civil, qui avait alors la possibilité de surseoir à statuer, la cour d'appel (...) en a exactement déduit que l'intimé ne pouvait soutenir avoir été, du fait de la procédure pénale engagée contre lui, dans l'impossibilité d'agir ».

10. Cass. civ. 2e, 12 mars 2009, *JCP* S, 2009, 1290, note D. Asquinazi-Bailleux, *Semaine sociale Lamy*, 4 février 2008, n° 1339, p. 7 s. : « la divergence d'interprétation d'un texte ne fait pas obstacle à ce que les redevables contestent le montant de leurs cotisations devant la juridiction de la sécurité sociale sans attendre que la difficulté d'interprétation soit tranchée ».

revirement de jurisprudence reconnaissant les droits du créancier[1] ne peuvent avoir pour effet de retarder le point de départ de la prescription.

Dès lors, l'adage semble n'avoir vocation à remplir sa fonction que dans des hypothèses extrêmes, tels des conflits ou guerres civiles. Mais dans ce type de situation, il est la plupart du temps évincé par l'intervention de lois spéciales[2] qui évitent aux parties de devoir solliciter la maxime en préjugeant de l'appréciation de leur situation. L'adage même se trouve alors « privé d'utilité par des règles qui singent ses effets »[3]. Finalement, il n'a plus vocation à jouer que dans des hypothèses anecdotiques[4], où la théorie de la force majeure suffirait sans doute amplement.

2. *L'impossibilité morale d'agir*

382. La Cour de cassation refuse en règle générale de s'embarrasser de l'argument tiré d'une impossibilité psychologique. Par principe, elle se montre plutôt réfractaire à la prise en considération de ce type d'impossibilité. L'explication est à trouver dans le fait que ce type d'impossibilité tenant à la personne du créancier, l'application de l'adage *Contra non valentem* en la matière entrerait trop frontalement en conflit avec la lettre de l'ancien article 2251 du Code civil[5]. Néanmoins, l'attitude de la Cour de cassation est parfois plus confuse. Elle a en effet pu s'infléchir dans certaines situations. Sous cet aspect, il faut en réalité distinguer deux sortes d'impossibilité psychologique.

La première est inhérente à la personne : tel est le cas de l'individu sous l'emprise de troubles mentaux ou encore dont le niveau intellectuel apparaît particulièrement faible. La question se pose alors en ces termes : faut-il protéger ces catégories de personnes comme la loi protège celles faisant l'objet d'une mesure légale de protection ? La jurisprudence ne propose pas de réponse uniforme en la matière : si elle admet de faire application de l'adage *Contra non valentem* à la personne sous l'emprise de troubles mentaux[6], ou victime d'une amnésie[7], elle refuse en revanche de considérer que l'isolement, les charges familiales ou encore le niveau culturel justifient le recours à la règle *Contra non valentem*[8].

---

1. Cass. soc., 6 avril 2004, pourvoi n° 02-41630 ; civ. 2e, 8 juillet 2004, *Gaz. Pal.*, 29 janvier 2005, p. 17 s. La Cour de cassation considère en revanche que l'interprétation nouvelle du point de départ de la prescription d'une action s'applique immédiatement sans méconnaître l'impératif de sécurité juridique : Cass. civ. 2e, 19 février 2009, pourvoi n° 07-20499.

2. V. par. ex. la loi du 14 juillet 1915 (1re guerre mondiale), l'ordonnance du 29 juin 1962 (guerre d'Algérie), la loi du 31 juillet 1968 (événements de mai 1968).

3. P. Morvan, *Le principe de droit privé*, préf. J.-L. Sourioux, Ed. Panthéon-Assas, 1999, spéc. p. 715, n° 734.

4. V. par ex. Cass. civ. 1re, 21 novembre 1972, *Bull. civ.* I, n° 251 : dans cet arrêt rendu au visa de « la règle *Contra non valentem agere non currit Praescriptio* », la Cour de cassation fait application de la maxime à la victime d'un accident de voiture survenu sur le territoire de l'ancienne Algérie française au motif qu'elle ne pouvait poursuivre en France la procédure entamée en Algérie avant l'entrée en vigueur du décret du 13 août 1964 déterminant les juridictions françaises compétentes.

5. E. Boniffacy, *op. cit.*, spéc. p. 98 : « sous une législation qui fait courir la prescription sans tenir compte des incapacités subjectives non expressément prévues par elle, on ne peut se servir de la règle *Contra non valentem* avec l'ampleur qu'elle avait dans notre ancien droit ».

6. Cass. civ. 1re, 19 novembre 1991, *Bull. civ.* I, n° 318, *D.*, 1993, p. 277, note J. Massip ; 18 février 1992, *Bull. civ.* I, n° 54, *D.*, 1993, p. 277, note J. Massip ; 4 avril 1984, *Bull. civ.* I, n° 128, 18 février 2003, *RGDA*, 2003, p. 301, note J. Kulmann ; 1er juillet 2009, *D.*, 2009, p. 1896, *Gaz. Pal.*, 17 septembre 2009, p. 5, note G. Raoul-Cormeil, *Dr. fam.*, 2009, comm. 116, note I. Maria.

7. Cass. civ. 2e, 21 décembre 2006, *RGAT*, 2007, p. 89, note J. Landel.

8. Cass. soc., 26 avril 1984, *Bull. civ.* V, n° 159, *RTD civ.*, 1985, p. 176, obs. J. Mestre.

La seconde sorte d'impossibilité psychologique ne tient plus à la personne même du créancier, mais trouve sa source dans la relation qui unit celui-ci à son débiteur. Tel est le cas lorsque le demandeur agit contre son employeur ou un contractant dont il est économiquement dépendant ou encore, dans un registre différent, lorsqu'il doit agir à l'encontre de son concubin. La question se pose alors en des termes un peu différents : faut-il cette fois admettre de neutraliser le cours de la prescription en présence de ce type de relation comme la loi neutralise la prescription en présence d'une impossibilité morale d'agir entre époux, ou encore allège le régime de la preuve des actes juridiques (art. 1348 C. civ.) ? Là encore, la Cour de cassation n'apporte pas de réponse uniforme.

Ainsi, elle a refusé de faire application de la maxime dans une espèce dans laquelle un crédit-preneur tentait de faire valoir l'adage *Contra non valentem* pour obtenir le report du point de départ de la prescription de l'action en nullité d'un contrat de crédit-bail contenant une clause illicite au jour où le contrat avait cessé. À l'appui de sa prétention, il avait mis en avant son « état d'infériorité d'économique » qui l'aurait placé dans « l'impossibilité effective d'agir, sauf à se priver lui-même du bien pour la jouissance duquel il avait été contraint d'accepter les clauses contractuelles contre lesquelles la loi entendait le protéger »[1]. En refusant d'accueillir le pourvoi, la Cour de cassation affirme que la dépendance économique ne saurait être assimilée à une impossibilité d'agir[2]. La jurisprudence a d'ailleurs également refusé d'assimiler la crainte de représailles de l'employeur à une impossibilité d'agir neutralisant le jeu de la prescription d'une action en paiement d'arriérés de créances de salaires[3]. Quant à l'impossibilité morale d'agir qui pourrait exister entre concubins, elle n'entend pas davantage la prendre en considération[4] en dépit de propositions doctrinales en sens contraire[5].

Sa position est plus incertaine sur le point de savoir si l'impossibilité morale résultant de l'existence de négociations entre le créancier et le débiteur doit être prise en considération. Alors qu'elle fait jouer l'adage en présence d'une tentative obligatoire de négociation[6], elle hésite à en faire autant en présence de négociations simplement amiables. Après avoir un temps admis de prendre en considération de telles négociations[7], elle semble désormais y être plus réfractaire[8].

Elle a en revanche admis sans ambages que l'attente par le demandeur de la décision de ses co-créanciers pour adopter une attitude commune envers leur débiteur puisse être prise en considération. Précisément, elle a admis de reporter le point de départ de la prescription d'une action en responsabilité au jour où l'une des victimes avait décliné l'offre de transaction dont la validité était subordonnée à l'acceptation de l'ensemble d'entre elles[9]. Elle a également pu assimiler

1. Cass. civ. 3e, 4 octobre 2000, *Bull. civ.* III, n° 157, *Dr. et patr.*, 2001, p. 109, obs. P. Chauvel.

2. Mais, à rebours, la Cour de cassation a accepté de faire jouer l'adage *Contra non valentem* au bénéfice d'un contractant dans l'incapacité de saisir la rentabilité exacte et l'économie globale du contrat pendant son exécution en raison de la nullité de la clause de détermination du prix insérée au contrat (Cass. com., 13 avril 1999, *JCP* G, 1999, II, 10222, note B. Fages).

3. Cass. soc., 14 décembre 2006, pourvoi n° 05-40843. Comp. un arrêt ancien ayant reconnu l'existence d'une impossibilité d'agir de la commune à l'encontre de son maire : Aix, 24 novembre 1841, *S.*, 1842, 2, 122.

4. Cass. civ. 1re, 14 décembre 1999, *D.*, 2000, p. 846, note D. Houtcieff. Précisons en revanche que la loi du 17 juin 2008 a consacré la suspension de la prescription entre partenaires liés par un pacte civil de solidarité (art. 2236 C. civ.).

5. D. Houtcieff, note sous Cass. civ. 1re, 14 décembre 1999, *D.*, 2000, p. 846.

6. Cass. civ. 1re, 27 janvier 2004, *JCP* G, 2004, IV, 1555.

7. Req., 28 novembre 1938, *Gaz. Pal.*, 1939, 1, p. 178.

8. Cass. civ. 2e, 5 octobre 1988, *Bull. civ.* II, n° 188, *RTD civ.*, 1989, obs. J. Mestre.

9. Cass. civ. 1re, 4 février 1986, *JCP* G, 1987, II, 20818, note L. Boyer : en l'espèce la Cour de cassation

la pauvreté du débiteur à une impossibilité d'agir pour écarter la prescription de l'action du créancier exercée à l'occasion d'un retour à meilleure fortune du débiteur[1]. Dans ces deux hypothèses, elle a ce faisant semblé transformer l'adage *Contra non valentem* en pur instrument de contrôle de l'opportunité de l'action pour le créancier.

L'impossibilité psychologique d'agir donne ainsi lieu à une jurisprudence floue, impossible à systématiser mais globalement plutôt hostile à la prise en considération de l'adage.

3. *L'impossibilité d'agir résultant de l'ignorance*

383. L'impossibilité d'agir résultant de l'ignorance constitue sans doute l'hypothèse dans laquelle la jurisprudence a désormais le plus spontanément recours à l'adage *Contra non valentem* afin de reporter le point de départ de la prescription au jour de la cessation de l'ignorance[2]. Le constat est pour le moins paradoxal lorsque l'on se souvient de l'hostilité de la doctrine classique, même la plus favorable à la réhabilitation de l'adage[3], à la prise en considération de l'ignorance du droit en son nom[4].

Mais, si la prise en considération de l'ignorance du droit d'agir n'est guère douteuse[5], les incertitudes portent différemment sur son appréciation.

L'instabilité de la jurisprudence apparaît d'abord lorsqu'est en cause l'intensité avec laquelle la Cour de cassation a entendu apprécier le seuil de légitimité de l'ignorance susceptible de faire produire effet à l'adage. En effet, alors qu'elle a parfois pu considérer que l'ignorance d'un droit ne constituait pas une impossibilité absolue[6], ou encore que l'ignorance absolue d'un droit ne suffisait pas si elle ne résultait pas d'obstacles invincibles ou de circonstances exceptionnelles qui auraient empêché malgré ses diligences le créancier de connaître son droit[7], la Cour de cassation s'est dans d'autres hypothèses contentée du fait que le demandeur ait « de manière légitime et raisonnable, ignoré la naissance de son droit »[8].

---

a considéré, au visa de l'adage *Contra non valentem*, que les co-créanciers majeurs héritiers de passagers victimes d'un accident de transport aérien étaient dans l'impossibilité d'agir en responsabilité à l'encontre de la compagnie aérienne tant que le juge des tutelles des héritiers mineurs ne s'était pas prononcé sur l'opportunité de la conclusion d'une transaction dont l'efficacité était subordonnée à l'accord de tous les co-créanciers. En réalité, l'impossibilité était très relative, rien n'empêchait les créanciers d'agir en responsabilité, il était simplement préférable pour eux d'attendre que le juge des tutelles se soit prononcé. Une même logique d'opportunité sous-tend la jurisprudence relative au point de départ de la prescription en matière d'assurance de groupe. Bien que non rendus sur le fondement de l'adage *Contra non valentem*, les arrêts en la matière font également du jour où l'assuré avait non la possibilité d'agir mais intérêt à agir contre l'assureur le point de départ de la prescription (v. *infra*, n° 410 s).

1. Cass. 14 janvier 1818, *S.*, 1819, I, 140 ; Poitiers, 26 juillet 1825, *D.*, 1825, 2, 120.

2. S. Choppin Haudry de Janvry, *La suspension de la prescription en droit privé français*, Th. Paris II, 1989, spéc. p. 237 : « Il semblerait que, dans les hypothèses où l'empêchement d'agir tient à la méconnaissance du fait donnant naissance à l'action, la maxime *Contra non valentem*... opère non comme un simple relevé de forclusion, mais comme une véritable suspension *ab initio*, la prescription ne commençant à courir qu'à compter du jour où le titulaire du droit a eu connaissance du fait ».

3. V. not. E. Boniffacy, *op. cit.*, spéc. p. 129 : « L'ignorance ne saurait donc faire ranger celui qui s'en prévaut dans la classe de ceux qui peuvent invoquer notre règle » ; P.-A. Merlin, *op. cit.*, Question IX, spéc. p. 754.

4. V. not. F. Laurent, *op. cit.*, p. 26, n° 14 ; H. Gondard, *op. cit.*, Paris, 1904, spéc. p. 159-160.

5. V. not. *Infra*, et toute la juriprudence citée dans S. Choppin Haudry de Janvry, *op. cit.*

6. Cass. req., 11 juin 1918, *S.*, 1922, 1, 217 (ignorance de l'existence de la clause du testament non remplie et de l'inexécution de cette clause).

7. Cass. req., 1er juin 1892, *DP*, 1892, 1, 180.

8. Cass. com., 13 avril 1999, *JCP* E, 1999, II, 10222.

Mais l'instabilité de la jurisprudence apparaît surtout dans l'incertaine casuistique entourant l'application de l'adage, qui interdit toute anticipation des solutions jurisprudentielles[1]. La prise en considération ou le refus de prendre en considération l'ignorance par le demandeur de son droit d'agir ne répond pas à une logique jurisprudentielle bien établie, au point que l'on ne puisse toujours saisir pourquoi la Cour de cassation admet de prendre en considération l'ignorance par le demandeur de son droit d'agir dans certaines hypothèses alors qu'elle le refuse dans d'autres.

D'où des mouvements selon les matières et les contentieux. À l'étude de la jurisprudence, on relèvera ainsi une tendance à l'admission large de la maxime en droit des assurances. C'est en effet en ce domaine que l'on retrouve les arrêts faisant le plus clairement, sur le fondement de l'adage *Contra non valentem*, de l'ignorance de l'existence d'un droit une cause de report du point de départ de la prescription. Ainsi, l'ignorance de l'existence du contrat d'assurance ou encore de l'identité de l'assureur justifie, selon la Cour de cassation, le report du point de départ de la prescription[2]. Comment expliquer que cette solution ne se manifeste pas plus globalement au-delà du seul domaine du contrat d'assurance ? Comment justifier que la solution ait été transposée à l'hypothèse dans laquelle le tiers ignore l'existence d'un contrat conclu sans son accord[3], mais que l'ignorance par le mineur du contrat conclu en son nom par son représentant légal, pour s'en tenir à cette illustration, ne justifie pas l'application de la maxime[4] ?

De même, la manière dont a été traitée en jurisprudence la question de savoir si l'action, modelée par l'adage, devait en toute hypothèse être enfermée dans l'ancien délai de prescription de droit commun a fait l'objet d'appréciations divergentes selon les matières.

Ainsi, par un arrêt du 24 janvier 2006[5], la Cour de cassation a refusé d'enfermer une action en nullité pour dol exercée moins de cinq ans après la découverte du dol mais plus de trente ans après la conclusion de l'acte dans le délai de prescription trentenaire de droit commun. L'arrêt, s'il ne se fonde pas expressément sur l'adage *Contra non valentem*, s'en inspire pour considérer qu'on ne saurait opposer au demandeur la prescription de son action avant qu'il ait pu agir. Une telle logique n'est toutefois pas suivie lorsque l'action est introduite sur le terrain des vices cachés. En la matière, la Cour de cassation a ainsi enfermé l'exercice de l'action en garantie des vices cachés dans le délai de droit commun à compter de la conclusion de l'acte, dans une hypothèse où le vice avait pourtant été découvert

---

1. V. déjà en ce sens, J. Carbonnier, « La règle *Contra non valentem agere non currit praescriptio* », art. préc., spéc. p. 181 : « on ne peut pas affirmer d'avance, en présence d'un événement donné, que cet événement constituera nécessairement, aux yeux d'un tribunal, une impossibilité d'agir suspensive de la prescription. On a l'impression que tout est question d'espèce, comme en matière de force majeure, d'ailleurs ».

2. Cass. civ. 1re, 7 octobre 1992, *Cont. conc. cons.*, 1993, comm. nº 2, obs. L. Leveneur (ignorance par la victime des travaux de l'existence du contrat d'assurance et plus précisément de l'identité de l'assureur) ; com., 4 janvier 1994, pourvoi nº 92-10249 : « le délai de la prescription ne court pas contre celui qui n'avait pas été en mesure de connaître l'existence de l'assurance ou le nom de l'assureur » ; 2 février 1994, pourvoi nº 90-18796 (ignorance de la souscription à une assurance de groupe) ; civ. 1re, 30 septembre 1997, pourvoi nº 95-17357 ; civ. 2e, 5 juin 2008, *JCP* S, 2008, act. 330 (ignorance légitime et raisonnable par l'ayant droit de l'assuré du décès de ce dernier dans le cadre d'une assurance capital décès).

3. V. *supra*, nº 163 s.

4. V. *supra*, nº 169 s.

5. Cass. civ. 1re, 24 janvier 2006, *RDC*, 2006, p. 708 s., obs. D. Mazeaud, *D.*, 2006, p. 2643, obs. S. Amrani-Mekki, *JCP* G, 2006, II, 10036, note M. Mekki, *D.*, 2006, p. 626, note R. Wintgen, *LPA*, 11 août 2006, p. 9, note Y. Dagorne-Labbé.

après l'expiration de ce délai[1]. Pourquoi, là encore, l'ignorance d'un droit empêche-t-elle la prescription de s'accomplir dans une hypothèse et non dans l'autre ?

L'incohérence se retrouve d'ailleurs au sein même du régime de la garantie des vices cachés. En effet, alors que la Cour de cassation considère que l'action principale en garantie des vices cachés doit en toute hypothèse être exercée à l'intérieur du délai de prescription de droit commun, refusant ainsi que l'impossibilité d'agir résultant de l'ignorance du vice puisse suspendre le délai[2], elle admet en revanche que l'impossibilité d'agir résultant de l'absence d'assignation puisse produire un tel effet en refusant, on l'a vu, d'enfermer l'exercice de l'action récursoire dans le délai de prescription de droit commun[3].

On pourrait continuer cet inventaire des situations dans lesquelles la jurisprudence a cru devoir appliquer l'adage – ignorance du caractère indu de la dette[4], de l'ouverture de la succession[5] – sans pour autant être éclairé sur les raisons profondes de cette application.

Au fond, la difficulté est sans doute inhérente à l'adage lui-même : l'impossibilité d'agir à laquelle il se réfère se coule difficilement dans le moule d'une définition abstraite. Il s'agit davantage « d'une formule un peu vague, d'un cadre vide beaucoup plus que d'une définition précise »[6]. L'adage ne prend vie qu'au travers des situations concrètes qu'il est appelé à régir, rendant vain tout exercice de systématisation ou d'anticipation.

La faiblesse ne semble toutefois pas avoir modéré les ardeurs du législateur qui a à son tour succombé aux atours de l'adage. Délaissant son hostilité traditionnelle, il a en effet consacré les solutions jurisprudentielles en érigeant la règle formulée par la maxime au rang de disposition légale.

C. La consécration

384. À rebours de l'hostilité affichée des rédacteurs du Code civil en 1804, les travaux préparatoires de la loi du 17 juin 2008 portant réforme de la prescription extinctive témoignent d'une certaine bienveillance à l'égard de l'adage *Contra non valentem* perçu comme un instrument permettant « d'introduire de l'équité et de la souplesse dans la mise en œuvre de la législation »[7]. À l'occasion de ladite réforme, et prenant acte de l'accueil favorable fait à la maxime par la majorité des pays européens[8], le législateur français a opéré un complet changement

---

1. Cass. com., 27 novembre 2001, *JCP* G, 2002, II, 10021, note P. Jourdain, *Cont. conc. cons.*, 2002, comm. 43 par L. Leveneur ; Cass. civ. 3e, 16 novembre 2005, *JCP* G, 2006, II, 10069, comm. par F.-G. Trébulle, *D.*, 2006, p. 971, note R. Cabrillac.

2. V. *supra*, n° 99 s.

3. V. *supra*, n° 332.

4. V. *supra*, n° 296 s.

5. V. *supra*, n° 291 s.

6. J. Carbonnier, « La règle *Contra non valentem agere non currit praescriptio* », art. préc., p. 155 s., spéc. p. 181.

7. *Rapport n° 83 fait au nom de la Commission des lois par le sénateur L. Béteille sur la proposition de loi de M. J.-J. Hyest portant réforme de la prescription en matière civile* (1re lecture), spéc. p. 44. Comp. cependant, les conclusions de la mission d'information sur le régime des prescriptions civiles et pénales, ne s'estimant pas convaincue de la pertinence de la consécration légale de l'adage : « Pour un droit de la prescription moderne et cohérent », J.-J. Hyest (président), H. Portelli et R. Yung, rapporteurs, sénateurs, Commission des lois, « Mission d'information sur le régime des prescriptions civiles et pénales », *Les rapports du Sénat*, n° 333, 2006-2007, spéc. p. 96.

8. Le rapport précité du sénateur L. Béteille invoquait ainsi la reprise de l'adage en Allemagne, en Grèce, au Portugal, en Autriche, en Espagne, aux Pays-Bas, en Italie ou encore en Belgique.

d'attitude envers l'adage, allant jusqu'à lui donner une assise textuelle. L'évolution de l'attitude du législateur à l'égard de l'adage *Contra non valentem* atteste assurément de l'érosion du caractère subversif de la maxime. L'article 2234 du Code civil, décalque pur et simple de l'attendu de principe de la Cour de cassation en la matière[1], dispose ainsi désormais que « la prescription ne court pas ou est suspendue contre celui qui est dans l'impossibilité d'agir par suite d'un empêchement résultant de la loi, de la convention ou de la force majeure ».

On ne peut qu'être surpris de cette consécration soudaine de l'adage, qui paraît au surplus intervenir à contretemps : n'y-a-t-il pas quelque paradoxe à consacrer la maxime au moment même où elle semble presque devenue inutile[2] ? En effet, si l'application de l'adage constitue un tempérament d'équité souhaitable dans un système reposant sur une fixation objective du point de départ de la prescription au jour de la naissance du droit ou de l'action, l'adage a-t-il toujours une portée alors que l'article 2224 du Code civil impose un point de départ flottant ? Précisément, l'ignorance par le créancier de l'existence ou de l'étendue de son droit constituant l'archétype de l'impossibilité d'agir visée par la maxime, son application a-t-elle encore un quelconque intérêt dès lors que l'article 2224 du Code civil a érigé la connaissance du droit d'agir en critère de fixation du point de départ de la prescription ? Le paradoxe est bien là : consacré par la loi, l'adage semble donc amputé d'une bonne partie de son utilité, et ne paraît plus désormais avoir qu'une vocation résiduelle. À ce titre, on peine d'ailleurs à imaginer une réelle utilité à la maxime en dehors des hypothèses dans lesquelles le législateur aura par exception fixé le point de départ de la prescription à une date antérieure à celle qui résulterait d'une simple application de l'article 2224. La jurisprudence risque alors, au prix d'une application « nettement plus subversive »[3] de l'adage, d'en faire application là où le législateur entendait précisément l'écarter. L'audace jurisprudentielle en la matière ne serait cependant pas inédite[4].

385. Un tel risque est encore renforcé par la légitimité nouvelle que sa consécration législative lui offre, dont ne manqueront pas de se prévaloir les plaideurs. Là où la jurisprudence en faisait sans conteste une application très mesurée[5], la loi en propose une application systématique. Le piège avait déjà été perçu par Carbonnier qui redoutait l'effet psychologique qu'une intervention légale était susceptible de produire. Ainsi avait-il mis en garde contre une telle intervention

---

1. V. notamment, pour une formule identique à celle retenue par le législateur : Cass. civ. 1re, 4 février 1986, *JCP* G, 1987, II, 20818, note L. Boyer ; soc., 14 décembre 2006, pourvoi nº 05-40843.

2. C. Brenner et H. Lécuyer, « La réforme de la prescription », *JCP* N, 2009, 1118, spéc. nº 59 : « Le point de départ ordinaire de la prescription étant désormais fixé à la connaissance effective ou normale des faits permettant d'agir, cette application de l'adage *Contra non valentem agere*...a perdu le plus clair de son intérêt » ; B. Fauvarque-Cosson et J. François, « Commentaire de la loi du 17 juin 2008 portant réforme de la prescription en matière civile », *D.*, 2008, p. 2512 s., spéc. p. 2518, nº 22 : « Cette solution est cependant redondante lorsque le point de départ est flottant, car celui-ci tient déjà compte de l'impossibilité d'agir ». Dans le même sens, E. Naudin et J. Lasserre Capdeville, « Causes d'interruption et de suspension », in *La réforme du droit de la prescription, Actes de colloque*, *LPA*, 2 avril 2009, p. 12 s., spéc. p. 14, nº 13.

3. C. Brenner et H. Lécuyer, art. préc., spéc. nº 60.

4. V. *supra*, nº 378.

5. À procéder à une recherche systématique des décisions relatives à l'adage dans la base *Légifrance*, on est surpris par le faible nombre de décisions qui se réfèrent à l'adage, ou en font même une application implicite. La mesure avec laquelle la Cour de cassation fait application de l'adage a d'ailleurs toujours été soulignée par la doctrine. V. par ex. : S. Choppin Haudry de Janvry, *op. cit.*, montrant que la jurisprudence « conçoit extensivement l'application de la maxime aux diverses branches du droit, mais se montre rigoureuse dans le régime de preuve de l'action et n'en fait qu'une application mesurée ».

du législateur : « la règle *Contra non valentem agere*... étant jusqu'ici purement jurisprudentielle, son application étant en quelque sorte une faveur discrétionnaire de la part du juge, les intéressés n'y font pas appel à la légère. Que si cette règle venait à passer dans un texte, il serait à craindre qu'ils n'y vissent désormais un véritable droit ouvert à leur profit : il n'est pas de prescription accomplie sur laquelle on n'essaierait pas de revenir (...). La consécration de la loi risquerait fort de faire perdre à la règle *Contra non valentem agere*... ce qui a été jusqu'ici son caractère essentiel : la réserve, la prudence dans l'application. Et il serait permis de le regretter, car c'est seulement grâce à ce caractère que la justice a pu ici se concilier avec l'intérêt social »[1]. Certes, la jurisprudence devrait logiquement conserver une appréciation rigoureuse des conditions d'application de la maxime et ce, en dépit de la suppression dans la loi de toute référence à une impossibilité « absolue » d'agir, mais la consécration légale induira nécessairement un « effet de systématisation par glissement de ce qui n'était au fond qu'une faveur laissée à la discrétion du juge en direction d'un véritable droit pour le titulaire de la prérogative sujette à prescription à la paralysie de celle-ci »[2] et partant, un risque de dérive et d'arbitraire[3].

386. Au delà même des risques inhérents à la systématisation légale de l'adage, la manière dont le législateur a entendu le consacrer appelle davantage encore de critiques[4]. En effet, il s'est contenté de reprendre la formule jurisprudentielle sans en préciser le régime.

Or, on sait qu'en dépit de quelques hésitations[5], la jurisprudence avait adopté une vision très subtile des effets de l'adage, considérant que « la règle selon laquelle la prescription ne court pas contre celui qui est dans l'impossibilité d'agir par suite d'un empêchement quelconque résultant soit de la loi, soit de la convention ou de la force majeure, ne s'applique pas lorsque le titulaire de l'action disposait encore, au moment où cet empêchement a pris fin, du temps nécessaire pour agir avant l'expiration du délai de prescription »[6]. La jurispru-

---

1. J. Carbonnier, « La règle *Contra non valentem agere non currit praescriptio* », art préc., spéc. p. 193-194.

2. C. Brenner et H. Lécuyer, art. préc., spéc. n° 61. Le glissement semble d'ailleurs déjà amorcé par un arrêt rendu par la 1re chambre civile de la Cour de cassation le 1er juillet 2009 qui apprécie beaucoup moins strictement qu'auparavant la preuve de l'impossibilité d'agir du majeur atteint de troubles mentaux, au point que le caractère exceptionnel de l'application de l'adage en ce cas semble remis en cause (Cass. civ. 1re, 1er juillet 2009, *RTD civ.*, 2009, p. 507, obs. J. Hauser, *LPA*, 17 février 2010, p. 13, note J. Massip. V. déjà, Cass. civ. 1re, 18 février 2003, *JCP* N, 2003, 1664, note T. Fossier.).

3. A.-M. Leroyer, *Chronique de législation française, Prescription*, « Loi n° 2008-561 du 17 juin 2008 portant réforme de la prescription en matière civile », *RTD civ.*, 2008, p. 563 s., spéc. p. 570.

4. S. Amrani-Mekki, « Liberté, simplicité, efficacité, la nouvelle devise de la prescription ? À propos de la loi du 17 juin 2008 », *JCP* G, 2008, I, 160, spéc. n° 57 ; B. Fauvarque-Cosson et J. François, art. préc., *D.*, 2008, p. 2512 s., spéc. p. 2519, n° 22. Comp., non critique sur la consécration de la règle : V. Lasserre-Kiesow, « Commentaire de la loi du 17 juin 2008 portant réforme de la prescription en matière civile », *RDC*, 2008 ; p. 1449 s., spéc. p. 1459.

5. Cass. civ. 1re, 4 février 1986, *JCP* G, 1987, II, 20818, note L. Boyer. L'adage *Contra non valentem* semble être dans cet arrêt assimilé à une véritable cause de suspension de la prescription par la Cour de cassation.

6. Cass. com., 11 janvier 1994, *Bull. civ.* IV, n° 22, *RTD civ.*, 1995, p. 114, obs J. Mestre, *Cont. conc. cons.*, 1994, comm. 68, obs. L. Leveneur ; 18 décembre 2001, *LPA*, 27 novembre 2002, p. 16, note P. Cagnoli ; civ. 1re, 23 juin 2011, *Cont. conc. cons.*, 2011, comm. 209, note L. Leveneur. La doctrine classique comme moderne s'était d'ailleurs largement attachée à montrer la spécificité de cette règle. On avait ainsi relevé que « le procédé par lequel la règle opère ne consiste, en effet ni dans un recul du point de départ, ni dans une interruption, ni dans une suspension, mais seulement dans l'octroi rétrospectif d'un délai de grâce » (M. Bandrac, *La nature juridique de la prescription extinctive*, Préf. P. Raynaud, Economica, 1986,

dence conditionnait ainsi l'octroi d'un relevé de prescription à une attitude diligente du créancier une fois l'obstacle levé. Cette condition, indissociable de l'exception de force majeure à laquelle se rattache naturellement l'adage, n'a nullement été reprise par le législateur[1]. Plus encore, en insérant l'article 2234 dans une section consacrée aux « causes de report du point de départ ou de suspension de la prescription », le législateur - involontairement[2] ? - semble bien avoir transformé l'impossibilité d'agir en cause ordinaire de suspension de la prescription[3]. Le régime mis en place par la jurisprudence paraissait peut-être trop empreint d'équité pour pouvoir être purement et simplement transposé dans le Code civil[4]. Il n'en demeure pas moins qu'au prix d'une « surenchère législative »[5], c'est la portée même de l'adage que le législateur semble avoir dénaturée. Carbonnier, qui redoutait qu'aucune formulation légale ne soit de nature à traduire toute la subtilité de la théorie, fut ici aussi visionnaire[6].

387. Au reste, et là gît sans doute la critique principale que l'on peut émettre à l'encontre de la formulation retenue par les rédacteurs de la loi du 17 juin 2008,

---

spéc. n° 199) ou encore que « le temps n'est pas suspendu, il est véritablement restauré » (M. Bruschi, *La prescription en droit de la responsabilité civile*, Préf. A. Sériaux, Economica, 1997, spéc. n° 159). V. déjà, J. Carbonnier, « La règle *Contra non valentem agere non currit praescriptio* »,, art. préc., spéc. p. 184 ; M. Buy, « Prescriptions de courte durée et suspension de la prescription », *JCP*, 1977, I, 2833, spéc. n° 30.

1. Comp. la rédaction de l'article 2266 de l'*Avant-projet de réforme du droit des obligations et de la prescription* (*Avant-projet Catala*), qui avait pris en compte l'importance du comportement du débiteur après la disparition de l'obstacle allégué : « La prescription court contre toute personne qui n'est pas dans l'impossibilité d'agir par suite d'un empêchement résultant de la loi, de la convention ou de la force majeure. La force majeure, lorsqu'elle est temporaire, n'est une cause de suspension que si elle est intervenue dans les six mois précédant l'expiration du délai de prescription ». V. égal., pour une rédaction comparable, l'article 11 du projet de réforme du droit de la prescription extinctive élaboré par le groupe de travail de la Société de législation comparée : « La prescription ne court pas contre le créancier qui était dans l'impossibilité absolue d'agir par suite d'un empêchement résultant de la loi, de la convention ou de la force majeure. Lorsqu'elle est temporaire, la force majeure est une cause de suspension si elle est intervenue dans le six mois qui ont précédé l'expiration du délai de prescription ».

2. C. Brenner et H. Lécuyer, art. préc, spéc. n° 56.

3. E. Naudin et J. Lasserre Capdeville, art. préc., spéc. p. 14, n° 13 ; A.-M. Leroyer, art. préc, spéc. p. 570 ; P. Casson, « Le régime de la prescription », in *La réforme de la prescription en matière civile, Le chaos enfin régulé ?*, dir. P. Casson et Ph. Pierre, Dalloz, Thèmes & Commentaires, 2010, p. 25 s., p. 44. La loi remet ce faisant en cause le mécanisme même de l'adage, qui dérogeait au droit de la prescription plus qu'il n'en constituait une disposition. En effet, l'adage n'avait pas tant pour effet de neutraliser le décompte de la prescription que de primer la règle de prescription normale en imposant son contenu et en évinçant par là-même celui de la règle normalement applicable (C. Blanchard, *La dispense en droit privé*, thèse Paris II, 2008, spéc. p. 491, n° 435).

4. Lequel est pour l'essentiel réfractaire à la transposition pure et simple des règles d'équité. V. cependant, art. 270 C. civ. (à propos de l'octroi d'une prestation compensatoire) : « le juge peut refuser d'accorder une telle prestation si l'équité le commande, soit en considération des critères prévus à l'article 271, soit lorsque le divorce est prononcé aux torts exclusifs de l'époux qui demande le bénéfice de cette prestation, au regard des circonstances particulières de la rupture » ; art. 565 C. civ. : « Le droit d'accession, quand il a pour objet deux choses mobilières appartenant à deux maîtres différents, est entièrement subordonné aux principes de l'équité naturelle. Les règles suivantes serviront d'exemple au juge pour se déterminer, dans les cas non prévus, suivant les circonstances particulières » ; art. 1579 C. civ. (à propos du régime de participation aux acquêts) : « Si l'application des règles d'évaluation prévues par les articles 1571 et 1574 ci-dessus devait conduire à un résultat manifestement contraire à l'équité, le tribunal pourrait y déroger à la demande de l'un des époux ».

5. L'expression est empruntée à P. Morvan, qui considère qu'« il y a surenchère législative lorsque le législateur confère au principe une signification, une dimension que celui-ci n'aurait jamais acquise sous la plume des magistrats » (P. Morvan, *Le principe de droit privé*, préf. J.-L. Sourioux, Ed. Panthéon-Assas, 1999, spéc. p. 713, n° 733). Le législateur fait ici œuvre de surenchère en altérant le sens et le contenu de l'adage *Contra non valentem* pour en faire une véritable cause de suspension de la prescription.

6. J. Carbonnier, « La règle *Contra non valentem agere non currit praescriptio* », art. préc., spéc. p. 193.

en se contentant de calquer la formule rituelle de la Cour de cassation, sans faire précéder la réforme d'une réflexion d'ensemble sur les hypothèses méritant de relever de l'application de la maxime, le législateur a échoué dans le seul combat valable qu'il pouvait entendre mener en consacrant légalement la maxime : celui de lui donner « cette cohérence dont la jurisprudence n'a pas réussi à la doter »[1]. Faute de réflexion d'ensemble, le législateur a donc empêché de systématiser et de rationaliser une jurisprudence éclatée.

En définitive, il apparaît que l'application de l'adage *Contra non valentem*, qui aboutit fréquemment à différer le point de départ de la prescription à la date à laquelle a cessé l'impossibilité d'agir justifiant sa mise en œuvre, est rebelle à toute systématisation. Après avoir longtemps adopté une attitude franchement hostile à l'égard de l'adage, le législateur a finalement consacré son existence à l'article 2234 du Code civil tout en pérennisant ses défauts. Précisément, l'application de l'adage relève d'une casuistique jurisprudentielle imprévisible, ne permettant pas au justiciable d'anticiper la réaction des juges. Dès lors, loin de servir de guide à la détermination du point de départ de la prescription en proposant une grille de lecture unique – la possibilité d'agir – l'adage ne fait qu'entretenir un peu plus la confusion déjà observée.

388. En conclusion, on ne peut que constater l'application disparate des adages supposés guider la détermination du point de départ de la prescription. En effet, l'adage *Actioni non natae non praescribitur* fait l'objet d'une application disparate tant par la loi qui n'en fait pas toujours un principe intangible que par la jurisprudence qui hésite quant à l'attitude à adopter à son égard en présence d'une disposition légale qui semble indifférente voire franchement hostile à la règle formulée dans l'adage. La maxime *Contra non valentem* n'est pas davantage en mesure de constituer une ligne directrice cohérente en la matière : par-delà même son caractère d'exception et sa consécration aussi récente que surprenante par le législateur, elle fait l'objet d'une application jurisprudentielle inégale, sans que des critères clairs donnent sens à la casuistique dominant sa mise en œuvre. Mais la disparité des raisonnements menés ne se limite pas à cette prise en considération incertaine des adages. Elle se double d'une interprétation divergente des critères légaux de détermination du point de départ de la prescription.

SECTION II : L'INTERPRÉTATION DIVERGENTE DES CRITÈRES LÉGAUX DE DÉTERMINATION DU POINT DE DÉPART DE LA PRESCRIPTION

389. L'étendue du rôle de la jurisprudence dans la détermination du point de départ de la prescription est inversement proportionnelle à l'implication du législateur. Dans le silence de la loi sur le critère à retenir, le rôle des juges est fondamental : ils devront, par-delà ses lacunes, découvrir le critère pertinent. En revanche, lorsque le législateur le précise expressément, le rôle des juges devrait se limiter à l'application pure et simple du critère légal. On pourrait donc s'attendre ici à ce que la jurisprudence, appliquant servilement la loi, fasse preuve d'une certaine constance. Toutefois, confrontée à l'existence d'un critère légal, elle va parfois en donner des interprétations divergentes jusqu'à le démultiplier en autant de critères différents.

1. J. Carbonnier, *ibidem*.

Ainsi, tant l'interprétation déformante de la notion d'événement ayant donné naissance à l'action (§ 1) que celle fluctuante de la notion de révélation (§ 2) suscitent une jurisprudence disparate.

§ 1 - L'INTERPRÉTATION DÉFORMANTE DE LA NOTION D'ÉVÉNEMENT AYANT DONNÉ NAISSANCE À L'ACTION

390. L'événement donnant naissance à l'action est évoqué à plusieurs reprises comme critère de détermination du point de départ des délais pour agir. Ainsi, l'article L. 311-52 du Code de la consommation précise-t-il que « les actions en paiement engagées devant [le tribunal d'instance] à l'occasion de la défaillance de l'emprunteur doivent être formées dans les deux ans de l'événement qui leur a donné naissance ». De même, l'article L. 114-1 du Code des assurances dispose que « toutes actions dérivant d'un contrat d'assurance sont prescrites par deux ans à compter de l'événement qui y donne naissance »[1].

Sous cet aspect, la formule retenue ressort davantage de la tautologie que du véritable critère de détermination du point de départ de la prescription : la prescription court avec la naissance de l'action. Mais alors quand l'action naît-elle ? De l'événement qui lui donne naissance, semble répondre le législateur.

Le législateur offre ainsi aux juges un critère fuyant, aux contours imprécis, et ce faisant malléable. L'interprétation qui en est faite par la jurisprudence démontre d'ailleurs le danger de ce type de formules par trop générales de fixation du point de départ de la prescription. La jurisprudence n'hésite pas en effet à exploiter le critère imposé par le législateur pour parvenir au résultat qu'elle entend atteindre. Au point de le déformer jusqu'à le faire céder.

391. Si l'on s'intéresse ainsi à la forclusion de l'action visée par l'article L. 311-52 du Code de la consommation qui consiste en une action en paiement des échéances du prêt, l'événement donnant naissance à l'action devrait logiquement consister en l'exigibilité de l'échéance dont il est demandé paiement. On l'a vu en effet[2], le point de départ de la prescription de l'action en paiement est par principe fixé au jour de l'exigibilité de la créance, qui fait naître l'action. La Cour de cassation semble d'ailleurs en apparence parfaitement respecter ce principe. En effet, elle a pu affirmer que « le point de départ à l'expiration duquel une action ne peut plus être exercée se situe nécessairement à la date d'exigibilité de l'obligation qui lui a donné naissance »[3]. Mais, si elle vise l'exigibilité comme critère de détermination du point de départ du délai de forclusion, elle n'a en revanche pas toujours tiré les conséquences du principe qu'elle avait ainsi posé. Qu'on en juge : en faisant de la première échéance impayée[4], et non de la date

---

1. L'expression est reprise par les articles L. 932-13 du Code de la sécurité sociale et L. 221-11 du Code de la mutualité ainsi que par l'annexe III-21-1 du Code du sport pour les assurances propres à ces domaines.

2. V. *supra*, n° 238 s.

3. Cass. civ. 1re, 9 décembre 1986, *Bull. civ.* I, n° 293, *D.*, 1987, somm. p. 455, obs. J.-L. Aubert, *D.*, 1988, p. 84, note Paire, *Gaz. Pal.*, 1987, I, p. 186, note Mayer et Pinon, *JCP* G, 1987, II, 20862, note E. N. Bey. Jurisprudence constante. V. par ex., dans le même sens, Cass., avis, 9 octobre 1992, *Bull. Avis n° 1*, *JCP* G, 1993, II, 22024, note A. M.. Morgan de Rivery-Guillard, *D.*, 1993, somm. p. 188, obs. Julien ; ass. plén., 6 juin 2003, *JCP* E, 2004, 32, comm. I. Fadlallah, *LPA*, 3 octobre 2003, n° 198, p. 8, note L. Comanges, *D.*, 2003, *AJ*, p. 1692, obs. V. Avena-Robardet, *D.*, 2003, p. 1905, note X. Lagarde, *Gaz. Pal.*, 7 septembre 2004, n° 251, p. 16, note A. Bigot, Defrénois, 2003, p. 1179, obs. E. Savaux., *JCP* G, 2003, II, 10137, note G. François, *RTD com.*, 2004, p. 148, obs. B. Bouloc, p. 549 s., note M. Cabrillac et D. Legeais.

4. V. *supra*, n° 265.

d'exigibilité distincte de chaque échéance, le point de départ de la forclusion de l'action en paiement de l'ensemble des échéances à venir du prêt, ou encore en visant le dépassement de découvert[1], et non la clôture du compte, comme point de départ du délai de forclusion de l'action en paiement du solde du compte, la Cour de cassation s'écarte nettement de la date d'exigibilité à laquelle elle prétend pourtant se référer.

En effet, sauf clause de déchéance du terme, le non paiement d'une échéance ne rend pas le solde du prêt exigible. De même, sauf clause d'exigibilité immédiate de plein droit, le dépassement du découvert autorisé ne rend pas exigible le solde du compte. Si, à cet instant, le prêteur peut exiger le paiement du solde, il ne le *doit* pas. Faut-il d'ailleurs rappeler que l'article L. 311-30 du Code de la consommation énonce expressément qu'« en cas de défaillance de l'emprunteur, le prêteur *pourra* exiger le remboursement immédiat du capital restant dû » ? Ainsi, selon I. Fadlallah, « l'exigibilité d'une créance n'est pas une notion mécanique. Elle ne se confond pas avec la seule échéance. Il faut l'intégrer dans les rapports entre les parties et se demander si le créancier exige le paiement effectif »[2]. Comme il a été justement souligné, « aussi longtemps que dure le crédit permanent, le consommateur, à proprement parler, ne doit rien au prêteur. C'est même exactement l'inverse puisque par l'effet de la convention de compte, c'est le consommateur qui est créancier du banquier. Il faut donc attendre la clôture du compte pour que prenne naissance la créance du prêteur »[3]. On l'a encore exprimé en ces termes : « nous expliquera-t-on à quoi l'emprunteur aurait failli par le simple dépassement du découvert initial, alors qu'il n'est tenu à aucun remboursement exigible tant que son compte n'est pas clôturé »[4] ?

Ce faisant, tout en prétendant la respecter, la Cour de cassation s'écarte nettement de la date d'exigibilité de l'obligation et dénature en conséquence le critère légal de détermination du point de départ de la prescription, à savoir l'événement ayant donné naissance à l'action.

392. La même dénaturation de la notion d'événement ayant donné naissance à l'action se retrouve sur le terrain de l'article L. 114-1 du Code des assurances. L'article vise la mise en œuvre par l'assuré de la garantie due par son assureur. L'événement donnant naissance à cette action en garantie devrait alors logiquement résider dans la réalisation du sinistre garanti. On l'a vu en effet[5], le point de départ de la prescription d'une telle action se prescrit à compter de la réalisation du risque garanti.

Or, là encore, tout en visant formellement l'alinéa 1er de l'article L. 114-1 du Code des assurances, la Cour de cassation n'a pas hésité à s'écarter d'une telle directive, notamment en matière d'assurances de groupe, ces assurances visant à garantir le paiement des échéances d'un prêt bancaire en cas de survenance d'un état d'incapacité ou encore de chômage de l'assuré[6]. En effet, alors que ce dernier type d'assurance vise à garantir l'assuré contre la réalisation d'un sinistre consis-

---

1. V. *supra*, n° 272 s.
2. I. Fadlallah, note sous Cass. ass. plén. 6 juin 2003, préc., spéc. n° 5.
3. X. Lagarde, note sous Cass. ass. plén., 6 juin 2003, préc., spéc. p. 1907, n° 5.
4. D.-R. Martin et H. Synvet, obs. sous Cass. civ. 1re, 7 décembre 2004, *D.*, 2005, p. 155 s., spéc. p. 166. V. encore en ce sens, S. Piedelièvre, « Crédit à la consommation : le point de départ du délai de forclusion de l'article L. 311-37 », *Gaz. Pal.*, 13 décembre 2003, p. 2, spéc. n° 16.
5. V. *supra*, n° 287.
6. Sur le point de départ de la prescription en présence de ce type d'assurance, v. plus spécifiquement, *infra*, n° 410 s.

tant dans la survenue d'un accident, d'une maladie ou encore d'un licenciement, la Cour de cassation a reporté le point de départ de la prescription de l'action en garantie y afférent au jour de la réalisation du « premier des deux événements suivants, soit le refus de garantie de l'assureur, soit la demande en paiement de l'établissement de crédit »[1].

Le choix de ces dates ne coïncide à l'évidence pas avec la date de l'événement ayant donné naissance à l'action, qui ne peut consister qu'en l'événement garanti, soit la maladie, l'accident ou encore le licenciement. En effet, c'est à ce jour que naît l'action que l'assuré peut exercer à l'encontre de son assureur. La naissance d'une telle action n'est en aucun cas subordonnée au recours de la banque à son encontre. Elle est encore moins subordonnée au refus de sa garantie par l'assureur, puisqu'elle vise précisément à mettre en œuvre une telle garantie !

Dès lors, il faut constater que le choix de dates totalement indépendantes de l'événement donnant naissance à l'action témoigne d'une émancipation du juge des critères légaux qu'il est supposé appliquer. La Cour de cassation, tout en continuant en apparence à appliquer le critère légal, profite du flou qui entoure la notion d'événement donnant naissance à l'action pour instrumentaliser le point de départ de la prescription afin de protéger le consommateur ou l'assuré. Elle propose alors de cette notion une interprétation qui la dénature, voire rompt nettement avec elle.

393. Aussi, même lorsque le législateur prend soin de fixer des critères de détermination du point de départ de la prescription, la jurisprudence n'hésite pas à s'en écarter, rendant incertaine les composantes réelles du point de départ de la prescription. Plus encore, même quand elle ne s'écarte pas franchement du critère imposé par le législateur, elle en propose des interprétations qui anéantissent l'unité du critère. Tel est le cas de l'application jurisprudentielle du critère de révélation parfois visé par le législateur.

§ 2 – L'INTERPRÉTATION FLUCTUANTE DE LA NOTION DE RÉVÉLATION

394. Le législateur ou la jurisprudence font parfois référence à la notion de révélation pour déterminer le point de départ de la prescription : il est ainsi reporté au jour où son titulaire prendra conscience de l'existence de son droit, parce qu'un des éléments dont il dépend – le fait générateur, le dommage, ou encore le vice affectant la convention – lui sera révélé.

Sous cet aspect, il n'est guère douteux que la notion de révélation figure parmi les critères auxquels il est fait le plus régulièrement référence pour déterminer le point de départ de la prescription. Ainsi, les articles L. 223-33 et L. 225-254 du Code de commerce font dans certaines conditions de la révélation du fait dommageable le point de départ de la prescription de l'action en responsabilité contre les dirigeants sociaux. L'article L. 225-254 dispose en effet que « l'action en responsabilité contre les administrateurs ou le directeur général, tant sociale qu'individuelle, se prescrit par trois ans, à compter du fait dommageable ou s'il a été dissimulé, de sa révélation ». Les articles L. 237-18 et L. 822-12 du même Code renvoient encore à cette disposition lorsque c'est la responsabilité du commissaire aux comptes pour le premier, ou du liquidateur pour le second, qui est recherchée. Il est également fait référence à la notion de révélation à l'article

1. Cass. civ. 1re, 27 mars 2001, *JCP* E, 2002, 37, note G. Courtieu, *RCA*, 2001, chron. 12, obs. H. Groutel.

L. 225-42 alinéa 2 du Code de commerce relatif à l'action en nullité des conventions réglementées conclues sans autorisation préalable du conseil d'administration au terme duquel, lorsque « la convention a été dissimulée, le point de départ du délai de la prescription est reporté au jour où elle a été révélée ». La notion de révélation est encore visée par l'article L. 1134-5 du Code du travail selon lequel « l'action en réparation du préjudice résultant d'une discrimination se prescrit par cinq ans à compter de la révélation de la discrimination ». À cette récurrence du critère de la révélation dans la loi, il faut encore ajouter les hypothèses dans lesquelles la jurisprudence a directement fait de la révélation le critère de détermination du point de départ de la prescription. Ainsi, avant la réforme du 17 juin 2008, la Cour de cassation avait fait de la date à laquelle le dommage a été « révélé » à la victime le point de départ de la prescription de l'action en responsabilité de droit commun[1]. Dans le même sens, la première chambre civile fait de la « révélation » à l'emprunteur de l'erreur dans le calcul du TEG le point de départ de la prescription de l'action en nullité de la stipulation d'intérêt[2].

Aussi, la détermination du point de départ de la prescription de cinq actions différentes – l'action en responsabilité intentée contre les dirigeants sociaux, les commissaires aux comptes ou le liquidateur, l'action en responsabilité de droit commun, l'action en réparation du préjudice né d'une discrimination, l'action en nullité d'une convention réglementée non soumise à l'autorisation préalable du conseil d'administration, l'action en nullité d'une stipulation d'intérêt en cas d'erreur dans le calcul du TEG – est sous la dépendance de la notion de révélation.

395. Il faut alors constater que son office varie selon les hypothèses. Elle peut aussi bien être invoquée à titre principal – tel est le cas de la prescription de l'action en réparation du préjudice né d'une discrimination, qui se prescrit par principe à compter du jour de la révélation de la discrimination – que subsidiaire – la révélation constitue le point de départ de la prescription de l'action en nullité de la stipulation d'intérêt *lorsque l'examen de la teneur de l'acte de prêt ne permet pas de constater l'erreur*, elle permet de déterminer le point de départ de la prescription de l'action en nullité d'une convention réglementée *lorsqu'elle a été dissimulée*, celui d'une action en responsabilité *si la victime établit qu'elle n'en a pas eu précédemment connaissance*, et celui de l'action en responsabilité contre les dirigeants sociaux *si le fait dommageable a été dissimulé*. En outre, la révélation visée peut porter sur des objets bien différents : ainsi, c'est la révélation du fait dommageable qui constitue le point de départ de la prescription de l'action en responsabilité contre les dirigeants sociaux, celle du dommage qui constitue le point de départ de la prescription de l'action en responsabilité de droit commun, celle de la discrimination qui constitue le point de départ de la prescription de l'action en réparation du préjudice né d'une discrimination, celle de la convention qui constitue le point de départ de la prescription de l'action en nullité de la convention réglementée, et celle de l'erreur qui constitue le point de départ de la prescription de l'action en nullité de la stipulation d'intérêt.

Mais il y a plus : dans toutes ces hypothèses, au-delà de la manière dont elle est utilisée et de l'objet sur lequel elle porte, la notion de révélation ne recouvre jamais la même réalité. La jurisprudence propose des interprétations dissemblables et nettement divergentes.

1. V. *supra*, n° 62 s.
2. V. *supra*, n° 143 s.

396. Le constat est particulièrement évident si l'on met en perspective les articles L. 225-254 et L. 225-42 alinéa 2 du Code du commerce. À la lecture de ces articles, on ne peut qu'être frappé par leur similitude : le premier fait courir l'action en responsabilité contre les dirigeants sociaux du jour du fait dommageable ou s'il a été dissimulé, de sa révélation. Le second fait courir l'action en nullité de la convention conclue par le dirigeant du jour de sa conclusion ou, si elle a été dissimulée, du jour de sa révélation. La rédaction comparable de ces deux articles issus au demeurant de la même loi, à la structure identique, traitant tous deux d'actions visant les actes des dirigeants sociaux, devrait logiquement conduire la jurisprudence à adopter une interprétation uniforme. Précisément, la notion de révélation devrait revêtir un sens identique dans les deux hypothèses. Or, à l'analyse de la jurisprudence, l'impression contraire a longtemps dominé[1]. En effet, la Cour de cassation retient une interprétation très libérale de la notion de révélation lorsqu'est en cause la responsabilité des dirigeants sociaux. D'une part, elle adopte une conception objective de la révélation, en considérant que celle-ci est établie dès que la victime dispose d'éléments suffisants pour en soupçonner l'existence et non du jour où le fait dommageable a été effectivement porté à sa connaissance : c'est la possibilité de découvrir le fait dommageable, parce qu'il a perdu son caractère occulte, qui caractérise sous cet angle la révélation. D'autre part, elle refuse d'exiger une révélation complète du fait dommageable, considérant qu'une connaissance même imparfaite de son existence constitue la révélation visée par l'article L. 225-254[2].

Or, la Cour de cassation a longtemps retenu une interprétation opposée lorsque la notion de révélation était en cause dans le cadre d'une action en nullité d'une convention réglementée. En effet, la révélation était alors extrêmement strictement appréciée. D'une part, la Cour faisait dans cette hypothèse de l'assemblée générale des actionnaires le seul destinataire de la révélation et exigeait une révélation effective de la convention à celle-ci par les administrateurs, peu important que les actionnaires aient pu avoir connaissance de l'existence de la convention par d'autres moyens qu'en assemblée générale. D'autre part, la Cour de cassation exigeait une divulgation exhaustive et précise du contenu de la convention litigieuse qui ne pouvait prendre d'autre forme que celle d'un rapport spécial du commissaire aux comptes exposant les circonstances en raison desquelles la procédure d'autorisation n'avait pas été suivie[3].

Aussi, à la possibilité pour la victime de connaître même imparfaitement le fait dommageable s'opposait l'exigence que le contenu exhaustif de la convention soit effectivement porté à la connaissance de l'assemblée générale par les administrateurs. Le revirement de jurisprudence[4] opéré depuis lors en matière de convention réglementée peut laisser espérer un rapprochement de l'appréciation de la notion de révélation dans ces deux hypothèses. Il n'est cependant pas

1. Parallèlement, on pouvait également observer une même appréciation divergente de la notion de dissimulation dans ces deux hypothèses. En effet, alors que la dissimulation du fait dommageable visée par l'article L. 225-254 du Code de commerce suppose la volonté de l'auteur du fait dommageable d'en cacher l'existence (v. *supra*, n° 43 s), la dissimulation de la convention visée par l'article L. 225-42 du même Code s'entendait de la simple absence de soumission de la convention à la procédure d'autorisation préalable, sans qu'aucun élément intentionnel ne soit exigé (v. *supra*, n° 128).

2. V. *supra*, n° 35 s.

3. V. *supra*, n° 129.

4. Cass. com., 8 février 2011, *Bull. Joly*, 2011, p. 297, note C.-N. Ohl et D. Schmidt, *JCP* E, 2011, 1151, note B. Dondero, *Dr. soc.*, 2011, comm. 70, note M. Roussille, *D.*, 2011, p. 1314, note N. Molfessis et J. Klein, *Rev. soc.*, 2011, p. 288, obs. P. Le Cannu. Sur la portée de ce revirement, v. *supra*, n° 130 s.

encore abouti. Quoi qu'il en soit, les appréciations portées par la Cour de cassation sur la notion de révélation ont pu être complètement divergentes en présence de situations pleinement comparables.

397. La disparité apparaît au moins aussi forte si l'on confronte cette fois la révélation visée par la jurisprudence afin de faire courir la prescription de l'action en responsabilité de droit commun à celle visée par l'article L. 1135-1 du Code du travail pour faire courir l'action en réparation du dommage subi du fait d'une discrimination.

Ainsi en droit commun, la Cour de cassation a toujours refusé de faire de la connaissance du *quantum* du préjudice une composante de la révélation du dommage, rejetant les pourvois qui tentaient de faire de la possibilité d'évaluer le préjudice subi une condition du décompte du délai de prescription. Aussi, la seule connaissance du dommage, aux côtés de celles du fait générateur et du lien de causalité, suffit à constituer la révélation que la Cour de cassation visait inlassablement au visa de l'ancien article 2270-1 du Code civil et qui constitue toujours le critère de détermination du point de départ de la prescription en la matière[1].

Or, ce n'est pas la même interprétation de la notion de révélation du dommage qui est retenue en matière de discrimination. En effet, loin d'être entendue comme la connaissance d'un lien possible entre l'attitude patronale et l'évolution de carrière, la révélation de la discrimination visée par l'article L. 1134-5 du Code de travail n'est autre que le jour où le préjudice résultant de la discrimination « a été exactement connu des salariés à la suite de la communication par l'employeur, des éléments de comparaison nécessaires »[2]. Cette volonté de dissocier la révélation de la discrimination de sa simple connaissance apparaîtra d'ailleurs à de nombreuses reprises dans les travaux parlementaires de la loi. Ainsi, selon le Garde des sceaux, « la seule connaissance de la discrimination n'est donc pas le point de départ du délai de prescription. Tant que la personne qui se considère comme ayant été discriminée n'est pas en possession de la totalité des éléments lui permettant d'entreprendre une action en réparation, le délai de prescription ne court pas. Nous avons en effet voulu que les personnes victimes de discriminations puissent faire valoir leurs droits. La révélation de la discrimination, c'est le moment où la personne dispose de la totalité des éléments montrant qu'elle a un intérêt à agir »[3].

Au fond, là où la révélation a toujours été comprise comme la conscience de subir un dommage, voire la connaissance de son imputabilité, c'est la possession de l'ensemble des éléments de nature à démontrer l'existence de ce dommage qui est ici recherchée pour faire courir la prescription. Comme on l'a souligné, la révélation suppose ici « la détention par le salarié des informations de qualité, lui permettant d'apprécier – au sens de donner une valeur, y compris financière – la réalité et l'étendue de la discrimination et du préjudice subi. Pour ce faire, il doit être en possession d'une information complète et non parcellaire »[4]. Ce n'est donc plus la connaissance possible d'un préjudice non encore évalué trouvant éventuellement son origine dans le fait générateur litigieux, mais la connaissance

1. V. *supra*, n° 79 s.
2. Cass. soc., 22 mars 2007, pourvoi n° 05-45163.
3. *JO Sénat*, séance du 5 juin 2008, p. 2666.
4. E. Boussard-Verrecchia, « L'abréviation de la prescription en matière de discrimination compensée par l'exigence d'une révélation informée », *Revue de droit du travail*, 2008, p. 677 s.

certaine grâce à l'information donnée par l'employeur d'un préjudice évaluable qui est ici exigée.

La notion de révélation de la discrimination semble alors plus proche de celle longtemps retenue en matière de révélation d'une convention réglementée - elles ont en commun le fait de ne pouvoir résulter que d'une démarche précise : la communication par le commissaire aux comptes d'un rapport exposant le contenu complet de la convention à l'assemblée générale dans un cas, la communication par l'employeur aux salariés des éléments de comparaison nécessaires dans l'autre - que de celle de révélation du dommage. Le rapprochement est ici étrange. Alors que l'interprétation de la notion de révélation a pu apparaître complètement divergente dans des situations pourtant très similaires - action en responsabilité contre les dirigeants sociaux ou en nullité des conventions par eux conclues dans un cas, action en réparation du préjudice subi du fait d'une discrimination ou de tout autre fait générateur dans l'autre -, elle a à l'inverse pu apparaître convergente dans des situations dont on peine pourtant à trouver les points communs, telles les actions en réparation du préjudice résultant pour le salarié d'une discrimination de l'employeur, et en nullité de la convention conclue par le dirigeant social sans autorisation préalable du conseil d'administration[1].

398. Connaissance de « certains des éléments »[2], du « principe du dommage »[3], divulgation exhaustive et précise de la convention[4], communication des « éléments de comparaison nécessaires »[5]. De la connaissance possible et parcellaire du seul fait générateur du dommage à la connaissance effective et complète de l'ensemble des conséquences préjudiciables, en passant par la connaissance effective de la convention ou possible du préjudice, la palette des interprétations jurisprudentielles de la notion de révélation est très étendue au point qu'il semble y avoir autant d'interprétations de la notion de révélation que d'hypothèses dans lesquelles celle-ci a vocation à constituer le critère de détermination du point de départ de la prescription.

Comment expliquer alors une telle hétérogénéité ? Sans doute l'incertitude entourant la notion de révélation, par hypothèse insaisissable[6], provoque-t-elle les interprétations divergentes. Mais, plus qu'une véritable divergence, c'est bien à l'instrumentalisation de la notion que l'on assiste[7]. L'interprétation

1. Il va d'ailleurs sans dire que l'opposition entre les différentes conceptions de la révélation pourrait apparaître plus manifeste encore si l'on cherchait à opposer l'interprétation de la notion de révélation du fait dommageable visée par l'article L. 225-254 du Code de commerce à celle de révélation de la discrimination visée par l'article L. 1134-5 du Code du travail. Or, au fond la discrimination n'est rien d'autre qu'un fait dommageable d'un type particulier.

2. Toulouse, 2 décembre 2004, *Dr. soc.*, 2005, comm. 70, obs. J. Monnet : « les associés (...) ne peuvent prétendre ne pas avoir eu connaissance de certains des éléments qu'ils invoquent aujourd'hui au soutien de leur action en responsabilité bien avant que le rapport d'audit dont il s'agit ait été établi ».

3. Paris, 13 janvier 2005, *Juris-Data* nº 2005-264740 et 26 novembre 2004, *Juris-Data* nº 2004-264271.

4. Cass. com., 24 février 1976, *Bull. civ.* IV, nº 69, *JCP*, 1976, II, 18506, note C. Lucas de Leyssac, *RTD com.*, 1976, p. 542, nº 12, obs. R. Houin, *Rev. soc.*, 1977, p. 88, note Y. Chartier.

5. Cass. soc., 22 mars 2007, pourvoi nº 05-45163.

6. Le *Grand Robert de la langue française* propose ainsi pas moins de cinq définitions de la révélation, entendue comme « le fait de rendre public », « la chose qui vient à la connaissance de quelqu'un » - le rôle joué par l'auteur et le réceptionnaire de la révélation n'est déjà pas le même -, « ce qui apparaît brusquement comme une connaissance nouvelle », l'« expérience personnelle qui révèle des impressions », la « réception de l'image latente de la photographie ».

7. A. Lienhard, note sous Paris, 14 décembre 2001, *D.*, 2002, p. 726 s., spéc. p. 728.

déformante[1] de la Cour de cassation permet de protéger des intérêts catégoriels : dirigeants sociaux, associés tiers à la convention, salariés...

Au fond, à l'image d'ailleurs de l'adage *Contra non valentem* dont elle s'inspire, la notion de révélation se présente comme une notion fonctionnelle qui n'a pas d'autre sens que celui qu'on veut bien lui faire produire[2].

399. Sans doute la jurisprudence subit-elle les imperfections de critères légaux manquant assurément de précision et de rigueur autant qu'elle les exploite pour asservir les directives légales aux finalités qu'elle entend poursuivre, au mépris de la cohérence des critères retenus. Il reste que l'analyse de l'interprétation par la jurisprudence des critères légaux de détermination du point de départ de la prescription renforce alors encore davantage l'impression d'incohérence des composantes du point de départ de la prescription que l'application disparate des adages laissait déjà percevoir.

400. **Conclusion du Chapitre II**. À la disparité des solutions observées succède ainsi la disparité des critères de détermination du point de départ de la prescription. En effet, les raisonnements du législateur comme ceux de la jurisprudence en la matière sont dépourvus de constance. La disparité des critères est d'abord la conséquence d'une prise en considération incertaine des adages censés guider la fixation du point de départ de la prescription. En effet, le législateur ne prend pas systématiquement en considération l'adage *Actioni non natae non praescribitur*. La jurisprudence pérennise alors l'incertitude en adoptant, en présence d'une disposition légale qui semble indifférente voire franchement hostile à la règle formulée dans l'adage, des attitudes radicalement opposées, sans qu'aucun critère rationnel ne semble expliquer ces divergences. La prise en considération de la maxime *Contra non valentem* n'offre pas davantage de cohérence : la maxime se distingue en effet autant par le caractère exceptionnel que par le caractère insaisissable de son application. Récemment consacrée par le législateur, sa mise en œuvre ne repose toujours pas sur des critères susceptibles de donner sens à la casuistique jurisprudentielle. Mais, même quand le législateur s'implique dans la détermination du point de départ de la prescription en faisant expressément référence à un critère de détermination du point de départ, la disparité ne disparaît pas pour autant. Elle est en effet ranimée par une jurisprudence qui, par le biais de l'interprétation, déforme ou démultiplie les critères légaux. Ainsi, elle a pu déformer la notion d'« événement donnant naissance à l'action » jusqu'à la faire céder. De même, elle a pu proposer de nombreuses interprétations divergentes de la notion de « révélation » jusqu'à la démultiplier en autant de notion distinctes supposées servir de critères de détermination du point de départ de la prescription. En instrumentalisant ainsi les critères légaux afin de poursuivre des objectifs précis, elle ajoute à la disparité des critères celle de leur application. Mais il ne faudrait pas pour autant croire que la jurisprudence ait sacrifié la cohérence technique de la question pour privilégier une cohérence politique des points de départ de la prescription. À l'analyse, la disparité des finalités poursuivies s'impose à son tour.

---

7. Selon l'expression d'O. Rault, « Le point de départ de la prescription de l'action en responsabilité de l'article 247 de la loi du 24 juillet 1966 », *JCP* E, 2000, p. 1463.

8. A. Lienhard, note sous Paris, 14 décembre 2001, *D.*, 2002, p. 726 s., spéc. p. 728.

Chapitre III

La disparité des finalités

401. Le constat précédemment exposé d'instabilité voire d'incohérence des solutions n'implique pas mécaniquement que les finalités poursuivies soient à leur tour disparates. Dit autrement, l'incohérence technique de la démarche n'implique pas son incohérence politique. Les deux questions sont distinctes. On pourrait en effet tout à fait envisager, en dépit des disparités techniques observées, que les finalités poursuivies par le législateur et la jurisprudence soient cohérentes, voire que les disparités techniques rencontrées précédemment puisent leur explication dans l'existence d'une politique juridique déterminée, toute entière tournée vers la satisfaction d'une finalité précise. L'autonomie des logiques technique et politique a d'ailleurs été démontrée : « un choix opportun de politique juridique pourra, d'ailleurs, résulter de dispositifs techniquement discutables : la politique jurisprudentielle peut impliquer l'annexion de la règle de droit à une fin, au risque, à travers son instrumentalisation, de sa déformation ou de son dévoiement. Les logiques politiques et les logiques techniques peuvent ne pas s'entendre »[1]. Mais l'analyse des finalités poursuivies montre qu'il n'en est rien.

Certes, la détermination du point de départ de la prescription est instrumentalisée tant par le juge que par le législateur à des fins politiques. Mais dans ce domaine essentiellement prétorien que constitue la détermination du point de départ de la prescription, aucune politique jurisprudentielle constante ne peut être mise en lumière. Même quand le législateur décide de s'emparer de cette question qu'il abandonne généralement au juge, il apparaît alors soumis à l'influence de groupes de pressions divers, au point que sa démarche semble davantage relever de la casuistique et du compromis que d'une politique législative assumée.

Aussi, l'absence de politique jurisprudentielle (Section I) se double d'une absence de politique législative (Section II).

Section I : L'absence de politique jurisprudentielle

402. La détermination du point de départ de la prescription par le juge est sans doute rarement détachée de toute considération de politique juridique. Mais pour qu'on puisse y déceler l'empreinte d'une véritable politique jurisprudentielle, encore faut-il y trouver la marque de choix. Mener une politique jurisprudentielle en effet, c'est choisir. À ce titre, toute politique jurisprudentielle

1. G. Canivet et N. Molfessis, « *La politique jurisprudentielle* », in *Mélanges en l'honneur de J. Boré*, Dalloz, 2007, p. 79 s., spéc. p. 84, n° 9.

repose sur un parti pris[1]. Sans ligne directrice, c'est-à-dire sans choix, il n'est point de politique jurisprudentielle. Or, la détermination du point de départ de la prescription ne semble pas obéir à une ligne directrice déterminée. C'est, à l'inverse, la diversité des finalités poursuivies qui surprend ici, revêche à toute tentative de systématisation.

Une politique jurisprudentielle de la détermination du point de départ de la prescription pourrait ainsi reposer sur un choix lié alternativement soit à la qualité des parties, soit à leur position dans le procès. Sous cet aspect, une première approche aurait pu consister à lier à la qualité des parties la politique poursuivie. Mais une telle hypothèse ne résiste pas à l'analyse ; le droit positif est parfois orienté vers la protection de la partie faible, d'autre fois vers celle de la partie dominant la relation. Une seconde approche, plus procédurale, aurait alors différemment pu consister à voir dans la position des parties dans le procès la ligne directrice de la politique poursuivie. La jurisprudence pourrait ainsi entendre protéger le demandeur au nom du droit d'accès à un tribunal, ou faire le choix du défendeur au nom de la sécurité juridique. Mais là encore, la diversité des objectifs poursuivis domine, favorisant tantôt le demandeur, tantôt le défendeur. Aussi, il faut bien conclure à l'absence de politique jurisprudentielle tant semble indifférente aussi bien la qualité des parties (§ 1) que la position des parties dans le procès (§ 2).

§ 1 – L'INDIFFÉRENCE DE LA QUALITÉ DES PARTIES

403. L'instrumentalisation politique de la fixation du point de départ de la prescription n'est pas nouvelle. Le phénomène avait déjà été mis en exergue dès la première moitié du XXe siècle par Carbonnier en des termes éloquents, lorsqu'il recherchait à qui profite la prescription. D'où il déduisait que « la règle *Contra non valentem agere* se révèle dès lors comme un moyen de venir en aide à des individus économiquement faibles, comme un moyen de défendre leurs droits fragiles contre des entreprises puissamment organisées, que le législateur et les tribunaux eux-mêmes ne voient pas toujours d'un œil favorable »[2].

Ce sentiment d'une jurisprudence ainsi tendue vers la protection de la partie économiquement dominée n'est pas obsolète. La jurisprudence de la Cour de cassation relative à la fixation du point de départ de la prescription ne parait-elle pas aujourd'hui encore orientée vers la protection de la partie placée dans une situation d'infériorité vis-à-vis de son cocontractant ou plus généralement vis-à-vis de celui contre lequel elle entend agir ? Pourquoi d'ailleurs la question du point de départ de la prescription échapperait-elle aux mouvements dominants de notre droit et, en l'espèce, à la tendance générale à vouloir protéger la partie faible ?

404. L'une des illustrations les plus évidentes du phénomène réside dans la jurisprudence développée par la Cour de cassation à propos du point de départ du délai de forclusion de l'ancien article L. 311-37 du Code de la consommation (devenu L. 311-52), qui peut être opposé à une demande en paiement formulée par un établissement bancaire à l'occasion de la défaillance d'un emprunteur consommateur.

---

1. G. Canivet et N. Molfessis, *ibid.*, spéc. p. 80, n° 2.

2. J. Carbonnier, « La règle *Contra non valentem agere non currit praescriptio* », art. préc., spéc. p. 160.

405. On l'a vu[1], l'application de la règle formulée à l'ancien article L. 311-37 du Code de la consommation selon laquelle les actions en paiement engagées à l'occasion de la défaillance de l'emprunteur doivent être formées dans les deux ans de « l'événement qui leur a donné naissance » a donné lieu à une importante casuistique : première échéance impayée, clôture du compte, dépassement du découvert autorisé sont autant de points de départ retenus par la jurisprudence en présence de montages contractuels toujours plus subtils. Mais, comment expliquer le choix de ces événements comme point de départ du délai pour agir et, plus spécifiquement, le choix du dépassement du découvert vers lequel la jurisprudence semble s'orienter en matière d'ouverture de crédit, que ce dernier serve ou non à payer les échéances d'un crédit adossé ?

Il faut immédiatement souligner que, d'un strict point de vue de technique juridique, le raisonnement n'est pas explicable. En effet, le choix d'un tel événement déforme assurément la règle posée par la Cour de cassation selon laquelle « le point de départ du délai à l'expiration duquel une action ne peut plus être exercée se situe nécessairement à la date d'exigibilité de l'obligation qui lui a donné naissance ». En effet, sauf clause de déchéance du terme ou d'exigibilité immédiate de plein droit, le dépassement du découvert autorisé comme le non paiement d'une échéance ne rendent pas exigible le solde du prêt. On l'a déjà souligné : si, à cet instant, le prêteur peut exiger le paiement du solde, il ne le doit pas.

La Cour de cassation peine d'ailleurs à trouver une justification technique à la solution posée. Certes, en apparence, c'est l'incompatibilité affirmée du découvert exprès et du découvert tacite qui justifierait que le dépassement du découvert marque la défaillance de l'emprunteur et partant, que cet événement constitue le point de départ du délai pour agir. Un arrêt du 21 février 2006 le souligne très nettement : « l'existence d'une convention tacite de découvert étant incompatible avec la conclusion préalable d'une convention expresse de découvert d'un montant déterminé sur un même compte, le défaut de remboursement au terme convenu, manifeste la défaillance de l'emprunteur et constitue le point de départ du délai biennal de forclusion »[2]. Il n'empêche que la justification avancée peine à convaincre. En effet, comme il a été souligné, « une telle incompatibilité paraît bien ignorée des meilleurs traités de droit civil, où l'on enseigne plutôt que le contrat étant l'affaire des parties, celles-ci peuvent le modifier à leur guise par leur *mutuus consensus* : ce qui est typiquement le cas d'un accord, même exprès, de découvert, dont elles s'accordent, même tacitement, à élever le montant »[3].

D'ailleurs, il n'est sans doute pas anodin que la référence à la règle selon laquelle « le point de départ du délai à l'expiration duquel une action ne peut plus être exercée se situe nécessairement à la date d'exigibilité de l'obligation qui lui a donné naissance » jusqu'alors omniprésente dans les arrêts rendus par la Cour de cassation au visa de l'ancien article L. 311-37 du Code de la consommation[4],

1. V. *supra*, n° 264 s.

2. Cass. civ. 1re, 21 février 2006, *Bull. civ.* I, n° 96.

3. D.-R. Martin et H. Synvet, obs. sous Cass. civ. 1re, 7 décembre 2004, *D.*, 2005, p. 155 s., spéc. p. 166.

4. Cass. civ. 1re, 9 décembre 1986, *Bull. civ.* I, n° 293, *D.*, 1987, somm. p. 455, obs. J.-L. Aubert, *D.*, 1988, p. 84, note Paire, *Gaz. Pal.*, 1987, I, p. 186, note Mayer et Pinon, *JCP* G, 1987, II, 20862, note E. N. Bey ; 16 juin 1987, *Bull. civ.* I, n° 200 ; 24 novembre 1987, *Bull. civ.* I, n° 307 ; 6 décembre 1989, pourvoi n° 88-14561 ; avis, 9 octobre 1992, *Bull.* Avis, n° 1, *JCP* G, 1993, II, 22024, note A. M. Morgan de Rivery-Guillard, *D.*, 1993, somm. p. 188, obs. Julien ; civ. 1re, 30 mars 1994, *Bull. civ.* I, n° 126, *JCP* G, 1995, II, 22405 note P. Gramaize, *D.*, 1994, IR, p. 101 ; 4 juin 1996, *Bull. civ.* I, n° 238 ; 9 décembre 1997, *Bull. civ.* I, n° 366 ; 9 juin 1998, *Bull. civ.* I, n° 206, *JCP* E, 1998, Pan. n° 1233, obs. P. Bouteiller, *D.* 1999, IR p. 96, *RDBB*, 1999, p. 71, obs. Crédot et Gérard ; *Gaz. Pal.*, 1999, 2, p. 713 ; *D.*, Aff. 1998, 1438, obs. S. P. ; 9 mars 1999, *Bull. civ.* I, n° 85 ; 1er juin 1999, *Bull. civ.* I, n° 186 ; 1er juin 1999, pourvoi n° 97-14022 ;

ait désormais quasiment disparu[1], révélant le déplacement masqué du point de départ du délai du jour de l'exigibilité vers le jour, distinct, du dépassement de découvert. Il faut donc admettre que, sous couvert de rechercher la date d'exigibilité de l'obligation, la Cour de cassation cherche en réalité celle où le créancier pouvait agir, pour en faire celle à laquelle le créancier devait agir. Une pure logique opportuniste guide donc la solution[2].

406. L'idée pourrait se résumer ainsi : le non paiement d'une échéance comme le dépassement d'un découvert, s'ils n'entraînent pas à eux seuls l'exigibilité du solde du prêt en l'absence de manifestation supplémentaire du prêteur (exercice de la clause de déchéance du terme, résiliation du compte...), manifestent cependant clairement la difficulté de l'emprunteur. Par suite, en n'exerçant pas leur faculté de mettre fin à cette situation, les établissements dispensateurs de crédit laissent empirer la situation tout en profitant de la faiblesse de l'emprunteur pour multiplier les frais (agios...) et conserver la maîtrise du point de départ du délai de forclusion, faisant alors sciemment peser au dessus des emprunteurs l'épée de Damoclès du surendettement. Le Conseiller rapporteur de l'arrêt d'assemblée plénière du 6 juin 2003 l'exprimait déjà en ces termes : « en admettant trop facilement la notion de découvert tacite, il est évident que le prêteur se procure un double avantage : le premier, juridique, en ce que le point de départ du délai de forclusion est, à sa discrétion, retardé. Le second, économique, dans la mesure où le débiteur règle le crédit accordé et ses intérêts à l'aide d'un découvert lui-même productif d'intérêts substantiels pendant le délai de trois mois ». C'est une telle pratique, doublement critiquable, que la Cour de cassation entend sanctionner. D'abord, en « [privant] des organismes de crédit fournisseurs de crédit permanent du pouvoir discrétionnaire de fixer le point de départ du délai de forclusion »[3]. Ensuite, en faisant indirectement peser, par l'intermédiaire d'une détermination objective du point de départ du délai pour agir, une obligation

---

27 juin 2000, pourvoi n° 98-13817 ; 17 juillet 2001, pourvoi n° 98-14373 ; 14 novembre 2001, pourvoi n° 99-18053 ; 10 décembre 2002, *Bull. civ.* I, n° 305 ; 4 février 2003, *Bull. civ.* I, n° 41 ; 4 mars 2003, pourvoi n° 01-00011 ; 18 mars 2003, pourvois n° 00-22200 et 01-00928 ; 1er avril 2003, pourvoi n° 00-20367 ; ass. plén., 6 juin 2003, *JCP* E, 2004, p. 32, comm. I. Fadlallah, *LPA*, 3 octobre 2003, n° 198, p. 8, note L. Comanges, *D.*, 2003, *AJ*, p. 1692, obs. V. Avena-Robardet, *D.*, 2003, p. 1905, note X. Lagarde, *Gaz. Pal.*, 7 septembre 2004, n° 251, p. 16, note A. Bigot, *Defrénois*, 2003, p. 1179, obs. E. Savaux., *JCP* G, 2003, II, 10137, note G. François, *RTD com.*, 2004, p. 148, obs. B. Bouloc ; p. 549 s., note M. Cabrillac et D. Legeais ; civ. 1re, 5 mai 2004, pourvoi n° 02-19478.

1. En effet, on ne la retrouve ni dans les deux arrêts rendus le 7 décembre 2004 (Cass. civ. 1re, 7 décembre 2004, *Cont. conc. cons.*, 2005, comm. 54 et 55 par G. Raymond, *D.*, 2005, *AJ*, p. 141, obs. V. Avena-Robardet, *RTD com.*, 2005, p. 584, obs. B. Bouloc, *D.*, 2006, S. C., p. 165, obs. D. Martin et H. Synvet, ni dans l'arrêt rendu le 18 janvier 2005 (Cass. civ. 1re, 18 janvier 2005, *Cont. conc. cons.*, 2005, comm. 55 par G. Raymond), ni dans l'arrêt du 21 février 2006 (Cass. civ. 1re, 21 février 2006, *Bull. civ.* I, n° 305, *D.*, 2006, *AJ*, p. 981, obs. C. Rondey, *RTD com.*, 2006, p. 461, obs. D. Legeais), ni dans celui du 22 janvier 2009 (*D.*, 2009, p. 755, obs. P. Chauvin, *Cont. conc. cons.*, 2009, comm. 86 et comm. 115, note G. Raymond,, *JCP* E, 2009, 1538, n° 17, obs. N. Mathey, *JCP* G, 2009, II, 10036, note N. Monachon Duchêne, *Gaz. Pal.*, 3 mars 2009, p. 18, note S. Piedelièvre, *Defrénois*, 2009, p. 667, obs. E. Savaux). La référence ne demeure que dans les hypothèses de contrat de crédit *revolving* où la date du premier impayé est retenue : Cass. civ. 1re, 4 janvier 2005, pourvoi n° 03-12143 ; 18 janvier 2005, pourvois n° 02-18893 et 03-11085 ; 24 janvier 2006, pourvoi n° 04-13458 ; 13 juin 2006, pourvoi n° 04-13784. V. cependant, dans une hypothèse où la date de dépassement du découvert est retenue : Cass. civ. 1re, 30 mars 2005, *Bull. civ.* I, n° 159.

2. B. Grimonprez, *De l'exigibilité en droit des contrats*, préf. C. Ophèle, LGDJ, Coll. Faculté de droit de sciences sociales de Poitiers, 2006, p. 246, n° 250, note 1656.

3. G. Raymond, note sous Cass. civ. 1re, 7 décembre 2004, préc. V. dans le même sens, D. Legeais, obs. sous Cass. civ. 1re, 21 février 2006, préc. : « Seule cette date [le dépassement de découvert] protège véritablement les intérêts de l'emprunteur dans la mesure où elle empêche l'établissement de crédit de faire courir à sa guise le point de départ ».

de mettre en œuvre les clauses de résiliation anticipée chaque fois qu'un événement fera apparaître les difficultés de l'emprunteur. La Cour sanctionne ainsi ce qu'elle considère comme une faute du prêteur, consistant à « faire richesse de l'insolvabilité de l'emprunteur »[1], ce que certains ont pu qualifier de « crédit forcé ». Pour le dire autrement, derrière la fixation du point de départ du délai pour agir au jour du premier incident de paiement non régularisé ou du dépassement du montant du découvert autorisé, la Cour de cassation créée une véritable obligation prétorienne de stopper l'octroi de crédit en cas de défaillance de l'emprunteur. Qui ne voit que l'on a ainsi glissé du choix technique à l'approche politique du point de départ de la prescription ? C'est une telle volonté de sanctionner l'établissement prêteur qui justifie que la forclusion soit acquise pour l'ensemble du solde après la première échéance impayée et non pour les seules échéances exigibles depuis plus de deux ans. C'est cette même volonté qui explique que le dépassement du découvert, et non la clôture du compte, serve de point de départ au calcul du délai.

Une telle volonté apparaît avec plus d'évidence encore lorsque la Cour de cassation refuse de laisser libre cours aux règles de fonctionnement du compte courant au nom des « règles d'ordre public relatives à la détermination du délai biennal de forclusion »[2]. La finalité poursuivie n'est ici même plus masquée. Il s'agit, de l'aveu même des conseillers à la Cour de cassation, de « redonner à la forclusion biennale sa pleine effectivité » en combattant les effets de montages qui conduisent à « repousser le point de départ du délai de forclusion à la clôture du compte généralement intervenue par l'effet d'une résiliation imposée par le banquier »[3]. La finalité politique de la solution n'est pas discutable. Comme on l'a souligné, le durcissement de la jurisprudence de la Cour de cassation à l'égard des établissements bancaires « ne sera pas pour déplaire aux associations de consommateurs »[4]. « La chasse est bien ouverte »[5] a-t-on encore pu lire !

407. Un tel objectif s'inscrit assurément dans une dynamique de protection de l'emprunteur et de lutte contre le surendettement. Cependant, la Cour de cassation ne trouve pas ici le voile technique derrière lequel habiller sa politique juridique, et la référence aux « règles d'ordre public relatives à la détermination du délai biennal de forclusion propre au crédit à la consommation »[6] ne saurait faire illusion : on l'a vu, il est infondé d'affirmer qu'un découvert tacite est incompatible avec un découvert exprès ; et il est encore erroné d'en déduire qu'en cas de découvert exprès, la clause d'exigibilité immédiate s'applique de droit pour conclure à l'exigibilité « forcée » de l'obligation, de nature à faire courir le délai[7].

---

1. X. Lagarde, note sous Cass. ass. plén., 6 juin 2003, préc., spéc. p. 1908, n° 7.
2. Cass. civ. 1re, 22 janvier 2009, préc.
3. P. Chauvin, note sous Cass. civ. 1re, 22 janvier 2009, préc.
4. G. Raymond, note sous Cass. civ. 1re, 22 janvier 2009, préc.
5. N. Mathey, note sous Cass. civ. 1re, 22 janvier 2009, préc.
6. Cass. civ. 1re, 22 janvier 2009, préc.
7. Cette jurisprudence, qui interdit de se prévaloir d'une éventuelle restauration de découvert ultérieure pour retarder le point de départ du délai ou qui répute acquise la déchéance du terme en cas de défaillance de l'emprunteur, est d'ailleurs en contradiction avec la jurisprudence selon laquelle la régularisation d'une échéance demeure possible tant que le prêteur ne s'est pas effectivement prévalu de la clause de déchéance du terme stipulée à son profit (Cass. civ. 1re, 7 février 1995, *Bull. civ.* I, n° 77 : « cette régularisation ne joue pas lorsque le prêteur s'est, conformément aux stipulations contractuelles, prévalu de la déchéance du terme avant les paiements effectués par l'emprunteur, parce que la totalité des sommes dues est devenue immédiatement exigible » ; v. aussi 26 janvier 1999, *Bull. civ.* I, n° 31 ; 4 février 2003, *Bull. civ.* I, n° 42, *Defrénois*, 2003, p. 862, obs. J.-L. Aubert).

L'existence de ces clauses ouvre seulement au prêteur le droit de mettre en œuvre une procédure afin de faire naître l'action. Ainsi, la date retenue, contrairement à ce que semble affirmer la Cour de cassation, est moins la date d'exigibilité que la date où le solde du prêt aurait pu être rendu exigible et aurait en conséquence, d'après la Cour de cassation, dû l'être. C'est là sans doute l'enseignement de cette jurisprudence : non seulement la banque peut mais elle doit prononcer la déchéance et agir, faute de quoi elle sera sanctionnée par la forclusion pour avoir voulu sciemment profiter de l'insolvabilité du débiteur.

Par suite, le point de départ du délai pour agir ne se situe pas au jour où l'action est née, mais au jour où elle pouvait naître, ou plus exactement au jour où le prêteur aurait dû lui donner naissance en usant de sa faculté de rendre exigible le solde du prêt. Mais, en raisonnant ainsi, la Cour de cassation ne porte pas seulement atteinte aux principes du droit bancaire et des contrats (notion d'exigibilité, rôle des clauses de déchéance du terme, pérennité de l'accord tacite) ; elle porte également atteinte aux principes fondamentaux du droit de la prescription selon lesquels une action ne saurait courir avant d'être née (*Actioni non natae non praescribitur*). En effet, selon l'article 2233 du Code civil, la créance qui dépend d'une condition ou d'un terme ne peut se prescrire avant l'arrivée de cet élément, ce qui implique que le droit de recouvrir une créance ne peut se prescrire avant que celle-ci soit devenue exigible. Or ici, en faisant prévaloir la faculté même de rendre exigible la créance sur l'exigibilité réelle de cette dernière pour faire courir le délai pour agir, la Cour de cassation va à l'encontre de ce principe.

Où l'on observe comment la fixation du point de départ des délais pour agir est instrumentalisée dans une finalité de protection du consommateur[1]. La cohérence du système et le respect des principes du droit bancaire, du droit civil et du droit de la prescription passent au second plan. Les juges ne s'en cachent d'ailleurs pas, insistant sur la finalité de protection du consommateur pour justifier leurs solutions[2].

408. Quelle appréciation porter sur ces solutions ? Comme il a été souligné, « pour être pleinement satisfaisantes, [les solutions jurisprudentielles] devraient être en harmonie avec la nature juridique des techniques de crédit utilisées, tout en assurant une bonne protection du consommateur »[3]. On ajoutera qu'elles devraient encore être respectueuses des principes fondamentaux qui régissent la prescription. Or, au cas présent, il semble bien qu'aucun de ces trois objectifs ne soit réellement rempli.

En premier lieu, les points de départ retenus par la jurisprudence trahissent une dénaturation des techniques de crédit utilisées. Ainsi en est-t-il de l'ouverture de crédit : alors que le solde débiteur d'un compte courant ne peut logiquement pas être exigible avant la date de clôture de ce dernier, la Cour de cassation fixe le point de départ du délai pour agir au jour du dépassement du découvert autorisé. Il en est de même du crédit *revolving* : en le traitant comme une simple suite d'opérations de crédit, la Cour de cassation méconnaît la nature profonde

---

1. R. Libchaber, obs. sous Cass. civ. 1re, 4 octobre 2000, *Defrénois*, 2001, p. 245 s., spéc. p. 248.

2. V., par exemple, la motivation retenue par le jugement du Tribunal d'instance de Villefranche-sur-Saône du 3 août 2001 (rapportée par le Conseiller rapporteur de l'arrêt d'assemblée plénière du 6 juin 2003 : « la logique protectrice de la loi dite *Scrivener* actuellement codifiée voudrait au surplus qu'il ne résulte pas de différence dans l'économie d'un crédit, selon qu'il est accordé, au seul choix purement potestatif du prêteur ».

3. S. Piedelièvre, « Crédit à la consommation : le point de départ du délai de forclusion de l'article L. 311-37 », *Gaz. Pal.*, 13 décembre 2003, p. 2, spéc. nº 13.

de ce contrat. Il est en encore ainsi de la notion de crédit tacite : en posant en principe l'incompatibilité des découverts exprès et tacite, la Cour de cassation va à l'encontre des principes les plus élémentaires du droit des contrats et du droit bancaire, qui excluent tout traitement spécifique du crédit tacite. Dénaturation de l'ouverture de crédit, du crédit amortissable, du crédit tacite…

En deuxième lieu, il faut encore rappeler qu'en faisant courir le point de départ du délai pour agir à une date antérieure à celle de l'exigibilité contractuelle, c'est-à-dire à l'événement faisant naître l'action, la Cour de cassation va à l'encontre des principes fondamentaux du droit de la prescription, méconnaissant le principe posé par l'adage *Actioni non natae non praescribitur*, et même la lettre de l'article 2233 du Code civil, qui lient point de départ du délai et exigibilité.

En troisième et dernier lieu, il n'est pas même certain que cette dénaturation serve réellement l'objectif de politique juridique poursuivi. En effet, sans doute ne faut-il pas surestimer la portée de la faveur ainsi faite au consommateur : il est plus que probable que, par effet réflexe, les établissements de crédits, en prise avec une jurisprudence défavorable, se trouvent incités à moins de souplesse pour octroyer des délais de paiement.

409. Il n'en demeure pas moins que le constat s'impose : en la matière, la jurisprudence a délibérément sacrifié la cohérence technique des solutions au nom de la poursuite d'une finalité précise : la protection du consommateur. Peut-on alors considérer qu'à défaut d'être cohérente techniquement, la démarche jurisprudentielle relative à la fixation du point de départ de la prescription soit dotée d'une cohérence politique ? Pour répondre affirmativement, il faudrait que la relecture des solutions observées à travers le prisme de la protection de la partie faible les éclaire d'un jour nouveau en révélant une finalité politique constante, toutes les solutions tendant vers la réalisation d'un même but.

410. La manière dont la jurisprudence appréhende la question en droit des assurances et plus précisément en matière d'assurance de groupe, pourrait paraître militer en ce sens. En effet, la détermination du point de départ de la prescription en la matière témoigne là encore sans conteste de l'instrumentalisation des concepts juridiques à des fins politiques.

Il faut d'emblée le souligner : le droit des assurances est par nature l'un des terrains d'élection des conflits entre impératifs opposés, de tiraillement entre intérêts antagonistes. Cet antagonisme, et la nécessaire suspicion entre assureur et assuré qu'il emporte, n'est d'ailleurs pas sans conséquences contentieuses : la prescription biennale est en effet à l'origine d'un contentieux extrêmement important, puisque l'on a pu dénombrer, sur une période de quatre ans, pas moins de 442 arrêts de la Cour de cassation dont les pourvois avaient soulevé une question de prescription en droit des assurances[1].

L'article L. 114-1 du Code des assurances témoigne d'ailleurs déjà à lui-seul d'une telle tension. La logique de l'article peut être ainsi retranscrite : un délai biennal particulièrement court (« toutes actions dérivant d'un contrat d'assurance sont prescrites par deux ans ») - faveur consentie au *lobby* des assureurs -, compensé par un report du point de départ de la prescription au jour de la connaissance du sinistre par l'assuré (« toutefois, ce délai ne court (…) en cas de sinistre, que du jour où les intéressés en ont eu connaissance ») - mesure de protection

1. Statistiques 1995-1997 rapp. *in* P. Sargos, « La fixation du point de départ de la prescription en matière d'assurances », *JCP* G, 1998, I, 130.

des assurés –, elle-même contrebalancée par un système de preuve particulièrement rigoureux (« s'ils prouvent qu'ils l'ont ignoré jusque là ») pour ne pas faire perdre aux assureurs le bénéfice d'une prescription courte[1].

Mais, l'équilibre que le législateur avait ainsi tenté d'établir n'a guère survécu à l'interprétation jurisprudentielle de l'article. Il a en effet été bouleversé par une jurisprudence de la Cour de cassation très clairement favorable aux assurés en la matière. L'objectif n'est d'ailleurs pas dissimulé, qui a pu être exposé clairement par l'un de ses promoteurs au sein de la Cour de cassation : la jurisprudence en la matière est gouvernée par le souci de « protection de l'assuré et, surtout, de la victime, qui explique certaines solutions à tout le moins hardies »[2].

La Cour de cassation n'hésite ainsi pas, lorsqu'elle l'estime nécessaire, à reléguer au second plan les considérations de technique juridique pour privilégier la protection de l'assuré. Une telle instrumentalisation est nettement perceptible en matière d'assurance de groupe. Définie par l'article L. 140-1 du Code des assurances comme « un contrat souscrit par une personne morale ou un chef d'entreprise en vue de l'adhésion d'un ensemble de personnes répondant à des conditions définies au contrat, pour la couverture des risques dépendant de la durée de la vie humaine, des risques portant atteinte à l'intégrité physique de la personne ou liés à la maternité, des risques d'incapacité de travail ou d'invalidité ou du risque de chômage », une telle assurance répond aux besoins les plus éclectiques, au premier rang desquels la nécessité de garantir certains crédits. Il est en effet devenu courant, pour ne pas dire systématique, qu'une banque subordonne l'octroi d'un crédit à l'adhésion de l'emprunteur à une assurance de groupe destinée à rembourser l'emprunt en cas de décès, d'invalidité, ou de chômage de l'emprunteur, autant d'événements risquant de l'empêcher de faire face à ses engagements[3].

Dans ce schéma, à suivre la lettre de l'article L. 114-1 du Code des assurances selon lequel « toutes actions dérivant d'un contrat d'assurance sont prescrites par deux ans à compter de l'événement qui y donne naissance », il faudrait logiquement considérer que l'événement qui donne naissance à l'action et fait courir la prescription biennale est la réalisation du sinistre couvert par l'assurance de groupe : invalidité, décès, licenciement etc.

Mais, si l'on s'en tient à cette analyse, le risque est grand que l'emprunteur – ou ses ayant-droits – se retrouvent forclos. En effet, en règle générale, l'as-

---

1. Commentant la loi de 1930, un auteur justifiait déjà en ces termes le choix du législateur de faire peser la charge de la preuve sur l'assuré : « on se trouve en présence d'une exception, explicable seulement par la faveur légale du recul du point de départ de la prescription au jour de la connaissance du sinistre » (A. Trasbot, « Commentaire de la loi de 1930 », *DP*, 1931, 4, p. 20).

2. P. Sargos, « La doctrine jurisprudentielle de la Cour de cassation relative à la prescription en droit des assurances », *RGDA*, 1996, n° 3, p. 545, *in fine*.

3. Le mécanisme prend juridiquement la forme d'une stipulation pour autrui. Mais, souscrit en apparence au profit du client, il profite en dernière analyse à la banque, qui perçoit directement les sommes auprès de l'assureur et se préserve ainsi de toute difficulté de recouvrement. Aussi, l'organisme de crédit occupe dans ce schéma une place originale puisqu'il cumule les qualités de souscripteur du contrat d'assurance de groupe et de bénéficiaire de l'assurance, l'emprunteur le désignant pour recevoir l'indemnité d'assurance permettant le remboursement du solde du prêt. La place spécifique ainsi accordée à l'établissement bancaire, comme la faculté pour l'assureur de refuser d'agréer certains emprunteurs et la création d'une obligation – le paiement des primes d'assurance – à la charge de l'emprunteur distingue l'assurance de groupe-emprunteurs de la figure traditionnelle de la stipulation pour autrui, au point qu'une telle technique peine à rendre compte de la réalité du schéma contractuel observé. Il tend aujourd'hui d'ailleurs à recevoir la qualification différente de stipulation de contrat pour autrui (Cass. civ. 1re, 22 mai 2008, *D.*, 2008, p. 1954, note D.-R. Martin, p. 2447, note C. Goldie-Génicon : « l'adhésion au contrat d'assurance de groupe, bien que conséquence d'une stipulation pour autrui, n'en crée pas moins, entre l'adhérent et l'assureur, qui l'agrée, un lien contractuel direct, de nature synallagmatique »).

suré ne réalisera la nécessité de mettre en cause son assureur pour qu'il assume les échéances à venir qu'une fois assigné par sa banque en règlement des sommes prêtées. Or, bien souvent, la banque n'assignera l'assuré en paiement des échéances dues que plus de deux ans après la réalisation du sinistre assuré, l'emprunteur ayant, tant bien que mal, continué à assumer les échéances durant cette période. Dans une telle hypothèse, au jour de son assignation par la banque, l'action de l'assuré à l'encontre de l'assureur pourrait bien être déjà prescrite, ce qui serait sans doute inique.

411. Soucieuse d'éviter un tel résultat, la Cour de cassation a cherché à imposer une solution plus favorable à l'assuré. Mais, faute d'assise technique justifiant la politique jurisprudentielle qu'elle entendait mener, elle a dû procéder par tâtonnements, multipliant les revirements de jurisprudence.

Ainsi, après avoir dans un premier temps fait une application pure et simple du principe selon lequel la prescription devait courir du jour du sinistre, pour conclure à la prescription de l'action intentée plus de deux ans après la réalisation de ce dernier[1], la Cour de cassation a dans un deuxième temps pris appui sur le troisième alinéa de l'article L. 114-1 du Code des assurances au terme duquel « quand l'action de l'assuré contre l'assureur a pour cause le recours d'un tiers, le délai de prescription ne court que du jour où ce tiers a exercé une action en justice contre l'assuré ou a été indemnisé par ce dernier » pour affirmer que la prescription ne saurait courir du jour du sinistre ou de sa connaissance, mais uniquement du jour du recours en paiement de l'établissement prêteur contre l'emprunteur, ce dernier constituant la « cause » de l'action en garantie contre l'assureur[2].

La solution jurisprudentielle ainsi posée avait le mérite de protéger l'assuré contre l'éventuelle indélicatesse de l'établissement bancaire qui aurait laissé se prescrire l'action que l'assuré avait contre l'assureur avant d'agir à son encontre. Néanmoins, elle reposait sur une assise technique contestable. Rien ne justifiait que la prescription soit suspendue jusqu'au recours de l'établissement bancaire[3] : l'action contre l'assureur a pour cause la réalisation du risque garanti, non le recours de la banque. Surtout, elle s'accordait mal avec la qualification du mécanisme de l'assurance de groupe retenu par la Cour de cassation. En effet, interrogée, à l'occasion d'un litige distinct, sur la qualification de l'assurance de groupe, la Cour de cassation avait conclu dans un arrêt du 14 novembre 1995[4] à la qualification de stipulation pour autrui. Une telle qualification, qui faisait de l'établissement bancaire non un tiers mais une partie au mécanisme à l'œuvre, rendait inéluctable une évolution de la jurisprudence en même temps qu'elle condamnait la référence à l'alinéa 3 de l'article L. 114-1 du Code des assurances jusqu'alors utilisée.

La Cour de cassation, sensible à l'intérêt des assurés, n'a cependant pas immédiatement tiré les conséquences de cette qualification, continuant inlassablement

1. Cass. civ. 1re, 10 juin 1992, *RCA*, 1992, comm. 32 par H. Groutel.

2. Cass. civ. 1re, 4 novembre 1992, *Bull. civ.* I, n° 274. V. déjà en ce sens : Cass. civ. 1re, 24 janvier 1978, *Bull. civ.* I, n° 32, assimilant l'organisme de crédit à un tiers pour faire courir la prescription, non du décès de l'assuré mais de la réclamation de l'organisme de crédit. V. également en ce sens : Cass. civ. 1re, 26 mai 1993, *Bull. civ.* I, n° 185 ; 10 janvier 1995, pourvoi n° 92-13091 (écartant le raisonnement d'une cour d'appel qui avait refusé d'appliquer l'alinéa 3 de l'article L. 114-1 du Code des assurances au motif que l'assurance en cause n'était pas une assurance de responsabilité) ; 3 mai 1995, *Bull. civ.* I, n° 183.

3. J. Bigot, P. Baillot, J. Kullmann, L. Mayaux, *Les assurances de personnes*, LGDJ, 2007, Tome 4, spéc. p. 731, n° 902, note 96.

4. Cass. civ. 1re, 14 novembre 1995, *Bull. civ.* I, n° 404, considérant que le mécanisme de la stipulation pour autrui entraîne une substitution de l'assureur à l'assuré dans le versement des primes, de sorte que tout paiement par l'assuré est devenu indu.

à viser l'alinéa 3 pour faire bénéficier l'emprunteur adhérant d'un report du point de départ de la prescription au jour de l'assignation de l'établissement bancaire[1].

Plus encore, dans un arrêt du 25 novembre 1997, tout en éludant le visa de l'alinéa 3, elle n'a pas hésité à qualifier de tiers l'établissement de crédit, jugeant que « lorsque l'action de l'assuré a pour cause le recours d'un tiers, le délai de prescription ne court que du jour où ce tiers a exercé une action en justice contre l'assuré ou a été indemnisé par ce dernier ; qu'au sens de ce texte l'établissement de crédit, qui a souscrit à une assurance de groupe à laquelle adhère un emprunteur pour la couverture de risques pouvant avoir une incidence sur le remboursement de l'emprunt, est un tiers par rapport au contrat d'assurance liant l'assureur à l'adhérant assuré »[2].

L'arrêt ne pouvait manquer d'être critiqué tant il semblait en porte à faux avec la qualification de stipulation pour autrui retenue dans l'arrêt précité du 14 novembre 1995 : comment le banquier pouvait-il revêtir à la fois les habits de tiers et de bénéficiaire de la stipulation ? Au-delà, en visant explicitement le seul établissement de crédit, la Cour de cassation semblait également instaurer une diversité de régimes difficilement justifiable selon le type d'assurance de groupe : alors que la réalisation du sinistre demeurait en principe le point de départ de la prescription en matière d'assurance de groupe[3], le recours de l'établissement était pris en compte dans l'hypothèse spécifique d'une assurance de groupe-emprunteurs.

Cette jurisprudence apparaissait ainsi aussi contestable qu'artificielle : l'alinéa 3 ayant été rédigé en considération de la seule assurance de responsabilité n'avait aucunement vocation à intervenir en matière d'assurance de groupe.

412. Sans doute sensible à ces critiques, et consciente de l'impossibilité logique de qualifier l'assurance de groupe de stipulation pour autrui tout en qualifiant l'établissement de crédit de tiers, la Cour de cassation a dans un troisième temps fait évoluer sa jurisprudence dans un arrêt du 31 mars 1998[4], en abandonnant cette fois toute référence à l'alinéa 3 de l'article L. 114-1 du Code des assurances. Mais, pour maintenir la protection de l'assuré, elle devait se contenter de procéder à une substitution de fondement. La première chambre civile a ainsi affirmé que la prescription courait à compter du jour de la demande en paiement de l'établissement de crédit, non pas parce que cette demande s'analysait en une action d'un tiers, mais tout simplement parce qu'elle constituait l'événement qui donne naissance à l'action de l'assuré contre l'assureur tel que visé par l'article L. 114-1 alinéa 1er du Code des assurances. Ce subtil glissement de l'alinéa 3 vers

---

1. Cass. civ. 1re, 13 février 1996, *Bull. civ.* I, n° 74 ; 9 mai 1996, pourvoi n° 94-10991. V. cependant, retenant comme point de départ de la prescription le jour du sinistre en l'absence de réclamation de la banque : Cass. civ. 1re, 4 juin 1996, pourvoi n° 95-14515.

2. Civ. 1re, 25 novembre 1997, *Bull. civ.* I, n° 324, *RGDA*, 1997, p. 1066, note J. Kullmann.

3. V. par ex. en matière d'assurance de groupe Prévoyance et santé, où le point de départ de la prescription est fixé au jour de la modification de la situation de l'adhérent et non à compter du refus de garantie opposé par l'assureur : Paris, 12 avril 2005, *Gaz. Pal.*, 5 mai 2005, p. 44, note X. Leducq.

4. Cass. civ. 1re, 31 mars 1998, *Bull. civ.* I, n° 128, *Resp. civ. Ass.*, 1998, chron 12 : « Vu l'article L. 114-1, premier alinéa, du Code des assurances ; Attendu qu'aux termes de ce texte toutes actions dérivant d'un contrat d'assurance sont prescrites par deux ans à compter de l'événement qui y donne naissance ; qu'en matière d'assurance de groupe souscrite par un établissement de crédit pour la couverture de risques pouvant avoir une incidence sur le remboursement d'un emprunt, la prescription de l'action de l'assuré contre l'assureur ne commence à courir que du jour où l'établissement de crédit, bénéficiaire de l'assurance par l'effet de la stipulation faite à son profit, a demandé paiement à l'emprunteur assuré ». V. également, pour une confirmation de la solution : Civ. 1re, 9 juin 1998, *Bull. civ.* I, n° 200.

l'alinéa 1er de l'article L. 114-1 permettait ainsi à la Cour de maintenir sa jurisprudence favorable aux assurés, tout en trouvant un fondement moins critiquable à la solution posée.

Cette nouvelle ligne de conduite, amenant la Cour de cassation à distinguer l'événement générateur de l'action – le recours de la banque – de l'événement générateur du droit à garantie – la réalisation du sinistre – a été globalement bien accueillie en doctrine[1]. Elle a en effet dans son ensemble salué l'effort de la Cour de cassation pour passer outre un fondement éminemment artificiel tout en maintenant sa politique jurisprudentielle favorable à l'assuré, afin d'éviter que la prescription ne coure contre celui qui avait, en dépit de la survenance d'une incapacité ou d'un licenciement, fait l'effort d'assumer ses engagements.

413. La solution semblait ainsi pour le moins assise lorsque la Cour de cassation pris la décision, inattendue, de la faire à nouveau évoluer. C'est ainsi que, par un arrêt du 27 mars 2001[2], elle a posé en principe que « la prescription de l'action de l'assuré contre l'assureur ne commence à courir qu'à compter du premier des deux événements suivants, soit le refus de garantie de l'assureur, soit la demande en paiement de l'établissement de crédit, bénéficiaire de l'assurance par l'effet de la stipulation faite à son profit ».

La solution nouvelle pouvait certes s'expliquer par la volonté de combler une faille du système antérieur : celui-ci présentait en effet l'inconvénient de rendre l'action à l'encontre de l'assureur tout simplement imprescriptible quand l'assuré a intégralement payé ce qu'il devait à la banque, puisque dans cette hypothèse, l'établissement préteur n'exerce aucun recours susceptible de faire courir la prescription[3]. Elle peut d'ailleurs en apparence se justifier par le fait que, dès que le refus de garantie de l'assureur a été porté à sa connaissance, l'assuré est en mesure de prendre conscience du risque encouru et doit en conséquence agir au plus vite contre l'assureur : il a, dès ce jour, un intérêt véritable et concret à agir contre l'assureur.

Il n'en demeure pas moins que la solution apparaît bien moins protectrice des intérêts de l'emprunteur. En effet, même informé du refus de garantie de l'assureur, l'emprunteur peut légitimement s'attendre à ce que la conduite d'un éventuel procès soit prise en charge par la banque, première intéressée au refus de garantie. Comme on l'a souligné, « l'intérêt propre de l'assuré n'existe pleinement qu'à partir du moment où le créancier agit en paiement contre lui, car de la sorte, il laisse entendre qu'il n'intentera rien contre l'assureur. En revanche, considérer que l'intérêt existe déjà au jour du refus de garantie revient à présumer irrefragablement que l'établissement de crédit s'inclinera devant celui-ci, ce qui est rien moins que discutable. À l'objection de l'inopportunité de la jurisprudence nouvelle, s'ajouterait donc une objection d'ordre juridique »[4].

---

1. V. notamment, H. Groutel, « L'emprunteur et le point de départ de la prescription biennale : un nouveau fondement », *RCA*, 1998, chron 12 ; *Lamy assurance*, juillet 1999, *Rapport de la Cour de cassation* 1998, p. 5, L. Fonlladosa. Cependant, *contra*, B. Beignier, obs. sous art. L. 114-1 C. ass., *Code commenté Litec*, critiquant l'analyse erronée de l'événement donnant naissance à l'action, cet événement devant logiquement consister dans la réalisation du risque c'est-à-dire le sinistre, l'effet de la stipulation pour autrui (le droit d'agir de la banque) n'étant pas juridiquement l'événement qui donne naissance à l'action de l'assuré contre l'assureur.

2. Cass. civ. 1re, 27 mars 2001, *JCP* E, 2002, 37, note G. Courtieu, *RCA*, 2001, chron. 12, obs. H. Groutel.

3. H. Groutel, chron. préc. ; G. Courtieu, « Assurance emprunteurs : rebondissement sur la prescription biennale », *JCP* E, 2002, 37.

4. H. Groutel, « L'emprunteur et le point de départ de la prescription : est-ce la fin de la fin ? », *RCA*, 2001, chron 12.

La Cour de cassation a cependant depuis réitéré la solution d'un point de départ alternatif[1]. Elle a toutefois précisé qu'il convenait de rechercher la date à laquelle l'emprunteur a été informé du refus de garantie[2], qui doit être explicite et dépourvu d'équivoque[3].

Ce reflux jurisprudentiel, d'autant plus surprenant que la Cour de cassation avait jusque là toujours refusé de faire du refus de garantie le point de départ de la prescription[4], a suscité des réactions doctrinales plutôt sceptiques. On a pu notamment dénoncer l'alternative fictive offerte par la Cour de cassation qui masquerait un véritable revirement de jurisprudence : le refus de garantie de l'assureur étant par hypothèse toujours préalable au recours de l'établissement bancaire, l'évolution jurisprudentielle trahirait l'abandon de la demande de paiement comme point de départ de la prescription[5]. La suite accréditera d'ailleurs la critique puisque tous les arrêts postérieurs de la Cour de cassation, tout en rappelant l'alternative posée par l'arrêt du 27 mars 2001, ont finalement retenu le refus de garantie comme point de départ de la prescription[6]. Les circonvolutions jurisprudentielles témoignent surtout d'une politique juridique mal maîtrisée, orientée tantôt vers la protection de l'assuré, tantôt vers celle de l'assureur.

414. La recherche d'une justification technique à cette solution semble d'ailleurs vaine, en dépit d'efforts doctrinaux toujours plus importants. Ainsi, un auteur[7] a proposé de trouver à la solution jurisprudentielle une explication technique tenant à la nature hybride du mécanisme de l'assurance emprunteur, qui constitue à la fois une assurance contre la réalisation d'un risque, et une sûreté de la dette bancaire de l'assuré. À suivre cet auteur, il faudrait constater que l'intérêt de l'action contre l'assureur ne peut se comprendre indépendamment du rôle de garantie de l'impayé que l'assurance emprunteur revêt. Aussi, cet intérêt ne serait réellement complet que lorsque le remboursement du crédit est en cause du fait du sinistre directement garanti. En d'autres termes, tant que les deux risques garantis - à savoir, le risque immédiat que constitue le sinistre et le risque médiat du non paiement de l'emprunt - ne sont pas réalisés, la prescription ne devrait pas commencer à courir, faute d'un intérêt totalement achevé. Dit autrement, la prescription ne devrait pouvoir courir ni en cas de défaillance sans sinistre[8], ni en cas de sinistre sans défaillance. Une telle approche justifie-

---

1. Cass. civ. 1re, 9 avril 2002, pourvoi nº 00-12106 ; 24 juin 2003, *RGDA*, 2004, p. 769, note L. Fonlladosa ; Civ. 2e, 7 avril 2005, *Bull. civ.* II, nº 87, *Gaz. Pal.*, 22 juin 2006, p. 34 ; 13 octobre 2005, pourvoi nº 04-15746 ; 13 janvier 2012, *RCA*, 2012, comm. 125, note H. Groutel.

2. Civ. 1re, 30 janvier 2002, *Bull. civ.* I, nº 36, civ. 2e, 19 février 2009, pourvoi nº 08-15727.

3. Cass. civ. 2e, 5 juillet 2006, *RCA*, 2006, comm. 274 par H. Groutel, *RGDA*, 2006, p. 973, note J. Bigot (une plainte avec constitution de partie civile ne suffit pas si elle ne vise pas expressément le sinistre envisagé). En revanche, la formalité d'une lettre recommandée avec demande d'avis de réception pour la notification d'un refus de garantie n'est pas requise (Cass. civ. 2e, 13 novembre 2008, pourvoi nº 07-20025), et l'information n'a pas à émaner de l'assureur et peut être valablement notifiée par la banque : Civ. 2e, 12 juillet 2007, *JCP* G, 2007, IV, 2724, *JCP* E, 2007, p. 2207, *RCA*, 2007, comm. 329 par H. Groutel (note critique, faute pour la banque de pouvoir se prévaloir de la qualité de mandataire de l'assureur), *RGDA*, 2008, p. 180, note J. Kullmann (note critique), *Gaz. Pal.*, 6 mai 2008, p. 42, note M. Périer. V., retenant la date de signature par l'assuré de l'accusé de réception de la lettre du prêteur à laquelle était annexée copie de celle par laquelle l'assureur refusait la prise en charge demandée : Cass. civ. 1re, 30 mai 2012, pourvoi nº 11-13087.

4. Cass. civ. 1re, 29 octobre 1990, *Bull. civ.* I, nº 224 ; 31 mars 1998, préc. ; 9 juin 1998, *Bull. civ.* I, nº 200.

5. G. Courtieu, art. préc.

6. V. les arrêts cités *supra* nº 413.

7. N. Leblond, *Assurances et sûretés*, thèse Paris II, 2007, spéc. p. 630 s., nº 1230 s.

8. Cass. civ. 2e, 13 juillet 2006, *RCA*, 2006, comm. 274 par H. Groutel, *Gaz. Pal.*, 5 mai 2007, p. 13,

rait alors que la prescription ne puisse courir avant la demande en paiement de la banque, ou au moins avant le refus de garantie, qui suffit à démontrer que la réalisation du risque est très proche et révèle à l'assuré son intérêt à agir vite. La qualification de sûreté de l'assurance-emprunteur offrirait ainsi un fondement logique à une solution en apparence de pure équité.

Aussi séduisante qu'elle puisse paraître, une telle théorie ne saurait cependant justifier la solution adoptée par la Cour de cassation. En effet, ce n'est pas l'intérêt concret de l'action qui fait courir la prescription mais sa naissance. Aussi, une telle analyse revient *in fine* à occulter le fait qu'au jour de la réalisation du sinistre, l'assuré disposait déjà non seulement du droit à garantie, mais également de l'action correspondante contre l'assureur. Le fait que l'action n'ait pas d'utilité immédiate ne constitue pas une impossibilité d'agir de nature à retarder le point de départ. Décider autrement reviendrait à confondre absence d'opportunité et impossibilité d'agir. Or, les considérations de sécurité juridique qui gouvernent l'institution de la prescription interdisent que la seule opportunité de l'action puisse marquer le point de départ du délai pour agir. Les textes sont ici dépourvus d'ambiguïté : qu'il s'agisse de l'article L. 114-1 du Code des assurances ou plus généralement de l'article 2224 du Code civil, c'est la connaissance des faits donnant naissance à l'action qui doit marquer le point de départ de la prescription, non l'utilité immédiate d'une telle action. Par suite, si l'on admet que seul l'événement donnant naissance à l'action fait courir la prescription, deux lectures sont possibles : soit l'on considère que l'action naît du fait de la réalisation du sinistre, on ne saurait alors retarder le point de départ de la prescription au jour du refus de garantie ou de l'action en remboursement ; soit l'on considère que l'événement donnant naissance à l'action consiste dans la réalisation du risque médiat (le non paiement), mais alors il n'y a aucune raison de faire courir la prescription dès le refus de garantie car l'action n'est à ce moment pas née. La solution jurisprudentielle demeure donc de pure opportunité.

Seule la volonté de concilier intérêts des assureurs et des assurés fonde la démarche de la jurisprudence. La voie suivie n'est au demeurant pas toujours bien tracée, puisque s'il s'agit le plus souvent de favoriser l'assuré en reportant le point de départ à une date ultérieure à la réalisation du sinistre, les solutions ménagent parfois l'assureur en ramenant le point de départ à la date – jugée plus raisonnable – du refus de garantie.

415. Sur cette voie, on constatera que cette instrumentalisation du choix du point de départ de la prescription fait des émules. En effet, un large mouvement doctrinal prône une politique davantage favorable encore à l'assuré, au prix d'un abandon de la lettre de l'article L. 114-1 du Code des assurances. Il a ainsi été proposé, par-delà la seule hypothèse de l'assurance de groupe, de faire du refus de garantie de l'assureur le point de départ de la prescription de toutes les actions qui pourraient être exercées à son encontre[1].

---

note M. Périer, *RGDA*, 2006, p. 973, note J. Bigot (précisant que lorsque la demande en paiement intervient avant la date de réalisation du risque garanti, la prescription ne peut commencer à courir qu'à compter du premier élément postérieur à la réalisation du risque soit au jour du refus de garantie).

1. J. Bigot, P. Baillot, J. Kullmann, L. Mayaux, *Traité de droit des assurances, Les assurances de personnes* (Tome 4), LGDJ, 2007, spéc. p. 902, n° 1134 ; R. Bout, « Supplique des assurés forclos au législateur endurci », in *Mélanges Lambert*, Dalloz, 2002, p. 27 s. V. égal. G. Durry, « Trente ans après ! (ou l'évolution d'une discipline à l'aune de celle d'un ouvrage) », in *Mélanges Lambert*, Dalloz, 2002, p. 145 s. ; M. Perrier, note sous Cass. civ. 2e, 3 juin 2004, *Gaz. Pal.*, 29 septembre 2005, p. 10 s.

Le plaidoyer, la « supplique »[1] même, de certains auteurs en faveur d'un tel point de départ met en avant son double mérite : d'une part, éviter que le silence de l'assureur endorme la vigilance de l'assuré dont la méprise sur la nécessité d'agir dès la réalisation du sinistre est excusable ; d'autre part, pallier l'absence d'effet suspensif ou interruptif de prescription d'une négociation en cours. En d'autres termes, le refus de garantie étant le seul événement permettant objectivement à l'assuré d'évaluer le danger qui guette son action, lui-seul justifierait que l'assuré soit mis en demeure de réagir au plus vite. À ces mérites, on ajoutera que la généralisation du choix du refus de garantie aurait l'avantage de restituer un peu de cohérence et d'unité dans une matière qui en est largement privée et pourrait constituer un « fil d'Ariane »[2] dans les méandres de la prescription en droit des assurances.

À l'appui d'une telle analyse, les auteurs font appel au droit comparé, et notamment aux législations allemande ou belge, qui font du refus de garantie l'élément pivot de la prescription[3], comme au projet de Code européen des assurances qui fait du refus de garantie le point de départ de principe de la prescription[4].

Évidemment, une telle date ne pourrait être retenue qu'au prix d'un mépris complet des considérations les plus élémentaires de technique juridique : comment le refus de garantie pourrait-il constituer le point de départ de la prescription d'une action visant précisément à... mettre en œuvre la garantie ? Là encore, l'analyse, très favorable aux assurés, repose sur des motifs de pure opportunité conduisant *in fine* à faire du jour où l'assuré prend conscience de la nécessité d'agir le point de départ de la prescription, à rebours du principe selon lequel l'action commence à se prescrire dès sa naissance.

La Cour de cassation, pourtant nullement hostile à faire prévaloir la finalité recherchée sur la technique utilisée en ce domaine, ne semble d'ailleurs pas prête à franchir le Rubicon. Certes, le refus de garantie n'est pas totalement ignoré. Il constitue, de manière marginale, le point de départ de la prescription en matière d'assurance de protection juridique. Ainsi, dans un arrêt du 3 juin 2004[5], la Cour de cassation a posé en principe que « le refus opposé par l'assureur (...) pouvait seul constituer le point de départ » du délai biennal. Un auteur a d'ailleurs cru voir dans cet arrêt le prélude à une généralisation du refus de garantie, total ou partiel, de l'assureur, comme point de départ de la prescription de l'action en indemnisation de l'assuré contre l'assureur[6]. On pourra aussi rappeler qu'il constitue l'une des deux branches de l'alternative posée par la Cour de cassation en matière d'assurance de groupe où, loin de constituer une faveur pour l'assuré, le choix du jour du refus de garantie vient limiter à rebours la protection qu'il avait acquise sous la jurisprudence antérieure[7].

Mais en dehors de ces deux hypothèses, la jurisprudence n'a jamais consacré la date du refus de garantie. Mieux elle l'a expressément écartée. Ainsi, dans un arrêt du 3 mars 1982, la Cour de cassation a censuré une cour d'appel qui avait fixé le point de départ du délai pour agir à la date à laquelle la compagnie d'assurance avait refusé de prendre en charge l'incapacité de travail, lui reprochant

1. R. Bout, art. préc.
2. M. Perrier, note sous Cass. civ. 2e, 3 juin 2004, *Gaz. Pal.*, 29 septembre 2005, p. 10 s.
3. R. Bout, art. préc., spéc. p. 30, n° 6.
4. J. Bigot, P. Baillot, J. Kullmann, L. Mayaux, *op. cit.*, spéc. p. 902, n° 1134.
5. Cass. civ. 2e, 3 juin 2004, *RCA*, 2004, comm. 278 par H. Groutel, *Gaz. Pal.*, 29 septembre 2005, note M. Perrier. V. déjà en ce sens : Cass. civ. 1re, 10 mai 2000, *Bull. civ.* I, n° 132.
6. M. Perrier, note sous Cass. civ. 2e, 3 juin 2004, *Gaz. Pal.*, 29 septembre 2005, p. 10 s.
7. V. *supra*, n° 410 s.

d'avoir retenu une telle date « au lieu de faire courir le délai à compter du jour où l'assuré a connaissance de la réalisation du risque de nature à entraîner le jeu de la garantie »[1]. Elle a encore précisé, dans un arrêt du 7 juin 1988 que le point de départ de l'action en exécution par l'assureur des obligations de son contrat ne pouvait être la « date de notification du refus de garantie », mais uniquement la date du sinistre[2].

416. Ces développements aboutissent alors à un double constat. D'une part, il ne fait aucun doute que la jurisprudence en droit des assurances ne peut s'expliquer que par la finalité poursuivie par la Cour de cassation. La politique juridique domine ici au mépris des considérations techniques. Cette instrumentalisation du point de départ ne va pas alors sans hésitations, revirements et incertitudes pour le justiciable, lesquels s'expliquent essentiellement par la difficulté à laquelle est confrontée la Cour de cassation de concilier la finalité visée avec les considérations techniques propres à ce type d'assurance. Mais, d'autre part, la Cour de cassation mène en la matière une politique juridique dont on peine à saisir toujours clairement les finalités. Alors qu'elle semble *a priori* là encore rechercher la protection de la partie faible en protégeant l'assuré d'un régime légal jugé trop sévère au prix d'une interprétation déformante de la notion de « sinistre », voire du choix d'une date étrangère à la lettre de l'article L. 114-1 du Code des assurances, elle paraît parfois faire marche arrière pour favoriser l'assureur. L'instabilité des solutions semble alors refléter les tergiversations jurisprudentielles, incompatibles avec l'existence d'une véritable politique juridique qui suppose davantage de constance.

417. Au reste, au-delà du seul droit des assurances, la jurisprudence ne semble pas guidée par la protection du consommateur. Les différentes solutions adoptées, dans les domaines les plus variés, sont loin de répondre au mot d'ordre « protection du consommateur, sanction du professionnel ».

Bien au contraire, on retrouve autant d'hypothèses dans lesquelles ce n'est plus le consommateur, mais bien le professionnel que la jurisprudence semble vouloir protéger, au nom d'un autre impératif cette fois, celui de la prévisibilité des solutions ou de la sécurité des transactions. Les exemples en ce sens ne manquent pas et ont déjà été largement observés.

418. Ainsi, la manière dont la Cour de cassation appréhende la fixation du point de départ de la prescription des actions dirigées par la victime d'un produit défectueux à l'encontre du vendeur professionnel démontre clairement la volonté de faire prévaloir les intérêts du vendeur professionnel sur ceux du consommateur[3]. On sait en effet qu'en principe, le point de départ de la prescription de l'action en responsabilité contractuelle se prescrit à compter de la manifestation du dommage. Or, dans une hypothèse où elle a eu à se prononcer sur le point de départ de la prescription d'une action en responsabilité contractuelle de droit commun fondée sur le manquement à une obligation de sécu-

---

1. Cass. civ. 1re, 3 mars 1982, *Bull. civ.* I, nº 96. V. déjà, dans une hypothèse où la mise en œuvre de la garantie faisait suite au recours d'un tiers, civ. 1re, 22 avril 1971, *Bull. civ.* I, nº 128 : « en rappelant que (...) le délai de prescription ne court que du jour où ce tiers a exercé une action en justice contre l'assuré ou a été indemnisé par ce dernier, les juges d'appel ont nécessairement écarté tout autre point de départ dudit délai et notamment le refus qui aurait été opposé par la mutuelle ».

2. Cass. civ. 1re, 7 juin 1988, *Bull. civ.* I, nº 172.

3. V. *supra*, nº 105.

rité, la Cour de cassation a différemment posé, en principe, et en l'absence de tout texte l'y contraignant avant l'entrée en vigueur de la loi de transposition de la directive, que « l'action de la victime d'un produit défectueux, dont la mise en circulation est antérieure à l'entrée en vigueur de la loi du 19 mai 1998, codifiée aux articles 1386-1 à 1386-18 du Code civil, se prescrit à l'encontre du vendeur à compter de la vente »[1]. D'un point de vue technique, la solution, incohérente au regard des autres actions en responsabilité de droit commun, apparaît « peu convaincante »[2].

En prenant ainsi en considération le jour où la vente a été conclue au détriment de celui où le dommage s'est manifesté, la Cour de cassation manifeste sa volonté de protéger le vendeur professionnel contre le risque d'une action trop tardive, de la même manière qu'elle le protège d'une action trop tardive en garantie des vices cachés en enfermant une telle action dans le délai de prescription de droit commun à compter de la livraison[3].

Les vendeurs professionnels débiteurs d'une obligation générale de sécurité ou d'une garantie plus spécifique à l'égard de l'acquéreur ne sont pas les seuls professionnels protégés par la Cour de cassation au détriment de la partie faible. En effet, la Cour de cassation adopte une démarche en tout point comparable pour protéger les constructeurs des actions qu'un maître de l'ouvrage mécontent pourrait intenter de nombreuses années après l'achèvement des travaux. En la matière également, la jurisprudence n'a pas semblé prêter beaucoup d'importance aux principes de détermination du point de départ de la prescription qu'elle avait elle-même dégagés en matière de responsabilité contractuelle de droit commun. Ainsi, alors que le législateur n'avait imposé le jour de la réception des travaux par le maître de l'ouvrage comme point de départ de la prescription que lorsque la garantie décennale de l'article 1792-1-4 était en cause, la Cour de cassation n'a pas hésité à transposer ce point de départ à la situation très différente dans laquelle l'action intentée contre le constructeur l'était sur le fondement de la responsabilité contractuelle de droit commun[4]. Elle a en effet considéré que « la responsabilité contractuelle de droit commun du constructeur ne pouvait être invoquée, quant aux désordres affectant l'ouvrage, au-delà d'un délai de dix ans à compter de la réception »[5]. Là encore, au-delà de considérations relatives à l'unification des délais en la matière, la volonté de protéger les constructeurs et de limiter dans le temps la durée pendant laquelle un recours est susceptible d'être exercé à leur encontre est sans conteste la finalité poursuivie par la Cour de cassation, au mépris cette fois des intérêts des victimes d'un défaut de construction qui se trouvent dépossédées du droit d'agir en justice.

Les illustrations d'un tel mouvement de reflux sont nombreuses : protection des dirigeants[6] ou encore des personnes ayant représenté ou assisté les parties en justice[7] à travers une interprétation très restrictive des critères légaux de fixation du point de départ de la prescription… La liste des hypothèses dans lesquelles les intérêts de la partie économiquement la plus faible sont délibérément

1. Cass. com., 24 janvier 2006, *RTD civ.*, 2006, p. 571, obs. P. Jourdain.
2. P. Jourdain, obs. sous Cass. com., 24 janvier 2006, préc.
3. V. *supra*, nº 99 s.
4. V. *supra*, nº 111 s.
5. Cass. civ. 3e, 16 octobre 2006, arrêt *Société Grobost*, *D.*, 2003, p. 300, note P. Malinvaud, *RTD civ.*, 2003, p. 308, obs. P. Jourdain. La solution a depuis été légalement consacrée à l'art. 1792-4-3 du Code civil.
6. V. *supra*, nº 20 s.
7. V. *supra*, nº 114.

sacrifiés par la Cour de cassation au nom de la protection du professionnel pourrait encore être allongée.

419. Il faut bien dès lors se résoudre à la disparité des finalités poursuivies par la Cour de cassation dans la fixation du point de départ de la prescription. Protection de la partie économiquement faible ou dépendante, personnifiée dans la figure du consommateur ou de l'assuré, mais aussi protection de la partie dominant le lien contractuel, à travers la protection du professionnel, le contraste ne peut que surprendre. Il apparaît que la Cour de cassation ne protège pas des intérêts simplement différents voire divergents, mais bien des intérêts antagonistes. Dès lors, loin d'une première impression d'homogénéité des finalités poursuivies, c'est au contraire leur hétérogénéité qui frappe ici.

420. D'ailleurs, l'inconstance de la Cour de cassation est plus marquée encore lorsqu'elle résulte de positions distinctes en son sein même. Il apparaît ainsi parfois que, à travers la détermination du point de départ de la prescription d'une seule et même action, les différentes chambres de la Cour de cassation poursuivent des objectifs politiques opposés, au point de retenir des solutions nettement divergentes.

Le traitement du point de départ de la prescription de l'action en nullité de la stipulation d'intérêt conventionnel fondée sur la mention d'un taux effectif global de crédit erroné en porte la trace. On l'a vu[1], dans une telle hypothèse, les chambres civile et commerciale adoptent des solutions opposées. Alors que, depuis un arrêt du 10 juin 2008[2], la chambre commerciale fait courir la prescription de l'action en nullité de la stipulation d'intérêt en cas d'erreur dans le calcul du taux effectif global du jour de l'écrit emportant reconnaissance de l'obligation de payer des intérêts conventionnels, la première chambre civile reporte le point de départ de la prescription d'une telle action au jour où l'erreur a été révélée à l'emprunteur. La solution, déjà affirmée avant l'arrêt de la chambre commerciale précité du 10 juin 2008, a été réaffirmée depuis, et en dernier lieu dans un arrêt extrêmement explicite du 11 juin 2009[3] faisant courir la prescription, lorsque l'examen de la convention ne permet pas de constater l'erreur, de « la date de la révélation de celle-ci à l'emprunteur ».

L'opposition est pour le moins frontale : rendus à un an d'écart, les deux arrêts reposent sur des raisonnements opposés, l'un refusant de faire de la possibilité réelle de connaître l'erreur une condition du décompte du délai de prescription, l'autre repoussant le point de départ de la prescription au jour de la révélation effective de l'erreur à l'emprunteur. La différence de nature des critères retenus – connaissance réelle dans un cas, irréfragablement présumée dans l'autre – entraîne alors une divergence de jurisprudence[4].

421. Si beaucoup appellent, à juste titre, à l'unification des solutions, considérant notamment qu'il est « difficile d'admettre, en dehors de toute disposition légale en ce sens, que le point de départ d'une prescription dépende en tout ou

---

1. V., sur cette question, les développements *supra*, n° 149 s.

2. Cass. com., 10 juin 2008, *JCP* G, 2008, act. 448, obs. M. Roussille, *JCP* E, 2008, 2221, note A. Gourio et N. Aynès, et 2431, n° 3, obs. J. Stoufflet, *D.*, 2008, p. 1781, obs. V. Avena-Robardet, p. 2200, note Y. Gérard et P. Pinot, et p. 2202, note D.-R. Martin, *RDBF*, 2008, comm. 103, note F.-J. Crédot et T. Samin.

3. Cass. civ. 1re, 11 juin 2009, *Bull. civ.* I, n° 125, *JCP* E, 2009, 1839, note A. Gourio, *D.*, 2009, p. 2728, note B. Grimonprez, *Defrénois*, 2009, p. 1929, note S. Piedelièvre, *RDC*, 2009, p. 1440, obs. D. Fenouillet.

4. A. Gourio, note sous Cass. civ. 1re, 11 juin 2009, préc.

partie de la qualité de l'une des parties »[1], il faut néanmoins constater que cette divergence - voire cette incohérence - des solutions n'est en réalité que la conséquence de politiques juridiques distinctes des deux chambres. En effet, alors que la première chambre civile cherche à protéger l'emprunteur particulier en reportant dans le temps le point de départ de la prescription, la chambre commerciale cherche à assurer la sécurité des relations entre professionnels en adoptant un point de départ fixe. Un auteur a d'ailleurs justement relevé cette différence d'objectif : « il y aurait donc là matière à une harmonisation de la jurisprudence suprême, s'il ne fallait plutôt discerner, dans cette discordance, une différence voulue de traitement selon que le crédit est consenti à un professionnel ou à un consommateur »[2].

Il faut d'ailleurs souligner avec quel soin la première chambre civile comme la chambre commerciale délimitent l'emprise de leurs solutions, la première ne visant que l'« octroi de crédit à un consommateur ou à un non-professionnel », la seconde le seul « emprunteur qui a obtenu un concours financier pour les besoins de son activité professionnelle », comme pour mieux avouer que la divergence de solutions ne peut s'expliquer que par des considérations politiques propres au contexte contractuel dans lequel l'emprunt a été consenti. Mieux, la première chambre civile prend soin de relever que l'emprunteur « n'avait pas la qualité de professionnel » pour reporter le point de départ de la prescription au jour de la révélation de l'erreur. Une manière d'admettre, sans doute, que seul un objectif consumériste peut justifier la solution retenue. Un conseiller à la Cour de cassation n'a d'ailleurs pas manqué de souligner, pour tenter de la justifier, cette disparité : « selon la chambre commerciale, [le professionnel] a plus de moyens de se renseigner et moins besoin d'être protégé que le consommateur qui, lui, continue de bénéficier de la jurisprudence de la première chambre, qui fixe le point de départ de la prescription non à la date de la commission de l'erreur mais bien de sa révélation possible »[3].

Aussi, les oppositions entre différentes chambres de la Cour de cassation sur la question du point de départ de la prescription trouvent ici leur source dans une divergence de politique juridique[4]. Chaque chambre poursuit ses propres objectifs – protection du droit d'agir du consommateur pour la première chambre civile, protection de la sécurité juridique du professionnel du crédit pour la chambre commerciale – sans qu'une finalité unique ne puisse émerger au sein de la Cour. L'observation aggrave encore le constat de la disparité des finalités poursuivies. Or, sans unité entre les différentes chambres de la Cour de cassation, il ne saurait y avoir de politique jurisprudentielle. On l'a souligné, « toute politique jurisprudentielle appelle l'unité et donc un dialogue entre les chambres qui statuent sur des questions identiques ou voisines »[5].

---

1. S. Piedelièvre, note sous Cass. civ. 1re, 11 juin 2009, préc.

2. D.-R. Martin, note sous Cass. com., 10 juin 2008, préc., spéc. p. 2203.

3. M. Cohen-Branche, « La responsabilité civile du banquier en droit français et le juge de cassation : quel pouvoir ? Réflexion autour d'une politique jurisprudentielle », *RDBF*, 2009, étude 19, spéc. nº 21.

4. V. encore la divergence de politique poursuivie par la 1re chambre et la chambre commerciale sur la question du point de départ de la prescription de l'action en responsabilité du banquier pour manquement à son obligation de mise en garde, *supra*, nº 360.

5. G. Canivet et N. Molfessis, « *La politique jurisprudentielle* », in *Mélanges en l'honneur de J. Boré*, Dalloz, 2007, p. 79 s., spéc. p. 91, nº 24. La nécessité de veiller à la cohésion des différentes chambres de la Cour de cassation avait d'ailleurs été soulignée par l'ancien président de la chambre commerciale de la Cour de cassation qui visait, au titre des objectifs de sa politique jurisprudentielle, la nécessité de « veiller à la cohérence entre les décisions de la chambre commerciale et celle des autres chambres de la Cour », avec le « souci d'éviter que les différences d'approches entre les "commercialistes" et

422. Dès lors, la manière dont est appréhendée la question du point de départ de la prescription de l'action en nullité de la stipulation d'intérêt en cas d'erreur dans le calcul du TEG illustre à elle-seule les maux qui affectent la jurisprudence en la matière : une disparité des solutions retenues (date de la révélation de l'erreur pour la première chambre civile, date de l'acte pour la chambre commerciale), qui résulte d'une disparité des critères pris en considération (connaissance réelle pour la première chambre civile, connaissance irréfragablement présumée pour la chambre commerciale), elle-même dictée par une disparité des finalités poursuivies (protection du droit d'agir du consommateur pour la première chambre civile, protection de la sécurité juridique du dispensateur de crédit professionnel pour la chambre commerciale). L'incohérence des points de départ de la prescription est ici manifeste.

423. Mais le droit positif ne porte pas davantage la marque d'une politique juridique liée à la position des parties au procès.

§ 2 - L'INDIFFÉRENCE DES POSITIONS DANS LE PROCÈS

424. La qualité des parties au procès n'étant pas de nature à faire émerger une cohérence de la jurisprudence de la Cour de cassation, l'on en vient naturellement à se demander s'il ne faut pas trouver ailleurs, et notamment dans la position qu'elles occupent dans le procès, la cohérence de la politique poursuivie. On pourrait en effet concevoir que la Cour de cassation entende tenir compte du droit d'accès à un tribunal et assouplisse ainsi, en faveur du demandeur, la détermination du point de départ de la prescription. À l'inverse, faisant prédominer la sécurité juridique, elle pourrait entendre adopter une position ferme, favorable dès lors au défendeur. Ainsi, elle poursuivrait alors une finalité systématique consistant soit dans la protection du demandeur au nom du droit d'accès à un tribunal, soit dans la protection du défendeur au nom de la sécurité juridique.

Cette hypothèse ne se vérifie cependant pas davantage que la précédente : la politique menée par la Cour de cassation ne semble pas trouver sa rationalité dans la position des parties.

Certes, les hypothèses dans lesquelles elle semble vouloir protéger le demandeur en reportant le point de départ de la prescription afin de rendre le plus effectif possible son droit d'agir sont nombreuses. On songe notamment à la prescription de la faculté d'option successorale dont le point de départ a été reporté au jour de la connaissance de l'ouverture de la succession chaque fois que le successible avait une raison légitime de l'ignorer[1]. On pense également au point de départ de la prescription de l'action en nullité relative, que la jurisprudence reporte au jour de la connaissance de la cause de nullité non seulement lorsque l'action est fondée sur un vice du consentement[2] mais également lorsqu'elle est intentée par un tiers au contrat remis en cause[3]. On évoquera encore le report du point de départ de la prescription de l'action en responsabilité au jour de la connaissance du dommage[4] ou au jour de la découverte du vice[5].

---

les “consuméristes” » n'affecte l'homogénéité des solutions dégagées (D. Tricot, « La politique jurisprudentielle de la chambre commerciale de la Cour de cassation », *D.*, 2007, p. 2456).

1. V. *supra*, nº 291 s.
2. V. *supra*, nº 158 s.
3. V. *supra*, nº 163 s.
4. V. *supra*, nº 79 s.
5. V. *supra*, nº 94 s.

Dans toutes ces situations, il n'est guère douteux que la Cour de cassation favorise le demandeur en levant l'obstacle de la prescription.

Mais ces diverses hypothèses ne sauraient masquer celles, tout aussi nombreuses, qui sont favorables au défendeur. Là encore, les exemples sont nombreux. En faisant courir l'action en nullité du jour de l'acte dès que la cause de nullité consiste dans l'irrégularité de clauses contractuelles[1], la Cour de cassation protège le défendeur contre la remise en cause tardive de l'acte litigieux. Dans le même sens, en faisant courir la prescription de l'action subrogatoire du jour où celui qui en était titulaire à l'origine pouvait valablement l'exercer et non du jour où le demandeur a acquis la qualité de subrogé ou a même été seulement assigné en justice[2], la Cour de cassation protège les intérêts du défendeur, qui pouvait légitimement escompter être libéré de toute obligation à l'issue du délai que le titulaire originaire de l'action avait pour agir. De même, en fixant intangiblement au jour de la publication de la dissolution de la société le point de départ de la prescription de l'action en paiement à l'encontre des associés non liquidateurs, quel que soit par ailleurs le jour de naissance de l'action[3], la Cour de cassation cantonne la mise en cause de la responsabilité des associés, évitant qu'elle soit illimitée dans le temps. C'est un même mouvement qui justifie que la jurisprudence applique strictement les dispositions légales qui permettent aux personnes ayant assisté ou représenté les parties en justice de ne plus être poursuivies cinq ans après la fin de leur mission[4].

Aussi, les multiples hypothèses dans lesquelles les solutions jurisprudentielles sont plutôt favorables au demandeur, parce qu'elles reportent le point de départ de la prescription au jour de la connaissance des événements lui permettant d'agir, s'opposent aux hypothèses toutes aussi nombreuses dans lesquelles la jurisprudence incline en faveur du défendeur, en privilégiant des points de départ fixes ou en écartant des motifs qui auraient utilement pu justifier un report du point de départ de la prescription.

425. Certes, on pourrait objecter que les exemples précédents sont puisés dans des domaines très différents, et que la pertinence et plus encore l'existence d'une politique jurisprudentielle ne s'apprécie pas au terme d'une simple juxtaposition de situations dissemblables. L'argument échoue cependant à expliquer que les finalités poursuivies par la Cour de cassation apparaissent également opposés alors que les situations sont cette fois bien comparables.

Ainsi en est-il lorsque la Cour de cassation connaît du même intérêt, tel celui du consommateur, qui pourra être identiquement protégé, qu'il soit demandeur ou défendeur, mais tout autant mal « servi » dans d'autres hypothèses[5].

---

1. V. *supra*, nº 135 s.
2. V. *supra*, nº 334 s.
3. V. *supra*, nº 313 s.
4. V. *supra*, nº 114.
5. Le consommateur peut apparaître en position de demandeur. Tel est le cas lorsqu'il demande la nullité d'une stipulation d'intérêt pour erreur dans le calcul du TEG. Il peut également apparaître en position de défendeur. Tel est le cas lorsqu'est intentée à son encontre une action en paiement des échéances d'un prêt sur le fondement de l'article L. 311-52 du Code de la consommation. Or, dans ces deux hypothèses, la position du consommateur dans le procès n'influence en rien le raisonnement de la Cour de cassation. Il sera à l'identique protégé par la jurisprudence, qui retardera le point de départ de la prescription au jour de la découverte de l'erreur (v. *supra*, nº 149 s.), dans le premier, et fera courir la prescription du jour de la première échéance impayée ou du dépassement de découvert (v. *supra*, nº 264 s.) dans le second. Autrement dit, en protégeant systématiquement le consommateur dans ces deux hypothèses, la Cour de cassation se montre une fois favorable au demandeur à l'action, une fois favorable au défendeur.

426. L'incohérence, au regard des fins qui pourraient être poursuivies, se manifeste avec plus de force encore lorsque la Cour de cassation, en présence d'une même partie, placée dans la même situation, va suivre deux approches différentes. Le constat est évident s'agissant du sort que la Cour de cassation réserve à l'action intentée contre le dirigeant social. Dans cette hypothèse, où il apparaît nécessairement en qualité de défendeur, il bénéficie selon les cas d'une jurisprudence tantôt très favorable, tantôt très hostile. Confrontons ainsi les solutions fondamentalement divergentes de la Cour de cassation à l'égard de deux actions que tout semblait pourtant devoir rapprocher : l'action en responsabilité intentée contre le dirigeant et l'action en nullité de la convention réglementée conclue par ce dernier[1]. Les articles L. 225-254 et L. 225-42 alinéa 2 fixent expressément le même critère de détermination du point de départ de la prescription dans les deux hypothèses : le jour du fait dommageable ou de la conclusion de la convention, reportés au jour de leur révélation en cas de dissimulation. Aussi, la jurisprudence doit-elle appliquer la même directive légale, envers une même personne – le dirigeant social – dans les deux cas défendeur. Pourtant, les solutions retenues ont longtemps été radicalement opposées. Alors qu'elle retient une interprétation très restrictive de la dissimulation et très souple de la révélation dans la première hypothèse[2], libérant ainsi le plus rapidement possible le dirigeant social de la responsabilité qui pèse sur lui, elle a au contraire longtemps privilégié une appréciation extrêmement élargie de la dissimulation et extrêmement rigoureuse de la révélation dans la seconde, pour reporter le point de départ de la prescription de l'action en nullité[3]. Dans ce cas, elle permettait à la société ou aux associés d'agir le plus longtemps possible en nullité de la convention conclue par le dirigeant. Ainsi, la jurisprudence balance et oscille entre les intérêts du dirigeant, défendeur, protégé au détriment de la société et de ses associés, et ceux de la société ou ses associés, demandeurs, qui le seront, au détriment cette fois du dirigeant. La casuistique, déjà présente dans les solutions retenues, l'est également dans les finalités poursuivies.

427. Les illustrations pourraient d'ailleurs être multipliées. Cette casuistique se manifeste aussi dans la mise en œuvre de l'action en garantie des vices cachés. Et tout conduit à penser que la fixation du point de départ de la prescription est alors parfaitement instrumentalisée, au prix d'incohérences manifestes. Comment comprendre en effet que les juges considèrent parfois que la découverte du vice, dans son existence comme dans son étendue, ne puisse être fixée qu'au jour de la remise du rapport de l'expert[4] ? Le choix d'un tel point de départ soulève assurément un défi logique. Faut-il rappeler que depuis la loi du 5 juillet 1985, l'assignation en référé expertise produit un effet interruptif de prescription ? Or, l'action en référé en vue de désigner un expert chargé de déterminer l'origine du défaut qui affecte un produit n'échappe pas à cette règle[5]. Dès lors, à suivre les solutions jurisprudentielles, il faudrait admettre qu'un délai qui ne court qu'une fois les résultats de l'expertise rendus publics pourrait être interrompu par une assignation en référé en vue de la désignation dudit expert,

1. V. toutefois sur ce dernier point, l'évolution de la jurisprudence, *supra* nº 130 s.
2. V. *supra*, nº 35 s.
3. V. *supra*, nº 128 s.
4. V. *supra*, nº 97.
5. Cass. civ. 1re, 21 novembre 1995, *Bull. civ.*, I, nº 428, *RTD com.*, 1996, p. 319, obs. B. Bouloc ; 5 octobre 2000, *Bull. civ.* I, nº 241 ; Cass. civ. 1re, 19 février 2002, pourvoi nº 99-18115.

laquelle lui est nécessairement antérieure[1] ! Où l'on peine à résoudre la quadrature du cercle : comment interrompre un délai qui n'a pas commencé à courir ?

Pour comprendre comment on a pu en arriver là, il faut revenir à l'état du droit avant la loi du 5 juillet 1985. Avant cette date, la demande d'expertise ne produisait aucun effet interruptif. La fixation du point de départ de la prescription au jour du dépôt du rapport de l'expert était alors apparue comme un palliatif face à l'absence d'effet interruptif du référé expertise. Le point de départ de la prescription a ainsi servi de remède, dont la jurisprudence n'a pas su conserver la maîtrise puisque le délai semble pouvoir être interrompu par un acte antérieur à son point de départ.

Un tel report du point de départ de la prescription au jour du dépôt du rapport d'expert a ainsi permis la protection de l'acquéreur contre les conséquences d'une action tardive. Mais qu'on ne croit pas pour autant que la Cour de cassation avait fait le choix de l'acquéreur ! Dans d'autres cas, il lui a suffit d'affirmer que le vice pouvait avoir été découvert antérieurement pour rejeter une demande jugée peu légitime. Comme l'a justement relevé B. Gross, « les essais d'élaboration d'une théorie générale des délais des actions en garantie paraissent n'avoir aucune influence sur la jurisprudence à venir. La jurisprudence se contredit volontairement et se refuse à adopter un système cohérent. En définitive, les questions concernant la durée, le point de départ, l'interruption et la suspension des délais constituent autant de prétextes pour les tribunaux qui veulent ou non accorder une réparation au garanti. Ces prétextes, les tribunaux les feront jouer dans les deux sens »[2].

Au fond, l'absence de politique jurisprudentielle pourrait servir en quelque sorte de guide, le juge choisissant de ne pas être lié par la position qu'il pourrait adopter. Tout se passe ainsi comme s'il se ménageait une marge de manœuvre, pour se dégager de la contrainte que constituerait nécessairement le choix d'une politique jurisprudentielle uniforme.

428. L'absence de politique jurisprudentielle est encore évidente lorsque l'on observe la manière dont la jurisprudence appréhende les critères alternatifs de détermination du point de départ de la prescription parfois prévus par la loi.

Dans certaines hypothèses en effet, le législateur recourt à un système de critères de détermination du point de départ de la prescription multiples. Ainsi, l'article L. 114-1 alinéa 3 du Code des assurances précise que « quand l'action de l'assuré contre l'assureur a pour cause le recours d'un tiers, le délai de la prescription ne court que du jour où ce tiers a exercé une action en justice contre l'assuré ou a été indemnisé par ce dernier ». Dans le même esprit, l'article L. 431-2 du Code de la sécurité sociale prévoit que « les droits de la victime ou de ses ayants droit aux prestations et indemnités prévues par le présent livre se prescrivent par deux ans à dater (…) du jour de l'accident[3] ou de la cessation du paiement de

---

1. V. M. Thioye, « La casse-tête récurrent du bref délai de l'article 1648 du Code civil : du contournement à la neutralisation », *LPA*, 21 août 2000, p. 6, spéc. n° 16.

2. B. Gross, *La notion d'obligation de garantie dans le droit des contrats*, préf. D. Tallon, Paris, 1964, n° 302, et l'auteur de poursuivre : « Parfois, ils serviront à sauver le garanti qui a commis une imprudence ou une négligence en assignant tardivement le garant. Parfois, ils conduiront à rejeter sa demande même si, en toute objectivité, il a agi dans un délai assez court. Dans la première hypothèse, les tribunaux relèveront le garanti de la prescription, soit en ayant une conception large du bref délai, soit en reculant le point de départ de la prescription, soit encore en admettant volontiers les causes de suspension ou d'interruption. En revanche, dans la deuxième hypothèse, il leur suffira de se montrer sévères sur l'exigence du bref délai ou de faire commencer très tôt le point de départ du délai ou enfin de rejeter toute possibilité d'interruption et de suspension ».

3. Il faut y ajouter le jour de la cessation du travail lorsqu'il ne s'agit pas d'un accident, mais d'une

l'indemnité journalière[1] (...) [ou] de la date de la première constatation par le médecin traitant de la modification survenue dans l'état de la victime[2] », la jurisprudence ayant complété la liste en visant deux événements supplémentaires : la connaissance du lien de causalité entre la maladie et l'activité professionnelle[3] et la reconnaissance du caractère professionnel de la maladie[4].

La technique utilisée n'est pas sans rappeler celle des règles de conflit à coloration matérielle, bien connues du droit international privé[5]. De telles règles, qui dérogent à la neutralité supposée des règles bilatérales de conflit, formulent des rattachements alternatifs autorisant, pour une situation donnée, à se prévaloir de la loi qui résulte de l'un ou de l'autre des rattachements proposés. Il s'agit alors d'autoriser le choix de celle qui permettra d'obtenir le rattachement substantiel le plus favorable afin de parvenir au résultat souhaité. Ces règles de conflit à coloration matérielle multiplient les chances de voir la situation validée par au moins l'une des lois qu'elles désignent. On parle alors de rattachement *in favorem*. Ainsi, l'article 311-17 du Code civil, pour favoriser la reconnaissance d'enfant, prévoit que celle-ci est valable si elle a été faite en conformité soit de la loi personnelle de son auteur, soit de la loi personnelle de l'enfant. Seule la loi la plus favorable à l'enfant sera alors prise en considération.

Ces règles de conflit de lois à coloration matérielle trouvent leur pendant juridictionnel dans les règles de compétence internationale qui sont au service d'objectifs substantiels. Là encore, un certain nombre de chefs de compétence alternatifs peuvent être prévus. Ainsi par exemple, en matière de divorce, le *Règlement Bruxelles II Bis* du 27 novembre 2003 prévoit que sont compétents aussi bien les tribunaux du lieu de résidence habituelle des époux, de l'un d'entre eux, de la nationalité commune des époux... Là encore, la règle de compétence internationale est asservie à un but de droit matériel : favoriser l'exercice de l'action en justice.

429. Certes, dans le cas des critères de détermination du point de départ de la prescription multiples prévus par le législateur, les finalités poursuivies n'apparaissent pas avec autant d'évidence. La loi ne dit pas expressément qu'ils sont autant d'options placées à un même niveau, qui s'offrent au demandeur pour éviter la prescription de son action.

Néanmoins, semblant inspirés du même modèle que les règles de conflits à coloration matérielle, les critères alternatifs de détermination du point de départ

---

maladie professionnelle ; Cass. soc., 27 janvier 1966, *Bull. civ.* V, n° 126, 28 octobre 1999, *Bull. civ.* V, n° 425, *D.*, 1999, IR, p. 261.

1. Pour des illustrations : Cass. soc., 2 février 1995, pourvoi n° 92-13985 ; civ. 2e, 18 janvier 2005, *Bull. civ.* II, n° 13 ; *Travail et Protection sociale*, Mars 2005, comm. 86.

2. Cette date correspond à celle à laquelle le préjudice a été connu. Pour des illustrations : Cass. soc., 7 mars 1968, *Bull. civ.* V, n° 144 ; 4 février 1971, *Bull. civ.* V, n° 89 ; 10 mars 1976, *Bull. civ.* V, n° 153 ; 28 juin 1989, *Bull. civ.* V, n° 478 ; 27 octobre 1994, pourvoi n° 92-18761 ; 15 oct. 1998, *Bull. civ.* V, n° 426.

3. Une telle assimilation ressort de l'article L. 461-1 du Code de la sécurité sociale, selon lequel « en ce qui concerne les maladies professionnelles, la date à laquelle la victime est informée par un certificat médical du lien possible entre sa maladie et une activité professionnelle est assimilée à la date de l'accident ». Pour des applications jurisprudentielles, v. Cass., civ. 2e, 22 mars 2005, *Bull. civ.* II, n° 75, *D.*, 2005, p. 2053, note Y. Saint-Jours ; 12 juillet 2006, D, 2006, IR p. 2122, *D.*, 2006, p. 2727, note Y. Saint-Jours, *Gaz. Pal.*, 20 mars 2007, p. 15, note M.-P. Olive ; et déjà : Cass. soc., 18 juin 1959, *JCP*, 1959, II, 11249. Comp., la jurisprudence antérieure refusant de prendre en considération la connaissance du lien de causalité : Cass. soc., 3 janvier 1974, *Bull. civ.* V, n° 8 ; 6 octobre 1994, *Bull. civ.* V, n° 263, *D.*, 1994, IR p. 36.

4. V. *supra*, n° 307 s.

5. Sur ces règles, v. B. Audit et L. d'Avout, *Droit international privé*, Economica, 6e éd., 2010, spéc. p. 96 s., n° 108 s.

de la prescription ne devraient-il pas suivre une même logique, par principe favorable au demandeur ? La jurisprudence devrait alors logiquement permettre au demandeur dont l'action serait considérée comme prescrite en application du premier critère de détermination du point de départ de la prescription de se prévaloir du second, pour échapper à la prescription de son action. Ce qui reviendrait, *in fine*, à retenir par principe l'événement qui s'est réalisé le plus récemment comme point de départ de la prescription.

Telle est d'ailleurs la manière dont la jurisprudence interprète la règle posée par l'article L. 431-2 du Code de la sécurité sociale. En la matière en effet, la Cour de cassation s'est nettement prononcée en faveur du caractère alternatif des rattachement proposés, favorisant de ce fait le demandeur en lui permettant d'échapper à la prescription de son action chaque fois qu'il pourra se prévaloir de l'un des critères prévu pour reporter dans le temps le point de départ. Ainsi, après avoir rappelé que « les droits de la victime ou de ses ayants droit aux prestations et indemnités prévues par la législation sur les maladies professionnelles se prescrivent par deux ans à compter, soit de la date à laquelle la victime est informée par un certificat médical du lien possible entre sa maladie et une activité professionnelle, soit de la cessation du travail en raison de la maladie constatée, soit de la cessation du paiement des indemnités journalières, soit encore de la reconnaissance du caractère professionnel de la maladie », la Cour de cassation a précisé que « le délai de prescription de l'action en reconnaissance de la faute inexcusable de l'employeur a commencé à courir à compter de la dernière de ces dates »[1].

Mais la Cour de cassation s'écarte complètement de cette logique dans la mise en œuvre du double critère de détermination du point de départ de la prescription prévu par l'article L. 114-1 du Code des assurances. Elle pose alors inversement en principe que « lorsque l'action de l'assuré contre l'assureur a pour cause le recours d'un tiers, le délai de prescription court du jour où ce tiers a exercé une action en justice contre l'assuré, ou, *si aucune instance n'a été introduite*, du jour où le tiers a été indemnisé par ce dernier »[2]. En ne permettant ainsi pas à la date d'indemnisation d'avoir une vocation autre que subsidiaire, la Cour de cassation interdit au demandeur de se prévaloir de la dernière de ces dates chaque fois qu'il aura effectivement été assigné. L'interprétation lui est, cette fois, défavorable. Comme elle l'est également dans l'application du critère de détermination du point de départ de la prescription alternatif dégagé en matière d'assurances de groupe : « la prescription de l'action de l'assuré contre l'assureur ne commence à courir qu'à compter du premier des deux événements suivants, soit le refus de garantie de l'assureur, soit la demande en paiement de l'établissement de crédit, bénéficiaire de l'assurance par l'effet de la stipulation faite à sa profit »[3].

La Cour de cassation prend ainsi appui sur une même technique législative – la fixation de critères alternatifs de détermination du point de départ de la prescription –, elle-même politiquement orientée par principe vers la protection du demandeur, pour aboutir *in fine* à des solutions opposées, en faveur tantôt du demandeur, tantôt du défendeur.

---

1. Cass. civ. 2e, 29 juin 2004, *Bull. civ.* II, n° 331, *Travail et protection sociale*, 2004, comm. 267, *Gaz. Pal.*, 24 février 2005, p. 27, note E. Andréo. Sur cette question, v. *supra*, n° 307.

2. Cass. civ. 1re, 30 novembre 1976, *Bull. civ.* I, n° 371 ; 12 décembre 1995, *Bull. civ.* I, n° 455. (Nous soulignons). v. *supra*, n° 328 s.

3. Cass. civ. 1re, 27 mars 2001, *JCP* E, 2002, 37, note G. Courtieu, *RCA*, 2001, chron. 12, obs. H. Groutel. v. *supra*, n° 410 s.

430. À ce stade, on ne peut que constater la diversité des solutions. Ainsi, la Cour de cassation protège tantôt la partie faible, tantôt la partie dominante, tantôt le défendeur, tantôt le demandeur et ce, même lorsque les situations sont comparables. Finalement, aucune cohérence globale n'arrive à se dégager. On ne parvient dès lors pas à ordonner les décisions entre elles, au risque de considérer qu'aucune pensée d'ensemble, aucune ligne directrice, ne guide la démarche de la Cour de cassation. Or, qu'est ce que l'absence de politique jurisprudentielle, sinon des « manifestations de jurisprudences sans lien entre elles, arrêts qui ne s'assemblent pas et restent sans fil directeur et sans pensée commune »[1], et plus spécifiquement encore, lorsque cette absence de politique jurisprudentielle revêt une forme pathologique, « l'existence d'une jurisprudence décousue, faite de décisions contradictoires entre elles, sans cohérence d'ensemble puisque opposées dans leurs contenus comme dans leurs finalités »[2] ?

Section II : L'absence de politique législative

431. Si elle laisse le plus souvent aux juges le soin de déterminer le point de départ de la prescription, se contentant de poser à l'article 2224 du Code civil une directive de principe, la loi s'empare cependant parfois de la question. Lorsque le législateur intervient ainsi, c'est logiquement pour déroger à la solution que l'application pure et simple des principes régissant la détermination du point de départ de la prescription eût entraînée.

On pourrait alors s'attendre à ce que le législateur utilise le point de départ de la prescription pour mener à bien une politique juridique poursuivant un ou plusieurs objectifs déterminés. Le point de départ de la prescription constituerait dans cette perspective un élément parmi d'autres de la politique législative poursuivie. Pourtant, la réalité de l'intervention du législateur en est très éloignée. La fixation législative du point de départ de la prescription n'apparaît pas comme un élément d'une politique plus complète mais, différemment, comme la variable d'ajustement entre des intérêts particuliers antagonistes en l'absence précisément de politique législative. La détermination du point de départ de la prescription va alors se prêter aux transactions et compromis auxquels l'élaboration de la loi conduit parfois. Le point de départ de la prescription devient ainsi un élément de négociation. Le constat au demeurant ne surprend pas : dans le Code civil déjà, la fixation du point de départ de la prescription de l'action en rescision pour lésion au jour de l'acte passé par le mineur et non au jour de sa majorité était le fruit d'une concession des partisans de la rescision à ses adversaires au Conseil d'État[3].

Le phénomène transactionnel s'est accéléré à mesure de la montée en puissance des groupes de pression dans l'élaboration de la loi. Sous cet aspect, la fixation du point de départ de la prescription de l'action en garantie de conformité par l'ordonnance du 17 février 2005 au jour de la délivrance du bien offre une illustration du phénomène à l'œuvre. On l'a ainsi annoncé comme ayant pour but « d'équilibrer, par une faveur faite aux vendeurs, les droits accordés aux acheteurs »[4].

---

1. G. Canivet et N. Molfessis, « *La politique jurisprudentielle* », in *Mélanges en l'honneur de J. Boré*, Dalloz, 2007, p. 79 s., spéc. p. 86, nº 15.
2. G. Canivet et N. Molfessis, *ibidem*.
3. F. Laurent, *Principes de droit civil français*, Paris, 3ᵉ éd., 1878, T. XIX, p. 9, nº 4.
4. J. Calais-Auloy, « Une nouvelle garanti pour l'acheteur : la garantie de conformité », *RTD civ.*, 2005, p. 701 s., spéc. p. 708.

On comprend que le compromis législatif va alors affecter le point de départ de la prescription. La réforme de la prescription extinctive en matière civile sera l'occasion de le mesurer plus clairement. Nombreux sont, comme le montrent les travaux préparatoires, les choix qui apparaissent avoir été effectués après une subtile pesée des intérêts en présence. La fixation du point de départ de la prescription de l'action en responsabilité au jour de la consolidation du dommage, après l'audition de l'Association nationale des avocats de victimes de dommages corporels[1], ou encore celle du point de départ de la prescription de toutes les actions en responsabilité contre les constructeurs, quel que soit leur fondement, au jour de la réception de l'ouvrage, suite à la pression des praticiens relayées par une partie de la doctrine[2]... l'influence des groupes de pression est évidente.

Les prémices de l'adoption de deux points de départ particuliers de la prescription illustrent plus clairement encore cette instrumentalisation du point de départ de la prescription aux fins de compromis entre les intérêts antagonistes défendus par différents groupes de pression. Ainsi, en témoignent la fixation du point de départ de la prescription de l'action en réparation du préjudice écologique au jour du fait générateur du dommage d'une part (§ 1), et celle du point de départ de la prescription de l'action en réparation du préjudice né d'une discrimination au jour de la révélation complète de celle-ci d'autre part (§ 2).

§ 1 - LA FIXATION DU POINT DE DÉPART DE LA PRESCRIPTION DE L'ACTION EN RÉPARATION DU PRÉJUDICE ÉCOLOGIQUE

432. La loi du 17 juin 2008 a inséré dans le Code de l'environnement un article L. 152-1 propre à la prescription en matière environnementale au terme duquel « les obligations financières liées à la réparation des dommages causés à l'environnement par les installations, travaux, ouvrages et activités régis par le présent code se prescrivent par trente ans à compter du fait générateur du dommage »[3]. Au-delà de la rédaction confuse de l'article, c'est le point de départ retenu qui surprend. En effet, en le fixant au jour du fait générateur du dommage, le législateur s'est écarté non seulement des principes régissant la fixation du point de départ de la prescription en matière de responsabilité civile selon lesquels l'action ne peut pas se prescrire avant d'être née, mais également de la règle qu'il a lui-même établie à l'article 2224 du Code civil, selon laquelle la prescription court à compter du jour où le titulaire du droit a connu ou aurait dû connaître les faits lui permettant d'agir.

433. Afin de comprendre les raisons de ce choix, il n'est sans doute pas inutile de revenir sur la genèse de cette disposition, qui n'a été adoptée qu'après de vifs débats. À l'origine, la proposition de loi présentée en première lecture au

---

1. *Rapport fait par le sénateur Béteille au nom de la Commission des lois sur la proposition de loi portant réforme de la prescription en matière civile*, p. 38. D'une manière générale, la liste des personnes entendues, hors professions juridiques, à l'occasion de la préparation du rapport d'information sur le régime des prescriptions civiles et pénales - parmi lesquelles le Mouvement des entreprises françaises (MEDEF), l'Association française des entreprises privées (AFEP), la Chambre de commerce et d'industrie de Paris (CCOP), la Fédération française des sociétés d'assurance (DDSA), la Fédération bancaire française (FBF), l'Institut national d'aide aux victimes et de médiation (IVAVEM) - démontre l'influence des groupes de pression dans l'élaboration de la loi du 17 juin 2008.

2. P. Dessuet, « Responsabilité civile des constructeurs : vers une remise en cause du point de départ de la prescription ? », *RDI*, 2008, p. 53.

3. V. *supra*, n° 57 s.

Sénat ne prévoyait pas de règle de prescription propre à la question des dommages causés à l'environnement. Aussi, l'action en réparation d'un tel dommage aurait-elle dû se prescrire par cinq ans à compter du jour où le titulaire du droit a connu ou aurait dû connaître les faits lui permettant de l'exercer. Toutefois, avant l'examen de la proposition de loi, le gouvernement a présenté un amendement[1] proposant la création d'un délai de prescription spécifique à la matière porté à trente ans à compter de la manifestation du dommage « conformément aux conclusions du Grenelle de l'environnement »[2]. L'objectif poursuivi était simple : créer un délai spécifique en matière environnementale sans déroger aux règles de détermination du point de départ de la prescription en matière de responsabilité civile parmi lesquelles la fixation du point de départ de la prescription au jour de la manifestation du dommage. Lors de l'examen du texte en première lecture devant le Sénat[3], le sénateur Béteille, rapporteur, tout en admettant le principe d'un délai spécifique en matière environnementale, s'est en revanche opposé à la durée de trente ans retenue par le gouvernement au motif qu'elle pourrait avoir pour effet de permettre de poursuivre l'auteur d'une pollution même non intentionnelle ou ses héritiers plus de soixante ans après les faits. Il a en conséquence proposé de réduire le délai spécifique envisagé à dix ans à compter de la manifestation du dommage. Le Garde des sceaux écarta cependant une telle proposition en avançant qu'un délai de trente ans s'imposait au regard de la lettre de la Directive européenne sur la responsabilité environnementale en cours de transposition[4]. Afin de « trouver une solution raisonnable » selon la formule du rapporteur Béteille, le sénateur Hyest, président de la Commission des lois, proposa alors qu'un délai de prescription de trente ans soit consacré en matière environnementale, conformément à la lettre de la directive, mais que le délai coure dès le fait générateur plutôt qu'à compter de la manifestation du dommage, afin de satisfaire les parlementaires réfractaires à la mise en place du délai trentenaire. C'est cette proposition qui fut finalement adoptée.

434. Une telle fixation du point de départ de la prescription repose sur un compromis entre intérêts antagonistes. Elle n'apparaît évidemment pas fondée : la fixation du point de départ de la prescription au jour du fait générateur, sans tenir compte du jour de réalisation du dommage, contrevient à la règle formulée par l'adage *Actioni non natae non praescribitur*. Plus encore, le domaine environnemental semblait propice à faire prévaloir la maxime tant « le temps de la connaissance scientifique justifie un allongement du temps de la prescription juridique »[5]. La règle retenue n'apparaît pas davantage justifiée politiquement. En effet, la disposition adoptée ne répond à aucun objectif précis. Elle ne peut s'expliquer par la volonté de protéger les victimes de dommages à l'environnement. En effet, si tel avait été l'objectif poursuivi, le point de départ de la prescription aurait logiquement été fixé au jour de la manifestation du dommage

1. Amendement n° 6 rect. présenté par le Gouvernement sur la proposition de loi portant réforme de la prescription en matière civile en première lecture au Sénat.

2. *Compte rendu intégral des débats* en première lecture au Sénat, *JO Sénat*, séance du 21 novembre 2007, p. 5040.

3. *Ibidem.*

4. Article 17 de la directive n° 2004/35/CE du 21 avril 2004 sur la responsabilité environnementale en ce qui concerne la prévention et la réparation des dommages environnementaux : « La présente directive ne s'applique pas (...) aux dommages lorsque plus de trente ans se sont écoulés depuis l'émission, événement ou incident ayant donné lieu à ceux-ci ».

5. M. Boutonnet, « Réforme de la prescription civile et responsabilité civile environnementale », *Environnement*, 2008, étude 14, spéc. n° 8.

comme cela était prévu initialement. Elle ne peut davantage s'expliquer par une volonté de protéger les industriels, ce qui aurait conduit à prévoir une durée de prescription bien plus courte.

En réalité, la fixation du point de départ de la prescription au jour du fait générateur du dommage, conjuguée à la fixation d'un délai de trente ans, apparaît être le résultat de l'affrontement des différents groupes de pression à l'œuvre. Seul leur « travail » explique en effet la formulation finalement retenue. C'est ainsi le *lobby* de l'environnement qui a su faire porter de cinq à trente ans le délai de prescription en matière environnementale là où la proposition de loi ne prévoyait aucune disposition propre à la matière[1]. Et ce sont les *lobbies* des industriels qui ont œuvré pour éviter que la durée trentenaire de la prescription ne s'accompagne d'un point de départ flottant. D'où le tempérament apporté à une disposition légale jusque-là très favorable aux défenseurs de l'environnement[2] au point de faire du régime de prescription en matière environnementale, sous couvert d'une sévérité accrue, une « étonnante faveur pour les pollueurs susceptibles d'être assignés en réparation que n'imposait nullement la législation européenne »[3].

Le choix du fait générateur comme point de départ de la prescription en matière de réparation des dommages causés à l'environnement, qui n'était absolument pas envisagé à l'origine, est ainsi le fruit d'un compromis politique, entre la nécessité de prendre en considération les accords politiques du Grenelle de l'environnement portée par les *lobbies* de l'environnement, et la volonté de limiter dans le temps le risque de poursuite pesant sur les auteurs potentiels des actes de pollution défendue par les *lobbies* industriels.

435. Une fois de plus, l'adoption du texte s'est faite « sans véritable discussion ni réflexion sur ses incidences pratiques »[4]. Le point de départ de la prescription a servi de variable d'ajustement, à rebours de l'objectif initialement poursuivi par la loi du 17 juin 2008 reposant sur l'adoption d'un point de départ flottant comme des principes régissant la fixation du point de départ de la pres-

---

1. Les associations de défense de l'environnement, après avoir obtenu l'extension du délai, tentèrent également d'obtenir le report du point de départ. Ainsi, le vice-président de l'association France Nature Environnement en charge des affaires juridiques avait-il, par communiqué de presse en date du 15 mai 2008, appelé « les sénateurs et députés à rectifier le tir afin que le droit français prenne sérieusement en compte l'importance de garantir l'accès à la réparation du dommage causé à l'environnement ». Leurs vœux avaient été relayés par un amendement présenté par le groupe socialiste en 1re lecture à l'Assemblée nationale, qui proposait de revenir à une fixation du point de départ de la prescription au jour de la manifestation du dommage. Il n'a cependant pas été adopté, la Garde des sceaux avançant lors des débats la nécessité de respecter les critères retenus par la directive européenne. On peut discuter la pertinence juridique de l'argument. En effet, d'une part, la directive a un champ d'application distinct, d'autre part, elle autorise l'adoption de régimes plus stricts de réparation. En ce sens, v. V. Lasserre-Kiesow, « Commentaire de la loi du 17 juin 2008 portant réforme de la prescription en matière civile », *RDC*, 2008, p. 1449 s., spéc. p. 1456 ; M.-P. Camproux-Duffrène, « Réforme de la prescription civile : les aspects environnementaux », *LPA*, 2 avril 2009, p. 45 s., spéc. p. 46 ; C. Brenner et H. Lécuyer, « La réforme de la prescription », *JCP* N, 2009, 118, spéc. nº 33.

2. V. sur ce point M.-P. Camproux-Duffrène, art. préc., spéc. p. 49, reprenant à son compte l'opinion émise par P. Billet, président de la Société française pour le droit de l'environnement, qui a par ailleurs commenter la disposition nouvelle en sa qualité distincte de professeur (P. Billet, « Prescription des obligations financières liées à la réparation des atteintes à l'environnement : les affres du temps », *JCP* A, 2008, act. 697), selon laquelle il faut, dans la genèse de cette loi, apprécier « à sa juste valeur l'action des *lobbies* industriels ». V. égal. B. Plessix, « La réforme de la prescription en matière civile et le droit administratif », *RFDA*, 2008, p. 1219 s., spéc. nº 13.

3. C. Brenner et H. Lécuyer, art. préc., spéc. nº 33.

4. P. Billet, art. préc., spéc. nº 3.

cription en matière de responsabilité civile. Cette instrumentalisation du point de départ de la prescription s'est faite au mépris de la recherche de la solution la plus efficace, qui ne semblait pourtant pas faire de doute pour l'auteur de l'amendement initial. Ce dernier avait en effet considéré la date de manifestation du dommage comme « la seule pertinente pour l'efficacité de l'action en réparation exercée par l'administration »[1] !

C'est une même recherche de compromis entre des intérêts antagonistes qui explique la fixation du point de départ de la prescription de l'action en réparation du préjudice née d'une discrimination au jour de sa révélation complète.

§ 2 - LA FIXATION DU POINT DE DÉPART DE LA PRESCRIPTION DE L'ACTION EN RÉPARATION DU PRÉJUDICE NÉ D'UNE DISCRIMINATION AU JOUR DE SA RÉVÉLATION COMPLÈTE

436. La loi du 17 juin 2008, ainsi qu'on l'a vu, a fixé le point de départ de la prescription de l'action en réparation du préjudice subi du fait d'une discrimination au jour de sa révélation à la victime (art. 1134-5 C. travail). Un tel choix apparaît là encore révélateur des enjeux de politique juridique. Le contexte de l'adoption d'un tel point de départ de la prescription est en effet topique[2].

437. À l'origine, la proposition de loi portant réforme de la prescription ne comportait aucune disposition spécifique à l'action en réparation du préjudice né d'une discrimination, notamment salariale. Le nouveau délai de prescription de droit commun de cinq ans à compter du jour où le titulaire du droit a connu ou aurait dû connaître les éléments lui permettant d'agir, avait donc vocation à régir une telle situation. Toutefois, bien que les travaux en amont des différents groupes de travail sur la réforme de la prescription n'aient fait apparaître aucune difficulté propre à la question de la discrimination, un certain nombre de syndicats, d'associations et d'avocats spécialisés en la matière réunis en un Collectif, s'insurgèrent par voie de presse[3], quelques semaines après l'adoption du texte en première lecture au Sénat, contre l'application du nouveau délai de prescription en matière de discrimination. Estimant qu'un tel délai avait pour effet de sacrifier les intérêts des salariés, ils demandaient le retour à l'ancien délai trentenaire jusqu'alors retenu par la jurisprudence.

L'affrontement n'était pas nouveau. La question de la prescription de l'action en réparation du préjudice subi du fait d'une discrimination salariale était en effet au cœur du conflit entre les syndicats et le patronat ; les initiatives s'étaient ainsi multipliées dans les deux camps pour obtenir un délai de prescription plus favorable aux intérêts défendus. Un combat de fond était ainsi mené depuis de nombreuses années par les *lobbies* patronaux dans le sens d'une réduction drastique du délai de prescription. Du rapport Virville aux 44 propositions du MEDEF, en passant par la proposition de loi avortée déposée par le député Godfrain à l'assemblée nationale en 2003[4], les groupes de pression n'avaient pas manqué d'en-

1. Amendement n° 6 rect. présenté par le Gouvernement sur la proposition de loi portant réforme de la prescription en matière civile en première lecture au Sénat.

2. V. not., sur la genèse du texte, Rapport C. Cass., 2008, p. 113 s.

3. V. notamment, l'article de Sonya Favre, « Discrètement, le Sénat s'en prend à tous les discriminés », paru dans le quotidien *Libération* le 18 mars 2008 ; ou celui de Constance Beaudry, « Luttes contres les discriminations : une proposition de loi sénatoriale suscite la polémique », paru dans le journal *Le Monde* daté du 25 mars 2008.

4. Proposition de loi n° 1140 enregistrée à la présidence de l'Assemblée nationale le 15 octobre

train pour parvenir à leurs fins. Dès lors, l'occasion paraissait idéale de profiter de la réforme d'ensemble du droit de la prescription pour obtenir incidemment une modification de la durée de la prescription en matière de discrimination. La réduction à cinq ans du délai de prescription en ce domaine, à laquelle devait mécaniquement conduire l'adoption en l'état de la proposition de loi, fut dès lors logiquement perçue avec suspicion par les défenseurs des salariés, au point d'ailleurs que les Sénateurs ont dû expliquer n'avoir pas cédé aux *lobbies* du patronat[1].

L'inquiétude de voir ainsi les droits des salariés victimes de discrimination fragilisés, au moment même où était discutée devant l'Assemblée nationale un projet de loi portant diverses dispositions d'adaptation du droit communautaire dans le domaine de la lutte contre les discriminations, fut d'ailleurs partagée par la Haute autorité de lutte contre les discriminations. Ainsi son Président jugea-t-il utile d'exprimer son hostilité à la réforme envisagée et de prôner le maintien à trente ans du délai de prescription[2].

438. Délai trentenaire contre délai quinquennal : les prétentions des groupes défendant des intérêts opposés étaient irréconciliables. Aussi, c'est sur le point de départ de la prescription de l'action que s'est cristallisée la polémique. Ce dernier est en effet apparu comme la seule variable d'ajustement à partir de laquelle un compromis entre les différents acteurs pourrait être trouvé[3]. L'importance que prendrait cette question en cas de réduction du délai de prescription[4] avait d'ailleurs déjà été anticipée par la Cour de cassation qui avait souligné qu'« une prescription courte est mal adaptée à ce type de contentieux, dans la mesure où la discrimination syndicale est difficile à prouver et que c'est au fil du temps que le salarié se rend compte par comparaison avec les traitements reçus par ses collègues qu'il est victime d'une discrimination ; sans doute, cet inconvénient pourrait être résolu en faisant varier le point de départ de la prescription »[5].

2003 en vue d'une soumission de l'ensemble des actions découlant d'un contrat de travail à un délai quinquennal de prescription unique au motif, qu'« il est anormal que les salariés puissent attendre vingt ans avant de réclamer réparation en justice, sans jamais s'être plaints d'une quelconque discrimination illicite au cours de cette période, et demandent, du fait du long temps écoulé, le paiement de lourdes indemnités qui, cumulées, mettent en danger la situation financière de l'entreprise » ; v. encore, la proposition du député F.-X. Villain, enregistré à la présidence de l'Assemblée nationale le 4 novembre 2004, visant à limiter à cinq ou dix ans le délai de prescription des actions découlant du contrat de travail.

1. V. communiqué de presse du Sénat en date du 19 mars 2008 intitulé « Réforme du droit de la prescription civile : Non, le Sénat ne s'en est pas pris discrètement à tous les discriminés », dans lequel il est affirmé qu'« il est pour le moins réducteur de laisser entendre que le Sénat aurait délibérément, et à la demande du patronat, souhaité affaiblir les droits des victimes de discrimination au travail ».

2. *Dépêche AFP* du 25 mars 2008 évoquant la recommandation émise par le Halde (dont les missions sont désormais assumées par le défenseur des droits) pour maintenir à trente ans le délai de prescription.

3. V. *Rapport fait au nom de la Commission des lois par le député E. Bléssig*, p. 21 : « C'est donc bien la définition du point de départ du délai de prescription qui peut résoudre la difficulté ».

4. En effet, les difficultés probatoires en la matière imposent d'offrir aux discriminés un temps effectif suffisamment long pour agir. V. not. P. Sargos, « Étendue et limites de la prescription quinquennale », *Semaine sociale Lamy*, 2005, nº 1225, spéc. nº 18, suggérant que la difficulté tient « au temps très souvent long pour établir, dans beaucoup de cas, la discrimination syndicale. Ce n'est qu'au fil des années, et à la suite d'investigations difficiles à conduire, qu'un salarié peut se rendre compte que, par rapport à ses collègues occupant une fonction de la nature de la sienne, il a fait l'objet d'une différenciation de traitement quant à son évolution salariale » ; *Rapport fait au nom de la Commission des lois par le député E. Bléssig*, p. 21 : « la discrimination se caractérise par le fait qu'il est très difficile de déterminer un «fait générateur» identifiable : au contraire, elle prend la forme d'une série de décisions de l'employeur. On peut même considérer que la discrimination présente un caractère continu dans certains cas. En outre, les salariés exercent plus souvent leur droit à réparation de la discrimination qu'ils ont subi après avoir quitté l'entreprise ».

5. *Rapport annuel de la Cour de cassation* 2005, p. 277. Plus encore, le président de la chambre

Les partisans d'un régime de prescription plus favorable aux salariés déplacèrent ainsi le débat sur le terrain du point de départ de la prescription, estimant que la prescription de l'action en réparation du préjudice subi du fait d'une discrimination devait courir à compter de sa révélation à la victime, entendu comme « le moment où le salarié peut en avoir une connaissance exacte, grâce à la communication par son employeur d'éléments de comparaison avec la situation professionnelle de ses collègues »[1]. La « jurisprudence de la Cour de cassation » était alors convoquée pour justifier un tel point de départ. Mais, en fait de « jurisprudence », c'est d'un arrêt isolé, pas même publié, de la Cour de cassation, relevant que « le préjudice lié à une discrimination syndicale n'avait été exactement connu des salariées qu'à la suite de la communication par l'employeur, après l'achèvement de la précédente procédure, des éléments de comparaison nécessaires », qu'il était question. Au surplus, ledit arrêt était en réalité étranger à la question de la prescription[2] !

Les travaux parlementaires témoignent de l'agitation. Où l'on dénonça « les dangers que présente une réforme susceptible (...) de réduire à néant tout l'édifice jurisprudentiel relatif à la discrimination »[3], afin que le président de la Commission des lois fasse adopter en urgence un amendement au projet de loi portant diverses dispositions d'adaptation du droit communautaire dans le domaine de la lutte contre les discriminations. Le 9 avril 2008, le Sénat devait adopter un amendement faisant courir le délai quinquennal de prescription de l'action en réparation du préjudice résultant d'une discrimination « à compter de la révélation de la discrimination »[4]. Comme le soulignèrent les travaux parlementaires, « cet amendement est donc particulièrement favorable aux salariés et contribue à la lutte contre la discrimination (...) il permet au salarié, grâce à la définition du point de départ (...) d'agir seulement quand il dispose des éléments probants

---

sociale avait lui-même proposé une réforme du point de départ de la prescription en droit du travail, inspiré de ce qui existait déjà en droit des assurances, proposant un article rédigé en ces termes : « Toutes les actions dérivant d'un contrat de travail sont prescrites par cinq ans à compter de l'événement qui y donne naissance. Toutefois ce délai ne court, en matière de discrimination, qu'à compter du jour où le salarié a eu connaissance du manquement et du préjudice en résultant pour lui » (P. Sargos, « Étendue et limites de la prescription quinquennale », préc., spéc. nº 23).

1. *Rapport fait au nom de la Commission des lois par le sénateur L. Béteille*, p. 15.

2. À l'analyse de l'arrêt, on s'aperçoit en effet que loin d'utiliser cette assertion pour fixer le point de départ de la prescription de l'action, la Cour de cassation ne cherchait ici qu'à répondre à un moyen du pourvoi fondé sur le principe de l'unicité de l'instance prud'homale (l'article R. 1452-6 du Code du travail *anciennement R. 516-1* dispose en effet que « toutes les demandes liées au contrat de travail entre les mêmes parties font, qu'elles émanent du demandeur ou du défendeur, l'objet d'une seule instance. Cette règle n'est pas applicable lorsque le fondement des prétentions est né ou révélé postérieurement à la saisine du conseil de prud'hommes »), moyen faisant grief à l'arrêt d'appel d'avoir déclaré une nouvelle action recevable alors que la discrimination aurait été révélée avant l'achèvement de la précédente procédure dans les termes suivants : « le principe de l'unicité de l'instance prud'homale s'applique si le fait de discrimination, fondement de la prétention, est né ou s'est révélé avant le dessaisissement du conseil de prud'hommes, peu important la date à laquelle s'est trouvée établie la preuve et la portée de cette discrimination (...) ; qu'en se plaçant ainsi au moment où aurait été établie la preuve de l'existence et de la portée de la discrimination alléguée par les salariés, pour dire que les faits de discrimination pendant la seconde instance n'étaient pas encore connus et pour certains nés postérieurement à la date de signature du procès-verbal de conciliation mettant fin à la première instance prud'homale, la cour d'appel a violé l'article R. 516-1 du code du travail ». S'il était donc effectivement question de déterminer à quel moment la discrimination pouvait être considérée comme révélée, il n'était aucunement question d'en déduire le point de départ de la prescription mais uniquement la recevabilité de la demande au regard du principe d'unicité de l'instance prud'homale.

3. *Propos du député Vaxès, JOAN*, séance du 6 mai 2008, p. 1923.

4. L'amendement sera postérieurement intégré à la proposition de loi portant réforme de la prescription en matière civile.

à l'appui de sa demande »[1]. Alors que la prescription court en principe du jour où la victime a en sa possession suffisamment d'éléments pour supposer l'existence d'un préjudice, le point de départ est ici repoussé au jour où la victime dispose de l'ensemble des éléments lui permettant de prendre la mesure d'un tel préjudice.

La dérogation au droit commun[2] n'apparaissait pourtant pas ici nécessaire. En effet, la discrimination étant une infraction continue, il eût été plus logique, dans une perspective de protection du salarié, de faire courir la prescription à compter de la cessation du fait dommageable[3], correspondant généralement au jour où le salarié quitte l'entreprise.

Surtout, on comprend que le point de départ de la prescription se prête aux contorsions politiques. Il n'est d'ailleurs pas même question de renforcer la protection des salariés contre les discriminations : si tel avait été l'objectif poursuivi, un délai de prescription trentenaire aurait sans conteste été maintenu. Mais il ne s'agit pas non plus de céder aux demandes patronales au nom de la sécurité juridique des entreprises : si tel avait été l'objectif, le point de départ du délai n'aurait pas été reporté au jour de la révélation de la discrimination. C'est un entre-deux qui est retenu, dont la technique juridique paie le tribut. Le rôle des groupes de pression dans l'élaboration de l'article L. 1134-5 du Code du travail a d'ailleurs été largement relevé par les commentateurs de la loi, que ce soit pour le dénoncer[4] ou au contraire pour s'en féliciter[5].

439. Au total, l'analyse de la démarche du législateur dans la fixation des points de départ de la prescription, à travers l'étude de l'adoption de la loi du 17 juin 2008, met en lumière non pas la diversité des objectifs poursuivis par le législateur mais l'absence d'objectif réel. Loin de mettre en œuvre une politique législative déterminée de faveur aux victimes ou de protection de la sécurité juridique de l'entreprise, la fixation du point de départ devient variable d'ajustement, permettant de trouver un compromis entre des intérêts antagonistes défendus par des groupes de pression relayés par les parlementaires. Bien qu'elles produisent leurs effets dans deux directions opposées, les logiques analysées ci-dessus sont identiques : en matière environnementale, l'allongement du

---

1. *Propos du rapporteur Bléssig, JOAN*, séance du 6 mai 2008, p. 1923. V. égal, amendement n° 20 déposé par le député Vaxès à l'occasion de l'examen de la proposition de loi portant réforme de la prescription en matière civile au Sénat : « L'action en réparation du préjudice résultant d'une situation de discrimination se prescrit par cinq ans, à compter du moment où la personne physique ou morale discriminée a pu en connaître l'ensemble des éléments » ; Exposé sommaire de l'amendement n° 25 du groupe socialiste, portant à dix ans le délai de prescription en la matière : « le point de départ doit être fixé au moment où la personne a pu connaître l'ensemble des faits et non au moment «où le titulaire du droit aurait dû connaître les faits» qui est un terme trop flou et peu protecteur des droits des personnes victimes de discrimination ».

2. Sur la distorsion des principes directeurs de la prescription, v. *supra* n° 84 s.

3. Sur la prise en considération du caractère continu du fait dommageable pour reporter la prescription, v. *supra* n° 71 s.

4. C. Brenner et H. Lecuyer, art. préc., spéc. n° 87, considérant que rien ne justifie le système mis en place « sinon la faiblesse du législateur dont il y a fort à craindre qu'il ne cède à l'avenir devant d'autres revendications catégorielles ».

5. E. Boussard-Verrecchia, « L'abréviation de la prescription en matière de discrimination compensée par l'exigence d'une révélation informée », *Revue de droit du travail*, 2008, p. 677 s. *in fine* : « Il ne faut pas oublier cependant que la cause n'a pas été spontanément entendue. C'est bien un front actif des acteurs de la lutte contre les discriminations, syndicalistes, associations, juristes, qui a permis de déjouer l'intention du patronat de régler le compte de la discrimination sous couvert d'un texte général. Victoire obtenue à l'arraché ».

délai de prescription, faveur aux protecteurs des intérêts environnementaux, est compensée par l'adoption d'un point de départ de la prescription fixe au jour du fait générateur du dommage afin de répondre aux attentes des industriels pénalisés par la loi nouvelle. Inversement, en matière de discrimination, le raccourcissement du délai de prescription, faveur au patronat, est compensé par le report du point de départ de la prescription au jour de la révélation « complète » de la discrimination, afin de satisfaire les demandes des syndicats.

La théorie du point de départ de la prescription en ressort privée aussi bien de cohérence technique que de logique politique.

Il faut dire que la matière de la prescription, lourde d'enjeux, est particulièrement exposée aux pressions. P. Malaurie, dans la présentation de l'avant-projet de réforme du droit des obligations et de la prescription[1], put justement dénoncer l'obstacle que les groupes de pression représentent. Ainsi, évoquant l'éventuelle unification des différents délais de prescription autour d'un délai triennal unique qu'il préconisait alors, il avait lucidement affirmé qu'« une réforme de cette ampleur supposera un grand courage politique car elle soulèvera un tollé d'oppositions. Pourquoi par exemple, diront les assurances et la Sécurité sociale, passer d'un délai de deux ans, qui donnait satisfaction à tout le monde à trois ans ? À l'inverse les salariés protesteront lorsque la prescription des dettes périodiques, telles que le salaire, passera de cinq à trois ans. Réponse : il faut absolument simplifier notre droit ; pour échapper à sa fragmentation, il faut trancher dans le vif ». C'est un tel courage politique qui paraît avoir manqué aux rédacteurs de la loi du 17 juin 2008.

440. **Conclusion du Chapitre III.** La casuistique dans laquelle se sont enlisés tant le juge que le législateur signe le désordre et donc l'incohérence de la détermination du point de départ de la prescription. Pour qu'une cohérence se fasse jour, il faudrait en effet qu'un « même souffle [puisse] guider des questions distinctes sur une voie semblable »[2]. Or, d'un tel souffle, il ne saurait être ici question en l'absence de politique jurisprudentielle de nature à révéler une ligne directrice ou une pensée d'ensemble de la matière. L'absence de politique jurisprudentielle n'est d'ailleurs pas compensée par l'existence d'une politique législative. Lorsque le législateur s'empare de la question du point de départ de la prescription, il ne fait bien souvent qu'utiliser sa fixation comme variable d'ajustement pour satisfaire les intérêts antagonistes défendus par les groupes de pression, sans jamais faire de la détermination du point de départ de la prescription l'instrument de la mise en œuvre d'une politique juridique. Bref, c'est la disparité des finalités poursuivies, tant par le juge que par le législateur, qui frappe ici encore.

441. **Conclusion du Titre II.** Au terme de ces développements, c'est bien le constat d'un « chaos » qui doit ici être dressé. Constat de la disparité des solutions d'abord. En effet, quelque soit le prisme retenu pour ordonner entre elles des situations de façon à pouvoir être pertinemment comparées, la diversité des solutions demeure. Ni la nature de l'action exercée, ni l'objet sur lequel elle porte ne sont de nature à éclairer la raison d'être de la multiplicité des points de départ de la prescription. Constat de la disparité des critères ensuite. En effet,

1. Présentation de l'*Avant-projet de réforme du droit des obligations et de la prescription* (*Avant-projet Catala*), p. 171.
2. G. Canivet et N. Molfessis, « *La politique jurisprudentielle* », in *Mélanges en l'honneur de J. Boré*, Dalloz, 2007, p. 79 s., spéc. p. 89, nº 18.

la prise en considération incertaine des adages supposés guider la détermination du point de départ de la prescription sans qu'aucune rationalité ne semble fonder les différences se double d'une interprétation divergente des critères légaux de détermination du point de départ de la prescription instrumentalisés par la jurisprudence jusqu'à les faire céder. Constat de la disparité des finalités enfin. Si l'instrumentalisation du point de départ de la prescription ne saurait être discutée, les finalités poursuivies demeurent énigmatiques en l'absence de politique jurisprudentielle de nature à révéler une ligne directrice ou une pensée d'ensemble de la matière et en l'absence de politique législative, le législateur réduisant le plus souvent la fixation du point de départ de la prescription à une variable d'ajustement utile dans la recherche d'un compromis entre les différents intérêts catégoriels représentés.

Ainsi, à la disparité des solutions observées s'ajoute la disparité des critères mis en œuvre et la disparité des finalités poursuivies. Ces différentes disparités s'additionnent sans suffire à s'éclairer l'une l'autre. Sans doute la disparité des solutions s'explique-t-elle autant par la disparité des critères que par la disparité des finalités. Pourtant, elle aurait amplement pu exister alors même que les finalités auraient été cohérentes ou encore que les critères auraient été fiables. Mais il n'en est rien. Plus encore, la disparité des critères permet sans doute elle-même l'instrumentalisation du point de départ de la prescription qui aboutit à une disparité des finalités qui entraîne à son tour une application disparate des critères. Finalement, aucune raison du chaos ne peut être véritablement isolée pour expliquer la disparité des solutions rencontrées.

CONCLUSION DE LA PARTIE I

442. Les développements qui précèdent ont permis de mettre à jour le désordre qui affecte la détermination du point de départ de la prescription. Il est d'abord apparu qu'aucun critère ne peut prétendre régner sans partage sur la détermination du point de départ de la prescription. Que l'action exercée vise à engager la responsabilité de l'auteur du dommage, à demander l'annulation d'un acte juridique ou encore à faire reconnaître, exécuter ou protéger un droit, l'événement générateur de l'action dispute à la connaissance le rôle de critère de détermination du point de départ, qui peut, au reste, parfois revenir finalement à un événement dépourvu de tout lien avec l'action exercée.

Il fallait alors rechercher si la diversité des solutions pouvait trouver une explication logique dans la diversité des situations dans lesquelles la prescription a vocation à déployer ses effets. Il est apparu que tel n'était pas le cas. L'incohérence affecte d'abord les solutions : aucun prisme ne permet de découvrir un lien logique unissant les différentes solutions rencontrées. Mais l'incohérence se propage bien plus profondément. En amont des solutions, l'incohérence touche les critères de détermination du point de départ de la prescription : leur application apparaît incertaine et inégale, sans que l'inconstance des choix légaux et la versatilité des raisonnements jurisprudentiels puissent être justifiées. Plus, l'incohérence affecte encore les finalités poursuivies. Le point de départ n'est pas au service d'une véritable politique juridique : instrumentalisée au cas par cas, sa détermination, qui ne répond pas une politique jurisprudentielle construite, se prête aux compromis auxquels l'élaboration de la loi conduit parfois.

Cependant, il ne faudrait pas trop vite conclure que ces phénomènes agiraient en cascade, la disparité des finalités entraînant la disparité des critères elle-même à l'origine de la disparité des solutions. L'interaction des différents facteurs est beaucoup plus forte : la disparité des finalités explique certes en partie la disparité des critères, mais la disparité des critères rend possible et alimente l'instrumentalisation disparate du point de départ de la prescription. Le désordre du point de départ de la prescription n'est pas la conséquence d'un simple « effet domino ». Les causes se nourrissent entre elles pour entretenir le cercle vicieux de l'incohérence.

Partie II

La mise en ordre

443. Parce que le désordre règne en la matière, le besoin d'ordre se fait sentir. La reconstruction du régime s'impose. Dans quel ordre ? Suivant quel schéma ? En fonction de quels objectifs ? Le diagnostic ne répond pas à ces interrogations. Plus, noyée sous le poids de solutions hétérogènes, la détermination du point de départ de la prescription peut-elle même aspirer à la cohérence ?

La recherche d'un remède doit alors s'effectuer en deux temps. Il faut dans un premier temps identifier les instruments dont on dispose pour remettre en ordre la matière : les données du problème doivent être exposées. Il faudra alors, dans un second temps, en tirer les conséquences pour reconstruire méthodiquement le régime de la prescription et proposer un nouveau modèle de détermination du point de départ de la prescription. À l'exposé des données (Titre I), succédera alors la formulation de propositions (Titre II).

TITRE I

Les données

444. Si la question de la prescription a fait l'objet de nombreuses études, celle de son point de départ pâtit d'une absence de réflexion générale. Aussi apparaît-il nécessaire de tenter de dégager les directives qui orientent et déterminent le choix du point de départ de la prescription.

Pour atteindre un tel objectif, il faut procéder en trois temps. Le premier consiste à analyser les modèles et contre-modèles de détermination du point de départ de la prescription. En effet, tant les projets doctrinaux de droit prospectif que les réformes les plus récentes de droit positif interne ou étranger ont pour l'essentiel pris expressément parti, plus ou moins heureusement, sur la question du point de départ de la prescription. Le deuxième consiste à mettre à jour, grâce aux enseignements des modèles et contre-modèles, les logiques susceptibles d'orienter la détermination du point de départ de la prescription. En effet, là où le choix de la durée du délai comporte nécessairement une part d'arbitraire[1], la question du point de départ de la prescription dépend au contraire d'un certain nombre d'éléments qui influent sur son choix. Le troisième temps consiste à identifier les contraintes. En effet, différents textes de valeur supra-législative limitent la liberté dans le choix des critères de détermination du point de départ de la prescription.

Aussi l'étude portera successivement sur les modèles et contre-modèles (Chapitre I), puis sur les logiques (Chapitre II), et enfin sur les contraintes (Chapitre III) qui influent sur la détermination du point de départ de la prescription.

---

1. M. Béhar-Touchais, « Foisonnement des délais », in *Les désordres de la prescription*, textes réunis par P. Courbe, Publication de l'Université de Rouen, 2000, p. 7 s., spéc. n° 2 s.

CHAPITRE I

Les modèles et contre-modèles

445. L'incohérence du droit de la prescription n'a pas laissé la doctrine comme le législateur impassible. Les diverses analyses, propositions, ou réformes qui ont pu être formulées en réaction constituent alors autant de modèles et contre-modèles qui doivent aujourd'hui guider la réflexion.

À ce titre, le premier enseignement doit être trouvé dans la législation française. Bien que l'ambition du législateur ait été de simplifier et de sécuriser le décompte de la prescription, il semble avoir échoué à remplir de tels objectifs. Dès lors, en négatif, il faut pouvoir tirer de cet échec des enseignements sur les écueils à éviter.

Mais l'incohérence du droit de la prescription en général, et de la détermination de son point de départ en particulier, n'est pas propre au droit français[1]. Rassurons-nous, le sévère regard porté par la *Law Commission* sur l'état du droit anglais de la prescription démontre que les difficultés ne sont pas l'apanage de notre droit national : « le droit actuel de la prescription manque de cohérence (...). En plus d'être "disparate, incertain et inutilement complexe", le droit actuel de la prescription peut être critiqué pour au moins trois autres raisons. Tout d'abord, il est injuste (...). Deuxièmement, le droit est à certains égards obsolète (...). Troisièmement, le droit actuel génère des coûts inutiles »[2]. Dans le même temps, les projets de réforme du droit de la prescription se sont multipliés depuis une quinzaine d'années afin de tenter de répondre à ces difficultés.

Aussi importe-t-il d'observer l'échec de la réforme du droit français (Section I), avant d'étudier les apports du droit comparé (Section II).

SECTION I : L'ÉCHEC DE LA RÉFORME DU DROIT FRANÇAIS

446. « Reléguée au bout du Code, comme pour défier les grands commentateurs d'y parvenir autrement qu'essoufflés ou morts »[3], la prescription a dès l'origine suscité les plus vives critiques. La piètre qualité des articles du Code

---

1. R. Zimmermann, *Comparative foundations of a European law of set-off and prescription*, Cambridge University Press, 2002, p. 67.

2. *Limitation of Actions, Consultation Paper No 151* (1998), para. 1, 2 et s., p. 2-3: « *The present law on limitation therefore lacks coherence (...). In addition to its being "uneven, uncertain and unnecessarily complex" the present law on limitation can be criticised for at least three other reasons. First, it is unfair (...). Secondly, the law is in some respects outdated (...). Thirdly, the present law wastes costs* ».

3. J. Carbonnier, « Notes sur la prescription extinctive », *RTD civ.*, 1952, p. 171 s., spéc. p. 171.

civil qui lui étaient consacrés a en effet toujours été dénoncée, et les plaidoyers en faveur d'une réforme d'ensemble de la matière se sont très tôt multipliés. Ainsi, dès 1904, un premier projet de réforme proposait d'abaisser à vingt ans le délai de prescription de droit commun. Bien que les critiques ne se soient pas taries au cours du siècle[1], la doctrine a cependant peu à peu semblé se désintéresser de la question de la prescription. Il a alors fallu attendre la présentation de l'*Avant-projet de réforme du droit des obligations et de la prescription* pour que le sujet suscite à nouveau l'attention du plus grand nombre. Rédigée sous l'égide de Philippe Malaurie, la partie du projet consacrée à la prescription proposait une réforme de grande ampleur marquée par la volonté de réduire drastiquement la durée comme le nombre des délais de prescription. Mais l'avant-projet comportait également deux autres innovations majeures. Pour la première fois, un article était réservé à la question du point de départ de la prescription, et les effets de son possible report tempérés par l'instauration d'un délai butoir généralisé. Le projet avait alors lancé un irrépressible mouvement qui devait, après quelques tentatives avortées[2], aboutir à l'adoption de la loi du 17 juin 2008 portant réforme de la prescription extinctive en matière civile.

447. La réforme visait à « redonner toute sa cohérence »[3] au droit de la prescription. Y-est-elle parvenue ? Le point mérite d'être discuté. En effet, s'étant ouvertement inspiré tant des propositions de l'*Avant-projet Catala* que des divers modèles de codifications savantes ou encore de la réforme du droit allemand de la prescription, le législateur ne semble cependant pas avoir toujours su séparer le bon grain de l'ivraie, ni dépasser les traditionnelles faiblesses du droit français. Il relève en effet d'un doux euphémisme d'affirmer que le contenu de la réforme n'a pas fait l'unanimité. Une « réforme manquée »[4], un « renoncement regrettable »[5], une « hypocrisie législative »[6], un « droit hétérogène, guère plus lisible que les précédents »[7], tels sont, parmi de nombreux autres, les reproches adressés à la réforme. Le constat dressé par P. Malaurie est à cet égard sans appel : « le législateur a voulu diminuer le nombre excessif des prescriptions, il ne l'a pas fait (...), il a voulu préciser le droit, il ne l'a pas fait (...). Il a voulu abréger les délais, il ne l'a pas fait »[8]. Mais la critique la plus féroce se retrouve sans nul doute sous la plume de M. Mignot qui n'a pas hésité à affirmer que « pour rendre

1. Un article au titre provocateur (A. Bénabent, « Le chaos du droit de la prescription extinctive », *Mélanges dédiés à L. Boyer*, Presses de l'Université des sciences sociales de Toulouse, 1996, p. 123 s.) suivi quelques années plus tard d'un colloque (*Les désordres de la prescription*, textes réunis par P. Courbe, Publication de l'Université de Rouen, 2000) avaient notamment dressé un constat accablant de l'état du droit de la prescription.

2. Un premier projet de réforme *a minima* fut présenté par voie d'ordonnance en 2005. Il prevoyait essentiellement une réduction à dix ans du délai de prescription de droit commun applicable aux actions personnelles ou mobilières. Les changements de gouvernement eurent cependant raison de ce projet.

3. *Propos du garde des sceaux* prononcés lors de l'examen du texte en 1re lecture au Sénat (*JO Sénat*, séance du 21 novembre 2007, p. 5028).

4. A.-M. Leroyer, *Chronique de législation française*, « Prescription, Loi nº 2008-561 du 17 juin 2008 portant réforme de la prescription en matière civile », *RTD civ.*, 2008, p. 563 s., spéc. p. 563.

5. C. Brenner et H. Lecuyer, « La réforme de la prescription », *JCP* N, 2009, 1118, spéc. nº 30.

6. C. Brenner, « De quelques aspects procéduraux de la réforme de la prescription extinctive », *RDC*, 2008, p. 1431 s., *in fine*.

7. S. Hocquet-Berg, « La réparation des dommages dans le nouveau droit de la prescription », in *La réforme du droit de la prescription extinctive : perspectives nationales et transfrontalières*, actes de colloque, Metz, 7 mai 2009, *RDLA*, octobre 2009, nº 42, p. 110 s., spéc. p. 113.

8. P. Malaurie, « La réforme de la prescription civile (Commentaire de la loi nº 2008-561 du 17 juin 2008) », *Defrénois*, 2008, p. 2029 s., spéc. nº 22.

le droit français attractif, il faudra faire mieux, beaucoup mieux. La qualité d'une loi dépend de la quantité de travail qu'on y incorpore. Celle du 17 juin 2008 a été rédigée dans la précipitation. Elle est d'une piètre qualité »[1]. Il faut dire qu'en dépit d'un important et remarquable travail préparatoire effectué par la Commission des lois du Sénat[2], la réforme a été adoptée à un rythme laissant peu de place au débat et à la réflexion. Déposée au Sénat en juillet 2007, la proposition de loi portant réforme de la prescription fut définitivement adoptée le 5 juin 2008 au terme de discussions en séances particulièrement rapides[3].

Le résultat s'en ressent, et ce dans tous les domaines abordés par la réforme : nature de la prescription, durée du délai, causes de suspension ou d'interruption… Mais les critiques évoquées précédemment prennent assurément toute leur dimension lorsque l'on analyse deux des innovations majeures de la réforme : l'adoption d'un point de départ de la prescription flottant (§ 1) et la consécration d'un délai butoir (§ 2).

§ 1 – L'ADOPTION D'UN POINT DE DÉPART DE LA PRESCRIPTION FLOTTANT

448. À l'occasion de la réforme du droit de la prescription, le législateur est venu combler une importante lacune du droit français : l'absence de disposition générale relative au point de départ de la prescription. L'article 2224 du Code civil dispose ainsi désormais que « les actions personnelles ou mobilières se prescrivent par cinq ans à compter du jour où le titulaire d'un droit a connu ou aurait dû connaître les faits lui permettant de l'exercer ». En insérant un tel article au sein des dispositions du Code civil régissant le droit de la prescription, la loi nouvelle semblait avoir retenu un point de départ de la prescription de nature à bouleverser le droit positif en unifiant mais également en modifiant les solutions jusqu'alors retenues. Mais l'apparence est trompeuse. À l'analyse, loin du bouleversement attendu, le changement opéré s'inscrit dans le prolongement du droit antérieur qu'il ne contribue guère à améliorer. Bien au contraire, il soulève de nouvelles interrogations que le législateur ne semble pas avoir anticipé. Aussi, s'inscrivant dans la continuité de la jurisprudence antérieure (A), le point de départ de la prescription flottant retenu fait naître de nombreuses incertitudes (B).

A. Un changement dans la continuité

449. Il faut d'emblée souligner qu'en édictant une règle générale sur le point de départ de la prescription, le législateur s'est nettement écarté des préconisations de la Mission d'information qui s'était interrogée avec circonspection sur l'intérêt pratique d'une telle évolution législative[4]. De même, en optant pour un critère subjectif de détermination du point de départ de la prescription, le législateur pourrait sembler avoir également rompu avec le droit antérieur, en inversant

---

1. M. Mignot, « Rapport de synthèse », in *La réforme de la prescription*, actes de colloque, *LPA*, 2 avril 2009, p. 59.

2. « Pour un droit de la prescription moderne et cohérent », J.-J. Hyest (président), H. Portelli et R. Yung, rapporteurs, sénateurs, Commission des lois, « Mission d'information sur le régime des prescriptions civiles et pénales », *Les rapports du Sénat*, nº 333, 2006-2007.

3. C. Brenner et H. Lecuyer, art. préc., spéc. nº 4.

4. « Pour un droit de la prescription moderne et cohérent », J.-J. Hyest (président), H. Portelli et R. Yung, rapporteurs, sénateurs, Commission des lois, « Mission d'information sur le régime des prescriptions civiles et pénales », *Les rapports du Sénat*, nº 333, 2006-2007, p. 92.

« l'ordre du principe et de l'exception »[1], pour ne plus observer la prescription qu'à travers le prisme du seul créancier. Pour autant, sous ces deux aspects, la divergence est sans doute ici plus apparente que réelle. En effet, à l'analyse, tant la vocation de l'article 2224 du Code civil à embrasser l'ensemble de la matière que le bouleversement des solutions antérieures ne sont qu'illusoires.

450. À dire vrai, la rédaction même de l'article 2224 laisse déjà songeur. Il faut en effet nécessairement se référer aux travaux parlementaires[2] ou à tout le moins à l'intitulé de la section 1re du Chapitre II du Titre XX du Code civil[3] pour comprendre que le législateur a entendu y fixer un point de départ de la prescription de droit commun. La lecture littérale de l'article aboutit en effet à une conclusion bien différente puisque seules les « actions personnelles ou mobilières » y sont visées. Certes, la formule recouvre sans doute l'essentiel des actions[4], mais il est pour le moins surprenant de se référer ainsi à un type d'action particulier lorsque l'on entend fixer une règle de droit commun. À elle seule, la démarche dévoile déjà que la simplification du régime de la prescription recherchée par la réforme n'est qu'un leurre tant le raisonnement du législateur demeure catégoriel. P. Malaurie ne s'y est pas trompé en relevant que pour le législateur, « le droit commun de la prescription, c'est un cas particulier, les actions personnelles ou mobilières »[5]. Au reste, cette vision au cas par cas justifie encore les multiples points de départ spéciaux dérogeant à la règle posée par l'article 2224 du Code civil. Ainsi, un point de départ de la prescription dérogatoire est assigné à l'action en responsabilité dirigée contre les personnes ayant représenté ou assisté les parties en justice[6] ou encore à celle née à raison d'un événement ayant entraîné un dommage corporel[7]. Il faut encore rajouter, même si l'article 2233 du Code civil est à tort inséré dans une section consacrée aux causes de report du point de départ ou de suspension de la prescription[8], le point de départ particulier réservé à la prescription des créances conditionnelles ou à terme.

451. Mais surtout, un seul article inséré dans le Code civil à l'occasion de l'adoption de la loi du 17 juin 2008 suffit à anéantir la vocation à la généralité du point de départ de la prescription prévu par l'article 2224 du Code civil. En effet, en précisant à l'article 2223 du Code civil que « les dispositions du présent titre ne font pas obstacle à l'application des règles spéciales prévues par d'autres lois », le législateur signe « l'aveu d'une impuissance »[9] et abandonne tout aspiration à

---

1. M. Mignot, « Réforme de la prescription : le point de départ du délai », *Defrénois*, 2009, p. 393 s., spéc. nº 17.

2. V. par ex. *Rapport fait au nom de la Commission des lois sur la proposition de loi portant réforme de la prescription en matière civile par le sénateur L. Béteille*, Sénat, nº 83, 2007-2008, p. 26.

3. La section est en effet intitulée « Du délai de droit commun et de son point de départ ».

4. La formulation soulèvera cependant nécessairement un certain nombre d'interrogations, notamment en présence d'actions mixtes. Sur la difficulté soulevée par de telles actions au regard de la formulation retenue par l'article 2224 du Code civil, v. *supra*, nº 194.

5. P. Malaurie, « La réforme de la prescription civile (Commentaire de la loi nº 2008-561 du 17juin 2008) », *Defrénois*, 2008, p. 2029 s., spéc. nº 9.

6. Art. 2225 C. civ. : « L'action en responsabilité dirigée contre les personnes ayant représenté ou assisté les parties en justice, y compris à raison de la perte ou de la destruction des pièces qui leur ont été confiées, se prescrit par cinq ans à compter de la fin de leur mission ». V. *supra*, nº 114 s.

7. Art. 2226 C. civ. : « L'action en responsabilité née à raison d'un événement ayant entraîné un dommage corporel, engagée par la victime directe ou indirecte des préjudices qui en résultent, se prescrit par dix ans à compter de la date de la consolidation du dommage initial ou aggravé ». V. *supra*, nº 88 s.

8. Sur cette erreur, v. *supra*, nº 366.

9. V. Lasserre-Kiesow, « Commentaire de la loi du 17 juin 2008 portant réforme de la prescription en matière civile », *RDC*, 2009, p. 1149 s., spéc. p. 1464.

l'uniformisation du régime de la prescription : en renonçant à unifier les délais de prescription, le législateur renonçait également à unifier ses points de départ[1]. Le point de départ prévu par l'article 2224 du Code civil doit alors cohabiter non seulement avec ceux prévus par les articles qui le suivent, mais encore avec tous ceux prévus par des dispositions spéciales contenues en dehors du titre consacré à la prescription, et surtout en dehors du Code civil[2], où pullulent les règles spéciales[3]. Or, non seulement le législateur n'a pas supprimé un seul point de départ spécial à l'occasion de la réforme[4], mais plus encore, il en a rajouté de nouveaux à l'intérieur mais aussi en dehors du Code civil. On songe notamment au point de départ de la prescription en matière environnementale[5], ou encore en matière de discrimination[6]. Dès lors, le législateur semble moins avoir prévu un point de départ de droit commun qu'un point de départ supplémentaire n'ayant vocation à intervenir que dans une hypothèse particulière : celle où aucune règle spéciale ne serait susceptible de s'appliquer à la prescription d'une action mobilière ou personnelle. En fait de point de départ de droit commun, c'est davantage un point de départ résiduel qui est prévu par l'article 2224 du Code civil. La balkanisation des points de départ de la prescription demeure.

452. Certes, la critique pourrait paraître excessive. Après tout, la détermination du point de départ des délais pour agir n'était-elle pas jusqu'à la réforme d'origine essentiellement jurisprudentielle ? Dès lors, ne doit-on pas considérer que le point de départ prévu par l'article 2224 du Code civil a au moins le mérite de se substituer aux solutions jurisprudentielles disparates que l'on a pu dénoncer[7] ? En l'absence de règle législative spéciale contraire, une solution uniforme ne doit-elle pas désormais l'emporter ? L'affirmation semble cependant bien utopique tant il apparaît que, même dans les hypothèses où il a vocation à intervenir, l'article 2224 du Code civil ne devrait pas bouleverser la jurisprudence antérieure ni mettre un terme à sa disparité.

Certains indices laissent en effet déjà entendre qu'aucun bouleversement n'est à attendre. Pour s'en convaincre, il faut revenir sur un arrêt rendu le 10 juin 2008[8], soit antérieurement à l'entrée en vigueur de la loi nouvelle, mais à une époque où la rédaction définitive du nouvel article 2224 du Code civil était déjà politiquement acquise.

Dans cet arrêt, relatif au point de départ de l'action en nullité de la stipulation d'intérêt conventionnel en cas d'omission ou d'erreur dans le calcul du taux effectif global applicable, la Cour de cassation a, de manière assez remarquable, fait une application anticipée de l'article 2224 du Code civil[9]. Elle a en effet affir-

---

1. P. Casson, « Le régime de la prescription », in *La réforme de la prescription en matière civile, Le chaos enfin régulé ?*, dir. P. Casson et P. Pierre, Dalloz, Thèmes & Commentaires, 2010, p. 25 s., spéc. p. 30.

2. B. Fauvarque-Cosson et J. François, « Commentaire de la loi du 17 juin 2008 portant réforme de la prescription en matière civile », in *Réforme de la prescription, D.*, 2008, p. 2512 s., spéc. p. 2518, nº 18 ; D. Mazeaud et R. Wintgen, « La prescription extinctive dans les codifications savantes », *D.*, 2008, p. 2523 s., spéc. p. 2526, nº 18.

3. V. *supra*, Partie I, Titre I.

4. Seul le point de départ de la prescription de l'ancien article 2270-1 du Code civil (la manifestation du dommage) a disparu, mais a aussitôt été remplacé par un point de départ de la prescription propre aux dommages corporels.

5. V. *supra*, nº 57 s.

6. V. *supra*, nº 84 s.

7. V. *supra*, Partie I, Titre II.

8. Sur cette jurisprudence, v. *supra*, nº 143 s.

9. S. Amrani-Mekki, *J.-Cl. civ.*, art. 2219 à 2279, *Prescription en matière civile* (L. nº 2008-561, 17 juin 2008), nº 42.

mé, dans un attendu de principe commun à trois arrêts rendus le même jour, que « la prescription de l'action en nullité de la stipulation d'intérêt conventionnel engagée par un emprunteur qui a obtenu un concours financier pour les besoins de son activité professionnelle court *à compter du jour où il a connu ou aurait dû connaître* le vice affectant le Taux effectif global (TEG) »[1].

Une telle démarche n'est évidemment pas anodine. Elle s'inscrit dans le dialogue qu'entretiennent le juge et le législateur. Le juge, en reproduisant fidèlement la future formule légale, envoie donc à cette occasion un message sur la façon dont il entend appliquer la loi nouvelle. Or, que fait ici la chambre commerciale ? Loin de modifier sa jurisprudence, elle va se référer à la formulation nouvelle pour mieux réitérer sa jurisprudence antérieure[2] en « déduisant » du principe exposé que « le point de départ de cette prescription est, s'agissant d'un prêt, la date de la convention et, dans les autres cas, la réception de chacun des écrits indiquant ou devant indiquer le TEG appliqué ».

Ainsi, après avoir explicitement fait référence aux termes employés par l'article 2224 du Code civil, elle fixe le point de départ de la prescription au jour de la conclusion de l'acte. Autrement dit, le jour où le titulaire du droit a connu ou aurait dû connaître les faits lui permettant de l'exercer n'est autre, selon la chambre commerciale que... le jour de l'acte ! Plus encore, la Cour de cassation casse en conséquence l'arrêt d'une cour d'appel qui avait prétendu faire courir la prescription du jour de la révélation à l'emprunteur de l'erreur dans le calcul du taux effectif global, c'est-à-dire, en toute logique, du jour où le titulaire du droit avait justement connu le fait lui permettant de l'exercer !

L'arrêt, on le conçoit aisément, à de quoi rassurer ceux qui criaient déjà, la loi à peine votée, à l'anéantissement de la sécurité juridique des transactions. Le message est clair : l'entrée en vigueur de la loi nouvelle ne saurait altérer le raisonnement jusque-là mené ni venir bouleverser la jurisprudence antérieure. L'objectivation de l'appréciation du point de départ subjectivement fixé par la loi est donc annoncée, et les risques liés à une appréciation par trop subjective semblent réduits à peau de chagrin.

453. Du reste, on ne saurait vraiment blâmer la Cour de cassation de procéder de la sorte tant les travaux parlementaires rendent la démarche légitime. La fixation du point de départ de la prescription au jour où « le titulaire du droit a connu ou aurait dû connaître les faits lui permettant de l'exercer » y est en effet purement et simplement présentée comme la consécration de la jurisprudence antérieure[3]. On peut dès lors raisonnablement penser que la Cour de cassation, qui a déjà généralement tendance à résister à la loi en ce domaine[4], ne s'estimera

---

1. Cass. com., 10 juin 2008, *JCP* G, 2008, act. 448, obs. M. Rousille, *JCP* E, 2008, 2221, note A. Gourio et N. Aynès, *D.*, 2008, p. 1781, obs. V. Avena-Robardet, p. 2200, note Y. Gérard et P. Pinot, et p. 2202, note D.-R. Martin, *RDBF*, 2008, comm. 103, note F.-J. Crédot et T. Samin.

2. Sur la portée des arrêts du 10 juin 2008, v. *supra*, nº 143 s.

3. V. par ex., les propos du rapporteur L. Béteille en première lecture devant le Sénat, *JO Sénat*, séance du 21 novembre 2007, p. 5027 : « Il nous a paru nécessaire de sécuriser les règles relatives au cours de la prescription. La commission propose donc de *consacrer* dans la loi la jurisprudence relative au point de départ de la prescription extinctive » (souligné par nous). V. égal. dans le même sens, *Rapport fait au nom de la Commission des lois sur la proposition de loi portant réforme de la prescription en matière civile par le sénateur L. Béteille*, Sénat, 2007-2008, p. 26. On peut pourtant en douter. La diversité des points de départ de la prescription, on l'a vu (v. *supra* Partie I, Titre I) ne reflète aucunement une telle logique.

4. La jurisprudence fait preuve en effet d'une tendance manifeste à résister à la loi soit en s'en écartant - l'introduction *contra legem* de l'adage *Contra non valentem* en est l'illustration la plus manifeste - soit au moins en refusant d'en anticiper l'application. V. notamment, sur le point de savoir si la continuation

pas contrainte à bouleverser sa jurisprudence : aucune subjectivisation de l'appréciation du point de départ de la prescription ne paraît devoir être attendue.

D'ailleurs, les points de départ spéciaux insérés dans le Code civil ne bouleversent pas davantage les anciennes solutions : entre reproduction des dispositions du Code civil relatives au point de départ de la prescription des créances conditionnelles ou à terme[1], et codification de la jurisprudence constante de la Cour de cassation fixant le point de départ de la prescription de l'action en réparation d'un préjudice corporel au jour de la consolidation, la loi n'apparaît guère innovante.

454. Dès lors, si les dispositions nouvelles ne sauraient venir bouleverser la jurisprudence antérieure, elles ne sauraient pas davantage venir gommer ni même atténuer sa disparité. Comme on l'a souligné, « le choix de la continuité a conduit le législateur à maintenir, et même à aggraver, des incohérences qui étaient critiquées »[2]. L'appréhension du point de départ de la prescription de l'action en nullité de la stipulation d'intérêt en cas d'erreur sur le TEG est à cet égard encore éloquente. En effet, s'il est bien une différence de traitement que l'on pouvait espérer voir gommée par la loi nouvelle, c'est assurément celle qui opposait jusqu'alors la prescription civile à la prescription commerciale. En effet, bien que l'article L. 114-10 du Code de commerce ait été formellement conservé, sa durée a été alignée sur celle de la prescription en matière civile et, à défaut de stipulation particulière contraire, le point de départ prévu par l'article 2224 du Code civil devrait trouver application en la matière[3]. Les solutions devraient donc être identiques quelque soit la nature de la prescription en cause. Or, moins d'un an après que l'arrêt précité du 10 juin 2008 ait considéré que le point de départ de la prescription de l'action en nullité de la stipulation d'intérêt en cas d'erreur dans le calcul du TEG devait être fixé au jour de la conclusion de l'acte de prêt en matière commerciale[4], la première chambre civile n'a pas hésité, dans un arrêt du 11 juin 2009[5], à adopter une solution radicalement inverse en considérant que la prescription civile courrait du jour où l'erreur dans le calcul du TEG avait pu être découverte. D'un même texte, qui n'est autre précisément que l'article 2224 du Code civil supposé fixer le point de départ de droit commun de la prescription, la Cour de cassation a donc pu déduire, pour une même action portant sur le même droit substantiel, deux solutions radicalement opposées selon que la prescription en cause était civile ou commerciale[6]. Aucune uniformisation des points de départ de la prescription n'est donc à attendre de la réforme.

---

de la gestion des biens du mineur par le représentant pouvait reporter le point de départ de la prescription de l'action en reddition des comptes du mineur, *supra*, n° 346 s. ; ou encore sur le point de savoir si l'action en nullité pour dol devait être enfermée dans le délai de prescription trentenaire, *supra*, n° 383.

1. V. *supra*, n° 244 s.

2. P. Hoonakker, « La disposition de la prescription », in *La réforme du droit de la prescription*, actes du colloque de Strasbourg, 7 novembre 2008, *LPA*, 2 avril 2009, p. 19 s., spéc. n° 3.

3. B. Grimonprez, « Le nouveau visage de la prescription en droit des affaires », *RLDA*, n° 43, novembre 2009, p. 51 s., spéc. p. 52. V. cependant, sur les difficultés posées par la dualité d'articles sans renvoi à l'article 2224 pour la détermination du point de départ de la prescription : M. Storck, « La prescription commerciale et la réforme du 17 juin 2008 », in *La réforme de la prescription*, actes de colloque, *LPA*, 2 avril 2009, spéc. p. 37, spéc. p. 39 ; L. Leveneur, « Réforme de la prescription : trois petits tours au Parlement et quelques questions », *Cont. conc. cons.*, 2008, n° 8, comm. 195.

4. Sur la spécificité de la prescription en matière commerciale, v. C. Brenner, « La prescription commerciale », in *Le Code de commerce, Livre du Bicentenaire*, Dalloz, 2007, spéc. p. 501.

5. V. références citées *supra*, n° 149 s.

6. Sur cette question, v. *supra*, n° 420 s.

455. Finalement, l'adoption du nouvel article 2224 du Code civil semblait porteuse de deux promesses : une unification des solutions relatives au point de départ de la prescription grâce à l'adoption d'un point de départ de droit commun, et une modification des solutions existantes du fait de l'adoption d'un critère subjectif généralisé. Aussi, c'était une révolution que le législateur semblait ici annoncer. Mais, à l'analyse, l'on hésite même à parler d'évolution[1] des solutions tant elle semble être ici une gageure. D'une part, le bouleversement des solutions attendu risque d'être insignifiant tant la « logique » jurisprudentielle semble bien assise[2]. D'autre part, l'uniformisation des solutions est en partie vidée de sa portée par le maintien, voir l'ajout de multiples règles spéciales. Plus encore, même dans les hypothèses résiduelles où elle aura vocation à intervenir, la supposée règle de droit commun, qui n'en est d'ailleurs pas vraiment une, ne devrait pas mettre fin à une jurisprudence disparate. Les arrêts les plus récents de la Cour de cassation en témoignent déjà. Faute d'avoir été précédée d'une remise en cause de la multiplicité de règles spéciales qui encombrent le droit positif, préalable nécessaire à une reconstruction cohérente, la réforme de la prescription ne semble donc pas avoir atteint les objectifs annoncés. Mais, au-delà de l'ambition réduite de la règle nouvelle, son contenu même suscite également la critique. En effet, elle soulève sans doute bien davantage de problèmes qu'elle n'en résout.

B. Les incertitudes du point de départ retenu

456. Dans sa quête d'un point de départ de la prescription adéquat, le législateur ne semble guère s'être laissé séduire par les modèles doctrinaux français. En effet, il n'a pas adopté la solution préconisée par l'avant-projet de réforme du droit des obligations et de la prescription dont l'article 2262 proposait de fixer le point de départ de la prescription au « jour où le créancier peut agir »[3]. Il ne s'est pas davantage référé à la proposition formulée par la société de législation comparée selon laquelle le délai devait, sous réserve des causes de suspension, courir « à partir du lendemain du jour où le créancier était en droit d'agir »[4]. Différemment, en faisant du « jour où le titulaire d'un droit a connu ou aurait dû connaître les faits lui permettant de l'exercer » le critère de détermination du point de départ de la prescription, le législateur a préféré s'inspirer de la formule proposée par les *Principes d'Unidroit*[5].

---

1. F.-X. Licari, « Aspect fondamentaux du nouveau droit de la prescription : réflexions théoriques et pratiques sur les choix opérés par la loi du 17 juin 2008 », in *La réforme du droit de la prescription extinctive : perspectives nationales et transfrontalières*, actes de colloque, Metz, 7 mai 2009, *RDLA*, octobre 2009, nº 42, p. 84 s., spéc. p. 85.

2. M. Mignot, « Réforme de la prescription : le point de départ du délai », *Defrénois*, 2009, p. 393 s., spéc. nº 1.

3. La mise à l'écart d'une telle formule est peut-être ici bienvenue tant elle apparaît floue : on peine à déterminer si le jour où le créancier peut agir doit s'entendre objectivement – le jour où l'action était ouverte – ou subjectivement – le jour où le créancier connaissait les éléments lui permettant de l'exercer. L'exposé des motifs du projet n'est à cet égard guère éclairant puisque le point de départ retenu est illustré d'exemples qui semblent participer tant d'une conception objective que d'une conception subjective de la possibilité d'agir.

4. La formulation retenue par le législateur se rapproche en revanche davantage d'une autre variante retenue par la société de législation comparée proposant de faire courir le délai de prescription « du lendemain du jour où le créancier était en mesure d'agir ou devait connaître les éléments lui permettant d'exercer son droit ».

5. Art. 10.2 des *Principes d'Unidroit* : « le délai de prescription de droit commun est de trois ans à partir du lendemain du jour où le créancier a connu ou devait connaître les fait lui permettant d'exercer son droit ».

Sans même préjuger de sa pertinence, on peut déjà relever que le critère retenu apparaît relativement inadapté à certaines actions. Il en va ainsi des actions en paiement de créances à terme ou conditionnelles, pour lesquelles le législateur a pris soin à l'article 2233 de reporter le point de départ de la prescription au jour de l'arrivée de la condition ou du terme. Il en va ainsi également des actions réelles immobilières (art. 2227 C. civ.), pour lesquelles le critère de la connaissance ne semble pas le plus adéquat[1]. Mais le critère peut également paraître dépourvu de pertinence pour les actions en nullité absolue. Il peut en effet sembler critiquable de faire de la connaissance du titulaire du droit le critère de détermination du point de départ de la prescription de l'action en nullité absolue[2], dès lors qu'elle ne protège pas l'intérêt particulier des contractants mais l'intérêt général de la société dans son ensemble. Or, le législateur est demeuré totalement silencieux sur ce point, ce dont il faudrait déduire, à suivre la lettre de l'article 2224 du Code civil, que le cours de la prescription serait néanmoins subordonné à la découverte par le demandeur de l'illicéité de l'acte. L'on touche ici à l'antagonisme irréductible existant entre le choix d'un critère subjectif de détermination du point de départ de la prescription, qui fait nécessairement de la prescription une institution d'ordre privé[3], et la philosophie que sous-tend la nullité absolue, incontestablement inspirée par la nécessité de protéger l'ordre public. Au fond, le subjectivisme accru de la prescription au terme de cette réforme[4] s'accorde mal avec l'objectivisme de la nullité absolue. Les rédacteurs des *Principes d'Unidroit* pouvaient certainement faire l'économie de la question dès lors que la prescription des actions en nullité – inconnues de la plupart des droits étrangers qui ne connaissent que la prescription de l'action en restitution consécutive à la nullité – n'entrait pas dans le champ d'application des Principes. Mais il ne pouvait en aller de même pour le législateur, peut-être ici victime de l'extrême technicité de la matière[5].

457. Au-delà, le choix inspiré des *Principes d'Unidroit* de la connaissance réelle ou présumée des parties dans la fixation du point de départ de la prescription introduit surtout une grande incertitude. En effet, la référence à un tel standard laisse au juge, de l'aveu même du rapporteur de la proposition de loi, « une grande latitude pour apprécier si le titulaire du droit connaissait ou ne pouvait ignorer les faits lui permettant d'agir »[6]. Ce faisant, elle va évidemment renforcer le rôle du juge en la matière, ce qui n'est pas le moindre des paradoxes lorsque l'on se souvient que l'objectif annoncé de la réforme consistait dans le rétablissement d'une certaine sécurité juridique[7]. La consécration à contretemps[8]

---

1. Mais le législateur a peut-être ici souhaité adopter une solution transitoire pour laisser à une prochaine réforme du droit des biens le soin de fixer les règles relatives à la prescription en ce domaine.

2. Sur cette question, v. *supra*, n° 191 s.

3. A.-M. Leroyer, art. préc., spéc. p. 567.

4. M. Bandrac, « La nouvelle nature juridique de la prescription extinctive en matière civile », *RDC*, 2008, p. 1413 s., spéc. p. 1418, n° 11 et 12. L'auteur montre comment la dissociation des prescriptions acquisitive et extinctive a permis de « libérer » le subjectivisme de la prescription extinctive.

5. Il faut en effet rappeler que la Mission préalable, défavorable à l'adoption d'une disposition propre au point de départ de la prescription, s'était en conséquence logiquement abstenue de prendre partie sur le critère à retenir. Aussi le débat relatif à la pertinence du critère finalement retenu fut laissé entre les mains des seuls parlementaires, pour l'essentiel peu familiers de ces questions très techniques.

6. *Rapport fait au nom de la Commission des lois sur la proposition de loi portant réforme de la prescription en matière civile par le sénateur L. Béteille*, 1re lecture, p. 35.

7. A.-M. Leroyer, art. préc., p. 563 s., spéc. p. 569.

8. L'opportunité de la consécration de l'adage au moment où le point de départ de la prescription est reporté au jour de la connaissance par le titulaire du droit des faits lui permettant de l'exercer est discutable. Sur ce point, v. *supra* n° 384.

de l'adage *Contra non valentem* ne fera d'ailleurs que renforcer une telle insécurité. Le standard retenu entretient également la confusion entre la recevabilité et l'examen au fond de la demande « en forçant à l'intégration, dans les discussions sur la prescription, de faits qui fondent l'action et qui relèvent du débat sur le fond »[1]. Ne ruine-t-il pas alors l'intérêt même de la prescription, qui est précisément d'éviter un tel débat ? Mais un tel choix présente également un autre défaut majeur : il conduit à une inéluctable dissociation du délai de prescription et de celui de conservation des archives, jusqu'alors calqués l'un sur l'autre[2]. Dès lors que le point de départ peut être indéfiniment reculé, le débiteur ne peut s'estimer libéré par l'écoulement d'un délai correspondant à la durée de la prescription, qui a pu commencer à courir bien plus tard. La généralisation d'un tel point de départ de la prescription bouleverse alors la fonction de la prescription commerciale.

Outre le critère, la formulation peut susciter quelques réserves. La fixation du point de départ de la prescription au « jour où le titulaire du droit a connu ou aurait dû connaître les faits lui permettant de l'exercer » soulève immédiatement des difficultés d'interprétation. Certes, de telles difficultés sont classiques en présence d'un texte nouveau, mais leur importance est ici amplifiée par l'imprécision de la formule. Chaque membre de cette phrase soulève en effet des incertitudes nouvelles.

458. En premier lieu, la connaissance requise s'apprécie chez le « titulaire du droit ». La formule est heureuse en ce qu'elle vise à éviter les qualifications de créancier – insatisfaisante en présence d'un droit autre que de créance – comme de demandeur, dont la connotation renvoie à une conception trop processuelle de la prescription. Elle a aussi le mérite de régler une question laissée en suspens par l'adoption d'un critère subjectif de détermination du point de départ de la prescription : l'action peut-elle courir alors même que le droit ne serait pas né, dès lors que le créancier connaîtrait déjà les faits qui lui permettront un jour d'agir ? Par exemple, la victime, consciente qu'un fait générateur est susceptible de lui causer prochainement un préjudice doit-elle déjà voir la prescription courir à son encontre, alors même que, le préjudice n'étant qu'éventuel, son droit à réparation n'est pas encore né ? La réponse doit être négative : si la connaissance s'apprécie chez le « titulaire du droit », alors il faut nécessairement, avant même qu'il ait connaissance des faits pertinents, qu'il soit effectivement titulaire d'un droit, ce qui suppose que ledit droit soit né. En revanche, la notion de titulaire du droit pose incontestablement une difficulté dans l'hypothèse où serait exercée une action appartenant à l'origine à autrui. Tel est par exemple le cas lorsque l'héritier exerce une action qu'il tient de son auteur. La connaissance requise doit-elle alors s'apprécier en la personne du titulaire actuel du droit – l'héritier – ou du titulaire initial du droit – son auteur ? La question n'est pas sans importance pratique : l'héritier pourrait-il se prévaloir de son ignorance de faits dont son auteur avait incontestablement connaissance ? Sans doute faut-il admettre que la connaissance des faits permettant d'agir s'apprécie tout au long de la chaîne de titularité : si le titulaire initial du droit avait connaissance des faits lui permettant d'agir, alors la prescription a couru dès cette époque, et son successeur ne devrait pas pouvoir se préva-

1. C. Brenner et H. Lecuyer, art. préc., spéc. n° 29 ; M. Bandrac, art. préc., spéc. p. 1428, n° 32.

2. Jusqu'à la réforme du 17 juin 2008, au délai de prescription de dix ans de l'article L. 114-10 du Code de commerce correspondait le délai de l'article L. 123-22 du même code obligeant chaque commerçant à conserver ses archives pendant dix ans. Ce délai n'a pas été abaissé à cinq ans après la réforme, première conséquence de l'adoption d'un point de départ de la prescription flottant.

loir de sa propre ignorance. En revanche, si ces mêmes faits demeuraient ignorés par le titulaire initial du droit au moment de son décès, seule leur découverte par le titulaire actuel du droit devrait pouvoir faire courir la prescription. Mais la solution ne se déduit pas d'une lecture littérale de l'article 2224 du Code civil.

459. En deuxième lieu, la prescription ne court que du jour où le titulaire du droit « a connu ou aurait dû connaître » les faits lui permettant de l'exercer. Là réside sans doute l'essentiel du mystère. La formule inspire en effet plusieurs séries de remarques. On peut d'emblée s'interroger sur l'utilité de l'alternative exposée dès lors qu'« il n'y a, par hypothèse, pas de cas où [le titulaire du droit] connaîtrait avant d'avoir dû connaître »[1]. Au fond, l'on peut d'ores et déjà penser que le point de départ de la prescription sera toujours fixé au jour où le créancier aurait dû connaître les faits lui permettant d'agir, une telle date coïncidant d'ailleurs généralement avec celle à laquelle il les aura effectivement connus.

Mais sur qui reposera alors la charge de la preuve ? En tant qu'exception, la prescription doit être prouvée par celui qui l'invoque, soit le défendeur à l'action. En toute logique, il faudrait donc admettre qu'il lui reviendra d'établir le jour où le demandeur a eu connaissance des éléments lui permettant d'agir pour démontrer que la prescription est acquise. On peut pourtant raisonnablement penser qu'il n'est sans doute pas le mieux placé pour le faire. La solution s'impose cependant, sauf à ce que la jurisprudence vienne combler les lacunes du législateur en renversant la charge de la preuve[2].

Là ne s'arrêteraient pas pour autant les interrogations. Comment en effet prouver la connaissance supposée ? Faut-il apprécier le comportement du titulaire du droit *in concreto*, comme le fait le droit anglais[3], ou *in abstracto*, par référence par exemple au fameux modèle du bon père de famille[4] ou encore au standard du « raisonnable »[5] déjà utilisé en la matière ? Si l'on suit cette seconde voie, l'on aurait alors recours à un standard – le bon père de famille – pour apprécier un autre standard – la connaissance supposée : le risque d'éclatement de la jurisprudence apparaît déjà. Les propos du conseiller à la Cour de cassation J.-F. Kriegk ne sont d'ailleurs guère rassurants. Certes, « la notion sera contrôlée », mais elle le sera « sur la base des éléments de fait souverainement constatés par le juge du fond », de sorte que ce dernier disposera « d'une liberté d'appréciation »[6]. De là à

---

1. C. Brenner et H. Lecuyer, art. préc., spéc. nº 26.

2. V. *contra* : Cass. com., 23 mars 2010, *RTD civ.*, 2010, p. 320, obs. B. Fages.

3. V. *infra*, nº 700.

4. C. Brenner et H. Lecuyer, art. préc., spéc. nº 25.

5. V. déjà en ce sens, la jurisprudence de la Cour de cassation selon laquelle le titulaire de l'action en nullité est dans l'ignorance de son droit « toutes les fois que le créancier peut raisonnablement et aux yeux de la loi, ignorer l'existence du fait qui donne naissance à son droit et à son intérêt, et, par suite, ouverture à son action » (Cass. civ., 27 mai 1857, *DP*, 1857, 1, p. 290, *S.*, 1858, 1, p. 133), ou celle selon laquelle la connaissance de l'imputabilité s'apprécie « légitimement et raisonnablement par rapport à celle qu'avaient pu en avoir les créanciers normalement diligents qui s'étaient trouvés dans la même situation » (Cass. com., 24 janvier 1995, pourvoi nº 93-12124). La loi elle-même impose parfois une telle directive. Ainsi, la loi du 30 octobre 1968 qui a intégré en droit français la Convention de Paris relative aux dommages provoqués par des accidents nucléaires prévoit un délai de 3 ans qui court à compter du moment où la victime a dû raisonnablement avoir connaissance de son dommage et de l'identité de l'exploitant responsable. Dans le même sens, à l'échelon européen, la proposition de directive de la Commission de 1991, relative à la responsabilité civile pour les dommages causés par les déchets, prévoit que les actions en réparation ne sont plus recevables après un délai de 3 ans à compter de « la date à laquelle le demandeur a eu connaissance ou aurait dû raisonnablement avoir connaissance du dommage ainsi que de l'identité de l'exploitant » (Conv., art. 17-2).

6. J.-F. Kriegk, « La réforme de la prescription des obligations », *RLDC*, mars 2009, nº 58 supplément, p. 9 s., spéc. p. 17.

l'éparpillement des solutions[1], il n'y a qu'un pas, qui sera sans doute malheureusement très vite franchi.

460. En troisième lieu, la connaissance supposée doit d'après l'article 2224 du Code civil porter sur les « faits » permettant au titulaire du droit de l'exercer. Une seule indication est ici donnée : le justiciable ne pourra se prévaloir de l'ignorance du droit ou plus généralement des conséquences juridiques de faits dont il aurait connaissance. Nul n'est censé ignorer la loi... Mais ensuite ? Certes, il est toujours possible de se référer aux commentaires des *Principes d'Unidroit* auxquels la formule est empruntée. Il en résulte que doivent être pris en considération « les faits sur lesquels se fonde le droit »[2]. Le commentaire n'est guère éclairant. Il faut alors sans doute se résoudre à revenir à la jurisprudence existante pour en déduire que devraient être pris en considération la connaissance du fait générateur, du préjudice, du lien de causalité et de l'identité du débiteur en matière délictuelle ; du manquement et du préjudice en résultant en matière contractuelle ; du contrat et de l'identité de l'assureur en matière d'assurance pour compte[3]... Mais on pourra peut-être regretter ici le manque de précision du texte légal, que l'analyse des débats parlementaires ne permet pas d'éclairer. L'éclatement de la jurisprudence devrait s'en ressentir de plus belle.

461. En quatrième lieu, l'article 2224 du Code civil précise enfin que les faits pertinents sont les faits permettant au titulaire du droit « de l'exercer ». Grammaticalement, aucun doute n'est possible : le pronom « l' » renvoie nécessairement au droit. Il faut lire l'article 2224 comme disposant que la prescription des *actions* court du jour où le créancier a connaissance des faits lui permettant d'exercer son *droit*. Nous voici donc en présence d'une *action* qui se prescrit à partir du moment où un... *droit* peut être exercé. La formule a de quoi surprendre, sauf à lire l'article 2224 du Code civil comme faisant référence au « droit d'agir ». À défaut, la rédaction actuelle de l'article 2224 pourrait avoir de sérieuses conséquences dans toutes les hypothèses où le créancier peut exercer son droit sans pouvoir exercer d'action. À l'évidence, les faits permettant d'exercer un droit ne sont évidemment pas autres que ceux qui le font naître ou au mieux le rende exigible. Or, bien souvent, la connaissance de tels faits permet l'exercice d'un droit, mais non celui d'une action en justice. Prenons par exemple le créancier d'une obligation de ne pas faire, telle celle de ne pas faire concurrence. Tant que son débiteur respecte l'obligation contractée, le créancier exerce bien son droit d'exploiter son fonds de commerce sans concurrence et a évidemment connaissance des éléments lui permettant de l'exercer : l'existence d'une clause de non-concurrence. Mais il ne pourra en revanche exercer une action que le jour où son débiteur violera l'obligation de non concurrence. Dans une telle hypothèse, une lecture exégétique de l'article 2224 du Code civil conduirait pourtant à affirmer que l'action qui tend à faire cesser une telle violation devrait se prescrire du jour où le créancier a connaissance des éléments lui permettant d'exercer son droit à une exploitation paisible de son fond de commerce, soit... dès la conclusion de l'acte. En d'autres termes, seule la connaissance du droit à une jouissance paisible et non pas du trouble dans la jouissance paisible devrait ici être prise en compte[4] ! L'interprétation ne saurait évidemment être sérieuse-

1. C. Brenner et H. Lecuyer, art. préc., spéc. n° 25.
2. *Principes d'Unidroit*, commentaires sous art. 10.2.
3. V. *infra*, Partie I, Titre I.
4. C. Brenner et H. Lecuyer, art. préc., spéc. n° 29 ; M. Bandrac, art. préc., spéc. p. 1428, n° 33, évo-

ment soutenue, mais elle résulte pourtant nécessairement d'une lecture littérale du texte au point que l'on peut se demander s'il ne s'agit pas là d'une véritable scorie législative.

462. Finalement, il apparaît que non seulement l'instauration d'un point de départ flottant ne devrait pas apporter de correction à l'éclatement des solutions jusque là observé, mais plus encore, qu'il devrait à l'inverse amplifier l'incertitude qui règne en la matière tant « il existe dans la loi des éléments d'incertitude s'agissant du point de départ dans tous les cas où celui-ci semblait jadis incontestable »[1]. Ce n'est pas ici le moindre des paradoxes : alors que la réforme visait à renforcer la sécurité juridique en la matière, elle semble au contraire avoir accru les risques d'insécurité juridique. L'analyse du délai butoir instauré aboutit à son tour à une conclusion tout aussi paradoxale, tant il semble également empreint d'incertitude.

§ 2 - LA CONSÉCRATION D'UN DÉLAI BUTOIR

463. La consécration d'un délai butoir en droit français semble avoir été largement guidée, pour ne pas dire imposée, par les enseignements du droit comparé. En effet, la généralisation du délai butoir dans les systèmes étrangers paraît presque avoir contraint le législateur à adopter par mimétisme un tel délai, sans que l'on parvienne réellement à déterminer s'il était convaincu de sa nécessité. La généralisation du délai butoir a ainsi exercé une « attirance mêlée de crainte »[2] sur les parlementaires français, qui l'ont finalement accueilli comme à regret[3], l'assortissant immédiatement de multiples dérogations.

L'article 2232 du Code civil dispose en conséquence désormais que « le report du point de départ, la suspension ou l'interruption de la prescription ne peut avoir pour effet de porter le délai de la prescription extinctive au-delà de vingt ans à compter du jour de la naissance du droit ». Il s'agit là, à n'en point douter, d'une véritable révolution. Certes, la pratique du double délai n'était pas totalement inconnue. Les auteurs les plus classiques évoquaient déjà l'opportunité d'un tel système[4]. La pratique avait également fait l'objet de consécrations ponctuelles par le législateur français[5]. Au-delà, le débat s'était engagé sur

---

quant la connaissance des faits qui « donnent lieu à la prétention invoquée, et non ceux qui permettent l'exercice d'un droit ».

1. V. Lasserre-Kiesow, « Commentaire de la loi du 17 juin 2008 portant réforme de la prescription en matière civile », *RDC*, 2009, p. 1149 s., spéc. p. 1452.

2. J. Sénéchal, « La loi française sur la prescription en matière civile et l'objectif communautaire d'un droit européen des contrats plus cohérent : concordance ou dissonance ? », *RDC*, 2008, p. 1472 s., spéc. p. 1483, nº 19.

3. Comp. l'avis défavorable de la Mission d'information, « Pour un droit de la prescription moderne et cohérent », J.-J. Hyest (président), H. Portelli et R. Yung, rapporteurs, sénateurs, Commission des lois, « Mission d'information sur le régime des prescriptions civiles et pénales », *Les rapports du Sénat*, nº 333, 2006-2007, p. 98.

4. V. par ex. déjà, C. Demolombe, *Cours de Code Napoléon* T. 29, *Traité des contrats*, T. 6, Paris, 1876, spéc. p. 162, nº 164, à propos de la combinaison des articles 1304 et 2262 du Code civil : « Par l'article 1304, la loi accorde dix ans pour former l'action en nullité ou en rescision, du jour où le dol est découvert ; et par l'article 2262, la loi accorde trente ans pour découvrir le dol. Trente ans, pour la découverte du dol ; dix ans, pour agir après la découverte du dol. Telle est la combinaison du législateur, dans ces deux articles 1304 et 2262 ».

5. Ainsi, un système de double délai est ponctuellement mis en place en droit patrimonial de la famille par les articles 215 alinéa 2 du Code civil (« Celui des deux [époux] qui n'a pas donné son consentement à l'acte peut en demander l'annulation : l'action en nullité lui est ouverte dans l'année à partir du

le point de savoir si l'on devait assigner au délai de prescription de droit commun un rôle de délai butoir en présence de prescriptions spéciales plus courtes. La jurisprudence était apparue sur ce point contradictoire, du moins en apparence, faisant jouer au délai de prescription de droit commun une telle fonction en matière d'action en garantie des vices cachés[1], mais refusant en revanche que l'exercice d'une action en nullité pour dol puisse être enfermé dans un tel délai[2]. La généralisation de la pratique opérée par la loi du 17 juin 2008 vient alors rompre avec le droit positif, et plus fondamentalement encore, avec la conception de la prescription qu'il charriait jusqu'alors. Il ne fait ainsi guère de doute que l'instauration d'un délai butoir « ébranle les fondements les plus solides de la prescription »[3]. Outre qu'il renouvelle le débat relatif au caractère substantiel ou processuel de la prescription[4], il met en place un système d'extinction des droits par déchéance[5] de nature à créer une véritable « obligation légale d'exercer ses droits subjectifs »[6]. Le seul écoulement du temps paraît désormais extinctif du droit indépendamment du temps laissé au créancier pour agir.

464. Au-delà même de la mutation de l'institution, la manière dont le délai butoir a été mis en place suscite la perplexité. En effet, le législateur français ne semble pas avoir su choisir entre la mise en place d'un véritable double délai ou d'une simple limite maximale à l'allongement de la durée du délai de prescription[7]. Le délai de l'article 2224 du Code civil emprunte en effet au véritable double délai le choix d'un point de départ du délai butoir distinct de celui du délai de prescription : là où le délai de prescription court à compter du « jour où le titu-

---

jour où il a eu connaissance de l'acte, sans pouvoir jamais être intentée plus d'un an après que le régime matrimonial s'est dissous »), 921 alinéa 2 du Code civil (« Le délai de prescription de l'action en réduction [d'une libéralité excessive] est fixé à cinq ans à compter de l'ouverture de la succession, ou à deux ans à compter du jour où les héritiers ont eu connaissance de l'atteinte portée à leur réserve, sans jamais pouvoir excéder dix ans à compter du décès »), ou encore 1427 alinéa 2 du Code civil (« L'action en nullité est ouverte au conjoint pendant deux années à partir du jour où il a eu connaissance de l'acte, sans pouvoir jamais être intentée plus de deux ans après la dissolution de la communauté »). Un délai butoir, directement hérité d'une directive européenne, se retrouve également en matière de responsabilité des produits défectueux aux articles 1386-16 et 1386-17 du Code civil (« Sauf faute du producteur, la responsabilité de celui-ci, fondée sur les dispositions du présent titre, est éteinte dix ans après la mise en circulation du produit même qui a causé le dommage à moins que, durant cette période, la victime n'ait engagé une action en justice. L'action en réparation fondée sur les dispositions du présent titre se prescrit dans un délai de trois ans à compter de la date à laquelle le demandeur a eu ou aurait dû avoir connaissance du dommage, du défaut et de l'identité du producteur »). Sur leur mise en œuvre, v. notamment, S. Joly, « La nouvelle génération des doubles délais extinctifs », *D.*, 2001, chron. p. 1451 s. ; R. Wintgen, « La mise en œuvre de la technique du double délai de prescription extinctive », *RDC*, 2007, p. 907 s.

1. V. *supra*, n° 99 s.

2. Cass. civ. 1re, 24 janvier 2006, *RDC*, 2006, p. 708 s., obs. D. Mazeaud, *D.*, 2006, p. 2643, obs. S. Amrani-Mekki, *JCP* G, 2006, II, 10036, note M. Mekki, *D.*, 2006, p. 626, note R. Wintgen, *LPA*, 11 août 2006, p. 9, note Y. Dagorne-Labbé.

3. M. Mignot, « Le délai butoir - Commentaire de l'article 2232 du Code civil issu de la loi du 17 juin 2008 », *Gaz. Pal.*, 26 février 2009, p.2 s., spéc. n° 24.

4. En effet, la mise en œuvre d'un double délai renouvelle le débat en renforçant l'idée, défendue notamment par M. Bandrac (*La nature juridique de la prescription extinctive*, préf. P. Raynaud, Economica, 1986,, p. 52 s., n° 38 s.), selon laquelle le droit et l'action seraient tous deux objets de la prescription. Précisément, la généralisation du délai butoir s'inscrit dans la droite ligne des analyses défendues par M. Bruschi (*La prescription en droit de la responsabilité civile*, préf. A. Sériaux, Economica 1997, spéc. p. 242, n° 187), qui affirme qu'il faudrait distinguer deux types de délais - un délai de prescription et un délai préfix - et leur assigner deux fonctions distinctes : éteindre l'action pour l'un, le droit pour l'autre.

5. M. Bandrac, « La nouvelle nature juridique de la prescription extinctive en matière civile », *RDC*, 2008, p. 1413 s., spéc. p. 1425, n° 27.

6. M. Bandrac, *Ibidem*.

7. Sur cette distinction v. *infra*, n° 490.

laire du droit a connu ou aurait dû connaître les faits lui permettant d'agir », le délai butoir court du « jour de la naissance du droit ». Mais là s'arrête la parenté. Le fonctionnement du délai relève différemment d'un simple délai maximum. En effet, en précisant que le report du point de départ « ne peut avoir pour effet de porter le délai de la prescription extinctive au-delà de vingt ans », le législateur indique clairement que le délai butoir est le délai maximum au-delà duquel le délai de prescription de droit commun ne peut être allongé : il n'a d'autre objet que de neutraliser les effets du report du point de départ de la prescription.

Mais dès lors que le délai butoir s'interprète en une simple durée d'allongement maximal du délai de prescription, la rédaction ambiguë de l'article soulève une importante difficulté d'interprétation, qui pourrait bien aboutir à vider le délai butoir de toute portée. En effet, outre les causes d'interruption ou de suspension, l'article 2232 ne vise que l'allongement du délai de prescription résultant du « report du point de départ de prescription ». Or, il n'est guère douteux que l'article 2224 du Code civil, inséré dans une section consacrée au « délai de droit commun et [à] son point de départ » ne constitue pas une cause de report du point de départ de la prescription mais fixe au contraire le point de départ de principe de la prescription[1]. Dès lors, à s'en tenir à une lecture littérale de l'article, le délai butoir, pourtant présenté comme « le corolaire utile d'un assouplissement des règles relatives au point de départ »[2], risque fort de ne précisément pas avoir vocation à intervenir pour tempérer les effets du point de départ flottant. Évidemment, telle n'a pas été la volonté du législateur. On pourrait alors être tenté de corriger intellectuellement son erreur en faisant valoir que « la notion de report du point de départ du délai contient l'idée que le délai a un point de départ de principe ou naturel et un point de départ exceptionnel ou accidentel reporté par équité pour le créancier »[3], pour en déduire que la fixation du point de départ au jour de la connaissance supposée devrait être interprétée comme constituant un « report » du point de départ de la prescription. Il est pourtant loin d'être certain que la Cour de cassation suive une telle voie. Il n'est en effet pas inutile de rappeler sa franche hostilité au principe d'un délai butoir[4]. Ainsi, le groupe de travail de la Cour de cassation sur l'avant-projet de réforme du droit des obligations et de la prescription s'était déclaré à l'unanimité « hostile au "délai butoir" », considérant qu'une telle mesure « méconnaissait le principe suivant lequel la prescription ne peut être opposée à celui qui est dans l'impossibilité d'agir » et était au surplus d'une « constitutionnalité douteuse »[5]. Plus encore, l'encre de la loi à peine séchée, la Cour de cassation n'avait pas hésité dans un arrêt du 25 juin 2008 à réitérer le principe selon lequel « la prescription extinctive trentenaire de l'article 2262 du code civil n'était pas applicable à l'action en nullité pour dol régie par le seul article 1304 du même code »[6], solution que l'instauration d'un délai butoir rendait pourtant *de facto* caduque. La réitération

1. L. Leveneur, « Réforme de la prescription : trois petits tours au Parlement et quelques questions », *Cont. conc. cons.*, 2008, n° 8, comm. 195 ; X. Lagarde, « Réforme de la prescription en matière civile : entre simplifications et incertitudes », *Gaz. Pal.*, 11 avril 2009, p. 2 s. ; C. Brenner et H. Lecuyer, art. préc., spéc. n° 27 et 85.

2. *Rapport fait au nom de la Commission des lois sur la proposition de loi portant réforme de la prescription en matière civile par le sénateur L. Béteille*, 1re lecture, p. 27.

3. M. Mignot, « Le délai butoir – Commentaire de l'article 2232 du Code civil issu de la loi du 17 juin 2008 », art. préc., spéc. n° 8.

4. F.-X. Licari, art. préc., spéc. p. 88.

5. Sur ce point, v. *infra*, n° 553.

6. Cass. civ. 1re, 25 juin 2008, *JCP* G, 2008, I, 218, n° 6, obs. F. Labarthe et II, 10205, note L. Siguoirt, *LPA*, 13 août 2008, p. 19 s., note M. Burgard.

du principe était ici d'autant plus remarquable qu'elle n'était absolument pas nécessaire[1]. Devant tant d'hostilité, on peut légitimement se demander si ce qui semblait constituer un baroud d'honneur de la Cour de cassation ne devrait pas plutôt préfigurer sa future réaction à l'égard du délai butoir : ne risque-t-elle pas de s'engouffrer dans la brèche ouverte par la malfaçon législative pour réduire à néant le jeu du délai butoir par une interprétation littérale de l'article 2232 du Code civil ? Le législateur risque fort ici d'avoir très vite à revoir sa copie.

465. Une éventuelle reprise en main de la question par le législateur pourrait également constituer une occasion de parfaire un régime qui ne brille ni par sa certitude ni par sa cohérence. N'insistons pas même sur le fait que le législateur aurait sans doute gagné à préciser que le délai butoir n'était pas susceptible d'aménagement conventionnel. La solution semble s'imposer[2], mais la précision n'aurait pas été inutile. Au-delà, le choix du point de départ du délai butoir suscite déjà un certain nombre de difficultés : en faisant référence à la naissance du droit, le législateur français s'écarte des modèles étrangers qui ont généralement adopté la date du fait générateur de l'action ou celle de l'exigibilité du droit. Le choix du législateur français se révèle particulièrement inadapté dans les hypothèses où l'exigibilité du droit de créance a été conventionnellement reportée, obligeant le législateur à exclure du champ du délai butoir les actions relevant de l'article 2233 du Code civil[3]. Sans doute aurait-il simplement été plus judicieux de considérer que le délai butoir ne pouvait dans une telle hypothèse courir avant l'arrivée du terme ou la réalisation de la condition, point de départ naturel de telles actions. Mais ce sont surtout les multiples exceptions à l'application du délai butoir qui rendent sa portée incertaine. Le législateur a en effet multiplié les dérogations[4] au point de

1. En effet, l'action en nullité était en toute hypothèse en l'espèce prescrite pour avoir été exercée plus de cinq ans après la découverte du dol.

2. B. Fauvarque-Cosson et J. François, « Commentaire de la loi du 17 juin 2008 portant réforme de la prescription en matière civile », in *Réforme de la prescription, D.*, 2008, p. 2512 s., spéc. p. 2521, nº 29 ; L. Leveneur, « La faculté d'aménagement de la prescription en matière civile », in *La réforme de la prescription en matière civile, Le chaos enfin régulé ?*, dir. P. Casson et P. Pierre, Dalloz, Thèmes & Commentaires, 2010, p. 65 s., spéc. p. 71. V. cependant, l'art. 10.3 des *Principes d'Unidroit* qui précise que « 1) Les parties peuvent modifier les délais de prescription. 2) Toutefois, elles ne peuvent pas a) abréger le délai de prescription de droit commun à moins d'un an ; b) abréger le délai maximum de prescription à moins de quatre ans ; c) allonger le délai maximum de prescription à plus de quinze ans ».

3. Sur cette voie, on devrait également considérer le délai butoir inapplicable au pacte de préférence. Deux arguments militent en effet en ce sens. D'une part, si les droits simplement conditionnels (art. 2233 C. civ.) sont exclus du champ d'application du délai butoir, *a fortiori* devrait-il en aller de même des droits simplement éventuels. D'autre part, en faisant référence à la naissance du droit pour fixer le point de départ du délai butoir, le législateur exclut implicitement mais nécessairement les droits éventuels qui ne « naissent » que d'un événement subséquent, telle la proposition de vente pour le pacte de préférence. Comp. cependant T. Piazzon, « Retour sur la violation des pactes de préférence », *RTD civ.*, 2009, p. 433 s., spéc. p. 448, note 107. On peut en revanche émettre des réserves, en présence d'une véritable faculté conventionnelle, c'est-à-dire lorsqu'une créance est exigible à la seule volonté du créancier. Droit à terme incertain, le délai butoir ne devrait pas lui être applicable (combinaison des art. 2232 et 2233 C. civ.). Mais, le terme étant sous l'entière emprise du créancier, le risque d'imprescriptibilité pourrait conduire la jurisprudence à appliquer le délai butoir en la matière (comp. en faveur de la prescriptibilité des facultés conventionnelles, J.-M. Verdier, *Les droits éventuels, Contribution à l'étude de la formation successive des droits*, préf. H. Mazeaud, Rousseau & Cie, 1953, spéc. p. 164, nº 195).

4. Ainsi, non seulement le délai butoir ne peut avoir vocation à produire effet lorsque le délai de prescription de droit commun dépasse vingt ans (en droit de l'environnement par exemple art. L. 151-2 C. environnement), mais il n'a pas davantage vocation à s'appliquer aux actions relatives à l'état des personnes (art. 2232 al. 2 C. civ.), aux actions en responsabilité nées à raison d'un événement ayant entraîné un dommage corporel (art. 2226 C. civ.), aux actions réelles immobilières (art. 2227 C. civ.), aux créances conditionnelles ou à terme ainsi qu'aux actions en garantie (art. 2233 C. civ.), aux actions tendant à

proposer un véritable « butoir troué »[1] qui révèle là encore l'approche casuistique caractéristique de la réforme[2]. L'hétérogénéité des exceptions ne contribue guère à la simplicité et à la cohérence du régime[3].

466. En conséquence, alors que l'institution du délai butoir était justifiée par la volonté de contrebalancer les effets de la subjectivisation du point de départ de la prescription et plus généralement de renforcer la sécurité juridique, aucun de ces deux objectifs n'apparaît atteint par la réforme. Les maladresses de rédaction du législateur pourraient avoir raison de la neutralisation du point de départ flottant, de sorte que le délai butoir pourrait ne pas trouver à s'appliquer dans la situation en considération de laquelle il a précisément été créé. Un tel paradoxe se double d'un régime incertain, complexe et incohérent, notamment en raison de la multiplication d'exceptions révélant une fois encore une perception casuistique de la prescription par le législateur.

467. **Conclusion de la Section I.** L'impression d'une occasion manquée se dégage de l'analyse de la réforme tant le législateur semble ici avoir renoncé à toute ambition de rendre la matière cohérente et prévisible. La cause d'un tel échec n'est guère douteuse : le législateur « naviguant à vue entre les écueils de la matière, il n'a pas suivi de guide sûr donnant à ses choix une ligne directrice ferme et rationnelle »[4]. Ce faisant, il n'a fait que pérenniser les défauts du système, loin des objectifs annoncés. Le législateur entendait uniformiser les solutions relatives au point de départ de la prescription ? La réalité est bien différente : tous les points de départ spéciaux et disparates ont survécu à la réforme. Il entendait promouvoir la sécurité juridique ? L'on observe à l'inverse une subjectivisation du point de départ de la prescription autour d'une formule floue, peu propice à la prévisibilité des solutions. Il désirait encore sécuriser le système par la mise en place d'un délai butoir ? Mais la sécurité qu'un tel délai était supposé apporter est largement mise à mal par la complexité et l'incertitude de son régime. Mais l'échec au moins relatif de la réforme est riche d'enseignement : l'omniprésence d'une pensée catégorielle, l'absence d'anticipation des difficultés soulevées, l'existence de compromis prenant l'ascendant sur une politique d'ensemble expliquent les défauts de la réforme française. Le droit français se présente alors comme un contre-modèle, qui oblige à aller chercher hors de nos frontières de véritables modèles de détermination du point de départ de la prescription.

---

mettre en cause la responsabilité des professionnels de santé (art. L. 1142-28 al. 2 C. santé publique), ainsi qu'à la prescription des titres exécutoires (art. 3-1 al. 2 de la loi du 9 juillet 1991). Outre ces causes de neutralisation du délai butoir tenant à la nature du droit exercée, le jeu du délai butoir est également exclu en cas de suspension de la prescription entre époux ou partenaires d'un PACS (art. 2236 C. civ.), de demande en justice (art. 2241 C. civ.) ou d'acte d'exécution forcée (art. 2244 C. civ.).

1. P. Malaurie, « La réforme de la prescription civile », *JCP* G, 2009, I, 134, spéc. nº 12.

2. P. Malaurie, *Ibidem*.

3. Comme il a été souligné (M. Mignot, « Le délai butoir – Commentaire de l'article 2232 du Code civil issu de la loi du 17 juin 2008 », art. préc., spéc. nº 26), il aurait sans doute été plus judicieux soit de traiter toutes les causes de suspension sur un pied d'égalité, soit d'établir entre elles une hiérarchie en fonction du degré d'impossibilité d'exercice du droit en distinguant les impossibilités relatives des impossibilités absolues. Or, le législateur n'a pas procédé de la sorte, faisant échapper au délai butoir des impossibilités relatives (mariage, PACS) tout en y soumettant des impossibilités absolues (impossibilités d'agir).

4. C. Brenner, « De quelques aspects procéduraux de la réforme de la prescription extinctive », *RDC*, 2008, p. 1431 s., spéc. p. 1432.

SECTION II : LES APPORTS DU DROIT COMPARÉ

468. Le droit comparé est une source d'enseignement inépuisable pour qui veut mettre à jour les logiques susceptibles d'orienter la détermination du point de départ de la prescription. Sans doute l'étude des différents systèmes[1] témoigne-t-elle de la diversité des choix possibles. Elle révèle toutefois une direction générale que les différents systèmes empruntent. De grandes tendances se dessinent, que l'analyse permet de dégager. Au-delà du renforcement du principe de la prescription extinctive, de la diminution et de l'uniformisation des délais de prescription[2], et d'une prise en considération croissante de l'impossibilité d'agir[3], une convergence semble ainsi voir le jour autour de deux grands principes : l'adoption d'une directive légale de détermination du point de départ de la prescription, et l'instauration d'un délai butoir. Toutefois, si les lignes directrices convergent, les modalités restent sources de divergences : les critères de détermination du point de départ de la prescription, les limites de son uniformité ou encore les contours du délai butoir diffèrent largement d'une législation à l'autre. Par ses convergences comme par ses divergences, l'apport du droit comparé tenant au choix du point de départ (§ 1) comme au délai butoir (§ 2) est alors considérable.

§ 1 - TENANT AU POINT DE DÉPART

469. Les apports du droit comparé tenant au point de départ de la prescription portent sur la forme comme sur le contenu des directives retenues par les différents systèmes étudiés. Sous cet aspect, il apparaît que l'hétérogénéité règne en maître. Pour autant, derrière cette hétérogénéité, il est possible de découvrir des enseignements communs à l'ensemble des modèles de détermination du point de départ de la prescription. Aussi faut-il d'abord constater l'hétérogénéité des modèles (A) avant de découvrir les enseignements de ces différents modèles (B).

---

1. L'immense majorité des systèmes juridiques connaît le concept de prescription. Au-delà, il est bien logique que les différents droits reflètent la diversité des systèmes auxquels ils appartiennent. Ils diffèrent ainsi en premier lieu par leur source, anglo-américaine ou romano-germanique. Leurs influences géographiques ajoutent à cette disparité congénitale. Ils peuvent encore se distinguer par leur degré de modernité. En effet, certains pays n'ont pas fait évolué leurs règles relatives à la prescription depuis des décennies, là où d'autres ont récemment connu une réforme d'ensemble de la prescription, autonome ou à l'occasion d'une réforme de plus grande ampleur du droit civil national. Aussi, faut-il porter le regard dans de nombreuses directions et tirer profit d'une analyse des différents systèmes : droits européens (Allemagne, Royaume-Uni, Belgique), nord-américains (États-Unis, Canada, Québec) ou encore sud-américains (Chili, Argentine) sont riches d'enseignements. L'analyse doit encore être nourrie par l'étude de certaines conventions internationales ou codifications savantes qui renferment des dispositions relatives à la prescription. Pour en faire l'étude, la manière la plus appropriée est sans doute de s'attacher aux différents modèles qu'elles reflètent. À ce titre, la *Convention de New York* sur la prescription en matière de vente internationale de marchandise, les *Principes du droit européen des contrats*, et les *Principes d'Unidroit* sont parfaitement révélateurs. Ces trois instruments constituent en effet un panel représentatif des différentes sources d'uniformisation du droit - une convention internationale, une codification savante européenne et une codification savante internationale - en même temps qu'ils illustrent trois approches différentes de la question du point de départ de la prescription.

2. M. Bandrac, « Les tendances récentes de la prescription extinctive en droit français », *RIDC*, 1994/2, p. 359 s. ; R. Zimmermann, *Comparative foundations of a European law of set-off and prescription*, Cambridge University Press, 2002, spéc. p. 95, 100, et 127 ; B. Fauvarque-Cosson, « Variation sur le processus d'harmonisation du droit à travers l'exemple du droit de la prescription extinctive », *RDC*, 2004, p. 801 s.

3. G. Rouhette, I. de Lamberterie, D. Tallon et C. Witz, *Principes du droit européen du contrat*, coll. Droit privé comparé et européen, Société de législation comparée, 2003, p. 522.

A. Le constat de l'hétérogénéité des modèles

470. Il faut d'emblée souligner que la plupart des systèmes juridiques modernes ont désormais adopté des directives législatives sur la question de la détermination du point de départ de la prescription[1]. L'hétérogénéité a différemment trait à la mise en œuvre de ces directives.

On peut en premier lieu opposer les régimes monocritères aux régimes pluralistes. Les premiers reposent sur un critère unique de détermination du point de départ, ayant vocation à régir l'ensemble des situations affectées par la prescription. Le principe d'un critère unique se retrouve dans les droits sud-américains[2], ou anglo-saxons[3], mais aussi dans les instruments d'uniformisation du droit. Les codifications savantes sont en effet caractérisées par une indéniable volonté d'unification des solutions relatives au point de départ de la prescription[4]. L'article 14:203 des *Principes du droit européen des contrats* prévoit ainsi que « le délai de prescription de droit commun commence à courir du moment où le débiteur doit exécuter ou, s'agissant d'une créance de dommages-intérêts, de la date du fait générateur de cette créance ». Les *Principes d'Unidroit* proposent à leur tour un régime empreint d'uniformité, l'article 10.2 (2) précisant que « le délai de prescription de droit commun est de trois ans à partir du lendemain du jour où le créancier a connu ou devait connaître les fait lui permettant d'exercer son droit ».

À l'opposé des modèles précédents, certains systèmes reposent sur une multiplicité de règles spéciales. Tel est, par exemple, le système retenu par la *Convention de New York* de 1974 sur la prescription en matière de vente internationale de marchandises, telle que modifiée par le *Protocole de Vienne* de 1980[5]. Bien que son champ d'application soit très limité[6], elle opère tout de même une distinction entre plusieurs situations. Précisément, quatre articles sont consacrés au point de départ de la prescription. L'article 9 d'abord précise que « le délai de prescription court à partir de la date à laquelle l'action peut être exercée ». L'article 10 expose ensuite les points de départ de la prescription d'un certain

---

1. Le système Belge mérite cependant d'être ici évoqué. En effet, aucune disposition du Code civil belge ne prévoit de règle générale relative à la détermination du point de départ de la prescription. La réforme belge du droit de la prescription, qui s'inscrit en réaction à un arrêt de la Cour d'arbitrage du 25 mars 1995 (v. *infra*, nº 545 s.), prévoit seulement une disposition spécifique relative au point de départ de la prescription de l'action en réparation d'un dommage fondée sur une responsabilité extracontractuelle (art. 2262 *Bis* § 1er alinéa 2) afin de répondre aux problèmes soulevés par l'arrêt.

2. Ainsi, le droit chilien renferme une directive de principe de détermination du point de départ de la prescription selon laquelle la prescription court a compter du jour où l'obligation est devenue exigible (art. 2514 C. civ. chilien). Sur le point de départ de la prescription en droit chilien, v. R. Dominguez Aguila, *La prescripción extintiva, Doctrina y jurisprudencia, Editorial Juridica de Chile*, 2004, spéc. p. 171 s., nº 36 s.

3. La *Law Commission* propose ainsi de faire reposer le point de départ de la prescription en droit anglais sur un critère unique. Les droits nord-américains font du « *test of discoverability* » le critère de principe de détermination du point de départ de la prescription.

4. Le constat est fait par D. Mazeaud et R. Wintgen, « La prescription extinctive dans les codifications savantes », *D.*, 2008, p. 2523 s., spéc. p. 2526, nº 18 ; C. Witz, « La prescription extinctive dans les instruments d'uniformisation du droit », in *La réforme du droit de la prescription extinctive : perspectives nationales et transfrontalières*, colloque, Metz, 7 mai 2009, *RLDA*, nº 42, octobre 2009, p. 97 s., spéc. p. 99.

5. La convention n'ayant pas été ratifiée par la France, elle n'est pas de droit positif. À ce titre, son intérêt est de constituer un modèle de détermination du point de départ de la prescription.

6. Non seulement la convention ne vise que les droits et actions issus d'un contrat de vente internationale d'objets mobiliers corporels ou concernant une contravention à ce contrat, sa résolution ou sa nullité (art. 1er) mais les rédacteurs ont encore écarté de son champ d'application la prescription des actions relatives à un certain nombre de droits, notamment ceux fondé sur un dommage corporel, nucléaire, un privilège, un titre exécutoire…(art. 5).

nombre d'actions spécifiques[1]. L'article 11 poursuit en prévoyant un point de départ de la prescription propre à l'action fondée sur une garantie[2]. Enfin, l'article 12 achève ce panorama des règles spéciales par le point de départ du délai de prescription de l'action en inexécution[3].

471. Mais l'hétérogénéité des modèles ne tient pas seulement à la structure - uniforme ou plurale - des directives de détermination du point de départ de la prescription. Elle tient également à la divergence de leur contenu. On peut alors opposer les régimes objectifs aux régimes subjectifs de détermination du point de départ de la prescription.

Certains régimes, que l'on peut qualifier d'objectifs, reposent en effet sur un critère dépourvu de lien avec la possibilité effective d'agir du titulaire du droit. Tel est le cas des droits sud-américains - les droits chiliens et argentins notamment font courir la prescription du jour où la créance est devenue exigible[4]. Mais tel est également le cas des *Principes du droit européen des contrats* qui font courir la prescription « du moment où le débiteur doit exécuter ou, s'agissant d'une créance de dommages-intérêts, de la date du fait générateur de cette créance ».

Ces régimes s'opposent à ceux - que l'on peut qualifier de subjectif - qui font de la possibilité d'agir du débiteur le critère de détermination du point de départ de la prescription. La règle dégagée par les *Principes d'Unidroit* par exemple, est profondément empreinte de subjectivisme : c'est la connaissance réelle ou présumée qui fait courir la prescription. L'ignorance n'est plus ici reléguée au rang de cause de suspension[5] ; elle est, à travers son opposée, la connaissance, érigée en critère exclusif de détermination du point de départ de la prescription. Seule l'existence d'un délai maximum pour agir est susceptible d'en tempérer les effets[6]. La proposition de la *Law Commission* de réforme du droit anglais[7] de

1. Il précise ainsi les points de départ de la prescription des actions résultant d'une contravention au contrat - la date à laquelle cette contravention s'est produite -, fondée sur un défaut de conformité de la chose - la date à laquelle la chose a été effectivement remise à l'acheteur ou l'offre de remise de la chose refusée par l'acheteur -, ou fondée sur un dol précontractuel - la date à laquelle le fait a été ou aurait raisonnablement dû être découvert.

2. Elle commence à courir à partir de la date à laquelle l'acheteur notifie au vendeur le fait motivant l'exercice de son action et, au plus tard, à partir de la date d'expiration de la garantie.

3. Il court à partir de la date à laquelle la déclaration de résolution aura été adressée par le créancier ou à défaut à compter de la date de l'inexécution.

4. Art. 2514 C. civ. chilien préc., et art. 3956 C. civ. argentin. Plus précisément, l'article 3956 dispose que la prescription court de la naissance du droit (« *La prescripción de las acciones personales, lleven o no intereses, comienza a correr desde la fecha del titulo de la obligación* ») mais l'article 3957 reporte immédiatement le point de départ de la prescription au jour de son exigibilité.

5. L'existence d'un événement de force majeure est en revanche une cause de suspension de la prescription selon l'article 10.8, le délai ne pouvant prendre fin moins d'un an après que l'empêchement ait cessé d'exister.

6. La solution pourrait surprendre : n'y-a-t-il pas quelque paradoxe à étendre un tel effet à la connaissance en matière contractuelle, là précisément où les parties sont supposées connaître leurs droits ? Il reste que si le risque d'ignorance est moins fort en la matière, il n'est pas inexistant : les conséquences d'une inexécution contractuelle peuvent demeurer longtemps ignorées et déjouer ainsi les prévisions légitimes des parties.

7. À l'issue d'une étude très approfondie de la question, la *Law Commission* a en effet publié le 6 janvier 1998 un *Consultation Paper* consacré à la question de la prescription (« *Limitation of Actions* »). Le rapport vise l'ensemble des actions qui peuvent être exercées en droit civil que leur source soit légale, contractuelle ou délictuelle. Tant les actions en responsabilité, en exécution et en restitution sont visées. Plus encore, le rapport participe d'une volonté appréciable de ramener dans le giron du droit commun du régime de prescription un grand nombre des actions jusqu'alors éparpillées dans des lois spéciales. Finalement, seules les actions relatives au droit de la famille et au *Human Rights Act* semblent véritablement exclues du régime mis en place (*Limitation of Actions, Final Report No 270* [2001], para. 4.1, p. 98 s.). Les

la prescription est à son tour largement empreinte de subjectivisme. Elle propose en effet de faire courir la prescription à compter du jour où le demandeur a su ou aurait raisonnablement dû savoir qu'il avait une raison d'agir[1].

472. Les modèles apparaissent ainsi multiples. Régime monocritère ou pluraliste, d'inspiration objective ou subjective, les régimes s'entrecroisent pour créer autant de systèmes, jusqu'à donner parfois naissance à des modèles hybrides, en ce qu'ils associent une directive générale de détermination du point de départ de la prescription à des règles spéciales. L'hybridation peut également affecter l'inspiration de la directive de détermination du point de départ de la prescription, qui peut conjuguer approche objective et subjective. Mais l'hétérogénéité se retrouve au sein même de ces régimes hybrides, comme l'illustrent les modèles allemand et québécois.

Au sein du modèle allemand[2] de la prescription, réformé à l'occasion de la modernisation de l'ensemble du droit des obligations opérée en 2001, coexistent en effet des régimes spéciaux de prescription et un régime de droit commun. Les régimes spéciaux, fruits d'une politique législative particulière[3], se caractérisent essentiellement par l'objectivité du point de départ de la prescription retenu. À cette objectivité des points de départ des régimes spéciaux de prescription s'oppose alors la détermination du point de départ du régime de droit commun. En effet, il ressort de l'article § 199 alinéa 1er *BGB* que la prescription de droit commun commence à courir à partir de la fin de l'année au cours de laquelle la prétention est née et lors de laquelle le créancier a pris connaissance ou aurait dû prendre connaissance sans négligence grossière, des éléments constitutifs de l'action ainsi que de la personne du débiteur. La disposition a des allures d'hybride, qui conjugue en son sein une approche objective et un critère subjectif de détermination du point de départ de la prescription[4], puisqu'elle prend d'abord appui sur la naissance de la prétention[5], avant de se référer à la connaissance des

---

principales recommandations de la *Law Commission* ont été reprises dans un rapport définitif le 9 juillet 2001(*Limitation of Actions, Final Report No 270* [2001], para. 1.12, p. 4). La proposition de la *Law Commission* n'est qu'à l'état de projet. En dépit de la qualité des propositions de la *Law Commission*, aucune réforme législative ne semble pour l'instant en vue (Y.-M. Laithier, « Le nouveau droit français de la prescription extinctive et le rapport "*Limitation of Actions*" de la *Law Commission* anglaise », in *Réforme de la prescription, D.*, 2008, p. 2538, spéc. p. 2538 note 5). La prescription est aussi pour l'instant en grande partie régie par le « *Limitation Act 1980* », ainsi que par une foule de lois spéciales. Son régime apparaît particulièrement confus (*Limitation of Actions, Consultation Paper No 151* (1998), para. 3.1 s., p. 26 s. ; *Final Report No 270* (2001), para 2.1 s., p. 8 s.).

1. *Limitation of Actions, Consultation Paper No 151* (1998), para. 1.47 s., p. 18 s.

2. Si la prescription s'étend en droit allemand à l'ensemble des matières du Code civil et donc au-delà du seul droit des obligations, elle n'y affecte que la « prétention », ce qui renvoie à gros traits aux seules « créances » au sens du droit français, à l'exclusion des actions en nullité mais également des autres droits éventuellement soumis à des délais (F. Limbach, « Droit français et allemand de la prescription : zones de lumière et zones d'ombre », in *La réforme du droit de la prescription extinctive : perspectives nationales et transfrontalières*, actes de colloque, Metz, 7 mai 2009, *RLDA*, nº 42, octobre 2009, p. 105 s., spéc. p. 105 s., spéc. p. 108.

3. F. Limbach, « Droit français et allemand de la prescription : zones de lumière et zones d'ombre », art. préc., spéc. p. 106.

4. J. Bauerris, « Le nouveau droit de la prescription », *RIDC*, 4-2002, p. 1023 s., spéc. p. 1025.

5. La référence même à la naissance de la prétention suscite l'interrogation : vise-t-on la naissance du droit ou son exigibilité ? Les vicissitudes de l'élaboration de l'article conduisent encore à affiner. En effet, les règles relatives au point de départ de la prescription ont été substantiellement modifiées au cours des débats visant l'adoption de la réforme. À l'origine, les différents projets visaient la date d'exigibilité. Ce n'est que lors d'une ultime modification que la notion de naissance de la prétention a été substituée à celle d'exigibilité. La substitution avait alors vocation à simplifier la formule afin

éléments de l'action et de la personne du débiteur[1]. Elle porte la marque de sa genèse : disposant de deux propositions de réforme différentes, l'une reposant sur le choix d'un critère subjectif de détermination du point de départ de la prescription, l'autre reposant sur un critère objectif, les auteurs de la réforme n'ont pas tranché, mais combiné, ce qui explique cet « air malheureux de compromis »[2]. Le système ainsi mis en place apparaît en définitive relativement complexe. À ce titre, il suscite des réactions empreintes d'hostilité[3], au point de ne pas rallier nombre d'auteurs qui ont participé à la rédaction des projets initiaux[4].

La comparaison avec le modèle québécois apparaît alors instructive. En effet, de tradition écrite, le droit québécois de la prescription a fait l'objet d'une profonde réforme à l'occasion de l'entrée en vigueur du nouveau Code civil du Québec en 1994. Hybride à son tour, il est en revanche marqué par la coexistence d'un point de départ de droit commun reposant sur un critère objectif - le jour où le droit d'action a pris naissance[5] - et de plusieurs points de départ spéciaux, reposant sur des critères essentiellement subjectifs[6]. À rebours du modèle allemand, la prise en considération du jour de la découverte des éléments per-

---

de permettre une meilleure application de la règle générale à l'action en dommages-intérêts pour laquelle le recours à la notion d'exigibilité paraissait peu adapté (R. Zimmermann, *The new German law of obligations, Historical and Comparative Perspectives*, Oxford University Press, 2005, spéc. p. 138 et 142 ; F. Limbach, « Droit français et allemand de la prescription : zones de lumière et zones d'ombre », art. préc., spéc. p. 108). La « naissance de la prétention » renvoie alors au jour où apparaissent les premiers symptômes du préjudice lorsqu'une action en responsabilité est intentée (le droit allemand, se référant au principe de l'unité du dommage, fait en effet courir la prescription avant que le dommage ne se réalise entièrement afin de retenir une date unique pour toutes les suites dommageables, sauf aggravation non prévisible : F. Limbach, « La prescription extinctive en droit allemand », in *Réforme de la prescription, D.*, 2008, p. 2535 s., spéc. p. 2535) et à l'exigibilité de la créance dans les autres hypothèses (R. Zimmermann, *The new German law of obligations...*, spéc. p. 141; F. Limbach, « Droit français et allemand de la prescription : zones de lumière et zones d'ombre », art. préc., spéc. p. 109).

1. Un critère subjectif déterminera donc dans l'immense majorité des cas le point de départ de la prescription tant semblent rares les hypothèses dans lesquelles le créancier pourrait avoir connaissance des éléments constitutifs de l'action avant la naissance de sa prétention (seule l'hypothèse d'un créancier ayant connaissance du caractère inéluctable d'un dommage futur pourrait être envisagée). Il faut encore ajouter que la prescription ne courra pas à compter de la survenance du dernier de ces deux événements - naissance de la prétention et connaissance des éléments constitutifs de l'action - mais différemment à compter de la fin de l'année à partir de laquelle le dernier de ces deux événements s'est produit. La règle n'est pas sans rappeler celle prévue en droit français en matière de prescription quadriennale des créances contre l'État (art. 1er de la loi n° 68-1250 du 31 décembre 1968 modifiée relative à la prescription des créances sur l'État, les départements, les communes et les établissements publics : « Sont prescrites, au profit de l'État, des départements et des communes, sans préjudice des déchéances particulières édictées par la loi, et sous réserve des dispositions de la présente loi, toutes créances qui n'ont pas été payées dans un délai de quatre ans à partir du premier jour de l'année suivant celle au cours de laquelle les droits ont été acquis »). Elle s'explique par des raisons comptables identiques.

2. R. Zimmermann, *The new German law of obligations*, ..., préc. p. 130-131: « *The authors of the Discussion Draft took the most unfortunate decision imaginable, under the circumstances, in that they did not follow either of the two models but attempted to combine elements of both of them (...) the new German law of prescription is marked by a distinctive, and unhappy, air of compromise* ».

3. F. Limbach, « La prescription extinctive en droit allemand », in *Réforme de la prescription, D.*, 2008, p. 2535 s., spéc. p. 2536.

4. R. Zimmermann, *The new German law of obligations...*, préc., spéc. p. 141.

5. Art. 2882 al. 2 CCQ : « Le jour où le droit d'action a pris naissance fixe le point de départ de la prescription extinctive ».

6. Art. 2926 CCQ : « Lorsque le droit d'action résulte d'un préjudice moral, corporel ou matériel qui se manifeste graduellement ou tardivement, le délai court à compter du jour où il se manifeste pour la première fois » ; v. aussi 2927 CCQ : « Le délai de prescription de l'action en nullité d'un contrat court à compter de la connaissance de la cause de nullité par celui qui l'invoque, ou à compter de la cessation de la violence ou de la crainte » ; 2929 CCQ : « L'action fondée sur une atteinte à la réputation se prescrit par un an, à compter du jour où la connaissance en fut acquise par la personne diffamée ».

mettant d'agir demeure donc ici l'apanage de régimes spéciaux, notamment en matière de dommages latents (art. 2926 CCQ).

Si l'hétérogénéité des modèles est manifeste, des tendances communes se dégagent cependant, qui constituent autant d'enseignements pour l'élaboration d'un système cohérent de détermination du point de départ de la prescription.

B. Les enseignements des différents modèles

473. Toute approche comparatiste est à l'évidence source d'enseignement par les mouvements de convergence des différents systèmes qu'elle révèle. Mais de tels mouvements ne sont pas les seuls à enrichir l'analyse. Les mouvements de divergence participent à leur tour à éclairer la matière. Là où les premiers dévoilent les grandes tendances, les seconds révèlent les points d'achoppement. Aussi, alors que les mouvements de convergence permettent d'observer le sens de l'évolution (1), les mouvements de divergence permettent de découvrir des leçons pour l'avenir (2).

1. *Le sens de l'évolution*

474. Deux tendances majeures se dégagent de la confrontation des modèles récents et des modèles plus anciens de détermination du point de départ de la prescription. La première a trait au déplacement du centre de gravité du régime de la prescription, qui conduit à privilégier une approche subjective du point de départ (a). La seconde a trait à la recherche d'uniformisation, laquelle est cependant contrariée par la nécessité de maintenir des points de départ spéciaux (b).

a. *Le déplacement du centre de gravité du régime de la prescription et la tendance au subjectivisme*

475. L'hétérogénéité des modèles témoigne pour partie de l'évolution de la prescription. En effet, les régimes objectifs se retrouvent essentiellement dans des systèmes juridiques n'ayant pas fait l'objet d'une récente réforme du droit de la prescription. Ainsi en est-il des droits sud-américains[1] ou, dans une moindre mesure, du droit québécois. En revanche, tous les systèmes récemment réformés ont opté pour une approche subjective. En témoignent notamment la réforme du *BGB* allemand et la proposition de réforme de la *Law Commission.*

On est pour l'essentiel frappé par la convergence dans le temps des principales législations. Elle est sans doute ce qui attire et réclame l'analyse. Sous cet aspect, elle apparaît être la conséquence de la forte dimension comparative des travaux préparatoires des différentes réformes nationales. Les mouvements d'influence opèrent en effet en cascade : les travaux de R. Zimmermann[2] ont ainsi mis en exergue les différents traits saillants des droits européens de la prescription, ils ont alors servi de base à l'élaboration des *Principes du droit européen des contrats*, lesquels ont influencé la réforme du droit allemand[3], dont on sait

1. Les systèmes sud-américains, dont les codes civils étaient, par l'effet des conquêtes historiques, directement inspirés du Code Napoléon, ont tôt pris conscience de la nécessité de réglementer la question du point de départ de la prescription.

2. R. Zimmermann, *Comparative foundations of a European law of set-off and prescription*, Cambridge University Press, 2002.

3. R. Zimmermann a participé à l'élaboration de la réforme du *BGB* allemand.

qu'elle a été l'un des guides principaux de la réforme du droit anglais. Ces mouvements participent alors du déplacement du centre de gravité de la prescription de la protection de la sécurité juridique du défendeur vers celle du droit d'agir du demandeur, qui se traduit par l'adoption de directives subjectives de détermination du point de départ de la prescription.

À la vision originelle succède ainsi une conception nouvelle de l'institution, dont l'effet sur les modèles de détermination du point de départ de la prescription se ressent nettement. La réforme du droit français n'y a d'ailleurs pas échappé. Elle-même directement inspirée de la réforme du droit allemand, elle ne pouvait que s'inscrire dans cette tendance contemporaine à privilégier l'intérêt du créancier en subjectivisant les critères de détermination du point de départ de la prescription.

476. Mais c'est sans doute le modèle américain de détermination du point de départ de la prescription qui illustre le mieux le déplacement du centre de gravité de la prescription. Bien que d'origine purement jurisprudentielle, le droit du continent américain a très vite été enrichi par de multiples lois relatives à la prescription (« *statutes of limitations* »), qui faisaient courir la prescription à partir d'une date unique, répondant à un critère objectif : la date de survenance de l'événement fondateur des poursuites (« *accrual of the cause of action* »[1]). L'iniquité à laquelle pouvait alors aboutir l'application rigoureuse de ces règles a cependant conduit les juges à développer une doctrine d'exception afin de reporter le point de départ de la prescription au jour où les éléments constitutifs de l'action pouvaient être découverts. Cette doctrine, connue sous le nom de « *Discovery doctrine* »[2], repose sur l'ambiguïté de la notion de « *accrual of the cause of action* » : au terme d'une interprétation audacieuse du concept, les juges ont développé l'idée selon laquelle l'élément fondateur des poursuites ne « survenait » pas tant que le demandeur n'avait pas découvert certains éléments lui permettant d'intenter l'action[3]. Cette doctrine a par la suite été généralisée par les différentes cours et souvent reprise dans les lois relatives à la prescription lors des différentes réformes successives (« *Restatements* »). Son adoption dépasse même aujourd'hui largement le seul droit américain et est commune à l'ensemble des pays de *Common Law*. Ainsi, après quelques réticences[4], la Cour suprême du Canada a adopté à son tour un tel test en considérant que l'événement fondateur des poursuites survenait quand les faits sur lesquels elles étaient basées étaient découverts par le demandeur qui avait exercé des diligences raisonnables en ce

---

1. La notion de « *accrual of the cause of action* » paraît difficile à traduire. La traduction ici retenue est celle proposée par B. François dans son article intitulé « La prescription extinctive en droit américain et en droit français : différences et convergences », in *Réforme de la prescription, D.*, 2008, p. 2543 s., D'autres particularismes du droit américain méritent cependant d'être rapidement mentionnés (v. B. François, art. préc., spéc. p. 2547), telle l'existence d'une règle de la violation continue (« *The Continuing Violation Doctrine* ») permettant en matière de dommages continus, de reporter le point de départ de la prescription au jour de la survenance du dernier dommage, ou encore l'« *Equitable Estoppel* » qui interdit au défendeur de se prévaloir de la prescription s'il a joué un rôle dans son acquisition. Les tribunaux considèrent en effet que la prescription ne court pas contre le défendeur empêché d'invoquer la prescription. Il en va de même en cas de fraude (« *Fraudulent concealment* »).

2. Sur l'application contemporaine de cette doctrine, v. P. Gerstenblith, « *Recent Developments in the Law of Extinctive Prescription in the United States* », in *U.S. National Reports to the XIVth Congress of The International Academy of Comparative Law, The American Association for the Comparative Study of Law*, 1994, p. 61 s., spéc. p. 62-64.

3. *Urie v. Thompson*, 337 US 163 (149).

4. *Cartledge v. E Jopling & Sons Ltd.* [1963] A.C. 758 (*House of Lord*) ; *Pirelli General Cable Works Ltd v. Oscar Faber & Partners* [1983] 2 A.C. 1.

sens[1]. Les juges du continent nord américain font ainsi reposer la détermination du point de départ de la prescription sur un critère unique et subjectif : la possibilité de découvrir les faits à l'origine de l'action.

L'évolution de la détermination du point de départ de la prescription illustre ici la mutation des fondements du droit de la prescription. Alors qu'il visait à l'origine à assurer la sécurité juridique du débiteur et à éviter les poursuites tardives (« *Stale claims* »), il semble aujourd'hui faire de l'effectivité du droit d'agir du créancier le point cardinal de l'institution. L'évolution du point de départ de la prescription s'en ressent : fixé à l'origine à une date objective, celle de la survenance de l'événement fondateur des poursuites, il a été progressivement déplacé jusqu'au jour où le demandeur pouvait véritablement faire valoir son droit, les tribunaux ayant parfois une conception exagérément extensive des éléments nécessaires à la mise en mouvement d'une telle action. Mais le plus notable est qu'une telle évolution s'est faite progressivement, à mesure que les fondements de la prescription évoluaient. La volonté de respecter la lettre de la loi, comme celle d'éviter de débattre des faits de nombreuses années après leur survenance, a longtemps justifié la réticence des juges à admettre tout report du point de départ de la prescription. Mais la nécessité d'éviter qu'une action soit prescrite avant même que le demandeur ait été conscient de son existence a progressivement amené les juges à accepter de reporter le point de départ de la prescription, à mesure que le centre de gravité de l'institution se déplaçait de la protection du droit à la sécurité juridique du défendeur à celle du droit d'agir du demandeur.

La tendance contemporaine au déplacement du centre de gravité de la prescription conduit ainsi l'essentiel des systèmes à se tourner vers l'adoption d'un régime de détermination du point de départ de la prescription largement empreint de subjectivisme. Une telle tendance se double d'une recherche d'uniformisation des directives retenues.

b. *La recherche d'uniformisation et la nécessité de maintenir des points de départ spéciaux*

477. L'évolution contemporaine du régime de la prescription est marquée par une recherche d'uniformisation. À l'éparpillement jurisprudentiel, succèdent le plus souvent des directives uniformes qui ont vocation à embrasser l'ensemble des hypothèses : droits sud-américains, anglo-saxons, codifications savantes et même, dans une moindre mesure, réforme du droit français, la tendance semble orientée vers l'adoption de régimes monocritères dans l'ensemble des systèmes juridiques modernes.

Mais, une telle uniformité ne s'avère jamais parfaite. Les causes de l'éclatement apparaissent alors nombreuses. Dans certains systèmes, le législateur a lui-même renoncé à l'illusion d'une règle de détermination du point de départ de la prescription uniforme en prévoyant un certain nombre de règles spéciales. Tel est par exemple le cas des systèmes québécois et allemand[2].

Dans d'autres, l'uniformité voulue par le législateur n'a pas résisté à l'épreuve des faits. La pratique a montré que la complexité des situations rencontrées s'accordait mal avec une règle unique de détermination du point de départ de la pres-

---

1. *Central Trust Company v. Rafuse* [1986] 2 S.C.R. 147 (CS Canada, 9 octobre 1986). V. déjà, *City of Kamloops v. Nielsen* [1984] S.C.R. 2.

2. V. *supra*, n° 472.

cription. C'est la leçon des modèles sud-américains. Ainsi, en droit argentin[1], de nombreuses règles spéciales d'inspiration subjective, prévues aussi bien par le Code civil que par des lois spéciales[2], s'écartent du critère objectif de détermination du point de départ de la prescription qui réside dans la naissance de l'action[3]. Le droit chilien souffre des mêmes maux : un foisonnement de règles spéciales[4] et la persistance d'une forte incertitude jurisprudentielle dans l'appréciation du point de départ de la prescription, confinant parfois à l'arbitraire, obscurcissent encore la directive de principe de détermination du point de départ de la prescription selon laquelle la prescription court à compter du jour où l'obligation est devenue exigible. À telle enseigne que le point de départ de la prescription prévu par l'article 2514 du Code civil chilien semble davantage être un point de départ possible parmi d'autres qu'un véritable point de départ de droit commun. En ce sens, les droits sud-américains ressemblent au fond au droit français : le critère de détermination du point de départ de la prescription érigé en règle de principe n'est autre qu'un critère subsidiaire[5].

478. En dernière analyse, il apparaît alors que les seules hypothèses dans lesquelles l'uniformité de la règle de détermination du point de départ de la prescription semble résister sont celles dans lesquelles une telle uniformité n'a pas été mise à l'épreuve de la réalité. En effet, c'est uniquement au sein de codifications savantes purement doctrinales (*Principes d'Unidroit* ou *du droit européen du contrat*) ou encore au sein de textes toujours à l'état de projet (*Final Report* de la *Law Commission* anglaise) que l'uniformité demeure, au point que l'on est amené à douter de la compatibilité d'une directive unique de détermination du point de départ de la prescription avec la diversité des situations qu'elle est amenée à régir en pratique.

Plus encore, même dans ces hypothèses, l'uniformité de la directive est bien souvent un leurre. Le régime mis en place par les *Principes du droit européen des contrats* l'illustre. L'article 14:203 de ces principes précise que « le délai de prescription de droit commun commence à courir du moment où le débiteur doit exécuter ou, s'agissant d'une créance de dommages-intérêts, de la date du fait générateur de cette créance » (1). Il précise ensuite que « lorsque le débiteur est tenu d'une obligation continue de faire ou de ne pas faire, le délai de prescription de droit commun court de chaque manquement à cette obligation » (2) et que « le délai de prescription prévu par l'article 14:202 [prescription des créances constatées par jugement ou autres titres exécutoires] commence à courir du moment où le jugement ou la sentence arbitrale sont revêtus de l'autorité de la chose jugée ou du moment où le titre extrajudiciaire devient exécutoire, sans que ce moment puisse être antérieur à celui où le débiteur est tenu d'exécuter » (3).

---

1. Sur le point de départ de la prescription en droit argentin, v. M. Urbano Salerno (dir.), *Prescripción Liberatoria Y Caducidad*, *La Ley*, 2002, spéc. p. 41 s., n° 26 s.

2. Ainsi par exemple, l'action rédhibitoire court à compter de la découverte du vice, l'action en nullité de l'acte pour violence à compter de la cessation de la violence.

3. M. Urbano Salerno (dir.), *op. cit.*, spéc. p. 41, n° 27.

4. Les dispositions spéciales sont aussi bien enfermées dans le Code civil lui-même (v. par ex. art. 1691 inc. 2° faisant courir la prescription de l'action en nullité pour violence du jour où elle a cessé, art. 1866 faisant courir l'action rédhibitoire à compter de la mise en possession) que dans des lois spéciales (v. par ex. art. 79 de la loi sur les accidents et les maladies professionnelles faisant courir la prescription du jour où la maladie a été diagnostiquée).

5. V. *supra*, n° 448 s. Le constat était d'ailleurs identique avant la réforme : alors que la Cour de

Le caractère uniforme de la solution dont se prévalent les auteurs des principes[1] est alors bien illusoire. Non en raison des règles additionnelles prévues par l'article 14:203 (2) et (3) précité concernant les obligations continues de faire et de ne pas faire et les créances constatées par jugement ou sentence arbitrale. Au fond, ces deux règles sont moins des exceptions que des applications particulières du principe dégagé par l'article 14:203 (1)[2]. Mais, plus profondément, parce que la vocation de principe de l'article 14:203 (1) à régir l'ensemble des situations susceptibles de se prescrire apparaît extrêmement restreinte.

Ainsi, en premier lieu, la règle posée ne vaut que dans la limite des droits visés. Or, seules les créances – contractuelles ou extracontractuelles – relèvent des Principes, à l'exclusion de tout autre droit subjectif prescriptible[3]. Aussi, un pan important est ici purement et simplement éludé : parmi de nombreuses autres, ni les actions propres au droit extrapatrimonial de la famille ou à l'exercice de la faculté successorale, ni celles relatives aux droits réels ou à la reconnaissance de situations particulières n'en relèvent. Plus encore, au sein même de la matière contractuelle, les actions en nullité ou en résolution sont purement et simplement écartées[4]. La solution dégagée à l'article 14:203 se cantonne alors aux seules actions visant l'exécution de créances.

En deuxième lieu, dans cette sphère déjà très limitée, les rédacteurs du projet renvoient, à de nombreuses reprises, à la nécessité de lois spéciales. Ainsi en est-il notamment en matière de réparation du préjudice subi par des mineurs à la suite d'abus sexuels[5] ou encore en matière de réparation du préjudice environnemental[6]. La vocation de la règle posée par l'article 14:203 (1) s'amenuise ici encore.

En troisième lieu, la règle de principe n'apparaît pas même unitaire mais duale. En effet, l'article 14 :203 (1) accorde une place particulière aux créances de dommages-intérêts[7]. Or, à rebours des précisions apportées par les paragraphes (2) et (3), leur autonomisation n'est pas ici purement formelle. Elle ne vise pas simplement à adapter la règle générale dégagée à l'hypothèse particulière d'une créance de dommages-intérêts mais, différemment, à s'en détacher pour retenir une solution radicalement différente. Au lieu de courir du jour où

---

cassation avait posé en principe que la prescription courait du jour où la créance était devenue exigible, le droit positif était en réalité caractérisé par la diversité de ses points de départ.

1. V. not. pour la présentation française des principes, G. Rouhette, I. de Lamberterie, D. Tallon et C. Witz, *Principes du droit européen du contrat*, coll. Droit privé comparé et européen, Société de législation comparée, 2003, spéc. p. 521.

2. L'article 14:203 (2) n'a ainsi d'autre utilité que de préciser ce qu'il faut entendre par « moment où le débiteur doit exécuter », critère dégagé à titre de principe, dans l'hypothèse particulière où l'obligation litigieuse ne prendrait pas la forme d'une obligation de faire instantanée mais celle plus atypique d'une obligation de ne pas faire ou encore d'une obligation de faire continue. La solution ici retenue aurait d'ailleurs pu résulter de l'application pure et simple du critère principal, mais au prix d'un effort d'interprétation de ce dernier (v. en droit positif, *supra* n° 278) que la précision textuelle permet d'éviter. L'article 14:203 (3) vise également à adapter le critère retenu à la spécificité de la prescription des créances constatées par jugement. La précision qu'il apporte est bienvenue car elle évite les difficultés d'interprétation en présence d'un jugement simplement déclaratif ou encore d'une sentence arbitrale.

3. Art. 14:101 : « Une créance est prescrite à l'expiration du délai fixé par les présents Principes » et, sur la signification de l'article quant aux exclusions opérées, G. Rouhette, I. de Lamberterie, D. Tallon et C. Witz, *op. cit.*, p. 517 et 518.

4. La solution s'explique par le fait que l'anéantissement du contrat par les contractants opère dans les Principes par voie de notification dans un délai raisonnable, indépendant du délai de prescription.

5. G. Rouhette, I. de Lamberterie, D. Tallon et C. Witz, *op. cit.*, p. 542.

6. G. Rouhette, I. de Lamberterie, D. Tallon et C. Witz, *ibid.*, p. 546.

7. Et ce, afin d'anticiper les difficultés susceptibles d'être soulevées par les dommages latents, susceptibles de se réaliser et donc de donner naissance à une créance d'indemnisation, de nombreuses années après leur fait générateur : G. Rouhette, I. de Lamberterie, D. Tallon et C. Witz, *ibid.*, p. 527.

le débiteur « doit s'exécuter », le délai commencera à courir dès le fait générateur de l'action, c'est-à-dire avant toute survenue d'un quelconque préjudice de nature à faire naître le droit de créance et concomitamment celui d'agir pour obtenir paiement. Certes, la divergence est incidemment atténuée par le rôle attribué à l'ignorance du dommage par l'article 14:301, mais elle reste théoriquement fondamentale et non dépourvue d'intérêts concrets, notamment lorsque l'application du délai butoir anéantira l'effet suspensif de l'ignorance du droit. Ce sont donc deux solutions radicalement différentes que renferme la supposée règle de principe. Elles résultent d'ailleurs d'un choix politique différent puisque la possibilité d'agir en justice ne produit pas les mêmes effets dans les deux hypothèses. L'uniformité annoncée semble n'être finalement qu'un mirage.

479. Au reste, même lorsqu'une règle véritablement uniforme de détermination du point de départ de la prescription est proposée, elle ne fait pas pour autant l'unanimité. Ainsi, la proposition de la *Law Commission* a été dénoncée pour faire la part trop belle à l'objectif d'uniformité dans la détermination du point de départ de la prescription[1], comme à la généralisation d'un critère subjectif de détermination du point de départ de la prescription, jugé trop délicat à mettre en œuvre[2].

L'aspiration des différents systèmes juridiques à l'uniformité des règles de détermination du point de départ de la prescription apparaît ainsi contrariée par la nécessité de règles spéciales, dont il faut encore découvrir les éléments fondateurs.

2. *Les leçons pour l'avenir*

480. L'analyse des différents modèles de détermination du point de départ de la prescription livre un certain nombre d'enseignements quant aux causes des difficultés techniques rencontrées, mais aussi quant aux facteurs déterminant les différents systèmes.

a. *Quant aux causes des difficultés techniques*

481. Il faut observer que tous les systèmes rencontrent des difficultés relatives à la détermination du point de départ de la prescription. Si les difficultés peuvent varier dans leur nature, elles présentent la même intensité en présence d'un régime objectif ou subjectif de détermination du point de départ de la prescription.

---

1. N. H. Andrews, « *Reform of limitation of actions: the quest for sound policy* », *The Cambridge Journal*, November 1998, vol. 57, part. 3, p. 589 s., spéc. p. 594.

2. L'auteur proposait en conséquence de restreindre le recours à un tel critère en le réservant *rationae personae* aux seuls demandeurs n'agissant pas dans un cadre professionnel (N. H. Andrews, art. préc., spéc. p. 600) et *rationae materiae* à certaines situations précises, telle l'existence d'un dommage corporel ou latent (N. H. Andrews, *ibid.*, spéc. p. 597 : l'auteur vise précisément l'hypothèse de dommages corporels, de dommages latents qui ne consistent pas en des préjudices purement économiques, ou encore l'hypothèse dans laquelle les parties en relation d'affaires auraient prévu de s'en remettre à un critère subjectif substitué alors par l'effet de leur volonté au critère normalement retenu). Une telle proposition démontre que le choix d'une directive unique de détermination du point de départ de la prescription ne s'impose pas. Il est tout à fait envisageable de prévoir plusieurs directives s'adaptant à la diversité des situations retenues. C'est là le choix opéré : une directive de principe applicable aux professionnels, une autre applicable aux non-professionnels, assorties de directives spéciales en matière de préjudices corporels ou latents. La qualité des parties croise alors l'objet de l'action pour définir plusieurs directives distinctes de détermination du point de départ de la prescription.

À ce titre, lorsqu'un critère subjectif est retenu, l'essentiel des difficultés rencontrées se concentre évidemment sur sa mise en œuvre. Les incertitudes relatives au « *test of discoverability* » rencontrées par les juridictions américaines l'illustrent parfaitement. L'unicité du critère ne doit en effet pas masquer la diversité des situations et la gradation existante dans l'intensité de la connaissance requise par les juges[1]. Mais le choix d'un système objectif n'écarte pas toute difficulté. En apparence plus prévisibles, les critères objectifs soulèvent toutefois de délicates questions d'interprétation. Ainsi par exemple, l'interprétation de la notion d'exigibilité a soulevé de nombreuses difficultés partout où elle a été retenue comme critère de détermination du point de départ de la prescription. Il en va ainsi en droit chilien[2], comme en droit argentin[3]. On connaît également les difficultés auxquelles ont été confrontés les juges français lorsqu'il s'est agi d'interpréter une telle notion[4].

482. Au reste, la constance des difficultés dans les deux hypothèses est d'autant plus nette que l'approche retenue par les différents systèmes envisagés est rarement radicale : en général, l'effet des directives objectives est souvent tempéré par le jeu de l'adage *Contra non valentem*[5] ou des causes de suspension[6]. Inversement, l'existence de directives subjectives s'accompagne en général de l'édiction d'une norme de comportement dans l'appréciation de la possibilité d'agir du demandeur[7]. Aussi, les difficultés liées à la mise en œuvre d'une approche subjective et à l'interprétation d'un critère objectif s'entremêlent.

---

1. La détermination du moment de la découverte de nature à permettre l'exercice de l'action a fait l'objet de multiples controverses et d'interprétations divergentes. En effet, alors que certaines cours se contentent de la connaissance d'un préjudice, d'autres exigent également la connaissance du fait à l'origine du dommage, voire la connaissance de l'ensemble des éléments constitutifs de l'action.

2. Ainsi, sa détermination en présence d'une clause de déchéance du terme a soulevé d'interminables débats : R. Dominguez Aguila, *La prescripción extintiva, Doctrina y jurisprudencia, Editorial Juridica de Chile*, 2004, spéc. p. 171 s., n° 38 s.

3. La jurisprudence a dû notamment intervenir pour préciser le sens à donner au critère évoqué en matière de responsabilité extracontractuelle. C'est alors la manifestation du dommage, entendue comme le jour où la victime en a eu connaissance, qui est retenue.

4. V. *supra*, n° 238 s.

5. Le droit argentin consacre l'adage *Contra non valentem* à l'article 4030 du Code civil. La consécration est cependant restrictive, tant dans ses conditions de mise en œuvre (seule l'existence d'un cas de force majeure ou d'une manœuvre dolosive du débiteur visant à l'acquisition de la prescription est susceptible de suspendre le cours de la prescription) que dans ses effets (le créancier doit agir dans les trois mois suivants la disparition de l'événement en cause et le juge dispose d'une faculté discrétionnaire de libérer ou non le créancier des conséquences de la prescription accomplie dans une telle hypothèse).

6. Si les *Principes du droit européen des contrats* font de l'exigibilité le point de départ de principe de la prescription, en visant le jour où « le débiteur doit s'exécuter », les considérations subjectives ne sont pas écartées pour autant. Les principes du droit européen les font réapparaître à travers la suspension de la prescription. Ainsi, l'article 14:301 fait de l'ignorance raisonnable de l'identité du débiteur et des faits générateurs de la créance, une cause de suspension de la prescription. Précisément, la prescription peut être suspendue non seulement lorsque le débiteur ignorait l'identité de son débiteur ou l'existence du dommage subi, mais également la « catégorie de dommage », c'est-à-dire lorsqu'il ignorait la nature de son dommage (il croyait avoir subi un simple préjudice matériel alors que ce dernier se doublait d'un préjudice corporel) ou encore sa gravité (il pensait son dommage insignifiant alors qu'il s'est avéré par la suite sérieux). V. G. Rouhette, I. de Lamberterie, D. Tallon et C. Witz, *op. cit.*, p. 531. De même, l'article 14 : 303 suspend le cours de la prescription en présence d'un empêchement échappant au créancier, c'est-à-dire en cas de force majeure. C'est donc un objectivisme atténué qui sous-tend ici les règles de détermination du point de départ de la prescription.

7. En droit allemand par exemple, la référence à la négligence grossière du créancier est de nature à lui faire perdre le bénéfice de son ignorance. C'est véritablement le comportement du créancier qui déterminera le point de départ de la prescription : alors que le créancier diligent pourra se prévaloir du jour où il aura véritablement découvert les éléments constitutifs de son action, le créancier négligent devra se contenter de la date à laquelle il aurait pu en prendre connaissance sans sa négligence. La référence à cette négligence grossière a pu être critiquée au motif qu'elle ferait peser sur le créancier une obligation de cher-

483. Dans toutes ces hypothèses, la cause des désordres techniques réside toujours en grande partie dans la casuistique des concepts retenus comme critères de détermination du point de départ de la prescription. Au fond, ce sont les difficultés à interpréter les notions d'exigibilité ou de connaissance qui expliquent les hésitations de la jurisprudence. La casuistique qui entoure la matière s'explique alors en partie par l'impréparation législative, par l'absence d'anticipation des difficultés susceptibles d'être soulevées par le critère retenu.

Sous cet aspect, l'expérience de la *Law Commission* anglaise mérite par contraste d'être soulignée. En effet, après avoir adopté un critère subjectif de détermination du point de départ, elle s'est particulièrement intéressée à la question de savoir quels étaient les éléments qui devaient être découverts par le créancier pour que la prescription puisse courir[1]. La façon méticuleuse dont la *Law Commission* a pris soin d'identifier les difficultés, ainsi que les développements et précisions substantielles qui en résultent apparaissent particulièrement remarquables. Le luxe de détails offerts sur ce point contraste largement avec les autres systèmes dans lesquels l'appréciation de la notion de connaissance est le plus souvent purement et simplement abandonnée à la discrétion des juges.

Elle constitue assurément un modèle dans l'anticipation et la prévention des difficultés d'interprétation du concept retenu comme critère de détermination du point de départ de la prescription, modèle dont le droit français n'a malheureusement pas su s'inspirer.

b. *Quant aux facteurs déterminant les différents systèmes*

484. Les divergences entre les différents modèles observés s'expliquent avant tout par l'influence des choix politiques retenus (i). Mais un tel choix n'est pas libre. Il est souvent imposé par des considérations sociales propres aux civilisations dans lesquelles s'inscrivent ces modèles (ii).

---

cher à découvrir les éléments constitutifs de son action peu comptabible avec l'existence d'un dommage latent consécutif à une faute extracontractuelle (R. Zimmermann, *The new German law*..., spéc. p. 140).

1. *Limitation of Actions, Consultation Paper No 151* (1998), para. 12.56 s., p. 258 s.; *Final Report No 270* (2001), para. 3.8 s., p. 40 s. Il en ressort que l'application du « *test of discoverability* » devrait se concentrer sur trois éléments distincts. En premier lieu, la connaissance de l'existence d'une raison d'agir suppose classiquement la connaissance des faits fondant les poursuites. Concrètement, est ici exigée la connaissance de l'existence d'un dommage, d'un fait générateur et de l'existence d'un lien de causalité entre les deux. En deuxième lieu, la connaissance de l'identité du défendeur est également exigée, ce qui peut soulever quelques difficultés, notamment quand les propriétaires d'une entreprise, auteur d'un dommage, apparaissent délicats à identifier. En troisième lieu, le rapport définitif insiste également, d'une manière qui peut paraître originale au juriste français, sur la connaissance par le demandeur du caractère significatif du préjudice subi. En d'autres termes, il exige que le dommage subi soit apparu suffisamment sérieux au demandeur pour justifier l'exercice d'une action en justice. L'appréciation se fait alors *in abstracto* au regard de l'appréciation qu'aurait eu une personne raisonnable de l'opportunité d'agir dans l'hypothèse où la responsabilité de l'auteur du dommage ne serait pas contestée et où ce dernier aurait les ressources financières nécessaires pour exécuter son éventuelle condamnation. Le *Consultation Paper* proposait un standard d'appréciation différent, mêlant à la fois des considérations objectives et subjectives, considérant qu'il fallait se demander s'il était normal, non pas pour une personne raisonnable, mais pour ce demandeur, d'avoir considéré qu'il n'y avait pas lieu à agir. Une telle approche, trop casuistique, a finalement été abandonnée dans le rapport définitif (*Final Report No 270* (2001), para. 3.24, p. 46). Enfin, le choix est arrêté par la Commission de prendre en considération la seule connaissance présumée (« *Contructive Knowledge* ») et non la connaissance effective de ces différents éléments par le demandeur. La connaissance présumée n'est pas pour autant abstraitement appréciée : la question n'est pas de déterminer ce qu'une personne raisonnable aurait découvert mais ce que ce demandeur aurait découvert s'il avait agi raisonnablement (*Limitation of Actions, Consultation Paper No 151* (1998), para. 12.54, p. 269 ; *Final Report No 270* (2001), para. 3.45 s., p. 51 s.).

i. L'influence des choix politiques

485. À l'analyse, il apparaît que les choix techniques ne sont que la traduction juridique d'un choix politique. Faire reposer la détermination du point de départ de la prescription sur un critère subjectif, telle la connaissance favorise nettement les intérêts du demandeur. À l'inverse, la faire reposer sur un critère objectif privilégie ceux du défendeur. Primauté de la sécurité juridique ou de l'effectivité des droits s'opposent alors pour expliquer les divergences observées.

L'influence des choix politiques dans la structuration des modèles est particulièrement évidente si l'on compare les droits allemand et québécois. En effet, alors que la genèse des deux textes est similaire – le droit de la prescription s'est trouvé modernisé à l'occasion d'une réforme de plus grande ampleur de l'ensemble du Code civil du Québec et du *BGB* allemand – et que le choix de principe est identique – une directive principale de détermination du point de départ de la prescription de droit commun assortie de points de départ spéciaux – la réalisation est opposée : alors que le Code civil québécois repose sur un point de départ de droit commun objectif, fixé au jour de la naissance de l'action assorti de points de départ spéciaux subjectifs, le droit allemand prévoit un point de départ de droit commun subjectif, fixé au jour de la connaissance des éléments constitutifs de l'action assorti de points de départ spéciaux objectifs. Un tel décalage révèle un choix politique opposé : le législateur allemand privilégie l'effectivité du droit d'agir du créancier, là où le législateur québécois assure la primauté de la sécurité juridique.

Mais, si les données du choix politique semble relativement universelles – équité et sécurité sont au cœur du choix – lorsqu'il s'agit de déterminer les directives de principes, elles apparaissent beaucoup plus contingentes lorsque sont en cause des règles spéciales de prescription. Dans cette hypothèse en effet, les considérations sociales dirigent le choix opéré.

ii. L'influence des considérations sociales

486. De prime abord, on pourrait s'attendre à ce que la culture propre à chaque pays joue un rôle négligeable dans la détermination du point de départ de la prescription. La dimension technique de la prescription ne devrait-elle pas en faire un terrain favorable à l'uniformité des solutions ?

Le choix des types d'actions pour lesquelles des directives spéciales apparaissent nécessaires diverge pourtant fortement selon les modèles. À l'analyse, la sociologie propre à chaque système contrarie le mouvement général de convergence observé. Les choix politiques des différents systèmes portent alors la marque des spécificités locales. Chaque civilisation a en effet ses préoccupations propres qui sont mises en lumière à cette occasion.

Ainsi par exemple, en droit allemand, les régimes spéciaux, fruits d'une politique législative particulière[1], portent notamment sur l'action en revendication, les délais applicables en matière de droit de la famille ou des successions lorsque les droits doivent être établis en justice (§ 197 *BGB*), ou encore sur les actions issues de l'exécution d'un contrat de vente[2]. L'importance accordée au droit de la vente s'y ressent nettement.

---

1. F. Limbach, « Droit français et allemand de la prescription : zones de lumière et zones d'ombre », art. préc., spéc. p. 106.

2. En effet, le *BGB* (§ 438 et 634) prévoit un délai particulier de deux ans à compter de la délivrance

Mais l'exemple le plus topique de l'emprise des considérations sociales propre à chaque civilisation réside sans doute dans l'importance prise par les règles spécifiques au point de départ de la prescription de l'action en réparation des préjudices consécutifs aux abus sexuels dans les systèmes juridiques nord-américains. Il est en effet pour le moins surprenant de constater, alors que la question pourrait paraître sur le strict plan juridique relativement marginale, que tous les auteurs anglo-saxons traitant de la question de la prescription consacrent une partie très substantielle de leurs développements à la détermination du point de départ de la prescription de l'action en dommages-intérêts intentée par la victime d'abus sexuels à l'encontre de son agresseur[1], devenue l'enjeu majeur des discussions relatives à la mise en œuvre du « *test of discoverability* ». En effet, partant du constat selon lequel les victimes d'abus sexuels avaient tendance à occulter inconsciemment les abus subis, de sorte que, lorsqu'elles prenaient enfin conscience de leurs conséquences, leur action s'avérait bien souvent prescrite, les différentes juridictions se sont interrogées sur l'opportunité d'un assouplissement de la règle de principe. Certaines cours ont ainsi admis de reporter le point de départ de la prescription au jour où la victime qui avait occulté l'existence de ces abus en avait pris conscience, voire, dans des décisions plus isolées, au jour où les victimes, même déjà conscientes d'avoir subi de tels abus, avait enfin réalisé le lien existant entre les abus commis et les préjudices ultérieurement subis[2]. Les juridictions canadiennes sont allées plus loin encore dans le sens de la protection des victimes, en posant une présomption selon laquelle le lien entre les abus commis et les différents préjudices subis, notamment psychiques, ne pouvait être découvert par la victime qu'au jour où elle commençait une thérapie[3].

Aussi, au-delà de l'hétérogénéité des modèles, les mouvements observés sont porteurs d'enseignements multiples : une convergence se dessine nettement vers la subjectivisation et l'uniformisation des directives de détermination du point de départ de la prescription, mouvement toutefois contrarié par la nécessité de maintenir des règles spéciales. Les divergences entre les différents systèmes montrent alors que les différences techniques rencontrées ne s'expliquent pas par le type de régime - objectif ou subjectif - mais par l'interprétation casuistique des concepts sous-jacents, et que les facteurs déterminant les différents systèmes relèvent d'un

pour faire reconnaître le défaut de conformité de la chose vendue. De même, la responsabilité contractuelle de l'entrepreneur est régie par un article spécial (§ 634). Il faut ajouter que le *BGB* prévoit encore quelques autres règles particulières. Ainsi, l'article § 199 alinéa 2 prévoit que l'action en dommages et intérêts visant la réparation d'une atteinte à la vie, au corps, à la santé ou à la liberté se prescrit par trente ans, à compter de la commission du fait, du manquement à un devoir ou de tout autre événement causant le dommage.

1. V. not. P. Gerstenblith, « *Recent Developments in the Law of Extinctive Prescription in the United States* », in *U.S. National Reports to the XIVth Congress of The International Academy of Comparative Law, The American Association for the Comparative Study of Law*, 1994, p. 61 s. ; Elaine Gibson, « *For Whom Does the Bell Toll? Changes in Tort Limitation Periods* », in *Le temps et le droit*, actes du 4e Congrès international de l'Association internationale de méthodologie juridique, dir. P.-A. Côté et J. Frémont, Éditions Yvon Blais, 1996, p. 295 s. L'existence d'un tel point de départ spécial n'est pas propre au droit anglo-saxon. On le retrouve par exemple en droit allemand, où une disposition particulière (§ 208 *BGB*) est également prévue en faveur des victimes d'infractions sexuelles. En effet, le point de départ de la prescription de l'action qui pourrait en conséquence être intentée par les victimes devant une juridiction civile ne court que du jour de leur vingt-et-unième anniversaire et est encore retardé lorsque les victimes continuent de cohabiter avec leur agresseur. Mais il ne suscite absolument pas les mêmes discussions.

2. P. Gerstenblith, *op. cit.*, spéc. p. 64-73.

3. Elaine Gibson, *op. cit.*, spéc. p. 309.

choix politique parfois guidé par des considérations locales. Mais l'apport du droit comparé ne se limite pas au point de départ, il tient également au délai butoir.

§ 2 - TENANT AU DÉLAI BUTOIR

487. Les différents modèles révèlent un phénomène de généralisation des délais butoirs (A), qui ne doit pas masquer leur disparité (B).

A. La généralisation des délais butoirs

488. L'immense majorité des systèmes étudiés ont adopté, à coté du délai de prescription, un second délai dont l'expiration met définitivement fin à la possibilité d'exercer une action en justice. Tant les divers instruments d'harmonisation du droit que le *BGB* allemand, le projet de réforme du droit anglais ou encore les différentes lois relatives à la prescription aux États-Unis[1] enferment l'exercice de l'action dans un deuxième délai, distinct du délai de prescription de principe. Parmi les droits étudiés, seuls les droits sud-américains, ou encore le droit québécois[2], échappent à cette tendance.

La tentation est grande, alors, de lier l'émergence d'un tel délai à la généralisation du choix d'un point de départ de la prescription reposant sur un critère subjectif : parce que le débiteur ne saurait rester indéfiniment dans l'incertitude, il convient de limiter les effets de la prise en considération de la possibilité d'agir du créancier par l'instauration d'une date couperet, au-delà de laquelle nulle action ne serait plus possible. Le délai butoir serait alors la contrepartie de la subjectivisation du point de départ de la prescription.

L'explication doit cependant être relativisée. En effet, certains systèmes reposant sur un critère objectif de détermination du point de départ de la prescription consacrent tout de même un délai butoir : tel est le cas des *Principes du droit européen des contrats.* À l'analyse, seuls les systèmes juridiques n'ayant pas vu leur droit de la prescription récemment réformé ignorent la notion de délai butoir. Aussi, leur généralisation semble inéluctable. Elle apparaît alors moins liée à l'adoption de critères subjectifs de détermination du point de départ de la prescription que plus généralement indissociable de la prise en considération croissante de la connaissance, que ce soit à titre de principe ou d'exception. Seuls les systèmes dans lesquels le législateur n'a pas prévu que l'ignorance puisse prolonger le cours du délai de prescription et où une telle ignorance n'a été prise en considération que « par effraction » par les juges à l'encontre de la lettre de la loi sont dépourvus de tels délais.

Au fond, tout se passe alors comme si le débiteur devait absolument récupérer par la grâce d'un délai butoir la prévisibilité qu'il avait perdu du fait de l'adoption

---

1. Le système du délai butoir n'est pas inconnu du droit américain qui connaît les « *statutes of repose* », sorte de loi d'extinction des droits (B. François, « La prescription extinctive en droit américain et en droit français: différences et convergences », in *Réforme de la prescription, D.*, 2008, p. 2543 s., spéc. p. 2548) prévoyant un délai d'extinction du droit qui a pour point de départ la survenance d'un fait (délivrance, commercialisation, achèvement d'une construction...) sans lien avec le fondement des poursuites. De nombreux délais maximum (« *Final long stop* ») sont également prévus par les lois les plus modernes en droit canadien.

2. S. Guillemard, « La prescription extinctive en droit français - Regard d'une juriste québécoise », in *La réforme du droit de la prescription extinctive: perspectives nationales et transfrontalières*, préc., p. 101 s., spéc. p. 103.

d'un régime de la prescription qui lui est moins favorable. La mutation du régime de la prescription qui semble de plus en plus se désintéresser des préoccupations des débiteurs au profit de celles des créanciers semble ici trouver une limite naturelle : partiellement occultés, les fondements premiers de la prescription – paix sociale et sécurité juridique – réapparaissent pour imposer un délai butoir.

B. La disparité des délais butoirs

489. Les systèmes savants comme étrangers renvoient à des modèles disparates de délais butoir. Il semble en effet exister autant de formes de délai butoir qu'il existe de systèmes ayant décidé de l'adopter. La disparité porte à la fois sur leur conception (1), leur champ d'application (2) et leur régime (3).

1. *Quant à leur conception*

490. La notion de délai butoir peut renvoyer à deux techniques bien différentes. Une première consiste à « prévoir deux délais distincts enchâssés l'un dans l'autre » ; une seconde se contente de limiter « l'extension de fait de la durée du délai de prescription »[1]. Dans la première hypothèse, le délai butoir est indépendant du délai de prescription de sorte que coexistent deux délais distincts qui enferment l'exercice de l'action. Dans la seconde, il se contente de fixer la durée maximale d'allongement d'un délai unique de prescription. Or, aucun des deux modèles ne semble bénéficier d'une hégémonie.

Ainsi par exemple, dans « l'intérêt de la certitude des relations juridiques »[2], l'article 14 :307 des *Principes du droit européen des contrats* prévoit que « le délai de prescription ne peut, par l'effet de la suspension ou du report d'échéance prévus par les présents Principes, excéder dix ans, ou trente ans lorsqu'il s'agit de créances de réparation de dommages à la personne ». L'article n'institue alors pas à proprement parler un délai butoir distinct du délai principal de prescription. Il précise différemment la durée maximale au-delà de laquelle le délai de prescription ne peut être porté par l'effet des causes de report d'échéance ou de suspension, au premier rang desquelles l'ignorance du droit d'agir. Il constitue ainsi « une règle concernant la durée maximum de l'extension du délai »[3]. Concrètement, la conséquence principale d'un tel choix est que ce délai maximal se calcule à compter d'un point de départ qui n'est autre que le point de départ initialement retenu du délai de prescription. Un système comparable est mis en œuvre par la convention sur la prescription en matière de vente internationale de marchandises[4]. Un tel choix présente un avantage certain en ce que l'identité de point de départ du délai de prescription initial et du délai maximum est un gage de simplicité, au moins en apparence. Une telle identité n'est cependant pas sans

1. M. Mignot, « Le délai butoir », *Gaz. Pal.*, 26 février 2009, p. 2 s., spéc. nº 3 et 5.

2. G. Rouhette, I. de Lamberterie, D. Tallon et C. Witz, *op. cit.*, p. 45.

3. G. Rouhette, I. de Lamberterie, D. Tallon et C. Witz, *Ibid.*, p. 546.

4. Ladite convention prévoit en effet également en son article 23 une limitation générale du délai de prescription en précisant que « tout délai de prescription expire 10 ans au plus tard après la date à laquelle il a commencé à courir conformément aux articles 9, 10, 11 et 12 de la présente Convention ». Il s'agit là encore, comme dans les *Principes du droit européen*, davantage d'un délai maximum que d'un délai butoir : il existe une identité entre le point de départ du délai de prescription et celui du délai maximum, la durée du premier ne pouvant simplement pas être portée au-delà des 10 ans prévus par l'article 23.

inconvénient : les difficultés relatives à la détermination du point de départ de la prescription se reportent ici automatiquement sur la détermination du point de départ du délai maximum qui ne fournit plus le gage de sécurité attendu.

Une conception différente du délai butoir est en revanche adoptée par les *Principes d'Unidroit*, qui prévoient un délai maximal afin de répondre aux « objectifs de rétablissement de la paix et de prévention de spéculation dans le règlement des litiges lorsque la preuve a disparu »[1]. L'article 10(2) prévoit ainsi qu'« en toute hypothèse, le délai maximum de prescription est de dix ans à partir du lendemain du jour où le droit pouvait être exercé ». Mais, bien que le délai prenne là encore en apparence la forme d'un simple délai maximal, il semble s'agir ici en réalité d'un véritable délai butoir : les points de départ du délai de prescription et du délai maximum divergent en effet – jour de la connaissance des faits permettant l'exercice du droit dans un cas, jour où le droit pouvait être exercé dans l'autre – de sorte que l'article institue en réalité un véritable double délai : l'action doit être exercée dans les trois ans à compter de la connaissance des faits permettant d'agir sans être exercée plus de dix ans après le jour où l'action était objectivement possible. La même logique est adoptée en droit allemand, ainsi que par la proposition de réforme du droit anglais.

Mais là n'est assurément pas la seule divergence entre les différents systèmes. Le champ d'application du délai butoir diffère également nettement d'un pays à l'autre.

2. *Quant à leur champ d'application*

491. Alors que certains systèmes font jouer le délai butoir en toute hypothèse[2], d'autres réservent son intervention à certaines situations, ou plus fréquemment excluent son intervention dans certains cas. Ainsi par exemple, le délai butoir prévu par le droit allemand n'encadre que les délais de prescription de droit commun à l'exclusion des prescriptions spéciales[3]. De même, après avoir initialement prévu un délai butoir généralisé dans son *Consultation Paper*, la *Law Commission* s'est finalement résolue à renoncer à tout délai butoir en matière de préjudice corporel dans son rapport définitif. Une hésitation semble donc se faire jour sur le point de savoir si le délai butoir doit avoir une vocation générale ou ponctuelle à intervenir. Mais, même dans les hypothèses où la vocation du délai butoir à intervenir est avérée, ce dernier n'apparaît pas toujours uniforme. Leurs régimes sont également très disparates.

3. *Quant à leur régime*

492. Outre que la durée du délai butoir peut varier de dix à trente ans selon les pays, certains systèmes assignent au délai butoir une durée unique[4], alors que d'autres prévoient des durées différentes en fonction des actions en cause. Ainsi par exemple, dans les *Principes du droit européen des contrats*, la durée

---

1. Commentaires sous les *Principes d'Unidroit*, 2004, art. 10.2, p. 328.
2. C'est notamment le cas des *Principes d'Unidroit*.
3. F. Limbach, « La prescription extinctive en droit allemand », in *Réforme de la prescription*, *D.*, 2008, p. 2535 s., spéc. p. 2536.
4. Ainsi, les *Principes d'Unidroit* prévoient une durée uniforme de dix ans, sans distinguer selon la nature de la créance en cause. Il en va de même de la Convention sur la prescription en matière de vente internationale de marchandises.

maximum au-delà de laquelle le délai de prescription ne peut être porté diffère selon la nature de la créance en cause. Les créances de réparation de dommages à la personne sont ainsi susceptibles d'être recouvrées pendant trente ans là où les autres types de créances seront en toute hypothèse prescrites au bout de dix ans. Mais l'exemple le plus topique du phénomène se trouve sans doute en droit allemand, qui est caractérisé par la complexité de ses délais butoirs. Pas moins de trois délais maximum doivent en effet être distingués selon que l'action litigieuse vise la réparation d'un préjudice corporel[1], la réparation d'un préjudice autre que corporel[2], ou ne vise pas la réparation d'un préjudice[3].

493. Le point de départ du délai butoir apparaît également distinct selon les systèmes. Dans les systèmes faisant jouer au délai butoir le rôle de durée maximale de prescription, le point de départ du délai butoir se confond logiquement avec le point de départ de la prescription. La solution s'induit nécessairement de sa finalité qui consiste à prévoir la durée maximale du délai initial de prescription après suspension et non d'instituer un délai butoir distinct. En revanche, dans les systèmes ayant instauré un véritable délai butoir, les solutions diffèrent. Ainsi, les *Principes d'Unidroit* prévoient que le délai butoir court à partir du lendemain du jour où le droit pouvait être exercé, là où les droits allemand ou anglais prendront en considération le fait générateur de l'action. Plus encore, alors que la majorité des systèmes prévoient un point de départ unique du délai butoir, d'autres prévoient que l'événement faisant courir ce dernier peut différer en fonction des situations. Ainsi, le droit allemand prévoit trois points de départ distincts du délai butoir : le fait générateur, la réalisation du dommage et la naissance de la prétention. Dans le même sens, le rapport définitif de la *Law Commission* dédouble le point de départ du délai butoir : alors qu'il est par principe fixé au jour de la survenance de l'événement fondateur des poursuites, il est ramené au jour du fait à l'origine de l'exercice de l'action dans les hypothèses où l'existence d'un dommage est une condition d'exercice de l'action[4]. Derrière cette dualité un peu complexe, il faut comprendre qu'en matière de responsabilité civile, le point de départ ne dépend pas de la réalisation du dommage dont il est demandé réparation[5].

494. La diversité se prolonge encore dans la réception des causes de suspension et d'interruption. Alors que certains systèmes ont adopté un régime parti-

1. En matière de préjudices corporels, l'article § 199 II prévoit un délai de prescription unique de trente ans à compter du fait générateur du dommage.

2. Lorsque l'action vise la réparation d'un préjudice autre que corporel, l'article § 199 III met en place un système original qui semble s'apparenter à un « triple délai » : l'action, qui en application de l'article § 199 I doit en principe être intentée dans les 3 ans à partir du jour où le créancier a eu ou aurait dû avoir connaissance sans négligence grossière des éléments constitutifs de son action, est enfermée dans un délai de 10 ans à compter de la réalisation du dommage, lui-même à son tour enfermé dans un délai de 30 ans à compter du fait générateur du dommage. L'action sera donc prescrite lorsque le premier de ces trois délais sera arrivé à échéance.

3. Lorsque l'action ne vise pas la réparation d'un préjudice, l'article § 199 IV du *BGB* prévoit un délai butoir relativement classique : l'action doit être exercée dans les dix ans à partir de sa naissance, sans que l'on ne tienne compte de la connaissance ni de l'ignorance due à une négligence grossière. Autrement dit, le point de départ du délai butoir dépend ici de la réalisation du seul événement objectif prévu par l'article § 199 I : la naissance de la prétention.

4. *Limitation of Actions, Final Report No 270* (2001), para. 3.108, p. 70.

5. La complexité de la formule s'explique en grande partie par une spécificité du droit anglo-saxon qui reconnaît que la violation de certaines obligations (*tort per se*) puisse ouvrir droit à une action sans même qu'un dommage ait été conséquemment subi (nominal dommages). Aussi, il impose une distinction entre les actions dont l'exercice est subordonné à la réalisation d'un dommage et les autres.

culièrement rigoureux en refusant de faire jouer toute cause d'interruption ou de suspension[1], d'autres ont adopté un régime beaucoup plus souple. Ainsi par exemple, le délai prévu en droit allemand ne remplit pas vraiment un rôle de délai « butoir » : sensible aux causes de suspension ou d'interruption de la prescription, il peut à son tour voir sa durée étendue[2]. Et les différences ne s'arrêtent pas là : alors que certains systèmes prévoient qu'un tel délai soit écarté ou son cours reporté en présence d'une dissimulation volontaire par le défendeur[3], d'autres rechignent à prévoir de telles règles.

495. **Conclusion de la Section II**. Les mouvements d'influence réciproque entre les différents systèmes juridiques ont conduit leurs régimes respectifs de prescription à s'ordonner autour de tendances communes.

En premier lieu, la question du point de départ de la prescription fait quasi-systématiquement l'objet de dispositions législatives spécifiques. Elles convergent vers la recherche d'une directive uniforme de détermination du point de départ de la prescription faisant la part belle à diverses considérations subjectives, au premier rang desquelles la connaissance par le titulaire du droit des éléments lui permettant d'agir. Mais l'aspiration des différents systèmes juridiques à la simplicité des solutions apparaît systématiquement contrariée par la complexité des situations. Aussi, tous les systèmes connaissent des règles spéciales, qu'elles soient prévues dès l'origine par le législateur ou découvertes par les juges. L'orientation commune des différentes directives de détermination du point de départ de la prescription ne doit cependant pas masquer la diversité de leur contenu. En effet, tant le choix politique qui sous-tend la règle de principe, que les domaines dans lesquels des règles spéciales se sont épanouies divergent fortement.

En second lieu, l'on observe une généralisation de la pratique des délais butoirs dans l'ensemble des systèmes juridiques afin de compenser la subjectivisation de plus en plus forte des composantes du point de départ de la prescription. Mais là encore, l'hétérogénéité des pratiques est forte. En effet, délai butoir ou délai maximum, généralité ou ponctualité du délai, unicité ou pluralité des délais, unicité ou pluralité des points de départ, rigueur ou souplesse du cours du délai apparaissent comme autant d'alternatives possibles dans la construction du régime du délai butoir.

La diversité des solutions rencontrées dans les différents systèmes juridiques savants ou étrangers montre que l'adoption d'un modèle pertinent ne peut faire l'économie d'un choix politique clair et de la prise en considération de la diversité des situations rencontrées.

496. **Conclusion du Chapitre I**. Dans la construction d'un système cohérent et efficace de détermination du point de départ de la prescription se présentent beaucoup de modèles, susceptibles de tracer la voie à suivre et de contre-modèles, qui montrent à l'inverse le chemin à ne pas emprunter.

---

1. Ainsi par exemple, seul l'exercice d'une action en justice est susceptible de faire échec au délai maximum prévu par l'article 14 :203 des *Principes du droit européen des contrats*. Plus encore, dans les *Principes d'Unidroit*, le délai est particulièrement rigoureux : si la reconnaissance du droit par le débiteur permet d'écarter le délai maximum (art. 10.4), il n'en est pas de même de l'exercice d'une action en justice qui ne fait que suspendre le délai de prescription ordinaire (art. 10.5).

2. F. Limbach, « Droit français et allemand de la prescription : zones de lumière et zones d'ombre », in *La réforme du droit de la prescription extinctive : perspectives nationales et transfrontalières*, actes de colloque, Metz, 7 mai 2009, *RLDA*, nº 42, octobre 2009, p. 105 s., spéc. p. 106.

3. *Limitation of Actions, Consultation Paper* No 251 (1998), para. 12.108, p. 288.

La réforme du droit français participe assurément de la seconde catégorie. L'impréparation du législateur comme sa difficulté à dépasser les intérêts catégoriels semblent avoir eu raison de ses bonnes volontés. Par précipitation comme par manque de volonté politique, il n'a pas pris le temps d'une réflexion d'ensemble sur la matière et s'est contenté d'exclure un certain nombre de difficultés du champ de la réforme pour poser une directive unique de détermination du point de départ de la prescription qui n'a, en dernière analyse, vocation à appréhender que des hypothèses résiduelles. Dès lors, loin de proposer un système simple et cohérent, le législateur a contribué à pérenniser l'éclatement de la matière. En optant pour le maintien de solutions disparates, il a vidé la directive uniforme nouvelle de l'essentiel de sa portée. Dans le même temps, comparaison semblant cette fois raison[1], il a adopté un délai butoir sans réflexion sur sa portée réelle. L'impréparation et le manque de ligne politique claire se ressentent également dans le régime du point de départ de la prescription, le législateur n'ayant pas anticipé les difficultés que le critère retenu était susceptible de soulever. Ils se ressentent à l'identique dans le régime du délai butoir qui se révèle complexe et incohérent.

Le législateur français ne manquait pourtant pas de sources d'inspiration, tant le droit comparé est riche d'enseignements. Ses emprunts aux différents systèmes savants ou étrangers demeurent purement formels. Ceux-ci offrent pourtant les clés d'une réflexion d'ensemble sur la question du point de départ de la prescription. En effet, le droit comparé révèle d'une part que l'uniformité totale des solutions en la matière est impossible et que la simplicité des directives de détermination du point de départ de la prescription n'est qu'un leurre tant qu'elle ne s'accompagne pas d'une véritable réflexion sur la complexité et la diversité des situations. Il ne suffit pas d'affirmer l'uniformité des solutions pour qu'elle se réalise. Il faut encore confronter les directives de détermination du point de départ de la prescription à la diversité des hypothèses qu'elles auront vocation à appréhender. En l'absence d'un tel travail, l'analyse des différents systèmes juridiques montre que la réalité viendra toujours rappeler sa complexité et que des règles trop simples se révéleront alors inaptes à l'appréhender, entraînant nécessairement un éclatement jurisprudentiel de la matière. Pour espérer mettre en place un régime simple et prévisible, il faut donc ordonner les différentes hypothèses autour d'une règle générale assortie de règles spéciales.

Le droit comparé révèle d'autre part que, si les grandes orientations du droit de la prescription sont partagées par l'essentiel des systèmes, des divergences importantes demeurent dans leurs mises en œuvre, témoignant d'autant de modèles possibles de détermination du point de départ de la prescription. Il en résulte qu'il ne peut y avoir de système cohérent de détermination du point de départ de la prescription sans choix politique clair susceptible de le guider. Accepter de se confronter à la complexité de la matière pour mieux l'ordonner d'une part, et adopter une ligne politique claire d'autre part, sont donc les deux clés d'un système de détermination du point de départ de la prescription simple et cohérent.

Ces deux directives devront alors guider la démarche, et le choix opéré parmi les différentes logiques qui gouvernent le point de départ de la prescription, logiques que permet de découvrir l'étude des différents systèmes juridiques et qu'il faut maintenant exposer.

1. S. Amrani-Mekki, « Liberté, simplicité, efficacité, la nouvelle devise de la prescription ?, À propos de la loi du 17 juin 2008 », *JCP* G, 2006, I, 160, spéc. nº 46.

Chapitre II

Les logiques

497. On a vu que l'incohérence des solutions relatives au point de départ de la prescription s'explique par la disparité des démarches suivies, quelles que soient les données qui président à sa fixation[1]. Aussi, la restauration d'une cohérence en la matière suppose-t-elle l'identification des différentes logiques qui ont vocation à influer sur la détermination du point de départ de la prescription.

En effet, le point de départ de la prescription est en interaction avec un certain nombre d'éléments qui président à son choix et le subissent en retour. Il repose ainsi sur des logiques qui lui sont propres, et que l'analyse des différents systèmes juridiques a permis de mettre à jour. Celles-ci sont de nature technique (Section 1), et politique (Section 2).

Section I : Les logiques techniques

498. Toute détermination du point de départ de la prescription procède d'un parti pris technique. Précisément, pour faire le choix d'un point de départ, il faut l'ancrer dans un élément donné – prendre en compte le droit substantiel concerné, privilégier l'action exercée, raisonner à partir de la situation du titulaire du droit, etc. À ce titre, la règle de droit a donc la possibilité de proposer un critère, voire des critères, de détermination du point de départ de la prescription. Un tel choix n'est évidemment pas anodin. Mieux, il a une incidence sur la cohérence de la règle.

On en prend aisément conscience en suivant les voies qui peuvent être empruntées, qui se distinguent selon le degré de contrainte qui pèse sur le juge. En premier lieu, on peut prendre le parti de le laisser procéder à la détermination du point de départ de la prescription au cas par cas, sans être contraint par un critère prédéterminé. Le choix technique est alors celui d'une absence de critère relatif à la détermination du point de départ de la prescription (§ 1). En deuxième lieu, le choix peut être, à l'opposé, de poser une directive unique de détermination du point de départ de la prescription (§ 2). Mais on peut encore envisager, en troisième lieu, que la règle pose plusieurs critères, distincts, de détermination du point de départ de la prescription (§ 3).

1. V. *supra*, Partie I, Titre II.

§ 1 - LE CHOIX DE L'ABSENCE DE CRITÈRE RELATIF À LA DÉTERMINATION DU POINT DE DÉPART DE LA PRESCRIPTION

499. Parmi les différentes façons d'appréhender la fixation du point de départ de la prescription, une première approche pourrait consister à ne pas consacrer de règle générale relative au point de départ, pour laisser au juge la faculté de le fixer au cas par cas selon l'espèce qui lui est soumise.

Une telle approche serait sous-tendue par l'idée selon laquelle la détermination du point de départ de la prescription devrait demeurer sous la dépendance du droit substantiel qu'elle affecte. Ainsi, de même que la durée de la prescription est déterminée par la nature de la créance[1], le point de départ de la prescription serait à son tour dépendant de la nature du droit substantiel auquel la prescription s'applique. Sur cette voie, un même critère ne pourrait par exemple guider à la fois la détermination du point de départ de la prescription de l'action en paiement d'une créance contractuelle, et en réparation d'un préjudice corporel. Toute différence de nature impliquerait dès lors nécessairement une différence de régime[2], et donc de point de départ de la prescription, de sorte qu'il serait vain de prétendre fixer dans le marbre un point de départ unique.

500. Une telle approche permettrait assurément de tenir compte de la diversité des hypothèses dans lesquelles la question du point de départ de la prescription peut être soulevée, et de la difficulté à les systématiser. Telle est d'ailleurs la démarche qui avait été retenue en 1804 par les rédacteurs du Code civil. Le Code Napoléon en effet, ne prévoyait aucune règle générale relative au point de départ de la prescription[3]. Au reste, même si elle trouve moins de partisans à l'époque contemporaine, la démarche n'est pas obsolète. En effet, telle fut également la conclusion de la mission d'information sur le régime des prescriptions civiles et pénales présidée par le sénateur J.-J. Hyest. Les rapporteurs avaient ainsi considéré que la fixation d'une règle générale relative au point de départ de la prescription s'accompagnerait inéluctablement d'une multiplicité de règles particulières doublée d'une nécessaire casuistique et s'étaient en conséquence interrogés sur « l'intérêt pratique d'une telle évolution législative »[4]. Prenant part au débat, le MEDEF avait soutenu la démarche, en affirmant que « l'uniformisation du point de départ s'accommode mal de la diversité des actions qui peuvent être intentées »[5].

Une telle démarche n'est cependant pas à l'abri de la critique. Laisser la question du point de départ de la prescription à la discrétion des juges reviendrait à

---

1. Cass. ch. mixte, 26 mai 2006, *Bull. ch. mixte*, n° 3, *D.*, 2006, p. 1793, note R. Wintgen, *RTD civ.*, 2006, p. 558, obs. J. Mestre et B. Fages, et p. 829, obs. R. Perrot, *RDC*, 2006, p. 1090, obs. Y.-M. Laithier : « la durée de la prescription est déterminée par la nature de la créance et (...) la circonstance que celle-ci soit constatée par un acte authentique revêtu de la formule exécutoire n'a pas pour effet de modifier cette durée » ; confirmé par civ. 3e, 8 novembre 2006, *Bull. civ.* III, n° 221 ; civ. 1re, 12 juillet 2007, *Bull. civ.* I, n° 269 ; civ. 3e, 10 décembre 2008, *Bull. civ.* III, n° 269. V. égal. ass. plen., 12 janvier 2007, *LPA*, 23 mai 2007, p. 15, note Y. Dagorne-Labbé, *JCP* G, 2007, II, 10075, note J.-J. Taisne, et déjà, ch. mixte, 12 avril 2002, *JCP* G, 2002, 10169, note P.-H. Conac.

2. J.-L. Bergel, « Différence de nature (égale) différence de régime », *RTD civ.*, 1984, p. 255 s.

3. La même démarche se retrouve dans le Code civil belge qui prévoit certes le point de départ de la prescription dans certains cas particuliers (art. 2262 *bis*), mais ne renferme aucune disposition de principe sur le sujet.

4. « Pour un droit de la prescription moderne et cohérent », J.-J. Hyest (président), H. Portelli et R. Yung, rapporteurs, sénateurs, Commission des lois, « Mission d'information sur le régime des prescriptions civiles et pénales », *Les rapports du Sénat*, n° 333, 2006-2007, p. 92.

5. *Proposition de loi portant réforme de la prescription en matière civile*, position du MEDEF, février 2008.

abandonner toute aspiration à remettre en ordre les règles relatives au décompte de la prescription. Ce serait le règne officiel – puisque voulu et reconnu – de la casuistique. Or, doit-on réellement admettre, comme le redoutait un président de chambre honoraire de la Cour de cassation, que « la question du point de départ de la prescription soit si anarchique qu'elle soit irréductible à une définition, même large, et qu'il faille se résigner à une énumération, voire à un catalogue de cas »[1] ? Sans doute pas : quels que soient ses liens avec le droit substantiel en cause, la détermination du point de départ de la prescription dépend aussi, et même avant tout, de considérations qui lui sont propres, et qui méritent d'être dégagées et systématisées.

501. Surtout, la démarche reviendrait à pérenniser un ensemble de solutions, dont on a vu l'incohérence, en abandonnant à la diversité des situations en cause la question de la détermination du point de départ de la prescription. Or, dès lors que la détermination du point de départ de la prescription est privée de lignes directrices solides, les juges ne sont plus liés par l'application ou l'adaptation de ces lignes directrices à la situation en cause. Ils font alors du point de départ de la prescription une simple variable d'ajustement, afin de faire prévaloir les intérêts qu'ils estiment dans l'espèce les plus légitimes. La question est alors traitée matière par matière, au détriment d'une vision cohérente et globale du sujet. La chose a déjà été soulignée en droit des assurances, où l'on s'est demandé « si une bonne part de la difficulté ne provient pas d'une tendance à isoler ce qu'il est convenu d'appeler la prescription biennale du droit des assurances de la théorie générale de la prescription issue des dispositions du Code civil »[2]. Mais il dépasse assurément le seul domaine assurantiel : la même remarque pourrait être formulée en droit de la consommation, de la vente, des sociétés…

Dès lors, il importe de ne pas inverser les causes et les effets du phénomène : la difficulté tient non pas à la multiplicité des situations, mais à l'inexistence de principes de détermination du point de départ de la prescription de nature à s'imposer en toute matière. Par suite, on ne doit pas renoncer à une « théorie générale » du point de départ de la prescription en raison de la diversité des situations rencontrées, mais construire une « théorie générale » du point de départ de la prescription, de nature à appréhender l'ensemble des situations.

502. Au reste, l'approche consistant à abandonner aux juges du fond la fixation du point de départ de la prescription se concilierait bien mal avec l'exigence d'intelligibilité et d'accessibilité du droit dont on sait l'importance aujourd'hui. La remarque, qui a pu être formulée par un auteur à propos du délai de prescription, vaut également pour son point de départ : le régime de la prescription « doit être déterminable sans un degré d'incertitude insupportable dû à la complexité extrême de la matière en cause »[3]. Or, en l'absence de règles claires et précises relatives à la détermination du point de départ de la prescription, il apparaît déjà extrêmement difficile aux professionnels du droit d'appréhender la question dans une matière où revirements de jurisprudence et solutions dis-

1. P. Sargos, « Les points de départ de la prescription dans la jurisprudence de la Cour de cassation », in *Les désordres de la prescription*, textes réunis par P. Courbe, Publication de l'Université de Rouen, 2000, p. 23 s., spéc. nº 5.

2. P. Sargos, « La doctrine jurisprudentielle de la Cour de cassation relative à la prescription en droit des assurances », *RGDA*, 1996 p. 545.

3. M. Béhar-Touchais, « Foisonnement des délais », in *Les désordres de la prescription*, textes réunis par P. Courbe, Publication de l'Université de Rouen, 2000, p. 7 s., spéc. nº 24.

parates se succèdent. Que dire alors de la situation dans laquelle se trouve le justiciable ordinaire ? Il risque bien de se voir privé du droit d'accès au juge – droit auquel la Cour de cassation accorde pourtant une attention particulière[1] – faute de pouvoir déterminer par avance les règles de prescription qui s'imposeront à lui. Le principe d'accessibilité du droit suppose l'existence de règles relatives à la détermination du point de départ de la prescription générales, claires et accessibles. Comme l'a souligné P. Malaurie, « le droit de la prescription appelle des certitudes juridiques, non un flexible droit, circonstancié au cas par cas, tel qu'il est souvent aujourd'hui »[2].

§ 2 – LE CHOIX D'UN CRITÈRE UNIQUE DE DÉTERMINATION DU POINT DE DÉPART DE LA PRESCRIPTION

503. Une seconde approche, à l'opposé de la précédente, pourrait consister à adopter une directive uniforme de détermination du point de départ de la prescription, valable en toute circonstance. La démarche permettrait l'unification de la matière autour d'une règle unique et donc cette fois largement prévisible. La notion de critère unique doit être explicitée (A), et les différentes options pour mettre en œuvre une telle méthode présentées (B).

A. La notion de critère unique

504. À l'évidence, pour restaurer la cohérence et la prévisibilité de la matière, retenir un critère unique de détermination du point de départ de la prescription semble l'option la plus efficace. Mais encore faut-il alors préciser que l'unicité du critère n'implique pas l'uniformité des solutions. Il faut l'expliquer.

En effet, affirmer que la détermination du point de départ doive obéir à une directive unique ne revient pas à retenir, quelque soit l'action en cause ou le droit substantiel concerné, un même point de départ de la prescription.

La détermination du point de départ de la prescription dans une espèce donnée est en effet le résultat d'une chaîne d'opérations qui se succèdent : il faut d'abord choisir un critère à partir duquel sera déterminé le point de départ de la prescription ; il faut ensuite appliquer ce critère à l'action en cause pour découvrir l'événement devant constituer le point de départ. Enfin, la recherche de la date à laquelle l'événement en question s'est réalisé dans la situation donnée permettra de déterminer la date précise à partir de laquelle la prescription devra courir. La première opération – le choix du critère – est celle dont on recherche la cohérence. Dès lors, dans la perspective ici envisagée, c'est elle qui doit être intangible, ce qui implique un critère unique. Mais son application conduira à retenir des événements différents selon les actions concernées, chaque événement ayant ensuite sa propre traduction temporelle en fonction du droit substantiel en cause. Les solutions qui résulteront de ce cheminement, bien que distinctes, seront pourtant cohérentes en raison de l'intangibilité du critère sur lequel elles reposeront.

1. C'est notamment au nom de ce « droit d'accès au juge » que la Cour de cassation refuse d'appliquer immédiatement et donc de manière rétroactive des revirements de jurisprudence, notamment lorsque ces derniers portent sur des règles de prescription : Cass. ass. plen., 21 décembre 2006, *BICC* 1er mars 2007, rapp. A. Lacabarats, *D.*, 2007, p. 835, note P. Morvan, *JCP* G, 2007, II, 10040, note E. Dreyer, et *ibid.* 10111, note X. Lagarde, *RTD civ.*, 2007, p. 168, obs. P. Théry. Sur la question du droit d'accès au juge, v. *infra*, nº 550 s.

2. P. Malaurie, « Présentation générale de l'avant projet de réforme », in *La prescription civile : projets de réforme*, *RJ com.*, 2007, hors série, p. 5 s., spéc. p. 7.

505. Illustrons ce propos en partant de l'hypothèse dans laquelle les parties seraient liées entre elles par un contrat. Schématiquement, trois différents types d'actions pourraient être exercés suite à sa conclusion : une action en nullité du contrat, une action en exécution des obligations qui en résultent, et une action en responsabilité contractuelle consécutive à l'inexécution par le débiteur de ses obligations.

Opter pour une directive unique de détermination du point de départ de la prescription ne doit pas ici revenir à faire courir le point de départ de la prescription de ces trois actions à compter du même événement, par exemple la conclusion du contrat. La directive, simpliste, ne tiendrait aucunement compte de la logique propre à l'action exercée ou au droit substantiel concerné, et confinerait en conséquence à l'absurde. En revanche, il importe que, dans ces trois hypothèses distinctes, le critère de détermination du point de départ de la prescription soit le même et soit appliqué uniformément.

Concrètement, pour reprendre l'exemple précédent, si l'on considère que le critère de détermination du point de départ de la prescription doit résider dans la naissance du droit, il faudra en déduire que : la prescription de l'action en nullité devra courir du jour de la conclusion du contrat ; celle de l'action en exécution devra courir soit du jour de la conclusion du contrat soit du jour de la contre-prestation attendue selon la conception de la date de naissance des créances adoptée ; celle de l'action en responsabilité devra courir du jour de l'inexécution contractuelle ou du jour de la réalisation du dommage qui en résulte, selon que l'on considère que l'existence d'un dommage est ou non une condition de la responsabilité contractuelle.

Différemment, si l'on considère que le critère de détermination du point de départ de la prescription doit résider dans la naissance de l'action, alors l'action en nullité se prescrira à compter du jour de conclusion du contrat, l'action en exécution à compter du jour où la créance concernée sera devenue exigible et l'action en responsabilité du jour de la réalisation du dommage.

Différemment encore, si l'on considère que le critère pertinent est le moment où le titulaire du droit pouvait avoir connaissance de son droit d'agir, l'action en nullité se prescrira à compter de la découverte du vice, l'action en exécution à compter de l'exigibilité de la créance, et l'action en responsabilité à compter de la connaissance du dommage.

Les solutions relatives au point de départ de la prescription sont bien multiples, mais toujours cohérentes entre elles, car résultant de l'application uniforme d'un critère unique.

506. En revanche, on ne saurait admettre que la détermination du point de départ de la prescription de ces trois actions obéisse à des critères différents. Ainsi par exemple, rien ne saurait justifier que l'on fasse de la découverte du vice le point de départ de la prescription de l'action en nullité, mais que l'on refuse de reporter le point de départ de la prescription de l'action en responsabilité au jour où la victime prend conscience du dommage subi. Si la connaissance réelle ou supposée doit servir de critère de détermination du point de départ de la prescription, un tel critère doit être appliqué en toute hypothèse et de la même manière. De même, rien ne justifierait que l'on refuse de faire courir la prescription d'une action en paiement d'une créance avant que celle-ci ne soit exigible, mais que l'on admette que la prescription de l'action en responsabilité puisse parfois courir à compter du seul fait générateur du dommage, quand bien même ce dernier ne se serait pas encore réalisé. Toutes les solutions doivent résulter

de l'application d'un critère unique, et l'on ne saurait y faire échapper certaines actions.

507. Au-delà même de l'unicité du critère retenu, l'application qui en est faite doit à son tour être uniforme. Ainsi par exemple, si l'on devait faire de la connaissance du titulaire du droit le critère de la détermination du point de départ de la prescription, celle-ci ne saurait être tantôt présumée, tantôt réelle : par exemple, rien ne saurait justifier que l'on prenne en considération le jour de la découverte effective du vice pour fixer le point de départ de la prescription d'une action en nullité, mais le jour où la victime aurait dû connaître son dommage pour faire courir l'action en responsabilité. De même, on ne saurait admettre que l'étendue de la connaissance requise puisse différer. Ainsi par exemple, il ne saurait être question de retenir le jour où le principe du dommage a été connu dans une hypothèse, et le jour où l'étendue exacte du préjudice a été découverte dans l'autre : au-delà de l'unicité du critère, c'est l'uniformité de sa mise en œuvre qui assurera la cohérence de la matière.

Bref, si les événements à prendre en considération peuvent être différents, ils doivent toujours résulter de l'application uniforme d'un critère unique : là réside la cohérence de la démarche.

508. La démarche d'ensemble étant ainsi précisée, il faut encore observer, dans l'hypothèse où le choix d'une directive unique de détermination du point de départ de la prescription devrait être privilégié, les différentes options qui pourraient alors être envisagées.

B. Les différentes approches conduisant au choix du critère unique

509. Si l'on opte pour une directive unique de détermination du point de départ de la prescription, celle-ci pourra reposer sur une approche[1] soit objective (1) soit subjective (2).

1. *L'approche objective*

510. Il est tout d'abord possible de se référer à un critère objectif, c'est-à-dire indépendant de la possibilité effective d'agir du titulaire du droit. Il s'agit, en d'autres termes, de retenir un critère qui s'attache aux caractéristiques de la situation concernée ou de l'action exercée, mais qui demeure indifférent à la situation particulière de son titulaire. On perçoit immédiatement l'avantage d'une telle approche : choisir un critère étranger à la situation personnelle du demandeur permet d'éviter qu'il y ait autant de points de départ que de titulaires d'une même action, et garantit en conséquence une certaine sécurité juridique. À ce titre, deux voies peuvent être empruntées dans la détermination de l'événement pertinent de nature à faire courir la prescription.

511. On peut d'abord choisir un événement aisément identifiable, mais dépourvu de lien avec les éléments qui justifient l'exercice de l'action. L'approche demeure alors totalement abstraite. Tel est le cas par exemple lorsque le législateur fait courir l'action en responsabilité à l'encontre des constructeurs à comp-

---

1. Sur la distinction de ces deux approches, v. A. Ballot-Léna, « Les multiples points de départ de la prescription extinctive », *LPA*, 7 décembre 2007, p. 5 s., spéc. n° 21 s.

ter de la réception des travaux, ou l'action en responsabilité à l'encontre des personnes ayant assisté les parties en justice à compter de la fin de leur mission. Dans de telles hypothèses, le critère de détermination du point de départ de la prescription ne soulève aucune difficulté d'interprétation. En revanche, il demeure totalement étranger, non seulement au point de savoir si le demandeur pouvait effectivement exercer l'action – c'est là le propre d'un critère objectif – mais aussi au point de savoir si une telle action était même seulement ouverte.

Une telle approche, qui repose sur un critère adapté à la matière concernée, mais indifférent à l'existence même de l'action, présente un double défaut. D'une part, elle aboutit nécessairement à reconnaître autant de points de départ qu'il y a de matières[1], sans cohérence d'ensemble, nourrissant ainsi le pullulement par ailleurs dénoncé. D'autre part, elle apparaît bien souvent arbitraire. Comment justifier en effet que le titulaire d'un droit se retrouve forclos avant d'avoir pu agir parce que la prescription aura commencé à courir à une époque où il ne pouvait encore valablement agir, faute de préjudice actuel ? À l'inverse, comment justifier que ce même individu puisse agir des années après avoir subi un dommage et pris conscience de ce dernier, pour la seule raison que la prescription n'aurait pas commencé à courir dès ce jour, mais bien des années après, à l'occasion par exemple de la dissolution d'un lien contractuel ?

512. Une seconde voie peut alors consister à se référer à un critère de détermination du point de départ de la prescription qui, sans prendre en considération la possibilité effective d'agir du demandeur, ait néanmoins partie liée avec les éléments qui peuvent objectivement justifier l'exercice de l'action. L'approche se veut alors plus concrète. Tel est le cas par exemple lorsque l'on fait de l'événement qui donne naissance à l'action le critère de détermination du point de départ de la prescription. Une telle approche permet de proposer un critère uniforme de détermination du point de départ de la prescription peu sensible aux spécificités propres à chaque matière. Elle laisse cependant une marge importante d'appréciation du critère retenu, qui devra être adapté à chacune des situations rencontrées. On sait ainsi par exemple le concept d'exigibilité largement sujet à interprétation[2].

513. En toute hypothèse, quelque soit la voie retenue, toute approche objective du point de départ de la prescription produit nécessairement des effets injustes, lorsque des circonstances de fait ou de droit ont rendu impossible l'action du créancier. Aussi, l'approche objective peut-elle être tempérée par la mise en place de palliatifs à la rigueur du système exposé. La principale cause d'impossibilité d'agir résidant dans l'ignorance de son droit par le créancier, le palliatif envisagé doit permettre sa prise en considération. Toutefois, si l'on veut que l'approche globale de la détermination du point de départ de la prescription demeure objective, il ne faut admettre qu'exceptionnellement cette prise en considération de l'ignorance et l'enserrer dans des limites étroites. Ces dernières pourraient alors résulter de la rigueur des conditions, notamment probatoires,

1. Ainsi par exemple, l'article L. 211-12 du Code de la consommation fait courir l'action résultant du défaut de conformité du bien vendu à compter de la délivrance du bien ; l'article 2225 du Code civil fait courir l'action dirigée contre les personnes ayant assisté ou représenté les parties en justice à compter de la fin de leur mission ; l'article L. 417-7 du Code rural fait courir la prescription des actions résultant du bail à compter de la sortie du preneur et l'article 1859 du Code civil fait courir toutes les actions contre les associés non liquidateurs à compter de la publication de la dissolution de la société. Il n'existe aucun lien logique entre ces différentes dates.

2. V. *supra*, n° 238 s.

de prise en considération de l'ignorance, ou de la rigueur des effets de cette prise en considération, qui pourrait par exemple n'aboutir qu'à un relevé de prescription et non à un véritable report du point de départ de la prescription.

La prise en considération de l'ignorance de son droit par le créancier aurait en revanche une ampleur toute différente si une approche subjective du point de départ de la prescription devait être adoptée.

2. *L'approche subjective*

514. Adopter une approche subjective du point de départ de la prescription revient à se placer du côté du créancier de l'obligation pour faire du moment où il pouvait effectivement exercer son action le critère de détermination du point de départ de la prescription. Le débiteur reste en effet indifférent : le fait générateur de l'action n'est pas pris en considération. Sous cet aspect, l'on peut encore assurément distinguer des degrés différents dans la subjectivisation du point de départ.

515. La manifestation la plus évidente d'une telle démarche réside dans la prise en considération du moment où le créancier a eu connaissance des éléments lui permettant d'exercer son action pour faire courir la prescription. Elle repose alors sur la prise en considération de la connaissance – réelle ou supposée – dans la détermination du point de départ de la prescription. Telle est d'ailleurs la démarche retenue à titre de principe par le droit français tel qu'issu de la récente réforme[1].

Mais, l'on pourrait aller jusqu'à faire de l'intérêt *concret* du créancier à agir le critère de détermination du point de départ de la prescription. La proposition pourrait surprendre : le créancier n'a-t-il pas toujours intérêt à agir dès lors qu'il sait bénéficier d'une action en justice pour faire valoir ses droits ? Pourtant, la situation n'est pas théorique. Dans de nombreuses hypothèses, l'action peut en effet ne pas présenter d'utilité immédiate pour son bénéficiaire. Il en est ainsi, par exemple, lorsqu'il peut exercer une action en nullité, mais que nul ne lui demande d'exécuter le contrat affecté d'un vice ; il en est de même lorsqu'il peut exiger de son débiteur paiement immédiat de la créance, mais qu'il sait ce dernier insolvable. Dans ces hypothèses, l'action peut ne présenter aucune utilité immédiate pour son titulaire, qui n'aura véritablement d'intérêt à la mettre en branle qu'au jour où l'exécution du contrat lui sera demandée[2], ou encore au jour où son débiteur retournera à meilleure fortune[3]. Le droit positif n'ignore d'ailleurs pas ce type d'approche[4].

---

1. Outre la règle de principe posée par l'article 2224 du Code civil, la prise en considération de la découverte du vice par l'article 1304 du Code civil, de la connaissance du dommage ou encore de la connaissance du caractère indu du paiement peuvent être évoquées.

2. La survie de l'exception de nullité pour les seuls contrats n'ayant pas fait l'objet d'un commencement d'exécution a d'ailleurs parfois pu être expliquée par un report du point de départ de la prescription de l'exception au jour de la demande d'exécution (V. Giscard, *Étude sur l'origine de la maxime* Quae temporalia sunt ad agendum perpetua sunt ad excipiendum *et son application en Droit français*, Dijon, 1888, p. 88). De même, on a pu proposer de reporter le point de départ de l'action en nullité au jour où l'exécution de l'obligation était demandée (M. Bruschi, « L'exception de nullité du contrat », *Dr. et patr.*, nº 78, janvier 2000, p. 69 s., spéc. 74).

3. Des arrêts anciens ont paru admettre que la pauvreté du débiteur pouvait permettre au créancier qui avait jugé, en l'état, les poursuites inutiles, de combattre plus tard l'exception de prescription en se prévalant de l'adage *Contra non valentem* (Cass. civ., 14 janvier 1818, *S.*, 1819, I, 140 ; Poitiers, 26 juillet 1825, *D.*, 1825, 2, 120).

4. Ainsi a-t-on pu considérer que la fixation du point de départ de la prescription de l'action exercée par un assuré à l'encontre de son assureur, dans le cadre d'une assurance de groupe, au jour de

Dès lors, dans ces différentes situations, le point de départ de la prescription ne serait pas seulement dépendant de l'existence d'un simple intérêt à agir au sens de l'article 31 du Code de procédure civile, mais aussi de l'utilité immédiate de l'action pour son titulaire.

516. Adopter une approche subjective n'est pas sans faire courir un risque d'insécurité juridique. Le constat s'impose avec évidence lorsque l'on envisage de faire de l'utilité de l'action le critère de détermination du point de départ de la prescription : en faisant reposer le point de départ de la prescription sur une appréciation de l'opportunité de l'action exercée, la démarche rend le point de départ totalement imprévisible pour le débiteur.

Mais une telle approche reste également facteur d'insécurité juridique lorsque l'on se contente de prendre en considération la connaissance par le créancier des faits lui permettant d'agir. Le critère peut autoriser l'exercice d'actions des décennies après l'apparition de leur fait générateur. La découverte tardive de l'authenticité du fameux tableau longtemps simplement attribué à Fragonard avait ainsi permis aux héritiers de l'acquéreur d'agir en nullité de la vente plus de cinquante ans après celle-ci[1] ! Une telle approche interdit en effet au débiteur de pouvoir déterminer à l'avance la date à laquelle il sera libéré de son obligation, le laissant sous la dépendance d'une part, de la connaissance par le créancier de son droit d'action, d'autre part, de l'interprétation par le juge de la notion de connaissance.

Là encore, le risque peut être réduit par l'adoption de tempéraments apportés à l'approche subjective. Au premier rang d'entre eux, la fixation d'un délai butoir pour agir à compter d'une date objectivement fixée - en général au jour du fait générateur de l'action ou de la naissance du droit - apparaît souvent nécessaire pour limiter l'insécurité qu'entraîne inéluctablement l'adoption d'une approche subjective, tournée vers la recherche de la solution la plus juste pour le créancier. La prise en considération de la connaissance pourrait également être subordonnée au comportement diligent du titulaire du droit, l'approche subjective se trouvant alors tempérée par l'adoption d'une norme comportementale.

517. Dans ces différentes hypothèses, que l'on choisisse une approche objective ou subjective, que l'on retienne comme critère de détermination du point de départ de la prescription la naissance du droit substantiel, celle de l'action, la connaissance des faits permettant d'agir ou encore l'intérêt concret à agir, il s'agit de faire un choix unique, celui d'une directive qui prévale toujours.

Une telle perspective repose sur le postulat selon lequel les mérites de l'uniformité dépassent ses inconvénients. Le choix du régime le plus efficace ne passerait alors pas par la mise en place du meilleur régime possible selon chaque type d'actions, mais par un régime à l'application la plus large possible afin de répondre aux exigences de clarté, de certitude ou encore de prévisibilité[2]. À l'évidence, la pertinence de cette démarche suppose que les impératifs qui guident

---

la demande en paiement de l'établissement bancaire ou du refus de garantie de l'assureur, s'expliquait par le fait que l'assuré n'aurait d'intérêt immédiat à agir qu'au jour où il prendrait ainsi conscience de l'utilité d'une action contre l'assureur, bien qu'elle lui soit déjà ouverte depuis la réalisation du risque garanti. V. *supra*, nº 410 s.

1. En l'espèce, le tableau avait été vendu aux enchères en 1933. La Cour d'appel ne s'est prononcée sur l'existence d'une erreur qu'en 1985, et la Cour de cassation en 1987 (Cass. civ. 1re, *Bull. civ.* I, nº 105).

2. R. Zimmermann, *Comparative foundations of a European law of set-off and prescription*, Cambridge University Press, 2002, p. 79.

la détermination du point de départ de la prescription soient les mêmes d'une question à une autre, d'une matière à une autre.

Or ce point peut être discuté. Une troisième voie pourrait alors consister à faire le choix d'une pluralité de directives relatives au point de départ de la prescription.

§ 3 - LE CHOIX D'UNE PLURALITÉ DE CRITÈRES DE DÉTERMINATION DU POINT DE DÉPART DE LA PRESCRIPTION

518. À n'en pas douter, les domaines dans lesquels la prescription a vocation à déployer ses effets sont bien trop nombreux, variés, et étendus pour constituer une réalité homogène. Il existe assurément peu de liens entre l'action en reconnaissance de paternité et celle en garantie des vices cachés, entre l'action consécutive à la violation d'un règlement de copropriété et celle en réparation d'un préjudice corporel, entre l'action en responsabilité dirigée contre des dirigeants sociaux et celle en nullité de la vente d'une œuvre d'art pour défaut d'authenticité… On peut dès lors douter de la pertinence d'une démarche qui viserait à soumettre toutes les situations à une même directive. Pourquoi la détermination du point de départ de la prescription contre un dirigeant social obéirait-elle à la même directive que l'action en nullité du contrat pour vice du consentement ? Éviter les complications inutiles ne doit pas conduire à éliminer les distinctions nécessaires[1]. L'étude comparative des différents systèmes juridiques a d'ailleurs montré que la vocation de l'ensemble des modèles à l'uniformité était systématiquement contrariée par la nécessité de règles spéciales[2]. Aussi, il faut envisager qu'il n'y ait pas une mais plusieurs directives possibles de détermination du point de départ de la prescription en fonction des situations rencontrées.

Mais il ne faut pas, prétexte pris de la diversité des situations, risquer que la casuistique s'empare de nouveau de la matière. Il s'agit de mettre en catégorie les divers types de situations qui peuvent se présenter, avant d'assigner à chaque catégorie identifiée une directive de détermination du point de départ de la prescription qui lui est propre. Qualifier les situations, pour les regrouper logiquement. Dès lors, l'homogénéité existera au sein de chaque catégorie identifiée, et non entre catégories disparates.

Une telle approche présente le mérite d'adapter la directive de détermination du point de départ de la prescription à la réalité de la situation qu'elle a vocation à appréhender. Mais elle ne va pas sans soulever un certain nombre de difficultés.

519. La première tient au risque de conflits de qualification ou de catégorisation inhérent à toute pluralité de catégorie. Comme toute opération de qualification, la classification ne saurait échapper au risque d'opportunisme du juge ou d'instrumentalisation par les parties.

520. La seconde, sans doute la plus délicate, a trait à la manière d'opérer le regroupement : selon quel critère faudrait-il mettre ensemble les différentes situations juridiques ?

La difficulté n'est alors pas sans rappeler celle que pose le raisonnement opéré en droit international privé pour déterminer la règle de conflit applicable. En la matière en effet, la méthode classique de résolution des conflits de loi repose

---

1. Rappr. M. Mignot, « Aperçu critique de l'avant-projet de loi sur la prescription », *RRJ*, 2007/4, p. 1639 s., spéc. nº 4.

2. V. *supra*, nº 477.

sur la classification des situations juridiques dans une catégorie donnée, d'où découle l'application d'une règle de conflit de loi propre à la catégorie en cause, qui réponde aux besoins spécifiques qu'elle suscite. De la même manière, on pourrait ici envisager que le classement de la situation litigieuse dans une catégorie donnée permette l'application d'une directive de détermination du point de départ de la prescription propre à la catégorie en cause et réponde à ses besoins spécifiques.

En droit international privé, les catégories visées sont construites autour du droit substantiel concerné : contrats, délits, biens, état des personnes, successions… Elles sont autant de catégories juridiques distinctes justifiant des règles de conflit différentes. Faut-il alors, sur ce modèle, partir des grandes classifications du droit romain pour découvrir les directives de détermination du point de départ de la prescription adaptées à chacune[1] ? La démarche apparaît peu pertinente : ce n'est pas la matière, ni la source du droit qui importe en matière de prescription. Il existera toujours un lien plus grand entre le point de départ de la prescription d'une action en responsabilité contractuelle et celui de la faculté d'option successorale qu'entre le point de départ de la prescription d'une action en exécution contractuelle et celui d'une action en garantie à l'encontre d'un constructeur, alors même que ces deux dernières situations sont toutes deux contractuelles là où les deux premières avaient trait à des droits substantiels distincts.

Faudrait-il différemment distinguer selon que l'action trouve sa source dans un fait ou dans un acte juridique ? On pourrait le soutenir, en soulignant que le besoin de sécurité juridique est moindre dans la première hypothèse. Outre que la distinction ferait resurgir des problèmes de frontières entre les situations contractuelles et délictuelles, que le principal mérite de la loi du 17 juin 2008 est précisément d'avoir fait disparaître, le besoin de sécurité juridique est en réalité identique dans les deux hypothèses. Il n'est pas moins perturbateur d'être assigné en réparation d'un préjudice vingt ans après le fait litigieux qu'en nullité d'un contrat autant d'années après sa conclusion. Et l'on ne saurait pas davantage prétendre que l'apparence créée par la situation contractuelle vis-à-vis des tiers et notamment vis-à-vis d'un éventuel acquéreur justifierait un traitement particulier : l'éventuelle responsabilité délictuelle d'un individu peut directement affecter le tiers qui se porterait par exemple acquéreur de la société auteur du dommage. On sait d'ailleurs que dans les contrats de cession d'entreprises, les garanties exigées de la part du vendeur portent aussi bien sur l'état des contrats en cours que sur les risques de responsabilité, notamment environnementale, encourus.

Faut-il alors, différemment, envisager les catégories pertinentes par référence à la nature de l'action exercée ? On pourrait soutenir que la prescription de l'action en responsabilité n'obéit pas aux mêmes impératifs que l'action en paiement. Mais là encore, la démarche n'est pas à l'abri de la critique. On l'a vu, rien ne justifie que des actions différentes obéissent sous ce seul prétexte à des directives de détermination du point de départ de la prescription distinctes. Les intérêts en cause sont souvent suffisamment proches pour justifier l'édiction d'une directive commune.

---

1. V. en ce sens, X. Lagarde, « Indemnisation des maladies professionnelles et prescription », *JCP* G, 2003, I, 159, spéc. nº 2, considérant que « la solution équilibrée consiste vraisemblablement dans une différenciation du régime de la prescription selon les rapports de droit considérés ». V. encore, proposant un délai et un point de départ spécial en « matière économique », : A. Ballot-Léna, *La responsabilité civile en droit des affaires, Des régimes spéciaux vers un régime de droit commun*, préf. P. Dubois, thèse LGDJ, 2008, p. 471, nº 510.

521. Faudrait-il alors chercher dans la prescription elle-même les distinctions susceptibles de révéler des catégories spécifiques ? La diversité des délais pour agir, qu'ils soient de prescription *stricto sensu*, préfix ou encore de forclusion, la diversité des fondements assignés à la prescription ou encore des finalités qu'elle poursuit pourrait ainsi justifier autant de catégories distinctes, obéissant à des directives de détermination du point de départ de la prescription différentes. La démarche supposerait d'admettre l'hétérogénéité de la notion et l'existence d'une pluralité des prescriptions, à rebours de la tendance contemporaine[1]. Mais l'obstacle n'est pas insurmontable. À renoncer alors au mythe d'une vision unitaire de la prescription, il resterait à vérifier si un critère permet effectivement de distinguer les différentes prescriptions pour les regrouper au sein de catégories homogènes obéissant à des critères distincts de détermination du point de départ de la prescription. Bref, c'est le critère du critère qu'il faudrait encore déterminer. Celui-ci pourrait alors résider dans la nature ou encore dans les fonctions poursuivies par le délai de prescription.

522. **Conclusion de la Section I**. Au total, il apparaît que trois approches techniques distinctes de la détermination du point de départ de la prescription pourraient être envisagées. La première, consistant à ne pas adopter de directive de principe pour laisser la question à l'appréciation du juge, aurait le mérite de la souplesse mais signerait l'échec de toute tentative de construction d'une théorie générale du point de départ de la prescription. La deuxième, consistant à adopter une seule directive de détermination du point de départ de la prescription reposant sur un critère unique - objectif ou subjectif - dont il serait fait une application uniforme, aurait le mérite de restaurer la prévisibilité et la sécurité de la matière. Mais elle suppose que la détermination du point de départ de la prescription réponde toujours aux mêmes impératifs quelque soit la situation en cause. La troisième, consistant à prévoir une pluralité de directives du point de départ de la prescription ou une règle générale assortie de règles spéciales de détermination du point de départ de la prescription, permettrait de respecter la complexité et la diversité des situations en cause et des intérêts qui doivent être pris en considération dans la détermination du point de départ de la prescription. Mais le succès d'une telle démarche présuppose l'existence d'un critère certain permettant de regrouper ensemble des situations suffisamment proches pour justifier qu'elles soient soumises à une même directive et suffisamment différentes des autres pour justifier qu'elles soient soumises à une directive différente.

Les difficultés liées au choix entre ces différentes approches techniques de la question s'entremêlent encore avec celles liées aux approches politiques possibles de celle-ci.

Section II : Les logiques politiques

523. Le mode de détermination du point de départ de la prescription repose également sur un parti pris politique relatif à la finalité poursuivie par les règles mises en place. Toutefois, la détermination du point de départ dépend de facteurs qui lui sont exogènes. La logique n'est plus cette fois interne au point de départ de la prescription, mais externe : elle participe de ses relations avec le sys-

1. V. par ex. M. Bandrac, *La nature juridique de la prescription extinctive*, préf. P. Raynaud, Economica, 1986 ; A. Collin, *Pour une conception renouvelée de la prescription*, préf. D. Fenouillet, thèse Defrénois, 2010.

tème juridique dans son ensemble. Tout choix d'un point de départ repose en effet sur un présupposé de politique juridique et produit, en retour, un effet de système. L'absence d'autonomie de la politique juridique relative au point de départ de la prescription oblige ainsi à tenir compte de ces influences externes (§ 1). Pour autant, des logiques propres à la question du point de départ de la prescription se dessinent clairement (§ 2).

§ 1 - L'ABSENCE D'AUTONOMIE DE LA POLITIQUE JURIDIQUE RELATIVE AU POINT DE DÉPART DE LA PRESCRIPTION

524. Si la détermination du point de départ de la prescription doit sans nul doute reposer sur un choix de politique juridique, ce dernier ne saurait cependant être opéré de façon totalement autonome. En effet, il apparaît sous une double dépendance. En amont d'une part, avant même d'être adopté, le choix d'une politique juridique relative au point de départ de la prescription devra prendre en considération les choix qui ont pu être opérés pour les autres composantes du régime de la prescription (A). En aval d'autre part, une fois déterminée, la mise en œuvre de la politique juridique relative au point de départ de la prescription se heurtera aux impératifs de politique juridique propres au droit substantiel concerné (B).

A. Le point de départ de la prescription est sous la dépendance de la politique juridique relative aux autres composantes du régime de la prescription

525. Il serait illusoire de prétendre opérer un choix de politique juridique relatif à la détermination du point de départ de la prescription sans prendre en considération les choix qui ont par ailleurs déjà pu être opérés pour les autres composantes du régime de la prescription.

En effet, la prescription se présente comme un système[1], de telle sorte qu'il existe une interdépendance structurelle entre les différentes composantes de son régime[2]. Les quatre éléments principaux qui le composent - le point de départ, la durée, la suspension et l'interruption - sont nécessairement liés entre eux de sorte que la modification de l'un ne saurait être sans effets sur les autres.

526. Ainsi par exemple, par effet systémique, l'adoption d'une période longue de prescription devrait logiquement conduire à adopter un point de départ rigoureux, afin de ne pas accroître l'insécurité juridique suscitée par la longueur du délai. Inversement, l'adoption d'une durée relativement courte de prescription sera en général compensée par un point de départ plus souple, afin de pallier les excès que pourraient soulever la rigueur du délai et le risque « d'amoindrir la substance même des prérogatives juridiques auxquelles la prescription s'applique »[3].

De même, l'adoption d'un point de départ flottant sera d'autant plus justifiée que l'existence d'un délai butoir limitera les risques d'imprescriptibilité inhérents

---

1. M. Mignot, « Rapport de synthèse », in *La réforme de la prescription*, actes de colloque, *LPA*, 2 avril 2009, p. 59, spéc. p. 64.
2. R. Zimmermann, *op. cit.*, spéc. p. 76.
3. M. Bandrac, « Les tendances récentes de la prescription extinctive en droit français », *RIDC*, 2/1994, p. 359 s., spéc. p. 368, nº 16.

à ce type de point de départ. Inversement, la possibilité offerte au juge de relever le créancier de la prescription légitimera l'adoption d'un point de départ fixe.

Aussi, l'équilibre du régime de la prescription suppose-t-il un choix politique qui tienne compte de ces interactions entre les différentes composantes de la prescription. Sous cet aspect, il faut constater que, si les causes de suspension ou d'interruption en droit français ne semblent pas faire l'objet d'un choix clair de politique juridique, l'on observe en revanche une nette tendance en droit positif au raccourcissement de la durée des prescriptions. Cette tendance doit alors nécessairement être prise en considération dans le choix politique opéré sur le terrain du point de départ de la prescription qui devient par ailleurs, par l'effet du raccourcissement du délai, le « centre de gravité »[1] de la prescription.

Mais, une fois ce choix opéré, il risque encore d'être mis en échec par la mise en œuvre de la politique juridique relative au droit substantiel concerné.

B. Le point de départ de la prescription est sous la dépendance de la politique juridique relative au droit substantiel concerné

527. L'un des maux principaux dont souffre aujourd'hui la détermination du point de départ de la prescription réside, on l'a vu, dans l'instrumentalisation qui en est faite, tant par le législateur que par le juge, afin de satisfaire des intérêts particuliers propres au droit substantiel concerné. Il faut donc, si l'on entend rétablir une certaine cohérence, extraire la question de la détermination du point de départ de la prescription de l'emprise du droit substantiel, afin d'éviter une telle instrumentalisation.

Pour autant, il serait sans doute illusoire d'envisager que la fixation du point de départ puisse s'effectuer de manière totalement autonome, sans que la politique juridique propre au droit substantiel concerné ne vienne influer sur l'application des directives de détermination du point de départ de la prescription. À la « croisée du droit processuel et du droit substantiel »[2], la prescription ne saurait prétendre échapper à l'influence du second. Pour ne prendre qu'un exemple, une politique consumériste peut entraver l'objectif de sécurité juridique poursuivi par les directives de détermination du point de départ de la prescription. Ainsi, la volonté de permettre au consommateur d'agir le plus longtemps possible à l'encontre des banques pour engager leur responsabilité ou encore annuler des contrats litigieux peut entrer en conflit avec une politique rigoureuse de détermination du point de départ de la prescription.

On le pressent, le conflit est susceptible de se manifester dans toutes les hypothèses où le droit substantiel concerné est marqué par une forte emprise de la politique juridique sur la matière. Parmi d'autres, l'indemnisation des préjudices corporels en fournit une illustration. Nul n'ignore en effet l'importance accordée par la doctrine comme par la jurisprudence à ce chef particulier de préjudice. En la matière, la volonté politique de protéger les victimes est sans doute plus forte que partout ailleurs, au point qu'on n'a pas hésité à évoquer l'émergence d'un droit autonome du dommage corporel. D'éventuelles directives rigoureuses ne sauraient sans doute y résister. Ici comme dans tant d'autres domaines, la spécificité du préjudice corporel pourrait conduire, si ce n'est à écarter les directives, du moins à en adopter une interprétation déformante. C'est d'ail-

1. M. Mignot, « Rapport de synthèse », préc., spéc. p. 64.

2. X. Lagarde, « Indemnisation des maladies professionnelles et prescription », *JCP G*, 2003, I, 159, spéc. n° 1.

leurs en ce sens qu'il faut comprendre les dispositions du nouvel article 2226 du Code civil qui, reprenant à ce titre une jurisprudence constante[1], font courir l'action en réparation du préjudice corporel du jour non de l'apparition mais de la consolidation du dommage. La fixation du point de départ de la prescription dévie ici d'une application pure et simple de la directive de détermination du point de départ de la prescription en matière de responsabilité afin de participer à la réalisation de l'objectif de politique juridique propre au droit substantiel.

Évidemment, la démarche ne sert pas la cohérence de la détermination du point de départ de la prescription. À suivre cette voie, le point de départ de la prescription risquerait d'ailleurs de demeurer une variable d'ajustement instrumentalisée afin de satisfaire le but poursuivi par la politique juridique relative au droit substantiel concerné.

528. Comment, dès lors, diminuer l'emprise de la politique juridique relative au droit substantiel sur le point de départ de la prescription pour lutter contre son instrumentalisation systématique ? La solution passe nécessairement par l'adoption de directives de détermination du point de départ de la prescription qui, tout en demeurant flexibles, puissent résister à la pression exercée par l'objectif politique propre à la matière concernée. Les directives relatives à la détermination du point de départ de la prescription pourraient alors parfois l'emporter, parfois se concilier, parfois à l'inverse céder face aux impératifs propres au droit substantiel concerné, mais en toute hypothèse, le sort de ces directives devrait être le résultat non d'une instrumentalisation mais d'une véritable mise en concurrence des objectifs politiques poursuivis par le droit substantiel d'une part, et par la prescription de l'autre.

Pour résister ainsi, les directives relatives à la détermination du point de départ de la prescription devront être dotées de sérieuses qualités : non seulement elles devront être certaines et fiables techniquement, mais plus encore, elles devront reposer sur des assises politiques solides et claires, ce qui implique qu'un choix de politique juridique en matière de détermination du point de départ de la prescription soit nettement arrêté.

529. Aussi, la détermination d'une politique juridique susceptible de donner un sens aux directives de détermination du point de départ de la prescription se heurte à deux obstacles majeurs : d'une part, les choix opérés quant aux autres composantes du régime de la prescription ne peuvent demeurer sans influence sur le choix du point de départ de la prescription ; d'autre part, la mise en œuvre des directives de détermination du point de départ de la prescription retenues se heurteront bien des fois aux choix de politique juridique propres au droit substantiel concerné.

Mais, si ces obstacles soulignent tous deux la dépendance de la politique juridique relative au point de départ de la prescription vis-à-vis d'éléments qui lui sont extérieurs, ils n'appellent pas la même réaction. Le premier appelle à la souplesse pour tenir compte de la façon dont les autres composantes du régime de la prescription sont traitées. Le second appelle au contraire à la mise en place de directives solides reposant sur un choix politique fort, susceptible de résister aux impératifs politiques propres au droit substantiel concerné.

Il faut désormais déterminer quelle politique juridique susceptible de répondre à de telles exigences peut être retenue.

---

1. V. *supra*, nº 88 s.

§ 2 - LES ENJEUX DE LA POLITIQUE JURIDIQUE RELATIVE AU POINT DE DÉPART DE LA PRESCRIPTION

530. L'adoption d'une directive de détermination du point de départ de la prescription suppose qu'un choix de politique juridique soit opéré. L'étude des modèles étrangers montre même qu'il s'agit du facteur déterminant des différents systèmes[1]. Or, celui-ci s'avère complexe au regard de la multiplicité des intérêts en présence qui divergent fortement. Si l'équilibre entre ces différents impératifs doit être recherché, un équilibre parfait demeure illusoire, obligeant à arrêter un choix politique privilégiant nécessairement certains des intérêts en présence au détriment d'autres. Aussi, après avoir exposé le conflit d'intérêts (A), il faudra envisager les voies de résolution possible d'un tel conflit (B).

A. Le conflit d'intérêts

531. Dans la quête d'une ligne directrice pertinente, la difficulté tient à ce que la question du point de départ de la prescription met en présence, comme la prescription dans son ensemble d'ailleurs, des intérêts opposés. Précisément, en la matière, le conflit n'oppose pas deux mais trois intérêts distincts : l'intérêt du créancier ou du titulaire du droit, l'intérêt du débiteur ou du défendeur et l'intérêt de la société dans son ensemble. Or, ces trois intérêts, ou à tout le moins les deux premiers, divergent fortement. Il faut alors les examiner successivement.

532. L'intérêt du débiteur d'abord, est double, reflétant ainsi l'« équivoque du non-exercice du droit »[2] par le créancier.

En premier lieu, le supposé créancier peut ne pas se manifester tout simplement parce qu'il n'est titulaire d'aucun droit, soit qu'un tel droit n'ait jamais existé, soit que le débiteur se soit depuis longtemps déjà acquitté de son dû. La prescription, il faut le souligner, repose en effet pour partie sur une « présomption d'inexistence de la prérogative qui en est l'objet »[3]. La prescription va alors servir à faire échec à une demande illégitime : il s'agit d'éviter que l'on vienne réclamer paiement d'une dette acquittée longtemps auparavant. Sous cet aspect, la prescription obéit à un impératif probatoire : elle permet au débiteur de substituer à la preuve de sa libération celle de la prescription de la créance. La prescription pallie ainsi les difficultés de preuve d'une libération ancienne, alors même que le débiteur ne serait plus en possession des documents nécessaires. Sous cet aspect, l'intérêt probatoire de la prescription a partie liée avec l'étendue de l'obligation de conservation des archives imposée par la loi. Par principe, la durée de la prescription correspond à la durée d'archivage. Mais, tout dépend ici encore évidemment du point de départ de la prescription retenu. La coïncidence de la durée de la prescription et de la durée de conservation des archives se conçoit aisément lorsque le point de départ de la prescription est objectivement fixé à une date qui correspond au point de départ de l'obligation de conservation des archives. En revanche, elle est dépourvue de pertinence lorsque le point de départ de la prescription est subjectivement fixé et peut en consé-

---

1. V. *supra*, n° 485.
1. M. Mignot, « Rapport de synthèse », préc., spéc. p. 59.
2. M. Mignot, *Ibid.*, spéc. p. 61 ; G. Marty, P. Raynaud, P. Jestaz, *Droit civil, Les obligations*, Sirey, 2e éd., 1989, T. II, *Le régime*, p. 280, n° 316 ; C. Baudry-Lacantinerie et A. Tissier, *Traité théorique et pratique de droit civil, De la prescription*, Paris, 3e éd., 1905, p. 20, n° 27.

quence être reporté, allongeant d'autant le délai réel de prescription. Le choix d'un tel point de départ oblige alors le débiteur, pour être en mesure d'apporter les preuves nécessaires de nombreuses années après les faits, à étendre la durée d'archivage[1]. Dès lors, plus un point de départ est flottant, moins l'objectif d'allégement des exigences probatoires poursuivi par la prescription est rempli.

En second lieu, le créancier peut ne pas se manifester alors même qu'il est effectivement titulaire d'un droit. Son immobilisme peut alors s'expliquer par les mobiles les plus divers[2] : patience dans l'attente d'un paiement spontané, négligence dans le recouvrement de ses dettes, générosité envers un débiteur en délicatesse, désintérêt au regard de la faiblesse des sommes en jeu, résignation face à un débiteur insolvable, ou bien encore ignorance de l'existence de la créance ou du droit d'agir pour en obtenir paiement. Sous cet aspect, si l'on appréhende la situation du côté du créancier, seule une abstention dictée par sa négligence ou son désintérêt devrait être sanctionnée par la prescription. On retrouve là le fondement moral traditionnel de la prescription qui en fait un mode de sanction de la négligence du créancier. Mais, si l'on appréhende les intérêts du débiteur, ce dernier n'a nulle raison de se livrer à une enquête en vue de découvrir les ressorts psychologiques qui animent la conduite de son créancier. Quelles que soient les raisons qui ont conduit le titulaire du droit à s'abstenir de l'exercer, le débiteur peut légitimement supposer que son créancier s'est définitivement désintéressé de sa créance, et peut en conséquence s'estimer libéré de toute obligation à son égard. Dès lors que l'on admet que le plus grand criminel doit pouvoir un jour s'estimer libéré de l'épée de Damoclès des poursuites qui pourraient être intentées à son encontre, comment admettre qu'il en soit autrement du simple débiteur ? Comme l'ont justement souligné les juges anglo-saxons, « les actions restées longtemps en sommeil portent en elles plus de cruauté que de justice »[3]. L'exigence est d'ailleurs d'autant plus intense que l'existence ou l'étendue de la créance demeure incertaine. Ainsi est-il de l'intérêt de l'auteur d'un dommage éventuel de pouvoir au plus vite s'estimer libéré, le passage du temps pouvant laisser raisonnablement présumer que le créancier ne considère pas avoir de créance à son encontre. Dans cette hypothèse, s'ajoute d'ailleurs un intérêt économique : le coût des assurances professionnelles de responsabilité par exemple, sera d'autant moins élevé que les litiges seront nettement encadrés dans le temps. La prescription vise alors à protéger la sécurité juridique du débiteur. Elle participe, au même titre par exemple que la non-rétroactivité des lois[4], à la sécurité juridique du justiciable. Il est alors certain que, plus le point de départ sera objectivement fixé à une date proche du fait générateur de la créance, plus l'objectif de sécurité juridique sera atteint. Inversement, plus les différents mobiles qui ont guidé le créancier seront pris en considération pour éventuellement reporter le point de départ, moins cet objectif pourra être rempli.

---

1. L. Leveneur, « Réforme de la prescription : trois petits tours au Parlement et quelques questions », *Cont. conc. cons.*, 2008, n° 8, comm. 195.

2. Sur ces différents mobiles qui peuvent guider l'inaction du créancier, v. M. Mignot, « La proposition de loi portant réforme de la prescription en matière civile : une nouvelle application du droit de ne pas payer ses dettes ? », *LPA*, 26 février 2008, spéc. n° 13.

3. « *Long dormant claims have more of cruelty then justice in them* » (*A'Court v. Cross* (1825) 3 Bing 329, 332 per Best C. J., 130 ER 540, 541).

4. X. Lagarde, art. préc., spéc. n° 1 : « À l'instar de ce qu'est le principe de non-rétroactivité des lois dans les rapports entre le législateur et les citoyens, la prescription apparaît en quelque sorte comme la garantie d'éviction que l'institution judiciaire doit au justiciable ». Comp. C. Baudry-Lacantinerie et A. Tissier, *Traité théorique et pratique de droit civil, De la prescription*, Paris, 3e éd., 1905, p. 25, n° 29, qui compare la prescription à l'autorité de la chose jugée.

Aussi, il apparaît clairement que l'intérêt du débiteur est ici double : il réside à la fois dans l'allégement de la charge probatoire et dans la protection de sa sécurité juridique. Le débiteur a alors tout intérêt, dans cette perspective, à ce que le point de départ de la prescription soit fixé de manière objective à la date la plus proche du fait générateur de l'action, afin qu'il puisse s'estimer libéré le plus tôt possible, et surtout qu'il puisse anticiper cette libération grâce à la fixation d'un point de départ de la prescription prévisible sur lequel il puisse se reposer.

533. Les intérêts du créancier sont, c'est évident, aux antipodes de ceux du débiteur. Il est en effet de son intérêt de bénéficier de la période la plus longue et surtout la plus effective possible pour agir. On s'accordera pour considérer qu'il serait injuste que son action soit prescrite avant qu'il ait connu les éléments lui permettant d'agir et bénéficié d'un délai utile pour le faire. La question se pose alors cette fois en termes d'équité et d'effectivité des droits. À ce titre, il est bien évident que le choix d'un point de départ fixé subjectivement ou encore d'un point de départ flottant, qui permette la prise en considération des mobiles expliquant l'inaction temporaire du créancier, assurerait la primauté de l'effectivité de ses droits et protégerait ses intérêts.

534. À ces intérêts antagonistes du demandeur et du défendeur, il faut encore ajouter l'intérêt distinct de la société dans son ensemble. La prescription a en effet vocation à assurer la paix sociale, c'est-à-dire la sécurité juridique vue non plus du côté du seul débiteur de l'obligation mais de la société toute entière. En ce sens, la formule de Bigot de Préameneu est fameuse : « de toutes les institution du droit civil, la prescription est la plus nécessaire à l'ordre social »[1]. Il n'y a pas en effet que le débiteur qui aspire à la sécurité juridique. Les tiers également ont besoin d'avoir confiance en leurs droits, et dans l'apparence que le temps aura pu créer. Le sous-acquéreur d'un bien doit pouvoir être protégé contre l'action en nullité que le vendeur pourrait exercer à l'encontre de l'acquéreur initial ; l'établissement dispensateur de crédit a besoin de connaître le patrimoine de l'emprunteur et donc de ne pas être exposé à la résurgence d'un litige ancien ; l'acquéreur d'une entreprise doit pouvoir évaluer avec suffisamment de prévisibilité les risques d'une action en responsabilité liée à l'activité passée de l'entreprise… Les exemples pourraient être multipliés : *quieta non movere*… Sous cet aspect, l'intérêt général tend à converger avec l'intérêt du débiteur : l'impératif de sécurité juridique incite ici fortement à choisir un point de départ objectif afin d'assurer la prévisibilité et la stabilité des situations.

Mais l'intérêt général requiert aussi une bonne administration de la justice. La prescription peut y contribuer. Il s'agit alors d'éviter des procès qui ne pourraient plus se tenir dans de bonnes conditions par suite du dépérissement des preuves, ou encore d'éviter de dépenser les deniers publics pour une justice qui ne pourrait être rendue équitablement. L'équilibre est ici délicat : il ne faut pas non plus obliger les parties à agir au plus vite, au risque de multiplier les règlements judiciaires des différends au détriment des voies alternatives. La prescription est au cœur de ces équilibres.

535. Finalement, les intérêts en jeu sont multiples : établissement de la vérité, sécurité juridique, justice, prévisibilité, bonne administration de la justice, ou encore effectivité des droits peuvent entrer en conflit.

1. F. Bigot de Préameneu, *Exposé des motifs*, *in* F.-A. Fenet, *Recueil complet des travaux du Code civil*, T. XV, Paris, 1827, réimp. Otto Zeller Osnabrück, 1968, T. XV, spéc., p. 573.

B. La multiplicité des enjeux

536. La question de la détermination du point de départ de la prescription se prête souvent à la défense d'un intérêt particulier, celui du débiteur ou celui du créancier. Les conclusions sont alors souvent orientées : les uns faisant valoir que la sécurité juridique justifierait un point de départ figé, les autres que la protection du créancier appellerait son report.

Or, une vue unilatérale ne peut qu'aboutir à une image faussée. On l'a compris, les intérêts du débiteur et du créancier sont nécessairement divergents. C'est un truisme peu discutable : « le rapport créance-dette met en cause deux parties, le créancier et le débiteur, donc deux intérêts et finalement deux valeurs. Le créancier a intérêt à l'exécution et le débiteur à la libération »[1]. Toute approche univoque devient parti-pris : la sécurité de l'un est l'injustice de l'autre ; la justice de l'un est l'insécurité de l'autre.

537. Dès lors, la résolution du conflit d'intérêts suppose un arbitrage mais elle suppose aussi de ne pas négliger les effets du choix sur l'intérêt général. D'où l'importance des fondements de la prescription, dont les conséquences sont déterminantes des choix à opérer[2].

L'institution de la prescription repose en partie sur un fondement moral : elle vise à sanctionner le créancier ou le propriétaire négligent qui n'aurait pas exercé son droit. Mais elle est aussi une présomption d'inexistence de la créance. À ce titre, elle devrait venir au secours du supposé débiteur chaque fois que le temps aura rendu plus difficile la preuve de sa libération. Ce fondement probatoire rejoint alors son soubassement sécuritaire : la prescription a pour effet de consolider les situations acquises en alignant le droit sur le fait ; elle profite ainsi à la société dans son ensemble.

Aussi, la prescription apparaît par essence comme une institution « intrinsèquement complexe »[3] aux fondements multiples. Les valeurs qui la sous-tendent doivent être hiérarchisées[4].

---

1. M. Mignot, « La proposition de loi portant réforme de la prescription en matière civile : une nouvelle application du droit de ne pas payer ses dettes ? », préc., spéc. nº 8.

2. V. déjà Seligman, *Rev. crit.*, 1854, p. 447 : « selon nous, ce qui manque aux démonstrations de ces savants jurisconsultes, c'est que l'idée dominante de la prescription n'a pas été produite au grand jour. Une fois que ce principe général, fondement de la prescription, est bien établi, les conséquences doivent en découler avec une force irrésistible ». Sur ces différents fondements, v. notamment : C. Baudry-Lacantinerie et A. Tissier, *Traité théorique et pratique de droit civil, De la prescription*, Paris, 3e éd., 1905, p. 20 s., nº 27 s. ; A. Aubry et A. Rau, *Cours de droit civil français*, Paris, 1869, 4e éd., T. 2, p. 323 § 210 ; F. Laurent, *Principes de droit civil français*, Paris, 1878, 3e éd., T. XXXII, p. 12 s., nº 5 s. ; M. Troplong, *Droit civil expliqué, commentaire du Titre XX du Livre II du Code Napoléon, De la prescription*, T. 1, Paris, 1857, p. 15, nº 13 ; L. Guillouard, *Traité de la prescription*, Livre III, Titre XX du Code civil, Paris, 1900, T. I, p. 1 s., nº 1 s, et p. 64, nº 71 ; A. Colin et H. Capitant, *Cours élémentaire de droit civil français*, Paris, 10e éd. par L. Julliot de la Morandière, 1953, T. II, spéc. p. 408, nº 592 ; G. Marty, P. Raynaud, P. Jestaz, *Droit civil, Les obligations*, Sirey, 2e éd., 1989, T. II, *Le régime*, p. 280 s., nº 316 et 317 ; H. L. J. Mazeaud, F. Chabas, *Leçons de droit civil, Obligations, Théorie générale*, Montchrestien, 8e éd., p. 1206 s., nº 1165 s. Add., M. Bandrac, *La nature juridique de la prescription extinctive*, préf. P. Raynaud, Economica, 1986, spéc. p. 220 s., nº 237 s. V. égal., se référant tour à tour à ces trois fondements distincts : F. Bigot de Préameneu, *Exposé des motifs*, *in* F.-A. Fenet, *Recueil complet des travaux du Code civil*, T. XV, Paris, 1827, réimp. Otto Zeller Osnabrück, 1968, T. XV, spéc. p. 573 s.

3. M. Mignot, « Aperçu critique de l'avant-projet de loi sur la prescription », *RRJ*, 2007/4, p. 1639 s., spéc. nº 4.

4. M. Mignot, « Rapport de synthèse », préc, spéc. p. 62 : « Les principes servent à rationaliser le régime d'une institution mais encore à ordonner les valeurs sur lesquelles elle repose en faisant prévaloir les valeurs supérieures sur les valeurs inférieures ».

Mais il faut ajouter que les données qui la justifient et orientent le choix, loin d'être intangibles, évoluent et se déplacent sans cesse. Le fondement probatoire de la prescription n'a aujourd'hui plus la portée qu'il a pu avoir : l'archivage informatique, la multiplication des possibilités de conservation virtuelle ont rendu moins sensible la nécessité de réduire la durée de conservation des documents. Le fondement sécuritaire se trouve désormais concurrencé par l'exigence d'effectivité du droit introduite par la Cour européenne des droits de l'homme, qui impose que le titulaire d'un droit ne soit pas empêché d'agir avant d'avoir pu l'exercer. Le déplacement du centre de gravité de la prescription observé dans les systèmes étrangers en témoigne d'ailleurs.

538. De même, l'appréciation des intérêts en présence dépend évidemment de la situation concrète dans laquelle se trouvent les parties. L'intérêt du créancier à la flexibilité du point de départ et à son allongement n'est légitime qu'autant qu'il ignore son droit d'agir. La prescription vise à sanctionner le créancier négligent ou désintéressé, non à conférer des effets d'aubaine. L'équité et la morale concordent alors à faire du jour où le titulaire du droit est effectivement en mesure d'agir le point de départ de la prescription. Seligman avait ainsi rattaché la prescription aux « principes de justice éternelle » pour en déduire qu'elle reposait sur une présomption d'abandon du propriétaire ou du créancier qui ne pouvait exister qu'autant que ce dernier soit effectivement en mesure d'agir[1]. L'inaction ne pourrait être mesurée par le temps auparavant, mais elle devrait être mesurée dès ce jour. Une telle démarche, qui privilégie la justice et l'intérêt du créancier, sacrifie toutefois la sécurité juridique et l'intérêt du débiteur comme celui des tiers.

Symétriquement, l'intérêt du débiteur à ce que le point de départ soit définitivement fixé à une date fixe et donc prévisible n'est légitime que s'il peut raisonnablement s'estimer libéré. Cela suppose que l'on puisse tirer des conséquences de l'inaction du créancier pour croire en sa renonciation à agir. L'emprise du temps ne dépendrait plus ici de la justice naturelle, mais de l'apparence[2]. Chaque fois que la situation créerait une apparence de libération pour le débiteur ou pour les tiers, le temps de la prescription devrait commencer à courir. L'inaction du créancier aura créé une apparence au profit du débiteur et de la société dans son ensemble qui interdirait de prendre en considération l'existence d'obstacles subjectifs à l'action pour reporter le point de départ de la prescription.

Une telle approche conduirait cette fois à privilégier les intérêts du débiteur pour faire courir la prescription à compter de la naissance de l'action. La solution pourra là-encore être critiquée : ne fait-elle pas naître un nouveau « droit de ne pas payer ses dettes »[3] ? Autrement dit, est-il légitime de privilégier le débiteur,

1. Seligman, *Rev. crit.*, 1854, p. 447, spéc. p. 450 : « la prescription puise sa source dans le droit naturel et dans l'équité. L'action du temps est impuissante pour créer la prescription des droits, le temps n'intervient ici que comme mesure des éléments qui servent de base à la prescription, et ces éléments, nous les puisons, ainsi que nous venons de le dire, dans les principes de justice. Un des éléments sur lesquels se fonde la prescription est avant tout l'abandon présumé du propriétaire ou du créancier. Chaque fois que le législateur a rencontré un fait évidemment contraire à cette présomption, la prescription n'a pu avoir lieu ».

2. V. par ex. A. Collin, *Pour une conception renouvelée de la prescription*, préf. D. Fenouillet, thèse Defrénois, 2010, spéc. p. 81, n° 104.

3. L'on doit évidemment la paternité de la formule au doyen Ripert (G. Ripert, « Le droit de ne pas payer ses dettes », *DH*, 1936, p. 57 s.). Mais la question a récemment ressurgi à propos des effets des règles relatives au régime de la prescription sous la plume de M. Mignot (M. Mignot, « La proposition de loi portant réforme de la prescription en matière civile : une nouvelle application du droit de ne pas payer ses dettes ? », *LPA*, 26 février 2008, p. 6 s.).

supposé mauvais payeur, au détriment du créancier, dont on ne sanctionne pas même forcément un comportement négligent puisqu'il peut ignorer son droit ? Certes, l'approche avantage nettement le débiteur, mais il ne faut cependant pas oublier qu'elle profite également aux tiers et à la société dans son ensemble[1]. Fondée sur la sécurité de la société, la prescription ne saurait céder au principe d'équité[2]. La sécurité juridique ne peut alors se concilier avec la prise en considération des obstacles subjectifs à l'action, et notamment de l'ignorance, laquelle « entraînerait un allongement désordonné et aveugle des délais légaux »[3].

Et l'on contestera : quid lorsque l'action n'est pas encore ouverte ? Le débiteur ne saurait alors avoir été trompé sur les causes de son inaction[4]. En toute hypothèse, le débiteur n'a donc aucun intérêt légitime à voir la prescription courir dans toutes les hypothèses où l'inaction du créancier n'a pu créer à son profit une apparence de libération[5].

Les intérêts légitimes des deux parties ainsi établis, le point d'équilibre se précise : le point de départ de la prescription devrait en toute logique être fixé au plus tôt au jour de la naissance de l'action et au plus tard au jour où le titulaire du droit est « matériellement, juridiquement et intellectuellement »[6] en mesure d'agir. Mais entre ces deux dates, le choix reste à faire entre les impératifs de sécurité et de justice, qui dépendra de la valeur que l'on entend protéger. Dès lors, l'approche politique du point de départ de la prescription dépend d'un arbitrage nécessaire entre les différents fondements qui peuvent être assignés à la prescription et plus particulièrement entre la sécurité et l'équité. Si l'arbitrage est réalisé au profit de la justice et de l'équité, le point de départ de la prescription devra être fixé au jour où le titulaire du droit était effectivement en mesure d'agir. Inversement, si l'arbitrage est réalisé au profit de la sécurité, le point de départ de la prescription devra être fixé au jour où l'action était ouverte au titulaire du droit, même s'il ignorait alors pouvoir l'exercer.

539. Le temps ne saurait en effet à lui-seul permettre l'accomplissement de la prescription[7]. Contrairement à ce que put croire Beudant[8] – mais il ne fut pas le seul – le temps n'a aucune vertu par lui-même. Dans nombres d'hypothèses, le temps, comme il l'a été justement rappelé, n'a aucun effet sur la prescription, d'où l'on déduit qu'il « faut dire avec Vico : *Tempus non est modus constituendi*

---

1. G. Marty, P. Raynaud, P. Jestaz, *Droit civil, Les obligations*, Sirey, 2e éd., 1989, T. II, *Le régime*, p. 281, n° 317.

2. F. Bigot de Préameneu (*Exposé des motifs*, *in* F.-A. Fenet, *Recueil complet des travaux du Code civil*, T. XV, Paris, 1827, réimp. Otto Zeller Osnabrück, 1968, T. XV, spéc. p. 575), l'avait nettement formulé : « si ensuite l'équité se trouve blessée, ce ne peut être que dans des cas particuliers. La justice générale est rendue, et dès lors les intérêts privés qui peuvent être lésés doivent céder à la nécessité de maintenir l'ordre social ». V. aussi, à propos de l'adage *Contra non valentem*, J. Clément, *De la règle* Contra non valentem agere non currit praescriptio *en matière civile, Grenoble*, 1902, spéc. p. 15.

3. J. Carbonnier, « La règle *Contra non valentem agere non currit praescriptio* », *Rev. crit.*, 1937, p. 155 s., spéc. p. 184.

4. C. Baudry-Lacantinerie et A. Tissier, *Traité théorique et pratique de droit civil, De la prescription*, Paris, 3e éd., 1905, p. 305, n° 390.

5. Il en est ainsi quand, bien que le droit substantiel soit né ou que le fait générateur du dommage se soit déjà réalisé, le droit d'agir n'est pas encore né. Il en va de même quand le débiteur est à l'origine de l'inaction du créancier pour lui avoir volontairement dissimulé les éléments lui permettant d'agir.

6. M. Mignot, « Aperçu critique de l'avant-projet de loi sur la prescription », préc., spéc. n° 9

7. M. Mignot, *Ibid.*, spéc. n° 12.

8. C. Beudant, *Droit civil français*, T. VIII, *Les contrats*, par G. Lagarde, 2e éd. 1936, n° 280 : « Le temps suffit par lui-même à confirmer une convention annulable ».

vel dussolvendi juris »[1]. Bigot de Préameneu en avait la prescience : « le temps seul n'opère pas prescription »[2]. C'est en ce sens qu'il faut lire la fameuse phrase de Carbonnier selon laquelle « le temps des juristes n'échappe pas plus que celui des physiciens au grand principe de la relativité »[3].

Le temps n'est qu'un instrument de mesure. Mesure de l'inaction du titulaire du droit, avant tout. Or, cette mesure dépendra ici des éléments qui fondent la prescription[4].

540. **Conclusion de la Section II.** En conséquence, l'adoption d'une politique juridique susceptible de guider les directives de détermination du point de départ de la prescription soulève plusieurs difficultés. La première tient à l'absence d'autonomie d'une telle politique. En effet, celle-ci demeure nécessairement dépendante des choix opérés quant aux autres composantes du régime de la prescription. De plus, elle risque bien souvent de se heurter aux choix de politique juridique propres au droit substantiel concerné. Mais ce risque appelle davantage encore à l'adoption d'une directive de détermination du point de départ de la prescription solide. La mise en place d'une telle directive se heurte alors à une seconde difficulté tenant à la divergence des intérêts en cause. Une telle divergence oblige à opérer un arbitrage entre les impératifs de sécurité et de justice. Deux approches politiques du point de départ de la prescription peuvent alors être proposées : une première reposant sur l'équité et privilégiant l'effectivité du droit et les intérêts du créancier au détriment de la sécurité juridique et des intérêts du débiteur ; une seconde reposant sur l'apparence et privilégiant à l'inverse la sécurité et les intérêts du débiteur au détriment de la justice et des intérêts du créancier.

541. **Conclusion du Chapitre II.** Des développements qui précèdent, il ressort que la question du point de départ de la prescription repose sur un choix relatif aux logiques technique et politique qui peuvent guider sa détermination, logiques dont il faut identifier les approches possibles avant de les sélectionner.

Précisément, il apparaît que trois approches techniques distinctes de la détermination du point de départ de la prescription pourraient être envisagées. La première consisterait à ne pas adopter de directive de principe pour laisser la question à l'appréciation du juge qui bénéficierait ainsi d'une grande souplesse. La deuxième consisterait à adopter une seule directive de détermination du point de départ de la prescription reposant sur un critère unique – objectif ou subjectif – dont il serait fait une application uniforme, ce qui permettrait de restaurer la prévisibilité et la sécurité de la matière. La troisième manière consisterait à prévoir une pluralité de directives de détermination du point de départ de la prescription ou une règle générale assortie de règles spéciales de détermination du point de départ de la prescription, ceci afin de respecter la complexité.

Les difficultés liées au choix entre ces différentes approches techniques de la question s'entremêlent encore avec celles liées aux approches politiques possibles de celle-ci. En effet, si l'on écarte une approche casuistique pour retenir une approche globale de la question du point de départ de la prescription, que celle-ci soit guidée par une directive unique ou par une pluralité de directives,

1. Seligman, préc., p. 450.
2. F. Bigot de Préaméneu, *op. cit.*, spéc. p. 577.
3. J. Carbonnier, « Notes sur la prescription extinctive », *RTD civ.*, 1952, p. 171 s., spéc. p. 171.
4. M. Troplong, *Droit civil expliqué, commentaire du Titre XX du Livre II du Code Napoléon, De la prescription*, Paris, 1857, T. 1, p. 4, n° 1.

encore faut-il déterminer en fonction de quels éléments le choix du critère pertinent devra être opéré. L'approche politique de la détermination du point de départ de la prescription prend alors le relais pour nourrir l'approche technique et déterminer la nature de tels éléments. L'adoption d'une politique juridique susceptible de guider les directives de détermination du point de départ de la prescription soulève ici plusieurs difficultés liées d'abord à l'absence d'autonomie d'une telle politique. En amont, le choix opéré sera nécessairement dépendant de la manière dont le législateur appréhende les autres composantes du régime de la prescription. En aval, le choix opéré risque bien souvent de se heurter aux choix de politique juridique propres au droit substantiel concerné. Les enjeux propres à la politique juridique relative à la détermination du point de départ de la prescription demeurent cependant fondamentaux dès lors que seule l'adoption d'une directive de détermination du point de départ de la prescription reposant sur un choix politique fort sera susceptible de restaurer la cohérence de la matière en protégeant le point de départ de la prescription de toute instrumentalisation. Deux approches politiques du point de départ de la prescription peuvent alors là encore être proposées, en fonction de l'arbitrage opéré entre les différents intérêts en cause : une première reposant sur l'équité et privilégiant l'effectivité du droit et les intérêts du créancier au détriment de la sécurité juridique et des intérêts du débiteur ; une seconde reposant sur l'apparence et privilégiant à l'inverse la sécurité et les intérêts du débiteur au détriment de la justice et des intérêts du créancier.

Le choix opéré n'est cependant pas totalement libre : il devra intérioriser les différentes contraintes qui limitent l'étendue des possibles.

Chapitre III

Les contraintes

542. Si la détermination de la forme et du contenu des directives de détermination du point de départ de la prescription repose sur un choix technique comme politique, celui-ci ne saurait être totalement libre. En dehors même des hypothèses dans lesquelles le législateur français est dépossédé de toute prérogative parce qu'une directive de détermination du point de départ de la prescription lui est imposée par le droit européen ou international, il lui faut en effet composer avec le respect des principes supra-législatifs[1].

Or, la détermination du régime de prescription, parce qu'elle touche au droit fondamental d'ester en justice pour faire reconnaître ses droits, est inévitablement susceptible d'entrer en conflit avec des droits constitutionnellement ou conventionnellement protégés. Tant le Conseil constitutionnel que la Cour européenne des droits de l'homme exercent en conséquence un contrôle des règles relatives à la détermination du point de départ de la prescription. Mais les instruments de leur contrôle divergent : alors que le premier apprécie la constitutionnalité des dispositions qui lui sont déférées à l'aune du principe d'égalité, la seconde les analyse au regard du droit d'accès à un tribunal.

Ces principes, tels qu'interprétés par la jurisprudence, constituent dès lors autant de contraintes dans le choix des directives relatives à la détermination du point de départ de la prescription. Aussi convient-il d'examiner l'influence du

1. Il faut souligner que la valeur du principe de la prescription est discutée. La question a connu un récent renouveau – *via* plusieurs questions prioritaires de constitutionnalité – en matière pénale et disciplinaire. Alors que le Conseil d'État avait considéré que « l'existence d'une règle de prescription, qui est un principe fondamental reconnu par les lois de la République, exige que, pour les crimes dont la nature n'est pas d'être imprescriptible, un délai de prescription soit fixé dans le statut, en fonction de la gravité des crimes commis » (CE, Avis, 20 février 1996, nº 358597), la Cour de cassation, devant laquelle était examinée une *QPC* relative au point de départ de la prescription de l'abus de biens sociaux, a considéré que « la prescription de l'action publique ne revêt pas le caractère d'un principe fondamental reconnu par les lois de la République et ne procède pas des articles 7 et 8 de la *Déclaration des droits de l'homme et du citoyen* du 26 août 1789, ni d'aucune disposition, règle ou principe à valeur constitutionnelle » (Cass. ass. plén., 20 mai 2011, *Rev. dr. pu. et. sc. Po*, 2011, p. 1446, note Y. Mayaud, *Dr. pén.*, 2011, comm. 95, note J.-H. Robert, *Rev. sc. crim.*, 2011, p. 611, obs. H. Matsopoulou, *JCP* G, 2011, 670, obs. B. Mathieu). Le Conseil constitutionnel, qui s'était jusqu'alors contenté d'affirmer qu'« aucune règle, ni aucun principe de valeur constitutionnelle, n'interdit l'imprescriptibilité des crimes les plus graves qui touchent l'ensemble de la communauté internationale » (déc. nº 98-408 *DC* du 22 janvier 1999) a pris position en matière de prescription disciplinaire en affirmant qu'« aucune loi de la République antérieure à la Constitution de 1946 n'a fixé le principe selon lequel les poursuites disciplinaires sont nécessairement soumises à la règle de prescription » (déc. nº 2011-199 *QPC* du 25 novembre 2011).

principe d'égalité (Section I) et celle du droit d'accès à un tribunal (Section II) sur le régime du point de départ de la prescription.

Section I : Le principe d'égalité

543. Bien que la loi du 17 juin 2008 n'ait pas fait l'objet d'une saisine du Conseil constitutionnel, la question de la détermination du point de départ de la prescription n'est cependant pas étrangère à sa jurisprudence. Les décisions sur ce point ne sont certes pas abondantes, mais le Conseil a cependant eu, à deux reprises au moins, l'occasion de censurer la démarche du législateur en ce domaine[1]. L'analyse de ces décisions fournit alors de précieuses indications sur les limites dans lesquelles la liberté du législateur peut se déployer dans la fixation du point de départ de la prescription.

544. Il apparaît d'abord que le Conseil constitutionnel a systématiquement examiné les dispositions législatives relatives au point de départ de la prescription au regard du principe d'égalité. Un tel principe, dégagé pour la première fois par le Conseil constitutionnel dans une décision rendue le 27 décembre 1973[2], n'interdit évidemment pas toute distinction entre les justiciables. Différemment, selon un considérant devenu classique, le principe d'égalité « ne s'oppose, ni à ce que le législateur règle de façons différentes des situations différentes, ni à ce qu'il déroge à l'égalité pour des raisons d'intérêt général, pourvu que, dans l'un et l'autre cas, la différence de traitement qui en résulte soit en rapport avec l'objet de la loi qui l'établit »[3]. Mais le Conseil semble à propos des règles relatives au point de départ de la prescription opérer un contrôle strict de ce rapport, c'est à dire de la pertinence du lien de causalité entre l'existence d'une différence de situation et celle d'une différence de traitement[4].

Le raisonnement est particulièrement net en ce sens dans une décision rendue le 10 juin 2004 à l'occasion de l'examen de la loi pour la confiance dans l'économie numérique. Afin de répondre aux nouveaux enjeux suscités par le développement de l'internet[5], le projet de loi sur la confiance dans l'économie numérique avait entendu mettre en place pour les délits de presse un régime de prescription différent selon le support de publication. L'article 6 V de ladite loi prévoyait en effet que tout document disponible en ligne qui n'avait pas été déjà publié sur support papier pouvait faire l'objet de poursuites dans un délai de trois mois à partir de la « date à laquelle cesse la mise à disposition du public du message », là où un texte ayant été publié sur un support papier ne pouvait faire l'objet de poursuites que pendant un délai de trois mois à compter de la date

1. Une première fois par une décision du 13 décembre 1985 (déc. n° 85-198 *DC* du 13 décembre 1985), à l'occasion de l'examen d'une loi portant diverses dispositions relatives à la communication audiovisuelle. Une seconde fois par une décision du 10 juin 2004 (déc. n° 04-496 *DC* du 10 juin 2004), à l'occasion de l'examen de la loi pour la confiance dans l'économie numérique.

2. Déc. n° 73-51 *DC* du 27 décembre 1973.

3. La formule a précisément été rappelée par le Conseil constitutionnel à l'occasion de l'appréciation de la constitutionnalité de règles relatives au point de départ de la prescription : « le principe d'égalité ne fait pas obstacle à ce qu'à des situations différentes soient appliquées des règles différentes, dès lors que cette différence de traitement est en rapport direct avec la finalité de la loi qui l'établit » (déc. n° 04-496 *DC* du 10 juin 2004, cons. 13). V. encore, à propos des causes de suspension *ab initio* de la prescription : déc. n° 2012-556 *QPC* du 18 juin 2012.

4. N. Molfessis, *Le Conseil constitutionnel et le droit privé*, préf. M. Gobert, LGDJ, 1997, spéc. p. 266, n° 335.

5. Sur ces questions, v. *supra*, n° 72.

de publication du texte incriminé. La difficulté portait donc sur la conformité au principe d'égalité d'une disposition prévoyant un point de départ de la prescription spécifique en matière de délits de presse commis dans le monde virtuel. Après avoir pris soin de préciser que « par elle-même, la prise en compte de différences dans les conditions d'accessibilité d'un message dans le temps, selon qu'il est publié sur un support papier ou disponible sur un support informatique, n'est pas contraire au principe d'égalité », le Conseil constitutionnel a toutefois considéré que « la différence de régime instaurée, en matière de droit de réponse et de prescription, par les dispositions critiquées dépasse manifestement ce qui serait nécessaire pour prendre en compte la situation particulière des messages exclusivement disponibles sur un support informatique »[1].

Le message est double : la différence de situations pouvait ici justifier une différence de traitement. Il était donc possible pour le législateur de prévoir un aménagement des règles de prescription en considération de la spécificité de la situation des infractions de presse dans le monde virtuel. Mais encore fallait-il que celui-ci n'apparaisse pas disproportionné au regard du but poursuivi. C'est la disproportion qui est ici censurée, la loi ouvrant l'action civile et pénale « pendant des durées manifestement trop différentes selon le support utilisé » selon le communiqué de presse du Conseil[2].

La démarche du Conseil invite alors à se demander quand le rapport entre la différence de traitement et la finalité de la loi qui l'établit sera jugé suffisamment direct pour justifier la fixation d'un point de départ dérogatoire.

545. Le Conseil constitutionnel a, sur ce point, eu l'occasion de préciser sa doctrine en réponse à une question prioritaire de constitutionnalité qui lui était posée[3]. Le requérant faisait ici valoir que le fait que l'article 3 de la loi du 31 décembre 1968 relative à la prescription des créances publiques, à l'inverse de l'article 2235 du Code civil, ne prévoit pas que la prescription des créances détenue par un mineur non émancipé à l'encontre d'une personne publique soit suspendue en raison de l'état de minorité, pour conclure à la violation du principe d'égalité. Le Conseil constitutionnel a balayé l'argument au motif qu'« aucune exigence constitutionnelle n'impose que les créances sur les personnes publiques soient soumises aux mêmes règles que les créances civiles ; qu'en instituant un régime particulier applicable aux créances contre certaines personnes publiques, le législateur pouvait prévoir des causes de suspension différentes de celles applicables aux relations entre personnes privées ; qu'ainsi les différences de traitement instauré par le législateur entre les créanciers mineurs non émancipés soumis aux dispositions du code civil et ceux qui se prévalent d'une créance à l'encontre d'une personne publique [...] est fondée sur une différence de situation en rapport direct

1. Déc. nº 04-496 *DC* du 10 juin 2004, cons. 14. Comp. déc. nº 2013-302 *QPC* du 12 avril 2013, déclarant que l'article 65-3 de la loi du 29 juillet 1881 sur la liberté de la presse qui prévoit pour certains délits (parmi lesquels le délit de provocation à la discrimination) un délai de prescription d'un an, par dérogation au délai de droit commun de trois mois, ne met pas en place une différence de traitement disproportionnée au regard de l'objectif poursuivi.

2. Le commentaire de la décision proposé par les *Cahiers du Conseil constitutionnel* poursuit l'analyse : le choix opéré par la loi « aboutirait par exemple à ce qu'un message exclusivement accessible sur un site internet pendant cinq ans serait exposé pendant cinq ans et trois mois à l'action publique ou civile, alors que le même message publié par écrit (par exemple dans un ouvrage) ne serait exposé à ces actions que pendant trois mois. Si importantes que soient les différences de réception par le public entre les deux supports, elles ne justifient pas une différence de traitement d'une telle amplitude » (les *Cahiers du Conseil constitutionnel*, nº 17, commentaire de la décision nº 2004-496 *DC* du 10 juin 2004).

3. Déc. nº 2012-256 *QPC* du 18 juin 2012.

avec l'objet qui l'établit ». La différence de nature des prescriptions semble ici à même de justifier des règles dérogatoires relatives au cours de la prescription. Si le Conseil constitutionnel ne s'est pas, à ce jour, montré aussi explicite s'agissant des règles portant directement sur le point de départ de la prescription, l'analyse peut être enrichie par l'étude des arrêts rendus par la Cour constitutionnelle (ancienne cour d'arbitrage) de Belgique à ce propos. En effet, participant d'une même démarche, qui consiste à apprécier la conformité au principe d'égalité des règles légales relatives au point de départ de la prescription, la jurisprudence constitutionnelle belge, dont le foisonnement contraste avec la jurisprudence constitutionnelle française, peut fournir de précieuses indications.

Sous cet aspect, interrogée sur la conformité au principe d'égalité de l'article 198 al. 1er du Code des sociétés belge qui prévoyait que l'action dirigée contre un administrateur d'une société doit être formée dans les cinq ans des « opérations », que la victime ait eu ou non connaissance de l'acte en question et du dommage causé, la Cour a dû apprécier le bien-fondé de la distinction ainsi établie entre les points de départ de la prescription des actions en responsabilité du droit commun et du droit spécial des sociétés : jour de la révélation du dommage dans un cas, de son fait générateur dans l'autre. Elle a alors jugé[1] qu'une telle différence de traitement était justifiée par le fondement du régime de prescription en droit des sociétés, qui a vocation à ne pas laisser les administrateurs de sociétés trop longtemps dans l'incertitude concernant leur éventuelle responsabilité pour des fautes commises dans l'exercice de leur mandat. On retrouve ici le critère du lien direct cher au Conseil constitutionnel entre la différence de traitement imposée – un point de départ avancé – et la finalité de la loi qui l'établit : circonscrire la responsabilité des administrateurs. Afin d'établir la proportionnalité de la différence de traitement établie, la cour ajoute alors d'une part que l'article vise des hypothèses dans lesquelles le dommage est supposé se manifester très vite, et d'autre part qu'un tel point de départ de la prescription peut être écarté dans certains cas exceptionnels[2].

En revanche, la Cour constitutionnelle a pu déclarer contraire au principe d'égalité l'article 34 d'une loi du 15 mai 1846 qui prévoyait, lorsqu'une action était dirigée contre l'État, un point de départ différent de celui du droit commun, entraînant pour la victime un traitement distinct selon que son préjudice était imputable à un particulier ou à l'État. Là encore, tout en rappelant qu'en principe une différence de traitement est possible dès lors qu'elle est justifiée par une différence objective, et en reconnaissant l'existence d'une telle différence en ce que « l'État sert l'intérêt général » alors que « les particuliers agissent en considération de leur intérêt personnel », la Cour a cependant jugé qu'à l'égard des créances nées de travaux, la mesure n'apparaît pas raisonnablement justifiée dès lors qu'il « s'agit en effet de créances nées d'un préjudice qui peut n'apparaître que plusieurs années après que les travaux ont été exécutés ». Elle en déduit que « la loi contient une mesure qui est disproportionnée au but poursuivi par le législateur »[3]. La démarche de la Cour constitutionnelle de Belgique s'écarte ici sensiblement de cette retenue par le Conseil constitutionnel dans sa décision précitée du 18 juin 2012.

1. Arrêt nº 47/2007 du 21 mars 2007.

2. En présence d'un dol (le point de départ de la prescription est alors retardé au jour de la découverte du dol), de faits indivisibles (le point de départ de la prescription est alors retardé au jour de la commission du dernier acte) ou d'une infraction (la prescription de l'action civile ne peut alors être acquise avant celle de l'action publique).

3. Arrêt nº 32/1996 du 15 mai 1996.

546. Il apparaît alors que la fixation de points de départ distincts, en présence de situations distinctes tenant à la qualité du défendeur ou aux caractéristiques du fait à l'origine de l'action, n'est pas en soi contraire au principe d'égalité. Mais la conformité de la différence de traitement établie à ce principe suppose que deux conditions soient réunies : d'une part, il doit exister un rapport direct entre la différence de points de départ imposée et la finalité de la loi qui l'établit, d'autre part, il doit exister un rapport de proportionnalité entre la différence de points de départ établie et le but recherché. Si la première condition ne soulève guère de problème – elle a ici été reconnue dans toutes les hypothèses étudiées – la seconde soulève davantage de difficultés : à sonder les motivations qui sous-tendent les décisions analysées, il apparaît que la proportionnalité de la mesure sera plus facilement reconnue quand la différence de traitement ne se révélera pas en pratique trop importante. Ainsi, n'est pas contraire au principe d'égalité le fait de fixer le point de départ au jour du fait générateur du dommage et non au jour de sa révélation dans une matière – tel le droit des sociétés – où le dommage est supposé se révéler très rapidement. En revanche, dès lors que le dommage risque d'apparaître tardivement (préjudices nés de l'exécution de travaux) – ou encore lorsque le fait illicite est susceptible de cesser tardivement (la mise à disposition en ligne), la distorsion des points de départ devient disproportionnée. Il faut encore observer que les organes constitutionnels n'apparaissent pas insensibles à l'existence d'exceptions à la fixité du point de départ dérogatoire.

547. Le principe d'égalité n'implique toutefois pas seulement que la différence de traitement réponde à une différence de situation. Il impose également que des situations différentes bénéficient effectivement d'un traitement différent. En effet, il n'est guère douteux que la fixation d'un point de départ unique, reposant sur un critère insusceptible de prendre en considération les différences de situations dans lesquelles peuvent se trouver les justiciables, contrevient tout autant au principe d'égalité que la fixation de points de départ radicalement différents en présence de situations comparables.

Un tel raisonnement était d'ailleurs déjà perceptible dans une décision du Conseil constitutionnel en date du 13 décembre 1985. L'article 3-II de la loi modifiant la loi nº 82-652 du 19 juillet 1982 et portant diverses dispositions relatives à la communication audiovisuelle prévoyait qu'en cas d'installation de matériel nécessaire à la diffusion par voie hertzienne sur des propriétés privées, il n'était dû au propriétaire qu'une indemnité correspondant au préjudice résultant des travaux d'installation, de pose ou d'entretien des moyens de diffusion par voie hertzienne ou des équipements nécessaires à leur fonctionnement. Il était précisé que « les actions en indemnités sont prescrites dans le délai de deux ans à compter du jour où les travaux ont pris fin ». Le Conseil constitutionnel a déclaré cette disposition non conforme à la Constitution au motif qu'« en faisant partir le délai de prescription, non du jour de la naissance du préjudice mais "du jour où les travaux ont pris fin", la dernière phrase de cette disposition interdit la réparation de préjudices pouvant se révéler tardivement et méconnaît ainsi le principe d'égalité devant les charges publiques ».

La décision apporte ici un éclairage quelque peu différent sur la portée du principe d'égalité. Le point de départ de la prescription retenu par la loi, détaché de la réalisation du préjudice, créait ici une distorsion entre la situation des victimes ayant conscience de subir un préjudice dès l'achèvement des travaux et celles dont le préjudice ne se révélerait que postérieurement. Concrètement, l'arrêt, qui témoigne du « lien tendu »[1] dans la jurisprudence du Conseil constitutionnel entre le principe d'égalité et le principe de responsabilité, semble faire de la connaissance par la victime de son dommage et, plus généralement, de la prise en considération de la possibilité d'agir de la victime, une condition de la constitutionnalité du point de départ de la prescription. On a ainsi pu constater qu'« il est cette fois certain que le Conseil constitutionnel admet que le point de départ de la prescription de l'action en responsabilité ne commence pas à courir avec la réalisation du dommage mais à la date de sa révélation. Cette protection indirecte de la maxime *Contra non valentem agere non currit praescriptio* résulte du principe d'égalité »[2].

548. Faut-il alors en déduire que la prescription ne pourra jamais courir avant que la victime ait pu agir ? La solution demeure discutable, tant le considérant du Conseil constitutionnel apparaît ambigu. Certes, le Conseil stigmatise « la réparation de préjudices pouvant se révéler tardivement », laissant croire qu'il entend ici consacrer l'adage *Contra non valentem*... Mais il ne reproche pas en conséquence à la loi de n'avoir pas fixé le point de départ de la prescription au jour de la « révélation » des préjudices, mais différemment au jour de la « naissance du préjudice ». Or, nul doute que ces deux dates peuvent être bien différentes, notamment en présence de dommages latents, déjà réalisés mais non encore révélés à leurs victimes. La référence à la « naissance du préjudice » plaide alors davantage dans le sens d'une référence à l'adage *Actioni non natae non praescribitur* qu'à l'adage *Contra non valentem*. Au fond, il est ici certain que le Conseil a entendu ériger en principe constitutionnellement protégé la règle selon laquelle la prescription ne peut courir avant que le droit soit né, c'est-à-dire avant que tous les éléments permettant le succès au fond de l'action soit réunis. Il demeure plus délicat de déterminer si le Conseil a entendu aller au-delà et consacrer également l'adage *Contra non valentem*.

La jurisprudence constitutionnelle belge semble en revanche suivre plus explicitement cette voie. Interrogée sur la conformité au principe d'égalité de l'article 26 du Code de procédure pénale belge qui disposait que l'action civile en réparation d'un préjudice subi du fait d'une infraction se prescrit par cinq ans à compter des faits, la Cour a jugé la disposition contraire au principe d'égalité en soulignant le fait qu'il en résulte « spécialement dans les cas où le dommage ne se fait ressentir que tardivement (...) une grave limitation des droits de la victime »[3]. La position a encore été affinée dans un arrêt postérieur : la fixation du point de départ d'un délai quinquennal de prescription au jour de la faute emporte également des effets disproportionnés lorsqu'il court à l'encontre de personnes qui se trouvent dans l'impossibilité d'agir en justice dans le délai légal « lorsque le préjudice ou l'identité du responsable ne peuvent être constatés que postérieurement à ce délai »[4]. De ces arrêts, il semble possible de déduire un lien dans l'esprit de la Cour entre l'existence d'une durée relativement brève de prescription - cinq ans - et la nécessité de prendre en considération la possibilité d'agir du demandeur dans la fixation du point du départ. On leur prête d'ailleurs généralement d'avoir sonné le glas des points de départ de la prescription fixés à une date ne permettant pas de distinguer les situations de victimes ayant ou

---

1. N. Molfessis, thèse préc., spéc. p. 297, n° 374.
2. N. Molfessis, *Ibidem*.
3. Arrêt n° 25/1995 du 21 mars 1995. La décision est à l'origine de la loi du 10 juin 1998 réformant la prescription en droit belge en introduisant notamment un nouvel article 2262 *bis* prenant acte de la décision de la Cour constitutionnelle Belge.
4. Arrêt n° 153/2006 du 18 octobre 2006.

non connaissance de leur dommage chaque fois que le délai de prescription est relativement court[1].

Plus encore, la Cour constitutionnelle de Belgique n'a pas hésité à subordonner la conformité d'une disposition relative au point de départ de la prescription au respect de réserves d'interprétation en ce sens. Ainsi a-t-elle pu affirmer la conformité au principe d'égalité d'un mode de fixation du point de départ de la prescription qui « procure un délai de prescription concret d'au moins 4 ans après la naissance de la créance, c'est-à-dire à partir du moment où tous les éléments constitutifs sont présents, à savoir une faute, un dommage et le lien de cause à effet entre les deux, et pour autant que le dommage et l'identité de la personne responsable puissent être établis avant l'expiration du délai de prescription »[2]. La Cour constitutionnelle de Belgique rejoint ici le Conseil constitutionnel en s'assurant que la prescription ne court pas avant la naissance de l'action. En ce sens, elle consacre l'adage *Actioni non natae non praescribitur*. Mais elle va ici plus loin en précisant qu'un tel point de départ ne respecte le principe d'égalité que pour autant que le demandeur ait connaissance des faits lui permettant d'agir avant l'expiration du délai de prescription. L'ignorance peut exister lorsque la prescription commence à courir mais doit avoir cessé avant que la prescription soit acquise : c'est la consécration de l'adage *Contra non valentem*. La possibilité d'agir avant l'expiration du délai de prescription semble donc érigée en impératif constitutionnel.

549. Finalement, il apparaît que deux enseignements doivent être retenus de la mise en œuvre du principe d'égalité dans la jurisprudence constitutionnelle. Ils encadrent la liberté du législateur dans la fixation du point de départ de la prescription.

En premier lieu, est contraire au principe d'égalité la fixation de points de départ instituant une différence de traitement sans lien direct et proportionné avec la différence de situation des justiciables. La conséquence en est claire : s'il est loisible au législateur de fixer des points de départ de la prescription spéciaux, leur particularisme doit être une réponse adéquate à une véritable différence de situation. À ce titre, les points de départ de la prescription ne peuvent être radicalement différents en raison d'une simple différence de qualité du défendeur ou de support de l'acte dommageable. Il faut encore qu'une telle différence de situation justifie une différence de traitement qui devra alors être en lien direct et proportionné avec la finalité visée par la loi qui l'établit. Sous cet aspect, il apparaît que la différence de traitement sera d'autant mieux acceptée que la différence de situation justifie réellement une dérogation, n'induira pas de différence pratique trop forte, et offrira une certaine souplesse. La directive restreint nécessairement la possibilité de multiplier les points de départ dérogatoires au droit commun.

En second lieu, le Conseil s'assure que l'égalité apparente de traitement ne dégénère pas en une discrimination : il est tout aussi contraire au principe d'égalité de traiter identiquement des situations différentes que de traiter différemment des situations identiques. Dès lors, le point de départ retenu doit reposer sur un critère susceptible d'emporter la prise en considération de l'inégale possibilité d'agir des demandeurs. Il ressort alors de la jurisprudence constitutionnelle d'une part que l'adage *Actioni non natae non praescribitur* ne devrait pas

1. R. Zimmermann, *Comparative foundations of a European law of set-off and prescription*, Cambridge University Press, 2002, p. 95.

2. Arrêt n° 17/2008 du 14 février 2008.

pouvoir être écarté, et d'autre part que le jeu de la maxime *Contra non valentem* pourrait s'imposer, au moins en présence d'une prescription courte.

L'importance ici accordée à la possibilité d'agir dans la mise en œuvre du principe d'égalité n'est alors pas sans incidence. D'une part, elle semble interdire - sauf situation spécifique - que le point de départ de la prescription soit détaché de la survenance d'événements faisant naître ou permettant d'exercer l'action. D'autre part, elle amène à s'interroger sur la conformité de l'instauration d'un délai butoir, par hypothèse hermétique à la possibilité d'agir, au principe d'égalité. Il ne s'agit évidemment pas de préjuger de la constitutionnalité du délai butoir instauré par la loi du 17 juin 2008, contesté par la Cour de cassation[1] comme par certains auteurs[2], et dont le Conseil sera peut-être un jour saisi *via* la nouvelle question prioritaire de constitutionnalité. Mais l'on peut cependant remarquer qu'un tel délai, sans être à l'abri de la critique, n'encoure sans doute pas non plus les foudres du Conseil. En effet, la prise en considération de l'adage *Contra non valentem* semble être liée dans la jurisprudence constitutionnelle à la brièveté des délais de prescription. Rien n'interdit alors de penser qu'en présence d'un délai de vingt ans, la force de l'adage pourrait être largement relativisée. En revanche, l'attachement du Conseil à l'adage *Actioni non natae non praescribitur* ne devrait pas être sans influence sur la détermination du point de départ d'un éventuel délai butoir[3]. Sous cet aspect, le choix retenu par la loi du 17 juin 2008 - la « naissance du droit » - semble moins prêter le flan à la critique que celui qui avait pu être proposé par l'avant projet de réforme du droit des obligations et de la prescription - le « fait générateur de l'obligation ».

De telles contraintes constitutionnelles se doublent alors de contraintes conventionnelles, car la Cour européenne des droits de l'homme limite à son tour les possibilités en la matière.

SECTION II : LE DROIT D'ACCÈS À UN TRIBUNAL

550. La prescription étant commune à l'ensemble des pays composant le Conseil de l'Europe, la Cour européenne des droits de l'homme a logiquement eu à connaître de la compatibilité de l'institution aux droits protégés par la Convention. Si la Cour semble alors avoir eu davantage de facilité à admettre par principe la conventionalité de la prescription extinctive que celle de la prescription acquisitive[4], elle encadre cependant nettement la liberté des États-membres en la matière.

---

1. *Rapport du groupe de travail de la Cour de cassation sur l'Avant-projet de réforme du droit des obligations et de la prescription*, spéc. n° 97.

2. V. notamment les propos de M. Bénabent retranscrits dans le rapport « Pour un droit de la prescription moderne et cohérent », J.-J. Hyest (président), H. Portelli et R. Yung, rapporteurs, sénateurs, Commission des lois, « Mission d'information sur le régime des prescriptions civiles et pénales », *Les rapports du Sénat*, n° 333, 2006-2007, p. 97.

3. V. *infra*, n° 710 s.

4. La Cour européenne des droit de l'homme avait un temps fait craindre un véritable bouleversement en affirmant, par la voix de sa quatrième chambre dans un arrêt (*LTD c/ Royaume-Uni*) du 15 novembre 2005 que l'usucapion violait l'article 1 du *Protocole additionnel n° 1* à la Convention au motif que « sans le versement d'une somme en rapport raisonnable avec la valeur du bien, une privation de propriété constitue normalement une atteinte excessive au droit de propriété » (§ 47). Il aura fallu la réunion de la grande chambre de la Cour européenne pour que celle-ci reconnaisse finalement dans un arrêt du 30 août 2007 - à une courte majorité de 10 voix contre 7 - la légitimité de l'usucapion analysée non plus comme une privation du droit de propriété (al. 1) mais comme une simple réglementation de l'usage des biens entre particuliers (al. 2). Le basculement de l'alinéa 1er vers l'alinéa 2 de l'article 1 du

Théoriquement, la prescription extinctive est susceptible de menacer deux des principaux droits protégés par la Convention. D'une part, le droit au respect des biens en ce que la prescription peut conduire à l'extinction de droits de créances protégés sur le fondement de l'article 1 du protocole additionnel nº 1. D'autre part, le droit au juge, en ce que la prescription peut aboutir à priver le justiciable du droit d'accès à un tribunal protégé par l'article 6 § 1 de la Convention. En pratique, c'est essentiellement à l'aune de ce dernier droit que les dispositions nationales relatives à la prescription ont été examinées par la Cour européenne[1]. On sait en effet que la Cour a toujours porté une attention particulière à l'effectivité des droits protégés, rappelant que « la Convention a pour but de protéger des droits, non pas théoriques et illusoires, mais concrets et effectifs »[2]. Or, nul doute que la prescription, en imposant une limite temporelle à l'exercice de l'action en justice, limite d'autant l'effectivité du droit d'accès à un tribunal. Dès lors, la question de sa compatibilité à l'article 6 § 1 ne pouvait manquer d'être soulevée.

551. Sous cet aspect, dans un arrêt *Stubbing c/ Royaume-Uni*, la Cour européenne s'est prononcée en faveur de la compatibilité de principe de la prescription à l'article 6 § 1. Après avoir classiquement rappelé que le droit à un tribunal n'était pas absolu et pouvait faire l'objet d'une réglementation par les États-membres, pour autant que les limitations introduites tendent à un but légitime et qu'il existe un rapport de proportionnalité entre les moyens employés et le but visé[3], elle a affirmé que les délais de prescription « ont plusieurs finalités importantes, à savoir garantir la sécurité juridique en fixant un terme aux actions, mettre les défendeurs potentiels à l'abri de plaintes tardives peut-être difficiles à

Protocole additionnel nº 1 permettait alors à la Cour de conclure que l'extinction du droit de propriété par prescription, traduisant « la conception que l'on a dans un pays donné de l'importance et du rôle de la propriété », n'était pas dépourvue de « base raisonnable » (§ 74 et 78). Sur ces arrêts, v. not. *RTD civ.*, 2007, p. 727, obs. J.-P. Marguenaud, *JCP* G, 2008, I, 110, obs. F. Sudre et I.237, obs. H. Périnet-Marquet, *D.*, 2008, p. 2468, obs. B. Mallet-Bricout. Comp. considérant que la question de la constitutionnalité de la prescription acquisitive n'est pas une question sérieuse justifiant la transmission de la *QPC* au Conseil constitutionnel : Cass. civ. 3e, 12 octobre 2011, *D.*, 2011, p. 2598, obs. G. Forest.

1. V. cependant, sur le fondement de l'article 1 du *Protocole additionnel nº 1* : CEDH, 25 janvier 2007, *Aff. AON Conseil et Courtage SA et autre c/ France*, *RDC*, 2007, p. 864 s., obs. P. Néau-Leduc, considérant que la perte du droit au remboursement d'une créance de TVA par le jeu de la prescription édictée par l'article L. 190 LPF qui interdit à tout contribuable de pouvoir prétendre à la restitution d'impositions devenues indues au-delà d'un délai de trois ans à compter de la constatation juridictionnelle de la contrariété de la règle de droit interne par rapport à une règle de droit supérieure constitue une atteinte au droit de propriété tel qu'il est protégé par l'article 1er du Protocole nº 1 de la *Convention européenne des droit de l'homme* ; 23 juin 2009, *Aff. Zouboulidis c/ Grèce*, *Dr. adm.*, 2009, comm. 131, note C. Froger, considérant que l'existence d'une prescription spéciale des créances contre l'État, si elle n'est pas en soi illégitime, ne peut être justifiée par le seul intérêt abstrait d'apurer promptement les obligations de l'État, et en déduit que l'application par les juridictions internes des dispositions spéciales accordant à l'État des privilèges, a porté atteinte au droit du requérant au respect de ses bien et a rompu le juste équilibre à ménager entre la protection de la propriété et les exigences de l'intérêt général, en violation de l'article 1 du Protocole nº 1.

2. CEDH, 9 octobre 1979, *Airey c/ Irlande*, série A, nº 32.

3. CEDH, 22 octobre 1996, *Stubbings c/ Roy. Uni*, Rec. 1996, IV, nº 18, p. 1487, § 50 : « le droit à un tribunal n'est pas absolu ; il se prête à des limitations implicitement admises car il appelle, de par sa nature même, une réglementation par l'État. Les États contractants jouissent en la matière d'une certaine marge d'appréciation. Il appartient pourtant à la Cour de statuer en dernier ressort sur le respect des exigences de la Convention ; elle doit se convaincre que les limitations appliquées ne restreignent pas l'accès ouvert à l'individu d'une manière ou à un point tels que le droit s'en trouve atteint dans sa substance même. En outre, pareille limitation ne se concilie avec l'article 6 § 1 que si elle tend à un but légitime et s'il existe un rapport raisonnable de proportionnalité entre les moyens employés et le but visé ».

contrer, et empêcher l'injustice qui pourrait se produire si les tribunaux étaient appelés à se prononcer sur des événements survenus loin dans le passé à partir d'éléments de preuve auxquels on ne pourrait plus ajouter foi et qui seraient incomplets en raison du temps écoulé »[1]. Aussi, la limitation du droit à un tribunal induite par la prescription apparaît légitime, sous réserve que le droit d'accès ne soit pas « atteint dans sa substance même », c'est-à-dire tant que le régime de prescription n'aboutit pas en pratique à priver véritablement le requérant du droit d'accès à un tribunal. Dans l'arrêt *Stubbing*, la cour prend ainsi soin de relever que le droit anglais accorde aux victimes d'abus sexuels six ans à compter de leur dix-huitième anniversaire pour entamer une instance civile, pour en déduire qu'elles sont effectivement mises en mesure d'agir.

Par suite, c'est alors à l'aune de l'effectivité du droit à un tribunal que la Cour appréciera, au terme de la démarche casuistique qui la caractérise, la légitimité de la limitation introduite. En ce sens, la Cour européenne des droits de l'homme rejoint d'ailleurs la Cour de justice de l'Union européenne, qui a précisé que la fixation des délais de prescription des actions en justice visant à obtenir la garantie des droits issus du droit communautaire relevait de l'autonomie procédurale des droits nationaux, sous réserve de l'application des principes d'équivalence et d'effectivité[2].

La référence au critère d'effectivité du droit d'agir permet alors de justifier l'immense majorité des délais de prescription, même les plus brefs[3], dès lors qu'il demeure possible d'agir pour le demandeur. Mais elle soulève en revanche des problèmes bien plus délicats lorsque le cours du délai peut être achevé alors même que le demandeur n'aurait jamais été en mesure d'agir effectivement. La difficulté renvoie concrètement à deux situations : celle dans laquelle la loi nationale retiendrait un point de départ détaché de la survenance de l'événement permettant effectivement d'exercer l'action d'une part, et celle dans laquelle elle mettrait en place un délai butoir d'autre part.

552. La fixation du point de départ à une date à laquelle le demandeur n'est pas effectivement en mesure d'agir est en effet susceptible de soulever d'importantes difficultés au regard du droit d'accès effectif à un tribunal : le risque est grand dans une telle hypothèse que le cours du délai, quel que soit par ailleurs sa longueur, se trouve achevé et la prescription acquise avant même que le demandeur ait pu agir. L'effectivité du droit au juge n'est-elle pas en ce cas menacée, et la disposition litigieuse en contrariété avec les principes énoncés par l'article 6 § 1 de la *Convention européenne* ?

La Cour de cassation a été amenée à s'interroger sur ce point dans une hypothèse où l'impossibilité d'agir était la conséquence de l'incapacité du demandeur. En l'espèce, le représentant d'une personne protégée avait conclu pour son compte une vente immobilière qui s'était avérée lésionnaire. Cette dernière avait alors, une fois la mesure de tutelle levée six ans plus tard, assigné l'acqué-

1. CEDH, 22 octobre 1996, *Stubbings c/ Roy. Uni*, Rec. 1996, IV, nº 18, p. 1487, § 51.

2. CJCE, 24 mars 2009, Aff. C-445/06, *Danske Slagterier c/ Allemagne*, Europe, 2009 étude D. Simon et A. Rogaux ; 16 juillet 2009, *Aff. C-69/08, Visciano, Europe*, 2009, comm. 363, note L. Driguez. Les juridictions européennes sont d'ailleurs suivies sur ce point par le Conseil constitutionnel qui consacre le droit à un recours effectif en justice sur le fondement de l'article 16 de la *Déclaration des droits de l'homme et du citoyen* (décision nº 98-373 *DC* du 9 avril 1996, cons. 83) et a d'ailleurs pu se saisir d'une règle de prescription sur ce fondement (déc. nº 2012-556 *QPC* du 18 juin 2012).

3. V. par exemple, jugeant l'ancien « bref délai » de l'article 1648 du Code civil conforme à l'article 6 § 1 de la Convention : Cass. civ. 1re, 21 mars 2000, *D.*, 2000, p. 593, note C. Atias, *RTD civ.*, 2000, p. 592, obs. P.-Y. Gautier, *Cont. conc. cons.*, 2000, comm. 126, obs. L. Leveneur.

reur en rescision de la vente pour lésion. Son action devait nécessairement se heurter à la lettre de l'article 1676 alinéa 2 du Code civil, qui prévoit que le délai biennal pour agir en rescision court à compter de la vente, même à l'encontre des majeurs en tutelle. Elle avait alors tenté de faire valoir l'inconventionalité d'une telle disposition, au motif qu'ayant recouvré sa possibilité d'agir six ans après la conclusion de la vente, admettre que le délai ait couru à son encontre pendant cette période conduirait à la priver de tout recours effectif. La Cour de cassation a cependant rejeté une telle analyse, soulignant que « si le délai de forclusion de deux ans prévu par l'article 1676, alinéa 2, du code civil pour exercer l'action en rescision pour lésion justifié par la nécessité d'assurer la sécurité des transactions court contre le majeur sous tutelle alors que, du fait de l'instauration de cette mesure, il est privé du droit d'ester en justice, il n'en résulte pas pour autant une entrave à l'accès aux tribunaux dès lors que le droit d'action de l'incapable majeur, dont le bien ne peut être vendu qu'avec l'autorisation du juge des tutelles, est exercé par l'intermédiaire de son représentant légal »[1].

La motivation de la Cour de cassation est nette : la limitation du droit d'accès au tribunal est légitime - elle assure la sécurité des transactions - et proportionnée - le majeur protégé conserve une possibilité d'agir par l'intermédiaire de son représentant. Il faut ajouter que si le représentant n'agit pas, le majeur protégé pourra, une fois la mesure de protection levée, intenter une action en responsabilité à son encontre.

Mais la justification de la solution dessine aussi ses limites : un tel délai demeure-t-il conforme à l'article 6 § 1 si l'exercice de l'action par l'intermédiaire du représentant légal s'avère en pratique impossible, parce que ce dernier aurait par exemple un intérêt opposé à celui du majeur qu'il protège ? La Cour européenne des droits de l'homme a eu l'occasion de répondre à cette question. Deux sœurs de nationalité italienne résidant en Belgique avaient bénéficié d'une assurance-décès à la mort de leur père alors qu'elles étaient encore mineures. En violation des règles légales, leur mère avait perçu le montant de l'assurance et l'avait dilapidé. À leur majorité, les sœurs avaient alors agi contre l'assureur. Leur action fut déclarée prescrite par les juridictions belges pour avoir été exercée plus de trois ans après l'événement qui y avait donné naissance, soit le versement des sommes litigieuses à la mère. Les deux jeunes femmes saisirent la Cour européenne. Après avoir rappelé que « le droit d'accès à un tribunal se trouve atteint lorsque sa réglementation cesse de servir les buts de sécurité juridique et de bonne administration de la justice et constitue une sorte de barrière qui empêche le justiciable de voir son litige tranché au fond par la juridiction compétente »[2], la Cour estima qu'en dépit de la légitimité de l'objectif poursuivi par la prescription, son application rigide « qui ne tient pas compte des circonstances particulières de l'affaire, a, en l'espèce, empêché les requérantes de faire usage d'un recours qui leur était en principe disponible »[3], dès lors qu'« il était pratiquement impossible aux requérantes de défendre leurs biens contre [l'assureur] avant d'avoir atteint l'âge de la majorité et que leur action contre cette société était prescrite lorsqu'elles ont atteint l'âge de la majorité »[4]. Elle a en conséquence conclu à la violation de l'article 6 § 1.

1. Cass. civ. 3e, 20 mai 2009, *Bull. civ.* III, n° 117, *Cont. conc. cons.*, 2009, comm. 215, note L. Leveneur, *Dr. fam.*, 2009, comm. 131, note I. Maria.

2. CEDH, 7 juillet 2009, *Aff. Stagno c/Belgique*, Requête n° 1062/07, § 25, *RDC*, 2010, p. 201, obs. J.-P. Marguénaud.

3. CEDH, *Ibidem.*

4. CEDH, *Ibidem.*

Aussi, l'articulation apparaît ici clairement : s'il est loisible au législateur de limiter le droit d'accès au tribunal des personnes protégées dès lors que leur action peut effectivement être exercée par l'intermédiaire de leur représentant légal, il en va différemment lorsque la limitation aboutit en pratique à priver la personne protégée de tout recours effectif, notamment parce que l'opposition d'intérêts entre la personne protégée et son représentant est telle que toute action de ce dernier pour le compte de la personne protégée est inenvisageable[1].

Il reste que la portée de ces arrêts demeure circonscrite à l'hypothèse dans laquelle le demandeur est privé d'une possibilité d'agir en présence d'une impossibilité de droit qui consiste dans l'incapacité d'exercice de l'action. La solution doit-elle être étendue à l'hypothèse dans laquelle l'impossibilité d'agir serait une impossibilité de fait, telle l'ignorance du droit d'agir ? Bien que la Cour européenne soit muette sur ce point[2], l'on perçoit mal, au regard des critères d'appréciation dégagés, pourquoi les deux situations devraient être distinguées dès lors qu'elles aboutissent en pratique au même résultat : priver le demandeur d'une possibilité effective d'agir. Aussi, sauf circonstances exceptionnelles, le législateur national semble tenu d'offrir au demandeur, par la fixation du point de départ du délai de prescription, ou à tout le moins par l'aménagement de son cours, un délai utile pour agir : l'adage *Contra non valentem* semble là encore en passe d'être consacré par la Cour européenne des droits de l'homme.

553. Mais la protection de l'effectivité du droit d'agir rejaillit alors nécessairement sur la question de la conventionalité du délai butoir. À ce titre, l'introduction en droit français, par la loi du 17 juin 2008, d'un délai butoir à l'article 2232 du Code civil n'a pas manqué de susciter beaucoup de réactions. Bien que la technique soit connue d'un certain nombre de pays européens, la question de sa compatibilité aux prescriptions de l'article 6 § 1 de la *Convention européenne des droits de l'homme* n'a pas manqué d'être soulevée[3]. En effet, la mise en œuvre d'un délai butoir a précisément pour objet d'écarter les causes habituelles de report de la prescription, au premier rang desquelles l'impossibilité d'agir. Partant, elle a nécessairement pour effet de fermer l'accès à un tribunal dans des hypothèses où le demandeur n'a jamais été effectivement en mesure d'agir. N'y-a-t-il pas là violation du droit d'accès au tribunal protégé par l'article 6 § 1 ?

La Cour de cassation n'a pas semblé loin de l'admettre. Outre les réserves dont elle a fait état à l'égard de la proposition d'introduction d'un délai butoir en

---

1. Comp. déc. nº 2012-256 *QPC* du 18 juin 2012 à propos de l'article 3 de la loi du 31 décembre 1968 relative à la prescription quadriennale des créances publiques qui prévoit que la prescription court lorsque le créancier, y compris mineur, peut agir par l'intermédiaire de son représentant légal : « ces dispositions réservent le cas où le représentant légal est lui-même dans l'impossibilité d'agir ainsi que les hypothèses dans lesquelles il ignore légitimement l'existence de la créance que, par la suite, les dispositions contestées n'ont pas méconnu le droit à un recours juridictionnel effectif qui résulte de l'article 16 de la Déclaration de 1789 ». En justifiant ainsi la constitutionnalité de la loi par le fait que le législateur avait expressément réservé l'hypothèse dans laquelle le représentant légal ne pouvait pas agir, le Conseil constitutionnel paraît *a contrario* considérer que la limitation à la protection du mineur prévue par la loi de 1968 aurait été inconstitutionnelle dans le cas contraire, dès lors qu'elle aurait privé le mineur de tout recours juridictionnel effectif.

2. CEDH, 12 janvier 2006, *Aff. Mizzi c/ Malte*, considérant que la prescription de l'action en désaveu de paternité par six mois à compter de la naissance de l'enfant viole l'article 8 de la Convention dès lors que le requérant n'a jamais été en mesure de contester sa paternité.

3. V. not. S. Amrani-Mekki, « Liberté, simplicité, efficacité, la nouvelle devise de la prescription ?, À propos de la loi du 17 juin 2008 », *JCP* G, 2006, I, 160, spéc. nº 46 ; A.-M. Leroyer, *Chronique de législation française*, « Prescription, Loi nº 2008-561 du 17 juin 2008 portant réforme de la prescription en matière civile », *RTD civ.*, 2008, p. 563 s., spéc. p. 569.

droit français émise par l'avant-projet de réforme du droit des obligations et de la prescription, au motif qu'une telle mesure « méconnaissait le principe suivant lequel la prescription ne peut être opposée à celui qui est dans l'impossibilité d'agir »[1], le raisonnement qu'elle a pu tenir antérieurement à l'entrée en vigueur de la loi du 17 juin 2008 en atteste.

En effet, interrogée sur le point de savoir s'il fallait assigner à la prescription trentenaire de droit commun prévue par l'ancien article 2262 du Code civil le rôle d'un délai butoir, la Cour de cassation avait nettement pris le contre-pied d'une doctrine majoritaire[2] et d'un arrêt sans descendance[3] en répondant par la négative. Elle affirmait ainsi, dans un arrêt du 24 janvier 2006 que « la prescription extinctive trentenaire de l'article 2262 du Code civil n'est pas applicable à l'action en nullité pour dol régie par le seul article 1304 du même Code, sauf à priver d'effectivité l'exercice de l'action prévue par ce texte »[4]. Au-delà même de la solution, la justification retenue est ici riche d'enseignements : c'est la nécessité de ne pas « priver d'effectivité l'exercice de l'action prévue par ce texte » qui sert d'assise à la solution jurisprudentielle. La référence fait évidemment écho aux exigences de l'article 6 § 1 de la *Convention européenne*[5].

Faut-il alors en déduire que le principe même d'un délai butoir contreviendrait par essence à l'article 6 § 1 ? L'affirmation serait sans doute par trop générale. Le contexte dans lequel a été rendu l'arrêt interdit de prétendre lui attribuer

---

1. *Rapport du groupe de travail de la Cour de cassation sur l'Avant-projet de réforme du droit des obligations et de la prescription*, spéc. nº 97.

2. Au nom de l'impératif de sécurité juridique, la doctrine s'était dans sa grande majorité prononcée en faveur d'un enfermement du délai pour agir en nullité pour dol prévu par l'article 1304 du Code civil (cinq ans à compter de la découverte du vice) à l'intérieur du délai prévu par l'article 2262 (trente ans à compter de la conclusion de l'acte) : C. Aubry et C. Rau, *Cours de droit civil français*, T. IV, 4e éd., 1871, § 339, p. 282, F. Laurent, *Principes de droit civil français*, T. XIX, 3e éd., 1878, nº 53 ; M. Planiol et G. Ripert, *Traité pratique de droit civil français*, par P. Esmein, T. VI, *Obligations*, 1930, nº 319, p. 436 ; J. Flour, J.-L. Aubert, E. Savaux, *Droit civil, Les obligations*, 1. *L'acte juridique*, Sirey, 12e éd., 2006, nº 355 ; J. Ghestin, *Traité de droit civil, Les obligations, le contrat : formation*, LGDJ, 2e éd., nº 865 ; F. Terré, P. Simler, Y. Lequette, *Droit civil, Les obligations*, Précis Dalloz, 9e éd., nº 415 ; P. Malaurie, L. Aynès, P. Stoffel-Munck, *Les obligations*, Defrénois, 3e éd., 2007, nº 707, et 4e éd., 2011, p. 342, nº 706. V. cependant *contra*, mais fondant plutôt la solution sur le principe selon lequel le droit spécial déroge au droit général : C. Demolombe, *Cours de Code Napoléon*, T. XXIX, 1876, nº 165 ; L. Larombière, *Théorie des obligations*, art. 1304, T. V, 1885, nº 29 ; A. Valette, *Mélanges*, T. II, 1880 ; G. Marty et P. Raynaud, *Droit civil, Les obligations*, T. 1, *Les sources*, Sirey, 2e éd., 1986, nº 232, et égal., plaçant déjà le débat sur le terrain de l'effectivité du droit d'agir : E. Seligman, *Revue critique de législation et de jurisprudence*, 1854, p. 447 ; E. Gaudemet, *Théorie générale des obligations*, Sirey, 1965, rééd. Bibliothèque Dalloz 2004, p. 183-184 : « toutes les dispositions relatives au point de départ du délai s'expliquent par l'intention d'empêcher que le titulaire de l'action en nullité ne soit forclos avant d'avoir pu agir. Cette forclusion rendrait illusoire la protection de la loi ».

3. Paris, 22 juillet 1853, *DP*, 1855, 2, p. 155, *S.*, 1854, p. 49, qui adopte les motifs de T. Seine, 14 août 1852 : « La prescription de trente ans s'applique à toutes les actions formées en justice, quels qu'en puisse être la nature et l'objet ; qu'on ne saurait particulièrement y soustraire indéfiniment les actions fondées sur le dol, en articulant que les faits qui y donnent naissance auraient été tardivement découverts, condition qui ne s'applique que limitativement à la prescription de dix ans établie par l'art. 1304 c. nap. ; qu'on ne voit aucune exception semblable dans l'art. 2262, qui, embrassant dans la généralité de ses termes toutes les actions, tant réelles que personnelles, ajoute au contraire expressément que la prescription ainsi établie par sa disposition est acquise, sans qu'on puisse opposer à celui qui l'invoque l'exception déduite de la mauvaise foi ».

4. Cass. civ. 1re, 24 janvier 2006, *RDC*, 2006, p. 708 s., obs. D. Mazeaud, *D.*, 2006, p. 2643, obs. S. Amrani-Mekki, *JCP* G, 2006, II, 10036, note M. Mekki, *D.*, 2006, p. 626, note R. Wintgen, *LPA*, 11 août 2006, p. 9, note Y. Dagorne-Labbé, *RTD civ.*, 2006, p. 321, obs. J. Mestre et B. Fages, *LPA*, 3 octobre 2006, p. 16, note P.-A. Bon, *Gaz. Pal.*, 5 août 2006, p. 30, note D. Seysen-Guérin, *Defrénois*, 2006, p. 583, obs. E. Savaux.

5. S. Amrani-Mekki, obs. préc.

une telle portée. En effet, l'action était ici exercée à l'encontre de l'auteur d'un dol, par hypothèse de mauvaise foi. Aussi, la volonté de protéger l'effectivité du droit d'agir de la victime se doublait-elle de la volonté de sanctionner le comportement déloyal de l'auteur du dol[1]. La fonction punitive de l'action rendait alors moins essentielle la protection de la sécurité du défendeur, qui devait ici céder. La logique du délai butoir procède en effet d'un arbitrage entre deux intérêts antagonistes : celui du débiteur à la consolidation de sa situation et celui du créancier longtemps resté dans l'ignorance de son droit de pouvoir agir. Il ne se justifie donc qu'autant que ces deux intérêts demeurent légitimes. Or, tel n'est pas le cas lorsque le débiteur a volontairement dissimulé au créancier les éléments lui permettant d'agir. Mais une telle justification limite aussi le rayonnement de la solution, en la réservant peut-être aux seules hypothèses de déloyauté du défendeur : la solution aurait-elle été identique si l'action en nullité avait été intentée à l'encontre d'un défendeur de parfaite bonne foi sur le fondement d'une erreur ? La question reste ouverte, mais il existe de sérieuses raisons d'en douter[2].

Une telle nuance s'accorde d'ailleurs assez bien avec la démarche suivie par la Cour européenne des droits de l'homme. On sait en effet la démarche de la Cour casuistique, attachée aux « circonstances de l'espèce » soumise à son appréciation. Sans doute peut-on alors, sans adopter une attitude divinatoire, considérer que l'application par trop automatique d'un délai butoir en tout domaine et en toutes circonstances pourrait être déclarée contraire à l'article 6 § 1 de la *Convention européenne* en ce qu'elle aboutirait à priver le demandeur d'un droit effectif dans des hypothèses où une telle privation n'apparaîtrait pas légitime. En revanche, la Cour européenne ne devrait pas pour autant condamner par principe l'application d'un délai butoir lorsque les circonstances de l'espèce ne révèlent pas une atteinte disproportionnée au droit d'agir. Sans préjuger de la réaction de la Cour européenne, on peut cependant penser qu'un tel délai sera d'autant mieux toléré qu'il sera suffisamment long pour limiter au maximum les situations dans lesquelles le demandeur n'aura toujours pas été en mesure d'agir à l'expiration du délai, qu'il n'aura pas vocation à s'appliquer dans les situations dans lesquelles l'effectivité du droit d'agir mérite une protection particulière et qu'il sera susceptible d'être neutralisé en cas d'intention malveillante du défendeur[3]. La Cour apparaît en effet sensible à l'existence d'alternatives à l'application trop radicale de délais de prescription[4]. À ce titre, le délai butoir prévu par

1. D. Mazeaud, obs. préc. ; D. Seysen-Guérin, note préc. ; M. Mekki, note préc.

2. J. Mestre et B. Fages, obs. préc., F. Baillet Bouin, « Une vente d'œuvre d'art est-elle annulable *ad vitam aeternam* ? », *D.*, 2007, p. 2788, considérant que la solution de l'arrêt du 24 janvier 2006 ne devrait pas être étendue au-delà de son champ d'application naturel : l'hypothèse d'une fraude du défendeur. *Contra*, P.-A. Bon, note préc.

3. V. par ex. en ce sens, justifiant notamment la conformité à l'article 6 § 1 du délai butoir de deux ans prévu par l'article 39.2 de la *CVIM* par l'existence de tempéraments à la règle exprimée dans le texte de la convention en cas d'aménagement conventionnel contraire ou encore en cas de mauvaise foi ou d'ignorance coupable du vendeur : C. Witz, obs. sous Cass. civ. 1re, 16 septembre 2008, *D.*, 2009, p. 1568 s., spéc. p. 1571 ; J.-B. Racine, obs. sous même arrêt, *RDC*, 2009, p. 1549 s., spéc. p. 1555 (dans l'arrêt sur lequel porte ces deux commentaires, la question de la conformité de l'article 39.2 de la *CVIM* à l'article 6 § 1 formulée par le pourvoi n'avait pas été examinée par la cour pour des raisons procédurales. V. cependant les observations dans le même sens du Conseiller à la Cour de cassation A. Potocki, rapport disponible sur www.cisg-france.org).

4. CEDH, 20 mars 2008, *Aff. Phinikaridou c/ Chypre*, n° 23890/02, § 62: « *The Court has difficulties in accepting the inflexible limitation period with time running irrespective of a child's awareness of the circumstances surrounding its father's identity and without providing any exceptions to the application of that period. The main problem therefore is the absolute nature of the time-limit rather than its dies a quo at such* ».

la loi du 17 juin 2008 pourrait sembler répondre à ces critères en ce que l'application du délai butoir demeure sujette à de nombreuses exceptions. Toutefois, la cohérence des exceptions retenues demeure discutable[1], exposant alors la France à une condamnation de la Cour européenne des droits de l'homme.

554. Finalement, il apparaît que la Cour européenne des droits de l'homme protège l'effectivité du droit d'agir sur le terrain de l'article 6 § 1 de la *Convention européenne*. Une telle protection n'implique évidemment pas l'interdiction des restrictions au droit d'agir, mais subordonne leur conventionalité à la poursuite d'une finalité légitime et à l'utilisation de mesures qui lui sont proportionnées. Les dispositions nationales enfermant l'exercice du droit d'agir dans un délai de prescription poursuivent toujours en principe une finalité légitime : garantir la sécurité juridique en évitant des contestations très tardives. Elles demeurent toutefois susceptibles de soulever des difficultés chaque fois que l'effectivité du droit d'agir n'est pas en pratique simplement limitée mais véritablement vidée de toute substance, car le droit se trouve éteint par prescription avant même d'avoir pu être exercé. La question se pose avec une acuité particulière lorsque les dispositions nationales font courir la prescription à compter d'une date sans lien avec la possibilité effective d'agir du demandeur ou encore lorsqu'elles enferment l'exercice de l'action dans un délai butoir. Dans ces hypothèses, la proportionnalité des règles de prescription à l'objectif poursuivi demeure alors discutable, rendant incertaine leur conformité à l'article 6 § 1 de la Convention. Sans condamner totalement de telles pratiques, la jurisprudence européenne oblige dès lors toutefois à en user avec parcimonie.

555. **Conclusion du Chapitre III.** Bien que les contrôles du Conseil constitutionnel et de la Cour européenne des droits de l'homme s'exercent sur des fondements différents – principe d'égalité dans un cas, droit au juge dans l'autre – les enseignements de la jurisprudence européenne rejoignent et confortent ceux que l'on peut dégager de la jurisprudence constitutionnelle. Si l'on excepte les réserves exprimées à l'encontre des points de départ dérogatoires au droit commun, propres au Conseil constitutionnel, et découlant directement de l'application du principe d'égalité, jurisprudences constitutionnelle et conventionnelle s'accordent autour d'une méthode commune et d'un critère commun. Une méthode commune d'abord en ce que le Conseil constitutionnel comme la Cour européenne prennent soin de vérifier la finalité poursuivie par la disposition litigeuse avant d'apprécier la proportionnalité des mesures employées aux objectifs poursuivis. Un critère ensuite : pour ne pas porter atteinte aux droits protégés, les dispositions doivent respecter l'effectivité du droit du créancier. En d'autres termes, c'est l'existence d'un délai utile pour agir laissé au créancier qui est ici exigée. Les effets de la mesure sont alors observés : le point de départ de la prescription retenu ne doit pas créer de décalage trop important entre les victimes étant en mesure d'exercer l'action et celles qui ne le sont pas, en privant ces dernières d'un recours effectif. Le recours à des points de départ objectivement fixés par référence à un événement sans lien avec la possibilité d'agir, ou encore à la technique du délai butoir s'en trouve alors nécessairement fragilisé. Seul leur usage modéré répondant à des finalités précises et impératives semble dès lors pouvoir recueillir l'assentiment du Conseil constitutionnel comme de la Cour européenne des droits de l'homme.

1. V. *supra*, nº 463 s.

556. **Conclusion du Titre I.** Les développements qui précèdent sont porteurs de multiples enseignements. Ils démontrent que la question du point de départ de la prescription repose sur un choix relatif aux logiques technique et politique qui peuvent guider sa détermination, logiques dont il faut identifier les approches possibles avant de les sélectionner.

Sous cet aspect, le terrain n'est pas vierge. La récente réforme du droit français comme les différents systèmes étrangers constituent autant de modèles et contre-modèles susceptibles de guider la réflexion.

Le droit français a été récemment réformé. Mais, par précipitation comme par manque de volonté politique, le législateur n'a pas pris le temps d'une réflexion d'ensemble sur la matière. Dès lors, loin de proposer un système simple et cohérent, il a contribué à pérenniser l'éclatement de la matière en optant pour le maintien de solutions disparates, vidant la directive uniforme nouvelle de l'essentiel de sa portée.

Les systèmes étrangers révèlent quant à eux que l'uniformité totale des solutions en la matière est impossible et que la simplicité des directives de détermination du point de départ de la prescription n'est qu'un leurre tant qu'elle ne s'accompagne pas d'une véritable réflexion sur la complexité et la diversité des situations. Ils montrent qu'il est également impératif d'opérer un choix politique clair en l'absence duquel il ne peut y avoir de système cohérent de détermination du point de départ de la prescription.

Dans cette perspective, plusieurs approches tant techniques que politiques de la question sont susceptibles d'orienter la détermination du point de départ de la prescription. Précisément, il apparaît que trois approches techniques distinctes de la détermination du point de départ de la prescription pourraient être envisagées : une absence de directive de principe, une directive unique de détermination du point de départ de la prescription, ou encore une pluralité de directives de détermination du point de départ de la prescription. Les difficultés liées au choix entre ces différentes approches techniques de la question s'entremêlent encore avec celles liées aux approches politiques possibles de celle-ci. L'adoption d'une politique juridique susceptible de guider les directives de détermination du point de départ de la prescription soulève en effet plusieurs difficultés liées pour l'essentiel à l'absence d'autonomie d'une telle politique. Au-delà, deux approches politiques du point de départ de la prescription peuvent être proposées, en fonction de l'arbitrage opéré entre les différents intérêts en cause : une première reposant sur l'équité et privilégiant l'effectivité du droit et les intérêts du créancier au détriment de la sécurité juridique et des intérêts du débiteur ; une seconde reposant sur l'apparence et privilégiant à l'inverse la sécurité et les intérêts du débiteur au détriment de la justice et des intérêts du créancier.

Le choix apparaît cependant en partie contraint par le nécessaire respect des normes constitutionnelles et conventionnelles. Tant le principe d'égalité que le droit d'accès à un tribunal semblent en effet imposer que les directives de détermination du point de départ de la prescription offrent au créancier un délai utile, une possibilité effective d'agir. Dès lors, une directive de détermination du point de départ de la prescription entièrement tournée vers la protection de la sécurité juridique, au mépris des droits du créancier, pourrait encourir les foudres du Conseil constitutionnel comme de la Cour européenne des droits de l'homme.

De cette analyse des modèles, des logiques, et des contraintes de la détermination du point de départ de la prescription émergent alors naturellement les principes qui devraient guider la mise en place d'un système cohérent.

Titre II

La proposition

557. Des développements précédents, plusieurs enseignements ont pu être dégagés. On sait désormais que la complexité des situations juridiques rencontrées ne peut s'accommoder d'une directive unique de détermination du point de départ de la prescription.

On a aussi vu, à travers l'analyse des différentes logiques qui guident la détermination du point de départ de la prescription, que la restauration d'une cohérence exigeait de pouvoir combiner harmonieusement choix techniques et visées politiques.

On sait enfin que de tels choix devront respecter le principe d'égalité et le droit effectif d'accès à un tribunal.

C'est sur ces bases qu'il convient de formuler une proposition.

Sous cet aspect, la notion de « point de départ » apparaît dépourvue d'autonomie. Le point de départ est donc par hypothèse sous la dépendance de l'objet auquel il s'applique, en l'occurrence la prescription[1]. Si l'on admet que le point de départ a ainsi nécessairement partie liée avec son objet, à savoir la prescription, deux logiques peuvent alors s'opposer. On pourrait d'abord vouloir appréhender la prescription comme une notion conceptuelle : dans cette hypothèse, le point de départ de la prescription devrait toujours dépendre de l'application des mêmes critères. Mais une telle approche ne saurait être suivie : il convient en effet de prôner une approche fonctionnelle de la prescription et, partant, de son point de départ (Chapitre I). Dès lors, la reconnaissance des fonctions spéciales de la prescription conduira à identifier des points de départ spéciaux de la prescription (Chapitre II), tandis que le point de départ de la prescription de droit commun portera la marque des fonctions communes de la prescription (Chapitre III).

---

1. Comp., pour le point de départ de l'argumentation présenté là aussi, non pas comme une notion autonome, mais comme une « entité et moment définis dans et par l'argumentation » : R. Schmetz, *L'argumentation selon Perelman : pour une raison au cœur de la rhétorique*, Presses Universitaires de Namur, 2000, p. 166 s. et spéc. p. 179.

Chapitre I

Pour une approche fonctionnelle

558. On doit au doyen Vedel[1] la mise en lumière de la distinction des notions conceptuelles et des notions fonctionnelles. Les notions conceptuelles se présentent ainsi comme les notions qui peuvent voir leur contenu abstraitement déterminé et bénéficient d'une réelle unité attachée au concept qu'elle recouvre. Pour reprendre la formule du doyen Vedel « on peut dire ce qu'elles sont indépendamment de ce à quoi elles servent »[2]. Différemment, les notions fonctionnelles procèdent « d'une fonction qui leur confère seule une véritable unité »[3]. Leur unité est ainsi « empruntée à une inspiration de caractère politique au sens noble du mot, c'est-à-dire à la fonction qui leur est assignée »[4]. Elles recèlent une « irréductibilité logique »[5] interdisant toute définition abstraite. Aussi, alors que l'utilisation des notions conceptuelles dépend de leur contenu, le contenu des notions fonctionnelles dépend de leur utilisation.

La prescription peut alors être étudiée sous deux angles différents. Dans une première approche, la prescription serait un concept, doté d'une unité liée à ce concept. Le régime de la prescription serait invariable, la directive de détermination du point de départ de la prescription unique. Une seconde approche consisterait à appréhender la prescription en considération des fonctions qu'elle remplit. Le contenu du régime de la prescription dépendrait alors de la fonction poursuivie.

La seconde approche doit être privilégiée. Les différentes tentatives doctrinales témoignent en effet de l'impuissance des approches conceptuelles à rendre compte de façon satisfaisante de la détermination du point de départ de la prescription.

Aussi, au rejet des approches conceptuelles (Section I), devra succéder la consécration de l'approche fonctionnelle de la prescription (Section II).

Section I : Le rejet des approches conceptuelles

559. Délaissée par les rédacteurs du Code civil, la prescription est très vite apparue comme une institution obscure aux contours mal définis. Elle ne pou-

1. G. Vedel, « De l'arrêt *Septfonds* à l'arrêt *Barinstein* (La légalité des actes administratifs devant les tribunaux judiciaires) », *JCP*, 1948, I, 682, spéc. nº 11 et du même auteur, « La juridiction compétente pour prévenir, faire cesser ou réparer la voie de fait administrative », *JCP*, 1950, I, 851, spéc. nº 4.

2. G. Vedel, « La juridiction compétente pour prévenir, faire cesser ou réparer la voie de fait administrative », art. préc., spéc. nº 4.

3. G. Vedel, *ibidem*.

4. G. Vedel, *ibidem*.

5. G. Vedel, *ibidem*.

vait dès lors manquer de susciter de multiples controverses doctrinales : notion de prescription, nature de la prescription, unité ou dualité des prescriptions acquisitive et extinctive, distinction des délais de prescription et des délais préfix, rapports entretenus par la prescription avec l'ordre public, sont autant de questions non résolues, qui animent aujourd'hui encore les débats doctrinaux. Ces controverses, qui portent sur le concept même de prescription, s'inscrivent dans une approche conceptuelle. Parmi elles, le débat relatif à la distinction des différents délais pour agir ou encore de celui relatif à la nature de la prescription extinctive mérite d'être ici évoqué. Les distinctions entre les délais préfix et les délais de prescription dans un cas, entre la prescription du droit et de la prescription de l'action dans l'autre, ont en effet en commun d'être parfois présentées comme ayant une influence – fût-elle secondaire, voire accidentelle – sur la détermination du point de départ de la prescription.

Pourtant, une telle aspiration d'une partie de la doctrine à étendre l'emprise des distinctions proposées sur la détermination du point de départ des délais pour agir doit être écartée. Il en est ainsi, d'une part, parce que les distinctions en cause s'avèrent parfois hasardeuses, d'autre part, parce qu'elles s'avèrent systématiquement inopérantes sur la question du point de départ. Dès lors, il faut montrer l'indifférence tant de la distinction des délais de prescription et des délais préfix (§ 1), que de la conception substantialiste ou processualiste de la prescription (§ 2).

§ 1 – L'INDIFFÉRENCE DE LA DISTINCTION DES DÉLAIS DE PRESCRIPTION ET DES DÉLAIS PRÉFIX

560. Nombreux sont les auteurs qui présentent la distinction des délais de prescription et des délais préfix comme la clef de voûte de la détermination du point de départ du délai : là où le délai de prescription ne pourrait courir avant que l'action puisse être exercée, le délai préfix serait susceptible de courir indépendamment de la naissance de l'action à laquelle il s'applique. Nature et point de départ du délai seraient ainsi intimement liés, sans que l'on parvienne d'ailleurs tout à fait à déterminer, à la lecture de ces différents auteurs, si le point de départ devrait être considéré comme une conséquence[1] ou un critère[2] de la nature du délai en cause.

En dépit de ses évidents attraits didactiques, la distinction ne saurait cependant avoir l'influence qu'on lui prête sur la détermination du point de départ des délais pour agir.

561. En premier lieu, la distinction ne saurait avoir une telle influence parce que les régimes respectifs des délais de prescription et des délais préfix ne sont pas aussi étanches qu'on a bien voulu le faire croire. En effet, on oppose traditionnellement à la souplesse de la prescription la rigueur de la préfixion. Là où le délai de prescription serait susceptible de suspension, d'interruption, d'aménagement conventionnel, de renonciation, d'application de la maxime *quae temporalia*, le délai préfix serait hermétique à toutes ces perturbations. Le droit positif est pourtant bien éloigné de ce schéma. Sans multiplier les illustrations, il suffit

1. D. Schmitt, *Le point de départ des prescriptions et délais assimilés en matière de responsabilité civile, Mémoire de D.E.A. de droit privé*, Université Paris I, 1995, spéc. p. 26 s.

2. P. Voirin, note sous Nancy, 17 février 1934, *DP*, 1934, 2, 33, spéc. p. 35.

de rappeler que la Cour de cassation admet que le délai préfix soit suspendu[1] ou encore interrompu[2]. Mieux, une chambre mixte a même étendu l'effet interruptif de l'action en justice portée devant un juge incompétent aux délais préfix[3]. De même, l'aménagement conventionnel des délais préfix n'est pas péremptoirement exclu[4]. Quant à l'inapplication de la maxime *quae temporalia* aux délais préfix, vestige de la distinction, elle a fait l'objet de vives critiques[5].

Surtout, la distinction n'apparaît pas déterminante du choix du point de départ. Bien évidemment, elle aurait pu avoir une incidence sur sa fixation si les délais préfix n'avaient véritablement jamais été susceptibles de suspension : le report du point de départ n'étant pas autre chose qu'une suspension *ab initio*, l'impossibilité de suspendre le délai aurait pu aboutir à une impossibilité de reporter le point de départ. Mais il n'en est rien : non seulement, on vient de le rappeler, les délais préfix apparaissent susceptibles de suspension, mais plus encore, la maxime *Contra non valentem* leur est applicable[6]. Mieux, ils constituent même « un champ d'application idéal »[7] de l'adage. Dès lors, on ne sera guère surpris de constater qu'il existe un certain nombre de délais, qualifiés de préfix, dont le point de départ est sans discussion fixé au jour où le titulaire du droit a pu valablement agir. Tel est par exemple le cas du délai pour agir en garantie des vices rédhibitoires prévu par l'article 1648 du Code civil[8]. Inversement, il existe un certain nombre de délais, pourtant qualifiés de prescription, dont le point de départ est antérieur à la naissance du droit. Tel est par exemple le cas du délai pour agir en responsabilité civile à l'encontre des dirigeants sociaux prévu par l'article L. 225-254 du Code de commerce[9]. Aussi, la préfixion n'est pas toujours synonyme de point de départ fixe, indépendant de la naissance du droit, pas plus d'ailleurs que la prescription n'est toujours synonyme de point de départ souple, repoussé au jour où il devient possible d'agir.

Dès lors, la qualification du délai n'emportant pas en pratique les incidences prétendues sur la détermination du point de départ, la distinction des délais de prescription et des délais préfix ne saurait guider sa fixation.

562. En second lieu, si la distinction ne saurait avoir de prise sur la fixation du point de départ, c'est parce qu'au-delà de l'incertitude de ses effets, la dis-

---

1. Cass. as. plen., 14 janvier 1977, *D.*, 1977, p. 89, concl. Schmelck, *JCP*, 1979, II, 19059, note Juglard du Pontavice, *Gaz. Pal.*, 1977.1.142, note R. Rodière ; civ. 2e, 20 avril 2000, *Bull. civ.* II, no 63.

2. Cass. civ. 3e, 11 janvier 1995, *Bull. civ.* III, no 10 ; civ. 1re, 21 novembre 1995, *Bull. civ.* I, no 428.

3. Cass. ch. mixte, 24 novembre 2006, *D.*, 2007, p. 1112, note R. Wintgen, *JCP*, 2007, I, 139, no 14, obs. Y.-M. Serinet, *RTD civ.*, 2007, p. 169 obs. P. Théry, et p. 175, obs. R. Perrot.

4. La Cour de cassation a en effet jugé que la clause contractuelle qui réduisait le délai de recouvrement contentieux d'une créance édictait un délai de forclusion et non pas un délai de prescription (Cass. civ. 2e, 14 octobre 1987, *Bull. civ.* II, no 195, *RTD civ.* 1988, p. 753, obs. J. Mestre). Dès lors, on perçoit mal comment la volonté des parties pourrait créer des délais de forclusion conventionnels, mais ne pourrait pas modifier un délai légal de forclusion. Sur ce point, v. L. Cadiet, *J.-Cl. Contrat et Distribution*, fasc. 190 : Clauses relatives aux litiges, spéc. no 44.

5. M. Bruschi, « L'impossible oubli : pour l'application de la maxime *Quae temporalia* aux délais préfix », in *Liber amicorum Benoît Savelli*, Presses universitaires d'Aix-Marseille, 1998, p. 183 s. ; I. Pétel-Teyssié, *J.-Cl. civ.*, fasc. unique : *Prescription et possession*, spéc. no 62.

6. À s'en tenir à la lettre de la loi du 17 juin 2008, l'application de l'adage aux délais préfix semble exclue dès lors que la loi ne consacre l'adage qu'en matière de prescription (art. 2234 C. civ.). Il paraît vraisemblable cependant que, la loi n'ayant pas entendu affecter le régime des délais préfix, les juges continueront à faire une application – purement jurisprudentielle cette fois – de l'adage à ces délais.

7. M. Buy, « Prescriptions de courte durée et suspension de la prescription », *JCP*, 1977, I, 2833, spéc. no 25.

8. V. *supra*, no 93 s.

9. V. *supra*, no 21 s.

tinction même des délais préfix et de prescription apparaît dépourvue de toute pertinence[1]. D'origine relativement récente[2], les délais préfix sont supposés être caractérisés par leur rigueur, au point qu'on a pu les comparer au « couperet d'une guillotine »[3]. Mais la réalité est bien plus complexe. N'insistons pas sur les querelles de vocabulaire qui obscurcissent le débat : délais préfix, de forclusion, de déchéance ou encore de procédure, les qualificatifs sont nombreux qui renvoient tous à cette « énigme »[4] que constituent les délais préfix. N'insistons pas davantage sur le fait que la multiplication des courtes prescriptions, comme la réduction drastique du délai de droit commun, brouillent assurément la distinction[5]. Il reste que, même une fois ces équivoques écartées, la qualification des délais demeure incertaine.

Quelques exemples suffisent à s'en convaincre : ainsi, la nature du délai biennal prévu par l'ancien article 27 de la loi du 10 janvier 1978 (devenu art. L. 311-37, puis L. 311-52 C. cons.) a longtemps été discutée. À rebours de nombreuses décisions des juridictions du fond, la Cour de cassation y a vu un délai de prescription[6], selon une qualification critiquée par un assez large courant doctrinal. Pour mettre fin à l'incertitude, l'intervention du législateur s'est avérée nécessaire. Par une loi du 23 juin 1989, la qualification retenue par la Cour de cassation a été désavouée, le texte prévoyant que l'action devait être intentée dans les deux ans « à peine de forclusion ». Lorsque l'intention du législateur est ainsi expressément formulée, ce qui est cependant rare, les choses ne sont pas pour autant plus évidentes. Ainsi, la Cour de cassation considère que la formule légale « sous peine de déchéance » ne confère pas forcément au délai en cause le caractère de délai préfix[7].

Ces difficultés de qualification sont récurrentes. Le délai pour agir en nullité relative prévu par l'article 1304 du Code civil en a tôt souffert au point que certains soutenaient qu'il ne s'agissait pas d'une prescription mais d'un délai préfix[8]. La qualification de certains délais ne semble d'ailleurs pas définitivement fixée. Il en va ainsi du délai biennal de l'article 1648 du Code civil pour exercer l'action résultant des vices rédhibitoires. La disposition, qui précise expressément que le délai est un délai de forclusion lorsqu'est en cause la vente d'un immeuble à construire, demeure en revanche silencieuse sur la qualification du délai en dehors de cette hypothèse. Certains y voient un délai de prescription[9], d'autres,

---

1. *Contra* E. Jeuland et C. Charbonneau, « Réalité des délais de forclusion (ou préfix) », *Rapport français*, in *La prescription extinctive, Études de droit comparé*, dir. P. Jourdain et P. Wéry, Bibl. de la Faculté de droit de l'université catholique de Louvain, Schulthess et Bruylant, 2010, spéc. p. 173 s.

2. Inconnue du droit romain et de l'ancien droit, c'est à Dunod de Charnage que l'on doit la première évocation d'une différence entre certains types de délai (M. Vasseur, « Délais préfix, délais de prescription, délais de procédure », *RTD civ.*, 1950, p. 439 s., spéc. p. 441).

3. H. L. J. Mazeaud, F. Chabas, *Leçons de droit civil, Obligations, Théorie générale*, Montchrestien, 8e éd., 1991, p. 1208, nº 1170.

4. A. Bénabent, « Le chaos du droit de la prescription extinctive », *Mélanges dédiés à L. Boyer*, Presses de l'Université des sciences sociales de Toulouse, 1996, p. 123 s., spéc. p. 130.

5. M. Buy, art. préc. ; M. Douchy-Oudot, « Courtes prescriptions et forclusions en droit de la consommation », in *Liber amicorum Jean Calais-Auloy*, Dalloz, 2003, p. 355 s.

6. Cass. civ. 1re, 9 décembre 1986, *Bull. civ.* I, nº 293, *D.*, 1987, somm. p. 455, obs. J.-L. Aubert, *D.*, 1988, p. 84, note Paire, *Gaz. Pal.*, 1987, I, p. 186, note Mayer et Pinon, *JCP* G, 1987, II, 20862, note E. N. Bey.

7. V., à propos du délai biennal pour agir en responsabilité contre le transporteur aérien : Cass. civ. 1re, 2 mars 1971, *Bull. civ.* I, nº 64,

8. K. Zachariae, *Droit civil français*, T. III, Paris, 1857, § 584, évoquant un « simple délai » pour en déduire que la prescription n'était pas suspendue contre l'héritier mineur.

9. P. Ancel, « La garantie conventionnelle des vices cachés dans les conditions générales de vente en matière mobilière », *RTD com.*, 1979, p. 203 s., spéc. nº 9 ; Y.-M. Serinet, *Les régimes comparés des*

un délai préfix[1], tandis que la Cour de cassation laisse perdurer l'incertitude. La confusion gagne encore en degré lorsque la Cour de cassation qualifie différemment un même délai en fonction de l'objet sur lequel il porte : ainsi, le délai pour agir en rescision d'une vente est qualifié de délai préfix[2] là où le délai pour agir en rescision d'un partage est considéré comme un délai de prescription[3].

Au fond, ces hésitations ne sont que le reflet de l'absence de critère fiable de distinction de ces notions. La doctrine la plus avertie échoue ainsi, depuis plus d'un siècle désormais, à proposer un critère pertinent. On ne compte d'ailleurs plus les critères proposés, dont le nombre dispute le caractère contradictoire.

Ainsi, pour certains[4], alors que les délais de prescription auraient vocation à se développer en présence d'un contentieux subjectif, le contentieux objectif serait le terrain d'élection des délais préfix. Pour d'autres, il faudrait rechercher le critère dans les rapports entretenus par ces différents délais avec l'ordre public[5]. La référence n'apparaît pourtant pas éclairante, puisque des délais préfix servent parfois uniquement des intérêts privés. Ainsi, de la garantie décennale en matière de construction ou encore du délai permettant l'exercice de l'action en rescision d'une vente. Au reste, la référence à l'ordre public joue dans tous les sens : pour certains, l'ordre public innerverait les délais préfix tandis que la prescription demeurerait d'intérêt privé[6] ; pour d'autres, la prescription fonctionnerait dans un intérêt supérieur à celui des parties en présence alors que la forclusion n'aurait d'autre fonction que de protéger les intérêts de la personne à l'encontre de laquelle le droit peut être exercé[7]...

Les rives de l'ordre public délaissées, on considère parfois que la distinction trouverait sa source dans la différence de nature du mode d'extinction : là où la prescription serait un mode d'extinction du droit subjectif, la forclusion n'atteindrait que le procédé technique, c'est à dire l'acte extrajudiciaire ou l'action, qui permet de le faire valoir[8]. Là encore, le critère n'est guère éclairant. Outre qu'il

---

sanctions de l'erreur, des vices cachés et de l'obligation de délivrance dans la vente, thèse Paris I, 1996, p. 142, nº 130.

1. J. Carbonnier, obs. sous Cass. civ. 1re, 19 juillet 1960, *RTD civ.*, 1961, p. 332 ; J. Huet, *J.-Cl. civ.*, art. 1641 à 1649, fasc. 40, nº 64.

2. Cass. civ., 29 mars 1950, *D.*, 1950, p. 396.

3. La rescision du partage était assimilable à une nullité relative soumise comme telle à la prescription prévue par l'article 1304 C. civ. V. sur ce point, J. Patarin, *RTD civ.*, 1983, p 171. Si la loi du 23 juin 2006 a supprimé cette action en rescision du partage et l'a remplacée par une action en complément de part, la divergence de qualification des délais demeure puisque la nouvelle action « se prescrit » par deux ans au terme de l'article 889 du Code civil.

4. V. particul. en ce sens la doctrine italienne rapp. *in* M. Vasseur, art. préc., p. 439 s., spéc. p. 444.

5. A. Colin et H. Capitant par L. Huet de La Morandière, *Cours élémentaire de droit civil français*, T. II, Paris, 10e éd., 1953, spéc. p. 423, nº 620 ; H. L. J. Mazeaud, F. Chabas, *op. cit.*, p. 1208, nº 1170, V. Lasserre-Kiesow, « La prescription, les lois et la faux du temps », *JCP* N, 2004, 1225, spéc. nº 26.

6. A. Colin et H. Capitant par L. Huet de La Morandière, *op. cit.* ; V. Lasserre-Kiesow, art. préc., spéc. nº 26.

7. M. Vasseur, art. préc., spéc. p. 451. Comp. M. Bandrac, *La nature juridique de la prescription extinctive*, préf. P. Raynaud, Economica, 1986, spéc. p. 177, nº 179, qui considère qu'à l'inverse de la prescription qui protège par nature un intérêt d'ordre public, la forclusion n'est pas par nature une manifestation de l'ordre public, et ne peut revêtir qu'un caractère d'ordre public d'emprunt qui est celui de son objet.

8. M. Vasseur, art. préc., spéc. p. 455. L'auteur en déduit que les délais préfix ou de forclusion ne sont rien d'autre que des délais de procédure. Dans le même sens, H. Solus, obs. sous Cass. civ. 28 novembre 1949, *RTD civ.*, 1950, p. 203 ; I. Pétel-Teyssié, *op. cit.*, spéc. nº 11 ; M. Douchy-Oudot, art. préc., spéc. p. 355. Comp. M. Bruschi, *La prescription en droit de la responsabilité civile*, préf. A. Sériaux, Economica 1997, spéc. p. 242, nº 187, qui considère que la distinction classique des délais préfix et de prescription fondée sur leur nature et leur régime doit disparaître au profit d'une nouvelle répartition des rôles, le délai préfix devant éteindre l'action et le délai de prescription éteindre, à la manière d'un délai butoir, le droit substantiel. Comp., considérant différemment que « la péremption mesure la durée

repose sur une conception nécessairement substantialiste de la prescription[1], il achoppe devant l'identité de traitement procédural dont font l'objet ces deux types de délais : le délai de prescription, comme le délai de forclusion, sont tous deux qualifiés de fins de non recevoir[2]. D'ailleurs, les auteurs mêmes qui considèrent la distinction fondée sur un tel critère reconnaissent sa relativité et son arbitraire en ce que « parfois sous la dénomination de délai de prescription, tout élément de droit substantiel ayant disparu, on ne trouve qu'une réalité procédurale, l'encadrement strict du droit d'agir »[3]. On a cependant également pu avancer, dans cette perspective, que le mécanisme d'extinction distinguerait les deux types de délais. Tandis que le délai de forclusion limiterait « comme un terme extinctif la durée d'existence du pouvoir d'agir en lui-même », la prescription extinctive supposerait « une condition supplémentaire qui s'ajoute à l'écoulement du temps pour déterminer l'extinction de la prérogative non exercée »[4], cette condition résidant dans l'abstention du titulaire du droit.

Différemment, on a pu proposer de rattacher le critère de distinction à la nature de l'objet éteint plutôt qu'à celle du mode d'extinction. L'approche, retenue par Carbonnier, peut apparaître séduisante. Selon l'auteur, « les délais préfix ont pour objet propre des actions que le législateur n'a admises qu'à titre exceptionnel et comme à regret tandis que ce sont les droits bienvenus et pleinement épanouis qui se prescrivent »[5]. Le critère tient toutefois plutôt de la casuistique, et semble davantage sociologique, voire intuitif que technique. Il est dépendant de l'évolution de la perception sociale du droit en cause à travers les âges et n'est pas toujours un reflet de la réalité : ainsi, bien que regardés avec hostilité, les délais pour agir en contestation de filiation sont des délais de prescription[6].

C'est encore selon certains la divergence des intérêts en cause qui justifierait la distinction[7]. Là où la prescription trancherait un conflit entre un créancier et

---

du droit substantiel, la prescription, la durée de l'action » : C. Grimaldi, « La durée des droits : péremption ou prescription ? Approche empirique », *D.*, 2012, p. 514 s.

1. V. *infra*, n° 566 s.

2. Art. 122 C. proc. civ. : « Constitue une fin de non-recevoir tout moyen qui tend à faire déclarer l'adversaire irrecevable en sa demande, sans examen au fond, pour défaut de droit d'agir, tel le défaut de qualité, le défaut d'intérêt, la prescription, le délai préfix, la chose jugée ». On pourrait cependant objecter que la prescription est, selon certains auteurs une « fausse fin de non-recevoir », c'est-à-dire une défense au fond que le législateur érige artificiellement en fin de non-recevoir pour qu'elle soit prioritairement examinée (v. J. Héron et T. Le Bars, *Droit judiciaire privé*, Montchrestien, 4e éd., 2010, p. 121, n° 140).

3. M. Douchy-Oudot, art. préc., spéc. p. 361

4. M. Bandrac, thèse préc., spéc. p. 177, n° 180. L'auteur ajoute encore que « tandis que la forclusion s'empare *a priori* d'une situation de droit (plus précisément d'un acte juridique) qu'elle conditionne en vue de sa réalisation à venir, la prescription, tout au contraire, vient *a posteriori* rendre juridique un fait existant et contraire au droit. La forclusion joue un rôle dynamique, elle tend à obtenir un effet juridique futur. La prescription, institution statique par excellence, ne fait rien d'autre que tirer les conséquences d'un effet non obtenu » (spéc. p. 180, n° 183). Comp. A. Collin, *Pour une conception renouvelée de la prescription*, préf. D. Fenouillet, thèse Defrénois, 2010, p. 216, n° 258 : « au regard de la fonction unitaire de la prescription, qui consiste à résoudre les contradictions de fait des droits subjectifs, l'originalité des délais préfix apparaît clairement. Ces derniers ont en effet pour seule fonction d'éteindre un droit, sans chercher à résoudre une contradiction de fait ».

5. J. Carbonnier, « Notes sur la prescription extinctive », *RTD civ.*, 1952, p. 171 s., spéc. p. 178.

6. V. notamment les articles 321 et 333 du Code civil.

7. G. Marty, P. Raynaud, P. Jestaz, *Droit civil, Les obligations*, Sirey, 2e éd., 1989, T. II, *Le régime*, p. 283, n° 319, selon qui « le délai préfix sert à enfermer dans le temps, et indirectement à stimuler, l'activité d'une personne déterminée et d'elle seule » là où « en matière de prescription, la situation dépend à la fois de l'attitude du créancier et de celle du débiteur » ; F. Terré, P. Simler, Y. Lequette, *Droit civil, Les obligations*, Précis Dalloz, 10e éd., 2009, p. 1448, n° 1473 ; A. Outin-Adam, *Essai d'une théorie générale des délais en droit privé, Contribution à l'étude de la mesure du temps par le droit*, thèse Paris II, 1986, spéc. p. 156, n° 156, distinguant délais de consolidation et délais d'apurement.

un débiteur, le délai de forclusion n'aurait pas d'autre objectif que d'obliger le titulaire d'un droit à faire preuve de diligence.

Là ne s'arrêtent pas les suggestions. Ainsi, plus récemment, on a proposé de faire du rôle joué par la possession le critère de distinction de ces délais[1]. De même, on a avancé l'idée que la forclusion viendrait sanctionner un comportement peu diligent, là où les délais de prescription auraient une fonction probatoire[2], contrairement à ce qui avait été soutenu jusque-là[3].

Les propositions doctrinales se multiplient ainsi sans parvenir à éclairer la distinction. Elles entretiennent cette « nébuleuse »[4] que constituent les délais préfix.

563. Mais, dès lors qu'aucun critère n'a de vertu explicative de la distinction et que la distinction même n'a plus aucune vertu explicative du régime juridique, pourquoi la conserver ? De nombreuses voix, entendues et nourries d'ailleurs par la Cour de cassation[5], se sont ainsi élevées en faveur d'une suppression de la catégorie des délais préfix, ou à tout le moins d'une unification des régimes des deux types de délai[6]. Certes, à l'occasion de la récente réforme de la prescription, le législateur n'a pas osé abandonner la distinction ; il s'est contenté d'évincer les délais préfix du champ de la réforme en précisant à l'article 2220 du Code civil que « les délais de forclusion ne sont pas, sauf dispositions contraires prévues par la loi, régis par le présent titre ». Mais on ne saurait y voir une manifestation d'attachement à la distinction des délais de prescription et de forclusion. De l'aveu même des parlementaires, seul le manque de temps pour se lancer dans une étude des différents délais préfix « au cas par cas »[7], afin de s'assurer de la pertinence de la suppression de la catégorie dans son ensemble, a justifié en l'état le maintien de la distinction. Plus encore, la différence de régime de ces deux types de délai, déjà fortement remise en cause par la jurisprudence, ressort amoindrie encore par la réforme, comme en témoigne par exemple, l'unification des causes d'interruption des délais de prescription et de forclusion[8].

---

1. F. Zenati et S. Fournier, « Essai d'une théorie unitaire de la prescription », *RTD. civ.*, 1996, p. 339 s., spéc. p. 349.

2. F. Touvière, « La distinction des délais de prescription, butoir et de forclusion », *LPA*, 31 juillet 2009, p. 7 s., spéc. p. 10, n° 7.

3. V. par exemple, B. Starck, H. Roland, L. Boyer, *Droit civil, Obligations*, 2. *Contrat et quasi-contrat - Régime général*, Litec, 2e éd, 1986, spéc. p. 782, n° 2192, qui considère à l'inverse que la sanction de l'inaction caractérise précisément la prescription : « tandis que la prescription joue avant tout le rôle de sanction d'une inaction, le délai préfix est davantage conçu comme un incitant à l'action ».

4. P. Malaurie, L. Aynès, P. Stoffel-Munck, *Les obligations*, Defrénois, 5e éd., 2011, p. 682, n° 1223.

5. *Rapport du groupe de travail de la Cour de cassation sur l'Avant-projet de réforme du droit des obligations et de la prescription*, spéc. n° 97.

6. R. Perrot, obs. sous Cass. civ. 3e, 21 décembre 1987, *RTD civ.*, 1988, p. 392 ; M. Douchy-Oudot, art. préc., spéc. p. 366 ; A. Trescases, « Les délais préfix », *LPA*, 30 janvier 2008, p. 6 s. Sur l'inutilité de la distinction v. aussi P.-Y. Gautier, « Les délais », in *La transposition en droit français de la directive européenne du 25 mai 1999 relative à la vente*, actes du colloque de Paris du 8 novembre 2002, *Cah. dr. entr.*, 2003, n° 1, p. 15 s., spéc. n° 11. V. surtout, les propositions d'abandon de la spécificité des délais préfix par les différents projets de réforme : *Avant-projet de réforme du droit des obligations et de la prescription, exposé des motifs* par P. Malaurie, spéc. n° 13 ; Recommandation n° 16 du *Rapport d'information fait au nom de la Commission des lois par la mission d'information sur le régime des prescriptions civiles et pénales* : « poser le principe de la soumission des délais dits de forclusion ou préfix au même régime que les délais dits de prescription, tout en conservant au cas par cas des règles spécifiques ». *Contra*, approuvant le maintien de la distinction, C. Brenner, « De quelques aspects procéduraux de la réforme de la prescription extinctive », *RDC*, 2008, p. 1431 s.

7. *Rapport fait au nom de la Commission des lois sur la proposition de loi portant réforme de la prescription en matière civile par le sénateur L. Béteille*, 1re lecture, p. 23.

8. V. par ex. les articles 2241 et 2244 du Code civil.

564. Au reste, en prônant la suppression du particularisme des délais préfix et l'abandon d'une distinction qui obscurcit la matière bien davantage qu'elle ne la structure, la doctrine contemporaine rejoint des auteurs anciens. Déjà Tissier[1], s'inspirant de Merlin[2], avait pu considérer que « dans tous les cas où les textes du code civil, du code de commerce, ou de lois particulières, limitent à un certain temps l'exercice d'une action, il nous semble qu'il s'agit bien de prescription ». Et l'auteur d'ajouter qu'il n'est pas utile d'« établir des différences *a priori* entre les cas qu'on appelle déchéances et ceux qu'on appelle prescriptions » et qu'il est plus simple de dire qu'il existe des prescriptions spéciales et de « leur appliquer des règles spéciales sans être obligé de les placer en dehors de la théorie de la prescription et de leur donner un autre nom ». L'arbitraire de la distinction, et son incapacité à rendre compte de la complexité de la matière, avaient été fort justement souligné par Rodière qui ne voyait rien d'autre dans l'opposition des deux types de délai qu'une « bonne leçon pour les étudiants en droit »[3]. Bien trop hétérogènes, les délais pour agir ne sauraient donc se plier à la rigidité d'une distinction binaire.

565. Finalement, la distinction des délais préfix et des délais de prescription ne saurait servir de critère guidant la détermination du point de départ de la prescription. D'abord, parce que les conséquences de cette distinction sur le point de départ du délai n'apparaissent pas en droit positif aussi évidentes que l'on a bien voulu le soutenir. Ensuite, parce que la distinction même ne saurait convaincre, faute à son tour de répondre à un critère pertinent. Enfin, parce que la notion de délai préfix recouvre elle-même une réalité trop disparate pour constituer une catégorie juridique homogène susceptible d'entraîner l'application d'un régime uniforme, ne serait-ce que sur la question du point de départ du délai. Aussi, se référer à une telle distinction dans la détermination du point de départ, loin d'éclairer la question, ne ferait qu'ajouter la confusion à la confusion.

Le choix d'une conception substantialiste ou processualiste de la prescription ne saurait avoir davantage d'influence sur la détermination du point de départ.

§ 2 - L'INDIFFÉRENCE DE LA CONCEPTION SUBSTANTIALISTE OU PROCESSUALISTE DE LA PRESCRIPTION

566. S'il est une « controverse que la doctrine affectionne et sait si bien entretenir »[4], c'est assurément celle relative à la nature de la prescription extinctive. Le débat est sans doute aussi ancien que la prescription elle-même : l'institution éteint-elle seulement l'action ou affecte-t-elle également le droit substantiel ? Schématiquement, on affirme traditionnellement que la première approche - que l'on nomme processualiste - correspondrait davantage à la conception anglo-saxonne de la prescription, conçue comme une institution purement procédurale, là où

1. C. Baudry-Lacantinerie et A. Tissier, *Traité théorique et pratique de droit civil, De la prescription*, Paris, 3e éd., 1905, spéc. p. 32 s., n° 36 s.

2. P.-A. Merlin, *Répertoire universel et raisonné de jurisprudence*, Paris, 5e éd., 1827, T. XII, *V° Prescription*, Section I, § I, 1°, III, p. 674.

3. R. Rodière, « L'écoulement du temps et la recevabilité de l'action en responsabilité contre le transporteur aérien », *D.*, 1976, Chron., p. 265 s., spéc. p. 267, n° 14. Et l'auteur de poursuivre : « Les professeurs la leur apprennent dans un souci didactique. S'ils leur enseignaient d'emblée qu'il n'y a pas deux délais qui se ressemblent, ils donneraient à leurs auditeurs l'impression d'une extrême flexibilité du droit, d'une excessive ductilité de l'art juridique. Ils doivent donc s'en garder, mais ils ne doivent pas, à l'inverse, y croire eux-mêmes tout à fait ».

4. G. Loiseau, note sous Cass. civ. 2e, 9 juillet 2009, *JCP* G, 2009, n° 37, 228, n° 10.

la seconde – que l'on nomme substantialiste – rendrait plus justement compte du rôle de la prescription dans les pays de tradition romano-germanique[1].

À dire vrai, la distinction ne rend qu'imparfaitement compte des divisions doctrinales qui perdurent au sein même des pays de droit d'inspiration romano-germanique. À s'en tenir à la seule doctrine française, les auteurs se divisent sur le point de savoir si la prescription éteint seulement l'action[2] ou également le droit[3]. Plus encore, au sein même de chaque école de pensée, les querelles ressurgissent : on distingue ainsi les partisans d'une « conception substantialiste pure »[4], qui font de la prescription une institution totalement étrangère au procès, et prêtent à l'effet extinctif de la prescription un effet substantiel et absolu, des partisans d'une « conception substantialiste atténuée » qui admettent que, bien qu'elle ait une portée substantielle, la prescription se réalise dans l'instance et suppose l'existence d'un procès. Au sein même des partisans d'une conception substantialiste atténuée, il faut encore distinguer ceux qui font porter l'atténuation du caractère substantiel de la prescription sur ses conditions[5] de ceux qui visent ses effets[6]. Et l'on pourrait continuer longtemps ainsi ce jeu sans fin de poupées russes[7]...

---

1. V. B. Fauvarque-Cosson, « Variations sur le processus d'harmonisation du droit à travers l'exemple du droit de la prescription extinctive », *RDC*, 2004, p. 801 s. La divergence trahit alors une opposition plus profonde entre la pensée juridique anglo-américaine et celle du continent européen : alors que « le droit est analysé par les juristes du continent européen comme étant un ensemble de règles, qui déterminent *quant au fond*, pour les questions qu'elles concernent, la solution qui doit intervenir, pour un anglais le droit consiste au contraire essentiellement en des *règles de procédure* » (R. David, « Les caractères originaux de la pensée juridique anglaise et américaine », *APD*, T. XV, 1970, p. 1 s., spéc. p. 3).

2. En ce sens, L. Guillouard, *Traité de la prescription*, T. II, Paris, 1900, nº 792 ; C. Aubry et C. Rau, *Cours de droit civil français*, T. VIII, 4e éd., Paris, 1878, t VIII, § 775, p. 448 ; A. Colin et H. Capitant par L. Julliot de la Morandière, *op. cit.*, p. 421, nº 615 ; J. Carbonnier, « Notes sur la prescription extinctive », art. préc., spéc. p. 178 ; H. L. J. Mazeaud et F. Chabas, *op. cit.*, p. 1204, nº 1163. M. Béhar-Touchais, « Foisonnement des délais », in *Les désordres de la prescription*, textes réunis par P. Courbe, Publication de l'Université de Rouen, 2000, p. 7 s., spéc. nº 11.

3. Les données du débat sont bien connues : l'efficacité du paiement d'une dette prescrite, qui ne peut donner lieu à répétition de l'indu, comme la survie de l'exception de nullité ou de compensation, plaideraient en faveur de la conception processualiste. Inversement, la soumission de la prescription à la loi du fond en droit international privé, la prescriptibilité des créances dans les cas où le titulaire n'a pas besoin d'intenter une action ou encore l'extinction des sûretés accessoires militeraient en faveur de la conception substantialiste. Aucun de ces arguments n'est pourtant déterminant : ainsi par exemple, même en adoptant une conception substantialiste de la prescription, la survie d'un devoir moral pourrait justifier l'efficacité du paiement d'une dette prescrite. Inversement, même en adoptant une conception processualiste, la soumission de la prescription à la loi du fond et non du for pourrait s'expliquer par des motifs de pure opportunité, et par la volonté d'éviter les risques de « forum *shopping* ».

4. M. Troplong, *Droit civil expliqué, commentaire du Titre XX du Livre II du Code Napoléon, De la prescription*, T. 1, Paris, 1857, p. 36, nº 29 , F. Laurent, *Principes de droit civil français*, T. XXXII, 3e éd., Bruxelles – Paris, 1878, p. 214, nº 205. Comp. V. Durand-Girard, *La prescription en droit civil, Essai d'une théorie unitaire*, Université Versailles-St-Quentin, 2008, spéc. p. 313 s., nº 414 s.

5. C. Baudry-Lacantinerie et A. Tissier, *op. cit.*, spéc. p. 68, nº 82 ; Y. Hage-Chahine, *Les conflits de lois dans l'espace et dans le temps en matière de prescription*, Bibl. dr. int. pr., T. XXI, nº 95 ; J. Flour, J.-L. Aubert, Y. Flour, E. Savaux, *Droit civil, Les obligations*, 3. *Le rapport d'obligations*, Sirey, 7e éd., 2011, p. 462, nº 504.

6. G. Marty, P. Raynaud et P. Jestaz, *op. cit.*, p. 281, nº 316 ; B. Starck, H. Roland, L. Boyer, *op. cit.*, nº 2191, M. Planiol et G. Ripert, *Traité pratique de droit civil français*, par P. Esmein, T. VII, *Obligations*, 1931, p. 654, nº 1325 ; I. Pétel-Teyssié, *op. cit.*, spéc. nº 20 s.

7. Pour un exposé de ces différentes théories, v. M. Bandrac, thèse préc., spéc. p. 22 s., nº 6 s. *Adde* M. Mignot, qui considère que la prescription a essentiellement une vocation probatoire, et est principalement utilisée pour faire échec à des demandes en paiement abusives lorsque la dette a déjà été acquittée, hypothèse dans laquelle il n'y a évidemment plus de droit à éteindre, et que la prescription n'éteint le droit que dans les hypothèses exceptionnelles dans lesquelles la dette prescrite n'avait pas été acquittée avant l'expiration du délai de prescription. À suivre l'auteur, la prescription n'éteindrait en principe jamais l'action (M. Mignot, « Aperçu critique de l'avant-projet de loi sur la prescription », *RRJ*, 2007/4, p. 1639 s., spéc. nº 26)

Sans compter qu'il faut encore, pour être tout à fait exact, préciser que les termes du débat, longtemps obscurcis par la confusion du droit et de l'action qui régnait dans la doctrine du XIXe siècle[1], ont évolué et se sont affinés à mesure que la doctrine du XXe en arrivait, sous l'impulsion de Motulsky[2], à détacher l'action en justice du droit subjectif. Ainsi, plus récemment, un auteur[3] a tenté de dépasser la controverse en proposant un système dualiste. La prescription serait susceptible d'éteindre à la fois le droit et l'action, mais de façon autonome : la prescription de l'un ne serait pas sous la dépendance de celle de l'autre. Ainsi, la prescription aurait parfois pour seul objet l'action (ainsi en serait-il en matière de nullité des actes juridiques), parfois pour seul objet le droit (ainsi en serait-il en matière de vocation successorale), parfois les deux (ainsi en serait-il en matière de droit de créance)...

567. À quoi il faut encore ajouter l'incertitude jurisprudentielle. Alors qu'un arrêt ancien avait semblé reconnaître à la prescription l'effet d'éteindre le droit substantiel[4], des arrêts plus récents montrent à l'inverse que la jurisprudence judiciaire[5] est désormais davantage encline à épouser la thèse processualiste[6]. La Cour de cassation semble avoir pris nettement position en ce sens, dans un arrêt du 25 avril 2007 au terme duquel elle a affirmé que « la prescription libératoire extinctive prévue par l'article 2277 du Code civil interdit seulement au créancier d'exiger l'exécution de l'obligation »[7], pour admettre l'imputation d'une dette sur des créances de loyers échues plus de cinq ans avant l'introduction de

---

1. L'action n'était alors pas perçue autrement que comme le « droit à l'état de guerre » pour reprendre le mot fameux de C. Demolombe. Sur les controverses toujours vives sur la notion d'action, v. G. Wiederkehr, « Une notion controversée : l'action en justice », in *Études offertes au Doyen P. Simler*, Litec-Dalloz, 2006, p. 903 s.

2. H. Motulsky, « Le droit subjectif et l'action en justice », in *APD*, 1964, T. IX, *Le droit subjectif en question*, p. 215 s. Encore n'est-t-il pas certain que la distinction éclaircisse réellement le débat dès lors qu'après avoir distingué l'action du droit subjectif, Motulsky qualifie à son tour l'action de droit subjectif (spéc. p. 225).

3. M. Bandrac, thèse préc., p. 52 s., n° 38 s.

4. Cass. civ. 1re, 5. mars 1957, *RTD civ.*, 1957, p. 720, obs. P. Hébraud et P. Raynaud.

5. Comp. la jurisprudence du Conseil d'État, qui prend nettement partie en faveur d'une conception substantialiste de la prescription en la rattachant aux principes fondamentaux des obligations civiles, pour la faire en conséquence relever du domaine de la loi en vertu de l'article 34 de la Constitution : CE, 4 juillet 1969, *JCP*, 1969, II, 16126, note B. Boccara, 27 novembre 2006, n° 296018 ; et la jurisprudence de la Cour européenne des droits de l'homme, qui semble également prendre partie en faveur d'une conception substantialiste lorsqu'elle apprécie les effets de la prescription au regard du droit au respect des biens prévu par l'article 1er du *Protocole n° 1* de la *Convention EDH* : CEDH, 25 janvier 2007, *Aff. AON Conseil et Courtage SA et autre c/ France*, req. N° 7°160/01, *RDC*, 2007, p. 864, obs. P. Néau-Leduc.

6. C'est en tout cas la conclusion qui se dessine au vu des rares arrêts ayant ouvertement pris position sur la question. En dehors de ces arrêts, la jurisprudence semble davantage casuistique, s'inspirant à tour de rôle de l'une ou l'autre conception en vue de faire produire à la prescription l'effet désiré. En la matière en effet, la jurisprudence use et abuse des qualifications opportunistes. Comme on l'a souligné, la jurisprudence « met à profit » la controverse doctrinale et « tire parti » de l'ambiguïté des textes (M. Bandrac, thèse préc., p. 51, n° 37).

7. Cass. civ. 3e, 25 avril 2007, *Cont. conc. cons.*, 2007, comm. 197, note L. Leveneur. En l'espèce, le liquidateur d'une société bailleresse placée en liquidation judiciaire avait agi contre le preneur d'un bail à construction d'un immeuble à usage commercial en paiement de l'intégralité des loyers impayés après déduction de 500 000 francs consignés par ce dernier au moment de la conclusion du contrat de bail. Le litige portait alors sur le point de savoir si la somme consignée pouvait être imputée sur des créances de loyer impayées échues plus de cinq avant l'introduction de l'action – ce qui supposait évidemment d'adopter une approche processualiste de la prescription pour considérer qu'elle avait éteint l'action en paiement des loyers sans affecter le droit de créance lui-même –, ou si la prescription prévue par l'article 2277 s'opposait à une telle imputation, conclusion à laquelle aurait forcément mené une approche substantialiste de la prescription.

la demande en paiement. Elle a d'ailleurs récemment rappelé sa position en des termes plus nets encore dans un arrêt du 9 juillet 2009 rendu dans des circonstances comparables – il était ici question de l'imputation de créances de pension alimentaire échues depuis plus de cinq ans – en affirmant que « la prescription libératoire extinctive de cinq ans prévue par l'article 2277 du code civil alors applicable n'éteint pas le droit du créancier, mais lui interdit seulement d'exiger l'exécution de son obligation »[1]. Certes, ces deux arrêts ne visent que l'ancienne prescription spéciale des créances périodiques autrefois prévue à l'article 2277 du Code civil, dont on ne saurait occulter qu'il fournissait un argument particulièrement fort en faveur de la logique processualiste puisqu'il visait les seules « actions en paiement ». Il semble cependant, au vue de la généralité des termes employés, que la solution soit transposable au-delà de cette seule hypothèse[2].

En prenant ainsi position en faveur d'une conception processualiste de la prescription, là où la doctrine la plus récente semble plutôt opter pour une approche substantialiste, la Cour de cassation fait entendre une voix dissonante, qui n'est pas faite pour apaiser la querelle. On comprend la sagesse du législateur, résumée à cette déclaration d'un parlementaire pour lequel le « débat devait rester d'ordre doctrinal »[3]. Plutôt que de trancher la controverse[4], la loi a choisi de lever les difficultés pratiques qui s'y attachent par l'adoption de règles spécifiques[5]. Pour le dire autrement, plutôt que de chercher à la résoudre, la loi a privé la controverse de l'essentiel de ses enjeux.

568. Il n'est alors évidemment pas ici question de prétendre trancher – ce n'est d'ailleurs pas notre mission – la querelle entre les deux thèses en présence. Ce qui importe, c'est de mesurer que cette controverse pourrait avoir des effets sur la détermination du point de départ de la prescription.

Précisément, une partie de la doctrine substantialiste a pu avancer que, si la prescription affectait à la fois le droit et l'action, elle ne les éteignait pas selon les mêmes modalités, et ne partait pas du même événement dans les deux hypothèses, de sorte que le droit pourrait parfois se retrouver éteint avant l'action, qui subsisterait, sans pouvoir être utilement exercée. Ainsi, partant du postulat selon lequel la prescription de l'action et celle du droit seraient autonomes

---

1. Cass. civ. 2e, 9 juillet 2009, *JCP* G, 2009, nº 37, 228, nº 10, obs. G. Loiseau.

2. La consécration d'une logique processualiste soutient d'ailleurs également un arrêt rendu quelques années plus tôt sur le fondement de l'article L. 114-1 du Code des assurances. En l'espèce, après que la victime eût exercé une action directe contre l'assureur, ce dernier tentait d'obtenir auprès de son assuré répétition des indemnités versées au motif que, l'assuré n'ayant pas de son côté agi contre l'assureur pour mettre en jeu la garantie – action dont on perçoit bien l'inutilité dès lors que la victime exerçait une action directe –, l'action qu'il avait à son encontre était prescrite et en conséquence le paiement effectué par l'assureur au profit de la victime indu. La Cour de cassation rejette ce raisonnement en soulignant que « si la fin de non-reçevoir invoquée par la société Azur assurances contre son assuré était justifiée, cette déchéance n'autorisait pas l'assureur à exercer son recours contre son assuré, le paiement par l'assureur de l'indemnité aux tiers victimes, exerçant l'action directe, ayant été fondée sur les obligations nées du contrat d'assurance auxquelles l'assureur ne pouvait se soustraire » (Cass. civ. 2e, 17 février 2005, *RCA*, 2005, comm. 141, note H. Groutel). Autrement dit, si l'action en garantie de l'assuré était bien prescrite, son droit à garantie survivait et justifiait le paiement de l'indemnité aux tiers victimes.

3. *Rapport fait au nom de la Commission des lois par le député E. Blessig*, p. 31, rejetant en conséquence un amendement visant à faire trancher par le législateur le débat entre les deux thèses.

4. La nouvelle rédaction des articles du Code civil consacrés à la prescription fait d'ailleurs la part belle aux deux conceptions. Ainsi, alors que l'article 2219 du Code civil définit la prescription comme « un mode d'extinction d'un droit », l'article 2224 précise que « les actions personnelles ou mobilières se prescrivent par cinq ans ».

5. Ainsi, l'article 2221 du Code civil retient l'application de la loi du fond et l'article 2249 du Code civil l'efficacité du paiement d'une dette prescrite.

et s'accompliraient selon deux mécanismes distincts, Mme Bandrac affirme que « le point de départ (...) des deux prescriptions (...) s'explique par des raisons différentes et ne s'attache pas nécessairement au même fait matériel »[1]. Elle en déduit que le point de départ devrait être différent selon que la prescription a pour objet le droit ou l'action : la prescription de l'action prendrait « son départ à la naissance de celle-ci »[2], alors que le point de départ de la prescription du droit ne dépendrait pas de la naissance de l'action, mais de l'existence d'une « contradiction objective entre le fait et le droit »[3]. Autrement dit, la prescription devrait courir dès que le créancier serait en mesure d'exercer son droit mais ne l'exercerait pas.

La distinction ainsi proposée des points de départ a soulevé un certain scepticisme : au-delà de l'absence d'intérêt pratique à laisser une action survivre à son droit, éteint par la prescription, la négation du lien de dépendance qui unit l'action au droit substantiel est discutable[4]. Au demeurant, l'analyse n'est pas de droit positif : en effet, si elle devait être suivie, il faudrait en toute logique dans une telle hypothèse que le juge écarte la fin de non recevoir tirée de la prescription de l'action, avant de rejeter la demande au fond en raison de l'extinction du droit substantiel, ce qui n'est évidemment pas la pratique judiciaire.

Plus encore, la différenciation des points de départ de la prescription proposée pêche sans doute par excès de subtilité, tant paraissent anecdotiques les hypothèses dans lesquelles le créancier pourrait « exercer » son droit sans encore bénéficier d'une action pour le faire. Si l'on écarte les hypothèses dans lesquelles le droit substantiel a exclusivement vocation à être exercé de manière extrajudiciaire – hypothèses dans lesquelles la prescription ne peut par définition pas affecter l'action qui n'existera jamais –, le décalage évoqué entre le point de départ de l'action et celui du droit ne pourrait concerner en pratique qu'une situation très particulière, seule évoquée d'ailleurs par l'auteur en guise d'illustration de sa distinction[5] : celle dans laquelle l'exigibilité de la créance est laissée à l'entière discrétion du créancier[6]. Dans cette hypothèse en effet, le créancier peut, dès la conclusion du contrat, exercer son droit en exigeant le paiement, mais il ne disposera d'une action pour contraindre son débiteur qu'une fois qu'il l'aura effectivement exigé. Mme Bandrac en déduit que la prescription du droit de créance devrait alors courir du jour de la conclusion du contrat, là où la prescription de l'action ne commencerait à courir que du jour où le créancier aura effectivement exigé l'exécution de l'obligation. Mais un tel raisonnement n'est pas à l'abri de la critique. Lorsque le créancier n'exige pas immédiatement le paiement de la créance, il est erroné de dire que son comportement entre en « contradiction avec le droit ». En effet, l'objectif même de la stipulation contractuelle d'une exigibilité laissée à la discrétion du créancier est précisément d'offrir à ce dernier une option : exiger immédiatement le paiement ou ne l'exiger qu'ultérieurement. Mais, quel que soit son choix, il ne fait jamais qu'exercer son droit. Comme dans toutes les situations où un contrat fait bénéficier le créancier d'une option, exiger le paiement immédiatement ou ne l'exiger qu'ultérieurement ne sont ici que deux manières tout aussi légitimes d'exercer le droit dont le créancier se trouve investi. On ne saurait alors dire, pour

1. M. Bandrac, thèse préc., p. 67, n° 57.
2. M. Bandrac, *Ibid.*, p. 67 n° 58.
3. M. Bandrac, *Ibid.*, p. 68 n° 58.
4. M. Bruschi, *La prescription en droit de la responsabilité civile*, préf. A. Sériaux, Economica 1997, p. 253 s. n° 193 s.
5. M. Bandrac, *Ibid.*, p. 68, n° 58.
6. Sur cette question, v., *supra*, n° 251 s.

reprendre le critère dégagé par Mme Bandrac, qu'il existe une « contradiction objective entre le fait et le droit » lorsque le créancier décide de ne pas exiger immédiatement le paiement de la créance. À suivre ce critère, la prescription du droit de créance ne devrait courir que lorsque se manifestera un *hiatus* entre la volonté du créancier d'exiger le paiement et la réaction d'inertie éventuelle du débiteur, soit, précisément… le jour où la prescription de l'action devra elle aussi courir[1].

569. Au reste, l'opinion demeure isolée. En effet, si l'on excepte Baudry-Lacantinerie qui admettait que le droit puisse exceptionnellement se prescrire bien que le droit d'agir n'existe pas encore[2], les auteurs substantialistes ne semblent aucunement tirer de conséquences de leur conception de la prescription sur le terrain de son point de départ de la prescription, qu'ils rattachent, à juste titre, à l'action[3].

Il faut en effet admettre que, quelle que soit la nature que l'on accorde à la prescription extinctive, la fixation du point de départ de la prescription obéit à des impératifs qui ne s'attachent pas – techniquement tout du moins[4] – aux caractéristiques du droit substantiel mais à celles du droit d'agir. Le lien entre le point de départ de la prescription et la possibilité d'interrompre celle-ci par l'exercice d'une action en justice est bien trop fondamental pour que la prescription, même si elle devait avoir pour effet d'éteindre le droit, puisse courir avant que l'action n'existe. Le fait que sociologiquement, les droits subjectifs puissent aussi bien se réaliser par voie extrajudiciaire que par voie judiciaire n'y change rien. Le point de départ n'a pas simplement partie liée avec le droit d'exiger abstraitement l'exécution d'un droit subjectif, mais aussi avec la possibilité d'agir pour y contraindre le débiteur ou, plus généralement, avec la faculté d'agir pour protéger son droit. Ce lien suppose que son titulaire n'ait pas seulement le droit d'exiger l'exécution de l'obligation, mais également la « faculté d'obtenir d'un juge une décision sur le fond de la prétention à lui soumise » ce qui n'est autre que la définition de l'action proposée par Motulsky[5] et retenue par l'article 30 du Code de procédure

1. Au fond, pour que la distinction de la prescription du droit et de l'action puisse véritablement avoir une incidence sur la question du point de départ de la prescription, il faudrait aller beaucoup plus loin dans la dissociation des points de départ jusqu'à considérer que la prescription du droit coure dès la naissance de ce dernier de sorte que les prescriptions du droit et de l'action courraient distinctement de leur naissances respectives. Admettre que la prescription du droit devrait courir à compter de sa naissance permettrait en effet d'une part de considérer que le droit de créance exigible à la seule volonté du créancier pourrait se prescrire dès la conclusion du contrat, et d'autre part justifierait la solution retenue par la jurisprudence selon laquelle le droit à la rente se prescrit à compter de sa naissance, même en l'absence d'arrérages échus (Cass. civ. 1re, 3 mai 1983, *Bull. civ.* I, n° 137). Mais l'auteur de la distinction s'y refuse à juste titre (M. Bandrac, *La nature juridique de la prescription extinctive*, préf. P. Raynaud, Economica, 1986, p. 68 n° 58, et plus spécifiquement, p. 50, n° 36, note n° 125, où l'auteur émet une sévère critique à l'encontre de la solution retenue par la jurisprudence en matière de rente, considérant qu'en matière de créance, la « contradiction suppose l'absence d'exécution, qui ne peut survenir, dans le cas des rentes, qu'à l'échéance des premiers arrérages »).

2. C. Baudry-Lacantinerie et A. Tissier, *op. cit.*, spéc. p. 302, n° 384. L'auteur vise ici l'hypothèse particulière de la prescription du droit à la rente en l'absence de toute échéance échue. Comp. F. Hage-Chanine, *Contribution à la théorie générale de la prescription en droit civil*, D.E.A. de Droit privé, 1987-1988, *Les Cours de droit*, spéc. p. 119, n° 117, qui vise le « jour où existe le germe de droit que la prescription a pour fonction de transformer en droit ».

3. M. Bandrac elle-même reconnaît ainsi que pour la majorité des auteurs substantialistes, la prescription du droit « prend son cours à la naissance de l'action en exécution » (M. Bandrac, *La nature juridique de la prescription extinctive*, préf. P. Raynaud, Economica, 1986, p. 67, n° 58).

4. V. en revanche, sur l'influence de la politique juridique propre au droit substantiel concerné sur la politique juridique relative au point de départ de la prescription, *supra*, n° 527 s.

5. H. Motulsky, art. préc., spéc. p. 223.

civile[1]. Aussi, dès lors que le titulaire d'un droit substantiel doit être en mesure d'agir pour que coure la prescription à son encontre, et que sa possibilité d'agir est incontestablement liée à la possibilité d'exercer une action en justice[2], c'est bien au sein des caractéristiques de cette dernière que les règles relatives au point de départ de la prescription doivent être découvertes.

Bref, que l'on retienne une conception processuelle, substantielle ou dualiste de la prescription, dans tous les cas, il ne saurait y avoir qu'un seul point de départ de la prescription, que celle-ci éteigne l'action, le droit, le droit et l'action ou encore le droit ou l'action. Dans toutes ces hypothèses, quel que soit l'effet attaché à l'accomplissement de la prescription, son point de départ se rattachera à la possibilité d'agir et donc aux caractéristiques de l'action.

Certes, la question de l'extinction du droit substantiel en dehors de l'action ne peut être ignorée, mais il s'agit en réalité alors non pas de savoir si le droit substantiel se prescrit dans des conditions différentes de celles de l'action, mais plus radicalement de savoir s'il doit s'éteindre passé un certain temps après sa naissance, parce qu'il arriverait en quelque sorte à échéance[3]. La question ne relève plus alors de la prescription, mais de l'existence d'un délai autonome d'extinction du droit substantiel. Elle ne pourrait, le cas échéant, être pertinemment envisagée que dans le cadre d'un double délai extinctif[4]. La controverse pourrait alors utilement resurgir sur le terrain du point de départ du délai butoir[5], mais non pas sur celui du point de départ de la prescription.

570. Aussi, le fait que l'on retienne une conception substantialiste ou processualiste de la prescription n'a pas davantage d'influence sur la détermination du point de départ que la distinction des délais de prescription et des délais préfix. Dès lors, ni la nature des délais pour agir en général, ni la nature de la prescription en particulier n'ont vocation à intervenir dans les modalités de détermination du point de départ de la prescription. L'inaptitude de ces distinctions à rendre compte de façon satisfaisante de la détermination du point de départ de la prescription condamne alors sur ce point toute approche conceptuelle.

Au fond, tout laisse à penser que les réalités les plus diverses se retrouvent sous le vocable de prescription, alors que toute approche conceptuelle de la notion suggère une approche uniforme. La recherche d'unité conceptuelle de la prescription autour de son effet – substantiel ou processuel – ou de sa nature – par opposition avec les délais préfix ou de forclusion – occulte alors les fonctions bien différentes que peut remplir la prescription. Or, parce que le temps n'opère pas seul prescription, et n'est qu'un instrument de mesure[6], son fonctionnement

---

1. Art. 30 CPC : « L'action est le droit, pour l'auteur d'une prétention, d'être entendu sur le fond de celle-ci afin que le juge la dise bien ou mal fondée ».

2. V. G. Rouhette, I. de Lamberterie, D. Tallon et C. Witz, *Principes du droit européen du contrat*, coll. Droit privé comparé et européen, Société de législation comparée, 2003, p. 526 : « Le délai de prescription ne peut commencer à courir que contre un créancier qui a la possibilité de saisir la justice ou de commencer une procédure d'arbitrage. Seule une action en justice permet d'apprécier le bien-fondé de la prétention du créancier ».

3. Sur les rapports entre la prescription et le terme extinctif, v. A. Guesmi, « Les effets de la prescription du point de vue du terme », *LPA*, 23 mars 2010, p. 8 s.

4. Comp. M. Bruschi, thèse préc., spéc. p. 242, n° 187, qui propose de distinguer les délais de prescription et de forclusion en fonction de leur objet : l'un éteignant le droit, et l'autre l'action. Dans cette perspective, les délais – distincts dans leur durée comme dans leur nature – pourraient répondre à des règles distinctes quant à leur point de départ.

5. V. *infra*, n° 710 s.

6. V. *supra*, n° 539.

dépend des éléments que l'on souhaite lui faire mesurer et donc de la fonction que l'on entend, à travers le mécanisme de la prescription, lui faire remplir.

Dès lors, que l'on s'écarte par principe d'une approche conceptuelle en considérant que la prescription ne s'y prête pas, ou que l'on se contente de constater que les approches conceptuelles de la prescription sont impuissantes à éclairer la détermination du point de départ de la prescription, une même conclusion s'impose, qui conduit à se tourner vers une approche fonctionnelle cette fois de la prescription et, partant, de son point de départ.

Section II : La consécration d'une approche fonctionnelle

571. Affirmer que la prescription est une notion fonctionnelle pourrait sembler aller à rebours d'une tendance doctrinale tournée vers la recherche d'une unité conceptuelle de la notion. Il n'en est rien. Les différents travaux consacrés à la question aboutissent quasi-systématiquement à définir la prescription par sa fonction. Le paradoxe n'est certes qu'apparent dès lors que « toute notion conceptuelle peut être transformée en notion fonctionnelle si on la saisit dans sa fonction juridique »[1]. Il témoigne cependant de l'importance du rôle assigné à la fonction de la prescription dans l'appréhension de la notion. Ainsi, tentant de découvrir « la nature juridique de la prescription extinctive en matière civile », Mme Bandrac en est naturellement arrivée à proposer une définition de « la nature juridique de la prescription extinctive d'après sa fonction »[2]. M. Bruschi, à son tour, a abouti à une reconstruction de la prescription par l'intermédiaire d'une redéfinition de sa fonction[3]. De même, dans leur « essai d'une théorie unitaire de la prescription », F. Zenati et S. Fournier définissent encore la prescription par sa fonction acquisitive[4].

Dans une moindre mesure, après avoir récemment tenté de proposer une définition conceptuelle de la prescription reposant sur « les forces conjuguées de l'apparence et du temps »[5], un auteur aboutit aussi à consacrer une part importante de ses développements à la fonction de la prescription, seule à même selon lui de distinguer la prescription de notions voisines[6]. En quête d'unité conceptuelle, les auteurs finissent ainsi souvent par affirmer l'unité fonctionnelle de la prescription.

Plus encore, le législateur, en définissant la prescription comme « un mode d'extinction d'un droit »[1], n'adopte-t-il pas une approche fonctionnelle de l'institution ? Au reste, le vocable même de prescription abonde encore dans le sens d'une notion fonctionnelle dès lors que le terme désigne en même temps le résultat escompté - *la prescription* de l'action - et le mécanisme employé pour y parvenir - l'action s'éteint *par prescription*[2].

---

1. M.-T. Calais-Auloy, « Du discours et des notions juridiques (notions fonctionnelles et conceptuelles) », *LPA*, 9 août 1999, p. 4 s.

2. M. Bandrac, thèse préc., spéc. p. 167 s, n° 165 s.

3. M. Bruschi, thèse préc., 1997, spéc. p. 276 s., n° 215 s.

4. F. Zenati et S. Fournier, « Essai d'une théorie unitaire de la prescription », *RTD civ.*, 1996, p. 339 s.

5. A. Collin, *Pour une conception renouvelée de la prescription*, préf. D. Fenouillet, thèse Defrénois, 2010, spéc. p. 95, n° 121.

6. A. Collin, *ibid.*, spéc. p. 170 s., n° 202 s.

7. Art. 2219 C. civ. : « La prescription extinctive est un mode d'extinction d'un droit résultant de l'inaction de son titulaire pendant un certain laps de temps ».

8. Comp. A. Outin-Adam, *Essai d'un théorie générale des délais en droit privé, Contribution à l'étude de la mesure du temps par le droit*, thèse Paris II, 1986, spéc. p. 93, n° 90, montrant que la prescription est en elle-même un mécanisme, ce qui la distingue des autres types de délais.

572. Dès lors, non seulement une approche fonctionnelle de la prescription n'apparaît pas incongrue, mais plus encore elle paraît s'imposer pour appliquer « à chaque action en justice la prescription qui lui soit la plus adéquate selon la finalité qu'elle poursuit »[1].

573. Dans cette approche, la recherche de solutions adaptées et cohérentes requiert de distinguer les différentes fonctions de la prescription[2]. Autant dire que la diversité ne doit pas faire peur : tout l'effort de l'analyse doit consister à la mettre à jour pour la maîtriser.

Pourtant, les efforts de la doctrine contemporaine convergent vers une recherche d'unité. Il faudrait redonner une cohérence à la prescription à travers la mise à jour d'une fonction unique qu'elle aurait systématiquement vocation à remplir. Ainsi par exemple, on a pu insister sur la fonction acquisitive de la prescription qui serait de l'essence de l'ensemble des prescriptions[3], ou à l'inverse sur l'extinction systématique du droit substantiel par la prescription extinctive[4]. Différemment, on a pu affirmer l'existence d'une unité fonctionnelle de l'ensemble des prescriptions, construite autour d'une triple identité de constitution[5], d'effet[6], et de fondement[7], pour en déduire que « la prescription telle qu'elle se présente en matière civile constitue donc bien une notion unitaire »[8], qui s'inscrit dans un « mécanisme objectif, établi pour restaurer, dans l'intérêt de l'autorité de la règle, l'adéquation nécessaire du fait et du droit, en modifiant celui-ci lorsqu'une telle adéquation se trouve irrémédiablement compromise par la résistance du fait »[9]. De même, une thèse récente a encore proposé de renouveler la conception de la prescription autour d'une fonction unitaire consistant à « résoudre les contradictions de fait prolongées des droits subjectifs, en consacrant la situation de fait contradictoire au détriment du droit contredit, dès lors anéanti »[10].

Ces différentes propositions reposent sur une vision trop réductrice de la prescription. Peut-on en effet considérer que l'ancienne prescription des créances périodiques visait à « résoudre des contradictions de fait prolongées » ? Que dire *a fortiori* des fameuses courtes prescriptions présomptives ? De même, comment la prescription de l'action en responsabilité contre un dirigeant social pourrait poursuivre une telle fonction alors même qu'elle demeure indépendante de toute connaissance du dommage par les victimes : à l'évidence, aucune contradiction entre le droit et le fait ne peut ici être sanctionnée, faute pour cette

---

1. E. Putman, *Revue de la thèse de M. Bruschi, La prescription en droit de la responsabilité civile, RTD civ.*, 1995, p. 993 s., spéc. p. 994.

2. Sur la nécessité d'identifier les fonctions, v. G. Tusseau, « Critique d'une métanotion fonctionnelle : la notion (trop) fonctionnelle de "notion fonctionnelle" », *RFDA*, 2009, p. 641 s., spéc n° 25.

3. F. Zenati et S. Fournier, « Essai d'une théorie unitaire de la prescription », *RTD civ.*, 1996, p. 339 s., spéc. p. 352. Dans cette perspective, l'effet libératoire de la prescription dite extinctive sera un effet secondaire, étranger à la prescription elle-même. La prescription provoquerait toujours une acquisition par possession, la libération du possesseur n'étant due qu'« à un mécanisme extérieur qui se greffe sur la possession ».

4. M. Bruschi, thèse préc., spéc. p. 277, n° 216.

5. M. Bandrac, thèse préc., spéc. p. 193 s, n° 202 s., selon qui la prescription reposerait toujours sur une appréhension de l'échec du droit devant le fait.

6. M. Bandrac, *Ibid.*, spéc. p. 209 s., n° 223 s., selon qui la prescription se présenterait toujours comme un remède à l'échec du droit.

7. M. Bandrac, *Ibid.*, spéc. p. 220 s., n° 237 s., selon qui la prescription viendrait toujours sanctionner l'échec du droit.

8. M. Bandrac, *Ibid.*, spéc. p. 219, n° 236.

9. M. Bandrac, *Ibid.*, spéc. p. 223, n° 240.

10. A. Collin, thèse préc., spéc. p. 211, n° 249.

contradiction d'être encore apparue au moment où la prescription est acquise. La même remarque pourrait encore être faite à propos des délais de prescription en matière de construction, susceptibles d'être acquis avant toute apparition d'un vice de construction et donc avant toute apparition d'une contradiction du droit et du fait. L'analyse de l'ensemble des situations dans lesquelles elle a vocation à déployer ses effets le démontre avec évidence : la prescription ne saurait être réduite à une fonction unique.

La recherche d'une fonction unitaire aboutit au demeurant à exclure un nombre important de situations du domaine de la prescription : des délais préfix, dont certains poursuivent pourtant une fonction parfaitement comparable à celle des délais de prescription[1] à nombre de délais dits de prescription[2]. C'est alors toute la complexité de l'institution qui est occultée, tant celle-ci trouve sa source dans « l'hétérogénéité de ses fondements et de ses finalités »[3].

L'écueil a d'ailleurs depuis longtemps été dénoncé : « quant à la prescription libératoire, insistait déjà Baudry-Lacantinerie, il est essentiel d'ajouter qu'elle repose, dans certaines hypothèses spéciales, sur des motifs un peu différents »[4] de ceux traditionnellement retenus. La précision est d'autant plus importante que gît dans la diversité des fonctions poursuivies par la prescription l'une des causes majeures du désordre observé du régime de la prescription. Dès lors, à trop vouloir imposer une conception unitaire de la prescription, loin de les résoudre, on en arrive à poser un voile sur toutes les difficultés liées à l'hétérogénéité de l'institution. Or, par une sorte de revanche de la logique, le droit positif ne se plie pas à l'approche unitaire que l'on veut lui imposer. La multiplication des solutions dérogatoires vient ainsi rappeler l'inadéquation d'un régime unique de détermination du point de départ de la prescription à la diversité des situations rencontrées. Mais alors, loin d'apparaître comme les conséquences logiques d'une diversité de fonctions rationalisée, ces solutions se transforment en marques d'incohérence du régime de la prescription.

C'est cet écueil qu'il faut surmonter en reconnaissant les « nombreux visages »[5] de la prescription. Sur cette voie, on a pu insister sur la dualité de la prescription : celle-ci constituerait à la fois un mode de dispense de preuve dans les hypothèses où la dette aurait effectivement été payée à échéance, et un mode d'extinction du droit dans les hypothèses où la dette n'a jamais été payée[6]. Mais la complexité de l'institution dépasse assurément cette seule dichotomie. Ainsi a-t-on pu récemment affirmer qu'il fallait s'écarter d'une « conception d'un temps unique, homogène, uniforme et continuiste, considérée comme trop simplificatrice d'une réalité sociale faite de temporalités multiples »[7], ou qu'il fallait « prendre acte des limites

---

1. Le délai de forclusion de l'article L. 311-52 du Code de la consommation ne poursuit-il pas la même fonction que tout délai de prescription d'une créance de remboursement d'un prêt lorsqu'il vise à ce que les sommes réclamées soient payées dans un temps raisonnable après être devenues exigibles ?

2. Il en va ainsi notamment des délais présomptifs des anciens articles 2271 et suivants : M. Bandrac, thèse préc., spéc. p 214 s nº 232 s. ; A. Outin-Adam, thèse préc., spéc. p. 141, nº 139 ; A. Collin, thèse préc., spéc. p. 259 s, nº 298 s.

3. A.-M. Leroyer, *Chronique de législation française, Prescription*, « Loi nº 2008-561 du 17 juin 2008 portant réforme de la prescription en matière civile », *RTD civ.*, 2008, p. 563 s, spéc. p. 571.

4. C. Baudry-Lacantinerie et A. Tissier, *op. cit.*, p. 28, nº 32

5. P. Malaurie, « La réforme de la prescription civile », *Defrénois*, 2008, p. 2029 s., spéc. p. 2031, nº 4.

6. M. Mignot, « Rapport de synthèse », in *La réforme de la prescription*, actes de colloque, *LPA*, 2 avril 2009, p. 59, spéc. p. 64.

7. M. Mignot, « Aperçu critique de l'avant-projet de loi sur la prescription », *RRJ*, 2007/4, p. 1639 s., spéc. nº 4. Et l'auteur de préciser : « on peut se demander si l'avant-projet ne simplifie pas trop la prescription. Il est toujours souhaitable de consacrer une règle simple en éliminant les complications inu-

d'une théorie uniforme de la prescription »[1]. Plus encore, alors même qu'elle avait précisément proposé une vision unitaire de la fonction de la prescription, Mme Bandrac semble avoir postérieurement admis les limites d'une telle analyse, soulignant notamment la « multiplicité » des fonctions de la prescription[2].

574. Ainsi reconnue, la prise en considération de cette multiplicité des fonctions apparaît essentielle. Un rapport direct entre la fonction poursuivie par la prescription et son point de départ s'impose avec évidence : le point de départ de la prescription n'a pas vocation à demeurer identique selon que la prescription vise à sanctionner la négligence d'un créancier ou à éviter la ruine du débiteur. Alors que la connaissance de son droit par le demandeur apparaît primordiale dans la première hypothèse, elle apparaît indifférente dans la seconde. Voilà pourquoi seule une nécessaire prise en considération de la complexité de la prescription, marquée par la pluralité de ses fonctions, semble de nature à structurer le régime de détermination du point de départ de la prescription.

575. Au fond, tel est exactement le système utilisé en droit international privé pour déterminer la loi applicable. En effet, « le lien qui unit, chez Savigny, le classement d'un rapport de droit dans une catégorie de rattachement et la détermination de l'élément de rattachement qui sert à le localiser dans un ressort législatif donné, est d'ordre fonctionnel et non pas dogmatique »[3]. Dès lors, en droit international privé, « le rattachement de la catégorie générale doit être choisi d'une manière qui réponde à la finalité de l'institution »[4].

Il s'agirait aussi de se saisir de la question posée pour la classer dans une catégorie dont résulterait cette fois non pas la règle de conflit permettant la détermination de la loi applicable, mais la directive de principe permettant la détermination du point de départ de la prescription[5]. Par suite, une même « analyse des intérêts »[6] que met en jeu un rapport donné doit être menée pour déterminer les directives de détermination du point de départ de la prescription.

Dès lors, chaque fois qu'une fonction différente est assignée à la prescription, une directive distincte de détermination du point de départ de la prescription doit être proposée. Le parallèle avec le droit international privé se poursuit : de la même manière qu'« entre la fonction de la règle de droit international privé et

---

tiles, mais il est difficile de fixer la limite entre les complications inutiles à éliminer et les complications nécessaires que l'on est contraint de conserver ».

1. X. Lagarde, « Indemnisation des maladies professionnelles et prescription », *JCP* G, 2003, I, 159, spéc. n° 1.

2. M. Bandrac, « Les tendances récentes de la prescription extinctive en droit français », *RIDC*, 2/1994, p. 359 s., spéc p. 360, n° 2, constatant que la complexité du droit de la prescription « pourrait bien être justifiée par le pluralisme nécessaire d'une institution qui joue son rôle multiple dans presque tous les domaines du droit, et qui doit, par conséquent, s'adapter non seulement à la multiplicité de ses fonctions mais également à la diversité des rapports juridiques à l'égard desquels elle opère ».

3. D. Bureau et H. Muir Watt, *Droit international privé*, T. I, PUF, Thémis Droit, 2e éd., 2010, p. 359, n° 350.

4. B. Audit, « Le caractère fonctionnel de la règle de conflit de lois », *RCADI*, 1984, T. 186, p. 223 s., spéc. p. 271 s. et en part. p. 277. L'auteur entend ainsi démontrer que, contrairement à l'idée véhiculée par ses détracteurs, le système de conflit de loi n'est pas une pure abstraction, mais est au contraire guidé par une approche fonctionnelle, dépendant du but des lois.

5. Le parallèle pourrait être poussé plus loin. Il expliquerait notamment des tendances communes. Ainsi, la dérive précédemment observée des règles de détermination du point de départ de la prescription à coloration matérielle (v. *supra*, n° 428 s.) pourrait être mise en perspective avec la place de plus en plus importante accordée aux finalités matérielles en droit international privé.

6. D. Bureau et H. Muir Watt, *op. cit.*, p. 359, n° 350.

sa structure existe un lien si étroit qu'on ne peut garder la structure si la fonction vient à changer »[1], entre la fonction de la directive de détermination du point de départ de la prescription et son contenu existerait également un lien tel de sorte que l'on devrait modifier la directive de détermination de la prescription chaque fois que sa fonction viendrait à changer.

Destiné à permettre à la prescription de remplir la fonction qui lui est assignée, le point de départ se présente alors comme un instrument au service de la fonction de la prescription.

576. Il reste évidemment à identifier ces différentes fonctions. Toutes n'ont cependant pas la même importance. On connaît les fonctions communes de la prescription, qui demeurent assurément primordiales. Elles renvoient à ses fondements traditionnels, qui ont déjà été évoqués[2]. La prescription ancre son origine à la fois dans l'intérêt de la société à la pacification et à la consolidation des situations[3], la négligence du créancier[4], et la libération probable du débiteur[5] : son fondement est donc à la fois sécuritaire, moral, et probatoire. Ces trois considérations sont indissociables, et œuvrent de concert. À ce triple fondement répond en miroir une triple fonction : la prescription vise par l'interdiction d'actions tardives, à consolider des situations de fait, à sanctionner le créancier négligeant et à dispenser le débiteur d'apporter la preuve de sa libération. Ces fonctions, que Bigot de Préameneu évoquait déjà tour à tour[6], n'ont pas connu de bouleversement fondamental. Tout au plus peut-on observer dans la doctrine contemporaine une tendance à privilégier la fonction sécuritaire de la prescription au détriment de sa fonction punitive[7]. En revanche, certaines fonctions distinctes, qui ne sont pas solubles dans les fonctions communes de la prescription, ont vu le jour ou pris une importance nouvelle. Aussi convient-il de faire une place aux fonctions spéciales de la prescription à coté de ses fonctions communes. Une directive de droit commun de détermination du point de départ de la prescription devra alors cohabiter avec des directives spéciales de détermination du point de départ de la prescription.

577. **Conclusion du Chapitre I.** Pour restaurer la cohérence en la matière, il ne faut donc pas rechercher une illusoire unité de la prescription et de son régime, mais admettre son hétérogénéité pour mieux la dominer. Dès lors, aucune approche conceptuelle n'est susceptible de rendre compte de la complexité de la prescription. Ni la nature, ni la qualification du délai[8] ne permettent d'éclairer

---

1. P. Gothot, « Le renouveau de la tendance unilatéraliste », *Rev. crit. DIP*, 1971.1, p. 35.

2. V. *supra*, nº 536 s.

3. L. Guillouard, *Traité de la prescription*, T. I, Paris, 1900, p. 1 nº 1 ; C. Baudry-Lacantinerie et A. Tissier, *Traité théorique et pratique de droit civil, De la prescription*, Paris, 3e éd., 1905, spéc. p. 25 nº 29 ; C. Aubry et C. Rau, *Cours de droit civil français*, T. VIII, 4e éd., Paris, 1878, t VIII, § 771, p. 423.

4. M. Troplong, *Droit civil expliqué, commentaire du Titre XX du Livre II du Code Napoléon, De la prescription*, T. 1, Paris, 1857, p. 30, nº 27. ; V. Marcadé, *Explication théorique et pratique du Code Napoléon*, T. XII, *Prescription*, Paris, 1867, spéc. p. 7, nº 5 ; C. Aubry et C. Rau, *op. cit.*, p. 424.

5. L. Guillouard, *op. cit.*, p. 2, nº 2 ; C. Baudry-Lacantinerie et A. Tissier, *op. cit.*, spéc. p. 20, nº 27 ; C. Aubry et C. Rau, *op. cit.*, p. 424.

6. F. Bigot de Préameneu, *Exposé des motifs*, *in* F.-A. Fenet, *Recueil complet des travaux du Code civil*, T. XV, Paris, 1827, réimp. Otto Zeller Osnabrück, 1968, p. 573 s.

7. V. insistant sur l'aspect probatoire, A. Bénabent, *Les obligations*, Montchrestien, 12e éd., 2010, p. 636, nº 891 ; insistant sur l'ordre public et l'aspect probatoire : F. Terré, P. Simler, Y. Lequette, *Droit civil, Les obligations*, Précis Dalloz, 10e éd., 2009, p. 1447, nº 1472.

8. Comp., cependant, la démarche proposée par un auteur (M. Bruschi, *La prescription en droit de la responsabilité civile*, préf. A. Sériaux, Economica, 1997, spéc. p. 242, nº 187), qui avait pu distinguer

la détermination de son point de départ. Une approche fonctionnelle doit alors être adoptée. Mais, pour qu'elle rende sa cohérence à la détermination du point de départ de la prescription, il faut encore qu'elle tienne compte de la diversité des fonctions poursuivies par la prescription. Il faut alors, au sein de la prescription *lato sensu*, isoler les différentes fonctions remplies par la prescription pour appliquer à chaque action la directive de détermination du point de départ de la prescription adaptée à la fonction poursuivie. Les fonctions spéciales doivent en conséquence être isolées et soustraites au droit commun de la détermination du point de départ de la prescription.

---

délais préfix et de prescription selon leur fonction, pour leur assigner un régime distinct. Mais, on l'a vu, si la distinction peut parfois rendre compte d'une différence de fonction, il n'en va pas toujours ainsi. La distinction des fonctions des délais pour agir n'épouse pas celle des délais préfix et de prescription : des délais préfix et de prescription peuvent remplir des fonctions identiques là où deux délais de prescription pourront remplir des fonctions différentes.

CHAPITRE II

Fonctions spéciales et points de départ spéciaux

578. Dans une approche fonctionnelle, le point de départ se présente comme un instrument au service de la fonction poursuivie par la prescription. Sa détermination suppose alors l'identification des fonctions de la prescription, et en particulier de ses fonctions spéciales, distinctes des fonctions communes évoquées précédemment. Aux fonctions spéciales ainsi isolées devront alors répondre des points de départ spéciaux.

À ce titre, il ne s'agit pas d'identifier les hypothèses dans lesquelles l'une des fonctions communes apparaîtrait plus marquée : il est évident que les considérations sécuritaires, probatoires et morales n'ont pas toujours la même intensité selon les situations. Ainsi par exemple, la sécurité juridique imprègne davantage la prescription de l'action en nullité absolue, là où le fondement probatoire ou moral influence davantage la prescription de l'action en paiement d'une créance échue. Il n'en demeure pas moins que cette simple différence de degré ne justifie pas une différence de régime[1]. Ce sont, différemment, les fonctions véritablement dérogatoires en ce qu'elles procèdent d'une logique totalement différente qu'il faut identifier, afin de dresser une typologie des prescriptions. Sans prétendre à l'exhaustivité[2], trois fonctions spéciales méritent d'être isolées. Elles ont en commun d'être radicalement différentes des fonctions traditionnelles de la prescription et d'être tournées vers le seul débiteur, ce qui ne sera pas sans conséquence sur leur régime. La prescription peut ainsi avoir pour fonction de mesurer le temps de la garantie (Section I), de limiter la responsabilité de l'auteur du dommage (Section II), ou encore d'éviter la ruine de ce dernier (Section III).

---

1. Aussi, les anciennes prescriptions présomptives, d'ailleurs conservées en matière commerciale, ne méritaient effectivement pas un régime spécifique dès lors qu'elles avaient, comme toute prescription, une fonction probatoire. La coloration probatoire était certes plus intense, mais nullement spécifique à ces prescriptions. De même, la prescription des actions en nullité relative ne mérite pas davantage un régime spécifique dès lors que l'on admet qu'elles ne constituent pas un mode de confirmation tacite de l'acte (v. *supra*, n° 119 s.). Là encore, la coloration morale est peut-être ici plus importante, mais elle n'est pas davantage spécifique.

2. En effet, d'autres fonctions de la prescription, plus marginales, peuvent être envisagées. La prescription peut ainsi constituer un simple délai de dénonciation. Tel est le cas de la prescription visée par l'article 1648 du Code civil. Surtout, les fonctions possibles de la prescription ne sont pas une catégorie fermée : la prescription pourrait tout à fait à l'avenir être utilisée pour remplir de nouvelles fonctions.

Section I : La prescription, temps de la garantie

579. La prescription a parfois pour fonction de mesurer le temps d'une garantie offerte au créancier par le débiteur. Elle est alors un délai d'épreuve et un mode d'extinction du droit à garantie. Il faut exposer les actions relevant de ce régime (§ 1) avant de préciser le point de départ de cette prescription-garantie (§ 2).

§ 1 - LES ACTIONS RELEVANT DU RÉGIME DE LA PRESCRIPTION-GARANTIE

580. À l'examen des différentes actions dont l'exercice est atteint par la prescription, il apparaît que cette dernière n'a parfois pas d'autre rôle que de mesurer le temps d'une garantie[1]. Le législateur fait alors jouer à la prescription un rôle de délai d'épreuve, destiné à permettre au vice de la chose ou au dommage qu'elle a pu causer de se manifester. La difficulté réside, dans ces hypothèses, dans l'ambivalence fondamentale souvent entretenue par le législateur comme par la jurisprudence quant au rôle de l'écoulement du temps. Le délai de prescription peut en effet remplir ici une double fonction, abortive d'un éventuel droit futur d'une part, en ce que la manifestation du vice ou du dommage postérieurement à l'expiration du délai ne fera naître aucun droit, et extinctive du droit à réparation d'autre part, en ce que si le vice ou le dommage se manifeste avant l'expiration du délai, l'expiration du délai éteindra le droit ainsi né pendant son cours[2]. Pour le dire autrement, la prescription éteint ici par principe le droit à garantie. Mais elle peut aussi éteindre un éventuel droit à réparation une fois le vice ou le dommage manifeste. Bien qu'accidentelle[3] ici, la seconde fonction, plus traditionnelle, est la plus visible. Aussi masque-t-elle bien souvent l'existence de la première. C'est pourtant cette première fonction, c'est-à-dire la mesure du temps de la garantie, qui est de l'essence de ce type de prescription. Elle marque sa spécificité et explique son régime, dérogatoire au droit commun. On la retrouve dans un certain nombre de délais connus en droit positif.

581. Tel est d'abord, à l'évidence, le cas des délais encadrant les actions ayant pour objet la réparation d'un désordre subi par une construction. Le point n'est guère douteux lorsqu'est en cause le délai prévu par l'article 1792-4-1 du Code civil qui décharge les constructeurs de toute responsabilité à l'expiration d'un délai décennal. En effet, la Cour de cassation qualifie explicitement un tel délai de délai d'épreuve[4]. On retrouve donc ici les deux fonctions traditionnelle-

---

1. On sait la notion « protéiforme » (P. Jourdain, « Réflexions sur la notion de garantie en droit privé », in *Études offertes au Professeur P Malinvaud*, Litec, 2007, p. 303 s., spéc. p. 304). On visera cependant ici les hypothèses classiques de garanties légales attachées à certains contrats translatifs, ces garanties qui « assurent au créancier l'utilité de l'usage de la chose, sa conformité à sa destination (...) ou encore son usage ou sa jouissance paisible » (P. Jourdain, *ibid.*, spéc. p. 307).

2 Sur cette dualité de fonction, v. Y.-M. Serinet, *Les régimes comparés des sanctions de l'erreur, des vices cachés et de l'obligation de délivrance dans la vente*, thèse Paris I, 1996, p. 145 n° 135.

3. Cette seconde fonction est accidentelle en ce qu'elle peut n'avoir jamais vocation à intervenir. Tel sera le cas chaque fois que le vice ou le dommage ne s'étant pas manifesté pendant la durée de la garantie, il n'y a aucun droit à réparation susceptible d'être éteint. Seule la première fonction de la prescription est donc ici essentielle dans ce type de délai, qui aura toujours au moins pour rôle de mesurer le temps de la garantie.

4. Cass. civ. 3e, 15 février 1989, *Bull. civ.* III, n° 36 : « le délai de la garantie décennale étant un délai d'épreuve et non un délai de prescription, toute action fondée sur cette garantie ne peut être exercée plus de dix ans après la réception » ; 18 janvier 2006, *Bull. civ.* III, n° 17.

ment attachées à ce type de délai et leur hiérarchisation[1]. La prescription éteint bien, avant toute chose, la garantie due par le constructeur. Elle n'aura vocation à éteindre l'action que si cette dernière naît avant l'extinction du droit à garantie.

Mais il faut dépasser ce seul délai spécifique. En effet, on sait que, lorsque celui-ci ne trouve pas à s'appliquer en raison de la lettre restrictive de l'article 1792-4-1 du Code civil, l'exercice de l'action à l'encontre du constructeur se trouve enfermée dans le délai de prescription de droit commun[2]. Or, dans une telle hypothèse, la fonction poursuivie par le délai de prescription ne diffère pas fondamentalement de celle du délai de l'article 1792-4-1 : la prescription y est employée comme un véritable terme extinctif de la garantie donnée par le constructeur ou ses sous-traitants. Là encore, le délai de prescription n'a d'autre fonction que de constituer un délai d'épreuve de l'ouvrage[3], d'éteindre la garantie donnée par le constructeur[4].

582. Telle est ensuite la fonction assignée au délai biennal de prescription prévu par l'article L. 211-12 du Code de la consommation pour mettre en œuvre la garantie de conformité offerte aux consommateurs[5]. À n'en point douter, la directive transposée en droit français mettait en place une garantie légale au bénéfice du consommateur, d'une durée limitée de deux ans. La prescription vient ici éteindre la garantie[6]. Elle constitue donc là encore un délai d'épreuve, un terme extinctif de la garantie légale.

Tel est encore le rôle que la Cour de cassation fait jouer au délai de prescription de droit commun en matière de garantie des vices cachés. On sait en effet que, outre le délai de deux ans prévu par l'article 1648 du Code civil, l'exercice de l'action en garantie des vices cachés se trouve également enfermée dans le délai de prescription de droit commun[7]. Parce que l'on est en présence d'une garantie[8], le délai de prescription qui encadre son exercice n'est là encore qu'un délai d'épreuve, destiné à permettre au vice de se manifester[9]. Si le vice ne se manifeste pas pendant cette période, alors, il importe peu qu'il se révèle ou non postérieurement : le bien aura, pendant une période considérée comme suffi-

---

1. V. M. Zavaro, *La responsabilité des constructeurs*, préf. P. Malinvaud, Litec, 2e éd., 2007, nº 152, montrant que l'expiration du délai « entraîne à la fois une forclusion de la garantie et une prescription des actions en justice qui auraient pu être mises en œuvre pour obtenir le respect de la garantie ».

2. V. *supra*, nº 111 s.

3. V. implicitement en ce sens, J.-P. Storck, « Réforme du droit de la prescription et responsabilité des constructeurs », in *La réforme de la prescription*, *LPA*, 7 avril 2009, p. 42 s., spéc. p. 44.

4. Une telle identité de fonction explique d'ailleurs pourquoi la jurisprudence a pu à l'époque fixer *contra legem* à dix ans le délai de droit commun de prescription de l'action en responsabilité des constructeurs (v. *supra*, nº 111 s.), alignant ainsi le délai de droit commun sur le délai spécial de l'article 1792-4-1. Le temps d'épreuve de la garantie est ainsi identique dans les deux hypothèses.

5. V. *supra*, nº 108 s.

6. D. Mainguy, « Le nouveau droit de la garantie de conformité dans la vente au consommateur », *JCP* E, 2005, 630 : « le régime forge donc une garantie de conformité à durée déterminée, de deux ans. Au-delà, on revient dans le cadre de la garantie légale et des autres dispositions du Code civil ».

7. V. *supra*, nº 99 s.

8. Y. Dagorne-Labbé, note sous Cass. civ. 1re, 25 juin 2002, *Defrénois*, 2003, p. 406, spéc. p. 409.

9. V. not. même si le délai de l'article 1648 du Code civil éteint sans doute moins l'action qu'il n'interdit de l'exercer : « Les longues prescriptions de droit commun viennent éteindre d'abord le droit substantiel à la garantie que doit tout vendeur c'est-à-dire la durée d'existence de la garantie légale du vendeur de meubles entendue notamment comme la durée au cours de laquelle un vice peut théoriquement apparaître alors même que, généralement, les meubles ne durent pas très longtemps. Il convient donc de distinguer soigneusement le délai de l'art. 1648 C. civ. qui éteint l'action en garantie des vices cachés de la durée d'existence de la garantie » (M. Bruschi, note sous Cass. civ. 1re, 21 octobre 1997, *D.*, 1998, p. 409, spéc. p. 412, nº 17).

samment longue, répondu à l'usage que l'on pouvait en attendre[1]. Aussi, les deux délais de prescription répondent ici à deux fonctions bien distinctes : le délai de prescription de droit commun fait office de délai de garantie légale, le délai spécial de l'article 1648 du Code civil joue le rôle de délai de dénonciation[2]. En ce sens, le délai pour agir en garantie des vices cachés s'inscrit dans une tendance contemporaine bien marquée à la mise en place de doubles délais extinctifs[3], qui n'est pas fondamentalement éloignée de celle qui sous-tend le délai de prescription, non seulement en matière de construction, mais également en matière de responsabilité du fait des produits défectueux.

En effet, la prescription joue également une fonction de mesure de la garantie lorsqu'elle vient enfermer l'exercice de l'action en responsabilité engagée sur le fondement de la garantie des produits défectueux[4] : là encore, on sait l'exercice de l'action enfermée dans un double délai extinctif. Au terme des articles 1386-16 et 1386-17 du Code civil, l'action doit en principe être intentée dans les trois ans à compter du jour où le demandeur a eu ou aurait dû avoir connaissance du dommage, du défaut, et de l'identité du producteur (1386-16), sans pouvoir être exercée plus de dix ans après la mise en circulation du produit (1386-17). Ces deux délais poursuivent alors deux fonctions distinctes : le premier est un délai de dénonciation du défaut de sécurité du produit, le second un délai d'épreuve, destiné à mesurer la sécurité du produit. Le rôle attribué à ce second délai prévu par l'article 1386-17 n'est alors pas sans rappeler celui attribué à la prescription de droit commun en matière de vice caché : il apparaît comme un véritable « délai d'extinction de l'obligation »[5], c'est à dire un délai d'épreuve, de garantie auquel

---

1. Une telle analyse rejoint d'ailleurs celle qui avait pu être développée selon laquelle le fait générateur de l'action en garantie est l'existence même du vice et non sa découverte (on soulignera que la Cour de cassation considère que la créance née de la garantie des vices cachés trouve son origine au jour de la conclusion de la vente et non au jour de la révélation du vice : Cass. com., 8 juin 1999, *LPA*, 1er novembre 1999, p. 14 s., note J.-L. Courtier : « La créance née de la garantie des vices cachés a son origine au jour de la conclusion de la vente et non au jour de la révélation du vice »). Ce dont on a pu déduire que « dès que le vice infecte les travaux, l'action existe, que le propriétaire le connaisse ou l'ignore. La loi lui a fixé un temps d'épreuve pour le reconnaître. C'est à lui d'agir, de se renseigner, de se faire éclairer pendant le délai et surtout lorsque ce délai est près d'expirer » (obs. du Procureur général Barbier sous Ch. réun., 2 août 1882, *S.*, 1883, 1, p. 5 s., spéc. p. 16).

2. V. sur l'importance de cette distinction, Y.-M. Serinet, thèse préc., p. 144, n° 133-134 : « Instinctivement, on sent bien à l'abord des questions de durée qu'une "ambiguïté fondamentale" sous-tend l'ensemble du débat. Elle tient à la confusion, plus que fréquente, faite entre deux notions intellectuellement distinctes : d'une part, le laps de temps au-delà duquel toute action en justice fondée sur un vice rédhibitoire ne peut plus franchir la barrière de recevabilité qui permet d'en appeler au jugement des tribunaux sur le fond d'une affaire, et, d'autre part, la période durant laquelle le vendeur doit garantie à l'acheteur de ces mêmes vices rédhibitoires. (...) Car, du mutisme conservé par le Code civil sur une éventuelle limitation de la durée de la garantie, on ne saurait déduire que celle-ci sera due "à perpétuité" (...). L'aptitude de la chose vendue à satisfaire l'usage auquel elle était destinée n'est pas en effet illimitée, ce qui serait tout à fait irréaliste, mais trouve au contraire un terme naturel par suite de son usure normale qui clôt la durée d'efficacité du contrat ».

3. V. encore par exemple le délai prévu par l'article 39 de la *Convention de Vienne* : « 1) l'acheteur est déchu du droit de se prévaloir d'un défaut de conformité s'il ne le dénonce pas au vendeur, en précisant la nature de ce défaut, dans un délai raisonnable à partir du moment où il l'a constaté ou aurait dû le constater. 2) Dans tous les cas, l'acheteur est déchu du droit de se prévaloir d'un défaut de conformité s'il ne le dénonce pas au plus tard dans un délai de deux ans à compter de la date à laquelle les marchandises lui ont été effectivement remises, à moins que ce délai ne soit incompatible avec la durée d'une garantie contractuelle ».

4. V. *supra*, n° 105.

5. Y. Dagorne-Labbé, « La loi du 19 mai 1998 relative à la responsabilité des produits défectueux », *Defrénois*, 1998, p. 1265 s., spéc. n° 47. Le délai a également été qualifié de délai « préfix » (P. Jourdain, « Commentaire de la loi n° 98-389 du 19 mai 1998 sur la responsabilité du fait des produits défectueux », *JCP* E, 1998, 1204 s., spéc. n° 46), de « péremption » (G. Viney, « L'introduction en droit français

est tenu le producteur, mais au-delà duquel il sera de plein droit libéré de toute responsabilité.

583. Finalement, il apparaît que tous ces délais sont de nature différente – certains sont des délais préfix ou de forclusion, d'autres de purs délais de prescription – mais ont en commun de poursuivre la même fonction : éteindre un droit à garantie légalement prévu. Précisément, et contrairement aux délais classiques de prescription ou même aux délais préfix, ces délais « ne sont pas des délais donnés pour la réalisation, en justice et par exécution forcée, d'un droit à réparation. Ils mesurent la durée d'existence de l'obligation (…) de garantir la sécurité d'une chose »[1]. Dans cette hypothèse, la prescription ne vient pas éteindre le droit substantiel à réparation, qui ne pourra naître que de la manifestation du vice ou du dommage. Elle vient uniquement éteindre le droit à garantie. Cette spécificité s'explique aisément : une garantie, qu'elle soit légale ou conventionnelle, n'est pas privée d'intérêt du seul fait que l'événement garanti ne se réalise pas. Bien au contraire, l'écoulement de la durée de la garantie revêt en elle-même une fonction satisfactoire[2]. Dès lors, si le vice ou dommage se manifeste au-delà de l'expiration de ce délai, il ne sera plus susceptible de donner naissance à aucun droit, la garantie, qui aura donné satisfaction, étant déjà éteinte. Au fond, lorsqu'il remplit une telle fonction, le délai de prescription n'apparaît guère éloigné d'un délai conventionnel de garantie[3], à tel enseigne d'ailleurs que les parties n'hésitent pas à leur tour à s'emparer du mécanisme de la prescription pour mesurer le temps d'une garantie conventionnelle[4]. Ce n'est alors que si le vice apparaît ou le dommage se manifeste avant que la garantie soit éteinte que la question de la prescription du droit substantiel ou processuel à réparation pourra se poser. Dans cette hypothèse, de deux choses l'une : soit le délai de prescription changera de fonction pour devenir un délai classique d'extinction du droit d'agir en réparation, soit un délai de prescription distinct, prenant la forme d'un délai de dénonciation viendra prendre le relais pour encadrer l'exercice d'une telle action[5].

---

de la directive européenne du 25 juillet 1985 relative à la responsabilité du fait des produits défectueux », *D.*, 1998, p. 291 s., spéc. n° 10), de « forclusion » (J.-S. Borghetti, *La responsabilité du fait des produits, Étude de droit comparé*, préf. G. Viney, LGDJ, 2004, p. 491, n° 512) ou encore de « responsabilité » (C. Larroumet, « La responsabilité du fait des produits défectueux après la loi du 19 mai 1998 », *D.*, 1998, p. 311 s., spéc. n° 27).

1. M. Bandrac, « La nouvelle nature juridique de la prescription extinctive en matière civile », *RDC*, 2008, p. 1413 s., spéc. p. 1425, n° 27.

2. A. Etienney, *La durée de la prestation, Essai sur le temps dans l'obligation*, préf. T. Revet, LGDJ, 2008, spéc. p. 277 s., n° 377 s. : « La satisfaction [des bénéficiaires de la garantie], quand bien même aucun risque ne se réaliserait, est à la mesure de la garantie ».

3. La description du rôle de la garantie conventionnelle que propose P. Ancel est ainsi parfaitement transposable au délai de droit commun entendu comme temps de la garantie légale, même si cet auteur refuse une telle analogie : « C'est que le contrat, en fixant une période de garantie, ne pose pas, comme l'article 1648 du Code civil, une règle de prescription, mais une condition de fond de l'obligation du vendeur : le temps fixé au contrat n'est pas le délai laissé à l'acquéreur pour agir après la découverte du vice, c'est la période pendant laquelle le vice doit se révéler pour être garanti » (P. Ancel, « La garantie conventionnelle des vices cachés dans les conditions générales de vente en matière mobilière », *RTD com.*, 1979, p. 203 s., spéc. n° 9).

4. La Cour de cassation a en effet pu admettre la création par les parties de délais de forclusion conventionnelle destinés à enfermer tout exercice de l'action dans une période plus courte et surtout plus rigide que la période offerte par la loi : Cass. civ. 2e, 14 octobre 1987, *Bull. civ.* II, n° 195, *RDBF*, 1988, p. 89, obs. F. Crédot et Y. Gérard, *RTD civ.*, 1988, p. 753, obs. J. Mestre.

5. La prescription de la garantie légale de conformité prévue par l'article L. 211-12 du Code de la consommation offre une illustration utile de ces deux possibilités. L'article 5 point 2 de la directive proposait en effet d'associer à ce délai de prescription un délai de dénonciation de deux mois courant à compter de la date à laquelle le consommateur avait constaté le défaut. Les délais pouvaient alors se conjuguer

Il faut donc nettement distinguer, en dépit de la confusion souvent entretenue, le temps de la garantie du temps disponible pour intenter l'action en réparation qui pourrait en résulter. Toute la spécificité de la prescription ici étudiée réside dans le fait qu'elle agit sur le premier là où la prescription vise traditionnellement le second. La fonction spécifique de la prescription, lorsqu'elle vient mesurer la durée d'une garantie incombant au débiteur justifie alors logiquement l'existence d'un régime spécifique et notamment de directives spéciales de détermination du point de départ de la prescription.

§ 2 - LE POINT DE DÉPART DE LA PRESCRIPTION-GARANTIE

584. Entièrement tournée vers la libération du débiteur, la fonction spéciale de la prescription ici mise en exergue justifie que son point de départ soit fixé au jour du dessaisissement du débiteur de la garantie (A), un tel point de départ pouvant exceptionnellement être reporté en cas de faute dolosive (B).

A. La fixation du point de départ de la prescription au jour du dessaisissement du débiteur

585. Lorsque la prescription vient éteindre une garantie, elle se distingue de la prescription traditionnelle sous deux aspects. D'une part, elle n'est pas ici un temps donné pour la réalisation en justice d'un droit déjà né mais vient éteindre une garantie sans égard pour la manifestation du vice ou du dommage de nature à faire naître le droit d'agir en justice du créancier. D'autre part, elle ne repose sur aucune considération morale, et ne vient pas sanctionner l'inaction d'un créancier en mesure d'agir. Cette double spécificité emporte une double conséquence fondamentale sur la détermination du point de départ de la prescription. Ce dernier est nécessairement étranger tant à la naissance du droit à réparation[1] du créancier qu'à la possibilité pour celui-ci d'agir en réparation[2] : destiné à permettre au vice de se manifester, le délai ne saurait logiquement courir du jour de sa manifestation. Pour le dire autrement, le vice ou le dommage devant se manifester pendant ce délai, une telle manifestation ne saurait en constituer le point de départ. Dès lors, tant les conséquences traditionnellement attachées à l'adage *Actioni non natae non praescribitur* qu'à l'adage *Contra non valentem* sur la détermination du point de départ de la prescription doivent être ici écartées.

586. Par suite, une directive différente doit encadrer la fixation du point de départ de la prescription dans une telle hypothèse. Sous cet aspect, dès lors que

---

comme suit : la prescription biennale venait éteindre le droit à garantie. Si le défaut se manifestait avant que la prescription soit acquise, un autre délai de deux mois venait encadrer l'exercice de l'action en mise en œuvre de la garantie. En ne transposant pas ce délai de dénonciation en droit français, le législateur a proposé un modèle différent : le délai biennal vient à titre principal éteindre le droit à garantie. Si le vice se manifeste avant le terme de la garantie, alors le délai de prescription change de fonction : il ne vient plus mesurer le temps de la garantie, mais encadrer l'exercice de l'action en justice pour la mettre en œuvre.

1. En réalité, l'action ne peut ici jamais être prescrite avant d'être née, puisque par hypothèse, si la prescription a éteint la garantie, le vice ou le dommage qui se manifesteront postérieurement ne feront pas naître d'action.

2. Tout au plus peut-on réserver l'hypothèse dans laquelle, le vice ou le dommage s'étant effectivement manifestés, le délai de prescription change de fonction pour venir enfermer la mise en œuvre de la garantie. L'impossibilité d'agir du créancier pourrait éventuellement être prise en considération à ce stade.

la prescription vient éteindre une garantie légale comme un terme extinctif vient éteindre une garantie conventionnelle, la mesure du temps opérée par la prescription est nécessairement linéaire, mécanique. Aussi, non seulement la prescription opère comme un couperet insensible aux événements susceptibles d'entraver son cours, mais plus encore son point de départ est nécessairement fixe pour répondre à la spécificité de sa fonction. La prescription étant ici un délai d'épreuve, elle doit courir à partir du moment où le bien peut être mis à l'épreuve de la garantie offerte, c'est-à-dire à partir du moment où le créancier est en mesure de découvrir le vice de la chose, ce qui correspond logiquement au jour où le débiteur de la garantie s'est dessaisi de son bien au profit du créancier. Aussi, lorsque la prescription vient éteindre une garantie légale, son point de départ devrait être fixé au jour du *dessaisissement par le débiteur de l'objet de la garantie au profit d'un tiers.*

Un tel point de départ, entièrement tourné vers la libération du débiteur, devrait s'imposer même dans l'hypothèse où le créancier n'a pas effectivement bénéficié d'un délai utile pour découvrir le vice de la chose, soit parce qu'il n'est pas la personne au profit de laquelle le débiteur s'est dessaisi, mais un sous-acquéreur par exemple, ayant eu la chose entre ses mains beaucoup plus récemment, soit parce qu'il ne possède plus la chose, mais exerce une action récursoire après avoir été lui-même assigné par la personne ayant découvert le vice. En effet, le débiteur, qui ne doit qu'une garantie limitée dans le temps, ne doit pas voir sa situation dépendre de la possibilité pour le créancier d'exercer l'action[1] : dès lors qu'en se dessaisissant du bien, il a mis, au moins virtuellement, un tiers en mesure de profiter du temps de la garantie pour découvrir le vice, les rapports juridiques qui pourraient s'établir postérieurement à ce dessaisissement ne devraient pas pouvoir lui être opposés[2].

587. Si l'on applique une telle directive aux délais qui enferment les actions qui peuvent être exercées à l'encontre des constructeurs d'ouvrage, la prescription devrait courir du jour où le constructeur se dessaisit de l'ouvrage au profit du maître de l'ouvrage. Or, un tel événement se réalise lors de la prise de possession des lieux par le créancier, soit précisément au jour de la réception des travaux par le maître de l'ouvrage. Sous cet aspect, la directive de détermination du point de départ de la prescription proposée rend compte d'un certain nombre de solutions de droit positif : en effet, non seulement l'article 1792-4-1 comme l'article 1792-4-2 font respectivement courir la garantie décennale et la prescription de l'action dirigée contre les sous-traitants d'un tel événement, mais plus encore la jurisprudence retient à son tour un tel événement lorsqu'elle soumet l'action dirigée contre un constructeur à la prescription de droit commun[3]. Surprenante si l'on s'en tient aux principes généraux de la prescription, la solution devient logique si l'on s'intéresse à la fonction de la prescription. Dans toutes ces hypothèses en effet, la prescription mesure le temps de la garantie offerte par

1. En ce sens, mais raisonnant sur le seul article 1792-4-1 du Code civil, J.-P. Karila, « Vers l'uniformisation de tous délais d'action des différentes responsabilités des constructeurs d'ouvrages immobiliers », *JCP* N, 2004, p. 1160.

2. La solution, imposée par la fonction de la prescription, aurait au demeurant l'avantage d'aligner la durée pendant laquelle la responsabilité du débiteur de la garantie pourrait être recherchée sur celle pendant laquelle elle pourrait être couverte par une assurance. V. sur ce point, à propos de la garantie des produits défectueux, L. Mayaux, « L'incidence de la loi du 19 mai 1998 sur la durée de la garantie d'assurance en matière de produits livrés », *RGDA*, 1999, p. 63 s., spéc. nº 4 s.

3. V. *supra*, nº 111 s.

le constructeur. Remplissant la même fonction, elle doit avoir le même point de départ. Seule l'absence de dessaisissement, en empêchant la mise à l'épreuve du bien objet de la garantie, peut empêcher la prescription de courir[1]. La fonction de la prescription permet également de justifier la démarche de la Cour de cassation qui, au mépris apparent des règles de principe en la matière, fait courir l'action récursoire exercée contre un constructeur à compter de la réception des travaux[2].

588. L'application de cette directive à la prescription de l'action résultant du défaut de conformité prévue par le Code de la consommation doit encore conduire à en fixer le point de départ de la prescription au jour du dessaisissement du vendeur professionnel au profit de l'acquéreur consommateur. C'est en effet le jour où le débiteur n'exerce plus d'emprise sur la chose que rien ne s'oppose plus à ce que l'acquéreur en mette la conformité à l'épreuve du temps. Un tel événement se réalise lorsque le vendeur délivre la chose, c'est-à-dire, selon les termes de l'article 1604 du Code civil, lorsque se manifeste « le transport de la chose vendue en la puissance et possession de l'acheteur ». On comprend dès lors que l'article L. 211-12 du Code de la consommation fixe au jour de la délivrance du bien le point de départ de la prescription de l'action de l'acquéreur. Au reste, le choix d'un tel point de départ s'accorde parfaitement avec le schéma chronologique classique selon lequel ce n'est que postérieurement à la délivrance que le vendeur est tenu à des obligations de garanties qui n'en sont que le prolongement[3]. Pour le dire autrement, l'obligation de garantie commençant non avec la vente, mais avec la délivrance du bien vendu, il est logique que la prescription qui a pour fonction d'éteindre cette garantie ne coure que du jour de la délivrance du bien. Sans doute aurait-il cependant été préférable de se référer au seul dessaisissement du débiteur. En effet, la garantie de conformité ne visant pas que le seul contrat de vente, mais également les contrats de fourniture de biens meubles à fabriquer ou à produire (art. L. 211-1 C. cons.), le choix du jour de la délivrance n'apparaît pas toujours adapté[4]. La seule référence au dessaisissement du débiteur aurait différemment permis de fixer le point de départ de la prescription au jour de la réception en présence d'un contrat d'entreprise dans lequel le rôle pivot traditionnellement assigné à la délivrance est davantage rempli par la réception.

589. La directive proposée devrait encore s'appliquer à la détermination du point de départ de la prescription de l'action en garantie des vices cachés. Là encore, si l'on admet que le délai de prescription de l'article 1648 du Code civil n'est qu'un délai de dénonciation et que la garantie elle-même est éteinte par le délai de prescription de droit commun, alors ce dernier devrait nécessairement courir à compter du dessaisissement du débiteur, correspondant là encore à la délivrance du bien qui permettra à l'acquéreur, au moins potentiellement, de jouir de l'utilité promise du bien et d'être en mesure de découvrir le vice[5]. Peu explicite

1. Ce qui explique d'ailleurs pourquoi la Cour de cassation se rabat sur le jour de manifestation du dommage en l'absence de réception : v. *supra*, n° 111 s.

2. V. *supra*, n° 331.

3. A. Bénabent, *Droit civil, Les contrats spéciaux civils et commerciaux*, Montchrestien, 9e éd., 2011, p. 120, n° 301.

4. V. *supra*, n° 108 s.

5. V. notamment, P. Stoffel-Munck, *Chronique de contrats spéciaux*, *LPA*, 18 novembre 2002, p. 7 s., spéc. n° 2 : « L'acheteur ne pouvant se convaincre des vices éventuels qu'à compter de la délivrance, il paraissait plus juste que son droit à garantie ne commence à se corroder qu'à compter de cet instant » ; Y.-M. Serinet, thèse préc., p. 145, n° 134. Précisons qu'il ne s'agit pas ici de réintroduire le jeu de l'impossibilité d'agir dans la fixation du point de départ de la prescription. Il ne s'agit pas de savoir si l'acheteur

sur le point de départ de la prescription de droit commun dans une telle hypothèse[1], la Cour de cassation s'écarte en revanche très nettement de l'application d'une telle directive lorsqu'elle admet qu'une action récursoire puisse être intentée sur le fondement de la garantie des vices cachés après l'expiration du délai de prescription de droit commun[2]. En effet, si l'on admet que, lorsque la prescription a pour fonction de mesurer la durée d'une garantie, son point de départ doit être fixé au jour du dessaisissement du débiteur sans égard pour la naissance du droit ou la possibilité d'agir du créancier, alors l'action, même récursoire, devrait être enfermée dans le délai de prescription de droit commun à compter de la délivrance.

L'application d'une telle directive de détermination du point de départ de la prescription devrait encore permettre de trancher l'une des questions nouvelles soulevées par la loi du 17 juin 2008. La doctrine se divise en effet sur le point de savoir si l'exercice de l'action en garantie des vices cachés prévue par l'article 1648 du Code civil est encore enfermé dans le délai de prescription de droit commun devenu quinquennal alors même que la loi a instauré un délai butoir de vingt ans[3]. Mais, dès lors que l'on admet que la prescription de droit commun vient ici seulement mesurer la durée d'existence de la garantie, il faut constater qu'elle joue un rôle distinct du délai butoir, qui vient éteindre un droit substantiel à réparation[4]. Les deux délais ne poursuivant pas la même fonction, l'instauration du délai butoir ne saurait alors remplacer le délai de prescription de droit commun qui devrait logiquement continuer d'encadrer l'exercice de l'action en garantie des vices cachés, sauf à faire jouer au délai butoir un rôle de mesure du temps de la garantie qui n'est pas le sien. L'exercice de l'action en garantie des vices cachés prévue par l'article 1648 du Code civil doit donc continuer à être enfermé dans le délai de prescription de droit commun, seul à même ici de venir mesurer le temps de la garantie[5].

590. Une telle directive doit encore être appliquée au délai décennal prévu par l'article 1386-16 du Code civil en matière de responsabilité du fait des produits défectueux. Là encore, le dessaisissement du débiteur de la garantie de sécurité doit

---

pouvait effectivement découvrir le vice mais différemment si sa mise en possession le rendait maître de la chose.

1. Elle a en revanche été plus prolixe sur la question quelque peu distincte du point de départ du délai de droit commun substitué par interversion au délai biennal de dénonciation après une assignation en référé. Après avoir dans un premier temps fixé le point de départ de la prescription au jour de la vente (Cass. civ. 1re, 19 octobre 1999, *Bull. civ.* I, n° 288, *RTD civ.*, 2000, p. 133, obs. P.-Y. Gautier, *D.*, 2001, p. 413, note I. Bufflier ; Cass. civ. 1re, 12 décembre 2000, *Bull. civ.* I, n° 324), elle a finalement fait de la livraison du bien le point de départ de la prescription (Cass. civ. 1re, 25 juin 2002, *Bull. civ.* I, n° 176, *Defrénois*, 2003, p. 406, note Y. Dagorne-Labbé, P. Stoffel-Munck, *Chronique de contrats spéciaux*, préc.).

2. V. *supra*, n° 332 s.

3. V. en faveur de l'enfermement de l'action dans le délai quinquennal de l'article 2224 à compter de la vente : A. Bénabent, *Les contrats spéciaux civils et commerciaux*, Montchrestien, 9e éd., 2001, p. 1667, n° 366 ; en faveur de l'enfermement de l'action dans le délai de vingt ans de l'article 2232 du Code civil à compter de la vente : P. Malaurie, L. Aynès, P.-Y. Gautier, *Les contrats spéciaux*, Defrénois, 5e éd., 2011, p. 243, n° 400.

4. La prescription éteint en effet la garantie sans égard pour l'existence du droit à réparation, qui peut parfaitement n'être jamais né, faute de réalisation du dommage avant l'expiration du délai. La question de l'extinction du droit à réparation ne se pose donc pas ici.

5. Poussé à l'extrême, trois types différents de délais peuvent ainsi être théoriquement isolés : un premier délai peut venir mesurer la durée de la garantie (rôle ici joué par la prescription de droit commun), un deuxième délai peut venir enfermer la recevabilité de l'action (rôle ici joué par la prescription de l'article 1648 du Code civil), un troisième délai peut venir éteindre le droit substantiel à réparation (rôle que la loi nouvelle assigne au délai butoir). Seuls les deux premiers ont ici vocation à intervenir.

marquer le point de départ de la prescription, en dépit du décalage entre le dessaisissement du débiteur et l'entrée effective en possession du créancier dû au fait que le créancier garanti, l'acquéreur, n'est pas le contractant direct du garant, le producteur. À ce titre, la référence de l'article 1386-16 du Code civil à la mise en circulation du produit, définie à l'article 1386-5 comme le moment où « le producteur s'en est dessaisi volontairement », répond parfaitement à cette exigence.

Plus encore, la directive proposée pourrait éclairer un arrêt de la Cour de cassation du 24 janvier 2006 dans lequel elle avait affirmé que « l'action de la victime d'un produit défectueux, dont la mise en circulation est antérieure à l'entrée en vigueur de la loi du 19 mai 1998, codifiée aux articles 1386-1 à 1386-18 du Code civil, se prescrit à l'encontre du vendeur à compter de la vente »[1]. La solution était apparue manifestement incompatible avec les principes régissant la fixation du point de départ de la prescription de l'action en responsabilité contractuelle, dont on a vu qu'elle ne se prescrit en principe qu'à compter de la manifestation du dommage[2]. Mais l'incohérence dénoncée pourrait être surmontée si l'on admet que la Cour de cassation raisonnait peut être déjà, par analogie avec la garantie des vices cachés[3], ou vraisemblablement par anticipation des dispositions de la directive[4], comme si la prescription n'avait pas ici pour objet de sanctionner une inaction mais de marquer le terme d'un délai d'épreuve, de garantie imposé au producteur[5]. Certes, la solution demeure en toute hypothèse critiquable en ce qu'elle fait courir la prescription du jour de la vente et non du dessaisissement du débiteur à proprement parler. Mais le refus de la Cour de cassation de prendre ici en considération la manifestation du dommage apparaît justifié au regard de la fonction ici assignée à la prescription.

591. La directive de détermination du point de départ de la prescription-garantie apparaît ainsi clairement : le délai devrait par principe courir du jour du dessaisissement du débiteur. Il devrait cependant en aller autrement dans l'hypothèse où ce dernier aurait commis une faute dolosive.

B. Le report du point de départ de la prescription en cas de faute dolosive

592. Lorsque la prescription vient mesurer la durée de la garantie, elle constitue un délai d'épreuve destiné à permettre la manifestation du vice ou du dommage, ce qui justifie une computation très stricte, le délai courant du dessaisissement au profit d'un tiers, sans report possible du point de départ de la prescription. Évidemment, un tel régime, très favorable au débiteur de la garantie[6],

1. Cass. com., 24 janvier 2006, *RTD civ.*, 2006, p. 571, obs. P. Jourdain.
2. V. *supra*, n° 62 s.
3. Une telle analogie semble cependant refusée par la Cour de cassation : Cass. com., 29 mai 2001, pourvoi n° 99-14127.
4. Le visa de l'arrêt est à cet égard instructif : « Vu les articles 1147 et 1384, alinéa 1er, du Code civil interprétés à la lumière de la directive CEE n° 85-374 du 24 juillet 1985 et l'article L. 110-4 du Code de commerce ».
5. V. P. Jourdain, obs. sous Cass. com., 24 mai 2006, préc., spéc. p. 573, selon lequel « il n'est pas impossible que l'idée d'un délai d'extinction des droits, distinct du délai de prescription de l'action, ait traversé l'esprit des conseillers ».
6. Un tel régime de prescription apparaît en effet toujours comme une faveur au débiteur, mieux protégé que sur le terrain du droit commun. Ainsi, par exemple, le but de la prescription de l'action en garantie du code de la consommation est « d'équilibrer, par une faveur faite aux vendeurs, les droits accordés aux acheteurs » (J. Calais-Auloy, « Une nouvelle garantie pour l'acheteur : la garantie de conformité », *RTD civ.*, 2005, p. 701 s., spéc. p. 708).

n'est légitime qu'autant que le délai peut permettre au vice ou au dommage de se manifester, autrement dit que le temps a bien joué son rôle d'épreuve.

Si tel n'a pas été le cas, la protection offerte au débiteur de la garantie n'a plus lieu d'être. Précisément, sa protection ne saurait être légitime dès lors que le débiteur de la garantie commet une faute dolosive qui empêche le temps de jouer son rôle. L'écoulement du délai ne permet ainsi pas au vice ou au dommage de se manifester lorsque le débiteur de la garantie l'aura sciemment dissimulé, soit parce qu'il aura construit ou fabriqué en ayant conscience de proposer un produit ne répondant pas aux exigences légales, soit parce que prenant conscience de cette carence, il en aura dissimulé les conséquences. Dans une telle hypothèse, le débiteur, empêchant la prescription de remplir son rôle d'épreuve, ne saurait se prévaloir de son acquisition : il doit être déchu du droit de se prévaloir de la prescription spéciale plus favorable[1]. Plus précisément encore, la prescription ne pouvant permettre la mise à l'épreuve du bien en raison de la dissimulation du débiteur, elle ne peut remplir sa fonction et ne saurait en conséquence courir à l'encontre du créancier : le point de départ de la prescription s'en trouve nécessairement reporté au jour de la manifestation du dommage ou du vice[2].

593. La Cour de cassation fait d'ailleurs expressément jouer une telle limite en matière de construction, considérant que le dol du constructeur, entendu comme une faute volontaire ou une manœuvre frauduleuse, excluait l'application de la garantie décennale et justifiait l'application de la responsabilité contractuelle de droit commun, prescrite dorénavant par cinq ans à compter de la manifestation du dommage[3]. La solution s'explique logiquement : la prescription « ne pouvait commencer à courir (...) en raison de la fraude du débiteur ayant provoqué l'ignorance du créancier »[4]. La déchéance du droit de se prévaloir du régime spécial de prescription et notamment de son point de départ fixe est ici justifiée par le fait qu'en dissimulant les malfaçons, le constructeur a empêché le délai spécial de prescription de remplir sa fonction spécifique de délai d'épreuve.

C'est une même logique qui explique d'ailleurs que l'article 40 de la *CIVM* précise que le vendeur ne peut pas se prévaloir des dispositions de l'article 39 selon lequel « l'acheteur est déchu du droit de se prévaloir d'un défaut de conformité s'il ne le dénonce pas au plus tard dans un délai de deux ans à compter de la date à laquelle les marchandises lui ont été effectivement remises » lorsque « le défaut de conformité porte sur des faits qu'il connaissait ou ne pouvait

1. V., à propos de la responsabilité des constructeurs, M. Zavaro, *La responsabilité des constructeurs au gré de l'évolution des règles de prescription*, Edilaix, 2009, p. 30, nº 37 : « le caractère dérogatoire des prescriptions des articles 1792-4-1 à 4 justifie d'autant plus qu'on applique le droit commun en cas de fraude du constructeur que dans la pratique, ce dol est souvent caractérisé par la dissimulation du désordre ou de ses causes ».

2. Les règles de droit commun devraient alors être appliquées, tant pour la fixation du point de départ de la prescription que pour l'application d'un éventuel délai butoir (v. *infra*, Chapitre III).

3. Après avoir dans un premier temps considéré que l'existence d'une faute dolosive emportait application de la responsabilité délictuelle de droit commun (Cass. civ. 3e, 18 décembre 1972, *Bull. civ.* III, nº 679 ; *D.*, 1973, p. 272 s., note J. Mazeaud ; Cass. civ. 1re, 21 juillet 1987, *Bull. civ.* I, nº 241), la Cour de cassation a dans un second temps décidé que c'était la responsabilité contractuelle qui devait prendre le relais de la garantie légale (Cass. civ. 3e, 27 juin 2001, *Bull. civ.* III, nº 83, *D.*, 2001, p. 2995, concl. J.-F. Weber, note J.-P. Karila ; *JCP* G, 2001, II, 10626, note P. Malinvaud). En toute hypothèse, la solution sera identique quant au point de départ de la prescription, ce dernier devant logiquement se trouver reporté au jour de la manifestation du désordre.

4. J. Mazeaud, note sous Cass. civ. 3e, 18 décembre 1972, préc., spéc. p. 273.

ignorer et qu'il n'a pas révélés à l'acheteur ». Là encore, occultant sciemment l'existence du défaut dont le délai d'épreuve était destiné à permettre la manifestation, le débiteur ne saurait se prévaloir du point de départ intangible prévu par l'article 39.

Mais un même raisonnement pourrait assurément être étendu au-delà de ces seules hypothèses. Ainsi, la dissimulation par le vendeur du défaut de conformité, de sécurité, ou de l'inaptitude à l'usage du bien vendu, devrait également faire perdre le bénéfice des prescriptions spéciales de la garantie de conformité, de la garantie des produits défectueux ou encore de celle des vices cachés. Dans toutes ces hypothèses, le droit commun de la prescription devrait retrouver son empire, et la prescription courir à compter de la manifestation du dommage ou de l'apparition du vice.

594. Faut-il alors aller plus loin encore, et refuser également de faire courir la prescription à compter du dessaisissement du débiteur en cas de faute d'une certaine gravité de sa part ? Le raisonnement pourrait se prévaloir d'un constat d'évidence : le régime dérogatoire de prescription se justifiant par la nécessité de protéger le débiteur, tenu de garantir les dommages même en l'absence de faute, la légitimité d'un tel avantage pourrait être remis en cause en cas de faute de sa part. L'article 1386-16 du Code civil pourrait d'ailleurs aller en ce sens en précisant que la garantie des produits défectueux s'éteint par dix ans à compter de la mise en circulation du produit « sauf faute du producteur ».

Une telle analyse doit cependant être écartée. En effet, quel que soit le degré de gravité de la faute du débiteur de la garantie, une telle faute n'empêche pas le délai de prescription de remplir la fonction qui lui est assignée, à savoir servir de délai d'épreuve, elle ne perturbe pas le fonctionnement de la prescription. Il n'existe aucune corrélation entre l'existence d'une faute à l'origine du dommage ou du vice d'un côté, et la possibilité de découvrir le vice de l'autre. Un désordre qui n'est pas causé par une faute du constructeur peut rester très longtemps occulte ; à l'inverse, un désordre causé par sa faute peut apparaître très rapidement. Le critère de la gravité de la faute commise n'est par suite pas pertinent ici. Aussi doit-on approuver la Cour de cassation en ce qu'elle a toujours refusé d'appliquer l'adage *culpa lata dolo aequiparatur* pour étendre la déchéance de la garantie décennale à l'hypothèse dans laquelle le constructeur aurait commis une faute lourde[1].

La gravité de la faute ne sera pas pour autant sans effet. Simplement, plutôt que de neutraliser le régime spécial de prescription, elle permettra éventuellement l'exercice d'actions concurrentes fondées sur la faute que le législateur aurait laissées ouvertes. Ainsi, l'acquéreur victime d'une faute lourde du vendeur ou du producteur ne devrait pas pouvoir prétendre reporter le point de départ de la prescription de l'action en garantie de conformité ou de sécurité, mais devrait en revanche pouvoir utiliser l'existence d'une telle faute pour agir sur d'autres fondements dès lors que l'article L. 211-13 du Code de la consommation comme l'article 1386-18 du Code civil laissent ouverte une telle possibilité. Le droit commun de la responsabilité pour faute prendra alors le relais de la garantie légale de plein droit.

---

1. Cass. civ. 3e, 9 mai 1979, pourvoi n° 77-15402 : « si lourde que soient les fautes reprochées (...), l'action en garantie est éteinte après l'expiration du délai de dix ans ». La formule est récurrente : 12 octobre 1994, *Bull. civ.* III, n° 171 ; 7 février 2001, *Bull. civ.* III, n° 679.

595. Au terme des développements qui précèdent, il apparaît que, quel que soit leur nature - préfix ou de prescription - certains délais prévus par la loi remplissent parfois une fonction distincte de celle que l'on assigne traditionnellement à la prescription. Une telle fonction consiste spécifiquement à mesurer le temps d'une garantie, c'est à dire à fixer la durée pendant laquelle un vice ou un dommage doit se manifester pour faire naître un droit à réparation. Dès lors, à rebours de règles traditionnelles, le délai ne saurait dans une telle hypothèse courir à compter de la manifestation du vice ou du dommage dont il a précisément pour fonction de permettre la manifestation. Un point de départ spécifique s'impose, détaché de la naissance de l'action. À ce titre, le délai ayant pour fonction de mesurer le temps de la garantie et donc de libérer le débiteur, la possibilité effective d'agir du créancier ne doit pas davantage être prise en considération. Ni l'adage *Actioni non natae non praescribitur*, ni la maxime *Contra non valentem* n'ont donc vocation à intervenir dans la détermination du point de départ des prescriptions-garanties. Le délai de prescription ayant pour fonction la mise à l'épreuve du bien fourni par le débiteur de la garantie, elle devra courir du jour du dessaisissement effectif de ce dernier au profit d'un tiers. L'application d'une telle directive de détermination du point de départ aux différents délais, notamment de prescription, qui remplissent une telle fonction offre alors une cohérence logique à certaines solutions légales comme jurisprudentielles. D'autres conséquences, pas toujours affirmées par la jurisprudence, en découlent également : ainsi par exemple, parce que seule la libération du débiteur guide le régime de tels délais, le point de départ retenu est intangible de sorte que même les actions récursoires doivent être enfermées dans ce délai. Enfin, de tels délais n'ayant aucunement pour fonction d'éteindre un droit substantiel à réparation, ils jouent un rôle très différent du délai butoir instauré par la loi nouvelle. Aussi ne sont-ils pas concurrents ou exclusifs l'un de l'autre. Mais un tel régime, évidemment très favorable au débiteur, ne s'explique que par l'idée selon laquelle le droit à garantie s'éteint lorsque le temps a pu jouer son rôle d'épreuve. Que la raison d'être de cette faveur disparaisse, et le droit commun devra retrouver son empire. Aussi, en cas de faute dolosive du débiteur de la garantie en vue d'empêcher l'apparition dans les délais du vice ou du dommage, le point de départ de la prescription devra être reporté au jour de leur manifestation.

Section II : La prescription, mode de limitation de responsabilité

596. Si toute prescription aboutit par hypothèse à limiter le temps pendant lequel une action en responsabilité peut être exercée, la fixation dérogatoire de son délai ou de son point de départ est parfois expressément utilisée voire exploitée pour faire de la prescription une limite temporelle à l'engagement de la responsabilité de certains professionnels. La prescription a alors pour fonction spécifique de constituer un mode de limitation de responsabilité. Une telle fonction doit être distinguée de celle précédemment exposée : alors que la prescription venait ci-devant éteindre une garantie objective due par un contractant, elle vient ici limiter la responsabilité d'un professionnel qui aurait commis une faute dans l'exercice de sa mission. Après avoir exposé les différentes actions relevant d'un tel régime (§ 1), il faudra là encore observer les conséquences qui en résultent sur le point de départ d'une telle prescription (§ 2).

§ 1 - LES ACTIONS RELEVANT DE LA PRESCRIPTION-LIMITATION DE RESPONSABILITÉ

597. C'est essentiellement en matière de responsabilité professionnelle que le législateur utilise la prescription comme un mode de limitation de la responsabilité. La prescription peut en effet avoir pour fonction de limiter la responsabilité de certains mandataires professionnels (A). Les difficultés qui résultent du champ d'application actuel de cette limitation amènent à s'interroger sur la pertinence de l'extension d'un tel régime à l'ensemble des mandataires professionnels (B).

A. La limitation de la responsabilité de certains mandataires professionnels

598. En règle générale, la prescription vient encadrer l'exercice d'une action en responsabilité déjà née. Elle vise alors à sanctionner le créancier qui, n'agissant pas suffisamment rapidement, aurait laissé la situation juridique du débiteur trop longtemps incertaine.

Toutefois, en déplaçant son point de départ, on peut aboutir à faire remplir à la prescription une fonction bien différente : chaque fois que la prescription commencera à courir avant même que l'action en responsabilité n'existe, la prescription n'aura plus pour fonction de sanctionner un créancier négligeant ou même de rétablir une sécurité juridique contrariée, mais bien de limiter la responsabilité de l'auteur du dommage. Dans cette hypothèse en effet, l'action peut se retrouver prescrite, et l'auteur du dommage libéré de toute responsabilité, avant même que l'action ait pu être exercée. Lorsqu'il utilise ainsi la prescription, le législateur en fait un mode de limitation de la responsabilité de l'auteur du dommage.

La prescription remplit une telle fonction lorsqu'est en cause la responsabilité encourue par certains professionnels, au premier rang desquels les dirigeants sociaux et les professions judiciaires.

599. On sait en effet que la prescription de l'action en responsabilité qui pourrait être intentée à l'encontre de certains dirigeants sociaux est dérogatoire au droit commun. L'article L. 225-254 du Code de commerce[1] prévoit que « l'action en responsabilité contre les administrateurs ou le directeur général, tant sociale qu'individuelle, se prescrit par trois ans, à compter du fait dommageable ou s'il a été dissimulé, de sa révélation». Ainsi, outre que la durée de la prescription est réduite à trois ans, le point de départ de la prescription est déplacé pour être fixé au jour du fait dommageable.

Parce qu'elle s'écarte du point de départ de la prescription de droit commun prévu par l'article 2224 du Code civil selon lequel « les actions personnelles ou mobilières se prescrivent par cinq ans à compter du jour où le titulaire d'un droit a connu ou aurait dû connaître les faits lui permettant de l'exercer », une telle disposition peut surprendre. Elle ne peut en réalité se comprendre qu'une fois l'article restitué dans son contexte. Cette disposition est en effet l'héritière de l'article 17, alinéa 4 de la loi du 24 juillet 1867 tel que modifié par le décret-loi du 31 août 1937, qui disposait que la prescription devait courir « à compter de la date à laquelle se sont produits les faits pouvant donner ouverture » aux ac-

1. V., pour la prescription de l'action en responsabilité contre les gérants d'une S.A.R.L., art. L. 223-23 C. com. : « Les actions en responsabilité prévues aux articles L. 223-19 et L. 223-22 se prescrivent par trois ans à compter du fait dommageable ou, s'il a été dissimulé, de sa révélation. Toutefois, lorsque le fait est qualifié crime, l'action se prescrit par dix ans ».

tions en responsabilité[1]. Or, il faut rappeler qu'en supprimant les quitus de gestion, qui avaient pour effet de limiter conventionnellement la responsabilité des dirigeants, ledit décret-loi avait considérablement renforcé la responsabilité des administrateurs. Dès lors, la réduction de la durée de la prescription, et le « report en arrière » de son point de départ au jour du fait générateur, apparaissaient comme une « faveur »[2], ou plus exactement comme une contrepartie offerte aux dirigeants, ayant pour effet de limiter dans le temps une responsabilité que l'on avait renforcée dans son principe[3]. Aussi, la genèse de l'article le démontre amplement : la prescription est utilisée par le législateur pour limiter dans le temps la responsabilité des dirigeants sociaux dans les sociétés commerciales[4].

---

1. La Cour de cassation en avait alors précisé la portée, en indiquant « qu'il résulte de ce texte, conçu en termes formels, que le point de départ de la prescription de 3 ans, concernant les actions en responsabilité engagées contre les gérants ou les membres du conseil de surveillance des sociétés, ainsi que contre les administrateurs des sociétés anonymes, est fixé à la date à laquelle se sont produits les faits pouvant donner ouverture auxdites actions, alors même qu'il ne serait pas établi que la victime desdits agissements en ait eu connaissance, ainsi que du préjudice pouvant en résulter » (Cass. com., 20 février 1957, *JCP*, 1957, II, 10320, note D. Bastian). Tout en en conservant l'esprit, la loi du 24 juillet 1966 (art. 247) avait postérieurement modifié la disposition pour prendre en considération l'hypothèse d'une dissimulation en précisant que « l'action en responsabilité contre les administrateurs, tant sociale qu'individuelle, se prescrit par trois ans, à compter du fait dommageable ou s'il a été dissimulé, de sa révélation ».

2. V. J.-C. Pagnucco, *L'action sociale* ut singuli *et* ut universi *en droit des groupements*, préf. F. Deboissy, LGDJ, Coll. Thèses Fondation Varenne, spéc. p. 344, n° 621 : « La réduction du délai de prescription de l'action en responsabilité apparaît comme une faveur accordée aux mandataires sociaux, reposant sur le présupposé que ces derniers ne doivent pas être trop durement condamnés pour des erreurs qu'ils sont forcément amenés à commettre dans une activité particulièrement périlleuse. Par faveur à un "droit à l'erreur" dont entendent parfois se prévaloir les dirigeants de société, le législateur a entendu promouvoir un "droit à l'oubli" ». Une telle *ratio legis* explique d'ailleurs que le régime dérogatoire des articles L. 223-22 et L. 225-254 du Code de commerce ne s'applique pas aux dirigeants de fait (Toulouse, 2 décembre 2004, *Dr. soc.*, 2005, comm. 70, obs. J. Monnet ; Cass. com., 30 mars 2010, *Bull. civ.* IV, n° 69 ; *Dr. soc.*, 2010, comm. 117, note M. Roussille, *JCP* E, 2010, 1416, note A. Couret, *Rev. proc. coll.*, 2010, comm. 136, note T. Bonneau ; *D.*, 2010, p. 1678, note B. Dondero et p. 1118 obs. R. Salomon ; *Rev. soc.*, 2010, p. 304, note P. Le Cannu, *RDBF*, 2010, comm. 166, note F.-J. Crédot et T. Samin., et pour un liquidateur de fait : Cass. com., 23 mars 2010, *Dr. soc.*, 2010, comm. 116, note D. Gallois-Cochet), qui ne « méritent » pas la protection accordée aux dirigeants de droit.

3. V. en ce sens, H. Solus, note sous Cass. com., 20 janvier 1948, *JCP*, 1848, II, 4510 : « Cette réduction de la durée de la prescription de l'action en responsabilité n'a été présentée et voulue par les auteurs mêmes du texte législatif qui est devenu le décret-loi de 1937 – texte sur la portée duquel la discussion au Sénat renseigne pleinement et sans équivoque – que comme une sorte de compensation et d'atténuation à la rigueur que, dans le même moment, ils manifestaient à l'égard des administrateurs en les soustrayant à la protection que leur assurait auparavant, quant à l'exercice de la seule action sociale, les clauses d'autorisation ou d'avis et l'effet libératoire du *quitus* » ; D. Bastian, note sous Cass. com., 20 février 1957, *JCP*, 1957, II, 10320 : « On s'accorde à reconnaître que ces différentes mesures forment un tout que l'on ne peut dissocier ; elles sont la contrepartie les unes des autres et c'est de cette constatation fondamentale qu'il faut partir pour préciser la portée de telle ou telle d'entre elles. On a essentiellement voulu renforcer la responsabilité des dirigeants en supprimant certains obstacles à l'action en responsabilité (al. 2 et 3), mais en compensation on a réduit le laps de temps pendant lequel cette action peut être intentée (al. 4 et 5) » ; v. déjà, à propos du décret-loi du 31 août 1937, P. Cordonnier, « Des nouveaux délais limitant l'exercice de l'action en responsabilité contre les administrateurs des sociétés anonymes », *Journ. soc.*, 1939, p. 257 s., spéc. p. 277 : « Cette faveur fait contrepoids à la suppression du *quitus* immédiat de gestion ». V aussi, O. Rault, « Le point de départ de la prescription de l'action en responsabilité de l'article 247 de la loi du 24 juillet 1966 », *JCP* E, 2000, p. 1462 ; A. Ballot-Léna, *La responsabilité civile en droit des affaires, Des régimes spéciaux vers un régime de droit commun*, préf. P. Dubois, thèse LGDJ, 2008, p. 194, n° 185 ; *Traité de droit commercial* G. Ripert et R. Roblot, par M. Germain et V. Magnier, T. II, *Les sociétés commerciales*, LGDJ, 20e éd., 2011, p. 584, n° 1769.

4. La même idée sous-tend encore le régime de responsabilité des commissaires aux comptes ou encore des liquidateurs. V. par ex. à propos des commissaires aux comptes : B. Le Bars, note sous Cass. com., 17 décembre 2002, *Rev. soc.*, 2003, p. 297, spéc., p. 299, n° 2 : « le commissaire aux comptes, cet organe d'information des actionnaires si souvent mis en valeur dans un contexte d'assemblée générale, devient la victime désignée du mensonge sociétaire par omission, lorsqu'il ne divulgue pas les fautes commises

600. Une même volonté explique encore le sort réservé à la prescription de l'action en responsabilité intentée à l'encontre de certaines professions judiciaires. Ainsi, l'article 2225 du Code civil dispose depuis l'entrée en vigueur de la loi du 17 juin 2008, que « l'action en responsabilité dirigée contre les personnes ayant représenté ou assisté les parties en justice, y compris à raison de la perte ou de la destruction des pièces qui leur ont été confiées, se prescrit par cinq ans à compter de la fin de leur mission ».

Le choix d'un tel point de départ, là encore sans rapport direct avec l'éventuel dommage subi, aboutit nécessairement à considérer que la connaissance du dommage subi, qui conditionne la possibilité d'agir de la victime, est sans incidence sur le point de départ de la prescription.

Il s'explique ici aussi par la volonté du législateur de limiter le temps pendant lequel le professionnel peut être exposé à une action en justice. Les travaux préparatoires l'évoquaient à mots couverts, justifiant le point de départ retenu par la volonté d'« éviter aux personnes ayant assisté ou représenté des parties en justice de devoir conserver pendant des années, y compris après qu'elles ont pris leur retraite et ne sont plus assurées au titre de leur activité professionnelle, les documents leur permettant de se défendre contre une éventuelle mise en cause de leur responsabilité »[1]. La référence aux impératifs probatoires ne doit cependant pas masquer la véritable motivation du législateur[2] : les difficultés d'archivage existent dans l'ensemble des professions et ne sont pas liées au fait que le professionnel ait « pris sa retraite » ou qu'il ne soit « plus assuré ». C'est donc bien une faveur faite aux seules personnes ayant représenté ou assisté les parties en justice à raison de la mission qu'elles assurent qui est ici accordée par le législateur.

601. Le législateur utilise ainsi de manière parcimonieuse la prescription pour limiter dans le temps la responsabilité de certains professionnels. L'hétérogénéité des hypothèses visées invite cependant à s'interroger sur la pertinence d'une extension de cette fonction de la prescription à l'ensemble des mandataires professionnels exerçant une mission pour le compte d'autrui.

B. Vers une généralisation à l'ensemble des mandataires professionnels ?

602. À l'examen des différentes hypothèses dans lesquelles la prescription a pour fonction de limiter dans le temps la responsabilité des professionnels, leur inconstance frappe immédiatement.

Ainsi, si la limitation de la responsabilité des dirigeants sociaux par l'application d'une prescription dérogatoire ne se limite pas aux seules sociétés anonymes[3], son rayonnement, on l'a vu[4], ne brille cependant pas par sa cohérence[5].

au détriment de la société. C'est justement pour atténuer les effets de ces actions en responsabilité que le législateur a assorti la responsabilité civile des commissaires aux comptes d'une prescription abrégée de trois ans, dont le point de départ n'est reporté qu'en cas de dissimulation du fait dommageable ».

1. *Rapport fait au nom de la Commission des lois par le sénateur L. Béteille* devant le Sénat en première lecture, p. 37.

2. V. Lasserre-Kiesow, « Commentaire de la loi du 17 juin 2008 portant réforme de la prescription en matière civile », *RDC*, 2009, p. 1149 s., spéc. p. 1454 : « cette dissimulation des véritables objectifs du législateur derrière le jeu du point de départ est critiquable ».

3. V. J. Hémard, F. Terré, P. Mabillat, *Sociétés commerciales*, T. II, Dalloz, 1974, p. 968, n° 1220.

4. V. *supra*, n° 20 s.

5. Sur cette disparité, v. P. Le Cannu et B. Dondero, *Droit des sociétés*, Montchrestien, 3e éd., p. 321, n° 484.

Les gérants de société à responsabilité limitée (L. 223-23 C. com.), les dirigeants de sociétés en commandite par actions (art. L. 226-1 C. com.), ou encore de sociétés anonymes simplifiées (art. L. 227-8 C. com.) bénéficient en effet de cette limitation de responsabilité. De même, les commissaires aux comptes (L. 822-18 C. com.) ou les liquidateurs de la société (L. 237-12 C. com.) en bénéficient à leur tour. En revanche, rien n'est prévu pour les gérants de société en nom collectif ou de société en commandite simple, ni pour les experts-comptables, qui sont en conséquence soumis au régime de prescription de droit commun[1].

De même, au-delà des seules personnes ayant assisté ou représenté les personnes en justice, la responsabilité des huissiers est également limitée par la prescription[2], de même que celle des officiers ou experts exerçant leur mission à l'occasion des prisées et des ventes volontaires et judiciaires de meubles aux enchères publiques[3]. En revanche, suite à l'abrogation de l'ancien article 6-3 de la loi nº 71-498 du 29 juin 1971, les experts judiciaires ne bénéficient plus d'un régime de faveur[4]. Leur responsabilité ne se prescrit plus par dix ans à compter de la fin de leur mission mais au terme de l'expiration du délai de droit commun courant à compter du jour où la victime aurait dû connaître les faits lui permettant d'agir. De même, à rebours des avocats, les notaires ne bénéficient aucunement d'une limitation de leur responsabilité[5].

603. À l'évidence, la disparité des situations ne saurait être justifiée. Rien n'explique que certains types de dirigeants soient mieux protégés que d'autres, de même que rien ne justifie que certaines professions judiciaires bénéficient d'une limitation exceptionnelle de responsabilité. Elle résulte simplement de l'inégale influence des lobbys professionnels dans l'élaboration de la loi. L'article 2225 a d'ailleurs pu être qualifié de « cadeau pour les avocats, les avoués et les huissiers de justice »[6], ou encore d'« article pour rassurer le Palais »[7], et son pendant pour les huissiers de « disposition corporatiste »[8]. D'une manière générale, les « privilèges »[9] que constituent ces différentes dispositions ont pu être dénoncés.

604. En réalité, ce n'est pas tant l'utilisation de la prescription afin de limiter la responsabilité de certains professionnels qui est critiquable que la disparité d'une telle utilisation. Évoquant l'article 2225 du Code civil, on n'a pas manqué de souligner qu'une telle disposition était « discriminatoire à l'égard des autres professionnels pour lesquels la règle du report du point de départ de la prescription s'applique »[10]. La portée de la critique apparaît alors à la mesure de

1. J.-C. Pagnucco, thèse préc., spéc. p. 340, nº 611. V. égal, pour l'application du droit commun aux experts-comptables : Cass. com., 31 janvier 2012, pourvoi nº 11-12194.

2. L'article 2 *bis* inséré dans l'ordonnance nº 45-2592 du 2 novembre 1945 relative au statut des huissiers reprend l'ancien article 2276 alinéa 2 en précisant que « l'action en responsabilité dirigée contre les huissiers de justice pour la perte ou la destruction des pièces qui leur sont confiées dans l'exécution d'une commission ou la signification d'un acte se prescrit par deux ans ».

3. L'article L. 321-17 précise ainsi désormais que « les actions en responsabilité civile engagées à l'occasion des prisées et des ventes volontaires et judiciaires de meuble aux enchères publiques se prescrivent par cinq ans à compter de l'adjudication ou de la prisée ».

4. C. Brenner et H. Lecuyer, « La réforme de la prescription », *JCP* N, 2009, 1118, spéc. nº 40.

5. V. Lasserre-Kiesow, art. préc., spéc. p. 1454

6. V. Lasserre-Kiesow, *Ibidem.*

7. V. Lasserre-Kiesow, *Ibidem.*

8. V. Lasserre-Kiesow, *Ibidem.*, spéc. p. 1466.

9. V. Lasserre-Kiesow, *Ibidem.*

10. V. Lasserre-Kiesow, *Ibidem.*, spéc. p. 1454.

l'importance accordée par le Conseil constitutionnel au principe d'égalité dans le contrôle qu'il opère sur la fixation du point de départ[1].

Une telle rupture d'égalité n'est donc pas acceptable : toutes les personnes placées dans une même situation spécifique doivent être identiquement traitées. Or, les différentes hypothèses évoquées concernent toutes des mandataires professionnels exerçant une mission pour le compte d'autrui. Un tel constat ouvre alors une alternative : condamner par principe l'utilisation de la prescription comme mode de limitation de la responsabilité ou au contraire l'étendre à l'ensemble des mandataires professionnels qui se trouvent placés dans la même situation. Les deux possibilités permettraient de mettre fin à la rupture d'égalité observée. Aussi la réponse ne dépend-t-elle que de la légitimité d'une telle fonction de la prescription.

Sous cet aspect, il n'est pas absurde de considérer que le mandataire professionnel, engageant sa responsabilité dans l'exercice d'une mission qui lui est confiée, doit pouvoir s'estimer définitivement et valablement libéré quelques années après l'accomplissement de sa mission. Parce que la responsabilité est ici encourue en raison d'une faute commise dans l'exercice d'une mission spécifique, l'étendue dans le temps de cette mission devrait logiquement influer sur l'étendue temporelle de la responsabilité pouvant en résulter. Des considérations assurantielles s'ajoutent d'ailleurs à ce constat. En effet, la responsabilité encourue par un professionnel dans le cadre de l'exercice de sa mission est quasi-systématiquement couverte par une assurance de responsabilité professionnelle. Or, par hypothèse, cette dernière ne saurait être indéfiniment mise en œuvre, sauf à augmenter nettement son coût. Aussi n'est-il pas illégitime d'élargir le recours à un point de départ de la prescription fixe, offrant une limitation temporelle de responsabilité, à l'ensemble des mandataires professionnels. Sur cette voie, on avait d'ailleurs proposé d'étendre le régime de prescription prévu par l'article L. 225-254 du Code de commerce à l'ensemble des dirigeants sociaux[2]. La nécessité d'un traitement distinct de cette catégorie de débiteur apparaît en outre d'autant plus forte que le point de départ de droit commun de la prescription se subjectivise. Le législateur américain n'avait-il pas précisément, pour contrebalancer la généralisation du « *test of discoverability* », multiplié les mesures destinées à protéger les professionnels par l'introduction de points de départ fixes[3] ?

Si une généralisation de l'utilisation de la prescription afin de limiter dans le temps la responsabilité des mandataires professionnels devait néanmoins être admise, il resterait encore à s'interroger sur les contours de son régime et en particulier sur la fixation de son point de départ.

§ 2 - LE POINT DE DÉPART DE LA PRESCRIPTION - LIMITATION DE RESPONSABILITÉ

605. La fonction de la prescription, lorsqu'elle vient limiter la durée pendant laquelle la responsabilité de certains professionnels peut-être engagée, guide la détermination du point de départ de la prescription qui devrait être en consé-

---

1. Sur ce point, v. *supra*, n° 543 s.

2. P. Marini, *La modernisation du droit des sociétés*, *Rapport officiel*, La Documentation française, 1994, p. 23.

3. B. Fauvarque-Cosson, « Aspects de droit comparé de la prescription », in *Les désordres de la prescription*, textes réunis par P. Courbe, Publication de l'Université de Rouen, 2000, p. 45 s., spéc. n° 10.

quence fixé au jour de l'achèvement de sa mission par le mandataire professionnel (A). Mais la fonction de la prescription marque aussi les limites d'un tel point de départ : mode de limitation de la responsabilité, la prescription doit ici obéir au même régime que toute limitation de responsabilité, impliquant dans certaines hypothèses un report du point de départ de la prescription (B).

A. La fixation de principe du point de départ de la prescription au jour de l'achèvement de la mission du mandataire professionnel

606. Le point de départ de la prescription n'est pas forcément identique dans toutes les hypothèses dans lesquelles la prescription a pour fonction de limiter la responsabilité de l'auteur du dommage. En effet, dès lors que l'on admet que le point de départ est au service de la fonction poursuivie par la prescription, celui-ci peut varier en fonction de l'étendue de la limitation de responsabilité que le législateur entend lui accorder : plus le point de départ sera fixé à une date proche de celle du fait générateur du dommage, plus la limitation de responsabilité accordée sera importante ; plus le point de départ sera détaché d'une telle date, moins elle sera importante. Ainsi, il est évident que la faveur offerte par le législateur aux dirigeants en fixant le point de départ de la prescription de l'action en responsabilité qui pourrait être exercée à leur encontre au jour du fait dommageable est plus importante que celle consentie aux professions judiciaires lorsque le point de départ de la prescription de l'action en responsabilité est fixé à la fin de leur mission. Mais en toute hypothèse, le point de départ retenu lorsque la prescription remplit une telle fonction doit nécessairement précéder la manifestation du dommage : c'est précisément ce décalage qui marque l'étendue de la limitation accordée.

Dès lors, le point de départ de la prescription doit là encore être fixé à travers le prisme du seul débiteur, ce qui n'est pas sans conséquence. D'une part, il n'y a pas lieu à faire ici application de l'adage *Actioni non natae non praescribitur* pour reporter le point de départ de la prescription au jour de la réalisation du dommage. C'est précisément pour éviter que le point de départ soit reporté à une telle date que le législateur a visé le « fait dommageable » ou la « fin de la mission ». Aussi peut-on émettre les plus sérieuses réserves envers la jurisprudence qui fait dépendre le point de départ de la prescription de l'action intentée à l'encontre du liquidateur de la société du jour où « les droits de la victime du fait dommageable imputé à ce liquidateur ont été définitivement reconnus par une décision de justice »[1], jurisprudence qui réduit à néant la faveur offerte par la loi au liquidateur. D'autre part, et contrairement à ce qui a pu être proposé[2], il n'y a pas davantage lieu de faire ici application de l'adage *Contra non valentem*. En effet, l'application d'un tel adage ou la prise en considération de toute cause de suspension liée à l'ignorance du droit reviendrait indirectement à vider de toute substance la limitation temporelle de la responsabilité offerte aux bénéficiaires de ces prescriptions spéciales.

---

1. Sur cette jurisprudence, v. *supra*, n° 50 s.

2. V. par exemple, favorable à l'application de l'adage en matière de responsabilité des dirigeants sociaux : O. Rault, « Le point de départ de la prescription de l'action en responsabilité de l'article 247 de la loi du 24 juillet 1966 », *JCP* E, 2000, p. 1462 s., spéc. p. 1464 et 1466, et favorables à son application en matière de responsabilité des personnes ayant assisté ou représenté les parties en justice : C. Brenner et H. Lecuyer, « La réforme de la prescription », *JCP* N, 2009, 1118, spéc. note 92.

607. Si l'utilisation de la prescription comme mode de limitation temporelle de responsabilité devait être étendue à l'ensemble des professionnels ou des mandataires, quel serait alors le point de départ de la prescription le plus pertinent ? Entre le fait dommageable et la fin de la mission qui sont les deux points de départ dérogatoires les plus fréquemment retenus, le second semble devoir s'imposer. Outre sa grande prévisibilité et simplicité, il présente le mérite d'apparaître sociologiquement le plus pertinent.

En effet, il n'est guère douteux que la responsabilité des professionnels n'est quasiment jamais engagée pendant l'exercice de leur mission. Une sorte d'impossibilité, matérielle ou morale, s'y oppose. Que le professionnel soit un dirigeant, un liquidateur, un commissaire au compte, un avocat, un notaire, un huissier… pendant l'exercice de leurs missions, on en ignore encore la bonne fin. Imagine-t-on une société se retourner contre son dirigeant en exercice ? La situation serait exceptionnelle et supposerait l'exercice d'une action *ut singuli*. Sociologiquement, il est certain que les actions en responsabilité sont le plus souvent exercées à l'occasion d'un changement dans la direction de la société. On n'imagine pas davantage un client se retourner contre son avocat alors même que ce dernier le représenterait toujours. Au fond, la perte de confiance nécessaire à l'exercice d'une action en justice se sera toujours préalablement traduite par la révocation du mandataire. Le risque est alors important, si l'on devait retenir le jour du fait dommageable, que l'action puisse être déjà prescrite au jour où, la mission s'achevant, l'action peut enfin véritablement être exercée. Une telle solution étendrait alors de manière peu légitime la faveur faite aux professionnels, qui pourraient abuser de leur position pour échapper à toute responsabilité. Aussi, retenir le jour de l'achèvement de la mission du professionnel présenterait le mérite de prendre en considération les deux spécificités de l'action intentée contre le mandataire : un tel point de départ respecterait la fonction de limitation de responsabilité remplie ici par la prescription, en permettant au débiteur de s'estimer libéré un temps défini après l'achèvement de sa mission ; il tiendrait également compte du fait que l'action contre le mandataire ne peut pratiquement jamais être exercée avant l'achèvement de sa mission[1].

Un tel point de départ de la prescription ne saurait pour autant être intangible. Certaines circonstances justifient qu'il soit reporté.

B. Les hypothèses de report du point de départ de la prescription

608. Le régime de faveur dont bénéficient certains professionnels à raison de la mission qu'ils exercent doit être doublement cantonné. La première limite a trait à la raison d'être de cette prescription spéciale : la prescription ayant pour fonction de limiter la responsabilité encourue en raison des fautes commises par le professionnel dans le cadre de ses fonctions, il suffit que la faute soit détachable de la mission du professionnel pour que la dérogation au droit commun n'ait plus de raison d'être. La seconde a trait au régime de cette prescription spéciale. Consti-

1. V. en ce sens, J.- P. Dom, note sous Cass. com., 7 juillet 2004, *Bull. Joly*, 2004, p. 1510 s. : « il paraîtrait intéressant de se pencher sur le point de départ du délai de prescription en proposant, par exemple pour les mandataires sociaux à même de représenter la personne morale, de faire courir celui-ci à dater de la fin de leurs fonctions ». La jurisprudence semble d'ailleurs implicitement tenir compte de cette difficulté, en adoptant une conception large de la dissimulation pour permettre un report du point de départ de la prescription, ou encore en fixant le point de départ de la prescription de l'action exercée à l'encontre du liquidateur au jour de la clôture des comptes, marquant la fin de sa mission (v. *supra*, n° 50 s).

tuant un mode de limitation de la responsabilité, elle doit en suivre le régime. Aussi, le droit commun doit retrouver son empire en cas de faute lourde ou dolosive du professionnel. Dès lors, tant l'existence d'une faute détachable (1) que celle d'une faute dolosive ou lourde (2) doivent conduire à reporter le point de départ de la prescription au jour de la manifestation effective du dommage.

1. *Le report du point de départ de la prescription en cas de faute détachable*

609. La fixation dérogatoire du point de départ de la prescription à une date détachée de la manifestation du dommage se justifie par l'existence de la mission du professionnel : remplissant une mission pour le compte d'autrui, il doit pouvoir être libéré de toute responsabilité un certain laps de temps après avoir achevé sa mission. Encore faut-il alors, évidemment, que la responsabilité du professionnel soit effectivement encourue à raison de l'exercice d'une telle mission. Si le fait dommageable peut en être détaché, alors la limitation de responsabilité n'a plus lieu d'être et l'on doit revenir au droit commun du point de départ de la prescription.

Ce principe explique notamment que les travaux préparatoires de la loi du 17 juin 2008 aient pris soin de préciser à propos de la responsabilité des personnes habilités à assister ou à représenter les parties en justice que « resteront en revanche soumises aux règles de droit commun de la prescription extinctive, notamment au délai et au point de départ prévus au nouvel article 2224 du code civil, les actions en responsabilité dirigées contre les personnes habilitées à assister ou à représenter les parties en justice au titre de leurs activité de conseil juridique, exercée en dehors de toute procédure judiciaire »[1]. Aussi, dans une telle hypothèse, parce que le fait reproché au mandataire est étranger à sa mission d'assistance en justice, la prescription de l'action intentée à son encontre devra se prescrire dans les conditions de droit commun, par référence au point de départ de la prescription prévu par l'article 2224 du Code civil.

Un même retour au point de départ de la prescription de droit commun devrait logiquement être observé dans toutes les hypothèses dans lesquelles une faute étrangère à la mission du professionnel est à l'origine du dommage subi. Ainsi, le point de départ de la prescription prévu par l'article L. 225-254 du Code de commerce devrait de la même manière céder en cas de faute détachable du dirigeant, la prescription devant dans une telle hypothèse courir à compter de la manifestation du dommage[2].

Outre l'hypothèse d'une faute extérieure à la mission pour laquelle le professionnel voit sa responsabilité limitée, le point de départ de la prescription dérogatoire devrait egalement céder en cas de faute lourde ou dolosive de ce dernier.

2. *Le report du point de départ de la prescription en cas de faute lourde ou dolosive*

610. Lorsqu'elle est utilisée par le législateur pour limiter dans le temps la responsabilité de certains professionnels, la prescription remplit le même rôle que

1. *Rapport fait au nom de la Commission des lois sur la proposition de loi portant réforme de la prescription en matière civile par le sénateur L. Béteille*, 1re lecture, p. 37.

2. V. en ce sens, Montpellier, 10 mars 2009, *Juris-Data* n° 2009-008737, jugeant que l'action en responsabilité dirigée contre le gérant d'une S.A.R.L. à raison de fautes séparables de ses fonctions, « fondée sur les dispositions de l'article 1382 du Code civil, ne relevant pas de la prescription visée par l'article L. 223-23 du Code de commerce, mais de celle prévue par l'article 2270-1 du Code civil, n'était pas éteinte ».

les clauses limitatives de responsabilité dont peuvent convenir les parties à un contrat. Simplement, au lieu de limiter la responsabilité du débiteur dans son étendue, la prescription limite sa responsabilité dans le temps. Rien ne justifie alors qu'elle échappe au régime de telles clauses. Raisonnant sur le modèle des clauses contractuelles abrégeant le délai de prescription, on a d'ailleurs pu montrer que ces clauses devraient être encadrées de la même façon que les clauses limitatives de responsabilité, toutes deux étant des clauses de répartition des risques[1].

Or, on sait que si les clauses limitatives de responsabilité sont en principe valables, elles cèdent devant la faute lourde ou dolosive, en application de l'article 1150 du Code civil. Les limitations de la durée pendant laquelle la responsabilité peut être recherchée devraient alors suivre un même régime. Sous cet aspect, le fait que la limitation soit ici le fait d'une disposition législative et non d'une clause contractuelle ne saurait altérer le raisonnement. En effet, si elle empêche de se prévaloir de la jurisprudence condamnant ce type de clauses sur le fondement de l'obligation essentielle, la source réglementaire ou législative de la limitation de responsabilité ne fait aucunement obstacle à sa mise à l'écart en cas de faute lourde ou dolosive[2].

Aussi, dans toutes les hypothèses où la prescription constitue un mode de limitation dans le temps de la responsabilité d'un mandataire professionnel, la commission par ce dernier d'une faute lourde ou dolosive devrait le priver de la possibilité de se prévaloir du régime spécial de prescription qui lui est plus favorable. Plus précisément, le point de départ de la prescription de l'action dirigée à son encontre ne devrait plus être fixé de manière dérogatoire mais par référence aux règles de droit commun.

611. Le droit positif reflète-t-il une telle construction ? Raisonnons sur le modèle légal le plus abouti, à savoir celui de la prescription de l'action en responsabilité des dirigeants sociaux. La prescription concède ici une faveur aux dirigeants en limitant dans le temps leur responsabilité. Mais encore faut-il que la protection ainsi accordée aux dirigeants sociaux soit légitime : la faveur ne doit pas dégénérer en favoritisme[3]. C'est pourquoi cette faveur disparaît en cas de dissimulation. Le régime mis en place par les articles L. 225-254 et L. 223-23 du Code de commerce fonctionne alors à l'instar du régime limitatif de responsabilité mis en place par l'article 1150 du Code civil. Les articles L. 225-254 et L. 223-23 du Code de commerce limitent dans le temps la responsabilité des dirigeants sociaux en posant en principe que leur responsabilité ne peut plus être recherchée plus de trois ans après les faits. Une telle limitation de responsabilité cède cependant en cas de dissimulation, qui entraîne alors un retour au droit commun[4], en permettant d'obtenir réparation du préjudice subi pendant trois ans après la révélation du fait dommageable. Ainsi, la dissimulation joue dans le régime mis en place par les articles L. 225-254 et L. 223-23 du Code de commerce un rôle comparable à celui de la faute dolosive en droit commun : elle

1. M. Mekki, « Le nouvel essor du concept de clause contractuelle » (1re partie), *RDC*, 2006, p. 1051 s., spéc. p. 1063.

2. Cass., ch. mixte, 22 avril 2005, *Bull. civ.*, n° 4, *JCP* G, 2005, II, 10066, note G. Loiseau, *RDC*, 2005, p. 673, obs. D. Mazeaud, et p. 753, obs. Delebecque, *RTD civ.*, 2005, p. 604, obs. P. Jourdain, et p. 779, obs. J. Mestre et B. Fages.

3. C. Champaud et D. Danet, note sous Cass. com., 15 mai 1990, *RTD com.*, 1992, p. 195.

4. Certes, la notion de révélation du fait dommageable n'est pas identique à celle de manifestation du dommage. Les deux notions participent cependant d'une même logique, consistant à se placer du côté de la seule victime pour faire courir la prescription du jour où elle peut agir.

neutralise le régime limitatif de responsabilité, offert aux seuls contractants ou dirigeants qui méritent la protection de la loi, c'est-à-dire les contractants ou dirigeants de bonne foi. L'existence d'une faute dolosive, entendue ici comme une dissimulation intentionnelle du fait dommageable[1], entraîne bien un retour au point de départ de la prescription de droit commun.

L'influence de la faute dolosive dépasse d'ailleurs assurément la seule hypothèse d'une responsabilité des dirigeants sociaux. Elle joue exactement le même rôle en matière de transport, à travers la référence faite par l'article L. 133-6 du Code de commerce au cas de « fraude ou d'infidélité », notion que la jurisprudence rapproche de celle de dol[2]. Or, le régime spécial de prescription en matière de transport, terrestre[3] comme maritime[4] se présente là encore « comme une sorte de contrepartie à la lourde responsabilité que [le droit] fait peser sur les transporteurs »[5]. Plus généralement, on peut légitimement penser que la commission d'une faute dolosive amènera à substituer au point de départ spécial prévu par la loi le point de départ de droit commun.

612. La faute lourde produit-elle le même effet ? À l'analyse du droit positif, une réponse négative semble s'imposer. En effet, la seule disposition législative qui traite expressément de l'hypothèse dans laquelle le point de départ de la prescription dérogatoire doit être écarté – à savoir l'article L. 225-254 du Code civil – ne vise que l'hypothèse d'une dissimulation, qui se rattache davantage à la faute dolosive qu'à la faute lourde. La Cour de cassation a d'ailleurs également refusé d'assimiler la faute lourde à l'hypothèse d'une « fraude ou infidélité » prévue par l'article L. 133-6 du Code de commerce[6]. Plus encore, interrogée sur le point de savoir si une clause abrégeant le délai de prescription pouvait être écartée en cas de faute lourde, la Cour de cassation y a expressément répondu par la négative[7]. Autrement dit, la jurisprudence refuse toute assimilation de la faute lourde au dol lorsqu'il s'agit de faire échec à une clause conventionnelle ou à une disposition légale limitant le temps pendant lequel la responsabilité peut être recherchée. La solution demeure cependant éminemment critiquable : il n'existe aucune raison pour qu'une limitation de la responsabilité de l'auteur d'un dommage dans le temps soit traitée plus favorablement par la jurisprudence qu'une limitation de la responsabilité de l'auteur d'un dommage dans son étendue. Aussi faut-il souhaiter une évolution jurisprudentielle sur ce point.

613. Finalement, il apparaît que la prescription peut parfois avoir pour fonction de limiter dans le temps la responsabilité que certains professionnels pourraient encourir à raison de l'exercice de la mission qui leur a été confiée. Une

---

1. Sur le lien entre faute dolosive et faute intentionnelle, v. F. Terré, P. Simler, Y. Lequette, *Droit civil, Les obligations*, Précis Dalloz, 10e éd., 2009, p. 577, nº 574.

2. G. Viney, P. Jourdain, *Traité de droit civil, Les conditions de la responsabilité*, LGDJ, 3e éd., 2006, nº 603, p. 626.

3. Art. L. 133-6 C. com. : « Les actions pour avaries, pertes ou retards, auxquelles peut donner lieu contre le voiturier le contrat de transport, sont prescrites dans le délai d'un an, sans préjudice des cas de fraude ou d'infidélité ».

4. Art. 32 de la loi nº 66-420 du 18 juin 1966 sur les contrats d'affrètement et de transport maritimes : « L'action contre le transporteur à raison de pertes ou dommages se prescrit par un an ».

5. P. Bonassies, C. Scapel, *Traité de droit maritime*, LGDJ, 2e éd., 2010, nº 1177.

6. Cass. com., 4 janvier 1968, *BTL*, 1969, p. 64. *Contra*, pour une assimilation de la faute lourde au dol, Paris, 7 mars 2007, *Juris-Data*, nº 2007-332013.

7. Cass. 12 juillet 2004, *Bull. civ.*, IV, nº 162, *D.*, 2004, 2296, note P. Delebecque et 2231, obs. E. Chevrier, *RTD civ.*, 2005, p. 133, obs. J. Mestre et B. Fages, *JCP* G, 2005, I, 132, nº 11 obs. G. Viney, *RDC*, 2005, p. 272, obs. D. Mazeaud.

telle fonction est cependant pour l'instant utilisée de manière disparate : elle concerne certains mandataires sociaux ou judiciaires à l'exclusion d'autres, sans aucune autre raison que l'inégale influence des lobbys professionnels. Une telle dissemblance apparaîtra alors contraire au principe d'égalité protégé par le Conseil constitutionnel.

Il reste qu'une telle utilisation de la prescription, à condition d'être respectueuse de l'égalité, apparaît pertinente, tant au regard de la logique propre à ce type de responsabilité qu'au regard des impératifs assurantiels qui gouvernent la matière. Aussi peut-on envisager l'extension de cette fonction de la prescription à l'ensemble des mandataires professionnels. Une telle extension se manifesterait alors par la généralisation d'un point de départ dérogatoire en ce domaine, nécessairement détaché de la manifestation du dommage. Celui-ci pourrait être fixé au jour du fait dommageable comme c'est le cas actuellement pour les dirigeants sociaux, ou plus pertinemment au jour de l'achèvement par le mandataire professionnel de sa mission, comme c'est actuellement le cas pour certains mandataires judiciaires, un tel point de départ apparaissant sociologiquement plus pertinent.

En toute hypothèse, la détermination d'un tel point de départ devrait se caractériser par la mise à l'écart des directives traditionnelles gouvernant la matière, ni l'adage *Actioni non natae non praescribitur*, ni l'adage *Contra non valentem* n'ayant vocation à intervenir.

Un tel régime, favorable aux professionnels dont la responsabilité pourrait être recherchée, ne doit évidemment pas dégénérer en favoritisme. Aussi doit-il céder non seulement lorsque la raison d'être d'une telle limitation - à savoir l'exercice d'une mission spécifique - fera défaut, mais également, à l'instar de toute limitation de responsabilité, lorsque la gravité de la faute commise par le professionnel ne justifiera plus une telle faveur. Aussi, les principes de droit commun de détermination du point de départ de la prescription devraient retrouver leur influence, non seulement en cas de faute détachable, mais également en cas de faute lourde ou dolosive du mandataire professionnel.

Section III : La prescription, obstacle à la ruine du débiteur

614. Traditionnellement associée à la prescription des créances périodiques, la volonté de faire obstacle à la ruine du débiteur demeure une fonction spéciale parfois assignée à la prescription. Aussi faut-il là encore exposer les actions relevant de son régime (§ 1) avant de déterminer son point de départ (§ 2).

§ 1 - LES ACTIONS RELEVANT DE LA PRESCRIPTION - OBSTACLE À LA RUINE DU DÉBITEUR

615. Jusqu'à la réforme opérée par la loi du 17 juin 2008, il existait au sein du Code civil une disposition spéciale relative à la prescription de ce qu'il était convenu d'appeler les créances périodiques. L'article 2277 du Code civil disposait ainsi que « se prescrivent par cinq ans les actions en paiement : des salaires ; des arrérages des rentes perpétuelles et viagères et de ceux des pensions alimentaires ; des loyers, des fermages et des charges locatives ; des intérêts des sommes prêtées, et généralement de tout ce qui est payable par année ou à des termes périodiques plus courts. Se prescrivent également par cinq ans les actions en répétition des loyers, des fermages et des charges locatives ».

L'article puisait sa source historique dans l'aversion canonique à l'encontre de l'usure[1]. La prescription quinquennale ne visait alors pas à sanctionner le créancier, à alléger la charge probatoire ou à rétablir la sécurité juridique, mais bien différemment à protéger le débiteur contre le risque qui pourrait naître d'une accumulation de dettes de nature à le conduire à la ruine[2]. L'objectif, déjà énoncé dans une ordonnance de Louis XII en date de 1510[3], justifiait en conséquence que la prescription de l'article 2277 du Code civil interdise de revenir plus de cinq ans en arrière lorsque les exigibilités successives s'accumulaient.

La loi du 17 juin 2008 a fait en apparence disparaître la prescription spéciale des créances périodiques en abrogeant purement et simplement l'ancien article 2277 du Code civil. Il faut dire qu'en alignant le délai de prescription de droit commun sur le délai de prescription quinquennal jusque-là réservé aux créances périodiques, la réforme semblait avoir fait disparaître l'utilité d'une telle catégorie. Les auteurs se sont d'ailleurs en général félicités d'une telle suppression qui aurait mis un terme à d'incommensurables difficultés soulevées par la détermination des contours de la notion[4].

Mais l'impression est trompeuse : derrière la prescription des créances périodiques se cachait bien plus qu'un délai spécifique. L'identité retrouvée des délais de prescription des créances périodiques et de droit commun masque en réalité une divergence fondamentale des fonctions des deux prescriptions.

616. D'ailleurs, la fonction spécifique poursuivie ici par la prescription, consistant à prévenir la ruine du débiteur en évitant l'accumulation d'arrérages n'est pas propre aux créances périodiques. On la retrouve aussi à l'analyse de l'article L. 311-52 du Code de la consommation[5], ou encore à celle du délai prévu par l'article 815-10 alinéa 3 du Code civil pour obtenir paiement des créances indivisaires. Selon cet article, « aucune recherche relative aux fruits et revenus ne sera, toutefois, recevable plus de cinq ans après la date à laquelle ils ont été perçus ou auraient pu l'être ». Un tel délai, perçu comme une véritable déchéance, a pu être qualifié de « principe général d'amnistie »[6]. On retrouve ici la même volonté d'éviter la ruine du débiteur. Or, en dépit de la même identité de délai, le législateur n'a cette fois pas estimé utile de faire disparaître cette prescription

1. J. Carbonnier, *Droit civil*, 2 *Les biens, Les obligations*, PUF, *Quadrige*, p. 2520, nº 1276, précisant que s'y ajoutait « une certaine hargne envers les créanciers, la haine canonique du prêt à intérêt déteignant sur des types plus catholiques de revenus ».

2. F. Bigot de Préameneu, *Exposé des motifs*, *in* F.-A. Fenet, *Recueil complet des travaux du Code civil*, T. XV, Paris, 1827, réimp. Otto Zeller Osnabrück, 1968, T. XV, spéc., p. 598-599 ; C. Baudry-Lacantinerie et A. Tissier, *Traité théorique et pratique de droit civil, De la prescription*, Paris, 3e éd., 1905, spéc. p. 605 nº 768 ; L. Topor, « La notion de créance à caractère périodique au sens de l'article 2277 du Code civil », *RTD civ.*, 1986, p. 1 s., spéc. nº 1 ; A. Colin et H. Capitant, *Cours élémentaire de droit civil français*, Paris, 10e éd. par L. Julliot de la Morandière, 1953, T. II, spéc. p. 409, nº 596.

3. L'ordonnance dénonçait déjà les effets pervers des contrats de constitution de rente, ancêtres des prêts à intérêt : « plusieurs sont mis à pauvreté et destruction pour les grands arrérages que les acheteurs laissent courir sur eux, qui montent souvent plus que le capital, pour le paiement desquels faut vendre et distraire tous leur biens, et tombent eux et leurs enfants en mendicité et misère », cité *in* C. Baudry-Lacantinerie et A. Tissier, *op. cit.*, spéc. p. 604, nº 767.

4. F. Jacob, « L'unification des délais », in *La réforme du droit de la prescription*, actes de colloque, Strasbourg, 7 novembre 2008, *LPA*, 2 avril 2009, p. 7 s., spéc. p. 9, nº 10 ; C. Brenner et H. Lecuyer, « La réforme de la prescription », *JCP* N, 2009, 1118, spéc. nº 45, B. Fauvarque-Cosson et J. François, « Commentaire de la loi du 17 juin 2008 portant réforme de la prescription en matière civile », in *Réforme de la prescription*, *D.*, 2008, p. 2512 s., spéc. p. 2515, nº 10.

5. S. Piedelièvre, note sous Cass. civ. 1re, 22 janvier 2009, *Gaz. Pal.*, 3 mars 2009, p. 18 ; P. Chauvin, note sous Cass. civ. 1re, 22 janvier 2009, *D.*, 2009, p. 755.

6. L. Aynès, obs. sous Cass. civ. 1re, 11 juin 1991, *Defrénois*, 1992, p. 391 s.

particulière. Sans doute faut-il davantage y voir une conséquence de l'absence de vision d'ensemble du législateur, peu enclin à s'aventurer au-delà du titre XX du Livre III du Code civil, qu'un choix volontaire. Il n'en demeure pas moins que le maintien de l'article se justifie amplement, tant la spécificité de la fonction poursuivie par la prescription des créances périodiques comme par la prescription des créances indivisaires implique leur soumission à un régime spécial, dérogatoire au droit commun.

§ 2 - LE POINT DE DÉPART DE LA PRESCRIPTION-OBSTACLE À LA RUINE DU DÉBITEUR

617. Tout en admettant que les prescriptions évoquées remplissent une fonction particulière, on pourrait s'interroger sur la nécessité de leur appliquer un régime dérogatoire. En effet, le point de départ prévu par l'article 815-10 du Code civil - la date à laquelle les fruits ont été perçus ou auraient pu l'être - peut apparaître comme une application du principe plus général selon lequel l'action en paiement d'une créance se prescrit au jour où elle devient exigible. Plus encore, l'absence de précision relative au point de départ de la prescription de l'action en paiement des créances périodiques dans l'ancien article 2277 du Code civil pourrait laisser croire que, quelle que soit la spécificité de la fonction poursuivie par la prescription dans de telles hypothèses, les règles relatives à la fixation de son point de départ pourraient aisément être celles du droit commun.

Une telle impression serait cependant erronée. En effet, la spécificité de la fonction poursuivie par la prescription agit nécessairement ici sur son régime et, plus précisément, sur les règles relatives à la détermination de son point de départ. Simplement, son influence apparaît en ce domaine à la fois plus subtile et moins spectaculaire. Elle se manifeste en effet non pas sur la règle de détermination du point de départ de la prescription elle-même, mais sur ses caractéristiques. Le point de départ de la prescription va en effet être, dans une telle hypothèse, caractérisé par sa fixité et par son impérativité.

618. Le point de départ de la prescription est d'abord caractérisé par sa fixité. La prescription ayant pour fonction d'éviter la ruine du débiteur, elle doit ici encore être observée à travers le prisme de ce dernier. Aussi, l'impossibilité d'agir dans laquelle se trouve le créancier ne devrait pas ici trouver à influer sur le point de départ de la prescription : les conséquences attachées à l'adage *Contra non valentem* devraient donc être écartées. L'article 2235 du Code civil en prend acte, en précisant que la suspension de la prescription ne joue pas pour les « actions en paiement ou en répétition des salaires, arrérages de rente, pensions alimentaires, loyers, fermages, charges locatives, intérêts des sommes prêtées et, généralement, les actions en paiement de tout ce qui est payable par années ou à des termes périodiques plus courts »[1], liste qui n'est pas sans rappeler celle prévue par l'ancien article 2277. De même, l'ignorance de l'existence de la créance ne devrait pas davantage permettre de reporter le point de départ de la prescription. En revanche, parce que le risque de ruine du débiteur prend corps en présence d'une créance déjà née[2] et dont le paiement est susceptible d'être exigé, le point de

1. L'article vise la suspension de la prescription à l'encontre des majeurs protégés et des mineurs. Mais il démontre au-delà que le jeu normal du report du point de départ de la prescription doit être ici neutralisé.

2. C'est ce qui explique notamment que la prescription ne puisse courir avant le prononcé de la dé-

départ de la prescription ne peut être fixé avant la date d'exigibilité de la créance. Aussi, la fonction spécifique poursuivie ici par la prescription ne doit pas entraver le jeu normal de l'adage *Actioni non natae non praescribitur.*

Dès lors, le point de départ de la prescription, lorsqu'elle a pour fonction de faire obstacle à la ruine du débiteur, sera par principe fixé selon les mêmes règles que le point de départ de la prescription de droit commun. Comme toute prescription de l'action en paiement d'une créance, la prescription des créances périodiques ou indivisaires courra du jour où ces dernières seront devenues exigibles. Mais, à la différence du droit commun, le point de départ de la prescription ayant pour objet d'éviter la ruine du débiteur ne saurait souffrir de causes de report.

619. Le point de départ de la prescription est en effet également caractérisé par son impérativité. La nécessité d'éviter la ruine du débiteur est un objectif d'intérêt général qui dépasse largement l'intérêt des parties. Aussi la satisfaction ne devrait-elle pas être affectée par leurs conventions. D'ordre public[1], la prescription ayant pour fonction de faire obstacle à la ruine du débiteur ne devrait pas pouvoir faire l'objet d'un quelconque aménagement conventionnel[2]. C'est là ce qui devrait la caractériser.

620. Le législateur, à l'occasion de la réforme du droit de la prescription civile, a d'ailleurs pressenti les effets pervers que pouvait avoir la suppression de la catégorie des créances périodiques sur ce point. Ce faisant, il anéantissait nécessairement le régime spécifique qui lui était attaché, empreint d'impérativité[3]. Aussi a-t-il estimé nécessaire, pour pallier la difficulté, de réintroduire une disposition particulière, pour préciser que les dispositions autorisant l'aménagement conventionnel de la prescription « ne sont pas applicables aux actions en paiement ou en répétition des salaires, arrérages de rente, pensions alimentaires, loyers, fermages,

---

cision de divorce faisant rétroactivement naître l'indivision post-communautaire. Sur cette jurisprudence, v. *supra*, n° 256.

1. V. *contra*, C. Baudry-Lacantinerie et A. Tissier, *op. cit.*, spéc. p. 609, n° 772, considérant qu'en dépit du caractère prononcé de l'intérêt public dans une telle hypothèse, il ne faut pas soumettre cette prescription à un régime plus rigoureux.

2. V. par ex. Cass. civ. 1re, 22 janvier 2009, *D.*, 2009, p. 755, obs. P. Chauvin, *Cont. conc. cons.*, 2009, comm. 86 et comm. 115, note G. Raymond, *JCP* E, 2009, 1538, n° 17, obs. N. Mathey, *JCP* G, 2009, II, 10036, note N. Monachon Duchêne, *Gaz. Pal.*, 3 mars 2009, p. 18, note S. Piedelièvre, *Defrénois*, 2009, p. 667, obs. E. Savaux, précisant qu'« il ne peut être fait échec aux règles d'ordre public relatives à la détermination du délai biennal de forclusion propre au crédit à la consommation par l'inscription en compte courant soit de l'échéance d'un prêt, soit, en cas d'octroi d'un découvert, d'une somme dépassant le montant de celui-ci ». V. cependant, Cass. civ. 1re, 4 octobre 2005, *Bull. civ.* I, n° 358, *JCP* G, 2006, I,127, n° 2, obs. H. Périnet-Marquet, acceptant l'aménagement conventionnel des droits des indivisaires au motif que la prescription quinquennale n'opérant pas de plein droit et ne constituant pas un délai préfix, rien n'empêche les indivisaires d'y déroger conventionnellement. Commentant l'arrêt, H. Périnet-Marquet le justifie en faisant valoir que « le but de l'article 815-10, alinéa 2 est manifestement à la fois de protéger les coïndivisaires contre des réclamations trop anciennes de l'indivision et d'obliger cette dernière à agir rapidement pour éviter, précisément, que les sommes réclamées ne soient trop importantes. À certains égards, ce délai apparaît donc comme un délai de protection des coïndivisaires autant que de bonne administration de l'indivision. Il n'est pas surprenant, dès lors, que l'un des coïndivisaires, auquel il profite, puisse décider d'y renoncer ». La solution demeure douteuse : l'ordre public de protection devrait en effet interdire ici toute renonciation au droit à prescription avant que celle-ci ne soit acquise.

3. L'impossibilité d'aménager le régime de prescription de certaines actions résulte d'un amendement présenté en première lecture au Sénat. Le sénateur M. Dreyfus-Schmidt, à l'origine de l'amendement, soulignait précisément que « le délai de prescription actuel des créances périodiques est de cinq ans » et ne devait pas pouvoir être « allongé ou raccourci contractuellement » (*JO*, Sénat, séance du 21 novembre 2007, p. 5038). C'est donc bien ici l'impérativité propre au régime des créances périodiques – supposément disparues – qui dicte l'adoption de l'amendement.

charges locatives, intérêts des sommes prêtées et, généralement, aux actions en paiement de tout ce qui est payable par années ou à des termes périodiques plus courts ». Le nouvel article 2254 alinéa 3 du Code civil reprend ainsi la liste des créances périodiques de l'ancien article 2277. Sans doute le législateur aurait-il été mieux inspiré de prendre acte de la spécificité de la fonction poursuivie par la prescription dans une telle hypothèse, en maintenant la prescription spéciale de l'article 2277 du Code civil en dépit de l'alignement des délais.

Mais il faut surtout remarquer que les créances périodiques, chassées du Code civil, y reviennent insidieusement, au travers des dispositions relatives à la suspension de la prescription (2235 C. civ.) et à son aménagement conventionnel (2254 C. civ.), révélant ainsi que les règles de droit commun ne sauraient prospérer dès lors qu'elles portent atteinte au caractère fixe et impératif du point de départ de la prescription ayant pour fonction d'éviter la ruine du débiteur. Ce faisant, ces dispositions particulières révèlent, en dépit de la volonté affichée du législateur, que la spécificité du régime d'une telle prescription n'est pas soluble dans le droit commun.

621. Finalement, il apparaît que la prescription remplit dans certaines hypothèses une fonction particulière consistant à éviter la ruine du débiteur en empêchant les dettes de s'accumuler. En dépit de la disparition apparente de la catégorie des créances périodiques, la prescription continue de remplir une telle fonction lorsqu'elle vient éteindre l'action en paiement de créances périodiques ou indivisaires. La spécificité de la fonction de la prescription justifie alors la spécificité de son régime, marqué par la fixité et l'impérativité de son point de départ. Fixé au jour où la créance est devenue exigible, il ne saurait être reporté à une date ultérieure, ni modifié par la volonté des parties.

622. **Conclusion du Chapitre II**. L'adoption d'une approche fonctionnelle de la prescription supposait l'identification de ses fonctions dérogatoires. Trois fonctions spéciales de la prescription, radicalement différentes des fonctions communément assignées à la prescription, ont alors pu être identifiées, justifiant chacune qu'il soit dérogé aux règles de droit commun gouvernant la détermination du point de départ de la prescription. En premier lieu, la prescription ne remplit pas sa fonction traditionnelle lorsqu'elle vient mesurer le temps d'une garantie donnée, c'est à dire fixer la durée pendant laquelle un vice ou un dommage doit se manifester pour faire naître un droit à réparation. À rebours des règles traditionnelles, le délai ne saurait dans une telle hypothèse courir à compter de la manifestation du vice ou du dommage dont il a précisément pour fonction de permettre la manifestation. Le délai devant permettre la mise à l'épreuve du bien fourni par le débiteur de la garantie, c'est différemment du jour du dessaisissement effectif de ce dernier au profit d'un tiers qu'il doit courir, les règles de droit commun ne retrouvant leur empire qu'en cas de faute dolosive du débiteur de la garantie. En deuxième lieu, la prescription ne remplit pas davantage sa fonction traditionnelle lorsqu'elle vient limiter dans le temps la responsabilité que certains professionnels pourraient encourir à raison de l'exercice de la mission qui leur a été confiée. Le point de départ de la prescription est alors là encore détaché du jour de la manifestation du dommage pour être rattaché à un événement distinct consistant soit dans la réalisation du fait dommageable soit dans l'achèvement de la mission confiée au mandataire. Une telle fonction, d'utilisation disparate, devrait systématiquement être remplie par la prescription lorsqu'elle s'applique à l'action en responsabilité intentée à l'encontre de manda-

taires professionnels. Une telle extension se manifesterait alors par la généralisation d'un point de départ dérogatoire fixé de préférence au jour de l'achèvement par le mandataire professionnel de sa mission. Un tel point de départ de la prescription dérogatoire devrait toutefois céder en cas de faute détachable, ou de faute lourde ou dolosive du mandataire professionnel. En troisième lieu, la prescription ne remplit toujours pas sa fonction traditionnelle lorsqu'elle vient éviter la ruine du débiteur en empêchant les dettes de s'accumuler. Le point de départ d'une telle prescription, s'il n'échappe pas totalement aux directives de droit commun, est cependant marqué par sa fixité, qui devrait interdire tout report du point de départ de la prescription, et par son impérativité, qui devrait interdire son aménagement conventionnel.

Ces fonctions spéciales de la prescription isolées, et les directives spéciales de détermination du point de départ de la prescription qui en résultent établies, il faut en revenir aux fonctions communes de la prescription, pour déterminer les critères susceptibles de guider la détermination de son point de départ, lorsqu'elle remplit la fonction qui lui est traditionnellement assignée.

Chapitre III

Fonctions communes et point de départ de droit commun

623. Allégée des hypothèses dans lesquelles elle remplit une fonction particulière, la prescription peut retrouver une certaine unité autour de ses fonctions classiques : elle se présente de nouveau comme une institution ayant pour fonction, par l'interdiction d'actions tardives, de dispenser le débiteur d'apporter la preuve de sa libération, de consolider les situations de fait et de sanctionner le créancier négligent. À ces fonctions communes devra alors répondre le point de départ de droit commun de la prescription.

Cependant, ces fonctions, construites autour de plusieurs impératifs – probatoire, sécuritaire et moral – n'imposent pas un choix indiscutable. Elles ne font que fixer le cadre dans lequel les logiques techniques et politiques déjà exposées pourront s'épanouir. La fonction de la prescription réduit alors les critères susceptibles d'être retenus à une alternative entre le jour de la naissance du droit d'agir et celui où le titulaire du droit est effectivement en mesure d'agir, dates qu'un choix politique devra hiérarchiser. Un ensemble de facteurs concourent alors pour faire primer l'aspect sécuritaire de la fonction de la prescription et pour consacrer en conséquence la première de ces dates.

Mais, parce que l'aspect moral de la fonction de la prescription ne peut être totalement ignoré, il devra nécessairement ressurgir sous l'angle de la question du report du point de départ de la prescription.

Aussi convient-il d'identifier le point de départ de droit commun de la prescription (Section I), avant d'envisager son report exceptionnel (Section II).

Section I : Le point de départ de droit commun de la prescription

624. La complexité de la prescription interdit d'adopter une approche manichéenne de son point de départ. Aucun événement ne peut prétendre régner sans partage sur la détermination du point de départ de droit commun de la prescription. Le débat porte davantage sur la hiérarchisation des événements pertinents que sont la naissance du droit d'agir et la possibilité effective d'agir du créancier. Les intérêts en présence imposent alors de ne faire jouer qu'un rôle exceptionnel à la possibilité effective d'agir, pour fixer par principe le point de départ de la prescription au jour de la naissance du droit d'agir.

Il reste que les parties ont été dotées par la loi d'un large pouvoir d'aménagement de la prescription, qui demeure une institution en partie au moins d'ordre privé. Il faut alors se demander dans quelle mesure de tels aménagements conventionnels seraient susceptibles d'affecter le critère retenu.

Dès lors, si la fixation du point de départ de la prescription doit en principe être fixée au jour de la naissance du droit d'agir (§ 1), il faut réserver l'influence perturbatrice que la volonté des parties pourrait avoir sur cette directive (§ 2).

§ 1 - LA FIXATION DU POINT DE DÉPART DE LA PRESCRIPTION AU JOUR DE LA NAISSANCE DU DROIT D'AGIR

625. Dans l'effort de hiérarchisation des événements pertinents, un certain nombre de facteurs concourent pour faire du jour de la naissance du droit d'agir le critère de détermination du point de départ de la prescription. Le choix du jour de la naissance du droit d'agir ainsi arrêté (A), il faudra encore mettre en œuvre le critère retenu (B).

A. Le choix du jour de la naissance du droit d'agir

626. Le point de départ de la prescription doit par principe être fixé au jour de la naissance du droit d'agir entendu comme le jour où « une situation juridique est telle qu'une prétention pourrait être émise à son sujet et sur laquelle un juge au cas où il serait saisi, devrait se prononcer »[1]. Pour comprendre la pertinence d'un tel point de départ de la prescription, il faut restituer le choix opéré dans son contexte, qui se réduit à une alternative claire (1) avant d'exposer les raisons du choix opéré (2).

1. *L'alternative*

627. Le point de départ de droit commun de la prescription n'échappe pas davantage que les points de départ spéciaux à la nécessité de répondre à la fonction poursuivie par la prescription et aux intérêts qu'elle protège. Sous cet aspect, la multiplicité des enjeux soulevés par la détermination du point de départ de prescription a déjà été évoquée, et les termes du conflit identifiés[2]. Précisément, puisque la prescription a pour fonction, par l'interdiction d'actions tardives, de dispenser le débiteur d'apporter la preuve de sa libération, de consolider des situations de fait et de sanctionner le créancier supposé négligent, peu d'événements apparaissent susceptibles de constituer un critère adéquat de détermination du point de départ de la prescription : ni le fait à l'origine de l'action, ni la naissance du droit substantiel, ni l'existence d'un intérêt concret à agir n'ont de pertinence au regard des intérêts en présence[3]. Au fond, le conflit entre ces différents intérêts se traduit *in fine* sur le terrain du point de départ de la prescription par une tension entre le jour de la naissance de l'action et le jour où le créancier est effectivement en mesure d'agir[4]. C'est alors entre ces deux événements que le choix doit s'opérer.

---

1. G. Wiederkehr, « La notion d'action en justice selon l'article 30 du nouveau Code de procédure civile », *Mélanges offerts à P. Hébraud*, Université de sciences sociales de Toulouse, 1981, p. 949 s., spéc. 952.
2. V. *supra*, n° 536 s.
3. Sur ces différentes exclusions, v. *supra*, n° 536 s.
4. V. *supra*, n° 538.

Mais la diversité des fondements - probatoire, sécuritaire, mais aussi moral - à l'œuvre exclut néanmoins qu'un point de départ unique et intangible soit définitivement arrêté, et qu'il ne puisse jamais y être dérogé. Plus encore, la protection de l'effectivité du droit d'agir par la Cour européenne des droits de l'homme condamne toute directive de détermination du point de départ de la prescription qui ne prendrait pas en considération la possibilité effective d'agir du créancier[1]. Face à ce conflit irréductible, la question porte alors moins sur le choix à opérer entre ces deux dates que sur la manière de les concilier, de les hiérarchiser, et plus précisément encore sur l'importance qu'il faut accorder à la connaissance des éléments permettant l'exercice de l'action. Le dilemme se résume alors à l'alternative suivante : la connaissance par le créancier des éléments lui permettant d'agir doit-elle jouer à titre de principe ou d'exception ?

628. La démarche retenue dépend évidemment du choix politique opéré, qui résulte largement d'un arbitrage entre les intérêts concurrents et divergents du créancier, du débiteur, et de la société dans son ensemble. Or, ainsi qu'on l'a évoqué[2], un tel arbitrage consiste en dernière analyse à faire prévaloir l'équité sur l'apparence ou l'apparence sur l'équité. Bref, il se réduit à un choix entre justice et sécurité[3].

La loi du 17 juin 2008 a nettement opté en faveur des impératifs de justice en fixant par principe à l'article 2224 du Code civil le point de départ de la prescription au jour où « le titulaire du droit a connu ou aurait dû connaître les faits lui permettant de l'exercer ». Il semble cependant plus pertinent d'opérer le choix inverse en retenant à titre de principe le jour de la naissance du droit d'agir[4] pour ne faire intervenir les éléments neutralisant la possibilité effective d'agir qu'à titre d'exception sous l'angle non de la fixation, mais du report éventuel du point de départ de la prescription. Plusieurs arguments militent en effet en ce sens.

2. *Le choix*

629. Les termes du débat ainsi précisés, trois arguments majeurs militent pour que la naissance du droit d'agir soit érigée en critère de détermination du point de départ de la prescription et que l'impossibilité d'agir ne vienne qu'exceptionnellement perturber l'application de cette directive. Ces arguments sont d'ordre politique (a), sociologique (b) et technique (c).

a. *L'argument politique*

630. Choisir de faire courir la prescription au jour de la naissance du droit d'agir ou au jour de la connaissance par le créancier des éléments lui permettant d'agir se résume *in fine* à faire prévaloir l'apparence ou l'équité. Or, si l'on analyse les fondements de la prescription, il apparaît que l'équité lui est fondamentalement étrangère. La prescription demeure par essence une institution

---

1. V. *supra*, nº 550 s.
2. V. *supra*, nº 538.
3. V. *supra*, nº 538.
4. La formule « naissance du droit d'agir » doit être préférée à celle de « naissance de l'action » en ce qu'elle permet d'englober les hypothèses dans lesquelles les droits ayant vocation à se réaliser de manière extrajudiciaire, la prescription ne peut courir contre l'action. Ainsi, en est-il par exemple en matière d'exercice d'une faculté successorale.

spoliatrice. C'est sa raison d'être et ce qui a justifié l'hostilité dont elle a historiquement longtemps fait l'objet. Son rôle est d'assurer la sécurité juridique et la paix sociale. Elle ne vient pas simplement libérer un débiteur, elle vient aussi protéger les tiers et la société dans son ensemble. Or, l'équité ne peut que perturber cette fonction. En ce sens, non seulement la prescription n'a pas pour fondement l'équité mais, bien au contraire, elle a vocation à souvent la blesser : « La morale est pour la vertu, la loi pour la paix »[1]. L'équité dès lors, sans être totalement écartée, ne saurait fonder la détermination du point de départ de la prescription. Par suite, dans le conflit entre apparence et équité, le fondement de la prescription impose d'opter en faveur de la première.

631. L'articulation des principes régissant la prescription rend d'ailleurs compte d'une telle hiérarchie. En effet, si l'on observe les deux événements susceptibles de constituer le critère de détermination du point de départ de la prescription – à savoir la naissance du droit d'agir d'une part, et la possibilité effective d'agir d'autre part – il apparaît qu'ils ne sont que le résultat de l'application des deux maximes gouvernant la matière, à savoir respectivement *Actioni non natae non praescribitur* et *Contra non valentem.* Ces deux adages ne sont évidemment pas exclusifs l'un de l'autre : dire que la prescription ne peut courir avant que l'action soit née n'implique pas qu'elle doive courir avant qu'il soit possible de l'exercer. Néanmoins, derrière la hiérarchisation de ces exigences se profile nécessairement une concurrence entre ces deux adages.

Or, il n'est pas douteux qu'ils sont loin d'avoir le même rayonnement et la même intensité en droit positif. Sans même évoquer les controverses relatives à l'adage *Contra non valentem*[2], il reste évident que ce dernier peut parfaitement être écarté. La jurisprudence, la chose est certaine, ne le fait revivre qu'en l'absence d'indication contraire du législateur[3]. L'adage *Contra non valentem* porte d'ailleurs en lui la marque d'exception qui le caractérise : simple relevé de forclusion, il n'est en principe pas même supposé produire directement effet sur la détermination du point de départ de la prescription[4]. La force de l'adage *Actioni non natae non praescribitur* apparaît alors bien supérieure. En effet, en dehors des hypothèses où la prescription remplit une fonction particulière, le jeu de l'adage *Actioni non natae non praescribitur* ne saurait être écarté. L'intangibilité de l'adage est telle que la jurisprudence le fait même jouer *contra legem*[5] ! En réintroduisant l'adage *Actioni non natae non praescribitur* au mépris de la loi, la Cour de cassation affirme que le principe selon lequel la prescription ne peut courir avant sa naissance ne saurait être écarté. Dès lors, l'adage *Actioni non natae non praescribitur* apparaît être le centre de gravité de la détermination du point de départ de la prescription et être empreint d'une intensité bien plus importante que l'adage *Contra non valentem.*

632. La différence de traitement des deux adages s'explique logiquement. En effet, s'ils ont tous deux vocation à protéger le créancier en empêchant la prescription de courir avant la naissance de l'action dans un cas, en cas d'impossibili-

1. F. Bigot de Préameneu, *Exposé des motifs, in* F.-A. Fenet, *Recueil complet des travaux du Code civil*, T. XV, Paris, 1827, réimp. Otto Zeller Osnabrück, 1968, p. 610.
2. V. *supra*, n° 377 s.
3. *Ibidem.*
4. V. *supra*, n° 386.
5. V. not., à propos de l'action en nullité de l'acte passé par un époux en violation des règles relatives au régime matrimonial, *supra*, n° 375.

té d'agir dans l'autre, l'application des deux adages ne porte pas la même atteinte aux droits du débiteur et des tiers : en effet, tant que le droit d'agir n'existe pas, la situation juridique ne fait naître aucune apparence, ni au profit du débiteur, ni au profit des tiers. Ceux-ci ne sauraient alors entendre être protégés par la prescription. L'application de l'adage *Actioni non natae non praescribitur* s'impose donc avec évidence. En revanche, dès la naissance d'une telle action, le débiteur comme les tiers peuvent se prévaloir de la situation créée[1]. Admettre que la prescription ne court cependant pas dans une telle hypothèse au motif que le créancier serait dans l'impossibilité d'agir apparaît alors nettement plus subversif et dangereux ; l'application systématique de l'adage *Contra non valentem* ruinerait assurément le fondement sécuritaire de la prescription[2].

La naissance du droit d'agir à laquelle renvoie l'adage *Actioni non natae non praescribitur* correspond ainsi précisément au moment où l'inaction du créancier, parce qu'elle entraîne une contradiction entre le droit et le fait, crée une apparence au profit du débiteur et du tiers, à l'origine du mécanisme de la prescription. Avant ce jour, le débiteur et les tiers ne sauraient se méprendre sur les causes de l'inaction du créancier, ce qui justifie que la prescription ne court pas encore. Équité et apparence poursuivent alors le même objectif. Mais inversement, à compter de cette date, ils peuvent légitimement croire pour l'un à sa libération, pour les autres, à la stabilité de la situation juridique apparente. Équité et apparence entrent alors en conflit, conflit qui ne peut se résoudre que par la suprématie de l'apparence, sauf circonstances exceptionnelles. Techniquement, cela implique que le point de départ de la prescription soit par principe fixé au jour de la naissance de l'action, la connaissance par le créancier des éléments lui permettant d'agir ne devant qu'exceptionnellement être prise en compte.

b. *L'argument sociologique*

633. La pertinence d'une directive de détermination du point de départ de la prescription se mesure évidemment à son adéquation à la réalité qu'elle a vocation à régir.

Or, il ne fait aucun doute qu'en règle générale, le créancier connaît le droit dont il est titulaire[3] : il sait que sa créance est devenue exigible, que son contrat est affecté d'une cause de nullité, qu'il souffre d'un préjudice... La situation dans laquelle il demeure longtemps dans l'ignorance apparaît sociologiquement accidentelle[4] : il ignore l'existence de l'acte lui ouvrant droit au paiement d'une indemnité, il n'a pas conscience du dommage subi, le vice affectant l'acte lui a été dissimulé...

Aussi, même si le point de départ de la prescription devait être fixé au jour de la connaissance par le titulaire du droit des éléments lui permettant d'agir, un tel événement aurait le plus souvent vocation à se confondre avec la naissance

---

1. G. Champenois, obs. sous Cass. civ. 1re, 2 juin 1981, *Defrénois*, 1981, p. 1320 s., spéc. p. 1322 : « la différence existe, cependant. L'ignorance s'explique parfois par une certaine négligence de l'ex-époux et surtout, la conclusion de l'acte crée des droits au profit du cocontractant et des tiers qui traiteront avec lui. Bien évidemment, de tels droits ne peuvent naître aussi longtemps que l'acte n'est pas "réalisé" ».

2. J. Clément, *De la règle* Contra non valentem agere non currit praescriptio *en matière civile, Grenoble*, 1902, spéc. p. 15 : « le principe de l'intérêt social ne saurait se concilier avec notre adage. Dans quelles circonstances, en effet, invoque-t-on celui-ci : à l'occasion d'un intérêt particulier lésé ».

3. M. Mignot, « Réforme de la prescription : le point de départ du délai », *Defrénois*, 2009, p. 393 s., spéc. nº 17.

4. R. Zimmermann, *Comparative foundations of a European law of set-off and prescription*, Cambridge University Press, 2002, p. 108.

de l'action, faute de décalage factuel entre la naissance de l'action et la connaissance des éléments permettant au créancier de l'exercer. Dès lors, faire courir la prescription à compter de l'acquisition d'une telle connaissance reviendrait à prendre en considération un critère dépourvu de base sociologique[1].

634. Un tel critère, parce qu'il ne correspond pas au *plerumque fit*, proposerait alors par effet miroir une vision déformée des hypothèses dans lesquelles la prescription a vocation à produire effet. Dans l'immense majorité des hypothèses, les raisons de l'inaction du créancier sont bien étrangères à son ignorance des éléments lui permettant d'agir : la dette a en réalité déjà été payée, il s'est désintéressé de son recouvrement ou a entendu laisser un délai à son débiteur… Ce n'est que dans des circonstances exceptionnelles que l'inaction du créancier trouvera sa source dans une impossibilité d'agir. Or, faire de la connaissance le critère de détermination du point de départ de la prescription laisse à l'inverse croire que le créancier qui n'agit pas ignorerait les éléments lui permettant d'exercer son droit. Cela revient finalement à faire de la situation pathologique le modèle en considération duquel la réglementation est élaborée ou, pour le dire autrement, à élaborer une règle de principe pour régler un cas d'exception. L'écueil a déjà été dénoncé à l'occasion de l'adoption du nouveau *BGB* allemand[2].

Une telle démarche n'est pas alors seulement insatisfaisante intellectuellement. Elle est également susceptible de produire des effets pervers importants. En donnant l'impression que l'inaction du créancier s'explique nécessairement par son ignorance, la démarche offre une sorte de présomption de légitimité aux allégations en ce sens des plaideurs, dont la charge probatoire se trouve mécaniquement allégée. Une telle approche, réduisant l'obligation de diligence et de renseignement du créancier, est une source évidente d'insécurité juridique.

Aussi, la démarche consistant à élaborer une règle de principe en réponse à une situation sociologiquement exceptionnelle doit être évitée. Il importe de faire correspondre la règle adoptée à la réalité sociologique qu'elle a vocation à régir. Dès lors, la connaissance par le créancier des éléments lui permettant d'agir dès la naissance de l'action étant le principe, et son ignorance l'exception, le point de départ de la prescription doit être fixé par principe au jour de naissance de l'action et exceptionnellement reporté en cas d'ignorance légitime du créancier[3].

Au reste, un tel système présente des avantages techniques non négligeables.

c. *L'argument technique*

635. Outre qu'il répond à la fonction poursuivie par la prescription et au *plerumque fit* sur lequel elle repose, un point de départ objectif fixé au jour de

1. C'est d'ailleurs ce qui a pu être reproché à la loi du 17 juin 2008. V. M. Mignot, « Rapport de synthèse », in *La Réforme de la prescription*, actes de colloque, *LPA*, 2 avril 2009, p. 59 s., spéc., p. 61 : « La loi nouvelle est détachée des faits et n'a aucune base sociologique ».

2. C. Witz, « La prescription extinctive dans les instruments d'uniformisation du droit », in *La réforme du droit de la prescription extinctive : perspectives nationales et transfrontalières*, colloque, Metz, 7 mai 2009, *RLDA*, nº 42, octobre 2009, p. 97 s., spéc. p. 99 : « tout se passe sinon comme si l'exception était érigée en règle de principe. La règle apparaît ainsi en porte-à-faux avec la réalité, ce qui est regrettable » ; M. Mignot, « Réforme de la prescription : le point de départ du délai », art. préc., spéc. nº 17, dénonçant le fait que la loi nouvelle « inverse l'ordre du principe et de l'exception ».

3. Comp. M. Mignot, « Réforme de la prescription : le point de départ du délai », art. préc., spéc. nº 19 : « La loi du 17 juin 2008 aurait été mieux inspirée si elle avait consacré comme règle de droit commun la règle contenue dans l'article 2233, qu'elle considère comme une exception, et comme exception la règle de l'article 2224, qu'elle considère comme un principe ».

la naissance du droit d'agir présenterait également un certain nombre de mérites pratiques non négligeables. Il éviterait en effet les difficultés que l'adoption d'un point de départ subjectif au jour de la connaissance des éléments permettant d'exercer l'action aurait nécessairement pour effet de soulever.

636. En premier lieu, si la situation demeure rare, il est tout à fait possible que le créancier ait connaissance des faits qui lui permettront d'exercer son action avant même la naissance de celle-ci. Tel sera par exemple le cas lorsqu'un dommage apparaît inéluctable ou encore lorsque le demandeur a connaissance des éléments lui permettant d'agir avant même l'exercice à son encontre d'une action récursoire. La prise en considération de la seule connaissance des faits permettant d'agir devrait conduire à faire courir la prescription avant même la naissance de l'action, au mépris de l'adage *Actioni non natae non praescribitur* pourtant intangible[1]. La *Law Commission* anglaise avait d'ailleurs soulevé cette difficulté, soulignant qu'il ne serait pas raisonnable de faire courir la prescription de l'action récursoire avant même que le demandeur ait été assigné au seul motif qu'il a déjà la connaissance des éléments lui permettant d'agir[2]. Elle prévoyait en conséquence de déroger à la règle de principe lorsque les faits étaient connus avant la naissance de l'action. Le choix d'ériger le jour de naissance du droit d'agir en critère de détermination du point de départ de la prescription évite évidemment cette complexité en supprimant la nécessité de points de départ spéciaux dans de telles hypothèses.

637. En second lieu, il est évident que l'impossibilité d'agir ne se réduit pas à l'ignorance du droit d'agir et qu'elle n'existe pas forcément *ab initio* mais peut survenir pendant le cours du délai. Un cas de force majeure, une substitution de débiteur ignorée du créancier, peuvent expliquer l'inaction. Or, la fixation du point de départ de la prescription au jour où le créancier a connaissance des éléments lui permettant d'agir ne permet aucunement de neutraliser le point de départ de la prescription dans ces deux hypothèses : dans la première, l'ignorance du débiteur n'est pas en cause, dans la seconde, la question de la fixation du point de départ de la prescription ne se pose pas. Aussi, le choix d'un point de départ subjectif, parce qu'il fait de la possibilité d'agir un critère de détermination du point de départ de la prescription et non de l'impossibilité d'agir une cause de suspension, oblige à prévoir des règles spécifiques pour régir ces situations. À l'inverse, le choix d'un point de départ objectif au jour de la naissance du droit d'agir reléguerait la question de l'ignorance, au même titre que toute impossibilité d'agir, au rang des causes de suspension de la prescription. Ce faisant, une telle directive de principe évite de traiter distinctement les causes de suspension selon le moment de leur survenance, et permet en conséquence de faire ici encore l'économie de la multiplication de règles spécifiques.

638. En troisième lieu, la fixation du point de départ de la prescription au jour de la naissance du droit d'agir fait, il faudra y revenir[3], de l'ignorance du droit une exception à l'exception que constitue la prescription, ce qui n'est pas sans conséquence probatoire. En effet, il n'est guère douteux que, le titulaire du

1. V. *supra*, n° 364 s.
2. *Limitation of Actions, Final Report No 270* (2001), para. 3.92, p. 65. Elle propose en conséquence dans une telle hypothèse de faire courir la prescription de la date de naissance de l'action ou de la connaissance des éléments permettant d'agir, en ne prenant en considération que le dernier des deux événements.
3. V. *infra*, n° 705 s.

droit étant le plus à même de démontrer le moment auquel il a eu connaissance des éléments lui permettant d'agir, il doit lui incomber d'apporter cette preuve. Admettre l'inverse reviendrait à obliger le débiteur à démontrer que son créancier n'ignorait pas les éléments lui permettant d'agir, preuve diabolique s'il en est. Or, l'application pure et simple de l'article 1315 alinéa 2 du Code civil impose de considérer que celui qui oppose la prescription, c'est à dire le débiteur, doit démontrer la réunion des éléments permettant de la considérer acquise, ce qui implique qu'il puisse établir la survenance de l'événement lui ayant permis de courir. Dès lors, si l'on fixe le point de départ de la prescription au jour de la connaissance par le titulaire du droit des éléments lui permettant d'agir, il devrait normalement revenir au débiteur de démontrer l'absence d'ignorance du créancier[1]. Pour qu'il en aille différemment, il faudrait nécessairement que la loi en décide autrement, c'est-à-dire qu'une disposition spécifique opère un renversement, au moins partiel, de la charge de la preuve de la prescription. Une telle difficulté est en revanche évitée en fixant le point de départ de la prescription au jour de la naissance de l'action. Le débiteur n'a alors qu'à prouver que l'action est bien née. Si le créancier entend obtenir un report du point de départ de la prescription, il lui appartiendra de démontrer qu'il peut se prévaloir de l'exception d'ignorance pour contrer l'exception de prescription. La charge de la preuve de l'ignorance reposerait logiquement, par application du droit commun, sur le créancier.

639. En quatrième lieu, si un délai butoir devait être généralisé, l'adoption d'un point de départ objectif pourrait avoir pour conséquence d'éviter une différenciation des points de départ de la prescription et du délai butoir : le même événement pourrait servir de *dies a quo* dans les deux hypothèses. Il faudra là encore y revenir[2].

640. En conséquence, il apparaît que des raisons tant politiques, sociologiques et techniques convergent pour faire de la naissance du droit d'agir le critère de détermination du point de départ de la prescription. Un tel critère doit alors être mis en œuvre.

B. La mise en œuvre du critère retenu

641. Le choix du critère de détermination du point de départ de la prescription arrêté, il faut encore le mettre en œuvre. Ce qui suppose d'une part, d'expliquer son contenu, c'est-à-dire de préciser les contours de la notion de naissance du droit d'agir et d'autre part, d'appliquer les principes ainsi dégagés aux différents types d'action rencontrés. Aussi faut-il expliquer le critère (1) avant d'appliquer le critère (2).

1. *L'explication du critère*

642. Retenir la naissance du droit d'agir comme critère de détermination du point de départ de la prescription revient à ériger l'adage *Actioni non natae non*

1. V. not. en ce sens, les difficultés soulevées par la rédaction de la loi du 17 juin 2008 : *supra*, nº 448 s.

2. V. *infra*, nº 710 s.

praescribitur au rang de principe intangible. Concrètement, cela revient à établir un lien indéfectible entre le point de départ de la prescription et la possibilité d'agir pour l'interrompre : la prescription ne peut courir avant que l'action en justice ne soit ouverte, c'est-à-dire, selon les termes de l'article 30 du Code de procédure civile, avant que l'auteur puisse être entendu sur le fond de sa prétention pour que le juge la dise bien ou mal fondée[1]. Mais, à l'inverse, chaque fois que l'action peut être exercée, la prescription doit courir. Il importe peu alors que l'événement ayant donné naissance à l'action – la violation d'un droit, l'existence d'une illicéité, la réalisation d'un dommage… – se perpétue. Il n'importe pas davantage que l'action soit exercée par un autre que son titulaire originaire. Le changement de titulaire de l'action ne fait pas naître un nouveau droit d'agir : le demandeur peut donc se voir opposer le même point de départ que celui qui aurait pu être opposé à son auteur. En revanche, la solidarité liant les titulaires d'un même droit ne saurait avoir d'effet sur le point de départ de la prescription de leur action qui leur demeure propre : le point de départ de la prescription s'apprécie à l'égard de chacun d'entre eux[2].

643. Évidemment différent du jour où le créancier est effectivement en mesure d'agir, le jour de naissance du droit d'agir doit également être distingué du jour de naissance du droit substantiel. À l'évidence, le droit d'agir peut exister en l'absence même de droit substantiel. En effet, l'existence du droit n'est pas une condition de recevabilité de l'action, mais de son succès au fond. Aussi le demandeur peut-il être titulaire d'une action sans être titulaire du droit sur lequel elle porte. L'action sera alors recevable, mais mal fondée. Parce que l'action ne se présente alors pas comme un accessoire du droit substantiel[3], le seul fait que le droit litigieux soit contesté ne saurait empêcher la naissance de l'action. L'affirmation relève de l'évidence lorsque la contestation relative à l'existence du droit s'élève au cours de l'instance ayant pour objet son exécution. Mais

1. Il n'est pas ici question de refaire la théorie de l'action. Mais, même si celle-ci ne devait pas être regardée comme un droit, mais comme une simple prétention, ou correspondre aux simples conditions de recevabilité (v. sur ce point J. Héron, T. Le Bars, *Droit judiciaire privé*, Montchrestien, 4e éd., 2010, p. 50 s., n° 45 s.), l'exigence serait la même : la possibilité de saisir un juge pour être entendu qui caractérise l'action (L. Cadiet, J. Normand, S. Amrani-Mekki, *Théorie générale du procès*, PUF, Thémis, p. 315, n° 77) est un préalable nécessaire au décompte de la prescription.

2. La solidarité entre titulaires du droit ne saurait avoir d'influence sur le point de départ de la prescription : la naissance du droit, la connaissance des faits permettant d'agir ou encore les causes personnelles de report du point de départ de la prescription s'apprécient de façon autonome à l'égard de chaque titulaire sans que le co-créancier solidaire puisse se prévaloir du report du point de départ de la prescription à l'égard de l'un des co-créanciers. Précisons que la réciproque est vraie : la solidarité entre débiteurs ne saurait avoir pour effet de permettre à l'un des co-débiteurs solidaires ou au titulaire du droit de se prévaloir d'une cause de report propre à l'un d'entre eux . Cass. civ. 1re, 11 février 2010, *D.*, 2010, p. 498, obs. V. Avena-Robardet, *RTD com.*, 2011, p. 769, obs. D. Legeais, *D.*, 2010, p. 994, note J. François : « En cas d'aménagement ou de rééchelonnement des modalités de règlement des échéances impayées d'un crédit à la consommation consenti à plusieurs emprunteurs, le report du point de départ du délai biennal de forclusion, n'est pas opposable à l'emprunteur, fût-il tenu solidairement, qui n'a pas souscrit l'acte de réaménagement ou de rééchelonnement, à moins qu'il n'ait manifesté la volonté d'en bénéficier », et l'explication du conseiller référendaire C. Creton, *D.*, 2010, p. 531 : « La Cour de cassation (…) n'a pas admis que le principe de représentation mutuelle des codébiteurs solidaires puisse avoir pour conséquence automatique que l'accord de réaménagement ou de rééchelonnement conclu par le créancier avec un seul des emprunteurs produise effet à l'égard des autres quant au report du point de départ du délai de forclusion ».

3. T. Le Bars, « La nature de la prescription : une question sans réponse ? », in *La réforme de la prescription en matière civile, Le chaos enfin régulé ?*, dir. P. Casson et P. Pierre, Dalloz, Thèmes & Commentaires, 2010, p. 3 s., spéc. p. 6

elle vaut également lorsque le droit est contesté en dehors d'une telle instance, par exemple lorsqu'il fait l'objet d'une procédure parallèle ayant pour objet de constater son existence.

644. Mais, même lorsque son existence n'est pas contestée, la naissance du droit substantiel n'emporte pas mécaniquement la naissance de l'action qui lui est attachée. En effet, il peut exister un décalage dans les hypothèses où un droit existe sans que son créancier puisse le faire valoir en justice. Tel sera évidemment le cas chaque fois que l'exigibilité de la créance aura été reportée à une date postérieure à sa naissance. Plus encore, même dans les hypothèses où naissance et exigibilité concordent, un même décalage pourra encore être constaté, résultant cette fois de la neutralisation de certaines fictions juridiques. Ainsi, l'effet rétroactif attaché à certains événements, dont l'influence est déterminante sur la date de naissance du droit substantiel, doit être dépourvu d'influence sur la détermination de la naissance du droit d'agir et donc sur la fixation du point de départ de la prescription. En effet, lorsque la loi fait rétroagir les effets de la réalisation d'une condition ou du prononcé d'une décision de justice, elle fait rétrospectivement naître le droit substantiel à une date à laquelle il n'existait pas encore. Or, pendant toute la période comprise entre la date à laquelle le droit est fictivement supposé avoir pris naissance et celle à laquelle l'événement lui donnant naissance s'est effectivement réalisé, le créancier – qui ne l'était pas encore – ne disposait aucunement d'un intérêt né et actuel à agir. Aucune action en justice ne lui était ouverte, que ce soit pour demander l'annulation d'un acte ou obtenir paiement d'une créance. Aussi ne pouvait-il aucunement interrompre la prescription. L'exigence conventionnellement protégée d'un délai utile pour agir impose en conséquence d'écarter ici la fiction rétroactive : si le droit substantiel est réputé né à une date antérieure à l'événement lui ayant donné naissance, le droit d'agir ne peut naître que de la survenue d'un tel événement[1].

On retrouve d'ailleurs en droit positif quelques solutions conformes à ce principe. L'article 2233 du Code civil en fournit une première illustration en précisant que la prescription ne court pas « à l'égard d'une créance qui dépend d'une condition, jusqu'à ce que la condition arrive ». L'extension du principe à l'hypothèse d'une action en nullité ou en rescision pour lésion exercée à l'encontre d'un acte conclu sous condition suspensive va encore dans ce sens[2]. Mais la condition suspensive n'est pas seule visée. La rétroactivité peut encore résulter du prononcé d'une décision de justice. Encore faut-il alors distinguer la véritable rétroactivité judiciaire des « fausses » rétroactivités judiciaires, ce qui oblige à s'arrêter sur le rôle du prononcé des décisions de justice sur la détermination du point de départ de la prescription.

645. Sous cet aspect, l'influence d'une décision de justice dépend des effets que l'on lui attribue, ce qui renvoie à l'opposition classique de l'effet déclaratif et de l'effet constitutif des décisions. On sait que l'opposition, dont la paternité est usuellement attribuée à Merlin, mais qui n'est qu'une réminiscence de la différenciation de la *jurisdictio* et de l'*imperium* du juge en droit romain, repose sur la distinction des effets des jugements selon qu'ils se contentent de reconnaître

1. V. en ce sens, M. Storck, note sous Amiens, 8 décembre 1993, *JCP* G, 1995, I, 3821 : « Il est essentiel que le bénéficiaire de ce droit ait eu la possibilité d'agir valablement dans le délai ainsi fixé. Si le droit considéré est éteint avant même qu'il ait été possible de l'exercer, il n'y a pas prescription ni renonciation à son exercice, mais absence de droit d'agir ».

2. V. *supra*, n° 224 s.

des droits existants - ils sont dits alors « déclaratifs » - ou qu'ils créent de nouveaux droits - ils sont dits alors « constitutifs »[1].

Si la distinction paraît limpide, pas moins de trois facteurs contribuent en pratique à l'obscurcir. D'abord, la distinction des jugements déclaratifs et constitutifs est empreinte d'incertitude, ce dont rendent compte les nombreuses discussions relatives au critère sur lequel elle repose, voire la remise en cause récurrente de son existence[2]. Ensuite, l'effet rétroactif attaché à certains jugements constitutifs tend à perturber les conséquences traditionnellement attachées à la distinction. Enfin, même lorsqu'il est seulement déclaratif, le jugement peut encore avoir une influence sur le cours de la prescription, non plus parce qu'il donnerait naissance au droit d'agir mais parce qu'il marquerait le moment auquel le créancier prendrait conscience de l'existence de son droit.

646. Reprenons. Lorsque le jugement est constitutif de droit, il fait naître un droit substantiel. Ainsi en est-il des jugements qui modifient l'état ou la capacité des personnes, faisant naître une situation juridique nouvelle, ou de ceux qui prononcent la nullité d'un acte ou l'illégalité d'un texte, faisant encore naître en conséquence une créance en restitution ou en répétition de l'indu[3]. Une telle hypothèse ne soulève guère de difficulté : le point de départ de la prescription de l'action ne peut alors courir avant le prononcé de la décision de justice devenue définitive[4] qui marque concomitamment la naissance du droit substantiel et du droit d'agir.

La situation devient en revanche plus complexe lorsqu'un jugement constitutif vient rétroactivement reporter les effets de la décision à une date antérieure à son prononcé, autrement dit lorsqu'il vient fixer rétroactivement la date de naissance du droit litigieux. Il faut alors écarter la fiction rétroactive pour faire courir la prescription du jour du prononcé de la décision qui fait naître le droit et non du jour où elle lui fait produire effet[5]. L'effet rétroactif du jugement constitutif vient alors perturber la constitution des situations en dissociant la date de naissance du droit substantiel de celle du droit d'agir.

---

1. V. par ex. L. Mazeaud, « De la distinction des jugements déclaratifs et des jugements constitutifs de droits », *RTD. civ.*, 1929, p. 17 s., spéc. p. 17 : « Le jugement, par lequel un tribunal, tranchant un différend, reconnaîtra l'existence d'un droit antérieur contesté, sera déclaratif de droit. Le jugement, par lequel un tribunal attribuera des droits nouveaux, sera constitutif de droits ».

2. V. sur ces querelles, et parmi une littérature très abondante, sans compter les nombreuses thèses consacrées au sujet, P. Raynaud, « La distinction des jugements déclaratifs et des jugements constitutifs », in *Contributions Françaises aux IIe et IVe Congrès internationaux de Droit Comparé*, Sirey, 1959, spéc. p. 377 s. ; J. Héron, « Éléments de typologie des jugements à partir de l'idée de réalisation du droit », *RRJ*, 1992/4, spéc. p. 961 s.

3. Sur les distinctions qui doivent être opérées en la matière, v. *supra*, n° 296 s.

4. La décision qui doit être prise en considération est la dernière décision rendue qui n'est plus susceptible de recours, c'est-à-dire soit la décision rendue par la Cour de cassation mettant fin au litige, soit la décision rendue en dernier ressort par les juges du fond et devenue définitive suite à l'expiration des délais de recours.

5. Tel est par exemple le cas de « l'un des jugements dont le rôle constitutif est des moins discuté » (L. Mazeaud, art préc., spéc. p. 20), le jugement de divorce. Dans les rapports pécuniaires entre anciens époux, l'article 1572 du Code civil répute en effet le régime matrimonial dissout au jour de la demande en divorce. La prescription de l'action en liquidation de la créance de participation de l'époux prévue par l'article 1578 alinéa 3 du Code civil au jour de « la dissolution du régime matrimonial » ne peut cependant, dès lors que l'on écarte la fiction rétroactive, courir avant le jour de la décision prononçant le divorce (Cass. civ. 1re, 14 mai 1996, *RTD civ.*, 1997, p. 213, obs. Vareille, *Defrénois*, 1996, art. 36387, p. 1086, obs. Champenois, *JCP* G, 1996, I, 3962, n° 20, obs. M. Storck, *JCP* N, 1997, II, 391, note Pillebout. Et déjà : Agen, 3 mars 1988, *JCP* G, 1989, II, 21308, note Simler, *RTD civ.*, 1991, p. 394, obs. Lucet ; Amiens, 8 décembre 1993, *JCP* G, 1995, I, 3821, obs. M. Storck).

647. Différemment, lorsque le jugement est déclaratif de droit, il ne fait que constater une situation juridique déjà constituée ou un droit déjà né. Tel est le cas lorsqu'il porte sur un droit résultant d'un contrat, mais aussi, bien que cela ait pu être discuté[1], lorsqu'il puise sa source dans un fait juridique. Bien qu'il soit coutume d'affirmer que « le jugement déclaratif rétroagit au jour de la naissance du droit », la présente situation ne doit pas être confondue avec celle dans laquelle un jugement constitutif viendrait rétroactivement fixer ses effets à une date antérieure à son prononcé. Parler d'effet rétroactif des jugements déclaratifs relève de l'abus de langage[2] : le jugement ne fait pas rétroagir la naissance du droit qu'il créé, il vient seulement constater l'existence d'un droit déjà né. La fiction juridique de la rétroactivité ne trouve donc pas à intervenir : la prescription doit ici courir dès la naissance du droit, sans égard pour sa reconnaissance par une décision de justice.

Dès lors, parce qu'il ne fait pas naître de droit mais se contente d'en constater l'existence, le jugement déclaratif ne devrait pas être pris en considération dans la fixation du point de départ de la prescription, sauf à démontrer que son prononcé a permis la révélation de dommages jusqu'alors ignorés. Dans une telle hypothèse en effet, le point de départ de la prescription pourrait exceptionnellement être reporté au jour de la décision de justice, qui révélerait ici l'existence du droit d'agir[3].

648. En conséquence, affirmer que la naissance du droit d'agir doit constituer le critère de détermination du point de départ de la prescription revient à considérer que la prescription doit courir du jour où il est objectivement possible au titulaire du droit de l'interrompre. Un tel événement, distinct de la connaissance des éléments permettant concrètement au titulaire du droit d'agir, se distingue également de la naissance du droit substantiel. En effet, si ces deux événements sont souvent confondus, ils peuvent parfaitement être dissociés, chaque fois que le droit substantiel existe sans pouvoir être exercé. Tel sera le cas lorsque l'exigibilité du droit substantiel sera reportée, mais également lorsque la date de naissance du droit de créance sera sous la dépendance de l'effet rétroactif attaché à la réalisation d'un événement. Dans une telle hypothèse, le droit d'agir ne peut naître que de l'événement auquel est attaché un effet rétroactif, sans que ce dernier ne puisse être pris en considération. Naissance du droit substantiel et naissance du droit d'agir se trouveront ici décalés, à condition toutefois que l'on soit en présence d'un véritable effet rétroactif. Or, ce dernier, s'il est évidemment attaché à la réalisation d'une condition et s'il peut être attaché au prononcé d'un jugement constitutif ne se retrouve aucunement en présence d'un jugement dé-

---

1. V., pour une justification de l'effet déclaratif d'un tel jugement, L. Mazeaud, art. préc., spéc. p. 31 : « Certes, en pratique, le droit de créance de la victime n'apparaît qu'avec le jugement qui le constate et le rend liquide (...) ; mais c'est aller trop loin que d'en conclure que le jugement donne naissance au droit ; c'est méconnaître l'article 1370 du Code civil qui affirme qu'un simple fait peut, tout comme un contrat, faire naître un droit. Le rôle du jugement est comparable à celui d'un révélateur qui sur une plaque photographique obscure fait apparaître l'image encore invisible mais déjà imprimée ; révéler, faire apparaître et préciser des contours incertains, ce n'est pas les créer », et encore F. Terré, P. Simler, Y. Lequette, *Les obligations*, Précis Dalloz, 10e éd., p. 898, no 889.

2. V. en ce sens, L. Mazeaud, art. préc., spéc. p. 42 : « On dit alors que le jugement déclaratif rétroagit. La formule n'est pas tout à fait exacte. Le droit préexiste de lui-même au jugement déclaratif ; celui-ci ne fait que le reconnaître ; il ne crée pas le droit rétroactivement (...). On ne peut vraiment parler de rétroactivité que pour les jugements constitutifs auxquels la loi attache par exception un effet antérieur à leur date ; ceux-là seuls rétroagissent, parce que seuls ils créent dans le passé un état nouveau ».

3. V. *supra*, no 296 s.

claratif qui ne fait que constater un droit déjà existant et qui pouvait déjà être exercé. Ainsi précisé, le critère proposé doit encore être mis à l'épreuve des différentes situations qu'il a vocation à régir.

2. *L'application du critère*

649. Le critère dégagé doit être appliqué aux différents types d'actions rencontrés : les actions en responsabilité (a), en nullité (b), et en exécution (c).

a. *Les actions en responsabilité*

650. En dehors des hypothèses dans lesquelles la prescription remplit une fonction atypique, telle la mesure du temps d'une garantie[1] ou la limitation de la durée pendant laquelle la responsabilité de l'auteur du dommage est encourue[2], la directive de détermination du point de départ de la prescription de droit commun dégagée doit trouver application.

Le point de départ de la prescription de l'action en responsabilité, quelle soit contractuelle ou délictuelle, doit en conséquence être déterminé par référence à la naissance du droit d'agir à l'encontre de l'auteur du dommage. Un tel événement se situe nécessairement au jour de naissance de la créance de réparation[3] qu'entraîne la réalisation du dommage.

La seule difficulté porte alors sur l'identification d'un tel événement. Précisément, deux types de dommages déjà évoqués[4] soulèvent des hésitations que la jurisprudence actuelle n'a pas dépassées : le dommage incertain d'une part, le dommage continu de l'autre.

651. L'incertitude du dommage d'abord, soulève une difficulté particulière : la naissance du droit d'agir et donc la fixation du point de départ de la prescription est-elle sous la dépendance de la reconnaissance de l'existence du dommage par une décision de justice ? La question peut paraître surprenante dans le cadre d'une simple action en responsabilité. En effet, l'action en responsabilité, faut-il le rappeler, ne vise pas seulement à obtenir paiement de dommages-intérêts, mais aussi et même avant tout à faire constater, reconnaître, la responsabilité de l'auteur du dommage. Aussi, nul ne songerait à soutenir que la prescription de l'action en responsabilité suppose la reconnaissance préalable par une décision de justice du dommage subi[5]. Mais l'interrogation prend tout son sens en présence de procédures parallèles, par exemple lorsque le demandeur intente une action en responsabilité parce qu'il a lui-même été assigné par un tiers. L'hypothèse est celle qui a donné lieu à la célèbre affaire *des fonds turbo*[6]. Elle rend généralement

1. Tel est le cas de l'action intentée sur le fondement de la garantie des vices cachés, la responsabilité du fait des produits défectueux, la garantie de conformité ou encore la responsabilité des constructeurs.

2. Tel est le cas de l'action en responsabilité dirigée contre les dirigeants sociaux, les commissaires aux comptes ou les liquidateurs, ou encore de l'action en responsabilité dirigée contre les personnes ayant assisté ou représenté les parties en justice.

3. Naissance et exigibilité de la créance de réparation sont ici logiquement confondues.

4. V. *supra*, n° 67 s. et 71 s.

5. Sur cette voie, il faut rappeler que le point de départ de la prescription de l'action civile à l'encontre de l'auteur d'une infraction ayant causé un dommage ne doit pas être reporté au jour de la reconnaissance de sa culpabilité par les juridictions pénales.

6. V. *supra*, n° 69.

compte des diverses situations dans lesquelles la responsabilité d'un professionnel pour manquement à l'une de ses obligations, telle l'obligation de conseil, est recherchée. Dans une telle hypothèse, le principe du dommage subi par le demandeur est établi au moment où ce dernier est assigné : jusque là, même s'il pouvait avoir connaissance d'éléments lui faisant craindre une action en responsabilité, il ne subissait aucun dommage. Mais, même une fois le principe du dommage ainsi établi, un tel dommage demeure incertain tant qu'une décision de justice ne reconnaît pas l'existence d'une dette quelconque à sa charge. La naissance du droit d'agir est-elle alors reportée au jour du prononcé de la décision de justice ou le demandeur est-il déjà titulaire d'un droit d'agir contre celui qu'il estime le véritable responsable au jour de l'assignation ? Illustrons l'hypothèse : ainsi par exemple, un employeur qui, sur les conseils mal avisés de son avocat, aurait irrégulièrement licencié l'un de ses employés, pourrait très vite se rendre compte de son erreur, mais le principe de son dommage ne serait établi qu'au jour où son ancien salarié exercera une action à son encontre. Il restera encore incertain jusqu'à la décision du tribunal des prud'hommes le condamnant à verser des indemnités à son ancien salarié. Son droit d'agir à l'encontre de son avocat conseil est-il en ce cas né de l'assignation de l'ancien salarié ou de la décision du conseil des prud'hommes ? Il a pu être soutenu que, tant que la condamnation n'était pas devenue définitive, le préjudice subi et donc le droit de créance du demandeur à l'égard du professionnel n'étaient qu'éventuels, de sorte que la prescription ne pouvait courir[1]. Mais l'argument repose sur une confusion. Le préjudice éventuel est celui que la victime « a encore une possibilité d'éviter »[2], c'est-à-dire celui qui ne s'est pas encore réalisé. Or, en la matière on l'a vu[3], l'effet des décisions de justice n'est que déclaratif : le jugement vient simplement démentir ou reconnaître l'existence d'une créance déjà née au jour de la réalisation effective du dommage[4], c'est-à-dire au jour du recours du tiers. Aussi, au jour de l'assignation, le dommage s'est ici déjà réalisé. Simplement, on l'ignore encore car son existence est contestée. Autrement dit, alors que le dommage éventuel est celui dont on ne sait pas s'il va naître dans le futur, on est ici en présence d'un dommage dont on ne sait pas s'il est né par le passé. Un tel dommage, bien que son existence ne puisse être que rétrospectivement constatée par la décision de justice, est bien un dommage actuel, né au jour de l'assignation. D'ailleurs, rien n'interdit à ce jour d'appeler en garantie son assureur, ce qui démontre bien que l'action est déjà née. Aussi, que l'action récursoire exercée soit une action en garantie[5] ou une action en responsabilité n'y change rien : le droit d'agir naît dans de telles hypothèses, non de la décision de justice, mais de l'assignation par un tiers, qui constitue donc l'événement faisant courir la prescription.

---

1. J.-V. Borel, note sous Cass. civ. 3e, 7 février 2008, *LPA*, 20 mai 2009, p. 16.

2. M. Fabre-Magnan, *Droit des obligations*, 2 - *Responsabilité civile et quasi-contrats*, Thémis Droit, PUF, 2e éd., 2010, p. 133. On dit aussi que le dommage éventuel est celui « dont la réalisation n'est pas certaine et qui ne peut donner lieu à réparation, tant que l'éventualité ne s'est pas transformée en certitude » (F. Terré, P. Simler, Y. Lequette, *op. cit.*, p. 714, nº 700).

3. V. *supra*, nº 644 s.

4. V. Cass. Com, 2 février 2010, *D.*, 2010, p. 504 : « le droit pour la victime d'obtenir réparation du préjudice subi existe dès que le dommage est causé ; (...) si la créance de M. X... n'avait été reconnue que le 19 janvier 2006, le fait générateur de cette créance était antérieur à la dissolution de la société Rhône-Isère BTP ». La Cour de cassation en déduit que la dette de réparation des conséquences d'un licenciement sans cause réelle et sérieuse est transmise à l'occasion d'une transmission universelle du patrimoine, peu important que sa reconnaissance par décision de justice ait été postérieure à la fusion.

5. V. *supra*, nº 326 s.

652. La détermination du point de départ de la prescription en présence de dommages continus a pu également susciter quelques hésitations[1]. Pourtant, l'application du critère retenu doit conduire à affirmer que le caractère continu du dommage subi ne saurait justifier un report du point de départ de la prescription. En effet, le droit d'agir naît le jour où la créance de réparation vient à exister. Or, le caractère continu du dommage subi n'a aucune influence sur l'existence même de la créance, il ne peut avoir d'influence que sur son étendue, autrement dit sur son montant. La créance de réparation naissant dès la réalisation du préjudice, le droit d'agir du créancier existe dès cette date. Sous réserve de l'hypothèse dans laquelle le dommage trouve sa source dans une infraction, la fameuse distinction des infractions instantanée et continue ne saurait ici être transposée. La raison en est simple : il n'est pas ici question de savoir si une infraction est intégralement consommée, mais si l'action est ouverte, événement sur lequel la persistance du fait générateur comme du dommage n'a aucun effet. Pour qu'il en soit autrement, il faudrait que la permanence du dommage fasse naître une nouvelle créance, ouvrant un droit d'agir distinct du précédent. Or, seule une aggravation du dommage – en ce qu'elle est saisie par le droit comme un préjudice distinct[2] – est susceptible de produire un tel effet. Mais, même dans cette hypothèse, l'aggravation du dommage ne devrait pas permettre de reporter le point de départ de la prescription au jour de la survenance de l'aggravation, ce qui reviendrait, *in fine*, à ré-ouvrir des actions déjà prescrites lorsque le dommage initial s'est réalisé plusieurs années auparavant. Différemment, la survenance d'une aggravation doit uniquement faire naître une nouvelle action, ne permettant d'obtenir que la réparation du nouveau dommage subi : il y aura donc dans cette hypothèse non pas un point de départ unique reporté au jour de l'aggravation du dommage, mais deux points de départ distincts fixés pour l'un au jour de la survenance du dommage et pour l'autre au jour de son aggravation. Encore faudra-il toutefois que l'on se trouve en présence d'une véritable aggravation du dommage et non d'un simple dommage secondaire collatéral indissociable du dommage initial. Admettre de faire derechef courir la prescription dans une telle hypothèse reviendrait en effet à offrir à la victime la liberté de « renoncer à la réparation de certains préjudices pour faire échec à la prescription de son action et préserver la réparation d'autres préjudices apparus ultérieurement »[3].

b. *Les actions en nullité*

653. La prescription de l'action en nullité est sans aucun doute le terrain d'élection du conflit entre apparence et équité, entre sécurité et justice, qui prend ici toute son ampleur. Les mêmes directives de détermination proposées trouvent donc ici logiquement à s'appliquer.

Le point de départ de la prescription de l'action en nullité doit en conséquence être déterminé par référence à la naissance du droit d'agir pour demander la nullité de l'acte litigieux.

L'application d'un tel critère ne devrait alors pas susciter d'importantes difficultés : un tel événement se réalise en principe au jour de la conclusion de l'acte

1. V. *supra*, n° 71 s.
2. V. *supra*, n° 74 s.
3. P. Jourdain, note sous Cass. civ. 1re, 9 juillet 2009, *RTD civ.*, 2009, p. 728 s., spéc. p. 731. Au reste, la solution inverse reviendrait à admettre une sorte de seuil de sensibilité en deçà duquel la prescription ne pourrait courir, qui serait source d'incertitudes.

en cause. Aussi, ni la nature, ni l'objet de l'action ne doivent altérer ce principe. Que la nullité soit relative ou absolue, que l'on cherche à obtenir l'annulation d'un contrat, d'une convention matrimoniale ou d'un mariage, le moment auquel le demandeur à l'action devient titulaire du droit d'agir en nullité ne varie pas : la constitution de la situation litigieuse fait naître le droit de critique. Aussi, la distinction opérée en droit positif entre les points de départ selon que l'action vise la nullité du mariage ou d'une convention, selon qu'elle est relative ou absolue ou encore qu'elle prend la forme voisine d'une action en rescision pour lésion n'est pas justifiée. Quel que soit l'objet de l'action, le point de départ de la prescription de l'action en nullité absolue, en nullité relative ou en rescision pour lésion doit être le même et fixé, en application du principe selon lequel la prescription court au jour de la naissance du droit d'agir, au jour où le demandeur devient titulaire d'un tel droit. Le fait que la cause de nullité persiste n'y change rien : le droit d'agir étant d'ores et déjà né, la prescription court, sans égard pour le caractère continu de la cause de nullité.

Si la naissance du droit d'agir se situera en général au jour de la conclusion de l'acte, un tel lien n'est pas systématique. En effet, elle peut parfois être postérieure à la conclusion de l'acte en cause, lorsque celle-ci ne suffira pas à faire naître le droit de critique. Tel est évidemment le cas d'une promesse de contrat : tant que le bénéficiaire ne lève pas l'option, le droit d'agir en nullité ne peut naître, faute d'acte à contester. Mais tel est également le cas lorsque l'acte sera affecté d'une condition suspensive : bien que la condition suspensive rétroagisse, entre le moment où l'acte est conclu et celui où la condition se réalise, l'acte ne peut être critiqué, faute d'existence certaine[1]. L'effet rétroactif doit là encore être neutralisé : le demandeur ne devient véritablement titulaire du droit de demander la nullité, et l'action ne naît en conséquence que du jour de la réalisation de la condition suspensive. Il devrait logiquement en aller de même en cas de ratification d'une promesse de porte-fort par un tiers. Or, si la Cour de cassation semble admettre de fixer le point de départ de la prescription au jour de la réalisation de la condition suspensive, elle refuse étonnement de faire de la ratification de l'acte par la personne pour le compte de laquelle le porte-fort s'est engagé le point de départ de la prescription[2]. La solution, ici aussi, est critiquable.

Le droit d'agir ne naît pas davantage de la conclusion de l'acte lorsqu'il a été valablement conclu, et que la cause de nullité ne survient que pendant son exécution. Ainsi par exemple, si une clause contractuelle devient illicite, si la cause d'un contrat disparaît, si l'annulation d'un contrat entraîne la nullité d'un autre, le droit de critique et donc le droit d'agir ne naîtront que d'un tel événement, et non de la conclusion du contrat[3]. Là encore, le droit positif ne rend qu'imparfaitement compte de ces principes.

c. *Les actions en exécution*

654. C'est assurément au sein des actions en exécution que le décalage entre la naissance du droit substantiel et celle du droit d'agir sera le plus fréquemment observé. En effet, le droit d'agir en exécution ne naîtra pas ici avec la créance, mais résultera de l'exigibilité de cette dernière. De même, le droit d'agir aux fins

1. V. *supra*, nº 220 s.
2. V. *supra*, nº 223.
3. Cette dernière précision n'a évidemment de pertinence que si l'on considère que de tels événements sont sanctionnés par la nullité et non par la caducité du contrat.

de protéger son droit ne naîtra pas concomitamment au droit litigieux, mais différemment de sa violation.

Là encore, les directives précédemment dégagées trouvent logiquement application : la rétroactivité de la condition, ou le caractère continu de la violation d'un droit, sont sans effet sur la naissance du droit d'agir et donc sur la fixation du point de départ de la prescription. De même, l'incertitude – entendue comme la contestation de l'existence de la créance – ne saurait pas davantage reporter le point de départ de la prescription.

La difficulté soulevée par la détermination de la naissance du droit d'agir et donc du point de départ de la prescription des actions en exécution est ici distincte : elle a trait à l'éventuelle « potestativité » de l'événement donnant naissance au droit d'agir. En effet, l'exigibilité est une notion sous la dépendance des parties. Lorsqu'elle résulte d'un accord entre elles, elle ne soulève pas de problème particulier. Mais il est possible que l'une seulement des parties ait une emprise arbitraire sur la détermination de l'exigibilité de la créance. Il en va ainsi lorsqu'une créance est exigible à la discrétion du créancier[1], ou encore lorsque la création d'une universalité conduit à reporter la naissance et partant l'exigibilité d'une créance au jour où l'une des parties décide unilatéralement d'y mettre fin. Tel est le sort des créances en compte-courant[2]. Le risque est alors nettement identifié : dans ces hypothèses, l'exigibilité de l'obligation est sous la dépendance du créancier, qui exerce une emprise discrétionnaire sur la naissance du droit d'agir et donc sur la fixation du point de départ de la prescription. Il soulève un paradoxe théorique évident : comment une matière qui n'est pas entièrement à la disposition des parties pourrait être totalement à la disposition de l'une d'elles ?

La tentation est grande alors de soustraire la détermination du point de départ de la prescription à l'arbitraire du créancier en faisant courir la prescription non du jour où le créancier a rendu l'obligation exigible, mais du jour où il aurait dû le faire. La jurisprudence y a d'ailleurs parfois cédé[3]. Bien que séduisante, la démarche doit cependant être écartée. Outre que la détermination du moment où le créancier aurait dû déclencher l'exigibilité de l'obligation est souvent pour le moins incertaine[4], une telle démarche est en réalité incompatible avec la logique inhérente à ce type de créances. Dissocier l'exigibilité et le décompte de la prescription irait à l'encontre de tous les principes qui sous-tendent la matière. La logique serait ici rompue, sans qu'un critère pertinent ne puisse se substituer à celui de l'exigibilité. Certes, l'utilisation que le créancier fait de son droit de déclencher l'exigibilité peut dégénérer en abus : il peut avoir laissé la dette s'accumuler, il peut exiger une exécution à contretemps… Mais il s'agit alors d'une faute distincte, qui consiste à avoir utilisé la prérogative unilatérale dont il disposait au mépris des intérêts de son cocontractant. La fixation du point de départ de la prescription ne doit pas être instrumentalisée pour la sanctionner :

1. V. *supra*, nº 251 s. et 268.

2. V. *supra*, nº 268 s.

3. V. notamment, le rôle de la « première échéance impayée » en matière de prêt à la consommation, *supra*, nº 265 s.

4. Prenons l'exemple d'une autorisation de découvert : comment déterminer le moment où la banque aurait dû clôturer le compte et exiger le remboursement du débit ? Le dépassement du découvert ne témoigne pas toujours d'une situation désespérée du débiteur. Il peut aussi correspondre à une difficulté passagère justifiant la tolérance de la banque. Au fond, on le pressent, à emprunter une telle démarche, on se heurterait à d'importants problèmes qui ne sont pas sans rappeler ceux que soulève l'appréciation du comportement des établissements bancaires au regard de l'interdiction du soutien abusif d'un côté et la rupture abusive de crédit de l'autre.

s'il a commis une faute, il faudra rechercher sa responsabilité civile sur le terrain du droit commun[1].

655. Au terme des développements qui précédent, il a été proposé de faire de la naissance du droit d'agir le critère de détermination du point de départ de la prescription de droit commun. La nécessité de faire prévaloir l'apparence créée par la naissance de l'action pour protéger le débiteur comme les tiers, de respecter le *plerumque fit* sur lequel repose la prescription, et d'assurer la lisibilité du régime de détermination du point de départ de la prescription, convergent en effet naturellement en faveur de la prise en considération d'un tel événement. Retenir ce critère revient alors à lier indéfectiblement le point de départ de la prescription à la possibilité de l'interrompre.

Cela implique, d'une part, que la prescription ne coure pas avant qu'une action puisse être exercée pour faire valoir le droit substantiel litigieux. Sous cet aspect, la naissance du droit d'agir ne doit pas être confondue avec celle du droit substantiel. Les effets que l'application de la fiction rétroactive emporte sur la date de naissance du droit substantiel doivent notamment être neutralisés dans la détermination de la naissance du droit d'agir, que la rétroactivité soit attachée à la réalisation d'une condition ou au prononcé d'une décision de justice constitutive de droit. Mais cela implique aussi, d'autre part, que la prescription coure dès la naissance du droit d'agir. Aussi, ni l'éventuelle contestation judiciaire du droit litigieux, ni la persistance dans le temps de l'événement ouvrant l'action, ni le changement de titulaire du droit d'agir ne sauraient conduire à reporter le point de départ de la prescription. Si l'on applique ces directives aux différents types d'actions rencontrés, il faut alors en déduire que le point de départ de la prescription de l'action en responsabilité devra par principe être fixé au jour de naissance de la créance de réparation, c'est-à-dire au jour de la réalisation du dommage, peu important à cet égard que les effets dommageables se prolongent ou que l'existence du dommage soit contestée. De même, le point de départ de l'action en nullité devra par principe être fixé au jour où le contractant est devenu titulaire du droit de critique, ce jour se confondant généralement avec le jour de conclusion de l'acte, sauf à écarter l'effet rétroactif attaché à la survenance d'événements postérieurs. Enfin, le point de départ de la prescription de l'action en exécution devra être fixé au jour où la créance sera devenue exigible, peu important que cette exigibilité résulte d'un commun accord des parties, ou soit provoquée par la volonté d'une seule.

Les différentes directives de détermination du point de départ de la prescription ainsi exposées peuvent cependant se trouver contrariées par la volonté des parties, lorsque celles-ci entendent aménager conventionnellement le point de départ de la prescription.

§ 2 – L'INFLUENCE PERTURBATRICE DE LA VOLONTÉ DES PARTIES

656. À l'évidence, les critères de détermination du point de départ de la prescription précédemment exposés ont vocation à régir l'ensemble des situations relevant du droit commun de la prescription. Ce sont d'ailleurs les seuls auxquels il est possible de se référer lorsque l'action trouve son origine dans un fait juridique, faute pour les justiciables de pouvoir en anticiper la survenance. En re-

1. V. *infra*, n° 716 s.

vanche, lorsque l'action prend sa source dans un acte juridique, ces critères sont théoriquement susceptibles d'être concurrencés par ceux que les parties pourraient arrêter lors de la conclusion de l'acte en cause. Peuvent-elles alors déroger à la règle précédemment établie selon laquelle la prescription devrait courir du jour de la naissance du droit d'agir en aménageant conventionnement le point de départ de la prescription ? Au fond, c'est la question de l'emprise de la volonté contractuelle sur le point de départ de la prescription et plus spécifiquement de la disponibilité du point de départ de la prescription qui est ici posée.

Sous cet aspect, bien que la question de l'influence de la volonté sur le fonctionnement de la prescription extinctive ne soit pas nouvelle[1], il est intéressant d'observer qu'elle semblait totalement ignorée de la doctrine classique des XIXe et XXe siècles. Il faut dire que la question pourrait paraître incongrue : la prescription représentant le laps de temps offert par la loi pour agir en justice, comment admettre que les parties puissent, à travers l'aménagement de la prescription, disposer de l'institution judiciaire ? Le droit positif révèle pourtant une réalité autrement plus mesurée, l'ordre public supposé innerver la matière se conciliant souvent avec la prise en considération d'intérêts privés. L'incursion avérée de la volonté dans le droit de la prescription a d'ailleurs pu conduire une partie de la doctrine moderne – raisonnant toutefois toujours sur la question de la disponibilité des délais de prescription et jamais sur celle de son point de départ – à affirmer que « le système légal se présente avant tout à l'époque moderne comme le droit commun du régime de la prescription. Il n'est donc applicable que dans la mesure où les parties n'en ont pas décidé autrement »[2].

Sans aller jusqu'à permettre à la liberté contractuelle de se déployer avec une telle ampleur, il existe sans doute une juste mesure entre le règne de l'ordre public et celui d'une liberté contractuelle totalement affranchie. La liberté peut en effet trouver à s'épanouir tout en étant canalisée. Surtout, l'emprise de la volonté sur le point de départ de la prescription ne se limite pas aux seules clauses y portant directement atteinte. La volonté peut agir de manière bien plus insidieuse sur le point de départ de la prescription que sur le délai lui-même. En effet, le point de départ de la prescription étant souvent déterminé en fonction de données qui résultent de l'accord des parties, la volonté a une influence indirecte incontestable sur sa détermination. La difficulté porte alors davantage sur le point de savoir s'il faut accepter qu'elle étende son emprise au-delà des seuls éléments participant à la détermination du point de départ de la prescription pour modeler directement le point de départ de la prescription à sa guise.

Aussi, après avoir observé la manière dont les parties aménagent indirectement le point de départ de la prescription (A), il faudra s'interroger sur la possibilité d'un aménagement direct du point de départ de la prescription (B).

A. L'aménagement indirect du point de départ de la prescription

657. L'influence indirecte des stipulations contractuelles sur la détermination du point de départ de la prescription peut prendre plusieurs formes, qui témoignent d'une emprise plus ou moins consciente de la volonté des parties de déroger aux critères légaux.

---

1. J. Carbonnier, « Notes sur la prescription extinctive », *RTD civ.*, 1952, p. 171 s., spéc. p. 175.

2. M. Bruschi, *La prescription en droit de la responsabilité civile*, préf. A. Sériaux, Economica, 1997, spéc. p. 312, nº 257. *Adde* en faveur de l'extension des possibilités d'aménagement de la prescription, V. Lasserre-Kiesow, « La prescription, les lois et la faux du temps », *JCP* N, 2004, 1225, spéc. nº 34.

658. Les parties influencent d'abord nécessairement le point de départ de la prescription en déterminant dans leur convention certains éléments pris en considération dans la mise en œuvre du critère légal de détermination du point de départ de la prescription. Il existe assurément des stipulations contractuelles dont l'objet principal n'est pas de fixer le point de départ de la prescription, mais qui ont mécaniquement une incidence sur la détermination de ce dernier.

La pénétration du droit de la prescription par la volonté des parties n'est pas un phénomène surprenant. En effet, la loi elle-même lui accorde une place très importante en faisant souvent d'événements résultant de la volonté même des parties le critère de détermination du point de départ de la prescription. L'illustration la plus évidente de ce phénomène réside dans le point de départ de la prescription de l'action en paiement fixé au jour de l'exigibilité de la créance dont il est demandé paiement. L'exigibilité est par hypothèse une notion sous l'entière dépendance des parties. Sauf silence de leur part, elle découle logiquement des stipulations contractuelles et en premier lieu des échéances convenues[1]. Mais les parties peuvent exercer une emprise plus grande encore sur la notion d'exigibilité en la détachant de celle, voisine mais plus mécanique, d'échéance. Ainsi en va-t-il lorsque les parties décident de rendre indivisibles différentes créances successives issues d'un même contrat. Une stipulation en ce sens a alors pour effet de reporter le point de départ de la prescription de l'action en paiement de la créance en même temps qu'elle en reporte l'exigibilité au jour de la dernière opération[2].

La loi légitime également cette influence des stipulations contractuelles sur le point de départ de la prescription lorsqu'elle fait de l'existence d'une condition ou d'un terme une cause de report du point de départ de la prescription à l'article 2233 du Code civil. Par là, elle admet que les parties puissent indirectement faire dépendre le point de départ de la prescription d'événements étrangers aux prévisions légales[3].

Ces situations doivent être distinguées de celles, bien plus problématiques, dans lesquelles ce n'est plus la volonté *des* parties, mais la volonté *d'une* seule d'entre elles qui fixera le point de départ de la prescription, parce que l'événement de nature à la faire courir est sous son emprise. Dans ces hypothèses, ce n'est pas le principe même de l'influence des parties, mais le déséquilibre au détriment de l'une d'elles qui est en jeu et soulève les problèmes déjà évoqués[4].

Dans le schéma ici visé, la volonté des parties n'a qu'une influence accidentelle sur la détermination du point de départ de la prescription. Précisément, en convenant de la date d'exigibilité de leurs obligations respectives, ou encore en

---

1. Le report de la prescription qui pourrait en conséquence résulter d'un report de l'exigibilité par accord des parties ne saurait être opposé à un co-débiteur, fut-il solidairement tenu : Cass. civ. 1re, 11 février 2010, *D.*, 2010, p. 498, obs. V. Avena-Robardet, et p. 531, obs. C. Creton, *RTD com.*, 2011, p. 769, obs. D. Legeais, *D.*, 2010, p. 994, note J. François : « En cas d'aménagement ou de rééchelonnement des modalités de règlement des échéances impayées d'un crédit à la consommation consenti à plusieurs emprunteurs, le report du point de départ du délai biennal de forclusion, n'est pas opposable à l'emprunteur, fût-il tenu solidairement, qui n'a pas souscrit l'acte de réaménagement ou de rééchelonnement, à moins qu'il n'ait manifesté la volonté d'en bénéficier ».

2. V. *supra*, n° 257. V. aussi, pour la référence à une norme professionnelle : Cass. civ. 3e, 29 mars 2011, *Const. Urb.*, 2011, comm. 91, note C. Sizaire, *RDI*, 2011, p. 444, obs. C. Charbonneau, *JCP* E, 2012, 1073, spéc. n° 7, obs. P. Casson.

3. V. *supra*, n° 187 s. Par exemple, le point de départ de la prescription peut être défini et par suite reporté contractuellement lorsque le contrat prévoit qu'aucune action ne peut être intentée avant la constatation de l'état de la victime par le médecin de la compagnie. L'action ne pouvant alors être intentée qu'au jour de la visite, le point de départ de la prescription est conventionnellement reporté (Cass. civ. 1re, 20 octobre 1969, *Bull. civ.* I, n° 299).

4. V. *supra*, n° 251 s.

la faisant dépendre de la réalisation de conditions particulières, les parties ne cherchent pas à reporter le point de départ de la prescription mais à aménager l'exécution spontanée de leurs obligations.

659. Mais les parties peuvent, sans davantage modifier directement le point de départ légal de la prescription, agir non plus accidentellement mais volontairement sur l'événement érigé par la loi en critère légal de détermination du point de départ, en modifiant conventionnellement sa définition.

Tel est le cas, par exemple, lorsque les parties conviennent d'une définition conventionnelle de la notion de réception visée par l'article 1792-4-1 du Code civil pour faire courir le délai pour agir en garantie contre les constructeurs, ou encore de la notion de recours du tiers visée par l'article L. 114-1 du Code des assurances pour faire courir l'action contre l'assureur. Elles agissent ainsi au second degré sur le point de départ de la prescription.

On aurait pu s'interroger sur la validité de telles clauses qui peuvent aller à l'encontre de la finalité poursuivie par la loi. Mais la Cour de cassation ne s'est pas montrée hostile à ce façonnage conventionnel du point de départ de la prescription. Bien au contraire, elle en a sans ambages admis la validité. Ainsi a-t-elle pu faire produire effet à une clause précisant ce qu'il fallait entendre par « réception » au sens de l'article 1792-4-1 du Code civil[1], ou encore affirmer la validité d'une clause ramenant la notion de « recours d'un tiers » au sens de l'article L. 114-1 du Code des assurances au seul recours au fond au motif que « si en principe l'assignation en référé de l'assuré par un tiers en vue de la nomination d'un expert constitue une action en justice au sens de l'article L. 114-1 du C. ass., les parties peuvent, sans méconnaître les dispositions d'ordre public de ce texte, conventionnellement définir la notion de recours d'un tiers »[2].

Aussi, les parties, sans méconnaître l'ordre public attaché aux dispositions précitées, peuvent aménager le point de départ de la prescription en modelant conventionnellement l'événement érigé en critère de détermination du point de départ de la prescription. Évidemment, cette emprise indirecte de la volonté sur le point de départ de la prescription reste limitée par l'essence même du concept que les parties entendent ainsi définir : de même qu'on ne peut envisager que les parties définissent la « réception » visée par l'article 1792-4-1 du Code civil comme le moment où les malfaçons sont apparues au maître de l'ouvrage, ou le « recours d'un tiers » prévu par l'article L. 114-1 du Code des assurances comme le moment où l'assuré a été subrogé dans les droits du tiers après l'avoir indemnisé, on ne peut envisager que les parties définissent la « naissance du droit d'agir » comme le jour où les parties ont eu connaissance des faits leur per-

1. La volonté des parties peut alors, soit avoir pour effet de faciliter la preuve d'une réception en assimilant toute prise de possession ou la simple réception provisoire à une réception au sens de l'article 1792-4-1 du Code civil (Cass. civ. 3e, 15 février 1989, *Bull. civ.* III, n° 36 ; 4 novembre 1992, *Bull. civ.* III, n° 284 ; 4 novembre 1993, pourvoi n° 91-18996) soit au contraire avoir pour effet de formaliser davantage la notion de réception en exigeant un procès-verbal contradictoire en lieu en place d'une réception éventuellement tacite (Cass. civ. 3e, 7 avril 2004, pourvoi n° 02-31015, *Const. Urb.*, 2004, comm. 120 par D. Sizaire ; 31 janvier 2007, *Bull. civ.* III, n° 10 : « qu'ayant relevé que la convention liant les parties stipulait expressément que la réception des ouvrages serait effectuée par le maître d'ouvrage en présence de l'entrepreneur, préalablement convoqué et que le maître d'ouvrage dresserait procès-verbal de ses opérations (...) la cour d'appel en a exactement déduit que seule devait être retenue, pour le calcul de la prescription, la date du procès-verbal de réception contradictoire »).

2. Cass. civ. 2e, 8 avril 2004, *Bull. civ.* II, n° 164, *Const. Urb.*, 2004, comm. 123 par M.-L. Pagès de Varenne (ici entendue comme la réclamation faite par le tiers dans le cadre exprès de la responsabilité de l'article 1792 du Code civil).

mettant d'agir. L'influence exercée par les parties sur la détermination du point de départ de la prescription à travers la définition conventionnelle de l'événement susceptible de faire naître le droit d'agir demeure donc ici marginale. La question reste en revanche entière de savoir si les parties peuvent aller plus loin encore en dérogeant radicalement aux critères légaux pour imposer un critère distinct de détermination du point de départ de la prescription.

B. L'aménagement direct du point de départ de la prescription

660. Le droit positif actuel apparaît très incertain quant au point de savoir si les parties peuvent directement déroger aux dispositions légales relatives au point de départ de la prescription. Ces incertitudes sont le reflet à la fois des avantages et des dangers que la possibilité d'aménager directement le point de départ de la prescription pourrait entraîner. Aussi, après avoir constaté l'incertaine validité des clauses dérogeant au point de départ légal de la prescription (1), il faudra montrer pourquoi la reconnaissance de la validité de telles clauses devrait aller de pair avec leur encadrement (2).

1. *L'incertaine validité des clauses dérogeant au point de départ légal de la prescription*

661. Avant la réforme opérée par la loi du 17 juin 2008, le Code civil était totalement silencieux sur le point de savoir si la volonté des parties avait le pouvoir d'aménager le régime de la prescription[1]. Dans le silence de la loi, la jurisprudence avait développé un système équilibré, reflétant l'hybridité de la prescription, institution au service tant de l'intérêt général que de la protection du débiteur. Ainsi, l'ordre public imprégnant la matière[2] interdisait d'allonger conventionnellement le délai de prescription, un tel allongement étant *in fine* susceptible de rendre l'action imprescriptible et d'emporter *de facto* renonciation par avance à la prescription, ce que l'article 2220 du Code civil prohibait. En revanche, les clauses qui abrégeaient le délai de prescription ayant pour conséquence d'accélérer les effets produits par la prescription en libérant de manière anticipée le débiteur, leur validité était reconnue[3], sous la seule réserve que le délai conventionnellement prévu ne prive pas le créancier de tout droit d'agir. De telles clauses étaient cependant accueillies avec plus de réserve lorsqu'elles étaient insérées dans un contrat de consommation[4]. Plus encore, elles étaient

1. Seule la question de la renonciation à la prescription avait été expressement envisagée par les rédacteurs du Code, l'ancien article 2220 disposant qu'« on ne peut, d'avance, renoncer à la prescription : on peut renoncer à la prescription acquise ». La solution a été reprise à l'article 2250 du Code civil après l'entrée en vigueur de la loi du 17 juin 2008, étant précisé que la renonciation à une prescription acquise ne fait pas courir un nouveau délai de prescription (Cass. civ. 2e, 16 novembre 2006, *Bull. civ.* II, nº 323, *RCA*, 2007, comm. 74, note H. Groutel).

2. D. Mazeaud, « Ordre public et aménagements de la prescription », in *Les désordres de la prescription*, textes réunis par P. Courbe, Publication de l'Université de Rouen, 2000, p. 85 s. Sur le sujet, v. R. Cario, « Les modifications conventionnelles de la prescription extinctive », *LPA*, 6 novembre 1998, p. 9 s.

3. Cass. civ., 4 décembre 1895, *D.*, 1896, 1, 241, obs. L. Arrut : « la disposition de l'article 2220 C. civ., qui défend de renoncer à la prescription et de rendre ainsi les actions perpétuelles, se concilie, loin d'en recevoir aucune atteinte, avec les stipulations qui tendent à renfermer l'exercice de certaines actions dans des limites plus étroites que celles fixées par la loi ; qu'à cet égard, la liberté des conventions ne saurait être qu'exceptionnellement restreinte par un texte formel ou par des motifs d'ordre public ».

4. La Commission des clauses abusives regardait en effet avec beaucoup de méfiance les clauses ayant pour objet ou pour effet de réduire la durée du délai offert au consommateur pour faire valoir

strictement interdites dans les contrats d'assurance[1]. La jurisprudence admettait également, en dépit de critiques doctrinales[2], les clauses ajoutant aux causes d'interruption prévues par la loi[3], ainsi que les accords par lesquels les parties convenaient de nouvelles causes de suspension. Elle subordonnait cependant la validité de ce dernier type d'accord à sa conclusion après la naissance de l'obligation et en cours de délai[4]. Ce dont on pouvait logiquement déduire *a contrario* que tout report conventionnel du point de départ était implicitement prohibé, puisqu'il ne pouvait par hypothèse intervenir que concomitamment à la conclusion du contrat et emporter une suspension *ab initio* du délai de prescription[5].

662. La loi du 17 juin 2008 est venue modifier ce subtil équilibre. Poussé par le « souffle de la liberté contractuelle »[6] toujours plus vif, le législateur, prenant modèle sur les diverses codifications savantes[7] et adoptant les recommandations de la mission d'information sur le régime des prescriptions civiles et pénales[8], a

---

ses droits en justice. V. par ex., « Recommandation nº 97-01, point 19, relative aux contrats concernant la télésurveillance », *BOCCRF* du 11 juin 1997 ; Avis nº 07-01 relatif à un contrat de déménagement.

1. Anc. art. L. 111-2 C. ass.

2. P. Stoffel-Munck, note sous Cass. civ. 1re, 25 juin 2002, *D.*, 2003, p 155 s. L'auteur, qui démontre que l'exclusion de l'ordre public en la matière repose sur un malentendu doctrinal, dénonce une solution permettant aux professionnels « d'organiser à perpétuité la sauvegarde de leurs droits » (spéc. p. 156).

3. Cass. civ. 1re, 25 juin 2002, *Bull. civ.* I, nº 174, *D.*, 2003, p 155, note P. Stoffel-Munck, *RTD civ.*, 2002, p. 815, obs. J. Mestre et B. Fages : « Les dispositions de l'article 2244 du code civil ne sont pas d'ordre public et que les parties peuvent y déroger » (en l'espèce, la Cour de cassation a reconnu la validité de la clause insérée dans les conditions générales d'abonnement au service téléphonique de France Télécom prévoyant la possibilité d'interrompre la prescription par lettre simple).

4. Cass. req., 22 juin 1853, *DP*, 1853, 1, 302 : « il était intervenu entre les parties des conventions dont le but était de suspendre toutes poursuites jusqu'à ce que le Conseil d'État eût statué sur la portée du titre en vertu duquel le droit était réclamé ; qu'en induisant de ces conventions que la prescription n'avait pu courir au profit des demandeurs, l'arrêt attaqué n'a violé ni faussement interprété les articles invoqués » ; civ. 1re, 13 mars 1968, *Bull. civ.* I, nº 98, *JCP*, 1969, II, 15903, note R. Prieur ; com., 30 mars 2005, *Bull. civ.* IV, nº 75, selon lesquels l'article 2220 du Code civil, « qui interdit de renoncer d'avance à la prescription, ne prohibe pas les accords conclus après la naissance de l'obligation et en cours de délai, par lesquels les parties conviendraient de la suspension de ce délai ».

5. W. Dross, *Clausier, Dictionnaire des clauses ordinaires et extraordinaires des contrats de droit privé interne*, Litec, 2008, *Vº prescription*, p. 422 s., spéc. p. 424.

6. M. Bruschi, thèse préc., spéc. p. 312, nº 257. V. aussi, A.-M. Leroyer, *Chronique de législation française*, « Prescription, Loi nº 2008-561 du 17 juin 2008 portant réforme de la prescription en matière civile », *RTD civ.*, 2008, p. 563 s., spéc. 565 : « la loi sur la prescription poursuit le déclin de l'ordre public et le développement corrélatif de la volonté individuelle ». Sur l'analyse de dispositions de la loi relatives à l'aménagement conventionnel de la prescription, v. égal. P. Hoonakker, « La disposition de la prescription », in *La réforme du droit de la prescription*, actes du colloque de Strasbourg, 7 novembre 2008, *LPA*, 2 avril 2009, p. 19 s.

7. V. par ex. l'article 10.3 des *Principes Unidroit* : « 1) Les parties peuvent modifier les délais de prescription. 2) Toutefois, elles ne peuvent pas a) abréger le délai de prescription de droit commun à moins d'un an ; b) abréger le délai maximum de prescription à moins de quatre ans ; c) allonger le délai maximum de prescription à plus de quinze ans » ; l'article 2235 alinéa 2 de l'*Avant projet de réforme du droit des obligations et de la prescription* : « La durée de la prescription extinctive peut être abrégée ou allongée par accord des parties ou de leurs représentants légaux ; mais elle ne peut être réduite à moins d'un an ou étendue à plus de dix ans » ; l'article 17 de la proposition de réforme du droit de la prescription de la société de législation comparée : « La durée de la prescription peut être conventionnellement aménagée par les parties. Le délai conventionnel ne peut toutefois être inférieur à un an ou supérieur à dix ans ». *Contra*, l'article 21 de la Convention sur la prescription en matière de vente internationale de marchandises qui interdit tout aménagement de la prescription avant que celle-ci ait commencé à courir.

8. *Rapport d'information fait au nom de la Commission des lois par la mission d'information sur le régime des prescriptions civiles et pénales*, recommandation nº 15, p. 99 : « prévoir que la durée de la prescription extinctive peut être abrégée ou allongée par voie contractuelle, dans la limite d'un plancher d'un an et d'un plafond de dix ans, sauf en droit des assurances et en droit de la consommation ».

ouvert la porte déjà entrebâillée de l'aménagement conventionnel du régime de la prescription. Il a consacré à l'article 2254 du Code civil la possibilité d'« ajouter aux causes de suspension ou d'interruption de la prescription prévues par la loi » (al. 2) sans subordonner la validité de l'accord emportant suspension de la prescription à sa conclusion pendant le cours du délai et après la naissance de l'obligation. Le législateur a également autorisé les clauses abrégeant comme celles allongeant la durée de la prescription. La liberté en la matière est seulement encadrée par l'instauration d'une fourchette légale d'un à dix ans en deçà et au-delà de laquelle les parties ne sont pas autorisées à s'aventurer (al. 1). Seul le domaine dans lequel la liberté contractuelle peut s'épanouir est véritablement limité, la prescription des actions dérivant d'un contrat d'assurance[1], d'un contrat de consommation[2], des actions en réparation d'un préjudice résultant d'une discrimination[3], ainsi que des « actions en paiement ou en répétition des salaires, arrérages, de rente, pensions alimentaires, loyers, fermages, charges locatives, intérêts de sommes prêtées, et, généralement, aux actions en paiement de tout ce qui est payable par années ou à des termes périodiques plus courts » (al. 3) ne pouvant faire l'objet d'un quelconque aménagement conventionnel. La loi demeure en revanche étonnement silencieuse sur le sort réservé aux clauses portant sur le point de départ de la prescription, alors même qu'elle distingue pourtant à de nombreuses reprises la question du point de départ de la prescription de celle de sa suspension au sein du Livre XX du Titre III du Code civil.

Dans ce silence, les rares auteurs qui se sont interrogés sur ce point se sont le plus souvent prononcés en faveur de la validité de tels arrangements[4]. Pourquoi interdire aux parties d'aménager le point de départ de la prescription là où elles sont autorisées à allonger le délai comme à ajouter des causes d'interruption et de suspension ? Dans tous ces cas, il s'agit toujours *in fine* de laisser au créancier davantage de temps pour agir. Au reste, la différenciation du rôle de la volonté en fonction des techniques utilisées a déjà montré ses limites : l'admission jurisprudentielle de causes conventionnelles d'interruption de la prescription, qui aboutissent *de facto* à allonger le délai de prescription, a logiquement conduit le législateur à autoriser les parties à allonger directement un tel délai. Aux mêmes causes, les mêmes effets. La volonté se fait sa place par effet de dominos.

---

1. Art. L. 114-3 c. des assurances et L. 221-12-1 c. de la mutualité. Comp., regrettant l'interdiction des causes conventionnelles d'interruption et de suspension en droit des assurances, notamment parce qu'elles offriraient un fondement clair à la suspension de la prescription en présence d'une clause de direction du procès, A. Astegiano-La Rizza, « L'assurance et la réforme de la prescription en matière civile », *RGDA*, 2008, p. 833, spéc. nº 15.

2. Art. L. 137-1 C. cons.

3. Art. L. 1134-5 al. 2 c. travail.

4. H. Lecuyer, « La réforme de la prescription », *JCP* G, 2009, nº 29-30, 146, p. 52 ; O. Staes, « La loi nº 2008-561 et le régime des prescriptions applicables aux transports terrestres de marchandises » *Rev. de droit des transports*, mars 2009, étude 5, spéc. nº 33 ; et chez les praticiens : R. Dammann et A. Keszler, « Nouveau régime de l'aménagement contractuel de la prescription civile », *RLDC*, mai 2009, p. 7 s., spéc. p. 8. ; M. Storck, « La prescription commerciale et la réforme du 17 juin 2008 », in *La réforme de la prescription*, actes de colloque, *LPA*, 2 avril 2009, spéc. p. 37, spéc. p. 40 (raisonnant spécifiquement à propos de la prescription commerciale) ; P. Stoffel-Munck, « La prescription extinctive. Le rôle de la volonté et du comportement des parties » (rapport français), in *La prescription extinctive, Études de droit comparé*, dir. P. Jourdain et P. Wéry, Bibl. de la Faculté de droit de l'université catholique de Louvain, Schulthess et Bruylant, 2010, p 384 s., spéc. p. 400 s., nº 26 s. V. cependant, *contra*, D. Mazeaud, « Liberté contractuelle et pouvoirs du juge dans le nouveau droit de la prescription extinctive », in *La réforme du droit de la prescription extinctive : perspectives nationales et transfrontalières*, actes de colloque, Metz, 7 mai 2009, *RDLA*, octobre 2009, nº 42, p. 92 s., spéc. p. 95 ; L. Leveneur, « Le nouvel article 2254 du Code civil », in *Liber Amicorum Christian Larroumet*, Economica, 2009, p. 283 s., spéc. p. 291.

663. À supposer ainsi que le législateur a bien implicitement admis la possibilité d'aménager contractuellement le point de départ de la prescription, faut-il rattacher cette licéité au premier alinéa de l'article 2254, qui autorise l'aménagement de la *durée* de la prescription[1] ; faut-il, différemment, faire le lien avec le deuxième alinéa de l'article 2254, qui autorise notamment l'ajout de causes de suspension au motif que le report du point de départ de la prescription ne serait rien d'autre qu'une suspension *ab initio* de la prescription ?

L'incertitude n'est pas purement théorique. Le fondement retenu conditionne la marge de liberté dont bénéficient les parties dans l'aménagement du point de départ de la prescription. En effet, si l'on assimile l'accord portant sur le point de départ de la prescription à un accord sur la durée de la prescription, l'aménagement conventionnel devra être concilié avec le plancher et le plafond imposés par l'alinéa 1 de l'article 2254 du Code civil. Dit autrement, aucune modification conventionnelle du point de départ de la prescription ne pourrait avoir pour effet de réduire à moins d'un an ou de porter à plus de dix ans la durée de la prescription effective calculée à compter du point de départ légal[2]. Différemment, si l'accord portant sur le point de départ de la prescription est rattaché à l'alinéa 2, les parties n'auront plus à se soucier de la fourchette légale, seul l'effet du délai butoir de l'article 2232 du Code civil étant susceptible de limiter leur liberté. Mais dans cette hypothèse, l'article 2254 du Code civil ne visant que l'ajout et non le retranchement de causes de suspension, les parties seraient uniquement autorisées à reporter le point de départ de la prescription à une date postérieure à celle visée par la loi, et en aucun cas à anticiper la fixation du point de départ de la prescription à une date antérieure à celle légalement prévue. Or, l'article 2224 du Code civil faisant du jour où le titulaire d'un droit a connu ou aurait dû connaître les faits lui permettant d'agir le critère de détermination du point de départ de la prescription, une telle analyse ferait perdre à la validité de principe des clauses aménageant le point de départ de la prescription l'essentiel de son utilité[3]. En effet, face à un point de départ de la prescription de départ flottant, c'est évidemment la sécurité perdue que les praticiens chercheront à retrouver à travers la fixation d'un point de départ fixe, par exemple au jour de naissance de l'action. Dès lors, l'intérêt de stipuler un point de départ différent consiste à le fixer à une date antérieure à la connaissance des éléments permettant d'agir. Autant dire qu'une telle interprétation réduirait comme peau de chagrin l'intérêt d'une dérogation à la lettre de l'article 2224 du Code civil. Il semble néanmoins que telle devrait être l'interprétation retenue.

En effet, le rattachement de la possibilité d'aménager le point de départ de la prescription à la possibilité d'abréger ou d'allonger sa durée offerte par l'alinéa 1er supposerait que le législateur, en visant ici la « durée », ait entendu désigner bien davantage que le seul « délai » de prescription pour englober également

1. En ce sens, H. Lecuyer, art. préc., p. 52. V. égal. Y.-M. Laithier, « Le nouveau droit français de la prescription extinctive et le rapport "*Limitation of Actions*" de la *Law Commission* anglaise », in *Réforme de la prescription, D.*, 2008, p. 2538 s., spéc. p. 2541.

2. Pour pallier cette difficulté et assurer la sécurité des aménagements conventionnels du point de départ de la prescription, il a pu être proposé de faire suivre la clause aménageant le point de départ de la prescription d'une stipulation au terme de laquelle « dans l'hypothèse où le jeu de la clause viendrait à réduire le délai à moins d'un an à compter du point de départ légal, le contractant bénéficierait automatiquement d'un surcroît de délai lui garantissant le bénéfice de ce délai minimal » (H. Lecuyer, art. préc., p. 53 ; v. égal. en ce sens, L. Leveneur, art. préc., spéc. p. 291).

3. La remarque ne vaut évidemment qu'au regard du critère légal actuel de détermination du point de départ de la prescription, et non au regard de la directive précédemment proposée.

son point de départ. Or, lorsque le législateur précise que la *durée* ne peut être réduite à moins d'un an ni étendue à plus de dix ans, il ne vise par hypothèse que le seul *quantum* du *délai* de prescription, ce qui tend à démontrer que, dans l'esprit du législateur, « durée » et « délai » sont purement et simplement synonymes, que la durée se résume au seul délai de prescription. Dès lors, seule la possibilité d'ajouter des causes légales de suspension visées par le deuxième alinéa pourrait en l'état servir de fondement aux clauses aménageant le point de départ de la prescription avec les limites déjà évoquées qu'un tel fondement implique.

664. À ce stade, il faut constater les doutes qui entourent la question de la disponibilité du point de départ de la prescription. La validité des clauses dérogeant au point de départ légal demeure incertaine. De surcroît, s'il fallait l'admettre, son fondement resterait source de discussion. En toute hypothèse, les limites d'une telle liberté resteraient à préciser en fonction du fondement retenu. L'incertitude du droit positif amène alors à s'interroger sur la pertinence même de clauses dérogeant au point de départ légal de la prescription.

2. *L'indispensable encadrement des clauses dérogeant au point de départ légal de la prescription*

665. Faut-il autoriser les modifications conventionnelles du point de départ de la prescription ? Derrière cette question en apparence technique sourd évidemment celle fondamentale de la conception que l'on veut retenir de l'institution de la prescription et plus encore des rapports que peuvent entretenir convention et procès. Si l'on s'en tient à une vision dogmatique de l'institution, il faut envisager cette dernière comme toute entière tournée vers la satisfaction de l'intérêt général : la prescription vise le retour de la paix sociale en évitant des procès trop tardifs, elle permet une bonne administration de la justice en évitant que le dépérissement des preuves du fait de l'écoulement du temps ne nuise à la bonne marche du procès. Si l'on s'inscrit dans une telle conception de la prescription, la volonté des parties devrait être réduite à un rôle marginal, voire totalement écartée. En effet, « si la loi fixe un temps au-delà duquel l'institution judiciaire n'est plus au service du créancier, il ne peut appartenir à des volontés privées de prolonger ce service »[1]. Et inversement, « l'accès au juge pendant le temps fixé par la loi est un droit d'ordre public auquel un justiciable ne saurait renoncer d'avance »[2]. Sous cet aspect, la réduction du temps utile pour agir en justice apparaîtrait comme un « mode de négation du procès »[3]. Les juges québécois, dont la législation exclut tout aménagement conventionnel, avaient ainsi dénoncé « le chaos qui régnerait si, contrairement au vœu du législateur et à l'encontre de l'intérêt public, un justiciable pouvait imposer à ses adversaires le délai de prescription de leurs recours »[4]. Convention et procès ne sauraient alors faire bon ménage, au point qu'il faudrait, si l'on poursuit l'analyse à son terme,

1. A. Bénabent, « Sept clefs pour une réforme de la prescription extinctive », *D.*, 2007, p. 1800 s., spéc nº 10.

2. A. Bénabent, *ibidem.*

3. N. Cayrol, *Les actes ayant pour objet l'action en justice*, préf. F. Grua, Economica, 2001, spéc. p. 228, nº 383.

4. *Levis Woodoor c. Zurich, compagnie d'assurances*, 1973 R.P. 228 (C.P), p. 229, cité *in* S. Guillemard, « La prescription extinctive en droit français – Regard d'une juriste québécoise », in *La réforme du droit de la prescription extinctive: perspectives nationales et transfrontalières*, actes de colloque, Metz, 7 mai 2009, *RLDA*, nº 42, oct. 2009, p. 101 s., spéc. p. 104.

déclarer purement et simplement la matière d'ordre public, comme on a pu d'ailleurs le proposer[1].

Mais, si l'on adopte une vision plus pragmatique, on ne peut ignorer les intérêts privés qui sous-tendent la prescription et justifient d'ailleurs d'une part, que l'on puisse y renoncer - rien n'interdit au débiteur de s'acquitter de l'obligation prescrite, fût-elle devenue seulement naturelle - et d'autre part, que le juge ne puisse la relever d'office. Sur cette voie, rien ne semble alors s'opposer frontalement à l'aménagement du régime de la prescription dans son ensemble et de son point de départ en particulier. Une telle possibilité s'inscrirait dans un mouvement plus général de contractualisation du procès[2].

Les intérêts et les conceptions s'enchevêtrent et s'opposent donc ici, et la difficulté est d'autant plus vive que la doctrine est restée nettement laconique sur la question du point de départ. Les codifications savantes ne sauraient pas davantage servir de guide tant elles sont également silencieuses sur la disponibilité du point de départ de la prescription[3]. La jurisprudence à son tour n'éclaire pas le chemin. Seule la *Law Commission* anglaise semble s'être spécifiquement intéressée à la question, pour se prononcer en faveur de la liberté des parties de modifier le point de départ de la prescription, sans d'ailleurs s'expliquer profondément sur les motivations d'un tel choix[4].

D'un point de vue théorique pourtant, les arguments ne manquent pas en faveur de la disponibilité du point de départ de la prescription : les intérêts privés innervent suffisamment la matière pour que l'on puisse autoriser la volonté à y déployer ses effets. Plus encore, il y aurait sans doute à première vue quelques subtilités superflues à admettre que les parties puissent influer sur le point de départ de la prescription en fixant la date d'exigibilité donnant naissance à l'action, mais qu'elles ne puissent en revanche fixer directement le point de départ de la prescription qui leur convient le plus[5]. Surtout, de même que la possibilité d'allonger conventionnellement le délai de prescription peut être présentée comme une réponse à la réduction du délai de droit commun à cinq ans[6], la disponibilité du point de départ de la prescription pourrait apparaître comme la contrepartie légitime de l'uniformisation des critères de détermination du point de départ de la prescription. S'il est apparu ici plus pertinent de prévoir un critère unique de détermination du point de départ de droit commun[7], ce dernier pourrait cependant n'être pas forcement le plus approprié dans toutes les situations. Pourquoi ne pas permettre alors aux parties d'adapter le point de départ de la prescription de leurs actions à leur propre situation ? Mais une telle liberté n'est pas sans dangers.

---

1. A. Bénabent, *ibid.*, spéc. n° 10. Dans le même sens, C. Pelletier, « L'aménagement conventionnel de la prescription extinctive », *RDC*, 2008, p. 430, spéc. n° 4.

2. Sur ce mouvement, v. Th. Clay, « Fusion et confusion des sources », *RDC*, 2007, p. 1449 s.

3. Si les *Principes d'Unidroit* ne se prononcent pas expressément sur la question, la 3e illustration donnée par les commentaires des principes laisse cependant penser qu'un aménagement conventionnel du point de départ de la prescription est possible puisqu'est envisagée l'hypothèse dans laquelle les parties auraient prévu de faire courir le délai de prescription à compter d'une date distincte de celle prévue par les principes : Commentaires sous les *Principes d'Unidroit*, 2004, art. 10.3, p. 331.

4. *Limitation of Actions, Consultation Paper No 151* (1998), spéc. p. 19 ; *Final Report No 270* (2001), para. 3.175 (1).

5. En ce sens, v. R. Zimmermann, *op. cit.*, spéc. p. 164.

6. D. Mazeaud, « Liberté contractuelle et pouvoirs du juge dans le nouveau droit de la prescription extinctive », *in* art. préc., spéc. p. 94.

7. V., pour l'exclusion d'une approche reposant sur la matière ou le droit substantiel concerné, *supra*, n° 518 s.

666. Sans doute faut-il alors d'emblée distinguer les prescriptions en cause. La démarche n'est pas nouvelle et la doctrine a longtemps cru pouvoir distinguer en la matière les délais de prescription – à la disposition des parties – des délais de forclusion – où l'ordre public interdirait à la volonté des parties de produire effet. Mais la distinction de ces deux types de délais n'est pas plus pertinente ici qu'ailleurs[1]. C'est différemment ici encore la distinction des régimes spéciaux et du régime commun qui doit guider l'analyse. On l'a vu, un tel aménagement ne saurait être admis dans les régimes spéciaux précédemment évoqués : parce qu'elles ne sauraient réduire le temps de la garantie légale, les parties ne sauraient anticiper le point de départ de la prescription de l'action en garantie des vices cachés. Parce qu'elles ne sauraient perturber la finalité visée par la prescription des créances périodiques et provoquer la ruine du débiteur, les parties ne sauraient reporter le point de départ de la prescription de l'action en paiement de créances périodiques.

667. Mais, même ramenée dans le giron du droit commun, la question ne se résout pas aisément. Faut-il ici renouer avec la distinction traditionnelle entre les clauses qui protègent le débiteur, ici en avançant le point de départ de la prescription, et celles qui portent atteinte à l'essence même de la prescription et à la disponibilité de l'institution judiciaire, ici en reportant le point de départ de la prescription ? Une telle vision apparaît dépassée. Le constat est bien connu, qui avait déjà été dressé en son temps par Josserand : si la distinction des clauses abréviatives et extensives « paraît juridique et rationnelle, malheureusement, elle aboutit pratiquement à des résultats diamétralement opposés à l'idée qui l'a inspirée : c'est dans l'intérêt du plus faible qu'on l'a introduite ; or, en fait c'est contre cet intérêt que les clauses abréviatives sont conçues et qu'elles fonctionnent le plus souvent »[2].

On ajoutera que la distinction manque en toute hypothèse de pertinence lorsque la clause aménage non la durée, mais le point de départ de la prescription. En effet, un même point de départ peut servir tantôt les intérêts du débiteur, tantôt ceux du créancier. On songe par exemple à une clause par laquelle les parties stipuleraient que le point de départ de la prescription des actions en responsabilité qui pourraient naître du contrat sera fixé au jour de la cessation des relations contractuelles. Si le dommage se manifeste pendant le cours des relations contractuelles, la clause avantage à l'évidence le créancier en reportant le point de départ de la prescription à une date postérieure à celle à laquelle il aurait dû connaître les faits lui permettant d'agir. Mais si le dommage se manifeste postérieurement à la cessation des relations contractuelles, soit parce que sa réalisation n'est pas concomitante au fait générateur, soit parce que le dommage est latent et que la victime n'en a connaissance que bien plus tard, alors la même clause servira cette fois les intérêts du débiteur en avançant le point de départ à un date antérieure à celle où il a connu ou aurait dû connaître les faits lui permettant d'agir.

Aussi, parce que la distinction ne sied pas à la question du point de départ de la prescription et que « l'expérience a montré que le péril avait changé de camp »[3], toutes les clauses aménageant le point de départ de la prescription, quel que soit l'effet recherché, doivent être observées avec la plus grande prudence. La Cour

---

1. Comp. L. Cadiet, *J.-Cl. Contrat et Distribution*, fasc. 190 : Clauses relatives aux litiges, spéc. n° 45.

2. L. Josserand, *Cours de droit positif français*, T. II, Sirey, 1939, spéc n° 991, cité *in* D. Mazeaud, « Ordre public et aménagements de la prescription », in *Les désordres de la prescription*, textes réunis par P. Courbe, Publication de l'Université de Rouen, 2000, p. 85 s., spéc n° 13.

3. J. Carbonnier, « Notes sur la prescription extinctive », art. préc., spéc. p. 176.

de cassation s'était d'ailleurs montrée plus généralement réfractaire à toute possibilité de modification conventionnelle. Ainsi, son groupe de travail sur l'avant-projet de réforme du droit des obligations et de la prescription s'était déclaré « à l'unanimité hostile eu égard au risque que de tels aménagements soient imposés à la partie la plus faible, comme ce fut le cas en matière d'assurance avant la loi du 13 juillet 1930 qui a interdit ce procédé »[1]. Le risque ne saurait alors être négligé que les clauses aménageant le point de départ de la prescription ne deviennent de véritables clauses de style. On imagine ainsi aisément les services juridiques de grandes entreprises ou d'établissements financiers fixant de façon intangible le point de départ de la prescription au jour de l'événement à l'origine de l'action intentée à leur encontre pour répondre à des considérations tenant, au mieux, à la volonté de réduire la durée de conservation des archives dans une perspective probatoire, au pire, à la volonté d'épuiser le contentieux avant même sa naissance. Si leur sécurité y gagnerait assurément, il n'est pas certain que le droit d'accès à la justice des plus faibles ne s'en trouve pas vidé de sa substance, en violation de l'article 6 de la *Convention européenne des droits de l'homme*[2].

Au reste, la loi nouvelle, pourtant inspirée par une vision libérale de la matière, offre sans doute à son corps défendant la meilleure des illustrations de ces risques, en même temps qu'elle dévoile la faiblesse de la philosophie qui la sous-tend. En effet, en écartant du champ de la liberté contractuelle non seulement les contrats d'assurance et de consommation, mais également toutes les actions en paiement de créances de salaires, de loyers d'habitation, d'intérêts de sommes prêtées… bref, les actions anciennement visées par l'article 2277 du Code civil relatif aux créances périodiques, l'article 2254 du Code civil témoigne des effets pervers de la disponibilité de la prescription et de la dangerosité de ces clauses, rapidement susceptibles de se transformer en arme au profit du plus fort[3]. Mais, même ainsi circonscrite, la démarche proposée par l'article 2254 demeure sans doute par trop généreuse. Par hypothèse, cette longue liste d'exceptions, si elle vise les situations les plus flagrantes de déséquilibre, n'est pas susceptible de les englober toutes. Il restera toujours des situations non visées par la loi dans lesquelles le danger qu'une telle clause soit imposée au plus faible persistera.

C'est pourquoi, s'il fallait admettre la validité de principe de clauses aménageant le point de départ de la prescription, il faudrait les réserver, à l'instar des clauses attributives de compétence[4], aux seuls contrats conclus entre professionnels. La dangerosité de la clause ne serait pas pour autant complètement neutralisée. En effet, certains professionnels mériteraient sans doute d'être à leur tour protégés contre ce type de clauses tant on sait que la catégorie de professionnel recouvre une réalité disparate. Sous cet aspect, l'article L. 442-6 2° du Code de commerce[5] pourrait constituer une arme efficace. On sait en effet

1. *Rapport du groupe de travail de la Cour de cassation sur l'Avant-projet de réforme du droit des obligations et de la prescription*, spéc. n° 99.

2. X. Lagarde, « Réforme de la prescription en matière civile : entre simplifications et incertitudes », *Gaz. Pal.*, 11 avril 2009, p. 2 s.

3. C. Pelletier, art. préc., spéc. n° 5.

4. Art. 48 C. proc. civ. : « Toute clause qui, directement ou indirectement, déroge aux règles de compétence territoriale est réputée non écrite à moins qu'elle n'ait été convenue entre des personnes ayant toutes contracté en qualité de commerçant et qu'elle n'ait été spécifiée de façon très apparente dans l'engagement de la partie à qui elle est opposée ».

5. Art. L. 442-6 2° C. com. : « engage la responsabilité de son auteur et l'oblige à réparer le préjudice causé le fait, pour tout producteur, commerçant, industriel ou personne immatriculée au répertoire des métiers (…) de soumettre ou de tenter de soumettre un partenaire commercial à des obligations créant un déséquilibre significatif dans les droits et obligations des parties ».

qu'on a pu analyser cet article comme mettant en place une sorte de protection contre les clauses abusives entre professionnels[1]. Or, avant que la loi du 17 juin 2008 n'interdise toute clause portant aménagement de la prescription dans les contrats de consommation, de telles clauses étaient précisément pourchassées sur le terrain des clauses abusives. La commission des clauses abusives avait ainsi stigmatisé les clauses « qui tendant à entraver l'exercice par le consommateur de son droit d'agir en justice déséquilibrent gravement le contrat à son détriment »[2]. Si une telle protection est privée d'utilité sur le terrain du droit de la consommation, elle pourrait en revanche retrouver toute sa pertinence *via* l'article L. 442-6 2° afin de contrôler le caractère raisonnable des clauses relatives au point de départ de la prescription et priver indirectement d'effet celles qui auraient pour conséquence de porter atteinte à l'effectivité du droit d'agir de certains professionnels.

Aussi, le domaine dans lequel la modification conventionnelle du point de départ de la prescription est susceptible de s'épanouir doit être strictement encadré : une telle liberté, cantonnée aux hypothèses dans lesquelles la prescription ne poursuit pas une finalité particulière incompatible avec la modification conventionnelle du point de départ de la prescription, doit être réservée aux professionnels, étant précisé que, même entre professionnels, les clauses doivent être susceptibles de faire l'objet d'un contrôle, notamment sur le fondement de l'article L. 442-6 2° du Code de commerce, afin d'éviter toute utilisation abusive.

668. Mais, outre le domaine, il faut également encadrer l'ampleur d'une telle dérogation. En effet, dans quelles limites les parties peuvent-elles modifier le point de départ de la prescription ?

La question, on l'a observé, est déjà incertaine en droit positif. Faut-il, si l'on s'en tient aux directives actuelles de détermination du point de départ de la prescription, autoriser les parties à les modifier ?

Il faut d'abord envisager les clauses qui auraient pour effet de reporter le point de départ de la prescription. Ainsi en serait-il par exemple d'une clause qui reculerait au jour de la cessation des relations contractuelles le point de départ de la prescription de l'action en paiement des sommes dues en exécution du contrat liant les parties, quand bien même ces sommes auraient été exigibles antérieurement. Une telle clause devrait être licite, sous réserve toutefois qu'elle ne vise pas le recouvrement de créances périodiques. En effet, la clause par laquelle les parties reporteraient le point de départ de la prescription en fin de contrat permet d'obtenir le même résultat que celle stipulant les obligations indivisibles pour en reporter l'exigibilité. Simplement, là où les parties devaient modifier l'exigibilité pour obtenir un report du point de départ de la prescription, une telle clause leur

1. V. not. M. Béhar-Touchais, « Que penser de l'introduction d'une protection contre les clauses abusives dans le Code de commerce ? », *RDC*, 2009, p. 1258 ; M. Chagny, « Le contrôle des clauses abusives par le droit de la concurrence », *RDC*, 2009, p. 1642.

2. *Recommandation n° 97-01, point 19, relative aux contrats concernant la télésurveillance, BOCCRF* du 11 juin 1997, affirmant en conséquence le caractère abusif des clauses déclarant prescrites toutes les actions qui seraient intentés plus de deux après les événements qui leur auraient donné naissance. V. aussi, Avis n° 07-01, selon lequel le délai d'un an prévu par une clause d'un contrat de déménagement pour exercer l'action en justice « apparaît insuffisant et de nature à priver le consommateur de la possibilité de faire valoir utilement ses droits en justice ; que partant, une telle clause crée un déséquilibre significatif entre les droits et obligations des parties ». V. égal. le point q de l'annexe à l'article L. 132-1 du Code de la consommation selon lequel peut être regardée comme abusive la clause ayant pour objet ou pour effet « de supprimer ou d'entraver l'exercice d'actions en justice ou des voies de recours par le consommateur ».

permettrait de dissocier exigibilité et point de départ en reportant le point de départ de la prescription sans altérer l'exigibilité. Une telle clause pourrait présenter de multiples avantages dans le cadre d'une relation contractuelle continue : en évitant aux contractants de se sentir obligés de déclencher les foudres de l'action en justice par crainte d'une prescription acquise, elle participerait à la pacification et à la pérennisation des relations contractuelles qui ressortent rarement indemnes d'une action en justice. Elles constitueraient également une réponse satisfaisante à l'argument souvent soulevé par les parties selon lequel la situation de dépendance économique dans laquelle elles se trouvaient vis-à-vis de leur cocontractant les aurait empêché d'agir avant que les relations contractuelles aient pris fin. Évidemment, pour être satisfaisante, la licéité d'une telle clause devrait être limitée par le respect du délai butoir de prescription : une telle clause ne saurait avoir pour effet de faire renaître de veilles querelles plus de vingt ans après leur naissance.

Il faut ensuite envisager les clauses qui viendraient à l'inverse avancer le point de départ de la prescription. L'article 2224 du Code civil fait de la connaissance des éléments permettant d'agir le critère de détermination du point de départ de la prescription. Aussi les parties pourraient-elles entendre ramener au jour de la naissance du droit d'agir le point de départ. Une telle clause emporte certes le risque non négligeable de priver le droit d'agir du créancier de toute effectivité lorsque les faits qui lui permettent d'exercer son action ne sont connus que bien plus tard par le titulaire du droit. Mais un tel risque n'est pas inédit en droit positif : l'existence d'un délai butoir courant à compter de la naissance du droit n'a pas d'autre fonction que d'empêcher l'exercice d'actions tardives dans des situations où par hypothèse le créancier n'a pas bénéficié d'un délai utile pour agir. Leur validité pourrait donc être reconnue sous réserve, évidemment, qu'elles ne participent pas d'une manœuvre de dissimulation. Elle devra cependant être strictement encadrée. Plus précisément, afin que les contractants aient réellement conscience d'abdiquer leur droit à se prévaloir de leur ignorance, une telle clause devra toujours faire formellement mention, de manière lisible, d'une telle renonciation.

La clause peut plus encore avoir pour objet d'avancer le point de départ de la prescription à une date antérieure à celle de la naissance de l'action. De telles clauses pourraient alors avoir pour effet de priver le créancier de toute action, au mépris de l'adage *Actioni non natae non praescribitur*. Elles doivent donc par principe être écartées : ce que le législateur ne saurait faire – écarter l'adage *Actioni non natae non praescribitur*[1] – les parties ne sauraient *a fortiori* prétendre y procéder. Un seul type de clauses pourrait échapper à cette interdiction : celles qui ont pour objet de restreindre le temps effectif pendant lequel une action en responsabilité découlant du contrat est susceptible d'être exercée. L'effet de telles clauses, qui ne pourraient par hypothèse concerner que la responsabilité des professionnels, ne serait en fait guère éloigné de celui poursuivi par la proposition précédemment évoquée de créer un régime de prescription propre aux actions en responsabilité dirigées à l'encontre de mandataires professionnels pour des fautes commises dans l'exercice de leur mission.

Mais alors, parce qu'elles viendraient indirectement limiter la responsabilité des professionnels, non pas dans son étendue, mais dans le temps, de telles clauses devraient nécessairement être contrôlées. Type particulier de clauses limitatives de responsabilités, elles devraient en suivre le régime. Précisément, de telles clauses, fixant irréfragablement le point de départ de la prescription à la date de la cessation de la mission du professionnel devraient être écartées,

1. V. *supra*, n° 364 s.

non seulement en cas de faute dolosive comme l'impose l'article 1150 du Code civil, mais également en cas de faute lourde, comme le prévoit la jurisprudence en la matière. Sous cet aspect, admettre que la clause venant limiter le temps effectif pour agir en responsabilité céderait en cas de faute lourde constituerait sans conteste une rupture avec le droit positif. On sait en effet que la Cour de cassation considère que « la disposition contractuelle abrégeant le délai de prescription reçoit application même en cas de faute lourde »[1]. Aussi, à ce jour, seule la volonté dilatoire du débiteur, caractéristique de la faute dolosive, est susceptible d'être prise en considération[2], sans égard pour la gravité de la faute commise. Cette solution jurisprudentielle, participant d'une vision trop réductrice des clauses relatives à la prescription, est assurément critiquable. Rien ne justifie en effet qu'un traitement différent soit réservé aux clauses limitant le droit à réparation dans le temps et aux clauses limitant le droit à réparation dans son étendue[3]. La faute lourde[4] devrait dans les deux hypothèses emporter neutralisation de la clause limitative[5].

669. Si l'on envisage maintenant la situation à l'aune des propositions formulées, la question se présente, à tout le moins pour les clauses qui ont pour objet d'avancer le point de départ de la prescription, quelque peu différemment.

D'une part, si la naissance du droit d'agir devait être érigée en critère de détermination du point de départ de la prescription de droit commun, toute clause ayant pour objet de retenir un tel critère serait bien évidemment superflue. Mais le critère retenu ne devrait cependant pas empêcher, on va le voir[6], la prise en considération exceptionnelle de l'ignorance au titre des causes de report du point de départ de la prescription. Aussi la volonté des parties pourrait-elle ici entendre neutraliser cette cause exceptionnelle de report. La clause qui tendrait à un tel but devrait répondre aux même exigences que celle qui tend à ramener le point de départ de la prescription au jour de la naissance du droit d'agir lorsque celui-ci est légalement fixé au jour où le titulaire du droit dispose des éléments lui permettant d'agir[7].

D'autre part, si la fixation du point de départ de la prescription de l'action en responsabilité à l'encontre des mandataires professionnels au jour de l'achèvement de leurs missions devait être généralisée, la possibilité de parvenir au même résultat par la voie conventionnelle sera privée de tout intérêt.

Aussi, dans un tel contexte, la volonté des parties ne saurait avoir pour effet d'avancer le point de départ de la prescription à une date antérieure à la naissance du droit d'agir. Son influence sur la détermination du point de départ de la prescription serait donc limitée : les stipulations contractuelles pourraient

---

1. Cass. 12 juillet 2004, *Bull. civ.*, IV, n° 162, *D.*, 2004, 2296, note P. Delebecque et 2231, obs. E. Chevrier, *RTD civ.*, 2005, p.133, obs. J. Mestre et B. Fages, *JCP* G, 2005, I, 132, n° 11 obs. G. Viney, *RDC*, 2005, p. 272, obs. D. Mazeaud.

2. D. Mazeaud, obs. sous Cass. 12 juillet 2004, *RDC*, 2005, p. 272 s., spéc. p. 274.

3. *Contra*, P. Delebecque, note sous Cass. 12 juillet 2004, *D.*, 2004, 2296, considérant que cette distinction entre les clauses portant sur l'obligation même et les clauses procédurales s'explique par la faveur de la jurisprudence envers ce second type de clauses qui renforce le but de l'institution de la prescription.

4. Entendue subjectivement, c'est-à-dire comme la faute caractérisée par une négligence d'une extrême gravité confinant au dol et dénotant l'inaptitude du débiteur de l'obligation à l'accomplissement de sa mission contractuelle, et non comme la faute portant sur une obligation essentielle du contrat.

5. V. égal. *supra*, n° 610 s.

6. V. *infra*, n° 691 s.

7. La stipulation aurait notamment pour intérêt de permettre aux professionnels d'aligner le délai effectif de prescription sur celui de conservation des archives grâce à l'union des points de départ.

avoir pour seul effet de reporter au jour de la cessation de la relation contractuelle le point de départ de la prescription des actions ayant pour objet l'exécution des obligations nées du contrat ou de neutraliser les causes de report du point de départ de la prescription.

670. Domaine, ampleur et contrôle de la liberté contractuelle : tel est ainsi le triptyque qui doit guider l'encadrement de la possibilité offerte aux parties de modifier conventionnellement le point de départ de la prescription. Encadrement du domaine de la liberté contractuelle d'abord, qui doit être réservée aux seuls contrats conclus entre professionnels et exclue des régimes de prescription spéciale dont les finalités sont incompatibles avec le principe même d'un aménagement conventionnel. Encadrement de l'ampleur de la liberté contractuelle ensuite, qui ne saurait s'épanouir en dehors d'un cadre précis : d'une part, le point de départ de la prescription ne saurait être reporté à une date postérieure à la naissance du droit d'agir que dans le respect du délai butoir, d'autre part, le point de départ de la prescription ne saurait être avancé à une date antérieure à la naissance du droit d'agir. Contrôle de la mise en œuvre de la liberté contractuelle enfin, les clauses ayant pour effet de limiter le temps pendant lequel un créancier est susceptible d'agir en justice devant être écartées, non seulement en cas de faute dolosive, mais également en cas de faute lourde.

671. **Conclusion de la Section I.** Une fois les fonctions spéciales poursuivies par la prescription isolées et leur régime précisé, la prescription peut retrouver une unité autour de ses fonctions traditionnelles, unité susceptible de restaurer la cohérence de son régime. Celui-ci doit pour ce faire être fondé sur une directive unique de détermination du point de départ de droit commun de la prescription. Sous cet aspect, plusieurs séries d'arguments politiques, sociologiques et techniques militent pour faire de la naissance du droit d'agir le critère de détermination du point de départ de droit commun de la prescription. Retenir un tel critère revient alors à lier indéfectiblement le point de départ de la prescription à la possibilité de l'interrompre : la prescription ne peut courir avant qu'une action puisse être exercée pour faire valoir le droit substantiel litigieux, mais la prescription doit en revanche courir dès que l'action peut être exercée. L'application de ces directives aux différents types d'action rencontrés conduit alors aux conclusions suivantes. En premier lieu, le point de départ de la prescription de l'action en responsabilité devra par principe être fixé au jour de naissance de la créance de réparation, c'est-à-dire le jour de la réalisation du dommage, peu important à cet égard que les effets dommageables se prolongent ou que l'existence du dommage soit contestée. En second lieu, le point de départ de l'action en nullité devra par principe être fixé au jour où le contractant est devenu titulaire du droit de demander la nullité, ce jour se confondant généralement avec le jour de conclusion de l'acte, sauf à écarter l'effet rétroactif attaché à la survenance d'événements postérieurs. En troisième lieu, le point de départ de la prescription de l'action en exécution devra être fixé au jour où la créance sera devenue exigible, peu important que cette exigibilité résulte d'un commun accord des parties, ou soit provoquée par la volonté d'un seul. La logique qui préside ainsi à la fixation uniforme du point de départ de la prescription peut cependant être perturbée par un éventuel aménagement conventionnel du point de départ de la prescription. Un tel aménagement peut être simplement accidentel lorsqu'il résulte de la détermination conventionnelle de l'élément auquel renvoie le critère légal de détermination du point de départ de la prescription. Il peut encore être indirect lorsque les parties viennent

définir le critère de détermination du point de départ de la prescription. Il peut enfin être direct lorsque les parties viennent directement fixer un point de départ de la prescription dérogatoire à celui qui résulterait de l'application des critères légaux. Dans cette dernière hypothèse, la volonté des parties heurte les directives précédemment exposées. Si la validité d'un tel aménagement devait néanmoins être admise, ses modalités devraient alors être strictement encadrées : limitées dans leur domaine comme dans leur ampleur, elles devraient également être contrôlées dans leur mise en œuvre.

672. Outre les perturbations que la volonté des parties peut lui faire subir, le point de départ de la prescription de droit commun résultant de l'application du critère retenu peut être exceptionnellement reporté.

Section II : Le report exceptionnel du point de départ de droit commun de la prescription

673. Faire de la naissance du droit d'agir le critère de détermination du point de départ de droit commun de la prescription n'implique pas qu'il ne puisse exceptionnellement être reporté à une date ultérieure. Plus terre à terre, il faut ajouter que tant l'aspect moral de la fonction classique de la prescription que la jurisprudence de la Cour européenne des droits de l'homme qui protège l'effectivité du droit d'agir, le justifient.

Encore faut-il s'accorder sur les hypothèses qui justifient un tel report. Sous cet aspect, l'obsolescence des causes classiques de report du point de départ de la prescription et la profusion de nouvelles causes ont ruiné la prévisibilité des solutions. Il n'est pas exagéré de dire qu'elles ont aussi sapé les fondements mêmes de l'institution. La restauration d'une certaine cohérence passe nécessairement par la modernisation et la rationalisation des causes de report du point de départ de la prescription.

Il faut aussi s'accorder sur les effets du report. La question est essentielle : le report du point de départ de la prescription risque d'aboutir à une forme d'imprescriptibilité lorsque l'événement qui en est à l'origine perdure. Voilà pourquoi les causes de report du point de départ de la prescription ne doivent pas seulement être limitées dans leur ampleur, elles doivent également être limitées dans le temps.

Il convient en conséquence de proposer une limitation tant des causes de report du point de départ de la prescription (§ 1), que des effets du report du point de départ de la prescription (§ 2).

§ 1 - La limitation des causes de report

674. Le rétablissement d'une certaine cohérence impose de limiter les causes de report du point de départ de la prescription. Le droit positif témoigne en effet de leur multiplication, sans qu'une même logique ne les explique. Outre les dispositions du Code civil souvent obsolètes, la jurisprudence exploite également de manière incertaine l'adage *Contra non valentem*. Les causes traditionnelles doivent ainsi être remises en ordre. Au surplus, parmi ces causes, l'ignorance des faits tient une place prépondérante qu'il convient de limiter. Mais elle concentre aussi l'essentiel des difficultés tant le droit positif semble ici incertain. Aussi, après avoir remis en question les causes traditionnelles de report de la prescrip-

tion (A), il conviendra de s'attacher à la prise en considération de l'ignorance légitime des faits permettant d'agir (B).

A. Les causes traditionnelles

675. Les causes de report du point de départ de la prescription trouvent leur source soit dans les dispositions du Code civil relatives aux causes personnelles de suspension de la prescription, soit dans l'adage *Contra non valentem*. Mais doctrine et jurisprudence ont agrégé de nombreuses hypothèses à celles que le fameux adage recouvre, qui lui sont pourtant étrangères. Aussi la remise en ordre impose-t-elle d'abord d'exclure les « fausses » causes de report du point de départ de la prescription (1). Au-delà, les causes de report du point de départ de la prescription tenant à la situation du titulaire du droit d'agir apparaissent à la fois trop nombreuses et rarement pertinentes. Aussi, faut-il les restreindre (2). Ainsi délesté des fausses causes de report et de celles tenant à la situation du titulaire du droit d'agir, l'adage *Contra non valentem* ne semble plus recouvrir que deux hypothèses nettement identifiées : la force majeure et l'ignorance du droit. Il faudra alors enfin supprimer la vocation résiduelle de l'adage *Contra non valentem* (3).

1. *L'exclusion des « fausses » causes de report*

676. Le report du point de départ de la prescription, nul ne le conteste, porte inéluctablement atteinte à la sécurité juridique. Mais le sentiment d'insécurité est encore renforcé par la multiplication des hypothèses dans lesquelles la Cour de cassation exploite l'adage *Contra non valentem* pour « reporter » le point de départ de la prescription.

Elle ne s'est d'ailleurs jamais départie d'une tendance consistant à faire relever de l'adage des hypothèses qui lui sont étrangères. Baudry-Lacantinerie dénonçait déjà le fait que la « jurisprudence soit tellement pénétrée de l'importance de la vieille maxime qu'elle veuille la faire intervenir dans des cas où elle n'a certainement rien à faire »[1]. Aubry et Rau, en proposant de distinguer les impossibilités d'agir – critère de l'adage – consécutives à un obstacle légal de celles découlant d'un obstacle factuel[2], n'ont sans doute fait qu'entretenir davantage la confusion. Pourtant, dans de nombreuses hypothèses, ce n'est pas de report exceptionnel qu'il devrait être question, mais tout simplement de jeu naturel des mécanismes du point de départ de la prescription : la prescription n'est pas suspendue *ab initio* pour cause d'impossibilité effective d'agir ; différemment, elle ne court pas parce que le droit d'agir n'est pas né.

La confusion trouve sans doute sa source dans la traduction même de l'adage en jurisprudence, d'ailleurs reprise par la loi du 17 juin 2008, selon laquelle « la prescription ne court pas ou est suspendue contre celui qui est dans l'impossibilité d'agir par suite d'une empêchement résultant de la loi, de la convention ou de la force majeure ». Bien que la Cour de cassation et le Code civil désormais visent ainsi les impossibilités d'agir découlant de la loi, de la convention ou de la force majeure, seule cette dernière est constitutive d'une véritable impossibilité d'agir. La loi et la convention sont étrangères à l'application de l'adage.

---

1. C. Baudry-Lacantinerie et A. Tissier, *Traité théorique et pratique de droit civil, De la prescription*, Paris, 3e éd., 1905, spéc. p. 293, n° 375 *bis*.
2. C. Aubry et C. Rau, *Cours de droit civil français*, 4e éd., Paris, 1869, T. II, § 214, p. 342-343.

677. L'extension à l'impossibilité résultant de la loi fut justifiée en substance par l'idée que le droit ne saurait ignorer un obstacle qu'il a lui-même créé[1]. Pourtant, lorsque la loi interdit au créancier toute action, même simplement interruptive, elle ne dresse pas un obstacle à l'exercice d'une action déjà ouverte ; différemment, elle reporte la naissance du droit d'agir[2]. Dès lors, si la prescription ne court pas dans une telle hypothèse, c'est simplement parce le droit du créancier d'agir contre le débiteur qui entend opposer la prescription n'est pas encore né[3].

Ainsi, si la prescription d'une action en paiement d'une créance conditionnelle ne court pas avant que la condition ne se réalise, comme le prévoit le nouvel article 2233 du Code civil, ce n'est pas parce que la loi fait obstacle à l'exercice d'une action existante, mais parce que le droit, qui n'est pas encore ouvert, n'est pas susceptible d'action[4]. La disposition n'est pas à sa place dans la section du code consacrée aux causes de report et de suspension[5]. De même, en dépit du visa de certains arrêts de la Cour de cassation[6], si la prescription d'une action récursoire ne court pas avant l'exercice d'une action principale, c'est tout simplement parce que la loi n'offre pas au créancier avant cette date d'action lui permettant de faire valoir ses droits[7]. Ou encore, si la prescription d'une action en répétition de l'indu ne court pas avant l'annulation de l'acte en application duquel les sommes ont été versées, ce n'est pas, quoi qu'en juge parfois la jurisprudence[8], parce que le créancier se trouverait dans l'impossibilité d'exercer son action, mais parce qu'il n'a pas d'action jusqu'à cette date : c'est le jugement d'annulation qui fait naître le droit d'obtenir remboursement[9].

Au reste, la Cour de cassation entretient parfois la confusion au-delà de la seule application de l'adage *Contra non valentem*. À son tour, la référence aux causes personnelles de suspension prévues par le Code civil marque une même attitude. Ainsi, pour « reporter » au jour du prononcé judiciaire du divorce le point de départ de la prescription de l'action en paiement d'une indemnité d'occupation prévue par l'article 815-10 alinéa 3 du Code civil dans le cadre d'une indivision post-communautaire, la Cour de cassation vise l'ancien article 2253 du Code civil (devenu l'art. 2236) selon lequel la prescription ne court pas entre époux[10]. Ce n'est pourtant pas l'impossibilité morale pour l'époux d'exercer une action dont il serait

---

1. Aubry et Rau, *Ibidem*.

2. V. déjà, J. Carbonnier, « La règle *Contra non valentem agere non currit praescriptio* », art. préc., spéc. p. 166.

3. La neutralisation de la prescription en présence d'un « obstacle légal » peut également résulter de la prolongation de l'effet interruptif de la prescription : H. Gondard, *De la suspension de la prescription et de la règle* « Contra non valentem agere non currit praescriptio », Paris, 1904, spéc. p. 174

4. J. Carbonnier, « La règle *Contra non valentem agere non currit praescriptio* », *Rev. crit.*, 1937, p. 155 s., spéc. p. 167, et les arrêts cités se fondant à tort sur l'adage en pareil hypothèse.

5. V. *supra*, n° 366.

6. V. notamment, à propos de l'action récursoire en garantie des vices cachés : Cass. com 19 mars 1974, *Bull. civ.* IV, n° 102.

7. V. not. P. Malinvaud, *D.*, 1975, p. 628 s., spéc. p. 630 : « les actions récursoires en garantie ne peuvent pas se trouver atteintes par la prescription de l'art. 189 *bis*, non parce que cette prescription serait suspendue, mais tout simplement parce qu'elle n'a pas encore commencé à courir. L'erreur tient à ce qu'on croit à tort que la prescription décennale, ou trentenaire, court dès le jour de la naissance de l'obligation alors qu'elle court seulement du jour de la naissance de l'action ; or ces deux jours, s'ils sont souvent confondus, ne le sont pas toujours et notamment pas en matière de garantie ».

8. V. par ex. Cass. soc., 23 mars 2000, *Bull. civ.* V, n° 124. V. déjà, évoquant l'adage, Cass., 21 mai 1900, S, 1902, I, 133.

9. C. Baudry-Lacantinerie et A. Tissier, *op. cit.*, spéc. p. 293, n° 375 *bis* ; J. Carbonnier, « La règle *Contra non valentem agere non currit praescriptio* », art. préc., spéc. p. 167.

10. V. par ex., Cass. civ. 1re, 11 mars 2009, pourvoi n° 08-11732 ; 25 mars 2009, pourvoi n° 07-18958.

titulaire qui explique la solution. Différemment, il ne dispose simplement pas, là encore, d'action à exercer. En effet, seul le jugement de divorce fait naître l'indivision post-communautaire. Peu importe alors qu'il en fasse rétroagir les effets : avant son prononcé, l'action n'est pas née, faute d'existence de l'indivision[1].

678. L'extension aux impossibilités d'agir qui résulteraient « de la convention » n'est pas davantage justifiée. Là aussi, il n'est nullement question d'empêcher l'exercice d'une action existante, mais de retarder la naissance de l'action. La convention par laquelle le créancier s'est engagé à ne pas agir à l'encontre de son débiteur a logiquement pour effet de transformer ce qui était une obligation pure et simple en une obligation à terme[2], reportant d'autant la naissance de l'action en justice[3]. Ce n'est pas affaire d'impossibilité d'agir.

Sous couvert d'impossibilité conventionnelle d'agir, il n'y a là qu'une illustration de la possibilité d'aménagement conventionnel – direct ou indirect – du point de départ de la prescription[4]. Lorsque les parties s'interdisent ainsi d'exercer une action avant que la certitude de la créance ne soit établie, elles ne rendent pas impossible l'exercice d'une action existante. Différemment elles reportent l'exigibilité de la créance et partant la naissance du droit d'agir ; elles influent sur le critère de détermination du point de départ de la prescription.

679. Finalement, que l'on soit confronté à un obstacle légal ou conventionnel, ce n'est pas l'adage *Contra non valentem* mais bien la maxime *Actioni non natae non praescribitur* qui produit ses effets pour neutraliser le cours de la prescription. Dès lors, loin de s'écarter des directives de détermination du point de départ de la prescription, il convient de les appliquer !

Aussi faut-il amputer les causes de report de la prescription de ces deux types d'obstacles qui lui sont étrangers, pour ne retenir que la véritable impossibilité factuelle d'agir.

---

1. V. *supra*, n° 256.

2. Elle peut aussi avoir pour effet de créer une simple cause de suspension conventionnelle : Cass. req., 22 juin 1853, *S.*, 1855, 1, p. 511 (suspension conventionnelle des poursuites convenue entre les parties jusqu'au prononcé d'une décision du Conseil d'État sur la validité du titre litigieux) ; civ., 28 juin 1870, *DP*, 1870, 1, 309 (la clause par lequel l'héritier s'engage à ne pas agir en partage de la succession suspend la prescription) ; civ. 1re, 13 mars 1968, *Bull. civ.* I, n° 98. À ces causes de suspension conventionnelles, il faut assimiler la clause par laquelle l'assureur prend la direction du procès pour le compte de l'assuré, une telle clause suspendant la prescription que l'assureur pourrait opposer à l'assuré jusqu'à l'issue du procès : Cass. civ. 1re, 3 novembre 1988, *Bull. civ.* I, n° 296 ; 2 juillet 1991, *Bull. civ.* I, n° 222 (mais tel n'est pas le cas lorsque l'assurance se contente de prendre en charge à titre commercial les frais du procès : Cass. civ. 1re, 7 mars 1995, pourvoi n° 91-18330).

3. Cass. req., 21 mai 1900, *S.*, 1902, 1, 133 : « il serait contraire aux principes de la matière qu'une prescription put courir au profit d'un débiteur pendant le sursis qu'il aurait sollicité et obtenu pour l'execution de ses obligations ». L'idée selon laquelle la convention a pour effet de rendre l'obligation à terme est soutenue par de nombreux auteurs : H. Gondard, *op. cit.*, spéc. p. 164 ; J. Carbonnier, « La règle *Contra non valentem agere non currit praescriptio* », art. préc., spéc. p. 168. Elle apparaît en réalité pour la première fois sous la plume de l'avocat général Bosch (concl. sous Cass. Belgique, 4 octobre 1894, *S.*, 1895, 4, 19), démontrant que la suspension conventionnelle revient à « retarder l'exercice d'une action ou l'usage d'un droit (...) c'est tout simplement la stipulation d'un terme de payement. Or, qui ne voit que pareille convention entraîne de plein droit la suspension de la prescription, aux termes même de l'article 2257 (...) il dépend évidemment des parties de transformer une créance immédiatement exigible en créance à jour fixe, c'est-à-dire en créance à terme. Or, suspendre la prescription jusqu'à l'expiration du terme, c'est exactement la même chose ; l'une de ces conventions implique l'autre ! Convenir d'un terme, c'est se mettre dans l'impossibilité d'agir jusqu'à ce que le terme soit arrivé, c'est donc suspendre la prescription jusque-là ».

4. V. *supra*, n° 657 s.

2. *La réduction des causes de report*

680. Dans un certain nombre d'hypothèses, le Code civil prévoit le report du point de départ de la prescription en raison de la situation dans laquelle se trouve le titulaire du droit d'agir. Deux logiques distinctes expliquent ici les textes. L'une a trait à la situation du titulaire du droit. Elle explique par exemple que la prescription ne coure pas contre les mineurs non émancipés et les majeurs en tutelle. L'autre a trait aux rapports qui unissent le titulaire du droit d'agir à celui qui pourrait lui opposer la prescription. Elle explique ainsi que la prescription ne coure pas entre époux ou partenaires d'un pacte civil de solidarité. Ces deux logiques sont profondément différentes : alors que la première se rattache à une impossibilité matérielle d'agir, la seconde se rattache à une simple impossibilité morale. Elles ne répondent donc pas à la même nécessité et n'ont pas la même légitimité. Si les causes de report tenant à la condition du titulaire du droit d'agir peuvent parfois se justifier (a), il n'en va pas de même des causes tenant aux relations du titulaire du droit d'agir avec celui qui entend lui opposer la prescription (b).

a. *Les causes tenant à la condition du titulaire du droit d'agir*

681. Les causes de report tenant à la condition du titulaire du droit d'agir renvoient en substance à trois hypothèses distinctes. La première est prévue par l'article 2235 du Code civil, qui reporte le point de départ de la prescription de l'action exercée par un mineur non émancipé ou un majeur en tutelle au jour de la majorité pour le premier, de la levée de la mesure de protection pour le second[1]. La deuxième est purement jurisprudentielle : sur le fondement de l'adage *Contra non valentem*, la Cour de cassation a admis que l'existence de troubles mentaux constituait dans certaines circonstances une impossibilité d'agir de nature à permettre un report du point de départ de la prescription[2]. La troisième est fréquemment invoquée sans être suivie : elle porte sur le contexte social dans lequel évolue le demandeur, qui peut rendre extrêmement difficile l'accès à la justice.

682. Cette troisième hypothèse est assurément dépourvue de pertinence : aussi difficile que puisse être l'exercice effectif de ses droits par un créancier, pour des raisons sociales ou culturelles, une telle situation ne constitue pas une impossibilité absolue d'agir. L'aide juridictionnelle notamment doit permettre l'exercice effectif des droits litigieux[3]. De tels éléments pourront jouer, différemment, pour apprécier la connaissance par le titulaire du droit des éléments lui permettant d'agir[4]. Mais ils ne constituent pas une cause de report du point de départ de la prescription.

Un même raisonnement doit permettre d'apprécier le report prévu par l'article 2235 du Code civil lorsque le titulaire du droit bénéficie d'une mesure de protection. En ce cas, son impossibilité d'agir n'est que relative. En effet, les ac-

---

1. V. égal., pour les dispositions spécifiques à l'exercice d'une action en nullité, *supra*, nº 171 s.

2. V. *supra*, nº 176 s. À cette hypothèse, il faut ajouter celle dans laquelle le titulaire du droit ne peut agir parce qu'il est sous l'emprise d'une violence (art. 1304 al. 2 C. civ.)

3. Aussi ne peut-on qu'approuver la jurisprudence qui refuse de considérer que l'isolement, les charges familiales ou encore le niveau culturel justifient le recours à la règle *Contra non valentem*, v. *supra*, nº 382. Il faut ajouter que la demande d'aide juridictionnelle présentée en vue d'engager l'action interrompt la prescription (Cass. civ. 1re, 20 septembre 2012, pourvoi nº 11-20657).

4. V. *infra*, nº 705 s.

tions dont il est titulaire peuvent parfaitement être exercées par l'intermédiaire de son représentant légal. On peut d'ailleurs se demander si le report du point de départ de la prescription ne sacrifie pas ici le bénéficiaire de la prescription à la protection de l'incapable[1].

Certes, comme on le souligna à l'époque du Code civil, la nécessité de protéger le mineur et l'incapable de l'incurie éventuelle de leur tuteur[2], et d'éviter ainsi que la prescription ne revienne qu'à les spolier[3], mérite l'attention. Mais l'intérêt particulier des mineurs et des personnes protégées doit-il ici se faire au détriment de l'intérêt général de la société dans son ensemble[4] ? La Cour de cassation, examinant le projet de Code civil, avait d'ailleurs exprimé de vives réserves sur l'introduction d'une telle cause de suspension, considérant que « quelques favorables que soient les mineurs et les interdits, pourquoi leurs actions auraient-elles une plus longue durée au préjudice de la société entière ? Les incapables ont des administrateurs qui leur sont donnés par la loi ; il auront contre eux un recours en négligence »[5].

Les *Principes du droit européen des contrats*, distinguent d'ailleurs l'hypothèse dans laquelle l'incapable n'est pas représenté – situation dans laquelle la prescription ne peut être acquise avant qu'une année se soit écoulée à compter de la fin de l'incapacité ou de la nomination d'un représentant – de celle dans laquelle il l'est. Dans cette seconde hypothèse, la prescription n'est pas affectée

1. E. Naudin et J. Lasserre Capdeville, « Causes d'interruption et de suspension », in *La réforme du droit de la prescription, actes de colloque, LPA*, 2 avril 2009, p. 12 s., spéc. p. 13, n° 9.

2. M. Troplong, *Droit civil expliqué, commentaire du Titre XX du Livre II du Code Napoléon, De la prescription*, T. 2, Paris, 1857, p. 303, n° 733 : « Les mineurs et les interdits sont dans l'impossibilité d'agir, et cette impuissance, fondée sur l'incapacité de la personne, arrête le cours de la prescription ; sinon, on ferait injustement retomber sur eux les suites désastreuses de la négligence de ceux qui sont commis à la garde de leurs droits », et aussi p. 309, n° 736 : « Quelle incurie, quelle faute peut-on reprocher à des mineurs et à des interdits ? On propose froidement de les rendre responsables de la mauvaise administration de leurs tuteurs, sauf à les dédommager de la perte de leur patrimoine par un recours en dommages et intérêts le plus souvent illusoire. Mais, comment ne voit-on pas que ceux qu'on enrichit à leurs dépens ont de leur côté la tache de l'usurpation, et qu'on immole des personnes qui n'ont pas pu se défendre, à des tiers toujours répréhensibles de s'être emparés, ne fût-ce que par étourderie, du bien d'autrui. L'article 2252 me semble donc facile à justifier aux yeux de la raison et de l'équité » ; L. Guillouard, *Traité de la prescription*, T. I, Paris, 1900, p. 87, n° 97 : « C'est un principe essentiel que la loi civile doit venir en aide à ceux qui ne peuvent se protéger : c'est sur ce principe qu'était fondée toute la théorie du droit romain sur les restitutions en entier, notamment sur les restitutions à cause de l'âge, et c'est ce motif qui justifie la suspension de prescription dont nous examinons le bien fondé. Le mineur en effet, malgré l'organisation de la tutelle, est insuffisamment protégé contre les effets de la prescription : tout d'abord, il ne peut pas agir par lui-même pour défendre ses droits, et c'est à ce point de vue qu'il est vrai de dire que l'article 2252 se rattache à la règle *Contra non valentem agere non currit praescriptio*. (...) Il était équitable de le restituer, comme le faisait le droit romain ; il est plus simple de suspendre le cours de la prescription, comme le décidaient la plupart de nos coutumes, et comme le porte l'article 2252 ». *Contra*, F. Laurent, *Principes de droit civil français*, T. XXXII, 3e ed., Paris, 1878, p. 67, n° 45 : « C'est le tuteur qui agit ; les auteurs, comme le législateur, semblent l'oublier ; si le tuteur est incapable ou négligent, il sera responsable ».

3. L. Guillouard, *op. cit.*, p. 88, n° 96, qui affirme que si la prescription avait « pour résultat de spolier un incapable, ce mode d'acquisition deviendrait injuste et mériterait la qualification qu'on lui avait donné d'*impium praesidium* ».

4. C. Baudry-Lacantinerie et A. Tissier, *op. cit.*, spéc. p. 328, n° 418 : « Sans doute l'intérêt des incapables doit éveiller la sollicitude du législateur ; mais après tout c'est un intérêt particulier, et l'intérêt privé doit ici s'incliner devant l'intérêt social qui est un intérêt général ; or, l'intérêt social exige que la prescription suive son cours » ; F. Laurent, *op. cit.*, p. 67, n° 45 : « La prescription est fondée, non sur l'équité, mais sur l'intérêt et le droit de la société (...). La faveur que la loi témoigne aux incapables tourne au détriment de la société ».

5. F.-A. Fenet, *Recueil complet des travaux du Code civil*, T. II, Paris, 1827, réimp. Otto Zeller Osnabrück, 1968, p. 751.

par l'incapacité du titulaire du droit d'agir. Les intérêts de la « sécurité du commerce »[1] l'emportent.

Le refus de report en ce cas revient certes, à laisser le titulaire du droit à la merci de son représentant. Mais ce dernier expose sa responsabilité s'il n'agit pas : forclos dans leur action à l'encontre du tiers bénéficiaire de la prescription, le créancier ou ses ayant-droits pourront encore agir, après la levée de la mesure de protection ou le décès de leur auteur, à l'encontre de son représentant[2].

Aussi, les causes de report du point de départ de la prescription liées à l'existence d'une mesure de protection légale ne sont-elles pas indispensables[3]. Le législateur semble d'ailleurs, assez subrepticement, s'être engagé dans cette voie. En effet, depuis l'entrée en vigueur de la loi du 5 mars 2007, l'article 464 du Code civil dispose désormais que, par dérogation aux dispositions de l'article 2235 du Code civil, l'action en nullité des actes accomplis pendant la période suspecte précédant le prononcé d'une mesure de protection se prescrit à compter de la « date du jugement d'ouverture de la mesure »[4]. Aussi, le point de départ de la prescription est-il ici fixé par la loi au jour de naissance du droit d'agir, sans que l'impossibilité relative qui découle du prononcé de la mesure ne permette de reporter le point de départ de la prescription au jour de sa levée : pendant cette période, le représentant légal devra agir en justice au nom du majeur en tutelle. Au reste, la neutralisation du cours de la prescription à l'encontre des mineurs et des majeurs protégés n'a jamais été absolue. L'ancien article 2278 du Code civil ne permettait pas le report pour minorité ou mesure de protection du titulaire du droit lorsque ce dernier entendait obtenir paiement de créances périodiques[5]. La loi du 17 juin 2008 a repris cette exception[6]. Le législateur apparaît « peu avare de contradictions en ce domaine »[7].

683. Aussi, seule l'existence de troubles mentaux constitue une impossibilité *absolue* d'agir, de nature à justifier que le point de départ de la prescription soit, non pas fixé au jour de la naissance du droit d'agir, mais reporté au jour où,

---

1. G. Rouhette, I. de Lamberterie, D. Tallon et C. Witz, *Principes du droit européen du contrat*, coll. Droit privé comparé et européen, Société de législation comparée, 2003, p. 541 ; v. déjà en ce sens, R. Zimmermann, *Comparative foundations of a European law of set-off and prescription*, Cambridge University Press, 2002, p. 134 s.

2. V. *infra*, nº 716. s

3. Évidemment, la justification de la proposition limite également sa portée : un tel raisonnement ne vaut qu'autant que l'action du mineur ou du majeur protégé peut effectivement être exercée par son représentant, ce qui exclut les hypothèses dans lesquelles c'est précisément contre le représentant que l'action doit être exercée. Il existe alors un conflit d'intérêts en la personne du représentant qui rend toute action de ce dernier pour le compte de la personne protégée impossible. La prescription ne saurait courir dans une telle hypothèse, sauf à priver la personne protégée de tout recours effectif, en contrariété avec la jurisprudence de la Cour européenne des droits de l'homme (v. *supra*, nº 550 s.). Telle semble d'ailleurs être la position adoptée par le Conseil constitutionnel qui, tout en admettant que la prescription puisse courir contre des incapables, réserve l'hypothèse dans laquelle le représentant serait lui-même dans l'impossibilité d'agir : déc. nº 2012-556 *QPC* du 18 juin 2012.

4. V. *supra*, nº 175.

5. Il faut encore évoquer l'article 1676 du Code civil, qui exclut également le jeu de l'article 2235 en matière d'action en rescision des ventes immobilières. Sur la conformité à l'article 6 § 1 de la CEDH d'une telle exclusion, v. *supra*, nº 550 s.

6. Art. 2235 C. civ. : « Elle ne court pas ou est suspendue contre les mineurs non émancipés et les majeurs en tutelle, sauf pour les actions en paiement ou en répétition des salaires, arrérages de rente, pensions alimentaires, loyers, fermages, charges locatives, intérêts des sommes prêtées et, généralement, les actions en paiement de tout ce qui est payable par années ou à des termes périodiques plus courts ». Elle consacre ce faisant la fixité d'une telle prescription (v. *supra*, nº 615).

7. A. Bénabent, « Sept clefs pour une réforme de la prescription extinctive », *D.*, 2007, p. 1800 s., spéc. p. 1803, nº 20.

les troubles ayant cessé, le titulaire du droit a pris conscience de son existence[1]. En revanche, la minorité ou la mesure de protection du titulaire du droit ne devrait pas conduire à reporter le point de départ de la prescription dès lors que l'impossibilité d'agir n'est que relative : l'action pourra – et devra – être exercée par le représentant légal, qui s'expose à ce que sa responsabilité soit engagée par le titulaire du droit prescrit en cas d'inaction[2].

b. *Les causes tenant aux relations du titulaire du droit d'agir*

684. La volonté de préserver la paix des ménages avait conduit le législateur à suspendre la prescription entre époux. Le lien de mariage rendait moralement délicat l'exercice judiciaire par l'un de ses droits à l'encontre de l'autre, justifiant alors le report exceptionnel du point de départ de la prescription au jour du divorce. Mais, au fil du temps, les hypothèses dans lesquelles le lien qui unit les parties entraînerait une difficulté comparable se sont multipliées. D'une part, les formes de couples se sont diversifiées : pacte civil de solidarité, mais aussi simple concubinage. D'autre part, les obstacles à l'action liés au lien unissant les parties dépassent désormais largement la seule sphère matrimoniale : le salarié en poste face à son employeur, le concessionnaire face à son concédant… l'impossibilité n'est alors plus tant morale qu'économique. À la crainte de la dissolution du lien matrimonial succède la menace de représailles de toutes sortes – licenciement, rupture de contrat, etc. Mais, les « vannes » ainsi ouvertes, les hypothèses dans lesquelles le lien unissant les parties rend simplement délicat l'exercice d'une action n'apparaissent plus du tout exceptionnelles. Deux attitudes peuvent alors être envisagées.

685. On pourrait en premier lieu généraliser le report du point de départ de la prescription chaque fois que le lien unissant les parties rend moralement ou économiquement difficile l'exercice de l'action. La proposition n'est pas incongrue. D'une part, le législateur semble avoir partiellement pris acte des nouveaux modèles de couple en étendant la suspension de la prescription entre époux aux partenaires liés par un pacte civil de solidarité[3]. D'autre part, le lien de dépendance unissant les parties n'est pas toujours ignoré. Ainsi, le rapport liant l'employé à son employeur est pris en considération dans de nombreux systèmes juridiques. Tant le droit italien[4] que le droit américain[4 bis], pourtant habituelle-

---

1. Le point de départ de la prescription sera, en raison de l'existence d'un trouble mental, reporté au jour de sa cessation. Mais le point de départ de la prescription peut également être reporté encore davantage quand la prise de conscience de l'existence du droit ne coïncidera pas avec la cessation du trouble. Dans une telle hypothèse, une seconde cause de report, l'ignorance (v. *infra*, nº 691 s.) viendra accentuer le report du point de départ de la prescription. Il aurait pu alors être tentant de limiter l'étendue du report en faisant de l'existence de troubles mentaux une simple cause de relevé de prescription, et non une véritable cause de report du point de départ de la prescription. Mais le risque inhérent à l'importance potentielle du report sera en pratique tempéré par le jeu du délai butoir (v. *infra*, nº 710), de sorte qu'il semble préférable, dans la limite du délai butoir, d'offrir à celui dont le trouble a cessé et qui demeure sans doute dans une situation vulnérable un véritable délai utile pour agir, et non une simple « fenêtre » supplémentaire.

2. V. *infra*, nº 716 s.

3. Art. 2236 C. civ. : « Elle ne court pas ou est suspendue entre époux, ainsi qu'entre partenaires liés par un pacte civil de solidarité ».

4. La prescription des actions salariales ne court en droit italien qu'à compter du terme de la relation de travail. La Cour constitutionnelle italienne considère en effet qu'il est matériellement et psychologiquement impossible d'agir contre son employeur aussi longtemps que l'employé se trouve subordonné

ment considéré comme plutôt libéral, reportent le point de départ de la prescription au jour de la cessation des relations de travail. Des voix s'élèvent d'ailleurs en faveur d'une généralisation en droit français du report du point de départ de la prescription au jour de la rupture du contrat de travail, au motif « de l'impossibilité matérielle et psychologique de la victime à agir tant que son contrat de travail est en cours »[1]. Sur cette voie, on devra alors concéder que l'impossibilité morale d'agir entre concubins n'est pas moins forte qu'entre époux ou partenaires d'un pacte civil de solidarité. De même, la dépendance économique qui unit le salarié à son employeur se retrouve également dans d'autres formes de relations contractuelles structurellement inégalitaires. Le risque se dessine alors nettement : à admettre le report du point de départ de la prescription chaque fois que le lien unissant les parties rend moralement ou économiquement délicat l'exercice de l'action, c'est l'absence de report qui risque de devenir une situation exceptionnelle. La sécurité juridique ne saurait y trouver son compte[2].

686. Voilà pourquoi il convient de refuser que le lien unissant les parties justifie le report du point de départ de la prescription. Au demeurant, quel que soit le lien qui unit les parties, l'impossibilité d'agir est relative. Reporter le point de départ de la prescription revient alors à empêcher la prescription de courir « contre ceux qui, dans la réalité des faits, et nonobstant la cause de suspension légale, sont parfaitement en mesure de le faire »[3]. Plus encore, les fondements même d'une telle suspension pourraient être discutés : à la nécessité de préserver la paix des ménages, ne peut-on opposer celle d'éviter que de vieilles querelles ressurgissent de nombreuses années après les faits à l'occasion d'une liquidation pour le moins houleuse de la communauté matrimoniale[4] ? Légitime à l'époque où le mariage se dissolvait essentiellement par le décès de l'un des époux, le fondement de la suspension des poursuites entre époux soulève des difficultés nouvelles quand un nombre toujours plus important de mariages s'achève par divorce et donc souvent dans le conflit. La société n'a aucun intérêt à voir les anciens époux régler des comptes, souvent fort anciens, devant un tribunal. Objecterait-on que l'action est ici exercée entre époux, de sorte que la protection des tiers est hors de cause ? En réalité, il n'en est rien : des enfants d'un

---

à son pouvoir de direction : v. B. Palli, « L'impact du nouveau droit de la prescription sur le droit du travail », in *La réforme du droit de la prescription extinctive : perspectives nationales et transfrontalières*, actes de colloque, Metz, 7 mai 2009, *RDLA*, octobre 2009, nº 42, p. 114 s., spéc. p. 115.

4 *bis*. La loi *Ledbetter Fair Pay Act* promulguée le 29 janvier 2009 prévoit ainsi que l'action en discrimination n'est prescrite qu'à l'expiration de 180 jours depuis le dernier acte de discrimination qui coïncide avec le paiement du dernier salaire et donc avec la rupture du contrat de travail. V. B. Palli, art. préc., spéc. p. 117.

1. B. Palli, *Ibidem*.

2. Aussi peut-on approuver la jurisprudence qui refuse de prendre en considération la subordination salariale ou la dépendance économique pour reporter le point de départ de la prescription (Civ. 3e, 4 octobre 2000, *Dr. et patr.*, février 2001, p. 109, obs. P. Chauvel : en l'espèce la Cour de cassation a rejeté le pourvoi qui tentait de faire valoir que l'état d'infériorité économique du crédit-preneur devait entraîner le report du point de départ de la prescription sur le fondement de l'adage *Contra non valentem*).

3. M. Bandrac, « La nouvelle nature juridique de la prescription extinctive en matière civile », *RDC*, 2008, p. 1413 s., spéc. p. 1421, nº 20.

4. V. en ce sens, D. Mazeaud et R. Wintgen, « La prescription extinctive dans les codifications savantes », *D.*, 2008, p. 2523 s., spéc. p. 2527, nº 22 ; A. Bénabent, art. préc., spéc. p. 1803, nº 20 ; M. Bandrac, art. préc., spéc. p. 1421, nº 20. V. égal, la position adoptée par les *Principes du droit européen des contrats*, qui ne font pas du mariage une cause de suspension de la prescription au motif qu'une telle règle « conduit à ignorer les problèmes plutôt qu'à les résoudre » (G. Rouhette, I. de Lamberterie, D. Tallon et C. Witz, *op. cit.*, p. 542). *Contra*, E. Naudin et J. Lasserre Capdeville, art. préc., spéc. p. 13, nº 10.

second lit aux sociétés dont l'un des époux est associé, nombreuses sont les répercussions possibles sur les tiers[1]. Du reste, le législateur semble parfois le reconnaître puisqu'il exclut la suspension entre époux en matière de protection du logement familial (art. 215 C. civ.) ou d'action en nullité contre l'acte passé par un époux qui a outrepassé ses pouvoirs (art. 1427 C. civ.).

687. Les causes de report du point de départ de la prescription tenant à la situation du titulaire du droit d'agir sont ainsi ramenées à l'essentiel : seuls les troubles mentaux du titulaire du droit d'agir, ou l'impossibilité pour le mineur ou le majeur protégé d'être utilement représentés justifient réellement un report du point de départ de la prescription. Au fond, les dispositions des articles 2235 et 2236 du Code civil, malgré leur pérennisation par la loi du 17 juin 2008, apparaissent largement obsolètes, et l'extension jurisprudentielle des causes de report du point de départ de la prescription sur le fondement de l'adage *Contra non valentem* est pour une part importante inopportune.

3. *La suppression de la vocation résiduelle de l'adage* Contra non valentem

688. Osons la question, en dépit de l'attachement que la loi du 17 juin 2008 lui a témoigné à l'article 2234 du Code civil : l'adage *Contra non valentem* doit-il être abandonné ? Sorte de « bonne à tout faire » du report de la prescription, outil ultime de l'instrumentalisation de la matière, il constitue en effet une menace constante pour la sécurité juridique. Plus, une même protection peut sans doute être offerte au titulaire du droit d'agir, sans faire peser sur les tiers la menace d'un adage à la teneur incertaine[2].

Une fois les fausses causes de suspension écartées, et les causes tenant à la situation personnelle du titulaire du droit réduites aux seuls troubles mentaux, l'adage *Contra non valentem* ne semble en effet plus avoir vocation à intervenir que dans deux hypothèses nettement déterminées : en présence d'obstacles factuels extérieurs au titulaire du droit d'une part et en cas d'ignorance par le titulaire du droit des éléments lui permettant d'agir de l'autre[3]. Or, ces deux hypothèses ne méritent pas d'être rattachées à l'adage.

689. Anecdotiques[4], les hypothèses dans lesquelles le titulaire du droit est empêché d'agir en raison d'un événement qui lui est extérieur ne sont cependant pas inexistantes : guerres, catastrophes naturelles, grève, absence de juridiction compétente sont autant d'hypothèses dans lesquelles le titulaire du droit peut être temporairement empêché d'exercer son action. Dans la majorité des

1. V. M. Bandrac, art. préc., spéc. p. 1421, nº 20, évoquant notamment l'hypothèse dans laquelle l'épouse, séparée de corps et de biens, engagerait dix-huit ans après le partage de la communauté dissoute, une action en rescision pour lésion impliquant l'évaluation de plusieurs sociétés commerciales, transformées à plusieurs reprises, et ce dans le but de détruire dans la succession du père, toute égalité entre les enfants du couple et ceux nés hors mariage.

2. *Contra*, M. Mignot, « Rapport de synthèse », in La *Réforme de la prescription*, actes de colloque, *LPA*, 2 avril 2009, p. 59 s., spéc. p. 62.

3. Cette seconde hypothèse n'a évidemment de signification qu'autant que la naissance du droit d'agir constitue le critère de détermination du point de départ de la prescription. Elle n'en a aucune dans le contexte légal actuel où la connaissance est érigée en critère de détermination du point de départ de la prescription.

4. V. la sévérité avec laquelle ils sont accueillis par la jurisprudence, qui ne retient que les obstacles véritablement insurmontables, *supra*, nº 381.

hypothèses, des lois spéciales viennent souvent préciser les conséquences de ces événements sur le cours de la prescription[1]. En leur absence, la jurisprudence fait intervenir l'adage *Contra non valentem* pour reporter le point de départ de la prescription. Mais ces situations ne sont rien d'autre que des cas de force majeure. Or, de la même manière qu'elle dispense un contractant d'exécuter ses obligations ou de réparer le préjudice subi par un tiers, la force majeure dispense le titulaire du droit de respecter le délai de prescription prévu par la loi[2]. À la différence d'une véritable cause de report du point de départ de la prescription, la référence à la théorie de la force majeure ne devrait alors permettre d'obtenir qu'un simple relevé de prescription : le titulaire du droit devrait intenter son action dans un laps de temps raisonnable après la disparation de l'obstacle, sans pouvoir se prévaloir de l'intégralité du délai de prescription pour agir[3].

690. Amputé des obstacles factuels à l'action, l'adage *Contra non valentem* ne recouvrirait alors plus que l'hypothèse dans laquelle le titulaire du droit serait dans l'ignorance des éléments lui permettant d'agir. Or, si l'adage a pu à l'origine être utilisé pour prendre en considération - de manière très controversée à l'époque d'ailleurs[4] - l'ignorance de son droit par le créancier pour reporter le point de départ de la prescription, cette cause de report a pris aujourd'hui une importance qui justifie qu'elle soit consacrée comme une cause de suspension autonome.

B. La prise en considération de l'ignorance légitime des faits permettant d'agir

691. Nul doute que l'on ne saurait négliger l'ignorance par le titulaire du droit des faits lui permettant d'agir dans la détermination du point de départ de la prescription. L'effectivité du droit d'agir, érigé en véritable dogme par la Cour européenne[5], s'y oppose. Pour autant, on ne peut à la fois refuser de faire de la connaissance des éléments permettant d'agir le critère de détermination tout en érigeant l'ignorance des mêmes faits en cause systématique de report du point de départ de la prescription. Pour le dire autrement, on ne saurait, au stade des causes de report, anéantir la protection de la sécurité juridique recherchée sur le terrain du critère de détermination du point de départ de la prescription. Aussi, des directives précises doivent être proposées, pour permettre de connaître

---

1. V. *supra*, n° 381.
2. J. Carbonnier, « La règle *Contra non valentem agere non currit praescriptio* », *Rev. crit.*, 1937, p. 155 s., spéc. p. 170.
3. V. la manière dont la durée de l'effet dilatoire de la force majeure est strictement appréciée lorsqu'elle est invoquée pour justifier l'inexécution par le débiteur de ses obligations contractuelles, Cass. civ. 3e, 22 février 2006, *RDC*, 2006, p. 1087 s., obs. Y.-M. Laithier : « La force majeure n'exonère le débiteur de ses obligations que pendant le temps où elle l'empêche de donner ou de faire ce à quoi il s'est obligé ». Y.-M. Laithier en déduit que le débiteur doit exécuter ses obligations « dès que l'empêchement vient à cesser » et que « l'exonération n'autorise pas la passivité ».
4. H. Gondard, *op. cit.*, p. 38 ; E. Boniffacy, *De la règle «* Contra non valentem agere non currit praescriptio *» et de ses applications en matière civile*, Paris, 1901, spéc. p. 48 ; J. Carbonnier, « La règle *Contra non valentem agere non currit praescriptio* », art. préc., spéc. p. 184, et déjà, l'hostilité du droit romain concentré dans la formule *Nulla scienta vel ignorantia expectanda, ne altera dubitationis inextricabilis oriatur occasio.*
5. V. *supra*, n° 550 s.

les hypothèses dans lesquelles l'exception d'ignorance doit être accueillie[1]. Il convient, dans cette perspective, de rationaliser (1) et d'encadrer (2) la prise en considération de l'ignorance du titulaire du droit.

1. *Rationalisation*

692. S'il est d'usage de reconnaître à l'ignorance du titulaire du droit un rôle dans la fixation du point de départ de la prescription, rares sont les auteurs qui ont systématisé les hypothèses dans lesquelles la prise en considération de l'ignorance s'impose. Certains ont cependant pu proposer de distinguer en fonction de la source de l'obligation soumise à prescription. Ainsi a-t-il pu être fait une distinction selon que l'obligation trouvait sa source dans un acte ou un fait juridique[2], pour n'admettre le report du point de départ de la prescription que dans cette seconde hypothèse. Mais la distinction ne séduit pas : ainsi, bien que l'action ait sa source dans un acte juridique, peut-on envisager que l'ignorance de l'erreur ne soit pas de nature à reporter le point de départ de la prescription de l'action en nullité pour vice du consentement ? D'autres ont proposé de distinguer selon que la source de l'obligation serait volontaire ou involontaire[3], pour réserver le report du point de départ de la prescription aux seules actions visant l'exécution d'une obligation involontaire. Mais, là encore, la distinction ne convainc pas. Bien que sa source soit volontaire, doit-on admettre que l'ignorance d'une stipulation pour autrui par son bénéficiaire ne justifie pas que la prescription de l'action en exécution soit reportée ?

À dire vrai, il n'existe aucune situation dans laquelle la prise en considération de l'ignorance du titulaire du droit d'agir doit *par principe* être écartée. En revanche, il existe des hypothèses dans lesquelles elle doit systématiquement être prise en considération. Le critère de distinction ne réside alors pas dans la source de l'obligation mais dans le rôle joué par l'ignorance du titulaire du droit dans le succès de l'action soumise à prescription : il faut en conséquence distinguer selon que l'ignorance des faits est ou non consubstantielle au succès de l'action. Il en résulte que la prise en considération de l'ignorance consubstantielle au succès de l'action doit être systématique (a), alors que la prise en considération de l'ignorance accidentelle des faits doit être exceptionnelle (b).

---

1. V. not. en ce sens, le travail de la *Law Commission* anglaise, et notamment le projet de *Limitation Bill*, consacrant de nombreuses dispositions à la notion de connaissance. V égal., les propositions doctrinales visant à aller plus loin encore, jusqu'à proposer des « *restatements* » réguliers visant à préciser l'interprétation des règles de prescription, N. H. Andrews, « *Reform of limitation of actions: the quest for sound policy* », *The Cambridge Journal*, November 1998, Vol. 57, Part. 3, p. 589 s., spéc. p. 610 : « *There should be regular restatements, made by statutory instruments, which provide authoritative interprétation of the limitation statute* ».

2. V. par ex. une des propositions formulées par la *Law Commission* : *Limitation of Actions, Consultation Paper No 151* (1998), para. 12.18, p. 255.

3. M. Mignot, « Aperçu critique de l'avant-projet de loi sur la prescription », *RRJ*, 2007/4, p. 1639 s., spéc. nº 55 : « Lorsque la source de l'obligation est contractuelle et que la prescription est invoquée entre les parties, le point de départ du délai doit être fixe et situé au jour de l'acte. En revanche, lorsque la source du droit ou de l'obligation est involontaire (nullité, obligation quasi-contractuelle, responsabilité contractuelle ou délictuelle), le point de départ de la prescription doit être variable et fixé au jour où le créancier a connaissance de son droit ».V. plus généralement, sur la distinction des commutations volontaires et involontaires : F. Chénedé, *Les commutations en droit privé, Contribution à la théorie générale des obligations*, préf. A. Ghozi, Economica, spéc. p. 373 s.

a. *La prise en considération systématique de l'ignorance lorsqu'elle est consubstantielle au succès de l'action*

693. Il faut partir d'un constat : certaines actions en justice sont justifiées par le fait qu'un élément a été, dans le passé, ignoré par le titulaire du droit. L'ignorance est alors la cause de l'action en justice en même temps qu'elle en reporte nécessairement l'exercice dans le temps.

Ainsi, une action en nullité pour dol ou erreur ne peut être accueillie si le contractant n'a pas, au moment de la conclusion du contrat, ignoré l'existence de ce dol ou de cette erreur. S'il avait connu les éléments qui l'ont induit en erreur, il ne pourrait se plaindre d'une croyance erronée[1]. S'il avait eu conscience des manœuvres de son cocontractant, il ne pourrait se plaindre d'avoir été trompé. L'ignorance du décalage entre la croyance et la réalité, ou de l'existence de manœuvres destinées à surprendre son consentement, est ici une condition du succès de l'action en nullité pour erreur ou pour dol. Mais une telle ignorance empêche le contractant de prendre conscience de l'existence même de l'action que cette ignorance a fait naître et en conséquence de l'exercer.

On se retrouve dans un schéma comparable lorsque la responsabilité d'un contractant est recherchée pour manquement à une obligation d'information précontractuelle : par hypothèse, si le bénéficiaire de l'obligation était déjà en possession de l'information litigieuse, le défaut d'information ne saurait lui causer préjudice. Là encore, l'ignorance de l'information retenue conditionne le succès de l'action en même temps qu'elle en empêche l'exercice.

De la même manière, une action en répétition de l'indu, dans l'hypothèse où le paiement était indu dès l'origine[2], ne peut être accueillie si le créancier n'avait pas, au moment où le paiement est intervenu, ignoré le caractère indu de ce dernier. L'article 1377 du Code civil ne fait-il pas de l'erreur du *solvens* – et donc de son ignorance du caractère indu du paiement – une condition de la répétition de l'indu subjectif ? Là encore, son ignorance, qui conditionne la recevabilité de son action, fait obstacle à son exercice.

Un même raisonnement peut encore être tenu lorsqu'un tiers reproche à l'un des contractants d'avoir, de façon ignorée de lui, outrepassé ses pouvoirs ou méconnu son droit de priorité ou de préemption. Le tiers a en effet pu être tenu dans l'ignorance de l'acte. De même, lorsque l'action est fondée sur l'ignorance par l'une des parties de l'opposition d'intérêts existant en la personne de son contractant : ainsi, lorsqu'un mandant demande la nullité du contrat conclu en violation de l'interdiction pour le mandataire de se porter contrepartie, la dissimulation par le mandataire de son intention de se porter contrepartie participe de l'essence même de la violation de cette interdiction, au point d'ailleurs que l'interdiction est levée si le mandataire informe son mandant. La contrepartie autorisée par le mandant est en effet valable[3].

694. Dans ces différentes hypothèses, il y a toujours décalage entre la naissance de l'action et la connaissance des éléments permettant de l'exercer. Dans le même temps, aucune des actions évoquées ne peut prospérer au fond sans

1. Plus encore, même si à défaut de les avoir effectivement connus, il avait simplement dû connaître les faits litigieux, il ne pourrait pas davantage demander la nullité pour vice du consentement, son erreur étant dans une telle hypothèse inexcusable.

2. Sur la distinction du paiement indu dès l'origine et du paiement devenu indu, v. *supra*, nº 296 s.

3. A. Bénabent, *Droit civil, Les contrats spéciaux et commerciaux*, Montchrestien, 9ᵉ éd., 2011, p. 445, nº 933.

que le demandeur n'ait été, au moment de la naissance de l'action, dans l'ignorance de son droit d'agir. Comment alors exiger que l'ignorance soit caractérisée pour accueillir la demande au fond, tout en la déclarant irrecevable comme tardive en raison de cette même ignorance ! Consubstantielle au succès de l'action au fond, l'ignorance ne saurait ici faire échec à sa recevabilité.

La situation n'est d'ailleurs pas sans rappeler celle des infractions clandestines par nature du droit pénal. On sait que la doctrine pénaliste distingue les infractions clandestines par nature ou par définition (également nommées délits dissimulés) des infractions clandestines par réalisation, c'est-à-dire en raison des circonstances de l'infraction (également nommées délits dissimulables) pour ne reconnaître à la dissimulation ou à l'ignorance l'effet de reporter le point de départ de la prescription de l'action publique que dans la première hypothèse[1].

En effet, en matière d'infraction clandestine par définition (délits d'abus de confiance, d'atteinte à l'intimité de la vie privée, de mise en mémoire de données informatisées sans le consentement de l'intéressé, d'altération de preuves en vue de faire obstacle à la vérité, de simulation ou dissimulation d'enfant...), la dissimulation est un élément matériel constitutif de l'infraction puisque ces infractions incriminent des agissements occultes. L'infraction ne peut être constituée sans dissimulation. Cette spécificité justifie le report du point de départ de la prescription au jour de la révélation du délit, qui correspond au jour où l'élément matériel a cessé d'exister, c'est-à-dire au jour de la fin de la « commission » de l'infraction au sens des articles 7 et 8 du Code de procédure pénale[2].

S'il n'est pas parfaitement transposable[3], un tel raisonnement peut inspirer la réflexion en matière civile. Lorsque l'ignorance - du vice, de l'acte, des qualités du contractant... - est une condition de l'existence du droit substantiel ou de critique dont l'action vise la satisfaction, elle lui est consubstantielle, comme la dissimulation est constitutive du délit. Le point de départ de la prescription doit en conséquence être logiquement reporté au jour où a cessé l'ignorance qui a fait naître l'action[4].

---

1. La paternité de cette distinction revient à B. Challe, *J.-Cl. Procédure pénale*, fasc. art. 7 à 9, nº 35 à 54. V. également, sur cette distinction, G. Lecuyer, « *La clandestinité de l'infraction comme justification du retard de la prescription de l'action publique* », *Dr. pén.*, 2005, étude 14 ; D.-N. Commaret, « Point de départ du délai de prescription de l'action publique : des palliatifs jurisprudentiels, faute de réforme législative d'ensemble », *Rev. sc. crim.*, 2004, p. 897 s. ; J.-H. Robert, note sous Cass. crim., 7 juillet 2005, *Dr. pén.*, 2006, comm. 132 ; J. Buisson, note sous Cass. crim., 8 novembre 2005, *Procédures*, 2006, comm. 16 ; D. Rebut, *Répertoire Dalloz Pénal et Procédure pénale, Abus de biens sociaux*, nº 195.

2. En revanche, en matière d'infraction clandestine par réalisation (délits d'abus de biens sociaux, d'atteinte à la liberté d'accès et à l'égalité des candidats dans les marchés publics, de malversation...), la dissimulation n'est pas un élément matériel constitutif de l'infraction. Elle n'est qu'accidentelle. Rien ne justifie alors le report du point de départ de la prescription au jour de la révélation, alors que la « commission » de l'infraction au sens de l'article 7 et 8 du Code de procédure pénale a cessé avec le dernier acte constitutif du délit.

3. En effet, il n'est pas ici d'élément constitutif de l'infraction qui se prolongerait dans le temps : l'action est bien née dès la conclusion de l'acte ou le paiement indu, mais elle ne saurait simplement commencer à se prescrire tant que l'ignorance, à l'origine de l'action, n'a pas cessé.

4. Une telle directive rend utilement compte d'un certain nombre de solutions retenues en droit positif. Elle explique également certaines positions jurisprudentielles très controversées, comme celle au terme de laquelle la jurisprudence a pendant longtemps reporté de façon systématique et *contra legem* le point de départ de la prescription de l'action en nullité d'une convention passée en violation de la procédure d'approbation des conventions réglementées (v. *supra*, nº 126 s.). L'action en nullité dont disposent les actionnaires repose en effet sur leur ignorance de la convention ou de l'étendue du conflit d'intérêts. On pouvait alors comprendre qu'elle ne puisse par nature être exercée avant que les actionnaires n'aient cessé de l'ignorer grâce à la révélation en assemblée.

Dès lors, parce qu'elle n'est pas accidentelle mais ici parfaitement attendue et plus encore exigée, l'ignorance du titulaire du droit bénéficie d'une sorte de « présomption de légitimité » : nécessaire au succès de l'action au fond, elle ne saurait faire obstacle à sa recevabilité. La situation est bien différente lorsque l'ignorance n'est pas une condition du succès de l'action.

b. *La prise en considération exceptionnelle de l'ignorance lorsqu'elle est indifférente au succès de l'action*

695. Le titulaire du droit d'agir peut parfois ignorer les éléments lui permettant d'agir, sans que cette ignorance soit consubstantielle à l'existence de son droit. Tel est par exemple le cas d'une victime qui ignore l'existence de son dommage. Dans une telle hypothèse, le décalage temporel entre la naissance du droit d'agir - qui tient à la réalisation du dommage - et la connaissance des éléments permettant d'agir n'est plus naturel, mais purement accidentel. Si elle est étrangère aux caractéristiques de l'action exercée, une telle ignorance n'est pas, dans une telle hypothèse, par principe illégitime. Aussi, le respect de l'exigence d'effectivité du droit d'agir interdit-elle qu'on l'écarte d'emblée. Simplement, l'ignorance étant ici accidentelle, elle perd la présomption de légitimité dont elle bénéficie lorsqu'elle est naturelle[1]. Plus encore, l'ignorance du titulaire du droit va nécessairement surprendre celui qui entend de toute bonne foi opposer la prescription. La légitimité d'une telle ignorance devra alors être spécifiquement établie.

696. Concrètement, elle s'apprécie d'abord au regard de l'objet sur lequel elle porte. Ainsi, l'ignorance de la loi ne saurait être invoquée par le titulaire du droit. Elle n'est par principe jamais légitime : nul n'est censé ignorer la loi, et il appartient aux justiciables de se faire si besoin assister d'experts susceptibles de les éclairer sur les actions que leur offre la loi. Sur cette voie, le justiciable ne saurait davantage prendre prétexte d'un revirement de jurisprudence pour alléguer qu'il se trouvait, jusqu'à son prononcé, dans l'impossibilité d'agir. En effet, il pouvait parfaitement contester l'interprétation actuelle de la loi. L'existence d'un revirement atteste d'ailleurs qu'un justiciable au moins s'est lancé avec succès dans cette voie. S'il ne l'a pas fait, le titulaire du droit ne saurait prétendre obtenir un report du point de départ de la prescription au jour du revirement de jurisprudence en bénéficiant de l'effet d'aubaine qu'emporte à son profit le nouveau principe jurisprudentiel[2]. L'ignorance de l'importance du litige ne saurait davantage être invoquée par le titulaire du droit : ainsi, sauf à pouvoir démontrer une aggravation de son dommage qui constituerait un préjudice distinct, le demandeur ne saurait prétendre obtenir un report du point de départ de la prescription au motif qu'il a longtemps cru son dommage insignifiant, alors

---

1. V. *supra*, n° 693 s.

2. Ainsi par exemple, le fait que la jurisprudence « découvre » une nouvelle cause de nullité ou une nouvelle source de responsabilité ne saurait, par la grâce du report du point de départ de la prescription au jour du revirement de jurisprudence, faire revivre des actions déjà éteintes, même si elles paraissaient à l'époque vouées à l'échec. Sur l'attitude de la jurisprudence en la matière, v. *supra*, n° 381. D'ailleurs, la jurisprudence applique le même raisonnement lorsque c'est une loi nouvelle qui crée un nouveau droit, ou dote une action existante d'un nouveau titulaire, en refusant de faire courir la prescription à compter de l'entrée en vigueur de la loi nouvelle. V. en matière de filiation : Cass. civ. 1re, 23 janvier 2001, pourvoi n° 99-12262, en matière de fonds de garantie : Cass. com., 6 décembre 2005, *Bull. civ.* IV, n° 239.

que ce dernier était en réalité important : dès lors qu'il a conscience de subir un dommage, même minime, il appartient au titulaire du droit d'agir, ou d'assumer les conséquences de son inaction[1]. Au fond, ces exclusions ne sont rien d'autre qu'une application du principe selon lequel l'ignorance ne peut être légitime que si elle emporte une impossibilité véritablement absolue d'agir. Elle ne peut alors porter que sur deux objets bien précis : l'existence du droit substantiel ou de critique (ce qui renvoie, concrètement, à l'ignorance de l'acte faisant naître un droit de créance, de la cause de nullité l'affectant, de l'existence d'un dommage, ou de son imputabilité à un fait déterminé) et l'identité de celui à l'encontre duquel on agit (l'hypothèse visée est celle de l'ignorance de l'identité de l'auteur du dommage ou de l'ignorance de l'identité d'un nouveau débiteur qui aurait pu se trouver substitué au débiteur originaire).

697. La légitimité de l'ignorance s'apprécie encore au regard du type d'action en cause.

Si l'action exercée est une action en paiement ou en exécution d'une quelconque obligation, l'ignorance de l'acte ou du droit de créance qu'il fait naître n'est légitime que si le titulaire du droit n'est pas partie à l'acte qui a créé des droits à son profit. Ainsi, il peut être légitime pour le bénéficiaire d'un contrat d'assurance d'ignorer l'existence du contrat qui a été conclu pour son compte par un tiers ; en revanche, le contractant ne peut légitimement ignorer le droit à indemnité qu'a fait naître le contrat qu'il a lui-même conclu.

Si l'action exercée est une action en nullité, l'ignorance ne peut être légitime que si la cause de nullité n'est pas ostensible, ce qui exclut toutes les causes de nullités relatives fondées sur un vice de l'acte lui-même (vice de forme, illicéité d'une clause...), mais aussi toutes les nullités absolues sans distinction. En effet, la cause de nullité absolue réside dans l'absence d'un élément essentiel à la formation du contrat, dans le non respect d'une formalité impérative prévue à peine de nullité ou encore dans la présence d'une disposition contraire à l'ordre public ou aux bonnes mœurs. Or, on ne saurait contester que « c'est au moment de la conclusion du contrat que les parties doivent vérifier si leur accord est conforme aux conditions imposées par le législateur »[2]. Dès lors, même s'il s'avérait que le demandeur n'a eu connaissance de l'illicéité du contrat que postérieurement à sa conclusion, il ne saurait se prévaloir de son ignorance, en quelque sorte inexcusable. Au fond, se prévaloir de l'ignorance d'une cause de nullité absolue reviendrait à se prévaloir de l'ignorance de la loi, ce qui, on l'a vu, ne saurait être légitime.

Si l'action exercée est une action en responsabilité, rien ne s'oppose à ce que l'ignorance de l'existence du dommage, ou de son imputabilité à un fait déterminé soit prise en considération. En revanche, l'ignorance de l'auteur du dommage n'apparaît pertinente que lorsque le fait dommageable ne constitue pas en même temps une infraction pénale : en effet, dans cette seconde hypothèse, la possibilité de se constituer partie civile contre X pour interrompre la prescription de l'action civile[3] devrait logiquement interdire de se prévaloir de la simple

1. V. *contra*, les propositions de la *Law Commission* anglaise, qui exige que le dommage subi soit apparu suffisamment sérieux au demandeur pour justifier l'exercice d'une action en justice (*Final Report No 270* (2001), para. 3.24 p. 46).

2. Ch. Larroumet, *Droit civil, Les obligations, Le Contrat*, 1re partie : *Conditions de formation*, T. III, Economica, 6e éd., 2007, p. 575, no 565.

3. Cass. com., 28 avril 1998, *Bull. civ.* IV, no 142 ; civ. 1re, 16 janvier 2001, *D.*, 2001, p. 3576, note H Matsopoulou.

ignorance de l'auteur de l'infraction pour reporter le point de départ de la prescription de l'action civile[1].

Aussi, pour être légitime, l'ignorance accidentelle devra finalement soit porter sur l'existence de l'acte et être soulevée par un tiers à l'acte faisant naître le droit de créance soumis à prescription, soit porter sur une cause non ostensible de nullité relative, soit encore porter sur l'existence d'un dommage réparable ou sur l'identité de son auteur, à la condition que le fait générateur du dommage ne constitue pas en même temps une infraction.

2. *Encadrement*

698. Lorsque l'ignorance est consubstantielle au succès de l'action, la question de la prise en considération de l'ignorance relève de l'appréciation des conditions nécessaires au succès de l'action. Ainsi par exemple, l'appréciation de la légitimité de l'ignorance de l'erreur rejoint la question de son caractère excusable. Recevabilité et fond se confondent ici, de sorte qu'il n'est nul besoin d'encadrement spécifique. En revanche, lorsque l'ignorance est accidentelle, sa prise en considération doit être strictement encadrée, quant à la façon de l'apprécier et de la prouver. Aussi faut-il préciser les modes d'appréciation de l'ignorance (a) avant d'évoquer la question du risque de la preuve (b).

a. *Les modes d'appréciation de l'ignorance*

699. Les modes d'appréciation de l'ignorance, qui soulèvent déjà un certain nombre de difficultés en présence d'un titulaire unique du droit (i), font naître des interrogations particulières en cas de pluralité de titulaires du droit (ii).

i. En cas de titulaire unique du droit

700. L'ignorance, même lorsqu'elle empêche effectivement l'exercice de l'action, ne saurait systématiquement emporter le report du point de départ de la prescription. Un arrêt fort ancien de la Cour de Besançon l'avait déjà justement soulevé : « il faudra avoir soin de distinguer entre le cas le plus fréquent où l'ignorance sera le résultat de la négligence, de l'insouciance, de l'incurie, d'une faute, en un mot, à laquelle la loi ne peut attacher aucune faveur, et le cas plus rare où un obstacle invincible ou bien des circonstances tout à fait exceptionnelles auront empêché l'intéressé, malgré ses diligences, de connaître le titre d'où dérive son droit »[2]. La difficulté porte alors sur les modes d'appréciation de la légitimité de l'ignorance. Sous cet aspect, l'hypothèse d'une appréciation *in concreto* doit d'emblée être écartée : faut-il rappeler qu'il n'est nullement question de déterminer ici si le titulaire ignorait *effectivement* les faits lui permettant d'agir – c'est le postulat de départ[3] – mais s'il pouvait *légitimement* les ignorer ?

---

1. Comp. J. Lelieur, « L'impact de la réforme de la prescription civile sur l'action des victimes d'infractions pénales », in *La réforme du droit de la prescription, actes de colloque*, *LPA*, 2 avril 2009, p. 12 s., spéc. p. 13, nº 10.

2. Besançon, 20 mai 1891, *D.*, 1894, 180.

3. Cela ne veut pas dire pour autant que la question de la connaissance effective ne soulève jamais de difficultés. En effet, la connaissance des personnes morales par exemple, qui relève nécessairement d'une construction, peut soulever un certain nombre d'interrogations. La *Law Commission* propose fort justement d'une part de faire ici application des règles du mandat en considérant que la connaissance ac-

La légitimité de l'ignorance du titulaire du droit doit dès lors être appréciée *in abstracto*[1], sous peine de faire varier le point de départ de la prescription en fonction de la perspicacité du titulaire du droit et des diligences qu'il aurait effectivement entreprises. L'appréciation doit alors être menée au regard du comportement qu'aurait eu une personne raisonnable placée dans la même situation[2], et la notion d'ignorance légitime soumise au contrôle de la Cour de cassation[3]. Un tel mode d'appréciation doit cependant céder lorsque l'ignorance a été provoquée par les manœuvres de celui qui entend opposer la prescription : de même que le dol rend l'erreur toujours excusable, la dissimulation des faits permettant au titulaire d'agir devrait rendre l'ignorance toujours légitime[4].

701. Il faut encore déterminer quand l'ignorance cesse d'être légitime puisque c'est un tel événement qui fera courir la prescription jusqu'alors reportée. Sous cet aspect, il importe de se départir nettement de l'approche retenue en droit positif, qui contribue largement à l'incohérence dénoncée. « Révélation », « découverte », « cessation »... autant de termes utilisés[5], sans compter les interprétations divergentes d'expressions identiques[6]. À cette polysémie, il faut substituer un critère unique : la prescription doit être reportée au jour où l'ignorance cesse d'être légitime, parce que le titulaire du droit est informé ou découvre par lui-même des faits rendant probable l'existence d'un intérêt lésé ou encore d'un droit dont il pourrait être demandé réparation ou exécution. Précisément, l'ignorance étant prise en considération car elle entrave la possibilité d'agir, elle doit cesser de l'être lorsque l'entrave n'est plus dirimante. Sous cet aspect, il n'est nul besoin d'une connaissance complète du titulaire du droit : la connaissance de l'éten-

---

quise par la personne ayant autorité pour agir suffit à faire présumer la connaissance de son mandant et d'autre part de considérer que la société a acquis une telle connaissance lorsque l'un de ses employés occupant une place suffisamment importante pour être supposé en référer à sa direction aura pris connaissance des éléments envisagés (*Limitation of Actions, Final Report No 270* (2001), para. 3.63 s., p. 56 s).

1. Comp. l'appréciation *in concreto* prônée par la *Law Commission* considérant qu'il faut rechercher ce que *ce* demandeur aurait découvert s'il avait agit raisonnablement (*Limitation of Actions, Consultation Paper No 151* (1998), para. 12.54, p. 269 ; *Final Report No 270* (2001), para. 3.45 s., p. 51 s.). Le critère du raisonnable ouvre cependant sans doute la voie à une appréciation par trop casuistique de la légitimité de l'ignorance, échappant au contrôle de la Cour de cassation.

2. L'appréciation *in abstracto* n'implique évidemment pas que le comportement du titulaire du droit doive être apprécié au regard d'un modèle abstrait et invariable du bon père de famille. Les types de modèles de référence peuvent évidemment, à l'instar de la démarche jurisprudentielle adoptée dans l'appréciation de la faute, être affinés pour tenir compte des différences de situation : on n'attend pas la même diligence du professionnel que du profane, ou encore de la personne placée dans un état de complet isolement...

3. La volonté de la Cour de cassation de « prendre la main » sur la détermination du point de départ de la prescription peut d'ailleurs être décelée dans une décision du 11 juin 2008 (*op. cit.*) déjà largement évoquée relative au point de départ de la prescription de l'action en nullité de la stipulation d'intérêt en l'absence de mention du TEG. En précisant que le jour où le titulaire du droit aurait dû connaître les faits lui permettant d'agir est nécessairement le jour de l'acte, la Cour de cassation refuse – en désignant directement le critère applicable – de laisser à l'appréciation souveraine des juges du fond l'interprétation de la formule « aurait dû connaître ».

4. S'il ne pose aucun principe en ce sens, et que les arrêts apparaissent souvent contradictoires, le droit positif rend parfois compte d'une telle démarche. V. par ex. : Cass. soc., 13 juillet 2000, *Bull. civ.* V, nº 279 (fausse déclaration). Sur le rôle de la dissimulation, v. encore, *infra*, nº 714.

5. Un exemple illustre le problème soulevé : l'action en nullité pour dol n'est pas exclusive de celle en responsabilité. Or, si la prescription de la première court de la « découverte » du dol en application de l'article 1304 du Code civil, la prescription de la seconde court du jour où la victime « aurait dû connaître » le vice en application de l'article 2224 du Code civil. Les difficultés soulevées par l'interprétation de ces deux concepts pourraient alors conduire, pour un même fait générateur, à retenir deux points de départ différents.

6. V. *supra*, nº 394 s.

due du dommage, par exemple, ne saurait être exigée[1]. Dès lors que le titulaire du droit a en sa possession des éléments suffisants pour prendre conscience de son droit, la prescription doit courir[2]. On ne saurait pas davantage lier la connaissance de la cause de nullité à la possibilité de confirmer l'acte[3]. Sans doute faut-il ajouter que l'ignorance ne sera demeurée légitime que si celui qui s'en prévaut a pris soin de se renseigner[4]. L'obligation de diligence naît avec le soupçon : celui qui a connaissance de l'existence d'une obligation doit en rechercher le débiteur, celui qui a conscience de subir un dommage doit en rechercher l'auteur, si besoin en demandant une expertise de nature à en déterminer la cause…

ii. En cas de pluralité de titulaires du droit

702. La question de l'appréciation de la connaissance peut être rendue particulièrement délicate en cas de pluralité de titulaires du droit. La connaissance par l'un des titulaires du droit des éléments lui permettant d'agir empêche-t-elle les co-titulaires de se prévaloir de leur ignorance ? En principe, la réponse ne devrait pas souffrir de difficultés particulières : les causes de suspension ne sont-elles pas purement personnelles[5] ? Il serait cependant sans doute plus judicieux ici d'opérer une distinction, comme cela a été fait pour la question de la fixation du point de départ de la prescription[6], selon que l'on est en présence d'une pluralité de titulaires d'une même action, ou d'une pluralité de créanciers disposant chacun d'une action propre. En d'autres termes, il faut distinguer les co-titulaires d'une action unique des véritables co-créanciers.

703. Une même action peut en effet avoir plusieurs titulaires. Ils peuvent se succéder dans le temps. Ainsi, une même action peut, après avoir appartenue à son auteur, être exercée par son ayant-droit, qui peut être l'héritier du titulaire initial[7] ou avoir été subrogé dans ses droits[8]. Mais ils peuvent aussi coexister. Ainsi, tant les dirigeants que les associés peuvent exercer une action au nom de la société, les premiers par la voie *ut universi*, les second par la voie *ut singuli*. Ils ne sont pas chacun titulaire d'une action propre, mais ils peuvent tous exercer une même action[9]. Dans ces hypothèses, la connaissance par l'un des titulaires

---

1. À ce titre, l'exigence posée par la loi du 17 juin 2008 en matière de discrimination salariale (v. *supra*, n° 84 s.) apparaît superflue.

2. Aussi la prescription ne doit-elle pas être reportée au jour où une décision de justice reconnaîtrait l'étendue du dommage ou la responsabilité pénale de son auteur, ou encore au jour où le contenu exact de l'acte servant de base à la demande en exécution ou en réparation d'un préjudice serait révélé.

3. Sur les débats relatifs au fondement de la nullité relative, un temps assimilée à une forme de confirmation, v. *supra*, n° 119 s.

4. Rapp., M. Fabre-Magnan, *Droit des obligations*, I - *Contrat et engagement unilatéral*, Thémis, PUF, 2e éd., 2010, p. 324 s. ; P. Jourdain, « Le devoir de "se" renseigner », *D.*, 1983, chron., p. 139 s.

5. V. déjà à propos de l'action en nullité de plusieurs mineurs qui se sont engagés conjointement envers un tiers, le principe selon lequel la prescription court contre chacun du jour de sa majorité et peut donc être acquise contre l'un d'eux seulement, qui sera alors engagé pour le tout (M. Vazeille, *Traité des prescriptions*, T. II, Bruxelles, 1832, p. 129, n° 557 ; L. Guillouard, *Traité de la prescription*, T. I, Paris, 1900, p. 156, n° 173 ; V. Marcadé, *Explication théorique et pratique du Code Napoléon*, T. XII, *Prescription*, Paris, 1867, spéc. p. 218, n° 191).

6. V. *supra*, n° 642.

7. V. *supra*, n° 184 s.

8. V. *supra*, n° 334 s.

9. L'unicité de l'action s'exprime d'ailleurs clairement dans le caractère subsidiaire de l'action sociale exercée *ut singuli* (Cass. crim., 12 décembre 2000, *Rev. soc.*, 2001, p. 323, note A. Constantin) : l'action sociale ne peut être exercée par les associés qu'en cas d'inaction des représentants légaux de

de l'action des éléments lui permettant d'agir devrait interdire aux autres de se prévaloir de leur propre ignorance. En effet, dès lors que l'on considère que le critère de détermination du point de départ de la prescription doit résider dans la naissance du droit d'agir, c'est-à-dire de l'action, seule l'impossibilité absolue de l'exercer peut justifier un report du point de départ de la prescription. Seule l'impossibilité d'exercer l'action et non l'impossibilité de l'un de ses titulaires d'agir doit être prise en considération. Aussi, la connaissance par son auteur des éléments lui permettant d'agir interdira à l'ayant-droit de se prévaloir de son ignorance[1] ; celle des associés est opposable au dirigeant qui prendrait connaissance des turpitudes passées[2]. En d'autres termes, la connaissance par l'un des titulaires de l'action des éléments lui permettant d'agir doit permettre de faire courir la prescription à l'encontre de tous.

704. En revanche, la solution doit être différente en présence de véritables co-créanciers. En effet, dans une telle hypothèse, chacun dispose de sa propre action. Ainsi, les victimes créancières *in solidum* d'une même créance de réparation à l'encontre de l'auteur du dommage sont chacune titulaire d'une action distincte. S'il y a unité de droit substantiel, il y a pluralité d'actions. L'impossibilité d'agir résultant de l'ignorance du droit devra être appréciée au regard de chaque action et donc de chacun des créanciers. L'action peut alors être prescrite à l'égard de l'un, et encore ouverte à l'égard de l'autre[3].

b. *Le risque de la preuve*

705. Il ressort d'une application mécanique des règles prévues à l'article 1315 du Code civil que celui qui entend opposer la prescription doit en principe en apporter la preuve. Aussi revient-il par principe au défendeur d'apporter la preuve de l'acquisition de la prescription, ce qui suppose notamment d'établir son point de départ. Mais son devoir probatoire doit être strictement circonscrit : il ne lui revient que d'établir le jour de naissance du droit d'agir du titulaire du droit, critère de principe de détermination du point de départ de la prescription. Ce jour est par hypothèse présumé correspondre au jour où la prescription a couru. Si le titulaire du droit entend obtenir un report du point de départ de la prescription, prétexte pris de son ignorance des faits lui permettant d'agir, il lui revient alors de renverser la présomption établie.

---

la société. Il n'y a donc pas deux mais une action sociale, qui peut être exercée par deux titulaires différents, dont l'intervention est au surplus hiérarchisée.

1. V *supra*, nº 184 s., à propos des héritiers et, à propos de l'acquéreur subrogé dans les droits du vendeur : Cass. civ. 3e, 25 février 2009, *Bull. civ.* III, nº 51, *D.*, 2009, p. 731, obs. Y. Rouquet.

2. Mais la réciproque n'est pas exacte, tout du moins lorsque l'action visera à engager la responsabilité des dirigeants : le dirigeant en place ne pouvant exercer une action contre lui-même, il ne saurait évidemment faire état de sa connaissance de ses propres turpitudes pour empêcher les associés de se prévaloir de leur ignorance. Il n'existe dans une telle hypothèse qu'un seul titulaire effectif de l'action.

3. Cela n'implique cependant pas que la connaissance par l'un des co-créanciers des éléments lui permettant d'agir ne puisse jamais être prise en considération pour apprécier la recevabilité de l'action d'un autre co-créancier. Une telle connaissance pourra en effet, sans interdire au co-créancier de se prévaloir de son ignorance, avoir une influence sur l'appréciation de la légitimité d'une telle ignorance. On a vu en effet qu'elle supposait que le titulaire du droit n'ait pu, en dépit de diligences certaines, avoir connaissance des éléments nécessaires à l'exercice de l'action. La connaissance de ces mêmes éléments par un co-créancier pourrait alors faire douter de la légitimité de l'ignorance de l'autre. La Cour de cassation a d'ailleurs pu approuver une cour d'appel d'avoir considéré la connaissance de l'imputabilité par le demandeur comme acquise par référence aux comportements d'autres créanciers normalement diligents placés dans la même situation (Cass. com., 24 janvier 1995, pourvoi nº 93-12124).

En effet, dès lors que l'on admet que l'ignorance des faits permettant d'agir ne constitue qu'une cause exceptionnelle de report du point de départ de la prescription, elle se présente comme une exception à l'exception de prescription dont il revient à celui qui s'en prévaut, c'est-à-dire au titulaire du droit, d'apporter la preuve[1]. Il doit alors renverser la présomption selon laquelle la prescription court à compter de la naissance du droit d'agir : *reus in excipiendo fit actor.* À ce titre, il devra établir qu'il est resté dans l'ignorance du droit et qu'une telle ignorance était légitime, au regard des critères précédemment exposés.

706. L'exigence de sécurité juridique devrait d'ailleurs lui interdire de rapporter une telle preuve chaque fois qu'il existe une mesure de publicité légale. En effet, « le propre de ce type de publicité est de porter une information à la connaissance de tous, à une date se trouvant en principe à l'abri de toute contestation »[2]. Dès lors que, par l'effet d'une telle mesure, le titulaire du droit pouvait connaître le fait dont il prétend avoir ignoré l'existence, sa connaissance doit être irréfragablement présumée. Sans avoir jamais posé un tel principe, le législateur et la Cour de cassation semblent, en dépit de solutions contradictoires, s'inscrire parfois dans une telle logique[3]. Celle-ci doit nécessairement être généralisée. Aussi, le titulaire du droit ne saurait se prévaloir de son ignorance de l'existence de la décision de justice ayant fait naître un droit[4], de l'acte dont

---

1. V. en ce sens, déjà, Civ., 26 juillet 1825, *S.*, 1825, I, 370 : « Vu les articles 1304 et 1315 du Code civ. ; Attendu que l'action en rescision des conventions est limitée par l'art. 1304 au délai de dix ans ; que néanmoins, dans le cas d'erreur, le temps ne court que du jour où elle a été découverte ; que, dans ce cas, la prolongation du délai de la prescription n'a pour fondement que des faits particuliers à celui qui oppose l'erreur ;
Que la preuve de ces faits doit être à la charge du demandeur en rescision, 1° parce que ces faits lui sont personnels ; 2° parce qu'ils constituent une exception établie pour son utilité ; 3° parce qu'ils tendent à enlever au défendeur à la rescision le bénéfice de la prescription (...) ;
Attendu d'autre part, qu'il résulte de l'art. 1315 que le demandeur doit justifier sa demande, et que le défendeur doit justifier son exception ;
Que néanmoins, quoique cette exception soit prouvée, le demandeur conserve le droit de la repousser par une autre exception,
Qu'aussi, dans l'espèce, pour détruire l'exception de prescription qui écartait entièrement l'action, les demandeurs en rescision ont opposé, à leur tour, à l'appui de leur demande, que la prescription n'avait couru contre eux que du jour de la découverte de leur erreur, et qu'il ne s'était pas écoulé dix ans depuis cette époque ;
Que, dans ce cas, la preuve de cette exception qui formait la réplique des demandeurs en rescision était évidemment à leur charge, puisqu'elle se liait à leur demande originaire, dont elle devenait la principale base ;
Attendu enfin que la difficulté de cette preuve ne peut pas produire l'effet extraordinaire d'intervertir la position des parties, et de perpétuer arbitrairement le délai que la loi a limité ».
V. cependant, *contra* : Cass. com., 23 mars 2010, *RTD civ.*, 2010, p. 320, obs. B. Fages.

2. B. Fages, obs. sous Cass. civ. 1re, 25 mars 2010, *RTD civ.*, 2010, p. 320.

3. Sur les contradictions de la jurisprudence, v. les références citées *infra* note suivante.

4. V. par exemple le refus de la Cour de cassation de reporter le point de départ du délai de prescription des actions en justice contestant les décisions de préemption ou de rétrocession prises par les SAFER au jour de leur notification au motif que de telles décisions ont antérieurement été rendues publiques par l'affichage en marie : Cass. civ. 3e, 10 juin 1998, *Bull. civ.* III, n° 124 ; 29 mars 2000, *Bull. civ.* III, n° 77. *Contra* cependant, les articles L. 622-24 et L. 622-26 du Code de commerce, subordonnant le point de départ du délai de déclaration des créances à la notification au créancier du jugement d'ouverture d'une procédure collective pourtant publié, et la jurisprudence qui exige qu'une telle notification parvienne à la bonne adresse : Cass. com., 27 février 2007, *D.*, 2007, p. 946, obs. A. Lienhard. Comp., en matière de délai de recours cette fois, la jurisprudence de la CJUE, considérant que le critère de la connaissance de l'acte en tant que point de départ du délai de recours n'est que subsidiaire par rapport à la publication, laquelle peut d'ailleurs être opérée par internet : CJCE, 6 octobre 2005, *Europe*, 2005, comm. 416, obs. L. Idot.

la conclusion a causé un préjudice[1], fait naître ou révélé[2] un droit, de l'événement ayant opéré une substitution de débiteur[3], et plus généralement de n'importe quel fait susceptible de causer un dommage[4] ou de faire naître un droit[5] chaque fois qu'il aura fait l'objet d'une mesure de publicité.

707. En définitive, les causes traditionnelles de suspension sortent largement affaiblies de leur mise à l'épreuve. Au fond, une fois les fausses causes de suspension renvoyées à la question de la naissance du droit d'agir, les obstacles factuels rattachés à la théorie de la force majeure, et les impossibilités relatives d'agir disqualifiées, les causes de report du point de départ de la prescription se réduisent à deux hypothèses nettement identifiées : l'impossibilité pour le titulaire du droit mineur ou sous l'emprise de troubles mentaux d'exercer son droit, même par l'intermédiaire de son représentant légal d'une part ; l'ignorance du droit d'agir par son titulaire d'autre part. Ces deux hypothèses constituent les seules dans lesquelles la protection du titulaire du droit mérite qu'il soit porté atteinte à la sécurité juridique. Dès lors, tant les causes légales de suspension prévues par les articles 2235 et 2236 du Code civil que la vocation résiduelle de l'adage *Contra non valentem* consacré par l'article 2234 doivent être écartées. Mais encore faut-il préciser les contours des deux causes de report du point de

---

1. Cass. crim., 26 février 2007, *Rev. soc.*, 2008, p. 887, obs. B. Bouloc, *Dr. pén.*, 2007, comm. n° 83, obs. J.-H. Robert, *D.*, 2008, p. 1575, chron. C. Mascala (point de départ de la prescription constitué par la publication à la conservation des hypothèques du cautionnement litigieux) ; Cass. com., 26 mai 1999, *Bull. Joly*, 1999, p. 962, note M. Menjucq (point de départ de la prescription constitué par la publication du contrat de location gérance litigieux au registre du commerce et des sociétés). *Contra*, Lyon, 24 juin 2008, *Juris-Data* n° 2008-368534, excluant que la publication d'un bail emphytéotique à la conservation des hypothèques soit suffisante pour constituer une révélation au sens de l'article L. 225-42 alinéa 2 du Code de commerce ; civ. 1re, 25 mars 2010, *RTD civ.*, 2010, p. 320, obs. B. Fages, refusant de déduire de la publication au greffe du tribunal de commerce de l'acte réalisant la revente des actions acquises à la suite d'une réticence dolosive la connaissance par la victime du dol qu'elle avait subi (en l'espèce, la publicité de l'acte de revente ne permettait pas au demandeur d'apprécier le prix des participations cédées).

2. V. par ex., Cass. civ. 2e, 16 mars 2004, *Bull. civ.* II, n° 125 : l'action en recouvrement de cotisations de la caisse d'assurance vieillesse se prescrit à compter de l'enregistrement de l'acte de décès mentionnant le décès et l'adresse de l'un des ayants droit et non de la connaissance d'un tel décès ; Cass. civ. 1re, 18 mai 2005, *Bull. civ.* I, n° 219 : l'action du ministère public en annulation de la déclaration d'acquisition de la nationalité par mariage pour mensonge ou fraude se prescrit à partir de la mention du divorce en marge de l'acte de mariage, et non du jour où il a eu effectivement connaissance de la cessation de la communauté de vie.

3. V. par ex, Cass. civ. 3e, 13 juin 2001, pourvoi n° 99-19429 : le point de départ de la prescription ne pouvait être reporté à la date à laquelle le titulaire du bail aurait prétendument eu connaissance de la qualité de propriétaire de la CNM dès lors que la publication aux hypothèques du traité de fusion avait eu pour effet de rendre opposable aux tiers ladite fusion.

4. V. l'article 65 de la loi du 29 juillet 1881 sur la liberté de la presse, faisant courir l'action civile résultant des crimes, délits et contraventions prévus par ladite loi à compter du jour où ils ont été commis, fixé au jour de la publication ; la jurisprudence en matière d'abus de biens sociaux faisant courir la prescription de la publication des comptes annuels : Cass. crim., 27 juin 2001, *Bull. crim.*, n° 164, *Dr. pén.*, 2001, comm. 129, obs. J.-H. Robert, *Bull. Joly*, 2001, p. 1117, note J.-F. Barbièri ; Cass. com. 16 février 2010, *Bull. civ.* IV, n° 40, faisant courir la prescription de l'action en contrefaçon visant l'enregistrement d'une marque à compter de l'accomplissement des formalités prévues à l'article R. 712-23 du Code de la propriété intellectuelle, qui rendent cet enregistrement public et opposable aux tiers. *Contra*, reportant le point de départ de la prescription de l'action en contrefaçon au jour de la révélation de la publication, Paris, 4 février 2006, *Comm. com. élect.*, 2006, comm. 141, note C. Caron.

5. V. art. L. 611-8 du Code de la propriété intellectuelle faisant courir l'action en revendication d'un brevet obtenu en violation des droits du véritable inventeur du jour de la publication de la délivrance du titre ; v. art. 1859 du Code civil faisant courir les actions contre les associés non liquidateurs ou leurs héritiers et ayants cause à compter de la publication de la dissolution de la société.

départ de la prescription retenues. La première, l'impossibilité pour le mineur ou le majeur sous l'empire de troubles mentaux d'exercer son droit par l'intermédiaire de son représentant légal, sera caractérisée soit parce que le titulaire du droit n'a pas de représentant, faute de mesure de protection, soit parce que l'existence d'un conflit d'intérêt en la personne de son représentant empêche ce dernier d'agir efficacement pour défendre les intérêts de la personne protégée. Elle justifiera alors le report du point de départ de la prescription au jour de la majorité du mineur, de la cessation des troubles ou du décès du majeur non protégé, de la levée de la mesure de protection, du changement de représentant ou du décès du majeur protégé. La seconde, l'ignorance des faits permettant d'agir, soulève davantage de difficultés. Il faut distinguer selon que l'ignorance est consubstantielle au succès de l'action au fond, hypothèse dans laquelle elle bénéficiera d'une sorte de présomption de légitimité, ou qu'elle n'est qu'accidentelle, hypothèse dans laquelle la légitimité de l'ignorance devra être mise à l'épreuve de son objet et du type d'action exercée, mais aussi du comportement du titulaire du droit. L'ignorance devra alors avoir résisté aux diligences qu'il aurait pu et dû entreprendre, preuve qu'il lui appartiendra de rapporter.

Mais le risque demeure alors fort que la cessation des troubles ou de l'ignorance se produise de nombreuses années après la naissance du droit d'agir ayant créé chez le débiteur comme chez les tiers une apparence sur laquelle ils ont pu se reposer. Or, si de telles situations justifient qu'il soit porté atteinte à la sécurité juridique des tiers, elles ne justifient pas pour autant qu'elle soit sacrifiée. Aussi, même si seules ces deux causes de report du point de départ de la prescription sont retenues, l'étendue de leurs effets doit être limitée dans le temps, ce qui implique de limiter les effets de la prise en considération des causes de report du point de départ de la prescription.

§ 2 – LA LIMITATION DES EFFETS DU REPORT

708. Admettre de reporter le point de départ de la prescription au jour où l'impossibilité absolue d'agir du titulaire du droit a cessé peut mener à une date très éloignée de l'événement qui en est à l'origine. Les exemples ne manquent pas de contrats dont la nullité a pu être demandée ou de dommages dont il a pu être exigé réparation des décennies après la survenance de l'événement qui en est à l'origine. Afin de limiter l'atteinte portée aux fondements de la prescription par de telles situations, l'idée d'un délai butoir s'est progressivement faite jour. Fréquemment utilisée par le législateur communautaire, largement répandue dans les systèmes juridiques étrangers, la méthode, déjà présente ponctuellement en droit français, a été généralisée par la loi du 17 juin 2008. L'article 2232 du Code civil dispose ainsi désormais que « le report du point de départ, la suspension ou l'interruption de la prescription ne peut avoir pour effet de porter le délai de la prescription extinctive au-delà de vingt ans à compter du jour de la naissance du droit ».

709. Sujette à de nombreuses critiques, l'existence d'un délai butoir semble cependant inéluctable dès lors que l'on accepte de prendre en considération des événements tenant au titulaire du droit pour reporter le point de départ de la prescription. Mais là encore, un équilibre doit être trouvé, et le délai céder dans certaines hypothèses. Aussi, le principe d'un délai butoir (A) doit être neutralisé en cas d'ignorance provoquée (B).

A. Le principe d'un délai butoir

710. Il n'est sans doute pas utile de revenir ici sur les différentes controverses auxquelles a donné lieu l'introduction d'un délai butoir en droit français et notamment sur la question de sa compatibilité à l'article 6 § 1 de la *Convention européenne des droits de l'homme*. Ainsi qu'on l'a déjà observé[1], la question s'est posée sous l'angle de l'effectivité du droit d'agir : doit-on admettre que le titulaire du droit soit privé de toute action alors qu'il aurait été dans l'impossibilité absolue de l'exercer ? Au fond, admet-on que le délai pour agir puisse parfois ne pas être utile ?

Ainsi exposée, la question présuppose une réponse négative. Renversons la perspective : si l'on admet que la connaissance peut justifier de reporter le point de départ de la prescription à une date éloignée de celle de la naissance du droit d'agir, peut-on admettre de laisser indéfiniment le débiteur dans l'incertitude ? Plus encore, peut-on toujours admettre que de vieux litiges ressurgissent, parfois tardivement à une époque où les preuves ont disparu, la société évolué au risque d'un raisonnement judiciaire anachronique[2] ?

Le délai butoir fait ainsi partie de ces institutions que l'on accueille comme à regret, parce qu'elles ne répondent pas à un impératif logique mais à une nécessité pratique[3]. Son existence semble indissociable de la prise en considération – à titre de principe ou d'exception – de l'impossibilité d'agir[4]. Mais le rôle exact d'un tel délai dépend avant tout du point de départ qui lui est assigné.

711. Sous cet aspect, on sait que la notion de délai butoir recouvre deux techniques bien différentes et aussi fréquemment utilisées[5]. On distingue la technique consistant à « prévoir deux délais distincts enchâssés l'un dans l'autre »[6] de la simple technique de « limitation de l'extension de fait de la durée du délai de prescription ». Dans la première hypothèse, le point de départ de la prescription sera nécessairement distinct de celui du délai butoir. Dans la seconde, ces deux dates seront confondues.

Le législateur a opté pour la première technique à l'article 2232 du Code civil en faisant courir le délai butoir de la naissance du droit[7]. Son choix s'explique aisément : le délai butoir visant à combattre les effets de la subjectivisation du régime de la prescription, admettre une unicité de points de départ ne se justifie que si le critère de détermination du point de départ de la prescription n'est pas lui-même subjectif. En revanche, dès lors que le point de départ repose, ainsi qu'on l'a proposé, sur un critère objectif, les deux branches de l'alternative demeurent ouvertes.

---

1. V. *supra*, n° 553.

2. Le risque est particulièrement fort en matière d'action en responsabilité : les standards d'appréciation en la matière ont considérablement évolué. Peut-il vraiment être raisonnable d'en arriver aujourd'hui à apprécier le comportement d'une entreprise au début du siècle à l'aune du principe de précaution par exemple, pour lui reprocher de ne pas avoir pris des mesures que non seulement elle ne pouvait à l'époque anticiper, mais que plus encore il n'était pas à l'époque question d'anticiper ?

3. Y.-M. Laithier, « Le nouveau droit français de la prescription extinctive et le rapport "*Limitation of Actions*" de la *Law Commission* anglaise », in *Réforme de la prescription*, *D.*, 2008, p. 2538, spéc. p. 2539.

4. V. *supra*, n° 489.

5. Sur les différents modèles, v. *supra*, n° 490.

6. M. Mignot, « Le délai butoir, Commentaire de l'article 2232 du Code civil issu de la loi du 17 juin 2008 », *Gaz. Pal.*, 26 février 2009, p. 2 s., spéc. n° 3 et 5.

7. Sur les difficultés soulevées par un tel critère, v. *supra*, n° 463 s.

712. Faut-il alors distinguer le point de départ de la prescription de celui du délai butoir en faisant courir le second du jour du fait générateur de l'action ? La solution est largement admise, au moins en matière de responsabilité. Elle semble pourtant inopportune. En effet, il faut d'abord souligner qu'elle soulève, en dehors du domaine des actions en responsabilité, de nombreuses difficultés. Ainsi, une obligation à terme ne pourrait plus faire l'objet d'une action vingt ans après la conclusion du contrat lui ayant donné naissance, quand bien même elle pourrait n'être pas encore exigible. Il en irait de même d'une obligation de ne pas faire.

Une telle date demeure critiquable même lorsqu'elle ne concerne que l'exercice d'une action en responsabilité. En effet, que la victime ne puisse plus agir parce qu'elle est restée dans l'ignorance de son dommage est une chose, qu'elle ne puisse plus agir alors qu'elle ne l'aurait pas même encore subi en est une autre, assurément plus attentatoire au droit d'accès au tribunal, sans même évoquer la rupture d'égalité ainsi crée entre les victimes selon le moment auquel leur dommage se réalise[1]. Les deux situations sont en effet très différentes : dans la première, l'impossibilité d'agir est liée à l'ignorance de son droit d'agir par la victime, dans la seconde, elle résulte du fait que la loi ne permet pas d'agir pour interrompre la prescription car l'action n'existe pas encore. En d'autres termes, la première relève de l'adage *Contra non valentem* alors que la seconde de l'adage *Actioni non natae non praescribitur*.

Or, ces deux causes d'inaction, on l'a vu[2], n'ont absolument pas la même portée. Avant la naissance du droit d'agir, l'inaction n'est pas significative : elle ne crée aucune apparence et ne peut donc entraîner chez le débiteur une croyance erronée en sa libération. Par suite, rien ne justifie dans une telle hypothèse que la victime soit privée de son droit d'agir : l'inaction de la victime n'a pas créé une apparence que la loi devrait consolider. Les mêmes raisons qui ont conduit à faire de la naissance du droit d'agir le critère de détermination du point de départ de la prescription[3] doivent conduire à en faire le point de départ du délai butoir : faute pour l'action d'être née, elle ne saurait ni se prescrire, ni voir son exercice entravé par l'existence d'un délai butoir. Plus encore, si la jurisprudence du Conseil constitutionnel ne paraît hostile à l'éviction de l'adage *Contra non valentem* qu'en présence de brefs délais, elle semble en revanche par principe réfractaire à l'éviction de l'adage *Actioni non natae non praescribitur*[4].

Aussi est-il préférable d'admettre que l'action ne peut plus être exercée à l'expiration d'un délai butoir courant, comme le délai de prescription, à partir du jour de naissance du droit d'agir. La solution contraire s'exposerait d'ailleurs à une réaction jurisprudentielle *contra legem*. On sait en effet que la Cour de cassation n'a pas hésité à écarter le délai butoir spécifiquement prévu par l'article 1427 du Code civil, jugeant qu'un tel délai ne saurait permettre à la prescription de courir avant la réalisation de l'acte litigieux, qui marquait la naissance du droit d'agir[5].

713. Au reste, le choix d'un tel événement aurait le mérite de simplifier la conciliation des différents délais, à travers l'unicité du point de départ des délais de prescription et butoir. La naissance du droit d'agir deviendrait le point cardinal de l'ensemble du système. Il n'y aurait nul besoin de rechercher deux

1. V. *supra*, n° 543 s.
2. V. *supra*, n° 631.
3. V. *supra*, n° 629 s.
4. V. *supra*, n° 543 s.
5. V. *supra*, n° 375.

événements distincts, mais de constater que le report éventuel du point de départ de la prescription ne saurait avoir pour effet d'amener le délai effectif de prescription au-delà d'une certaine durée[1] à compter de la naissance du droit d'agir, point de départ naturel de la prescription. Du même événement - la naissance du droit d'agir - courent deux délais : l'un, de prescription, qui doit être un délai utile pour agir, l'autre, butoir, qui est un délai mécanique. Le premier sera marqué par sa souplesse, la possibilité de reporter ou d'aménager son point de départ, d'en suspendre son cours. Le second sera au contraire marqué par sa rigidité : son point de départ ne pourra être reporté, ni son cours suspendu[2]. Le délai ne pourrait faire l'objet d'aucun aménagement conventionnel, que ce soit quant à sa durée ou à son point de départ. L'architecture des délais y gagnerait en cohérence : un seul et unique événement, qui répond le mieux à la fonction de la prescription, devrait constituer le point de départ naturel de tous les délais pour agir. Le report exceptionnel du point de départ de la prescription ne saurait, passé un certain temps, remettre en cause la primauté de la date de naissance du droit d'agir, qui devrait de nouveau l'emporter[3].

Cependant, le rayonnement d'un tel délai, faisant prévaloir des considérations de sécurité juridique sur tout autre intérêt, ne saurait être illimité. Plus précisément, il doit être neutralisé en cas d'ignorance provoquée.

B. La neutralisation du délai butoir en cas d'ignorance provoquée

714. L'immense majorité des systèmes ayant adopté un délai butoir ont cherché à en limiter la portée, lorsque ses conséquences apparaissent particulièrement iniques. En règle générale, c'est le droit substantiel concerné qui guide la sélection des hypothèses dans lesquelles le délai butoir devrait être écarté. Ainsi par exemple, de nombreux systèmes ont écarté le principe d'un délai butoir en présence d'un préjudice corporel.

La référence au droit substantiel concerné n'apparaît pourtant pas des plus pertinentes. En effet, au-delà de l'intérêt de la société dans son ensemble, c'est avant tout l'intérêt du débiteur qui est protégé par le mécanisme du délai butoir.

---

1. La durée du délai butoir répond évidement à des considérations pour une large place arbitraires. La durée de vingt ans retenue par le législateur français apparaît cependant raisonnable et préférable aux délais plus courts prévus par certains droits étrangers. En effet, l'expérience a montré que les systèmes ayant retenu des délais butoirs trop courts se retrouvent souvent contraints d'envisager leur rallongement. Sur l'exemple du système israélien, qui après avoir opté pour une durée de dix ans, a envisagé de le porter finalement à 25 ans : B. Fauvarque-Cosson, « Aspects de droit comparé de la prescription », in *Les désordres de la prescription*, textes réunis par P. Courbe, Publication de l'Université de Rouen, 2000, p. 45 s., spéc. p. 54.

2. L'utilité d'un tel délai serait en effet réduite à néant s'il devait être susceptible de suspension - ce qui est le cas du délai prévu par l'article 2232 du Code civil - ou d'aménagement conventionnel - point sur lequel la loi nouvelle ne se prononce pas. V. sur ce point, F.-X. Licari, « Aspects fondamentaux du nouveau droit de la prescription : réflexions théoriques et pratiques sur les choix opérés par la loi du 17 juin 2008 », in *La réforme du droit de la prescription extinctive : perspectives nationales et transfrontalières*, actes de colloque, Metz, 7 mai 2009, *RLDC*, octobre 2009, n° 42, p. 84 s., spéc. p. 88. Le délai butoir ne doit pouvoir être interrompu que par l'exercice du droit par le créancier, ou sa reconnaissance par le débiteur.

3. La méthode a certes pu être contestée. Un auteur a ainsi pu considérer que la technique, parce qu'elle conduit à rallonger le délai de prescription en raison de l'impossibilité d'agir, dénature la prescription qui doit mesurer le temps de l'inaction du titulaire du droit qui pourrait agir, et plaide donc en faveur de deux délais totalement distincts et indépendants (M. Mignot, « Le délai butoir, commentaire de l'article 2232 du Code civil issu de la loi du 17 juin 2008 », art. préc., spéc. n° 2). Mais les délais peuvent parfaitement être distincts, tout en ayant le même point de départ : le titulaire du droit doit alors respecter ces deux bornes temporelles à l'action.

Or, celui-ci demeure identique que le dommage causé soit corporel ou matériel. L'obscurcissement du temps qui passe est le même, et si certaines matières méritent une considération particulière, des règles matérielles propres au domaine concerné doivent s'y atteler[1], plutôt que d'altérer le délai butoir.

En revanche, il est certain que tous les débiteurs ne méritent pas d'être identiquement protégés. Concrètement, le report du point de départ de prescription que le délai butoir vise à neutraliser peut avoir deux causes distinctes : l'incapacité du titulaire du droit d'agir, ou son ignorance des éléments lui permettant d'agir. Or, si la première est inhérente au titulaire du droit, le débiteur n'est pas toujours étranger à l'existence de la seconde. En effet, il peut être – en tout ou partie – à l'origine d'une telle ignorance. Pour le dire autrement, l'ignorance peut être soit spontanée, soit provoquée.

Sous l'angle du point de départ de la prescription, la portée de la distinction demeure limitée : l'ignorance, dès lors qu'elle est légitime, constitue toujours une cause de report du point de départ de la prescription. Le fait qu'elle ait pu être provoquée n'a d'autre effet que de la rendre nécessairement légitime[2]. En revanche, sous l'angle du délai butoir, la portée de la distinction prend une toute autre ampleur. Il ne faut plus traiter l'ignorance comme une cause uniforme de report du point de départ mais tenir compte de sa dualité. En effet, lorsque le débiteur a provoqué l'ignorance du titulaire du droit, rien ne justifie qu'il puisse s'abriter derrière le délai butoir pour échapper à toute action : le débiteur ne saurait s'être fié à l'apparence créée par l'inaction du titulaire du droit, il connaissait – pour les avoir provoquées – les raisons d'une telle inaction[3].

Aussi le délai butoir doit-il être neutralisé lorsque l'ignorance du titulaire du droit l'ayant empêché d'agir trouve sa source dans le comportement du débiteur[4], qui aurait entendu « perturber le fonctionnement de la prescription »[5]. Le principe renvoie concrètement à deux hypothèses. La première est celle dans laquelle une fraude du débiteur serait à l'origine de l'inaction du titulaire du droit[6]. Ainsi en est-il notamment lorsque l'action trouve sa source dans une fausse déclaration[7] ou encore lorsqu'un assureur use de manœuvres n'ayant pas d'autre but que de faire courir la prescription[8]. La seconde est celle dans laquelle, sans qu'une fraude ne soit à l'origine de l'inaction, le débiteur a volontairement dissimulé au titulaire du droit certains éléments lui permettant d'agir[9]. Tel est le cas

---

1. V. notamment, sur la possibilité de créer des fonds de garantie en certains domaines : *infra*, nº 719 s.

2. V. *supra*, nº 700.

3. V. égal. *supra*, nº 553, sous l'angle de la conventionalité d'un tel délai.

4. Comp. *Limitation of Actions, Consultation Paper No 151* (1998), para. 12.149 s., p. 304 s. s. ; *Final Report No 270* (2001), para. 3.140, p. 82). V. aussi la mise en échec du délai butoir de deux ans de la *CIVM* (art. 39 al. 2) lorsque le vendeur connaît ou ne pouvait ignorer la non-conformité du bien vendu (art. 40).

5. V. à propos de la mise à l'écart des clauses abrégeant la durée de la prescription : D. Mazeaud, obs. sous Cass. com., 12 juillet 2004, *RDC*, 2005, p. 272.

6. V. M. Béhar-Touchais, « Foisonnement des délais », in *Les désordres de la prescription*, préc., p. 7 s., spéc. nº 22 ; J. Kullman, « Fautes et sanctions liées à la prescription », in *Les désordres de la prescription*, textes réunis par P. Courbe, Publication de l'Université de Rouen, 2000, p. 97 s., spéc. p. 105.

7. Cass. soc., 18 mars 1999, pourvoi nº 97-15721 ; 13 juillet 2000, *Bull. civ.* V, nº 279 ; 15 novembre 2001, *Bull. civ.* V, nº 346.

8. Cass. civ. 1re, 28 octobre 1991, *Bull. civ.* I, nº 282, *RTD civ.*, 1992, p. 563, obs. J. Mestre (affirmation de l'assureur selon laquelle il ne pouvait répondre à la demande de l'assuré avant la clôture de la procédure pénale).

9. En ce sens, v. R. Wintgen, note sous Civ. 1re 24 janvier 2006, *D.*, 2006, p. 626 s., spéc. p. 628 *in fine*.

lorsque le débiteur a volontairement dissimulé au créancier l'existence de sa créance, en cachant le fait fautif qui en est à l'origine, ou les conséquences dommageables d'un tel fait, ou encore lorsqu'il a tenté de dissimuler au créancier son identité, par exemple en changeant de dénomination sociale.

La neutralisation du délai butoir répond d'abord ici à un sentiment élémentaire d'équité. Comme on a pu le souligner, on ne saurait demander à la victime d'un dol d'agir tant que ce dernier lui était dissimulé et « une loi qui exigerait le contraire serait aussi absurde que si on demandait à un aveugle, tant qu'il se trouve dans cet état, de discerner les couleurs »[1]. Au surplus, un tel tempérament à la mise en œuvre du délai butoir aurait le mérite de répondre aux exigences de la Cour européenne des droits de l'homme, réfractaire aux applications automatiques de ce type de délai, sans égard pour les circonstances de l'espèce[2]. La neutralisation du délai butoir en cas d'ignorance provoquée devrait ainsi permettre au délai butoir d'échapper au grief de contrariété à l'article 6 § 1 de la *Convention européenne des droits de l'homme.*

Sans doute ne s'agit-il là, en grande partie, que d'une application de la maxime plus générale *Fraus omnia corrupit*[3]. Mais l'exigence de certitude du régime de la prescription impose de rappeler son application en matière de délai butoir[4], non seulement pour définir les hypothèses susceptibles d'en relever mais également pour en préciser les conséquences. Dans de telle circonstances en effet, la neutralisation du délai butoir devrait avoir pour conséquence, non pas d'en nier l'existence, mais de relever de forclusion le titulaire du droit en lui permettant d'agir, malgré l'expiration du délai butoir, dans un laps de temps relativement court – qui pourrait par exemple être fixé à six mois ou un an – à compter de la découverte de la fraude ou de la dissimulation[5]. Aussi la neutralisation du délai butoir serait conditionnée à l'existence à la fois d'un comportement frauduleux du débiteur et d'un comportement diligent du créancier.

Mais, en dehors de ces hypothèses, le délai butoir devrait rigoureusement s'appliquer. La limitation de sa portée devra alors passer par la recherche de palliatifs à son application et à la limitation plus générale des causes de report de la prescription.

---

1. Seligman, *Rev. crit.*, 1854, p. 452.

2. V. *supra*, nº 553, sur l'approche de la Cour européenne des droits de l'homme en la matière.

3. J. Mestre, obs. sous Cass. civ. 1re, 28 octobre 1991, *RTD civ.*, 1992, p. 563 s., spéc. p. 564 : « la fraude corrompt, en effet, tout et donc l'écoulement du temps lui-même, qui ne saurait à la longue l'effacer ».

4. *Contra*, R. Zimmermann, *Comparative foundations of a European law of set-off and prescription*, Cambridge University Press, 2002, p. 146 et G. Rouhette, I. de Lamberterie, D. Tallon et C. Witz, *Principes du droit européen du contrat*, coll. Droit privé comparé et européen, Société de législation comparée, 2003, p. 547, considérant que la question de savoir si le débiteur peut être privé du droit d'invoquer la prescription est une question très complexe qui dépassa une simple formule technique, et qu'il vaut mieux rattacher au principe général de bonne foi.

5. En droit positif, la fraude a pour effet, soit de reporter le point de départ de la prescription (Cass. soc., 13 juillet 2000, *Bull. civ.* V, nº 279), soit de priver le débiteur du droit de se prévaloir de la prescription (Cass. civ. 1re, 28 octobre 1991, *Bull. civ.* I, nº 282, *RTD civ.*, 1992, p. 563, obs. J. Mestre ; 3 novembre 1993, Bill. Civ. I, nº 312 ; 19 décembre 1995, *Defrénois*, 1996, p. 1002 s., obs. J. Massip ; soc., 15 novembre 2001, *Bull. civ.* V, nº 346). La transposition pure et simple de ces solutions en matière de délai butoir serait cependant sans doute trop sévère : la fraude ne devrait pas à elle-seule suffire à neutraliser le délai butoir. Il faut encore qu'elle ait effectivement empêché le titulaire du droit d'agir (v. Paris, 14 décembre 2001, *D.*, 2002, p. 726, obs. A. Lienhard). Aussi apparaît-t-il préférable de ne neutraliser le délai butoir

§ 3 – LA MISE EN PLACE DE PALLIATIFS AUX CONSÉQUENCES INÉQUITABLES DES LIMITATIONS DU REPORT DU POINT DE DÉPART DE LA PRESCRIPTION

715. La double limitation des causes et des effets du report du point de départ de la prescription peut assurément paraître sévère pour le titulaire du droit, spécifiquement lorsqu'elle aboutit à interdire à ce dernier de demander réparation du préjudice qu'il a pu subir. Or une telle sévérité, acceptable dans certaines hypothèses, peut s'avérer inique dans d'autres. Le constat ne doit cependant pas conduire à remettre en cause le régime proposé, mais à offrir au titulaire du droit des alternatives soit pour obtenir par voie judiciaire réparation du préjudice que lui cause le fait de ne pas pouvoir agir, soit pour que le préjudice dont il ne peut demander réparation soit compensé par une voie autre que judiciaire. Aussi deux palliatifs peuvent-ils être envisagés : l'exercice d'une action en responsabilité civile (A) et la mise en place de fonds de garantie (B).

A. Le palliatif à la limitation des causes de report du point de départ de la prescription : l'action en responsabilité

716. Dans de nombreuses hypothèses, le comportement du débiteur ou celui d'un tiers, sans être aucunement frauduleux ou dolosif, peut néanmoins avoir contribué en tout ou partie à ce que le titulaire du droit se retrouve forclos. Ainsi, un assureur peut avoir manqué à son obligation d'information à l'égard de l'assuré, qui aura en conséquence laissé son droit se prescrire. De même, si le représentant d'un majeur protégé n'agit pas en son nom, le titulaire du droit risque fort, une fois la mesure de protection levée, de se voir opposer la forclusion. Le comportement du titulaire du droit peut également à l'inverse avoir conduit à retenir un point de départ susceptible de rendre l'action imprescriptible. Tel est le cas chaque fois que l'exigibilité de la créance est laissée à l'entière discrétion du créancier, qui peut décider ou non de provoquer la déchéance du terme, ou de mettre fin à un découvert autorisé. Dans ces hypothèses, l'exigibilité, supposée marquer le point de départ de la prescription, peut sembler intervenir à contretemps.

717. L'application rigoureuse des directives de détermination du point de départ de la prescription peut alors paraître sévère. Partant de ce constat, la jurisprudence a souvent eu tendance à en assouplir l'application, instrumentalisant la fixation du point de départ de la prescription afin de protéger le titulaire du droit. Elle a ainsi, au mépris des principes régissant la matière, fixé le point de départ de la prescription en matière d'assurance de groupe au jour du refus de garantie de l'assureur ou de la demande en paiement de l'établissement de crédit[1]. Elle a encore fait du premier incident de paiement ou du dépassement du découvert autorisé le point de départ du délai de forclusion de l'ancien article L. 311-37 du Code de la consommation[2].

Si elle repose sur un objectif légitime, la démarche nuit assurément à la cohérence de la matière. La détermination du point de départ des délais pour agir ne saurait être systématiquement traitée comme la variable d'ajustement, sauf à faire le deuil d'un système cohérent de détermination du point de départ de

---

que si l'action était effectivement impossible au moment de son expiration, et uniquement pour un laps de temps permettant raisonnablement son exercice.

1. V. *supra*, nº 410 s.

2. V. *supra*, nº 264 s.

la prescription. D'autres palliatifs existent, plus respectueux des principes généraux du droit de la prescription comme du droit des contrats.

Ainsi, par exemple, plutôt que d'avancer le point de départ du délai de forclusion au jour du dépassement du découvert maximum autorisé pour sanctionner le prêteur à qui l'on reproche d'avoir délibérément exploité les difficultés de l'emprunteur, sans doute pourrait-on maintenir un point de départ conforme aux principes généraux en la matière, tout en engageant la responsabilité civile du prêteur pour avoir fautivement omis de mettre fin au crédit litigieux[1]. Le remède est déjà utilisé par la Cour de cassation en matière d'assurance de choses. En effet, lorsque l'assureur a sciemment laissé se prescrire le recours à son encontre, plutôt que de reporter le point de départ en guise de sanction, comme le soutiennent parfois les demandeurs aux pourvois, la Cour de cassation respecte la fixation objective du point de départ, mais engage la responsabilité de l'assureur, qui a fait perdre une chance à l'assuré d'obtenir satisfaction[2]. Pourquoi ne pas généraliser la démarche, en commençant par l'étendre aux assurances de groupe ?

La solution permettrait de satisfaire au moins partiellement les intérêts de l'assuré, sans trahir les principes de détermination du point de départ de la prescription. Elle n'est certes pas sans inconvénients. L'action en responsabilité devant permettre de réparer le préjudice consistant en la perte d'une chance d'avoir obtenu satisfaction, elle obligera à faire revivre intellectuellement un litige que la prescription était supposée avoir éteint. Le fondement probatoire de la prescription s'en trouverait sans doute heurté. Néanmoins, l'atteinte sera assurément moins importante que celle qu'emporte l'instrumentalisation du point de départ de la prescription.

718. Plutôt que d'assouplir les principes de détermination du point de départ de la prescription au point de les priver de cohérence, il vaut mieux en faire une application systématique et compenser les conséquences rigoureuses de cette application par la possibilité d'agir en responsabilité. Concrètement, dans toutes les hypothèses où le point de départ est aujourd'hui instrumentalisé au mépris des principes régissant la matière, il serait plus satisfaisant de respecter les directives de détermination du point de départ de la prescription, quitte à ouvrir au titulaire forclos une action en responsabilité à l'encontre de celui qui lui a fait perdre une chance d'obtenir satisfaction. Plutôt que de déformer la notion d'exigibilité, mieux vaut admettre que seule la clôture du découvert fait naître

---

1. Comp. S. Piedelièvre, « Crédit à la consommation : le point de départ du délai de forclusion de l'article L. 311-37 », *Gaz. Pal.* 13 décembre 2003, p. 2, spéc. n° 14.

2. Cass. civ. 1re, 6 décembre 1994, *Bull. civ.* I, n° 358 : « après avoir constaté que la prescription biennale de l'action en garantie était acquise depuis le 2 février 1986, l'arrêt attaqué précise qu'il convient de rechercher si la demande d'indemnisation de la société Pub Saint-Lazare ne peut "trouver un fondement" dans la faute qu'aurait pu commettre le Lloyd X... ; qu'après avoir analysé les circonstances de la cause, la cour d'appel a retenu que l'assureur avait commis, dans l'exécution de ses obligations à l'égard de son assurée, une négligence dont il devait réparation ; qu'ainsi, contrairement à ce que soutient le moyen, la cour d'appel, fondant sa décision sur la responsabilité contractuelle du Lloyd continental, a condamné cette compagnie, non à la prise en charge du sinistre par le jeu de la garantie stipulée dans la police, mais à indemnisation du dommage causé par sa faute ; que l'arrêt se trouve légalement justifié, l'action en responsabilité étant recevable dès lors que le point de départ de la prescription biennale se situe à la date où l'assuré a eu connaissance du manquement de l'assureur à ses obligations et du préjudice en résultant pour lui ; qu'en outre, l'arrêt attaqué retient que le Lloyd continental, bien qu'informé par la copie de la lettre du 20 décembre 1985, que la prescription devait être acquise dès le 2 février suivant, n'a pas "réagi auprès de l'assuré" qui correspondait directement avec l'expert depuis près de 2 ans ». V., dans le même sens : civ. 2e, 7 octobre 2004, *Resp. civ. ass.*, 2004, comm. 390 par H. Groutel, *Gaz. Pal.*, 21 septembre 2005, p. 12, note M. Perier ; 28 mars 2013, pourvoi n° 12-16011.

un délai pour agir, et compenser le préjudice pouvant en résulter par la possibilité pour le débiteur d'agir en responsabilité contre le créancier qui aurait rendu la dette exigible à contretemps. Plutôt que de reporter le point de départ de la prescription au jour de la levée de la mesure de tutelle, mieux vaut faire courir la prescription dès la conclusion de l'acte litigieux, quitte à ce que le majeur ou ses héritiers se retournent contre le représentant qui n'aurait pas agi pour sauvegarder les droits de la personne protégée.

B. Le palliatif à la limitation des effets du report de la prescription : les fonds de garantie

719. La limitation des effets du report de la prescription par le jeu du délai butoir n'ayant vocation à prospérer qu'en présence d'une ignorance provoquée, la mise en œuvre du délai butoir ne soulèvera réellement de difficultés que dans une hypothèse nettement déterminée : celle dans laquelle le dommage subi, bien que déjà réalisé, est demeuré latent c'est-à-dire ignoré par sa victime[1]. La forclusion de l'action visant à obtenir réparation d'un tel dommage est en règle générale vécue comme un sacrifice nécessaire à la protection de la sécurité juridique. Cependant, il en va différemment dans deux hypothèses. D'une part, en cas de dommages corporels, pour lesquels l'absence de réparation apparaît insupportable, d'autre part, pour les dommages ayant nécessairement vocation à se manifester de nombreuses années après les faits, tels les dommages environnementaux, dont l'absence de réparation laisse par principe insatisfait.

Confrontés à ces hypothèses, le législateur comme la jurisprudence n'hésitent pas à instrumentaliser les directives de détermination du point de départ de la prescription en vue de permettre d'agir à l'encontre des auteurs de tels dommages. Ainsi, la jurisprudence reporte-t-elle le point de départ de la prescription de l'action en réparation du préjudice corporel au jour de sa consolidation entendu comme le jour où la victime a pris conscience de l'étendue de son dommage[2]. Plus, pour éviter le jeu du délai butoir, le législateur a préféré l'écarter en matière de dommages corporels[3].

Mais la démarche n'est pas à l'abri de la critique : elle conduit à instrumentaliser le régime de la prescription pour régler une question propre au droit substantiel concerné, au mépris de la cohérence des directives de détermination du point de départ de la prescription et au prix d'un butoir transformé en tamis.

Si l'on pense que le dommage est trop grave pour que la collectivité n'en supporte pas la charge, il convient de le faire assurer par des mécanismes collectifs. Le législateur y a déjà largement recours pour permettre la réparation intégrale du préjudice tout en évitant d'avoir à rechercher l'auteur d'un dommage, ou encore pour pallier l'insolvabilité de ce dernier[4] ou la défaillance des assurances[5].

1. En effet, dès lors que l'ignorance du vice affectant l'acte n'a pas été provoquée par le cocontractant, il semble n'y avoir rien d'illégitime à ce que l'action en nullité ne puisse plus être exercée à l'expiration du délai butoir. De même, l'ignorance de l'existence d'un acte fondant son droit de créance, dès lors qu'il n'a pas été dissimulé, justifie que le créancier ne puisse plus agir à l'expiration du délai butoir.

2. V. *supra*, n° 88 s.

3. V. *supra*, n° 463 s.

4. M. Mekki, « Les fonctions de la responsabilité civile à l'épreuve des fonds d'indemnisation des dommages corporels », *LPA*, 12 janvier 2005, p. 3 s.

5. Y. Lambert-Faivre, « La durée de la garantie dans les assurances de responsabilité : fondement et portée de la nullité des clauses "réclamation de la victime" », *D.*, 1992, chron. p. 13 s., spéc. p. 18, proposant la création de fonds de garantie pour prendre le relais d'assurances impossibles.

Pourquoi ne pourrait-il pas y avoir recours pour remédier cette fois à la forclusion de l'action à l'encontre de l'auteur du dommage ? Les victimes de certains types de dommages corporels devraient pouvoir obtenir auprès de fonds de garantie la réparation de leur préjudice alors même que leur action contre le responsable serait prescrite. Sur cette voie, le point de départ de la prescription pourrait d'ailleurs être ramené en la matière au jour de la manifestation du dommage, et la date de consolidation, insatisfaisante[1], abandonnée.

Un raisonnement identique pourrait d'ailleurs être mené en faveur des victimes de dommages environnementaux. Là encore, en lieu et place de l'instrumentalisation observée[2], il serait plus judicieux d'appliquer les directives de détermination du point de départ de la prescription de droit commun[3], et de permettre que la réparation de dommages tardivement découverts ou imputés à des troubles environnementaux s'opère auprès d'un fonds de garantie[4].

720. Au total, dans toutes les hypothèses où la limitation des causes comme celles des effets du report du point de départ de la prescription font naître des situations jugées iniques, il apparaît préférable de substituer à l'instrumentalisation législative et jurisprudentielle des directives de détermination du point de départ de la prescription la mise en place d'un certain nombres de palliatifs. D'une part, le titulaire du droit devrait être autorisé à engager la responsabilité de son débiteur ou d'un tiers chaque fois que leur comportement aura contribué à la constitution de la situation inéquitable observée. D'autre part, le titulaire du droit devrait pouvoir obtenir auprès d'un fonds de garantie la réparation des dommages les plus sensibles lorsque son action à l'encontre de l'auteur du dommage achopperait devant le délai butoir. La cohérence du droit de la prescription s'en trouverait sauvegardée grâce à l'application rigoureuse des directives de détermination du point de départ de la prescription proposées, sans que les droits des victimes ne s'en trouvent pour autant sacrifiés.

Conclusion de la Section II. La rationalisation des directives de détermination du point de départ de la prescription passe par une limitation des causes de report du point de départ de la prescription. Une fois les fausses causes renvoyées à la question de la naissance du droit d'agir, les obstacles factuels rattachés à la théorie de la force majeure, et les impossibilités simplement relatives d'agir disqualifiées, seules deux véritables causes de report du point de départ de la prescription demeurent : l'impossibilité pour le titulaire du droit mineur ou sous l'emprise de troubles mentaux d'exercer son droit, même par l'intermédiaire de son représentant légal d'une part ; l'ignorance légitime de son droit par le créancier d'autre part, celle-ci supposant que l'ignorance soit consubstantielle au succès de l'action ou qu'elle ait résisté aux diligences que le titulaire du droit aurait pu et dû entreprendre, preuve qu'il lui appartiendra de rapporter. Ces deux hypothèses constituent les seules dans lesquelles la protection des titulaires du droit mérite qu'il soit porté atteinte à la sécurité juridique. Mais

---

1. V. *supra*, n° 88 s.

2. V. *supra*, n° 432 s.

3. L'application de ces directives conduirait ici à admettre le report du point de départ de la prescription au jour de la découverte du préjudice tout en interdisant toute action exercée plus de vingt ans après la réalisation du dommage environnemental.

4. Sur la proposition de création de fonds de garantie en matière environnementale, v. V. Rebeyrol, *L'affirmation d'un « droit à l'environnement » et la réparation des dommages environnementaux*, préf. G. Viney, thèse Defrénois, 2009, p. 357 s., n° 372 s.

le risque demeure alors fort que l'impossibilité d'agir qui en résulte ne cesse que de nombreuses années après la naissance du droit d'agir ayant créé chez le débiteur comme les tiers une apparence sur laquelle ils ont pu se reposer. La sécurité juridique des tiers comme du débiteur impose de limiter dans le temps les effets de la prise en considération des causes de report du point de départ de la prescription. Le délai butoir apparaît alors comme l'instrument par excellence susceptible de mettre un terme temporel aux effets du report du point de départ de la prescription. Toutefois, attentatoire au droit effectif d'agir, il doit être neutralisé lorsque l'ignorance dont il vient limiter les effets a été provoquée par le débiteur. Mais, en dehors de cette hypothèse, la lisibilité et la cohérence du régime de la prescription passe par une application rigoureuse des directives de détermination du point de départ de la prescription. L'iniquité qui pourrait en résulter doit alors conduire à mettre en place des palliatifs qui pourraient prendre la forme d'actions en responsabilité ou de recours à des fonds de garanties.

721. **Conclusion du Chapitre III.** Une fois les fonctions spéciales poursuivies par la prescription isolées et leur régime précisé, la prescription peut retrouver une unité autour de ses fonctions communes, unité susceptible de restaurer la cohérence de son régime.

Plusieurs séries d'arguments politiques, sociologiques et techniques militent sous cet aspect pour faire de la naissance du droit d'agir le critère de détermination du point de départ de droit commun de la prescription. Retenir un tel critère revient alors à lier indéfectiblement le point de départ de la prescription à la possibilité de l'interrompre. La logique qui préside ainsi à la fixation uniforme du point de départ de la prescription peut cependant être perturbée par un éventuel aménagement conventionnel. Lorsque les parties viennent directement fixer un point de départ de la prescription dérogatoire à celui qui résulterait de l'application des critères légaux, la volonté des parties heurte les directives précédemment exposées. Si la validité d'un tel aménagement devait néanmoins être admise, ses modalités devraient alors être strictement encadrées : limitées dans leur domaine comme dans leur ampleur, elles devraient également être contrôlées dans leur mise en œuvre.

La détermination du point de départ de la prescription peut également être perturbée par la nécessité de le reporter à une date ultérieure dans certaines hypothèses. Afin de ne pas anéantir la sécurité retrouvée, il ne faut toutefois admettre un tel report qu'à titre exceptionnel.

Les causes de report du point de départ de la prescription devront être limitées : seule l'impossibilité d'agir, ne serait-ce que par l'intermédiaire de son représentant, ou l'ignorance légitime du droit d'agir par son titulaire pourront justifier un report du point de départ de la prescription, cette seconde cause de report devant être strictement appréciée.

Les effets du report du point de départ de la prescription devront également être limités par le jeu d'un délai butoir courant à compter de la naissance du droit d'agir, qui devra toutefois être écarté lorsque l'ignorance dans laquelle se trouve le titulaire du droit a été provoquée ou entretenue par le débiteur.

722. **Conclusion du Titre II.** Au terme des développements qui précèdent, il est apparu que l'extrême diversité des situations dans lesquelles la prescription a vocation à intervenir se prête mal à l'adoption d'une directive unique de détermination du point de départ de la prescription, dont l'application ne saurait être toujours parfaitement adaptée. La diversité des fonctions remplies par la prescription

impose l'existence de points de départ de la prescription distincts. La détermination du point de départ de la prescription doit, en conséquence, être structurée autour de directives de détermination répondant aux diverses fonctions jouées par la prescription. Trois fonctions spéciales de la prescription, radicalement différentes de celles qui lui sont traditionnellement assignées, doivent alors être isolées, justifiant chacune qu'il soit dérogé aux règles de droit commun gouvernant la détermination du point de départ de la prescription. En premier lieu, la prescription ne remplit pas une fonction classique lorsqu'elle vient mesurer le temps d'une garantie donnée. En deuxième lieu, la prescription ne la remplit pas davantage lorsqu'elle vient limiter dans le temps la responsabilité que certains professionnels pourraient encourir à raison de l'exercice de la mission qui leur a été confiée. En troisième lieu, la prescription ne la remplit toujours pas lorsqu'elle vient éviter la ruine du débiteur en empêchant les dettes de s'accumuler.

Ces fonctions spéciales de la prescription isolées, et les directives devant régir la détermination du point de départ de la prescription lorsqu'elles sont en cause établies, la prescription peut retrouver une unité autour de ses fonctions communes. Il faut alors déterminer le critère susceptible de guider la détermination du point de départ de la prescription dans une telle hypothèse. Sous cet aspect, plusieurs séries d'arguments politiques, sociologiques et techniques militent pour faire de la naissance du droit d'agir le critère de détermination du point de départ de la prescription de droit commun. Ce qui revient à lier indéfectiblement le point de départ de la prescription à la possibilité de l'interrompre : la prescription ne peut courir avant qu'une action puisse être exercée pour faire valoir le droit substantiel litigieux, mais la prescription doit, en revanche, courir dès que l'action peut être exercée. La logique qui préside ainsi à la fixation uniforme du point de départ de la prescription pourra cependant être perturbée par un éventuel aménagement conventionnel du point de départ de la prescription dont les modalités devraient être strictement encadrées.

Ainsi défini, le point de départ de la prescription de droit commun résultant de l'application du critère retenu n'est pas pour autant intangible. Il peut en effet être reporté. Mais un tel report doit demeurer exceptionnel si l'on veut préserver la sécurité juridique.

La rationalisation des directives de détermination du point de départ de la prescription passe alors d'abord par une limitation des causes de report du point de départ à deux hypothèses seulement : l'impossibilité pour le titulaire du droit mineur ou sous l'emprise de troubles mentaux d'exercer son droit, même par l'intermédiaire de son représentant légal d'une part ; l'ignorance légitime de son droit par le créancier d'autre part.

La rationalisation des directives de détermination du point de départ de la prescription passe ensuite également par la limitation dans le temps des effets de la prise en considération des causes de report du point de départ de la prescription par la technique du délai butoir, lorsque l'ignorance à l'origine du report du point de départ de la prescription n'a pas été provoquée par le débiteur. Il faudra cependant remédier aux conséquences inéquitables qui pourraient résulter de l'application rigoureuse de ces différentes directives en mettant en place des palliatifs qui pourraient prendre la forme d'actions en responsabilité ou de recours à des fonds de garantie.

Conclusion de la Partie II

723. En dépit des inquiétudes que le désordre de la matière ne pouvait manquer de soulever, la remise en ordre du point de départ de la prescription est apparue possible. L'incohérence des solutions n'est pas une fatalité, en dépit des nombreux intérêts contradictoires qui obscurcirent la matière. La mise en ordre a consisté à identifier les données qui sous-tendent la question pour ensuite proposer un nouveau modèle de détermination du point de départ de la prescription.

L'identification des données devait d'abord reposer sur une observation des modèles et contre-modèles. Elle a révélé que le choix de l'uniformité totale des solutions est un leurre qui occulte bien souvent la complexité de la matière. Les enseignements des ces différents modèles ont alors conduit à découvrir les logiques à l'œuvre et à montrer que tout modèle cohérent de détermination du point de départ de la prescription doit reposer sur un double choix technique et politique. Le premier préside à la structure des directives de détermination du point de départ de la prescription tandis que le second en nourrit le contenu.

Les différentes approches techniques et politiques de la question identifiées, il est apparu nécessaire de mettre leur pertinence à l'épreuve des différents principes supra-législatifs qui contraignent la liberté de choix. D'où l'on a pu déduire que, s'il ne pouvait y avoir de régime cohérent sans choix politique clair, celui-ci était cependant en partie dicté par le nécessaire respect des normes constitutionnelles et conventionnelles. Aussi a-t-il semblé impératif de ne pas sacrifier l'exigence d'un délai utile sur l'autel de la sécurité juridique.

De cette analyse des logiques, des modèles, et des contraintes de la détermination du point de départ de la prescription émergent alors naturellement les principes qui devraient guider la mise en place d'un système cohérent.

724. Il a en conséquence été proposé de structurer la détermination du point de départ de la prescription autour de directives répondant aux diverses fonctions jouées par la prescription. Trois fonctions spéciales de la prescription, radicalement différentes de celles qui lui sont communément assignées - la mesure du temps d'une garantie donnée, la limitation de la responsabilité de certains professionnels, l'obstacle à la ruine du débiteur - ont été en conséquence isolées, chacune justifiant une directive spéciale de détermination du point de départ de la prescription. Ces fonctions spéciales mises à l'écart, la prescription a pu alors retrouver une unité autour de ses fonctions et fondements traditionnels : probatoire, sécuritaire, et moral. Une directive de détermination du point de départ de droit commun de la prescription simple et cohérente pouvait dès lors

être proposée, faisant de la naissance du droit d'agir le critère de principe de détermination du point de départ de la prescription, sous réserve d'un éventuel aménagement conventionnel dont les parties pourraient convenir mais dont les modalités devraient être strictement encadrées.

Les exigences conventionnelles interdisant tout sacrifice de l'effectivité du droit d'agir, les impossibilités absolues d'agir ne pouvaient cependant être ignorées. Il a néanmoins été suggéré, pour sécuriser la détermination du point de départ de la prescription, de n'admettre leur influence qu'exceptionnellement, au stade non de la détermination mais du report du point de départ de la prescription, tout en rationnalisant leur prise en considération. Réduites à leur plus stricte expression – l'ignorance légitime du droit d'agir et l'existence de troubles mentaux –, les impossibilités absolues d'agir devraient également voir leurs effets limités par l'existence d'un délai butoir lorsque l'ignorance à l'origine du report du point de départ de la prescription n'aura pas été provoquée par le débiteur. La rigueur de ces directives, nécessaire à la sécurité et à la cohérence de la détermination du point de départ de la prescription, pourrait cependant être tempérée par la mise en place des palliatifs qui devraient se substituer à l'instrumentalisation du point de départ de la prescription dénoncée.

Conclusion générale

725. Victime de l'indifférence doctrinale et d'un traitement éclaté, le point de départ de la prescription ne pouvait être qu'une source majeure d'incertitudes, de nature à alimenter le chaos dans lequel a pu sombrer l'ensemble de la matière. En ramenant de trente à cinq ans le délai de prescription, la loi du 17 juin 2008 a déplacé le centre de gravité du contentieux de la question du délai vers celle de son point de départ, sans lever pour autant le mystère qui entoure sa détermination. Devenue ainsi « l'une des questions centrales du droit de la prescription »[1], sa détermination devait être soustraite à la casuistique.

726. Le constat du désordre, pourtant, s'est très vite imposé. Mal maîtrisé par le législateur, le point de départ de la prescription n'est pas davantage dominé par les juges, qui n'ont jamais su poser de directives claires susceptibles de guider sa détermination. Du fait à l'origine de l'action à la connaissance des éléments permettant d'agir, en passant par une pléiade d'événements sans lien aucun avec l'action exercée, les approches du point de départ de la prescription sont diverses. Plus encore, l'interprétation de ces notions diverge à son tour pour multiplier les points de départ possibles : connaissance réelle ou présumée, partielle ou complète, multiples facettes de l'exigibilité… Les diverses approches du point de départ de la prescription ne sauraient même être systématisées tant la diversité prédomine encore au sein de chacune d'entre elles. Plus, la détermination du point de départ apparaît rétive à toute systématisation lorsque la loi ou la jurisprudence choisissent de faire courir la prescription à compter d'un événement sans lien aucun avec l'exercice de l'action. Chaque droit spécial prétend alors imposer l'événement qui lui sied.

727. Mais la diversité des solutions n'est que l'endroit du décor. La détermination du point de départ de la prescription n'est pas seulement plurielle. Elle est aussi incohérente. Aucun lien logique ne peut, en effet, unir entre elles les différentes solutions rencontrées : pourquoi l'action récursoire intentée par le constructeur assigné par un maître de l'ouvrage doit-elle courir du jour de la réception de l'ouvrage par ce dernier, quand l'action récursoire du vendeur assigné en garantie des vices cachés ne court que du jour où il a été assigné par l'acquéreur ; pourquoi l'action en nullité d'un mariage pour vice du consente-

1. M. Mignot, « Réforme de la prescription : le point de départ du délai », *Defrénois*, 2009, p. 393 s., spéc. n° 34.

ment court-elle du jour de sa célébration quant l'action en nullité d'une convention affectée du même vice ne court que de la découverte de ce dernier ; pourquoi la nullité du contrat pour fausseté de la cause court-elle du jour de l'acte quand l'action en nullité pour erreur court du jour de sa découverte ; pourquoi encore l'aggravation d'un dommage fait courir de nouveau l'action en responsabilité à l'encontre de son auteur mais la rechute de la maladie ne fait pas courir derechef le point de départ de l'action en reconnaissance de son caractère professionnel ? Derrière la diversité des solutions, leur disparité émerge alors : quel que soit l'angle retenu, les divergences demeurent en présence de situations pleinement comparables.

Cependant, le trouble est bien plus profond. En amont, les raisonnements suivis sont à leur tour affectés : le choix des critères de détermination du point de départ n'obéit pas à une logique déterminée. La réception disparate des adages relatifs à la prescription en témoigne : l'adage *Actioni non natae non praescribitur* – la prescription ne court pas avant la naissance de l'action – est parfois consacré, parfois écarté par le législateur. Les juges, à leur tour, n'adoptent pas une attitude uniforme : face à la lettre de la loi qui s'en écarte, ils évincent l'adage, ou le réintroduisent *contra legem* ! La réception incertaine de l'adage *Contra non valentem* – la prescription ne peut courir contre celui qui ne peut agir – ajoute encore à la confusion. Au reste, même lorsque le législateur impose un critère de détermination du point de départ de la prescription, la jurisprudence n'hésite pas, sous prétexte d'interprétation, à le dévoyer jusqu'à le faire céder : l'article L. 111-4 du Code des assurances fait de l'événement donnant naissance à l'action – c'est-à-dire du sinistre lorsqu'il s'agit d'une action en garantie – le critère de détermination du point de départ de la prescription. Qu'importe : la jurisprudence fera du refus de garantie de l'assureur ou de la demande en paiement de l'établissement bancaire le point de départ de la prescription de l'action en garantie en matière d'assurance de groupe.

Comment expliquer que les juges s'accordent une telle liberté ? Le point de départ, la chose est certaine, est instrumentalisé à des fins politiques. Est-il alors au service d'une politique juridique ? On ne saurait pas même justifier ainsi les disparités de traitement observées. La disparité des finalités poursuivies apparaît en effet à son tour. L'instrumentalisation du point de départ de la prescription sert des intérêts divergents, quand elle ne se prête pas plus radicalement aux transactions et compromis auxquels l'élaboration de la loi conduit parfois, au point de devenir une simple variable d'ajustement : quand l'antagonisme des intérêts en présence rend délicat le consensus, la fixation du point de départ de la prescription sera sacrifiée pour contenter le plus grand nombre. Ainsi, les protecteurs de l'environnement pourront peut-être s'enorgueillir d'un délai de prescription porté à trente ans par la loi du 17 juin 2008, mais les industriels pourront assurément se satisfaire d'un point de départ ramené au jour du fait générateur du dommage, au dépend de la cohérence des directives de détermination du point de départ de la prescription des actions en responsabilité.

Mais il ne faudrait pas croire alors que la chaîne de causalité de l'incohérence puisse être aisément remontée, de telle sorte que la disparité des solutions s'expliquerait par la disparité des critères, qui puiserait elle-même son origine dans la disparité des finalités poursuivies. Les causes du désordre se nourrissent au contraire l'une l'autre : si la disparité des finalités poursuivies explique pour partie la disparité des critères employés, l'incertitude des critères employés rend en retour possible l'instrumentalisation du point de départ de la prescription. Dès lors, la disparité ne se propage pas par « effet domino » : la détermination du point de départ de la prescription se trouve plutôt emportée dans le cercle vicieux de l'incohérence.

728. L'ampleur du désordre rend alors délicate la mise en ordre. Les données à partir desquelles une reconstruction peut être envisagée ont dû être identifiées. Sous cet aspect, la démarche s'inscrit dans un environnement normatif qui offre autant de modèles que de contre-modèles. Leurs enseignements sont assurément source d'enrichissement de l'analyse : par delà l'hétérogénéité des modèles, des leçons communes peuvent en effet émerger du constat de leurs convergences comme de la confrontation de leurs divergences. Elles portent d'abord sur le sens de l'évolution : à travers l'évolution du régime de la prescription, une tendance très nette à l'adoption de directives subjectives de détermination du point de départ se fait jour. Le centre de gravité du régime de la prescription se déplace vers la connaissance des faits permettant d'agir, et ce déplacement s'accompagne d'une volonté d'uniformisation des directives de détermination du point de départ de la prescription. Mais cette volonté ne semble pas résister à l'épreuve de l'hétérogénéité des situations dans lesquelles la prescription a vocation à déployer ses effets. D'où l'on a pu déduire que tout système qui aboutit à nier la complexité par la grâce d'une directive uniforme est voué à l'échec : il faut à l'inverse se confronter à la complexité pour mieux la maîtriser. Reste que le droit comparé ne nous renseigne pas seulement sur la forme que doivent prendre les directives de détermination du point de départ de la prescription. Il nous instruit aussi sur leur contenu. Il est alors apparu que les difficultés techniques rencontrées n'étaient pas liées au choix d'un critère objectif ou subjectif de détermination du point de départ de la prescription – elles se retrouvent avec la même intensité dans les systèmes ayant opté pour l'un ou pour l'autre – mais à la malléabilité des concepts adoptés, dont les difficultés d'interprétation n'étaient pas suffisamment anticipées. L'analyse des modèles rend compte également de l'importance du choix politique opéré, qui apparaît être l'élément cardinal de la détermination du point de départ : tous les modèles en portent la marque.

Ces divers enseignements ont alors permis de découvrir les logiques qui président à la détermination du point de départ de la prescription. Le point de départ est, en effet, en interaction avec un certain nombre d'éléments qui président à son choix et le subissent en retour. Les logiques sont d'abord techniques : absence de directive de principe, directive unique, pluralité de directives de détermination du point de départ sont autant de choix possibles. Mais les enseignements du droit comparé plaident sans discussion pour la dernière de ces approches, sans pour autant livrer la clé de répartition entre directives spéciales et directive de principe.

Celle-ci devait alors résider dans un choix de politique juridique susceptible de nourrir les directives de principe, comme d'exception, du point de départ de la prescription. C'est dire que les logiques sont aussi politiques. À la multiplicité des intérêts en présence – le débiteur, le créancier, les tiers, la société dans son ensemble ont tous un intérêt à l'accomplissement ou au contraire à la neutralisation de la prescription – s'ajoute la multiplicité des enjeux : sécurité et équité s'opposent ici de front. Le choix toutefois, n'est pas totalement libre, mais en partie contraint par le nécessaire respect des principes supra-législatifs. La cohabitation d'une directive générale et de directives spéciales devra ainsi respecter le principe d'égalité auquel le Conseil constitutionnel attache une importance particulière. Mais, parce qu'elle touche au droit d'accès au tribunal, la prescription évolue également sous l'œil vigilant de la Cour européenne des droits de l'homme. Les directives de détermination de son point de départ ne sauraient alors porter une atteinte disproportionnée à l'effectivité du droit d'agir en justice, et donc à l'utilité du délai pour agir.

L'identification des données permet en conséquence de proposer un nouveau modèle de détermination du point de départ de la prescription. Afin de soustraire le point de départ aux débats doctrinaux qui obscurcissent la matière sans offrir de guide susceptible d'éclairer sa détermination, une approche fonctionnelle de la prescription et, partant, de son point de départ a été adoptée. Elle aboutit à proposer de lier le critère de détermination du point de départ à la fonction poursuivie par la prescription. La multiplicité des fonctions de la prescription peut alors être abordée de front : loin d'une réalité homogène, la prescription est avant tout un mécanisme qui ne prend vie qu'à travers les fonctions que l'on entend lui faire remplir. À ce titre, les fonctions communes de la prescription consistent à consolider des situations de fait, tout en dispensant le créancier d'apporter la preuve de sa libération et en sanctionnant le créancier. Elles reflètent ainsi la diversité des considérations morale, sécuritaire et probatoire qui en constituent le fondement. Cependant, si les fonctions classiques de la prescription ont été largement identifiées, les fonctions spéciales de la prescription sont le plus souvent négligées voire occultées. Il fallait s'attacher à les mettre à jour. Trois fonctions spéciales de la prescription méritaient alors d'être isolées, qui s'écartent nettement de la fonction classique.

La prescription peut ainsi avoir comme fonction de mesurer le temps d'une garantie légale. Dans cette hypothèse, la prescription joue un rôle d'épreuve, de telle sorte que le point de départ de la prescription doit être fixé au jour où le dessaisissement du débiteur a permis de mettre l'objet de la garantie à l'épreuve du temps. Le principe doit cependant céder lorsqu'une faute dolosive du débiteur aura empêché une telle mise à l'épreuve.

La prescription peut encore avoir pour fonction de limiter dans le temps la responsabilité que certains professionnels pourraient encourir à raison d'une faute commise dans l'exercice de leur mission. Poursuivie ponctuellement, pas toujours assumée, une telle fonction devrait pourtant être généralisée pour éviter que les mandataires professionnels soient traités différemment selon la mission qu'ils exercent. L'extension conduirait à l'adoption en ce domaine d'un point de départ dérogatoire, fixé de préférence au jour de l'achèvement par le mandataire professionnel de sa mission. Puisant sa légitimité dans la mission du professionnel, une telle directive devrait céder en cas de faute détachable ; véritable mode de limitation de responsabilité, elle devrait être écartée en cas de faute lourde ou dolosive du mandataire professionnel.

La prescription peut enfin avoir pour fonction d'éviter la ruine du débiteur en empêchant les dettes de s'accumuler. La rupture est ici moins radicale avec la fonction classique de la prescription. Elle n'en est pas moins avérée. La directive de détermination du point de départ de la prescription devra en porter la marque, par sa fixité, qui devrait interdire tout report du point de départ de la prescription, et par son impérativité, qui prohibe son aménagement conventionnel.

Les fonctions spéciales de la prescription ainsi isolées, la détermination du point de départ de la prescription pourra retrouver une unité autour de sa fonction classique. Mais, la complexité d'une telle fonction, qui repose sur des intérêts ambivalents, empêche un événement unique de s'imposer avec évidence. La nécessité de concilier les aspects moraux et sécuritaires de la prescription conduit alors à rechercher la hiérarchisation des intérêts en présence plutôt que leur sélection. Plusieurs facteurs politiques, sociologiques et techniques militent sous cet aspect pour faire de la naissance du droit d'agir le point cardinal de la détermination du point de départ de la prescription, ce qui revient à lier inexorablement le point de départ de la prescription à la possibilité de l'interrompre. Si la fonction sécuritaire de la prescription est ainsi privilégiée, son aspect moral ne saurait pour autant être écarté. Aussi l'impossibilité d'agir du titulaire du droit devra-t-elle rejaillir, à titre d'exception.

Par là se dessine la hiérarchisation : la naissance du droit d'agir fixe par principe le point de départ de la prescription ; l'impossibilité d'agir en autorise exceptionnellement le report. Mais encore faut-il alors, pour que l'exception ne vide pas le principe de sa substance, que celle-ci soit strictement encadrée. Aussi doit-elle être limitée dans ses causes comme dans ses effets. Une rationalisation des causes de report du point de départ de la prescription est en conséquence apparue nécessaire face à des textes obsolètes et à une jurisprudence disparate. Seule l'impossibilité absolue d'exercer l'action doit permettre le report de la prescription, ce qui renvoie en dernière analyse à deux situations : l'existence de troubles mentaux et l'ignorance légitime du droit d'agir. Mais, passé un certain temps, la date de naissance du droit d'agir devrait retrouver son empire par la grâce d'un délai butoir, sauf, là encore, à neutraliser ce dernier lorsque le débiteur aura empêché la prescription de remplir sa fonction en provoquant l'ignorance du créancier.

729. En remettant le rôle du temps au cœur de la réflexion sur la détermination du point de départ de la prescription, pour appréhender l'institution dans sa diversité, la mise en place du modèle proposé, qui tente d'apporter une réponse à l'incertitude, à l'éclatement et à l'instrumentalisation observés, devrait alors permettre d'offrir une cohérence nouvelle à la détermination du point de départ de la prescription. Du désordre, du chaos, du champ de ruine de la prescription pourra peut-être surgir sinon l'harmonie, du moins un peu d'ordre, et des raisons d'espérer que la détermination du point de départ de la prescription, plutôt que de demeurer prisonnière du cloisonnement catégoriel et de la casuistique jurisprudentielle, échappe à son destin. Tel est le point d'arrivée.

Annexe 1

Proposition de mise en ordre des points de départ de la prescription

1. Du point de départ de droit commun

1.1. La prescription court à compter de la naissance du droit d'agir.

1.2. Toutefois, en cas d'impossibilité d'agir résultant de l'existence de troubles mentaux du titulaire du droit ou de l'ignorance légitime par le titulaire du droit des éléments lui permettant d'agir, le point de départ de la prescription sera reporté au jour où l'impossibilité d'agir aura cessé.

1.2.1. Est présumée légitime l'ignorance qui conditionne l'existence du droit d'agir.

1.2.2. Est illégitime l'ignorance de la loi ou celle portant sur une information ostensible ou ayant fait l'objet d'une mesure légale de publicité.

1.2.3. L'ignorance cesse d'être légitime lorsque le titulaire du droit est informé ou découvre par lui-même des faits rendant probable l'existence de son droit d'agir.

1.3. Sauf dans l'hypothèse où l'ignorance des éléments permettant d'agir aura été provoquée par le débiteur, l'impossibilité d'agir ne pourra avoir pour effet de permettre l'exercice d'une action plus de vingt ans après la naissance du droit d'agir.

2. Des points de départ spéciaux

2.1. Lorsque la prescription éteint une garantie légale, la prescription court à compter du jour où le débiteur s'est dessaisi de l'objet de la garantie au profit d'un tiers.

Toutefois, le point de départ de la prescription sera reporté au jour de la révélation du vice ou du dommage en cas de faute dolosive du débiteur.

2.2. Lorsque la prescription limite la responsabilité d'un professionnel en raison d'une faute commise dans l'exercice de sa mission, elle court à compter de l'achèvement de la mission au titre de laquelle la responsabilité est encourue.

Toutefois, le point de départ de la prescription sera reporté au jour de la révélation du dommage en cas de faute détachable, ou encore en cas de faute lourde ou dolosive de l'auteur du dommage.

2.3. Lorsque la prescription vise à éviter la ruine du débiteur, elle court à compter de la naissance du droit d'agir, même en cas d'impossibilité absolue d'agir du créancier, sans que les parties puissent y déroger.

Annexe 2

Tableaux récapitulatifs des principaux points de départ étudiés

Droit commun

Source	Action concernée	Durée du délai	Nature du délai	Point de départ (tel qu'interprété par la jurisprudence)	Butoir	Thèse (nº para.)
Art. 2224 C. civ.	Toutes actions sauf règle dérogatoire	5 ans	Délai de prescription	Jour où le titulaire du droit a connu ou aurait dû connaître les éléments lui permettant d'agir	Butoir art. 2232 C. civ. (action enfermée dans un délai de vingt ans à compter de la naissance du droit)	446
Art. 2224 C. civ.	Actions en responsabilité délictuelle ou contractuelle	5 ans	Délai de prescription	Jour où le titulaire du droit a connu ou aurait dû connaître les éléments lui permettant d'agir (jour de la connaissance du dommage et de l'identité de son auteur)	Butoir art. 2232 C. civ.	62
Art. 2228 C. civ.	Action en responsabilité née à raison d'un événement ayant entraîné un dommage corporel, engagée par la victime directe ou indirecte des préjudices qui en résultent	10 ans	Délai de prescription	Consolidation du dommage initial ou aggravé	Exclusion du butoir	88

Droit commun (suite)

Source	Action concernée	Durée du délai	Nature du délai	Point de départ (tel qu'interprété par la jurisprudence)	Butoir	Thèse (n° para.)
Art. 2225 C. civ.	Action en responsabilité dirigée contre les personnes ayant représenté ou assisté les parties en justice	5 ans	Délai de pres-cription	Fin de la mission	Butoir théorique (Point de départ objectif)	114
Art. 1304 C. civ.	Action en nullité relative pour absence de cause	5 ans	Délai de pres-cription	Date de conclusion du contrat	Butoir théorique (Point de départ objectif)	154
Art. 1304 C. civ.	Action en nullité relative pour vice du consentement	5 ans	Délai de pres-cription	Date de la découverte de l'erreur et de dol et de la cessation de la violence	Butoir art. 2232 C. civ	158
Art. 2224 C. civ.	Action en nullité absolue	5 ans	Délai de pres-cription	Jour où le titulaire du droit a connu ou aurait dû connaître les faits lui permettant de l'exercer (jour de l'acte)	Butoir art. 2232 C. civ. normalement théorique	191
Art. 1676 C. civ.	Action en rescision pour lésion	2 ans	Délai préfix	Jour de la vente	Butoir théorique (Point de départ objectif)	213
Art. 2224 C. civ.	Action en paiement d'une créance	5 ans	Délai de pres-cription	Jour où le titulaire du droit a connu ou aurait dû connaître les faits lui permettant de l'exercer (Exigibilité de la créance)	Butoir théorique (Point de départ objectif)	238
Art. 2233 C. civ.	Action en paiement d'une créance à terme	5 ans	Délai de pres-cription	Jour de l'arrivée du terme	Exclusion du butoir	244
Art. 2233 C. civ.	Action en paiement d'une créance affectée d'une condition suspensive	5 ans	Délai de pres-cription	Jour de la réalisation de la condition suspensive	Exclusion du butoir	244
Art. 2233 C. civ.	Action en garantie contre l'éviction	5 ans	Délai de pres-cription	Jour où l'éviction a lieu	Exclusion du butoir	326
Art. 2224 C. civ.	Action en exécution d'un pacte de préférence	5 ans	Délai de pres-cription	Jour où le promettant aura fait connaître sa décision de vendre	Incertain	244

Droit des contrats spéciaux

Source	Action concernée	Durée du délai	Nature du délai	Point de départ (tel qu'interprété par la jurisprudence)	Butoir	Thèse (n° para.)
Art. 1648 C. civ.	Action en garantie des vices cachés dans la vente	2 ans	Incertain	Action enfermée dans le délai de prescription de droit commun (5 ans) à compter de la vente ou de la livraison	Butoir théorique (Point de départ objectif)	93
Art. 1648 C. civ.	Action récursoire en garantie des vices cachés	2 ans	Incertain	Jour de l'assignation de l'acheteur	Butoir art. 2232 C. civ.	332
Art. 1386-16 et 1386-17 C. civ.	Action en réparation du dommage causé par un produit défectueux	3 ans	Délai de pres-cription enfermé dans un délai d'ex-tinction du droit	Action enfermée dans un délai d'extinction du droit de 10 ans à compter de de la mise en circulation du produit, sauf faute du producteur	Butoir art. 2232 C. civ.	105
Art. L. 211-12 C. cons.	Action résultant du défaut de conformité	2 ans	Délai de pres-cription	Délivrance du bien	Butoir théorique (point de départ de la prescription objectif)	108
Art. 2223 C. civ.	Action en responsabilité de la caution à l'encontre du prêteur	5 ans	Délai de pres-cription	Jour où les cautions ont su que les obligations résultant de leurs engagements étaient mises à exécution du fait de la défaillance du débiteur principal	Butoir art. 2232 C. civ.	82
1304 C. civ	Action en nullité du contrat de crédit-bail pour non-conformité de la clause de résiliation aux dispositions de l'article L. 313-9 du Code monétaire et financier	5 ans	Délai de pres-cription	Date de la convention	Butoir théorique (Point de départ objectif)	135

Droit des contrats spéciaux (suite)

Source	Action concernée	Durée du délai	Nature du délai	Point de départ (tel qu'interprété par la jurisprudence)	Butoir	Thèse (n° para.)
Art. 1304 C. civ.	Action en nullité relative de la stipulation d'intérêt pour omission du TEG applicable	5 ans	Délai de pres-cription	Date de conclusion du contrat de prêt ou de réception de l'écrit mentionnant ou devant mentionner le TEG applicable pour la chambre commerciale. Date de conclusion de l'acte pour la première chambre civile	Butoir théorique (Point de départ objectif)	143
Art. 1304 C. civ.	Action en nullité relative de la stipulation d'intérêt pour mention d'un TEG erroné	5 ans	Délai de pres-cription	Date de conclusion du contrat de prêt ou de réception de l'écrit mentionnant ou devant mentionner le TEG applicable pour la chambre commerciale. Date de la révélation de l'erreur dans le calcul du TEG pour la chambre commerciale	Butoir art. 2232 C. civ.	149
Art. 889 C. civ.	Action en complément de part	2 ans	Délai de pres-cription	Jour du partage	Butoir théorique (Point de départ objectif)	216
Art. 311-52 C. cons.	Actions en paiement engagées à l'occasion de la défaillance de l'emprunteur d'un crédit à la consommation	2 ans	Délai de forclusion	Le non-paiement des sommes dues à la suite de la résiliation du contrat ou de son terme ; ou le premier incident de paiement non régularisé ; ou le dépassement non régularisé du montant total du crédit consenti dans le cadre d'un contrat de crédit renouvelable ; ou le dépassement, au sens du 11° de l'article L. 311-1, non régularisé à l'issue du délai prévu à l'article L. 311-47	Pas de butoir	264

Droit des personnes

Source	Action concernée	Durée du délai	Nature du délai	Point de départ (tel qu'interprété par la jurisprudence)	Butoir	Thèse (nº para.)
Art. 1304 al. 3 C. civ.	Action en nullité d'un acte conclu par un mineur	5 ans	Délai de pres-cription	Jour de la majorité ou de l'émancipation	Butoir théorique (Point de départ objectif)	169
Art. 1304 al. 3 C. civ.	Action en nullité relative d'un acte conclu par un majeur protégé	5 ans	Délai de pres-cription	Jour où le majeur protégé en a eu connaissance alors qu'il était en état de les refaire valablement	Butoir art. 2232 C. civ.	171
Art. 464 C. civ.	Action en nullité relative d'un acte passé par un majeur protégé pendant les deux années précédant le prononcé d'une mesure de protection	5 ans	Délai de pres-cription	Jour de la date du jugement d'ouverture de la mesure	Butoir théorique (Point de départ objectif)	172
Art. 414-2 C. civ.	Action en nullité relative d'un acte passé par une personne non protégée atteinte de troubles mentaux	5 ans	Délai de pres-cription	Jour de l'acte (Réserve de l'application de l'adage *Contra non valentem*)	Butoir art. 2232 C. civ.	176
Art. 1304 al. 3 C. civ.	Action en nullité relative exercée par les héritiers du majeur protégé	5 ans	Délai de pres-cription	Jour du décès (indifférence de la connaissance de l'acte)	Butoir art. 2232 C. civ.	180
Art. 515 C. civ.	Action en reddition de compte de la personne protégée	5 ans	Délai de pres-cription	Jour de la majorité alors même que la gestion aurait continué au-delà sauf fraude ou dissimulation	Butoir art. 2232 C. civ.	346

Droit de la famille

Source	Action concernée	Durée du délai	Nature du délai	Point de départ (tel qu'interprété par la jurisprudence)	Butoir	Thèse (nº para.)
Art. 181 C. civ.	Action en nullité relative du mariage	5 ans	Délai de pres-cription	Jour du mariage	Butoir théorique (Point de départ objectif)	123
Art. 321 C. civ.	Actions visant à la constatation du lien de filiation	10 ans	Délai de pres-cription	Jour où la personne a été privée de l'état qu'elle réclame	Exclusion du butoir	280
Art. 330 C. civ.	Action en constatation d'une possession d'état	10 ans	Délai de pres-cription	Jour de la cessation de la possession d'état ou du décès du parent prétendu	Exclusion du butoir	280
Art. 321 C. civ.	Action en contestation de la reconnais-sance ou de la possession d'état	10 ans	Délai de pres-cription	Jour où la personne a commencé à jouir de l'état qui lui est contesté	Exclusion du butoir	281
Art. 335 C. civ.	Action en contestation d'une filiation établie par la seule possession d'état	10 ans	Délai de pres-cription	Jour de la délivrance de l'acte de notoriété	Exclusion du butoir	281
Art. 321 C. civ.	Action en contestation de la filiation établie par le seul titre	10 ans	Délai de pres-cription	Jour où l'état contesté – de naissance ou de reconnaissance – a été crée	Exclusion du butoir	281
Art. 333 C. civ.	Action en contestation de la filiation établie par le titre et la possession d'état	10 ans	Délai de pres-cription	Jour où la possession d'état a cessé ou du décès du parent dont le lien de filiation est contesté	Exclusion du butoir	281

Droit des régimes matrimoniaux

Source	Action concernée	Durée du délai	Nature du délai	Point de départ (tel qu'interprété par la jurisprudence)	Butoir	Thèse (nº para.)
Art. 1427 al. 2 C. civ.	Action en nullité relative fondée sur le dépassement par l'un des époux de ses pouvoirs sur les biens communs	2 ans	Délai de prescription	Date de la connaissance de l'acte	Action enfermée dans un délai de deux ans à compter de la dissolution de la communauté	163
Art. 215 al. 2 C. civ.	Action en nullité relative fondée sur le dépassement par l'un des époux de ses pouvoirs sur le logement de famille ou des meubles meublant dont il est garni	1 an	Délai de prescription	Date de la connaissance de l'acte	Action enfermée dans un délai d'un an à compter de la dissolution du régime matrimonial	163

Droit des successions

Source	Action concernée	Durée du délai	Nature du délai	Point de départ (tel qu'interprété par la jurisprudence)	Butoir	Thèse (nº para.)
Art. 780 C. civ.	Exercice de la faculté d'option successorale	10 ans	Délai de prescription	Jour de l'ouverture de la succession sauf si le successible a des motifs légitimes d'ignorer la naissance de son droit, notamment l'ouverture de la succession	Butoir art. 2232 C. civ.	291

Droit de l'indivision

Source	Action concernée	Durée du délai	Nature du délai	Point de départ (tel qu'interprété par la jurisprudence)	Butoir	Thèse (nº para.)
Art. 815-10 al. 3	Action en paiement de fruits de revenus de l'indivision	5 ans	Délai de prescription	Date à laquelle ils ont été perçus ou auraient dû l'être	Butoir art. 2232 C. civ.	256

Droit des sociétés

Source	Action concernée	Durée du délai	Nature du délai	Point de départ (tel qu'interprété par la jurisprudence)	Butoir	Thèse (n° para.)
Art. 1840 C. civ. Art. L. 210-8 C. com.	Action en responsabilité fondée sur un défaut d'une mention obligatoire dans les statuts ou d'une formalité prescrite pour la constitution de la société	10 ans	Délai de pres-cription	Immatriculation de la société au RCS ou inscription modificative en annexe au RCS des actes modifiant les statuts	Butoir théorique (Point de départ objectif)	-
Art. 1839 C. civ. Art. L. 210-7 C. com.	Action en régularisation d'une constitution ou modification de société ou d'une modification statutaire irrégulière	3 ans	Délai de pres-cription	Immatriculation de la société au RCS ou inscription modificative en annexe au RCS des actes modifiant les statuts	Butoir théorique (Point de départ objectif)	-
Art. 1844-17 C. civ. Art. L. 235-13 et L. 235-250 C. com.	Action en responsabilité fondée sur l'annulation de la société ou des actes et délibérations postérieurs à sa constitution	3 ans	Délai de pres-cription	Jour où la décision d'annulation est passée en force de chose jugée ou jour où la nullité a été couverte	Butoir théorique (Point de départ objectif)	-
Art. L. 223-23 et L. 225-254 C. com.	Action en responsabilité dirigée contre les dirigeants sociaux dans les SA, SARL, SCA et SAS	3 ans (10 ans en cas de crime)	Délai de pres-cription	Fait dommageable (faute commise) ou, s'il a été dissimulé, de sa révélation	Butoir art. 2232 C. civ.	21
Art. L. 822-18 C. com.	Action en responsabilité dirigée contre les commissaires aux comptes	3 ans (10 ans en cas de crime)	Délai de pres-cription	Fait dommageable (certification erronée des comptes) ou, s'il a été dissimulé, de sa révélation	Butoir art. 2232 C. civ.	40
Art. L. 237-12 C. com.	Action en responsabilité dirigée contre les liquidateurs	3 ans (10 ans en cas de crime)	Délai de pres-cription	Fait dommageable (publication de la clôture des comptes) ou, s'il a été dissimulé, de sa révélation	Butoir art. 2232 C. civ.	50

Droit des sociétés (suite)

Source	Action concernée	Durée du délai	Nature du délai	Point de départ (tel qu'interprété par la jurisprudence)	Butoir	Thèse (n° para.)
Art. L. 651-2 C. com.	Action en responsabilité pour insuffisance d'actif	3 ans	Délai de pres-cription	Jugement qui prononce la liquidation judiciaire ou la résolution du plan	Butoir théorique (Point de départ objectif)	-
Art. L. 652-4 C. com.	Action en extension de la procédure de liquidation	3 ans	Délai de pres-cription	Jugement qui prononce la liquidation judiciaire	Butoir théorique (Point de départ objectif)	-
Art. L. 653-1 C. com.	Action en faillite personnelle	3 ans	Délai de pres-cription	Jugement qui prononce le redressement ou la liquidation judiciaire	Butoir théorique (Point de départ objectif)	-
Art. L. 235-9 C. com.	Action en nullité d'actes ou de délibération de la société	3 ans	Délai de pres-cription	Jour où la nullité est encourue	Butoir théorique (Point de départ objectif)	182
Art. 225-242 al. 2 C. com.	Action en nullité relative des conventions conclues sans autorisation préalable du conseil d'administration	3 ans	Délai de pres-cription	Date de la convention ou si elle a été dissimulée, de la révélation	Butoir art. 2232 C. civ.	126
Art. 1859 / art. L. 237-13 C. com.	Action en paiement des dettes sociales contre les associés non liquidateur	5 ans	Délai de pres-cription	Jour de la publication de la dissolution de la société	Butoir théorique (Point de départ objectif)	313

Droit des baux commerciaux

Source	Action concernée	Durée du délai	Nature du délai	Point de départ (tel qu'interprété par la jurisprudence)	Butoir	Thèse (n° para.)
Art. L. 145-60 C. com.	Action en nullité d'une clause illicite d'un bail commercial	2 ans	Délai de prescription	Date de la convention	Butoir théorique (Point de départ objectif)	138
Art. L. 145-60 C. com.	Action en fixation du loyer du bail commercial renouvelé	2 ans	Délai de prescription	Jour de la délivrance par le preneur du congé accompagné d'une offre de renouvellement moyennant modification du prix ou, en cas de demande de renouvellement du bail par le preneur, jour de prise d'effet du nouveau bail ou date d'acceptation par le bailleur du principe du renouvellement le point de départ de la prescription lorsqu'elle est postérieure à la prise d'effet	Butoir théorique (Point de départ objectif)	231
Art. L. 145-60 C. com.	Action en révision du loyer d'un bail commercial	2 ans	Délai de prescription	Jour où le bailleur a expédié la demande de révision	Butoir théorique (Point de départ objectif)	231
Art. L. 145-60 C. com.	Action en majoration du loyer d'un bail commercial pour sous-location	2 ans	Délai de prescription	Jour où le bailleur a eu connaissance du montant du sous-loyer	Butoir art. 2232 C. civ.	231
Art. L. 145-60 C. com.	Action en majoration du loyer d'un bail commercial pour déspécialisation	2 ans	Délai de prescription	Jour de l'acceptation par le bailleur de la déspécialisation	Butoir art. 2232 C. civ.	231
Art. L. 145-60 C. com.	Action en fixation de l'indemnité d'éviction	2 ans	Délai de prescription	Jour de la notification du congé avec offre d'indemnité d'éviction, ou à défaut jour du jugement tranchant la question de la pertinence de l'action en contestation du congé sans indemnité d'éviction	Butoir théorique (Point de départ objectif)	231

Droit des baux commerciaux (suite)

Source	Action concernée	Durée du délai	Nature du délai	Point de départ (tel qu'interprété par la jurisprudence)	Butoir	Thèse (nº para.)
Art. L. 145-60 C. com.	Action en paiement de l'indemnité d'occupation	2 ans	Délai de prescription	Jour où est définitivement consacré, dans son principe, le droit du locataire au bénéfice d'une indemnité d'éviction	Butoir théorique (Point de départ objectif)	231

Droit de la construction

Source	Action concernée	Durée du délai	Nature du délai	Point de départ (tel qu'interprété par la jurisprudence)	Butoir	Thèse (nº para.)
Art. 1792-4-1 C. civ.	Action en responsabilité dirigée contre les personnes visées aux articles 1792 et s. sur le fondement de la garantie légale	10 ans	Délai d'épreuve	Réception des travaux	Butoir théorique (Point de départ objectif)	111
Art. 1792-4-2 C. civ.	Action en responsabilité dirigée contre le sous-traitant	10 ans	Délai d'épreuve	Réception des travaux	Butoir théorique (Point de départ objectif)	111
Art. 1792-4-3 C. civ.	Action en responsabilité dirigée contre les constructeurs ou sous traitants sur le fondement du droit commun	10 ans	Délai de prescription	Réception des travaux	Butoir théorique (Point de départ objectif)	111
Art. 1304 C. civ.	Action en nullité d'un sous-traité pour défaut de cautionnement	5 ans	Délai de prescription	Date du sous-traité	Butoir théorique (Point de départ objectif)	141
Art. 1792-4-1 C. civ.	Action récursoire à l'encontre du constructeur	10 ans	Délai d'épreuve	Jour de la réception des travaux	Butoir théorique (Point de départ objectif)	331
Art. 1792-4-2 C. civ.	Action récursoire à l'encontre des sous-traitants	10 ans	Délai d'épreuve	Jour de la réception des travaux	Butoir théorique (Point de départ objectif)	331

Droit social

Source	Action concernée	Durée du délai	Nature du délai	Point de départ (tel qu'interprété par la jurisprudence)	Butoir	Thèse (n° para.)
Art. 1134-5 C. trav.	Action en réparation du préjudice résultant d'une discrimination	5 ans	Délai de pres-cription	Révélation de la discrimination	Butoir art. 2232 C. civ.	84
Art. L. 431-2 C. sec. soc.	Action en reconnaissance de la faute inexcusable de l'employeur	2 ans	Délai de pres-cription	Jour de reconnaissance du caractère professionnel de l'accident ou de la maladie	Butoir art. 2232 C. civ.	307
Art. L. 243-6 C. sec. soc.	Action en remboursement de cotisations sociales indûment versées	3 ans	Délai de pres-cription	Date à laquelle lesdites cotisations ont été acquittées	Butoir théorique (Point de départ objectif)	296

Droit de la santé

Source	Action concernée	Durée du délai	Nature du délai	Point de départ (tel qu'interprété par la jurisprudence)	Butoir	Thèse (n° para.)
Art. L. 1142-28 C. santé publ.	Action tendant à mettre en cause la responsabilité des professionnels de santé ou des établissements de santé publics ou privés à l'occasion d'actes de prévention, de diagnostic ou de soins	10 ans	Délai de pres-cription	Consolidation du dommage	Exclusion du butoir	88

Droit des assurances

Source	Action concernée	Durée du délai	Nature du délai	Point de départ (tel qu'interprété par la jurisprudence)	Butoir	Thèse (n° para.)
Art. L. 114-1 C. ass.	Action en réparation du préjudice subi par l'assuré du fait du manquement de l'assureur à ses obligations	2 ans	Délai de prescription	Connaissance du manquement de l'assureur et du préjudice en résultant	Butoir de l'article 2232 C. civ.	285
Art. L. 114-1 C. ass.	Action en garantie résultant d'une assurance de chose	2 ans	Délai de prescription	Jour de la connaissance du sinistre par l'assuré	Butoir de l'article 2232 C. civ.	287
Art. L. 114-1 C. ass.	Action en garantie résultant d'une assurance de personne	2 ans	Délai de prescription	Jour de la consolidation de l'état de la victime	Butoir de l'article 2232 C. civ.	288
Art. L. 114-1 C. ass.	Action en garantie résultant d'une assurance pour compte	2 ans	Délai de prescription	Jour où l'assuré a eu connaissance de l'ensemble des éléments permettant de demander effectivement la garantie de l'assureur, y compris l'identité de ce dernier	Butoir de l'article 2232 C. civ.	289
Art. L. 114-1 du C. ass.	Action en garantie résultant d'une assurance de responsabilité	2 ans	Délai de prescription	Jour du refus de garantie de l'assureur	Butoir de l'article 2232 C. civ.	287
Art. L. 114-1 C. ass.	Action en garantie résultant d'une assurance de groupe	2 ans	Délai de prescription	Jour de l'action en paiement de l'établissement de crédit ou du refus de garantie de l'assureur	Butoir de l'article 2232 C. civ.	410
Art. L. 114-1 al. 3 C. ass.	Action récursoire à l'encontre de l'assureur	2 ans	Délai de prescription	Jour où ce tiers a exercé une action en justice contre l'assuré ou a été indemnisé par ce dernier	Butoir de l'article 2232 C. civ.	328

Droit de la propriété intellectuelle

Source	Action concernée	Durée du délai	Nature du délai	Point de départ (tel qu'interprété par la jurisprudence)	Butoir	Thèse (nº para.)
Art. L. 611-17 du Code de la propriété intellectuelle JP.	Action en paiement de la rémunération supplémentaire d'invention de salarié	5 ans	Délai de prescription	Jour où le salarié est en possession de tous les éléments lui permettant d'évaluer la rémunération qui lui est due	Butoir de l'article 2232 C. civ. à compter de la réalisation de l'invention	239
Art. L. 611-8 du Code de la propriété intellectuelle	Action en revendication d'un brevet obtenu en violation des droits du véritable inventeur	3 ans	Délai de prescription	Jour de publication de la délivrance du titre	Butoir théorique (Point de départ objectif)	277

Droit de la presse

Source	Action concernée	Durée du délai	Nature du délai	Point de départ (tel qu'interprété par la jurisprudence)	Butoir	Thèse (nº para.)
Art. 65 de la loi du 29 juillet 1881 sur la liberté de la presse	Action en réparation du préjudice résultant de délits de presse	3 ans	Délai de prescription	Jour où ils ont été commis	Butoir théorique (Point de départ objectif)	72

Droit de l'environnement

Source	Action concernée	Durée du délai	Nature du délai	Point de départ (tel qu'interprété par la jurisprudence)	Butoir	Thèse (nº para.)
Art. L. 152-1 C. env.	Action en réparation des dommages causés à l'environnement	30 ans	Délai de prescription	Fait générateur du dommage	Exclusion du butoir	57

Droit du transport

Source	Action concernée	Durée du délai	Nature du délai	Point de départ (tel qu'interprété par la jurisprudence)	Butoir	Thèse (n° para.)
Art. L. 133-6 al. 4 C. com.	Action récursoire à l'encontre du transporteur terrestre	1 mois	Délai de prescription	Jour de l'exercice de l'action par le garanti	Butoir théorique (Point de départ objectif)	327
Art. 32 al. 2 L. 18 juin 1966	Action récursoire à l'encontre du transporteur maritime	3 mois	Délai de prescription	Jour de l'exercice de l'action contre le garanti ou du jour où celui-ci aura à l'amiable réglé la réclamation	Butoir théorique (Point de départ objectif)	327

Bibliographie

I. Traités et ouvrages généraux

A. XIXe Siècle

Aubry (C.) et Rau (C.), *Cours de droit civil français*, T. I, Paris, 4e éd., 1869.

- *Cours de droit civil français*, T. II, Paris, 4e éd., 1869.
- *Cours de droit civil français*, T. IV, Paris, 4e éd., 1871.
- *Cours de droit civil français*, T. VI, Paris, 4e éd., 1873.

Delvincourt (C.), *Cours de droit civil*, 1819, T. II.

Demolombe (C.), *Cours de Code Napoléon*, T. XIV, *Traité des successions*, T. II, Paris, 1857.

- *Cours de Code Napoléon*, T. XXIX, *Traité des contrats*, T. 6, Paris, 1876.

Duranton (A.), *Cours de droit civil français*, T. XII, Paris, 3e éd., 1834.

- *Cours de droit civil français*, Paris, 3e éd., T. XXI, 1837.

Larombière (L.), *Théorie des obligations*, T. V, Paris, 1885.

Laurent (F.), *Principes de droit civil français*, T. IX, Paris, 1878, 3e éd.

- *Principes de droit civil français*, T. XIX, Paris, 1878, 3e éd.
- *Principes de droit civil français*, T. XXIV, Paris, 1878, 3e éd.
- *Principes de droit civil français*, T. XXXII, Paris, 1878, 3e éd.

Marcadé (V.), *Explication théorique et pratique du Code Napoléon*, T. XII, *Prescription*, Paris, 1867.

Marcadé (V.) et Pont (P.), *Du code civil*, T. IV, 1873.

Planiol (M.) et Ripert (G.), *Traité pratique de droit civil français*, avec le concours de J. Maury et H. Vialleton, Paris, 1928, T. IV, *Successions*.

Toullier (C.), continué par Duvergier (J.), *Le droit civil français suivant l'ordre du Code*, T. IV, 1re partie, 6e éd.

Troplong (M.), *Le droit civil expliqué suivant l'ordre des articles du code, De la vente*, T. II, Paris, 1858.

- *Le droit civil expliqué suivant l'ordre des articles du code, De la prescription*, T. II, Paris 1857.

Vazeille (M.), *Traité des prescriptions*, T. II, Bruxelles, 1832.

Zachariae (K.), *Droit civil français*, T. III, Paris, 1857.

B. XXe Siècle

Baudry-Lacantinerie (G.) et Tissier (A.), *Traité théorique et pratique de droit civil, De la prescription*, Paris, 3e éd., 1905.

Beudant (C.), *Droit civil français*, T. VIII, *Les contrats et les obligations*, par G. Lagarde, 2e éd. 1936.

Carbonnier (J.), *Droit civil*, 2. *Les biens, Les obligations*, PUF, Quadrige.

Colin (A.) et Capitant (H.), *Cours élémentaire de droit civil français*, Paris, 1921, 3e éd., T. I.

Colin (A.) et Capitant (H.), *Cours élémentaire de droit civil français*, Paris, 10e éd. par L. Julliot de la Morandière, 1953, T. II.

Gaudemet (E.), *Théorie générale des obligations*, Sirey, 1965, rééd. Bibliothèque Dalloz, 2004.

Guillouard (L.), *Traité de la prescription*, T. I, Paris, 1900.

Hémard (J.), Terré (F.), Mabillat (P.), *Sociétés commerciales*, Dalloz, T. I, 1972.

- *Sociétés commerciales*, Dalloz, T. II, 1974.

- *Sociétés commerciales*, Dalloz, T. III, 1978.
Josserand (L.), *Cours de droit positif français*, T. II, Sirey, 1939.
Marty (G.) et Raynaud (P.), *Droit civil, Les obligations*, T. 1, *Les sources*, Sirey, 2e éd., 1986.
Marty (G.), Raynaud (P.), Jestaz (P.), *Droit civil, Les obligations*, Sirey, 2e éd., 1989, T. II, *Le régime*.
Mazeaud (H. L. J.) et Chabas (F.), *Leçons de droit civil, Obligations, Théorie générale*, Montchrestien, 8e éd., 1991, T. II, 1er vol.
Planiol (M.), *Traité élémentaire de droit civil*, Paris, 1908, 5e éd., T. 1.
Planiol (M.) et Ripert (G.), *Traité pratique de droit civil français*, par P. Esmein, T. VI, *Obligations*, 1930.
Ripert (G.) et Boulanger (J.), *Traité élémentaire de droit civil*, T. III, LGDJ, 1958.
Rodière (R.), *Droit des transports terrestres et aériens*, Sirey, 2e éd., 1977.
Starck (B.), Roland (H.), Boyer (L.), *Obligations*, 1. *Responsabilité délictuelle*, 2e éd., Litec, 1986.
- *Droit civil, Obligations*, 2. *Contrat et quasi-contrat - Régime général*, Litec, 2e éd., 1986.
Weil (A.) et Terré (F.), *Obligations*, Dalloz, 1980, 3e éd.

C. XXIe Siècle

Audit (B.), avec la collaboration de Avout (L. d'~), *Droit international privé*, Economica, 6e éd., 2010.
Aynès (L.), Crocq (P.), *Les sûretés, la publicité foncière*, Defrénois, 5e éd., 2011.
Beignier (B.), *Droit du contrat d'assurance*, PUF, 1999.
Bénabent (A.), *Les contrats spéciaux civils et commerciaux*, Montchrestien, 9e éd, 2011.
- *Les obligations*, Montchrestien, 12e éd., 2010 (et 10e éd., 2005).
- *Droit de la famille*, Montchrestien, 2010.
Bigot (J.), Baillot (P.), Kullmann (J.), Mayaux (L.), *Les assurances de personnes*, LGDJ, 2007, Tome 4.
BonassieS (P.), Scapel (C.), *Traité de droit maritime*, LGDJ, 2e éd., 2010.
Bonneau (T.), *Droit bancaire*, Montchrestien, 9e éd., 2011.
Bureau (D.) et Muir Watt (H.), *Droit international privé*, T. I, PUF, Thémis Droit, 2e éd., 2010.
- *Droit international privé*, T. II, *Partie spéciale*, PUF, Thémis Droit, 2e éd., 2010.
Cabrillac (M.), Mouly (C.), Cabrillac (S.), Pétel (P.), *Droit des sûretés*, Litec, 9e éd., 2010.
Cadiet (L.), Normand (J.), Amrani-Mekki (S.), *Théorie générale du procès*, PUF, Thémis, 2010.
Caron (C.), *Droit d'auteur et droits voisins*, Litec 2e éd., 2010.
Chagny (M.), Perdrix (L.), *Droit des assurances, Manuel*, LGDJ, 2009.
Collart Dutilleul (F.), Delebecque (P.), *Contrats civils et commerciaux*, Dalloz, 9e éd., 2011.
Colomer (A.), *Droit civil, régimes matrimoniaux*, Litec, 12e éd., 2005.
Cozian (M.), Viandier (A.), Deboissy (F.), *Droit des sociétés*, Litec, 24e éd., 2011.
Desportes (F.) et Le Gunehec (F.), *Droit pénal général*, Economica, 16e éd., 2009.
Dupeyroux (J.-J.), Borgetto (M.), Lafore (R.), *Droit de la sécurité sociale*, Précis Dalloz, 17e éd., 2011.
Fabre-Magnan (M.), *Les obligations*, Thémis droit privé, PUF, 2004.
- *Droit des obligations*, I - *Contrat et engagement unilatéral*, Thémis Droit, PUF, 2e éd., 2010.
- *Droit des obligations*, II - *Responsabilité civile et quasi-contrats*, Thémis Droit, PUF, 2e éd., 2010.
Fages (B.), *Droit des obligations*, LGDJ, 3e éd., 2011.
Flour (J.), Aubert (J.-L.), Savaux (E.), *Droit civil, Les obligations*, 1. *L'acte juridique*, Sirey, 14e éd., 2010 (et 12e éd., 2006).
Flour (J.), Aubert (J.-L.), Flour (Y.), Savaux (E.), *Droit civil, Les obligations*, 3. *Le rapport d'obligations*, Sirey, 7e éd., 2011 (et 6e éd., 2009).
Flour (J.) et Champenois (G.), *Les régimes matrimoniaux*, Armand Colin, 2e éd., 2001.
Francois (J.), *Droit civil*, T. IV, *Les obligations, Régime général*, Economica, 2e éd., 2011 (et 1re éd., 2000).
Héron (J.) et Le Bars (T.), *Droit judiciaire privé*, Montchrestien, 4e éd., 2010.
Gautier (P.-Y.), *Propriété littéraire et artistique*, PUF, 7e éd., 2010.
Ghestin (J.), *Traité de droit civil, Les obligations, le contrat : formation*, LGDJ, 3e, 1993.
Ghestin (J.), Billau (M.), Loiseau (G.), *Traité de droit civil, Le régime des créances et des dettes*, LGDJ, 2005.
Guinchard (S.) et Ferrand (F.), Chesnais, (C.), *Procédure civile, Droit interne et droit communautaire*, Précis Dalloz, 30e éd., 2010 (et 28e éd.).
Guyon (Y.), *Droit des affaires*, T. 1, *Droit commercial général et sociétés*, Economica, 12e éd., 2003.
Huet (J.), Decocq (G.), Grimaldi (C.), Lecuyer (H.), *Traité de droit civil, Les principaux contrats spéciaux*, LGDJ, 3e éd., 2012.
Lambert-Faivre (Y.), Leveneur (L.), *Droit des assurances*, Précis Dalloz, 13e éd., 2011.

Larroumet (C.), *Droit civil, Les obligations, Le Contrat*, 1re partie : *Conditions de formation*, T. III, Economica, 6e éd, 2007.
Le Cannu (P.) et Dondero (B.), *Droit des sociétés*, Montchrestien, 3e éd., 2009.
Le Tourneau (P.), *Droit de la responsabilité et des contrats*, Dalloz action, 2008/2009.
Malaurie (P.), *Les personnes, la protection des mineurs et des majeurs*, Defrénois, 5e éd., 2010.
Malaurie (P.), *Les successions, Les libéralités*, Défrénois, 4e éd., 2010.
Malaurie (P.), Aynès (L.), Gautier (P.-Y.), *Les contrats spéciaux*, Defrénois, 5e éd., 2011.
Malaurie (P.), Aynès (L.), Stoffel-munck (P.), *Les obligations*, Defrénois, 3e éd., 2007 et 5éd., 2011.
Malaurie (P.), Fulchiron (H.), *La famille*, Defrénois, 4e éd., 2011.
Malinvaud (P.), Fenouillet (D.), *Droit des obligations*, Litec, 12e éd., 2012 (et 9e éd., 2007).
Pérochon (F.), Bonhomme (R.), *Entreprises en difficulté, Instruments de crédit et de paiement*, LGDJ, 8e éd, 2009.
Ripert (G.) et Roblot (R.), *Traité de droit commercial*, par M. Germain et V. Magnier, T. II, *Les sociétés commerciales*, LGDJ, 20e éd., 2011.
Ruet (L.), *Les baux commerciaux*, Defrénois, 2e éd., 2006.
Sériaux (A.), *Droit des obligations*, PUF, 2e éd. mise à jour, 1998.
Terré (F.), Simler (P.), Lequette (Y.), *Droit civil, Les obligations*, Précis Dalloz, 9e éd., 2006 et 10e éd., 2009.
Viney (G.), JourdaiN (P.), *Traité de droit civil, Les conditions de la responsabilité*, LGDJ, 3e éd., 2006.

II. Ouvrages spéciaux : thèses, mémoires, monographies

Ballot-Léna (A.), *La responsabilité civile en droit des affaires, Des régimes spéciaux vers un régime de droit commun*, préf. P. Dubois, Thèse LGDJ, 2008.
Bandrac (M.), *La nature juridique de la prescription extinctive*, préf. P. Raynaud, Economica, 1986.
Blanchard (C.), *La dispense en droit privé*, Thèse Paris II, 2008.
Boniffacy (E.), *De la règle* « Contra non valentem agere non currit praescriptio » *et de ses applications en matière civile*, Paris, 1901.
Borghetti (J.-S.), *La responsabilité du fait des produits, Étude de droit comparé*, préf. G. Viney, LGDJ, 2004.
Bruschi (M.), *La prescription en droit de la responsabilité civile*, préf. A. Sériaux, Economica, 1997.
Bufnoir (C.), *Contrat et propriété*, 1924, rééd. LGDJ, 2005.
Cayrol (N.), *Les actes ayant pour objet l'action en justice*, préf. F. Grua, Economica, 2001.
Chevreau (E.), *Le temps et le droit : la réponse de Rome, L'approche du droit privé*, De Boccard, 2006.
Chénedé (F.), *Les commutations en droit privé, Contribution à la théorie générale des obligations*, préf. A. Ghozi, Economica, 2008.
Choppin Haudry de Janvry (S.), *La suspension de la prescription en droit privé français*, Th. Paris II, 1989.
Clément (J.), De la règle *Contra non valentem agere non currit praescriptio* en matière civile, Grenoble, 1902.
Collin (A.), *Pour une conception renouvelée de la prescription*, préf. D. Fenouillet, thèse Defrénois, 2010.
Dagot (M.), *Le pacte de préférence*, Litec, 1988.
Durant-Girard (V.), *La prescription en droit civil, Essai d'une théorie unitaire*, Thèse Université Versailles-Saint-Quentin, 2008.
Dross (W.), *Clausier, Dictionnaire des clauses ordinaires et extraordinaires des contrats de droit privé interne*, Litec, 2008.
Émile-Zola-Place (E.), *La prescription extinctive en droit d'auteur*, Thèse Paris II, 2005.
Étienney (A.), *La durée de la prestation, Essai sur le temps dans l'obligation*, préf. T. Revet, LGDJ, 2008.
Fournier (S.), *Essai sur la notion de prescription en matière civile*, Thèse Grenoble, 1992.
Gaudemet (S.), *La clause réputée non écrite*, préf. Y. Lequette, Economica, 2006.
Ghestin (J.), *Cause de l'engagement et validité du contrat*, LGDJ, 2006.
Ghestin (J.), *Conformité et garanties dans la vente (Produits mobiliers)*, LGDJ, 1983.
Ghestin (J.), *La notion d'erreur dans le droit positif actuel*, préf. J. Boulanger, LGDJ, 1961.
Giraud d'Agay (O. de ~), *Des causes d'interruption et de suspension de la prescription en matière civile*, Aix-en-Provence, 1882,
Giscard (V.), *Étude sur l'origine de la maxime* Quae temporalia sunt ad agendum perpetua sunt ad excipiendum *et son application en Droit français*, Dijon, 1888.
Gondard (H.), *De la suspension de la prescription et de la règle* « Contra non valentem agere non currit praescriptio », Paris, 1904.

Grétéré (T.), L'adage *Contra non valentem agere non currit praescriptio*, Thèse Paris I, 1981.

Grimonprez (B.), *De l'exigibilité en droit des contrats*, préf. C. Ophèle, LGDJ, Coll. Faculté de droit de sciences sociales de Poitiers, 2006.

Gross (B.), *La notion d'obligation de garantie dans le droit des contrats*, préf. D. Tallon, Paris, 1964.

GuelfuccI-Thibierge (C.), *Nullité, restitutions et responsabilité*, Thèse LGDJ, 1992, préface J. Ghestin.

Gurvitch (G.), « La multiplicité des temps sociaux », in *La vocation actuelle de la sociologie*, PUF, T. 2, 2e éd., 1963.

Hage-Chanine (F.), *Contribution à la théorie générale de la prescription en droit civil*, D.E.A. de Droit privé, 1987-1988, Les Cours de droit.

- *Les conflits de lois dans l'espace et dans le temps en matière de prescription*, préf. H. Batiffol, Dalloz, Bibl. dr. int. pr., 1977, T. XXI.

Hardouin-Le Goff (C.), *L'oubli de l'infraction*, préf. A. Decocq, LGDJ, 2008.

Jachmig-Joly (P.), *La garantie des vices cachés, essai de théorie générale*, Thèse Paris II, 1997.

Japiot (R.), *Des nullités en matière d'actes juridiques*, Thèse Dijon, 1909.

Jouary (P.), *Contribution à l'étude de la valeur en droit privé des contrats*, Thèse Paris I, 2002.

Landreau (D.), *La prescription extinctive et l'ordre public*, Thèse Lyon II, 1971.

Latina (M.), *Essai sur la condition en droit des contrats*, préf. D. Mazeaud, LGDJ, 2009.

Leblond (N.), *Assurances et sûretés*, Thèse Paris II, 2007.

Molfessis (N.), *Le Conseil constitutionnel et le droit privé*, préf. M. Gobert, LGDJ, 1997.

Morvan (P.), *Le principe de droit privé*, préf. J.-L. Sourioux, Ed. Panthéon-Assas, 1999.

Ost (F.), *Le temps du droit*, Ed. Odile Jacob, 1999.

Ouerdane-Aubert de Vincelles (C.), *Altération du consentement et efficacité des sanctions contractuelles*, préf. Y. Lequette, Nouv. Bibl. thèses Dalloz, 2002.

Outin-Adam (A.), *Essai d'une théorie générale des délais en droit privé, Contribution à l'étude de la mesure du temps par le droit*, Thèse Paris II, 1986.

Pagnucco (J.-C.), *L'action sociale ut* singuli *et* ut universi *en droit des groupements*, préf. F. Deboissy, LGDJ, Coll. Thèses Fondation Varenne, 2006.

Perelman (C.) et Olbrechts-Tyteca (L.), *Traité de l'argumentation*, Ed. Univ. Bruxelles, 6e éd., 2008.

Putman (E.), *La formation des créances*, Thèse Université Aix-Marseille, 1987.

Rebeyrol (V.), *L'affirmation d'un « droit à l'environnement » et la réparation des dommages environnementaux*, préf. G. Viney, Thèse Defrénois, 2009.

Rogier (A.), *Dommage corporel, éléments médico-légaux à l'usage du juriste et du médecin*, éd. Eska, Paris, 2001.

Roland (H.) et Boyer (L.), *Adages du droit français*, Litec, 3e éd.

Schmetz (R.), *L'argumentation selon Perelman : pour une raison au cœur de la rhétorique*, Presses Universitaires de Namur, 2000.

Schmidt (Do.), *Les conflits d'intérêts dans la société anonyme*, Joly éditions, 2004.

Schmidt (Da.), *Le point de départ des prescriptions et délais assimilés en matière de responsabilité civile*, Mémoire de D.E.A. de droit privé, Université Paris I, 1995.

Serinet (Y.-M.), *Les régimes comparés des sanctions de l'erreur, des vices cachés et de l'obligation de délivrance dans la vente*, Thèse Paris I, 1996.

Thouroude (J.-L.), *Pratique de la responsabilité hospitalière publique, les responsabilités dans les établissements publics de santé*, L'Harmattan, coll. Logiques juridiques, 2000.

Verdier (J.-M.), *Les droits éventuels, Contribution à l'étude de la formation successive des droits*, préf. H. Mazeaud, Rousseau & Cie, 1953.

Villey (C.), *De l'interruption et de la suspension de la prescription en matière civile*, Caen, 1876.

Zavaro (M.), *La responsabilité des constructeurs au gré de l'évolution des règles de prescription*, Edilaix, 2009.

III. Travaux collectifs, rapports, colloques

A. Travaux collectifs

Rouhette (G.), Lamberterie (I. de ~), Tallon (D.) et Witz (C.), *Principes du droit européen du contrat*, coll. Droit privé comparé et européen, Société de législation comparée, 2003.

Le commissariat aux comptes : renforcement ou dérive ?, étude du CREDA, sous la direction de A. Sayag, Litec 1989, vol. 1.

Table ronde sur la Prescription *in* « Prescription et imprescriptibilité », *Droits*, 1999, n° 31, spéc. p. 41 s. ; « Pour un droit de la prescription moderne et cohérent ».

La prescription extinctive, Études de droit comparé, dir. P. Jourdain et P. Wery, Bibl. de la Faculté de droit de l'université catholique de Louvain, Schulthess et Bruylant, 2010.

B. Rapports

Marini (P.), *La modernisation du droit des sociétés, Rapport officiel*, La Documentation française, 1994.

Rapport du groupe de travail de la Cour de cassation sur l'avant-projet de réforme du droit des obligations et de la prescription, 2006.

« Pour un droit de la prescription moderne et cohérent », J.-J. Hyest (président), H. Portelli et R. Yung, rapporteurs, sénateurs, Commission des lois, « Mission d'information sur le régime des prescriptions civiles et pénales », *Les rapports du Sénat*, n° 333, 2006-2007.

Rapport sur la dépénalisation de la vie de affaires, Groupe de travail présidé par J.-M. Coulon, janvier 2008, La Documentation Française, p. 100.

Conseil d'État, *Rapport public annuel 1991, De la sécurité juridique*, La Documentation française.

- *Rapport public annuel 2006, Sécurité juridique et complexité du droit*, La Documentation française.

CCIP, *Pour une politique pénale adaptée à la vie des affaires, Rapport de* D. Norguet, 10 janvier 2008.

C. Colloques

Les désordres de la prescription, textes réunis par P. Courbe, Publication de l'Université de Rouen, 2000.

La réforme du droit de la prescription, actes de colloque, Strasbourg, 7 novembre 2008, *LPA*, 2 avril 2009.

La réforme du droit de la prescription extinctive : perspectives nationales et transfrontalières, actes de colloque, Metz, 7 mai 2009, *RDLA*, octobre 2009, n° 42.

La réforme de la prescription en matière civile, Le chaos enfin régulé ?, dir. P. Casson et P. Pierre, Dalloz, Thèmes & Commentaires, 2010.

IV. Encyclopédies et juris-classeur

Amrani-Mekki (S.), *J.-Cl. civ.*, art. 2219 à 2279, *Prescription en matière civile* (L. n° 2008-561, 17 juin 2008).

Barbier (J.-D.), *J.-Cl. Bail à loyer*, Fasc. 1304.

Barbier (J.-D.), *J.-Cl. Bail à loyer - Bail commercial - prescription et forclusion.*

Cadiet (L.), *J.-Cl. Contrat et Distribution*, Fasc. 190 : Clauses relatives aux litiges.

Challe (B.), *J.-Cl. Procédure pénale*, Fasc. art. 7 à 9.

Ducouloux-Favard (C.), *Lamy Droit pénal des affaires.*

Favre-Rochex (A.), *J.-Cl.*, Fasc. 505-5, *Exécution du contrat.*

Guyon (Y.) actualisé par B. Le Bars, *J.-Cl. Soc. traité*, Fasc. 132-10, *Administration, Responsabilité civile des administrateurs.*

Huet (J.), *J.-Cl. civ.*, art. 1641 à 1649.

Langé (D.), *J.-Cl. Soc. traité*, Fasc. 134-25 : *Commissaires aux comptes.*

Moneger (J.) et Granier (T.), *Encyclopédie Dalloz sociétés*, v. *commissaires aux comptes.*

Pétel-Teyssié (I.), *J.-Cl. civ.*, Fasc. unique : *Prescription et possession.*

Picod (F.), *Rép. Dalloz Droit civil, V° Nullité.*

Rebut (D.), *Répertoire Dalloz Pénal et Procédure pénale, Abus de biens sociaux.*

Sériaux (A.), *J.-Cl. civ.*, art. 768 à 781, Fasc. Unique : *Successions - L'option de l'heritier.*

Simler (P)., *J.-Cl. civ.*, art. 1131 à 1133.

V. Ouvrages et articles étrangers

Andrews (N. H.), « *Reform of limitation of actions: the quest for sound policy* », *The Cambridge Journal*, November 1998, Vol. 57, Part. 3, p. 589.

Dominguez Aguila (R.), *La prescripción extintiva, Doctrina y jurisprudencia, Editorial Juridica de Chile*, 2004, spéc. p. 171, n° 36.

Gibson (E.), « *For Whom Does the Bell Toll? Changes in Tort Limitation Periods* », in *Le temps et le droit*, Actes du 4e Congrès international de l'Association internationale de méthodologie juridique, Dir. P.-A. Côté et J. Frémont, Editions Yvon Blais, 1996, p. 295.

Gerstenblith (P.), « *Recent Developments in the Law of Extinctive Prescription in the United States* », in *U.S. National Reports to the XIVth Congress of The International Academy of Comparative Law, The American Association for the Comparative Study of Law*, 1994, p. 61.
Urbano Salerno (M.) (dir.), *Prescripción Liberatoria Y Caducidad, La Ley*, 2002, spéc. p. 41.
Zimmermann (R.), *Comparative foundations of a European law of set-off and prescription*, Cambridge University Press, 2002.
- *The new German law of obligations, Historical and Comparative Perspectives*, Oxford University Press, 2005.

V. Articles et chroniques

Agostini (E.), « Interversion des prescriptions et réforme de la prescription », *D.*, 2010, p. 2465.
Alves (C.-M.), « L'unification de la prescription médicale à l'épreuve de la prescription quadriennale », *LPA*, 14 septembre 2004, p. 3.
Amrani-Mekki (S.), « Le modèle de la prescription extinctive dans le Code civil », in *Code civil et modèles, Des modèles du Code ou du Code comme modèle*, dir. T. Revet, Bibl. A. Tunc, LGDJ, 2005, p. 75.
- « Liberté, simplicité, efficacité, la nouvelle devise de la prescription ?, À propos de la loi du 17 juin 2008 », *JCP* G, 2006, I, 160.
Ancel (P.), « La garantie conventionnelle des vices cachés dans les conditions générales de vente en matière mobilière », *RTD com.*, 1979, p. 203.
- « La loi nº 2008-561 du 17 juin 2008 portant réforme de la prescription en matière civile », *Gaz. Pal.*, 12 juillet 2008.
Astegiano-La Rizza (A.), « L'assurance et la réforme de la prescription en matière civile », *RFDA*, 2008, p. 833.
Audit (B.), « Le caractère fonctionnel de la règle de conflit de lois », *RCADI*, 1984, T. 186, p. 223.
Baillet Bouin (F.), « Une vente d'œuvre d'art est-elle annulable *ad vitam aeternam* ? », *D.*, 2007, p. 2788.
Ballot-Léna (A.), « Les multiples points de départ de la prescription extinctive », *LPA*, 7 décembre 2007, p. 5.
Bandrac (M.), « La nouvelle nature juridique de la prescription extinctive en matière civile », *RDC*, 2008, p. 1413.
- « Les tendances récentes de la prescription extinctive en droit français », *RIDC*, 2/1994, p. 359.
Bardout (J.-C.), « Les conséquences de la réforme de la prescription civile en matière familiale », *AJ fam.*, 2008, p. 291.
Bauerris (J.), « Le nouveau droit de la prescription », *RIDC*, 4-2002, p. 1023.
Béhar-Touchais (M.), « Foisonnement des délais », in *Les désordres de la prescription*, textes réunis par P. Courbe, Publication de l'Université de Rouen, 2000, p. 7.
- « Que penser de l'introduction d'une protection contre les clauses abusives dans le Code de commerce ? », *RDC*, 2009, p. 1258.
Belloc (C.), « Sur la prescription des actions en responsabilité ayant pour origine un préjudice fiscal », *JCP* E, 2004, 1637.
Bénabent (A.), « Sept clés pour une réforme de la prescription extinctive », *D.*, 2007, p. 1800.
- « Le chaos du droit de la prescription extinctive », *Mélanges dédiés à L. Boyer*, Presses de l'Université des sciences sociales de Toulouse, 1996, p. 123
Bergel (J.-L.), « Différence de nature (égale) différence de régime », *RTD civ.*, 1984, p. 255.
Bigot (J.), « Responsabilité et assurance décennale : la clarification attendue - Ordonnance du 8 juin 2005 », *JCP* G, 2005, I, 148.
Billet (P.), « Prescription des obligations financières liées à la réparation des atteintes à l'environnement : les affres du temps », *JCP* A, 2008, act. 697.
Binet (J.-R.), « La sécurisation de l'option successorale, entre conservation dynamique et innovations prudentes, À propos de la loi du 23 juin 2006 », *Dr. fam.*, 2006, étude 55.
Besson (A.), « Déclaration du sinistre et prescription », *RGAT*, 1950, p. 143.
Bonet (G.) et Gross (B.), « La réparation des dommages causés aux constructions par les vices des matériaux », *JCP*, 1974, I, 2602.
Boulay (J.-C.), « Réflexion sur la notion d'exigibilité de la créance », *RTD com.*, 1990, p. 339.
Boussard-Verrecchia (E.), « L'abréviation de la prescription en matière de discrimination compensée par l'exigence d'une révélation informée », *Rev. de droit du travail*, 2008, p. 677.

Boutonnet (M.), « Réforme de la prescription civile et responsabilité civile environnementale », *Environnement*, 2008, étude 14.
Bonhomme (R.), « Proposition d'analyse de l'effet de règlement des comptes bancaires (Pour une réconciliation du droit commun et des usages bancaires) », *LPA*, 21 juin 2001, p. 4.
Bout (R.), « Supplique des assurés forclos au législateur endurci », *Mélanges Lambert*, Dalloz, 2002, p. 27.
Brenner (C.), « De quelques aspects procéduraux de la réforme de la prescription extinctive », *RDC*, 2008, p. 1431.
Brenner (C.) et Lecuyer (H.), « La réforme de la prescription », *JCP* N, 2009, 1118.
Brun (P.), « Des vicissitudes de la transposition (réalisée ou à venir) de certaines directives et leur impact sur le droit de la vente », *RDC*, 2003, p. 107.
Bruschi (M.), « L'exception de nullité du contrat », *Dr. et patr.*, janvier 2000, p. 69.
- « L'impossible oubli : pour l'application de la maxime *Quae temporalia* aux délais préfix », *Liber amicorum Benoît Savelli*, Presses universitaires d'Aix-Marseille, 1998, p. 183.
Burgard (M.), « Les implications de la loi du 17 juin 2008 sur la prescription des actions en responsabilité des constructeurs », *LPA*, 10 avril 2009, p. 6.
Buy (M.), « Prescriptions de courte durée et suspension de la prescription », *JCP*, 1977, I, 2833.
Cabanis (A.), « L'utilisation du temps par les rédacteurs du Code civil », *Mélanges Hébraud*, Toulouse, Univ. Sc. sociales, 1981, p. 171.
Calais-Auloy (M.-T.), « Du discours et des notions juridiques (notions fonctionnelles et conceptuelles) », *LPA*, 9 août 1999, p. 4.
- « Une nouvelle garantie pour l'acheteur : la garantie de conformité », *RTD civ.*, 2005, p. 701.
Camproux-Duffrène (M.-P.),« Réforme de la prescription civile : les aspects environnementaux », in *La réforme du droit de la prescription*, actes de colloque, Strasbourg, 7 novembre 2008, *LPA*, 2 avril 2009, p. 45.
Canivet (G.) et Molfessis (N.), « La politique jurisprudentielle », *Mélanges en l'honneur de J. Boré*, Dalloz, 2007, p. 79.
Carbonnier (J.), « La règle *Contra non valentem agere non currit praescriptio* », *Rev. crit.*, 1937, p. 155.
- « Notes sur la prescription extinctive », *RTD civ.*, 1952, p. 171.
Cario (R.), « Les modifications conventionnelles de la prescription extinctive », *LPA*, 6 novembre 1998, p. 9.
- « La prescription de l'action publique », *D.*, 2007, p. 1798.
Casson (P.), « Le régime de la prescription », in *La réforme de la prescription en matière civile, Le chaos enfin régulé ?*, dir. P. Casson et P. Pierre, Dalloz, Thèmes & Commentaires, 2010, p. 25.
Chagny (M.), « Le contrôle des clauses abusives par le droit de la concurrence », *RDC*, 2009, p. 1642.
- « Une (r)évolution du droit de la concurrence ?, À propos de la loi LME du 4 août 2008 », *JCP* G, 2008, I, 196.
Charbonneau (C.), « La prescription d'hier et d'aujourd'hui : commentaire de la loi du 17 juin 2008 », *Dr. et patr.*, sept. 2008, p. 42.
- « Incidence de la réforme de la prescription civile en matière de construction », *Const. Urb.*, 2008, étude 13.
Chatard (F.), Le Berre (L.), Maigret-Mathiot (A.-S.), « Principales incidences de la réforme de la prescription en droit du travail, notamment au niveau de la relation individuelle de travail », *Procédures*, 2009, Prat. 1.
Clay (T.), « Fusion et confusion des sources », *RDC*, 2007, p. 1449.
Cohen-Branche (M.), « La responsabilité civile du banquier en droit français et le juge de cassation : quel pouvoir ? Réflexion autour d'une politique jurisprudentielle », *RDBF*, 2009, étude 19.
Cohendy (G.), « Des intérêts de la distinction entre inexistence et nullité d'ordre public », *RTD civ.*, 1914, p. 33.
Commaret (D.-N.), « Point de départ de la prescription : des palliatifs jurisprudentiels, faute de réforme législative d'ensemble », *Rev. sc. crim.*, 2004, p. 897.
Cordonnier (P.), « Des nouveaux délais limitant l'exercice de l'action en responsabilité contre les administrateurs des sociétés anonymes », *Journ. soc.*, 1939, p. 257.
Corpart (I.), « Les retombées en droit de la famille de la loi n° 2008-561 du 17 juin 2008 portant réforme de la prescription en matière civile », *RJPF*, sept. 2009, p. 8.
Cottereau (V.), « La clause réputée non écrite », *JCP* G, 1993, I, 3691.

Courtieu (G.), « Assurance emprunteurs : rebondissement sur la prescription biennale », *JCP* E, 2002, 37.
Cupertier (O.) et Gorny (A.), « L'engagement disproportionné de la caution, après la loi sur l'initiative économique », *JCP* G, 2004, p. 1975.
Dagorne-Labbé (Y.), « La loi du 19 mai 1998 relative à la responsabilité des produits défectueux », *Defrénois*, 1998, p. 1265.
Dammann (R.) et Keszler (A.), « Nouveau régime de l'aménagement contractuel de la prescription civile », *RLDC*, mai 2009, p. 7.
David (R.), « Les caractères originaux de la pensée juridique anglaise et américaine », *APD*, T. XV, 1970, p. 1.
Delattre (C.), « La notion de cessation des paiements : passif exigible ou exigé », *RJ com.*, 2001, p. 212.
Delnaud (V.), « Prescription et discrimination », *D.* , 2008, p. 2533.
Demogue (R.), « De la nature et des effets du droit éventuel », *RTD civ.*, 1906, p. 231.
Dessuet (P.), « Responsabilité civile des constructeurs : vers une remise en cause du point de départ de la prescription ? », *RDI*, 2008, p. 53.
Donnier (M.), « Les infractions continues », *Rev. sc. crim.* 1958, p. 750.
Douchy-Oudot (M.), « Courtes prescriptions et forclusions en droit de la consommation », *Liber amicorum Jean Calais-Auloy*, Dalloz, 2003, p. 355.
Dumery (A.), « La sanction des actes passés par le mineur non émancipé : bilan et perspectives », *Gaz. Pal.*, 8 janvier 2009, p. 4.
Durant (I.), « Le point de départ des délais de prescription » (Rapport Belge), in *La prescription extinctive, Études de droit comparé*, dir. P. Jourdain et P. Wéry, Bibl. de la Faculté de droit de l'université catholique de Louvain, Schulthess et Bruylant, 2010, p. 264.
Durand-Pasquier (G.), « La responsabilité des constructeurs à l'aune de la réforme du droit de la prescription : consécrations et interrogations », *Const. Urb.*, 2008, alerte 36.
Durry (G.), « Rapport sur l'inexistence, la nullité et l'annulabilité des actes juridiques en droit civil français », in *Travaux de l'association Henri Capitant*, 1965, T. XIV, p. 611.
- « Trente ans après ! (ou l'évolution d'une discipline à l'aune de celle d'un ouvrage) », *Mélanges Lambert*, Dalloz, 2002, p. 145.
Eckert (G.) et Kovar (J.-P.), « La réforme du droit de la prescription : aspect de droit public », in *La réforme du droit de la prescription*, actes de colloque, Strasbourg, 7 novembre 2008, *LPA*, 2 avril 2009, p. 25.
Esmein (P.), « Y-a-t-il des infractions continues ? », *RID Pén.* 1924, p. 111.
Fages (B.), « À propos du projet de loi de transposition de la directive n° 99/44/CE du 25 mai 1999, au retard s'ajoute le regret », *Rev. Lamy dr. civ.*, octobre 2004, p. 5.
Fauvarque-Cosson (B.), « Aspects de droit comparé de la prescription », in *Les désordres de la prescription*, textes réunis par P. Courbe, Publication de l'Université de Rouen, 2000, p. 45.
- « Variation sur le processus d'harmonisation du droit à travers l'exemple du droit de la prescription extinctive », *RDC*, 2004, p. 801.
- « Commentaire de la loi du 17 juin 2008 portant réforme de la prescription en matière civile », in *Réforme de la prescription, D.*, 2008, p. 2512.
Flores (P.), Biardeaud (G.), « La forclusion en cas de prélèvements des échéances sur un compte ; les enseignements de l'arrêt *Delmotte* », *D.*, 2001, p. 1164.
- « La protection de l'emprunteur : une notion menacée », *D.*, 2000, chron. p. 191.
François (B.) « La prescription extinctive en droit américain et en droit français : différences et convergences », in *Réforme de la prescription, D.*, 2008, p. 2543.
Freyria (C.), « Imprescriptibilité du délit en droit pénal des affaires ? », *JCP* E, 1996, 563.
Fricero (N.), « La nouvelle prescription : entre sécurité et modernité », *RLDC*, 2008, n° 52, n° 3093.
- « La prescription après la loi du 17 juin 2008 en droit de la construction », *RDI*, 2011, p. 435.
Garçon (E.), « Étude sur les délits continus ou successifs », in *Journal du ministère public et du droit criminel*, Paris, 1914, p. 97.
Garé (T.), « Réforme de la filiation – À propos de la loi du 16 janvier 2009 », *JCP* G, 2009, act. 59.
Gautier (P.-Y.), « De la prescription des infractions commises sur l'internet... et dans le monde physique », *D.*, 2002, p. 1852.
- « Les délais », in *La transposition en droit français de la directive européenne du 25 mai 1999 relative à la vente*, Actes du Colloque de Paris du 8 novembre 2002, *Cah. dr. entr.*, 2003, n° 1, p. 15.
Gavalda (B.), « La théorie de la prescription des actions en procédure pénale », in *Quelques aspects de l'autonomie du droit pénal*, dir. G. Stefani, Paris, 1956, p. 77.

Ghestin (J.), « Le nouveau Titre IV *bis* du Livre III du Code civil "De la responsabilité du fait des produits défectueux", L'application en France de la directive sur la responsabilité du fait des produits défectueux après l'adoption de la loi n° 98-389 du 19 mai 1998 », *JCP* G, 1998, I, 148.

Gothot (P.), « Le renouveau de la tendance unilatéraliste », *Rev. crit. DIP*, 1971.1, p. 35.

Grimaldi (C.), « La durée des droits : péremption ou prescription ? Approche empirique », *D.*, 2012, p. 514.

Grimonprez (B.), « Le nouveau visage de la prescription en droit des affaires », *RLDA*, n° 43, novembre 2009, p. 51.

Groutel (H.), « L'emprunteur et le point de départ de la prescription biennale : un nouveau fondement », *RCA*, 1998, chron 12.

- « L'emprunteur et le point de départ de la prescription : est-ce la fin de la fin ? », *RCA*, 2001, chron 12.

Guerchoun (F.), « Vers l'imprescriptibilité de l'action en nullité des conventions réglementées ? », *LPA*, 21 avril 2006, p. 5.

Guesmi (A.), « Les effets de la prescription du point de vue du terme », *LPA*, 23 mars 2010, p. 8.

Guillemard (S.), « La prescription extinctive en droit français - Regard d'une juriste québécoise », in *La réforme du droit de la prescription extinctive: perspectives nationales et transfrontalières*, actes de colloque, Metz, 7 mai 2009, *RLDA*, n° 42, oct. 2009, p. 101.

Hannoun (C.), « Remarques sur la prescription de l'action en nullité en droit des sociétés », *Rev. soc.*, 1991.

Haudebourg (J.-F.), « Quelques perspectives relatives à la computation du délai de prescription biennal en matière d'assurance », *LPA*, 18 décembre 1996, p. 13.

Hauser (J.), « Prescription de l'action en reddition de comptes de tutelle », *RTD civ.*, 1991, p. 707.

- « Filiation et prescription », *AJ fam.*, 2012, p. 29.

Hébraud (P.), « La notion de temps dans l'œuvre du doyen Maurice Hauriou », in *Annales de la faculté de droit et des sciences économiques de Toulouse*, T. XVI, Fasc. 2, Toulouse, 1968, p. 179.

- « Observations sur la notion de temps dans le droit civil », *Mélanges Kayser*, T. II, Aix-Marseille, PUF, 1979, p. 1.

Héron (J.), « Éléments de typologie des jugements à partir de l'idée de réalisation du droit », *RRJ*, 1992/4, spéc. p. 961.

Hervio-Lelong (A.), « Le bref délai de l'article 1648 : chronique d'une mort annoncée », *D.*, 2002, chron. p. 2069.

Hocquet-Berg (S.), « La réparation des dommages dans le nouveau droit de la prescription », in *La réforme du droit de la prescription extinctive : perspectives nationales et transfrontalières*, actes de colloque, Metz, 7 mai 2009, *RDLA*, octobre 2009, n° 42, p. 110, spéc. p. 112.

Hoonakker (P.), « La disposition de la prescription », in *La réforme du droit de la prescription*, Actes du Colloque de Strasbourg, 7 novembre 2008, *LPA*, 2 avril 2009, p. 19.

Huglo (C.), « La prévention et la réparation des dommages de l'environnement après la loi du 1er août 2008, *LPA*, 2008, p. 6.

Jacob (F.), « L'unification des délais », in *La réforme du droit de la prescription*, actes de colloque, Strasbourg, 7 novembre 2008, *LPA*, 2 avril 2009, p. 7.

Jadoul (P.), « L'évolution de la prescription en droit civil », in *L'accélération du temps juridique*, dir. P. Gérard, F. Ost et M. Van de Kerchove, Bruxelles, Publications des Facultés universitaires Saint-Louis, 2000, p. 749.

Jeuland (E.) et Charbonneau (C.), « Réalité des délais de forclusion (ou préfix) », *Rapport français*, in *La prescription extinctive, Études de droit comparé*, dir. P. Jourdain et P. Wéry, Bibl. de la Faculté de droit de l'université catholique de Louvain, Schulthess et Bruylant, 2010, p. 173.

Joly (S.), « La nouvelle génération des doubles délais extinctifs », *D.*, 2001, chron. p. 1451.

Jourdain (P.), « Commentaire de la loi n° 98-389 du 19 mai 1998 sur la responsabilité du fait des produits défectueux », *JCP* E, 1998, 1204.

- « La date de naissance de la créance d'indemnisation », *LPA*, 9 novembre 2004, p. 49.
- « Ne pas manquer une occasion de progrès », *D.*, 2003, p. 4.
- « Réflexions sur la notion de garantie en droit privé », in *Études offertes au Professeur P. Malinvaud*, Litec, 2007, p. 303.

Karila (J.-P.), « Bilan des différentes prescriptions des actions en responsabilité dirigées contre les constructeurs d'ouvrages immobiliers », *RLDC*, avril 2007, p. 17.

- « Vers l'uniformisation de tous les délais d'action de différentes responsabilités des constructeurs d'ouvrages immobiliers », *JCP* N, 2004, 1160.

Kriegk (J.-F.) « La réforme de la prescription des obligations », *RLDC*, mars 2009, nº 58 supplément, p. 9.

Kullmann (J.), « Fautes et sanctions liées à la prescription », in *Les désordres de la prescription*, textes réunis par P. Courbe, Publication de l'Université de Rouen, 2000, p. 97.

- « Remarques sur les clauses réputées non écrites », *D.*, 1993, p. 59.

Labarthe (F.) et Noblot (C.), « Le contrat d'entreprise à l'épreuve des articles L. 211-1 et suivants du Code de la consommation, À propos de l'ordonnance du 17 février 2005 », *JCP* G, 2005, I, 168.

Lagarde (X.), « Indemnisation des maladies professionnelles et prescription », *JCP* G, 2003, I, 159.

- « Mouvement sur la forclusion (À propos de l'article L. 311-37 du Code de la consommation) », *LPA*, 8 janvier 2003, p. 6.
- « Réforme de la prescription en matière civile : entre simplifications et incertitudes », *Gaz. Pal.*, 11 avril 2009, p. 2.
- « Remarques sur l'actualité de la mise en demeure », *JCP* G, 1996, I, 3974.

Laithier (Y.-M.), « Le nouveau droit français de la prescription extinctive et le rapport "*Limitation of Actions*" de la *Law Commission* anglaise », in *Réforme de la prescription, D.*, 2008, p. 2538.

Lambert-Faivre (Y.), « La durée de la garantie dans les assurances de responsabilité : fondement et portée de la nullité des clauses "réclamation de la victime" », *D.*, 1992, chron. p. 13.

- « La loi nº 2002-303 du 4 mars 2002 relative aux droits des malades et à la qualité du système de santé », *D.*, 2002, p. 1367.
- « La responsabilité médicale : la loi du 30 décembre modifiant la loi du 4 mars 2002 », *D.*, 2003, chron. p. 361.

Larribau-Terneyre (V.), « Du nouveau sur la prescription des actions en nullité du mariage », *Dr. fam.*, 2008, comm. 97.

Larroumet (C.), « La responsabilité du fait des produits défectueux après la loi du 19 mai 1998 », *D.*, 1998, p. 311.

Lasserre-Kiesow (V.), « Commentaire de la loi du 17 juin 2008 portant réforme de la prescription en matière civile », *RDC*, 2009, p. 1149.

- « La prescription, les lois et la faux du temps », *JCP* N, 2004, 1225.

Le Bars (T.), « La computation des délais de prescription et de procédure, Quiproquo sur le *dies a quo* et le *dies ad quem* », *JCP* G, 2000, I, 258.

- « La nature de la prescription : une question sans réponse ? », in *La réforme de la prescription en matière civile, Le chaos enfin régulé ?*, dir. P. Casson et P. Pierre, Dalloz, Thèmes & Commentaires, 2010, p. 3.

Lecuyer (G.), « La clandestinité de l'infraction comme justification du retard de la prescription de l'action publique », *Dr. pén.*, 2005, étude 14.

Lecuyer (H.), « La réforme de la prescription », *JCP* G, 2009, nº 29-30, 146, p. 52.

Legal (A,) « Délits permanents et délits successifs », chron., *Rev. sc. crim.*, 1956, nº 3, p. 103.

Leiris (C. de ~), « Le report du point de départ de la prescription de l'action publique », *LPA*, 10 janvier 2008, p. 3.

Lelieur (J.), « L'impact de la réforme de la prescription civile sur l'action des victimes d'infractions pénales », in *La réforme du droit de la prescription*, actes de colloque, *LPA*, 2 avril 2009, p. 12.

Leveneur (L.), « La faculté d'aménagement de la prescription en matière civile », in *La réforme de la prescription en matière civile, Le chaos enfin régulé ?*, dir. P. Casson et P. Pierre, Dalloz, Thèmes & Commentaires, 2010, p. 65.

- « Le nouvel article 2254 du Code civil », in *Liber Amicorum Christian Larroumet*, Economica, 2009, p. 283.
- « Réforme de la prescription : trois petits tours au Parlement et quelques questions », *Cont. conc. cons.*, 2008, nº 8, comm. 195.

Leroyer (A.-M.), *Chronique de législation française*, « Prescription, Loi nº 2008-561 du 17 juin 2008 portant réforme de la prescription en matière civile », *RTD civ.*, 2008, p. 563.

Libchaber (R.), « Le point sur l'interversion des prescriptions en cas de condamnation en justice », *D.*, 2006, chron. p. 254.

Licari (F.-X.), « Aspect fondamentaux du nouveau droit de la prescription : réflexions théoriques et pratiques sur les choix opérés par la loi du 17 juin 2008 », in *La réforme du droit de la prescription extinctive : perspectives nationales et transfrontalières*, actes de colloque, Metz, 7 mai 2009, *RDLA*, octobre 2009, nº 42, p. 84.

Liet-Veaux (G.), « Aggravation des désordres et responsabilité décennale des constructeurs », *JCP* G, 2004, p. 1282.
Limbach (F.), « Droit français et allemand de la prescription : zones de lumière et zones d'ombre », in *La réforme du droit de la prescription extinctive : perspectives nationales et transfrontalière*, actes de colloque, Metz, 7 mai 2009, *RLDA*, n° 42, octobre 2009, p. 105.
- « La prescription extinctive en droit allemand », in *Réforme de la prescription, D.*, 2008, p. 2535.
Mainguy (D.), « Le nouveau droit de la garantie de conformité dans la vente au consommateur », *JCP* E, 2005, 630.
- « Propos dissidents sur la transposition de la directive du 25 mai 1999 sur certains aspects de la vente et de garanties des biens de consommation », *JCP* G, 2002, I, 183.
Magnol (J.), « Délits continus, permanents ou successifs », *Rev. sc. crim.*, 1939, n° 2, p. 284.
Malaurie (P.), « Avant-projet de réforme de la prescription en droit civil », *Defrénois*, 2006, p. 230.
- « La réforme de la prescription civile, commentaire de la loi n° 2008-561 du 17 juin 2008 », *Defrénois*, 2008, p. 2029.
- « Présentation générale de l'avant projet de réforme », in *La prescription civile : projets de réforme, RJ com.*, 2007, hors série, p. 5.
- « La réforme de la prescription civile », *JCP* G, 2009, I, 134.
Malinvaud (P.), « La responsabilité en matière de construction après l'ordonnance n° 2005-658 du 8 juin 2005 », *RDI*, 2005, p. 357.
- « Prescription et responsabilité des constructeurs après la réforme du 17 juin 2008 », *RDI*, 2008, p. 368.
Martin (J.-P.), « La prescription en matière de rémunération supplémentaire d'invention de salarié : à propos de la réponse ministérielle du 18 avril 2006 », *JCP* S, 2006, 1689.
- « Rémunération supplémentaire d'invention de salarié : vers un délai de prescription trentenaire ? », *Propr. Industr.* 2005, étude 20.
- « La prescription en matière de rémunération supplémentaire d'invention de salarié : à propos de la réponse ministérielle du 18 avril 2006 », *JCP* S, 2006, 1689.
Martin (G. J.), « Prescription et droit de l'environnement », *RDC*, 2008, p. 1468.
Martineau-Bourgninaud, « La cessation des paiements notion fonctionnelle », *RTD com.*, 2002, p. 254.
Mayaud (Y.), « Appel à la raison ou pour une approche cohérente de la prescription de l'abus de biens sociaux », *D.*, 2004, p. 194.
Mayaux (L.), « L'incidence de la loi du 19 mai 1998 sur la durée de la garantie d'assurance en matière de produits livrés », *RGDA*, 1999, p. 63.
Mazeaud (D.), « Liberté contractuelle et pouvoirs du juge dans le nouveau droit de la prescription extinctive », in *La réforme du droit de la prescription extinctive : perspectives nationales et transfrontalières*, actes de colloque, Metz, 7 mai 2009, *RDLA*, octobre 2009, n° 42, p. 92.
- « Ordre public et aménagements de la prescription », in *Les désordres de la prescription*, textes réunis par P. Courbe, Publication de l'Université de Rouen, 2000, p. 85.
- « La parole est à la défense… », *D.*, 2003, p. 6.
Mazeaud (D.) ET Wintgen (R.), « La prescription extinctive dans les codifications savantes », *D.*, 2008, p. 2523.
Mazeaud (L.), « De la distinction des jugements déclaratifs et des jugements constitutifs de droits », *RTD. civ.*, 1929, p. 17.
Mazeaud-Leveneur (S.), « La modernisation de l'option successorale », *JCP* N, 2008, 1247.
Mekki (M.), « Les fonctions de la responsabilité civile à l'épreuve des fonds d'indemnisation des dommages corporels », *LPA*, 12 janvier 2005, p. 3.
- « Le nouvel essor du concept de clause contractuelle » (1re partie), *RDC*, 2006, p. 1051.
Mignot (M.), « Aperçu critique de l'avant-projet de loi sur la prescription », *RRJ*, 2007/4, p. 1639 s.
- « Le délai butoir - Commentaire de l'article 2232 du Code civil issu de la loi du 17 juin 2008 », *Gaz. Pal.*, 26 février 2009, p. 2.
- « La proposition de loi portant réforme de la prescription en matière civile : une nouvelle application du droit de ne pas payer ses dettes ? », *LPA*, 26 février 2008, p. 6.
- « Rapport de synthèse », in *La réforme de la prescription*, actes de colloque, *LPA*, 2 avril 2009, p. 59.
- « Réforme de la prescription : le point de départ du délai », *Defrénois*, 2009, p. 393.
Molfessis (N.), « Le renvoi d'un texte à l'autre », in *Les mots de la loi*, dir. N. Molfessis, Economica, Coll. Études juridiques, 1999, p. 57.

Morvan (P.), « L'action en paiement de l'URSSAF », *Cahiers de droit de l'entreprise* n° 2, mars 2008, 12.

Motulsky (H.), « Le droit subjectif et l'action en justice », in *APD*, 1964, T. IX, *Le droit subjectif en question*, p. 215.

Naudin (E.) et Lasserre Capdeville (J.), « Causes d'interruption et de suspension », in *La réforme du droit de la prescription*, actes de colloque, *LPA*, 2 avril 2009, p. 12.

Paisant (G.), « La transposition de la directive du 25 mai 1999 sur les garanties dans la vente de biens de consommation, Ordonnance du 17 février 2005 », *JCP* G, 2005, I, 146.

Painchaux (M.), « L'actualité des recours entre constructeurs », *Dr. et patr.*, juillet 2009, n° 183, p. 54.

Palli (B.), « L'impact du nouveau droit de la prescription sur le droit du travail », in *La réforme du droit de la prescription extinctive : perspectives nationales et transfrontalières*, actes de colloque, Metz, 7 mai 2009, *RDLA*, octobre 2009, n° 42, p. 114.

Peltier (V.), « Contribution à l'étude de la notion d'inexistence en droit privé », *RRJ*, 2000-3, p. 937.

Péres (C.), « La prescription de la pétition d'hérédité : pour une intervention législative », *D.*, 2011, p. 2416.

Piazzon (T.), « Retour sur la violation des pactes de préférence », *RTD civ.*, 2009, p. 433.

Picot (Y.), « Proportionnalité et cautionnement. Le mythe de Sisyphe », *Mélanges J. Calais*, Dalloz, 2003, p. 843.

Piedelièvre (S.), « Crédit à la consommation : le point de départ du délai de forclusion de l'article L. 311-37 », *Gaz. Pal.*, 13 décembre 2003, p. 2.

Pelletier (C.), « L'aménagement conventionnel de la prescription extinctive », *RDC*, 2008, p. 430.

Plessix (B.), « La réforme de la prescription en matière civile et le droit administratif », *RFDA*, 2008, p. 1219.

Pollaud-Dulian (F.), « De la prescription en droit d'auteur », *RTD civ.*, 1999, p. 585.

Ponce (C.), « Le délai décennal en droit de la construction à l'heure du bilan », *Const. Urb.*, 2008, étude 7.

Prüm (A.), « De la distinction entre compte de dépôt et compte courant », *RDBF*, mai-juin 2003, p. 153.

Putman (E.), « Le temps et le droit », in *Le droit face au temps*, *Dr. et patr.*, n° 78, janvier 2000, p. 43.

- « Revue de la thèse de M. Bruschi. La prescription en droit de la responsabilité civile », *RTD civ.*, 1995, p. 993.

Quenaudon (R. de ~), « La réforme de la prescription : aspects de droit du travail », in *La réforme du droit de la prescription*, actes de colloque, Strasbourg, 7 novembre 2008, *LPA*, 2 avril 2009, p. 53.

Rault (O.), « Le point de départ de la prescription de l'action en responsabilité de l'article 247 de la loi du 24 juillet 1966 », *JCP* E, 2000, p. 1462.

Raynard (J.), « Prescription de la rémunération supplémentaire : rien ne sert de courir… », *Propr. Indust.*, 2006, comm. 91.

Raynaud (P.), « La distinction des jugements déclaratifs et des jugements constitutifs », in *Contributions Françaises aux IIe et IVe Congrès internationaux de Droit Comparé*, Sirey, 1959, spéc. p. 377.

Renucci (J.-F.), « Infractions d'affaires et prescription de l'action publique », *D.*, 1997, p. 23.

Revet (T.), « La prise d'effets du contrat », *RDC*, 2004, p. 29.

Ripert (G.), « Le droit de ne pas payer ses dettes », *DH*, 1936, p. 57.

Rodière (R.), « L'écoulement du temps et la recevabilité de l'action en responsabilité contre le transporteur aérien », *D.*, 1976, Chron., p. 265.

Roussille (M.), « Regard sur le nouveau dispositif de garantie de conformité des biens », *Dr. et patr.*, juillet-août 2005, p. 38.

Rumeau-Maillot (H.), « Les délais de prescription en droit des sociétés », *Rev. soc.*, 2012, p. 203.

Saenko (L.), « La notion de dissimulation en matière d'abus de biens sociaux », *RTD com.*, 2005, p. 671.

Saint-Cène (M.) et Crillot (S.), « L'engagement de caution disproportionné », *RDBF*, 2000, p. 190.

Sargos (P.), « Étendue et limites de la prescription quinquennale, Semaine sociale Lamy », 2005, n° 1225.

- « La détermination du point de départ de la prescription est essentielle », *Semaine sociale Lamy* 2008, n° 1362.
- « La doctrine jurisprudentielle de la Cour de cassation relative à la prescription en droit des assurances », *RGAT*, 1996, p. 545.
- « La fixation du point de départ de la prescription en matière d'assurances », *JCP* G, 1998, I, 130.
- « Les points de départ de la prescription dans la jurisprudence de la Cour de cassation », in *Les désordres de la prescription*, textes réunis par P. Courbe, Publication de l'Université de Rouen, 2000, p. 23.

- « Vers un retour aux désordres de la prescription ? À propos du PLFSS 2011 concernant le FIVA », *D.*, 2010, p. 2374.

Sénéchal (J.), « La loi française sur la prescription en matière civile et l'objectif communautaire d'un droit européen des contrats plus cohérent : concordance ou dissonance ? », *RDC*, 2008, p. 1472.

Simler (P.), « Histoire d'une impasse : la sanction du défaut d'autorisation des cautions, avals ou garanties consentis pour le compte des sociétés par actions », in *Mélanges D. Schmidt*, Joly éd., 1990, p. 449.

- « La réforme du droit de la prescription : aspects de droit des biens », in *La réforme de la prescription*, actes de colloque, *LPA*, 2 avril 2009, p. 34.

Simon (O.), « La nullité des actes juridiques pour trouble mental », *RTD civ.*, 1974, p. 707.

Staes (O.), « La loi nº 2008-561 et le régime des prescriptions applicables aux transports terrestres de marchandises », *Rev. de droit des transports*, mars 2009, étude 5.

Stapylton-Smith (D.), « Date de prise d'effet d'un bail commercial : remise en cause de la date contractuelle ? », *JCP* N, 1998, p. 432.

Stoffel-Munck (P.), « La prescription extinctive. Le rôle de la volonté et du comportement des parties » (Rapport français), in *La prescription extinctive, Études de droit comparé*, dir. P. Jourdain et P. Wéry, Bibl. de la Faculté de droit de l'université catholique de Louvain, Schulthess et Bruylant, 2010, p 384.

Storck (M.), « La prescription commerciale et la réforme du 17 juin 2008 », in *La réforme de la prescription*, actes de colloque, *LPA*, 2 avril 2009, spéc. p. 37.

Storck (J.-P.), « L'exception de nullité en droit privé », *D.*, 1987, p. 67.

- « Réforme du droit de la prescription et responsabilité des constructeurs », in *La réforme du droit de la prescription*, actes de colloque, Strasbourg, 7 novembre 2008, *LPA*, 2 avril 2009, p. 42.

Terré (F.), « Temps sociologiques et temps juridiques », *Annales de la Faculté de droit d'Istanbul*, XXX nº 40, 1996, p. 160.

Thioye (M.), « La casse-tête récurrent du bref délai de l'article 1648 du Code civil : du contournement à la neutralisation », *LPA*, 21 août 2000, p. 6.

Topor (L.), « La notion de créance à caractère périodique au sens de l'article 2277 du Code civil », *RTD civ.*, 1986, p. 1.

Tournafond (O.), « De la transposition de la directive du 25 mai 1999 à la réforme du code civil », *D.*, 2002, p. 2883.

Touvière (F.), « La distinction des délais de prescription, butoir et de forclusion », *LPA*, 31 juillet 2009, p. 7.

Touroude (M.) et Cercle (M.), « L'invention de mission ouvrant droit à une rémunération supplémentaire des inventeurs salariés », *Gaz. Pal.*, 31 mars 2009, p. 30.

Trasbot (A.), « Commentaire de la loi de 1930 », *DP*, 1931, 4, p. 20.

Trescases (A.), « Les délais préfix », *LPA*, 30 janvier 2008, p. 6.

Tricoire (J.-P.), « La réforme de la prescription en droit des biens et en droit de la construction », *LPA*, 24 juillet 2009, p. 7.

Tricot (D.), « La politique jurisprudentielle de la chambre commerciale de la Cour de cassation », *D.*, 2007, p. 2456.

Tusseau (G.), « Critique d'une métanotion fonctionnelle : la notion (trop) fonctionnelle de "notion fonctionnelle" », *RFDA*, 2009, p. 641.

Vasseur (M.), « Délais préfix, délais de prescription, délais de procédure », *RTD civ.*, 1950, p. 439.

Vedel (G.), « De l'arrêt *Septfonds* à l'arrêt *Barinstein* (La légalité des actes administratifs devant les tribunaux judiciaires) », *JCP*, 1948, I, 68.

- « La juridiction compétente pour prévenir, faire cesser ou réparer la voie de fait administrative », *JCP*, 1950, I, 851.

Vial (G.), « Réforme de la filiation : les surprises du projet de ratification de l'ordonnance du 4 juillet 2005 », *Dr. fam.*, 2008, étude 5.

Viandier (A.), « Les modes d'interversion des prescriptions libératoires », *JCP* G, 1978, I, 2885.

Vich-Y-Llado (D.), « L'exception de nullité », *Defrénois*, 2000, p. 1265.

Vignand (P.), « Tsunami sur l'invention de mission, » note sous Cass. com., 22 février 2005, *Propr. Indust.* 2005, comm. 53.

Viney (G.), « La mise en place du système français de responsabilité des producteurs pour le défaut de sécurité de leurs produits », *Mélanges offerts à J.-L. Aubert*, Dalloz, 2005, p. 329.

- « Les modifications apportées par la loi du 17 juin 2008 à la prescription extinctive des actions en responsabilité civile », *RDC*, 2009, p. 493.

- « L'introduction en droit français de la directive européenne du 25 juillet 1985 relative à la responsabilité du fait des produits défectueux », *D.*, 1998, p. 291.
- « Retour sur la transposition de la directive du 25 mai 1999 », *D.*, 2002, p. 3162.

Wiederkehr (D.), « La notion d'action en justice selon l'article 30 du nouveau Code de procédure civile », *Mélanges offerts à P. Hébraud*, Université de sciences sociales de Toulouse, 1981, p. 949.

WIntgen (R.), « La mise en œuvre de la technique du double délai de prescription extinctive », *RDC*, 2007, p. 907.

Witz (C.), « La prescription extinctive dans les instruments d'uniformisation du droit », in *La réforme du droit de la prescription extinctive : perspectives nationales et transfrontalières*, Colloque, Metz, 7 mai 2009, *RLDA*, nº 42, octobre 2009, p. 97.

Zalewski (V.), « Réforme de la prescription civile : impact sur le droit immobilier », *Defrénois*, 2008, p. 2461.

Zénati (F.) et Fournier (S.), « Essai d'une théorie unitaire de la prescription », *RTD civ.*, 1996, p. 339.

VI. Notes de jurisprudence, observations, conclusions

Amrani-Mekki (S.), note sous Cass. civ 3e, 29 mars 2006, *D.*, 2006, p. 2642.

Aubert (J.-L.), note sous Cass civ. 1re, 1er décembre 1998, *Defrénois*, 1998, p. 364.
- note sous Cass. civ. 1re, 16 juillet 1998, *Defrénois*, 1998, p. 1413.

Aynès (L.), obs. sous Cass. civ. 1re, 11 juin 1991, *Defrénois*, 1992, p. 391.

Barbier (J.-D.), note sous Cass. civ. 3e, 17 décembre 2002, *Gaz. Pal.*, 14 juin 2003.

BarbièrI (J.-F.), note sous Cass. com., 8 novembre 1988, *JCP* G, 1989, II, 21230.
- note sous Paris, 7 novembre 1995, *Bull. Joly*, 1996, p. 125.
- note sous Paris, 12 février 1999, *Bull. Joly*, 1999, p. 619.
- note sous Paris, 5 juillet 2001, *Bull. Joly*, 2001, p. 1290.
- note sous Paris, 14 décembre 2001, *Bull. Joly*, 2002, p. 495.
- note sous Cass. com., 17 décembre 2002, *Bull. Joly*, 2003, p. 268.
- note sous Cass. com., 8 mars 2005, *Rev. soc.*, 2005, p. 892.
- note sous Cass. com., 14 février 2006, *Bull. Joly*, 2006, p. 897.
- note sous Cass. com., 13 février 2007, *LPA*, 20 avril 2007, p. 8.
- note sous Cass. com 13 décembre 2011, *Rev. soc.*, 2012, p. 304.

Bastian (D.), note sous Cass. com., 20 février 1957, *JCP*, 1957, II, 10320.

Berlioz (P.), obs. sous Cass. com., 22 mai 2007, *JCP* G, 2007, act. 245.

Bigot (A.), note sous Cass. ass. plén., 6 juin 2003, *Gaz. Pal.*, 7 septembre 2004, p. 16.

Bigot (C.), obs. sous Cass. crim., 6 janvier 2009, *Com. com. électr.*, 2010, chron. 3, nº 16.

Bonneau (T.), obs. sous Cass. com., 23 mars 1993, *Dr. soc.*, 1993, nº 134.
- obs. sous Cass. com., 22 mai 2007, *Banque et Droit*, septembre-octobre 2007, p. 27.

Borel (J.-V.), note sous Cass. civ. 3e, 7 février 2008, *LPA*, 20 mai 2009, p. 16.

Borghetti (J.-S.), obs. sous Cass. soc., 26 avril 2006 et civ. 3e, 24 mai 2006, *RDC*, 2006, p. 1217.

Bouloc (B.), obs. sous Cass., ass. plén., 6 juin 2003, *RTD com.*, 2004, p. 148.

Braud (F.) et Moustardier (A.), note sous CE, 8 juillet 2005, *LPA*, 23 septembre 2005, p. 5.

Brun (P.), note sous Cass. civ. 3e, 16 novembre 2005, *RDC*, 2006, p. 385.

Bruschi (M.), note sous Cass. civ. 1re, 21 octobre 1997, *D.*, 1998, p. 409.

Buisson (J.), note sous Cass. crim., 8 novembre 2005, *Procédures*, 2006, comm. 16.

Capitant (H.), note sous Cass. civ., 20 juin 1898, *D.*, 1899, 1, 441.

Carbonnier (J.), note sous Cass. civ. 1re, 22 décembre 1959, *RTD civ.*, 1960, spéc. p. 325.

Caron (C.), note sous Paris, 4 février 2006, *Comm. com. élect.*, 2006, comm. 141.

Cavarroc (R.), note sous Cass. civ., 14 novembre 1949, *JCP*, 1950, II, 5255.

Chauvin (P.), obs. sous Cass. civ. 1re, 22 janvier 2009, *D.*, 2009, p. 755 .

Champaud (C.) et Danet (D.), note sous Cass. com., 15 mai 1990, *RTD com.*, 1992, p. 195.

Champenois (G.), obs. sous Cass. civ. 1re, 2 juin 1981, *Defrénois*, 1981, p. 1320.

Chartier (Y.), note sous Cass. com., 24 février 1976, *Rev. soc.*, 1977, p. 88.

Chauvin (P.), note sous Cass. civ. 1re, 22 janvier 2009, *D.*, 2009, p. 755.

Chazal (J.-P.) et Reinhard (Y.), obs. sous Paris, 5 juillet 2001, *RTD com.*, 2001, p. 923.
- obs. sous Cass. com., 17 décembre 2002, *RTD com.*, 2003, p. 330.

Clément (J.-F.), note sous Cass. civ. 1re, 23 mai 2000, *JCP* G, 2000, II, 10419, spéc. nº 1.

Coffy de Boisdeffre (M.-J.), note sous Cass. civ. 1re, 3 mars 1993, *LPA*, 3 juin 1994, p. 27.
Constantin (A.), obs. sous Cass. civ. 3e, 29 mars 2006, *JCP* G, 2006, I, 153, n° 10.
Crédot (F.-J.) et SAMIN (T.), note sous Cass. com., 8 janvier 2008, *RDBF*, 2008, comm. 34.
- note sous Cass. com., 10 juin 2008, *RDBF*, 2008, comm. 103.
Dagorne-Labbé (Y.), note sous Cass. civ. 1re, 25 juin 2002, *Defrénois*, 2003, p. 406.
Delebecque (P.), obs. sous Cass. civ. 2e, 11 décembre 2003, *D.*, 2004.
- note sous Cass. 12 juillet 2004, *D.*, 2004, 2296.
Diener (P.), note sous Cass. civ. 3e, 22 juin 1976, *D.*, 1977, p. 619.
Delpech (X.), obs. sous Cass. com., 23 septembre 2008, *D.*, 2008, p. 2427.
Dom (J.-P.), note sous Cass. com., 7 juillet 2004, *Bull. Joly*, 2004, p. 1510.
Dumont-Lefrand (M.-P.), note sous Cass. civ. 3e, 30 juin 2004, *JCP* E, 2004, 1548.
Eismein (P.), obs. sous Cass. civ. 1re, 22 décembre 1959, *JCP*, 1960, II, 11494.
Fabre-Magnan (M.), obs. sous Cass. civ. 1re, 21 janvier 1992, *JCP* G, 1992, 3591, n° 6.
Fadlallah (I.), note sous Cass. ass. plén. 6 juin 2003, *JCP* E, 2004, 32.
Fenouillet (D.), obs. sous Cass. civ. 1re, 10 mai 2005, *RDC*, 2006, p. 363.
Flores (P.) et Biardeaud (G.), note sous T. inst. Paris, 8 mars 2001, *LPA*, 15 mars 2002, p. 14.
Flurer, note sous Chambéry, 19 janvier 1886, *DP*, 1887, 2, 161.
Fonlladosa (L.), note sous Cass. civ. 1re, 1er juin 1999, *RGDA*, 1999, p. 1056.
François (G.), note sous Cass. ass. plén., 6 juin 2003, *JCP* G, 2003, II, 10137.
Fronton (P.), note sous Cass. civ. 1re, 16 juillet 1998, *D.*, 1999, p. 361.
Gaillard (E.), note sous Cass. ass. plen., 28 mai 1982, *D.*, 1983, p. 349.
Gautier (P.-Y.), note sous Cass. civ. 1re, 19 octobre 1999, *RTD civ.*, 2000, p. 133.
Gérard (Y.) et PINOT (P.), note sous Cass. com., 10 juin 2008, *D.*, 2008, p. 2200.
Genicon (T.), obs. sous Cass. com., 23 octobre 2007, *RDC*, 2008, p. 234.
Ghestin (J.), note sous Cass. civ. 3e, 29 mars 2006, *D.*, 2007, p. 477.
- note sous Cass. com., 19 mars 1974, *JCP*, 1975, II, 17941.
Gourio (A.), note sous Cass. civ. 1re, 11 juin 2009, *JCP* E, 2009, 1839.
Gourio (A.) et Aynès (N.), note sous Cass. com., 10 juin 2008, *JCP* E, 2008, 2221.
Gridel (J-P.), note sous Cass. civ. 1re, 5 mars 2002, *D.*, 2002, p. 1514.
Grimonprez (B.), note sous Cass. civ. 1re, 11 juin 2009, *D.*, 2009, p. 2028.
Grosclaude (L.), note sous Paris, 29 juin 2000, *Bull. Joly*, 2000, p. 1156.
Groutel (H.), note sous Cass. civ. 1re, 1er juin 1999, *RCA*, 1999, chron 21.
- note sous Cass. civ. 2e, 25 janvier 2007, *RCA*, 2007, comm. 144.
Guillot (J.-L) et Boccara (M.), note sous Cass. civ. 1re, 7 mars, 2006, *Banque*, septembre 2006, spéc. p. 98.
Guyon (Y.), obs. sous Paris, 9 avril 1992, *Rev. soc.*, 1992, p. 557.
- obs. sous Paris, 5 juillet 2001, *Rev. soc.*, 2001, p. 881.
Hannoun (C.), note sous Paris, 25 juin 1991, *Bull. Joly*, 1991, p. 929.
- note sous Cass. com., 7 décembre 1993, *Bull. Joly*, 1994, p. 280.
Hauser (J.), obs. sous Cass. civ. 1re, 5 mars 2002, *RTD civ.*, 2002, p. 271.
- obs. sous Cass. civ. 1re, 1er juillet 2009, p. 507.
Houtcieff (D.), note sous Cass. civ. 1re, 14 décembre 1999, *D.*, 2000, p. 846.
- note sous Cass. civ. 3e, 14 mai 2003, *Dr. et patr.*, septembre 2003, p. 110.
Hovasse (H.), notes sous Cass. com., 11 octobre 2005, *Dr. soc.*, 2006, comm. 59.
- note sous Cass. com. 13 février 2007, *Dr. soc.*, 2007, comm. 116.
Jeantin (M.), note sous Cass. com., 23 octobre 1990, *Bull. Joly*, 1990, p. 1036.
Jourdain (P.), obs. sous Cass. civ. 2e, 4 mai 2000, *RTD civ.*, 2000, p. 851.
- obs. sous Cass. soc., 1er avril 1997, *RTD civ.*, 1997, p. 957.
- note sous Cass. civ. 3e, 16 octobre 2002, *RTD civ.* 2003, p. 308.
- note sous Cass. com., 27 novembre 2001, *JCP* G, 2002, II, 10021.
- obs. sous Cass. com., 24 janvier 2006, *RTD civ.*, 2006, p. 571.
- note sous Cass. civ. 1re, 9 juillet 2009, *RTD civ.*, 2009, p. 728.
Krimmer (I.), note sous Cass. com., 28 juin 2005, *LPA*, 9 juin 2006, p. 9.
Lagarde (X.), note sous Cass. ass. plén., 6 juin 2003, *D.*, 2003, p. 1905.
Lalou (H.), note sous Cass. req., 1er août 1924, *D.*, 1925, 1, 23, spéc. p. 24.
Landel (J.), note sous Cass. civ. 2e, 4 mai 2000, *RGAT*, 2000, p. 879.
Le Bars (B.), note sous Cass. com., 17 décembre 2002, *Rev. soc.*, 2003, p. 297.

Le Cannu (P.), note sous Cass. com., 28 novembre 1995, *Bull. Joly*, 1996, p. 204.
- note sous Cass. civ. 3e, 13 novembre 2003, *Bull. Joly*, 2004, p. 212.
Legeais (D.), obs. sous Cass. ass. plén., 6 juin 2003, *RTD com.*, 2003, p. 549.
- obs. sous Cass. civ. 1re, 21 février 2006, *RTD com.* 2006, p. 461.
- note sous Cass. com., 26 janvier 2010, *JCP* E, 2010, 1153.
Leveneur (L.), note sous Cass. com., 27 novembre 2001, *Cont. conc. cons.*, 2002, comm. 43.
Libchaber (R.), note sous Cass. com., 6 juin 2001, *Defrénois*, 2001, p. 1429.
- obs. sous Cass. civ. 1re, 4 octobre 2000, *Defrénois*, 2001, art. 37309.
Lienhard (A.), note sous Paris, 14 décembre 2001, *D.*, 2002, p. 726.
- obs. sous Cass. com., 17 décembre 2002, *D.*, 2003, p. 279.
- obs. sous Cass. com., 12 décembre 2006, *D.*, 2007, p. 93.
- obs. sous Cass. com 13 décembre 2011, *D.*, 2012, p. 91.
Loiseau (G.), note sous Cass. civ. 2e, 9 juillet 2009, *JCP* G, 2009, nº 37, 228, nº 10.
Lucas (F.-X.), note sous Cass. civ. 3e, 7 mai 2003, *Bull. Joly*, 2003, p. 956.
- note sous Cass. com., 13 février 2007, *Bull. Joly*, 2007, p. 811.
- note sous Cass. com., 12 décembre 2006, *Dr. soc.*, 2007, comm. 45.
Lucas de Leyssac (C.), note sous Aix-en-Provence, 10 avril 1974, *JCP*, 1976, II, 18274.
- note sous Cass. com., 24 février 1976, *JCP*, 1976, II, 18506.
Malaurie (P.), note sous Cass. civ. 1re, 22 décembre 1954, *D.*, 1955, p. 713.
Malinvaud (P.), note sous Cass. com., 19 mars 1974, *D.*, 1975, p. 628.
- note sous Cass. civ. 1re, 5 janvier 1972, *JCP*, 1973, II, 17340.
- note sous Cass. civ. 3e, 26 juin 2002, *RDI*, 2002, p. 424.
Martin (D.-R.)., obs. sous Cass. civ. 1re, 4 octobre 2000, *D.*, 2002, somm., p. 641.
- note sous Cass. com., 10 juin 2008, *D.*, 2008, p. 2202.
Martin (D.-R.) et Synvet (H.), obs. sous Cass. civ. 1re, 7 décembre 2004, *D.*, 2005, p. 155.
Massip (J.), note sous Cass. civ. 1re, 5 mars 2002, *Defrénois*, 2002, art. 37600, p. 116.
Mathey (N.), obs. sous Cass. civ. 1re, 14 juin 2007, *JCP* E, 2007, 2377, nº 10.
- note sous Cass. civ. 1re, 22 janvier 2009, *JCP* E, 2009, 1538, nº 17.
Matsopoulou (H.), note sous Cass. com., 20 novembre 2001, *JCP* G, 2002, II, 10148.
Maublanc (J.-P.), note sous Cass. civ. 1re, 13 décembre 2005, *AJDI*, 2006, p. 842.
Mazeaud (D.), obs. sous Cass. com., 12 juillet 2004, *RDC*, 2005, p. 272.
Mazeaud (J.), note sous Cass. civ. 3e, 18 décembre 1972, *D.*, 1973, p. 272.
Merle (P.), note sous Cass. civ. 1re, 3 mars 1993, *Bull. CNCC*, 1994, p. 98.
- note sous Paris, 13 novembre 1998, *Bull. CNCC*, 1999, nº 133.
Mestre (J.), note sous Cass. civ. 1re, 24 juin 1986, *Bull. civ.* I, nº 181, *RTD civ.*, 1987, p. 765.
- obs. sous Cass. civ. 1re, 28 octobre 1991, *RTD civ.*, 1992, p. 563.
- obs. sous Cass. com., 28 avril 1987, *RTD civ.*, 1987, p. 748.
- obs. sous Civ. 1re, 16 juillet 1998, *RTD civ.*, 1999, p. 620.
- obs. sous Civ. 1re, 1er décembre 1998, *RTD civ.*, 1999, p. 621.
Moneger (J.), obs. sous Cass. civ. 3e, 30 juin 2004, *Loyers et Copropriété*, décembre 2004, Repère 12.
Monnet (J.), obs. sous Toulouse, 2 décembre 2004, *Dr. soc.*, 2005, comm. 70.
Morelli (N.), note sous Cass. com., 26 octobre 2010, *Rev. soc.*, 2011, p. 359.
Morgan de Rivery-Guillard (A. M.), note sous Cass., avis, 9 octobre 1992, *JCP* G, 1993, II, 22024.
Navarro (J.-L.), obs. sous Cass. com., 13 février 2007, *JCP* E, 2007, 2279.
Pansier (F.-J.), note sous Cass. civ. 1re, 5 mars 2002, *RJPF*, juin 2002, p. 10.
Pasqualini (F.), note sous Paris, 17 janvier 2008, *Rev. soc.*, 2008, p. 359.
Pasqualini (F.) et Pasqualini-Salerno (V.), note sous Cass. com., 18 février 1997, *Bull. Joly*, 1997, p. 441.
Patarin (J.), obs. sous Cass. civ. 1re, 20 octobre 1981, *RTD civ.*, 1983, p. 171.
Pérochon (F.), note sous Cass. ch. mixte, 18 mai 2007, *Bull. Joly*, 2007, p. 1174.
Perrier (M.), note sous Cass. civ. 2e, 3 juin 2004, *Gaz. Pal.*, 29 septembre 2005, p. 10.
Perrot (R.), obs. sous Cass. civ. 3e, 21 décembre 1987, *RTD civ.*, 1988, p. 392.
Petit (B.), note sous Cass. com., 12 janvier 1999, *Bull. Joly*, 1999, p. 464.
Piedelièvre (S.), obs. sous Cass. civ. 1re, 7 mars, 2006, *JCP* N, 2006, 1278.
- note sous Cass. civ. 1re, 22 janvier 2009, *Gaz. Pal.*, 3 mars 2009, p. 18.
- note sous Cass. civ. 1re, 11 juin 2009, *Defrénois*, 2009, p. 1929.
Pontavice (E. du ~), note sous TGI, Bordeaux, 3 décembre 1984, *Bull. CNCC*, 1985, p. 207.

- note sous Paris, 26 janvier 1989, *Bull. CNCC*, 1989, n° 75.
Racine (J.-B.), obs. Cass. civ. 1re, 16 septembre 2008, *RDC*, 2009, p. 1549.
Raymond (G.), note sous Cass. civ. 1re, 7 décembre 2004, *Cont. conc. cons.*, 2005, comm. 54.
- note sous Cass. civ. 1re, 30 septembre 2008, *Cont. conc. cons.*, 2008, comm. 279.
- note sous Cass. civ. 1re, 22 janvier 2009, *Cont. conc. cons.*, 2009, comm. 84.
Raynard (J.), obs. sous Cass. soc. 5 mai 2004, *D.*, 2005, p. 962.
Regnaut-Moutier (C.), note sous Cass. com., 11 octobre 2005, *Bull. Joly*, 2006, p. 491.
Renucci (J.-F.), note sous Cass. crim. 14 mai 2003, *Dr. et patr.*, janvier 2004, p. 92.
Robert (J.-H.), note sous Cass. crim., 7 juillet 2005, *Dr. pén.*, 2006, comm. 132.
- note sous Cass. crim. 28 juin 2006, *JCP* E, 2006, 2727.
- obs. sous Cass. crim., 9 janvier 2008, *Dr. pén.*, 2008, comm. 53.
Rondey (C.), obs. sous Cass. civ. 1re, 23 mai 2000, *D.*, 2000, *AJ*, p. 306.
Ruet (L.), note sous Cass. civ. 3e, 29 novembre 2006, *Defrénois*, 2007, art. 38560.
- obs. sous Cass. civ. 3e, 30 juin 2004, *Defrénois*, 2005, p. 1160.
Saint-Jours (Y.), note sous Cass. civ. 2e, 3 avril 2003, *D.*, 2004, p. 457.
Savaux (E.), obs. sous Cass. civ. 1re, 22 janvier 2009, *Defrénois*, 2009, p. 667.
- note sous Cass. ass. plén., 6 juin 2003, *Defrénois*, 2003, art. 37810.
Seligman (E.), *Revue critique de législation et de jurisprudence*, 1854, p. 447.
Sentex (J.), note sous TGI Paris, 18 décembre 1984, *RJ com.*, 1985, p. 143.
Solus (H.), note sous Cass. com., 20 janvier 1948, *JCP*, 1848, II, 4510.
- obs. sous Cass. civ. 28 novembre 1949, *RTD civ.*, 1950, p. 203.
Starck (B.), note sous Cass. civ. 1re, 4 janvier 1958 et civ. 2e, 19 mai 1958, *JCP*, 1958, II, 10808.
Stoffel-Munck (P.), Chron. Responsabilité civile, *JCP* G, 2008, I, 186, n° 11.
- *Chronique de contrats spéciaux*, *LPA*, 18 novembre 2002, p. 7.
- note sous Cass. civ. 1re, 25 juin 2002, *D.*, 2003, p 155.
Storck (M.), note sous Amiens, 8 décembre 1993, *JCP* G, 1995, I, 3821.
- note sous Cass. com., 12 décembre 2006, *Banque et droit*, janvier 2007, p. 52.
Thiesset (R.), note sous Cass. civ. 2e, 20 juin 2007, *Gaz. Pal.*, 23 février 2008, p.18.
Trébulle (F.-G.), note sous CE, 8 juillet 2005, *JCP* G, 2006, II, 1001.
Trouilly (P.), note sous CE, 8 juillet 2005, *Env.*, 2005, comm. 67.
Vidal (D.), note sous Paris, 21 janvier 2002, *Dr. soc.*, 2002, n° 95.
Voirin (P.), note sous Nancy, 17 février 1934, *DP*, 1934, 2, 33.
Wahl (A.), note sous Cass., req., 24 décembre 1894, *S.*, 1895, 1, 497.
Weber (J.-F.), concl. sous Cass. civ. 3e, 15 décembre 1999, *JCP* G, 2000, II, 10236.
Wintgen (R.), note sous Civ. 1re 24 janvier 2006, *D.*, 2006, p. 626.
Witz (C.), obs. sous Cass. civ. 1re, 16 septembre 2008, *D.*, 2009, p. 1568.

Index alphabétique

Les chiffres renvoient aux numéros des paragraphes.

D

E

F

Table des matières

Titre II

L'incohérence des points de départ de la prescription

Titre II
La proposition

Dans la même collection

1. DEUMIER Pascale, *Le droit spontané.*
2. ANCEL Marie-Élodie, *La prestation caractéristique du contrat.*
3. TRÉBULLE François Guy, *L'émission des valeurs mobilières.*
4. ENGEL-CREACH Alice, *Les contrats judiciairement formés.*
5. COULON Cédric, *L'obligation de surveillance.*
6. MIGNON-COLOMBET Astrid, *L'exécution forcée en droit des sociétés.*
7. HONTEBEYRIE Antoine, *Le fondement de l'obligation solidaire en droit privé français.*
8. BOLLÉE Sylvain, *Les méthodes du droit international privé à l'épreuve des sentences arbitrales.*
9. CALLÉ Pierre, *L'acte public en droit international privé.*
10. CUIF Pierre-François, *Le contrat de gestion.*
11. AYNÈS Augustin, *Le droit de rétention – Unité ou pluralité.*
12. AVOUT Louis (d'~), *Sur les solutions du conflit de lois en droit des biens.*
13. GAUDEMET Sophie, *La clause réputée non écrite.*
14. PICHARD Marc, *Le droit à – Étude de législation française.*
15. DANOS Frédéric, *Propriété, possession et opposabilité.*
16. MULLER Anne-Catherine, *Droit des marchés financiers et droit des contrats.*
17. CHÉNEDÉ François, *Les commutations en droit privé – Contribution à la théorie générale des obligations.*
18. LAAZOUZI Malik, *Les contrats administratifs à caractère international.*
19. USUNIER Laurence, *La régulation de la compétence juridictionnelle en droit international privé.*
20. JEANSEN Émeric, *L'articulation des sources du droit – Essai en droit du travail.*
21. CAFFIN-MOI Marie, *Cession de droits sociaux et droit des contrats.*
22. GAUDEMET Antoine, *Les dérivés.*
23. GRANOTIER Julien, *Le transfert de propriété des valeurs mobilières.*
24. HEYMANN Jeremy, *Le droit international privé à l'épreuve du fédéralisme européen.*
25. CHONÉ Anne-Sophie, *Les abus de domination.*
26. THIBIERGE Louis, *Le contrat face à l'imprévu.*
27. LEQUETTE Suzanne, *Le contrat-coopération – Contribution à la théorie générale du contrat.*

28. GERRY-VERNIÈRES Stéphane, *Les « petites » sources du droit – À propos des sources étatiques non contraignantes.*
29. JAOUEN Magali, *La sanction prononcée par les parties au contrat.*
30. HAMELIN Jean-François, *Le contrat-alliance.*
31. JULIENNE Maxime, *Le nantissement de créance.*
32. GOUËZEL Antoine, *La subsidiarité en droit privé.*
33. KLEIN Julie, *Le point de départ de la prescription.*
34. FONTMICHEL Maximin (de ~), *Le faible et l'arbitrage.*

Cet ouvrage a été achevé d'imprimer en septembre 2013
dans les ateliers de Normandie Roto Impression s.a.s.
61250 Lonrai
N° d'impression : 13-3337
Dépôt légal : septembre 2013

Imprimé en France